Les Structures élémentaires de la parenté
Claude Lévi-Strauss

親族の基本構造

クロード・レヴィ＝ストロース
福井和美［訳］

青弓社

親族の基本構造／目次

凡例

初版序文――15

第二版序文――25

序論

第1章　自然と文化――59

自然状態と社会状態／自然状態から社会状態への移行問題／「野生児」／動物生活の高等な形態／普遍性という基準／普遍的規則としてのインセスト禁忌

第2章　インセスト問題――75

合理主義的理論――メイン、モーガン。遺伝学の帰結／心理学的理論――ウェスタマーク、ハヴロック・エリス／社会学的理論I――マクレナン、スペンサー／社会学的理論II――デュルケム／インセスト問題のはらむ二律背反

【第1部】限定交換

第1篇　交換の基礎

第8章　縁組と出自　209
再び双分組織について／双分組織と交叉イトコ婚の関係／古典的解釈の哲学的前提――関係の概念／クラス体系と関係体系／出自への移行――双方出自の問題／アシャンティとトダ／二分法の概念、この概念と遺伝との類似点――互隔世代の問題／原住民と理論家／アフリカおよびオーストラリアのいくつかの体系への応用／父系出自と母系出自／父系原理の優位

第9章　イトコ婚　245
交叉イトコ婚と類別的体系／選好結合と構造概念／生物的近親性と社会的近親性／交叉イトコ婚の理論的価値／その起源――スワントン、ギフォード、ローウィの主張／議論――親族体系は一つの全体構造として捉えられなくてはならない／交換の基本構造としての交叉イトコ婚

第10章　婚姻交換　267
フレイザーの捉え方とその限界とについての論述――交叉イトコと平行イトコ、交換と市場、双分組織の役割／我々の捉え方との相違

第2篇　オーストラリア

第11章　規範的体系　283
オーストラリアの諸事実のもつ重要性――姉妹交換の問題／オーストラリア諸体系の分類。この分類の難点／父系二分法と母系二分法／ラドクリフ＝ブラウン、ロレンス、クローバーの命題／実例としてのムリンバタ、あるいは体系の発生／カリエラ型体系の記述／アラ

ンダ型体系の記述／これら二つの体系は一般的分類に不十分な基盤しか提供しない

第12章 ムルンギン型体系 315
記述／ムルンギン型体系の異例性／アランダ型体系へのいかなる通分も不可能／クラスと親等／ムルンギン型体系の本性についての仮説／理論的帰結／限定交換の定義／全面交換の定義／ムルンギン型親族分類法への応用。ロイド・ウォーナーの心理学的解釈をめぐる議論／ムルンギン型体系の構造。ウィクムンカン型体系から引き出される裏づけ

第13章 調和体制と非調和体制 357
いわゆる逸脱体系——カラジェリ型、ティウィ型、マラ型、アラバナ型、アルリジャ型、サザン・クロス型、ディエリ型、ウィクムンカン型／これらの体系と満州型体系との比較／調和体制と非調和体制の定義／これらの体制と交換の二つの基本形式との関係／一般的分類への逸脱体系の統合／全面交換の個別ケースとしての限定交換

第14章 第1部補遺 395
1 いくつかの型の婚姻法則（ムルンギン型体系）をめぐる代数的研究について、シカゴ大学教授アンドレ・ヴェイユ著／2 コメント、ムルンギン型体系のもつ明らかな空白についての解釈／内婚と全面交換

【第2部】全面交換

第1篇 単純な全面交換定式

第3篇　インド

第24章　骨と肉　651
「骨の親族」と「肉の親族」の区別の広がり。この区別の理論的価値／インドにおける全面交換――ゴンド型体系／全面交換体系におけるカースト概念の位置／昇嫁婚／いわゆる「贈与」婚／*sapinda* 外婚。昭穆配列との比較／インドにおける母方婚／ヘルトによる解釈

第25章　クランとカースト　671
ヘルトの理論。解説と議論／ヒンドゥーの双方主義／婚姻クラス体系が存在するための理論的条件件／カーストと *gotra*。古いクランと見なされた *gotra* ／ *gotra* 外婚の真の本性。*gotra* の二つの型／インドの古代社会構造をめぐる諸仮説

第26章　非対称構造　695
限定交換と全面交換の関係をめぐる理論的考察。交叉イトコ婚の諸類型のあいだにある関係を規定するさいのインドの特権的性格／双方婚。その頻度の低さ／ムンダー型体系／母方オジの問題。母方婚体系における母方オジの役割／母方オジの特権

第27章　互酬周期　717
交叉イトコ婚の理論的問題。提出されたいくつかの解決策。議論／母方婚と父方婚。短周期と長周期／全面交換の最終的解釈

結論

第28章　複合構造への移行　743

基本構造のエリア／ビルマ＝シベリア軸。全面交換の境界。限定交換の伝播と境界／限定交換と全面交換の決定的関係／オセアニア＝アメリカ・エリアをめぐる手短な考察。なぜこのエリアは複合構造研究の領分なのか／アフリカをめぐる手短な考察。全面交換の複雑な形式としての購買婚／インド＝ヨーロッパ世界をめぐる手短な考察。全面交換の単純な形式から複雑な形式へ。現代の婚姻

第29章　親族の原理　771

婚姻禁忌の普遍的基盤としての交換／外婚の本性／親族の世界／兄弟関係と代父（義兄弟）関係／マリノフスキーの理論とそれに対する反論。インセストと婚姻／歴史的総合と構造論的分析。実例としての精神分析および言語学／コミュニケーションの〈世界〉

訳者あとがき　801

索引（事項・集団名・人名・地名）　i

図版一覧　xliii

参照文献一覧　xlvii

凡例

一、本書は Claude Lévi-Strauss, *Les Structures élémentaires de la parenté*, Mouton & Co and Maison des Sciences de l'Homme, La Haye, Netherlands, 1967 の全訳である。

一、邦訳上の約束事は通常の翻訳書に倣う。

一、原著者が本書の第二版に追加した記述は［ ］で、訳者による補足ないし簡単な説明は〔 〕でくくった。比較的長い訳注は（＊）で指示して段落のあとに配した。

一、フランス語以外の資料からレヴィ＝ストロースが翻訳・引用した文章は原則として彼のフランス語訳にもとづいて日本語へ重訳した。

一、現地語の表記はフランス語原書にではなく、英語版に従った場合がある。

一、明らかな誤植、脱落と思われる箇所はいくつかの例外を除き、とくにそれと指示せずに訳者の判断で訂正した。

一、原著にはない事項索引と参照文献一覧を巻末に追加した。

ルイス・H・モーガンを偲んで

未開宗教の一般原理を本気になってわざわざ理解してみようと思う人々なら、そこにあるのは、それを知ったところでほかの人類にとってはなんの益ももたらしようのない、珍妙な事実の数々であるなどとの考えに、いつか行き着いてしまうことはおそらくまずないであろう。未開宗教における信仰や信仰実践は、なにか集団的な愚昧さの残骸や名残の集積に還元されてしまうどころか、むしろ高度な整合性、論理を備えている。だから、ごく大雑把にであれ、分類に手をつけはじめるや、そうした信仰や信仰実践の発展を司ってきた原理をつかむことができる。するとはっきり見えてくるが、当の原理は本質において合理的であるのに、ただその働きが、深く根づいてしまった無知のヴェールに覆い隠されているだけなのである。（略）

任意の場所に法則があるなら、その法則はいたるところにあるにちがいない、とする結論へ現代の科学はいよいよ傾いている。

E・B・タイラー『原始文化』

E. B. Tylor, *Primitive Culture*. London, 1871, p. 20-22.

初版序文

我々の理解する親族の基本構造とは、親族分類法 nomenclature（＊）が血族の範囲と姻族の範囲をただちに決定してくれる体系、すなわち、特定の型の親族〔血族＋姻族〕を結婚相手として規定する体系をさす。あるいは、特定の集団の全成員を親族と定義することと、これらの親族を可能配偶者と禁忌配偶者の二つのカテゴリーに振り分けることとを同時になす体系、と言い換えてもいい。我々が複合構造の名をあてる体系は、親族の範囲を定めることしかなさず、配偶者決定の手続きについては、これを経済的機構や心理的機構など別の仕組みに委ねる。本書で言う「基本構造 structure élémentaire」とは、要するに社会学者が通常、選好婚 mariage préférentiel と名づけているものに相当するが、しかし我々はこの専門用語を残しておくことができなかった。なぜなら婚姻規則、親族分類法、特権・禁止体系は同一の現実の、つまり当該体系の構造の、互いに不可分な側面をなすと明らかにすることが、本書の根本的目的なのであるから。

（＊）フランス語で書かれた人類学関係の本を何冊か通読したところでは（Robert Deliège, *Anthropologie de la parenté*, Armand Colin, 1996; M.-O. Géraud, O. Leservoisier, R. Pottier, *Les notions clés de l'ethnologie*, Armand Colin, 1998; Louis Dumond, *Groupes de filiation et alliance de mariage*, coll.《tel》, Gallimard, 1997, etc.)、terminologie（親族名称体系）、vocabulaire（親族語彙）、nomenclature はほぼ互換可能な同義語として使われている。すなわち、「親族にかかわる用語のまとまり」という観念を表す。もう少し抽象的に定義すると、「社

会的行為者から比較的独立した、記号の閉じたシステム」となる。ただ語のニュアンスから言うと、nomenclatureにはいま言った観念に加えて、「分類する」という観念が強く表に出るように思われる。terminologie を本書では「親族名称体系」としたので、nomenclature は「親族用語体系」くらいでいいかとも思ったが、「分類」の観念を前面に出す訳語を選んだ。「親族分類法」は「親族名称体系にもとづく分類」の意味で理解していただきたい。

親族名称体系は二種類の語によって特徴づけられる。「パパ」「ママ」「とうちゃん」「かあちゃん」などの「指称語 terme d'adresse」（ただしレヴィ＝ストロースは terme d'appellation と言う――また、人類学用語では「呼称」とすべきかもしれないが、ふつうの人の語感では「名称」と「呼称」はある程度の互換性をもつので、本書でははっきり区別するために「指称語」とする）と、「父」「母」などの「指示語 terme de référence」である。指示語は系譜上の客観的親族関係をさし、日本語で指示語によって言及される人物「母」は、指称語によってさまざまに呼ばれうる。ただし指称語の使用は、指示語の対象と話し手との個別的関係、話し手が置かれる場面、話の文脈などによって制限されたり、条件づけられる。指示語が指称語として用いられることも、もちろんある。たとえば、〈私〉が「母の兄弟の娘」（指示語）を「私の妻」と呼ぶ場合。本書第21章で「テクノニミー」の問題が指称語の観点から分析される。「民族学者は指示語より形式的でなく、コノーテイションにも富む指称語をいままでときに無視してきた」（R・ドゥリエージュ）。

次に「親族名称」（厳密に言えば「指示語」）はその言語学的構造からいくつかに区別されうる。「基本名称 terme élémentaire」「派生名称 terme dérivé」「記述名称 terme descriptif」（兄または弟をさすフランス語 frère は基本名称、義理の兄弟をさす beau-frère は frère からの派生名称、日本語で二つの親族名称を連結して言われる「父の兄弟」を一語で表すスウェーデン語の frabor は記述名称）、さらに親族カテゴリーを表す「関係名称 terme de relation」、ただ一つの親族カテゴリー（たとえば「父」というカテゴリー）だけをさす「表示名称 terme dénotatif」と複数の親族カテゴリーに言及する「分類名称 terme classificatoire」（たとえば「イトコ」という分類名称には父方イトコ、母方イトコなどさまざまな親族カテゴリーが含まれる）、その他。本書では漢型名称体系や満州型名称体系がこのような言語学的構造から論じられる。

かくして右の定義に従うなら、基本構造の名は、交叉イトコ婚に見られるように、好ましい配偶者を半自動的に決定する体系にあてられてしかるべきであろう。かたやアフリカの幾多の体系や現代ヨーロッパ社会の体系のように、富の移転や自由な配偶者選択に基礎を置く体系は、複合構造のカテゴリーに入るであろう。この区別を我々も大枠で踏襲するが、若干の点はやはり留保しておかざるをえない。

なによりもまず完全に基本的と言える構造が存在しない。つまり、どれほど精緻であっても、一般に体系というものは、ただ一個の個体だけを規定配偶者として首尾よく決定するにいたらない――それができたとしても例外にすぎない――と言いたいのである。基本構造はクラスを定義してくれたり関係を決定してくれるが、通則として言えば、特定のクラスを構成したり特定の関係をみたす個体は複数いて、しかもしばしば多数にのぼる。それゆえ基本構造の場合ですら、配偶者選択の自由がある程度つねに残される。逆に配偶者選択のまったき自由を許す複合構造は一つとしてない。実際、複合構造の婚姻規則は、体系との関連を無視して誰とでも結婚できると言っているのでなく、相手が親族分類法のなかで明示的には禁止されていない位置を占める個体ならば誰とでも結婚できる、と言っているにすぎない。所定の問題に応じて兄弟、姉妹、イトコといったかたちでいつまで多様な解決策を呈示しつづけることができるか、という生物学的可能性のなかに、基本構造の限界がある。かたや複合構造の限界はインセスト禁忌 prohibition d'inceste(*)にある。というのも、インセスト禁忌はいくつかの解決策を、それらが生物学的には採用できるにもかかわらず、社会規則の名において排除してしまうからである。要するに、どれほど厳密な基本構造においてもある程度まで配偶者選択の自由が残され、どれほど大雑把な複合構造においても配偶者選択はいかほどかの制限をこうむる。

(*)文化人類学者にとっては英語をそのままカタカナ書きにした「インセスト・タブー」とするほうが用語として

自然であるらしい。「禁忌」とすべきか「タブー」とすべきか、（人類学者でない）訳者が指摘しておきたいのはそれではない。原語は prohibition である。フランス語にはもちろん tabou の語もある。しかし少なくともフランス語ではこの二つは明確に違う語義をもつ。prohibition は「法的禁止」を、tabou は「宗教的・儀礼的禁止」を言う（仏仏辞書 *Petit Robert* 参照）。ゆえに、問われるべきは、レヴィ＝ストロースが「インセスト」を法（または「規則」）の視点から見ているか、宗教・儀礼の視点から見ているかである。門外漢である訳者はこの問いに口をつぐむほかない。ただ『親族の基本構造』のもつ法的側面は人類学者によってもそれほど強く指摘されたり、論じられてはこなかったとの印象をもつ。要するに、「タブー」の訳語を使わないようにするために「禁忌」としたというにすぎず、もっとも一般的な語である「禁止」は interdiction にあてた。いずれにせよ、いま指摘した語義の違いを訳語に反映させることはできなかった（「禁忌」と言っても「タブー」と言っても意味のうえではさして代わり映えがしない）。注記する所以である。この訳語についても、必要があれば読み替えていただきたい。

また inceste を「近親相姦」と訳すことは避けた。レヴィ＝ストロースが問題にしているのは、親と子、兄弟と姉妹が性的関係をもつというそのこと自体ではなく、「社会的インセスト」であるので。一言で言えば、インセストとは交換の否定、（交換は集団を連携していくゆえに）社会形成の否定にほかならない。ある集団内である女性との結合を「してならぬ」とネガティヴに禁止することは、その女性を集団外へ、別の集団に向けて交換に出せとのポジティヴな命令の裏面なのである。本書に従えば、未開社会において明瞭に意識されているのは、交換への、社会形成への、このポジティヴな命令である。

以下、訳語に関してさまざまな疑義もあろうと思うが、逐一正当化を試みて余計な訳注をつけることはしない（少しはやらせてもらうが）。レヴィ＝ストロースの最初の大著『親族の基本構造』は少なくとも用語法のうえでの揺れや曖昧さ、むしろ意味範囲の伸縮を示している。それを明確化することには「翻訳」の仕事を大きくはみ出す部分、「解釈」や「研究」の仕事に委ねるべき部分のあることを斟酌していただきたい。

というわけで、基本構造と複合構造を完全に対立させることはできないし、二つの構造を分かつ明確な境界線を引くこともやはり難しい。配偶者を指名する体系と配偶者を決定せずにおく体系とのあいだには、混成的な中間形式が介在する。たとえば経済的特権が、規定されたカテゴリーの内部で二次的な配偶者選択を許すこともあれば（交換婚に結びついた購買婚）、選好配偶者の決め方が複数出てくることもある（母の兄弟の娘との婚姻も妻の兄弟の娘との婚姻もよし、母の兄弟の娘との婚姻も母の兄弟の妻との婚姻もよし、など）。本書でもこうした事例のいくつかを検討してみる。それらの事例がより単純な事例に光を当ててくれると考えるからである。逆に複雑な形式への移行を示す事例は、とりあえず脇に置かれる。

ここに上梓する研究書は、要するに本来、親族体系の一般理論への序説をなすべきものである。諸種の基本構造をめぐるこの研究に続き別の研究が待ち構えていることを考え合わせてもらえば、確かに本書は序説である。次に取り組むべき研究は複合構造であり、おそらくさらに第三の研究へと進まなくてはならない。第三の研究の対象となるのは、家族が示すさまざまな態度である。親族名称体系のなかに現れる論理構造は、本質的に対立や矛盾を抱えていて、家族は様式化されたさまざまなふるまいをとおして、そうした対立や矛盾を表現したり克服したりする。いずれにしても我々が本書を最終的に現在のかたちで刊行することに決めた理由は、主として二つある。まず思うに、主題を汲み尽くしているわけでないが、扱うべき原理については余さず論じているとの意味で、我々の研究は完全である。本研究をさいた問題に関し、たとえ仮に特定の側面をこれからまだ敷衍しなくてならないとしても、そのさい新しい概念を導入する必要はいささかもないと言っていい。なんらかの特殊問題を解明したいと望む読者は、我々が提出した定義と区別を当該事例に当てはめ、本書と同様の方法に即して処理するだけでたりるだろう。

次に我々は、みずから定めた研究範囲の内部にあってすら、幸いにして資料的誤りや解釈のまちがいを犯さずやってこれたなどと思っていない。社会科学がじつに密な相互浸透を果たし、個々の社会科学も、依拠する事実や資料が厖大に蓄積されたのとあいまって高度に複雑化したいま、もはや共同研究に頼む以外、社会科学に進歩の可能性は望めなくなっている。我々はあまり明るくない研究分野にも踏み込まざるをえなかった。自力ではすぐに検証できないような仮説をも、あえて押し出さざるをえなかった。そのほか、情報の欠如のせいで、とりあえず棚上げせざるをえなかった問題群もあった。当の問題群を解決することが我々の研究計画を根本から左右したかもしれないのに。我々の研究が、民族学者と社会学者、心理学者と言語学者、考古学者と歴史学者とを問わず、実験室や研究室や調査フィールドで我々と同じ人間現象の研究を手がけている人々の何人かに、いかほどかでも確実に耳を傾けてもらえるなら、またそうした人々の批評のおかげで、さらにはそうした人々の異論に答えるかたちで、多少なりと不備が補われうるなら——不備の広がりと重大さを身に染みて感じているのは、誰よりも我々自身である——そのときこそたぶん我々は調査に一区切りつけ、安んじて最初の成果を差し出してみる気にもなれるだろう。調査のさらなるかなたに予想される結果を引き出そうと努めるのは、そのあとの話である。

＊＊＊＊

現在、比較社会学的研究は二つの主要な困難に直面している。資料の選び方と事実の利用法である。いずれの場合もとりわけ問題は、材料が豊かなため食指が動くのを厳しく自制しなければならないところに由来する。第一の点、資料の選び方について言えば、隠すまでもないことだったが、本書は合衆国でアメリカの同僚たちと日常的に接するなかで執筆されたため、利用された資料の比重はおのずとアングロ＝サクソン系のものに大きく傾いた。この傾向を努めて糊塗したなら、我々を寛大に受け入れて法外なほど好適な研究条件を提供してくれた国に対し、忘恩の誹りを免れなかっただろう。かたやフランスの同僚たち、とりわけ自分が専門とする学問分野の外国における最近の発展に関心を寄せる人々に対しては、情報提供という暗黙のうちに我々に委ねられた使命をないがしろにすることになっただろう。同時にまた——といっても、どうしても必要になったときはそのつど古い資料に当たることも辞さなかったわけでないが——我々は親族および婚姻という問題の拠って立つ伝統的基礎資料を刷新しようとも努め、フレイザー、ブリフォールト、クローリー、ウェスタマークなどによる旧来の議論が使い古してしまった実例について、その取り扱いをただたんに更新するだけですませようとはしなかった。したがって本研究の文献には過去三十年間に公表された論文や著書が高い割合で現れることになるが、それは偶然でない。というわけで、しばしば寡聞にして知られておらず相変わらず整理もされていない資料への接近が、本書による地ならしによって従来よりも容易になったことに免じ、理論的な、おそらくは空しい試行についてはご海容いただきたい。

第二の点、事実の利用法はいちだんと微妙な問題を突きつけていた。手持ちの材料を活用するにあたって、比較社会学者は絶えず二つの非難にさらされる。一つはこうである。実例を蓄えていく過程で、彼は実例を貧弱なものにおとしめ、実例からその内実と意味をまるまる失わせる。なぜなら全体の構成要素である個々の実例を全体から恣意的に切り離してしまうから。もう一つの非難は逆にこうである。事実から具体性を失わせまいとして、事実と事実の採取先である文化の他のすべての側面とのあいだに生《なま》のつながりを保とうとする結果、彼は結局ごく少数の事実しか考察しなくなり、こんなに貧弱な土台をもとにして一般化をおこなう権利など自分にありはしないと考えるにいたる。第一の弱点にはウェスタマークの名が、第二の弱点にはデュルケムの名が好んで結びつけられるが、しかしマルセル・モースが精力的につけてくれた道に従って進めば、この二つの危険を回避できると我々には思われる。本書で我々は、事実を蓄積する方法と事実の数を制限する方法は互いに相容れないのでなくて、それぞれが論証の二つの異なる契機に対応しているのだと捉えた。総合の初期段階でかかわってくるのはきわめて一般的な主観的事実である。だから、実地調査の役目は論証を検証することより、むしろ仮説を生み出し、直観を導き、さまざまな原理を例証することにある。考察されている現象が高い単純性と普遍性を兼ね備え、個々の観察者の体験をもとにするだけで当の現象の理論的根拠が十分に得られるあいだは、個別的意義をそれぞれの実例に与える文脈にさほど囚われることなく——なぜなら実例にはまだ少しも論証の役回りが求められていないのだから——実例を蓄積していっても、おそらく不都合はない。実際、この段階では実例の個別的意義は誰にとってもほぼ同じであり、したがってこの意義は、任意の社会集団の成員でもある主体自身の経験に照らすだけで、十中八九、復元される。このようなかたちで実例を利用するなら、たとえ種々雑多な文化からそれぞれ別個に実例を取り出してきても、集まった実例は付加価値すら帯びる。数と意外性とに由来する実例の力が、相違の下に潜む類似を証示してくれるのである。実例がここで引き受けるおもな役割は、印象を育むこと、さらに主観的事実そのものというより、むしろ主観的事実が人間の信念や恐れや欲望のなかに立ち現れるさいにまとう雰囲気や色合いを確定することにある。

しかし、総合が進むに従いより複雑な関係の把握が望まれるようになると、それ以降、いま述べた第一の方法は妥当性を失う。実例の数を制限し、それぞれの実例の個別的意味をいちだんと深く討究しなくてならなくなる。ここを境に論証の全重心は、慎重に選ばれたごく少数の実例に支えられる。続いておこなわれる一般化が有効性を保つか否かは、実例が典型的であるか否かに、すなわち各実例が、当該の問題を構成するすべての条件――推論を経て決定できるようなすべての条件――に呼応する一個の経験を体現してくれるか否かに左右される。かくして議論構成の進捗に伴い、本研究の途中で方法が交替する。我々はまず実例の系統的呈示から出発した。そこではもっぱら喚起力の生々しさという基準に照らし、まんべんなく実例が選び出されていて、推論を例証することと読者を促して同じ型の状況を自身の経験として追体験させることが、実例のおもな役割になっている。ついで我々は徐々に視野を狭めていくことで、探究の深化を図ろうとした。そのため、本書の第2部――ただし結論部は除く――では、それぞれ南アジア、中国、インドの婚姻組織にさかれた三つの専門研究が、ほぼひとまとまりをなすように按排されている。以上、予備的な説明をおこなったが、これは本書における手順を正当化するためにおそらく必要なことであった。

個人的と制度的とを問わずさまざまなかたちでのご支援をいただかなかったら、本書が日の目を見ることはなかっただろう。まず、本書を計画するにあたって、ロックフェラー財団は精神的・物質的便宜を講じてくださった。社会調査新学院は教育現場をとおし、いくつかの構想を明確にし言葉にする機会を与えてくださった。最後に先学同僚のみなさんには、身近な交流やお手紙をとおして事実の検証と仮説の彫琢にご協力いただいたり、もったいないほどの励ましを頂戴した。ロバート・H・ローウィ、A・L・クローバー、ラルフ・リントンの諸氏。ポール・リヴェ博士。ジョルジュ・ダヴィ、モーリス・レーナルト、ガブリエル・ル＝ブラ、アレクサンドル・コイレ、レーモン・ド・ソシュール、アルフレッド・メトロ、そして第1部に追加した数学に関する付録の執筆を快諾してくださったアンドレ・ヴェイユの諸氏。以上の方々すべてに、我々の感謝の念を受け取っていただきたい。とりわけローマン・ヤコブソンに。友情のこもったたび重なる彼の叱咤激励に半ば屈する恰好で、我々は傾けた努力を結実させることができた。そればかりか、この努力のもとになった理論的発想すら、彼に負うところ多にして大である。

本研究をルイス・H・モーガンの追憶に捧げるにあたっては、三つの心づもりが働いた。我々が非力ながらも後塵を拝して入り込んだ研究領域、まずはその偉大な開拓者を称えておきたかった。次にモーガンへの賛辞をとおして、彼を開祖とするアメリカのあの人類学学派に対しても敬意を表しておきたかった。四年間にわたり我々は、分け隔てなくこの学派の営為と議論に親しませてもらったのである。さらにまた次の点を改めて学派の人々に想起してもらうことによって、できるなら学派に負う我々の学恩をわずかなりとも返しておきたいと考えた。科学的綿密さと観察の正確さが、理論的であることをはばからず自任する思考や大胆な哲学的センスと相容れないわけでないと見ていた時期、モーガン学派はことのほか偉大であった、と。実際、将来、社会学も先行諸科学と異なる進歩の仕方をするわけではない。この点はいかにも忘れないがいい。というのも、いまや我々は「雲を透かすかのように」出会いの地を微かに目にしようとしている。「物理学は組織の研究になる」とのエディントンの言葉を引いてケーラーがこう記してから、もうすぐ二十年が経とうとしている。「この道の途上で（略）やがて物理学は生物学と心理学に出会うだろう」[1]。読後、読者に次の一句をケーラーの言葉に書き添えたい気持ちになってもらえたなら、本研究は目的をまっとうしたことになる――さらに社会学とも出会うだろう。

一九四七年二月二十三日、ニューヨークにて

注

（1） W. Köhler, La Perception humaine. *Journal de Psychologie*, vol. 27, 1930, p. 30.

第二版序文

本書の公刊から十七年が過ぎた。脱稿から数えれば二十年近くになる。この二十年間におびただしい新材料が現れ、親族理論も巧緻と複雑をきわめてきた。再版にあたり、本来ならそうした最新事情に合わせて全文を書き改めるべきところである。今日、本書を読み返してみると、資料はほこり臭く、言葉づかいは時代遅れとの感じもする。私がもっと細心で、みずからの企ての重圧にもめげずもっと毅然としていたなら、おそらく端から気づいていただろう。この企ては途方もなく大がかりなのだから、そこかしこに弱点が潜むことになる、と。意地悪な批評家たちは、まさにそのような弱点を根ほり葉ほりつついてきたのだった。また下読みを快諾してくれたロバート・ローウィが原稿を返すときに添えてくれた、一見お世辞とも見える言葉の裏に、じつは婉曲な忠告の意味が含まれていたことをもっとはっきり理解していたことでもあろう。実際、彼は私にこう言ってくれたのだった。「気宇宏大なスタイルの in the grand style」著作である……。だが、ともあれ私には捨てるべきなにものも見当たらない。理論的発想についても、方法についても、解釈原理についても。だから最終的に訂正と加筆を最小限にとどめることにした。版元が増刷を望んだ本は、つまるところ一九四九年に刊行された本以外のなにものでもない。

まずかなりの数の誤植を訂正した。なにかというとすぐに目くじらを立てる人々は、誤植をどれもこれも私の誤りに帰そうとしてきた。たとえばリュシアン・マルソン氏も、『野生の子供たち』をめぐるすばらしい小著のなかで（Lucien Malson, *Les Enfants sauvages*. Union générale d'Éditions, collection 10/18, Paris, 1964〔『野生児』中野善達／南直樹訳、福村出版、一九七七年〕）、私が責任を負えない情報について苦言を呈している。情報の出所となっているのは、私が引用し、マルソン氏とは見解を異にする著者たちなのである。それでも、マルソン氏がこう見なすとき、氏に分があると認めよう。氏が関心を寄せる問題に粗削りな二、三ページがさかれているが、これはほとんど役に立たず、私が採用している解決策は、善きにつけ悪しきにつけ、論証にたいしたものを付け加えることにならない。

校正刷りを読むのが恐ろしくへたくそだということは白状しておく。刷了した本文を目の前にしても、著者としての手厚い配慮も優秀な校正者の資質をなす攻撃性も働かない。仕上げた途端、本は奇妙な物体、一種の死体に変わり、私の注意を、いわんや私の関心を釘づけにすることができない。あれほど情熱を込めて生きてきた世界は閉じられ、その内奥から私を締め出す。その世界をまま理解することさえほとんどない。しかも当時の私はどんな手助けにも恵まれなかったのだから、初版の字面はいっそう多くの誤植を抱え込むことになった。重版にさいして、私は校正刷りの再読をすっかり投げてしまっていた。代役を買って出ていただいたノエル・アンベール＝ヴィエ夫人、とりわけニコル・ベルモン夫人に心からお礼を述べておきたい。

こちらのミスによる誤記もあれこれあるが、それを避けることはおそらくできなかった。私のカードボックスが物語るように、なにしろ七千を超える本と論文の詳細な検討を要した仕事なのである。若干の誤記は訂正したが、担当校閲者たちの目をすり抜けたものがほとんどである。とはいえ、フランス語に不慣れなせいで正確な文意がとれないにもかかわらず、彼らは一生懸命そういう文章と格闘してくれた。誤記のほか、民族誌にかかわる誤り、さらに名を知られているフィールドワーカーたちから得た証言も人々の非難を浴びた。私がそれらの証言を引用符なしで引いたためである。しかし引用符をつけなかったのは、参照した情報源を引用のすぐあとに挙げているからである。非難した人々は私のものだと決めつけなかったなら、おそらくもっと丁重にあれらの証言を受け取ってくれただろう(*)。

（＊）これはかなり苦しい「弁明」である。引用先の文章を「敷衍」または「要約」しつつ、しかしもとの文章に近い（ときにはほとんど同じ）かたちのまま、レヴィ＝ストロースはそれを地の文に引用符なしで編み込んでいる。そのため、用いられた文献を読んだことのない読者は、それがまるでレヴィ＝ストロース自身の文章であるかの印象をもってしまうことは否めない。実際、英語版の訳者たちは引用符をつけてそれをもとの文章に戻し、紛らわしさを取り除こうとしている。この邦訳ではそうした作業を介入させなかった。彼の利用した雑誌論文や研究書のすべてを手元にそろえることが不可能であったこと、外国語文献の「敷衍」「要約」には彼によるフランス語への「翻訳」つまり「解釈」がほどこされていること、ここであらかじめ読者に問題点への注意を促しておきさえすれば、あとは文脈がそのつど「誰の証言か」を容易に判断させてくれると思われること、などがその理由である。

こうした細かい修正を別にすれば、私が実質的に初版の本文を変更したり敷衍したのは以下の三点に尽きる。加筆された文章はブラケット［ ］でくくり、読者の注意を促すようつねに配慮しておいた。

第一点。私自身は手をつけるつもりがなかったが、「双方的(＊)」ないし「無差別的」と言われる出自体系 système de descendance について、総合的な検討の場を設けるのがやはり望ましかった。この種の体系は、私が本書を執筆している時期に考えられていたよりも数が多い。ただし、もっともな反応のゆえだったとはいえ、おそらくあまりに性急にこの新しい種類に含められてしまった体系もある。いまではそれらの体系も、再び単方形式〔単系形式〕に帰着させることができるのでは、と気づかれはじめている。

（＊）用語上、「双方的 bilatéral」は「両系的 bilinéaire」と区別されなくてはならない。ここで出自に関する人類学の基本概念のいくつかに簡潔に触れておきたい。

親族関係にかかわる譲渡——すなわち財の移転である「相続 héritage」と身分・職務・帰属・権利などの移転である「継承 succession」——を司る原理を「出自 filiation」と言う。この移転の経路が父をとおる場合は「父系出自 filiation patrilinéaire」、母をとおる場合は「母系出自 filiation matrilinéaire」。ただし「母系出自」では移転の経路が母の兄弟（母方オジ）からその兄弟の姉妹の息子（甥）に向かうことが多いので、じつは「オジ系出自 filiation avunculinéaire」と言うべきなのだが、この用語は存在しない。「父系出自」と「母系出自」とが共存する場合、「単系二重出自 double filiation unilinéaire」の語が用いられる（たとえば不動産は父から息子へ、動産は母の属す集団に譲渡されるとき）。最後に、父系でも母系でもない出自（たとえば不動産や動産が息子にも娘にも譲渡されるとき）は「無差別出自 filiation indifférentiée」または「共系出自 filiation cognatique」と言われる（以上、Robert Deliège, *Anthropologie de la parenté*, Armand Colin, 1996による）。

かくして明らかなように、この箇所でレヴィ＝ストロースは「共系」の意味で「双方」と言っていることになる。しかし人類学ではふつう filiation bilatérale は「双系出自」と訳され（本書では「双方出自」と訳す）、「共系」を意味することはない。また「双方」は「双方イトコ」といった語のなかで用いられる。「双方イトコ」とは「母方イトコ cousin matrilatéral」が同時に「父方イトコ cousin patrilatéral」でもある場合を言う。つまり「(matri-, patri-) latéral」とは文字どおり「(母または父) の方」という意味で（つまりそれは親子関係に関連して使われる）、出自とは無関係である。ただしこれは、本書が執筆された当時の（すなわちいまから五十年以上前の）民族学ないし人類学の用語法とも関係があると思われる。たとえばクローバーは「単系出自 unilineal descent」の代わりに「単方出自 unilateral descent」という言い方もしている。当時の用語法の全体を知ることは訳者の力に余るが、しかし言及した「奇妙さ」をレヴィ＝ストロースの論理に即して解消するヒント（あくまでも一つのヒント）を示しておきたい。

本書第8章でレヴィ＝ストロース自身が出自体系の定義をおこなっている。そこでは「共系出自」は「基本構造」の範囲に入らないとして検討からはずされる。次に、「単系二重出自」に「両系出自 filiation bilinéaire」の語があてられる。

「これら両系主義のぼやけた、あるいは鮮明な諸形態のいずれも、それらと混同されがちな別の一形態からとくに区別されなくてはならない。前段落の実例で父のリネージと母のリネージのどちらもが認知されるということは、どちらのリネージもが同一の権利・同一の義務の譲渡において同一の役割を演じうることを意味する。名前、社会的身分、財産、特権を父母のどちらからも同時に、あるいは父母の区別なくどちらか一方から受け取っていいのである。どちらのリネージにも特別な役割があてがわれるわけでなく、たとえば特定の権利はつねに一方の系に沿ってのみ、別の特定の権利はつねに他方の系に沿ってのみ譲渡されていくというのではない。（略）この定式が前者の定式と至極違うことは一目瞭然なので、用語法のうえで二つを区別することは不可欠であると我々には思われる。父のリネージと母のリネージとが入れ替え可能で、場合によっては二つが一つになってそれぞれの働きを併せもつようになることのある体系を無差別出自体系と呼び、（略）きわめて精密に定義された体系、特定の型の権利譲渡をそれぞれが排他的に支配する二つの単系出自の並置を特徴とする体系に両系出自の名をあてることにしよう」（第8章）

しかし彼の「出自」概念を人類学の規範的な用語法のなかに無理に収めて「曖昧」だと速断する前に、彼の概念規定が「形式的」である点をまず押さえる必要があると思われる。「私による単系出自の定義は次のようにまったく形式的なものなのである。ある人の身分にかかわるどの要素を考察しようと、単系出自はその要素と、両親の双方または一方の身分にかかわるそれと同じの要素との、変わることのない関係を含んでいるだけである」（第12章、注（11））。つまり「出自」は母方要素と父方要素との弁別と、その二要素の組み合わせだけで形式的に区別される。ゆえに、たとえば母方要素を記号＋で、父方要素を記号－で（あるいは本書に見られるように、アルファベットと数字の組み合わせで）表してもいいわけで、この形式性だけが問題なら、いわゆる「親子関係filiation」と「出自descent」を区別する必要はない。

まとめると、本書は出自を①単系、②両系、③双方（無差別または共系）に原則として（というのも、「単系出自、両系出自、無差別出自のあいだには、互いを完全に遮断する仕切りはおそらくない」――第8章）区別しているが、これは次のように考えるとわかりやすいのではないか。①「単系」は父方・母方要素を識別しても、どちらか一方をしか認知しない、②「両系」は両方の要素を識別・認知し、なおかつそれぞれの要素を機能特化する、③「双方」は両方の要素を識別・認知するが、要素を機能特化しない。つまり、②と③は同じカテゴリー（このカテゴリーをレヴィ＝ストロースは文脈によって「両系主義」または「双方主義」と言う）に入り、どちらも①（彼の用語法では「単方主義」）に対立するが、機能特化のある・なしによって区別される。

「一方の双方主義〔無差別出自〕では、二つのリネージが認知されてどちらかのリネージに重きが置かれるが、それは程度の差にすぎず、いずれのリネージにも似通った役割が振り当てられる。（略）しかし（略）ヘルトが参照するのは、二つのリネージをいちじるしく機能特化させるまったく別の体系〔両系出自〕で、そこでは『モザイク状』と遺伝学者の言うかたちに配置された二ないし四つの因子が、互隔世代体系を連想させるまさに社会学的『メンデル主義』の定式に従って組み合わさることで、各個体の社会的身分が決まる。連続するひとまとまりの媒介をとおして双方主義の第一の型から第二の型へ移行することは、もちろん可能であるが、それでもなお、第二の型が尖鋭なかたちの機能特化を示している点は見過ごされてならない」（第25章）

J・P・B・デ＝ヨセリン＝デ＝ヨング「親族と婚姻についてのレヴィ＝ストロースの理論」（『オランダ構造人類学』宮崎恒二ほか編訳、せりか書房、一九八七年、所収、二三九ページ）では、「双方」の捉え方が我々のそれとは微妙にずれているように思われる――「すでに一九三五年にラドクリフ＝ブラウンが指摘しているように、真の双方制、すなわち、男性出自と女性出自が機能的に置換可能である、あるいは混ざり合っているという状態は、少なくとも顕在的なかたちではきわめてまれである。しかしそれと、二つの系統がそれぞれ特定の機能を保持している体系とは、明確に区別すべきである。そうした本当の二重出自（ダブル・ディセント）体系に対して、著者〔レヴィ＝ストロース〕は『双方出自』（フィリアシオン・ビラテラル）〔「両系出自」とすべきでは？――引用者〕という用語をあてたいと考えており、一般に「双方制」と呼ばれる体系には『無差別出自』（フィリアシオン・アンディフェランシエ）をあてている」（ついでに注記しておくと、ここで言われる「双方制 bilatéralisme」を本書は「双方主義」と訳す。これは「双方性 bilatéralité」からはっきり区別するための方便である）。

まちがっているかもしれないが、専門の人類学者による説明も要領を得ないので、あくまでも一つの参考としてのみ記しておく。各自、考えてみていただきたい。

なお、この箇所では descendance という語が用いられているが、この語は「第二版序文」と（訳者の記憶違いでなければ）第6章および第20章にそれぞれ数回出てくるだけで、あとはすべて filiation が使われている。どちらも「出自」と訳し、descendance の場合だけ原語を添えておいた（ただし descendance が「子孫」の意味のときは明示しない)。ちなみに本書の英語版では、索引項目に“filiation”がないことからもわかるように、descendance も filiation も“descent”と訳されている。本書ではレヴィ＝ストロースの用語法を尊重する。なぜなら、たとえ用語法が「奇妙」と見えても、その奇妙さにこそ意味があるかもしれないので。出自と親子関係については本書第8章の訳注も参照されたし。

第二点および第三点。ムルンギン型体系(第12章)とカチン型体系(第15章〜第17章)に関する議論はそのまますべて再録することにした。さまざまな批判が寄せられ、それらに反論しておくべきでもあったが、しかし私見によれば、私が一九四九年に差し出そうとしていた解釈は決定的でないまでも、いまもっていささかの有効性も失っていない。

第2部のうち、それぞれ中国とインドにさいた第2篇および第3篇についても手直しを控えたが、それはいまとはまったく別の理由による。かくも粗雑な部分を批判的に吟味してみようとするだけの気力も意欲も、現在の私にはもはやないのである。一九四五年ごろには中国やインドの親族体系を扱った研究は比較的少なく、すべての研究を手元に抱え込んで総合し、それぞれの意義を引き出すことができたと言っても、たいした思い上がりにならないほどであった。今日ではもはやそのようなことは許されない。というのも、あれら既存の研究を引き継いだ中国学者、インド学者は、手早く渉猟をすますます比較研究などではとうてい得られない歴史的・文献学的知識に依拠している。インドをめぐるルイ・デュモンとその学派の堂々たる親族研究は、あの宏大な全体をいまやはっきりと専門家にしか近づけない研究領域に変えようとしている。だから私は中国とインドを扱った篇をもとのまま残すことで、お茶を濁した。読者にはこれらの篇をあるがままに、つまり民族学の進歩によって乗り越えられてしまった段階として受け取ってくださるよう、せつにお願いする。しかし今回の再版に先立ってそれらの篇の再検討を快く引き受けてくれたその筋の専門家――ルイ・デュモンその人とアレクサンドル・リガロフ――は、寛容にも、それらはまだある程度の意義をもつと評してくれた。

序論で触れた基本的な諸問題については、新しい事実がたくさんもたらされたうえ私の考え方も進んだので、現在であれば別様の書き方をするところである。インセスト禁忌は社会学的原因によってすべて説明がつく、とする信念に変わりはない。しかしまちがいなく私は遺伝学的側面をぞんざいに扱いすぎた。突然変異のきわめて高い出現率と、有害な突然変異がそのなかで占める割合とをもっと正しく斟酌するなら、あれこれの断定をもっと和らげるべきであろう。たとえ近親結合の悪影響なるものが、外婚規則の誕生や維持に関与したことなどまったくないにしてもである。生物学的因果性に関しては、いまであれば有名な文句を借りてこう述べるにとどめておくところである。婚姻禁忌を説明するために民族学は生物学的因果性なる仮説を必要としない。

自然と文化の対立について言えば、知識の現状と私の思索の現状(いずれにせよ、この二つは不即不離の関係にある)はいくつかの点で逆説的な様相を呈している。自然と文化なる二つの次元のあいだに境界線を引こうと提案したとき、私は分節言語の有無を導きの糸とした。そしていまでは解剖学と大脳生理学における研究の進歩によってこの基準は動かしがたく基礎づけられつつある、と考えていいであろう。実際、中枢神経系の構造のうち、どうも人間にだけ特有のいくつかの構造が事物に命名する能力を司っているらしいのである。

だが他方、さまざまな現象が明らかになったため、自然と文化の境界線は、現実味を減じたとは言わないまでも、ともかく二十年前に想像していたより、か細く、かつ曲がりくねってきている。本来の意味でのシンボルを活用することもある複雑なコミュニケーション手段が、昆虫類、魚類、鳥類、哺乳類のあいだに見出されてきた。ある種の鳥類や哺乳類、なかんずく野生状態のチンパンジーには、道具を制作し使うだけの能力があることも知られている。下部旧石器時代〔考古学では「前期」「中期」「後期」をそれぞれ「上部」「中部」「下部」と言う〕といまでも呼び習わされている時代が始まったとされる時期、しかも開始時点がますます遠い過去へとずらされているこの時期に、石や骨を加工する類人猿たちは、種どころか属さえ異なるのに同じ考古学的区域に共生していたと言われる。

かくしてこう問われることになった。文化と自然はどこまでほんとうに対立するのか。ホモ類に属す種のうち、皮肉にもサピエンス〔知恵ある〕と呼ばれる種が、もろもろの中間種をそれが動物に近いと見ればむごたらしく殺戮することに血道を上げ、そのようにしてかなりの程度まで文化と自然の対立をこしらえあげたとするなら、二つを単純に対立させるのはまやかしであろう。あの殺戮を思えば、いかにもこの種はすでに何十万年も前から、いやそれ以前から、現在と同じ愚鈍で破壊的な精神に導かれて行動していたらしい。今日でもこの精神を推進力にして他の生命形態を絶滅させようとしている。それも、自然と訣別しないがゆえに誤って自然の側に追放された人間社会（自然民族 *Naturvölkern*）をさんざん滅ぼしてきたあげくに。まるでこの種は自然に対しては文化だけが人間的なものと言い張り、その後も自然が完全に従わないとなると、無機物に対する生命を体現するのは独り自分のみと言い張ってきたかのようでもある。

もしそうであるなら、文化と自然の対立は、世界秩序の原初的与件でも客観的側面でもないだろう。この対立は文化の側から人為的につくりだされたものと見るべきであろう。それは文化が自分の周囲に掘った防備のための濠であったろう。というのも文化は、起源においては他の生命現象と接していたのに、それを実証するのに好個なあらゆる通路を遮断することによってしかみずからの存在感と独自性を実感できなかったのである。それゆえ、文化の本質を理解するには、源泉のほうへと文化のほとばしりを逆方向にさかのぼることが必要だろう。断ち切られたすべての糸を結び直すため、浮遊する糸の末端を他の動物の科、それどころか植物の科のなかに探し求めながら。そうすれば、最終的におそらく次のような発見が待ち構えているだろう。見るからに文化に有利なかたちで、つまりいちだん高い世界がいちだん低い世界に覆いかぶさってしかも互いに通分不可能なかたちで、自然と文化は結節されているのでなく、むしろ、すでに組み立てがすんでいるとはいえ、動物の生命活動のなかではもっぱら個々別々に現れ、てんでんばらばらに割り振られている諸種の機構を文化が総合し引き継ぐかたちで結節されているのであり、この継承が可能になったのも、それ自体自然の支配下にあるいくつかの大脳構造が出現したからである。

＊＊＊＊

本書をきっかけにしてなされたさまざまな敷衍のうち、なるほど私にとっていちばん意外だったのは、イギリスではほぼ定着した感のある区別、「規定婚 mariage prescriptif」と「選好婚 mariage préférentiel」の概念的区別を導き出した敷衍であった。この区別を議論することにはためらいを覚える。区別の提唱者ロドニー・ニーダム氏(＊)に、私はそれほどにも多大の恩義を負っている。著書『構造と感情』(Rodney Needham, *Structure and Sentiment*. Chicago, 1962〔三上暁子訳、弘文堂、一九七七年〕)で、彼は鋭い洞察力を働かせながら、じつに精力的に私を(ときに批判も交え)みごとに英語圏の読者に紹介してくれたのである。あの本に対しては、どちらかと言えば異論を差し挟まずにおきたい気持ちである。たとえ異論がここでのように、一個の限定された問題にしかかかわらない場合であれ。とはいえ、ニーダムが差し出した解決策は私が採用した視点を全面的に変更してしまうことになるので、ここで若干の論点をどうしても再考しておく必要はあると思われる。いずれもすでに展開しておいた論点であるが、そのときはイギリスの同僚たちに敬意を表するため、望んで彼らの母国語を使い彼らの土俵に立って、まずは展開しておいた。それというのも、一九六五年度ハクスリー記念講演を私に依頼し、それらのテーマについて話す機会をつくってくれたのは彼らであったので。

(＊)『選好的』ということばは、選択《チョイス》の機会があること、そして婚姻という文脈において、結婚可能なたくさんの人々(たとえば、血統的に、あるいはカテゴリーとして区分されている)のあいだで、選択の機会があることを示している。この状態では、可能な範囲内で、一人、あるいはさらに多くの人々を選好することがあるかもしれない。つまり、なんらかの理由で、ある一定の位置の女性と都合がよければ結婚することがいいことだと考えられているにすぎない。(略)他方、『規定的』ということばは、まったく異なった意味をもっている。この場合、重点は選択の機会の欠如そのものに置かれている。結婚すべき人のカテゴリー、あるいは型《タイプ》はきちんと決めら

れており、この婚姻は義務づけられたものである」(『構造と感情』邦訳一一～一二ページ)

久しい以前から知られているとおり、またクントシュタッターとその研究チームがコンピュータを使ったシミュレーションによって完全に証明してくれたように[(1)]、婚姻を特定の型の親族のあいだに限定するよう奨励する社会は、ごくかぎられた場合にしかうまくこの規範に則ることができない。妊娠率、出生率、男女人口比、人口年齢分布が均整のとれた調和と規則性をけっして都合よく示してくれないため、各個体は、結婚適齢期になっても、規定親等のなかに適切な配偶者を見つけ出すことが必ずしもできないのである。共通出自 descendance commune の概念がしばしばまったく理論上の意味しか帯びなくなるほど互いの親等差が違っていても、親族分類法の外延が十分に広いおかげで、型さえ同じなら複数の親等を同等視できるといった場合ですら、事情は変わらない。そこから、婚姻を特定の型の親族にのみ限定することをしない体系に「選好的」という性格づけを与えよう、との考えが出てくる。この性格づけは、規定親等を規範にすると婚姻が不可能になるという、いま見た現実を反映している。

他方、多数の親等を規定された婚姻カテゴリーへと一つにまとめてしまう体系が存在する。しかもこの婚姻カテゴリーには、親族でない者が含まれていることすら考えられるのである。規範的な型のオーストラリア社会〔半族、セクション、下位セクションへ組織化されている社会〕や、そのほか、東南アジアにしばしば典型が見出される社会がそれにあたる。これらの社会では、女の「取り手 preneur」また「与え手 donneur」とほかから呼ばれたりみずからそう名乗る集団のあいだで、婚姻が結ばれる。任意の集団は決まった「与え手」以外から女を受け取ってはならず、決まった「取り手」以外に女を与えてはならない、これが規則だからである。こうした集団は恒常的に十分な数を保っているようで、それゆえどの集団にも、ある程度まで配偶者選択の自由があり、世代が変わっても、また同世代の複数の男によって婚姻が締結される場合ですら、いつも同じ「与え手」に頼らねばならない義務は生じない。かくして、隣接世代に属す二人の男(たとえば父と息子)を夫とした女たちは、それぞれが別の「与え手」集団からやってきたなら、互いにいかなる親族的結びつきももたないことがある。規則が要するにきわめて緩やかなのである。よって、当の規則を採用している社会がその遵守にはなはだしい困難を感じることはない。例外的な場合を除けば、それらの社会は、なされねばならぬとみずからが言っていることを実行に移している。この理由から、そうした社会の婚姻体系を「規定的」と呼ぶ提案がなされた。

（＊）訳語としては女の「もらい手」としたほうが座りがよくなるが、もらう・受け取る recevoir より、字面どおり、取る・獲得する prendre という能動性を訳語に反映させることにした。ドゴン人のもとで「婚姻」を意味する語 *ya di* は「直訳すると〈女を取る〉」になるとの民族誌の記述（M・グリオール／G・ディテルラン『青い狐』坂井信三訳、せりか書房、一九八六年、三五ページ）がこの訳語選択のもとになっている。

ニーダムに続き、今日、何人かの著者は、私の本が規定体系にしか取り組んでいないと主張している。もっと正確に言えば（なぜなら、そうでないことは本書を通読するだけではっきりするのだから）、規定体系に的を絞ることが私の意図であったにちがいないが、私はあれら二つの婚姻形式を混同してしまった、と。しかし、あの区別を支持する人々によれば規定体系の数はごくわずかなのだから、彼らの言うことが正しいなら奇妙な結論が出てきてしまう。私が書いたなんとも浩瀚な書物は、一九五二年（J・P・B・デ＝ヨセリン＝デ＝ヨング『親族と婚姻についてのレヴィ＝ストロースの理論』――J. P. B. de Josselin de Jong, *Lévi-Strauss's Theory on Kinship and Marriage*. Leiden, 1952〔邦訳、前掲『オランダ構造人類学』所収〕――が出版された年）以来、ありとあらゆる種類の注釈と議論を巻き起こしたにもかかわらず、きわめてまれな事実を扱い、きわめて限定された領域を対象にしていることになる。ならば、本書が親族の一般理論に対していかなる意義をもちうるのか、もはや皆目見当がつかない。

ところが、ニーダムが本書の英語版に進んで協力してくれたそのことからしても――この点で彼は私から一度ならず感謝の念を受け取ってしかるべきである――明らかに彼の目にも本書が理論的意義をまったくなくしてしまったとは映っていなかった。本書が例外的事例しか検討していないなら、どうしてニーダムの協力など得られたろう。ならば、こう記すリーチが正しいとすべきか。「彼が検討している『基本構造』はまったくふつうには見られないものであり、ゆえに一般理論にとってはかなり脆弱な土台しか提供しないように思われる」。しかもリーチは一般理論ということについて、「みごとなまでの失敗」と述べているのだ（Lévi-Strauss – Anthropologist and Philosopher. *New Left Review*, 34, 1965, p. 20）。しかし、みごとですらある失敗に帰着してしまった書物なら、初版から二十年近くたとうといういまになって版元がそのフランス語版と英語版をともに再刊することに決めた動機もまた、推し量りがたいばかりである。

さて、私は選好 préférence と義務 obligation の概念を区別せずに用いたどころか、人々から非難されたように、ときとして一つの文章のなかで二つの概念を結びつけることさえやってのけた。私が見るかぎり、この二つの概念は別々の社会的現実を暗に指し示しているのでなくて、むしろ同一の現実を思考するさいに人間が採用する、二つのほとんど異なるところのない思考法に対応しているからである。先ほどいわゆる規定体系をその命名者たちに倣って定義してみたが、しかし、あのように定義してみてもこの体系はたいしたことを規定していることにならない、と結論せざるをえない。規定体系を実施している人々は、この体系の精神が、各集団は「与え手」から妻を獲得し「取り手」に娘を与えるとの同語反復的命題に要約されないことをよく知っているし、またこういうことも意識している。母方交叉従姉妹（母の兄弟の娘）との婚姻は規則のもっとも単純な例証、体系の存続を保証するもっとも好適な定式を差し出すが、父方交叉従姉妹（父の姉妹の娘）との婚姻は、取り返しのつかないほど規則を破るだろう、と。そう意識されるのも、交換集団の数が下限に達し、第二次交換周期の暫定的な開始や終了が禁じられる理想状態を想定すれば、体系は親等の言葉で表現されるからである。

体系のこうした理論的モデルが経験的現実とずれるのはべつに珍しくない。カチンの最初の観察者の一人ギルホーズは、何度もこのずれを強調しながら事の推移を記述したし、グラネの図式ですら、周期の多数性を浮き彫りにしている。最初の稿を起こすにあたり、私はこのような複雑さを慎重に考慮しようとしていた。いずれにせよ、規定的と言われる体系の経験的現実は、民族学者に先立って原住民(*)自身がこしらえる理論的モデルを考え合わせてはじめて意味をもつこと、さらに原住民の理論的モデルが決まって親等概念を援用することはまちがいない。

(*)『野生の思考』の名訳者大橋保夫氏はその訳注で正当にもこう指摘している。「レヴィ=ストロースがよく使っているindigènes(語源的には「その土地に生まれた人」を意味する)は、サルトルの邦訳を含めてふつう『土人』、『土民』、『原住民』と訳されているが、著者の考え方を考慮して、人種的偏見とコロニアリズムの臭いのするこれらの訳語を避け、若干の無理を承知のうえで一般的には『現地人』とし、『原住民』のほうはオーストラリアのaborigène〔アボリジニー〕やアメリカ・インディアンのように、自分の住んでいた土地を奪われてしまった人々のみに用いることにした」(『野生の思考』みすず書房、一九七六年、三三〇ページ)。当訳書では一貫して「原住民」の訳語を採用しているが、読者には大橋氏の指摘を忘れないでいただきたい。そこで言われている「著者の考え方」とはいまふうに言えば、indigèneの語にまといつく西欧中心主義的なコノーテイションを「脱構築」(要するに、「換骨奪胎」のもってまわった言い方)することである。しかし事は訳語に、すなわち日本語にかかわる。「原住民」の訳語によって訳者は「換骨奪胎」すべき対象を日本語の、な、か、に記録しておいたと理解していただきたい。アメリカ合衆国における公民権運動で黒人たちがみずからを「ブラック」や「ニガー」と名指すことで、この「差別語」自体にまさに「公民権」を与えようとした戦術のことを想起してもらえば、「換骨奪胎」すべきものを「換骨奪胎」する前に抹消してしまうことに問題があることは明らかであろう。これは「ポスト・コロニアル」の時代であればこそ、なおさら重要な点と考える(植民地主義の時代は終わった、ゆえにそれにかかわる「差別語」はコロニアリズムの「残滓」にすぎない、というかたちで「過去」を免罪符に使う論理の、ほかならぬコロニアリズムを問題化するために)。なお、本書にはいくつかの「差別語」が現れるが、それらを「消す」こともまたしていない。ほとんどはフィールド・データに記録された「原住民」の言葉である。人類学者でない訳者にははっきりはわからないが、おそらく彼らが「目の不自由な人」と言うことはまずないであろう。

ある論文に「規定的父方交叉イトコ婚の形式分析」(The Formal Analysis of Prescriptive Patrilateral Cross - Cousin Marriage. *Southwestern Journal of Anthropology*, vol. 14, 2, 1958)なる表題をつけてニーダムがなそうとしているのも、やはり理論的モデルと経験的現実との関連づけではないのか。ところが、彼はここでもモデルの水準と経験的現実の水準を混同していると私には見える。父方交叉従姉妹との婚姻という規則を実行しても、婚姻交換の方向が世代ごとに反転するたびに耐えがたい拘束が生じるため、規則に従う婚姻の割合が低くなることを甘受しないではいかなる社会もこの規則の実行を持続させることができない。このことを論証する企ては、なるほど、本書第27章の考察になにも、あるいはたいしたものを付け加えはしないが、しかし、父方交叉従姉妹との婚姻という規則の実行が持続しないのはこの婚姻型に関するモデルが矛盾しているから、との結論を当の論証から引き出そうとすれば、確実に思い違いを犯すことになる。なぜならモデルの矛盾という主張を擁護できるのは(といっても、相変わらず若干の留保はつく)、婚姻交換がつねにクラン(*)のあいだでおこなわれると仮定した場合にかぎられるからである。現実にはこの仮定はまったく必要ないばかりか、恣意的に立てられてもいる。そこで一個のありえない条件が繰り込まれてくるが、そうしたところで結局――父方従姉妹との婚姻は「全体構造を実現する」ことがつねにできず、この婚姻の「法則は存在しない」と明らかにすることによって、私がすでに立証しておいたように(初版、五五三~五五四ページ)――この条件の不可能性を再確認するだけの気晴らしが得られるにすぎない。しかし、父系体系が危うい条件下でながら維持されていく可能性をアプリオリに排除するものはなにもないうえ、父系体系の十全なモデルは父系体系を禁圧している数多くの人間集団の、少なくとも精神のなかには実在している。それゆえ、これらの人間集団はそのモデルについてなんらかの観念をもつはずなのである。

(*)「出自」についてはすでに述べた。ここで本書に頻出するほかのいくつかの基本用語にできるかぎり簡潔明瞭な観念を与えておきたい。出自（単系出自）は財・権利などの移転経路であるゆえに、容易に一本の線ないし系 ligne をイメージできる（本書に出てくる「系」という用語はつねに「単系」の意味で理解すべきである）。この系に属す人々、すなわち線の始点である共通の祖先をもつ人々（男であれ女であれ）のまとまりを「出自集団 groupe de filiation」と言う（共通の祖先は、たとえばアマテラスのような架空の神話的始祖であってももちろんかまわない）。出自集団のもっとも大きな単位が「部族 tribu」であり、以下、「下位部族 sous-tribu」「クラン clan」「リネージ lignage」「下位リネージ sous-lignage」などへと細分されていく。これら出自集団の性格を一言で言えば、程度の差はあれ、「協働」の観念とそれの実践であり、婚姻と親族関係の水準でもっとも重要な単位をなすのはクランとリネージである。またこの二つの単位のあいだに、出自の曖昧さ・明瞭さという確固とした差異が入り込む。クラン以上の単位の場合、時間的・空間的な規模が大きすぎてメンバーが分散しているため、必ずしも明瞭な系をたどることができず、ゆえに「協働」を効果的に可能にする連帯性に比較的乏しい。それに対してリネージ以下の単位では確実に共通の祖先までたどりなおすことができ、したがってメンバーのつながりもまた強固である。第二の差異として、クランは比較的安定した単位にとどまるが、リネージは分裂増殖へ向かう強い傾向を示す。言うまでもなく、結婚して子供をもてば、男は誰でもリネージの「始祖」になりうるので。要するに、「始祖」までの明瞭な系譜をもたない・もつの違いはあれ、クランもリネージも本書では単系出自集団のことと解して大過ない。

むしろ規定婚と選好婚が相関的な概念であることを認めよう。選好体系は、それをモデルの水準で考察すれば規定的である。他方、規定体系は、それを現実の水準で考察すれば選好的でしかありえない。規定体系にみずからの規則を緩めるだけの力があると仮定するなら別だが、しかしその場合、（規定体系がつねにもつ選好的側面を見るべきなのに、そうせず）規定的なる表現を頑としてこの体系に残しておいても、結局、規定的ということがもはやなにも意味しなくなるまで規則が緩められなくてはならないだろう。規定体系が選好的でしかありえないのは、「与え手」集団が変更されても、次のどちらかになるからである。以前と同じ仕方で縁組を結べば、以前と同じように選好親等が適切に考慮されている（たとえば新しい妻に曾祖母の兄弟の曾孫の娘を迎えれば、彼女は論理的には母方従姉妹にあたる）。かたや、縁組の仕方をまったく一新してしまうなら、二つの場合が現れる。新しい縁組が以後の、しかし同じ型の縁組の先駆けをなし、この縁組から、以前と同じ推論にもとづいて今後の選好の仕方、親等を使って言い表すことのできる選好の仕方が生み出されていく。逆に新しい縁組が一回かぎりで終わってしまうなら、この縁組はたんに動機づけのない自由な選択のもたらした結果にとどまる。よって、体系が規定的であると言われうるのは、それが規定的である前にまず選好的であるかぎりにおいてなのである。体系が十分に選好的でないなら、規定的側面は消えてなくなる。

逆から言えば、母の兄弟の娘〔母方交叉従姉妹〕との婚姻を奨励する体系は規定的と呼ばれていい。たとえ規則がまれにしか守られなくても、この体系はなすべきことがらを述べているのであるから。所定の社会のどれくらいの割合の成員がどの程度まで規範を遵守するかはとても興味深い問いであるとはいえ、この社会を類型論的にどう位置づけるのがふさわしいかという問いとは別である。規則が意識されているなら、それは規則が規定する方向へとわずかなりとも配偶者選択を導き、ゆえに、結合が偶然におこなわれると仮定した場合よりも規則が意識されている場合のほうが正規の婚姻の比率は高くなる。ほぼありうることとしてこのことを受け入れさえすれば、水先案内人の役割を務める母方「操作子《オペレータ》」とでも言うべきものの働きを、当該社会のなかに認めることができる。すなわち、少なくとも若干数の縁組はこの母方「操作子」がつける道筋に入り込んでいき、それだけでなんらかの特異な曲がりが系譜空間に刻み込まれる。なるほど、曲がりは系譜空間のただ一箇所にだけでなく、多くの箇所に現れ、しかもこれら局所的な曲がりはしばしばたんなる端緒のまま終わり、ごくまれで例外的な場合にしか、閉じた周期をかたちづくることはないだろう。しかしこれら構造の部分図があちこちに浮かび上がりさえすれば、当該体系を、より厳密な体系に対する確率論的な異本となすには十分である。ここで想定されている厳密な体系というのはまったく理論的な概念であり、すべての婚姻が社会集団の好んで表明する規則に完全に合致している体系をさす。

『構造と感情』の書評においてラウンズベリーがじつにはっきり理解したように（*American Anthropologist*, 64, 6, 1962, p.1308）、根本的な誤解は、ニーダムが「基本構造」と「複合構造」の対立を「規定婚」と「選好婚」の対立と同一視し、ついでこの混同を盾に、二つの対立を入れ替えてしまったことに由来する。(2) 逆に私は、基本構造は等しく規定的でも選好的でもありうると主張しているのである。基本構造の判別基準は規定的か選好的かにはない。特定の配偶者が選好されるのも規定されるのも理由はただ一つ、当の配偶者がなんらかの姻族カテゴリーに属すからか、〈私 Ego〉に対してなんらかの親族関係を有すからである。ここに判別基準のすべてがある。言い換えれば、強制された関係であるか望ましいとされた関係であるかは社会構造を関数にして決まる。選好や規定の根拠がいまとは別の考慮に由来しているとき、我々は複合構造の領域へ踏み込むことになる。たとえば妻は金髪であるのが望ましい、すらっとしているのが望ましい、知性的であるのが望ましいとの理由によって、あるいは裕福な一族や有力な一族に属しているとの理由によって、選好や規定の根拠が説明されるときである。この最後の場合も、なるほど、働いているのは社会的判別基準ではあるが、しかしこの判別基準による評価は相対的なもので、体系がこの判別基準を構造的に定義しているわけではない。

かくして、基本構造の場合でも複合構造の場合でも、「選好的」の語が用いられるときに言及されているのは、特定の型の親族を結婚相手として求めるよう個体を促す、主観的な好みではない。「選好」は一つの客観的状況を表しているのである。もし私に用語法を決める権限があるなら、次のような体系をなんであれ「選好的」と呼ぶだろう。明文化された規定を欠くにもかかわらず、実の親族であれ、類別上の親族であれ（ただし私は「類別上の classificatoire」という用語をモーガンの定義よりも漠然とした意味にとる(*)）、特定の型の親族のあいだでおこなわれる婚姻の割合のほうが偶然に負う婚姻の割合よりも高くなる体系。しかも集団の成員が二つの婚姻の割合の差を知っているか否かは関係ない。この客観的な割合は、体系がもついくつかの構造的属性を反映しているのである。もしうまくそれらの属性を取り出せたとしたら、社会が選好体系と同様の「選好」をはっきり示しながらもその「選好」に一種規定とも見える外観を付与する場合でも、その社会に直接認められうる諸属性は選好体系の諸属性と構造的に同形 isomorphique であることが判明するだろう。「選好」に規定の外観をまとわせようがまとわせまいが、実際に得られる結果はまったく同じになるからである。すなわち、母方交叉従姉妹との婚姻を仮定しても、もっぱら「与え手」集団だけからやってくる女との婚姻を仮定しても、縁組経路〔縁組ネットワーク(**)〕は(必ずしもそうなるとはかぎらないにしても)理想的には閉じる方向へ向かい、他方、とりわけ重要なことに、縁組経路が、父の姉妹の娘〔父方交叉従姉妹〕との婚姻が選好される社会において観察されうるか想像されうる縁組経路より相対的に長大な場合は、(たとえ規定婚規則が欠けていても)交換周期の短縮が引き起こされるのである。(3)

(*) ルイス・モーガンは親族名称体系を、記述的体系 descriptive system と類別的体系 classificatory system に分けた。記述的体系は、父、母、娘など、基本名称を組み合わせることによって、つまり「記述的」に、傍系親族を言い表す。類別的体系は親族をクラスに分類し、それぞれのクラスに単一の親族名称をあてがう。単純化して言えば、類別的体系において、ある女がある男の「母」であるのは、この女が「母」のクラスに属すからであり(彼女が実際に彼を出産したかどうかは関係ない)、またこのクラスに属す女はすべてこの男の「母」である。このように、「類別上の親族」とは、クラスないしカテゴリーとして捉えられた親族をさす。

(**) 「ネットワーク」はある中心からクモの巣状に四方八方へ広がっていくといったイメージを与えるが、縁組はそうしたネットワークのなかをなんらかの方向性をもって経巡っていく。方向性があるゆえに縁組周期もまた閉じる可能性をもつ。クモの巣では閉じる感じがしないので、本書では réseaux d'alliance を「縁組経路」と訳す。

言葉を換えるなら、私は、任意の婚姻型にかかわるさまざまな定式を、規定的と選好的とに、観念次元で区別することができないと言っているのではない。そうではなく、両極をなす定式のあいだには、中間的な適用例が連続した一系列をなしていつでも入り込んでくるということなのだ。そしてこの適用例の系列が一つの群《グループ》をなすこと、個々別々の適用例の水準ではなく、この群の水準でのみ体系の一般理論が可能であること、それを私は前提に立てている。体系を分解してならない。そこかしこで人間たちが体系を思い描くときに選択する、多様な表象の仕方へと、分析的に体系を分解してしまってはならないのである。ある社会の縁組経路に実際に課される形式と、この社会で結婚が仮に偶然におこなわれたときに観察される縁組経路の形式とのあいだに生じる標準的距離から、体系の本性は客観的に出てくるのである。本質的に見れば、ただモデルの平面でのみ規定婚と選好婚は区別される。それは少し前に私が「機械的モデル」および「統計的モデル」と呼んで両者のあいだに設けるよう提案した区別に対応する（*Anthropologie structurale* pp. 311-317〔『構造人類学』荒川幾男ほか訳、みすず書房、一九七二年、三〇九～三一六ページ〕）。すなわち、機械的モデルの場合、モデルのすべての要素と、このモデルによって相互関係を確定される事象――クラス、リネージ、親等――とは尺度を同じくするが、統計的モデルの場合には、確率の働きによって律せられているように見える分布からその背後に隠れている有意的因子を見つけ出し、それらの因子をもとにしてモデルを抽出する必要がある。

＊＊＊＊

　自分から口を開くよう規則を通訳に立てても、間接的に語らせようと、親族分類法から推論によって引き出せる帰結を援用するかそのほかの方法に訴えても、当該社会が婚姻交換についてなにも言ってくれないとき、しかし少人数で比較的閉じている集団が対象なら、そこでなされる婚姻交換に共通の有意的構造を探し出すことはできる。この場合、系譜に語らせるのである。しかし集団の規模と流動性が増して集団の境界そのものがはっきりしなくなると、問題はいちじるしく複雑になる。集団はたんにインセスト禁忌の名のもとにであれ、自分がなにをなしていないかを語りつづけはするが、しかしそのとき集団は、成員が個人的生活体験、野心、趣味を基準に配偶者を選ぶと想定した場合に集団がなすであろうこと以上の（あるいは以下の）なにかを、じつは気づかずなしていいるかもしれない。なしているか否かを知るにはどうすればいいか。このような言い方で提起されているのは、基本構造から複合構造への移行の問題なのだと私には思われる。あるいは、民族学的親族理論をどう現代社会にまで拡張するかの問題だと言ってもいい。

本書執筆の時点では、従うべき方法は簡単であるかに見えていた。手始めに、調査の観点から言えば幸運な事例、人口分布が狭くて高い内婚率を示すがゆえに、幾度となく交差し合う系譜連鎖や縁組経路を取り出せるとの期待がもてる孤立民族の事例へと、現代社会を通分してみればいいはずだと思われた。ある確定可能な割合の婚姻が親族のあいだでおこなわれているかぎりでなら、これらの交換周期が偶然に方向づけられるのか、かなりの割合の周期が特定の形式に依存する傾向にあるのかを知ることができるだろう。たとえば、配偶者同士が（しばしば本人たちは知らないまま）親戚関係にあるとき、この親戚関係は父系であることが多いのか母系であることが多いのか、父系であれ母系であれ、配偶者たちの親戚関係は交叉イトコ関係に発するのか平行イトコ関係に発するのか。なんらかの方向性の存在がはっきりしたなら、それを、民族学者たちが小規模社会のなかですでに研究した類似の、ただしより明確に定義された諸構造に並ぶ、一つの型に分類していいだろう。

とはいえ、決定論を免れていると思い込んでいるか、決定論を免れたいと望んでいる体系と、私が基本構造の名で呼んだ、よく決定された体系とのあいだにはまだきわめて大きな距離が残っているため、両者を決定的に近づけ関連づけることはなされていない。ただ幸いにも（少なくとも当時は「幸いにも」と述べていいと私は思っていた）、中間的な型が民族誌によって報告されている。この型に属す体系は婚姻の障害事由を定めること以外はしないが、親族分類法に起因する拘束の影響で、それら障害事由をじつに広範に拡張していく。それゆえ、数千という個体数を上回ることのない比較的少ない人口を考慮すれば、障害事由からその換位命題を取り出せるとの望みも湧く。換位命題、すなわち無意識的規定からなる体系のことであるが、この体系は意識的禁忌体系がつくる中空の型枠のその正確な外形を、型枠からとられた成型物として再現してくれるだろう。もしこのような操作が可能であるなら、一つの方法が手に入ったことになる。なしてはならぬと禁じられていることと実際になされていることとのあいだで自由裁量の余地が大きく広がり、そのため唯一与えられている陰画から確実に陽画を複製することが難しくなる事例にも、この方法なら適用できるのである。

いま触れた体系は、民族学ではクロウ＝オマハ型体系の名で知られている。北アメリカのこれら二つの民族 tribu(*)のもとで、この体系の母系変種と父系変種がそれぞれはじめて確認されたからである。一九四七年から四八年には私も、たびたび言及している本書第二巻で、クロウ＝オマハ型体系をとおして親族の複合構造研究に着手するつもりでいたが、この第二巻はこれからもおそらく書かれることはない。ならば、研究計画断念の理由を説明しておくべきだろう。クロウ＝オマハ型体系を通過することなしに親族理論の一般化は望むべくもないとの信念に揺るぎはないものの、しかし徐々に気づいていったように、この体系の分析には途方もない難題が持ち上がる。それは民族学者の領分に属す難題でなく、数学者の領分に属す難題である。十年来、折に触れて問題をともに議論してきた人々も、いまでは同じ確信をいだいている。問題は解決できるはずだと言う人もいたし、あとで指摘する論理上の根拠からして、できないと言う人もいた。いずれにせよ、必要な手間暇をかけて問題を解明しようとの意欲を示した人は皆無であった。

（＊）本書では tribu を、クランより上位の出自集団をさすと思われるときは「部族」、それ以外はすべて「民族」と訳す。また具体的な民族名には必要に応じて適宜「族」でなく「民族」をつけることにした（文脈によっては地名か集団名かがまぎらわしくなるので）。たとえば「クロウ族」とは言わずに「クロウ民族」である。民族はその規模、「文化水準」、経済力などにかかわらずすべて民族であるはずなのに、日本語では自民族のことを「日本民族」と言い（むしろ「日本部族」とでも言ったほうがある意味で正確であるのに）、アフリカの民族やアメリカ・インディアンなどを「ヌエル族」「ホピ族」などと呼ぶのはおかしいとする人類学的認識に依拠してである。表記上の慣例へのこのような違反は日本語にいささかの軋みをもたらすが、この軋みの意味は読者それぞれに考えていただきたい。

ついでに付記しておくと、本書はいま述べた意味でしか tribu に「部族」の語をあてないが、これは、「種族」「部族」は侮蔑的な意味を含むので使用を避けたほうがいいとの人類学者からのアドバイスに従ったからでなく、「民族」「種族」「部族」という人類学用語そのものがきちんとした概念規定を欠くためである。ゆえに、tribu を「民族」と訳すことで問題化されるのは人類学的概念（?）としての「民族」ではなく、日本語における慣用（たとえば台湾の「高砂族《たかさご》」を「高砂民族」とは言わない――しかしなぜそう言わないのか）である。

「この書物やアボリジニーズについてのほかの書き物で使われるアランダとか、ギジンガリとか、カラジェリのような名称は、第一義的には、ある言語の土着の話し手たちと、彼らによって伝統的に占居されているオーストラリアの地方をさしている。このような人々は、国民国家に見出され、しかもしばしば『部族』という言葉によって示唆されるような政治‐法律上の統合性とか、明瞭で不可侵の境界を有していなかった」（K・マドック『オーストラリアの原住民』松本博之訳、勁草書房、一九八六年、六〇～六一ページ）

ラドクリフ＝ブラウンとエガンは、世代帰属より先にリネージ帰属を考慮する点にクロウ＝オマハ型体系の本質的性格の一つがあることを明らかにし、この体系について我々に多くを教えてくれた。しかし人々はクロウ＝オマハ型体系を、あまりにも性急にほかの体系と一緒にしてしまったようである。これらの体系も同一リネージに属す複数の特定の親族を、男女を問わず、しかも当の親族たちが隣接世代に属していても同じ一語によって言い表す。また、観察者の視点が置かれる第三のリネージの両脇に対称的に配置された、二つのリネージの成員のうち、何人かを、クロウ＝オマハ型体系の場合と同じく、一世代または二世代、繰り上げたり繰り下げたりする。なるほど多くの著者が、クロウ＝オマハ型親族分類法といわゆる非対称婚社会、すなわち母方交叉従姉妹を配偶者として規定するか選好する社会の親族分類法とをひとくくりに分類している。非対称体系の理論に問題はないのだから、クロウ＝オマハ型体系についても問題はなかろうというわけだ。

だが、ある興味深い変則性が注意を引きつけるはずである。非対称体系の模型図は容易に描ける。この体系は鎖状に次々につながっていく連繫といった外観をもち、連繫の方向はどの世代の水準でも同じなので、閉じた周期の重なりができていく。これらの周期は、円柱の壁面に線描して平面上に投影することができるのである。それに対し、クロウ＝オマハ型体系を二次元空間、それどころか三次元空間にすら満足のいくかたちで図示しえた人はまだ誰もいない。世代が進むたびに新しいリネージが入り込んでくるので、これらのリネージを図化するために、それと同じ数だけの専用平面が必要になる。これらの平面を交差させようとしても、体系から明示的に得られる情報を補完してくれる系譜的情報が欠けているため、三世代か四世代を経るあいだにせいぜい一度かぎりしかそうすることが許されない。規則は男女双方に等しくあてはまり、一つのリネージは各世代ごとに少なくとも一人の男と一人の女を含んでいるから（でなければ、モデルは均衡を失うだろう）、数世代にかぎられた模型図であっても、紙の上にとても投影できないほどのおびただしい空間的次元が必要になる。さらに非対称体系であれば考慮に入ってこない時間的次元がそこに付け加わる。ラドクリフ＝ブラウンとエガンは多数の模型図を並置することで困難を切り抜けた。しかしそれぞれの模型図は体系の一側面ないし一契機しか図解しておらず、それら模型図をすべて併せても全体像は表現されていないのであった。

洞察力に富んだ観察者、たとえばディーコンが、メラネシアのクロウ型体系を記述するにあたって上述の問題にどう取り組むかをいまから見てみよう。セニアンのもとで「配偶者の選択を限定するのは多数の禁止（「〜してならぬ」との命令）であって、規定（「〜すべし」との命令）ではない」とこう書いて、彼は次のように付け加える。「少なくとも理論上では、特定クランの女との婚姻は、先行諸世代においてこれと同じ型の婚姻がすでにおこなわれたことが人々の記憶に残っているかぎりは不可能である」（*Malekula. A Vanishing People of the New Hebrides.* London, 1934, p. 134）。この二つの定式をひっくり返すだけで、非対称婚の完全に満足のいく定義が得られる。実際、非対称婚の場合には、ただ一つの規定さえあれば、配偶者選択を限定するのに十分である。すなわち、男性個体は母の兄弟の娘と結婚すべし、または「与え手」集団出身の女と結婚すべしとする規定である。さらに「与え手」集団も、同様の縁組がすでに何度も当の集団とのあいだで組まれてきたことの記憶を人々がもっているので、おのずと識別される。

だからといって、クロウ＝オマハ型と言われるすべての体系が配偶規定の制定や婚姻選好順の明示を決まって差し控えると結論することも、許可されたクランの範囲でなら配偶者選択の全面的自由があると結論することもできないだろう。母系であるチェロキーは母のクランと父のクランの二つを禁止するだけであり、「祖母」——すなわち、母の父のクランか父の父のクランに属す娘——との婚姻を奨励する。ホピでは母のクラン、父のクランまたは母の父のクランが、あるフラトリー〔共通の目的によって統合された二つ以上のクラン（氏族）からなる集団。「胞族」とも言う〕に属しているなら、このフラトリー出身のどの女との婚姻も理屈のうえでは禁忌とされていた。これらの社会が仮に祖父母のそれぞれの型〔母方祖父、母方祖母、父方祖父、父方祖母〕について一つのクランないしフラトリーしか、ゆえに四つのクランないしフラトリーしか抱えていないのであれば、その婚姻体系はオーストラリアのカリエラおよびアランダの婚姻体系によく似てくるだろう。後者の婚姻体系では、適切な配偶者を見つけるために個体が二つか三つの系を選択肢からはずし、残りの系に結婚相手を求めれば、その残りの系の数は二つか一つでしかない。ところがクロウ＝オマハ型体系では、例外なく四つを超える系を数える。確認されているところでは、チェロキーには七つのクラン、オマハには十のクラン、クロウには十三のクラン——かつてはもっと多かったにちがいない——があり、ホピには十二のフラトリーと約五十のクラン、セニアンには三十から四十のクランがある。仮にクランの数が四という数字に近づけば、どのようなクロウ＝オマハ型体系もアランダ型構造へと収斂していくことになるだろうが、しかし明確な禁止対象となっていないクランであればどのクランとの婚姻も原則として適法とされるなら、このアランダ型構造はいつまでも偶発的出来事の奔流に呑み込まれたまま、けっして安定した一定のかたちに結晶化することはないだろう。定まりのないのっぺりした媒質のそこかしこに、構造の残影だけが、いつもつかの間、茫漠と浮かび上がるだけだろう。

いや、クロウ＝オマハ型体系に最適な定義方法が次のような言い方に帰着するなら、そもそもそのような現象すら現れないことも多いかもしれない。すなわち、一つの系を選び、そこから配偶者を一人得るたびに、照会先の系に属す全成員が配偶候補者の数から自動的に除外され、しかもこの除外は数世代にわたって続く、と。婚姻がなされるたびにこれと同じ操作が繰り返されるのだから、クロウ＝オマハ型体系は乱流状態に置かれつづけ、その意味で非対称体系の理想モデルに対立する。実際、非対称体系の交換の仕組みは規則正しく秩序づけられている。この体系は、言ってみれば、すべての歯車が一個の筐体《きょうたい》に収まっている時計に似ている。(4) クロウ＝オマハ型体系のほうはむしろ、外部の水源から供給される水を吸い込んでは押し出すポンプに似ており、配水できず余った水を貯水タンクに捨てていくのである。

ゆえに、クロウ＝オマハ型体系でも非対称体系でも共通して交叉イトコの型〔母方交叉イトコと父方交叉イトコ〕の一方が一世代繰り上げられ、他方が一世代繰り下げられているので、との口実のもとに二つの体系を同類と見なすことほど人を誤らせるものはないだろう。そう見なすとき、ある本質的相違が無視されると言っていいのだから。非対称体系は一方の交叉イトコを「義父」、他方の交叉イトコを「娘婿」に変える。つまり、つねにどちらの交叉イトコも、私が婚姻を取り結ぶことのできる系、あるいは私の系と婚姻を取り結ぶことのできる系に属す成員なのである。ところが、クロウ＝オマハ型体系の場合には、こう述べてもさほど事態を歪めることにはならないだろう。この体系は、いま言った同じ二人の個体をそれぞれ「父」と「息子」に変え、そうすることで、婚姻が私のリネージと交叉イトコのリネージのあいだで不可能になったことを宣言する。要するに、非対称体系が血族を姻族に変形しようとの配慮を示すのに対し、クロウ＝オマハ型体系は逆に姻族を血族に変形しようとの配慮を示す。しかしこの変形への配慮をとおし両体系は対称的な、ただし逆向きの結果を求めようとしている。すなわち、非対称体系は、縁組が近い親等的結びつきのある人々のあいだで永続することが可能か必要になるようにし、クロウ＝オマハ型体系は、姻族の絆と血族の絆が、遠い親等の場合を除いて（といっても、この点についてはまだなにも我々には知られていない）、互いに排斥し合うことが可能か必要になるようにするのである。

この意味で、クロウ＝オマハ型体系は、親族の基本構造と複合構造とを結節する蝶番《ちょうつがい》をなす。この体系は、婚姻の障害事由を社会学の言葉づかいで言明する点で基本構造の仲間に入り、縁組経路が「〜してならぬ」との命令のみを条件に間接的に生じ偶然性を帯びる点で、複合構造の仲間に入る。すでに言及しておいた区別をここで再び取り上げて述べるなら、クロウ＝オマハ型体系は、基本構造の場合に決まって生じるように、規範の水準ではどうしても機械的モデルを必要とするが、しかし実際になされることがらの水準では、複合構造の場合に観察されるように統計的モデルで間に合わせる。

同じことは複合構造にも当てはまるとの反論が返ってくるかもしれない。実際、我々の見方によれば、インセスト禁忌さえ保証されているなら、インセスト以外のあらゆる点で自由な配偶者選択がなされても、それらの選択から生じる縁組経路が社会的凝集性を乱すことはないのだから。さて、現代社会にもインセスト禁忌は機械的モデルのかたちで残っている。ただし違いが一つある。我々西欧社会が利用しつづけている機械的モデルは、クロウ＝オマハ型体系のモデルよりもはるかに軽量なのである。クロウ＝オマハ型体系のモデルは諸リネージをまるごとインセスト禁忌に付すが、西欧社会のモデルは、少数の互いにきわめて近い関係にある親等のみを援用してインセスト禁忌を構成する。逆に考えれば、西欧社会の体系に比べ、クロウ＝オマハ型体系のなす縁組配分は偶然性に左右されることが少ないだろう。というのも、厖大な禁忌を避けて成員の混淆がおこなわれれば、社会規模が小さいゆえ、体系が数世代にわたって規則的に作動しただけで配偶者のあいだになんらかの親族関係が現れざるをえないように思われるから。ほんとうにそうなのか。そうだとすれば、縁組配分の軌跡はどのような形式をもつのか。平均的な親等距離はどれくらいか。いずれも重要な理論的意義をもつ問いではあるが、いまから明確にしてみるさまざまな理由のため、これらの問いに答えるのはじつに難しい。

＊＊＊＊

婚姻クラス（ただし、この概念にあまり専門的な意味を込めないでおく）を備えた体系の研究では、婚姻型 type du mariage の確定はつねに可能で、かつ一般に容易である。どの婚姻型も、決まったクラスの男一人と、同じく決まったクラスの女一人の結合で表される。それゆえ、各クラスを指標（符号、数字、あるいは両者の組み合わせ）で示し、禁忌とされる配偶に対応する指標の組をあらかじめすべて除外すれば、残った指標の組と同数の許される婚姻型が得られる。

　基本構造の場合、この操作はいちじるしく単純化される。婚姻型を列挙してくれるか、推論による婚姻型の導出を可能にしてくれる積極的な規則が存在するからである。しかし事態はクロウ＝オマハ型体系とともに二重に複雑化する。まずクラス（議論の都合上、外婚単位をそう言い表せば）の数が目に見えて増え、ときとして何十にも達する。それ以上に、体系による配偶規定がない（あっても、まれにしか、または部分的にしか配偶を規定してくれない）。つまり、この体系は二つか三つの婚姻型を禁止するだけで、残りすべてを許可してしまう。しかも、許される婚姻型の形式や数についてはなにも我々に教えてくれないのである。

　だが数学者に頼んで、クロウ＝オマハ型体系をいわば基本構造の言葉に翻訳してもらうことはできる。各個体をベクトルで表し、各ベクトルは、体系の課す禁止から見て適切となるクラン帰属と同数の指標を含むとする。ベクトルのすべての組のなかに同じ指標が一度しか現れないようにすれば、それらベクトルの組から、許される婚姻型のリストができあがる。このリストをもとにすれば、許される結合から生まれた子供たちおよびこれらの子供たちの子供たちについて、適法となる婚姻型と不適法となる婚姻型を決定できる。人間科学研究所計算センター所長ベルナール・ジョラン氏は問題の処理を快く引き受けてくださった。お礼を申し述べておく。もっぱら民族学者の曖昧で不器用なデータの出し方に由来する不正確さを割り引いても、クロウ＝オマハ型体系が二つの禁忌しか定めず、母のクランと父のクランが禁忌に付されると仮定すると、クランの数が七なら二万三千四百三十六の異なる婚姻型が許されるようだ。クランの数が十五なら三百七十六万六千百四十の婚姻型、クランの数が三十なら二億九千七百四十二万三千八百五十五の婚姻型が許される。三つのクランが禁止されれば、制約の数はいっそう増えるが、婚姻型の数はほぼ同じ大きさにとどまる。先に挙げたクランの数に応じ、それぞれ二万百八十一、三百五十一万六千三百四十五、二億八千七百五十二万千五百十五である。[5]

これら高い数値には人をして考え込ませるものがある。まず明らかなことに、クロウ＝オマハ型体系を相手にするとき、我々がかかわっている仕組みは、婚姻クラスをもつ社会によって例示される仕組みとはおよそ異なる。そのような社会での婚姻型の数は、クロウ＝オマハ型体系の場合よりけたはずれに小さいのである。一見するかぎり、婚姻クラスをもつ社会の仕組みは、むしろ、現代社会内部の高い内婚率を特徴とするいくつかの区画を探せば見つかりそうな状況につながっているとの感じがする。この方向での探究がいま言った関連を数量的観点からだけでも裏づけてくれるなら、我々の仮説どおり、クロウ＝オマハ型体系はきっと親族の基本構造と複合構造を架橋してくれるだろう。

クロウ＝オマハ型体系の組み合わせ能力は、その高さから言って、トランプ、チェッカー、チェスなどの複雑なゲームを思い起こさせもする。こうしたゲームにおける可能な組み合わせの数は理論的には有限であるが、やはりきわめて多く、妥当性を失わぬよう人間的尺度に立っても、無際限の組み合わせがあるに等しい。仮想プレーヤーが十分に長いあいだゲームに熱中しさえすれば、たとえ千年の千倍、百万倍の時間が流れたあとであれ、（札の配分における）同一の共時的布置や（勝負の展開における）同一の通時的布置が再現される可能性がありうるという意味で、原理的にはこれらのゲームに時間経過 histoire は関与しない。しかし実際には、チェスの戦略史についての本がたくさん書かれることからもわかるとおり、これらのゲームは生成変化の渦のなかにある。可能な組み合わせの全体は潜在的には一瞬一瞬その場にあるが、規模が大きすぎるため、ある程度長い時間が流れてくれないでは断片的にしか顕在化できないのである。同様にクロウ＝オマハ型体系も、基本構造の周期性とクロウ＝オマハ型体系固有の決定論、確率に従う決定論との中間状態を示している。体系の組み合わせ能力がじつに高いので、個人のなす選択には、この構造に内在するある程度の自由度がつねに伴う。各個人の体系内での位置を定義するベクトルがどう合成されるかに従って個人的選択の自由度が変動することは、いくつかの情報から示唆されるが、仮にこのことが確認されれば、この自由度の意識的または無意識的利用が、構造の方向性を変更することさえありうると言っていいだろう。すなわち、次のように言わなくてはならなくなるだろう。歴史の諸効果を相殺することが基本構造の使命であるかのごとくすべてが進むかに見えて、じつはクロウ＝オマハ型体系とともに、歴史が基本構造のなかに忍び込む、と。

残念ながら、個人的選択の自由度とこの自由度の可能な変動幅を測定するための対処法がよくわかっていない。組み合わせの数の厖大さゆえ、機械によるシミュレーションに頼らざるをえないだろう。さらにこの操作を始めるための初期状態を決定しておく必要もあるだろう。ところが堂々巡りに巻き込まれる恐れがある。クロウ＝オマハ型体系では、可能な婚姻や禁止される婚姻の一覧はそれまでの諸世代でおこなわれた婚姻に刻一刻と左右されるため、規則に反していないことが確実な体系の初期状態を決定しようとすれば、結局、無限に世代をさかのぼるほかなくなるからである。どうなっていくか予測がつかないと見えるクロウ＝オマハ型体系が、にもかかわらず周期的に同じ状態に復帰し、ゆえに任意の初期状態としたある型の構造が何世代かのちには必ずその場に現れるはずだと請け合うなら、話は違ってくる。

しかし、たとえこのような推移を経験的データが事後的に証明してくれたと仮定しても、問題が解決されたとは言えないだろう。実際、数量次元の困難を勘定に入れなくてならない。クロウ＝オマハ型体系を具備したほとんどすべての社会は、成員数がきわめて少なかった。いちばん研究されたアメリカの諸例でも、いずれも人口は個体数五千未満である。そのため、各世代で実行された婚姻型は、可能な婚姻型のほんのごく一部を表すことしかできない。ならば、クロウ＝オマハ型体系では、禁忌とされるリネージだけが考慮され、あとはすべて偶然に婚姻型が実現されるというわけではない。第二の偶然が介入してきて、潜在的に可能なすべての婚姻型のうちの顕在化すべき婚姻型の、そのまたなかから、少数を選び出すのである。顕在化すべき婚姻型は、そこから生まれる世代に対し、可能な配偶者選択の別のまとまりを確定するはずだが、このまとまりは、顕在化すべき婚姻型が前世代ですべて選び出されるわけでないので、大部分が潜在的なままにとどまらざるをえない。要するに、きわめて厳格な親族分類法と機械的に働く消極的な規則とが二つのタイプの偶然、配分上の偶然と選択上の偶然に組み合わさり、我々にはその属性が知られていない縁組経路を生み出すのである。それはいわゆる「ハワイ」型親族分類法が生み出す縁組経路とおそらくほとんど変わりないだろう。ただしハワイ型親族分類法はリネージよりも世代水準を優先する。諸クラス全体を禁止することによってではなく、むしろ個体間の親等をもとにして婚姻の障害事由を定めるのである。クロウ＝オマハ型体系との違いは、ハワイ型体系が三つの異質なテクニックを併置する点に由来する。次のように特徴づけられるテクニックである。一つめは限定された親族分類法を使用すること、二つめは親族分類法の曖昧さを修正するために禁忌親等をきわめて明確に指定すること、三つめは婚姻の障害事由を傍系第四親等、ときにはそれ以上の親等にまで拡大し、偶然的な縁組配分に備えること。クロウ＝オマハ型体系も同様のテクニックを援用するが、より体系的な表現をそれに与えることができる。つまり、緊密にまとまった規則集のなかにテクニックを統合するのである。生成変化してやまないゲームについて、その理論をつくることをいちだんと容易にしてくれるはずの規則集である。数学者の助けを借りて——実際、数学者がいなくてはなにごとも始まらない——この理論が生まれるまでは、親族研究は足踏みを続けるだろう。なるほど、この十年というもの、工夫に満ちたさまざまな試行が日の目を見てきた。しかしいずれも経験的分析か形式主義の側へ逸れていってしまったため、次の点が等しく見過ごされている。すなわち、親族分類法と婚姻規則は、集団の構成単位のあいだに互酬性を創設し維持していく交換体系の、その相補的な両面をなすのである。

一九六六年二月二十三日、パリにて

注

(1) P. Kundstadter, R. Buhler, F. F. Stephan, Ch. F. Westoff, Demography and Preferential Marriage Patterns. *American Journal of Physical Anthropology*, 1963.

(2) 限定交換と機械的連帯 solidarité mécanique、全面交換と有機的連帯 solidarité organique の同一視、ホマンズとシュナイダーが鵜呑みにしているこの同一視についても同じことが言える。というのも、社会を一つの全体として眺めれば、限定交換の場合と全面交換の場合とを問わず、連帯のどの分節 segment も残りの分節が果たすのと同じ機能を果たす。つまり、ここで我々がかかわっているのは機械的連帯の二つの異なる形式なのである。たぶん私自身、「機械的」および「有機的」という用語を何度か繰り返し使ったと思うが、しかしデュルケムがこれらの用語に与え、以後、人々が承認しようとしてきた意味よりも緩い意味で使ったのである。

(3) メイベリー＝ルイス氏（Maybury-Lewis, Prescriptive Marriage Systems. *Southwestern Journal of Anthropology*, 21, 3, 1965）は、かなり前に同様の指摘をおこなったデ＝ヨセリン＝デ＝ヨングに続き（前掲書）、次のように主張できると思い込んでいる。父方体系の理論的モデルも母方モデルと同じく長周期を内蔵している。唯一の違いは、父方モデルでは周期が規則的に反転するのに対し、母方モデルでは周期が一定方向を保つという点だけである、と。だが模型図をそのように読むなら、たんに錯覚に囚われているにすぎない。短周期は、前世代で譲与された女（父の姉妹）の代わりとして返却されるべき女（姉妹の娘）ができるだけ早く戻ってくるようにとの欲望を表し、その意味で父方体系の的確な性格をなす。このことは父方体系を是認する人々の哲学ばかりでなく、非難する人々——こちらのほうが人数的にはるかに多い——の哲学によっても十二分に検証される。そして当事者たちの共通判断に同意するほうが、事実と自己に反して物を言い、次のような主張を並べるよりもいい。父方体系も長周期を形成する。その証拠に模型図のなかに長周期が見出せる。しかし父方体系はその本性からして、短周期を閉じることにさえ失敗する。このように推論すれば、経験的現実はもはやモデルと混同されているだけでなく、模型図とも混同されている。

(4) ニーダムの貴重な分析を考慮に入れるなら、任意の歯車をほかの適当などの歯車にも嚙み合わせることのできる時計が複数個あり、それらの時計がまとまって一つの筐体のなかに収まっていると言ってもいい。つまりこの全体時計は、各部分時計内部の連動があちこちで一時的に完全に停止しても、少なくとも一個の部分時計だけは動きつづけるという仕組みを備えているのである。

(5) この三つの数値もJ・P・シェロルン氏に計算していただいた。氏にも感謝しておく。

序論

縁組による親族は象の太股だ
A・L・ビショップ師「シロンガ諺集」

Rev. A. L. Bishop, A Selection of Šironga Proverbs. *The Southern African Journal of Science*, vol. 19, 1922, n° 80.

第1章　自然と文化

社会学の先駆者たちによって押し出されたすべての原理のうちでも、なるほど、自然状態と社会状態の区別にかかわる原理ほど確信を込めて退けられてきたものはない。実際、自然状態から社会状態へという人類進化の一局面への言及は、社会的組織化をまったく欠く人類が、にもかかわらず文化の形成に不可欠なさまざまな活動形態を発展させたことになるのだから、異論を呼ばずにすまない。しかし差し出されたあの区別には、もっと価値ある解釈を受け入れる余地もある。

エリオット・スミスとペリーを開祖とする学派の民族学者たちは、自然状態と社会状態の区別を取り上げ直し、一つの理論を築き上げた。疑問のある理論だが、しかし歴史的図式の細部における非科学性とは別に、それは人間文化の二つの水準の深い対立と、新石器がもたらした変化の革命性とを鮮明に浮き彫りにしてくれる。実際に言語活動をおこなっていた可能性が高いこと、石器加工技術と埋葬儀礼を有していたことから言って、ネアンデルタール人が自然状態で生活していたとは考えられないが、その文化水準は、後続する新石器時代の人類からネアンデルタール人を絶対的に分かつ。この絶対性は、意味は違うが、十七世紀や十八世紀の著作家たちがみずからの卓越性に付与する絶対性にも匹敵する。しかし、なかでも重要なのは次の点が気づかれはじめていることである。すなわち、自然状態と社会状態の区別は容認できる歴史的意味は欠くが、ある論理的価値、現代社会学が当の区別を方法上の道具に用いることにまったき正当な根拠を与える価値をもつという点である。人間は一個の生物であり、同時に一個の社会的個体である。外的・内的刺激に対する人間の応答には人間の本性にまるまる由来するものもあれば、人間が置かれる状況に由来するものもある。難なくわかるように、たとえば瞳孔反射は人間の本性に、手綱に触れるや即座に定まる騎手の手の位置は人間が置かれる状況に由来する。だが区別がいつもこれほど簡単とはかぎらない。物理‐生物的刺激と心理‐社会的刺激がしばしば同タイプの反応を引き起こすのである。だから、すでにロックが自問していたように、こんな疑問も湧く。子供が暗闇で感じる恐怖心は動物的本性の現れであると説明できるのか、(2) それとも乳母から聞いたおとぎ話に起因すると説明できるのか。さらにいちばん多いのは、原因が実際に区別さえされず、生物的源泉と社会的源泉が主体の応答に、まさに統合されているケースである。子供に対する母親の態度、軍事パレードを見物する人の複雑な感情の動きなどはその例をなす。つまり、文化はたんに生命に並置されているだけでも、たんに生命に重なり合っているだけでもない。ある意味で文化は生命に取って代わりもし、別の意味では、新しい次元の総合を成し遂げるために、生命を利用したり変形しもするのである。

原則的区別をつけることにはとりたてて不都合は感じられないが、分析に手をつけようとすると困惑が生まれる。この困惑がそもそも二つの異なる可能性を前にしたときの困惑である。個々の態度についてその原因が生物次元にあるか社会次元にあるかを決めていくか、それとも、文化的起源をもつ態度がいかなる機構をとおして生物的出自をもつ行動に接ぎ木され、それを首尾よく同化するにいたるかを追求するかの選択である。生物次元と社会次元の対立を否定したり軽視するのは、社会現象の解明そのものをみずからに禁じることだが、だからといって、この対立に方法論上の意義をすべて込めてしまえば、生物次元から社会次元への移行問題を解決できぬ謎に祭り上げることになりかねない。どこで自然は終わり、どこで文化は始まるか。この二重の問いに答える方法はいくつか考えられるが、しかしいままでのところ、いずれの方法もことのほか期待を裏切るものばかりであった。

いちばん簡単な方法は、隔離した新生児が示す外的刺激に対する反応を、生後数時間か数日間観察してみることだろう。この場合、隔離状態に置かれた新生児の応答は心理‐生物的起源に根ざし、後発の文化的総合には由来しないと想定していいはずである。現代心理学はこうした方法によって興味深い成果を挙げてきたとはいえ、得られた成果の断片性・限定性を忘れてもならない。まず言えることだが、有効な観察記録は最初期のものにかぎられるにちがいない。数週間、いや、おそらく数日とかからず条件づけの効果が現れてしまうであろうから。それゆえ、実際に研究できるのは、いくつかの情意の表出といったごく基本的なタイプの反応以外にない。他方、消極的な試験にはいつも曖昧さがつきまとう。実際、肝心の反応が現れないのは、その反応が文化に発するせいだとも、観察時期が尚早であるため、反応の出現を条件づける心理機構がまだ組み立てられていないせいだとも一概に言えない。ごく幼い子供が歩かないからといって、学習の必要性を結論づけることはできないであろう。逆に、身体にそれなりの力が備わりさえすれば、子供は自然に歩きはじめることが知られている。[3] 別の領域でも似たような状況は現れる。こうした不確定性を取り除く唯一の方法は、観察を数カ月、それどころか数年以上にわたって続けることであろう。だがこの場合、解決不可能な難題と悪戦苦闘するはめになる。というのも、こうした実験では文化からの隔離がぜひとも必要だが、厳密な隔離条件をみたす環境を文化的環境に取って代えようとしても、それが文化的環境に劣らず人為的であることに変わりない。たとえば人間が生涯の最初の数年に母親から受ける世話は、個体の発達にとって一つの自然的条件をなしもする。要するに、実験者は悪循環に閉じ込められるのである。

なるほど、人為がなしえないことを偶然がうまく成し遂げてくれたと見えたこともいままで何度かあった。十八世紀の人々はあれら「野生児」の事例に想像をたくましくしたものだ。幼いときにいなかで行方不明になったのち、まれに見る幸運が重なったおかげで生き延び、社会環境の影響をまるで受けずに成長した子供たちである。だが、古い報告書からかなり鮮明に浮かび上がるのは、こうした子供たちの大半が先天的不適応児で、ほぼ例外なく知能の遅れを示しているように見えるということ、そこに遺棄の引き金となった原因を探るべきであり、なかには逆に考えようとする人もいるが、彼らは捨てられたから知能が遅れたわけではないということなのだ。[4]

最近の観察記録もこの見方を裏づけてくれる。インドで発見されたいわゆる「オオカミ少年」たちは、いつまでたっても健常な知能水準に達しなかった。そのうちの一人――サニチャール――は大人になってもまったく言葉が話せなかった。ケロッグの報告によれば、二十年ほど前に揃って発見された二人の子供のうち、年下の子は話す能力がずっと身につかず、年上の子のほうは六歳まで生きたが、精神年齢は二歳半の子供の水準にとどまり、語彙力は百語にみたなかった。(5) 一九三九年のある報告書は、一九〇三年に南アフリカで見つかった十二歳から十四歳くらいとおぼしき「ヒヒ少年」を先天性精神薄弱児と診断している。(6) おまけに発見時の状況説明はうさん臭いことが多いのである。

さらにある原理的な理由によっても、これらの実例は退けられなくてはならない。この理由は、ここ序論で議論される問題の核心へと我々を一気に踏み込ませる。早くも一八一一年、ブルーメンバッハは、あれらの子供の一人にさいた研究書『野生のペーター』のなかで、このたぐいの現象から期待できるものはいっさいないだろうと記した。そしてそのわけをこう鋭く指摘する。人間は飼い慣らされた動物であるばかりでなく、自分で自分を飼い慣らした唯一の動物でもある。(7) ネコ、イヌ、家禽といった飼い慣らされた動物であれば、どこかで道に迷い孤立したなら、馴致《じゅんち》という外からの働きかけを受ける以前の、種本来の習性に戻っていくと予想できもするが、人間にそのようなことはまったく起きようがない。孤立した個体が退行的に帰っていける、種本来の習性というものが人間にはないからである。その点を、たとえばヴォルテールもおおよそ次のような言葉で述べていた。巣箱の遠くで道を忘れて戻れなくなってしまったミツバチは迷子のハチであるが、迷子だからといって、このミツバチが野生のミツバチに近づいたわけではない、と。偶然によってつくられようが、実験によってつくられようが、「野生児」は文化的な怪物でこそあれ、どう転んでも文化以前の状態の忠実な証人でありえない。

したがって、文化以前的性格を帯びた行動類型の例証を人間のもとに見出すことは望めない。では、道を逆方向に進んでみること、文化の輪郭、文化の前兆と認めうる態度や現象を、動物生活の高度な水準においてつかむ試みは可能であろうか。文化と自然の二律背反をこれ以上なく鮮やかに照らし出すのは、外から見るかぎり、人間の行動と動物の行動の対立である。ならば、何種類かの昆虫のもとで出会うようないわゆる動物社会の段階に、自然から文化への通路――それがあるとして――を求めることはできないと言っていい。どこよりもそうした社会例においてこそ、本能とか、本能を唯一発現させうる解剖学的装備とか、個体と種の存続に不可欠なふるまいの遺伝を介した伝達など、紛れもない自然の属性がまとまって見出されるからである。動物社会のような集団的構造物には、普遍的文化モデルとでも呼びうるものの素地さえ入り込む余地はまったくないのである。言うところの普遍的文化モデルとは言語、道具、社会制度、美的・道徳的または宗教的価値体系のことで、こうしたものにもとづく人間的行動の端緒を発見したいなら、動物序列の他方の端へ尋ね歩かねばならない。すなわち、高等哺乳類、とりわけ類人猿のほうへ。

ところが、ここ三十年ほど続けられてきた大型ザルの研究は、この点、いちじるしく期待を裏切るものである。普遍的文化モデルの基本的構成要素が全然見られないから、というのではない。気の遠くなるような手間暇をかけてやれば、なかには単音節や二音節程度の単語を、そこに意味を結びつけているわけでないにせよ、分節できるようになる実験動物もいる。[8]ある程度までならチンパンジーは簡単な道具を使いこなし、ときには道具を即席で自作する場合さえある。特定の集団のなかに、連帯関係や従属関係が、一時的に現れては消えることもある。さらに、いくつかの特異な所作に、没利害的活動や内省への萌芽形態を認めたくなるときもある。とりわけめざましいのは次の事実である。我々がもっとも高貴な一部として進んで人間の本性に結びつけてみせる感情、たとえば宗教的恐怖心とか聖なるものに対する複雑な感情などの表出を、ごく容易に類人猿にも見てとることができると言われる。[9]だがこうしたすべての現象が目の前で脇固めの証言をしてくれるにしても、それらはむしろ内容の乏しさという点で――しかもまったく別の意味で――はるかに雄弁なのである。印象深いのは、あれらの現象が初歩的なかたちで兆していることではない。むしろ、あらゆる専門家によって確認されている事実、手を尽くしてもあれらの兆候がもっとも原初的な現れの域を出ず、しかもそれが根本的な不可能性であるかに見えるということなのだ。かくして、巧みな観察を無数に積み重ねることによって埋められるかもしれないと思われてきた溝は、じつは位置をずらされたにすぎず、逆にいちだんと飛び越えがたいものとして現れてくる。言語的音声、さらには音節のまとまりを分節しようとしてそれを阻む解剖学的障害など、サルにいっさいないことがはっきり示されたが、しかしそのこと以上に驚かずにおれないのは、サルが言語能力を決定的に欠くこと、発したり耳にした音声に記号としての性格を付与する能力をまったくもたないことなのだ。言語以外の領域でも同じ確認がなされている。だから、ある細心な観察者が引き出した悲観的結論にもうなずける。研究と実験に何年もかけたのち、彼はこう見ることを忸怩《じくじ》として受け入れる。チンパンジーは、「生得的な不完全さに狭く囲い込まれ、凝固してしまった生き物、人間に比べて『退行的』な生き物、進歩の道へ踏み込むことを望みもしなければ、そうすることもできない生き物」である(10)。

だが確信がはるかに動かしがたくなるのは、個々の試験の結果が失敗を告げるときより、むしろもっと一般的な次元に属す確認が、問題の核心をより深く洞察させてくれるときである。経験知から一般的結論は引き出せないとの確認である。サルたちの社会生活には、明確な規範を形成する準備がまったく整っていない。目の前にオスがいようがメスがいようが、生きている動物がいようが死んだ動物がいようが、相手が若かろうが年老いていようが、一族の者であろうがよそ者であろうが、サルの行動は驚くほど不定形である。同一の実験動物が示す行動が一定していないだけではない。集団行動からも規則性はまったく引き出せない。性生活の領域においてもほかの活動形態に関しても、解釈問題の解決に必要なあらゆる手がかりを提供してくれるのは、外的・内的刺激であり、さらに行動の成否に促されて漸次おこなわれていくもろもろの軌道修正であるかに思われるのである。脊椎動物の一集団を対象に集団内部の序列関係を研究するさいにも、サルの行動に似た不確定性が見られるが、しかしこの研究は、動物のあいだに主従秩序のあることをはっきりさせてくれる。いちじるしく安定した秩序である。それは特定の動物が一年ほどのあいだ優位を保つからである。ところが頻繁に生じる規則性からの逸脱によって、秩序の固定が妨げられる。あるニワトリが、序列表の中間位置を占める二羽のニワトリに従属しているとき、にもかかわらず、このニワトリは二羽のうちの、上位のニワトリを攻撃する。AがBを、BがCを、そしてそのCがAを支配する三角関係が観察される一方、このような主従関係にある三者が揃って、集団の残りを支配する。⑪

類人猿のあいだの諸関係や個々の類人猿の好みについても、同じことが言える。類人猿では、行動の不規則性はむしろもっとめだつほどだ。「ネズミ、ハト、ニワトリよりもはるかに霊長類は食べ物の好き嫌いが激しい⑫」。性生活の領域でも、類人猿に見出される「一覧表は人間の性的ふるまいをほぼ完全に網羅する。（略）ごくふつうの性的ふるまいの様態に関しても、また社会の約束事に抵触するがゆえに一般に『異常』と呼ばれる兆候のもっとも顕著な現れに関しても⑬」。個体ごとにふるまいが違うという面で、オランウータン、ゴリラ、チンパンジーはことのほか人間に似ている⑭。だから、こう書くマリノフスキーはまちがっている。オスの霊長類の性的ふるまいを規定する要因は、いずれも種のすべての成員に共通する。成員の「行為はどの動物種でも、一群の与件さえあれば十分に一律になされる。（略）個体差など動物学者がまったく無視してもかまわないほどごくわずかで、意味をなさない⑮」。

逆に現実はどうなっているか。オス対メスの割合が二八対七二というのに、パナマ地域のホエザルのもとでは一妻多夫が優勢であるようだ。発情した一匹のメスに数匹のオスが群がる、群居関係が実際にも観察されている。だが好悪、優先順、持続的絆などは確定できない⑯。シャム〔現在のタイ〕の森に生息するテナガザルは、比較的安定した一夫一妻家族を営んでいると言われるが、相手が家族集団の成員であれ、他の集団に属す個体であれ、無差別に性的関係が結ばれる。そのため――一説によれば――原住民はテナガザルを、結ばれなかった恋人たちの生まれ変わりと信じている⑰。ベンガルザルのもとには、単婚〔一夫一妻婚〕も複婚〔一夫多妻婚または一妻多夫婚〕も並んで見られる⑱。アフリカで観察された野生のチンパンジーの群れは、四頭から十五頭のあいだで個体数を変えるが、その婚姻体制がどうなっているかの答えはまだ出ていない⑲。全体から推測すると、大型ザルはすでに種としての行動から離れるだけの力はあるが、代わりに新しい平面でなんらかの規範をつくるところまでは行けないようである。大部分の哺乳類に見られる、明確で型にはまった本能的ふるまいが大型ザルでは弱まっているが、この相違は消極的なものでしかなく、自然が去ったあとの領域は更地のまま残されている。

こうした行動における規則のなさが、自然過程を文化過程から区別してくれるもっとも確実な基準をもたらすかに見える。この点、人間の子供の所作とサル集団の成員間の関係との対比ほど示唆に富むものはない。子供の場合、たとえ幼児ですら、すべての問題は明瞭な区別によって解決される。しかもこの区別は、ときには大人に見られる以上に明瞭かつ絶対的でさえある。それに対し、サル集団の成員間の関係はまるまる偶然と出会いに委ねられているため、一匹の実験動物の行動はほかの仲間たちの行動についてなにも教えてくれず、当の個体の行動ですら、今日の行動は明日の行動の保証ではまったくない。要するに、文化を前提とするもの――前提とするだけでなく、それ自体すでに文化であるもの――、しかも言語活動の介入なしに集団内に制定されるとはまず考えられないもの、すなわち制度的規則について、その起源を自然のなかに求めようとすることに、そもそも推論間違いが含まれているのである。恒常性と規則性は、じつは自然のなかにも文化のなかにもあるが、ただ文化の内部で恒常性と規則性が現れる領域は、自然ではそれらがごく微弱にしか現れない領域であり、この逆もまた成り立つ。言うところの領域とは、自然の場合は生物学的遺伝、文化の場合は外在的伝統である。自然と文化とが連続しているとの誤った見かけに、二つの次元の対立地点を明らかにするよう求めることはできないと言っていい。

結局、いかなる実証的分析も自然事象と文化事象のあいだの移行地点を、またそれら事象の結節の仕組みをつかませてくれない。しかし前述の議論は、このような消極的結論をもたらしただけではなかった。本能による決定を免れている行動のなかに規則があるかないかをもって、社会的態度を判別するための有効きわまりない基準をも提供してくれた。その場に規則が現れるなら、我々は例外なく文化段階にいると確実に知れる。それとはちょうど反対に、自然の判別基準は普遍的なもののなかに容易に認められる。すべての人間に共通する恒常的なものは、必然的に、習俗、技術、制度など、人間集団の相違と対立をかたちづくるものの領域外にあるからである。実証的分析が欠けていても、規範と普遍性という二つの基準が理論的分析の原理をもたらしてくれる。より複雑な次元の総合に関与する文化的要素から――少なくとも若干の事例やある制限内でなら――自然的要素を分離してくれる原理である。だからこう仮定することにしよう。人間のもとにある普遍的なものはなんであれ自然の次元にあり、自然発生を特徴とする。規範に拘束されるものはなんであれ文化に属し、相対的・個別的なものの属性を示す。こう仮定するなら、我々はいま述べた定義に照らすときにゆゆしい問題として現れてくると言っていい一つの事実、むしろひとまとまりの事実に直面する。信仰、習俗、約定、制度からなるあの複雑なまとまり、インセスト禁忌の名に約言されるまとまりのことを言いたいのである。我々は文化と自然という相容れない二つの次元に属す矛盾し合う属性を、規範および普遍性という二つの性格のなかに認めたわけだが、インセスト禁忌はこれら二つの性格を、いささかの曖昧さもなく、しかも不即不離のかたちで示すのである。インセスト禁忌は一つの規則をかたちづくる。ところが、あらゆる社会規則のなかでただこの規則だけが、同時に普遍性という性格をも有する。[20] インセスト禁忌が規則をなすことはほとんど論証を要しない。次の点を想起しておくだけで十分であろう。近親婚の禁止は各集団が近親をどう理解し、どう定義するかに従って適応範囲が変わりもするだろうし、また制裁の罰則も違反者の即座の処刑からとりとめのない指弾、ときにはたんなる揶揄にいたるまで、おそらく千差万別ではあろうが、しかしいかなる社会集団のなかにも必ずこの禁止が存在する。

伝統的社会学がしばしばそのうちのごく少数を強調するにすぎない有名な例外を、ここで反証として持ち出してもやはり仕方ないだろう。いちだんと厳格な規則をもつ別の社会から見れば、どんな社会もインセスト禁忌の例外になってしまうからである。パヴィオツォ・インディアンであれば、インセスト禁忌にどれほどの例外を設けることになるか、考えただけでも恐るべきものがある。エジプト、ペルー、ハワイ諸島という三つの古典的例外、さらに追加しなくてはならない別のいくつかの例外（アザンデ、マダガスカル、ビルマなど）に言及するさい、次の点を見落としてはならない。これらの体系が例外であるのは我々ヨーロッパの体系に対してであること、我々の場合に比べてインセスト禁忌の及ぶ範囲が狭いとの意味で、例外をなすということ。だが例外なる概念はまったく相対的であり、例外の及ぶ範囲はオーストラリア人、トンガ〔バトンガ〕[*]、エスキモーによって大きく違うと言っていい。

（＊）日本語への転記ではThongaもTongaも「トンガ」となって区別がつかないが、いずれもバンツー語族系の言語を話す民族である。Thonga＝バトンガはモザンビークから南アフリカ共和国の東部沿岸地帯に住み、母方オジと甥が冗談関係にあるのに対して夫と妻の兄弟の妻とは忌避関係にある。Tongaはザンビア南部に居住し、高地トンガと渓谷トンガに大別される。

したがって問われるべきは、ほかの集団によって排除される婚姻を逆に許す集団があるかでなく、むしろ、いかなる婚姻型も禁忌とされない集団があるかである。ならば、絶対にありはしないと答えなくてならない。しかも理由は二重である。まず、けっしてすべての近親のあいだで婚姻が許可されないのでないにしても、少なくともいくつかのカテゴリーのあいだでは許可されない（同父同母姉妹はいけないが、異父姉妹、異母姉妹ならいい。母はいけないが、姉妹ならいい、など）。次に、こうした近親結合は一時的で儀礼的な性格しかもたないか、あるいは公的で永続的な性格をもつ場合でも、ごく狭い社会カテゴリーにのみ許される特権にとどまる。たとえばマダガスカルでは、平民には母と姉妹、ときには加えて従姉妹が禁忌配偶者であるが、最高首長や王には、ただ母だけが――ただし絶対に母だけは――*fady*、つまり「禁じられる」。しかしインセスト禁忌はほとんど「例外」を許さないので、原住民の意識はインセストに対してきわめて敏感である。べつに判明したわけでもないのに、夫婦に子供ができないとインセスト関係が原因と見なされ、規定された贖罪儀式が自動的にとりおこなわれる。[21]

古代エジプトの場合はもっと厄介である。なぜなら、最近の発見が示唆するところ、[22]血族婚――なかんずく兄弟と姉妹との婚姻――は、たぶん広く下級官吏や職人層のあいだにまで広まっていた習俗であり、かつて考えられていたように、[23]支配カーストや後代の諸王朝にのみ見られる習俗ではなかったらしいからである。だがインセストに関しては、絶対的例外はまずありえないと考えていい。卓越した同僚であるラルフ・リントン氏は、ある日こう我々に注意を促してくれた。彼が研究していたサモア諸島の一貴族の家系では、八回続いた兄弟と姉妹との婚姻のうち、一度だけ妹にあたる姉妹との婚姻がおこなわれた疑いがあり、原住民の考え方はこの婚姻を不道徳であると非難してきたと言うのである。兄弟と姉にあたるその姉妹との婚姻は、要するに、長子相続権への譲歩と考えられるが、かといって、この婚姻がインセスト禁忌を無効にするわけではない。その証拠に、母と娘に加えて妹にあたる姉妹も相変わらず禁止された配偶者、少なくとも容認しがたい配偶者とされているのだから。ところで、我々の手元にあった、古代エジプトの社会的組織化をめぐる貴重な文献の一つが、似たような解釈を示唆してくれている。ブーラク〔カイロの市外区。フランスのエジプト学者オーギュスト・マリエットによって現カイロ博物館の前身がここに設立された〕の第五パピルスであるが、そこには兄との結婚を望む王女の話が語られていて、母はこんなふうに言う。「この二人の子供のあとに私に子供ができないなら、二人を結婚させるのが掟ではないか」[24]。ここでも問題にされているのは、兄弟と姉にあたる姉妹との婚姻は許すが、妹にあたる姉妹との婚姻は拒もうとする、禁忌の一定式であるように思われる。のちに見るように、日本の古文書もインセストを妹にあたる姉妹との結婚として記述し、姉にあたる姉妹との婚姻はインセストからはずす。かくして我々の解釈の適用範囲を広げてくれている。いかにも極端なものと見なしたくなるこうした事例においてさえ、普遍性という通則が、制度のもつ規範的性格に劣らずはっきりしている。

要するに、自然事象のもつ特徴的性格と文化事象のもつ――理論的には前者の性格と矛盾する――特徴的性格とを同時に示す現象がここにある。インセスト禁忌は、性向であり本能であるという普遍性も、法であり制度であるという強制的性格も併せ持つのである。では、インセスト禁忌はどこから来るのか。いかなる位置といかなる意義を有すのか。歴史的・地理的限定を絶えず受けている文化から不可避的にはみだし、時間的にも空間的にも人間という生物種全体と一重になっている一方、性格的には自然的諸力に対立しつつも及ぶ範囲を同じくし、社会的禁止によって自然的諸力の自然発生的作用をいちじるしく強化するインセスト禁忌、それは社会学的反省に対する恐るべき謎として現れる。我々の社会においてすら、聖なる事物にまといつく畏怖の後光を、これほどまでに保ってきた社会的命令はまずない。文字どおりのかたちをとるにせよ、〈常識のものさしから言えば「父として保護してやるべき」）未成年者を性的に所有するという隠喩的かたちをとるにせよ、インセストは、いくつかの国で、意味深長なことに——続いてのちに我々はこの意味を注釈し説明しなくてならない——正反対のもの、異人種間の性的関係——ただし極端な外婚形式としてのそれ——との共通性を示すことさえある。すなわち、どちらも集団的恐怖と集団的復讐をもっとも強力に誘発するとの意味で。しかし、呪術が醸すようなこの不穏な雰囲気は、制度が、現代社会のなかですら相変わらず、どのような空気のなかで進化していくかを明確にしてくれるだけではない。理論的平面においてもこの雰囲気は、社会学が誕生以来、謎めいた執拗さをもって執着してきた論争を、包み込んでいる。「インセスト禁忌という有名な問題」——とレヴィ＝ブリュルは書いている——「この vexata questio〔難問〕をめぐり、民族学者も社会学者もあれほどまでに答えを求めようとしてきたが、そこに答えなど一つも含まれていない。そのような問題を立てる理由がないのである。我々が話題にした社会ではいかなる根拠からインセストが禁忌とされるのか、と自問しても無益である。つまり、そのような禁忌は存在しない。〔略〕インセストを禁止することなど誰も考えはしない。それは実際には起きえないなにかであるのだから。それでも万が一起きたとすれば、なにか前代未聞のもの、monstrum〔驚異〕であり、恐怖と戦慄を振りまく侵犯である。未開社会は人肉食や兄弟殺しについてなにか禁忌を実施しているだろうか。未開社会にはインセストを禁忌とする根拠など、まさしくありはしないのである」[25]。

いくら大胆な仮説を前にしてもひるまなかった著者が、にもかかわらずこれほどまで困惑している様子は驚くにあたらないだろう。考えてみれば、インセスト問題を前にした社会学者たちは、ほぼ異口同音に同じような嫌悪と同じような弱音を吐露するのだから。

注

（1）今日ならば、むしろ自然状態と文化状態と進んで述べるところである。

(2) 実際、暗闇に対する恐怖心は生後二十五カ月以前には現れないらしい。Cf. C. W. Valentine, The Innate Basis of Fear. *Journal of Genetic Psychology,* vol. 37, 1930.

(3) M. B. McGraw, *The Neuromuscular Maturation of the Human Infant.* New York, 1944.

(4) J. M. G. Itard, *Rapports et mémoires sur le sauvage de l'Aveyron,* etc. Paris, 1894. — A. von Feuerbach, *Caspar Hauser.* Boston, 1833, 2 vol.

(5) G. C. Ferris, *Sanichar, the Wolf-boy of India.* New York, 1902. — P. Squires, 《Wolf-children》 of India. *American Journal of Psychology,* vol. 38, 1927, p. 313. — W. N. Kellog, More about the 《Wolf-children》 of India. *Ibid.,* vol. 43, 1931, p. 508-509; A Further Note on the 《Wolf-children》 of India. *Ibid.,* vol. 46, 1934, p. 149. この論争については、次のものも参照 — J. A. L. Singh / R. M. Zingg, *Wolf-children and Feral Men.* New York, 1942. A. Gesell, *Wolf-child and Human Child.* New York, 1941.

(6) J. P. Foley, Jr., The 《Baboon-boy》 of South Africa. *American Journal of Psychology,* vol. 53, 1940. — R. M. Zingg, More about the 《Baboon-boy》 of South Africa. *Ibid.*

(7) J. F. Blumenbach, *Beiträge zur Naturgeschichte.* Göttingen, 1811, in *Anthropological Treatises of J. F. Blumenbach,* London, 1865, p. 339.

(8) P. Guillaume / I. Meyerson, Quelques recherches sur l'intelligence des singes (communication préliminaire), et: Recherches sur l'usage de l'instrument chez les singes. *Journal de Psychologie,* vol. 27, 1930; vol. 28, 1931; vol. 31, 1934; vol. 34, 1938.

(9) W. Köhler, *The Mentality of Apes,* Appendix, 2nd edition.

(10) N. Koht, La Conduite du petit du chimpanzé et de l'enfant de l'homme. *Journal de Psychologie,* vol. 34, 1937, p. 531. さらに同じ著者による以下の論文 — Recherches sur l'intelligence du chimpanzé par la méthode du 《choix d'après modèle》. *Ibid.,* vol. 25, 1928; Les Aptitudes motrices adaptatives du singe inférieur. *Ibid.,* vol. 27, 1930.

(11) W. C. Allee, Social Dominance and Subordination among Vertebrates, in *Levels of Integration in Biological and Social Systems. Biological Symposia,* vol. VIII, Lancaster, 1942.

(12) A. H. Maslow, Comparative Behavior of Primates, VI: Food Preferences of Primates. *Journal of Comparative Psychology,* vol. 16, 1933, p. 196.

(13) G. S. Miller, The Primate Basis of Human Sexual Behavior. *Quarterly Review of Biology,* vol. 6, n° 4, 1931, p. 392.

(14) R. M. Yerkes, A Program of Anthropoid Research. *American Journal of Psychology,* vol. 39, 1927, p. 181. — R. M. Yerkes and S. H. Elder, Œstrus Receptivity and Mating in Chimpanzee. *Comparative Psychology Monographs,* vol. 13, n° 5, 1936, series. 65, p. 39.

(15) B. Malinowski, *Sex and Repression in Savage Society.* New York-London, 1927, p. 194.

(16) C. R. Carpenter, A Field Study of the Behavior and Social Relations of Howling Monkeys. *Comparative Psychology Monographs,* vol. 10-11, 1934-1935, p. 128.

(17) C. R. Carpenter, A Field Study in Siam of the Behavior and Social Relations of the Gibbon *(Hylobates lar). Comparative Psychology Monographs,* vol. 16, n° 5, 1940, p. 195.

(18) C. R. Carpenter, Sexual Behavior of Free Range Rhesus Monkeys, *(Macaca mulatta). Comparative Psychology Monographs,* vol. 32, 1942.

(19) H. W. Nissen, A Field Study of the Chimpanzee. *Comparative Psychology Monographs,* vol. 8, n° 1, 1931, series. 36, p. 73.

(20)「現代の民族学者に向かって人間の普遍的な制度を一つ挙げてくれと言えば、おそらく十人中九人はインセスト禁忌を選ぶだろう。なかには、インセスト禁忌だけが唯一普遍的な制度であるとまですでに明言した民族学者もいる」。Cf. A. L. Kroeber, Totem and Taboo in Retrospect. *American Journal of Sociology,* vol. 45, n° 3, 1939, p. 448.

(21) H. M. Dubois, Monographie des Betsil´eo. *Travaux et M´emoires de l'Institut d'Ethnologie,* Paris, vol. 34, 1938, p. 876-879.

(22) M. A. Murray, Marriage in Ancient Egypt, in *Congrès international des Sciences anthropologiques, Comptes rendus.* London, 1934, p. 282.

(23) E. Amelineau, *Essai sur l'évolution historique et philosophique des idées morales dans l'Égypte ancienne.* Biblio-

thèque de l'École Pratique des Hautes Études, Sciences religieuses, vol. 6, 1895, p. 72-73. — W. M. Flinders-Petrie, *Social Life in Ancient Egypt*. London, 1923, p. 110 *sq*.

(24) G. Maspero, *Contes populaires de l'Égypte ancienne*. Paris, 1889, p. 171.

(25) L. Lévy-Bruhl, *Le Surnaturel et la Nature dans la mentalité primitive*. Paris, 1931, p. 247.

第2章　インセスト問題

インセスト禁忌の問題は考えようとするとまったき両義性を伴って現れるが、この両義性はおそらく別の平面で、禁忌そのものの聖性の由来を理解させてくれる。インセスト禁忌なる規則は、規則であるとの本性からして社会的である。しかしまた二重の理由で前社会的でもある。第一にその普遍性のゆえに、第二にその規定の及ぶ関係の類型のゆえに。ところで、性生活はそれ自体が二重に集団の外にある。まずそれは人間のもつ動物的本性のこのうえない表現、人間性のただなかにさえ本能がこのうえなく顕著に残存することの証言である。次にその目的が、ここでもやはり、二重に集団を超越する。すなわち、性生活が充足をめざす二つのもののうち、個体の欲求はよく知られているように社会的約束をもっとも尊重しないものの一つであり、他方、それとは別の意味で、種特有の衝動もやはり、社会本来の目的をはみだす。とはいえ、こう注記しておこう。男女両性間の関係を規則に服せしめることは自然の内部に文化を湧出させることだが、しかし見方を変えれば、そもそも性生活そのものが自然の内部ですでに社会生活の端緒をなすのである。実際、すべての本能のうち性本能だけは、発現するために他者による刺激を必要とする。この点にはいずれ立ち返らねばならなくなる。というのも、それ自体自然的である性本能が自然から文化への通路をもたらすとはまず考えられないが、しかしこの本能は、二つの次元のあいだの移行がどこよりもまず性生活の領域でおこなわれうる理由、また必然的におこなわれねばならない理由の一端を明らかにしてくれるので。社会のなかにあるもっとも社会に無縁なものを抑え込む規則であると同時に、自然を乗り越えていく可能性のあるものが自然のなかで動き出さないようにする社会規則、インセスト禁忌は文化の境目にあるだけでなく、文化の内側にもあり、さらにある意味で――のちにこの意味は明らかにしてみる――文化それ自体でもある。さしあたり、インセスト禁忌の両義性・曖昧性がいかなる二重性格に由来するかを指摘するだけでよしとしよう。いままでこの両義性を説明するより解消することが、社会学者たちのほとんど唯一の関心事であった。彼らの試みは三つの主要タイプに帰着させることができる。ここではそれら三タイプを性格づけ、本質的な特徴を議論するだけにとどめよう。

＊＊＊＊

第一タイプの説明――それはいずれにせよ、我々西欧社会も含め、多数の社会に生きている俗信に追随する説明でもある――は、インセスト禁忌の二重性格を手放さぬようにしつつ、それを二つの明確な局面に振り分ける。実際、たとえばルイス・H・モーガンとヘンリー・メイン卿にとって(1)、インセスト禁忌の起源は自然的でも文化的でもある。ただしそれは、ある自然現象についてなされる社会の反省の帰結がインセスト禁忌であるとの意味で。つまり、インセスト禁忌は血族婚の有害な結果から種を守る防衛策であるというわけだ。この理論は一つの顕著な性格を示す。その述べている内容から言っても、この理論はあらゆる社会、他の領域ではそのような優生学的洞察をまったく示さない未開社会にまで、同系結合のいわゆる影響なるものの発見に伴う、特別な感情的反応をあてはめずにすまないのである。ところが、こうしたインセスト禁忌の理由づけは最近生まれたもので、我々西欧社会では十六世紀以前には影も形もない。『モラリア』(＊)の全体的構想に適うよう、まったく公平な態度で説明のためのありうべき仮説をすべて列挙するプルタルコスは、インセスト禁忌に関しては三つの仮説を提出する。いずれも社会学的性質のもので、子孫に現れるかもしれない遺伝的異常に言及している仮説は一つもない(2)。プルタルコスに対立する文献としては唯一、大グレゴリウス(＊＊)を挙げることができるのみ(3)、しかもこの文献が同時代人や後代の注釈者の考えに反響を及ぼした形跡は微塵も見当たらない(4)。

（＊）ギリシアの伝記作家、モラリスト（四六年ないし四九年ごろ〜一二五年ごろ）。現存する作品は『列伝』と『モラリア』の二つに分類され、後者はしばしばプラトンふうの対話形式によって、道徳、宗教、政治、教育、歴史などを論じる。

（＊＊）ローマ教皇グレゴリウス一世（五四〇年ごろ〜六〇四年）。

インセストを犯した親族の子孫に奇形の数々が現れる運命を語る、未開民族の民話、わけてもオーストラリア原住民の民話が確かに反証として引かれる。だが、オーストラリア特有の考案になるタブーは生物学的近親性におそらくもっとも無頓着である、ということのほかに（大オジと姪の娘との結婚のように格別好ましい結果を招くはずもない婚姻が、ともかくごくふつうに受け入れられているのである）、奇形をはじめとする罰は規則を破れば誰にでも下ると見るのが未開の伝統で、けっして生殖という個別領域にかぎられる罰でないと指摘すれば、反批判には十分だろう。性急な観察記録に屈しないことがどれほど大切かを、ヨヘルソンの次の報告もはっきり伝える。「血族婚から生まれた子供の体が弱いことはすでに知っている、とヤクート民族は私に言った。たとえば私の通訳ドルガノフは、*n'exi'ïñi* という習俗上の禁止にもかかわらずイトコ婚を実施している民族ユカギールについて、こう語る。（略）こういう婚姻から生まれた子供は死ぬか、さもなくば、両親がしばしば業病にかかる」[5]。これが自然的制裁の場合である。それに対し、社会的制裁のほうは生理学的見方にほとんどもとづいていない。だから、母、姉妹、娘、父母の姉妹、兄弟姉妹の娘との婚姻を罰するボルネオのクニャーやカヤンのもとでは、「養子縁組によってであれ、女が当事者と同じ親族関係に属す場合、あれらの婚姻禁止とそれに伴う処罰は――可能なときは――はるかに厳格に適用される」[6]。

そもそも見逃してならないが、旧石器時代の末期以来、人間は同系交配という繁殖手段を利用してきており、それが栽培された植物種や家畜化された動物種をいよいよ完全なものに変えてきた。仮に人間がそうした方法の成果を意識したとするなら、またそのとき人間が――これも仮定だが――合理的判断を働かせたとするなら、彼が人間関係の領域で達した結論と、動植物の領域で毎日の経験が検証してくれている結論、快適な生活がそこにかかる結論とが逆であることを、いったいどう説明したらいいのか。この手の動機に動かされるだけの敏感さを原始の人間がもっていたとするなら、とりわけどうして「やってならぬ」にとどまり、「やるべし」にまでいかなかったのか理解できるだろうか。やりさえすれば、経験的結果は――少なくともいくつかの場合には――有益な結果を示したであろうに。だが彼は人間同士の同系交配をまったくおこなわなかった。それればかりか、いままでも我々はこの種の試みを全面的に認めようとしない。最近になって出てきた社会理論――それらが理性に反した性格をもつことは、いずれにせよ、暴露されている――を俟ってはじめて、人間に関しても方向づけられた生殖が声高に叫ばれるようになった。未開社会において我々がインセスト禁忌の陽画としてじつに頻繁に出会う、やるべしとの積極的規定は、交叉イトコ同士の結合（それぞれの親が互いに兄弟‐姉妹関係にある）を増やそうとめざす規定である。つまりこの規定は、近親性から見れば同一である二つの婚姻型を、それぞれ社会的規制の正反対の極に置く。一つは平行イトコ同士の結合（それぞれの親が互いに兄‐弟関係または姉‐妹関係にある）で、この結合は兄弟‐姉妹のインセストと同等視される。もう一つは交叉イトコ同士の結合で、配偶者間の血縁関係がきわめて近いにもかかわらず、こちらの結合は理想に適うと見なされる。

しかし、血族ないし直接的傍系親族〔両親を同じくする傍系親族、つまり兄弟‐姉妹〕間での性的関係の禁止は優生学的理由に根拠をもつ、とする観念が、現代人の思考からいかに抜きがたいものであるかには驚かされる。その理由はおそらく――我々がこの十年間に体験したように――ほかならぬ生物学的概念が、近代的思考から払拭しきれていない先験性〔経験や実験にもとづかない演繹的な思弁性の謂〕の最後の残骸をとどめるからだろう。このことをとりわけ雄弁に物語る実例を、一人の著者が提供してくれる。その科学的著作は、近親結合にまつわる偏見を一掃することになによりも貢献した。実際、トウモロコシの交配をめぐるみごとな研究の数々によって、E・M・イーストは次のことを究明してくれたのだった。同系交配によってある品種系統をつくりだすと、まず最初の結果として、ある期間、彷徨変異〔遺伝することのない連続的変異〕が続き、基準標本は、たぶんふつうは覆い隠されている劣性形質(*)が表に現れるせいだろう、激越な変異にさらされるが、ついで変異度は徐々に低下し、やがて変異を起こさない安定した基準標本が出てくる。さて、もっと広範な読者を対象にした本のなかで、著者はこの成果を想起したのち、結論として言う。近親婚にかかわる俗信には十分な根拠があり、ゆえに今後、実験室での作業は、民話が語るさまざまな予断に裏づけを与えていくことに尽きるだろう。いにしえの作家の言葉「理性が眠り込んでいるとき、迷信はしばしば目覚めている」(7)に従うのである、と。「望ましくない劣性形質はトウモロコシの場合と同じ頻度で人間の家族にも現れる」ことが、彼の引き出した結論の根拠をなす。しかし有害な劣性形質が再出現するということは——突然変異を持ち出すのでないなら——研究している基準標本がすでに淘汰されていたからと仮定するほか説明がつかない。再出現するのは、まさに何世紀にもわたる栽培の努力によって、いままでうまく取り除かれてきた形質なのである。同じ事態が人間のもとにも見出されるかというと、それはまずありえないだろう。じつに人間社会の実施する異系交配〔外婚 exogamie〕は——先ほど見たごとく——絶対的な異系交配であったわけだから。だがそれ以上に、イーストは自分の研究によってこう間接的に立証してしまった。生まれたはじめから人類が同系交配〔内婚 endogamie〕をおこなっていたなら、あれら俗に言う危険はけっして現れなかったであろう。この場合、変異を引き起こす因子がすでに取り除かれているはずなのだから、おそらく我々の目の前には、同系交配によるトウモロコシの品種系統と同じほどの恒常性・最終的不変性に達した人種がいることになるだろう。内婚のもたらす一時的危険——仮にそのような危険があるとして——は、明らかに外婚や無差別婚 pangamie の伝統の結果であって、それの原因ではありえない。

（*）遺伝について言われる「優性／劣性」は「優／劣」でなく「顕在的（支配的）／潜在的」を意味するとの基本事項に留意して、以下の諸パラグラフを読まれたし。

確かに、血族婚は特定の同型遺伝子同士を選択的に組み合わせることしかなさず、それに対し、もっぱら確率論的法則によってのみ両性の結合が決定される（ダールベルクの言う「無選択交配 panmixie」）体系は、同型遺伝子を無作為に混ぜ合わせるが、しかしどちらの場合でも、遺伝子の一般的性質と個別的特性に変化はない。近親結合が中断されさえすれば、同型遺伝子をもつ個体群の一般構成は、「無選択交配」をもとに予想されうる構成に戻る。ゆえに、遠い昔におこなわれた血族婚は持続的影響力をもたない。それは血族婚のおこなわれた世代のすぐ次に来る数世代に影響を及ぼすだけである。しかもこの影響力自体が集団の絶対的規模に左右される。成員数のわかっている個体群の場合、そこでの血族婚の頻度が「無選択交配」体制における血族婚の確率に等しくなる、一つの均衡状態をつねに確定できる。個体群がこの均衡状態に対応する成員数を超過すれば、血族婚の頻度が同一のままでも、劣性形質の担い手数は増加する。「集団規模の拡大は〔遺伝形質を決定する一組の対立遺伝子の〕異型接合を増やし、そのぶん同型接合を減らす[8]」。個体群が均衡状態に対応する成員数を割り込めば、血族婚の頻度が均衡状態を基準とする「標準値」にとどまっていても、劣性形質は累進的比率に従って減少する。たとえば人数が五百で一家族あたり二人の子供がいる個体群の場合、劣性形質の減少率は〇・〇五七二パーセントであるが、この個体群の人数が二百に落ち込めば、〇・一六九七パーセントになる。それゆえダールベルクは、遺伝理論の観点に立つかぎり「婚姻禁忌に正当な根拠があるようには見えない[9]」との結論を引き出すことができるのである。

劣性の遺伝異常が出現するその決定因をなす突然変異は、確かに大きな個体群より小さな個体群にとって危険である。小さな個体群では、同型接合への移行の確率がいちだんと高まるからである。その代わり、同型接合へのこの移行が素早くかつ完全になされるなら、ある程度長い期間を経たのち、心配される形質は確実に除去されるはずである。したがって、内婚〔同系交配〕を実施する、成員構成の安定した小さな個体群、ちょうど多くの未開社会をモデルとするような個体群では、近親婚のはらむ危険性は、ただ新たな突然変異の出現によってのみもたらされると考えていいわけだが――突然変異の出現率が既知である以上、それは計算可能な危険である――、しかし集団内部で劣性異型接合体に出会う確率は、集団外の個体との婚姻にはらまれるその確率よりもすでに低くなっている。ダールベルクの算定によれば、突然変異によって特定の個体群のなかに発現する劣性形質に関してさえ、血族婚が同型接合体を生み出すのにあずかって果たす働きは、ごく微弱である。血族婚から生まれる同型接合体一個に対し、厖大な数の異型接合体があるゆえ、それら異型接合体は――個体群が十分に小さいなら――必然的にやがてそれらのあいだでのみ生殖せざるをえなくなるからである。たとえば八十人の個体群では、第一親等のイトコも含めた近親婚を禁じても、劣性形質をまれに担う個体数を、一〇パーセントから一五パーセント減らせるにすぎないと言われる。[10] 以上の考察は重要である。なぜなら個体群の成員数という量的概念が導入されているので。ところで、原始社会や古代社会では、経済体制から言って個体群の成員数はごく低い数字に抑えられている。まさにこの低い数字ゆえに、血族婚の規制は、無視しうるほどの遺伝的影響しか及ぼしえない。要するに、問題の核心にまで踏み込まなくとも――しかもこの問題に、昨今の理論家たちは暫定的かつ含みをもたせた解答をあえて与えようとしているにすぎない[11]――、こう見なすことができる。未開の人類は置かれていた人口状況からして、血族婚の影響にかかわるデータすら集めることができなかった。

＊＊＊＊

第二タイプの説明は、インセスト禁忌制度の自然性と社会性とがなす二律背反から、一方の項を排除しようとする。社会学者、心理学者の広範な一集団、ウェスタマークとハヴロック・エリスをそのおもな代表とする集団にとって、インセスト禁忌は、人間の本性を持ち出すだけで申し分なく説明される感覚や傾向が、社会平面に投影ないし反映されたものにほかならない。この立場の擁護者たちのあいだには、かなり大きな見解のばらつきが認められる。禁忌の起源に想定されたインセスト恐怖を人間の生理的本性から引き出そうとする人もいれば、それをむしろ心的傾向から引き出そうとする人もいる。じつは誰もが昔ながらの偏見「肉親の情〔血の声 voix du sang〕」を引き継いでいるにすぎないのだが、ただかつては肯定的意味を表したその偏見が、ここでは否定的意味を表すのである。ところで、いわゆるインセスト恐怖が本能という源泉から流出しえないことは、次の事実から十分に立証される。推定もしくは事後的証明にもとづいて違反者たちのあいだに親族関係が確認されたそのときにしか、この恐怖は生じないという事実である。残るのは刺激の――むしろ刺激の鈍化の――働きを持ち出す解釈である。たとえばハヴロック・エリス説によれば、インセストに対する嫌忌が生まれるのは、習慣化が性的興奮性を弱めるからであり、かたやウェスタマークも同じ型の解釈をとるが、それをもっと心理学に限定された平面に移し替える(12)。

これらの著者に対しては、二つの型の慣れを混同していると反論していいだろう。一つは性的に結びついた二つの個体のあいだで進む慣れであり、知られているようにこの慣れは、一般に欲望の減退――現代のある生物学者の言によれば、「あらゆる社会体系に秩序破壊的要素を繰り込む」ほどの減退(13)――を招く。もう一つは近親のあいだに広がっていく慣れであり、この慣れもやはり欲望の減退を招くとされるが、ただし前者の場合に決定的役割を果たしていた性欲の行使が、明らかにこちらには欠けている。それゆえ、差し出された解釈は論点先取りに帰着する。論拠として主張されている観察記録――近親のあいだではごくまれにしか性的欲望が発現しない――は、実験による検証がまったく欠けている以上、物理的または心理的慣れによって説明されるとも、インセスト禁忌そのものを構成するもろもろのタブーからの帰結として説明されるとも言えない。要するに、観察記録を説明すると称し、じつはそれを前提に立てているわけだ。

しかしここで言われる本能的嫌忌ほど、根拠の弱いものはない。というのも、法や習俗によって禁忌とされていても、現にインセストは存在する。それどころかインセストの頻度は、〔口外してならないとする〕集団的黙約を勘定に入れて推定される頻度よりも、おそらくはるかに高い。規則のもつ理論的普遍性を感覚や傾向の普遍性によって説明することは新たな問題を招く。普遍的と主張されている事実が少しも普遍的でないからである。にもかかわらず、多数の例外的感覚・例外的傾向を倒錯や異常として扱いたいなら、循環論法に陥らずそれらを異常として持ち出せる唯一の平面、生理学の平面で、それら異常がいかなるものかを明確にしなくてはならない。だがおそらくそれはとりわけ困難な作業になる。なぜならこの問題をめぐり、現代の有力な一学派が、ハヴロック・エリスやウェスタマークに真っ向から対立するかまえをとってきているから。インセスト関係を嫌忌することにでなく、逆にそうした関係を求めることに、精神分析は普遍的現象を見出している。

慣れは必ず結婚を壊すとする見方に例外はないかと言うと、これもまた確実でない。多くの社会が慣れを別様に考えている。「女を求める気持ちは姉妹に対して始まる」とアザンデの諺は言う。へへは自分たちの交叉イトコ婚慣習の正しいことを、未来の配偶者のあいだにみなぎる、長く育まれてきた親密さによって説明する。この親密さが――彼らに言わせれば――感情的・性的吸引力の真の原因なのである。[14] さらにチュクチは、ウェスタマークとハヴロック・エリスがインセスト恐怖の起源と見なした関係の、ほかならぬ典型に、外婚の範を求めようとしている。「親族（すなわちイトコ）同士の婚姻の大部分はごく低年齢でまとまる。ときには婚約者たちがほんの赤ん坊でしかないことさえある。婚約式がとりおこなわれ、子供たちは一緒に遊びながら成長していく。少したつと二人だけのグループをつくりはじめ、当然にも二人のあいだにはとても深い絆ができあがる。死によっても切れないほど強いことすらまれでない絆が。一人が死ねば、もう一人も悲しみのあまり死んでしまうか、みずから命を絶つ。（略）親交はあるが親族関係にない家族同士の場合も、婚姻はこれと同じ型に従う。ときにはそれぞれにまだ子供が生まれないうちから、これらの家族は子供同士の婚約を交わす」[15]。ブリティッシュ・コロンビアのトンプソン川流域に住むインディアン、第二親等のイトコ婚がインセストと扱われ揶揄される彼らのもとにさえ、たとえ遠縁であっても血族同士の結婚にはこうした反感がもたれるにもかかわらず、自分より二十も年下の娘と婚約する男たちならいるのである。[16] この手の事実なら、そこかしこにいくらでも転がっているだろう。

しかし我々が問題にしている態度の裏には、はるかに重大な混同が隠されている。仮にインセスト恐怖が生来の生理的または心理的傾向から生じるなら、なぜこの恐怖は、あらゆる人間社会に同じ神聖な威光をまとって見出されるほどの、厳粛かつ絶対に欠かせない禁止のかたちで表現されるのか。抑止せずともなされる心配のないものを、わざわざ抑止しなければならぬ理由はまったくない。この議論には二通りの答え方ができる。禁忌は自然がみずからの使命に背く例外的ケースにのみ向けられる、とするのが第一の答え方である。しかし、仮定から言って例外は極端にまれだと考えざるをえないのに、そのような例外に照準する規制がアンバランスなほど重視されるのはどういうわけか。しかもとりわけ疑問だが、逸脱が有害で危険だと見なされていないなら、どうしてそれが数多くの社会で禁止され、ひいては、知られているように、このうえない厳罰の対象になるのか。ならば、この危険が集団や、逸脱にかかわった個人またはそうした個人の子孫に対して存在していることのうちに——あるいはそのことの帯びるリアリティのうちに——禁忌の起源を探らなければならない。我々は不可避的に第一タイプの説明へと連れ戻される。確かに自殺との比較を持ち出すことも可能だろう。生物には自己保存への傾向が自然に備わっているというのに、習俗、しばしば法までが、多くの制裁によって自殺の克服に努めているというわけだ。しかし、インセストと自殺は見かけのうえで似ているにすぎない。実際、社会がインセストと自殺を等しく抑止するにしても、インセストの抑止が、動物のもとにごくふつうに現れる自然現象に適用されるのに対し、自殺の抑止は、動物的な生のあり方とはまったく無縁な現象、社会生活に依存すると見なすべき現象に適用される。社会は自分が生み出したものをしか禁止しない。もう一つとくに言っておかなければならないが、社会が自殺を悪と断じるのは、自殺が社会の利益を損なうと考えるからであって、自殺がなにか生来の傾向を否定するからではない。なによりの証拠に、いかなる社会もインセストを禁止するが、自殺にそれ相応の余地を与えない社会は一つとしてなく、どの社会も、なんらかの事情か動機次第で、自殺の正当性を認める。たとえば個人の自殺行動がたまたまなんらかの社会的利益と一致するからとの動機が、まさにそれである。社会秩序にとってインセストがマイナスである理由は、かくしてまだ見出されない。

＊＊＊＊

第三タイプの説明は、いま検討した第二タイプの説明と次の点で共通性を示す。どちらも自然と文化の二律背反から一方の項を排除しようとするのである。その意味でこれら二つの説明は、二つの項を分離しようとしながらも同時に両方を手放さずにおく第一タイプの説明に対立する。しかし第二タイプの説明に与《くみ》する人々が、本能を特徴とする心理的ないし生理的現象にインセスト禁忌を帰着させようとするのに対し、第三グループは、それをちょうど一八〇度ひっくり返した立場をとる。インセスト禁忌に彼らは純然たる社会起源の規則を見るのであり、この規則が生物学的な言葉に表現されること自体は、偶然的・副次的特徴にすぎないとされる。このようなインセスト禁忌の捉え方は論者によっていろいろ変わってくるので、第一、第二タイプの場合よりいくぶん立ち入って敷衍しなくてはならない。

　社会制度として考察するとき、インセスト禁忌は二つの異なる相のもとに現れる。直系または傍系近親者間の性的結合に対する禁止しか現れない場合もあれば、確たる生物学的基準にもとづいたこの禁忌形態が、もっと広範な体系の一側面にすぎない場合もある。それはいかなる生物学的土台も欠くかに見える体系である。実際、数多くの社会で外婚規則は社会カテゴリー間の婚姻を禁忌とし、この禁忌カテゴリーには近親だけでなく、直接または間接のいかなる血縁も確認しえないか、いずれにせよ血縁のごく薄いおびただしい個体が含まれる。このようにして血縁のごく薄い個体が禁止に付され生物学的親族と同等視されるのは、明らかに親族分類法の恣意的決定による。

　第三タイプの解釈に与する人々がとくに注意を向けるのは、この広範な社会化されたインセスト禁忌形態である。さっそくだが、モーガンとフレイザーのいくつかの示唆は退けておこう。二人とも外婚体系にインセスト結合の予防手段を見るが、インセスト結合は、外婚体系が事実上禁止している結合のほんの一部をなすにすぎない。しかもインセスト結合の予防という結果だけなら、もてあますほどにかさばる外婚規則集などなくても、じつは得られるだろう（〔外婚単位である〕クランも半族ももたない社会の例がそのことを証明している）。外婚をインセスト結合の予防手段と見るこの第一の仮説は、外婚について、とうてい満足のいく説明をもたらさないばかりか、インセスト禁忌についてはなにひとつ説明しない。我々の観点から見てはるかに重要なのは、外婚についての社会学的解釈をもたらしてくれる理論、なおかつ、インセスト禁忌を外婚から導き出すことの可能性を閉じずにいる、あるいはこの導出の道筋のあることをはっきり主張する理論である。

マクレナン、スペンサー、ラボックの考えを第一グループに、[17]デュルケムの考えを第二グループに分けるとしよう。マクレナンとスペンサーは外婚慣習を、捕虜獲得を配偶者獲得の常套手段とした戦士民族の習慣が習俗として定着したものと見た。そしてラボックの描く進化図式が、内婚的性格の集団婚から外婚的略奪婚への移行に説得力を与えたと言っていい。集団婚によって得られた妻たちとは反対に、略奪というやり方で得られた妻たちだけは個人財という身分規定を有すようになり、それが現代の個人主義的婚姻の原型をもたらすと言うのである。三人の考え方はきわめて単純な理由からいずれも退けることができる。外婚とインセスト禁忌のあいだにいかなるつながりもつけようとしないなら、彼らの考え方は我々の研究に無縁である。逆に外婚規則にだけでなく、特殊な外婚形式であるインセスト禁忌にも応用できる解決策を呈示しているなら、彼らの考え方はまったく受け入れられない。このとき彼らの考え方は、副次的な関心しか引かないことの多いこれこれの特別な現象から、一般法則――インセスト禁忌――を導き出そうとしていると言っていいからである。そうした現象はおそらくいくつかの社会には固有の現象であろうが、しかしその頻度を普遍化するには無理がある。方法論に空いたこの空白、さらに別のいくつかの空白は、第一グループ全員の考え方にばかりでなく、純粋な社会的原因によるもっとも意識的、かつ、もっとも体系的な解釈形式をなすデュルケム理論にも共通する。

「社会学年報」第一巻冒頭を飾る重要な研究[18]においてデュルケムが打ち出した仮説は、三重の性格を示す。第一に、限定された一群の社会でのみ観察されることがらを普遍化することによって、仮説の土台がつくられる。第二に、インセスト禁忌は外婚規則を遠因とするその帰結であるとされる。第三に、外婚規則が別次元の現象にもとづいて解釈される。デュルケムによれば、あらゆる人間社会にかつて共通していた原初的な型の組織化を例証すると考えられる、オーストラリア諸社会を観察すること、それがインセスト問題に解決をもたらす。これらの社会の宗教生活は、周知のとおり、クランと〔クラン名のもとになっている〕トーテムがその実質を同じくするとの信仰に支配されている。[*]この実質的同一性への信仰が、血の帯びる特別な禁止を説明してくれる。同一クランの成員を一つに結びつける呪術-生物学的共同性の、神聖な象徴かつ起源であると見なされる血である。クランの血それを恐れるこの気持ちは、月経血に対してとりわけ強まる。それゆえ、大部分の未開社会では月経中の女、ひいては女一般が呪術的信仰の対象になり、特別な禁止を課される。女たちに及んで彼女たちを外婚規則に表されるごとく差別化する禁忌は、要するに宗教的信仰の遠いこだまにほかならない。この宗教的信仰は、はじめは男女に区別を立てていなかったが、男たちの頭のなかに血と女の性との連想が定着した影響を受けて、そのかたちを変えるのである。男が外婚規則に従うかぎり自分のクランのなかで婚姻を結べない、その最終的な理由は、もしそれをなせば、自分がトーテムに対してもつ親族関係の、その目に見える徴表・物質的表現であるあの血に実際に触れてしまうか、触れる恐れがあるからである。相手が別のクランの成員なら、この危険はない。他人のトーテムはいかなる禁止も帯びていず、いかなる魔力も備えていないのだから。クランのあいだの婚姻およびクラン内部における婚姻禁忌という二重の規則はここに由来する。したがって、今日の我々が理解するようなインセスト禁忌は、信仰と禁止とからなるあの複雑なまとまりの遺物・残存にほかならない。それは呪術-宗教的体系に深く根を下ろす信仰と禁止であり、この体系が最終的に説明の在処《ありか》をなす。結論を言えば、分析の歩みをたどっていくと見えてくるように、デュルケムにとって、インセスト禁忌は外婚のある種の残滓であり、外婚は女の帯びる特別な禁止によって説明され、この禁止の起源は月経血への恐れにあり、この恐れは血一般に対する恐れの特殊ケースにほかならず、そして血一般に対する恐れは、クランの成員である個体と彼のトーテムとが同質同体であることへの信仰が引き起こす、いくつかの感情を表現しているにすぎない。

(＊)デュルケムがトーテム信仰の解釈に使う用語には、明らかに一種のキリスト教神学が反映している。「わたしたちは、パンの実質がわたしたちの主の御からだの実質に変化し、『実質的変化（化体）』をしたことにより、イエス・キリストがそこに現実に存在したもうことを信じる」（パスカル『パンセ』田辺保訳、角川文庫、一九六八年、四九〇ページ）。「実質」「実質的同一性」「同質同体」などの用語によって、キリスト教におけるいわゆる

「聖体の秘蹟」がトーテムとクランおよびクランの成員との関係について類推的にあてはめられていると言っていい。

この解釈の強みは、個々に取り出すだけではおよそ理解しがたく思われるひどくばらばらな現象を、一つ同じ説明体系のなかへまとめていく力量からくる。その弱みは、こうしてつけられたつながりの脆さ・恣意性にある。トーテム信仰の非普遍性を論拠とする反論は、論拠自体の是非が先決されなくてならないから脇に置こう。確かにデュルケムはトーテム信仰の普遍性を前提に立てるが、この理論的要請をいかにしても正当化してくれない今日の観察記録を前にしても、彼が自分の立場を堅持することはおおいにありうる。言うまでもなく、今日の観察記録は彼の理論的要請を無効にすることもやはりなしえないのだから。しかし、たとえトーテム信仰の普遍性なる仮定の枠組みにとりあえず身を置いても、最初の基本前提から順次別の論証段階を導き出してくれる論理的つながりは、一つも見えてこない。どの論証段階も恣意的関係によって一つ前の論証段階に結びつけられている。この関係が生み出される可能性などなかったとアプリオリに断定はできないものの、しかしそれが実際に生み出されたと示すものも、やはりいっさいないのである。まずトーテムの実質性への信仰を取り上げてみよう。この信仰があるからといって、トーテム〔とされる生き物〕を食べる行為が妨げられるわけでなく、ただその行為に祭礼的性格が付与されるにすぎないことを我々は知っている。ところで、婚姻も、またじつに多くの社会では性行為そのものもある種の祭礼的性格・儀礼的性格を示すが、それはトーテムのもつ働きとまったく相容れない性格ではない。実際、そうした働きを婚姻や性行為から取り出す試みがなされている。次に血への恐れ、とりわけ月経血に対する恐れであるが、これは普遍的現象ではない。[19] ウィニベゴの青年たちは、月経期間中の恋人が外部との遮断を命じられ人目を避けなくてならなくなるのをこれ幸いに、彼女に会いにいく。[20]

他方、月経血への恐れが最高潮に達したかに見える場合でも、不浄さの危険が、とくに選ばれたり限定された人々に及ぶかというと、これもまったく自明でない。チャガはキリマンジャロ山腹に暮らすバンツー諸民族の一つである。彼らの社会は父系にもとづいて組織化されている。ところが、イニシエーションのあいだ、娘たちに口を酸っぱくして教えられる注意は、月経血の一般的危険についてであって、同じ血をもつ者たちがさらされるかもしれない特別な危険についてではない。しかもとりわけ危うい目に遭うように思われるのは——父親でなく——母親である。「母さんにそれを見せてはいけない、母さんが死んでしまうぞ！　仲間にも見せるんじゃない。なかには悪い仲間がいて、おまえが血を拭いた布を盗むかもしれない。そうなったら、結婚してもおまえに子はできない。意地悪な女にも見せるんじゃない。布を取り上げて、自分の小屋の高いところに掲げるかもしれない。（略）そうなっても、おまえに子は授からない。布を小道や藪に捨ててはいけない。意地悪な奴が布を使って卑劣なことをやらかすかもしれない。布は土のなかに埋めよ。父さん、兄弟、姉妹の目から血を隠せ。血を見せるのは罪だ(21)」

アレウトの男は狩りが不首尾に終わるのを恐れ、月経中の妻と性交渉をもたない。だが父親が初潮中の娘の姿を見たときは、娘が唖や盲になるかもしれぬとされる。父親でなく、もっぱら娘にすべての危険が降りかかる(22)。一般的に言えば、月経期間中の妻は、彼女の出身クランの親族にとってばかりでなく、外婚によって彼女を手に入れた夫にとっても不浄であり、ふつうはすべての人々にとって不浄である。この点は決定的に重要である。実際、デュルケムがどこから外婚を導き出すつもりでいるかというと、外婚をいわば論理的帰結とする一連の習俗と禁止——女にかかわる禁止——からであり、また外婚を一つの解決策とする一連の困難からである。ところが、女にかかわる禁止は外婚規則の適用によっては解除されない。しかもこの禁止は、内婚によって集団の成員となった者たちにも外婚によって集団の成員となった者たちにも、区別なく課される。にもかかわらず、月経血にまつわる偏見それのみから外婚規則が導き出されねばならないと言うなら、そもそもどのようにしてこの規則は出現したのか。不浄に染まる危険を予防するには、月経中の女との性的関係を禁忌とするだけでいい。この予防のみが外婚規則の役割なら、外婚規則のあること自体が余計で不可解である。しかも外婚規則が集団生活に導き入れる無数の煩雑さを思えば、なおさらのことそうである。外婚規則が生まれたのは、不浄に染まる危険の防止とは別の要請に応え、別の役割を果たすからなのだ。

デュルケムの解釈にせよ、マクレナン、スペンサー、ラボックの解釈にせよ、行き着くところ、どの社会学的解釈も共通の根本的欠陥を示す。それらの解釈がそこに普遍的現象の基礎を置こうとするひとつながりの歴史的場面は、個別の事例においてなら、その展開がまったく考えられないわけではないが、しかし場面の流れを構成していく話と話のあいだにあまりに必然性が欠けているため、問題とされる現象があらゆる人間社会で同じように反復されたとする可能性はまったく排除されなくてならないのである。なかでも、デュルケムの手になる場面の流れはもっとも複雑であり、それゆえ、いま述べた批判はまたしてもこの場面の流れにとりわけよくあてはまる。恣意性の高いある性格が変形に次ぐ変形を経て、その結果特定の制度が所定の社会に生まれるとの説明は、考えられないものではない。実際にもそのような実例を歴史は差し出している。だがまた歴史は次のことも示している。このタイプのプロセスの果てに生まれる制度は考察される社会ごとにひじょうに異なり、しかも世界各地で類似の制度が別々に生まれる場合でも、制度の出現を準備した歴史的場面の流れそのものはひどくまちまちである。収斂現象〔進化がそれぞれ異なる文脈で似通った形態を生み出すこと〕と言われるものがこれである。しかし、もし繰り返し変わることなく継起する一連の出来事からいつも同じ結果が目の前に現れてくるのであれば（物理学において起きるように）、こう確実に結論づけることができるだろう。これらの出来事そのものが現象の説明原理であるのではなく、それらはなんらかの法則の存在を明かしているのであり、この法則にのみ説明がある、と。ところが、トーテムの実質性への信仰から血への恐怖、血への恐怖から女に対する迷信じみた恐れ、この恐れの感情から外婚規則の設定へと向かう移行が人間精神にとって必然的なものであることを説明する、いかなる法則も、デュルケムは差し出さない。思いつきでなされるラグラン卿の再構成にも同じ批判を差し向けることができる。逆に我々が明らかにしたのは、このひと続きの移行ほど恣意的なものはないということだった。仮にインセスト禁忌の起源にこうした移行しかなかったとしても、出てくる解決策はインセスト禁忌のほかにもたくさんありえただろうし、偶然が働きさえすれば、それら解決策の少なくともいくつかは実現されたはずであろう。

たとえば月経中の女に課される禁止は問題に対するきわめて満足のいく答えをもたらすのだから、多くの社会がこの答えに満足することもできたであろう。

要するに曖昧さは見た目より深刻である。傍証とされる事実の有効性がとりわけ曖昧なわけでも、ただそれだけが曖昧なわけでもない。禁忌そのものをどう捉えるべきかも曖昧なのである。マクレナン、ラボック、スペンサー、デュルケムは、現在における社会生活の条件とはまったく縁もゆかりもない過去の残存(*)をインセスト禁忌に見る。そのため彼らは一つのジレンマの前に立たされる。インセスト禁忌制度の全体が残存という性格に完全に尽くされるとすれば、かたちも定かでないその名残をあちこちから掘り起こすほかないであろう規則が、にもかかわらず普遍性と生命力を保っていることをどう理解したらいいのか。逆に、現代社会ではインセスト禁忌がいままでと異なる新しい機能を果たしているとするなら、この場合、歴史的説明によって問題を論じきれないことは認めざるをえない。さらにもう一つ、とりわけ言っておかなくてはならないが、問われているのは、インセスト禁忌制度の起源が漠とした仮説的歴史図式にではなく、むしろ、相変わらず現在も働きつづけているがゆえに経験によって検証されうる、あれらの機能に見出されるのではないか、ということなのだ。集団ごとに異なる歴史的様相のどれが任意の個別社会におけるインセスト禁忌制度のあり方を説明してくれるのか、を探り出すことは、インセスト禁忌の問題にさしてかかわってこないのである。あらゆる社会に、あらゆる時期を通じて、男女関係の規制が存在するのはいかなる深い原因が遍在するからなのか、ここにこそ問題の本質がある。それとは別様に問いを立てようとすれば、言語の発展を律する音韻法則や語形法則の総体は語彙の歴史によって説明し尽くせると信じ込む、言語学者と同じ誤りを犯すことになるだろう。

（*）「残存 survivance」は、タイラーによってはじめて定義された文化進化論の重要な概念で（ハーバート・スペンサーの言う「適者生存 survival of the fittest」の「生存」がこの「残存」と同じ語であることに注意されたし）、社会進化によって意味をなくしてしまったにもかかわらず相変わらず残っている習俗や習慣をさす。したがって、現段階で意味のない習俗や習慣も、進化を遡行すればその意味を見出せることになる。

＊＊＊＊

我々がここまでなしてきた分析は期待に応えてくれなかったが、しかし、かくもたびたび繰り返されてきた失敗によって次々と出口を塞がれてきたかに見える課題に、なぜ現代社会学が粘り強く取り組もうとせず、むしろしばしば好んでみずからの無力を告白してきたのか、少なくともその理由だけは明らかにしてくれる。現代社会学は、みずからの方法があれほど重要な問題を攻略させてくれず、みずからの原理の見直しと手直しの試みを阻んでしまうのは、方法そのものが不十分なせいとは認めず、むしろ、インセスト禁忌は自分の領域外にあると公言する。たとえば、じつに多くの問題を更新することに貢献した『未開社会学論』のなかで、ロバート・ローウィは、我々の目下の課題である問いについて次のように結論する。「なぜ人間があれほど深くインセスト恐怖に震撼されるのか、それを説明するのは民族誌家の仕事でなく、生物学者と心理学者の仕事である。社会観察を任とする者は、インセストへの恐れが生物学的に可能な結合の数を制限するとの事実だけで満足する」[23]。同じ問題について別の専門家はこう書く。「ある普遍的習俗を説明し、その起源を見つけることなど、たぶんできはしない。我々に最大限できるのは、普遍的とは別タイプの事実のあいだに、系統的相互関係を打ち立てることだけである」[24]。この言葉はローウィの諦念に帰着する。しかしインセスト禁忌は、人間の裁量によって認可された規則の存在について、その説明が自然科学に求められる、まさに唯一の事例を差し出しているかもしれないのである。

普遍的であるとのその性格ゆえに、確かにインセスト禁忌は自然に、つまり生物学か心理学に、あるいは両方にかかわる。だが、規則であるかぎりでインセスト禁忌が一つの社会現象をなし、規則の世界、つまり文化の世界に、ゆえに文化研究を目的とする社会学の領分に属すこともまた確かである。ローウィはこのことにはっきり気づいた。その証拠に、『未開社会学論』の「補遺」は前段落に引いた宣言を再考して言う。「しかしかつてのように私は、インセストが人間の本能的嫌忌を煽るとは考えていない。（略）我々に必要なのは（略）インセストへの嫌悪を古い文化的適応の一種と考えることなのだ」[25]。理論がいずれもほぼ全面的に破綻している以上、別の結論を引き出すことは許されまい。だがこの破綻の原因を分析すれば、まったく逆に、原理と方法を手直しする手がかりが得られるはずであり、そこではじめて、民族学が生きつづけていけるための礎を築くこともできる。実際、規則のなかの〈規則〉、文化を自然につなぐことを保証する唯一の普遍的規則を前にして民族学が手も足も出ないと告白しなくてはならないとすれば、どうしてほかの規則を分析し解釈することなど望めるだろう。

　すでに明らかにしたように、インセスト禁忌問題に挑んだ過去の理論家たちは、次の三つの視点のいずれかに立った。ある理論家たちは、インセスト禁忌規則の自然的かつ文化的という二重性格を持ち出したが、二つの性格のあいだに外在的なつながりをつけるだけですませてしまった。それは合理化をおこなう思考によってつくりあげられたつながりであった。別の理論家たちは自然的原因だけを持ち出すか、とくにそうした原因を強調することによって、インセスト禁忌を説明しようとした。あるいは、インセスト禁忌に一個の文化現象しか見ないか、ことさらそういう現象を見ようとした。これら三つの観点がいずれも不可能事か矛盾に通じることは確認したとおりである。結局、一つの道だけが開かれている。静的分析から動的総合へいたらせてくれる道である。インセスト禁忌は純粋に文化に根ざすのでも、純粋に自然に根ざすのでもない。また一部は自然から、一部は文化から借りてきた雑多な要素の混ぜ合わせでもない。それのおかげで、またそれによって、とりわけそれにおいて自然から文化への移行が達成される根本的手続き、これがインセスト禁忌なのである。ある意味でインセスト禁忌は自然に属す。文化の一般的条件をなすからである。ならば、インセスト禁忌が自然のもつ明白な性格、すなわち普遍性を受け継いでいることは驚くにあたらない。だがまたある意味でインセスト禁忌はすでに文化であり、なによりも文化に依存しない諸現象のなかでみずからの規則を振り回し、押しつける。我々は、人間の生物的生と社会的生のあいだの関係にかかわるものとしてインセスト問題を立てるところまで導かれ、すぐにこう確認した。インセスト禁忌はそれら二つの生のどちらか一方にだけ属すのでない、と。この変則性を解明することが本書における我々の課題である。すなわち、あれら二つの生を結ぶまさに紐がインセスト禁忌であると明らかにすること。

しかし二つの生は静的に結びつけられるのでも、恣意的に結びつけられるのでもない。この結びつきが打ち立てられた瞬間、全体の状態が完全に変更されてしまうのである。ゆえにそれは結びつけるというより、変換する、あるいは移動させることなのである。インセスト禁忌以前にまだ文化は与えられていない。インセスト禁忌とともに、自然は人間のもとに至上の支配力として存在することをやめる。インセスト禁忌とは自然が自己を乗り越えるプロセスである。インセスト禁忌の起こす火花の働きによって新型の、より複雑な構造が形成される。この構造は、いちだんと単純な心的生活の諸構造を統合しつつそれらと一つになる。同時に、これら心的生活の諸構造もいちだんと単純な動物生活の諸構造を統合しつつ、それらと一つになる。インセスト禁忌は新しい秩序を到来させる。インセスト禁忌それ自体がこの到来なのである。

注

(1) Sir H. S. Maine, *Dissertations on Early Law and Custom*. New York, 1886, p. 228.

(2) Plutarque, *Quæstiones romanæ*, in *Œuvres*, trad. Amyot. Lyon, 1615, t. 2, p. 369-370.

(3) H. F. Muller, A Chronological Note on the Physiological Explanation of the Prohibition of Incest. *Journal of Religious Psychology*, vol. 6, 1913, p. 294-295.

(4) J. M. Cooper, Incest Prohibitions in Primitive Culture. *Primitive Man*, vol. 5, n° 1, 1932.

(5) W. Jochelson, The Yukaghir and the Yukaghirized Tungus. Jesup North Pacific Expedition, vol. 9 (*Memoirs of the American Museum of Natural History*, vol. 13, 1926), p. 80. ——ヌエルはインセストを「梅毒」と呼ぶ。梅毒をインセストに対する罰と見ているからである。 Cf. E. E. Evans-Pritchard, Exogamous Rules among the Nuer. *Man*, vol. 35, n° 7, 1935.

（6）Ch. Hose / W. McDougall, *The Pagan Tribes of Borneo*. London, 1912, vol. 1, p. 73. ——著者たちが指摘するように、彼らがなしたこの観察はインセストにかかわる規則の人為性を明らかにしている（*ibid*. vol. 2, p. 197)。

（7）E. M. East, *Heredity and Human Affairs*. New York, 1938, p. 156.

（8）Gunnar Dahlberg, On Rare Defects in Human Populations with Particular Regard to Inbreeding and Isolate Effects. *Proceedings of the Royal Society of Edinburgh*, vol. 58, 1937-1938, p. 224.

（9）*Id*., Inbreeding in Man. *Genetics*, vol. 14, 1929, p. 454.

（10）*Id*., On Rare Defects in Human Populations with Particular Regard to Inbreeding and Isolate Effects. *Op.cit*, p. 220.

（11）E. Baur, E. Fischer, P. Lenz, *Menschliche Erblichkeitslehre*. Munich, 1927. — G. Dahlberg, Inzucht bei Polyhybridität bei Menschen. *Hereditas*, vol. 14, 1930. — L. Hogben, *Genetic Principles in Medicine and Social Sciences*. London, 1931. — J. B. S. Haldane, *Heredity and Politics*. London, 1938. ——さらに、本書第8章も参照。

（12）Havelock Ellis, *Sexual Selection in Man*. Philadelphia, 1906. — E. Westermarck, *The History of Human Marriage*, vol. 1, p. 250 *sq*.; vol. 2, p. 207 *sq*. ——ウェスタマークの立場は興味深いゆらぎを見せる。『人類婚姻史』〔江守五夫訳、社会思想社、一九七〇年〕初版において彼は本能を土台にした解釈——ハヴロック・エリスにごく近い解釈——から出発したにもかかわらず、同書第二版ではっきり出てくるように、より心理学的な捉え方へと進んでいった。だがやがて晩年になると（E. Westermarck, Recent Theories of Exogamy. *Sociological Review*, vol. 26, 1934)、B・Z・セリグマンやマリノフスキーに対する反撥から、一八九一年〔『人類婚姻史』初版〕の立場に戻るばかりか、禁忌の最終的起源は近親結合がもたらす有害な結果についての、混濁した意識のなかに求めるべきとの信念にまで戻ってしまう（E. Westermarck, *Three Essays on Sex and Marriage*. London, 1934, p. 53 *sq*.)。

（13）G. S. Miller, The Primate Basis of Human Sexual Behavior. *Quarterly Review of Biology*, vol. 6, n° 4, 1931, p. 398. ——性的パートナーに飽きるという人間の生得的傾向は高等類人猿にも共通する（*ibid*., p. 386)。

（14）G. Gordon Brown, *Hehe-Cross-cousin Marriage*, in *Essays Presented to C. G. Seligman*. London, 1934, p. 33.

(15) W. Bogoras, The Chukchee. Jesup North Pacific Expedition, vol. 9 (*Memoirs of the American Museum of Natural History,* vol. 11, 1904-1909), p. 577.

(16) James Teit, The Thompson Indians of British Columbia. *Memoirs of the American Museum of Natural History,* vol. 2, part 4: Anthropology I, p. 321, 325.

(17) J. F. McLennan, *An Inquiry into the Origin of Exogamy.* London, 1896. — H. Spencer, *Principles of Sociology,* 3 vol. London, 1882-1896. — Sir John Lubbock, Lord Averbury, *The Origin of Civilization and the Primitive Condition of Man.* London, 1870, p. 83 *sq.*; *Marriage, Totemism and Religion.* London, 1911.

(18) E. Durkheim, La Prohibition de l'inceste. *L'Année Sociologique,* vol. 1, 1898.

(19) M. van Waters, The Adolescent Girl among Primitive People. *Journal of Religious Psychology,* vol. 6, 1913.

(20) P. Radin, The Autobiography of a Winnebago Indian. *University of California Publications in American Archaeology and Ethnology,* vol. 16-17, 1920, p. 393.

(21) O. F. Raum, Initiation among the Chaga. *American Anthropologist,* vol. 41, 1939.

(22) W. Jochelson, *Contes aléoutes.* Ms. in New York Public Library, ed. by R. Jakobson, nos 34-35.

(23) R. H. Lowie, *Traité de sociologie primitive.* Tr. par Eva Métraux, Paris, 1935, p. 27.

(24) B. Z. Seligman, The Incest Taboo as a Social Regulation. *Sociological Review,* vol. 27, n° 1, 1935, p. 75.

(25) R. H. Lowie, *op. cit.*, p. 446-447.

第1部
限定交換

おまえ自身の母親
おまえ自身の姉妹
おまえ自身のブタ
おまえが積み上げたおまえ自身のヤムイモ
それらをおまえは食べてならぬ
他人の母親
他人の姉妹
他人のブタ
他人が積み上げたヤムイモ
それらをおまえは食べてよい

アラペシュの警句

Arapesh aphorisms, cited by M. MEAD,
Sex and Temperament in Three Primitive Societies.
New York, 1935, p. 83.

第１篇　交換の基礎

第３章　規則の世界

インセスト禁忌の根は自然のなかにあるが、しかしこの禁忌をつかむには根とは逆のほうから、すなわち社会規則として、つかむほかない。形態に関しても適用範囲に関しても、インセスト禁忌は集団ごとに極端な多様性を示す。我々の社会では範囲がきわめて狭く限定される禁忌への配慮も、北アメリカのいくつかの民族では、ごく遠い親等にまで細かく及ぶ。これらの民族の場合、付け加えるまでもなく、インセスト禁忌が課されるのは、存在しないわけではないが確定できないことの多い実の〔生物学的〕血縁関係に対してでなく、むしろ純粋に社会的である現象、真の親族関係をもたない二つの個体が一緒にそこにくくり入れられる「兄弟」「姉妹」「親」「子」などのクラスに対してである。このときインセスト禁忌は外婚規則と一つに融合している。ときには互いに結びついたかたちで、それぞれがそのまま残っていることもある。しばしば指摘されてきたように、父系体制社会で母と息子の配偶を、母系社会で父と娘の配偶を禁止するには、外婚制だけでは十分でないだろう。しかし多くの場合、第一親等以外の実の間柄を無視して配偶を決定するのは、外婚規則、または親族体系である。交叉イトコ婚では、実のイトコ〔祖父母のどちらかが共通するイトコ、第一親等のイトコ〕の一方のグループに属すイトコ〔平行イトコ〕同士を兄弟姉妹と同等視する法がまた、実のイトコの他方の半分〔交叉イトコ〕を潜在的配偶者同士に変えもする。この体系は——この体系だけではないが——母方オジとその姪、またいちだんとまれではあるが父方オバとその甥との配偶に、強く推奨すべき、ときには規定された婚姻型を見る。逆に父方オジや母方オバが同じような意欲を示すなら、父母とのインセストと変わらない恐怖を生むだろう。この二人の傍系親族は父母と同等視されるのである。またこれもしばしば指摘されてきたことだが、現代のかなり多くの法規定が祖父母の一方、ときとして両方を禁忌親等の登録簿に記載するのを忘れてしまった。現代社会ではこの結合型の確率がきわめて低いことによって記載漏れに説明がつく。だがオーストラリア原住民、別の面ではじつに几帳面な彼らのほか、オセアニアのいくつかの民族では、この結合型は考えられないことではない。もっと薄い親族関係にかかわる他の結合型はことさら禁止されるというのにである。つまり、インセスト禁忌は必ずしも実の親等を基準にして表現されるわけでないが、しかしいくつかの特定の名称によって互いを呼び合う個体には、必ずインセスト禁忌の照準が及ぶ。同じことはオセアニア諸体系にさえあてはまる。それらの体系は類別上の「姉妹」との婚姻を許すが、すぐに *kavemaori*「ほんとうの姉妹」、*kave kasese*「違う姉妹」、*kave fakatafatafa*「傍らの姉妹」、*kave i take yayea*「別の場所の姉妹」を区別する。(1) 名称「父」「母」「息子」「娘」「兄弟」「姉妹」に含まれる社会関係、生物学的絆を超えたそれが決定的な役割を演じるのである。近親結合のもたらす好ましからぬ結果によってインセスト禁忌の根拠を説明しようとする理論〔同様の解釈を暗示するおびただしい未開の神話も含め〕は、とりわけいま言った理由ゆえに、いずれも合理化であるとしか考えられない。

ごく一般的な観点から眺めれば、インセスト禁忌は血縁から配偶、すなわち自然のことがらから文化のことがらへの移行を表す。すでに自然は与える - 受け取るの二重のリズム、婚姻と親子関係の対立として現れるリズムにおのずと従って働いている。自然にも文化にも等しくこのリズムはあって、いわば共通の形式を両者に付与するが、自然と文化とではリズムの現れ方が違う。自然の領域の特徴は受け取ったものしか与えないことにある。このことの永続性・連続性の表現が遺伝現象である。文化の領域では逆に、個体はつねに与える以上のものを受け取ると同時に、受け取る以上のものを与える。この二重の不均衡は互いに逆方向であるプロセス、教育されることと創造していくことのなかにそれぞれ表現され、どちらのプロセスも遺伝プロセスに対立する。ここで我々は、生命現象を均衡現象と見るべきだと暗に言おうとしているわけではもちろんない。逆の見方のほうが明らかに正しいのだから。しかし生物学的不均衡が不均衡として現れるのはただ物理世界との関係においてであり、文化現象と比べれば、それは逆に安定性の装いのもとに現れ、与える - 受け取るの動的総合という特別なことがらは、新たな次元の現象のもとに移る。この観点から眺めるなら、要するに自然から文化への移行問題は、いかにして累積プロセスが反復プロセスのなかに繰り込まれるかという問題に帰着する。

仮定上唯一与えられている自然的所与にのみもとづいて、どうしてこの繰り込みが可能なのだろう。先ほど強調したごとく、自然は文化同様、受け取る - 与えるの二重のリズムに従って働くが、自然の繰り返すこのリズムの二契機は、文化から見て同じものではない。第一の局面、生物学的親子関係をとおして表現される受け取るの局面には、文化は介入する力をもたない。子の遺伝特性は親の担う遺伝子にすべて書き込まれている。この親にしてこの子あり。環境の一時的作用が遺伝に影響することもあるが、環境が変化すればこの影響は定着しえないだろう。しかしいま配偶に注目してみると、自然によって配偶は親子関係同様、絶対に要求される。ただし配偶と親子関係とでは、要求のされ方も要求の幅も異なる。実際、配偶の場合、ただそれがなされればよく、配偶者の選択は——種の範囲内であるなら——決定される必要はない。自然は各個体にその実際の両親となった個体の担う決定因子を付与するが、どの個体が両親になるかをまったく決定しないのである。自然から見れば、遺伝は要するに二重に必然的である。まず法則であるとの意味で——自然発生というものはない——、次に法則を種に特化するとの意味で。つまり自然は親をもたねばならぬとだけでなく、親に似よとも命じるのである。配偶に関しては逆に自然は法則のあることを言うだけで、法則の内容には口出ししない。親と子のつながりは親の素質によって厳密に決定されるが、オスとメスの性的結びつきは、ただ偶然と確率によってのみ決定される。ゆえに自然のなかには——突然変異を別にすれば——非決定性の原理が一つ、ただ一つだけある。配偶の恣意性に現れる原理である。さてここで自明性に従って文化に対する自然の歴史的先行を受け入れるなら、文化が続いてすぐに自然のなかにみずからのしるしを刻み入れ、みずからの要請を繰り込むことができたのは、ひとえに自然があらかじめそのような可能性を開いておいてくれたからだと言える。生物学的遺伝の宿命の前で文化は平伏するほかない。優生学といえども、遺伝の初期条件を従順に受け入れてはじめて、遺伝という動かしがたい与件をかろうじて操作できるにすぎない。親子関係に対して無力な文化も、しかし配偶というまったく別の現象、自然によってすべてがまだ決定されているのでない唯一の現象を前にするときは、みずからの権利とみずからの存在を自覚する。このときにかぎって、しかしまたこのときになってついに文化は、みずからの存在意義を危うくしまいとして自己を主張すること、自然に向かって「ここから先はおまえの出番でない」と言い放つことをなせるし、かつまたなさねばならないのである。

かくして、すでに強調した理由よりもはるかに深い理由ゆえに我々は、自然の側に配偶決定原理を、それがたとえ消極的な原理であれ、認めようとする考え方——ウェスタマークやハヴロック・エリスの考え方——に反対するのである。大型ザルの性的習性について、またゴリラやチンパンジーのもとで家族が帯びる単婚的または複婚的性格についてどれほどの不確かさが広がっていようと、これら大型類人猿が近親のあいだにまったく性的区別をつけないことだけは確かである。逆にマカークザルの場合ですら、性的慣れが欲望を鈍化させることはハミルトンの観察が立証している。[2]ならば、これら二つの現象のあいだにいかなるつながりもないか、あるいは、人間のもとでは習慣化から嫌忌への移行、ウェスタマークによってインセスト禁忌の真の起源と見なされた移行が、もろもろの新しい性格を伴って起きるかのどちらかである。後者の場合、知性から生まれる手続き、文化を起源とする手続きの介入を仮にいっさい排除してしまったら、人間のこの特殊性をどう説明すればいいのか。ここで仮定されている嫌忌に種特有の現象を見なければならないだろうが、この現象に対応する生理機構を探しても見つかりはしないだろう。この嫌忌がもし自然現象であるなら、それは文化に先立つ平面、少なくとも文化の外にある平面において出現し、文化にはかかわってこないと我々は考える。ならば、いかにして、またどのような仕組みに従って自然への文化の接合がなされるか問うこと自体が、無意味になるだろう。この接合なくしては、文化と自然という二つの次元のあいだに、いかなる連続性もありえない。この問題に光があたるのは、両性間の関係のあり方に自然が関与しないこと――これは動物生活の研究全体によって証明されている――を受け入れるときである。というのも、ほかならぬ配偶が自然と文化との蝶番、より正確には蝶番を固定する切り込みを提供する。自然は配偶を命じはするが決定せず、文化は配偶を受け取るが早いか、まさにその方式を定めるのである。規則であるとの性格とともに普遍性をも帯びるインセスト禁忌のきわだった矛盾は、かくして解消する。普遍性はただ次のことを意味しているにすぎない。すなわち、噴出した泉がまず最初に噴出口のまわりの陥没を水でみたすように、いつでもどこでも、文化がからっぽの形式を内容でみたしてきたのである。言うところの内容とは、文化の恒常的・一般的実質をなす〈規則〉であるとの確認だけでとりあえず満足し、なぜこの規則が特定の親等を禁忌に付すという一般性格を示すのか、なぜこの一般性格が奇妙なほど多様な現れ方をするのかは、まだ問わずにおこう。

＊＊＊＊

規則の個別的様態をまったく考慮の外に置くなら、実際、規則であるとの事実がインセスト禁忌のまさに本質をなす。配偶を偶然と恣意性に委ねてしまう自然に対し、秩序のないところに秩序を、その本性がいかなるものであれ、導入しないでおかないのが文化なのだから。文化の最大の役割は、集団が集団として存在するのを保証すること、配偶にかぎらずすべての領域で偶然を組織化に置き換えることにある[3]。インセスト禁忌はある種の介入形式――それどころか、きわめて多様な介入形式――をつくりだすが、しかしなによりもまずインセスト禁忌そのものが介入なのである。もっと正確に言えば、〈介入の典型〉なのである。

介入の問題は、我々が取り組んでいる配偶という個別ケースにかぎってのみ出てくるのではない。その使用に根本的重要性の認められる価値が不足したり気紛れに分配される事態に集団が直面するたび、介入の問題は持ち上がり、積極的に解決される。割り当て給付形式のなかには、我々の社会にとって目新しいものもあり、それは自由主義経済の伝統に育まれた精神に驚きにも似た印象を生む。そのため、集団の介入が現れる対象が自分の文化固有の生活様式で本質的役割を演じる有用品であると、我々はそこに独特でいくぶん破天荒な新しさを見がちになる。ガソリンの割り当てと消費に管理が及べば、それがガソリンであるがゆえに、おのずと我々はこの施策が自動車と同時代に始まったにすぎないと思い込む。だがけっしてそうではない。「稀少品統制」はきわめて一般性の高いモデルなのである。我々の社会がごく最近までほとんど直面した経験がないほどに、ガソリンをはじめ多くの有用品が不足しているこの不況時代は、未開社会でならさしずめ常態と考えられる事態を危機的なかたちで再現しているにすぎない。だから集団的管理措置に表される「稀少品統制」は、近代戦争の条件や我々の経済の世界性に根ざす新しさであるどころか、むしろ、未開社会にごくふつうに見られる一連の対応策、集団のまとまりが崩れそうになるたびに講じられる対応策の再浮上なのである。

このたぐいのことがらは例外性を示すのではまったくなくて、集団の物理的または精神的なあり方が危うくなるたびに探し出される原理と方法の、特定領域への個別的適用を表す、とする具体的感覚にはじめから貫かれているのでないなら、婚姻禁忌の研究に手をつけることなどできない。集団による割り当て管理は女にばかりか、あらゆる価値を含めたその全体に及び、なかでも食糧はもっとも容易に目につく価値である。だが食糧はたんに格別の、おそらくはもっとも欠くべからざる有用品というだけにとどまらない。女と食糧のあいだには現実的・象徴的関係の一大体系が存在するのである。この体系の本性は徐々にしか取り出せないであろうが、しかしたとえ表面的にであれ、この体系に気づきさえすれば、次の関連づけにも納得がいく。「女がブタを飼育し、親族がブタを貸し合い、村同士がブタと女を交換する」とトゥルンヴァルトはある箇所で指摘している(4)。この連続性が成り立つ理由はただ一つ、人々が投機の領域から離れないからである。未開の思考は異口同音に「食糧は分かち合うもの」と言明する。[5] しかしそれは、巡る季節をとおし原住民が豊穣と飢饉の二重のリズムに従って生活すること、飢餓感から満腹感にいたるさまざまな身体感覚の階梯を端から端までくぐり抜けることを言っている。一方の食糧事情から他方の食糧事情、「腹ぺこの月」から「ご馳走攻めの月」への移り変わりは急激で容赦ない。[6] 食糧の分かち合いが観察されるのはアフリカだけにかぎらない。カフカズ〔コーカサス〕山脈のスヴァネテ〔スヴァン〕人のもとでは、「どこかの家族が雄ウシや雌ウシを屠殺しようとか、数十頭の子ヒツジを犠牲に捧げようと決めると、近所の人々が四方八方から駆け寄ってくる。（略）このような機会にたらふく食べたあと、スヴァネテ人は何週間もずっと絶食を続け、そのあいだ口にするものとて、少量の水溶き小麦粉だけで我慢する。そのうちまたご馳走をほおばる機会がやってくる」[7]。世界各地から採取された実例によって例証できるであろうこうした明日をも知れぬ状況のなかで、未開の思考が食糧を「同じ個人によって生産され、所有され、消費されるもの」と考えることができなくても不思議でない。「子供のあいだは年長者が食糧を与えてくれ、残りの人生ではずっと食糧は同じ時代を生きる人々と分かち合うものなのだ」[8]。分かち合いはさまざまな規則に従っておこなわれるが、これらの規則を考察してみることは意味がある。なぜならそれらの規則は家族的・社会的集団の構造を反映するばかりか、おそらくはその構造をはっきりさせもするだろうから。

ハドソン湾に住むエスキモーの猟師は、仕留めたセイウチの牙と片方の後ろ足を受け取る。最初に彼の手助けをした猟師には、残りの後ろ足をもらう権利がある。二番目に彼を助けた猟師が首と頭を、三番目の猟師が腹をもらい、そしてこの二人は前足を一本ずつ受け取る。だが、食糧不足の時期には割り当て権利がすべて棚上げされ、獲物は共同体全員の共有財と見なされる。[9]

我々は本書第2部で、ビルマのいくつかの少数民族に見られる婚姻組織を記述してみるが、その箇所[10]を参照してもらえば読者にも十分理解されるとおり、原住民の頭のなかで婚姻交換と経済交換は基礎的互酬体系に組み込まれ、そのじつに欠かせない一部をなす。ビルマ地域で通常用いられる割り当て方法は、肉についても女につい

受け取り手	*Khuangtsawi* 祭	狩りで殺される獲物	葬儀
父……	＋	＋	−
兄弟たち（類別上の）……	＋	＋	＋
姉妹たち……	＋（6）	＋	＋（3）
母の兄弟……	＋	＋	＋
妻の兄弟……	＋	＋	＋
〈私〉（主催者・狩人・相続人としての）	＋	＋	＋
Rual ……	＋	＋	＋
首長……	＋	＋	＋
鍛冶屋……	＋	＋	＋
鉄砲の所有者……	−	＋	−
勢子《せこ》〔獲物の狩り出し係〕……	−	＋	−
前の祭りの主催者たち……	＋	−	−
Sangsuan ……	−	＋	−
働き手たち（祭りの）……	＋	＋	＋
助手（祭りの）……	＋	−	−
Khuang 竹の所有者……	＋	−	−

ても巧妙である。肉の割り当て方法は、スティーヴンソンによる注意深い記述の対象となった。次の表に見られるごとく、祭礼の重要度に応じて肉の受け取り手集団が変わる。*tsawnlam* と言われる一連の祭礼で肉をもらうべき集団は、狩りの踊りや戦争の踊りに招かれるべき集団とは異なる。葬送祭礼 *Ruak hnah, Khan Tseh, Pual Thawn* では義務体系はさらに変更される。

　これと奇妙に似通った規則がサモア諸島についても記述された[11]。

　我々が問題にしている事例では *Khuang Tsawi* 祭用に三頭の水牛（*Bos frontalis*）が犠牲に供され、そのさい水牛は図1のごとく切り分けられる。

　分配は図2に示される親族集団の範囲でおこなわれる。*pa* と *nau* は三つの *alu* と三つの *amifi* を受け取る（頭は近い親族に、関節は遠い親族にそれぞれ与えられる）。

farnu ngai ――それぞれが *akawng* を受け取る。

hlam hlaw farnu ――それぞれが *ahnawi* を受け取る。

nupu と *papu* ―― *pusa* ＝内臓を分け合う。

rual（儀礼上の仲間）――それぞれが *azang* を受け取る。

図1　ビルマの祭礼での水牛の切り分け
（Stevenson, Feasting, etc., *op., cit.*, p.19 による）

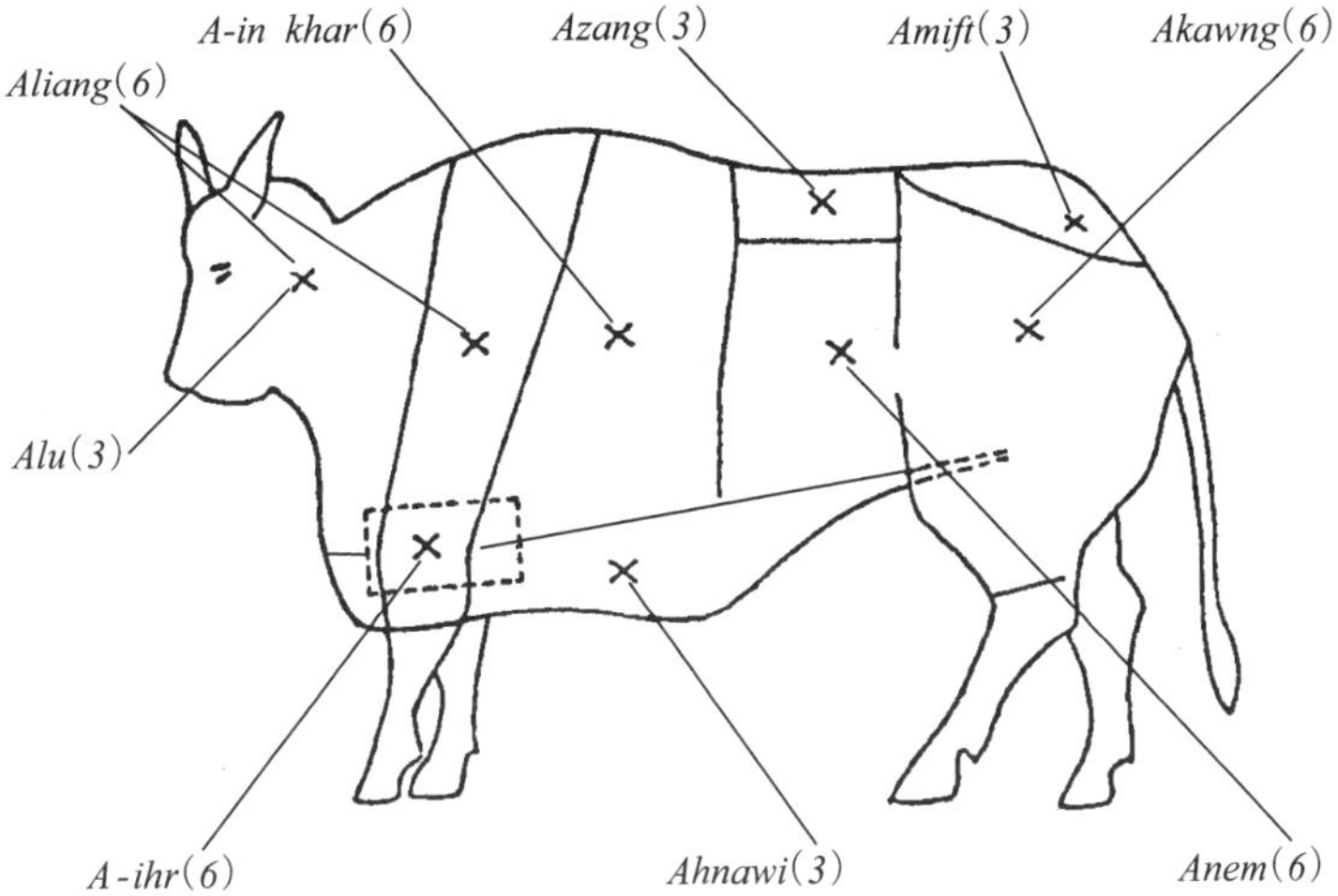

助手、首長、鍛冶屋なども分配にあずかる。

＊＊＊＊

肉の割り当て規則は、花嫁代価 prix de la fiancée(*)の分配を規定する規則と形式的に同型であるだけでなく、それと有機的に結びついてもいる。そのことを示す手がかりが少なくとも二つある。男は自分の姉妹の一人、彼に対して *ruang pawn farnu*「対の姉妹」と呼ばれる姉妹につねに組み合わされていて、彼が彼女の花嫁代価を受け取り、彼女の夫に対して *nupu* になる。他方、祭礼でどれだけ大盤ぶるまいがなされるかによって、娘たちの婚姻にさいして要求できる代価がつりあがる。(12)

（＊）この語は英語 brideprice の直訳である。英語ではまた bridewealth とも言われ、ふつう日本の人類学者は前者を「花嫁代償」、後者を「婚資」と訳すようである。それをあえて文字どおり「代価」と訳すのは不適切との印象を与えるかもしれない。なぜなら「代価」は「売買操作」を連想させるから。婚姻とは、簡潔に言えば、婚出する女に対する権利とその女が産む子供

図2　親族間における肉の割り当て

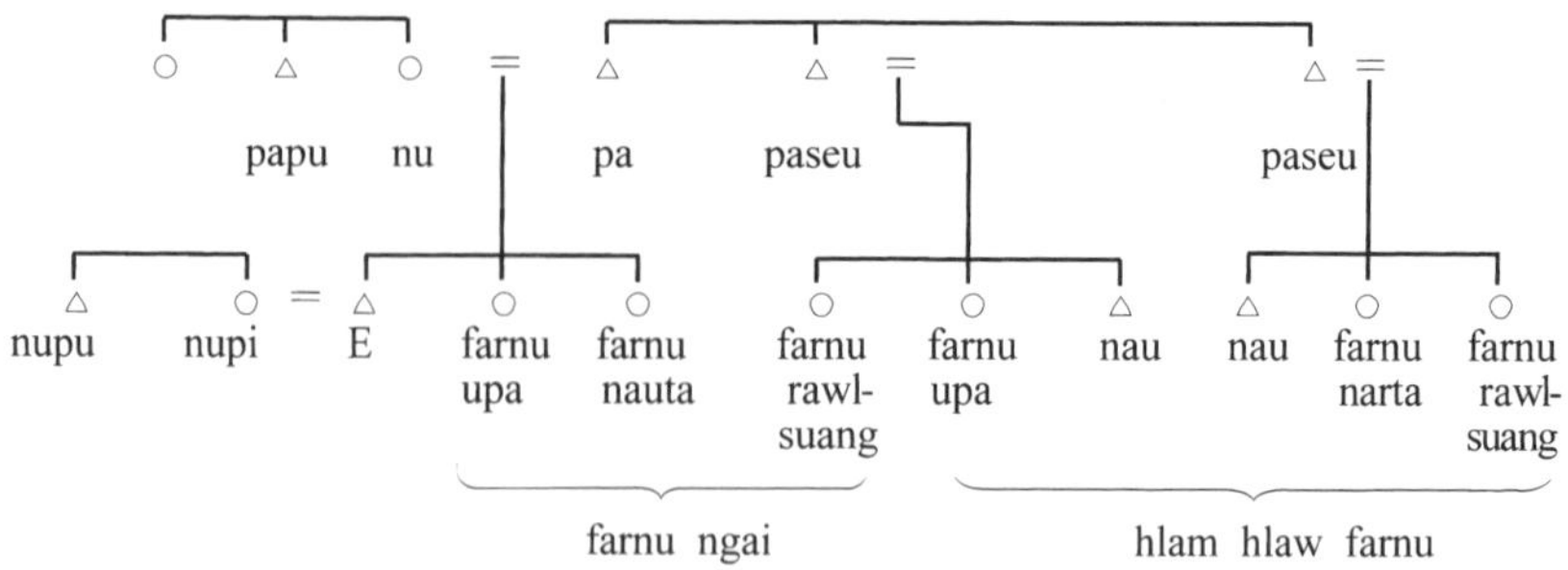

に対する権利の部分的移転を意味する。prix de la fiancée はそれに対する補償であって、けっして花嫁の「代価」ではない。ゆえに「花嫁代償」はまことに正当な訳語である。レヴィ＝ストロースも本書で婚姻が純然たる「売買操作」でないことを言う。しかしそれをわざわざ彼が言うのは、prix de la fiancée という語の不適切さを完全に自覚しつつあえてこの語を使っているからである。ゆえに訳語からその不適切さを消すことはしなかった。マリノフスキーもまたこう述べる――「『花嫁代償』という語は今日用いられているが、人類学的表現としては不正確である。なぜなら『ロボラ』〔一般にウシによって支払われるバンツー諸民族の「花嫁代償」――引用者〕は、事実取り引きの動機ではないし、市場で娘をせりにかけるわけでもなく、牛を受け取る娘の父親にしても自分の意のままに牛を処分することはできないからである」(『性・家族・社会』梶原景昭訳、人文書院、一九九三年、二九ページ)。ここは「花嫁代価」と訳さないと、マリノフスキーの指摘する「不正確さ」がなんであるか、もう一つはっきりしないであろう。

規則に則る食用生産物の割り当ては、かつて〔南アフリカの〕カフィールのもとでは、おそらく肉だけでなく食用植物や牛乳にも適用されていたと思われるが、しかし今日でも「村の中央広場でなされるウシや狩りで仕留められた獲物の切り分けの光景は、親族関係の役割と親族関係に伴う一連の互酬義務を演劇的なかたちで幼い子供たちに教え込む」[13]。トンガ〔南アフリカのバトンガ〕は後ろ脚の一方を長兄に、前脚の一方を次兄に、残りの二つの脚をいちばん上の息子たちに、心臓と腎臓を妻たちに、尻尾と臀部を姻族に、ヒレ肉の一部を母方オジに分け与える。だが東アフリカの一部の地域では、規則はこれとは比べものにならないくらい込み入っている。じつにウシ、ヒツジ、ヤギごとに規則が変わるのである。親族のほか、首長や獲物の運搬を手助けした人々にも分け前にあずかる権利がある。このときの分配に比べれば、村の広場ではいちだんとこれみよがしの山分けが繰り広げられる。「誰が食べ、誰が食べないかをはっきり目に入れる」ことがめざされているからである。実際、家族内での権威の基盤は「食糧の所有と管理」にある。(14)

最後に同じ観察者から、二十二人の大人と二十七人の子供が一匹の大カモシカを分け合う様子の描写を引用しておかなくてはならない。「動物が切り分けられるあいだ、場は沸き立つ興奮の坩堝《るつぼ》と化す。（略）食事が始まる前に、ここが欲しい、あそこが欲しいと囁きが漏れる。女たちは興奮した面持ちで粉を余分に挽く。『粉と一緒にあの肉を平らげなくちゃ！（略）』。饗宴が終わると、すぐに女たちは私からそう遠くないところに寄り集まった。彼女たちはかしましくしゃべりまくり、どんなにお腹がいっぱいになったことかと、飽かずうっとり話して聞かせるのだった。（略）ある老婆などは満面嬉々として、お腹をぽんぽん叩きながらこう大声で言っていた。若返ったような気分だわ、なんて心が弾むことでしょう(15)」

おそらくここ数年来、我々はこうした場面のもつ演劇的価値にいちだんと敏感になった。いずれにせよ、読者に強く注意を促さなくともよくなったとは言えるだろう。従来、このような記述を読むと、伝統的西欧文化のものの見方のなかでとかく価値判断を下し、恋愛とみちたお腹を、好んで悲壮と滑稽として対置したものである。しかし大部分の人間社会では、この二つの問題は同一平面にある。どちらの領域でも、自然は人間を同じ危険の前に立たせるからである。それゆえ、たらふく食べた人間の運命も愛される人間の運命も同じ質の情動を喚起し、同じような叙情描写のきっかけをなしうる。そのうえに未開人の経験は、器官的刺激感覚と精神的経験との連続性をはっきり示す。食糧は予兆と厄災《やくさい》に深く浸されている。「熱い」という感覚は、我々にとってひどく異なる状態である怒り、愛、満腹感などの共通分母になりうる。満腹感は超自然的世界との交信を妨げる。(16)

ならば、花婿が「商人」、花嫁が「商品」と呼ばれる大ロシアの婚姻語彙に言及するまでもなく、[17]稀少でかつまた集団生活になくてならない有用品と女との同等視は受け入れられる。原住民の思考が心理と生理のあいだに立てる、等価関係の体系を明らかにしたA・リチャーズの分析を念頭に置くなら、女を有用品に比定することの不快感は薄らぐように思われる。「食糧は激越な情動の源泉である。きわめて抽象度の高い概念のいくつか、また宗教的思考にまつわるもろもろの隠喩が、食糧を土台に生まれる。(略)未開人にとって食糧は、至高の精神的経験を象徴するもの、もっとも本質的な社会関係を表現するものになりうるのである[18]」

稀少化の性格をまず検討してみよう。男子出生数と女子出生数のあいだには生物学的均衡が存在する。ゆえに、習俗の影響でこの均衡が変更をきたしている社会を別にすれば、どの男子個体もきわめて高い確率で配偶者獲得の機会に恵まれるはずである。ならば、割り当てに集団の介入が欠かせないほどの稀少有用品であるかのごとく、女について語ることなどできるものか。複婚問題を出さずにこの問いに答えることは難しいが、複婚を議論しだせば本書の枠組みを大きくはみだしてしまうだろうから、ここではいくつかの点を手短に考察するだけにとどめたい。以下の考察の目的は、論証するより、一つの立場をかいつまんで呈示することにある。それは我々の見るところ、複婚に関するもっとも堅固な立場である。ここ数年来、一つの事実が民族学者、なかでも文化伝播主義的解釈を後ろ盾にする民族学者の注意を引いてきた。単婚優勢と見える社会では、経済と技術の水準もやはりとりわけ低い未開段階として現れるとの事実である。これをはじめとする似たような観察記録から、あれらの民族学者は多かれ少なかれ大胆とも言える結論を引き出した。シュミット神父と彼の弟子たちによれば、社会生活がこうした古代的局面にあれば人間の心もまたきわめて純朴であるとの証拠を、単婚に見なくてならない。ペリーとエリオット・スミスによれば、単婚優勢社会に関する諸事実は、文明の発見に先立つ一種の〈黄金時代〉の存在を物語る。我々の考えでは、いま名を挙げた著者たちはみな事実を正確に観察したと言っていいが、しかし引き出されるべき結論は別にある。日常生活を見舞う困難が経済的特権の形成を阻むこと、それが古代的水準の社会で少数を利するだけの女の独占〔複婚〕を制限するのである(いちだんと進化した社会では経済的特権がつねに複婚の下部構造をなすことは容易に気づかれる)。したがって、ウィーン学派(*)の言う心の純朴さは単婚とはなんの関係もない。我々はこの単婚をむしろ流産した複婚形式と呼びたい。複婚結合を肯定し公認する社会や我々自身の社会でと同様、あれら古代的な社会でも、女性配偶者を多くもとうとするのが傾向なのであるから。すでに指摘したように、大型ザルの性的習性に関する知見の矛盾した性格ゆえに、複婚傾向が本来先天的か後天的かを動物の平面で解くことはできない。人間のもとではこの傾向が自然的かつ普遍的であり、それが抑えられる原因は環境と文化とから生ずる制約にしかないことは、社会的・生物学的観察が競って示唆しようとしている[19]。それゆえ単婚は我々には積極的な制度と見えない。じつにさまざまな理由から経済的・性的競争の尖鋭化が起きる社会で複婚を制限するもの、要するにそれが単婚にほかならないのである。未開社会のなかでもとりわけ低い段階の社会では、社会単位の容量の小さいことがこうした社会的特殊性にすんなり説明をつけてくれる。

(*) 布教の必要性から民族学研究を展開したカトリック神言会派の神父たちによって、二十世紀初頭に形成された学派。とくに文化圏説(地域的文化複合にもとづいて文化史を再構成しようとする民族学の立場)の代表者の一人ヴィルヘルム・シュミット、その弟子ヴィルヘルム・コッパースを中心に、一九三〇年代、ウィーン大学を拠点に全盛をきわめた。シュミットは国際的な民族学・言語学専門誌「アントロポス」の創刊者でもある。

しかもこのような社会においてでさえ、単婚は一般的規則とならない。西ブラジルの半放浪民で一年の大半を採集生活で暮らすナンビクァラは首長と呪術師に複婚を認めるが、総勢二十人を切ることもあるバンド(採集狩猟民社会に見られる移動居住集団)内部で一人か二人の有力人物が二人、三人あるいは四人の女を独占すれば、生活をともにする残りの男たちは、不如意を仕方なきことと受け入れるほかない。複婚特権はそれあるだけで、自然のつくりだす男女均衡を覆しさえする。成人した男はじつに同年代の女のなかに、もはや配偶できる女を見つけられなくなることがあるのだから。この問題がどう解決されるにせよ——ナンビクァラは同性愛に、またその北隣に住むトゥピ＝カワヒブは兄弟共同一妻多夫婚(複数の兄弟が集団として一人の女と結婚すること)に解決を求める――単婚優勢社会にも女性配偶者不足は、やはり容赦なく現れるのである[20]。それどころか、厳格な単婚制を敷く社会にすら、前段落の考察はすべてあてはまると言っていい。あらゆる男にあると認められる根深い複婚傾向のゆえに、処分可能 disponible(*) な女の数はつねに不十分に見えるからである。付け加えておけば、たとえ男女が同数でも、すべての女が同等に欲望――ここではこの語に、通常それに伴うエロチックな含意より広い意味を与えておく――の対象になるわけでなく、もっとも強く望まれる女は、当然にも（ヒュームが有名な試論で適切に指摘したごとく[21]）少数をなす。要するに女の需要は、顕在的にであれ潜在的にであれ、つねに逼迫した不均衡状態にある。

(*)「処分可能」は、たんに「結婚に出すことができる」との意味でだけでなく、明確に法律的な意味でも理解されたし。すなわち「財を自由に使用または譲渡しうる能力」という意味での「処分権 disponibilité」にかかわる、と。すでに別の訳注で指摘したように、婚姻とはある女と彼女の産む子供とに対する権利がその女の帰属集団から彼女の婚入先集団へ部分的に移転することをさす。また『親族の基本構造』のもつ法的側面にあまり注意が向けられてこなかったことにも言及しておいた。

この不均衡が未開社会で示すじつに悲惨な性格は、我々西欧社会における男女関係のあり方の研究から引き出される知見だけでは理解できないだろう。結果としてもたらされる性的不都合は二の次である。この方面の問題を解決するためなら、未開社会は西欧社会以上に多彩な手段をもつ。同性愛に訴える集団もあれば、妻の共有、妻の貸し借りを実施する集団もあるし、さらにほぼどこでも、なんともおおらかに婚前交渉がまかりとおる。妻の役目が性的満足を与えることにしかないなら、かくして青年たちは配偶者が見つかるのを、安んじてただ待つだけでいいだろう。だがたびたび指摘されてきたように、大半の未開社会では（西欧社会でも農民層については――未開社会ほどではないが――同じことが言える）、婚姻はまったく別の重要性、性愛にでなく経済にかかわる重要性を呈する。西欧社会で経済的規定から見た独身男性と既婚男性の違いは、前者が（妻が繕いや裁縫をしてくれる？」後者より頻繁に衣服を買い替えなくてならないという、ほぼこの一点に集約されるが、経済的必要の充足が夫婦の共同生活と性別分業に全面的に左右される集団では、事情は一変する。男と女とでは会得している専門技術が違うので、日々の仕事に必要な道具を制作するのに互いを必要とする。それればかりか、男と女はそれぞれ異なった型の食糧生産に従事しもする。それゆえ、満足な食事ができるかどうか、とりわけ毎日欠かさず食事ができるかどうかは、このように世帯単位で組織される真の「生産協同組合」にかかる。「女が多くいればいるほど食べ物も増える」とピグミーは言い、「女と子供を家族集団の労働力のもっとも貴重な部分」と考える。(22)同じくホッテントットの女たちも、結婚式のあいだ、新郎と、新郎同様「今日まで結婚相手を探す身でありながら食べ物に困っていない」男たちを一斉にほめたたえる。(23)

ごく低い未開水準では、地理的環境の厳しさ、技術の未発達状態のゆえに、狩りも栽培も採集もとりわけ偶然に大きく左右されるのだから、人はとても独りで生きていけないと言っていい。はじめてのフィールドワーク経験で強烈に残った印象の一つに、中央ブラジルの原住民の村で目にした、一人の若者のありさまがある。彼は小屋の片隅に何時間もじっとうずくまったまま打ち沈み、身なりも悪く、恐ろしくやせこけていた。どうやら見るもおぞましい暮らしをしているらしい。我々は数日間持続的に彼を観察した。狩りにそれも独りで出かける以外、めったに小屋の外に出ない。竈《かまど》を囲んで一族の団欒が始まると、ときどき親戚の女がかたわらに置きに来てくれるわずかな食べ物を、黙々と平らげる。そうしてもらわなかったら食事抜きのことも多かったであろう。この奇妙な境遇が気になった我々は、意を決して、あの若者は何者かと尋ねた。すると人々は、とても重い病気にかかっているのではとの我々の杞憂を笑い、こう答えた。「あれは独り身なのさ」。これがあの見るからに呪われた惨状の、およそ唯一の理由であったのである。似たような経験は以後しばしば繰り返された。狩りや漁に出かけたものの不首尾に終わる日が続けば、滋養に富んだ食べ物など手に入らず、摘んだり拾った木の実や果実、ときには栽培した作物だけが——いずれも女の仕事だ——お決まりの食事になるみじめな独身の男、それは原住民社会のきわだった光景である。針のむしろに座らされるのは、なにも直接の当事者だけではない。こんなとき彼は親族や仲間に生きる糧を頼っているものだが、頼られるほうも、彼の無言の憂いをいらいらしながら堪えているのである。なにしろどの家族も、夫と妻が力を合わせることでかろうじて飢え死にせずにすんでいることがしばしばなのだから。このような社会で婚姻は、要するに誰にとっても死活問題なのだと言っても、おおげさでないのである。実際、どんな個人にも二つの関心事がある。一つは自分のために配偶者を見つけること、もう一つは、自分の集団のなかに、未開社会にとっての二つの災いが招かれないようあらかじめ手を打つこと。すなわち独身者と孤児という災いが。

ここで引用を書き連ねることを許されたい。ただわざわざ例を挙げて説明しておきたいのは、いままで見てきたような態度が広く観察されるということではない。その点ならおそらく誰にも異論はないだろう。むしろ、あれらの態度がどこでを問わず未開の思考によって表現されるとき、どんなに強い断固たる調子を帯びるかを示しておきたいのである。「これらインディアンのあいだには、一人前の男が独り身でいる姿など見当たらないばかりか、そもそも独身生活というものが想像を絶する。独身でいようにもそんなことは許されないからである」とコルバッキーニは書く[24]。ここで言われるインディアンとはボロロのことであり、我々も前段落に引いた観察をボロロのもとで得た。同様に「ピグミーは独身者を自然に反する存在として軽蔑し揶揄する」[25]。ラドクリフ＝ブラウンは次のように記す。「ある男をさして危険な人物だと私は教えられた。男なら結婚しておかしくない年なのに、あいつはいやだと言って妻をめとろうとしなかったからだ、と」[26]。ニューギニアでは「経済体制と伝統的性別分業規則とが両性の共同生活をどうしても必要にさせる。この生活形態をとることは、実際にも全員の義務とされる。例外は不具者だけである」[27]。「トナカイ・チュクチの誰にとっても、自分の家と家を管理する妻なくしては最低の生活さえままならない。（略）大の大人が独身でいれば、みんなから軽蔑を買うだけである。あいつはでくの坊で怠け者、テントからテントを渡り歩く流れ者だと言われて」[28]

ギルホーズはビルマのカチンについて書く。「進んで独身生活を送るなど、彼らには思いもよらないようである。カチンの男にとって、結婚して子をもうけるのは大きな栄誉、子孫を残さず死ぬのは恥である。ところが、適齢期を過ぎても独身でいる男女がまれに何人か見受けられる。ほぼ決まって知恵遅れか変わり者であり、そういう人が亡くなっても、葬儀の滑稽なまねごとだけで片づけられてしまう。（略）男のなかにも女のなかにもまれに独身の老人が何人かいるものだ。生きているあいだ彼らはずっと自分の境遇を恥じ、亡くなればとりわけ若者たちをおじけづかせる。（略）所帯をかまえられなくなるのではと案じ、若者たちはそういう人たちの葬儀にまったく参加しない。（略）儀礼をとりおこなうのはおもに年老いた男女で、しかも人を食ったやり方でおこなわれる。（略）踊りがすべてあべこべの順序で繰り広げられるのである[29]」

最後に東洋の様子を見て、この通覧を終えよう。「妻なき男に天上の楽園も地上の楽園もない。（略）女が創造されなかったら、太陽も月もなかっただろう。農耕も火もなかっただろう」。東方ユダヤ人や古代バビロニア人同様、マンデは独身生活を罪と見なす。男であれ女であれ、独身者は（それが修道士や尼僧ならなおさら）あらがうすべなく悪魔との交わりに身を委ね、その結果生まれる邪悪な霊や意地悪な妖精が、人類を苦しめる[30]。ナヴァホ・インディアンも同じ理説を信奉する。四つの下級世界の最初の三つにまで性の区別と男女関係が残っていくのからもわかるとおり、「結婚の利益がもたらされない生活形態を、たとえそれがどんなに卑しく悲惨であっても、思い描くことは、それほどにも原住民には難しい」が、しかし第四の世界では、男女が離れ離れになり自慰を余儀なくされるため、化け物が生まれてくる[31]。

以上見てきた態度はあまねく観察されるわけだが、おそらく例外もいくつかある。ポリネシアでは独身生活がけっこう頻繁に見られるようだ[32]。たぶんこの地域では、食糧生産が差し迫った問題にならないからだろう。他の地域、たとえばビルマのカレンとか、ツングース諸民族のもとでは[33]、むしろ外婚規則の厳格な適用の結果として独身者が増える。規定配偶者が厳密に決められているため、要求される位置を的確に占める親族がいなければ婚姻が不可能になってしまうのである。少なくともこの最後の事例では、例外がまさに規則を証明する。

インセストをその内容を問わず禁忌とする規則が純粋な形式的観点より明示する原理、集団介入の原理が存在しないなら、実際、どういうことになるか。予想できるように、自然から生まれるあの寄り集まり、家族の内部で、さまざまな特権が形成されていくだろう。そこでは個体間の接触はかぎりない親密性を示すにちがいないゆえに、しかも偏りすぎた親密性を補正し制限するいかなる社会規則もないゆえに、である。個々の家族が自動的に女の独占権を握っていくだろう、とほのめかしているのではない。それは集団に対する家族の制度的先行性を主張するに等しく、我々の考えとは程遠い仮説である。我々はただ次のように仮定しているにすぎない。集団と家族のどちらが歴史的に先かを問わなくとも、家族という寄り集まり特有の密着性が、集団の内部で、家族による女の独占を促すよう働いていき、この働きは全体の結果として検証されるであろう、と。だがそのようなことが仮に起こったなら、それは――すでに明らかにしたように――未開社会の存続、いや、社会一般の存続に必要な条件とは相容れないのである。

注

（1）Raymond Firth, *We, the Tikopia.* London, 1936, p. 265.
（2）G. S. Miller, *loc. cit.*
（3）ポーテアスはオーストラリアに関しこの点をはっきり洞察した。S. D. Porteus, *The Psychology of a Primitive People.* New York-London, 1931, p. 269.
（4）R. Thurnwald, Pigs and Currency in Buin. *Oceania,* vol. 5, 1934-1935.
（5）A. Richards, *Land, Labour and Diet in Northern Rhodesia.* London, 1939, p. 197.
（6）A. Richards, *Hunger and Work in a Savage Tribe.* London, 1932, p. 165. ― E. E. Evans-Pritchard, *The Nuer.* Oxford, 1940, p. 83.
（7）M. Kowalevsky, *Tableau des origines et de l'évolution de la famille et de la propriété.* Stockholm, 1890, p. 53.
（8）A. Richards, *Land, Labour...,* p. 200.

（9）F. Boas, The Eskimo of Baffin's Land and Hudson Bay. *Bulletin of the American Museum of Natural History*, vol. 15, 1901, Part. 1, p. 116, 372.

（10）第2部第15章および第16章。

（11）P. Buck, Samoa Material Culture. *Bernice P. Bishop Museum Bulletin*, vol. 17, p. 119-27.

（12）H. N. C. Stevenson, Feasting and Meat Division among the Zahau Chins of Burma. *Journal of the Royal Anthropological Institute*, vol. 67, 1937, p. 22-24. 次の二冊の著書には、別の分与図式が見られる。S. M. Shirokogoroff, *The Psychomental Complex of the Tungus*. London, 1935, p. 220. C. Lévi-Strauss, *La Vie familiale et sociale des Indiens Nambikwara*. Paris, 1948, fig. 17.

（13）A. Richards, *Hunger and Work in a Savage Tribe*. London, 1932, p. 79. オーストラリアのどの民族の活動もその全体は、系譜体系を土台にして打ち立てられた人的関係の網の目に基礎をもつと改めて注意を促したあと、ラドクリフ＝ブラウンもやはりこう付け加える。「原住民が狩りに出かけてもち帰った獲物は、本人だけのものではない。妻や子供たち、さらにはほかの親族たちのものでもある。肉を手に入れるたびに親族たちにもおすそ分けするのが義務である」（A. R. Radcliffe-Brown, On Social Structure. *Journal of the Royal Anthropological Institute*, vol. 70, part I, 1940, p. 7）――エルキンもほとんど同じ言葉づかいでこう述べる。「親族規則は財割り当ての土台でもある。それゆえ原住民は自分の所有物をすべて分かち合う」（A. P. Elkin, Anthropology and the Future of the Australian Aborigines. *Oceania*, vol. 5, 1934, p. 9）。

（14）A. Richards, *Hunger and Work*..., p. 80-81.

（15）A. Richards, *Land, Labour*..., p. 58-59.

（16）A. Richards, *Hunger and Work*..., p. 167.

（17）M. Kowalevsky, Marriage among the Early Slavs. *Folklore*, vol. 1, 1890, p. 480. モスールのキリスト教徒のあいだにも、同様の象徴表現が見られる。結婚の申し込みは定型化された表現をとる。「我々に売ってもらえる商品をおもちですか。（略）いやまったく極上の商品！　買うことにしましょう」（M. Kyriakos, Fiançailles et mariage à Mossoul. *Anthropos*, vol. 6, 1911, p. 775）

(18) A. Richards, *Hunger and Work...,* p. 173-174.

(19) G. S. Miller, *loc. cit.*

(20) C. Lévi-Strauss, *La Vie familiale et sociale des Indiens Nambikwara, loc. cit.; The Tupi-Kawahib,* in *Handbook of South-American Indians*. Bureau of American Ethnology, Smithsonian Institution. Washington D. C., vol. 3/4, 1948.

(21) David Hume, *La Dignité de la nature humaine,* in *Essais moraux et politiques,* trad. fr. Amsterdam, 1764, p. 189. ディドロも同趣のことを述べている。「現世でなにもかも最善なら、最善は一つもないであろう」。Diderot, Le Neveu de Rameau, *Œuvres,* éd. de la Pléiade. Paris, 1935, p. 199.

(22) P. Schebesta, *Among Congo Pygmies.* London, 1933, p. 128; *Revisiting my Pygmy Hosts.* London, 1936, p. 138-139.

(23) I. Schapera, *The Khoisan People of South Africa.* London, 1930, p. 247.

(24) A. Colbacchini, *Os Bororos orientais,* trad. portug. São Paulo, 1942, p. 51.

(25) P. Schebesta, *Revisiting...,* p. 138.

(26) A. R. Radcliffe-Brown, *The Andaman Islanders.* Cambridge, 1933, p. 50-51.

(27) R. Thurnwald, Bânaro Society. Social Organization and Kinship System of a Tribe in the Interior of New Guinea. *Memoirs of the American Anthropological Association,* vol. 3, n° 4, 1916, p. 384.

(28) W. Bogoras, *The Chukchee,* p. 569.

(29) C. Gilhodes, *The Kachins; their Religion and Mythology.* Calcutta, 1922, p. 225, 277.

(30) E. S. Drowe, *The Mandaeans of Iraq and Iran.* Oxford, 1937, p. 17, 59.

(31) G. A. Reichard, *Navaho Religion: a Study in Symbolism,* ms., p. 662.

(32) Raymond Firth, *We, the Tikopia*. London and New York, 1936, *passim.*

(33) W. Bogoras, *The Chukchee,* p. 570. — Sir J. G. Frazer, *Folklore in the Old Testament.* London, 1919, vol. 2, p. 138.

第4章　内婚と外婚

全員を対象とした服属規則を立てるとき――しかもこの規則がどのようなものであれ――、〔集団的〕公正さから見て本質的価値と映るものについて、集団は監督権を主張する。集団は、自然が家族に配分する男女数の不平等を承認しようとせず、代わりに集団に属すすべての女に対する〔性的〕接近の自由をすべての個体に認め、この自由の基盤を唯一可能な原則に求める。次のごとく要約される原則である。兄弟の続柄も父の続柄も、女を配偶者として権利請求する正当な資格とはなりえず、ただすべての女をめぐる獲得競争においてすべての男の平等を侵害しない要件のみが、この権利請求を有効にする。つまり、女たちに対する男たちの個々の関係が、家族を基準にでなく、集団を基準に定義されることが原則をなす。

個体にとっても右の規則は有利なものとして現れる。範囲が限定されるか量的にごく小さくすらあるとはいえ、ともかく〔結婚対象として〕ただちに処分可能な女のストックに対する権利放棄を各個体に義務づけることの結果として、じつにこの規則は、一定数の女に対する請求権をすべての個体に開くからである。この一定数の女のどれだけが処分権の対象になりうるかは、なるほど習俗の要請に従い変わってくるが、しかしその数は理論的にはあたうかぎり高くなり、かつすべての人にとって等しくなる。これほど抽象的・技巧的な推論がごく未開な人々の精神に宿るはずがないとの反論がなされるなら、こう指摘するだけで十分だろう。結果だけが重要であり、先の結果になるには、通常の意味での推論がなされる必要はなく、ただ集団生活から直接もたらされる心理‐社会的緊張が自然発生的に解消されるだけでいい、と。まだ心理学的調査は行き届いていないとはいえ、たくさんの基本的かつ普遍的なプロセスを抱えた、結晶化前の社会生活形態、たとえば状況的偶然性〔爆撃、地震、強制収容所、子供の偶発的結集など〕から形成される自然発生的共同体のなかにいるとすぐわかってくるように、他者のねたみに気づいたり、暴力によって特権を奪われはしないかと恐れたり、集団全員を敵に回すことになるのではと不安に駆られ、誰も少しも特権を享受したいと思わなくなる。しかも特権獲得が断念されるのは、計算や権威がそこに介入するからと考える必要は必ずしもない。実際、特権獲得を断念するとは感情的葛藤を解消することにほかならないと言えるし、このことのモデルはすでに動物生活の段階で観察されているのだから(1)。

こう修正しても問題の立て方はまだ粗雑で、決定的ではない。あとでもっと正確に、もっと踏み込んで問題を立て直す機会があるが、しかしこの大雑把なかたちのままでも次の点を示すには十分である。すなわち、歴史の流れのなかで野生民族たちは——力強いが翻訳不可能なタイラーの言い回しを借りれば——「嫁に出し尽くすか殺され尽くすか between marrying-out and being killed-out(2)」の単純にして容赦ない選択を絶えず突きつけられてきたにちがいなく、このことを理解するのに、何千年にわたる学習を傍証に持ち出す必要はない。

だが示威が効果をもつには、示威が集団の全成員に及ぶのでなくてはならない。この条件をより進んだかたちで厳然と表現するのがインセスト禁忌である。なにもヴォードヴィル作品のなかにかぎって婚姻は三角関係(*)として現れるのではなく、いつどこででも、また定義から言っても、それは三者間に成り立つことがらなのである。女は集団生活になくてならない価値であるゆえに、いかなる婚姻にも必ず集団が二重のかたちで介入する。まず「競争相手」の姿を借りてであり、彼は集団を介してこう主張する。花婿と同等の接近権が私にもあった。その私の権利が尊重されたことが結合の成立条件から立証されなくてはならない。次に文字どおり集団のかたちをとり、集団はかく主張する。婚姻を可能にする関係は社会的関係——つまり集団を基準に定義される関係——でなくてはならず、自然的関係であってはならない——集団生活と相容れない帰結、我々がすでに指摘した帰結を一つも伴ってはならない。純粋に形式的な側面のもとで眺められたインセスト禁忌は、要するに、男女関係に関して好き勝手なふるまいは許されないとの集団の側からする〔消極的＝否定的〕主張にほかならない。禁止の積極的側面は組織化の端緒を開くことにある。

（＊）「三角関係」に関連して、本書で論証された重要なことがらの一つをあらかじめ指摘しておきたい。すなわち、親族関係の最小の要素は、父・母・子からなるいわゆる「核家族」でなく、そこに母方オジを加えた四つの項からなる「親族関係の原子 atome de parenté」である。親族関係の諸問題を扱うためのモデルとしてこの「原子」はじつにうまくできている。それはまず二組の対立関係、父／息子と母方オジ／息子によって構造化されている。次にそれは父‐母‐母方オジの「三角関係」（兄弟‐姉妹間には特別な感情的絆が存在するから、これは恋愛における「三角関係」に似ている）、言い換えれば女性交換にかかわるパートナー関係（父‐母方オジ）を含む。さらに、それは血縁（母‐母方オジ）、出自（父‐子）、縁組（父‐母）の三つの基本的関係を要約している。このモデルが全面交換の縁組周期のなかに置かれるなら、引き出される婚姻型は母方婚（母方オジの娘との婚姻＝母方交叉イトコ婚）で、縁組は一定の方向性をもって集団をつないでいく。単純に言えば、この方向性を逆転させて社会形成を阻害する父方婚は「社会的インセスト」にあたる。本書は「親族関係の原子」をめぐる詳細かつ大規模な敷衍であるとも言え、「親族（関係）の基本構造」とは、つまるところ、この「原子」のことにほかならない。

どう見てもインセスト禁忌は組織化の機能など果たさないとの反論が、おそらく返ってくるだろう。オーストラリアやメラネシアのいくつかの地域においてそのような機能は、老人有利に設けられたまさに女独占の権利にそぐわないのでないか、より一般的に言えば、その結果がどうなるかを我々自身がすでに強調したところの複婚にそぐわないのでは、との反論が。

しかしあるがままに考察するかぎり、あれらの「特典」は片務的ではない。逆にそれらにつねに積極的な逆補償の伴うことを分析は示す。先に引いた例を再び取り上げてみよう。通常なら単婚によって次世代の男たちに配偶されるはずであった、複数の女を独占することによって、ナンビクァラの首長は自分の支配する小さなバンドの人口均衡を傾けてしまうのであった。だが、制度を文脈から切り離すのは現実を無視するに等しい。実際にはバンドの首長の担う責は重い。放浪生活の経路を決めること、野営地を選択すること、テリトリーの詳細な情報を集め、そこに見出される季節ごとの天然資源を知ること、敵対するバンドの位置と移動経路を予測すること、これらのバンドと交渉するか戦うかを場合に応じて判断すること、必要なものを必要なときに各人に与えてやれるよう、十分な武器と日用品を備蓄すること、集団はこうしたすべてを首長一人に一任するのである。複婚で得た女たち、配偶者というより同伴者、その特別な身分ゆえに女のなすべき仕事を免除され、しかるべきときにいつも首長に付き添い、偵察のための遠出、畑仕事や手仕事では首長の手となり足となる彼女たちなくしては、首長はみずからの義務すべてを、果敢にこなしていけないだろう。要するに、複数の女を所有することは首長という権能の見返りであると同時に、権能を行使するための道具でもあるのだ。

分析をもう一歩進めてみよう。ナンビクァラが彼らのもつ双方交叉イトコ婚規則[3]を厳格な単婚と組み合わせていたなら、彼らのもとには、量的に見ても質的に見ても完全に単純である互酬体系が見出されているだろう。量的に単純とは、この体系が一人の男につき一人の妻をおおよそ保証するとの意味であり、質的に単純とは、この一般的保証が、個体間の親族関係の水準に設定される、相互義務網からもたらされるとの意味である。しかし首長の複婚特権がこの理想定式を乱しにくるため、すべての個体を不安にする要素が生まれる。それは首長の複婚特権さえなかったらけっして現れなかった要素である。ならば、この特権は何に由来し、いかなる意義をもつのか。複婚特権の承認によって集団は、個体の安全にかかわる諸要素、単婚規則に結びついていた諸要素と引き替えに、政治的組織化からもたらされる集団の安全を手に入れたのである。どの男もほかの男から娘か姉妹を妻として受け取るが、首長だけは集団から複数の女を受け取り、その代わり、必要がみたされ危険が避けられるよう、保証をもたらす。もちろん、自分の妻の兄弟や父母にあたる特定の個体にではないし、また彼が複婚の権利を行使したために独身をたぶん一生余儀なくされる個体にですらない。集団としての集団にもたらすのである。みずからの利益を図って成員共通の権利を棚上げしたのは、ほかならぬ集団自身であったのだから[4]。

したがって複婚は、女の公正な割り当てという要請に矛盾しない。ある割り当て規則に別の割り当て規則を追加するにすぎない。その証拠に単婚と複婚は、相補的な二つの型の関係にそれぞれ対応する。一つは集団の成員個体同士を結びつける給付‐反対給付体系、もう一つは集団全員と首長とを結びつける給付‐反対給付体系である。二つの体系の並行関係が透明化してしまうこともあり、たとえばトロブリアンド諸島では、すべての下位クランから女を一人ずつ受け取る首長はいわば「万人共通の義理の兄弟」として扱われる。もはやこの地域では政治的忠誠と貢ぎ物給付は、妻の兄弟が自分の姉妹の夫〔義理の兄弟〕に負債を負う特別な関係の、一個別ケースにすぎなくなっている(5)。

しかもいままで我々はインセスト禁忌に、もっとも要約的な側面、規則としての規則の側面を見てきたにすぎない。この視角のもとで考察されたインセスト禁忌は、まだ問題にいかなる解決ももたらさない。ただ予備的基準を定めてくれるだけである。この基準はそれのみでは豊かな考察を開くものでないが、しかし今後考察を進めるうえでの条件をなしはする。インセスト禁忌には、要するにこう明示されていたのであった。女は自然的割り当てにもとづいて社会的に使用されてはならない。ならば、何にもとづいて使用されなくてはならないかを、これからまだはっきりさせる必要がある。「稀少品」に対する現代の（しかし別の意味ではあらゆる時代に見られる）規制について日ごろよく用いられる表現を借りるなら、インセスト禁忌の論理的に言って第一の目的は、家族の抱える女を「凍結する」ことにある。それは女の割り当てや女の獲得競争を集団の内部で、かつまた集団の統制のもとで――私的管理のもとでではなく――おこなわせるためなのだ。我々がいままで検討してきたのはこの側面だけであるが、しかしこの側面こそが禁忌の原初的側面、禁忌全般に妥当する唯一の側面であることもまたわかる。いまや我々は規則としての規則から規則のもっとも一般的な性格に研究の重心を移し、もとは消極的内容だけしかもたなかった規則がいかにしてそれとは次元の違う一連の約定に変わっていくかを、明らかにしなくてはならない。

＊＊＊＊

禁止として考えられるインセスト禁忌は、集団の延命に欠かせない領域で、自然性に対する文化性の、個人性に対する集団性の、自由意志に対する組織の優位を明示するにとどまるが、しかしこの分析地点でいくら消極的に見えても、この規則はすでに換位命題を生み出している。なぜならいかなる禁止〔「〜してならぬ」との消極的＝否定的命令〕も禁止であると同時に、見方を変えればまた規定〔「〜せよ」との積極的命令〕でもあるから。さて、規定という新たな観点から眺めると、インセスト禁忌はじつにおびただしい積極的様態を担わされて現れるため、〔禁止であるだけでなく〕規定でもあるとのこのさらなる限定はすぐさま一つの問題を提起する。

実際、婚姻規則はある親族範囲を禁止するだけに終始しない。禁忌違反そのものから招来されるのと同型の騒動を引き起こすまいとして、ときにそれは、婚姻が必ずその内部でなされるよう、特定の親族範囲を指定しもする。ここで二つのケースが区別されなくてはならない。一つは内婚、もう一つは選好結合である。すなわち、前者のケースにおける客観的に定義された集団内で結婚することの義務と、後者のケースにおける主体に対して特定の親族関係を示す個体を配偶者に選ぶことの義務である。類別的親族体系の場合、この区別はつけがたい。というのも、この体系では、特定の親族関係を互いにか所定の主体に対してか示す全個体は一つのクラスへと構成されて見出されるため、選好結合から本来の内婚へのあいだには、はっきりした境目がないとも言えるからである。たとえば互いに平行イトコであるすべての個体が同一の語で、互いに交叉イトコであるすべての個体も別の同一の語で名指されるなら、いかなる交叉イトコ婚体系にも内婚体系として解釈されうる余地があると言っていい。このときの婚姻体系が消滅したあとも二つの呼び方はそのまま残ることさえあり、それが典型的外婚体系に代わる新体系に、逆に内婚のもつあらゆる外観を付与することもあるだろう。このように正真正銘の外婚体系が見るからに内婚と言わんばかりの体系へ偽りの転換を遂げる例は、実地にも観察でき、この転換がオーストラリアのいくつかの体系をめぐる解釈にどんな問題を引き起こすかはあとで見る[6]。

というわけで、内婚に二つの異なる型を区別するのが望ましい。一方は外婚規則の裏面にほかならない内婚、外婚規則を視点としてのみ説明される内婚である。他方は真の内婚で、それは外婚の一側面ではない内婚、つねに外婚と同時に、ただし外婚の視点からではなく、ただ単純に外婚に付帯して与えられる内婚である。この後者の観点から眺めるなら、いかなる社会も外婚的かつ内婚的である。たとえばオーストラリア原住民はクランに関しては外婚的だが、部族に関しては内婚的である。また現代アメリカ社会では、第一親等については厳格な、しかし第二親等ないし第三親等以降については柔軟な家族外婚が、州によって厳格であったり柔軟であったりする人種内婚に組み合わされている[7]。しかしここでは、我々が先ほど検討してみた仮説とは逆に、内婚と外婚は相補的制度ではなく、ただ形式的観点から見たときに対称的なものとして現れうるにすぎない。真の内婚とは、婚姻の可能性を人間共同体の境界外に認めることの拒否にほかならないのである。ただし人間共同体というものは当該集団の世界観次第できわめて多様な定義を受ける。じつに多くの未開民族が、彼らの言葉で「人間」しか意味せぬ名前によってみずからを名指すが、それによって彼らは、集団の境界の外に出ると人間性のなにか本質的な属性が失われると彼らに映ることを教えている。たとえばノートン・サウンドのエスキモーは自分を——まさに自分だけを——「最高の」、もっと正確には「完全無欠の民」と定義し、近隣蛮族を形容するには「しらみの卵」という呼び方を別にもつ[8]。こうした態度が広く一般に見られるゆえに、ゴビノーの仮説もある種のもっともらしさをまとう。それによれば、小人、巨人、怪物など架空の生き物が次から次へと民間伝承に登場するのは、想像力の豊かさのせいでなく、むしろ仲間と同じ姿形でよそ者を思い描くことができないためである。ブラジルには、はじめてアメリカに連れてこられた黒人奴隷たちを「地上のサル」と思った民族もいる。唯一知っていた樹上動物への連想が働いたのである。メラネシアのいくつかの民族にあなたがたは何者かとはじめて尋ねてみたところ、彼らはこう答えた。「人間である、と。悪鬼でも幽霊でもなく、肉と骨でできた人間である、と彼らは言いたかったのであるが、しかしそれは、彼らが自分たちのもとにやってきた白人を人間でなく、まさに幽霊か悪鬼、海の妖精だと思っていたことの証拠である」[9]。ニューヘブリデス諸島に上陸したヨーロッパ人は最初、幽霊と受け取られ、幽霊という名前をもらった。着ている服は幽霊の皮、連れてきたネコは幽霊のネズミと呼ばれた[10]。レヴィ＝ブリュルも、やはり示唆に富む別の話を採取した。たとえば、馬は人を背中に乗せているからその人の母親だと受け取られ、逆に伝道師は輝くような髭を蓄えているからライオンと呼ばれた、など。[11]

これらすべての事例において大切なのはただ一つ、共同体観念の論理的内包の広がりを知ることであり、この内包自体が集団の実際の結束度に左右される。ドブ島では白人は「種類が違う」と見なされる。原住民の言う意味でのほんとうの人間存在でなく、人間とは違う性格を帯びた存在であると。こうした違いは、しかしヤムイモ〔熱帯、亜熱帯、温帯、冷帯地域で広く栽培される食用つる植物。日本で言うナガイモもヤムイモの一品種〕には及ばない。ヤムイモは人として扱われるのである。似ている順はかくして次のとおり。原住民集団＝*tomot*、原住民集団に倣って繁殖し、その増加が同時に集団を延命させていきもするヤムイモ、最後にこの共同体のまったく外に置かれる白人。しかしこの順になるのは、集団の持続がこの植物の系統 lignée の維持に依存しているからである。男の畑と女の畑があり、どの畑も、母の兄弟〔母方オジ〕から姉妹の息子または娘〔甥または姪〕へ世襲される、先祖伝来の種イモから生まれる。種イモの「血筋 race」が途切れれば、人間の血統 lignée も絶えかねない。女に夫は見つからないだろう。女は子を育てないだろう。子は彼女の貧しい財産を継ぎ、彼女の不運に根ざす軽蔑を同様に受けるだろうから。受け継がれる種イモをもらえなかった者は慈悲にすがることも、外に頼んで種イモを借りることもできない。「私はこのような境遇に置かれた女たちと顔見知りになった。みんな泥棒――魚を捕ったり、*sago*〔サゴヤシやザミア（ソテツ科）をさすマライ語〕を探したりする人々――であり、物乞いだった」[12]。ヤムイモなしでいるのは孤児でいるのと同じこと、ゆえにヤムイモはまさに人である。経済的・社会的構造から見れば、要するにこの集団を塊茎と農耕民とからなる共同体として限定的に定義するのは正しい。だが見誤ってはいけない。モルモン教徒の厳格な内婚体系を基礎づけているのも、精神的次元にかかわるとはいえ、明らかに類似の考え方であり、人間存在の定義に絶対に必要不可欠なあの属性――真の信仰をもっていること――に恵まれた相手を外に見つけられないなら、娘は父親と結婚するのがましとされるのである。[13]

地位や財産を特権としてひじょうに重んじる集団でもやはり同様の区別に行き着くが、しかしこの場合、いずれにせよ内婚は概念的境界の存在することを表すだけであり、現実のもつ否定性を意味するにすぎない。ただ例外的事例、高度な分化を遂げた社会においてだけ、この消極的婚姻形態は積極的内容を受け取る可能性をもつ。すなわち、もろもろの社会的特権や経済的特権を集団内に維持しようとの意識的計算に結びつく可能性である。ただしこの計算は内婚から着想された結果であって、この計算が内婚を着想させうるのではない。文化は概念としてはありとあらゆる収縮・膨張にさらされるが、いずれにせよ、一般に「真の」内婚は、文化の境界外で実施される婚姻の排除を表明しているのにすぎない。いくつかの具体的性格（名前、言語、人種、宗教など）によって定義される集団内にて婚姻をなすべしとの義務、一見積極的に見えるこの婚姻定式は、要するに一般化の力には、社会的に条件づけられたあたりまえの限界のあることを言っているのである。我々西欧社会の場合、この定式は先ほど触れた鮮明なかたちを離れ、漠としたかたちで表現される。それは、実際になされるイトコ婚の割合が、婚姻が偶然におこなわれると仮定して得られるイトコ婚の割合より一般的に高くなる傾向にあるとの、知られたことがらをさす(14)。

それに対し、我々があらかじめ「真の」内婚から区別しておいたもう一つの内婚形式、外婚の一機能にほかならないゆえに「機能的内婚」と呼んでいいこの形式は、規則「〜してならぬ」を相殺する逆規則をもたらす。たとえば交叉イトコ婚で可能配偶者のクラスは――すでに強調しておいたさまざまな見かけにもかかわらず――内婚のためのカテゴリーとしてあるのではまったくない。交叉イトコは、互いの結婚を義務づけられた親族というより、互いに結婚可能な親族のうち、平行イトコが兄弟姉妹と同等視されたことの結果として最初の選択肢に挙がる親族なのである。この本質的性格はとかく見過ごされがちであったが、それは交叉イトコ婚が――場合によっては――許可されるだけでなく義務づけられもするためである。「〜してもいい」がとりもなおさず「〜すべし」とされるのは、この婚姻が、考えうるもっとも単純な互酬体系をもたらすからで、実際、のちに明らかにしてみるように、交叉イトコ婚とは本質的に一つの交換体系のことなのである。ただし、目下の事例で互酬の均衡維持に必要な婚姻は二組でしかないが、配偶者間の親族関係が遠くなるにつれ、いちだんと複雑な、したがっていちだんと脆弱な、しかもうまく完結するかどうかもいちだんと不確かな交換周期が必要になる。よそ者同士の婚姻は一つの社会的進歩であり（なぜならより広範な集団を統合するのだから）、それはまた一つの冒険でもある。しかし配偶が交叉イトコに固定されるのは禁止クラスの除外のたんなる結果にすぎないこと（ゆえに内婚がここではまさに外婚の一機能であって、その逆でないこと）をもっともよく示す証拠に、要求されるイトコ間の親等を示す潜在的配偶者がいなくても混乱はいっさい生じず、代わりにもっと遠い親族が配偶候補に立てられる。選好結合体系における可能配偶者のカテゴリーはけっして閉じておらず、抑止されていないなら、なんであれ許されるのである。なるほど、ある序列に沿って、ある程度までしか許されないことがままあるが、いずれにせよ、配偶に現れる選好は当該体系固有の交換の仕組みから説明されるのであって、特定の集団やクラスの特権性が選好の理由なのではない。

位階化のよく進んだ社会の婚姻規則の研究では、内婚の二形式を区別するのはことのほか容易である。「真の」内婚は、これを実施する社会階級が上位を占めるほどきわだつ。たとえば古代ペルー、ハワイ諸島などがそうであり、アフリカのいくつかの民族もその例である。それに対し関係が逆で、位階を上昇していくほどめだたなくなるときの内婚は決まって「機能的」内婚であることが知られている。ボルネオのクニャーとカヤンは異なる特権を有する三つの階級に分かれ、通常それらいずれの階級も内婚をおこなうが、ただ最上位の階級は村落外婚を強いられる。[15]ニュージーランドやビルマと同じく、要するにここでも外婚は社会的序列の頂点においてはっきりした像を結ぶ。封建家族にとっての義務、家族間の縁組関係〔婚姻連帯〕を維持・拡大する義務が、外婚を招来するのである。二つの下位階級の内婚は無差別な内婚であって、区別するための内婚ではない。

最後に、選好結合が親族関係によってでなく、クランないし婚姻クラスへの帰属によって決定される事例を検討しなくてはならない。この事例では、構成された諸集団に直面する。これらの集団を婚姻義務によって二つずつ結びつけることは、相互婚 intermariage〔人類学の隠語で言うところの「通婚」〕を実施する二つのクランまたはクラスを一組とする、「真の」内婚カテゴリーを構成することに等しくはないか。だが現実には、クランとクラスは見かけほど違っていないのである。オーストラリアのクラスと下位クラスは、外延的に定義される集団であるより、出自を継承していく人々や縁組に参加する人々によって交互にか継続的にか占められる位置である。我々が一九三六年に研究したボロロ・インディアンの場合、事態はもっと不鮮明になる。婚姻上の選好はクラスをでなく、クランを二つずつじかに結びつけるように見えるからである。しかしこの場合、一時性を帯びたり、村落によってあったりなかったり、分裂や下位クランへの分割の可能性をもつなどして、クランそれ自体が、内婚カテゴリーへの固定や厳密な囲い込みを逃れようとする。ならば、クランが好まれることのなかに「真の」内婚の兆しではなく、集団内での婚姻の均衡を保証する、たんなる調整技術を見たくなると言っていい。実際、この均衡の要請に応じて、クラン自体が絶えずかたちを変えるのだから。[16]

＊＊＊＊

ボロロ・インディアンに類似した実例アピナイェ・インディアンを取り上げれば、いずれにせよ内婚概念と外婚概念との相関性はいちじるしく明快に浮かび上がる。彼らは四つの外婚集団 *kiyé* に分かれ、*kiyé* は次のごとき選好結合体系によって一つに結びつく。集団Aの男が集団Bの女を、Bの男がCの女を、Cの男がDの女を、Dの男がAの女をめとる。したがって、もし出自規則がこの体系に均衡を付与せず、その最初の結果としてイトコが可能配偶者から除外されないなら、ここには我々がのちに単純な全面交換体系として性格づける体系があると言っていい。[17]だが実際には *kiyé* に関して男の子は父の身分に、女の子は母の身分に準ずる。つまりAのすべての男とBのすべての女はAの男とBの女との婚姻から出生し、Bのすべての男とCのすべての女はBの男とCの女との婚姻から出生する、以下同様。ゆえに四つの外婚集団A、B、C、Dへの明らかな分割が、四つの内婚集団への隠れた分割をこうむっている。Aの男たちとBの女たち、Bの男たちとCの女たち、Cの男たちとDの女たち、Dの男たちとAの女たちは互いに親族で、この四つの親族のまとまりA—B、B—C、C—D、D—Aがそれぞれ内婚集団をなすわけである。逆に、一緒に一つの *kiye* をかたちづくる男性親族集合と女性親族集合とのあいだに親族関係はない。[18] ローウィとは反対に、[19] 我々はこの体系を例外とは考えない。それはある一般定式の個別的適用にすぎず、しかもそうした適用の典型例は意外と頻繁に見られる。[20] ここではこれ以上突っ込んだ記述は差し控えるが、たんなる一事例にもとづくこの手短な記述だけでも、外婚カテゴリーと内婚カテゴリーが客観的に存在する独立した実体としてあるのでないことを示すには十分である。それらは基礎的諸関係からなる一つの体系を見るさいの異なった、しかし緊密に結びついた視点・視角とむしろ考えるべきで、体系のどの項も、それが体系内で占める位置によって定義されるのである。

しかも、ある程度の相互反転性が内婚的関係と外婚的関係とのあいだに成り立つことは、いくつかの事例ではすでに語彙に現れている。たとえばイフガオ語で「姻族」をさす語 *aidu* は、インドネシア全域に見られる一つの語根、「他集団」「よそ者」を原意、「敵」「婚姻による親族」を派生的意味とする語根に相当する。主体と「同じ世代に属す親族」を意味するイフガオ語の *tulang* も、別のマレー諸語では「原住民」(台湾、ブギ民族)、「兄弟姉妹」「姉妹」「妻」の意味と、「姻族」「嫁」の意味とを獲得する。[21] 姉妹をさすことも妻をさすこともある日本語の *imo*〔妹〕と比較してもいい。[22] バートンやチェンバレンとともに、いくつかの古語のもつこうした両義性は古代における血族婚の存在を物語ると主張できるだろうか。我々もなした指摘、次の指摘を言えば、この仮説も荒唐無稽には見えない。すなわち、日本の古文書はインセストの定義を妹との結合に限定するので、エジプトやサモア諸島同様、姉との婚姻を正当なことと認めているように思われるとの指摘である。バタク民族やそのほかのインドネシア地域で母方従姉妹との婚姻が選好されること、[23] 同様の選好結合体系が古代日本に存在したと示すもろもろの有力な手がかりのあることは別の解釈を、もっともこの解釈が先の仮説を退けるわけではないが、示唆する。つまり、主体と同じ世代に属す女たちは同じ名称のもとに混同されてはいるが、視点の取り方次第で、可能配偶者と禁忌配偶者に区別されるのでは、と。ついては次の点に注目しておこう。バタク語の語彙に含まれる名称 *tulang* は、男によって母の兄弟に対して、あるいは好ましい配偶者であるこの兄弟の娘に対して使われるが、女はよそ者の女または男に話しかけるとき、敬意を表すためによそ者の女を「父の姉妹」、よそ者の男を「母の兄弟」という名で呼ぶ[24]。すなわち、自分のクランからよそへ婚出する女をさす名とオジをさす名であり、女はオジの息子とは結婚しない。

aidu のもっとも一般的な意味が「よそ者」、派生的意味が「姻族」と「敵」であるなら、この後者二つの意味は、じつに自明なことに、二つの分明な様態、より正確には同一の現実への二つの視角を表す。実際、「他集団」のなかには私の姻族にあたる集団もあれば、私の敵にあたる集団もあり、どの「他集団」も見る人次第で敵であり、なおかつ姻族でもある。*aidu* の場合にすんなり受け入れられるこうした相対主義的解釈は、*tulang* にも難なくあてはめることができる。太古に姉妹との婚姻がおこなわれていたとの仮説に訴えなくても、*tulang* の一般的意味「私の世代に属す娘たち」をもとに、これらの娘たちが「姉妹」か「妻」のどちらかであることを考えるだけでいい。「姻族」集団が同時に「誰かの敵」であるのと同じく、「結婚した女」も必然的に――また私が彼女と結婚するためにも――「誰かの姉妹」でなくてはならないのである。

以上、我々はクラス内婚である「真の」内婚（ここで言うクラスは論理学的意味〔「類」〕で解されると同時に、この内婚を実施する多数の社会でこの語がもつ社会的意味〔「階級」〕にも解される）と、相関的内婚と呼んでいい機能的内婚とを区別した。機能的内婚は外婚を埋め合わせるその裏面にすぎず、外婚のもつ明らかにネガティヴな性格をポジティヴなかたちで表現する。

しかし外婚を補完する内婚の存在は、禁忌の否定的側面がうわべにすぎないとの、本章冒頭で強調したことがらへ再び注意を向けさせる。内部での婚姻を禁じられた集団は、たんに婚姻相手としていいか、場合によっては婚姻相手とせざるをえない他集団、明確な性格（外婚体系を伴うインセスト禁忌）か漠然とした性格（外婚なしのたんなる禁忌）をもつ他集団の観念をすぐに呼び起こす。娘や姉妹の性的使用の禁忌は、娘や姉妹をよその男のもとへ婚出させることを強制し、かつまたこのよその男の娘や姉妹を権利の対象に変える。このように禁忌の否定的約定はすべて積極的補償を伴う。抑止は義務と等価であり、権利放棄は権利請求への道を開くのである。ゆえに、内婚と外婚を、しばしばなされるように、同タイプの制度と考えていけないわけがはっきりする。そう考えていいのは我々が機能的と呼んだ内婚形式についてのみで、実際、機能的内婚は外婚以外のなにものでもなく、ただ外婚をそれがもたらす帰結から眺めたものにすぎない。このような比較分析はしかし、「真の」内婚、自力で自分を乗り越える力をもたない硬直的制限原理を除外するとの条件をつけてしか可能でない。逆に外婚概念の分析はやってみるだけでその多産性が示される。前章ですでに示唆したように、インセスト禁忌はたんに禁止であるだけではない。それは「~してならぬ」とだけでなく、同時に「~せよ」とも命じる。インセスト禁忌は、この禁忌の拡張された社会的表現である外婚と同様、一つの互酬規則なのである。人がみずからと他人に女を拒むとき、まさにそれによってこの女は供与される。誰に供与されるのか。制度によって特定される集団にのこども、我々西欧社会に見られるごとく、近親者の排除によってのみ境界づけられるだけの、あの無限定でつねに開かれている共同社会にのこともある。しかし我々の探究のいまの段階でなら、インセスト禁忌と外婚のあいだのもろもろの相違は無視してかまわないと思う。ここまでの考察に照らして考えた両者の形式的性格は、ぴたりと重なり合うのだから。

またさらに「交換」婚と言われる特別な事例であろうが、そのほかのいかなる婚姻体系が対象であっても、インセスト禁忌のもたらす根本現象は同一である。すなわち、私がある女の使用をみずからに禁じ、その結果この女が別の男にとって処分権〔使用権〕の対象になる瞬間から、どこかに、ある女を権利放棄する男がおり、この権利放棄によってその女が私にとって処分権の対象になる。禁忌の内容は抑止することに尽きるのではない。禁忌が制定されるのは、直接的にか間接的にか、即座にか時間を置いてか、ただ交換を保証し基礎づけるためなのである。この保証と基礎づけはいかに、またなぜおこなわれるのか、いまやそれが明らかにされなくてはならない。

注

（1）S. Zuckerman, *The Social Life of Monkeys and Apes*. London, 1932. — W. Köhler, *The Mentality of Apes*, 1925, p. 88 *sq.*, 300-302. — R. M. Yerkes, *Social Behavior in Infra-human Primates*, in *Handbook of Social Psychology*, chap. 21. — H. W. Nissen and M. P. Crawford, A Preliminary Study of Food-sharing Behavior in Young Chimpanzee. *Journal of Comparative Psychology*, vol. 22, 1936, p. 383-420.

（2）E. B. Tylor, On a Method of Investigating the Development of Institutions... *Journal of the Royal Anthropological Institute*, vol. 18, p. 267.

（3）この婚姻規則の定義および理論的研究については後出、第９章参照。

（4）C. Lévi-Strauss, The Social and Psychological Aspect of Chieftainship in a Primitive Tribe: the Nambikwara of Western Mato Grosso. *Transactions of the New York Academy of Sciences*, series 2, vol. 7, n° 1, p. 16-32.

（5）B. Malinowski, *The Sexual Life of Savages in North-Western Melanesia*. London, 1929, p. 131-132.

（6）第13章参照。

（7）Ch. S. Johnson, *Patterns of Negro Segregation*. New York, 1943.

（8）H. J. Rink, *The Eskimo Tribes*. London, 1887, p. 333.

（9）R. H. Codrington, *The Melanesians: Studies in their Anthropology and Folklore*. Oxford, 1891, p. 21.

（10）A. B. Deacon, *Malekula: a Vanishing People in the New Hebrides*. London, 1934, p. 637. さらに次の著書も参照。A. R. Radcliffe-Brown, *The Andaman Islanders*, p. 138.

（11）L. Lévi-Bruhl, *La Mythologie Primitive*. Paris, 1935, p. 59-60.

（12）R. F. Fortune, *Sorcerers of Dobu*. New York, 1932, p. 69-74, 102.

（13）Der sexuelle Anteil an der Theologie der Mormonen. *Imago*, vol. 3, 1914.

（14）L. Hogben, *Genetic Principles...*, p. 152.

(15) Ch. Hose / W. McDougall, *The Pagan Tribes of Borneo.* London, 1912, vol. 1, p. 71, 74.

(16) C. Lévi-Strauss, Contribution à l'étude de l'organisation sociale des Indiens Bororo. *Journal de la Société des Américanistes de Paris,* vol. 38, 1936.

(17) 第12章参照。

(18) Curt Nimuendaju, *The Apinayé.* The Catholic University of America, Anthropological series, n° 8, Washington, 1939, p. 29 *sq.* ——我々の解釈は J. Henry (C. Nimuendaju の前掲書に対する書評、*American Anthropologist,* vol. 42, 1940) および A. L. Kroeber (The Societies of Primitive Man, in *Biological Symposia,* vol. 8, Lancaster, 1942) の解釈と一致する。

(19) R. H. Lowie, American Culture History. *American Anthropologist,* vol. 42, 1940, p. 468.

(20) F. E. Williams, Sex Affiliation and its Implications. *Journal of the Royal Anthropological Institute,* vol. 62, 1932. さらに本書の第25章および第28章。[上記の文章についてM・メイベリー＝ルイスは「驚くほど特殊な意見 startlingly specific remark」と述べている (M. Maybury-Lewis, Parallel Descent and the Apinayé Anomaly. *Southwestern Journal of Anthropology,* vol. 16, no. 2, 1960)。なぜなら「出自 descent」と「親子関係 filiation」の違いを考慮していないからだ、と(一九六ページ)。強調するまでもないが、本書が考察対象とするのはもっぱらモデルであって、経験的現実ではない。経験的現実に対してのみメイベリー＝ルイスの区別、リーチによってまさに批判された区別はなんらかの意味をもちうると言っていい。三十年以上も前にウィリアムズは、メラネシアで得られた事実をもとに「平行出自 parallel descent」の理論的原理を完璧に取り出し、前掲論文でこう書いている。「[性別帰属] の本質をなすのは男の子供が父の集団に、女の子供が母の集団に類別されることである」(前掲論文、五一ページ)]

(21) R. F. Barton, Reflection in Two Kinship Terms of the Transition to Endogamy. *American Anthropologist,* vol. 43, 1941.

(22) B. H. Chamberlain, *Translation of* 《*Ko- Ji- Ki*》. Kobe, 1932.

(23) 第27章参照。

(24) E. M. Loeb, Patrilineal and Matrilineal Organization in Sumatra; I: The Batak. *American Anthropologist*, vol. 35, 1935, p. 22, 25.

第5章　互酬原理

感嘆すべき試論「贈与論」〔『社会学と人類学1』有地亨ほか訳、弘文堂、一九七三年、所収〕の結論はよく知られている。今日古典となったこの研究で、モースは次のことの解明をめざした。第一点、未開社会での交換は商取り引きよりむしろ互酬贈与のかたちで現れる。第二点、未開社会において互酬贈与は、我々西欧社会でよりはるかに重要な位置を占める。第三点、この原初的交換形式はただたんに、また本質的に経済的性格をもつだけでなく、彼モースが適切にも「全体的社会事象 un fait social total」と呼ぶ事象、社会的・宗教的、呪術的・経済的、功利的・情緒的、法的・道徳的のいずれの意義をも帯びた事象に我々を直面させる。知られているようにじつに多くの未開社会、とりわけ太平洋の島々、カナダからアラスカにいたる太平洋北西岸では、重要な出来事に伴って催されるあらゆる儀式に富の分配が伴う。たとえばニュージーランドでは、儀式にさいして衣類、宝石、武器、食糧、こまごました道具の配られることがマオリ民族の社会生活全般を貫く特徴であった。出生、結婚、死去、墓の掘り起こし、和約締結、違反、過失、そのほか「数えきれない多くの出来事」をきっかけにこうした贈与がなされていたのである。[1]ポリネシアでおこなわれる儀式的交換の機会を考察しつつ、ファースもやはり「出生、イニシエーション、結婚、病、死、そのほか社会生活に伴うもろもろの小事件や儀礼の諸局面」を数え上げる。[2]ポリネシアのもっと狭い区域を対象に別の観察者は、婚約、結婚、妊娠、出生、死を挙げ、父親から若い息子に与えられる婚約儀礼のときの贈り物を記述している。魚の干物十籠、熟したココヤシの実一万個、熟れていないココヤシの実六千個。そして引き替えに父親も四フィート〔約百二十三センチ〕四方、厚さ六インチ〔約十五セン

チ」のケーキを二個受け取る。(3)

これらの贈り物はその場で即座に等価な財と交換されるか、またはあとで返礼の贈り物をするとの条件つきで受給者に手渡される。返礼される贈り物の価値は受け取った贈り物の価値をしばしば上回るが、しかし返礼した側に今度は、返礼の贈り物よりもはるかに豪華な新たな贈呈品をもらう権利を生じさせる。こうした制度のいちじるしい典型が、アラスカやヴァンクーヴァー地域のインディアンたちがおこなうポトラッチである。ポトラッチが繰り返されていく過程で、おびただしい数の貴重品が先ほどのようなかたちで移転していき、ときとして何万枚もの毛布にまで膨れ上がることもある。毛布は現物で渡されることもあれば、銅板という象徴的形態をとることもある。銅板の場合は、それを介しておこなわれてきたやりとりの重要性が増すほどに、銅板自体の額面価値が大きくなっていく。こうした儀式は三つの機能を併せ持つ。第一に、以前に受け取った贈り物を、利率一〇〇パーセントに達することもある妥当な利子をつけて返還すること。第二に、肩書や職務特権に対する家族集団ないし社会集団の権利請求を公認させたり、身分の変更を公示すること。第三に、気前よさの点で競争相手をしのぐこと、できるなら、履行不能を期待しつつ過重な返礼義務を相手にかけて彼を打ちのめし、彼から特権、肩書、地位、権威、威信をもぎとること。(4) 未開文化の根本的諸問題を処理することにかけて比類なき才と資質を発揮する、あのじつに器用な北西大西洋岸のインディアンたちのもと以外では、確かに互酬贈与体系はこれほどの規模には達していないが、しかしモースは、類似の制度がメラネシアとポリネシアに存在することを確認しえた。たとえばニューギニアの多数の民族がおこなう食糧祭礼の主要な機能は、証人たちの合意によって新しい *pan-gua* を承認することにある。(5) つまりこれなどは、バーネットがアラスカのポトラッチの根本的土台をなすと言う機能に同じである。またバーネットは、クワキウトル民族の儀式についても、その特徴的性格の一つを競合のエスカレートに見る。ただし利息付き貸し付けをポトラッチの一様態としてより、そこへの予備段階にあたるやりとりとして扱っている。(6) おそらく地域的なばらつきはあるだろうが、しかしこの制度の多様な側面は一つの全体をなしていて、多かれ少なかれ体系化されたかたちで、南アメリカ、北アメリカ、アジア、アフリカにも見出される。つまりポトラッチは、地域を問わずどこでも均等に発達しているわけでないにせよ、やはり一つの普遍的文化モデルなのである。

だがまた次の点も強調しなくてはならない。未開の思考が財の譲渡に対してとるポトラッチ的態度は、明確な定義と位置づけをもった制度のなかにのみ表現されるのでなく、その過程で品物や生産物が授受されていく、儀礼的であると世俗的であるとを問わないありとあらゆるやりとりに、それは浸透しているのである。どこでもポトラッチ的態度には次の二つの前提が、暗黙裡にか明示的に込められている。まず、贈り物の互酬は財一般ないし特定の財の、集団によって標準的になったり特権的になったりする譲渡様式をつくりあげていく。次に、互酬的な贈り物が差し出される主たる目的、いずれにせよ本質的な目的は、なんらかの利益や経済的性質の特典を手に入れることにはない。サモア諸島の洗練された文化についてターナーは書く。「出生祝いのあと、*oloa* と *tonga*（男財と女財）がやりとりされても、夫と妻がそれによって以前より豊かになることはなかった(7)」

どちらのパートナーも互酬交換からいっさい真に物質的な利益を引き出すことがない、とホグビンは指摘する。「事実、交換される贈り物が同じ性質のものである場面も見られる。たとえば、儀式の最中に毬《まり》が贈られると、種類も価値も変わらない毬が返礼されなくてならず、しかもこの返礼がまったく同じ礼式に則っておこなわれるというようなことも起きる。贈り物として差し出された一箱の食べ物に対し、同じ食べ物を同じ作り方で用意し、それを同じ箱に詰めて返礼の贈り物にするといった場合も同様である(8)」。ニューギニア南岸の原住民は取り引きをするための長い航海に出かけるが、経済的観点から見ると、この取り引きにはまったく意義が欠けているかに思われる。彼らは生きた動物同士を交換するのである(9)。ユカギール民族の結婚に伴う種々の交換の場合も同じで、トナカイ一頭をもらった親族は、トナカイ一頭を返す(10)。これはつまり、我々の社会でなされる商取り引きとは違い、交換は目に見える成果をもたらすのでないということだ。当て込まれている利潤は、金銭的利益のような直接的利益でも、消費価値のような交換される事物それ自体に結びついた利潤でもない。いやむしろ、我々の社会慣習に従うからそう見えるのである。実際、我々の言う「商品 commodité」は、未開の思考にとっては、その所有者や売り手の実利になるものとはまったく別のものを含む。財は経済的実利品 commodité économique であるだけでなく、それとは別次元の現実性をもったもの、すなわち威力、権力、共感、身分、情動などの媒体であり道具なのである。交換の繰り返しのなかで運ばれていく巧みなゲーム（交換では現実に物品の移転がおこなわれないこともしばしばある。ちょうどチェスの指し手が駒を実際に交換し合うためでなく、ただ相手の出方をうかがおうとして盤上で交互に駒を進めていくときのように）は、意識的駆け引きであれ、無意識的駆け引きであれ、駆け引きの複雑なまとまりからなり、結束と競争の二重の土俵の上で、安全を勝ち取ったり危険から身を守ったりすることをめざす。

アムンゼンに降りかかった災難は、互酬性の意味を見失うとどれほど面倒なことになるかを物語る。「もらった贈り物に応えて彼が気前よくそれを上回る贈り物を返そうとしたとき、エスキモーたちは、手元の売り物すべてを贈り物として差し出すのが有利と即座に判断した。どんな贈答品も拒んで本来の交易に訴える、緊急の必要が出てきた」[11]。同じくホルムも、一人の原住民と贈り物交換をおこなうと、それをきっかけにほかのすべての原住民のあいだにも、同じ贈り物をしたいとの強い気持ちの広がっていくことを指摘する。「原住民たちの説明によれば、彼らは人々が要求するものならなんでもつねに与えることにしているのだと言う」。だが彼らがこう述べたことの真意をはっきりさせなくてならない。「*patukhtuk* を始めたいと思い立った人は、なにか品物を *kashim*（男子集会所）にもってきて、交換関係を結びたいと思う相手にそれを与えるときにこう口にする。『これは *patukhtuk* だ』。相手には、贈り物を受諾してお返しに同じ価値の品物を差し出す義務が生じる。最初に贈り物をした人は返礼を受け取ると、今度は別の物品をもってくる。こうして繰り返されるやりとりは、二人の当事者が自分の全財産を交換し尽くすまで続くこともままある。最初に贈り物を受け取った人には、贈り物を始めた人がやめにしたいと言うまで返礼を続ける義務があるからだ」[12]。受諾と返礼という受領者側の儀礼的義務を伴うこのような贈与への情熱は、アメリカ大陸のもう一方の端、ヤーガン民族のあいだにも見出される[13]。

先に引用した文章でターナーが提起した問題、一つの高度に発達した文化〔サモア諸島〕にかかわるその問題に、ラドクリフ＝ブラウンによる贈り物交換の観察はじつにみごとに答えている。それは知られているかぎりもっとも未開な水準にとどまる民族の一つ、アンダマン諸島の住民のもとで得られた観察である。「〔贈り物交換の〕目的はなによりもまず精神的なもので、二人の当事者のあいだに友好的感情を生み出すことがめざされる」[14]。贈り物交換の経済外的性格をもっともよく示す証拠がある。「銅板」を壊したり海に捨てるなど、ポトラッチでは莫大な価値がときとしてためらいもなく破壊されること、物惜しみせずなされてもやはりつねになんらかの返報を前提にする、富の分配からよりも大きな威信が、このような富の完全破壊から生じること。とはいえ経済的性格は、制度のほかの側面によってつねに制限され条件づけられてはいても、やはり残りつづける。「たんに富を所有していることでなく、むしろ富を分配することが威信をもたらす。（略）富の備蓄は、ただ社会的位階を上昇していくためにのみなされる」。実際、「無償の贈与なる観念はマレクラ文化にはまったく無縁である。（略）贈与とはせいぜい一つの冒険、投機であり、返報への期待にすぎない」が、「たとえブタがブタと、食べ物が食べ物と交換されても、この取り引きが経済的含みを完全に失ってしまうわけではない。それは労働意欲を煽り、協働への欲求を生み、かつ刺激するのだから[15]」。

＊＊＊＊

一個人による生産や獲得をとおしてでなく互酬贈与をとおして入手される実利品――少なくともいくつかの実利品――に神秘的付加価値が伴うとする観念は、ただ未開社会にだけ広く行き渡っている観念とは見えない。アラスカ・インディアンは、消費されたり備蓄される品物と、富とを区別する。前者が生産や家族内消費の範囲にとどまるのに対し、後者は典型的所有財であり、それをクワキウトルは「ご馳走 the rich food」と呼ぶ。紋章をあしらった毛布、角でできたスプーン、椀やそのほかの儀式用容器、盛装用衣装など、象徴としての価値が労働の価値や原料としての価値をはるかにしのぐ、あらゆる品物が所有財に含まれ、こうした品物のみが集団 tribu

内および集団間の儀礼的交換周期のなかに入ることができる〔クワキウトルは「ハイスラ」「ヘイルック」「（狭義の）クワキウトル」の三集団に区分される〕。しかし、この区別は現代社会にも相変わらず生きていて、我々も知っているとおり、すぐには役立たないとの性格をしばしば帯びているがゆえにとりわけ贈り物に好適とされる、いくつかのタイプの品物が存在する。イベリア半島のいくつかの地方では、こうした品物は、まさにそのような特別の用向きに合わせて設けられた専門店以外では、質・量とも豊富には見つからない。それは《casa de regalias》〔みやげ屋〕とか《casa de presentes》〔贈答品屋〕と呼ばれ、アングロ＝サクソン世界の《gift shop》に相当する。さて、とりたてて指摘するまでもないが、食べ物や飲み物を盛大にふるまう招待同様（ほかにもまだ実例はたくさんある）、贈り物もまた「返される」。つまりここでも我々は、互酬性の領域のまっただなかにいるのである。消費価値は二の次で、ただ高い心理的・美的・感覚的値打ちが付与されるある種の財、たとえば花、ボンボン、「贅沢品」といったものは、我々の社会ではあたかも個人的購買・消費のかたちでではなく、互酬贈与のかたちで獲得されるのが好ましいと見なされているかのようである。

交換による広範な取り引きの定期的反復と伝統的スタイルを決定しているのは、我々のもとでもやはり祭りや儀式であり、そうした機会になされる交換は、未開文化のきわめて一般的な態度と手続きをしばしば現代文明のなかに統合しようとしているかに見える北アメリカ社会において、まったく例外的な規模に達する。毎年一カ月のあいだあらゆる社会層が一種聖なる情熱をもって熱中するクリスマスのプレゼント交換は、何百万もの個体を巻き込んだ巨大なポトラッチにほかならず、じつにこのポトラッチがすむと、たくさんの家計が収支の慢性的アンバランスに直面する。多色刷りの「クリスマスカード」が「銅板」の価値に及ばぬことは確かであるが、しかしカード選びの洗練度、カードの個性、値段（一枚一枚は安価であっても、枚数によっては値段は跳ね上がる）、送ったカード、もらったカードの量などが、受給者の人脈の厚さ、威信の程度を証明するのであり、この証明が、運命の一週間に、彼の暖炉端で儀礼のようにおごそかに開陳される。さらにもう一つ、プレゼントの包装に配慮を払う巧妙なテクニックにも言及しておくべきだろう。特別な包装方法、贈り物であることを示す包装紙やリボン、さらに図柄入りラベルなど、どのテクニックも、贈る側ともらう側の個人的関係を、また贈り物の呪術的機能をそれぞれの仕方で表現する。贈与の無益さ、つまりプレゼントにふさわしい品目のかぎられているがゆえに生じる同じ贈与の頻繁な重複によって、こうした交換もまた、大規模な富の集団的破壊形式となる。大金持ちが燃やしたお札で葉巻に火をつけるといった現代の民話的テーマを、それはそれでとても示唆的ではあるが、ここで詳しく論じなくとも、我々の社会においてすら富の破壊が威信獲得の一手段であることを思い起こさせる小さな事実は、そこらじゅうに転がっている。商売上手な商人なら、高価な売り物を「犠牲にする〔赤字覚悟で売る〕」と耳打ちして客の気を引くくらいの才覚は持ち合わせているのではないか。動機が商売に根ざしているのであれ、犠牲という用語法にはどこか神秘的な残り香が漂う。

威信獲得のみをめざすこうした富の移転の、もっとも鮮烈なイメージを現代社会において提供してくれるのは、おそらく賭け事である。賭け事はそれだけでも一個の特別な研究を要すると言っていいが、ここでは手短な指摘だけにとどめる。この百年来、ある地方で支払い能力がたまたま実利品の供給高を大幅に超過するたびに、賭け事が、けたはずれの興隆を見てきた。採鉱拡張期のクロンダイク川〔カナダ北西、アラスカとの国境沿い。一八九六年に豊かな金鉱が発見され、一九〇六年ごろまでゴールドラッシュが続いた〕やアラスカと大ゴム時代のアマゾン川流域とのあいだで、賭け事をめぐる信じられない逸話の数々が響き合う。貨幣というと、我々は経済的財のたんなる獲得手段と見なす癖がついてしまっているが、そのような役割に収まりきらなくなるとき、貨幣は、要するに別の古代的な機能、かつて貴重品に帰せられていたのと同じ機能を取り戻すかのようである。与えられたり犠牲にされること——それが実際になされるにせよ、たんにその姿勢が示されるだけにせよ——と引き替えに威信を得させる道具としての機能である。「過剰」の使用を贈与や犠牲のかたちで儀礼化することは、第3章で検討した「稀少品」の使用を規制することと裏腹の関係にある。この両極端のあいだに、言うなれば無差別な自由使用の帯域が広がる。アラワクをめぐるマルティウスの指摘はよく知られている。「彼らには個人所有の観念はあるけれども、銘々の所有物はなんの変哲もなく、簡単に手に入るので、すべての人が返すことなどさして気にもとめずに貸し借りをおこなう」[16]。隣人のところへ行けばいともたやすく食事の相伴にあずかれるのに、この世のどこかで人が飢え死にするとは、ヤクートにはよもや信じられなかった[17]。要するに切迫した必要があるときか逆にないときに、分有や分配の洗練化が現れる。

だがここでもまた一つの一般モデルに直面する。饗宴、ティータイム、夜会といったかたちで現代にも脈々と生きる食糧給付、このかくも特徴的な領域では、「レセプションを与える〔歓迎会を催す donner une réception〕」との言葉づかいが示すように、「受け取る recevoir〔この動詞の名詞形が réception〕」は、アラスカやオセアニアでと同じく我々の社会でも「与える」ことなのである。食事とそれに伴う儀礼とをすでに触れた未開の諸制度に関連づけてくれるのは、このような互酬的性格ばかりではない。「経済的・社会的関係においてしばしば耳にされる表現 *fai te kai*『食べ物を用意する』は、関係を開くための準備行為に言及している。実際、食糧を入れる籠は頼み事の相談、罪滅ぼし、義務の履行などの常套手段として使われる。さまざまな状況での身の処し方を教える原住民の寸言でしばしば真っ先に持ち出されるのは、『家に行き、食べ物を用意せよ』である」[18]。敬意を表したく思う人物に昼食を「供する」ことがおこなわれるが、この種の招待は、礼を「返す」手段としてごく頻繁に用いられる。厳密に食糧にかかわる側面よりも社会的側面が優勢になるにつれ、供応される食べ物の類型、食べ物の出し方もいちだんと様式化されていく。収納庫や一家の食器棚に大切にしまわれている磁器製高級食器セット、銀食器、刺繡入りテーブルクロスは、我々がそれらを使うのと同じような機会に紋章入りの彩色された櫃《ひつ》から取り出されるアラスカの儀式用の椀、スプーンと、目を見張る対をなす。食べ物への態度はとりわけ啓示的である。反語的意味を込めずに《rich food》〔ご馳走〕と呼ばれうるものは、我々にとっても、たんに生理的欲求をみたすのとは違う働きをなすように思われる。晩餐会を「催す〔与える donner〕」ときにはふだんの献立が給仕されることはなく、じつに料理文献はサーモンのマヨネーズソース添え、ヒラメのムスリーヌソース添え、フォアグラのゼリー寄せなど、食べきれないほどのご馳走からなる、祝宴のきらびやかさに言及してきた。さらにもう一つ、食糧給付の要求する伝統的に決まったいくつかの食べ物は、出てくるだけである意味深い記憶を呼び戻し、分け合って食べることを命じるのである。年代物のワイン、珍しいリキュール、フォアグラなどは、相伴への要求をそれとなく持ち主に気づかせたいとの気持ちを起こさせる。それらは、自分だけのために購入し自分だけで飲食すれば、なにか漠とした罪の意識を伴わずにすまない料理の部類に入る。実際、集団は「独りで飲み食いする」者をことさら厳しく裁く。ポリネシアの儀式的交換では、財は父方近親者集団内部で交換せずに、できるかぎり別の集団、別の村へ移動させよと規定されている。この義務を怠ることは *sori tana*「自分の籠から食べる」と呼ばれる。また、村の踊りで二つの地縁集団は持ち寄った食べ物を内輪で食べないこと、携えている食糧を交換し合った相手集団の食べ物を食べることが、慣習によって決まっている。[19] マオリの諺 *Kai kino ana Te Arahe* に登場する女のように、儀式用料理を少しもほかの人にふるまうことなくこっそり平らげでもしたら、[20] なしたのが男であれ女であれ、その行為は、周囲の事情と相手の人柄次第で、あてこすり、揶揄、嫌悪、軽蔑に、ときには怒りにつながりかねない感情を近親者のあいだに引き起こすだろう。それぞれ独特なこうした感情のいずれもが、しかしすでに我々が前章までで触れてきた同じ型の情動を遠いこだまのように呼び覚ます。集団の参与を通常必要とする行為が個体によってなされてしまうとき、集団はそこに、一種の社会的インセストを漠然と認めるかに思われるのである。[21]

しかし交換の儀礼性は改まった食事の場にのみ見られるわけではない。自分よりもまず先に隣席の人に塩、バター、パンを取ってあげ、料理を勧めるのが礼儀というもの。我々は南フランスのなかでも、基幹産業であるワインが一種神秘的な崇敬の念に包まれ、それゆえ典型的な《rich food》になっている地域の大衆レストランで、じつにしばしば食事のしきたりを観察した。ワイン込みの値段で食事を出す小さなレストランでは、どの客の皿の前にも、無銘柄であることの多い安ワインの小瓶が置かれている。ウエートレスが順に配って回る一人前の肉や野菜と同じく、この瓶も隣の客のものと変わらない。ところがこの液体と固形物とでは、客の態度にすぐに独特の違いが現れる。肉や野菜は体になくてはならぬが、ワインは体にとっての贅沢品である。一方はなによりも栄養を与えてくれ、他方は面目を施してくれる。どの客もいわば自分のために食べるのであり、給仕の仕方にわずかでも落ち度ありと気づけば、きちんと給仕してもらった人々を苦々しく思い、主人に嫉妬交じりの不平を鳴らす。しかしワインとなると話はまったく別で、瓶の中身が少なくないかい、と陽気に横の客に意見を仰いだりする。主人にしても、待っているのは、量不足の瓶をつかまされた客からの金を返せとの個人的要求でなく、客全員からの声をそろえたお叱りである。それはつまり、ワインが「日替わり定食」というまったく個人的なことがらと違って、じつに社会的財であることを言っている。小瓶にはちょうどグラス一杯分のワインが入り、この中身は持ち主のグラスにでなく、隣席の客のグラスに注がれる。するとすぐに相手も同じ互酬的ふるまいで応ずる。

さていったい何が起きたのか。二本の瓶の容量はまったく同じで、中身の質もさして変わらない。この示唆に富む場面に登場した二人の人物は、結局のところ、自分のワインを自分で飲んだ場合と比べてべつになにも余分に受け取ったわけではない。経済的観点から見れば、どちらが得をしたのでも、どちらが損をしたのでもない。しかし交換には交換された物品以上のものがある。

安レストランのテーブルを挟み、見知らぬ同士が、一メートルにもみたない距離を介して向かい合わせに座っている（テーブルを個人が独り占めすることは有料の特権であり、この特権は一定の料金以下ではとても与えてもらえない）。これはときどき見かけられる陳腐な場面であるが、しかしこのうえない示唆に富む。それは、統合のためのあらかじめ完備した定式を、おそらく一時的集団であるとの性格によるのだろう、欠いていても集団が形成されることの実例、我々の社会では稀有な実例（しかし未開形態の社会生活ではこうした実例を見る機会はたくさんある）を提供しているのだから。名前も職業も社会的地位もわからない人物はやりすごすのがフランス社会の習わしであるが、小さなレストランでは、そのような人物たちがほとんど肩を寄せ合うようにして一時間から一時間半も同席することになり、ときとして馬が合うというので一つに結びついたりする。孤独を尊重しなくてはならないとする規範と人が集まっているという事実とのあいだで、ある種の葛藤が、向かい合って座っているどちらの側にも生じている。なるほどたいして激しくはないだろうが、しかし現実的な葛藤、緊張状態を生み出すには十分なほどの葛藤である。独りでいると同時に一緒にいると双方が感じている。見知らぬ同士なのだから習慣として遠慮しなくては、と強いられつつも、物理空間でのそれぞれの位置が、また食事の内容や食事の道具への二人の関係が親密な気分を醸し出し、なおかつある程度まで親密さを命じてくる。この見知らぬ二人は短時間のあいだ共同生活にさらされる。大西洋横断航路や夜行寝台列車で同室になることを思えば、確かに長い時間でも、さして濃密な関係でもないが、逆にそうであるがゆえに、文化は身辺の細かなエチケットまでは決めずにきたのでもある。会食者の胸中には、目に見えない不安がどうしようもなく兆してくるだろう。接触がどんな些細ないとわしさを告げてくるのかわからないがゆえの不安。侮蔑、尊大、攻撃などの現れがまったく伴わなくとも、維持される社会的距離は、それだけですでに苦痛の種になる。なぜなら、いかなる社会的接触も呼びかけを含み、呼びかけは応答を期待するものなのだから。ワイン交換はまさにこのつかの間の、しかし困難な場面に決着をつけてくれる。それは好意を明示し、相互のおぼつかない気持ちを解消し、並列状態の代わりに交流をもたらすのである。だがワイン交換はそれ以上のものでもある。それは一歩退いた態度をとる権利をもっていた相手を、そこから抜け出るよう仕向ける。ワインが供されたならワインを返さなくてならない、親愛の情には親愛の情で応えなくてならないのである。互いに無関心であるという関係は、会食者の一方がその関係から脱しようと意を決するや、もはやいままでとはまったく別様に結び直されずにすまない。この瞬間から関係は、もはや親愛的か敵対的かのどちらかにしかなりえない。隣席の人がワインを差し出したのに自分のグラスを差し出さなければ、礼を失するほかなく、供与を受け入れれば、それによって別の供与、会話の供与が可能になる。かくして受け取ったものより多くを供与することによって権利を開拓し、与えたものより多くを受領することによって義務を負うとの、つねに双方向的に進む一連の相互往還運動をとおし、ささやかな社会的絆が累加的に結ばれていくのである。

これがすべてではない。与える‐受け取るの周期を開く人が主導権を握り、彼の示した社会的な自由闊達さが彼を優位に立たせる。じつに周期の開始にはつねにある種の危険がはらまれているからである。献酒に対して相手は少ない量の返杯で応えてくるかもしれないし、逆に競り上げに出てくるかもしれず、競り上げに出られた側は――忘れないでおこう、瓶の容量はごくささやかなのだ――自分の分を一滴残らず相手のグラスに注ぎ入れて切り札を失うか、威信を保つためにもう一瓶追加するはめになる。要するに我々は、微視的規模とはいえ、紛れもない一つの「全体的社会事象」、心理的・社会的・経済的のいずれの含意をももった事象に直面しているのである。さて、おおげさな意義を付与されているのでは、とたぶん読者が思うであろうこの一見たわいもないドラマが、しかし我々には逆に、汲めど尽きせぬ考察の糧を社会学的思考に提供してくれるように見える。いまだ結晶化していない社会生活の諸形態が示す、興味深いと思われる面はすでに指摘しておいた。[22]さまざまな危機から、あるいは（先ほど話題にした実例のように）集団生活の端的な副産物から社会的蝟集《いしゅう》が自然発生的に生まれてくるところに、おそらく我々はきわめて原初的な心理‐社会的経験の遺物を、いまだ新鮮なままに手にしているのであり、この遺物の等価物は、動物生活というこれ以上ない最底辺の段階を探しても、古代や未開の制度というはるかに高度な段階を探しても、見つかりはしないだろう。その意味で、レストランの見知らぬ人々それぞれの態度には、ある基礎的場面が、無限遠点から、感知しがたくも識別できるほどには投影されていると我々には映るのである。すなわち、未開の個体や群れが未知の個体や群れとはじめて、あるいは例外的に接触する場面のことである。なかんずく言いようのない不安を伴うこのような経験が未開の生活において示すもろもろの性格は、別の機会に明らかにしておいた。[23]未開人たちはよそ者集団を分類するのに二つの方法しか知らない。「よい」集団とするか「悪い」集団とするかである。だが原住民の使ういくら素朴な言葉に移し替えられているからといって、見誤ってはならない。「よい」集団とは無条件にもてなすべき集団、貴重な財さえもなげうつべき集団のことであり、「悪い」集団とは、出会った瞬間からこちら側に苦しめてやろうとか殺してしまおうという心づもりを生み出し、いずれそうしなければならなくなる集団のことなのである。「悪い」集団とは戦いが、「よい」集団とは交換がおこなわれる。このような照明のもとで、「目に見えない者たち」をめぐるチュクチの伝説を理解しなくてはならない。その伝説では、財が謎めいた仕方で運ばれてきて自分で交換をおこなうのだが、チュクチの古代市場の描写ほどこのことの意味をはっきり照らし出してくれるものはない。人々は武装して市場にやってきた。生産物は槍の先に引っかけられて差し出された。人々は一方の手に皮の包みを、もう一方の手に短刀を携えていることもあった。ちょっとした挑発さえあればいつでも戦えるよう、身構えていたのである。だから昔は市場を *elpu'r. Irkln*「交換する」の一語で言い表し、この語は仇討ちの意味でも用いられた。現代語は新しい動詞 *vili'urkln*「交易する」を導入した。これはコリヤーク語の *vili'vikln*「和睦する」にあたる。我々がこれらの観察記録を負っている著者は、こう付け加えている。「古い語と新しい語のあいだにはめざましい意味の違いがある」[24]

＊＊＊＊

さて、交換なる全体的現象はまずなによりも全体的な交換であり、食べ物、制作された品物、そしてあのもっとも貴重な財のカテゴリー、女を含む。おそらく我々はあのレストランの見知らぬ客たちからずいぶん隔たったところにいる。それゆえ、自分の注文したワインの小瓶を飲むことに覚える南フランスの農民の抵抗感は、インセスト禁忌がつくりだされたときのモデルを提供する、などとほのめかせば、人々はたぶん跳び上がって驚くだろう。インセスト禁忌はあの抵抗感からもちろん出てくるのではないが、しかし二つのことがらはタイプとしては同じ現象であると我々は考えるのである。どちらも同一の文化的複合体、もっと正確に言えば、文化という基礎的複合体の要素をなす、と。しかも互酬贈与とインセスト禁忌が根本において同一であることは、ポリネシアではっきりと目に見える。交換に介在してくる物品の相対的移動性に即して、ファースはポリネシアの三つの交換圏を区別する。第一の交換圏には、おもに多種多様な食べ物が含まれる。第二の交換圏は編み紐と樹皮布を包含する。第三の交換圏には、甲羅製・貝殻製釣り針、太綱、ウコン〔インド産ショウガ科の植物で、芳香性のその根茎は粉末にして黄色染料、薬用、カレー粉の成分として用いられる〕の塊根、丸木舟が入る。彼は付け加えてこう述べる。「これら三つの交換圏のほかに、さらに第四の交換圏を追加しなければならない。この交換圏にかかわってくるのは、個人的性格を帯びた財である。たとえばカヌーの代金を払えなくなった男がしかたなく女を移転する例などが、それにあたる。土地の移転もこれと同じカテゴリーに入れていい。女と土地は個人的債務の弁済として贈与される[25]」

論証を先に進める前に先決し一掃しておくべき反論が、おそらく我々に返されるだろう。次のように言う反論である。あなたたちは性質の違う二つの現象を関連づけようとしている。なるほど、贈与は交換の原初形式ではあろうが、しかしそれは、招待、祭り、贈り物など、あなたたちが不当なまでに誇張した若干の残存〔この語については本書九一ページの訳注参照、以下同様〕に関して以外は、交換優勢の前にまさしく消滅してしまった。実際、我々の社会では、交易や売買交渉の対象になる財と比べ、あれら古代的な方式に従って移転される財の量など微々たる割合しか占めない。互酬贈与はおもしろい遺物であり、好古家の好奇心くらいは引くであろう。しかし、いまでは異例・例外をなし、ごく特殊な意義しかもたなくなってしまった一現象類型から、我々の社会にかぎらずほかのどの社会においても一般性と重要性とをもつ、インセスト禁忌ほどの制度を導き出すのは受け入れがたいことである。言い換えれば、マクレナン、スペンサー、ラボック、デュルケムを批判した我々自身が、彼らと同じように、例外から規則を、特殊から一般を、残存から機能を導き出すとの非難を受けるわけである。おそらく付け加えてこうも言われるだろう。インセスト禁忌と互酬贈与のあいだに共通性はただ一つしかない。当事者の片方だけによる特定の財の消費に、個人の側から嫌忌が、社会の側から指弾が向けられるということ。だが互酬贈与の本質的性格であり積極的側面であるところの互酬性が、インセスト禁忌には完全に欠けている。したがって、あなたたちの解釈が有効でありうるとすれば、それは厳密には、互酬的な性格を示す外婚体系（とりわけ双分組織）にのみ有効であって、我々の社会で実施されているインセスト禁忌については、そうはいかないだろう。

まず最初に第二の反論から取り上げてみよう。この反論には、じつはすでに前章で暗に言及しておいたのである。というのも我々はこう主張した。インセスト禁忌と外婚は実質的に同一の規則をなしている、ただそれらはある二次的性格においてのみ、すなわち、どちらにも現れる互酬性がインセスト禁忌では組織性を欠き、外婚では組織化されていることにおいてのみ異なる、と。外婚同様、インセスト禁忌も一つの互酬規則なのである。実際、私が自分の娘や姉妹を断念する唯一の条件は、隣人もまた自分の娘や姉妹を断念することにあり、インセストに対する共同体の激しい反撥は、共同体の権利が侵害されたことに対する共同体の反撥である。このときの交換は――外婚と違い――明示的でも直接的でもないことがあるが、しかし私が一人の女を獲得しうるのは、要するに兄弟ないし父がその女を断念したことの帰結であって、ただ誰の利益のための断念かを、規則が言わないだけのことである。逆に外婚では受益者、いずれにせよ利益を受けるクラスが限定される。ゆえに相違は一つしかない。外婚には、クラスのあいだになんらかの関係を立てうるようにするために、まずクラスを定義しなくてはならないとの判断が示されるが、インセスト禁忌では、項のあいだの関係さえ立てられていれば、項が直接・間接に結びついて織り成す複雑かつ絶えず更新される多様性は、社会生活の一瞬一瞬に定義される。インセスト禁忌から外婚、関係からクラスへの転換はそれ自体問題であり、我々はやがてこの問題を解決しなければならなくなる。解決にさいして我々は、外婚もインセスト禁忌も、交叉イトコ婚の提供するもっとも単純なモデルに即して解釈されなくてはならないことを明らかにするが、しかし差し出されるべき解決がいかなるものであれ、インセスト禁忌が外婚とも別次元の給付交換とも違わないことははっきりしている。

もう一方の反論もやはり本質的な点に触れてくる。「古代的《アルカイック》」という語の、二つの可能な解釈のどちらを採用するかが問題になるからである。習俗や信仰の残存には、まさに二つの可能な説明の仕方がある。習俗や信仰は、偶然にかもろもろの外因のせいでかあちこちに飛散しつつ残された歴史的残滓、という以外の意味をもたぬ遺物であると考えるか、あるいは、何世紀を通じてなんらかの役割を、しかも当の習慣や信仰のそもそも出現したことの理由を説明してくれる役割と本質的に違わない役割を果たしつづけているがゆえに、それらは生き延びてきたと考えるかである。制度が古代的であることのありうる理由は二つに一つ、それが存在理由を失ったからか、逆に制度を働かせる手段を変える可能性も必要性もなかったほどに、その存在理由が根本にかかわるからかである。

交換の場合も同様である。未開社会における交換の役割は本質的であり、物質的な幾種類かの対象、社会的価値、女のいずれもが交換範囲に包摂される。だが交換は、商品については徐々にその果たす役割の重要性を減じて別の獲得方法に道を譲っていき、逆に女に関してだけ、その根本的機能を失うことがなかった。その理由の一つは女が典型的な財をなすからで、女が未開の価値体系において例外的位置を占めることの根拠は、第3章で説明したとおり。しかしもっと大きな理由は、女が社会的価値の記号である前にまず自然的刺激剤であることで、しかも女によって刺激される本能〔性本能〕は、唯一充足を遅らせることのできる本能である。ゆえにこの本能の場合にかぎり、交換行為をとおしての互酬性の明瞭な意識化に伴って刺激剤が記号へと転換していく可能性、さらにこの根本的歩みが自然から文化への移行を決定づけつつ制度へと結実していく可能性が、もたらされる。

集団から集団、民族から民族への互酬給付品に女を含めることはごく一般的な習俗であるため、実例を挙げるとなると、一巻の書物くらいでは収まりきらないだろう。まず指摘しておきたいが、どこでも婚姻は、交換周期を開いたり展開していくための絶好の機会と見なされる。我々の社会で言う「結婚の贈り物」も明らかに、先に検討した一群の現象のなかに入る。

アラスカやブリティッシュ・コロンビアでは、娘の婚姻に必ずポトラッチが伴う。コモックス民族の貴族などは、交換儀礼をとおしたさまざまな特権の獲得だけをめざして擬似結婚式――というのもそこにはそもそも花嫁がいない――を催すほどである。[26] しかし婚姻と贈り物のあいだにある関係は恣意的でなく、じつに婚姻そのものが婚姻に随伴するさまざまな給付の切り離せない一部、ただしもっとも大きな動機をなす給付としてある〔図3〕。それほど昔のことではないが、我々の社会でも、未婚の娘を婚姻のかたちで「要求する」習わしがあり、花嫁の父親は娘を婚姻のかたちで「与えた」ものだ。英語では相変わらず〔嫁に出すという意味で〕「花嫁を譲る give up the bride」との言い方がされる。また愛人をつくった女性については、「自分を与える〔身を任せる〕」と

図3　ポリネシアの婚姻交換
（Raymond Firth, *Primitive Polynesian Economy, op. cit.,* fig.9, p.323 より）

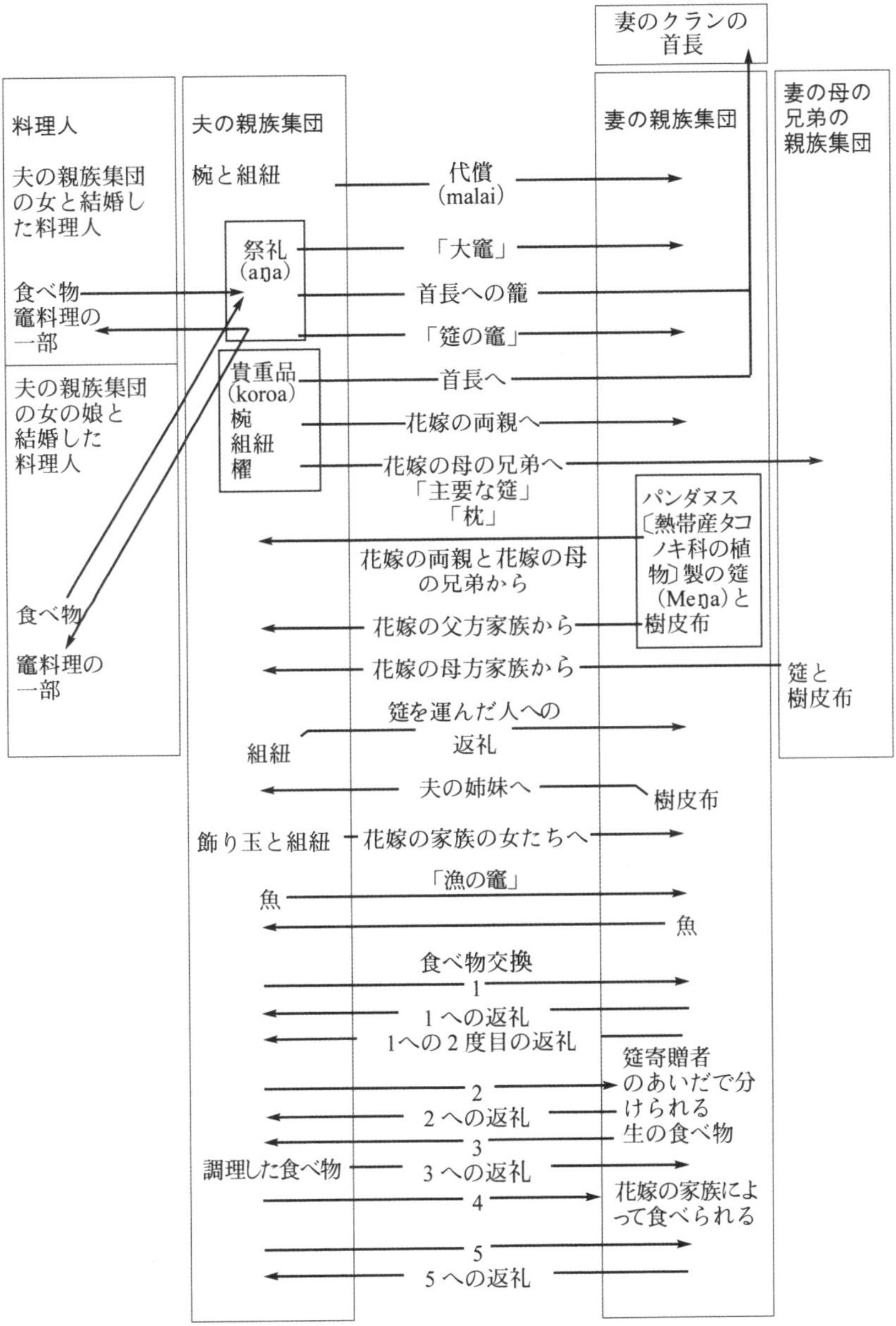

の言い方がされる。ゲルマン諸語の《gift》という語は、相変わらず「贈り物」および「婚約」の二重の意味をもつ。同じくアラビア語の *sadaqa* は、寄進、花嫁代価、正義、税金のいずれをも意味する。なるほど *sadaqa* の場合、四つの意味の融合は妻を買う習わしによって説明されもするだろうが、しかし購買婚はたんに形式から見て特別な制度であるにすぎず、現実にはそれは、モースによって分析されたあの基礎的体系がとる、一様態にほかならない。彼によれば、未開社会ばかりでなく部分的には相変わらず我々の社会でも、権利、財、人は、給付と反対給付の連続的な動きに従って集団内を流通するのである。トロブリアンド諸島で婚姻のあとでもなされる *mapula* の支払いは、性的満足のかたちで女の側からなされる奉仕を代償するための、男の側からの反対給付を表す、とマリノフスキーは明らかにした。これがまた、我々の社会における婚約指輪の機能でもあるように思われる。実際、離婚にさいして婚約指輪を妻に残すこと、それを共有財産に含めないことは習わしである。

図3に示された婚姻交換は、葬儀のさいに繰り広げられる交換に比べれば規模は小さいものの、その驚くほどの複雑さには注意しておくだけの価値がある。給付の回数にも給付に繰り込まれる社会的絆の数にも複雑さは現れていて、事実、婚姻は異なる五類型の家族的・社会的関係をかかわらせる。夫のリネージの右側にまず妻のリネージが、さらにその右側に妻の母方オジのリネージが見られる。この二つのリネージが区別されるということは出自の父系であることを示し、この実例が借用されたティコピアでは、確かに出自は父系をたどる[27]。夫のリネージの左側でもやはり、「料理人」（むしろ婚姻という特別な状況のもとでこの役割を演じるよう求められる人々）の集団が、夫のリネージに属す女たちとの婚姻によって生じる姻族と、これらの姻族に属す女たちとの婚姻によって生じる姻族とに下位区分される。したがって夫のリネージは、その成員の誰か一人の婚姻にさいし、いわば直接的な娘婿たちと間接的な娘婿たちの二集団に支援され、夫のリネージによる給付は、本来の義父母と、義父母の義父母の二集団へ向けられ、これら義父母の二集団から夫のリネージに反対給付が返される。

方向づけられた交換体系においてそれぞれのリネージを、一方で「近縁の娘婿」と「遠縁の娘婿」に、他方で「近縁の義父母」と「遠縁の義父母」に結びつけるこの型の構造は第8章で再び登場するが、その章とこのティコピアの例とを比較すると、興味深いことがらが明らかになる。すなわち、ある社会の研究がまちがいなく複合的親族構造の領分に入る場合でも（というのはティコピアには選好親等がなく、イトコ婚は禁忌とされる）、その社会はやはりまた〔基本的親族構造を対象とする〕我々の分析方法の領分にも入り、少なくとも機能的なやり方をすれば、長周期社会――この語の意味は第27章で与えられる――として定義できる。ここではより一般的な観点から、次のように指摘するだけで満足しておこう。新たな婚姻は、別の時点に社会構造のそれぞれ異なる地点でおこなわれたすべての婚姻を、再活性化する。つまり、どの連結もほかのすべての連結のうえに成り立ち、成り立った瞬間、既存の連結すべてに活力を取り戻させるのである。

　婚姻交換の発端をなす「代償」(*te malai*) が〔所属集団外への〕花嫁の連れ出しに対する弁償を意味することを、最後に指摘しておかなくてはならない。略奪婚でさえ互酬規則に反しておらず、それは略奪というより、互酬規則を実行に移すための可能な法的手段の一つなのである。花嫁の連れ出しは、娘を所持するいかなる集団も娘を譲与しなくてはならないとする義務を演劇的に表現し、娘たちに対する処分権 disponibilité を目に見えるようにするのである。

図4　ソロモン諸島の儀式的交換

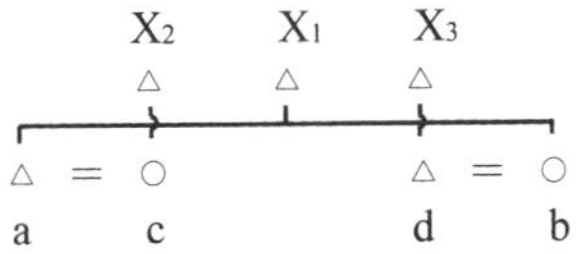

　一方で贈り物の交換・贈与がなされ、他方で同時に女の交換・贈与もなされるなどと言うのは、したがって正しくないだろう。じつに女そのものが贈り物の一つ、互酬贈与の形式のもとでしか獲得できない贈り物のうちでも最高の贈り物にほかならないのだから。女が未開社会で示す根本的財としての性格を浮き彫りにして、そのもろもろの根拠を説明することが、まさに我々の分析の第一段階の目的であった。それゆえ、女が互酬給付品に含まれることは驚くにあたらない。女はもっとも重要な財として互酬給付品に含まれるのではあれ、しかしほかの物質的・精神的財に混じってそこに含まれる。夫婦の絆が示す、また夫婦の絆以上に、さらにおそらくは夫婦の絆以前に縁組が示す、このような多要素融合的性格は、南アフリカのブッシュマンの結婚申し込みのしきたりから、じつにはっきり浮かび上がる。仲立ち人から婚姻を求めら

れると、娘の両親はこう答える。私どもは貧乏で、とても娘をやれません。そこで求婚者が未来の義母のもとに赴いて、こう述べる。あなたと話をするためにやってきました。あなたがお亡くなりになれば埋葬してさしあげましょう。あなたの夫がお亡くなりになれば埋葬してさしあげましょう。こうしてやがてすぐに贈り物が続くのである。[28] 互酬給付のまとまりである婚姻の全体的性格、性的・経済的・法的・社会的性格を、これほどみごとに物語るものはほかにないだろう。ソロモン諸島中の一つオントン・ジャヴァ島では、儀式的交換は次のように進む（図4）。

X_1は男aと男bとが属す集団の首長である。aはX_2を首長とする集団に属す女cをめとり、bはX_3を首長とする集団に属す女dと結婚している。あるときX_1にaとその兄弟たちは魚を、cとその夫の兄弟の妻たちはパンを贈る。引き替えにaはパンを、cは魚を受け取る。それと同時にX_3にdは魚を、bはパンを贈り、dもbもお返しを受け取る。別の機会にX_2にaは魚を、cはパンを贈り、aもcも返礼の贈り物を受け取る。そのさい同時にX_1にdは魚を、bはパンを贈る。このように「首長は一方の交換において男性血族から魚を、女性姻族からパンを受け取り、他方の交換において男性姻族から魚を、女性血族からパンを受け取る。いずれの場合にも首長は贈り物の一部を残しておき、自分が受け取った贈り物に対するお返しを各人に贈る」[29]。こうして経済交換は婚姻取り引きの理想的解説を差し出す。

ニューギニアのいくつかの集団には、ある特別な親族関係が生きていて、のちに我々もこの親族関係に立ち返らなくてならないが、これを分析したセリグマンはこう指摘する。「ベイパの人々はブタを肥育しイヌを育てるが、しかしこれらブタもイヌも自分たちのためのものではなく、彼らの *ufuapie* にあたるアモアモの村のために用意されており、引き替えにアモアモのブタとイヌがベイパのもとにやってくる。（略）婚姻に関しても同様の体系が働く。受け入れられている規則によれば、ある村に属す未婚の娘は *ufuapie* 集団以外の男と結婚してならない」[30]。挙げようと思えば難なくほとんどいくらでも挙げられたであろうこうした実例からわかるように、給付体系は婚姻を組み込むだけでなく、それを持続させもする。たとえばアラスカでは、ポトラッチ競争はおもに義父と娘婿のあいだで展開され、アンダマン諸島では、婚姻のあとでさえ娘婿は贈り物によって、とくに自分の義父母をたたえなくてはならない。ニューカレドニア島では、姉妹に対する呼び名に婚姻交換の不滅の記憶が刻まれ、外婚によって妻となったという彼女の身分が、婚姻交換の持続性を保証する。彼女は *puneara*「食べ物の素」と呼ばれるのである。この言い方は、どの兄弟にも姉妹の嫁ぎ先の土地に食事の支度されていることをさす(31)。

要するに給付体系は婚姻に帰着する。

コニャック・ナガ民族の少年たちは、適齢期になると相補関係にあるクランの娘たちを求めはじめ、その価値と性質が習俗によって厳格に定められているささやかな贈答品を交換する。この贈り物は重大な意味をもつ。娘の気を引こうとする少年が彼女に最初に尋ねるのは、じつに「僕のプレゼントを受けてくれるかい」なのだから。相手の答えは「受け取るわ」か、「別の人からの贈り物を受け取ったの。あなたと交換をする気はないわ」のいずれかである。こうした開始のせりふさえ伝統によって決められている。この贈り物交換をきっかけに始まる一連の互酬給付の全体が、婚姻へと道をつけていく。適切に言えば、畑仕事、食事、お菓子など、婚姻への端緒となるさまざまなやりとりを組み立てていく(32)。

ブラジル西部に住むナンビクァラ・インディアンの小さな漂泊バンドは、ふつう臆病で互いに避け合うが、しかしまた接触を望んでもいる。なぜなら接触だけが、交換をなすための、ゆえに不足している生産物や交易品を手に入れるための、唯一の手段なのだから。敵対関係と互酬給付品の供給とのあいだには一つのつながり、連続性がある。すなわち、交換とは平和的に解決された戦争であり、戦争とは不幸にして失敗した商取り引きの帰結であるということだ。この特徴をきわめて明白に示す事実として、戦争から平和への移行、少なくとも敵対から友好への移行が、まさに「和解の検査」なる儀礼的所作を介しておこなわれる。敵対する人々が互いに互いの体を触り、まだいくばくか戦いの気配を漂わせた仕種でほめ言葉をつぶやきつつ、相手の首飾り、耳輪、腕輪、羽根飾りなどをつぶさに調べていくのである。

そして検査が終わると、戦いから贈り物への移行がただちになされる。贈り物が受け取られ、贈り物が与えられる。しかし黙ったままで、売買交渉もなされず、満足感もあらわにされず、不満の声もあがらない。しかも供与されるものと獲得されるものとのあいだに、明確なつながりもない。要するにこれはまさに互酬贈与であって、営利目的の取り引きではない。だがもう一つ上の段階に進むこともある。こうして持続的友好関係を打ち立てるにいたった二つのバンドが、熟考の末に、一つに融合することを決め、それぞれのバンドの男性成員のあいだに、人為的親族関係、義理の兄弟関係を設定するのである。さてこうなると、ナンビクァラの婚姻体系から言ってこの新機軸は、その直接的結果として、両集団のそれぞれに属すべての子供を互いに潜在的配偶者に変える。戦争から交換へ、交換から相互婚への連続した推移がある。互酬贈与の途切れることなきプロセス、敵対から同盟へ、不安から信頼へ、恐れから友情への移行を達成していくそのプロセスの終着、それが花嫁交換にほかならない[33]。

注

（1）E. Best, The Whare Kohanga and its Lore. *Dominion Museum Bulletin*, Wellington, 1929, p. 36.

（2）R. Firth, *Primitive Polynesian Economics*. London, 1939, p. 321.

（3）H. Ian Hogbin, Sexual Life of the Natives of Ongtong Java. *Journal of the Polynesian Society*, vol. 40, p. 28. ―― ファースによって集められた驚くべき数値も参照せよ。R. Firth, *Primitive Economics of the New Zealand Maori*. New York, 1929, p. 317 *sq*.

（4）G. Davy, *La Foi jurée*. Paris, 1922. ― G. P. Murdock, Rank and Potlatch among the Haida. *Yale University Publications in Anthropology*, n° 13, 1936. ― H. G. Barnett, The Nature of the Potlatch. *American Anthropologist*, vol. 40, 1938.

（5）後出、第6章参照。

（6）F. Boas, *The Social Organization and the Secret Societies of the Kwakiutl Indians*. Report of the U. S. Museum for

1895, Smithsonian Institution. Washington, 1897. — H. G. Barnett, *op. cit.*, p. 351 *sq.*

（7）Mauss, *op. cit.*, p. 42 に引用。

（8）H. Ian Hogbin, Polynesian Ceremonial Gift Exchanges. *Oceania*, vol. 3, n° 1, 1932, p. 13.

（9）F. E. Williams, *Papuans of the Trans-Fly.* Oxford, 1936, p. 137. — W. E. Armstrong, Report on the Svau-Tawala. Papua. *Anthropology Report*, n° 1.

（10）W. Jochelson, *The Yukhagir...*, p. 96.

（11）F. Boas, *The Eskimo..., op. cit.*, p. 374.

（12）E. W. Nelson, *The Eskimo about Bering Strait*, 18th Annual Report, Bureau of American Ethnology, Smithsonian Institution. Washington, p. 309.

（13）M. Gusinde, *Die Feuerland Indianer.* Wien, 1937, p. 980 *sq.*

（14）Mauss, *op. cit.*, p. 62 に引用。

（15）A. B. Deacon, *Malekula...*, p. 199 and 202.

（16）C. F. P. von Martius, *Beiträge zur Ethnographie*, etc. Leipzig, 1867.

（17）W. G. Sumner, The Yakuts. Abridged from the Russian of Sieroshevski. *Journal of the Royal Anthropological Institute*, vol. 31, 1901, p. 69.

（18）R. Firth, *Primitive Polynesian Economics...*, p. 372.

（19）*Ibid.*, p. 311 and 321.

（20）E. Best, *The Maori.* Wellington, 1924, vol. 1, p. 425.

（21）民話『ロバの皮』のギリシア版類話やカンボジア版類話を参照。これらの類話では、王様が自分の娘をめぐるインセスト的欲望を象徴的なかたちで示す。「ある男が一匹の子ヒツジをもっている。自分で育て養ってきた子ヒツジである。自分で食べるがいいか、それとも別の人に食べてもらうがいいか」。さらにクメール版類話では次のように語られる。「ある日、マンダリン〔高級官僚〕たちを召集し、王様はこう尋ねた。自分で植えた木の実を人は食べるべきか売るべきか」（E. Cosquin, *Études folkloriques.* Paris, 1922, p. 9）—— 逆に中央インドのバイガ民族のもとでは、大規模な宴会を何度も催せばインセストの罪はあがなわれる（V. ELWIN, A Note on the Theory and Symbolism of Dreams among the Baiga. *British Journal of Medical Psychology,* 1939)。またトロブリアンド諸島の原住民たちは、父と娘のインセストを怒りを込めて弾劾するとき――母系体制のもとでは、父と娘のインセストは外婚の掟を侵犯することにならず、儀礼的な病による制裁を受けない――こう述べて弾劾を正当化する。「これはとてもひどいことだ。だってあいつはすでに母親と結婚したんだ。すでに最初の贈り物を自分のものにしたんだ」（B. MALINOWSKI, *The Sexual Life...,* vol. 2, p. 530-531）

（22）本書一一七ページ以下参照。

（23）C. LÉVI-STRAUSS, *La Vie familiale et sociale des Indiens Nambikwara.*

（24）W. BOGORAS, *The Chukchee...,* p. 53-55.

（25）R. FIRTH, *Primitive Polynesian Economics,* p. 344.

（26）H. G. BARNETT, The Coast Salish of Canada. *American Anthropologist,* vol. 40, 1938, p. 133.

（27）RAYMOND FIRTH, *We, the Tikopia.* New York, 1936, chap. XV.

（28）I. SCHAPERA, *The Khoisan People of South Africa.* London, 1930, p. 106.

（29）H. IAN HOGBIN, Tribal Ceremonies at Ongtong Java（Solomon Islands）. *Journal of the Royal Anthropological Institute,* vol. 61, 1931, p. 47.

（30）C. G. SELIGMAN, *The Melanesians of British New Guinea.* London, 1910, p. 364.

（31）M. LEENHARDT, Notes d'ethnologie néo-calédonienne.*Travaux et mémoires de l'Institut d'Ethnologie,* vol. 8. Paris , 1930, p. 65.

（32）CH. VON FÜRER-HAIMENDORF, The Morung System of the Konyak Nagas, Assam. *Journal of the Royal Anthropological Institute,* vol. 68, 1938, p. 363.

（33）C. LÉVI-STRAUSS, Guerre et commerce chez les Indiens de l'Amérique du Sud. *Renaissance,* vol. 1, New York, 1943; The Social Use of Kinship Terms among Brazilian Indians. *American Anthropologist,* vol. 45, 1943.

第6章　双分組織

交換形式として見た婚姻の根本性格、すなわち互酬性は、双分組織の場合にいちじるしく明快に現れる。双分組織という用語は、公然たる敵対関係から濃厚な親密性にいたる複雑な関係を取り結ぶ二つの区分に、共同体――部族または村落――の成員が振り分けられている体系を言い、ふつうそこには、さまざまなかたちの競争と協働とがより合わされて見出される。多くの場合、これら二つの半族は外婚をおこなう。つまり、どちらの半族の男も相手半族の女のなかからしか配偶者を選べない。半族への分割が婚姻を規制しないときは、この役割はしばしば別の団体形式によって担われる。たとえば集団が半族とは別に新たに二分されたり、半族そのものがさらに二分されることもあれば、半族がクラン、下位クラン、リネージを外婚単位として含むこともある。あるいはまた、婚姻の方式が、婚姻クラスと呼ばれる機能特化された構成体に依存することもある。

半族による直接的外婚か半族以外の単位による間接的外婚かという性格を別にすれば、双分組織は数多くの共通特徴を示す。出自 descendance はたいがい母系をたどる。長男と次男ということもあれば双子ということもある二人の文化的英雄が、神話で重要な役を演じる。社会集団の二分はしばしば森羅万象の二分へつながり、半族はもろもろの典型的対立に結びつけられる。〈赤〉と〈白〉、〈赤〉と〈黒〉、〈明〉と〈暗〉、〈昼〉と〈夜〉、〈冬〉と〈夏〉、〈北〉と〈南〉ないし〈東〉と〈西〉、〈天〉と〈地〉、〈堅い大地〉と〈海〉または〈水〉、〈左〉と〈右〉、〈下流〉と〈上流〉、〈優〉と〈劣〉、〈良〉と〈悪〉、〈強〉と〈弱〉、〈年長〉と〈年少〉などである。ときには双分組織に権力の二分法が伴い、世俗の首長と宗教上の首長、民間の首長と軍事上の首長が見られることもある。最後に半族同士は女の交換によってばかりでなく、経済的・社会的・儀式的性格を併せ持つ、給付・反対給付の交互応酬によっても結びついている。この結びつきは儀礼的競技のかたちで頻繁に表現され、じつにこの競技は半族間の関係のもっとも顕著な特徴、競争と連帯の二重の態度をよく伝えている。たとえばブラジル北東部や中央部でおこなわれるスポーツ的競走、またオーストラリア、北アメリカ、中央アメリカ、南アメリカに地域を問わず同じ機能を伴って見出される球技などがその例である。細部にわたるこうした類似にしばしば示唆され、双分組織はある単一の地点を起源にそこから周囲に伝播していった、との仮説が立てられてきた。我々はむしろ、双分組織は互酬性を基盤にしてその上に成り立っていると考える。双分組織に機能的性格を付与するのはこの互酬性であり、互酬性は無数の人間集団のなかにそれぞれ別個に存在しているにちがいない、と。のちに明らかにしてみるように、双分体系が互酬性を生み出すのでなく、それはただ互酬性に具体的なかたちを与えるにすぎない。互酬性のこの具体的形態がときとして特定の地域で発見されえたのは、征服民によってあとから強要されたか、利便性のゆえに借用されたからで、いずれにせよ、採用を望ましくするか強要を容易にする基本条件がいたるところにすでにあるのでなかったら、双分体系はうまく広まっていきはしなかっただろう。

実際、双分組織の分布状態からは、この組織をほかのどんな組織よりもきわだたせる性格が明らかになる。たとえば、あらゆる民族のもとに歴然と存在しているわけでないが、しかし広く世界中に、かつまた一般的にはごく未開な文化水準に結びついて見出される、との性格がそれである。このような分布のあり方は単一の起源をでなく、むしろ古代文化固有の機能的一性格をこそ暗示する。もちろん例外はあるが、しかし前段落後半に示した見方を考え合わせるなら、より積極的にこう主張していいだろう。双分組織を比較的鮮明なかたちで示す集団にそこから進化した集団が隣接しているなら、この隣接集団のなかにも双分組織を素地や残存のかたちで見つけ出せる可能性あり、と。そのじつ、インドネシアではスマトラ島のサカイ民族のもとからマカッサル地方、セレベス諸島中部と南部、スンバ島、フローレス諸島、チモール島、モルッカ諸島へと、双分組織の形跡を追うことができる。ミクロネシアでは、カロリン諸島とパラオ諸島にいまも双分組織の存在していることが確認されているほか、過去にも存在したと推定される。ニューギニアでは、トーレス海峡の島々とマーレー諸島で双分組織に出会う。コドリントン、リヴァーズ、フォックス、ディーコンは、双分組織がメラネシアのもっとも古代的な社会構造をなすとほぼ異口同音に認め、その点では見解の一致を見ている。最後にバンクス諸島、ニューヘブリデス諸島、フィジー諸島（ホカートによる）、サモア諸島、タヒチ島に、双分組織のさまざまな遺制や萌芽形態が観察されてきた。おそらくイースター島さえ例外でないだろう。じつにA・メトロはこの島の古い社会的組織化(*)について、「十の部族(**) *mata* は、敵対し合う連合組織にほぼまちがいない二つの集団に分かれていた」と書く。だがまた彼は別の機会に、それら部族そのものの起源を説明する神話的二分法を指摘し(1)、*Tuu* と *Hotu-iti* のあいだの儀礼的協働の諸形式を記述してもいる(2)。ことさらオーストラリアに拘泥するのは蛇足である。知られているとおり、外婚半族への分割はオーストラリア文化に頻繁に見受けられる特徴で、ここほど双分体系が洗練をきわめてきた地域はほかにないのだから。

（＊）本書では organisation sociale はある程度まで「社会的組織化」と「社会組織」とに訳し分けてある。一つの社会全体がどのように構造化されているかをおもに言うときは「社会的組織化」、その社会構造を織り成す個々の要素をさすときは「社会組織」。たとえば双分組織は一つの「社会的組織化」の様式であり、二分によって社会が構造化されていることを意味するが、その双分組織を構成する二つの半族のそれぞれは一つの「社会組織」である。

（＊＊）原書では「二つの deux」となっているが、英語版に倣い、これを「十の dix」の誤植と見なす。

すでに十六世紀の著作家たちが中央アメリカやメキシコにおける二元対立形態に言及していたし、同じ時期、同じような指摘が、ペルーについてもたびたびなされた。半族は北アメリカでは広く東部一帯に分布し、クリーク、チカソー、ナチズ、ユーチ、イロクォイ、アルゴンキンなどの民族に顕著であり、サウク＝フォックス、メノミニ、オマハ、カンサス、オセージ、ウィニベゴなど平原地帯の文化にも明確にか残存のかたちで、さらに西部の諸集団のあいだにも、明確な輪郭をいよいよ失いつつある遺制状態で見出される。半族を欠く代表例はアラパホとシャイアンであるが、カリフォルニア中部の未開水準の文化になると再び半族が現れる。そして最後に、ここ十年ほどのことにすぎないが、しかし価値あるじつに有力な例証として、南アメリカのうちでもいちじるしく未開な文化に双分組織の存在することが明らかにされてきた。ヌエル民族、ロビ系諸民族、北ローデシアのベンバ民族には、双分組織の少なくとも原理だけは見られるものの、[3] ほかの地域に比べてやはりアフリカでは、双分組織はまれなようである。だがたとえ双分組織が欠けていても、それと機能的に等価な互酬性の仕組みが、いくつか消滅せずに残りつづけている点は明らかにできるだろう。たとえば、今日でもまだクランが相変わらず二つ一組の外婚単位に分割されている白ナイルのヌエルのもとで、次のような起源神話に出会う。「ガウというある男が天上から降りてきてクオンと結婚し（たぶんクオンもガウより前に天上からやってきた）（略）彼女とのあいだに二人の息子ガーとクオーク、そしてたくさんの娘をもうけた。息子たちの結婚相手が誰もいなかったので、ガウは自分の娘の幾人かをそれぞれの息子にあてがった。そしてインセストからもたらされる災いを避けるため、『オスの子ウシを縦に二つに裂く』儀式をとりおこない（略）こう宣言した。二つの集団のあいだでなら結婚していいが、しかしどちらの集団も自集団のなかでの結婚をなしてはならぬ[4]」。この神話は明らかに外婚双対の理論的起源を説明している。ところで同じ著者は我々にこう述べる。外婚双対への二分法を知らないバリ民族のもとでも、二人の婚約者のあいだの親族関係がはっきりしないときに同様の「縦裂きの儀式 splitting ceremony」がとりおこなわれる、と。つまりバリの事例では、理論的に危ぶまれるインセストを、互いに関係づけられ拮抗し合う要素の組を理念的に再構成することによって、回避するのである。いずれにせよ、配偶者のあいだの尋常でない関係を厄払いするためにウシやヤギを犠牲に供することは、アフリカ一帯で広くおこなわれており、やがて我々はアフリカ以外の地域にも、こうした犠牲の意味深長な等価物を見出すことになる。

なるほどここで我々を、論点先取りとしてとがめることもできるだろう。実際、双分組織ときわめて多様なかたちで現れる習俗との根本的同一性を論証することが我々の課題となるべきはずなのに、逆に我々はその同一性を前提に立てているかに見える。しかし探究の健全な方法という観点から言えば、検討中の制度についてあまりに輪郭をぼかした、あまりに柔軟な定義を採用して、その結果、ところかまわず当の制度を見出さずにすまなくすることほど危険なことはない。どのような研究にも増して双分組織の研究は、この手の過剰に悩まされてきたのである。

双分組織はそれが現実にあるところになら、じつにどこにでもいくつかの帰結をもたらす。もっとも重要な帰結は、個体の相互関係がなによりもまず同一半族への帰属・非帰属に従って決まることである。半族名の継承様式がどうであれ、この特徴は同じように現れる。半族名の継承が女系に沿ってなされようが男系に沿ってなされようが、母の傍系親族と父の傍系親族はつねに別々のカテゴリーに分類されるのである。それゆえ、母と母の姉妹をさすのに通常はただ一つの語しか使われず、父と父の兄弟も同様に一つの語によって、同一の呼び方のなかにくくられる。いま述べたよりはるかに多様で複雑な体裁で現れるのがふつうであるこの体系は、従来「類別的親族体系」と呼ばれてきたが、わかるように、双分組織はこの体系の種別的(*)性格をきわめて容易に説明してくれる。そのせいでタイラーとフレイザーは、類別的体系の起源につねに双分組織の存在を仮定できるとほのめかした。類別的体系はほぼあらゆる人間社会に現にあるか見出せる可能性があるのだから、まさに双分組織の普遍性を前提する彼らの仮説の重大さはわかるが、しかし我々は、この仮説をあれほど窮屈なかたちのまま堅持できるとは考えない。というのもすでに指摘したとおり、我々に本質的と映る現象は双分組織でなく、この組織に言うなれば規則のまとまりとして表現される互酬原理であるので。ただ我々も、双分組織そのものが、というのでなく、少なくとも、それより柔軟でありうるいくつかの仕組み、分類装置から独立に機能しえてなおかつ互酬原理の根本的役割をも実証する仕組みが一般的に存在するとの証拠を、類別的親族体系に見ることには賛成する。

（*）以下本書に何度か登場する「種別的 spécifique」という語は「特殊な」「それ固有の」くらいの意味でとってもらってかまわないが、基本的には「類」（クラス）の下位単位としてそこに包摂される「種」（メンバー）のあいだの差異、という含意でも理解されたし。本書は社会を類型論的に扱い、親族名称体系、婚姻などの水準で「型 type」にもとづく分類をなそうとしている。ある型の親族体系が「それ固有の」「特殊性」においてというより、むしろほかの親族諸体系との「差異」において考察されねば、分類は不可能であろう。たとえばこの箇所で言われる類別的体系の「種別的性格」とは、この体系を、親族名称体系という「類」に含まれる他方の種、記述的体系から区別してくれる性格の謂である。このいささか特殊な訳語を本書に残しておこうと考えたのは、のちにロドニー・ニーダムが哲学者ウィトゲンシュタインを参照しつつ、「個別的特性」「種別的特性」をもとに分類を「単配合 monothetic」「多配合 polythetic」に区別するからである（ロドニー・ニーダム『象徴的分類』吉田禎吾ほか訳、みすず書房、一九九三年、および『人類学随想』江河徹訳、岩波書店、一九八六年、参照）。

＊＊＊＊

双分組織はどこで始まり、どこで終わるのか。出自がつねに単方的であることが半族とクランとの共通性であるが、しかし我々は、クランに分割されていて双分組織をもたない社会、クランをもち、クランそのものが半族へまとめあげられている社会、さらには半族をもち、半族がクランへと下位区分されていない社会を知っている。ならば半族とクランのおもな違いは、この二つの団体形式が規模の相違に根ざすことにあるかに見える。

クランと半族はどちらも外婚単位であるとの単純きわまりない仮定に——ただしこれが特別な仮定にすぎないことに注意して——立ってみよう。するとすぐに区別が必要になる。クランが外婚的であるだけでは、考察されている社会における婚姻規則の情報を得るには十分でなく、ただ我々は、個体は自分の配偶者を自分のクランのなかに求めることができないと知るだけである。ならば、この個体はどのクランに配偶者の有無を問い合わせるべきか。どこまでの近親度が許されるか。選好結合の形式はなにか存在するか。これが我々にはわからない。クロウ・インディアンは十三の外婚クランに分かれる。このことから我々にもたらされる情報は、十三人の女のうち、十二人が一人の男に対して可能配偶者になるということに尽きる。婚姻規則は、程度の差はあれ、我々の社会でと同じようにやはり不確定なのである。

いまの事例と同じようにいくつかの単方集団に分かれている社会で、しかしこれら集団のそれぞれが一つないし複数の他集団と一定の婚姻関係を保っているなら、まったく別の状況が生まれるだろう。一定の婚姻関係をたとえば、集団Aと集団Bとがつねに二つ一組で結婚し合い、集団Cと集団D、集団Eと集団Fなども同じく二つ一組で結婚し合うと考えても、集団Aが集団Bに女を与え、集団Bが自集団の女を集団Cに与え、今度は集団Cが自集団の女を集団Dに与えるなど、以下順次、女が与えられていくと考えても、さらにはまたこれとはまったく別の類似の組み合わせとして考えても、いずれにせよ、集団のまとまりは一つの体系 système をなす。この点はすでに最初の仮定においてもそうであったのだが、しかしいまや体系が安定した構造をもつがゆえに、各組み合わせごとに婚姻法則を取り出すことができ、この法則が当該集団のなす交換の本性についての、完全な情報を我々にもたらす。以下我々は、その内部に配偶者を求めることができないとの純粋に消極的なかたちで外婚的性格を定義される単方団体にクランの用語をあてがい、逆に交換の方式を積極的に決定することを許す単方団体にクラス、より正確には婚姻クラスの用語をあてる。

クランとクラスの二形態を区別するのは必ずしも容易でない。クラス特有の性格を一つももたぬクランがある。たとえばマデイラ高地のトゥピ＝カワヒブ民族のクランがその例で、各クランは先祖伝来のテリトリーを占める一つないし複数の村落からなる。これらのクランは数にして約二十、婚姻規則は妻を外部からめとるよう奨励するのみで、ゆえにどのクランも縁組の数を制限することも、恒常的な縁組関係を続けていくことも、特定の組み合わせをとくに好むこともなく、複数の他クランと婚姻関係を結ぶ。このような事例ではクランが機能単位になっていないのだとは、もちろん言えない。外婚的性格をもつというそのことだけで、すでにクランは機能単位であり、ただその機能的役割が最小限に抑えられているのである。かたやクランの数、その出現と消滅、地理的位置や数量的規模などについて言えば、それらを決定する要因は、とりわけて歴史的な次元のものである。(5)

すでに言及したボロロの場合[6]、状況はすでにいちだんと複雑化している。クランの数にも規模にもばらつきがあり、村ごとにクランの分布、さらにはその内部構造さえが変わる。とはいえ、クランはつねに二つの外婚半族と儀式的性格を帯びたほかの二つの半族とに振り分けられている。しかもクランは婚姻上のさまざまな選好、ただし厳格な性格はもたない選好に従って二つずつか、それ以上の数の組み合わせによって結びついているようである。要するにここで我々がかかわっているのは、クランとクラスの性格を併せ持つ社会カテゴリーで、ただ両者の性格が完全には重なり合っていない。逆にビルマのカチンのもとでは、婚姻を規制する大きな団体は同時にクランであってなおかつクラスでもある[7]。最後に我々は、出自を同じくする成員が隣接世代ごとに別のクラスに配分されていくことがあるとの意味で、クランでない婚姻クラスをオーストラリアに見出す[8]。

とはいえ、クランとクラスの区別は大きな理論的重要性をもつ。実際、双分組織をクラン組織の特殊ケースと解釈し、いちだんと正確に、半族を値が$n=2$のときのnクラン体系と同一視しようとすれば、解決不可能な幾多の困難に出会う。$n>2$であったかぎりでは、クランの概念にいかなる積極的規定も伴わなかったか、きわめて漠とした規定が伴うだけであった。ところが集団の数が二に後退するや事態は一変し、消極的規定は積極的規定に変わる。人々は自集団内での結婚のできないことを知る代わりに、他方の集団と結婚しなくてならないことを学ぶのである。一般的に言えば、双分組織によって規制される社会生活上のあらゆる行為にわたって、パートナーの存在が突如として認識される。そのためローウィは、半族を一種のクランとして扱おうとして困惑してしまう。「この互酬性が何に由来するのかとの問いはかなり厄介である」[9]。そしてまたのちに彼は、この立場を放棄することにもなる[10]。

しかし、半族はじつは「クラン」の系列にでなく、「クラス」の系列に入る。実際、双分組織はクランの数が——人口の漸減などどんな理由によるにせよ——二に落ち込むだけでは出現しない。ローウィは、現在ではもう「〈狐〉」と「〈膨らんだ森〉」の二つの軍事結社しかもたないクロウの事例をまさに挙げているが、しかしマクシミリアンが彼らのもとを訪れた時期には、軍事結社の数は七つであった[11]。したがってローウィによって確認された擬似的二元対立は、双分組織の観点から見て意味がないのである。また南アメリカでいくつか実例が知られているように、いちだんと複雑であった組織の消滅後に生き延びた二つのクランが、並んで、ほかの村落やほかの部族に縁組を求める場合も、やはり同じと言っていいだろう。議論に議論を重ねられてきた次の問いは、ゆえに意味を欠く。半族が下位区分されることによってクランへの組織化が生じていくのか、逆に複数のクランが寄り集まって半族が形成されたのか。実例はのちに見るが、どちらの方法も可能なのである。しかもこの二つだけが可能な方法ではない。二つの村落、それどころか二つの部族のあいだに有機的なつながりが確立されて双分組織が生まれてくることもある。この動きが同じ言語を話さない二つの部族のあいだに起き、半族にただ名前さえ欠けていなければそこに典型的かつ決定的な双分組織があると言えるほどにも進展していったのを、我々は実際に見たことがある。[12]

以上の考察は双分組織の起源の単一か多数かをめぐる最近の論争に、おそらく一つの答えをもたらす。単一説を支持したオルソンに対し、[13] ローウィは、出所の明らかに違う複数の制度が双分組織の名のもとに混同されていることを主張した。[14] 北アメリカに話をかぎっても、イロクォイは複数のクランからなる外婚半族を、ヒダッサはやはり複数のクランからなるがしかし非外婚的である半族を、フォックスとユーチはクランと無関係に組織された非外婚半族を、クロウとカンサスは性格規定のはっきりしないフラトリーを、クリークは非外婚的儀式半族を、ケレスとテワは結婚前に夫の半族に属していなかった妻が夫の半族へ移入することを伴う内婚的傾向の儀式半族を、それぞれもつ。半族に共通する唯一の性格は、要するに数が二であることに尽きるとローウィは言う。この双数性は、場合に応じてじつにさまざまな役割を演じるべく呼び出され、たとえば婚姻、経済交換、儀礼をすべて規制することもあれば、こうした活動のうちのあるものを規制するだけにとどまることも、またもっぱらスポーツ競技しか規制しないこともある。したがってここには、様態の違いによって区別できるだけの数の、異なる制度があることになるだろう。ローウィは父系半族体系と母系半族体系、外婚半族体系と非外婚半族体系を、互いに独立した真の意味での「種」として取り扱おうとさえする。[15]

いくつかのいきすぎを批判するこのアメリカ合衆国の大家の態度は確かに正しいが、それでもいきすぎの本性を理解する必要はある。オルソンとその先駆者たち——とくにペリー[16]——は二重の誤りを犯した。彼らは一方で双分組織を、この制度が達しうる最大限に複雑で最大限に発達した形態にもとづいて定義し、他方で二元対立の骨子や萌芽が観察されるたびに、それを複雑な形態の残した遺物と解釈し、かくして大昔に複雑な形態の存在したことが実証されるとしたのである。この理屈でいけば、ローウィがかつておもしろおかしく注意を促したように、アメリカ合衆国における政党の双数性は古い双分組織の残存で、民主党と共和党が半族の役割を演じているということになりかねない。

しかし、例外的にしか制度の域に達しないとはいえ、やはり双分組織は、あれらときにはたんなる素地にすぎないこともある概略的か部分的なすべての二元対立形態のもとにあるのと同じ、心理的・論理的な根から出てくる。あれらの形態も、双分組織がまさにそうであるのと同様（ただし必ずしも同じように体系的にではないが）、互酬原理に具体的なかたちを与えるものなのである。要するに双分組織の本質は制度であることにはない。なのにそれを制度と解釈しようとすれば、双分組織がどこで始まりどこで終わるかを、あてなく探し回らざるをえなくなり、ローウィ的原子論・名目論のほうへ押し戻されてしまう恐れがあるだろう。双分組織はなによりまず一つの組織化原理、多様な応用が利くばかりでなく、とりわけある程度まで高度な応用の利く組織化原理なのである。この原理はもっぱらスポーツ競技にしか適用されない場合もあれば、政治生活に拡大される場合も（この場合なら、二大政党制は二元対立の素地をなすか否かとの問いを、愚問としてでなく立てることができる）、宗教的・儀式的生活に拡大される場合もある。さらにこの原理を婚姻体系にまで拡大することもできる。これらすべての形態のあいだに、程度の差はあっても本性の差はない。一般性の差はあっても種差はない。これらの形態の共通基盤を理解するには、世界のなかからとくに選ばれた地域や文明史の任意の時期にでなく、むしろ人間精神のいくつかの基礎構造に問いかけなくてはならない。

双分組織の起源、進化、解体形式が知られていないことは言われるとおりとしても、しかし双分組織が機能的価値をもつことの確かさを主張するには、双分組織を任意の個別ケースにおいて制度化した、政令を知らなければならないのだろうか。また逆に、特定の実例において双分組織が偶発的出来事——戦争、移民の流入、内戦など——にすべて起因する変質をこうむったのが確実だからといって、そこから必然的に、双分組織の起源の歴史的であることが主張されなくてはならないのだろうか。外婚単位の数と分布を比較的短時間のうちに変えてきた体系があるとの事実確認を前にして、理論に傾きすぎた解釈がどう失敗するかを、かつてアメリカの民族学者たちは悦に入って明らかにし、これほど不安定な構造はいかなる体系的分析によっても捉えられないと結論した[17]。だがこれは、つねに働きつづけつねに同じ方向へ指針づけられている互酬原理と、この原理のめざす同一の目的を所定の一瞬一瞬に実現するために利用される、しばしば脆弱でほとんどつねに不完全である制度的構築物とを、混同することである。互酬体系のもつ機能的恒常性と、歴史がこの体系に自由に使わせるように置き、また歴史みずからが絶えず手を加えもする制度的素材の偶然的性格との対照、我々なら明白な矛盾とさえ言いたくなるこの対照は、互酬体系の道具的性格を追加的に証明している。いかなる変化のなかにもつねに同一の力が働いており、この力が諸要素をそれのもとにもたらされるか委ねられるかするたびにまとめていく方向は、つねに同じなのである。

この点、我々が続いて分析する三つの実例は、どのような議論にも替えがたい。それらは三つの異なる地域からとられている。第一の実例は双分組織がいかにして存在しうるようになるかを、第二の実例は双分組織がどのようにしてさまざまな危機にさらされるかを、第三の実例は、双分組織の働きから切り離して観察することのできる社会体系にこの組織がいかなる特別な変更をもたらすかを、明らかにしてくれる。

＊＊＊＊

ニューギニアのモトゥとコイタはもともとは別々の民族だったのだが、彼らには、自分たちの村落を互いに近づけ合おうとする傾向がある。二つの家屋群から簡単に新しい村が形成されることもあれば、二つの村が、区別を残したまま隣接していることもある。モトゥがコイタのテリトリーに入り込んだ事例も、逆の現象が起きた事例も見られる。だが婚姻交換がごく頻繁におこなわれるため、「東部地域一帯で三世代にわたって純粋な系譜を保ってきた、目立つほどの数のモトゥ」はふつうまず見つからない[18]。とくに社会構造は、歴史の遺産なのか体系の意識的または無意識的合目的性であるのか、もはや見分けがつかないほどに組織化が進んでいる。たとえばポレポレナ村の中心部は現在では四つの村落からなり、四つの村落は二つの下位区分にまとまり、それぞれの下位区分にはコイタの村落とモトゥの村落が一つずつ含まれる。

ホホダイ村（コイタ）…………
ハヌアバダ村（モトゥ）…………　｝ハヌアバダ村
タノバダ村（モトゥ）…………
グリウ村（コイタ）…………　｝タノバダ村
｝ポレポレナ村

個々の移住は一つ一つ見れば、確かに人口、政治、経済、季節などにかかわる事情を理由に起きてきたが、しかし一般的結果は、いま挙げたような次元の条件に依存しない統合力の存在を物語る。この統合力の働きで歴史は体系に向かうのである。

統合力の存在を示すじつにいちじるしい実例は、メケオ民族の諸集団である。これらの集団もセリグマンによって研究された。社会的組織化は、巧妙かつ複雑な対称性の平面で発展していく。対称性を構成する要素はさまざまな歴史的変容にさらされるが、だからといって、対称性の厳密さが損なわれることはけっしてない。伝承はメケオの起源を次々に起きた移住に結びつけている。移住の最初の引き金は、オンゴイエ鳥がどこから笑い声を発するかをめぐる――口からだと言う人も、尻からだと言う人もいた――口論であったとされる。この伝承に暗示されていると思われる分派抗争と移住のほか、セリグマンは戦争、復讐、テリトリーの譲与などに言及する。イナウィ村とイナワエ村の歴史は、彼の言うような要因に満ち溢れている(19)。

だがしかし、村落は社会単位と完全に重なり合い、社会単位の本性、数、分布はたんなる偶然の結果でありえない。メケオは二つの集団 *Ofa* と *Vee* に分かれる。このそれぞれの集団がさらに二つの *ngupu*「出自 descendance を同じくする集団」に下位区分され、*ngupu* は *Ofa* では *Inawi* と *Inawae* の名前を、*Vee* では *Ngangai* と *Kuapengi* の名前をもつ。そして今度はそれぞれの *ngupu* が一つ、二つ、あるいはそれ以上の *pangua*、すなわち村内のクランないし地縁集団を含み、最後にクランは〈男子集会所〉*ufu* を特徴とするセクション(*)に分かれる。

(*)ラドクリフ＝ブラウンは「ホルドとも部族とも交差する複合組織が存在することの帰結として出てくる二つの基礎類型を、それぞれI型、II型と呼んで区別した。この組織の構成要素数は二、四、八のいずれかで、それら構成要素は一般に『婚姻クラス classes matrimoniales』の名で呼ばれる。ラドクリフ＝ブラウンはもっと専門的な用語を使うよう提案した。集団内に二つの区分しかないときは『半族 moitiés』、この区分の数が四のときは『セクション sections』、八つの区分が伴うときは『下位セクション sous-sections』である」(本書第11章)。

なお、「セクション」と「下位セクション」の二つの用語はたんに体系の構成要素の数の違い(四か八か)を言っているにすぎず、「下位セクション」が「セクション」の下位単位をなすのではない。この混同を避けるために、「下位セクション」という言い方をやめて、「セクション」の語しか用いない人類学者もいる。つまり「八下位セクション体系」と言っても「八セクション体系」と言っても同じ意味である。本書では sous-section の語が使われているので、「下位セクション」という訳語を残す。

pangua が下位区分されて新しい単位が生み出される仕組みはある程度までわかっている。通常一つの *pangua* はいくつかの *ikupu* ＝拡大家族からなる。ある *ikupu* 集団がみずからの属す *pangua* の「年少セクション」（*ekëi*）であると宣言し、法人的性格を獲得することがある。このとき、同じ *pangua* に属すほかのすべての *ikupu* は「年長セクション」（*fäangiau*）として公示される。またある *ikupu* 集団が、みずからの属すクランから完全に分離して新しい *pangua* を興すこともある。さらに *pangua* が二つの集団を生む、第三の下位区分法がある。一方の集団は政治的首長を戴く *fäa aui* または *lopia aui* で、つねに「年長セクション」の分派にあたる。もう一方の集団は軍事的首長をつねに戴く *io aui* で、この集団については、「年少セクション」の分派にあたる場合がある。人口動態の圧力、内紛、経済的不平等、政治的野心、権勢欲などがこうした核分裂の動きの主たる動因であるようで、その詳細な実例はセリグマンが報告している[20]。

このような核分裂の一方で、しかし各 *pangua* は複数の *pangua* と、あるいは *pangua* 内の各 *ikupu* 集団は同じまたは違う *pangua* 内の複数の *ikupu* 集団と、ある特殊な型の関係を結ぶ。この特別な絆で互いに結びついた *pangua* や *ikupu* は、*ufuapie*「村の片方にある〈男子集会所〉」と呼ばれる。*ufuapie* は互いのあいだで、経済、法、婚姻、宗教、儀式などさまざまなケースに応じた給付品を交換し合い、この *ufuapie* 関係がメケオの社会生活全般にわたる調整原理としてあると言って過言でない。ゆえにある意味では *ufuapie* 関係の構造が、*ngupu*, *pangua*, *ikupu*, *ufu* からなる複合的体系の究極因として働いているのである。このことはじつにそのとおりで、それゆえセリグマンは、現状を見るかぎり無秩序で明らかに混同された集団のあり方も、*ufuapie* 関係にある二つの *ngupu* からそれぞれなる二つのセクション（*Biofa* と *Vee*）に整理できる、とする原住民の理論に言及しつつ、次の確認をもって中身の濃い分析を終えている。「現にいまある条件は（略）原住民の歴史にもとづいた仮説それの要請する条件に、ほぼ正確に一致する[21]」

実際、メケオの社会構造は二つの要因の影響下で変容してきた。その一つは人口移入の運動で、これによって外来要素が繰り込まれた。もう一つは内部的傾向である。すなわち「現にあり、またたぶんいままでもつねにあったと思われる求心運動が、確固たる中央権力のまったく欠けていたがゆえに、原初集団の核分裂によるおびただしい *pangua* の形成を促してきた」[22]。互酬給付を厳格に義務づけられた二つの外婚半族にそれぞれ分かたれた *Biofa* と *Vee* とによる古い組織化は、やがて複雑化・多様化していったが、しかしそれはいまでも *ufuapie* 関係に表現されつづけており、この *ufuapie* 関係がいまもあることは、歴史的残存としてでなく、確かに完全なままではないだろうが、なんとかもちこたえてきた調整原理としてあると、むしろ理解される。

＊＊＊＊

どの社会のどの歴史的時点においても、互酬原理とそれを表現する一時的諸制度とがこのようにそれぞれ独立にあることは、アッサムのナガ諸民族のケースでもはっきり浮かび上がる。北部と東部の代表的なナガであるコニャックは、[23]衣装の特徴によっても区別される二つの言語集団 Thendu と Thenkoh に下位区分される。同じ村で生活しているか別々の村で生活しているかを[24]問わず、これら二集団は内婚をおこなう。しかしどの村も〈男子集会所〉*morung* をもち、なかには二軒、あるいはそれ以上の *morung* を有する村もある。それぞれの *morung* は村の下位区分単位 *khel* に相当し、相互婚の禁じられた複数の位階化されたクランを抱える。ゆえに *morung* が少なくとも若干の事例では外婚単位として機能するが、しかし *morung* 水準の外婚を損なうことなくクラン水準の外婚も存在し、いくつかの村、たとえば Wakching では *morung* が二つずつまとまって二つの外婚双対、Oukheang と Thepong および Balang と Bala をかたちづくる。婚姻は花婿と彼の義父母との贈答品交換によっておこなわれる。この「交換は娘婿が死ぬまで繰り返され、ときには娘婿の死後も営々と続けられる」[25]。*morung* 間の給付体系が、この体系を実施している村の全経済生活・全儀式生活を規制する。じつに *morung* は村落生活の中心をなし、「村の社会的・政治的組織化の屋台骨である。*morung* 制は、男女それぞれが共同体のほかの成員と結ぶ諸関係を決定し、個体と集団とのあいだの互酬義務網に一つの枠組みを提供する。また集団の一体感を強化し（略）同時に競争精神を鼓舞し（略）こうして村全体の生活を活気づける」[26]。

さて、権利と相互義務からなるこの基礎体系は、構造の抜本的再編を迫ってくる軋轢や諍《いさか》いの影響に絶えずさらされる。かつて Thepong の未婚の青年たちは習俗に従って Bala の娘たちの *yo*〈娘集会所〉を建て直し、一つの特権を獲得した。Bala の娘たちに *yo* で求愛していいことになったのである。ところが Thepong の若者たちは、自分たちのガールフレンドが、同じ権利を享受できないはずの Ang-ban の若者たちをやはり *yo* に迎え入れていることに気づいた。口々に非難しても埒が明かないので、Thepong は *yo* に押し入って竹製の板敷き寝台を叩き壊した。ひどい侮辱を受けた娘たちは、その場で、罰金を払うよう求めた。掟を破って Ang-ban を迎え入れたおまえたちも罰金に服さないなら、俺たちも罰金を払わないと彼らは応じた。どちらの側もいきり立ち、結局、Thepong の若者たちと Bala の娘たちの関係は破綻してしまった。かくしてこの二集団はもう一緒に歌うことも踊ることもなく、畑に向かうときも別々で、もう贈答品を交換することもない。このような事情のもとでなかに割って入り、給付回路の途切れてしまうのを防ぐのは、Thepong とも Bala とも良好な関係をうまく保ってきたクラン Ang-ban である。かたや Bala と Thepong は、それぞれ別の *morung* とのあいだに関係の新しい周期を開いていく[27]。

語り手たちが今世紀初頭にさかのぼると言う、もう一つのもめごともまた典型的である。Bala *morung* の男たちが我慢のならないほど横柄になり、なにかとすぐに因縁をつけるようになった。ある日、そのなかの一人が Chingtang の男の仕掛けた狩猟罠に落ち、そのときのけががもとで死んだ。たんなる事故にすぎなかったのに Bala は仕返しを誓った。ほかのすべての *morung* が仲裁に入り、重い罰金を課すからと言って Bala をなだめた。Chingtang は罰金を払う用意があると口々に言ったが、Bala はそれを拒んで待ち伏せをした。ところが、Chingtang を待っていたのに、誤って Wakching の女を殺してしまった。

それでほかの *morung* も堪忍袋の緒が切れた。Bala は犯人たちを Wakching に引き渡さなくてならない。さもないと、二つの村のあいだで戦争が始まってしまう。だが殺人者たちが逃げてしまったので、Bala は奴隷を一人買い入れ、その首を差し出して殺人の報復を相殺することで、Wakching に我慢してもらうことにした。

こうしてもめごとはいかにも収まったかに見えた。ところが今度は Bala と Thepong の関係がいよいよ悪化していき、ある歌の所有権をめぐる悶着をきっかけに、とうとう全面衝突にまで突き進んだ。二つの *morung* は激しい戦闘を交えた。この手の戦いでは棍棒で殴り合うのがふつうだが、礫《つぶて》合戦もおこなわれ、Bala となると、槍まで持ち出して敵勢を攻撃し、何人かに傷を負わせた。このようなルール違反に激怒した Thepong の一人が Bala を一人殺した。

これを境に和平への望みはまったく絶たれてしまった。Oukheang, Thepong, Balang, Ang-ban の四つの *morung* は、トラブルメーカーたちをきっぱり始末することにした。しかし自分の村の *khel* を破壊することは禁じられているので、代わりにその仕事をやってもらえないかと Chi の Ang に打診した。Chi の Ang は、Wakching が Chi の弟を Wakching の Ang の首長に据えることを条件に頼みを聞き入れた。こうして Bala *khel* は焼き払われ、成員たちは散り散りになった。

だが Bala は全員が消えてしまったわけではなかった。Balang のもとに逃げ込んだ者もいたのである。彼らが陰謀に加担したにもかかわらず。しかし Balang が攻撃したのは、自分たちの *morung* とは別の *morung* としての Bala であって、同じ *morung* に内属する兄弟クランとしての Bala ではなかった。兄弟クランの資格で Bala は Balang に庇護を求める権利があったのである。Bala はそのことをよく知っていたからこそ、婚姻を結ぶことを禁じられている *morung* のもとにのみ避難し、姻族にあたる *morung* のもとには、けっして避難しなかった。*morung* Bala は消滅したが、しかし成員の半分にものぼる人々が Balang のもとに迎え入れられ、Balang として遇された。それから十五年を経てやっと Bala *morung* は立て直され、再開された。(28)

社会構造のもつアクチュアルな側面は大部分の場合、いま見たのと同じ型の事件によってまちがいなく説明できるが、しかしとんでもない近眼でないかぎり、さらにその先が見えるはずである。考察されてきた諸構造は、もめごと、軋轢、破壊にもかかわらず、互酬構造のままにとどまる。それら構造のまさに本性である互酬性は、構造を構造として存続させる要因に由来するのであって、構造に絶えず適応を繰り返すよう強いる、小事件に満ちた歴史に由来するのではない。

＊＊＊＊

カリフォルニアの西部ヨクト〔ヨクーツ〕諸民族と西部モノ諸民族も、やはりきわだった実例である。なぜなら第一に、そこに見られる民族集合では若干数の民族だけが双分組織をもつ。第二に、こうした構成部分であっても、双分組織を有していることの自覚に程度の差がある。とりわけ第三に、双分組織はそれの存在する民族ではより一般性の高い組織化形式に重なり合い、この形式と矛盾したり入れ替わることなく、いちだんの精密さと広がりを当の形式に付け加える。言うところの一般的組織化形式とは、一つはカリフォルニア諸民族の社会生活の基盤をなすと今日一致して考えられている父系リネージ体系、もう一つは個人、家族、リネージ、村落、部族に絶えず呼びかけられる互酬給付である。「祝いごとや喪のたびに（略）いつも一群のパートナーが奉仕や贈答品をもたらし、真珠、籠、羽根飾り、毛皮、食糧などのかたちをとる、等価の反対給付品によって相殺されるのであった」(29)。したがってはじまりには、まだ輪郭の定まらないまま、一方に複数の集団があり（正確にはむしろパートナー。というのも互酬関係は二つの集団のあいだ、二人の人間のあいだ、さらには殺した狩猟動物を象徴するトーテムに対してなされる贖罪儀礼の場合がそうであるごとく、一人の人間と一つの集団のあいだにある）、他方にこれらパートナー同士の双務関係の網の目がある。それと同時にすべての *ta'a'ti* ——親族——のあいだの婚姻は禁じられる。言われる *ta'a'ti* には、第二親等、ときには第三親等までのあらゆるイトコが含まれる。

モノやヨクトに属す民族がこの一般的組織化に半族への分割を重ね合わせるとき、さて何が起きるのか。なにも変わらないし、なにも廃されない。しかし半族はなにかを付け加えるのである。それぞれ異なる三つの側面でなされる追加である。まず相互依存的対立の側面で、以前の型と類似の機能を果たす補足的な型が、次に関係網の側面で、それを分類整理してくれる体系化原理が、最後にいままで意識的には互酬性と同等視されてこなかった諸関係（たとえば婚姻）の側面で、それらを同一の方法に従って取り扱う手段が、それぞれもたらされる。

　半族はリネージ同様に父系であり、リネージは半族へとまとめられてもそれぞれのトーテムを保持するが、ただしトーテムはいままでもっていなかった序列ないし配置を獲得する。トーテムそのものもまた二つの半族に振り分けられるからである。たとえばタチ民族では〈ワシ〉〈ハシボソガラス〉〈ハヤブサ〉などのトーテムが *Tokelyuwiš* 半族に、〈クマ〉〈カラス〉〈コヨーテ〉などが *Nutuwiš* 半族に属す。したがって、ある男の父系リネージが紋章として〈ハシボソガラス〉をもつなら、この男は（リネージについては）〈ハシボソガラス〉で、かつまた（半族については）*Tokelyuwiš* である。彼は言うまでもなく自分の紋章を尊重するが、しかしまた自分の属す半族のほかの紋章に対しても、少なくとも建前のうえでは、ある程度の敬意を示す。双分された民族は礼拝儀式のときにも、採集や狩猟の収穫をやはり *Tokelyuwiš*（穀物とキノコ）と *Nutuwiš*（漿果、鳥、野禽）に分類する。しかじかの食べ物の「所属先」半族が最初に採集を担当し、その収穫を他方の半族に差し出す。収穫を差し出された半族は分け前をとらなくてはならない。でないと、食べ物にかかわる禁忌が、解除されずに一方の集団に課せられたままになってしまう。狩りで殺した動物を供養する儀式は、半族のない民族では、この動物を名祖《なおや》〔名前の起こり〕とするリネージによってとりおこなわれ、半族のある民族では、それは二つの主要な区分〔半族〕の一方の仕事になり、儀式の当事者である家族は、もはやただたんに祭主としての役割をもつにすぎない[30]。

　双分組織は社会体系にさらに別の変更を加える。半族のない民族では公的資格（「首長」や「伝令」）は〈ワシ〉と〈ハト〉のリネージが占有するが、半族があると、〈ワシ〉のリネージ（*Tokelyuwiš* 半族）が位階秩序の首位を占め、かたや〈コヨーテ〉のリネージに属す第二首長が *Nutuwiš* 半族のなかに現れるため、〈ワシ〉-〈コヨーテ〉の双数性が組織化全体を特徴づけ、命令系統はこうしていままでなかった二元対立構造をもつようになる。だがそれ以上に、婚姻体系には注意してみる価値がある。前述した規則からの完全な断絶はない。交叉イトコ婚は禁止されたままであり、同一半族に属す成員同士でも、二人のあいだに親族関係が認められないなら、結婚は可能である。ところが *ta'a'ti*〔親族〕という語が次第に話者の属す半族の全成員を包摂していき、厳密な意味でのそれではないが、半族外婚が一般的傾向となる。じつにヨクト諸民族では七〇パーセントから七五パーセントを半族外婚が占める。西部ヨクトと西部モノは、給付品・反対給付品交換のパートナー役を担う近隣の一民族と協力して、年に一度〈大喪〉の礼を挙行する。パートナー役として招待される民族は毎年必ずしも同じ民族ではないが、しかし半族をもつ民族間では、招待する側の民族の *Tokelyuwiš* 半族と招待される側の民族の *Nutuwiš* 半族、またはこれとは逆の半族の組み合わせによって、つねに互酬の組をつくらなくてはならない。ただし互酬性自体は包括的なかたちで、つまり一方の半族が他方の半族を迎え入れるかたちで成り立つのでなく、むしろ二つの集団それぞれのすべての成分〔家族および人員〕に等しく適用される、ある一般原理が認められる。招待する側の首長の家族が招待される側の首長の家族を迎え入れ、二つの家族が自分たちの個別的関係にもとづいて、主催者と招待客の対へとまとまるのである。要するに、リネージが大小の村落、均一な、または半族に分かれた民族を貫通して働く基本的社会単位をなすとの原理が、相変わらず生きているわけだ[31]。

以上の観察を報告した著者も正しく述べているように、カリフォルニアの半族は、結局、厳密に定義された概念に対応する結晶化した制度ではなく、むしろある原理の表現なのである。同地域の半族をもたない民族のなかにも見られる諸要素——個体、家族、リネージ、部族など——を、連繋するか対立する二極を起点にして互酬関係のなかにまとめあげる原理である。父系リネージの優勢はどこでも同じであるが、ただ半族の存在は、これもまた地域全体の特徴であるところの互酬機構を、強化拡大していくにすぎない。しかも半族に等価な組織化形式、どこにでもあるそれを損なうことなしにである[32]。

＊＊＊＊

以上の事実、さらにそれらに連なりうる他の事実が一致して示しているように、双分組織は明確な特徴によって同定できる制度というより、多様な問題の解決に応用できる方法である。問題のもつ内容が多様であるため、双分組織はあたかも互いに異質であるかに見えてしまうが、しかし中身にばらつきがあることと、中身にかぶせられる形式が単純かつ一律であることとを混同するのは誤りだろう。逆にこの形式のもつきわめて高い一般性を、全体史および個別研究という、純粋に歴史に根ざす二つの罠に陥らずに確認することはできるのである。

クラン（先に定義した意味での）が有力な組織化形式をなす社会であっても、標準的な社会体系が予想外の問題に対して既成の解決策をもたらしてくれないときは、クラスの素地が出現してくるのが見られる。双分組織にこれほど縁遠い民族もまれと思われるフィリピン諸島のイフガオは、実のイトコ〔第一親等のイトコ〕同士の婚姻を禁忌とし、第二親等、第三親等のイトコ同士の婚姻も例外的にしか許さず、しかもそれを許す場合は、模擬戦によって開始される特別な儀礼をとりおこなわなくてはならない。花婿の家族が武装して花嫁の村に赴くと、そこでは花嫁の家族がこれまた武装して待機していて、二つの集団は口論を始める。その模様を再構成してみせたバートンによれば、大略、次のような言葉がやりとりされる。

花婿集団――借りを返してもらうためにやってきた。
花嫁集団――借りだって？　おまえたちになんの借りもない。俺たちは自分の親戚からしか借りない！
花婿集団――帳消しだと言うのか。借りを忘れたと言うのか。
花嫁集団――もちろん帳消しだ、なにも借りてなんかいないのだから。言いがかりはよしてくれ、出ていけ、家へ帰れ。
花婿集団――いったいどういうつもりだ。喧嘩を吹っかけたいのか。なら、戦おうじゃないか！

こうして模擬戦が始まるが、武器は本物である。原住民が語るには、武器が特定の人物に向けられることはないが、「誤って一撃を食らわないために目を見開いている」のが望ましい。しばらくして誰かがこう叫ぶ。「もういい、もういい！　結婚でもやって仲直りしよう、でないと俺たちはみじめだ！」。これを機に和睦の儀礼がとりおこなわれ、続いて神々と先祖に祈りが捧げられる。「我々はあなたがた先祖に加護を求めます。敵同士であった我々はいま和を結ぼうとしているのですから。（略）（この敵対関係に終止符を打つために）結婚によって一つになろうとしている子供たちが、かたわやデブなどになりませんように」[33]。要するに、外婚集団内部での婚姻を可能にするために集団を割るのである。少なくともこの分断が模擬される。ここで脳裏に浮かぶのはニューブリテン島とガダルカナル島の島民たちのことで、前者では半族が「結婚の境界」と呼ばれ[34]、後者では島民が外婚半族に分かれ、同一半族の成員同士の婚姻は「半分を壊すこと」と呼ばれる[35]。すでに見たように、アフリカでも同様の仕組みがじつに広範囲にわたって応用されている。

双分組織がもつこのような機能的性格は、必ずしも次に引く実例の場合ほど鮮明ではない。この実例がとられた地域では、婚姻は通常、村と村のあいだでおこなわれ、各成員の結婚費用を村全体で分担して支払う。しかし村内婚が定着してしまったある小さな村では、居住区が一列の丸太で二つの半族へと仕切られるようになった。これら二つの半族は、縁組によって結びついた二つの村の関係を規定する形式に従って相互にふるまった。外部と婚姻が結ばれるさいにはそのつど、二つの半族は分割されていることを忘れて協力し合い、どちらの半族も、それぞれの財をすべて共有して、相手半族の企てを成功させるよう努めたが、逆に村内婚がおこなわれるときには財の分有を続け、ついでそれぞれの持ち分を互いに交換し合った[36]。この例に見られるように、純粋に経験的な平面を背景にして、対立および相関という概念がはっきり浮かび上がってくる。この基本的対概念が双分原理を定義しているが、双分原理そのものは互酬原理の一様態にすぎないのである。

注

（1）A. Métraux, La vie sociale de l'île de Pâques. *Anales del Instituto de Etnografía Americana*, Universidad Nacional de Cuyo, 1942.

（2）A. Métraux, Ethnology of Easter Island. *Bernice P. Bishop Museum Bulletin*, n° 160, Honolulu, 1940, p.124-125.

(3) E. E. EVANS-PRITCHARD, *The Nuer*. Oxford, 1940. — H. LABOURET, Les Tribus du Rameau Lobi. *Travaux et Mémoires de l'Institut d'Ethnologie*, vol. 15, Paris, 1931. — A. I. RICHARDS, Reciprocal Clan Relationships among the Bemba of N. E. Rhodesia. *Man*, vol. 37, n° 222. — J. HÆCKEL, Clan-Reziprozität und Clan-Antagonismus in Rhodesia (Zentralafrika) und deren Bedeutung für das Problem des Zweiklassensystems. *Anthropos*, vol. 33, 1938.

(4) C. G. SELIGMAN and B. Z. SELIGMAN, *Pagan Tribes of the Nilotic Sudan*. London, 1932, p. 207.

(5) C. LÉVI-STRAUSS, *The Tupi-Kawahib, op. cit.*

(6) 本書一二九ページ——ムンドゥルク民族にも外婚半族があり、一方〈白い半族〉は十九のクランから、他方〈赤い半族〉は十五のクランからなる。伝承によれば、これらのクランは、競争していた古い部族が「兄弟」になったものである。そのほかもっと緊密な関係を保つクランもあり、それらは *i-barip*「親族」と呼ばれる(A. KRUSE, Mundurucu Moieties. *Primitive Man*, vol. 7, n° 4, 1934)。

(7) 第15章参照。

(8) 第11章参照。

(9) R. H. LOWIE, *Traité de sociologie primitive*, p. 140.

(10) R. H. LOWIE, Some Moot Problems in Social Organization. *American Anthropologist*, vol. 36, 1934, p. 325.

(11) R. H. LOWIE, Compte rendu de W. J. Perry, The Children of the Sun. *American Anthropologist*, vol. 26, 1924, p. 87.

(12) C. LÉVI-STRAUSS, The Social Use of Kinship Terms among Brazilian Indians. ——すでに見たように、伝承はムンドゥルク民族のクランにも、これと同様の起源を付与している(注6参照)。

(13) R. L. OLSON, Clan and Moiety in Native America. *University of California Publications in American Archaeology and Ethnology*, vol. 33, n° 4, 1933.

(14) R. H. LOWIE, *op. cit.*

(15) R. H. LOWIE, American Culture History. *American Anthropologist*, vol. 42, 1940, p. 427.

(16) W. J. PERRY, *The Children of the Sun*. London, 1925.

(17) R. H. Lowie, *passim.* — A. L. Kroeber, Basic and Secondary Patterns of Social Structure. *Journal of the Royal Anthropological Institute,* vol. 68, 1938, p. 305-307.

(18) C. G. Seligman, *The Melanesians of British New Guinea,* p. 45 *sq.*

(19) *Ibid.,* p. 315-319.

(20) *Ibid.,* p. 328-346.

(21) *Ibid.,* p. 352.

(22) *Ibid.,* p. 367.

(23) J. H. Hutton, *The Angami Naga.* London, 1921, p. 114 *sq.*

(24) Christoph von Fürer-Haimendorf, The Morung System of the Konyak Nagas, Assam. *Journal of the Royal Anthropological Institute,* vol. 68, 1938.

(25) *Ibid.,* p. 362.

(26) *Ibid.,* p. 376.

(27) *Ibid.,* p. 364.

(28) *Ibid.,* p. 366-367.

(29) A. H. Gayton, Yokut and Western Mono Social Organization. *American Anthropologist,* vol. 47, 1945, p. 416.

(30) *Ibid.,* p. 420-422.

(31) *Ibid.,* p. 420-424.

(32) *Ibid.,* p. 425.

(33) R. F. Barton, The Religion of the Ifugaos. *Memoirs of the American Anthropological Association,* n° 65, 1946, p. 164-165.

(34) J. W. Trevitt, Notes on the Social Organization of North-east Gazelle Peninsula, New Britain. *Oceania,* vol. 10, 1939-1940.

(35) H. Ian Hogbin, The Hill People of North-eastern Guadalcanal. *Oceania,* vol. 8, 1937-1938, p. 78.

（36）R. F. Fortune, *Sorcerers of Dobu*, p. 61.

第7章 「古代的」をめぐる錯覚

インセスト禁忌という普遍的制度とその制度の様態をなす婚姻規制体系とを組み込むことのできる、社会生活のごく一般的な枠組みのいくつかを、我々はここまで、なるほど暫定的・図式的にではあるが、輪郭づけようとしてきた。我々はまだ構図と粗描の段階にいるにすぎず、なんらかの論証をもたらすほどに機も熟していない。実際、論証は本書の全体をとおしてしか求めようがなく、論証の是非も、我々が事実をどれほどうまく整合的に解釈しえたかに応じてはじめて決定できる。とはいえ、ここで一息置き、みずからの拠って立つ前提にしばし反省をめぐらせなくてはならない。双分組織の起源の問題は歴史研究や地理研究によって汲み尽くしえないこと、双分組織を理解するには人間精神のいくつかの基礎構造を持ち出さねばならないことを我々は前章で主張した。この主張は、それら基礎構造が何から成り立ち、いかなる方法によってそれらに到達でき、それらを分析できるかを見てとれなくては、意味空疎な命題と言っていい。社会学者にまだ着手の準備さえ満足に整っていない作業をここで企てるつもりはないが、この方向へ探査のまなざしを向けてみることは不可欠と思う。探査は手短であるけれども、最初に得られる成果によってこの企てにまったく目的のないわけでないことが示されるなら、探査としては十分である。

我々が持ち出し、それの普遍的であることの立証も可能であると考える心的構造は何から成り立つか。三つの心的構造があると思われる。一つ目は〈規則としての規則〉への要求。二つ目は、自他の対立を統合できるもっとも直接的な形式として考えられた互酬性の概念。三つ目は〈贈与〉のもつ総合する性格で、それは、二個体の合意のうえで一方から他方になされる価値の移転が彼らをパートナーに変え、なおかつ移転された価値に新しい性質を付加することを言う。これら心的構造の起源の問題はのちに再考する。それらの構造だけですべての現象が説明されるか否かは、本書の全体をもってしか答えられないからである。ここではそれらがほんとうに存在するのかどうかを探究して、それらのもつ具体的・普遍的現実性をつかまえることだけをしてみたい。いずれにせよそうするつもりであったので、これまで我々は、例外的かそう見えてしまう実例を仮説構築に援用しないようにしてきた。それが例外と見えるのは、特定の原住民社会があれら心的構造に、きわめて高い完成度の実現形態をもたせようとしてきたためであるが、その一方で我々は、人間精神の基礎構造をいくつか取り出そうとして我々自身の社会に、しかも日常生活の一見なんでもない小事件に言及したとき、そうした基礎構造の一般性をすでに大雑把に論証しようとしていたのであった。

しかし風俗習慣の比較から得られる経験よりも普遍的、はるかに普遍的な経験に我々を直面させる領域が一つある。子供の思考である。子供の思考は、心的構造と社会生活図式とに共通する一様な基底をあらゆる文化にもたらし、どの文化も、それぞれに特有な文化モデルを構築するのに必要な要素を、この基底から汲み取る。児童心理の観察は、具体的な生き生きとした姿で、さまざまな機構を明らかにしてくれる。それら機構がみたそうとする要求とそれらがとる活動形式はきわめて基礎的なもので、それゆえ精神の奥底の片隅に隠れ潜んでいるため、理論的分析でそこに達しようとしてもいくらか困難を伴うが、そうした機構を子供は見えるようにしてくれる。それは、子供の思考が知的進化の一「段階」と言われるもののイメージを差し出すからでなく、大人の経験に比べて子供の経験が、所属する個別文化の影響をこうむっていないからである。この観点から見て、スーザン・アイザックスの観察記録はことのほか貴重である。

どのような対象であれ、現在の関心の的になっているならそれを独占したい、少なくともその大部分を自分のものにしたいとのあらゆる幼児に共通する欲望、アイザックスはまずはじめにこの欲望のもつ力と衝迫性を強調する。「なんでも自分のものであることは深い満足であり、逆にほかの子供のほうがたくさんもっていると知るのはじつに辛い悲しみである」[1]。こうした態度は物質的対象に対してだけでなく、非物質的権利、たとえば歌を聞く、歌を歌うなどの権利に対しても見られる。それゆえ、自分の番を待つことを五歳未満の子供に学び取らせるほど難しいことはない。「子供は一つのことしか知らない。ほかの子供は『それをもっている』のに自分は『それをもっていない』、これである。数分の待ち時間も永遠に等しい」[2]

調停や仲裁の概念が子供の精神に定着するまでの心理的仕組みを抽出する、この著者の分析ほど、興味津々たる民族誌的分析も少ない。三輪車を自分だけで使うのだと言い張っていた二人の子供の諍いについて、S・アイザックスは、どちらの子供ものごとが実際には自分の言うとおりにならないとの経験を味わうまで調停を受け入れようとしなかったと指摘し、こう付言する。このような場合、互いに腕力と頑固さを競い合っているからこそ、二人の子供は相手になんらかの教訓を学ばせることができる。このときの子供の思考は次のように解釈される。「自分の喜びがほかの子供の喜びのために制限されなければならないなら、少なくとも自分のもっているものと相手のもっているものは同量でなくてならない。自分が一番になれないなら、二人は対等でなくてならない。自分の独占欲が抑えられるのは、相手が不当なやり方で横取りに出てくるかもしれないという恐怖心からであり、また、相手に同等の権利を認めれば相手はより多くもとうとしなくなるだろうという、希望的観測からである」。言い換えれば、「平等ということが、これらすべての欲望とこれらすべての恐怖心とのあいだの矛盾から引き出される、最小公倍数である」[3]。

このような心理的発達が可能なのは、S・アイザックスがじつに深く洞察したように、所有欲が本能でないから、けっして(あるいはごくまれにしか)主体と対象の客観的関係にもとづいていないからである。対象に価値を付与するのは「他者への関係」である。飢えている人にとっては食べ物だけが本質的価値をもつのであって、時と状況を選ばずつねに一定の関心を呼び起こす対象などというものは、まずありはしない。なにかが欲しくてたまらなくなる理由は、誰かがそれを所有していることにのみある。関心が向けられていなかった対象でも、他人がそれに関心を寄せれば、なくてならないものに変わる。要するに所有欲はもともと、またなににも増して、一つの社会的反応なのである。しかもこの反応は「〜できる」、むしろ「〜できない」ことへの反応として理解されなくてならない。私がなにかを所有したくなるのは、いま所有しないなら、やがて必要になってもおそらくそれを手に入れることができないから、「他者」がそれをずっと所有しつづけることになるからである。したがって私有と共有、独占と分有、専横と調停は矛盾しない。これらの語は一つの傾向が、あるいは唯一原初的な欲求、安全への欲求がとる異なる様態をさす。

かくしてこう言える。分かちもつこと、「自分の番を待つ」ことを受け入れる能力は、互酬性への感覚が育まれるにつれて高まり、この感覚のほうは、集団という事象の体験と、自己を他者に同一化させるよう働くより深層の機構とに由来する(4)。

ところで、子供たちのあいだの愛情関係をかたちづくる、もっとも広く共通したもっとも本源的な基盤の一つは、もらった贈り物に対する感謝の念である。ただし子供たちは「贈り物という物証に対してそれほど愛情を感じるわけではない。彼らにとってはもらうことがイコール愛情である。彼らの愛情を左右するのは、何を与えるかでなく、むしろ与えるというそのことである。与えること、もらうことは、子供たちにとってどちらも文字どおり愛情なのである(5)」。

ゆえに贈り物を与えること・受け取ることは「もっとも明白な、もっとも明確な愛のしるしである。どんな被験者もじつにさまざまな仕方で次のことを示す。『愛されている』が表すもっとも深い意味は贈り物をもらうことと等価であり、また逆に『嫌われている』は除《の》け者にされること、奪われることを意味する」。与えることそのことは、与えられるもののもつ内在的価値を超えた愛のしるしとしてだけでなく、さらに愛されるに値することのしるしとしてもある。「なにかをもらえない子供は、悪い子だからもらえないと感じる。それをくれる人に反感をもっている、またはもっていたからだ、と。まさにこのような経験のせいで、もらった贈り物への子供の感謝の念はあれほどの激しさを、自分が忘れられたときに感じる喪失感はあれほどの痛みを伴う。もらうことは与える側の示す、愛していることの、少しも嫌っていないことのしるしであるばかりでなく、もらう側が愛のほかには相手に反感も憎悪ももっていないと与える側から見なされていることの、そのしるしでもある[6]」

途方もない豪華な贈り物、「シロクマ、それもほんもののシロクマ」「大きなどでかい機関車」をあげたいとの子供のもつ欲望の根拠が、こうして明らかになる。それはなによりも、与えることをなせるほどの強さを求める欲望なのである。「人にあげられる大きなどでかい機関車をもっているとは、じつは自分の身が安全であること、人からほめられる子供であることを意味する。自分はもはや、他人に与えられる贈り物に身も心も振り回され、根も葉もない不安から癇癪を起こしたり嫉妬する、泣き虫の無力な子供ではない。（略）与えることは受け取ることよりはるかに喜ばしい。与えるだけの力があるとは、自分が必要なものに事欠いていないことなのだから」

こうした感情は物だけにかぎらず、奉仕に関しても見出される。「奉仕してもらうと、どんなに子供たちは感激することだろう！（略）トミーは（略）大きな花瓶を一緒になって運んでいる子供たちにこう叫ぶ。あんまり急いじゃいけない、僕が手伝ってあげるから[7]」！「他人のことを慮《おもんぱか》れるほどにも自分は強いということに由来する、大きな喜び」はこれほどに強まる。

しかしこの一見して目につく気前よさは、ある初期状態の移調にすぎず、その初期状態をこそ見失ってならない。すなわち、好きだが嫌い、もっと正確には、嫌いだから好き。「あらゆる子供は（略）ほかの子供のなかに顕在的か潜在的な競争相手を見る[8]」。激越な愛情と執拗な憎悪とのあいだを、絶えず子供たちは揺れ動く。「平衡のとれた感情も固定した態度もない」。子供のあいだの安定した友情関係は、誰か別の他者に対する安定した憎悪が定着してはじめて始まる。ゆえに「友への愛と敵への憎しみとの相互関係について」語ることができる。しかし敵意はいつまでも原初的かつ基礎的な態度でありつづけ、「大人の生活でと同様、幼児の生活でも、敵意が悲劇的事件の糧になる[9]」。

我々がここでまったく脱線してしまっているのでないことを知ってもらうには、贈り物に対する子供の態度を「贈答品は力を与える[10]」と述べるエスキモーのシャマンの態度によそえる必要も、またのちに触れるだろうが[11]、「愛が花嫁を与えた、愛に花嫁が与えられた」と結婚を歌うヒンドゥーの頌歌に言及する必要もない。じつに民族誌調査をのぞきさえすれば、いままで見てきた観察記録をめぐる、実質的に無際限と言っていい解説が見つかるだろう。専横のもたらす耐えがたい苦痛を避けようとして規則が求められる。安全への強く激しい欲求のあるゆえに、一方で他人にはけっしてあまり大きな借りをつくらぬようにする態度と、他方ですべてを失わずしてやがて受け取る番が自分に回ってくるとの保証を得るための心がまえ、いつでもすべてを与える心構えとがとられる。〈贈与〉が擬人化される。競合と互酬の二概念が相互依存に置かれつつ対立させられる。人間が友と敵に二分され、友に対してはなにも拒まず、敵に対しては「自分が逆に殺されるかもしれないので、真っ先に殺す機会をうかがわなければならない[12]」とされる。こうしたどの態度からも、子供社会といわゆる未開社会とのあいだのじつに深い類推——最終結論にまで突き詰められた類推でないにせよ——が浮かび上がってくるので、これ以上ない悲劇的誤解の余地を取り除くには、この類推の根拠を探ることがどうしても欠かせない。

＊＊＊＊

未開の思考と子供の思考の関連はじつは新しい問題でなく、いままでもそれは、ほとんど変わらない言葉づかいで、しかも精神分析家、ブロンデル、ピアジェといった幾人かの心理学者など互いに縁遠いさまざまな著者によって、立てられてきた。未開社会のなかに、多少なりとも比喩的な人類幼年期の近似したイメージを見るのは確かに魅力のあることで、じつにこの幼年期の主要段階を、今度は子供の知的発達過程が個体の平面で再現してくれるかもしれない。この図式にフロイトは一度ならず魅きつけられ[13]、彼の弟子のなかにはこの図式を迷うことなく採用した人々もいた。「フロイトは子供をめぐる性の理論が系統発生の遺産を再現することを明らかにした[14]」。この解釈にローハイムがどのような帰趨を与えることになったかは知られている。ブロンデルの仕事は未開の意識、子供の意識、病態意識を比較対照し、いつもこれら三つの〔心的〕現実が互換可能であるかのごとく扱う[15]。

この点、ピアジェはもっと含みのある態度をとったが、しかしその態度はしばしば明晰さを欠く。彼は子供の思考のなかに呪術、アニミズム、神話を探し出し、犠牲に関して、子供の思考と未開人の思考のさまざまな類似性に出会えるとの予感が歩を進めるたびにいよいよ膨らむ、と指摘するものの(16)、子供に見出される融即participation の観念と未開人のそれとはおそらく異なると考える(17)。その一方で「個体発生と系統発生のあいだの、ある程度までの並行関係」は受け入れるのだが、ただし「子供の思考内容に未開心性の遺伝的産物を見るつもりは、我々にはまったくなかった」。「系統発生が個体発生を説明するとも、逆に個体発生が系統発生を説明するとも言える」ゆえに。それにもかかわらずピアジェは、「子供の思考は成人の思考とは別の構造をもつ(18)」とも主張して、次のごとく系統発生の側へ強く傾くように見えることもある。「我々の信ずるところ（略）大人の文明化された標準的思考に対比される子供の思考は、いつの日か、レヴィ＝ブリュル氏によって定義された『未開心性』やフロイト氏と彼の弟子たちによって記述された自閉症的・象徴的思考、さらには『病態意識』――ただしCh・ブロンデル氏に負うこの概念は、いま挙げたフロイト氏たちの概念にやがて融合されてしまうかもしれない――と同じ平面に置かれることになるだろう」。確かにピアジェはすぐにこう付け加える。「しかし、ここでこの危険な関連づけを素描することは差し控えておこう。関連づけに紛れ、機能的な食い違いがあまりにも忘れられてしまうから(19)」。賢明で慎重な助言、しかしこの助言がもっと一貫して守られるのを見てみたいものである。

子供の思考、未開の思考、病理的思考の大胆な同等視をどう試みようと、結局、きわめて単純な事実確認と衝突するだろう。子供、未開人、精神病者だけでなく、未開の子供、精神異常をきたした未開人もまた――しかも同時に――存在するとの事実確認である。さらには、未開であるか文明化されているかを問わず、精神病質の子供もやはりいる。こうした異議はなによりもまず、いわゆる「プリミティヴ」な子供たちにさかれた、最近の研究に対して有効である。それらの子供が「プリミティヴ」と言われるのは、彼らが我々の社会とは異なる社会〔未開社会〕に属すとの意味でなく、いくつかの論理的操作をおこなうだけの能力を示さないとの意味である。しかもこれらの研究が明らかにしているのは、「プリミティヴ」な子供の思考の示すもろもろの変則性が、標準的な未開の思考に似ているのではなくてそれと違っている、ということである。「未開人の呪術的思考は観念のつながりを現象のつながりとして捉えるが、研究された子供たちは、逆に現象のつながりを観念のつながりとして捉える[20]」

強調するまでもなく、我々の社会同様、未開社会も子供と大人を抱え、この二つの年齢層の関係の問題も同じようなかたちで出てくる。未開社会の子供たちが未開社会の大人たちと違う理由は、文明人のもとに子供と大人の違いが存在することの理由と同じであり、現代の民族誌と心理学は、この違いにますます多くの研究をさいている[21]。一歩一歩苦労に苦労を重ねつつ一人のホピの子供が自分の所属する個別文化の要請に適応していくさまをたどらせてくれる、ある原住民のすばらしい自伝のなかに、子供と大人の違いをめぐる、とりわけ感動的な実例が見つかるだろう[22]。

特定の社会における子供の標準的思考と大人の標準的思考とのあいだに、どの程度の通分できない相違があるかは、いずれにせよまだ決着のついていない問題である。どんな年齢の子供でも、ある概念のもつ関係的性格に気づくだけの能力を欠くことがあっても、その性格を別の概念についてなら完全に把握することができる、との指摘がなされた。ピアジェによって境界年齢とされた十二、十三歳に達するはるか前に、幼児は関係概念自体が獲得されたことを、しばしば間接的に示すのである[23]。対立関係は八、九歳になるが早いか自然に獲得されるようであり、子供の二人に一人は、対立関係を立てるだけの能力を五歳のあいだに身につける[24]。逆に十九歳の被験者にピアジェの実験を繰り返してみたところ、得られた結果は六、七歳の被験者の場合と変わらなかった[25]。子供の言語能力を利用して人類の言語能力の歴史を再構成してみせる用意あり、と豪語するビューラーでさえ[26]、自分の企てのもつ哲学的射程を穏当な範囲に限定しようとして、こう述べる。「(原始論理 logique archaïque の働きは) 過大視され、個と人類の進化において妥当でない位置を与えられてきた。私見では、今日の民族学は児童心理学の若干のデータと、また十分堅固な若干の一般的考察とを支えにすれば、(略)『「原始」論理がまずはじめに純粋なそのままの状態で開花した』といった一節を冒頭に掲げる理論の誤り、その本末転倒を論証できるだろう[27]」。ワロンの結論も、細かい点を抜きにすればほぼ同じで、[28] さらにギョームも次のように同様の結論に達している。「歴史の曲がりくねった道すべてを個体の進化にたどりなおさせる、なにか謎めいた内的必然性が存在すると信じ込む必要はないであろう。（略）個体発生による〔系統発生の〕『反復』など偽りの歴史にすぎない。むしろ個体の進化とは、そのつど言語の差し出すもろもろのモデルを、取捨選択していくことなのである」[29]

なるほどピアジェは、こうしたありうべき非難に備えようとの努力を怠りはしなかったが、しかし彼の一般的解釈図式は批判に耐えうるものでない。最近の著作から、解釈図式の曖昧さがみごとに集約された部分を引用してみるが、この部分は要約できそうにない。「子供の文字どおり概念的な思考と、未開社会や古代社会における思考」のあいだには「見かけ以上にたくさんの」共通点の存在することを主張してピアジェはこう書く。「七歳から十歳の子供と古代ギリシア人では合理的思考の始まり方のいちじるしく似通っていることを、傍証に挙げることができる。たとえば説明に物質の同一視が用いられたり（天体は大気ないし雲から生まれ、大気と土は水に由来するなど）、この同一視から凝集と希薄化の図式にもとづいて生じる、原子論が用いられる点、さらにアリストテレスも利用した空気抵抗 *ἀντιπερίστασις* によっていくつかの運動が正確に説明される点など。ならば、ギリシア自然学のきっかけをなしたもろもろの『元型』が遺伝を介して子供のなかに再び見出されることを認めるべきか。我々には次の仮説に踏みとどまるほうがはるかに簡便に思われる。子供の思考の発達を説明する遺伝の仕組みが、神話的・前論理的思考からまだほとんど抜け出していない前ソクラテス期の最初の思想家たちのような精神の発達過程にも、すでに同じように働いていたとする仮説である。『大気の反作用』の図式は、アリストテレスがそれを自分でこしらえあげたようには思われない。現代の子供のもとでと同じほど広く機械文明以前にも流通していたと思われる表象から、彼はこの図式を借りてきたのだろう」

「要するに、子供の思考と歴史的諸表象とのあいだに共通点があるなら、それらの表象を子供の心性の一般法則によって説明するほうが、神秘的な遺伝を持ち出すよりはるかに簡単なのである。歴史や先史をどれだけ遡行しても、つねに変わらず子供は大人に先行する。さらに社会が未開であるほど子供の思考が個の発達に影響を及ぼす期間も長くなる、と仮定できる。じつに未開であるとは、社会が科学的文化の伝達や形成をなせる状態にないことを意味するのだから[30]」

以上引用した文章はユングの仮説〈集合的無意識〉への批判なのだが、しかしこの文章は別の角度から我々にかかわってくる。我々の社会よりも未開社会は子供の心性に近いところにいると著者は主張し、本章の冒頭に引用した諸事実もこの見方を裏づけるかに見える。だが我々は、あれらの事実は別様の解釈を必要とすると考える。

＊＊＊＊

子供の論理的思考は大人の論理的思考に通分できないどころか、S・アイザックスの実証によれば、「ごく低年齢の幼児でさえ、子供の認知態度は結局、我々大人にとても近い」。ピアジェが絶えずと言っていいほど持ち出す成熟の概念は、「発達の側面のうちでも経験の関数であるとは証明できない特殊な側面に、厳しく限定される[31]」。バソフの結論も同じである。「低次の構造はいちだんと高次の構造を形成するために確かに使用されるが、しかしだからといって、これら低次の構造がそれとして形成されてのち、変化せずにそのままの状態にとどまることもけっしてありえないわけでない。環境のせいで、子供がより精緻な構造の形成を必要とする状況のもとに置かれないなら、子供の生み出せる構造が比較的低次のものにかぎられることはありうると言っていい[32]」。興味深いことに、心理学者たちはそれぞれ個別に、しかし同じようなやり方で、次のように「未開心性」説を批判しており、ピアジェもじつはこの説と明白に同じことを述べたにすぎない。未開の思考と文明化された思考のあいだには、なるほど、さまざまな相違があろうが、しかしこうした相違は、思考というものがつねに「事態依存的」（「事態 situation」は心理学の用語で、特定の瞬間に個体に影響を及ぼす刺激の全体をさす）であることにのみ起因し、刺激（社会的、経済的、技術的、イデオロギー的など）が変われば、相違はすぐに消える[33]。

ピアジェは十分な注意も払わず成熟の概念を――子供の思考の通分不可能な「構造」の名のもとに――利用し、

かくして「経験の関数であるとじつは証明できるいくつかの現象を、成熟によって説明する」にいたったと、S・アイザックスはとがめて言う[34]。適切な条件のもとでなら、ごく低年齢の子供でも、ピアジェがもっと高い年齢に結びつけた発達局面の兆候を示すことがある。だがそれ以上にピアジェは、社会学者にとって肝心の問題、社会的発達の起源の問題を答えなきまま放置している。周知のとおり、彼は子供の発達を大雑把に四局面に分ける。まず自閉期、次に自己中心期。その次の時期、七歳近くになると、本来の意味での社会生活が始まり、社会生活をとおして子供は他者への適応を学習し、自分自身の心的プロセスについて認識を得る。この発達の鍵は七、八歳ごろに現れる「社会本能」にあるとされるが、しかしS・アイザックスが指摘するように、「社会本能」の出現がまさに謎であり、ピアジェはこの本能発生の心理学的説明をいっさい差し出さない。この点、フロイトはもっと深い洞察力を示した。実際、「社会本能」はまちがいなく個体史と心理学的起源をもち、その心理学的起源は社会世界についての経験にだけでなく、物理世界の及ぼす圧力にも深く根ざしていて、まさにこの圧力が五歳未満の子供に熱烈な――じつに積極的な――探究心を生じさせる[35]。

要するに無知であり、組織化された経験を十分に身につけていないがゆえに子供の精神は自己中心的・因果律以前的であるのであって、その逆ではない。「合理的思考の水準の下にある空想の世界や自己中心性の世界へ退行することを予防してくれるだけの認識機構を、まだ子供はもたない[36]」。以上の指摘から二つの結論を引き出せる。子供の思考の働き方は実質的に大人と変わらぬこと、もう一つは、子供の生活の当初から社会生活のあらゆる要素がすでに与えられていること。「社会的発達の道筋は、前方にも後方にもたどることができる。それゆえ、たとえば六、七歳の子供をもとにしてつくられる社会的発達のイメージは、二歳の子供から得られるそれとは多くの点で異なっていても、本質的な新しさはなにももたないのである[37]」

したがって、子供が心理学者や社会学者にとって特別の関心を引くのは、個体心理と社会生活の二つの視点から見て子供が大人と異なるからでなくて、逆に似通っているからであり、またそのかぎりにおいてである。我々の社会においても、ほかのどんな社会においても、子供はおそらく大人ではなく、またあらゆる社会において子供は等しく大人の思考水準から隔たっている。つまり、大人の思考と子供の思考の区別は、言うなれば同一の線に沿ってあらゆる文化とあらゆる社会的組織化形式を横断しており、時間的・空間的にどれほど遠く隔たった実例を選んでも、この二つの平面の一致を立証することはできない。どれほど未開な文化であってもつねに大人の文化であり、まさにこのことゆえに、それは、最高度に進化した文明のなかに観察されうる幼児的現象とは相容れないのである。同じく、大人のもとに現れる精神病理学的現象も大人だけのものであり、子供の標準的思考に通ずる尺度はもたない。それゆえ我々の考えでは、精神分析がかくも注意を凝らしてきた「退行」の諸実例は別の光のもとで考察されなくてはならない。

大人の思考と子供の思考はその構造よりむしろ広がりにおいて異なる、ということを認めなければ、「退行」の実例も我々が本章の冒頭で引用した実例も、さらにユングがかの〈集合的無意識〉の理論をつくるのに依拠した実例も説明することはできず、しかも信じがたい仮説か矛盾した仮説に通じるしかない。子供が大人でないことをきっぱり認めよう。ただしあくまでもこの主張に忠実でいよう。じつに多くの心理学者や精神医学者がいままでなしてきたと見えるように、文明社会の子供の思考は未開社会の大人の思考に似通っているとか、正常な子供の思考は精神異常をきたした大人の思考に似通っているとほのめかして、狡猾にあの主張を否定するのは慎もう。未開社会の子供について具体的経験を積んできたフィールドワーカーならおそらく誰もが我々に同意し、むしろ逆の命題のほうがいっそう真実に近いと考えるだろう。未開社会の子供は多くの点で、我々の社会の子供より成熟した、いちだんと積極的な精神を示し、その点で文明社会の大人にはるかに似ている、と。しかし問題はここではない。

子供と大人の区別がいったん立てられたわけだから――ただしこの区別の性質に過大な意義を込めてならないことはすでに見たとおりである――、では、大人と子供それぞれの心的現れのあいだにつけることのできる、根本的関連はどこにあるのか。もともと子供の思考のなかにいまだ概略的・未分化なままに与えられていた諸構造のその一部にすぎない、一定数の構造を中心にして、大人の思考が築き上げられることに、それはある。大人の思考はこれらの構造を明確化し、有機的にまとめあげ、発達させるが、それは当の構造がそれぞれ機能特化されていくことの帰結にほかならない。言い換えれば、大人の心的図式は、各人の属す文化と時代とに応じて、さまざまに分岐していくが、しかしいずれの心的図式も、それぞれの個別社会の有す資源よりも無限に豊かな、ある普遍的資源をもとにつくりあげられるのである。つまり、それぞれの文化、歴史上のそれぞれの時代は、数ある可能性からいくつかを選び取っては保持・発展させていくにすぎないが、どんな子供もそうした可能性のすべてを、一つ残らず萌芽のかたちで携えて生まれてくるわけだ。どんな子供も、人間一般が〈世界〉への関係と〈他者〉への関係とを確定するために大昔から有している手段の全部を、粗削りな心的構造のかたちで携えて生まれてくるのである。しかしこれらの構造は排他的で、どの構造も、差し出されたすべての要素のうち、若干をしか同化することができない。ゆえに、社会的組織化のそれぞれの型は、集団が押しつけ永続化させる一つの選択を表す。集団の要請に応じた選択と除外の結果である大人の思考に比べ、子供の思考は、要するに、一種の普遍的基層をなす。そしてこの基層の水準ではまだ結晶化現象が起きていないので、固まりきっていない形態は相変わらず互いに交通可能な状態にある。

この仮説は証明を受けつけるだろうか。仮説の検証が可能になるであろう、と我々の考える方向を指し示すだけで満足しよう。検証の第一段階はまだ消極的な意義しかもたないだろう。生活のごく初期からすでに子供の思考は、動物的活動とのギャップを生む完全かつ全面的に人間的な諸性格を伴って現れるからである。ブレイナードがケーラーによるサル実験を自分の小さな娘にも試そうとして出会った、さまざまな困難は知られている。たとえば窓の外側の縁にチョコレートを置き、子供がチョコレートを手に入れる手段をうまく見つけるかどうかを観察しようとするが、実験そのものが成り立たない。子供が社会的な行動を返してくるからである。試行錯誤の代わりに抗議の声をあげる。「ねえ、パパ、あれを取ってよ！」。父親の態度は変だとの判断が働いているため、子供とサルとの違いの問題を理論的に解くことは、もっとあとになってからしかできない。ブレイナードが述べているように、「本質的な相違は、子供がきわめて高度な社会的発達を示すことに由来する。こうした社会的発達はとくに言語運用と、他者になにごとかをしてもらうよう頼む能力に現れる」。実際、すべての実験は議論へとかたちを変えてしまう。「そんなことできないわ」――「いや、できるよ」――「難しすぎるもの」といった具合にである。そしてうまく成し遂げると娘は父親に言う。「パパをひっかけてやったわ！」(38)

こうした事実を思い出してみたのも、言語の習得が我々を、子供の社会生活のはじまりをめぐって出会ったのと同じ問題に直面させるからであり、またこの二つの問題が同一の解決を見てきたからである。発声器官の分節できる音声の種類は事実上無際限であるのに、各国語が手元に残すのは、それら可能なすべての音声のごく一部にすぎない。さて、分節言語のはじまりに先立つ喃語《なんご》〔言語発達の最初期に乳児が発する意味不明の言葉〕期に、子供は人間の言語活動に出現しうるすべての音声を発声するが、子供の自国語には、それら音声の若干しか残されない。つまり、生まれて何カ月かはどんな子供もいろいろな音声を発することができたのに、あとになるとそのうちのいくつかは再現がきわめて難しい音声として現れ、それゆえ自国語とかけ離れた外国語を学習しようとするときに、子供は発音のしかるべき模倣に失敗する。(39) 要するにどの国語も一つの選択をなすのであり、見方次第でこの選択は退行的とも言える。音声面で無際限に開かれていた可能性は、国語による選択が定着するときから取り返しのつかないほどに失われるが、喃語が意味を欠いているのに対して、言語活動は個体間の意思疎通を可能にする。要するに発声能力と意味伝達は反比例の関係にある。

子供の思考と態度とが間‐個体的関係の領域でその素地を我々に見せてくれる、多種多様な構造もやはりまだ社会的意義をもっていない。なぜなら、これら構造は互いに異質なさまざまな体系を構築するための原料ではあるが、個々の体系は、手元に残す原料をごく少数にかぎることによってしか、機能的価値を獲得できないからである。この原料の選択は、子供が自分の個別文化に組み入れられていく過程でなされる。

以上の解釈が正しいとすれば、子供の思考があらゆる思考とあらゆる文化の、いわば共通分母であることを認めなくてならない。これは、ピアジェが子供の思考の「混沌性 syncrétisme」を語るときに頻繁に口にしたことであるが、しかし我々にはこの言い方は危険に見える。なぜならそれは二つの異なる解釈を含む。子供が自他、人と物、さらに物同士をはっきり区別しないでいる、混同と無差別化の状態を混沌性と解するなら、事態をごく皮相に見るにとどまり、本質を取り逃がす恐れがある。実際、あの見かけの「プリミティヴな無差別化」は差別化のないことをでなくて、むしろ差別化の機構が我々大人のそれと異なることを言い、しかもそれは、多数の機構が同時に存在して子供がそれらの機構のあいだを絶えず移動することの、その結果なのである。いずれにせよ、複数の機構があり、心的生活の深層へと下りていくほどに数は減るがしかし厳密性と単純性を増していく構造が見出される。そのことゆえに、我々であればむしろ、子供の思考の「多形性 polymorphisme」を語りたくなるところである。この語に我々が込める意味は、精神分析が子供を「多形倒錯者」として記述するさいに用いる「多形性」の意味に近い。「多形倒錯者」とはいったい何を意味するか。子供は性愛のすべての類型を未発達なかたちで併存させたまま示す、ということである。そして大人になるにつれ、子供はこれらの類型のどれかを、正常な平面か病理的な平面で自分特有のものにしていくのである。子供の社会的態度と、人間社会で実現される組織化のさまざまな型との関係を考察するときも、我々なら同じように、民族学者にとって子供は「多形的社会人 un social polymorphe」であると進んで述べるであろう。

未開の思考と子供の思考を比較してそこに多くの類似点が現れると見るのは、要するに我々が主観的錯覚に囚われているせいで、このような錯覚は、ある文化に属す大人が自分たちの子供を別の文化に属す大人に比定するときも、おそらく生じていると言っていい。なぜなら、大人の思考よりも機能特化されていない子供の思考は大人に、総合的という子供自身のイメージを、さらに別の場所、別の条件下で実現される可能性のあるありとあらゆる総合のイメージを、つねに呈示するからである。驚くにはあたらないが、このような「汎形性 pannorphisme」は類似よりも相違をきわだたせる。それゆえ、どんな社会にとっても、外部の習俗や態度に対するもっとも手ごろな比較基準になるのは決まって自分たちの子供であり、自分たちの風習からかけ離れた風習はつねに、しかもごくふつうに、子供っぽく見える。このような偏見の根拠を我々は明らかにしたが、ただしそれが偏見の名に値するのは、我々が自分たちの習俗も外部の観察者の目には、やはり同じようなもっともな根拠からして、子供っぽく見えるはずだということを理解しようとしないかぎりにおいてである。

したがって、未開の思考と子供の思考のあいだにさまざまな類推が働く根拠は、未開の思考がいわゆる古代的《アルカイック》な性格をもつからでなくて、たんに文化の広がりの違いが子供の思考を、言うなれば、あらゆる可能な文化的総合を出会わせる場、収束させる場となすからにすぎない。我々の社会にいる子供たちの社会的態度と比較すれば、未開社会の基礎構造がよりよく理解されるが、しかし未開の人々のほうもやはり同じ手続きを踏み、我々を彼らの社会にいる子供と比較せずにいない。彼らにとっても、じつに子供の態度は、外部の制度を知るための最良の手引きだからである。つまり外部の制度の根は、子供の態度という水準においてのみ、彼ら自身の制度と絡まり合うのである。たとえば次のような観察記録を考察してみよう。そこには我々が原住民に対してごく頻繁に用いる子供との同等視という方法を、原住民が白人に適用する様子が見られる。

「ナヴァホの家族では、織物や宝石細工といった職人技の習得は実例を示すことでおこなわれる。原住民の若者にとって、見ることとは学ぶことである。（略）そのため、我々のあいだでなら大人にさえごく頻繁に見られる態度が、彼らにはまったく欠けている。（略）すなわち、質問をする習慣のことを言いたいのである。『で、これはどうやるのか』とか『そのあと何をするのか』といった具合に。なによりもこの態度があずかって、原住民は白人について奇妙な考えをもつようになった。じつにインディアンには、白人は愚直だとの確信がしっかり根づいているのである」(40)

要するに未開人から見れば、文明人の態度は我々が子供っぽいと呼ぶような態度に対応するのであり、その理由は、我々が未開社会を完全に発達したイメージとする態度の素地や骨子を自社会の子供のなかに見出すときの理由と、まったく同じなのである。それゆえ、民族学者にとって児童心理学的研究がいかに重要かがわかる。この研究は民族学者をして、心的構造および制度的図式という共通資本、社会的事業に乗り出そうとする人間が最初に自由に使えるあの資源の、真新しいままの状態に接近させてくれるのである。一見それぞれが特異に見えるがじつは、少なくとも原理的には、とても単純で普遍的であるとの制度の本性を洞察するには、子供の心理というきわめて基礎的な水準に身を置く必要のあること、それを示すには、はじめて双分組織について聞かされた一人の女性聴講生が講義のあとで話してくれた、注目すべき観察記録を挙げておくだけで十分と思う。

アレクサンドリア（エジプト）在住の四歳になるジョニー・Aは、森羅万象絶美の空想上の二つの国 *Tana-Gaz* と *Tana-Pé* に暮らす。*Tana-Gaz* は *Tana-Pé* の上にあり、*Tana-Pé* よりもすばらしい。母は *Tana-Gaz* に住むが、父は *Tana-Pé* にいる。海が穏やかでジョニーが水浴びをさせてもらえるとき、海は *Tana-Gaz* にある。海が荒れて水浴びをさせてもらえないとき、海は *Tana-Pé* にある。人々も二つの国のあいだを行き来する。最初はどちらの国もいい国だった。その後、*Tana-Gaz* はいい国のままだったが、*Tana-Pé* のほうは *Tana-Gaz* よりも劣ったり、どうでもいいものになったり、端的に悪い国になったりした。

七歳になったジョニーは、*Tana-Gaz* と *Tana-Pé* のことを覚えているかと聞かれると困惑した様子になり、忘れちゃったと言う。

この観察記録の興味深い点は、とりあえず四歳の子供が双分組織を再現していることにある。事物と人間は二つのカテゴリーに分割され、二つの半族は対等でなく、メラネシアの命名語を彷彿させる地名が語法的に創出され、好奇心をそそられることに、外婚すらも暗示されている。しかしもう一つ興味深い点は、仮にジョニーがオーストラリア原住民の子供であったなら、同様の奇抜な空想をこしらえあげても、あとでそれを恥じたりしなかっただろうということである。空想は彼の属す集団が公認する二元対立に徐々に溶け込んでいき、双分組織に表現される論理的要請と社会的態度は、子供がつくったモデルにほぼ適合する制度的活動のなかで正常にみたされていただろう。ところがジョニーが育った集団は、競合や互酬にかかわる現象を二極構造を使って表現しない、あるいは二極構造を用いるにしても表面的・暫定的な用い方をする。子供の創話能力が差し出すモデルは、ここでは手段としての意義を獲得できないばかりか、さらに選択されたモデルと多くの点で矛盾するために放棄・抑圧されなくてはならないのである。

こうした事情を考え合わせれば、なぜ民族学者、心理学者、精神医学者がそれぞれの観点から、未開の思考、子供の思考、病理的思考のあいだにさまざまな並行関係を立てることに魅惑されてきたのか、容易に理解される。精神神経症を、純粋な個体的意識の平面に立ち現れる最高度の心的総合形式と定義できる範囲で言えば[41]、神経症患者の思考は子供の思考に似ている。じつにどちらの思考形式も、それらの属す個別集団の選別的構造にもはや、あるいはまだ合致しておらず、ゆえにどちらも、それ固有の総合をつくりあげていくだけの自由を多少とも有している。この総合は社会環境という枠組みの内部でなく、個体の平面で実現されるため、なるほど、不安定なままいつまでもかりそめであることを余儀なくされるが、しかしそれでもやはり一つの総合ではあるのだ。あるいは、万華鏡のようにくるくるかたちを変える粗削りな、またはデフォルメされた総合と言ってもいい。いずれにせよ、けっして総合が欠けているのではない（破瓜病という特別な症例は別かもしれない）。したがって、「退行」と見えても、それは個体ないし種の知的進化における古代的「段階」への後戻りではなくて、個体の思考のはじまりを支配している状況に似た状況の、再構成なのである。病理的思考と未開の思考は、いずれも大人の思考であるとの意味で子供の思考に対立するが、その一方で、病理的思考と子供の思考は、それらを未開の思考から区別する共通の性格を示す。すなわち、未開の思考が我々の思考と変わらず完全かつ徹底的に社会化されているのに対し、病理的思考と子供の思考は個体の相対的独立状態に対応する。もちろん二つのケースにおけるこの独立状態は、別々の理由によって説明されるのではあるが。

注

（1）S. Isaacs, *Social Development in Young Children*. London, 1933, p. 221.

（2）*Ibid.*, p. 223.

（3）*Ibid.*, p. 223-224.

（4）*Ibid.*, p. 276.

（5）*Ibid.*, p. 272.

（6）*Ibid.*, p. 273.

（7）*Ibid.*, p. 274.

（8）*Ibid.*, p. 231.

（9）*Ibid.*, p. 251-266.

（10）K. Birket-Smith, *The Eskimos.* London, 1936, p. 172.

（11）第24章参照。

（12）A. R. Radcliffe-Brown, Three Tribes of Western Australia. *Journal of the Royal Anthropological Institute*, vol. 43, 1913, p. 151. ——M・N・サールの観察と比較してもらいたい（M. N. Searl, Some Contrasted Aspects of Psychoanalysis and Education. *British Journal of Educational Psychology*, vol. 2)。サールは子供が容赦なく生き物と事物に加える同様の二分法を記述している。

（13）たとえば『トーテムとタブー』、第二章および第四章参照。

（14）Mélanie Klein, *The Psychoanalysis of Children.* London, 1932, p. 188. 同書一九六ページも参照。同書から——「精神分裂症的論理はプリミティヴな思考や呪術的な思考にとてもよく似ている。すなわち、神経症患者の無意識や幼児や疲労状態にある健常者のもとに思考の『前身』として共通に見出されると同時に未開人のもとにも見出される思考形式に、それは一致するのである」Otto Fenichel, *The Psychoanalytic Theory of Neurosis.* New York, 1945, p. 421. 同書、四六ページ以下も参照。

（15）Ch. Blondel, *La Conscience morbide.* Paris, 1914.

（16）J. Piaget, *La Représentation du monde chez l'enfant.* Trad. angl., New York-London, 1929, p. 88, 138-140.

（17）*Ibid.*, p. 132.

（18）J. Piaget, Psycho-pédagogie et mentalité enfantine. *Journal de psychologie*, vol. 25, 1928, p. 38-40.

(19) J. Piaget, *Le Jugement et le raisonnement chez l'enfant.* Paris-Neuchâtel, 1924, p. 338-339.

(20) L. S. Vygotski, The Problem of the Cultural Development of the Child. *Journal of Genetic Psychology,* vol. 36, 1929, p. 425.

(21) W. Dennis, Infant Reaction to Restraint..., *Transactions of the New York Academy of Science,* 1940; Does Culture Appreciably Affect Patterns of Infant Behavior? *Journal of Social Psychology,* 1940; The Socialization of the Hopi Child, in *Culture and Personality, Essays in the Memoir of E. Sapir.* Menasha, 1941. — M. Griaule, *Jeux Dogons.* Travaux et mémoires de l'Institut d'Ethnologie. Paris, vol. 32, 1938. — Clyde Kluckhohn, Theoretical Bases for an Empirical Method of Studying the Acquisition of Culture by Individuals. *Man,* vol. 39, 1939, n° 89; The Use of Personal Documents in History, Anthropology and Sociology. *Social Science Research Council. Bulletin 53,* New York, 1945; *Children of the People* (in collaboration with Dorothea Leighton). Cambridge, 1946.

(22) *Sun Chief,* published by L. W. Simmons, New Haven, 1942.

(23) L. Deshaies, La Notion de relation chez l'enfant. *Journal de Psychologie,* vol. 34, 1927, p. 113, 131.

(24) G. Kreezer / K. M. Dallenbach, Learning the Relation of Opposition. *American Journal of Psychology,* vol. 41, 1929.

(25) Th. Mead Abel, Unsynthetic Modes of Thinking among Adults. A Discussion of Piaget's Concepts. *American Journal of Psychology,* vol. 44, 1932.

(26) K. Bühler, Langage de l'enfant et évolution. *Journal de Psychologie,* vol. 23, 1926, p. 607.

(27) K. Bühler, L'Onomatopée et la fonction du langage, in *Psychologie du langage.* Paris, 1933, p. 118-119.

(28) H. Wallon, Le Réel et le mental. *Journal de Psychologie,* vol. 31, 1934.

(29) P. Guillaume, Le Développement des éléments formels dans le langage de l'enfant. *Journal de Psychologie,* vol. 24, 1927, p. 229.

(30) J. Piaget, *La Formation du symbole chez l'enfant.* Neuchâtel and Paris, 1945, p. 211.

(31) S. Isaacs, *Intellectual Growth in Young Children.* London, 1930, p. 57.

(32) M. Basov, Structural Analysis in Psychology from the Standpoint of Behavior. *Journal of Genetic Psychology,* vol.

36, p. 288.

(33) A. R. LURIA, The Second Psychological Expedition to Central Asia. *Journal of Genetic Psychology,* vol. 44, 1934.

(34) S. ISAACS, *op. cit.,* p. 58.

(35) *Ibid.,* p. 79-80.

(36) *Ibid.,* p. 94.

(37) S. ISAACS, *Social Development...,* p. 388.

(38) P. BRAINARD, The Mentality of a Child Compared with that of Apes. *Journal of Genetic Psychology,* vol. 37, 1930.

(39) R. JAKOBSON, *Kindersprache, Aphasie und allgemeine Lautgesetze.* Upsala, 1941.

(40) G. A. REICHARD, *Navaho Religion..., op. cit.,* vol. 4, p. 674.

(41) JEAN DELAY, *Les Dissolutions de la mémoire.* Paris, 1942, p. 123. 破瓜病をめぐる後出の保留はセシュエー夫人の著作（SÉCHEHAYE, *La Réalisation symbolique.* Berne, 1947）が公刊されたいま、その有効性の大半を失っている。

第8章　縁組と出自

双分組織がもっとも明示的なかたちで現れるときの付随現象の研究に戻ろう。出自様式(*)が母系であるか父系であるかを問わず、父の兄弟の子供たちと母の姉妹の子供たちは、主体(**)と同じ半族のもとに置かれ、逆に父の姉妹の子供たちと母の兄弟の子供たちは、つねにもう一方の半族に属す。ゆえに外婚体系では、後者の子供たちが〔主体にとって〕結婚可能な最初の傍系親族である。このめだった特徴はいくつかの現れ方をする。まず、父の兄弟か母の姉妹から出生したイトコたちは、兄弟と姉妹とが結婚できないのと同じ理由で〔同一半族への帰属〕、兄弟姉妹と同じ名称によって指示される。次に、母の兄弟か父の姉妹から出生したイトコたちは〔主体とは〕反対の半族に属し、特別な名称か、「夫」または「妻」を文字どおり意味する名称によって指示される。言うまでもなく、これらのイトコの属す区分から〔主体の〕配偶者が選ばれなくてはならないからである。最後に、父の兄弟と母の姉妹は、その子供たちが「兄弟」「姉妹」と呼ばれるので「父」「母」と呼ばれ、逆に母の兄弟と父の姉妹は、その子供たちが〔主体にとっての〕潜在的配偶者なので特別な名称か、「義父」または「義母」を文字どおり意味する名称で呼ばれる。大略だけを粗描してみたこうした語彙は、外婚半族からなる双分組織のあらゆる要請をみたす。それは半族への社会的組織化が、じつに親族名称に翻訳されたものと言っていいだろう。だが同じ関係が別様に表現されることもある。実際、我々がいま記述してみた二分法的名称体系は、きわめて多数の未開社会が共通してもつ別の制度、交叉イトコ選好婚とも一致する。いま見たようにこの名称体系は、父の兄弟と母の姉妹〔平行オジと平行オバ〕を一括して「親族」に分類し、父の姉妹と母の兄弟〔交叉オバと交叉オジ〕を特別な名称でさして父の兄弟・母の姉妹から区別する。同一世代の成員たちもやはり二つの集団に分割される。一方は性別を同じくする二人の傍系親族を介して親族となるイトコたちで（親等は問わない）、互いに「兄弟」「姉妹」と呼び合う（平行イトコ）。もう一方は、性別を異にする傍系親族から出生したイトコたちで（親等は問わない）、互いに特別な名称で呼び合い、互いに結婚可能である（交叉イトコ）。双分組織、我々が先ほど記述した親族体系、そして交叉イトコ婚規則の三つのあいだには完全な調和があるので、前出の命題をひっくり返して、まったく同じようにこう述べることもできるだろう。双分組織こそ、それ自体いくつかの縁組規則に由来する親族体系が制度面に翻訳されたものである、と。一般に社会学者は最初に挙げた解釈を好んできた。タイラーしかり、リヴァーズしかり、交叉イトコ婚についてこう書くペリーも。「おそらくこの婚姻形式は、社会学的観点から定義できるような集団の二元的組織化に由来する」。いったいなぜ。同じ著者は続ける。「この婚姻形式は、双分組織が現に存在するか過去に存在した場合にかぎって見出せるように思われる」。ただしすぐに、次の賢明な留保をつける。「しかしこの最後の点に関して、我々は絶対の確信をもっているわけでない」[1]。まさにそのとおりで、じつに我々の考えでは、交叉イトコ婚と双分組織という二つの制度の関係は、たんなる派生のかたちでは適切に解釈されない。大部分の著者が我々と違う見解をもってきたのには、二つの理由があるように思われる。

（＊）すでに別の訳注で触れたが、ここでもう一度注意を促しておくと、レヴィ＝ストロースは英語で言う“filiation”（親子関係）と“descent”（出自）を区別しない。モデルの水準ではそれを区別する必要なしとするのが彼の立場である。この章に出てくる「出自」という語の原語はすべて filiation である。もちろん、フランス語の。

人類学用語として英語では、ある祖先との関係をつけるときに主体が各世代での父子または母子関係をたどりつつ用いる系譜関係（たとえば〈私〉が母の父の父の母をたどるときの、この経路）を“filiation”、ある集団の成員権の譲渡経路を“descent”と言って区別する。この区別によって、たとえば母 - 子の親子関係が父系出自に影響を与えるか否かといった問題を立てることができるようになる。また、知られているように、バリ島の「屋敷集団」の統合原理は父系出自でなく、父子関係 patrifiliation である（クリフォード・ギアツほか『バリの親族体系』吉田禎吾ほか訳、みすず書房、一九八九年）。前の訳注では「出自」を緩く定義して、そこに成員権だけでなく、財、身分、職分などの移譲をも関連づけたが（なぜなら本書を読めばわかるように、レヴィ＝ストロースは「出自」を成員権だけに限定していない）、リヴァーズからラドクリフ＝ブラウン、リーチなどへと経ていく「出自」概念の再検討の歴史にはここで言及しない。ポイントはただ一つ、フランス語で言う filiation は英語の〝descent〟＝「出自」に当たるということである。人類学の専門家でさえ（とりわけ経験論・機能主義の伝統が強い英米系人類学に親しみ、主知主義・構造主義の伝統が強いフランス系人類学に馴染みのない日本の人類学者）、ただ綴りが同じというだけで、フランス語の filiation と英語の〝filiation〟を混同する人が見受けられる。ここはインド人類学の世界的大家ルイ・デュモンに登場してもらおう。「フランス語で慣用となっている用語は filiation で、英語で言う unilineal descent はふつう〝filiation unilinéaire〟と仏訳される。ゆえにこの用法では、〝filiation〟の語は『ある集団の成員権（その他）の移譲』という〔通常のフランス語にない〕新しい意味を受け取る。このような状況になるのは、英語が filiation と descent の二つの語をもつのに対し、フランス語は一つの語〔filiation〕しかもたないゆえである。言うまでもなく、これはとてもまずい状況である。〝descent〟を〝descendance〟と仏訳してはどうかとの提案がなされることもあるが、しかし〔出自を成員権にのみ限定する〕リヴァーズの定義を念頭に置こうとすれば、こう翻訳することは難しく思われる」（Louis Dumont, *Groupes de filiation et alliance de mariage*, coll.《tel》, Gallimard, 1997, p. 61 ――『社会人類学の二つの理論』渡辺公三訳、弘文堂、一九七七年）

くどいようだが、レヴィ＝ストロースが「世代から世代に行われる権利の譲渡を支配している法的原理としての『出自』の観念を、親と子の親族結合である『親子関係』の観念と混同している」（エドマンド・リーチ『レヴィ＝ストロース』吉田禎吾訳、新潮社、一九七一年、一四二～一四三ページ）ように見えるのは、フランス語自体に英語の filiation と descent の区別がないからだけでなく、もともと彼がその区別をしていないからである。あるいは、「出自」の一語に「出自 descent」と「親子関係 filiation」の両方の意味を込めた「独特の」使い方をしていると言ってもおそらく大過ないだろう。「奇妙な」感じを与える用語法の是非を翻訳は問わない。それを問うのは人類学者の仕事である。本書が出版されてから約二十年後の「第二版序文」においては、その彼もまたfiliationの代わりにdescendanceの語を用いている。現在では、フランスの人類学者はfiliationとの区別をつけるためにdescendance(ふつうは「子孫」を意味する)のもつ語源的意味を復活させて、この語を用いる傾向にあるらしい。

(**)なんらかの親族名称体系ないし親族分類法として表現される、ある親族関係において、ある男は、たとえば、その妻の視点から見れば「夫」であり、その息子の視点から見れば「父」である。関係の任意の項は、関係のどこに視点(主観)を置くかでその親族的身分ないし親族名称が異なる。「主体 sujet」とはそのような視点の位置をさし、ここではもちろん、言われている「父」と「母」の子供のことである。またこの「主体」は「私 je」や〈私 Ego〉とも言い換えられる。

まず、禁忌親等について我々自身がもつ観念に照らすとき、交叉イトコ婚体系はひどく不合理なものとして現れていた。性別を同じくする傍系親族から出生したイトコと、性別を異にする傍系親族から出生したイトコとのあいだになぜ障壁を設けなくてはならないのか。どちらのケースでも、近親性の程度は同じであるというのに。ところが一方のケースは典型的インセスト(平行イトコは兄弟姉妹と同等視される)、他方のケースは可能な結合、さらには可能な結合のうちでもとくに推奨される結合(じつに交叉イトコは潜在的配偶者を言う名前で指示される)として、截然と区別がつけられるのである。この区別は我々のもつインセストの生物学的基準と相容れず、個々の交叉イトコ関係からも内在的根拠がまったく出てこないので、交叉イトコ婚制度の全体が次元の違う現象から間接的に帰結したにちがいないとされた。

次にめざましい事実が目を奪った。原住民の神話はじつに頻繁に半族の制定を意図的改革として描き出していて(だからといって、もちろん、現実にもそうであったとするだけの十分な根拠にはならないだろうが)、そのうえ少なくともいくつかの事例では、この意図的性格がもっと信用の置ける証言から検証されるかに見えていたのだった。

たとえばオーストラリアについてはハウィットが、また北アメリカのヒューロン民族については古い資料が、それを示唆していた(2)。かくして双分組織はインセストを封じるための、全面的にと言わないまでも部分的に有効な手段として考案されたとの結論が、そこから引き出された。実際、半族体系は兄弟‐姉妹のインセストをつねに防止するほか、父系体制における父‐娘のインセスト、母系体制における母‐息子のインセストをもまた防止する。イトコが二つの集団に分割されることの不合理性については、当時は体系の欠陥と考えられた。

こうした不備さえこの理論の擁護者たちに安心感を与えるものだった。なぜなら彼らには、野蛮な民族が問題に対する申し分のない解決策に到達するなどとはおよそ考えられなかったからだ。第一、彼らの理論とは逆に、イトコの区別を出発点にして双分組織にさかのぼるという方向に沿ってあれらのインセスト禁忌を導こうとしても、できなかったか、少なくともきわめて難しかったろう。次にとくに強調しておかなくてならないが、交叉イトコ婚は、それが体系性を示していることからしても、またそれの含むすべての帰結をいままで大部分の集団が論理的一貫性に従って引き出してきたことからしても、論理的力量と理論的思考力の存在を物語っているのに、イトコの区別から出発するのでは体系の根拠がつかめそうに思えないため、我々は余計こうした特権的能力を未開人に認める決心がつかない。G・エリオット・スミスとペリーの二人を開祖とする伝播主義学派は、交叉イトコ婚に対する双分組織の先行性を主張するが、その主張のじつにさまざまな根拠をここで議論しても有益でない。というのも、我々が考察しようとしているのは双分組織の法規化された形式でなく、むしろいくつかの基礎的仕組みであり、我々の考えではこうした仕組みはあまねく伏在するのである。

おそらく読者は気づかれたと思うが、我々が紹介しようと努めてきた仮説、交叉イトコ婚を双分組織に対して二次的と見る仮説は、十九世紀後半から二十世紀初頭の人間諸科学で大きな役割を演じてきたいくつかの前提を含む。次のように要約できる前提である。人間の制度というものは二つの源泉からしか出てこない。歴史的で不合理な起源からか、でなければ、熟慮された目的意識、つまり立法者の計算からである。言い換えれば、出来事からか意図からかである。したがって、いかなる合理的動機づけも交叉イトコ婚に付与できないなら、この制度は、それ自体では意味を欠いた一連の歴史的偶然から生じたことになる。古い心理学もこれと違う推論をおこなっていたわけではない。数学的観念は、人間精神の卓越した、ほかに通分できない本質を物語るものとして生得的属性をなすのでないなら、経験をもとにした自動的観念連合によってすべて構築されると認めなくてならない、と言うのであるから。この二律背反は、ニワトリほどにも下等な生物にすら関係を学習するだけの能力のあることに気づかされた日、解消された。この日、観念連合説と観念論はともに失効を宣言されたのである(3)。その結果、観念が実際に原始的であっても、それの起源を説明するのに、複雑きわまりない歴史的再構成は必要なくなった。しかし同時に理解されたように、このタイプの観念はけっして建物の上部装飾でなくて基礎をなし、かつまた質素な資材として骨格部に使われる。それまでは、概念の超越的起源を受け入れるか、できそうにないのに部分と断片から概念を再構成するしか選択の余地なしと信じられていたが、関係の内在性が実験によって発見されるに及んで、この対立は雲散霧消したのである。

人間のつくった制度についての研究においても、同様の態度変更がなされはじめている。制度もまた構造であり、構造の全体、すなわち構造の規制原理は部分よりも先に与えられることがある。制度の用語体系、制度の帰結や含意、制度の表現であるもろもろの習俗、制度の生み出すもろもろの信仰などから成り立つ、あの複雑なまとまりよりも先に、である。構造の規制原理は、合理的に考案されていなくてもなんらかの合理的価値をもつことがあるし、それ自体の意義を失うことなくさまざまな恣意的定式に表現されることもある。双分組織と交叉イトコ婚との関連は、このような水準の考察に照らして確定されなくてならない。双分組織は交叉イトコ婚に先行するとの仮説を単純にひっくり返してみよう、と言っているのではない。我々の考えでは、双分組織も交叉イトコ婚も、未開の思考によるまったく基礎的な諸構造の把握を起源としており、これら基礎構造のなかに文化の存立基盤そのものがある。この意味で次のように言ってもいいだろう。ただしそう言えるというにすぎないが。つまり、交叉イトコ婚と双分組織は、それぞれ構造をめぐる意識化の異なる段階に対応する、と。また、交叉イトコ婚の実施は法規化された体系の性格よりはむしろ試行の性格を強く示すがゆえに、この心理学的観点だけから見れば、交叉イトコ婚は、双分組織の制定ほどには十全で決定的な意識化を必要としない手続きである、と。こう言ったからとて、交叉イトコ婚と双分組織のあいだの先行問題を提起するつもりは毛頭ない。純然たる制度と見た双分組織と交叉イトコ婚にでなく、この二つの制度のいずれにも伏在している共通の現実に注意を向ければ、先行問題は重要性の大半を失ってしまうのである。

＊＊＊＊

交叉イトコ婚も双分体系も、伝播に関して、あまねくでないまでもほぼ全世界の各地に広がっているとの共通性を示すが、しかし頻度的には交叉イトコ婚制度のほうが外婚半族よりもはるかに高い。外婚半族体系が必然的に交叉イトコ婚を可能にすることは我々が実際に明らかにしたとおりだが、それだけでなく、半族に分割されていない数多くの集団にも、交叉イトコ婚が見られるのである。じつにリヴァーズは、メラネシアでこの婚姻形式を実施しているのがまさに双分組織を有していない民族であることを明らかにした。この事実にはあとでまた立ち戻らなければならない。双分組織に比べて交叉イトコ婚がより大きな広がりをもつことは、二様に解釈できる。交叉イトコ婚のほうが基礎的な体系をなし、双分組織は二次的発展の結果として、交叉イトコ婚の分布域のただ数カ所にのみ現れたとするか、交叉イトコ婚のほうがむしろ派生的現象で、この場合、双分組織の広がりの狭さはこの組織のもつ古代性から説明されるとするか。いずれの解釈も明らかに進化論に染まっていて、要はどちらの現象が先かを知ることに関心が集中している。我々は逆に、二つの制度は継起関係にあるとの仮説のもとで考察されるべきでなく、それぞれの構造から考察されるべきだと考える。この観点から見れば、交叉イトコ婚は、双分組織に比べて組織化の度合の低い構造を示すのである。実際、交叉イトコ婚が一つの傾向であるにすぎないのに対し、外婚半族への組織化のほうは、凝集性と硬直性がいちだんと高い。この主張はもっと正確に述べなくてはならない。じつに逆の事態のほうが正しいとする反論も成り立つのだから。すなわち、双分組織がその内部での結婚を許すカテゴリーは、「実の」交叉イトコばかりかもっと遠い親等の親族をも含んでいて、きわめて広範であるが、逆にもっとも厳密に定義された交叉イトコのあいだに婚姻を義務づけることは、ときとして交叉イトコ婚以外の婚姻体系のいちじるしい性格をなすとの反論である。

要するに、双分組織は配偶者の自由な選択が許されるきわめて一般的なクラスを定義し、交叉イトコ婚体系は、結婚相手として義務づけられるべき個体を――少なくともいくつかの事例では――このうえなく厳密に決定するのである。だがまさにこれが相違だと言うのではない。というのも、双分組織が定義するクラスは厳格に定められた境界をもつが、交叉イトコ婚体系のほうは個体間の関係に密着していて、この関係そのものは次々と再解釈を受け入れていく。親族関係にひじょうな重きを置くトダやヴェッダのもとでさえ、交叉イトコのいない個体は別の婚姻を結ぶことができる。ただし可能な婚姻は、理想的モデルへの適合度に従って、一定の選好順に配列されはする。トムソンによって分析されたフィジー諸島の婚姻のうち、交叉イトコの厳密な定義にかなっていたのがわずかに三〇パーセントであったことも、交叉イトコ婚のもつ同様の性格を立証している[4]。オーストラリアでも事情はまったく変わらない[5]。つまり、交叉イトコ婚体系は個体間の関係をいちだんと厳密に定義するが、個体そのものをより大きな非決定性のなかに置くのである。双分組織はそれとは逆で、関係を曖昧なままに放置するが、クラスとこのクラスに外延的に含まれる個体とを厳密に限定する。この分析からいかなる結果がもたらされるか。双分組織は一つの包括体系として現れて集団の総体を巻き込む、ということである。交叉イトコ婚は逆にはるかに特別な手続きとして現れ、体系よりはむしろ一つの傾向をかたちづくる。フルンレは我々にこう言っている[6]。ホッテントットのもとでは、交叉イトコ婚が積極的な義務の対象になったことがあるとは見えず、厳格に禁止されていたのは平行イトコ婚だけである、と。ただし我々であれば、ホッテントット型体系ほどにもイトコの二分法と二クラス間の相互婚とを中心に申し分なく構築された親族体系は、まれにしか見当たらないことを付け加えるだろう。南アメリカでホッテントット型体系と同じほどの精度を示す親族体系が見られる例、たとえばナンビクァラについても、同様の事態を指摘できる。

かくして、双分組織と交叉イトコ婚との理論的関連を我々がどう見ているかははっきりした。どちらも互酬体系であり、どちらも二分法的名称体系に行き着き、どちらの場合でも名称体系の大略は同じである。しかし外婚半族からなる双分組織は、現実的な配偶者を漠然と定義する一方で、可能配偶者の人数と身元をこのうえなく厳密に決定する。言い換えれば、双分組織は、交叉イトコ婚を端緒にして開かれる体系、交叉イトコ婚をいまだ未分化な表現とする体系の、高度に機能特化された定式なのである。交叉イトコ婚はある関係を定義し、事例ごとにその関係の完全な、あるいは近似的なモデルを構築するが、双分組織は、一つの規則を一律にあてはめることによって二つのクラスを限定するのであり、この規則は、それら二クラスに配分されるかそこに生まれてくる個体が、もっとも広義に解された相互関係のなかにつねに置かれることを保証する。精密性によって犠牲にされるものが、機械的規則性および単純性として回復されるのである。

これら二つの制度は、いわば結晶化した形式と柔軟な形式として対立する。この区別に時間的前後関係の問題はまったくかかわってこない。ある集団は一気に包括定式にたどりつけたであろうし、別の集団は、それまで唯一実施されてきていた交叉イトコ婚のその構造的法則が意識化された結果として、はじめて包括定式を採用したであろう。いずれもまったくありうることなのである。また同一の集団が双分組織から交叉イトコ婚に乗り換えることがありえなかったとする理由も、やはりまったくない。交叉イトコ婚の根本的な機能的価値は双分組織に等しいのであるから。ただ交叉イトコ婚のほうが、社会構造のいちだんと深い層で働いているぶんだけ歴史的変形作用にさらされることが少ないのである。

いま示唆した双分組織と交叉イトコ婚の関係は、メラネシアの制度をめぐるリヴァーズの指摘、双分組織がまさに欠けているところに交叉イトコ婚が出現（または再出現）するとの指摘を申し分なく説明してくれる。どちらのもつ機能的価値（互酬体系を樹立すること）も等しいゆえに、双分組織のないことが交叉イトコ婚のあることによってどう補われうるのか想像がつくのである。

＊＊＊＊

以上の考察は、我々が形式主義的解釈から身を守るための一助になるだろう。ここ十年、形式主義的解釈は、未開社会学や社会学一般の研究の進歩を減速させかねないほどに、いよいよ脅威を増しており、最近では交叉イトコ婚の解釈、交叉イトコ婚と双分組織との関係の解釈に、その傾向がいちじるしくなってきている。それゆえ我々は本件に先立つと見える、一つの問題を長々と議論させてもらうが、それはたんに見かけのうえで本件以前的との印象を与えるにすぎない。実際、この問題に与えられる解答は、本書で検討しようとしているすべての問題にわたる、根本的態度決定を含んでいる。

現代社会に存在する家族と未開社会のもつ親族団体——クラン、フラトリー、半族——とのあいだには本性上の違いがあると、長いあいだ社会学者たちは考えてきた。家族は父母両方の系において出自を認知する。しかしクランや半族は、父母のどちらか一方の系における親族関係をしか考慮せず、したがって、それぞれの場合に応じて出自は父系である、または母系であると言われる。こうした母系出自・父系出自の定義は杓子定規に理解され、そのうえ諸事実の観察もしばしばそう理解することを促していた。母系出自体制は父子のあいだに親族としてのいかなる社会的絆も認知せず、じつに父親は自分の妻のクラン——自分の子供もこのクランに属す——にとって「お客」「外の人間」「よそ者」である。父系出自体制では逆の事態が優勢になる。

このような規制はひどく図式的にも恣意的にも見えるので、幾人かの著者——意識的にせよ無意識的にせよ、この規制を現実のイメージとして受け入れた著者たち——は、これほど自然からかけ離れた習俗が、さまざまな地域で、さまざまな時代に、自然に生まれたはずはないと結論した。それはむしろ、特定の時期に世界の特定の一地点で起きた文化的大変動に結びついているにちがいなく、ゆえに伝播によって普及していったのだろう、と。ところが早くも一九〇五年、スワントンは、部族がどれほど単系であると見えても、もう一方のリネージが完全に無視されるのでないことを指摘した。一方で婚姻家族 famille conjugale(＊) はある種の認知を得ており、この認知は、限定されていることはあるが、しかしたとえ制度のなかに表現されずともつねに実際的な意味を帯びている。他方、表面から消えたリネージも通常それ固有の役割を果たし、この役割は習俗に間接的に反映される(7)。

（＊）一組の夫婦とその子供たちからなる集団、これが婚姻家族のもっとも単純な定義であるが、しかしここでは「血縁家族 famille consanguine」との対立関係に置かれた婚姻家族を考えるべきであろう。母系血縁を基盤とする血縁家族は、夫＝父という地位を含む婚姻家族を家族の外部に排除しようとする傾向か、逆に夫婦結合や父子結合を疎遠にすることによって婚姻家族を血縁家族へと再編しようとする傾向を示す。

この三十年間に現れたおびただしい専門研究はスワントンの指摘を広範囲にわたって確証し、今日ではたとえば次のようなことが知られている。ホピほどにも母系の強い社会でさえ、父と父のリネージにそれなりの位置を与えており、このような事態は大部分の事例に認められる。さらに単系的性格が現実のものというより見かけのもので、じつに役職と権利の譲渡が一部は一方の系、一部は他方の系に沿ってなされる社会の存在が確認されている。こうして伝統的社会学の結論はひっくり返され、こう考えられるようになった。厳密な意味での単系社会は、それが現実に存在するとしても、例外でしかありえず、逆に両系主義は、じつに多様な譲渡方式を貫いて認められる、きわめて一般的な定式である、と(8)。

我々には真実はもっと複雑であるように見える。というのも、両系主義なる名称は互いに遠く隔たったさまざまな現象をさしている。あらゆる人間社会は子と父母それぞれとのあいだに、法的絆でなくとも、心理的・感情的絆ならあることを認知すると言いたいのであれば、異論はない。また父子の絆、母子の絆はいつでもどこでも自然発生的習慣のなかばかりか、結晶化するにいたっていない社会生活の諸形態のなかにさえ表現されるとの主張にもたやすく同意できる。こうした柔軟な諸構造が制度的建物をきわめて単純な状態に留め置くための十分な土台を提供する、そういう社会のあることはまちがいない。たとえばアンダマン島民、フェゴ島民、ブッシュマン、セマン、ナンビクァラなどがそうである。これに比べれば、複雑で体系性をもった法的装置の基礎を父母の両リネージの認知に置く集団は、はるかにまれである。

［一九三五年にラドクリフ＝ブラウンは、そのような法的装置の唯一の事例としてゲルマン法を考察しているのみで、それを例外と見なしていた。(9) ところがすぐに、ほかにもいろいろと実例が現れた。たとえばセピク川流域のアベラムのもとでは、息子がいないと娘が、娘がいないと姉妹の息子が、土地資産を相続する。(10) 本書初版で我々は先の段落にこう付け加えていた。「いずれにせよ、こうした集団のリストは長いものにはなりえないだろう」（初版一三五ページ）。今日ではこの見込み違いを認めなければならない。マードックに続いて多くの著者が、とりわけポリネシア（ファースの初期の仕事がつとに注意を喚起していた地域）、そのほかメラネシアとアフリカに共系体系 sys tème cognatique の存在することを立証した。父系と母系を対等に認知することにもとづき、ダヴェンポートによって「非単系体系 système non - unilinéaire」とも呼ばれた（*American Anthropologist*, vol. LXI, no. 4, 1959）体系である。確かにこうした体系は一九四〇年前後に予測されていたよりも頻度が高く、その割合は現在確認されている出自体系の、少なくとも三分の一に及ぶと見積もる民族学者もいるほどだが、しかしこの比率がやがて確証されたとしても、それによって我々の解釈原理が深刻な打撃を受けるとは思われない。一九四七年に我々が共系体系を脇に置くよう示唆したのは、ラドクリフ＝ブラウンその人同様、我々もその体系が例外をなすと考えていたからで、このことは今日ではもはや正確と思われないにせよ、我々の表明した態度保留は正当な根拠を失っていない。たとえ頻度が高くても、共系体系をここで考察するには及ばない。なぜならこの体系は基本構造の範囲に入らないのである。マードックは「社会的組織化の共系形式」（Cognatic Forms of Social Organization, *Social Structure in South- East Asia*, edited by G. P. Murdock, Viking Fund Publications in Anthropology, no. 29, 1960）という研究で、暗に逆のことを認めているように思えるのだが、しかしすでにグディナフの論文「マラヨ＝ポリネシアの社会的組織化」（Malayo- Polynesian Social Organization, *American Anthropologist*, vol. LVII, no. 1, 1955）が指摘していたように、共系体系は、我々が基本的親族構造の名を与えようとしている体系と同じ類型論のもとに

収まらない。それは共系体系が追加的次元を繰り込んでくるからである。つまり、あらゆる共系体系が社会的凝集様式を定義・永続化・変形するときに基準とするのは、もはや安定した出自規則でなくて、じつに土地権体系なのである〔「土地権」は耳慣れない言葉かもしれないが、土地所有権、地役権などを含めた土地に関する権利の総称と理解していただきたい〕。共系体系のはっきり現れる社会と単系出自にのみ支配されている社会との違いは、類型論的にはいくらか節足動物と脊椎動物の違いに似ている。単系出自では社会の骨格は内部的である。その骨格は、個々の身分のどれもが厳密にほかのすべての身分の関数になっている、通時的・共時的に連繋した人法からなる。共系体系では社会の骨格は外部的で、土地所有規約の連繋、すなわち土地財産制からなる。これらの物法は個体の外部にあり、このことのおかげで、またこのことの課す拘束の範囲内で、個体はある程度自由にみずからの家族的・社会的身分を定義できる。先に挙げた動物への比定を正当化しておくためにも、こう指摘しておこう。変態という特権を有し、個体としての一生のあいだにいくつもの形態学的段階を通過していくのは、まさしく外骨格に覆われた有機体である。ゆえに共系体系は、もう一つ別の側面においても単系体系と異なる。共系体系では、各個体に選択の自由が授けられるために通時性と共時性が多かれ少なかれ乖離するので、その結果、この体系を有する社会は、個体のなす選択全体の統計論的変動が一定方向に導かれうる程度に応じて、歴史的存在に近づいていく。」

しかしこれら両系主義のぼやけた、あるいは鮮明な形態のいずれも、それらと混同されがちな別の一形態からとくに区別されなくてならない。前段落の実例で父のリネージと母のリネージのどちらもが認知されるということは、どちらのリネージもが同一の権利・同一の義務の譲渡において同一の役割を演じうることを意味する。名前、社会的身分、財産、特権を父母のどちらからも同時に、あるいは父母の区別なくどちらか一方から受け取っていいのである。どちらのリネージにも特別な役割があてがわれるわけでなく、たとえば特定の権利はつねに一方の系に沿ってのみ、別の特定の権利はつねに他方の系に沿ってのみ譲渡されていくというのではない。後者の出自体系は世界の多数の地域、わけても西アフリカ、南アフリカ、インド、オーストラリア、メラネシア、ポリネシアで観察されてきたが、しかしこの定式が前者の定式と至極違うことは一目瞭然なので、用語法のうえで二つを区別することは不可欠であると我々には思われる。父のリネージと母のリネージとが入れ替え可能で、場合によっては二つが一つになってそれぞれの働きを併せ持つようになることのある体系を無差別出自体系 système à filiation indifférenciée と呼び、のちにいくつか実例を見るきわめて精密に定義された体系、特定の型の権利譲渡をそれぞれが排他的に支配する二つの単系出自の並置を特徴とする体系に両系出自 filiation bilinéaire の名をあてることにしよう。

単系出自、両系出自、無差別出自のあいだには、互いを完全に遮断する仕切りはおそらくない。どのような体系も婚姻家族があまねく存在することに起因する漠とした無差別化の係数をもつし、さらに単系体系は、他方のリネージの存在をある程度までつねに認知する。逆に無条件に無差別化された出自の実例に出会うことはまれで、無差別化の方向をじつに遠くまで推し進めてきた我々の社会でも（父からも母からも遺産を相続する、両方のリネージから社会的身分を受け取ったり威信を引き出す、など）、家名の譲渡様式は相変わらず父系寄りである。［とはいえ、無差別体系が今日の民族学理論にとってもつ重要性は疑うべくもない。伝統的に「未開」と呼ばれてきた社会といわゆる「文明」社会との分割線が「基本構造」と「複合構造」の分割線に重ならないことを、この体系は証明する。いちだんと理解が進んできているように、いわゆる未開社会のなかにも、出所の異なるさまざまな類型が存在しており、それら類型のいくつかについては、これからまだ理論をつくらなければならない。かなりの数のいわゆる未開社会が事実上は複合的親族構造の範囲に入ることは、ともかく確認しておきたい。ただし本書は基本構造の理論に限定されるので、無差別出自の実例はとりあえず脇に置いていいと考える。］

いずれにせよ、交叉イトコ婚をめぐっては、昨今では無差別体系よりもむしろ両系体系の検討をとおして、二元対立にもとづく古典的解釈が刷新されてきた。ただしこの刷新に伴って、二元対立は二重化された。現在もなされている、または過去になされた外婚半族への集団の分割に交叉イトコ婚の起源を求めようとする説明は、実際、重大な困難に直面していた。双分組織はイトコの交叉・平行への二分法に説明をつけ、なぜ交叉イトコが可能配偶者で、平行イトコが禁忌配偶者であるかを明らかにしてくれるが、しかし主体の半族に対置された半族には交叉イトコ以外の個体も属すのに、なぜことさら交叉イトコが、じつによく見られるように、ほかのどの個体よりも配偶者として好まれるのかを理解させてくれない。どの男も自分の半族に対置された半族のなかに、交叉「従姉妹」の身分を有する女ばかりか――なかんずく――交叉「オバ」や交叉「姪」の身分を有する女も見出し、それらいずれの女もが外婚の対象として同一の資格をもつ。いったい何が交叉「従姉妹」の帯びる特権的配偶者としての性格を決定するのか。

とりあえず次のように仮定してみよう。父系リネージか母系リネージの一方が双分組織へと二分されたうえに、同様の単方二分法が、しかし今度は他方のリネージに加えられる、と。たとえば母系半族ＡとＢからなる体系があり、二回目の分割が次に父系の側に加えられて二つの集団ＸとＹが生ずるとしよう。どの個体も母から身分ＡかＢを、父から身分ＸかＹを受け継ぐゆえに、二つの指標の組み合わせAX、AY、BY、BXのいずれかにて定義される。「可能配偶者は父方指標も母方指標もともに〔主体の指標と〕異なっていなければならない」が婚姻規則であるなら、この二つの要請をみたすのは、容易に確認できるように、交叉イトコだけで、それに対して交叉オジ、交叉オバ、交叉甥、交叉姪は一つの指標が異なるのみである。詳細な論証については読者は第11章を参照されたい。ここではいくつかの実例を取り上げるにとどめる。

アシャンティ民族の双分組織、その他おそらくガー民族、ファンティ民族、さらにスリナムの黒人たち[11]の双分組織も、父系因子である *ntoro*「精霊」と母系因子との交わりのうえに成り立っているようである。母系因子は *abusua*「クラン」とも *mogya*「血」とも呼ばれ、事実、原住民たちは *abusua bako mogya bako*「一つのクランは一つの血」と口にする。男の *ntoro* が女の *mogya* と混ざり合って子を産む[12]。この体系と交叉イトコ婚との相関関係を、名称体系は次の等式のなかにきわだたせる。

ase: 母の兄弟の妻＝配偶者の母

oyere: 母の兄弟の娘＝妻
akonta: 母の兄弟の息子＝義理の兄弟[13]

インドのトダは複数の *mod* ＝父系外婚集団と複数の *polioil* ＝母系外婚集団とに振り分けられる。この二分法のあるゆえに、民族の主要な社会単位をなす二つの大きな内婚クラスそれ自体が、次のように下位区分される。Tordas 半族は五つの外婚集団（*polioil*）に、Touvil 半族は六つの外婚集団に。したがってトダの交叉イトコ婚は、母系と父系のどちらかだけでしか親族関係の成り立たない個体のあいだで結婚が禁止される、その結果としてもたらされるように思われる。[14] ナイジェリアのヤケのもとでも同じ型の組織化に出会う。彼らは、父系外婚半族 *yepun* と、*yepun* ほどには厳格に外婚的でない母系集団 *yajima* とに分割され、この二つの集団に権利と義務が割り振られるが、割り振りをめぐる軋轢はまず生じない。「*kepun*〔*yepun* の複数形〕で食べ、*lajima*〔*yajima* の複数形〕で相続する」と原住民の諺もはっきり述べる。*kepun* と *lajima* とのあいだの外婚によって禁忌親等が定義されるため、禁忌親等の範囲は事実上、母の系の平行イトコまでで終わるが、しかしもし *lajima* の外婚が *kepun* の外婚と同じほど厳格であるなら、明らかにすべての平行イトコが可能配偶者から除外されるだろう。[15] 最後にヘレロは交叉イトコ婚への積極的選好を示す。彼らの交叉イトコ婚は、父方居住(＊)で外婚をおこなう約二十の父系クラン *otuzo* と、花嫁の居住先がとくに決まっていない六つから八つの母系クラン *eanda*（複数形 *omaanda*）とを交わらせた結果である可能性が高いようだ。[16]

（＊）結婚後の新婚夫婦がどこに住居を定めるかを言う用語として次のようなものがある。新郎の家族のもと（両親の家）、または村に居住する場合は「夫方居住 résidance virilocale」、新婦の家族のもと、または村に居住する場合は「妻方居住 résidance uxorilocale」。新郎の家族のもと、またはその近くに居住する場合は「父方居住 résidance patrilocale」、新婦の家族のもと、またはその近くに居住する場合は「母方居住 résidance matrilocale」。夫方（妻方）居住と父方（母方）居住の違いは、新婚夫婦の居住範囲の違いであるが（「村」を最大範囲とする前者のほうが、両親の住居の近隣までを最大範囲とする後者よりも広い）、しかしわかるように、この二つの用語は多少なりとも互換可能である。

以上の実例やその他の実例から、すぐにも次のように結論したくなるかもしれない。いつでもどこでも交叉イトコ婚は、社会集団に二度にわたって加えられる二分法によって説明され、そしてこの両次二分法は意識的に制度のなかに表現されることもあれば、慣習法的諸規則の無意識的な力として働いていることもある、と。

＊＊＊＊

そのような事例がときとしてありうることに異議を挟むつもりはないが、しかし我々は、数のかぎられた特定の実例から一般的な結論が引き出せるとも、原住民の制度や意識に実際に存在しているのかどうかあやふやなことの多い二分法を持ち出して、交叉イトコ婚ほどにも一般的な体系が説明できるとも思っていない。二分法と交叉イトコ婚、この二つの現象のあいだにはいったいいかなる関連があるのか。

本書第1部の終わりの数章は全面的にオーストラリアの実例の検討にさかれるが、その実例を先取ることにしよう。我々はためらうことなくカリエラ型体系とアランダ型体系を二重の、またときとしてもっと多重なこともある二分法にもとづいて解釈するが、しかし問いのすべては次の点にある。オーストラリアは親族規則および婚姻規則という普遍的に存在する規則が最終的本性を明かすような、特権的事例を提供するのか、それとも逆に我々の目の前には、自分たち固有の諸問題を整理するために原住民の意識が展開した、一つのローカルな理論（この理論の実例は他地域にも散見される）、現象をいわば合理化するための理論があるのか。我々はここで社会科学における説明という根本問題にぶつかる。実際、あらゆる次元の社会現象（言語、信仰、技術、習俗）は、精神によって無意識的思考の水準でつくりあげられるとの共通性格を示す、という――まさしくボアズの強調した――このことが正しいのであれば[17]、社会現象の解釈にはつねに同じ問いが持ち上がる。人間の意識による社会現象の捉え方は、当の現象がどう発生したかを忠実に映し出しているのか、それともそこに、現象の出現とその結果を説明するのに適した、ただし実際の出来事に必ずしも対応しない分析手続きだけを見るべきか。この点に関する我々の考えをはっきりさせよう。

個体の身分が単純な、あるいは複雑な二分法を基準にして解釈される、別の領域が知られている。そこでは特定の主体のもつ身体的形質の集合が、両親から継承したいくつかの基本形質のあいだの組み合わせの結果として扱われる。言うところの領域とは遺伝である。たとえば、伴性遺伝子によって運搬される形質を考察してみれば、上述の現象とのいちじるしい類似性が明らかになる。実際、メスは二個のまったく同じ伴性遺伝子をもち、オスはメスの伴性遺伝子に似た一個の伴性遺伝子と、もう一つ男性の示差的特徴をつくりあげる伴性遺伝子をもつ。すなわち、メスは母系の二重指標XX、オスは父系の二重指標XYをもつ。どの個体も必然的に一個の母方指標と一個の父方指標を受け取る。息子は男性の示差的特徴を有してなければならないから、父方指標はYとなり、指標Xはつねに母に由来する。かたや娘は父方指標Xと、もう一つ、母方指標の二つのXのうちのどちらか一方をもつ[18]。伴性遺伝子によって運搬されるすべての形質は、要するにこの両次二分法の弁証法に従って、子孫のあいだに配分される[19]。

しかし遺伝の場合には、分析手続きと分析対象との厳密な対応がある。あたかも染色体と遺伝子が別々に存在するかのようにすべてが進み、事実、生殖細胞を顕微鏡で調べるとそうなっている。個体の遺伝特性は基本粒子の絶えず更新される組み合わせの結果として生ずるとのメンデルの考えは、統計論的予測の便利な方法をもたらすだけでなく、現実のイメージをも提供する。同じく、音韻論を研究する言語学者が音韻現象の性格を説明するために援用する「示差的要素」も、心理学的、生理学的、さらには物理学的視点のいずれから見ても、客観的に実在する[20]。

逆にある問題を代数的方法で解こうとしている数学者を眺めてみよう。彼もまた困難を――〔デカルトの〕『方法叙説』〔落合太郎訳、創元社、一九四八年〕の規則に倣って――「よりよい解決に必要なだけの部分に」分割してみせ、そして得られた結果が事実にどれほど合致するかに応じて、方法の価値が判定される。このとき困難を複数の「未知数」に分解するからといって、それぞれの「未知数」にあらかじめ客観的実在が対応している必要はない。言い換えれば、この分解は純粋に観念的なものであって、その正否を測るのは、研究されている事態を帰結とする現実的プロセスを数学者の精神がどれだけ忠実に再現したかでなくて、むしろ結果である。のちに見るように、八つの婚姻クラスをもつオーストラリアの体系の性格を決定するために、A・ヴェイユは十六の基本単位、すなわち婚姻型を出発点にして演算をおこなうが[21]、彼がそうする合理的根拠のあることは疑いない。じつにこの方法は、体系のいくつかの論理的帰結、いままでフィールドワーカーに気づかれていなかった論理的帰結を取り出させてくれるのだから。しかし、原住民の精神がこの体系をつくろうとしてあれら十六のカテゴリーに訴えたことなど一度もない、との確信が得られる場合もあるかもしれない。そのうえ、のちに明らかにするように、八つのクラスそのものは二次的に形成されたことを示しており、この体系の発生は、四つのカテゴリーへの、いまでは無意識的になっている分割によってきわめて満足のいくかたちで説明される[22]。この型の体系、つまりいくつかの基本性格を組み合わせることの結果として社会構造内の個体の位置が決まるように見える体系に直面するたび、次のような問いが出てくる。社会学者は――またときに原住民も――遺伝学者のようにふるまったのか、数学者のようにふるまったのか。あれら基本性格は社会構造の客観的属性であるのか、社会構造の属性のいくつかを検証するのに便利な手続きであるのか。この問いにはつねに三つの答えが可能である。

基本単位が実際に存在する事例も、あることにはある。母系クラン、父系セクションがあり、そのいずれもが名称体系、権利・義務の譲渡規則、そのほか制度上および習俗上のいくつかの側面によって外延的に示される。事実が詳細な批判的検討を経て積極的な結論を導き出してくれるのなら、事実に対応する機構の働いていることに疑問の余地はないが、しかし実際に当の機構を探しても、ほとんどの場合、まったく見つからない。というのも、単方クラスへの集団の分割は、可能配偶者と禁忌配偶者の複雑な振り分け法則を説明するために社会学者自身が案出する仮説で、彼は必要な性格を単方クラスにまとわせて、婚姻体系を単方クラス間の相互作用の結果として解釈できるようにするのである。このような分析方法は論証の一段階としては便利かもしれないが、しかしこのタイプの研究を参照してみると、そうとも言いきれない。研究が行き着く図式は、その煩雑さからして疑わしくなってしまうのである[23]。だがそれ以上に、こうした研究は、論理学者なら熟知している原則に抵触する。すなわち、あるクラスが外延的に定義可能であっても、そのクラスの存在を公準として前提することはけっしてできないのである。クラスのあることは確認されるのであって、演繹されるのではない。

だがもっと厄介な状況がある。我々は社会学者の用いる方法の作為性を非難しているわけだが、じつは原住民自身がときとして、このとがめられるべき作為性に染まってきた。確かにいくつかの文化は、それ固有のもろもろの社会制度に、カテゴリー化と言うにふさわしい作業を加え、制度を体系化してきた。しかし原住民が生み出したからといって、この体系がなんらかの現実をありのままに再現しているはずだとするわけにいかない。というのも体系の無意識的・集団的本性のせいで、この現実は、当事者の分析からも観察者の分析からも、すり抜けてしまうことがある。オーストラリアはこうした事態のいちじるしい実例をあれこれ差し出す。社会学者がそれゆえにためらいをいだくのなら、このような事態に遭遇したのは自分がはじめてでないことを思い起こすべきだろう。スコラ論理学をつくった人々は自分自身の思考の従う法則を発見しようと考え、発見したと思い込んだ。なるほど、思考が古典論理学のモデルどおりに展開され、どのような知的操作についても、それを古典論理学の要請をみたすようなかたちで解釈できる場合もあるが、にもかかわらず――今日の我々が知っているように――思考はほとんどの場合、古典論理学とはおよそ異なる法則、もっと注意深い観察によってはじめて特定された法則に従って進んでいく。ポール＝ロワイヤルの文法学者たちもまた、言語運用の真の法則を手に入れたと思い込んだが、そののち我々は、統辞論と形態論が、伝統的文法の枠組みとはほとんど共通点のないある下部構造に基礎を置いていることを学んできた。

したがって、論理学者の手元とは別のところに三段論法があるのなら、同じように――それ以上にというのでないが――社会学者の頭のなか以外にクラスがあってもおかしくなく、いずれの場合でも、クラスおよび三段論法という形式が経験と観察とによって実証されたのなら、それらの実在することを認めなくてならない。しかし、ある現象がそうした形式の生み出す現象と似ていて、そうした形式が実際に与えられているからといって、いつでもどこでも当の形式が当の現象の存在理由であるとはかぎらない。のちに互隔世代〔祖父母と孫のように一代隔てた世代がたとえば名前を共有するといったかたちで緊密に結びつく現象で、「交替世代」とも言う〕の問題に取り組むさい、我々は論点を的確に突くような論証を提出してみるが、そのときはっきりするように、互隔世代現象は父系と母系の二回にわたって加えられる両次二分法にじつに完璧に合致していて、ゆえにこの両次二分法が互隔世代現象の原因であることに一般に疑問の余地はないにもかかわらず、ごく短期的な互酬周期が実現されることによって決定される、まったく異なる条件のもとでも、やはり互隔世代現象は現れるのである。[24]

交叉イトコ婚は集団に両次二分法が加えられたことの結果である、とする主張をほんの少しつまびらかに検討してみれば、諸事実は――明確な特定の事例を除き――分析に耐えないとわかる。ポルトガル領アフリカのワ＝ニャンジャは母系外婚集団 *kamu* に分割され、さらに *kamu* は、やはり外婚的である父系集団 *chilawa* に再分割される。予想できるように、この体系は平行イトコを可能配偶者から除外する。しかし交叉イトコを、選好される配偶者とするわけではない。[25] ヤケ民族の社会的組織化は上述のとおりだが、このヤケについても、フォードは類似の留保をつけるにいたった。[26]

アシャンティ民族にかかわる諸事実を少しばかり注意して分析すればはっきりするように、たとえ堅固に立証されているように見えても、双方説にはよほどの用心が必要である。B・セリグマンが適切に注意を促したように、[27] *ntoro* と *abusua*〔クラン〕の弁証法は、それぞれのカテゴリーが二つの外婚集団を、もっぱら二つだけを含むときにしか、双方交叉イトコ婚をもたらすことはないだろう。ところが、これは確実にアシャンティにはあてはまらない。彼らの有するクランと *ntoro* の数は不特定で、ゆえに彼らの体系の構造から言って、孫息子が祖父の父系帰属〔ntoro〕と母系帰属〔クラン〕とを自動的に再現するとの結果にはならない。この点が肝要である。なぜなら、交叉イトコ婚とそれがアシャンティの社会的組織化に対してもつ特殊な関係は肉体を超えたものをめぐる信仰によって説明できると、かつてラトレーによって考えられたことがあるので[28]。両系体系では、孫息子は祖父の転生で祖父の社会的身分を再び身に帯びるがゆえに、交叉イトコ婚が必要になる、つまり交叉イトコ婚は一世代を隔てて各人に元のクランと ntoro を回復させると言うのである。こうした互隔世代の弁証法はのちに分析してみるから、ここではそれのはらむ理論的含意には拘泥しないで、ただ次の点だけを指摘しておこう。父系と母系の外婚集団が不特定多数ある場合、二重外婚の規則だけでは、すべての婚姻を双方交叉イトコ同士の結合という理想モデルに適合させるには不十分である。母の兄弟の娘（母方交叉従姉妹）との婚姻は互隔世代の反復を絶対的に阻んでしまう（実際、子孫たちは、性別に従って、男性祖先または女性祖先の父系または母系集団のどちらか一方を無際限に保持し、その集団を相補するもう一方の集団を〔世代ごとに〕無際限に更新していく）。ラトレーの主張どおり、互隔世代による転生という形而上的要請が体系の存在理由であるのなら、体系に対応する社会的組織化から考えてこの要請がみたされうるのは、B・Z・セリグマンがまさに指摘したように[29]、要するに父の姉妹の娘（父方交叉従姉妹）との婚姻を仮定した場合にかぎられる。

交叉イトコが父方と母方に区別される現象の理論的根拠は、のちに明らかになるだろう[30]。しかし当該事例に話をかぎっても、二つの観察記録を見過ごすわけにいかない。スリナムの黒人は逃亡奴隷の末裔で、ギアナに独自の文明を築き上げた。ヨーロッパ文化とインディオ文化からさまざまなものを借りたとはいえ、彼らの文明のアフリカ的素地は隠せない。彼らもまたアシャンティを彷彿とさせる社会組織をもつ。クランは母系であるが、子供たちは父から tcina を引き継ぐ。tcina とは食べ物にかかわる世襲的禁忌の総体で、これを犯せばレプラが引き起こされる。ところが婚姻にまつわるもろもろの禁止はただ母の系に及ぶだけで、父の兄弟のリネージや父の姉妹のリネージとは進んで結婚がおこなわれる[31]。ならばハースコヴィッツの記述から想定されるように[32]、子供は男女の区別なく父から tcina を引き継ぐ、と結論すべきだろうか。おそらくスリナムの黒人のもとではそうなのであろうが、アシャンティについては、逆に異論の余地のない証言が手元にある。一七九五年にボスマンがこう書いているのである。「息子は父が食べることを禁止されているものをけっして口にしない。こうしたことに関して娘のほうは母に倣う[33]」。ならば世襲的譲渡には二つでなく、三つの異なる形式があることになろう。息子も娘も父の *ntoro* を継ぐ。同じく息子も娘も母のクランを継ぐ。しかし父の *tcina* は息子が、母の *tcina* は娘がそれぞれ継ぐのである。

この三番目の出自形式は婚姻規則に影響しないから考慮しても意味がない、との反論があるかもしれない。性別による二分法がさほど頻繁に単方婚体系の特徴をなすのでないなら、この反論にも根拠があるだろう。なぜなら、まさに単方婚体系では、兄弟と姉妹は同じ婚姻過程をたどらないのだから。父方交叉従姉妹を結婚相手とする婚姻体系では、息子は母の婚姻を、娘は父の婚姻を再現する。したがって、それぞれの子供が自分と性別を異にする親から、婚姻とは関係ないあの〔*tcina* という〕部分的規約――個人的当為――を受け取ることも理解できる。このように考えても、肉体を超えるものをめぐる信仰がすでにその存在を暗示していた婚姻、父の姉妹の娘との婚姻が見出されると言っていい。この分析が図式的にすぎると思う読者には本書第26章を参照してもらえれば、インドの一例について、同様の曖昧さがもっと踏み込んだかたちで議論されている。

もちろん我々は、アシャンティの婚姻が、ここで示唆したモデルに事実上合致することを主張しようとしているのではない。唯一の眼目は次の点を示すことにある。両次二分法が自動的に生み出されるような、そういう団体形式の存在が明確に検証されない場合、「二重出自 double filiation」による交叉イトコ婚の説明は、例外なく怠惰な説明である。

＊＊＊

このことに驚く必要があるだろうか。婚姻クラスを備えた組織がこのうえなく明確で明示的な性格を伴って存在する場合でさえ——たとえばオーストラリアの半族——歴然と目に入ってくるように、それらクラスは、客観的性格によって区別できる個体を外延的に集めてなった、複数の集団としてでなく(*)、むしろはるかに位置のつくる一つの体系として捉えられていて、体系の構造だけは一定不変で、個体たちのほうは、相互の関係を乱さないかぎりは体系のなかを移動すること、それどころか互いの位置を取り替えることさえできるのである。

（＊）言うところの「外延」は論理学の用語であるが、ここでは、はっきり区別される諸個体をそれらに共通するなんらかの性質や性格によって一つのカテゴリー（この箇所では「クラス」）にくるといったほどの意味である——「生き物」というカテゴリーは人間、ダチョウ、タヌキ、カツオなどを「外延」として含むが、河童を含むかどうかはまだ実証されていない。

kopara と言われる習俗がオーストラリア南部の原住民のもとで果たす機能は、交換されるのが物質的財であれ、女であれ、人命であれ、侮辱であれ、イニシエーション儀礼であれ、集団間の交換のバランスシートを均衡状態に保つことにあるように思われる。*kopara* は決まった手続きを踏んで清算されなくてならない負債であり、贈り物の返礼がない、クランの娘と引き替えに女が提供されない、人が殺されても復讐がなされない、イニシエーションの代償が払われないなど、損害の性質に従って負債額も変動する。この習俗においてとりわけ我々の関心を引くのは、殺人が、またイニシエーションへの「恩義」〔精神的負債〕が通常、女の贈与によって清算されることである。しかも *kopara* が清算されるたびに、それを祝って女たちが一時的に交換され、そのさい同一の外婚団体に属す男女が、近親は別として、性的関係を結ぶこともある。「たとえば〔略〕Tiniwa 半族の夫たちは、自分の妻（Kulpuru 半族に属す）を Kulpuru 半族の男たちのもとに送り、Kulpuru 半族も同じことをする」[34]。仇討ち組の成員はふつうは殺された人と同じ半族に属すが、しかし彼らもまた他方の半族の男たちのもとに自分たちの妻を貸し与えて、仇討ちへの協力を余儀なくさせることがある。要するにこの場合も、同一半族の成員のあいだ

に性的関係が許されるわけである。ガダルカナル島でもこれに似た、ただし逆さまの状況に出会う。「おまえの姉妹の糞を食らえ」という言葉はガダルカナル島では最悪の罵詈雑言で、これによって受けた侮辱は、相手の血をもってしかすすがれない。しかしこの言葉を吐いた相手が反対半族に属すなら、殺されるべきは姉妹であり、侮辱した当人も自分の立場を立て直したいのなら、自分の姉妹を殺さなければならない[35]。原住民からもたらされたこの証言はおそらく神話に根ざすが、しかしそれは、ウォーナーがムルンギンのもとで得た、よく似た観察記録に符合する[36]。

こうした事実はいくつかの点で本質的なものである。それはまず、婚姻交換が物質的財、権利、人を包摂するあれら多様な交換形式の一個別ケースにすぎないことをきわだたせる。それら交換そのもののあいだにも、互換性があるように思われる。たとえば殺人、儀礼的特権など、もともとは性質を異にしていた債権に対し、女が弁済として代用されるとか、女の抹殺が復讐の代わりになる、など。しかしそれだけではない。婚姻禁忌の問題に関し我々にその核心と映る点を *kopara* ほど鮮烈に照らし出す習俗は、ほかにないと言える。すなわち、禁忌は禁忌対象よりも論理的に先に定義されるのである。禁忌が存在するのは、禁忌対象それ自体が、許容対象から除外されるようななんらかの性格を示すからではない。そのような性格を禁忌対象は、対置関係の体系のなかに組み込まれるかぎりではじめて獲得する。この体系の役割は除外項によって内含項を、内含項によって除外項を設定することにある。なぜなら婚姻交換という企て全体の理由をなす互酬性を創設するための、これこそが唯一の手段なのだから。ニューブリテン島の *ausan* と言われる習俗も同様で、それは「不満を解消していざこざを解決する機会をもたらすために」、潜在的に敵対し合う村に食糧配分をめぐる儀礼的戦闘を命じる[37]。

エルキンが調査した原住民の場合、半族同士の敵対関係は、半族それぞれの内在的性格にはまったく根ざさず、ただ半族の数が二であることにのみ――しかもつねにそれにのみ――根ざす。「この地域の原住民は、ほかのクランを根絶やししようなどという気持ちは微塵ももちあわせていない。実際、そんなことをすれば民族全体が弱体化してしまうだろう。それに――原住民自身も言うとおり――そんなことをしたら、妻や子供はどこから彼らのもとにやってくるのか」[38]。オロカイヴァでは、逆に人々はこんなふうに自問する。「娘が同じクランの男と結婚したら、支払い金、花嫁代価はどこから来るのか」[39]。半族同様、半族から身分を得ている女も、客観的に彼女を彼女と同じ名前をもつ男たちとの交易に不向きにする種別的性格——トーテム祖先——や個別的性格——体内を流れる血の起こり——をもつのではない。そのように彼女を不向きにする唯一の理由は、彼女が他にならなければならない（したがってそうなることができる）のに同であるからで、（反対半族の男たちに供与されることによって）他になれば、自分が属す半族の男たちにとって彼女は、かつてこれらの男たちのパートナーに対して果たしていたのと同じ役割を果たすだけの資格を、すぐさま帯びる。食糧祭礼では同じ贈答品が交換されることがあり、*kopara* の習俗でも、もともと交換によって手に入れられた女たちが、再び交換に差し出されることがあるが、これら贈答品、女たちには、なんらかの生得的性格にでなく、構造内の任意の位置に由来する、他性のしるしさえあればいいのである。「贈り物交換（集団間の不満を定期的に解消する機会におこなわれる）は、営利行為でもなければ市場取り引きでもない。同盟関係を表示し強固にするための、それは手段なのである」[40]。行為が行為の媒体を決定する。

互酬現象の帯びる性格は、関係によって結び合わされる諸項に対する関係の優位、というかたちで表現されて形式的なものに見えるが、しかしこれらの項をなすのは人間存在であること、言うところの人間存在は性別を異にする個体であること、男と女の関係はけっして対称的でないことが忘れられてならない。先行する段落で批判してきた解釈の本質的欠陥は、内容と切り離せない問題を、まったく内容から切り離して抽象的に取り扱う点にあると我々には映る。単系クラスを勝手につくりあげていい権利などありはしない。なぜなら当のクラスが実際に存在するか否かが、真に問われるべきことがらなのだから。考察されている問題の解決にとって結果が同じになるからといって、該当する事例を実際に探すことなく、単系クラスに理由もなしに父系的性格や母系的性格を付与していいはずがない。とりわけ、解決策を練り上げていく過程で母系集団と父系集団を互いに入れ替えることなどできはしない。実際、単系クラスであるとの共通性格を別にすれば、純粋に形式的な観点から眺めるのでないかぎり、二つの集団形態はけっして等価でない。人間社会では母系集団と父系集団は、同じ位置も同じ順位も占めていない。これを忘れるのは、根本的な事実を見落とすことだと言っていい。すなわち、男が女を交換するのであって、その逆でないということを[41]。

この点は、一見、自明とも見えるが、しかしそれが呈示する理論的重要性は、考えられる以上に大きい。男は恋人にこまごまとした贈り物をする義務あり、とするトロブリアンド諸島の習俗 *buwa* をめぐる鋭利な分析のなかで、マリノフスキーは指摘する。この習俗には「性的関係は（略）女が男に施す奉仕であるということが含意されている」。ここで彼は自問する。自分には「自然だとも自明だとも」見えないこの習わしは、いかなる根拠にもとづくか。彼は、性的関係はむしろ「それ自体で互酬的な奉仕交換として」取り扱われる、と予想を立てているようだ。そして、社会制度ではなにもかもがなんらかの目的に対応すると、その仕事全体によって言明するこの機能主義者は、奇妙なほどにも軽率にこう結論する。「この事例にかぎらずほかの事例でも、習俗というものは恣意的であり、整合性を欠くが、そのような習俗がこう決めているということだ。つまり女が男に奉仕を施すなら、その奉仕を得るために、男は代価を支払わなくてならない、と[42]」。いったい機能主義の原則を、それを立てた本人から擁護しなくてならないのだろうか。この事例にかぎらずほかの事例でも、習俗が整合性を欠くなどということはない。ただ習俗を理解するには習俗の目に見える内容や経験的な現れを考察するにとどまっていてはならず、取り出すべきは、習俗がその表層面を照らすにすぎない関係の体系である。

ところで男女の性的関係は、婚姻をその一例とする、また同時に婚姻をきっかけに始まりもする全体的給付それの一側面である。すでに見たように、全体的給付は物質的財にばかりでなく、特権、権利、義務などの社会的価値、さらに女にまで及ぶ。婚姻の本質をなす全体的交換関係は、各人がなにかを負いなにかを受け取る一人の男と一人の女のあいだにでなく、二つの男性集団のあいだに成立する。女はこの交換関係のなかに交換パートナーの一方としてでなく、交換される物品の一つとして登場するのであって、このことは〔交換される〕娘の感情が考慮される場合でも——しかも考慮されるのがふつうである——やはり真実である。提案された結合に同意することによって、彼女は交換活動を加速したり可能にするが、しかし彼女が交換活動の本性を変質させることはありえない。この観点は終始厳しく堅持されなくてならず、婚姻が人と人の契約という外観をとる我々の社会についてさえ、例外でない。婚姻が一組の男女のあいだに開いて結婚の務めに描き出されていく互酬周期は、ある男と誰かの娘ないし姉妹にあたるある女との結合を、この男のか別の男の娘ないし姉妹とこの誰かとの結合によって担保していく、より広範な互酬周期の、じつに付随的な様式にすぎないのである。この真実をつねに念頭に置きさえすれば、マリノフスキーの言及した明らかな変則性には、ごく簡単に説明がつく。女を含む給付品の集まりのなかには、給付の履行がなによりも女の善意に左右される一つのカテゴリーが存在する。すなわち、性にかかわるのであれ、家庭生活にかかわるのであれ、個人のなす奉仕である。トロブリアンド諸島で、また大部分の人間社会で個人による奉仕の特徴をなすと見える欠如、互酬性の欠如は、婚姻の基礎をなす互酬的絆は男と女のあいだにでなく、女を手段にして男と男のあいだに成り立ち、女はそのための主要なきっかけにすぎないという普遍的事実の、その裏面にほかならない。

このような解釈をとれば、第一の帰結として一つの誤りが未然に防がれるはずである。母権体制と父権体制のあいだに、あまりに厳格な並行関係を立ててしまうときに犯されやすい誤りである。ローウィが「母系コンプレクス complexe matrilinéaire」〔母系社会における、親しみ、尊敬、遠慮、敵意、対立など親族関係の感情的様態〕と呼んだものは、一見、前代未聞の状況をつくりだすかに見える。母系出自と、居所変更のない永続的母方居住とを伴う体制が確かに存在する。たとえば、夫が *orang samando*「借りてきた男」という名前を受け取るスマトラ島のミナンカバウがそれにあたる。[43] だがこのような体系では——改めて想起する必要もないほどだが——実権の掌握と行使は夫子のある女の、その兄弟か長男がなし、そのうえに実例は極端にまれである。たとえばローウィは二例（プエブロ・インディアンとカシ）を挙げるにとどまり、後者については留保さえつけている。[44] それ以外のすべての事例では、母系出自は、比較的短い猶予期間ののちに父方居住を伴う。夫はよそ者、「外の人間」、ときには敵ですらあるのに、妻は夫の村に移って夫の家で生活し、けっして夫のものとはならない子を産む。婚姻家族は引き裂かれてはまた引き裂かれる。いったいこんな状況が人間精神に宿ることができるものか。こんな状況がいかにして案出され、確立されることができたのか。女を譲る集団と女を獲得する集団との絶えざる軋轢の結果をそこに見ないでは理解されない状況であるだろう。それぞれの集団が交互に、あるいはそこが母系出自か父系出自かに応じて、勝ちを収めるのである。女そのものは結局、彼女の属すリネージの象徴でしかない。母系出自とは、妻の父や妻の兄弟が義理の兄弟の村にまで広げていく支配力のことなのである。

マードックは、父系的制度は文化水準の高まりに応じて優勢になっていくとの相関関係を立てたが(45)、それでも、母系的制度に対する父系的制度の絶対的な優位を認めなくてはならないことに、いささかも変わりはない。なるほど、政治権力がほかの組織化形式に優越する社会では、政治的権威の男性的性格と出自の母系的性格とに由来する二元性を残しつづけておくことができず、それゆえ、政治的組織化の段階に達した社会は、父権を社会全般に広げようとする方向へ傾く。しかしそれは政治的権威、あるいは単純に社会的権威がつねに男たちに属すからで、このような男性優先は、もっとも未開な社会の大部分で両系出自様式や母系出自様式と折り合いをつけていくにせよ、いちだんと発達した集団の場合にそうであるように、モデルとして社会生活のあらゆる側面に押しつけられていくにせよ、ともかく一つの恒常的性格を示している。

したがって、父系出自と母系出自、父方居住と母方居住を、たんなる確率の働きで二つずつ組み合わされる抽象的要素として扱えば、それは、男たちのあいだの商取り引きが及ぶ品物のなかに女たちが含まれる、初期場面を完全に無視するのに等しい。父系体制に匹敵する数の（おそらくそれ以上の）母系体制が存在するが、しかし母方居住を同時にとる母系体制の数は極端に少ない。出自様式がゆらぎを示すその裏に父方居住が恒常的に見られることは、人間社会を特徴づける基礎的関係、性のあいだの非対称性を物語る。

このことを納得するには、厳密な意味での母方居住母系社会が、父方居住父系社会の秩序にほぼ等価な秩序をつくりだそうとして、どんな工夫に訴えねばならないかを考察するだけで十分だろう。マラバール地方〔南インド〕のナーヤル民族の *taravād* は、不動産を所有するとともに物および人に対する権利を委託される母方居住母系リネージであるが、しかしこの定式を実現するには、婚姻が三日後に破棄されなければならず、〔離縁された〕女はその後はもはや愛人をもつだけである[46]。この報告をなした著者〔ラドクリフ＝ブラウン〕のように、「いかなる人間社会でも、男の身分と女の身分のあいだに根本的相違が見出される[47]」と述べるだけではまったく十分でなく、また彼の示唆とも違い[48]、ナーヤルの極端な母方単方主義とカフルの極端な父方単方主義とは対称的なのでもない。厳密に母方である体系は厳密に父方である体系よりもまれで、しかもそれは後者の単純な裏返しではない。「根本的相違」は偏りをもった相違なのである。

さてここで、いままでの考察をもとに、思い切った示唆を前面に押し出してみよう。それはある奇妙な現象をおそらく説明してくれる。すなわち、なぜ双分組織は父系よりも母系であることが多いのか。もし父系体制と母系体制が厳密な対称性をイメージさせるなら、この問いは伝播主義の仮説に訴えないではとても簡単には解決できないだろう。しかし先ほど見たように、母系出自と母方居住をともに特徴とする社会の数はごくかぎられる。それゆえ、父系で父方居住の体制か、母系でやはり父方居住の体制かに選択は絞られる。男女の非対称的関係と相容れない母方居住母系体制という例外的事例は、父方居住母系体制に倣って扱うことができる。さて、父方居住父系体制の働きは実際的な問題をまず引き起こさないが、父方居住母系体制ではそうはいかない。民族誌家たちはこの点をよくわきまえていて、じつに彼らにとって母系社会を研究するとは、特異な制度に富み、劇的雰囲気にどっぷり浸された複雑な社会的組織化、その点で父権社会から予想されうるのとはおよそかけ離れた社会的組織化の待ち構えていることを意味する。ところが、こうした――専門研究者の視点から見て――特権的な性格は、これらの社会を我々の社会から隔てるいちだんと大きな相違点をあれこれ持ち出しても、部分的にしか説明されない。それはかなりの程度まで当の社会の種別的構造に由来する性格であって、ゆえに、大きな反響を呼んだ専門研究のほとんどすべてが母系社会を対象にしたものであったことは偶然でない。

じつに母系社会というものは、たとえ父方居住で婚姻クラスを欠く場合でも、解決しなければならない特殊な問題をいろいろ抱えている。そのような場合の社会のなす外婚は、特定の地域に根ざすクランのあいだでか、村のあいだでしか成り立ちえない。つまり女は自分の一族からとても離れていることもある夫の村に移り住んでそこで生活することになるが、しかし彼女自身と彼女から生まれた子供たちは、生活を共にする集団の内部で、にもかかわらず相変わらずよそ者のままでありつづける。社会が永続的にか、ときとして見られるように一時的にか、母系かつ母方居住である場合、夫は「結婚によってここにいる人々」や「あちら側の男たち」という蔑視されるクラスに属し、このクラスに対立する「村の持ち主たち」は夫に、妻と子供たちのもとに住む彼の居住資格がかりそめのものであることを絶えず感じ取らせる。[49] こうした体系にまといつく心理的・社会的軋轢の圧力のもとでそれをこうむっている集団は、容易に想像がつくように、ほかの集団よりもたやすくこう決断するにいたる。旧来のクラン、旧来の村といった交換単位を特定の場所に並置することによって、出自規則と居住規則の対立を解消しよう。すでに我々はこの型の進化を挙げたが、それが起きる社会は、社会構造の強いるさまざまな競合を、いま述べたやり方による以外では解決できないと見える社会にほかならなかった。[50] さて、ドブ島、また別の意味で〔トロブリアンド諸島の〕キリウィナといった社会を悩ます問題に対して、双分組織はじつに簡便な解決策を差し出す。社会単位を地理的に近接させれば、居住に根ざす困難が取り除かれるのである。父方居住のままであっても、いや、母方居住のままですらあっても、夫婦共同体〔婚姻家族〕が不断に引き裂かれることはなくなる。そして〈男子集会所〉は儀礼や政治での協力をとおして夫と義理の兄弟とを団結させ、「持ち主」と「よそ者」のあいだの軋轢を解消し、「〈女たちの君臨〉」という記憶を神話のなかに追いやる。その記憶とは――おそらくもっと単純には――みずからの果たす妻の取り手という役割と姉妹の与え手という役割とのあいだにいつでも立ち現れては男たちを交換の実行者であると同時に犠牲者にもしかねなかった二律背反を、彼ら男たちが解決できずにいた時代の記憶のことだと言っていいだろう。

注

(1) W. J. Perry, *The Children of the Sun,* p. 281.

(2) M. Barbeau, Iroquois Clans and Phratries. *American Anthropologist,* vol. 19, 1917.

(3) W. Köhler, *La Perception humaine, op. cit.,* p. 7.

(4) Basil Thomson, *The Fijians: a Study of the Decay of Custom.* London, 1908, p. 187.

(5) A. R. Radcliffe-Brown, Three Tribes of Western Australia. *Journal of the Royal Anthropological Institute,* vol. 43, 1913, p. 158.

(6) A. W. Hoernlé, The Social Organization of the Nama Hottentots. *American Anthropologist,* vol. 27, 1925.

(7) J. R. Swanton, The Social Organization of American Tribes. *American Anthropologist,* vol. 7, 1905; A Reconstruction of the Theory of Social Organization, in *Boas Anniversary Volume.* New York, 1906.

(8) G. P. Murdock, Double Descent. *American Anthropologist,* vol. 40, 1942.

(9) A. R. Radcliffe-Brown, Patrilineal and Matrilineal Succession. *Iowa Law Review,* vol. 20, n° 2, 1935.

(10) Phyllis M. Kaberry, The Abelam Tribe, Sepik District, New Guinea. A Preliminary Report. *Oceania,* vol. 11, 1940-1941; Law and Political Organization in the Abelam Tribe, New Guinea. *Oceania,* vol. 12, 1941-1942.

(11) M. J. Herskovits, *The Social Organization of the Bush Negroes of Suriname.* Proceedings of the 23rd International Congress of Americanists. New York, 1928.

(12) M. J. Herskovits, The Ashanti Ntoro; a Re-examination. *Journal of the Royal Anthropological Institute,* vol. 67, 1937.

(13) M. Mead, A Twi Relationship System. *Journal of the Royal Anthropological Institute,* vol. 67, 1937.

(14) M. B. Emeneau, Toda Marriage Regulations and Taboos. *American Anthropologist,* vol. 39, 1937, p. 104.

(15) C. Daryll Forde, Kinship in Umor — Double Unilateral Organization in a Semi-Bantu Society. *American*

Anthropologist, vol. 41, 1939. 同著者の論文 Government in Umor. *Africa*, vol. 12, 1939 も参照。
（16）H. G. Luttig, *The Religious System and Social Organization of the Herrero.* Utrecht, 1934, p. 85-86.
（17）Franz Boas, *Handbook of American Indian Languages.* Bureau of American Ethnology. Bulletin 40, Washington, 1911; Introduction, p. 67 *sq.*
（18）H. S. Jennings, *Genetics,* New York, 1935.
（19）[『弁証法的理性批判』七四四ページでサルトルはこの言い方を取り上げ、弁証法的理性と分析的理性の混同を糾弾している。だがそれは、我々が弁証法的理性をサルトルとは別様に捉えているということ、また二分法的手続きが弁証法的思考とまったく両立しないどころか、まさに両立すると見ているということである。この件に関しては『野生の思考』第九章参照。]
（20）R. Jakobson, *Observations sur le classement phonologique des consonnes,* in *Proceedings of the Third International Congress of Phonetic Sciences.* Gand, 1938. — C. Lévi-Strauss, L'analyse structurale en linguistique et en anthropologie. *Word,* vol. 1, n° 2, New York, 1945.
（21）第14章参照。
（22）第12章。[したがってわかるように、我々は本書を明らかに読んだことのない著者たち（バーント、グディ）がときどき浴びせた非難とは逆に、ロレンス流の解釈をすべてあらかじめ排除しているわけである。]
（23）たとえばセリグマンの二つの論文参照。B. Z. Seligman, Bilateral Descent and the Formation of Marriage Classes. *Journal of the Royal Anthropological Institute,* vol. 57, 1927; Asymetry in Descent with Special Reference to Pentecost, *ibid.,* vol. 58, 1928.
（24）第13章および第27章。
（25）Rev. H. Barnes, Marriage of Cousins in Nyasaland. *Man,* vol. 22, n° 85, 1922.
（26）C. Daryll Forde, Marriage and the Family among the Yakö in South-Eastern Nigeria. *Monographs on Social Anthropology.* London, n° 5, 1941, p. 15, n. 1.
（27）B. Z. Seligman, Cross Cousin Marriage. *Man,* vol. 25, n° 70, 1925.

(28) Cf. E. Clark, The Sociological Significance of Ancestor Worship in Ashanti. *Africa,* vol. 3, 1930.
(29) B. Z. Seligman, *op. cit.,* p. 119.
(30) 第27章参照。
(31) M. J. Herskovits, *op. cit.*
(32) 「子供たちは食べ物に関する個人的なタブーを受け継いでいく」, *ibid.,* p. 719. さらに, 父に対して息子ないし娘がいだく個人的愛着にさかれた一節全体を参照, *ibid.,* p. 720.
(33) Herskovits, *ibid.,* p. 719, n. 14に引用。
(34) A. P. Elkin, The Kopara: the Settlement of Grievances. *Oceania,* vol. 2, 1931-1932, p. 194.
(35) H. Ian Hogbin, The Hill People of North-eastern Guadalcanal. *Oceania,* vol. 8, 1937-1938, p. 68.
(36) W. L. Warner, Morphology and Functions of the Australian Murngin Type of Kinship; second part. *American Anthropologist,* vol. 33, 1931.
(37) J. A. Todd, Redress of Wrongs in South-west New Britain. *Oceania,* vol. 6, 1935-1936, p. 406.
(38) A. P. Elkin, *op. cit.,* p. 197.
(39) F. E. Williams, *Orokaiva Society.* Oxford, 1930, p. 131-132.
(40) A. P. Elkin, *op. cit.,* p. 197-198.
(41) [逆の状況についての近似的なイメージを差し出す, 東南アジアのいくつかの民族を反証として持ち出すこともできないことはないかもしれないが, それを持ち出したところで, あれらの社会では女が男を交換するのだとは言えないだろう。せいぜい男が女を手段にして男を交換すると言えるだけである。]
(42) B. Malinowski, *The Sexual Life of Savages...,* vol. 2, p. 319.
(43) Fay Cooper Coole, Family, Clan and Phratry in Central Sumatra, in *Essays presented to A. L. Kroeber.* Berkeley, 1936, p. 20.
(44) R. Lowie, The Matrilineal Complex. *University of California Publications in American Archaeology and Ethnology,* vol. 16, n° 2, 1919, p. 35.

（45） G. P. Murdock, Correlation of Matrilineal and Patrilineal Institutions, in *Studies in the Science of Society Presented to A. G. Keller*. New Haven, 1937.
（46） A. R. Radcliffe-Brown, Patrilineal and Matrilineal Succession. *Iowa Law Review*, vol. 20, 1935, p. 291.
（47） *Ibid.*, p. 292.
（48） *Ibid.*, p. 295.
（49） R. F. Fortune, *Sorcerers of Dobu*. New York, 1932, p. 5-7.
（50） *Ibid.*, p. 106*sq*.

第9章　イトコ婚

その本性からして互酬原理は、互いに異なるがまた互いに相補的でもある二様の働き方をする。可能配偶者の集団を自動的に限定する、婚姻クラスをつくりだすことによって働くか、もしくは好ましい配偶候補か除外される配偶候補かを事例ごとに判断させてくれる、一つの関係ないし関係の集合を決定することによって働くのである。配偶者決定のこの二基準は同時に与えられるが、どちらに重きが置かれるかは一定していない。双分組織または婚姻クラス組織のもとでなされる配偶者決定への、最初の手段をクラスはもたらし、逆に関係は、まず最初に単純なインセスト禁忌と組み合わされて——否定のかたちで——利用される。

ところが互酬原理のもつこの二側面が併存する、むしろどちらもが同じように重視される特権的事例があり、そこでは二側面はぴたりと重なり合い、それぞれの及ぼす効果が一つになる。言うところの事例とは交叉イトコ婚のことで、ほかのどれにも増してこの事例では、クラスと、関係的に規定されて集められた個体の集団とが同じ広がりをもつ。まさにこのことがモーガン、タイラー、フレイザーをして、双分組織は交叉イトコ婚体系と同じ親族名称体系をもち、交叉イトコたちはあたかも互いが異なる半族に属すかのように配分される、と言わしめた。じつのところ、交叉イトコ婚は、肯定的関係の体系を配偶者決定に利用する点で、否定的関係の体系を利用するインセスト禁忌からまず区別される。インセスト禁忌は誰と結婚してならないかを言い、交叉イトコ婚はどの配偶者が好ましいかを言うのである。また同時に交叉イトコ婚は双分組織からも、双分組織が自動的な手続き（単系出自）を使って個体を二つのカテゴリー〔可能配偶者と禁忌配偶者〕に選り分けるそのかぎりで、区別される。対して交叉イトコ婚は、各候補者ごとに、個別に除外手続きを適用する。最後に選好結合の諸類型のうち、唯一交叉イトコ婚だけは標準として単独で機能できる。それはつまり、親族名称体系が同世代のすべての異性を、一方は（実のまたは類別上の）交叉イトコ、他方は兄弟ないし姉妹（ほんとうの兄弟姉妹および平行イトコを含む）の二つのカテゴリーにほぼ均等に振り分けるところでは、例外なくどの男も交叉従姉妹を、どの女も交叉従兄弟を、結婚相手として見出す機会があるということである。したがって我々の考え方からいくと、レヴィレート婚〔夫が死亡して子供がいないとき、亡夫の兄弟かもっとも近縁の親族が寡婦と結婚する婚姻体系〕、ソロレート婚〔妻の死後、妻の姉妹が寡夫と結婚する婚姻体系〕、オジ＝メイ婚 mariage avunculaire などほかの体系と一緒に、交叉イトコ婚を選好結合という一般的名目のもとにくくってしまったとき、社会学者たちはこの婚姻の現実的重要性と現実的位置の解明を怠ったのである。交叉イトコ婚以外のいま挙げた婚姻はどれも、選好結合 union préférentielle ではない。なぜならいかなる集団においても、もろもろの明らかな理由からそれらは単独の婚姻様式、それどころか優勢な婚姻様式にすらなりえないからで、我々ならそれらをむしろ特権結合 union privilégiée と呼びたい。じつにそれらは選好結合とは別の結合様式を前提とし、かつまたそこに連なるのである。

カリフォルニアのミウォクを例にとってみよう。この集団では交叉イトコ婚は最近になって獲得されたもので、古い婚姻形式は妻の兄弟の娘との婚姻であった、との説をギフォードは主張した。第一の点はここで議論せずにおく。我々の見解では、婚姻体系が親族名称体系に反映される・反映されないとの事実を持ち出しても（ちなみにギフォードは反映されないことを確認している）、任意の体系の先行性や後続性を示す、有利で正当な傍証になりえないからである。[1] しかし、妻の兄弟の娘との婚姻がけっして標準的婚姻様式になりえなかったことは確かで、その理由はごく単純である。妻の兄弟の娘と結婚するためには男はすでに妻をもっていなくてはならず、その妻は〔当の妻と結婚する前にすでに男が妻をもっとの〕循環論法に訴えないでは妻の兄弟の娘という定義にそぐわない。かくして、この婚姻様式は特権結合の一形式以外にはなりえなかった。しかもそれは二重の意味で特権性を帯びる。まず、既婚の男で妻に兄弟が、その兄弟に娘がいて、この娘を第二の妻として要求できることは一つの特権であるとの意味で、次にこの体系は十二の異なる命名形式に反映されるという、ギフォードの度肝を抜いた特性をもつとの意味で。

しかしこの後者の事実をもって体系の先行性と一般性に有利な傍証としうるには、我々の社会でと同様、個体はただ一つの親族関係を介してのみ互いに結びつくのでなくてはならないだろう。ところがこれは、類別的体系を利用する社会にはごくまれにしかあてはまらず、人口密度が比較的低くて婚姻が限定された範囲内でおこなわれる集団には、まったくあてはまらない。そのような社会ではいずれの個体も、自分を他のすべての個体に結びつける多数の親族的絆のなかから一つを選ばなくてはならない[2]。たとえば次のような例もまったくありえないわけでない。ある個体にとって、父の姉妹は、彼女が交叉従兄弟と結婚すれば、同時に母の兄弟の妻にも、（父の母の兄弟が姉妹の娘に対する婚姻特権を有するなら）祖母にも、（この個体本人が父の姉妹の娘と結婚するなら）義母にも、（この個体が母方オジの寡婦に対する婚姻特権を有するなら）妻にもなる。要するに体系は五つの異なる呼び方を同一個体にあてはめることを許す。ならば何が呼び方の選択を決定するのか。婚姻形式の古さや一般性かもしれない。いや、婚姻形式の例外的性格ということもありうるだろう。すなわち、特権所持者が特定の婚姻形式の原理を不滅化したいと望み、その原理をみたす呼び方を慣用として定着させる場合もあるだろうし、例外的婚姻形式と標準的婚姻形式との摩擦に由来する興味深いなんらかの特異性を、集団全体が好んできわだたせようとする場合もあるだろう。

たとえば交叉イトコ婚を実施する南アメリカの諸民族を見ると、大部分の親族体系において祖父母と義父母との同一視が確立されている。この習わしはオジ＝メイ婚の慣習によって容易に説明がつく。ある娘が母方オジと結婚すれば、彼女から見て義父母と祖父母は区別がつかなくなる。この純然たる女の視角を男〔母方オジ〕の視角に置き換えれば、対称的に義父母は姉妹および義理の兄弟と同等視されるはずであろう。ところがこの同等視は現実にはなされず、じつにさまざまに解釈されうるある理由から、この集団には女の視角が受け入れられた。他方、交叉イトコ婚にもとづいて第三の同一視体系が築かれる。交叉オジと交叉オバを夫の父母と同じ名札のもとにくくる、広く一般に採用された体系である。

ナンビクァラは祖父、母の兄弟、夫の父をさすのにただ一つの語しかもたない。また祖母、父の姉妹、夫の母をさすにもやはり一つの語しかもたない。ここからいかなる結論を引き出すべきか。南アメリカではオジ＝メイ婚は交叉イトコ婚より古いとか新しい、などという結論ではもちろんない。場合に応じて、また集団に応じて、呼び方の衝突を避けるための任意の可能な解決策が、ほかの同じく受け入れることのできる解決策よりも優勢になったと結論すべきなのである。祖父母を義父母と同一視する女の視角が採用されることについては、交叉イトコの名称体系がオジ＝メイ婚の名称体系に及ぼす反作用である、と解釈しなくてならないだろう。オジ＝メイ婚が名称体系に引き起こす混乱を上位世代に移してやれば、交叉イトコおよび平行イトコという身分は損なわれずにすむのである。潜在的配偶者である義理の兄弟と義理の姉妹とがさまざまな相互関係によって結びつけられているような世代の内部で、オジ＝メイ婚の非対称的名称体系が圧倒的な力をもてば、そうはいかなくなるだろう。この解釈が正しいなら、オジ＝メイ婚に固有な命名体系は南アメリカにおけるこの婚姻形式の先行性に有利な証拠でまったくありえないばかりか、この命名体系のさまざまな個別的様態は、オジ＝メイ婚に対立する別の婚姻形式が同時に存在することを物語っている。(*)

（*）いささか舌たらずに思われるこの箇所は、おそらく、次のようなことを述べている（訳者の誤解である可能性もおおいにあるので、まちがっていたら各自訂正していただきたい）。ここで言われる「交叉イトコ婚」は「双方交叉イトコ婚」のことでなくてならないだろう。でなければ、妻から見て交叉オジ・交叉オバは義父母とならない。双方交叉イトコ婚を示す図（次ページ）において視点をたとえば●(E)の女性に置けば、彼女にとって交叉オジ・交叉オバは確かに義父母にあたる。また彼女の夫である交叉従兄弟から見ても、義父母は彼の交叉オジ・交叉オバにあたる。ゆえに交叉イトコの名称体系は対称的である。この図で●(E)の女性がオジと結婚するなら（オジ＝メイ婚）、彼女にとって義父母は彼女の（母方の）祖父母にあたるが、しかし彼女の夫であるオジの視点を採用すれば、彼の義父母は彼にとっての実の姉妹・義理の兄弟（姉妹の夫）となり、名称体系は非対称性を示す。すなわち、視点を姪に置くか、オジに置くかで、義父母という名称のさす対象が違ってくる。交叉イトコ・平行イトコの身分（したがって交叉イトコ婚の可能性）を確保するには、父母の兄弟・姉妹がほかの名称と混同されてならないが、オジ＝メイ婚のオジの視点を採用すると、（オジにとっての）義父母と（子供にとっての）父母とが混同される。ゆえに、姪の視点を採用することで義父母が上位世代である祖父母をさすようにしてやれば、いま言った混同は避けられる。

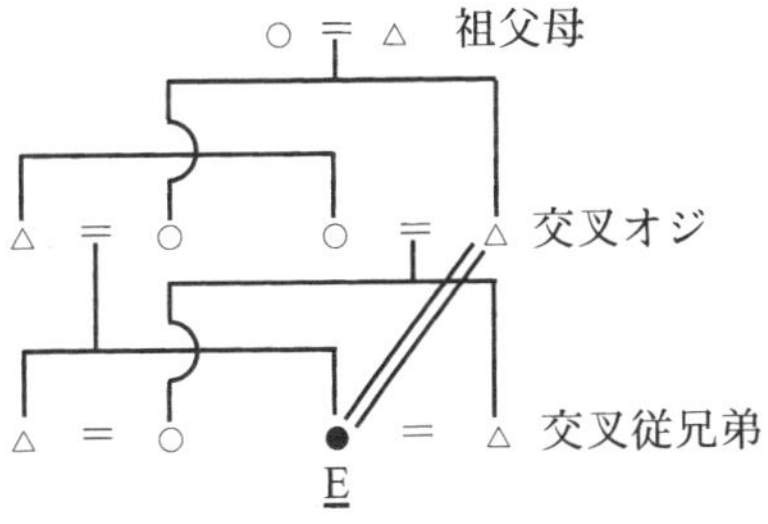

（訳者作成）

しかし我々が見るところ、交叉イトコ婚がぬきんでて重要なのは、たんにもろもろの婚姻制度が交わる交点に位置するとのその独自性のゆえだけではない。またこの婚姻型がインセスト禁忌と双分組織を連繫する「ターンテーブル」の役を果たすからだけでもない。交叉イトコ婚のとりわけ興味深い点は、この婚姻によって立てられる規定配偶者と禁忌配偶者との区別がさらに親族の一カテゴリー〔イトコ〕を、そこに含まれる親族が生物学的近親度から見て厳密に互換可能であるにもかかわらず、〔平行と交叉とに〕二分することにある。この点は婚姻禁忌がいかなる生物学的根拠ももたないことの傍証として、いままでしばしば持ち出されてきたが、しかしその余すところのない射程が鮮明に見通されたことは、一度もなかったように我々には思われる。

まさに生物学的要因を切り離すがゆえに、交叉イトコ婚はインセスト禁忌のもつ純粋に社会的な起源を立証してくれるだけでなく、この禁忌の本性がいかなるものであるかも発見させてくれるはずである。インセスト禁忌は生物学的根拠にもとづかないと繰り返すだけでは十分でない。生物学的根拠でないなら、ではいかなる根拠か。これが真の問いであり、それに答えないかぎり問題が解決されたとは言えないであろう。ところが、この答えは与えることが一般にきわめて難しい。なぜなら許される親等に比べて抑止される親等は、全体としていちだんと高い生物学的近親性に対応するからである。それゆえ生物学的親等と社会的親等のどちらがインセスト禁忌制度の基礎をなすかという問いには、いつもなにがしかの疑わしさがつきまとう。この困難は交叉イトコ婚の場合にしか完全に取り除かれることがない。実際、生物学的に見て等価である親等が、にもかかわらず社会的に見てまったく似通っていないと見なされる理由を理解しえてはじめて、我々は交叉イトコ婚の原理だけでなく、インセスト禁忌そのものの原理をも見出したと言えるのだから。

交叉イトコ婚を研究方法として用いることは我々には文句なく適切であるように見えるので、逆になぜこの研究方法はすぐに利用されなかったのかとの疑問が湧く。なぜ交叉イトコ婚は、ほかのもろもろの婚姻体系と同じ平面に置かれるべき婚姻体系であると見なされ、我々が提案したのとは違って、そこに別次元の現象を認めようということにならなかったのか。答えは簡単で、社会学者たちが自分自身の議論構成の罠にはまってしまったのである。彼らは交叉イトコ婚のつくりあげる規則体系は生物学的に見て恣意的であるとの事実を、交叉イトコ婚は絶対的に恣意的、どの観点から見ても恣意的との主張へ短絡させたのだった。あるいはこれも結局同じことだが、彼らは出所の違う制度が果たしていた副次的役割に、交叉イトコ婚を帰着させようとした。ちょうどユダヤ教徒やイスラム教徒のあいだでブタ肉食が禁止されているのは、かつて衛生学を欠いていた古代文明でこの肉が腐りかねなかったからだと説明する人々がいるように。交叉イトコ婚制度がそれ自体のうちに存在理由をもつ可能性は否定され、この制度は、双分組織と外婚慣習とからしばしば派生する一連の偶然の重なりに帰されてしまう。

このような知的構えは最近の著者の一人に顕著に現れていて、まさにいちじるしく偏向したものの見方にもとづいて彼は交叉イトコ婚に注意深い一分析をさいた。じつにW・J・ペリーはこう書くのである。「最初の外婚形式、すなわち双分組織は、考えうるかぎりのありとあらゆる人工性の跡をとどめる。互いに配偶可能な親族集団のある一方で、除外される親族集団もある。一人の兄弟と一人の姉妹それぞれから生まれた子供同士、つまり交叉イトコ同士は結婚することができるのに、二人の兄弟それぞれから生まれた子供同士や、二人の姉妹それぞれから生まれた子供同士は互いに結婚できない。このような規則はいかなるインセスト禁忌にももとづいているはずはなく、明らかにそれは別の規則、それ自体なんらかの別の意図にもとづいて考案された規則から二次的に派生したのである」(3)。こう主張することによってペリーは、見え透いているわけだが、たんに一つの出来合いの学説、しかも先駆者たちのどの学説にも増して歴史主義にどっぷり浸かった学説を基礎づけようとしているにすぎない。しかし、歴史的方法を過度に濫用すると誰からも異口同音に非難される著者の文章を引用してみるのも悪くない。というのも、我々の関心を占める観点から見るかぎり、タイラーやモーガンといった著名な先駆者たちも方法的誤りをまったく犯していないわけではない。その証拠に、方法的誤りに導かれて、彼らもやはりペリーと似たような結論に達したのである。ペリーは交叉イトコ婚と双分組織を同一視し、そのいずれをも歴史によって説明しようとするが、しかし交叉イトコ婚を分析してそこに外婚習俗と双分組織とが残したたんなる残滓を見ようとしたとき、モーガンもタイラーもペリーと違う手続きを踏んだのではなかった。交叉イトコ婚、外婚規則、双分組織を、逆に同一の基礎構造が再現されたそれぞれ異なる実例として扱うべきだった。この基礎構造をそれが帯びている全体的な性格によって解釈しようと努めるべきだったのに、それを部品や断片に分解してしまった。部品や断片を並べ立てることは歴史的解釈の仕事かもしれないが、しかしそのような並列が内在的意味をもつことはいつまでもない。とりわけこう気づくべきであった。あれら三つの型の制度のうち、もっとも意味ある価値を担うのは交叉イトコ婚であり、その価値ゆえに、この婚姻形式の分析は婚姻禁忌の研究にとってのまさに決定的実験 experimentum crucis〔仮説の真偽を最終的に決定する実験をさして十七世紀イギリスの哲学者フランシス・ベーコンが使った用語〕になるのだ、と。

＊＊＊＊

交叉イトコ婚が双分組織の帰結でないなら、その真の起源は何か。もっとも貴重な財を家族の内部に残したいとする欲望にその起源の見出されうる可能性を、スワントンは示唆したが(4)、しかしブリティッシュ・コロンビアやインドの諸民族にならあてはまらないこともないこの種の説明を、どうしたら西ブラジルのナンビクァラ民族の半放浪的バンドにまで拡張できるだろう。このバンドの成員は、子孫に伝えるべき物質的財も社会的威信も、誰一人としてもちあわせていないのである。互いにはなはだしく異なる社会で実施されているさまざまな婚姻慣習を一つ同じ現象として取り扱うことに、しかるべき根拠があると見ない人々も確かにいる。たとえばローウィは次のような言葉で自分の分析を締めくくる。「交叉イトコ婚は十中八九、ただ一つの原因を起点にして進化してきた現象でなく、さまざまな地点で異なる動機に促されて独立的に生じた現象である(5)」

　交叉イトコを設定することの背後に、高度に機能特化した唯一の選好結合形式しかないなら、起源の多数性もけっして排除されるべきでないだろう。たとえば母方オジの娘との選好結合のかたちで交叉イトコ婚に遭遇することはよくある。ただしこの結合型に出会うところではどこでも、それが唯一の原因によって説明されなくてならないかというと、アプリオリに疑問がないわけでない。バンクス諸島でなされるこの型の結合をリヴァーズは、集団の未婚の娘たちに対する婚姻特権を母の兄弟が姉妹の息子に引き継がせるためと、まったく疑問なしとせぬが是認できる仕方で説明した。また彼より確実な説明方法でないにせよ、やはり是認できる仕方でギフォードもミウォク民族における同様の結合の理由を、母の兄弟の娘に対する特権を父が自分の息子たちに継承させるためと説明した。しかし、問題は少しもこのような線に沿って出てきているのではない。母の兄弟の娘との婚姻とは別に、父の姉妹の娘との婚姻も——頻度は低いといえ——やはりあり、とりわけ、そのとき結婚相手となる父の姉妹の娘が同時に母の兄弟の娘でもある事例（父の姉妹が母の兄弟と結婚したとき）が大部分なのである。交叉イトコ婚が存在しないにもかかわらず、母の兄弟の子供たちと父の姉妹の子供たちが共通のカテゴリーにくくられ、父の兄弟の子供たちと母の姉妹の子供たち、兄弟・姉妹と呼ばれるこれらの子供たちから区別される事例は、どこにでも数えきれないほど転がっている。いちだんと頻繁に見られる事例では、複数の特別な名称か一個の共通した呼び方によって、母の兄弟と父の姉妹がそれぞれ、父母と一般に同等視される平行オジおよび平行オバから区分される。これと――つねにというわけではないが――対称をなす事例もあって、話し手と性別を同じくする兄弟・姉妹から生まれた甥・姪が息子・娘と呼ばれるか、話し手と性別を異にする親族から生まれた甥・姪から単純に区別されたりするその一方で、後者の甥・姪はそれぞれが異なる名称によって指し示される。母方オジが姉妹の娘に対する婚姻特権をもつことも、またいちだんとまれではあれ、兄弟の息子が父の姉妹に対する婚姻特権をもつこともある。最後に、婚姻にかかわる選好や特権そのものが欠けている場合や、この選好と特権がときとして明らかに相容れない場合でも、交叉イトコのあいだ、交叉オバ・交叉オジと交叉甥・交叉姪とのあいだに、特別な性格を帯びたあらゆる種類の関係、尊敬や親しみ、威厳やなれなれしさなどによって特徴づけられる関係がある。

なるほど、こうした特徴にはそれぞれ独自の歴史があるであろうし、なるほど、この歴史は、こうした特徴が現れた集団ごとに違ってくるだろう。だがまたわかるように、どの特徴もほかのすべての特徴から切り離しうる独立した実体をなすのではない。逆にどの特徴も、基本テーマをめぐる一つの異本、共通の背景から浮かび上がる一つの特別な様態として現れるのであり、考察されている集団または文化エリアに特有な原因から説明できるのは、それぞれの特徴が有する個別的側面だけでしかない。言うところの共通基盤とはいったい何か。それは、全体として捉えられた親族構造、どの個別体系にもほぼ完全に反映される構造のなかにのみ見出すことができ、逆に前段落に列挙した特徴のいずれか一つを示す体系なら、程度の差こそあれ、例外なくこの構造の性質を分かち持つ。世界にはあれらの特徴をまったく欠く体系より、少なくともその一つを、むしろふつうにはいくつかを示す体系のほうがはるかに多く存在するし、またこの基準に合致する体系は地球上のいたるところに散見されるが、そのような体系が完全に欠落している地域は、世界中のどこにもない。それゆえこの全体構造は、インセスト禁忌ほどの普遍性はもたないにせよ、親族規則のうちでもインセスト禁忌に次ぐだけの普遍性はもつ規則と考えていい。

親族関係を親族名称と習俗の単純な並置の結果としてでなく、構造的現象として解釈すべきとする考え方は別に新しくはない。それはすでにゴールデンワイザーによって主張され、そのとき彼は、一見途方もなく複雑に見える親族体系のその複雑さを取り除くような研究に到達するための道は、必ずあるはずだと指摘して、一つの実例にかぎってであったが、構造論的分析の大枠を描き出したのだった。(6) 構造論的分析こそが社会学者の視点でなくてならないこと、そのうえにそれがまた原住民自身の視点でもありうることをレスリー・スピアーは明らかにした。「親族関係の記述に使用される名称全体をさして、体系 système の語を用いるのはきわめて正当なことである。マリコパ・インディアン自身、親族関係を一つの明確に定義された体系として捉えていることは、我々にとっていまや明白になった」。彼はさらにこう付け加える。彼の女性インフォーマントは、「リネージを再構成するときにもとにしなければならない兄弟姉妹の、性別と互いの年齢さえわかれば、後続世代に属すどんな親族についても、親等がどれほど下ろうが、任意の二人の親族間で用いられる親族名称をまったくすらすらと教えてくれた(7)」。

「事実、原住民は下位セクション体系を、少なくとも部分的には理論的原理のかたちで一つの民族から別の民族に伝える」とオーストラリアのムリンバタ民族について述べたスタンナーは、さらに付言する。「原住民の抽象的推理能力を疑問視する人々は、原住民が当該事例に理論的演繹を適用して、仲間に *nimipun*（下位セクション）の働き方を説明するのを一度も耳にしたことがないのだ。まさにこのようにして抽象は現実という血肉化されたものに変えられるのである」。婚姻クラスをもつ複雑な体系が、理論的なかたちで、どう借用され教えられていくものなのかを、同じ著者はじつに印象的に描き出した。「その民族は、なかでも飛び抜けて頭のいい一人か二人の成員を新しい風習のエキスパートと見ている。どちらの成員も民族のテリトリーの向こうを四方八方、しばしばはるか遠方まで駆けめぐってきた旅好きである。彼らはよその民族のもとで継続的に授業を受け、下位セクションの仕組みの実例を完全に習い覚えるまでになった。ある日、その一人は、蚊の群がるヴィクトリア川の岸辺に来る日も来る日も座りつづけたときの様子や、ジャミンジュン民族の友達がどのようにして自分に辛抱強く

図5　親族体系を説明するためにアンブリン島民が描いた模型図
（Deacon, The Regulation of Marriage in Ambrym, *op. cit.,* p.331 より）

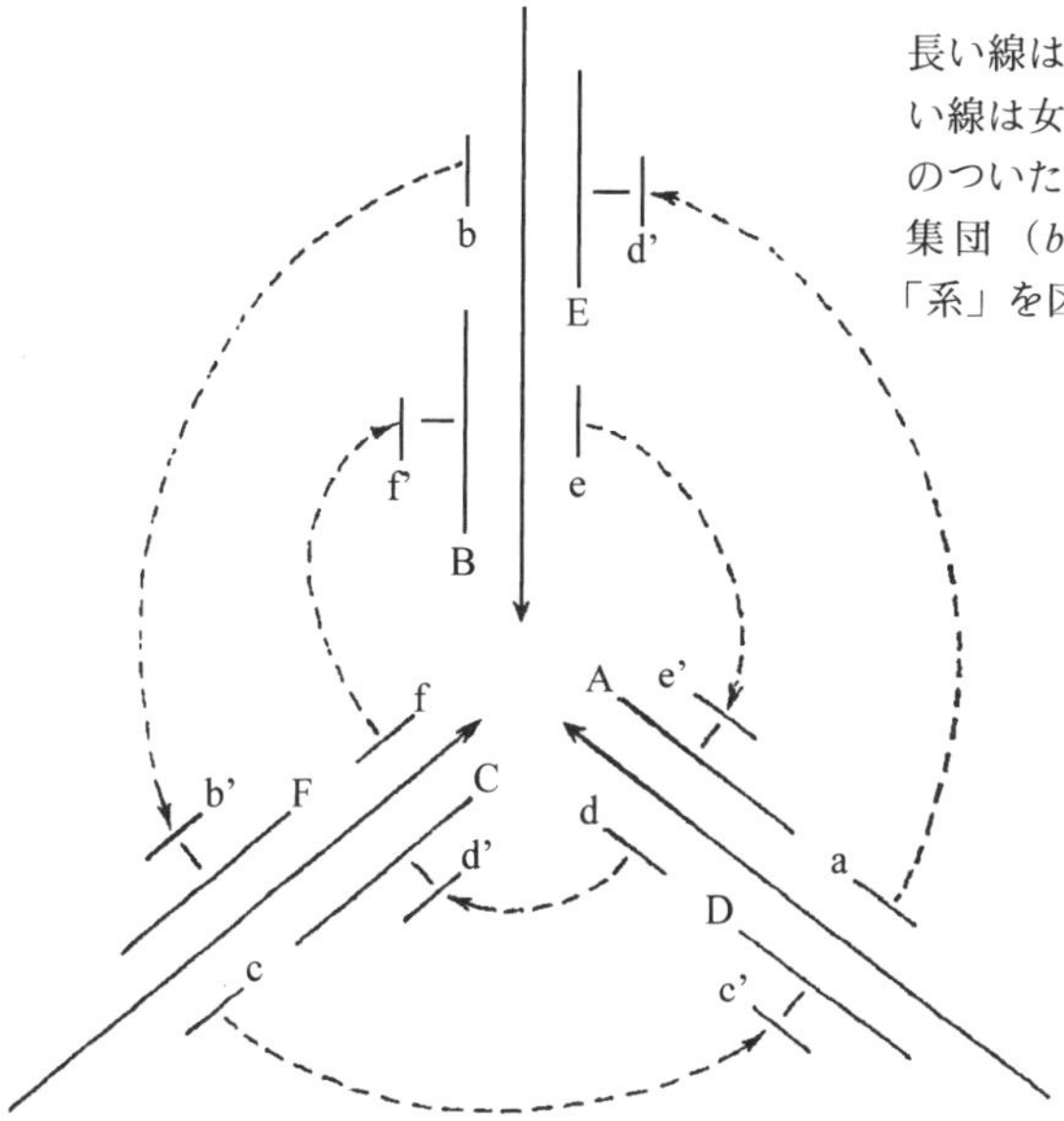

長い線は男を表し、短い線は女を表す。矢印のついた線は同一双方集団（*bwelem*）内の「系」を区分する。

教えを施してくれたかを、私に話して聞かせてくれた。（略）先生たちは砂の上にいろいろな記号を描いたり、幾人もの男たちからなる下位セクションを木の切れ端を使って示した。この男はおまえの *kaka* に、あの男はおまえの *natan*（兄弟）にあたる、そしてこの女の名前はささやくだけでもいけない、この女はおまえの *pipinimar* なのだからと教えてくれた。誰もがしかじかの『皮』であり、この『皮』がやがて別の『皮』を生む。こんな具合にして彼は学んでいった。新しい諸定式とはまさに一つの規則集なのである[8]」

ディーコンの証言は、原住民による婚姻体系の捉え方が帯びている理論的性格を明るみに出す一助となる。彼の記述がとくに意義深いのも、そこで言及されているアンブリン島の六クラス体系が、現在確認されているもっとも複雑な体系の一つだからである[9]。二度別々の機会に原住民たちはディーコンに、模型図の利用にもとづいた証明を挙げてみせた。一度目は男性インフォーマントが三つの白い石を等間隔に地面に置いた。それぞれの石はリネージを表し、どのリネージも単方婚にもとづく関係によってほかの二つのリネージに結びついているのであった。別の男性インフォーマントは、三つのリネージそれぞれに属す男を一人ずつ表す、三本のとても長い線（D、E、F）を地面に引いた。それらの男一人一人の婚姻と、そこから生まれる子供たちはおのおの長さの違う線で表現され、はじめに引かれた長い線の左側に配偶者を表す線が、右側に子供を表す線が置かれた。男の子供と女の子供は、それぞれを象徴する線の長さの違いによって区別された。二つの婚姻周期は、互いに逆向きに閉じている二つの円によって示された。そして体系の働き全体がこの図式の助けを借りて論証されたが、その論証のやり方は、理論的に考えられた体系をもとに立てることのできる仮説に完全に一致する。「まったく明快であるが、原住民たち（少なくとも知性面で秀でている原住民）は自分たちの体系を、模型図によって表示できるほどにも整序された機械装置として捉えている。（略）彼らがこれらの模型図をもとにして親族問題を取り扱うやり方は、教室でおこなわれるすばらしい研究発表のあるべき姿と比べても、まったく遜色がない[10]」

この著者はニューヘブリデス諸島のマレクラでの経験を描くにも同じ表現を用い、こう付け加える。「老人たちは婚姻体系を、一点の曇りもない明晰さをもって私に説明してくれた。私でもあれほどみごとな説明はできなかったろう。（略）どの原住民もが複雑な婚姻クラス体系を模型図によって完全に表現できるほどの能力をもつことは、特筆すべきである。（略）マレクラでも、原住民の驚くべき数学的推理能力を示す事例をいくつも採取できた。未開人にきわめて高度な抽象的思考能力のあること（略）をいずれ証明できるだろう、と私は思っている[11]」

ベイトソンもニューギニアの原住民について、同じ見解をいだいているように思われる。「この集団の文化は博識と弁証の才を集団のために駆使できる男たちによって、かなりの程度まで守られているのだと言える」。彼らはさまざまな言い争いで能力を発揮し合う。たとえば〈太陽〉半族と〈母〉半族の言い争いがあった。この二つの大きな社会単位のどちらが〈夜〉の所有権を主張できるかが問題になった。〈夜〉はそれ自体で存在する実在であり、誰が所有してもいいのだと〈太陽〉半族は主張した。逆に〈母〉半族は、〈夜〉は〈昼〉の否定で、〈太陽〉トーテムの欠如の結果であると定義した。したがって〈太陽〉半族の要求は撞着語法であると言うのである。(12)

最後に、名称体系にもこのような自在な論理的思考は反映する。親族語彙研究から明らかになるように、原住民の精神のなかで親族現象は身分の集まりというより、関係の体系として捉えられている。のちにその経緯を見ることになるが、ラドクリフ＝ブラウンは項でなく、「対 paire」「周期 cycle」「組 couple」といった関係を基本要素とする分析によって、オーストラリアの親族体系を解釈するにいたった。(13) だが原住民の理論は彼よりも先に、この関係を見出していたのである。次のような二人の人間によってかたちづくられる集合をそれぞれ言い表すのに、カナク人(*)は特別な名称をもつ。

夫と妻（対）―― *duawe*
父と息子（組）―― *duanoro*
母と娘（周期）―― *duaduwe*

そのうえに、この理論家にはいまだ属性のはっきりしない次のような関係についてさえ。

祖父と孫息子（互隔世代）―― *duaeri*
母方オジと甥（オジ‐オイ関係）―― *duarha*(14)

フィジー諸島の体系も九つの双数的名称をもち、それぞれの名称は父と子、母と子、複数の兄弟と複数の姉妹、一人の兄弟と一人の姉妹、祖父と孫、祖母と孫、オジと甥、性を同じくするイトコ同士、性を異にするイトコ同士、夫と妻といった個々の人間を表現するというより、これら二人の人間もしくは二つの人間集団のあいだの種別的な関係を表現する。(15) このリストに *venigaravi*「互いに向かい合う人々」という名称、神と信奉者、犠牲と供犠者、司祭と助手、王と神官などあらゆる儀礼にかかわってくるパートナー関係を表す名称を追加できる。(16)

（*）モーリス・レーナルト『ド・カモ』（坂井信三訳、せりか書房、一九九〇年）の「訳者あとがき」より――「『カナク』という語は、フランス語の le canaque の転写である。これまでオセアニアの諸民族を漠然と指す用語として日本では『カナカ』が広く用いられてきたが、その言葉には英語では差別的な意味合いがあるために、人類学では最近使用を差し控えるようになっている。しかしフランス語では、『カナク』はニューカレドニアのメラネシア系住民を指す語としてごく一般的なものであり、フランスからの即時独立を求めて活動している『カナク社会主義民族解放戦線』も、メラネシア系住民の民族的アイデンティティーを指示する語として積極的にカナク Kanak を用いている」。なお、カナク人が用いる「双数形の実詞」については同書一六九～一七七ページ参照。

要するに、複雑な構造を捉えたりさまざまな関係をつかむだけの能力が、未開の思考に備わっていないわけではないのである。いまや古典となった論文において(17)バンクス諸島の交叉イトコ婚をめぐるリヴァーズの解釈を議論し、地域と歴史にもとづく彼の説明の代わりに、外婚の恒常的機能を論拠として置こうとしたとき、暗にローウィは未開の思考のもつこの能力に訴えていた。彼の言う論拠は、とりわけ当該事例に関してはあまりあてにならないと我々は考えるが、ここはこの問題について論争を開始する場ではない。その点はともかくとしても、ローウィが親族問題の研究に与えようとした一般的方向づけは、まちがっていなかった。じつに彼が正しくも明らかにしたように、その歴史的または地域的様態から切り離して一つの調整原理と考えられた外婚は、直系と傍系を融合していくか世代を融合していくかの二方向に作用する可能性をつねに帯びている。同じ考え方から、第三の構造的方向性にも注意が払われなくてはならない。それは外婚にのみ見出されるのでない――といっても外婚には必ず伴う――方向性で、しかもクランや双分組織をもたない数多くの体系のなかにも働く方向性である。親族関係が同性の親族を介して成り立つか異性の親族を介して成り立つかに従って同一親等の傍系親族のあいだに立てられる、区別のことを言いたいのである。言葉を換えれば、兄弟‐姉妹関係は姉妹‐兄弟関係と同一であるが[18]、そのどちらの関係も互いに似通った二つの関係、兄弟‐兄弟関係および姉妹‐姉妹関係とは異なるとする観念、もっと簡潔には、身分のいちじるしい相違を傍系関係の（男女の配列の観点から見て）対称構造と非対称構造のどちらに結びつけるかを決める原理のことを言いたいのである。

こうして我々はこれまでの章で検討に取り組んできた現象の、もっとも一般的な定式に到達する。同じオジであっても、彼が父の兄弟で二人が兄弟‐兄弟であるか、彼が母の兄弟で二人が兄弟‐姉妹であるかによって、その身分は甥にとって異なり、同じことはオバにも言える。甥や姪は、男である私のその姉妹の子供、または、女である私のその兄弟の子供であるか、その父と私とが兄弟‐兄弟、または、その母と私とが姉妹‐姉妹であるかによって、区別される。最後に私の男女のイトコは、父の兄弟または母の姉妹の子供なら、私にとって兄弟姉妹に等しいが、私とイトコとが非対称構造――親同士が姉妹‐兄弟または兄弟‐姉妹関係にある――のなかで親族であるなら、私にとって、従兄弟または従姉妹は兄弟姉妹以外のものになるだけでなく、おそらくはるかに縁の薄い親族、すなわち配偶者にすらなるだろう。名称体系のたんなる変動から権利・義務体系全体の変換にまで及びうる影響力は、大部分の社会で、直系から傍系へ移ったときの性別の異同と結びついている。もう一度言わせてもらえば、なるほどこの原理とそこから出てくる帰結は双分組織に完全に合致するが、だからといって、この型の社会的組織化の結果として説明することはできない。第一に、すでに見たように、このたぐいの解釈は最終的に交叉イトコ婚そのものを双分組織の結果としてしまうだろうが、事実も、二つの制度それぞれの理論的性格の分析も、このような結論を許さない。次に直系と傍系との関係を、それが対称構造を表すか非対称構造を表すかに従って区別することは、交叉イトコ婚を実施していず半族に分割されていない社会にも見られる[19]。広範に分布していることの知られているレヴィレート婚やソロレート婚を持ち出しても、やはり無駄であろう。

これらの制度は我々が先ほど列挙してみた特徴と同じ資格で、ある原初的複合体に依存しつつ存在してこの複合体の構成要素をなすが、しかし厳密には、当の複合体の若干の性格を基礎づけることができるだけと言っていいからである。したがって、この複合体のいくつかの性格をある制度で、別のいくつかの性格を別の制度でと順次説明していけば、最終的にすべての性格を説明し尽くすことができる、とする主張を仮定しても、まだ次のことを明らかにしなくてならないだろう。いかにしてこの複合体は我々が力説したあの構造的性格を示すことができるのか、またいかにしてこの構造は、構造に先行しなくてならないとされる個々の要素に比べて、より単純でかつより可能性に富んだものでありうるのか。じつは制度以前に、また制度の条件として、関係が、もっと正確に言えば二つの関係のあいだの対立が、把握されている。どちらの関係も直系と傍系とをかかわらせるが、この二つの系を媒介してつなぎうるのが性を同じくする親族たちか性を異にする親族たちかで、その違いが出てくる。この違いはなぜ対立として捉えられるのか。

　交叉イトコ婚の実際の特徴は、生物学的に同等な親等のあいだに社会的仕切りが存在することのみに要約されないし、また平行イトコを婚姻から除外するためだけの、純粋に否定的な境界があることでもない。方向転換にその特徴はあり、平行イトコと交叉イトコとが対置されるとき、平行イトコへの露骨な反感は雲散霧消するだけでなく、逆のもの、すなわち親和力へとかたちを変えもする。それゆえ、平行イトコ禁忌だけを説明しても十分でないし、また交叉イトコが可能配偶者のなかに含められることから切れた解釈を差し出しても、やはりなんの意味もないだろう。この肯定的現象と否定的現象は単独ではなにものでもなく、じつはそれらは、一つの全体をかたちづくる要素なのである。我々の全体的な捉え方が正確なら、交叉イトコの推奨と平行イトコの除外とが同じ理由に根ざすことを認めなくてならない。

　これら難しい点は、交叉イトコ婚に交換婚の基本定式を、交換に、いままでの段落でその構造的性格を強調してきた対立関係の体系の、存在理由を見るならはっきりする。インセスト問題と婚姻禁忌研究を取り巻くすべての不明さは、我々の見るところ、自分たちの制度を基準にして婚姻を片務的移転行為、非対称的制度として考え

図6　交叉イトコ婚

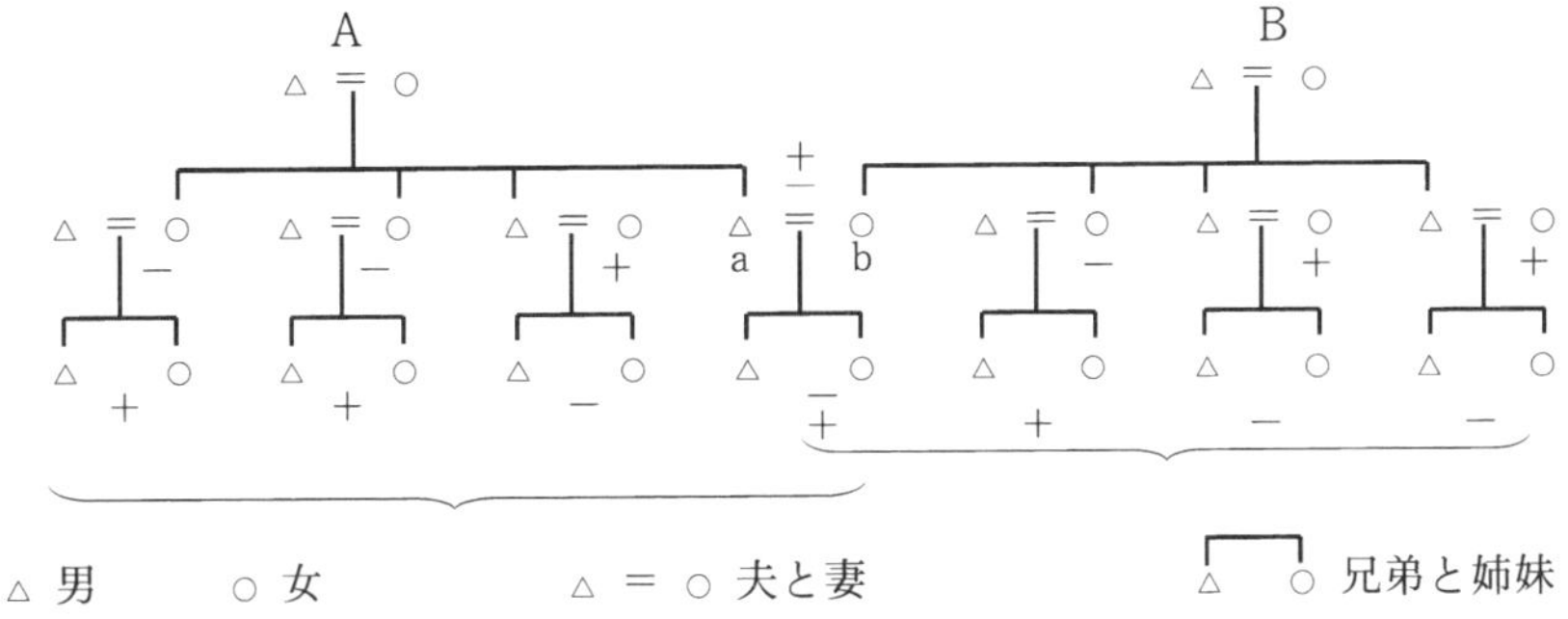

（＋－）関係にあるイトコは交叉イトコ、（＋＋）ないし（－－）関係にあるイトコは平行イトコである。

ようとする我々自身の傾向にもっぱら由来するが、じつのところ婚姻は（我々のあいだでさえ相変わらず）双務的移転行為、対称的制度なのである。相違は一つしかない。未開社会では、婚姻制度の対称構造は概して二つの集団を互いにかかわらせるが、現代社会において対称の要素になるのは、一つは個人にまで収縮する傾向を帯びたクラス、もう一つは全体としての社会集団に重なり合うまでに肥大化するクラスである。すでに我々は、複婚を首長とバンドの互酬関係として説明してくれる似たような定式に出会った[20]。この点から見れば、現代の婚姻の法的基盤は、適用範囲のかぎられていたモデルの一般化ないし大衆化として現れる。だがまず、交叉イトコ婚の真の本性を決定してみよう。

　父系で父方居住の二つの家族集団AとBが、〔Bに属す〕娘bと〔Aに属す〕男aとの婚姻によって結びつくと仮定してみよう。女bは、集団Aから見れば獲得を意味するが、集団Bにとっては逆に損失になる。したがって婚姻そのものは、受給者である集団Aにとっては債務者の立場への移行を、また集団Aを利するかたちで女性成員を一人失う集団Bにとっては債権の獲得を表す。集団Aと集団Bに属すどの男が結婚しても、同じくこの婚姻は結婚した男の集団にとって収益をなし、一般的レベルでは集団を、個別的レベルでは当事者である家族を債務者の立場に置く。逆に女aまたは女bのどちらが結婚しても、この婚姻は損益を意味して被補償権を生じさせる。女性親族は失われる女で、女性姻族は獲得される女である。ゆえに親元集団にとっては、こうした婚姻から生じるどの家族も、子供たちの母親が娘であるか義理の娘であるかに従って決まる、ある徴表を帯びる。娘と娘婿から生じる家族は集団の減員の結果であり——親元集団の視点から見れば——一つの債権を自分の資産として所有する。息子と息子の嫁との結合に由来する家族は獲得側の家族であり、収益を得た以上、この家族は返済義務を負う。姉妹から兄弟へ移ると徴表が変わる。言うまでもなく、兄弟は嫁を獲得するが、姉妹は彼女の家族にとって失われるのだから。しかし前世代から次世代へ移行してもやはり徴表が変わる。親元集団の視点から見て父が妻を受け取ったか母が外部に移転されたかに応じて、じつに息子には姉妹を返済にあてる義務か女を一人獲得する権利が生じる。こうした世代間の相違は、なるほど現実には従兄弟たちの半分が独身を余儀なくされるかたちででは現れないだろうが、しかしいずれにせよ、次の法則を表してはいる。いかなる男も、上位世代で姉妹ないし娘が失われているのだから、女を請求する権利の行使対象となる集団からしか妻を受け取れず、またいかなる兄弟（ないしいかなる父親）も、上位世代で女が獲得されているのだから、姉妹（ないし娘）を外部に返済する義務を負う。

一つの図式が以上の分析を例証してくれるだろう。系統AまたはBが女を獲得する結果として生ずる夫婦に記号（＋）を、逆に系統が女を失う結果として生ずる夫婦に記号（－）をつけるとしよう。その成員すべてが互いにイトコ同士になる次世代に移ると、記号は反転する。ABの接点をなす夫婦、男aと女bの婚姻によって形成される夫婦は、Aの視点から見て（＋）、Bの視点から見て（－）で、明らかにこの二つの記号を併せ持ち、この夫婦の子供たちもまた同じく二つの記号を併せ持つ。さて、イトコ世代を考察してみさえすれば、（＋＋）関係か（－－）関係にあるイトコはすべて平行、（＋－）関係か（－＋）関係にあるイトコはすべて交叉であることが確認される。つまり、互酬性の概念はすぐさまイトコの二分法を導き出してくれるのである。言い換えれば、どちらもが父の集団に対して債権者の立場にある（よって母の集団に対して債務者の立場にある）二人の男イトコは、自分の姉妹を交換することができない。逆に母の集団に対して債権者の立場にある（よって父の集団に対して債務者の立場にある）二人の男イトコもやはり、姉妹を交換することができないだろう。なぜならこのように債権者同士または債務者同士を組み合わせるのでは、返済を履行しない集団となにも受け取らない集団とが外部のどこかに残り、どちらの集団のもとでも婚姻が片務的移転のままにとどまると言っていいからである。要するに、交叉イトコ婚は究極的には次のことを表しているにすぎない。婚姻については、与えることと受け取ることがつねになされなくてならないが、ただし与える義務を負う側からしか受け取ることができず、また受け取る資格を有する側に与えなくてならない。じつに債務者同士の相互贈与は特権につながり、債権者同士の相互贈与は債務の消滅に行き着かざるをえないゆえに。

我々が呈示した理論的図式では、両親の世代ですでに交換がなされていると想定してもなんら差し支えない。この場合、両親のすべての婚姻はABの接点をなす夫婦の婚姻に合致して、男aと女bないし男bと女aの婚姻となり、ゆえに子供たちは父の系か母の系の一方においてでなく、どちらの系においても互いに交叉または平行イトコであるが、一般構造は変わらない。また最初の交換が祖父母たちのあいだでおこなわれ、祖母aが祖父bの姉妹に、あるいは祖母bが祖父aの姉妹にあたると想定してもいい。この場合、次世代（両親の世代）が早くも交叉イトコたちから構成され、子供の世代も両親の世代と同じ構造をもつ。姉妹や娘の交換は、それがいつおこなわれようと、決まって交叉イトコをつくりだすからである。交叉イトコから生まれる子供たちは互いに交叉イトコで、親族関係のない男同士の姉妹交換から生まれる子供たちも互いに交叉イトコで、最後に平行イトコ同士の姉妹交換から生まれる子供たちでさえ交叉イトコである。

気づいてもらえたと思うが、我々は特定の制度をあらかじめ考えてしまわないための仮説、父の視角と呼んでいいような仮説に立ち、集団の成員によって妻とされる女は獲得され、交換に出される女は失われると見なした。母系出自と母方居住とを伴う体制、つまり子供たちが母の集団に属してこの集団が夫の奉仕から利益を得る体制では事情は大きく違ってくるだろうが、しかし考察される体系がどのようなものであれ、つねに我々は同じ現象に直面する。ただし、この現象が多少なりとも複雑な現れ方をすることはある。婚姻から生ずる利得や損益は、じつは我々が図式の明快さを損なわないために想定したような単純なかたちで割り当てられることはまずなく、どの集団も権利がどのように配分されているかに応じて、損をするとともに得もする。〔新婚夫婦の〕居住を失う代わりに出自を獲得することもあれば、またその逆もあり、物質的財と社会的肩書は、必ずしも等質な仕方で譲渡されていくのではない。しかし重要なのは、いかなる権利取得も付帯義務を生じさせ、いかなる権利放棄も補償をもたらすということである。交換婚では、権利放棄と権利取得とがつねに二つの結合に対称的に、ただしそのつど反転しつつ及ぶ。たとえ交換財の役を果たすのが女でなくて男であるような、現実に存在するとはまず考えにくい婚姻体制を想定してみたいというのであっても、図式に現れたすべての記号を入れ替えさえすればよく、全体構造が変更されることはないと言っていい。

しかし我々が定位した理論上の事例では、明確な制度類型を前提する必要はまったくない。その証拠に、この理論的事例に対応する現実的事例にあたるのは、密着して雑居する生物学的家族からなるか、逆に互いに持続的接触をもたない生物学的家族からなる未開の群れ社会、いまだ組織化のごく初歩段階にとどまっている社会である。つまり我々の解釈図式は、安定した制度が存在することも、出自や居住にかかわる特定の規則が確立されていることも前提にしていないのである。唯一の前提は女が価値と見なされていること――大半の未開社会によって、また動物生活の水準における雌雄関係によって十分に実証されている心理的態度――と、個体の意識によって次の型の相互関係が把握されていることである。AのBに対する関係はBのAに対する関係に等しい。さらに、AのDに対する関係がBのCに対する関係に等しいなら、CのDに対する関係はBのAに対する関係に等しくなければならない。これすなわち、姉妹交換の定式と交叉イトコ婚の定式である。こうした構造を把握するだけの能力がどのように獲得されるかは問題であるが、それは心理学の問題であって、もはや社会学の問題ではない。この点にはのちほど立ち戻る。いまや我々は、この型の構造が未開の思考によって実際に把握されていることを知っている。

注

（1）第2部第22章参照。
（2）R・ファースはポリネシア社会についてこれと類似した考察を展開した。Cf. R. Firth, Marriage and theClassificatory System of Relationship. *Journal of the Royal Anthropological Institute,* vol. 60, 1930; *We, the Tikopia, op. cit.,* p. 266 *sq.*
（3）W. J. Perry, *The Children of the Sun, op. cit.,* p. 381.
（4）J. R. Swanton, Contribution to the Ethnology of the Haida. *Memoirs of the American Museum of Natural History,* vol. 8, 1905-1909. 同様の考え方は次のものにも見られる。C. H. Wedgwood, article: Cousin Marriage, in *Encyclopaedia Britannica.* — J. F. Richards, Cross Cousin Marriage in South India. *Man,* vol. 14, n° 97, 1914.
（5）R. H. Lowie, *Traité de sociologie primitive, op. cit.,* p. 43.
（6）A. A. Goldenweiser, Remarks on the Social Organization of the Crow. *American Anthropologist,* vol. 15, 1913.
（7）L. Spier, *Yuman Tribes of the Gila River.* Chicago, 1933, p 209.
（8）W. E. H. Stanner, Murinbata Kinship and Totemism. *Oceania,* vol. 7, n° 2, 1936-1937, p. 202 *sq.*
（9）アンブリン型体系の検討と議論は別の著作でおこなうつもりである。
（10）A. B. Deacon, The Regulation of Marriage in Ambrym. *Journal of the Royal Anthropological Institute,* vol. 57, 1927, p. 329-332 and note, p. 329.
（11）A. B. Deacon, *Lettre à Haddon, cit.* par A. C. Haddon, préface à Deacon. Malekula..., *op. cit.,* p. xxiii.
（12）G. Bateson, *Naven.* Cambridge, 1936, p. 227-231.
（13）第11章参照。
（14）M. Leenhardt, *Notes d'ethnologie néo- calédonienne, op. cit.,* p. 59.
（15）A. M. Hocart, Lau Islands, Fiji. *Bernice P. Bishop Museum Bulletin* 62, Honolulu, 1929.
（16）A. M. Hocart, *The Process of Man.* London, 1933.

（17）R. H. Lowie, Exogamy and the Classificatory Systems of Relationship. *American Anthropologist*, vol. 17, 1915.

（18）兄弟‐姉妹関係と姉妹‐兄弟関係とが対称的でないことを姉との婚姻を許す唯一の理由とする、きわめて内婚的な体系は別である。前出、第1章、六八〜六九ページ参照。

（19）互酬関係が交叉イトコのあいだに成り立つアザンデと、この関係を父と息子のあいだに置くポーニーとを比較したホカートは、それら二つの関係形態が一つの基本的関係、男性個体と女性個体との関係から派生することをはっきり見抜いた（A. M. Hocart, Convenants. *Man*, vol. 35, n°. 164, 1935）。

（20）前出、第4章、一二二ページ参照。

第10章　婚姻交換

交換婚と交叉イトコ婚の構造的相似性にはじめて注意を促し、二つの制度のあいだに存在する現実的な関連を立証した功績は、フレイザーに認めなくてならない。交叉従姉妹の一方（通常は母の兄弟の娘）のみとの選好婚を伴ういくつかの親族体系では、しかし母の兄弟が義父と同一視されるだけでなく、さらに父の姉妹が義母と同一視されることがあるとの観察を、彼は論証の出発点にする。じつに後者の同一視は、父の姉妹の娘との婚姻を仮定したときにしか理解されないはずであろう。この難問を解明するには二人の交叉従姉妹が混同されると仮定すればいい、つまり母の兄弟の娘が同時に父の姉妹の娘でもあればいい、とフレイザーは指摘する。[1]自分の姉妹を交換し合った二人の男から交叉イトコが生まれれば、このような場面は自動的に現実のものとなる。ところで、こうした交叉イトコ婚と交換婚のつながりがじつに鮮明に把握される事例がある。「たとえばマンドラやバスタールでは、男は自分の姉妹の娘を自分の息子の嫁にする権利を握っていると考えていて、彼がその根拠とする原則によれば、自分の家族は娘の夫の家族に当の娘を与えたのだから、娘の夫の家族は代わりに娘を一人返さなくてならない。この組み合わせは『乳を返す』を意味する *Dūdh lautāna* の名で知られる[2]」。この事例がとられたゴンドのもとでは、実際、交叉従姉妹を、規定された従兄弟とは別の男と結婚させる場合、この交叉従姉妹に対する代償「乳のお金」を払わなければならない。またマラータ・ブラフマンにはこんな諺がある。「姉妹の家では兄弟の娘は息子の嫁だ」。あらゆる近親婚を禁忌とするビルマのカチンのもとでも、母の兄弟の娘と父の姉妹の息子との婚姻だけは例外で、二人は違反すれば罰金の課される義務づけられた配偶者であるが、このような規定親族がいないときに交換婚が交叉イトコ婚の代替機能を果たす。

だが交換婚と交叉イトコ婚のきわだった一致を確認できるのは、とりわけオーストラリアである。「広範に適用される原理としてまったく確実にこう主張できる。これら野生人のあいだでは、通常は一人の女性親族と引き替えに一人の女が獲得される、と。（略）父親たちがそれぞれの娘を自分の息子の嫁として交換し合ったり、また民族によっては、未婚の男たちが姉妹やその他の女性親族をじかに交換し合うことが、もっとも広く共通する慣習である」[3]。同じような証言はカーやラムホルツによってももたらされている。やはりフレイザーによって引用されている別の著者の言によれば、ナリニェリ民族では「交換に出され」ないことは女の不名誉と見なされ、交換とは別の手続きで獲得された妻は、我々の社会における売春婦とさして変わらない格づけを受ける。いずれにせよオーストラリアで一般的に確認される事実であるが、交換に出すべき姉妹、娘、継娘 filleule がいないなら、男に女を獲得する望みはありえない。オーストラリア社会で独身を余儀なくされた男が絶望の淵に追い詰められている境遇を、R・ブロー・スミスは印象的な筆致で描いている。「別の部族の未婚の娘と交換できるような女性親族のいない男は、悲惨な生活を送る。必要なものはすべて自分で調達し、独身者専用地区でほかの独身者と一緒に不便さに耐えなくてならないだけでなく、二、三人の未婚の娘を後見する立場にある年上の男たちからは、絶えずうさん臭い目で見られる。（略）このような生活につきまといらだちや不安は、彼を陰気な仲間、怒りっぽい友人、凶暴な敵に変える」[4]。事実、フレイザーの言う「貧しく絶望した」独身者は、交換という通常の経路で妻を入手できないために無頼生活を余儀なくされる。じつに自集団の女を略奪するか、他集団の女を強奪する以外に、彼に妻を得る機会はない。そしていずれの場合でも、集団は面目を傷つけられた成員に肩入れしたり対外的な面倒を恐れて、彼に背を向けるだろう。またいずれの場合でも、同じ問題が長老会議で気づかわしげに話し合われるだろう。もとの所有者をなだめるために、略奪されたり強奪された女の代わりをどこから手に入れたらいいのか、と[5]。これらどの観察記録も、我々が別の社会について紹介した別の観察記録をそっくり思い起こさせる。

我々の取り組んできた理論的分析ばかりでなく、フレイザーの収集した事実も、嫁交換と交叉イトコ婚のきわだった一致を明らかにしている。それなのにどうしてフレイザーによってはじめて表明された仮説は、すぐに広範な信用を勝ち取ることがなかったのか。交換婚によって交叉イトコ婚を説明しようとする彼の犀利な理論は、どうしていち早く決定的に受け入れられることにならなかったのか。しかもどうしてその理論は、今日、ほかの説明の陰に捨て置かれているように見えるのか。(6) 私見によれば、フレイザーは踏み込むべき適切な方向にはっきり気づいたが、しかし自分で切り開いた道を果てまで踏破できなかった。彼はこれ以上望むべくもない慧眼をもって事実を収集したが、にもかかわらず、これらの事実について彼が差し出した解釈は、反省すれば見えてくるさまざまな可能性の広がりに比べると奇妙なほど狭くて、期待に応えてくれない。

交叉イトコ婚と交換婚の関係づけは婚姻の普遍的構造、永続的かつ基礎的な構造の発見へとつながってしかるべきであったのに、逆にフレイザーは交叉イトコ婚に婚姻の一歴史形態を、交換に別の一歴史形態を見て、これら二つの歴史形態のあいだに、またそれらと双分組織、類別的体系などほかの形態とのあいだに、時間的継起関係と因果関係をつけることに没頭した。我々にとっては文化史から脱出する手段となるものを彼は文化史の内部で解釈することを試み、我々が社会の条件と見ているものをさえ社会進化の諸時期に分解しようと努めたのだった。いずれにせよ、自分の理論の開く可能性をフレイザーは直観してはいたようなのだが、しかしその可能性に言及するが早いか、おじけをなしてそれを引っ込めてしまうのである。つねに偶数で与えられるオーストラリアの婚姻クラスについて、じつに彼はこう書いている。「これが示唆するのはあらゆる事実が裏づけようとしていること、つまりこれらの集団は、相互婚を実行するまず二つの、ついで四つの、最終的に八つの外婚集団ないし外婚クラスへと共同体に意図的に繰り返し加えられる、二分操作の結果であるということだ。私の知るかぎりいままでこれほど大胆な主張をなした人は誰もいないが、じつに社会は物理法則に従属していて、この法則の働きによって、結晶のごとく人間共同体は、堅固な数学的規則に従って自動的かつ無意識的に凝結したり、厳密な対称性をなす要素へ解離していく傾向をもつのかもしれない(7)」。確かに社会を結晶に譬えることなど考えも及ばないところだが、しかしたとえば所有する男と所有される女との対立、それら所有される女たちのあいだに現れる、獲得される女＝妻と譲り渡される女＝姉妹・娘との対立、二つの型の絆、姻族の絆と親族の絆との対立、連続的リネージ系列（性別を同じくする個体からなる系列）と交替的リネージ系列（ある個体から次の個体へ移るたびに性別が入れ替わっていく系列）との対立など、生物学的関係を対立関係の体系として思考する人間の側の能力が――本書で我々が論証しようとしているように――自然状態から文化状態への移行を規定するとすれば、つまり、まさしくこうした対立の組から生ずる直接の結果が交換で、その交換の反映がイトコの二分法であるのなら、「人間共同体は、堅固な数学的規則に従って自動的かつ無意識的に凝結したり、厳密な対称性をなす要素へ解離していく傾向をもつ」などとはたぶん言えはしないにせよ、それでもおそらく次のことは受け入れなくてはならないだろう。明確なかたちで現れるにせよ、不明瞭なかたちで現れるにせよ、双数性、交互性、対立、対称性は説明されるべき現象であるより、心的・社会的現実の基礎的で直接的な所与であり、いかなる説明を試みるにせよ、それらのうちにこそ説明の出発点を認めるべきなのである。

実際、たんに偶然のつながりによって結びついているにすぎぬとして二つの問題を切り離して交叉イトコ婚のなかに持ち込むことに、フレイザーの解釈の第一の欠点がある。彼には、なぜ交叉イトコ同士は結婚できるのかの問題は、なぜ平行イトコ同士は結婚できないのかの問題とまったく関係がないのである。彼にしてみると、この二つの問題ははっきり区別される問題で、それゆえ彼はそれぞれを別々の章で検討し、二つの異なる型の解釈に訴えて選好と禁忌を説明しようとする。オーストラリア社会が確認させてくれるさまざまな事実を、フレイザーは迷わず普遍化する。「交叉イトコ婚を許してきたか望ましいとしてきたオーストラリアのすべての民族において、この婚姻型は姉妹交換の直接の帰結として生じて、そのほかに説明はないとの想定は理にかなう。また妻の代価を現物で支払わなくてはならない、言い換えれば、結婚のかたちで受け取った女と引き替えに別の女を返さなくてならない、という経済的必要性から姉妹交換は直接的に出てくる、との想定も理にかなう」。マイソールのマディガ民族とイディガ民族、ウタル・プラデシュのバルワニやアルモラ地区のいくつかの民族、アッサムやバルチスタンのいくつかの民族など、他のたくさんの社会でも、交換婚が交叉イトコ婚に結びついて与えられるが、その一方で、西トーレス海峡の島民、モワト民族、ニューギニアのバナロ民族、ブイン島、キワイのペデダリム民族、ベンガルのサンタル民族、スーダンのセヌフォ民族とモシ民族、スマトラ島、そして現在のパレスチナなどでは、交換婚だけが広く行き渡った制度になっていて、ゆえにこの二つのことがらから次のごとく結論できると言うのである。二つの婚姻のつながりがいちじるしく鮮明なオーストラリアのカリエラ民族の場合とまったく同じように、「交叉イトコ婚は、相互婚を目的とした姉妹交換から単純かつ直接に、まったく自然な連鎖に従って出てくる[8]」。

こうして基本的説明原理を立てたフレイザーが、しかしすぐにそれを捨ててしまうのはどうしたことか。この原理では不十分、これが彼の言い分で、実際、彼は書く。「なぜ平行イトコ婚がかくもしばしば好ましい目で見られるのかという疑問に我々は一つの答えを見出したが、なぜ交叉イトコ婚がじつに頻繁に抑止されるのかという疑問に対する答えを、まだこれから見つけなくてならない[9]」。ところがのちに見るように、この第二の答えが第一の答えと無関係であるというばかりでなく、フレイザーは第二の答えを押し出していく過程で矛盾の網の目に閉じ込められ、最初の行程がじつに華々しく勝ち取らせてくれた陣地を丸ごと失ってしまうとさえ見える。だがまずこう問うてみよう。イトコの二分法をすぐさま導き出してくれると我々に見えた交換が、どうしてフレイザーにはもっぱら交叉イトコにしかかかわらず、平行イトコについてはなにも教えてくれないと見えるのか。

フレイザーの交換の捉え方と我々自身が提出した捉え方とのあいだには、二つの根本的な違いがある。いずれも次のことに由来する違いである。我々にとって交換は包括的互酬構造の示す一面にすぎず、この構造自体は社会的人間の側から（まだこれから明確化しなければならない条件のもとで）すぐさま直観的に把握される対象であるが、フレイザーにとって交換は、進化系列をなして連なる諸制度のそのなかに繰り込まれる一制度なのである。明確に言うなら、要するにフレイザーにとって交換婚は原初的制度でなく、それ以前に乱婚、血族婚、集団婚などほかの婚姻形態があったということなのだ。それどころか交換婚は、「社会が集団婚やそれよりもっとはるかに緩い男女交渉形式から徐々に離れて個体婚に接近した」ときにしか、出現しえない[10]。次にフレイザーは嫁交換を、いかにすれば女を入手できるかという経済問題への適当な解決策と捉える。姉妹交換や娘交換は「どこでももともとはたんなる物々交換の操作（《a simple case of barter》）にすぎなかった[11]」と彼は何度も主張する。女を買い取るだけの物質的財がいっさいないのに女を手に入れるやり方があるだろうか、と赤貧のなかで自問するオーストラリア原住民の姿を彼は描き出すが、この原住民は一見解決できそうにないこの問題の解決策を交換に見出すのである。「男たちは自分の姉妹を交換しはじめた。これこそ妻を見つけるもっとも安価な方法（《the cheapest way》）だったので[12]」。交換のこうした経済的な捉え方はフレイザーの結論からもやはり浮かび上がるが、それもそのはず、彼にとって交換と交叉イトコ婚のあいだに必然的なつながりのあることの認識を支えてくれるのは、つまるところ経済法則の普遍性なのだから。「じつに野蛮の外皮の下にも文明の外皮の下にも、変わらぬ経済的諸力が〈自然〉の諸力と同じ一律さで働いている。そもそも経済的諸力は〈自然〉の諸力の、ことのほか複雑な現れにすぎないのである[13]」

交換が購買の一様態であるどころか、逆に購買に交換の一様態を見なくてはならないことを、我々はこの研究で一貫して明らかにしようとしてきた。交叉イトコ選好と平行イトコ禁忌とを一つにする緊密なつながりをフレイザーが完全に見損なってしまったのは、彼が自分の考える未開人に十九世紀の哲学者のものである〈ホモ・エコノミクス〉の心性を付与するだけで満足してしまったからで、じつに彼は「純粋に経済的な視点から眺めるなら」この二つのイトコ型に「相違はない」と書く[14]。しかしまさにこれは、交換が経済的視点から眺められてならないことを意味するのである。フレイザーはまず経済的財の存在を前提に置き、これら経済的財のなかに女を含め、そうしておいて、交叉イトコのあいだでと平行イトコのあいだでとの姉妹交換は、経済的視点から見て同じことに帰着するとの確認をなす。おそらくそうではあろうが、しかしこのようにして彼は袋小路に行き着く。逆に我々はまず対立についての意識を前提に立てた。女の二つの型、むしろ女に対してとりうる関係の二つの型のあいだの対立、姉妹・娘＝譲与される女か嫁＝獲得される女か、親族である女か姻族である女かの対立である。

そして獲得をなした集団に返還を義務づけ、譲与をなした集団に請求を可能にさせる互酬構造がこの原初的対立からどのようにしてつくりあげられるかを、我々は明らかにし、次のことを確認した。任意の集団において平行関係にあるイトコたちは、同一の形式的位置、静的で均衡した位置にある家族から生まれるが、交叉イトコたちは、競合する形式的位置にある家族、親族関係からもたらされる動的で不均衡な相互関係のなかに置かれる家族から生まれ、縁組だけがこの不均衡を解消する力をもつ。交換関係は交換物以前に、かつ交換物とは独立に与えられるゆえに、個々に見て同一である財も、互酬構造内でのそれぞれに固有な位置に置かれるなら、同一であることをやめる。

だからたとえばソロモン諸島のブイン民族の婚姻体系に出会うと、フレイザーは解決不可能な困難の前に立たされる。この体系では女性交換は購買に代わるのでなく、逆に購買に付け加わる。そこでなるほど彼は、移転される財の価値はすべて同じであるゆえ、二つの購買は相殺されて、いわば存在しないに等しいとの理屈に訴える。「二人の人間が互いに相手に半クラウンを支払うなら、正味の結果は、なにも支払わずなにも受け取らなかったのと同じである[15]」。しかし女性交換が家族のあいだでなく、地区のあいだで展開されるエロマンガ島や、中央アジアおよび東アジアのいくつかの地域では、等価な財が双方向の商取り引きの対象になるだけでなく、往路・帰路ともに同一の物品が嫁の移転に伴う。つまりそこにある取り引きは、経済的観点から見てゼロであるだけでなく、愚行でもある。しかし、重要なのは交換行為であって交換物でないことを受け入れるなら、この取り引きは逆にじつに明快になる。別の機会にフレイザーが述べるように、「婚姻にかかわるこうした商取り引きの、欲得ずくのとは言わない、少なくとも厳密に営利的な側面は表面的なものにすぎない[16]」。だがもっとはるか先にまで進むことができる。フレイザーの仮定が矛盾しているからである。実際、太古にまでさかのぼる交叉イトコ婚の歴史的古さを証明してみせると主張して彼は、女性交換は処分可能な富として女しかなかったほどにも原始的であった集団のあいだで始まったにちがいない、と仮定する。「ごく低い段階の野蛮状態を特徴づける全般的貧困状況では、事実上それ以外に男が女を獲得する合法的手段はまったくなかった[17]」。この仮定から彼は、「絶対的貧窮が、ではなかったにせよ、極端な無知と極端な貧困」が支配する体制のもとで交叉イトコ婚は始まった、とする結論を引き出す[18]。交換婚の示すこのような極端な未開性については、我々も異存のないどころか、まったく賛成であるが、しかしならば——というのも、いかなる支払い手段も有していないほどの初歩的段階にいる人類が想定されているのだから——いかにして交換は購買の代わりとなるのか。購買の観念はそもそもどこから人類にもたらされるのか。じつにフレイザーは経済的意識を備えた抽象的個人を頭のなかでこしらえ、次にさまざまな時代を飛び越した、富も支払い手段もない遠い時期へとこの個人を運び込み、この逆説的な場面でその個人に、女の価格の先取りされた代替物を、予言者的な見通しによって女そのもののなかに見出させるのである。だがなんらかの経済問題に対する、推論によって導出された解決策のごときものは、現実には女性交換のなかにいっさい見当たらない（売買とは何かをほかの道筋からすでに学び取っている社会でなら、女性交換がこのような機能を受け取ることはあるかもしれないが）。自分の娘や姉妹が提供される価値であること、また逆に他人の娘や姉妹が要求しうる価値であることをつかませるのは、意識のなせる原初的・直覚的行為なのである。

交換の起源が誤って解釈されてしまうのは、すでに述べたように、もとをただせばフレイザーが交換そのものを計算と反省とに由来する派生的現象と見るからで、歴史へと狭く閉じられたこの同じ視点がまた、平行イトコ婚禁忌の起源を交換の外部に求めるよう、彼を引っ張っていくのでもある。この起源は彼によれば双分組織にある。オーストラリアには「実質的にあまねく」存在して、メラネシアでもその役割を認めることができるほどに「十分に優勢」である双分組織に。その理由として、外婚半族をもつ体系では必ず平行イトコたちは同じ半族に、交叉イトコたちはそれぞれ別々の半族に属すことが改めて指摘される。アジア、アフリカ、アメリカに関しても、フレイザーは双分組織が古くから存在するとの結論を迷わず引き出し、この結論はトーテム外婚と類別的親族体系がこれらの地域に広く分布していることからも実証されると言う[19]。彼の示唆するように、かつては「地球上の居住可能地域の、半分以上と言わないまでも、少なくとも半分[20]」には双分組織が分布していたことを認めてみよう。では何が双分組織の起源なのか。近親結合の防止であるとフレイザーは答える。まず兄弟と姉妹の結合が防止され（集団がはじめて二クラスに分割される）、次に両親と子供の結合が防止され（集団が再び二クラスに分割される）、最後に交叉イトコ同士の結合が防止される（集団が八つの婚姻クラスへ分割されるオーストラリアのアランダ型体系）。まず双分体系が兄弟と姉妹を禁止配偶者のカテゴリーに入れ、次に四婚姻クラス組織が二人の親のうち、二クラス体系において禁止を課されない親（母系体制なら父、父系体制なら母）について同じ結果に達し、最後に八クラス組織が、平行イトコに課されている禁忌を交叉イトコにまで広げる。まちがいないとされるこの一連の主張は次の原理にもとづく。「いずれにせよ、こうした帰結が連続的二分操作の生み出す結果の一部であることは確実で、結果から意図を逆推理することは正当である」[21]

この原理についてせいぜい言えるのは、それが社会学的目的論への、とりわけ徹底した方向転換であるということのみだが、しかしその方向転換は我々には、歴史へと狭く閉じられた先の議論構成が徹底性を欠くと見えたのとちょうど表裏をなす恰好で、逆に許容限度を超えてしまうように思われる。結果から意図を正当に逆推理できるには、確認された結果と想定された意図とのあいだに、少なくともなんらかの照応関係がなくてはならない。たとえば集団が四つの婚姻クラスに分割されることの起源は、いままで互いに同一と捉えられていた項のあいだに対立関係を置く新しい体系についての、明瞭にか曖昧にかなされる意識化に求めてもいいだろう。

しかし兄弟＝姉妹婚が禁忌とされることと、集団がはじめて（かつ、もっとも広範に見られるように）二つの外婚半族に分割されることとを、いまと同じ推論でつなげることができるものだろうか。じつにこの場合、想定された意図は結果のほんのごく一部にしか対応せず、ゆえに結果を意図によって解釈しようとすれば、まったく別の意図を想定しなくてはならない。

双分組織は、傍系親族を二つのカテゴリーに分割する操作として解釈される。婚姻を結んでいい相手と結んではいけない相手である。後者のカテゴリーには兄弟、姉妹、平行イトコがともに含まれる。したがって、双分組織設立の目的は兄弟と姉妹との婚姻を禁ずることにあり、平行イトコ禁忌はただ偶然に項目のなかに現れるにすぎない、と一概に決めつけるわけにいかない。まったく同様にその逆がまた正しいとも言える。実際、兄弟と姉妹とのインセストを禁忌としたかっただけなら、ずばりそれだけを禁忌とすればよく、たかが一人、二人ないし三人の望まれざる配偶者を除外するのに、処分可能な男ないし女のほぼ半数にも同時に禁止を課す、煩雑きわまりない制度をわざわざ築く必要などなかったろう。私に自集団の半数の女と結婚してならぬと命じる双分組織が、ほんとうに私と私の姉妹との婚姻を予防するためにだけ設けられたとするなら、この制度を考え出した人々の精神には、惜しげもなく彼らに帰される明察力とともになにか奇妙な不整合が同居していたことを認めなくてならない。じつは双分組織はなんの役にも立たないか——これは擁護しうる主張である——、でなければ、それのめざす目的、その目的にのみ役立つかのどちらかなのである。双分組織は意識的に望まれて考え出されたと一方で主張し、他方で、双分組織はそれがもたらす結果のごく一部を得るためにのみ（だがこのごく一部の結果は別の手段によっても簡単に確保でき、実際にもそのようにして多数の集団で確保されてきた）望まれて考え出されたと主張することは、制度の歴史的連鎖から見ても立法の意志から見ても、受け入れがたい立場である。しかし双分組織が我々の考えるように、それ固有の、と実際に言える帰結を生み出す機能をもつなら、その機能は近すぎる親等を除外することにあるのでないことをはっきり認めなくてならない。なぜなら兄弟と姉妹は平行イトコ同士よりも〔親等的に〕近いのに、平行イトコと一緒にされ、平行イトコ同士は交叉イトコ同士と同じ近さにあるのに、交叉イトコから区別されるのだから。双分組織になんらかの存在理由があるとすれば、この存在理由は兄弟姉妹と平行イトコとに共通する性質、これら二つの集団を同じように交叉イトコ集団に対立させる性質のなかにしかありえず、しかも、言うところの共通の性質は生物学的近親性でありえない。兄弟姉妹も平行イトコ同士も互酬構造の内部で同じ方向づけを受け、同じ徴表を帯びるということのなかに、我々は共通の性質を見出した。つまり兄弟姉妹のあいだ、平行イトコのあいだでは、いわば力の中和が起きる。だが交叉イトコのほうは互いに対立する相補的徴表を帯びていて、ゆえにそのあいだには、同じ隠喩を使うなら、引力が働くと言っていいだろう。

フレイザーに自分で自分の学説の最大の弱点をさらけだしてもらおう。「我々は婚姻習俗が継続的に変化してきたことの一般的原因を、血縁関係によって緊密に結びついた人同士の婚姻に対して強まる、嫌悪感に見出した。

（略）しかし私はここで、この嫌悪感の起源をあえて探ってみようと思わない。じつにそれこそが文化史全体のもっとも未解明な、もっとも難しい問題の一つなのだから」[22]。要するに彼によれば、交叉イトコ婚と交換婚の究極の起源はインセスト禁忌にある。姉妹交換とそれに続く交叉イトコ選好は、兄弟＝姉妹婚に対する罪悪視の広まりにつれて次第に一般化していく慣習として現れた。平行イトコ禁忌は双分組織の創設からじかに生じ、双分組織の創設そのものは、公衆の高まる感情を法的に裏づけるために布告された。つまり選好と禁忌の直接の起源はそれぞれ異なり、一方は道徳から、他方は法から生まれる。だがもっとさかのぼれば両者の起源は同じで、実際、どちらの場合でも、血族婚が集団内に引き起こす「厳しい非難の高まり」に応えることを課題とする。血族婚を社会制度と見る仮説も、さらにフレイザーが類別的親族体系の説明のために持ち出す集団婚の仮説も、純然たる仮説にすぎないことにはとくにこだわらずにおこう。それ以前に、彼による再構成全体がじつは一つの循環にもとづくのだから。交換婚は集団婚を終わらせるために出現した。交叉イトコ婚は交換婚の帰結として定着した。双分組織は交叉イトコ婚慣習を永続化するために出来《しゅったい》した。最後に「類別的親族体系は、社会が二つの外婚クラスへと組織化されることからじかに生ずる」。ところが、類別的体系の起源の問題を立てたとき、フレイザーはきわめて明確にこう答えていたのである。「それは集団婚体系に起源をもったように思われ、じつにこの体系を鏡のように反映する[23]」

だがフレイザーの差し出した解釈は、なによりも一つの謎に依存している。インセスト結合を排除するための最初の企てとして交叉イトコ婚が発生したのだとしても、なぜインセスト結合そのものが根絶すべき罪悪として現れたのかはまったく不明である。ただフレイザーは、この結合型に反対して徐々に「高まる感情」を何度も持ち出すだけで、このわけのわからぬ、しかも説明もされない「高まる感情」が、結局のところ学説の礎石をなす。逆に我々は、交叉イトコ婚の厳密な分析がインセスト禁忌の最終的本性に到達させてくれるにちがいないことを主張したのだった。

＊＊＊＊

しかし我々は歴史にもとづくいかなる思弁も、起源にかかわるいかなる探究も、制度の仮説的継起順序を再構成するいかなる企ても、ていねいに除外しておいた。我々は論証における第一の位置を交叉イトコ婚に与えはしたが、しかし交叉イトコ婚が古代においてあまねく存在したとも、他の婚姻形式に相対的に先行するとも前提しなかった。だから、交叉イトコ婚と嫁交換とのあいだになんらかのつながりがあるとする我々の主張が、外見のうえだけでは似通って見えるフレイザーの捉え方それに向けられた批判を、同じく受けるとは思わない。交換婚がおこなわれるところではしばしばあらゆる部類のイトコ同士のあいだで婚姻が禁忌とされることが、フレイザーへの反証として言われてきたが、我々の考えでは、交叉イトコ婚が排除されていると見える事例に警戒の目を向けさせた点で、フレイザーは正しかった。南アメリカにおける社会学的調査の最近の展開は、フレイザーの予見どおり、交叉イトコ婚がかつて漠然と考えられていたよりはるかに広範に分布することをまさに証明しつつある。交叉イトコ婚が見られないとする否定的証言の対象となってきたのは、往々にして調査がもっとも進んでいない集団で、しかもそうした証言は互いに矛盾していることもある。だから、所定の集団に関する資料を前にしたとき、ある資料がイトコ婚の禁止されていることを断言し、別の資料がこの婚姻型の許可されていることを明言するなら、フレイザーも勧めるように、過去の観察者のなかには平行イトコ婚の禁止にしか注意を払わなかった人がいた一方、この禁止に伴って実施されている交叉イトコ同士の結合しか見なかった人もいたとの仮定を、いつも念頭に置くのが賢明である。我々のごとく、ある種の論理構造の把握されることを婚姻習俗の根本的土台と考える理論にとって、この論理構造は、当の論理構造が具現化されなかった体系においてさえ、しばしば可視的であることを指摘しておくのは無意味でない。

交換婚は存在するのに、すべてのイトコが区別なく禁忌親等のなかに分類される、フレイザー自身も気づいた事例はいちだんと厄介でありうるだろう。トーレス海峡のいくつかの島とニューギニアでも、イトコ禁忌に結びついた嫁交換に出会う。しかしこれらの事実はまたしてもフレイザーへの反証として提出されうるもので、じつに彼は交換婚と交叉イトコ婚を婚姻の歴史的進化における異なる契機であるとして、二つの婚姻のあいだに因果関係を立てる。そのとき当然にも次の疑問が浮かぶ。交叉イトコ婚が交換婚からの帰結であるなら、交換婚と必ずしも結びつかない交叉イトコ婚に出会うことがどうしてありうるのか。しかし我々はそのようなことはいっさい主張しなかった。我々は「交換婚」と言われる制度の技術的側面として眺められた交換にでなく、この制度の一般的側面である互酬現象から眺められた交換に、婚姻の普遍的形式を見て、この形式の比較的に古いか新しい未開的・古代的表現としてでなく、いかなる婚姻の背後にも互酬性のあることをきわだって明快に気づかせてくれる特権的事例として、交叉イトコ婚を研究したのであった。交叉イトコ婚のもつこのような性格を正当化しようとして、我々は二重の視点に立った。二つまたはそれ以上の家族のあいだの関係を互酬構造のかたちで捉えれば、指定配偶者と禁忌配偶者へのイトコの二分をこの関係から直接的に導き出せることをまずは明らかにし、次に交叉イトコ婚制度がそれの帯びる論理的性格からして例外的な位置づけをもつこと、互酬性の極端な二つの型である双分組織とインセスト禁忌の、言うなれば分岐点に位置することを強調した。

だがこの特権的事例がいちばん最初に出現したとも、あるときあらゆるところで現実のものになったとも考える必要はまったくない。ある法則を定式化しようとする物理学者はよく承知している。実験室を一歩出れば、法則はけっして厳密に検証されることはないし、自然も法則のただ近似的な例証をもたらすにすぎない、と。この点で社会学者は物理学者よりも幸せである――かくもたぐいまれな僥倖を最大限に活用しようとしない社会学者はまちがっていると言っていいほどに。じつに社会的実験はきわめて純粋なかたちで交叉イトコ婚を生み出し、しかもその出現回数たるやおびただしく、頻度だけでも十分驚きに値しよう。地球上のいかなる民族によっても交叉イトコ婚が実施されたことなどなかったなら、なるほど、婚姻規則の起源にある互酬法則を決定することはもっと困難であっただろうが、逆に互酬法則が発見されたと仮定するなら、この法則を考えうるかぎりもっとも簡素に表現する定式として、交叉イトコ婚定式がまったく易々とアプリオリに演繹されたであろう。当の定式がいかなる人間社会によっても発見されなかったとしても、そのことは理論と卑近な現実とを隔てる溝によって容易に説明がつき、それゆえ、粗野で未開な民族たちがこんな単純な、かつまたこんな簡潔な方法を考えつかなかったとしても、誰もそれを不思議とは思わなかっただろう。互酬法則の厳密な表現を練り上げることのできた数多くの社会は、確かに感嘆に値しようが、しかしほかの社会が首尾よくそれをなしえなかったからといって、驚くには及ばないのである。

　我々が提出しようとしている考え方はその示す利点として、イトコの二分法をだけでなく、それに通常伴うほかのすべての同一化または分離の体系をも説明する。つまり主体の世代の前後二世代が分離されることを、主体が自分の世代の内

図7　交叉の概念

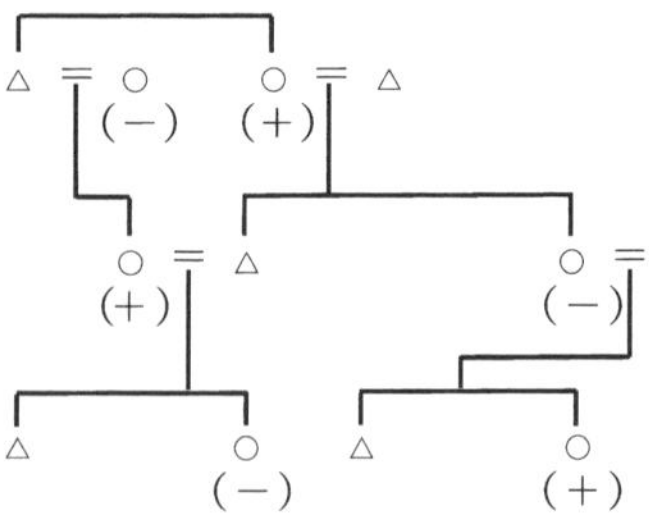

部でおこなう分離の結果であると解釈する――ふつうはそう解釈することを強いられるのだが――代わりに、互酬原理は、オジとオバ、従兄弟と従姉妹、さらに甥と姪のいずれもが平行と交叉とに区別されるわけを明らかにしてくれるのである。実際、互酬原理はこの三つの水準で同時に働く。まず主体の一つ前の世代を考察してみよう。互酬構造において父の兄弟と父とは同じ位置を占め（どちらも妻を獲得し、姉妹を譲与した）、母の姉妹と母もまた同じ位置を占める（どちらも妻として獲得され、姉妹として譲与されたか、やがてそうされる）。だが母の兄弟は母の位置とは逆の位置を占める。出自体系のいかんにかかわらず、母の兄弟は獲得するか譲与する男で、母は獲得されるか譲与される女であるから。父と父の姉妹との関係も同様である（やがて別の機会に見るように、厳密に同じというわけではないが）。図6の定式を再び取り上げるなら、要するに次のように言える。父から父の兄弟に、また母から母の姉妹に移っても、記号は（＋）であれ（－）であれ同一のままだが、母から母の兄弟に、また父から父の姉妹に移ると、記号が変わる。対立関係の体系にもとづく名称体系のなかで前者の人々は同一化されうるが、後者の人々は区別されなくてはならない。対置される異記号と並置される同記号が次世代ですべて反転してもどうして一般構造が同一にとどまるかは、すでに明らかにした。〈私〉は自分の母の姪の母を姉妹として譲与

したので彼女の娘に対する権利をもつが、しかし自分の娘の母を妻として獲得したので自分の娘を譲与しなくてならない、とする実例（図7）に見られるとおり、先行世代から主体の世代に移っても変わらないこの記号の布置関係は、主体の世代から甥の世代に移っても明らかにそのままに保たれ、ただ記号の新たな反転が起きるにすぎない。簡単に確かめることができるように、〈私〉の代わりに〈私〉の母方オジを主体に立てても、すべての符号が反転しはするが一般構造は同一のままにとどまるはずである。

注

（1）Sir J. G. Frazer, *Folklore in the Old Testament*, *op. cit.*, vol. 2, p. 104.
（2）C. Hayavadana Rao, The Gonds of the Eastern Ghauts, India. *Anthropos*, vol. 5, 1910, p. 794. Frazer, *op. cit.*, vol. 2, p. 121に引用。
（3）A. W. Howitt, On the Organization of Australian Tribes. *Transactions of the Royal Society of Victoria*, 1885, p. 115-116. Frazer, *op. cit.*, vol. 2, p. 195に引用。
（4）Frazer, *ibid.*, p. 197-198に引用。
（5）第3章参照。
（6）たとえば『ブリタニカ百科事典』のC・W・ウェッジウッド執筆の項目「イトコ婚」および「交換婚」を参照。この執筆者が差し出す議論によれば、トーレス海峡とニューギニアの諸民族の実例によってフレイザーの誤りが反駁される。これらの民族は嫁を交換するが、交叉イトコ婚を禁忌とするのだから、と言うのである。しかしこれは空論である。実際、交叉イトコ婚が交換婚の一種であるからといって、いかなる交換婚も交叉イトコのあいだでおこなわれるということにはならない。
（7）Frazer, *op. cit.*, p. 231.
（8）*Ibid.*, p. 209.

(9) *Ibid.*, p. 221.
(10) *Ibid.*, p. 203.
(11) *Ibid.*, p. 220.
(12) *Ibid.*, p. 254.
(13) *Ibid.*, p. 220.
(14) *Ibid.*
(15) *Ibid.*, p. 220, n. 1.
(16) *Ibid.*, p. 218.
(17) *Ibid.*, p. 245.
(18) *Ibid.*, p. 221.
(19) *Ibid.*, p. 222-223.
(20) *Ibid.*, p. 223.
(21) *Ibid.*
(22) *Ibid.*, p. 245-246.
(23) *Ibid.*, p. 230.

第2篇　オーストラリア

第11章　規範的体系

集団を実際にか機能的にかいくつかの交換単位対に分割し、かつ任意の対X－Yにおいて交換関係が互酬的であるような体系、すなわち男Xが女Yと結婚するなら、男Yはつねに女Xと結婚できなくてならないとする体系を、我々はすべて限定交換の名のもとに一括する。限定交換のもっとも単純な形式は、集団を父系か母系の外婚半族に分割するかたちで与えられる。一方の出自様式にもとづく二分法に、他方の出自様式にもとづく二分法が付け加わるなら、二半族体系の代わりに四セクション体系が得られる。同一の手順が繰り返されれば、集団は四つのセクションでなくて八つのセクションを含む。そこには要するに、原理の変更とか突然の反転とかのまったくない、規則的な進展過程が認められる。単系出自と両系出自の関係を分析していくあいだ、我々はすでにこのプロセスの初期段階を考察した[1]。

そのさいさっそく指摘した次の一点、二半族体系から四クラス体系への移行は必ずしも婚姻規則を変更しない、との点をいまや展開しなくてならない。選好配偶者は二半族体系では厳密かつ限定的に、四クラス体系では漠然かつ柔軟に、交叉従姉妹の一方（父の姉妹の娘か母の兄弟の娘）として定義される傾向はあるが、その一方が同時に他方でもあることがありうる（ほとんど場合、実際にはそうであるようだ）。もちろん、クラス体系と婚姻規則のあいだに決まって一致があるわけでなく、たとえば双分組織をもつディエリは八つの下位セクションを認知するアランダと同じ婚姻禁忌を適用し、このことは四クラス体系をもついくつかの集団にも言える。婚姻規制におけるクラスの役割を否定するところにまでラドクリフ＝ブラウンを導いたこの問題については、さしあたり我々は議論を丸ごと棚上げにしておくが、それでも次のことはやはり確かである。すなわち、アランダ型八クラス体系では交叉イトコ婚はおのずと不可能であるのに、四クラス体系でこの婚姻を禁ずるものは（一時的婚姻禁忌と親族体系を除けば）なにもない。婚姻禁忌という消極的観点からすれば、二クラス体系と四クラス体系は等価で、どちらの場合でも、それ自体として眺めたクラス体系は同じ型の傍系親族（兄弟姉妹と平行イトコ）を禁止し、同じ型の傍系親族（交叉イトコおよびそれに類すると見なされる者）を、体系によって許可される配偶者のカテゴリーに含める。かくして限定交換はかなり憂慮すべき理論的問題を突きつけてくる。二半族体系と四クラス体系のあいだにいかなる関係があるのか。どうして二半族体系から四クラス体系へ移っても、それに伴って可能配偶者の二分が見られないのか。とりわけどうして限定交換体系は父方交叉イトコと母方交叉イトコという二元性をまったく考慮しないのか。

こうした問題の検討にとってオーストラリアは最適のフィールドで、それには二つの理由がある。まずオーストラリアは限定交換体系の相異なる型――双分組織、四セクション体系、八下位セクション体系――をきわめて精度の高い明示的なかたちで差し出す。次にしかし、オーストラリアのいくつかの民族が実施する父方交叉イトコ・母方交叉イトコの区別は、先に挙げた限定交換のどの型にも由来しないかに見える。オーストラリア北部のかなりの数の民族、なかんずく、ウォーナーとウェッブによって研究されたアーネムランド地方の集団がその例で、これらの集団のもつ八婚姻クラス組織はときどき四クラス組織の仮面を被って現れる。ただしそれは下位セクションが必ずしも命名されていないからとも考えられる。

ムルンギン型体系と一般に呼ばれるこれらの形式は、ある特別な理由から我々の注意を引きつけるはずである。姉妹交換を排除する点で、いままでしばしばムルンギン型体系はオーストラリアの他の体系から区別されてきた。ところで、親族体系に関する我々の解釈全体は交換概念にもとづき、交換を親族体系に共通する根本的土台と見なす。我々の主張にとっていずれにせよもっとも有利と思われる大陸にムルンギン型体系の存在することは、どうしても検討せずにすまない一つの本質的問題を提起する。

ラドクリフ＝ブラウンや「オセアニア」誌の優れた研究班がオーストラリアを舞台に近年達成した尨大な仕事は、オーストラリアの親族体系について比類のないほど豊かな詳報、かつハウィット、マシューズ、スペンサー、ギレンといった先駆者たちのしばしば漠然とした研究から社会学者を大幅に自由にしてくれもする、詳報をもたらした。しかし体系の類型論は一点の曇りもなく明快で体系同士の関係も最終的に確定されていると主張する人は、現代の研究者のなかにさえ一人もいないだろう。この点、事情は最近の十五年間でむしろ複雑になったとの観さえある。一九三一年、ラドクリフ＝ブラウンは次のような一般的分類を提唱した。

1．二つの母系外婚半族を有する体系
2．二つの父系外婚半族を有する体系
3．四つのセクションを有する体系
　（a）明示的な母系半族を有する
　（b）明示的な父系半族を有する
　（c）明示的な半族を欠く
4．八つの下位セクションを有する体系
5．明示的な四つの父系準半族(*)を有する体系

6．互隔的な二つの内婚区分を有する体系(**)
7．明示的な区分を欠く体系(2)

（＊）四分された集団のそれぞれの区分をさすときは「セクション section」の用語が使われ、集団が半族に二分され、その半族がさらに二分されていることをとくに前提にしているときはこの区分に「準半族 semi-moitié」（半族の半分の謂）の用語があてられるようである。この用語は第13章にも登場する。
（＊＊）互隔世代間の婚姻をおこなう「祖父世代―孫世代」と「曾祖父世代―父世代」の二区分を伴う体系の謂と思われる。

ところが数年後ロレンスは、二つの主要グループに振り分けられる十一の体系が存在するとの結論に達する。一方のグループの体系は婚姻クラスを欠いて五つの型からなり、他方のグループの体系は婚姻クラスを有して六つの型からなり、その六つの型もまた三つのカテゴリーに振り分けられる。

Ⅰ．クラスを欠く体系
（a）姉妹交換を伴わない単方婚
（b）クラスも母系二分法も欠く体系
（c）母系クランを有する体系
（d）母系クランを欠く体系
（e）互隔世代を有する体系

Ⅱ．クラスを有する体系

A．八つのクラスを有する体系
（a）明示的な八つの下位セクション
（b）明示的な四つのセクションが非明示的な八つの下位セクションへ分割されている
（c）四つの父系準半族が非明示的な八つの下位セクションへ分割されている
B．四つのクラスを有する体系
（a）四つのセクション
（b）二つの父系半族が非明示的な四つのセクションへ分割されている
C．二つのクラスを有する体系
（a）二つの母系半族(3)

こうした相違が出てくるのも二つの根本的な点に関して解釈が分かれるからで、第一点はそれぞれの場合における父系出自と母系出自との関係、第二点はそれぞれの場合における、クラスを有する体系とクラスを欠く体系との関係である。

＊＊＊＊

ラドクリフ＝ブラウンがきわめて明快に示したように、オーストラリア社会の基礎単位は地縁集団ないし「ホルド horde」である。ホルドは、互いに兄弟同士である一群の男たち、彼らの息子・娘たち、息子の未婚の娘たちからなる。男たちの妻と彼らの息子の妻は、ホルド生活を共にしているものの、外婚の掟があるのでじつは近隣ホルドの出身者で、依然自分の父・兄弟の集団に所属する。かくしてホルドは一定のテリトリーを種々の独占権をもって使用する父系集団である、と定義できる。ホルドに付け加わるいかなる政治単位も存在しない。部族は使用言語にのみもとづいて定義され、ほぼ同じ方言を話すすべてのホルドを包摂するが、部族の現実は言語共同体的意識の域を出るものでない。部族には政治組織もテリトリーにかかわる権利もない。厳密な意味で部族のテリトリーについて語ろうとしても、ただ「部族を構成するホルドのテリトリーの総計が部族のテリトリーに相当する」(4)と言えるにすぎない。

ならば、オーストラリア社会の基盤はテリトリーと父系にあることになるだろう。だからこそピンク女史は、北アランダは「土地所有者」であると語ることもできた。彼らのもとでは「先祖伝来のトーテム領地」とそれが儀礼とともに移譲されていく経路である父系リネージとが、集団生活においても個人生活においても要の役割を果たし、この領地が「もっとも限定された意味での家族だけでなくクラン全体をも統一する」(5)。ホルドに対するクランの優位を主張するトムソンによって投げかけられた反論に答えるには、相異なるトーテム・クランのあいだの互酬関係をめぐる彼の分析に立ち返る必要がある。ホルドを構成するのはクランの全男性成員で、そこに彼らの妻をさらに追加し、かつそこから娘と既婚の姉妹を差し引かなくてはならない、と彼は言う。妻はクランの成員でないがホルドの成員ではあり、娘と既婚の姉妹はクランの成員ではあるがホルドをすでに離れているから、と。「したがって明白なことに、ホルドは戦争を遂行する集団ではあるが、土地所有集団はホルドでなくてクランである。クランが安定的・恒常的な構造的単位であるのに対し、ホルドは不安定で、それは絶え間なく構成を変える社会学的実体である(6)」。こうしてクランの連帯は出自、トーテム祭祀、テリトリーに、ホルドの連帯は婚姻、家族、性別分業、戦争にもとづくとされて、二つの連帯が対置されるが、じつは *kutunula* と呼ばれる関係、ある男とその父の姉妹の息子との関係が北アランダのもとでもつ重要性は、ホルドとクラン二つの組織化の型のあいだに敵対関係のないことを十分にうかがわせる。

ホルドとクランのどちらをほんとうの土地所有集団と見なすべきかはさしたる問題でなく、むしろ問われるべきは、社会的組織化の基盤をかたちづくるのが父系集団――ホルドであれクランであれ――なのかどうかである。オーストラリア諸社会に父系と母系の二つの二分法があって働いていることを、現代の観察者たちは一致して確認している。この点に関してはラドクリフ＝ブラウンもロレンスと違うことを言っているのではないが、ただ父系二分法と母系二分法のどちらが優位かで両者の意見は食い違う。ロレンスは次のような仮説的分割系列を提唱した。半族を欠く母系トーテム・クラン――母系クランを伴う半族――母系クランを伴うことも伴わないこともあるセクション――下位セクション。[7] この分割系列はラドクリフ＝ブラウンが父系ホルドに付与した基礎的役割にほとんど合致しないが、にもかかわらず、疑問の余地なく「オーストラリアの民族の大半、おそらく全部は、もともとは父方居住父系ホルドを基盤に組織化されていた」。[8] ならば、出自規則（父系ないし母系の）は居住規則に比べて二次的ということになろう。

我々の関心に即して見れば、二人の対立は方法の問題に帰着する。ラドクリフ＝ブラウンが集団に対する具体的観察をもとにホルドの一般性とホルドの社会学的・心理学的現実性を主張するとき、彼の観察の有効性にまず疑問はない。ロレンスはラドクリフ＝ブラウンよりも形式的な観点に立ち、姉妹交換の概念を、オーストラリアのすべての体系に共通する基盤として採用する。したがって、二分法の変わることない形式と考えられる母系二分法（というのも地縁セクションは、程度の差はあれ、多数にのぼるようなのだから）が、彼には本質的なものに見える。交換概念を分析の出発点に置くだけの根拠がロレンスにはあるのだが、交換概念を限定交換の観点のみから解釈するので、彼にとってムルンギン型体系は不可解なものになってしまう。そのことは、「単方」婚（すなわち母の兄弟の娘だけを結婚相手とする婚姻）を実施する地域に触れた次の文章に表れている。「これらの地域は最近発見されたばかりで、まだ理解が行き届いていない。手元にあるどの個別ケースの報告も不十分で、婚姻周期がホルドのあいだでどう閉じるかの説明をまったく含んでいず、しかも父系クランであれクラスに似た区分であれ、それらと親族分類法との満足のいくつながりも見出されない。これら散在するエリアに絶えず現れる区分は、姉妹交換を実施する隣接諸集団において使用されるクラスのごとき外見をもつ。ならば、これらの体系はある程度古く、さまざまな借用による変更があとから加えられてきたと、いかにも結論したくなる。もっと正確な記述が積み重ねられないかぎり、いかなる注釈も時期尚早の感は否めない」[9]

しかし瑕疵《かし》があるのはロレンスによる姉妹交換の捉え方であって、ムルンギン型体系の記述のほうではない。のちに示そうと思うが、この体系も交換にもとづき、そのため我々は、限定された意味で理解された交換概念、ロレンスがその枠内にとどまろうとした交換概念をいちじるしく拡張しなければならなくなる。そのとき同時に明らかになるように、全面化された形式の交換は、父系ホルドのあいだにも母系半族のあいだにも介入してくることがあり、形式分析の観点から見れば、父系と母系の優位問題は二の次になる。この件に関してクローバーは一つの指摘をおこなったが、我々は部分的にしかそれに賛同できない。彼はこう述べているのである。四クラス体系ないし八クラス体系を前にするとき、「セクション名や下位セクション名に加えて半族名の残っている、まずありはしない場合を除いて、『父系』『母系』の概念はまったく用をなさなくなる。要するに、四つまたは八つのセクションがあるとき、父系半族や母系半族は機能的現実性を帯びた社会単位であるより、むしろ歴史的遺制にすぎない」[10]。最重要と彼の見る居住規則をはじめとした基礎構造に比べて、外婚、双分組織、クラン、トーテミズムは二次的形成物、付帯現象であると彼は結論する[11]。結論部は全体を引用しておくだけの価値がある。「単方出自同様、未開民族の社会制度のかなりの部分もその文化の真の実質をでなく、むしろ無意識的試行を、また流行の影響を表すと私は言いたい。オーストラリアなどいくつかの事例では、そうした試行や戯れが文化の頂点を極めることもあるが、それは遊戯であるとか抽象概念の、言葉の、形態美の実験などがギリシア文化の頂点に行き着き、科学と技術、自然の統御と利用が我々の文化の頂点をなすのと同じである。しかし頂点は結果であって、出発点にあった土台ではない」[12]。最近の研究書においてもクローバーは同じ考えを再び繰り返し、いくつかの未開社会に見られる社会的組織化の複雑な形式を「熱中した子供の遊び」に譬える[13]。

この文献――現代社会学の知的態度のいくつかを照らし出そうとして見出すことのできる、もっとも重要な文献の一つ――には、明察と怯懦《きょうだ》が奇妙にもないまぜになっている。父系出自や母系出自、双分組織などがある意味で（また伝統的社会学の見解に反して）まさに二次的現象であるのは、一次的と見なしてしかるべきほかの現象に対してでなく、じつに当の二次的現象同士を結びつける関係に対してなのである。言うところの関係、まさにこの関係だけが、社会生活の真の「一次的素材」たりうる資格を主張できる。双分組織を子供の遊びに譬えることは我々もしたが、(14)それは双分組織を意味のない二次的位置に格下げするためではなかった。まったく逆である。形式にも分布にも制限のある制度と見た双分組織の背後に、いくつかの論理構造が存在して、それら論理構造は、現代社会に、また人生の諸時期に再帰する点で、その性格の基礎的でも普遍的でもあることを証明している、と示すためであった。

したがって我々から見ると、オーストラリアで父系二分法と母系二分法のどちらが優位かの問いより、視点の取り方次第でどちらの見方もできるとの事実のほうがはるかに重要である。ラドクリフ＝ブラウンの「地縁主義的」解釈は、土地所有が生活および組織化の原初的形態と相容れないわけでないことをはっきりさせてくれる少なくともそこに、大きな利点をもつ。(15)しかし我々の先ほどの指摘からすれば、論理的視角と歴史的視角を互いに入れ替えできるということにはならない。どちらの視角を採用するかは、一度どちらかを選択してしまえば、体系の解釈にとってもはや後戻りの利かない帰結をもたらすのである。(16)次章以下で見るように、交換の限定された捉え方からその全面化された捉え方へ移るなら、この明白な矛盾は取り除かれ、オーストラリア諸体系の基礎的要素と見なされる地縁集団をもとにしての、論理的分析も歴史的分析もともに可能になる。

クラスを欠く組織はクラスを有する組織よりも多かれ少なかれ原初的なのか、というこの章の冒頭で触れた二番目の問いも、いまと同じ方法で取り扱わなければならない。地理的分布を検討すれば、難なく第一の可能性が示唆されるだろう。半族もセクションも欠く民族がオーストラリア大陸の北部、西部、南部の六つの沿岸エリア、すなわち周縁エリアを占めていることからして、クラスを欠く体系がもっとも古代的な形式であると結論したくなるだろう。(17)ところが婚姻クラスを欠くエリアは等質でなく、しかもそこで実施されている婚姻規則は、クラスやセクションが存在する場合に出てくるような婚姻規則と同じであることがじつに多い。そのためラドクリフ＝ブラウンはこれらの婚姻規則を後代のものと見なす。つまりカリエラ型をベースにした体系にさまざまな変更が加えられた形式である、と。(18)すでにハウィットもそのように信じていたが、もっと不当な根拠にもとづいていた。クラスの欠如は彼にとって個体婚を意味し、彼の考えでは個体婚は集団婚から派生するのであった。[19]

この問題はのちにマラ型体系に触れるとき、根本から取り上げ直すことにし、[20]さしあたりここでは一般的な指摘をなすだけにとどめておく。当の問題に対するあまりに独断的な答えは、オーストラリア諸体系の発展過程が示す、いくつかのきわだった性格を見落とさせかねない。この発展過程が何百年、何千年にわたるものだったとする証拠も、クラスを欠く体系とクラスを有する体系にそれぞれが時間のなかで占める絶対的位置を付与せねばならぬとする根拠もいっさいない。どちらの体系も行き着く結果は同じで、ただそこに行き着くまでの方法がクラス概念にもとづくか、関係概念にもとづくかで違うのである。だが、根本的に安定した一つの互酬体系を維持しつつ一つ同じ集団が時間の流れのなかで幾度となくこの二つの方法のあいだを揺れ動いてきた、と考えることもまた完全にできる。クラスの欠如は否定的な性格でなくて、クラスと機能的価値を同じくする別の手法が好まれたことの結果なのである。クラスのある・なしこそ皮相な、あるいはクローバーの言う意味での二次的な性格なのだ。このような見方はなにも理論だけにもとづくのではない。八クラスを有する民族が四クラス体系に、四クラスを有する民族が二クラス体系に立ち返る事例や、二クラスを有する民族が同一半族内のクラン同士の婚姻を新たに規制しはじめる事例が、実際に知られている。[21]とりわけ最近の観察記録は、集団から集団へと婚姻体系が急速に普及していく様子や、異なる体系同士を適合させようとする努力——この努力は相当数の独創的発明を予想させる——を我々の目の前に差し出してくれる。

＊＊＊＊

この点で北部沿岸のムリンバタ民族の例は、オーストラリア諸体系（さらにおそらくはそれ以外の多くの体系）の誕生と普及のしかるべき経緯について、めざましい実例を提供してくれる。ムリンバタが現在適用する体系は、八つの下位セクションへの分割、母系トーテム集団、姉妹の息子の娘との選好婚を特徴とする。ラドクリフ＝ブラウンはこの婚姻形式をオーストラリア北西部沿岸固有の特殊性と考えるが[22]、しかし注目すべきことに、この婚姻形式は、八つの下位セクションを有する社会でなされる婚姻の理論的条件に合致する。すなわち、私の姉妹の（すなわち二世代上の世代における）婚姻がこの婚姻型に即してなされたなら［私の父の母の兄弟が「姉妹の息子の娘」＝私の姉妹と結婚したなら］、選好的に私の妻となる女は私の姉妹の息子の娘で、なおかつ父の母の兄弟の息子の娘でもある。ただし、ムリンバタに関しては、体系の全体が借り物であることをスタンナーは明らかにした。彼の取り上げた諸体系自体は純然たる抽象物と見えかねないけれども、それらがどのような心理的雰囲気のなかで進化していくかの彼の記述のほうは、規範的価値をもちつづけている。

下位セクション組織の広がる地域の外周部で生活する民族は、下位セクションをもたないこと、その仕組みが理解できないことに劣等感をもつ。自分たちは *wadzi*「正しくないやり方で」結婚をおこなっているとの考えが原住民の精神に根づいてしまうと、彼らには、下位セクションとそれに応じた婚姻規則およびトーテミズム形式とを備えた壮大な装置のほうが、自分たちの伝統的体系よりもなんとなく優れているかに見えてくる。ムリンバタとナンギオメリは、新体系が自分たちにはまだ謎めいていることを率直に認める。「最新の情報が別の情報にもとづいて絶えず検証されては訂正されていく。原住民のうちでも『首長』ほどの情報をもちあわせていない人々は *nulu* トーテムを、それが母系であるにもかかわらず、父の系に沿って不器用にたどろうとするし、また間接母系出自でなくて間接父系出自を基準に、下位セクションを考えがちでもある[23]」。この二十年のあいだにジャミンジュン民族から借用された理論、*nulu* トーテムが二つの父系半族の成員によって所有されうるとする理論の理解に、ムリンバタはとりわけ困難を感じている。捕虜から解放されて十年ぶりに自分の集団に戻ったある原住民は、ほとんど哀れと言っていい立場に置かれる。彼には新しい秩序がまったく理解できない。*nulu*（トーテム）と *niripun*（下位セクション）の仕組みが皆目つかめないのである。そのため彼は改革を叫ぶ「若手急進派」の笑い者になる。ところがすでに人々は、同じトーテム・クランの成員たちは体つきが似通っていると断言する

図8　ムリンバタ型婚姻規則

大文字は男性下位セクション、小文字は女性下位セクションを表す。矢印は間接母系出自を、符号 ═ は選好婚をさす。

までになっている[24]。

もとの体系[25]はカリエラ型であったが、ただ実の交叉イトコは禁忌配偶者と見なされて「母」「母の兄弟」と呼ばれていた。したがって類別上の交叉イトコが唯一正規の配偶者で、カリエラ型体系と同じく二つの父系リネージ、母の父のリネージ（*thamun*）と父の父のリネージ（*kangul*）のみが認知されていた。かくして原住民に課される問題は、固有の婚姻規則とトーテム規則とを伴う八クラス体系を、クラスの少なくとも一部が余計になる体系のなかでどう機能させるかである。下位セクションは本質的にトーテム集団であるのか婚姻クラスであるのかは、意味のない問いである。「というのも、下位セクションは婚姻団体という特別な体裁のもとで（略）新しい婚姻規制として広まっていくので[26]」。要するに、事態はまさに我々が理論的視点に立って仮定したように進むのである。

このような調整を実現するための最初の手続きは語彙を徐々に体系に適合させることだが、これは部分的にしか成功しなかった。実際、下位セクション体系は図8のようになっている。

新体系ではTJANAMAの男は*nauola*の女を唯一可能な配偶者と見なすべきだが（このとき彼が手に入れる自分の姉妹の息子の娘は通常*nauola*になる）、同時に彼は類別上の交叉従姉妹（この場合では*nangala*）をも適格な配偶者として眺めつづける。同じくTJALYERIの男も*namira*の女と*nabidjin*の女とのあいだで選択に迷う。要するに、古い縁組（類別上の交叉従姉妹）と新しい縁組（姉妹の息子の娘、母の兄弟の娘の娘の娘）の合併にもとづく一夫多妻婚に向かうかに思われる。ここから生ずるさまざまな難点は原住民の強い関心を呼ぶが、彼らにそれは、スタンナーが別の現象についてなす指摘を借りるなら、「自分たち以外の人々だけが解決の鍵を握る謎のごとく」見える。(27) たとえば標準的な八下位セクション体系でなら、孫息子は母の母の兄弟の娘の娘との結婚によって自分の父の父の下位セクションを再現するだろう。伝統的体系と新しい秩序のあいだで思い惑っていたムリンバタは、実際には結局、可能配偶者として母の兄弟の娘と母の母の兄弟の娘の娘とを同一視するにいたる。すなわちTJANAMAの男にとって、

nangala = *nauola*

である。(＊) かくしてTJIMIJの男が*namij*の女と結婚しても、その女の父〔TJALYERI〕は自分の娘が*nalyeri*（これが「適切な」下位セクションである）だと主張する。しかし*namij*の女は、〔TJIMIJを主体に立てた〕親族関係から見れば姉妹の息子の娘で*purima*「妻にできる」かもしれないが、(＊＊) 下位セクションから見れば〔TJIMIJの〕「姉妹」であり、それゆえ彼女の娘は、母系的言葉づかいで表明される原住民の規則「*namij*は*nabidjin*を生む」に従って*nabidjin*に属す。こうして、下位セクションが父系であるか母系であるかをめぐる軋轢が生じる。

（＊）TJANAMAの母は*nabidjin*、この母の兄弟はDJABIDJIN、この兄弟は*nangari*と結婚し、生まれた娘は*nangala*に属す。TJANAMAの母の母は*namij*であり、*namij*の兄弟TJIMIJは*nangala*と結婚し、その娘は*nalyeri*で、*nalyeri*の娘は*nauola*になる。

（＊＊）TJIMIJの姉妹は*namij*であり、*namij*はDJANGALAと結婚し、その息子はTJALYERIで、彼は*namira*と結婚してその娘は*namij*となる。

すべての問題はおのずと解決するだろうというのが原住民の一般的な態度である、とスタンナーは言う。「下位セクションを父系集団として扱おうとする努力が広くおこなわれる慣習となって首尾よく根づくことは、たぶんないだろうが、しかしムリンバタがやがて下位セクション体系――ほかの民族ではこの体系は選択婚体系の結果として出現する――からのずれを理論的規則のかたちで定式化するにいたると信ずるだけの、確たる根拠はいろいろある」[28]。こうして定式化されるのが五世代父系周期である。この現象は次章で詳細に検討されるが、周期の概念はすでに原住民の精神に宿っている。「インフォーマントたちは、一つの下位セクションが父系と母系をともにたどりながらどう『再帰』してくるかをうれしそうに論証してくれる。ワラムンガは自分たち自身の系譜を土台にしてこの論証をやってのけるが、しかしナンギオメリやムリンバタは近隣民族から学んだ実例を復唱するだけでお茶を濁さなくてならない。この二つの民族は下位セクション体系をもつようになってまだ日が浅いので、系譜にもとづく論証を与えることができないのである[29]」

新体系が伝統的体系や借用された体系の要請をうまく組み入れてくれるまでは、不規則性を「正す」ための一時的工夫があれこれ考案される。たとえばムリンバタは、ある具体的な事例が出てきたときにこう決めた。TJANAMA と *nangari* から生まれた（これは不適正な結婚である）娘 *nangala* は、これからは TJAMIRA か DJABIDJIN の男と結婚し、彼女の子供たちは、母の属す下位セクションからのしかるべき帰結とは異なって男子なら TJALYERI でなく TULAMA、女子なら *nalyeri* でなく *nauola* であるとしよう。しかし原住民たちはこの *nangala* の娘は「でもやはり *nangari*」であると言う。インフォーマントのピジン・イングリッシュをそのまま用いれば、「あの娘自身は少しも上にのぼっているわけでない she no more come up nothing herself」と。実際、彼女は TJANAMA の娘であり、彼女の母の *nangari* 帰属を考慮に入れないなら、この娘は *nangari* 下位セクションか *nalyeri* 下位セクションに分類される。そしてこの二つの下位セクションは、父親が適正に〔つまり *nauola* か *nangala* と〕結婚していたなら彼女が所属していたはずの下位セクションである[30]。要するに、現行体系は母系的であるけれども、出自を（かつての考え方に即して）父系的に取り扱うことで解決策が求められているわけだ。

＊＊＊＊

ほかの実例を追加することもできようが[31]、上述の実例からだけでも十分わかるように、体系は、それ自体に分かちがたく結びついた諸属性としての個別的性格を備えた、別々の対象として扱われるべきでない。特定の地理的場所で時間とともに進化する具体的体系の背後には、体系そのものよりも単純で、体系のあらゆる変更とあらゆる改作を可能にしてくれる諸関係が存在する。それら基本的諸関係を捉えて分析・確定するための特権的実例を提供してくれるかぎりで、我々は、言うところの諸関係の例証をなすいくつかの集団をここで考察してみようと思う。これはラドクリフ＝ブラウンもやったことで、そのとき彼は、ホルドとも部族とも交差する複合組織が存在することの帰結として出てくる二つの基礎類型を、それぞれⅠ型、Ⅱ型と呼んで区別した。この組織の構成要素数は二、四、八のいずれかで、それら構成要素は一般に「婚姻クラス classe matrimoniale」の名で呼ばれる。ラドクリフ＝ブラウンはもっと専門的な用語を使うよう提案した。集団内に二つの区分しかないときは「半族moitié」、この区分の数が四のときは「セクション section」、八つの区分が伴うときは「下位セクション sous-section」である。半族は東オーストラリアや西オーストラリアでのように母系であることも、ヴィクトリア地方中央部でのように父系であることもあるが、いずれの場合でも外婚規則によって律せられている。すなわち、どちらの半族に属す男たちも、相手半族からしか妻を手に入れることができない。すでに何度も強調してきたように、半族体系の存在するところではどこでも、兄弟、姉妹、平行イトコは同一カテゴリーに分類されて主体側の半族に属し、交叉イトコは必ず主体の半族とは反対の半族に属す。とはいえ、交叉イトコが必然的に配偶者として許可されたり規定されるわけではない。なるほど、そのようになる事例の頻度がもっとも高いが、しかし南オーストラリアのディエリ民族は半族体系をもつにもかかわらず、交叉イトコ婚を公に禁じる。ただしそのディエリのもとでさえ、可能配偶者を決定するためには交叉イトコの概念が使われ、交叉イトコの代わりに交叉イトコのその子供同士が結婚する。要するに次のように言える。婚姻規則のいかんにかかわらず、半族体系は必ずイトコの二分法に行き着き、好ましい配偶者は、主体に対して交叉イトコ関係と等価な親族関係か、または交叉イトコ関係を介して成り立つ親族関係にあるべきことが義務づけられる。

オーストラリアの西部でも東部でも、部族集団の成員を四つのセクションに配分する体系が見られる。たとえばカリエラは次のセクションのいずれかに属す。

Banaka
Karimera
Burung
Palyeri

Banaka は Burung と、Karimera は Palyeri と必ず結婚する。出自規則は次のとおり。Banaka の男と Burung の女から生まれた子供は Palyeri であるが、Burung の男と Banaka の女から生まれた子供は Karimera である。同じく Karimera の男と Palyeri の女から生まれた子供は Burung であり、〔両親それぞれの〕クラスがそのままで〔両親の〕性別が入れ替われば、子供は Banaka である。この体系は図9のごとく要約できる。

この図で符号═══は相互婚をおこなうセクションをつなぎ、湾曲した矢印は、母のセクションをその子供のセクションに結びつける。かくしてセクションのあいだに関係の三つの類型を考えることができ、これらの類型にラドクリフ＝ブラウンは特別な名前を与えた。まず夫のセクションと妻のセクションは対 paire をなす。次に父のセクションとその子供のセクションは組 couple をなす。最後に母のセクションとその子供のセクションは周期 cycle をなす。つねに四つの対ABとCD、四つの組AD、BC、CB、DA、四つの周期AC、BD、CA、DBがある。これらの類型はどれもただ四つの項の組み合わせにのみもとづくから、二つの対、二つの組、二つの周期へと単純化してその数を減らすこともできるだろうが、我々が展開された定式のほうを好む理由はのちに明らかにする。

以上のことを前提にすれば、四セクション体系の出自法則を定式化できる。ある男がある所定のセクションに属すとき、その子供はその男のセクションと組をなすもう一方のセクションに必ず属すのである。

この出自定式を分析しさえすれば、カリエラ型体系をより単純な組織化、母系半族への組織化に、結びつける関係が見えてくる。セクションAかCの男はそれぞれセクションBかDの女としか結婚できず、しかも任意の女、その女の娘、その娘の娘、などの所属するセクションは、母がBかDならBとDのあいだで、母がAかCならAとCのあいだで無際限に交替する。言い換えれば、二つの周期ACとBDは、それぞれ二つの母系半族のごとくふるまう。こうした二つの母系半族への分割にカリエラ型体系は何を追加するのか。この分割に直交する別の分割、父系半族への分割である。任意の男、その男の息子、この息子の息子、などの所属するセクションは、父自身がAかDならAとDのあいだで、父自身がBかCならBとCのあいだで無際限に振動する。要するに二つの組ADとBCはそれぞれ二つの父系半族のごとくふるまい、二つの母系半族ACとBDに交わる。婚姻クラス体系には母系半族への分割が、たとえそれら母系半族が名前によって明示されていなくてもつねに伏在している、との発見は、オーストラリア社会学が近年挙げたもっとも貴重な成果の一つである(32)。

図9　カリエラ型婚姻規則

さてこう問うことにしよう。どのような婚姻制度がこの四クラス体系に対応するのか。クラスが自動的には配偶者を決定しないことをラドクリフ゠ブラウンは明らかにした。「カリエラのクラスは親族集団をなす。ある特定のクラスに属す男はそれ以外のクラスの一つに属す女としか結婚できないとする規則は、次のいちだんと根本的な掟から出てくる帰結である。すなわち、どの男も自分となんらかの血縁関係にある女としか、つまり母の兄弟の娘としか結婚できない。婚姻は血縁、ただ血縁によってのみ規制される(33)」。四セクション体系を有する民族の多くが、八つの下位セクションをもつ集団、つまり四つのセクションをもつ場合に比べて二倍

の可能配偶者を禁止に付さざるをえない集団と同じ婚姻禁忌を、理論的にそうする必要のないにもかかわらず適用するとの事実を、同じ著者は強調する。「セクション名すら違わないこともある同一の四セクション体系をともにもつ二つの民族が、しかし別々の親族体系と、いちじるしく異なる婚姻規制とによって区別されることがある[34]」

たとえばディエリは二半族組織を、タラインジは四つのセクションを、ワラムンガは八つの下位セクションを、マラは四つの準半族をもつが、これらどの民族のもとにも同一の婚姻規制（アランダ型）が見出され、かたや、社会が四つのセクションへと組織化されている点で違いのない二つの民族の一方（ンガルマ）がカリエラ型体系を、他方（マルドゥドフナラ）がアランダ型体系をもつ。しかし、のちにマラ型体系について見るように、この主張は厳密には正確であるとは思われず、婚姻規制には社会構造の相違に応じた相違がある。また、同一の社会構造が、異なる親族分類法、異なる婚姻規制と共存するからといって、どんな親族分類法、どんな婚姻規制でもあらゆる社会構造に適合できるというわけではない。これら三つの現象のうち、社会構造がつねにもっとも単純な現象である。この構造の本質をなすひとまとまりの象徴はさまざまな意味を表出しうるが、しかし意味するものと意味されるものとのあいだにつねに機能的相関関係のあることも否定できない。事例によってはこの相関関係がきわめて厳密で、完璧なまでに「帰属先の下位セクションと親族の分類的まとまりとのあいだに対応があるため、「下位セクション名が親族間の指称語として用いられることがあり、実際、原住民は婚姻規制や親族体系を議論するときに、おのずと下位セクション名を用いる[35]」。

ウォーナーもムルンギンについて同じ事実を観察した。「話が母の父の系と母の母の兄弟の系に及ぶと、原住民はじつにしばしば親族名称と下位セクション名を混同する。この二人の親族のそれぞれに二つの用語（親族名称と下位セクション名）があるのは、彼らが別々の独立した体系に属すと原住民が考えていることの証左だが、しかし用語の混同は、二つの体系がほぼ同じものと見なされていること、それらの果たす機能が同じであることを物語ってもいる[36]」。エルキンの指摘によれば、「セクション体系や下位セクション体系がかなり長く実施されてきている民族の多くでは――しかも体系がトーテムに発する本性と機能とをもっていたか、いまももちつづけている場合でさえ――親族名称と体系が相互に関連づけられてきた」[37]。

我々もまた本書の研究過程で二つの配偶者決定法、クラス方式と関係方式の性格づけを試みてきた[38]。そのとき我々は、二つの方法のあいだに厳密な一致のまったくないことを、また外婚半族体系のように単純きわまりない体系においてすら、どうしてつねに間‐個体的関係の考慮が必要になるかを明らかにした。とはいえ、我々の見るところ、クラスが存在するということはそれだけですでに、クラスがまったく無用なわけでないこと、クラス体系と関係体系とのあいだに、少なくともある程度の等価性のあることを示している。クラスの全成員が可能配偶者であるわけではないし、可能配偶者と選好配偶者のあいだにさえさまざまな相違があり、この相違は血縁関係にかかわる用語にのみ現れるだけで、クラスにかかわる用語のなかでは消えてしまう。ただし、どの可能配偶者もクラスから離れることはできないと言ってよく、すでにこの点だけでも、クラスが婚姻規則から見たなんらかの機能をもつことを示唆する。クラスの数が少なければ、この機能は単純で大雑把であるが、クラスの数が増していけば、完璧さに達することはないにせよ（親族の数は理論的には無際限であるし、クラス体系のほうは、クラスの数が増えすぎては複雑なあまり利用できなくなるだろうから）、洗練されて明確になる。しかしいずれにしてもクラスの機能は同じで、要するに、配偶者決定のための方向性のある取捨選択をおこなうことに尽きる。この観点に立てば、（四つのセクションへの分割と親族体系とを含む）カリエラ型体系は、要件をみたすぬきんでた論理的モデルになると言える。じつにこの体系ではクラス方式によって選び出される最初の親族は、関係方式に従って好ましいとされる配偶者でもある。まさにそうであるがゆえに、ラドクリフ＝ブラウンも、I型と呼んだ親族体系のその原型をなによりもカリエラ型体系に求めたのだと思われる。

実際、カリエラは母の兄弟の娘（母方交叉従姉妹）との婚姻を奨励し、この娘は父の姉妹の娘であったりなかったりするが、現実には父の姉妹の娘でもあることがいちばん多い（ゆえに彼女は双方交叉従姉妹になる）。というのも、カリエラは姉妹交換を実施しているからである。かくして、クラス体系と親族体系の少なくとも部分的

図10　カリエラ型体系

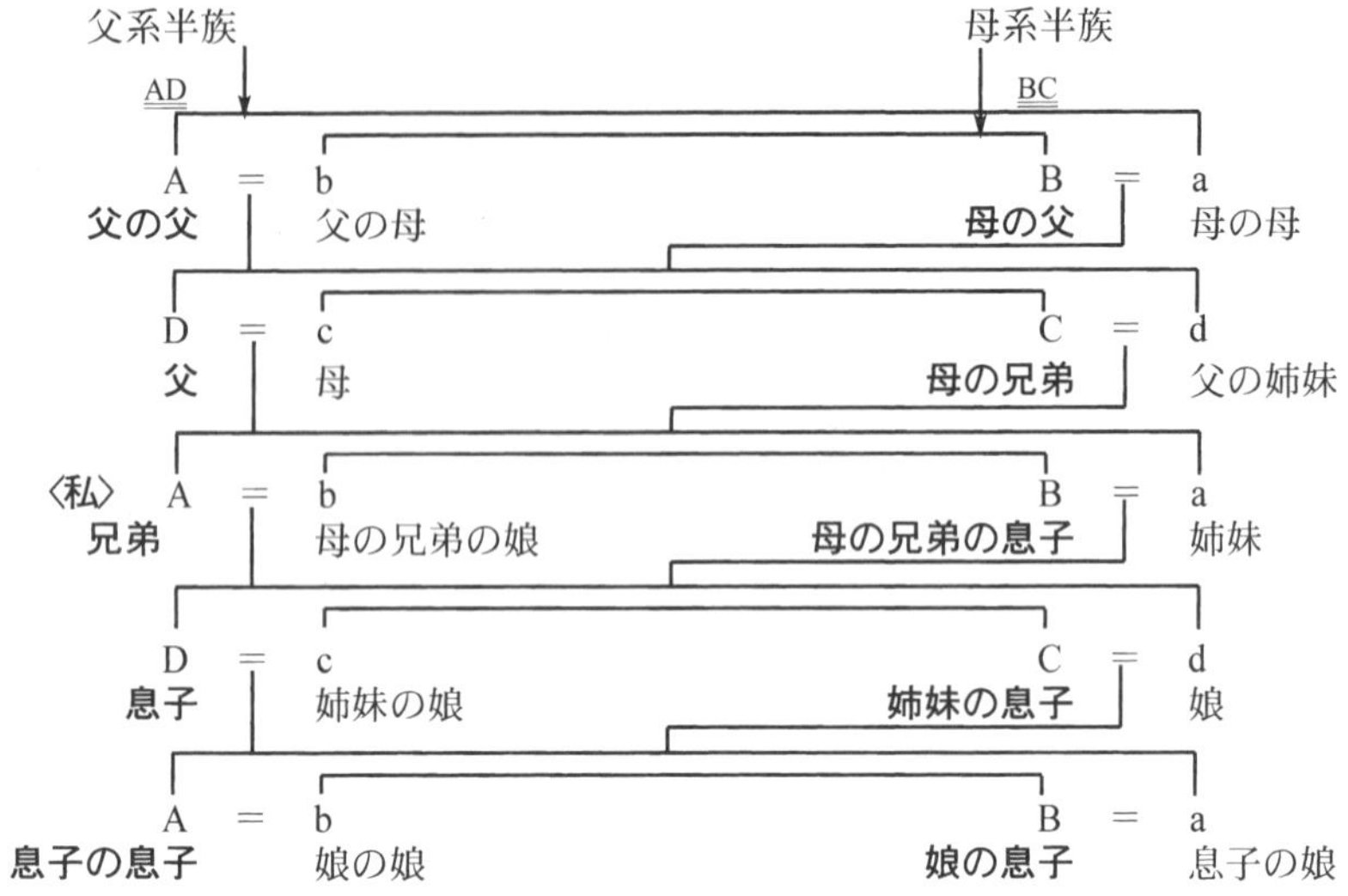

な一致を示す次の図式に行き着く（図10）。ここで我々にとって枢要と見える一つの問題が持ち上がる。図示された一般構造を眺めると、じつに二つの半族に分割された集団の一般構造と、思っていたほど変わらないことがわかる。二半族体系の場合でも、婚姻はおもに交叉イトコのあいだでおこなわれて、交叉イトコは通常は双方イトコであると言っていい。母系二分法を父系二分法に重ね合わせても、イトコ婚規則から見ればなにも変わらなかったのである。しかし、次のようなまったく別のことがらが予想されるかもしれない。最初になされる二半族への集団の分割は直接的な結果として女たちを二つの集団、可能配偶者を含む集団と禁忌配偶者を含む集団に区分して配偶者の数を半減させるのだから、当然、二回目の分割も同じ操作の繰り返しで、一回目の二分によって可能配偶者として残された女の数を新たに二で割ることになる、と。[39] いったい四クラス体系の導入は婚姻規制に関与しないことを認める必要があるのか。その必要がないなら、四クラス体系は婚姻規制の何に影響を及ぼすのか。

　母系二分法を父系二分法に重ね合わせることの結果として四クラス体系が創設されることを、我々はいましがた述べたが、しかしこの二つの二分規則は同じ仕方で出自決定に関与するわけではない。四クラス体系は二つの二分規則を二つとも承認するが、同じ視角から承認するのでなくて、それぞれの二分規則に固有の用途がある。出自に関しては母系規則に従うが、居住、より正確には地縁的出身元を決定するには父系規則が働くのである。実際、思い出してもらいたいが、地縁集団ないしホルドは父系的土台の上に成り立つ。この地縁集団を二半族体系は出自の決定にさいしてまったく考慮せず、母系半族だけが意味をもつ。逆に四セクション体系は二つの要素を二つとも援用しようとする。母の半族を勘案する一方で、父の集団をも考量するのである。父の集団という新しい要素の導入が、二クラス体系から四クラス体系への移行を引き起こす。

一つの実例がこの変換を例証してくれるだろう。フランスの全住民がデュポン家とデュラン家の二家族に振り分けられていると仮定しよう。またこの国では子供は、実際は逆なのだが、つねに母の苗字を受け継ぐとしよう。すると、母系半族への組織化に近似した体系が得られ、さらにすべてのデュランはデュポンと、すべてのデュポンはデュランと結婚せよとする法律を付け加えれば、母系半族は外婚半族でもある。何年かたつと、このような体系の結果として、フランスのあらゆる町に何人かのデュポンと何人かのデュランが含まれるようになる。いかなる規則も、これらのデュポンとデュランが同じ町のなかで相互婚をなすべしとも、自分の住む町以外の町に配偶者を求めるべしとも言っていない。

さて、二つの町、たとえばパリとボルドーの市長が、両市のあいだに協力関係を設けることをまずはじめに決めたとしよう。続いてこの関係の強化を図って二人の市長は、デュポンはデュランとのみ、デュランはデュポンとのみ結婚せよとする法律を一歩進め、一方の町に住むデュポンは他方の町に住むデュランとしか結婚できないとする条例を制定した。言うまでもなく、この規則はデュランにもあてはまる。前に我々は家名は母の系に沿って移譲されるとしたが、以前の習わしが妻に夫の居住地に移り住むよう命じていたのに対し、いまや家名が出身地名に付け加わり、出身地名は、家族の居所が父の居所によって決まる以上、父の系に沿って移譲される。つまるところ、この条約に関係してくるパートナーは数にして四、すなわちパリのデュポン、ボルドーのデュポン、パリのデュラン、ボルドーのデュランである。ではいまから、子供は母から家名を、父から出身地名を受け取るとの二重の規則を適用して、可能な婚姻からもたらされる帰結を検討してみよう。次の組み合わせが得られる。

以下の男が	**以下の女と結婚すれば**	**子供は以下のようになる**
パリのデュラン	ボルドーのデュポン	パリのデュポン
ボルドーのデュラン	パリのデュポン	ボルドーのデュポン
パリのデュポン	ボルドーのデュラン	パリのデュラン
ボルドーのデュポン	パリのデュラン	ボルドーのデュラン

パリのデュラン、ボルドーのデュポン、ボルドーのデュラン、パリのデュポンそれぞれに記号A、B、C、Dをあてはめると、カリエラ型定式は図11のように示される。苗字は母の系に沿って、出身地名は父の系に沿って移譲されることが仮定として受け入れられているのだから、四つのクラスとは要するに、それぞれが対立項からなる二つの組――苗字の組と出身地名の組――の四つの可能な組み合わせにほかならない。それぞれのセクションは並置された二要素――苗字と出身地名――とに分解され、ゆえに、AとBを半族名、XとYをホルドにもとづく出身地名としてW・E・ロレンスが用いた、適切な定式が得られる(40)（図12）。

二半族体系から四セクション体系への移行によっていかなる変化が起きるか、いまや容易に理解される。なるほど、可能配偶者間の親族関係についてはなにも新しいことは起きず、どちらの体系でも交叉イトコが可能配偶者である。しかし二半族体系では、それぞれデュランとデュポンにあたるこの二人の交叉イトコがパリ在住同士、あるいはボルドー在住同士で結婚してしまう可能性が――絶対にまたはとくに――あるのに対し、新しい事例では必ずパリの交叉従兄弟がボルドーの交叉従姉妹を、ボルドーの交叉従兄弟がパリの交叉従姉妹を妻にする。すなわち、デュポンとデュランという二つの半族への分割によってつくりだされた単純な絆に、新しい絆が追加さ

図 11　カリエラ型体系の図解

図 12　カリエラ型体系における出自と居住

れる。新しい絆は従来どおりデュポン家とデュラン家を一つに結びつけるだけでなく、それに加えてパリとボルドーをつなぎもする。出自の弁証法に、社会的絆を減らすと同時に緊密にしつつ居住の弁証法が付け加わるのである。このことの現れであるが、カリエラのもとでは、どの地縁集団もつねに二つのセクションの成員だけしか含まず、地縁集団は Banaka-Palyeri であるか Burung-Karimera である。それゆえ必然的に婚姻は二つの半族の成員同士を関係づけるとともに、二つの地縁集団の成員同士を関係づける。社会的絆の三つの異なる型、すなわち出自、縁組、空間的近接性の利得が一つにまとめられる代わりに、それぞれが別々の目的に利用される。最初は二つの集団（母系半族）が種類の異なる三つの絆によって結びつけられていたが、いまや四つの集団（二つの母系半族＋二つの父系出自地縁集団）が相互関係のなかに置かれ、一つの集団が少なくとも二つの絆――出自＋縁組、縁組＋近接性、近接性＋出自のいずれか――によってほかの集団に結びつけられる。絆の数は減っているが、結びつけられるものの量は増えたのである。

＊＊＊＊

もっと複雑な八下位セクション組織もこれと同じやり方で適切に解釈される。本質的な相違として、八クラス体系は二つの半族と二つの集団を関係づける代わりに、二つの半族と四つの集団のあいだに連繫をつくりだす。このことはスペンサーとギレンによって明らかにされた事実のなかに現れている。たとえばアランダのもとでは、つねに地縁集団は父系的な組をなす二つの下位セクションの成員しか含んでおらず、ゆえに、体系の内部で完全な周期が閉じうるためには四つの集団が介入しなくてならない。先ほどセクションをさすために使った記号をそのまま踏襲し、もとになるセクションを二分することによって生まれる下位セクションのそれぞれに、符号1と2をつけるなら、次の定式が得られる。

以下の下位セクションの男が	**以下の下位セクションの女と結婚すれば**	**子供たちは以下の下位セクションに属す**
A_1	B_1	D_2
A_2	B_2	D_1
B_1	A_1	C_1
B_2	A_2	C_2
C_1	D_1	B_1
C_2	D_2	B_2
D_1	C_1	A_2
D_2	C_2	A_1

図13　アランダ型婚姻規則

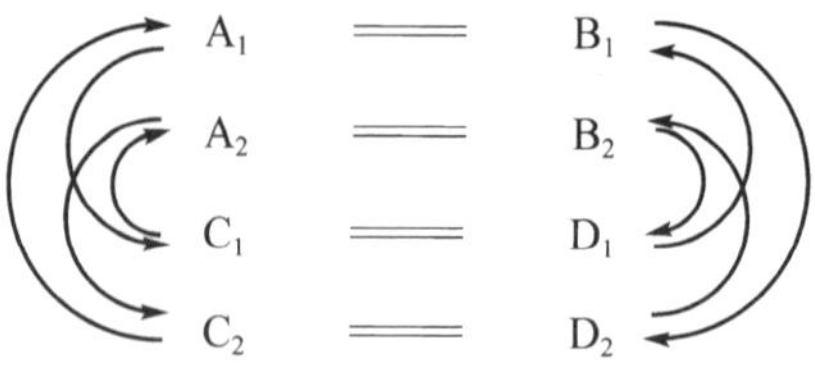

この定式は、ある男がある特定の下位セクションに属すなら、その子供たちは、父の下位セクションと組をなすもう一方の下位セクションに属す、とする法則の適用を表す。ただし「組」という語には、本書二九八ページで定義した術語的意味をもたせておく。定式全体は上に示した図式へ翻訳できる（図13）。A_1‐B_1、A_2‐B_2、C_1‐D_1、C_2‐D_2／B_1‐A_1、B_2‐A_2、D_1‐C_1、D_2‐C_2の八つの対があるが、方向性を考慮に入れなければ、これらの対は四つに減らすことができる。同じように方向性を考慮しなければ、八つの組A_1‐D_2、A_2‐D_1、B_1‐C_1、

B_2‐C_2／D_2‐A_1、D_1‐A_2、C_1‐B_1、C_2‐B_2も四つに減らすことができる。さらに、それぞれ母系半族の四つの下位セクションを含む二つの周期A_1‐C_1‐A_2‐C_2とB_1‐D_2‐B_2‐D_1があり、周期が終わりまで来ると前者はA_1に、後者はB_1に戻る。ここで気づくことだが、八下位セクション体系では、対と組に関して四セクション体系との並行関係が存在するが（対と組の数が二倍だという唯一の違いがあるだけである）、周期のところでこの並行関係は途切れる。周期の数はどちらの体系でも二であるが、しかし八下位セクション体系では、周期の含む要素の数が二倍になっているとの違いがある。したがって周期の構造そのものは変換されたことになるが、対と組の構造は同一のままにとどまったわけである。

カリエラ型体系のときにすでに利用したやり方で、この構造も例証できる。外婚規則による相互婚の実施を義務づけられ、家名を母系出自に沿って移譲する二つの家族、デュポン家とデュラン家に再び登場してもらう一方、カーン、ラオン、リル、リヨンの四つの町を想定し、女は結婚後、夫の居所に移り住むとしよう。母の系に沿って家名が、父の系に沿って居所が移譲されるとの二重の条件から次の組み合わせが得られる。

以下の男が	**以下の女と結婚すれば**	**子供たちは以下のようになる**
カーンのデュラン	ラオンのデュポン	カーンのデュポン
ラオンのデュラン	リルのデュポン	ラオンのデュポン
リルのデュラン	リヨンのデュポン	リルのデュポン
リヨンのデュラン	カーンのデュポン	リヨンのデュポン
カーンのデュポン	リヨンのデュラン	カーンのデュラン
ラオンのデュポン	カーンのデュラン	ラオンのデュラン
リルのデュポン	ラオンのデュラン	リルのデュラン
リヨンのデュポン	リルのデュラン	リヨンのデュラン

図14　アランダ型体系の図解

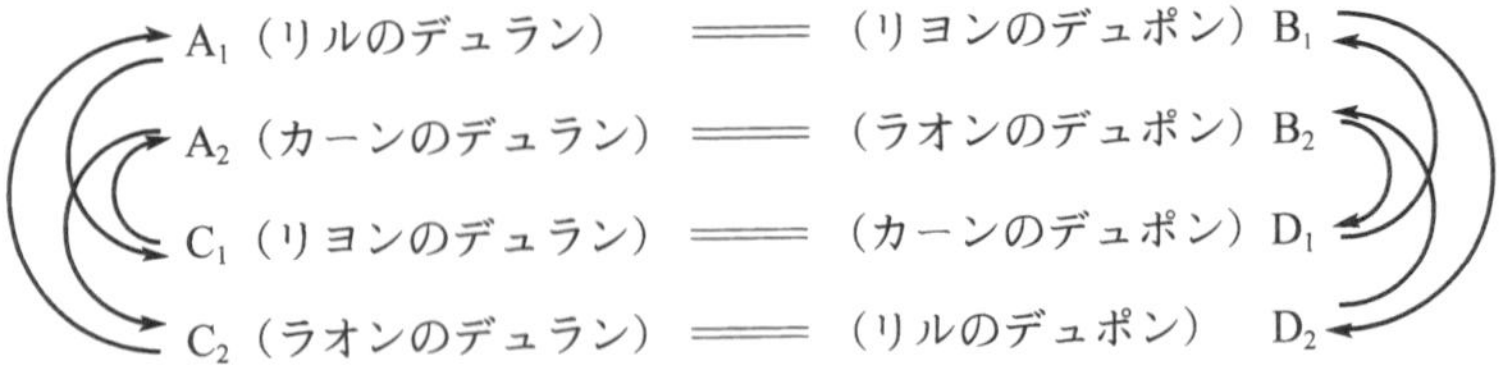

図15　アランダ型体系

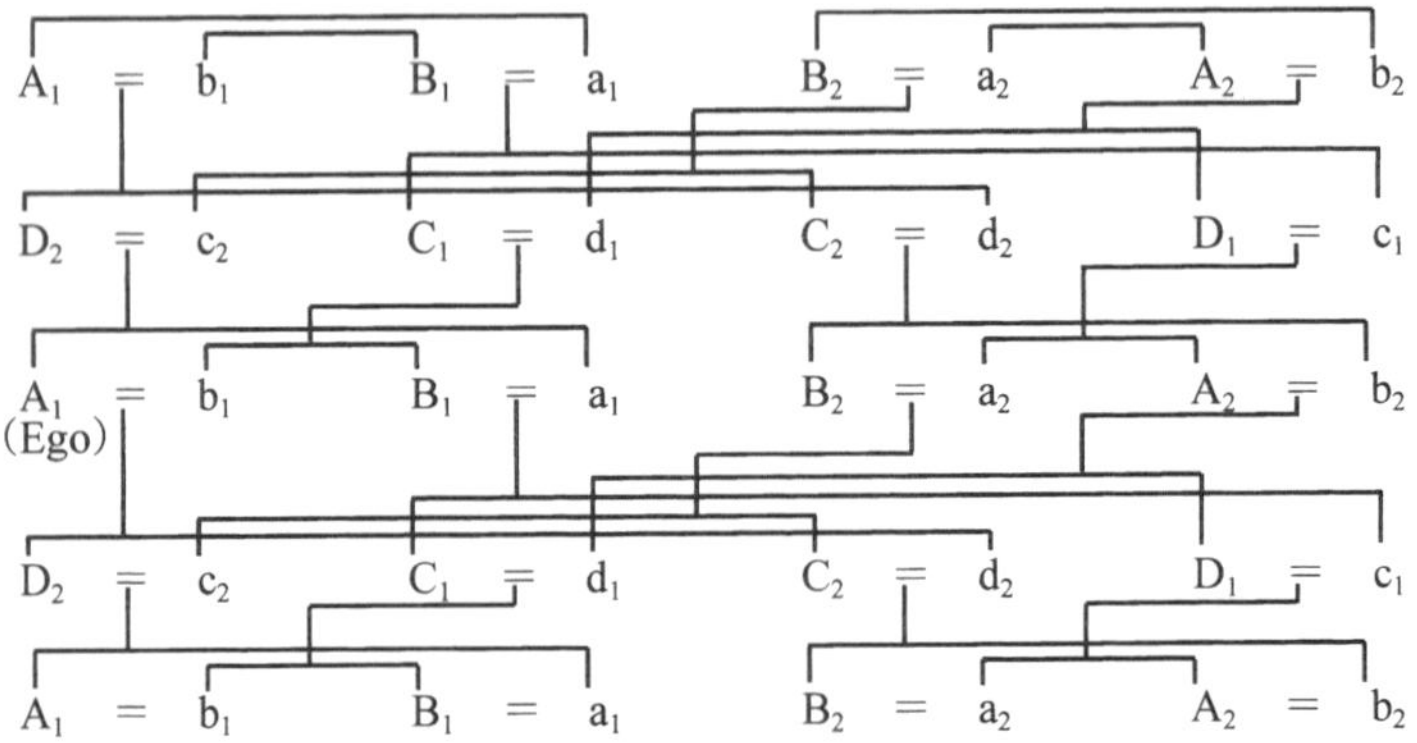

これらの組み合わせは、本書三〇六ページのアランダ型体系の理論図式（図13）に容易に表すことができる（図14）。すでに指摘したように、二半族体系から四セクション体系への移行はただそれだけでは、婚姻規則によって許容される、または禁忌とされる親等に関してなんら変更を引き起こすことがない。四セクション体系から八下位セクション体系への移行では、事態は同じでない。この場合、帰結が重要で、帰結は体系の考察からただちに導き出せる。いま一度繰り返すが、先の諸事例同様、この事例でもクラスの仕組みが自動的に配偶者を決定するわけでないが（言うまでもなく、同一のクラスが規定配偶者と禁忌配偶者をともに含むことがあるので）、それでもクラス体系は少なくともいくつかの婚姻禁忌を自動的に決定してくれる。この視点に立てば、我々の主張は次のように要約される。四セクション体系を考察しても、除外できる可能配偶者の数は――同一世代に関するかぎり――半族体制のもとで除外できた数より多くならないが、逆に八下位セクション体系の仕

図16　交叉イトコから生まれたイトコのあいだの婚姻

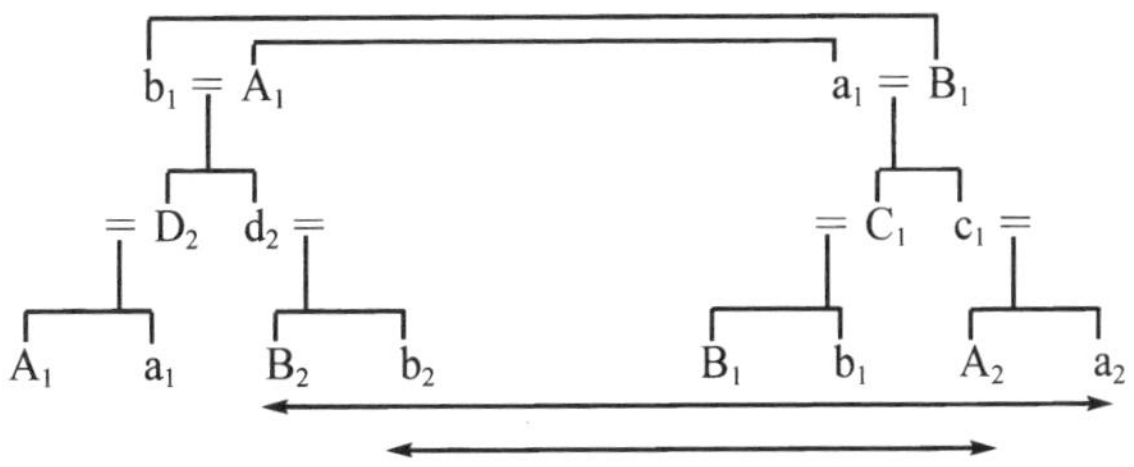

組みは半族やセクションに比べ、二倍の数の可能配偶者を自動的に除外する。八下位セクション構造に対応する親族体系を実際に構成し、この構造と比較しつつ、異なる親族それぞれの位置を検討してみよう（図15）。たやすくわかることだが、このような体系では、単方であれ双方であれ、交叉イトコが、対をなす（つまり相互婚をおこなう）クラスのなかに入ってくることはけっしてないのに対し、交叉イトコから生まれたイトコの場合は自動的に逆のことが起きる。だからといって、それは交叉イトコから生まれたイトコ（第二親等イトコ）が規定配偶者になることを意味するわけではない。しかし少なくとも、好ましいとされる配偶者（目下の事例では母の母の兄弟の娘の娘）が交叉イトコから生まれたイトコのクラスに属することは意味するのである（図16）。

さていまや我々は、婚姻クラスと親族体系との関係をめぐる問題状況をまとめることができる。規定配偶者を自動的に決定することが婚姻クラスの目的、それどころか帰結であるとの結論は、婚姻クラスの仕組みからは出てこない。クラスは許可される配偶者と抑止される配偶者をともに含むことがある以上、むしろそのような目的・帰結をもたぬことのほうが確実でさえある。つまり、配偶者決定を実際に左右するのは血縁関係で、クラス帰属は少なくとも実際面では二次的な役割を果たすにすぎない。ただしこのことが正しいのは配偶者を選び出すという積極的局面を考察するときにかぎられ、（誰と結婚してならないかを決める）消極的観点から見るなら、あらゆる証言が異口同音に認めるように、じつにクラスも劣らず重要な役割を果たす。要するに、配偶者決定で意味をもつのはクラスよりも血縁関係であるが、しかし原住民はクラス外婚への違反を、禁圧された血縁関係にある親族との婚姻と同じほど恐ろしいことと見なしている。クラスは血縁の度合をめぐる斟酌ほどには問題の核心に踏み込ませてくれないが、しかし実質的にはクラスの機能は血縁の機能と少しも変わらない。ただしクラスと血縁の関連はさらに明確化される必要がある。

しかし、この関連を決定する作業がきわめて難しい問題を引き起こす。すでに何度も指摘したように、いかなるクラス体系も集団の成員を、配偶を許される人たち・配偶を抑止される人たちへと振り分ける二分法に行き着く。クラスを欠く体系では、インセスト禁忌に直接抵触する人々を除いて、理論的にはいかなる配偶者も禁忌に付されない。外婚半族体系は集団を二つの半族に分割するだけでなく、あらゆる男とあらゆる女を可能配偶者・禁止配偶者に分割しもする。交叉・平行へのイトコの二分法に表現される分割である。八下位セクション体系は、先ほど見たように処分可能な配偶者の数をさらに半減させる。言うまでもなく、この体系は、第一親等の交叉イトコと第二親等の交叉イトコのあいだに新たな二分操作を働かせるのだから。しかしこれに相当するようなことは四セクション体系にはまったく見られない。言い換えよう。主体の属す世代だけを考察するなら、次のことが確認される。半族体系は可能配偶者の数を二で割り、この半減した数は八下位セクション体系によって新たに二分されるが、四セクション体系ではそのまま残る。この現象を解釈したさい我々はこう明らかにした。すなわち、家族集団内での個体の身分を定義するために、四セクション体系は〔半族体系の〕二倍の数の要素を援用するのであった。クラス倍増の影響は、関係する要素の倍増によって相殺されるわけである。

とはいっても、問題はやはり解決されていない。もはや婚姻クラス体系をでなく、連続する配偶者二分法を考察すれば、我々は気づくことになるだろう。論理的に欠かせなく見える一段階を、にもかかわらず二分プロセスが飛び越してしまう、と。半族体系は第一親等のイトコ全員を交叉・平行に分割し、八下位セクション体系は交叉イトコを第一親等のイトコ・第二親等のイトコに分割する。だがここに媒介的な一局面があってしかるべきだろう。母方・父方への交叉イトコの分割である。イトコに二種類あるように、じつに交叉イトコにも二種類ある（母の兄弟の子供と父の姉妹の子供）。したがって次のようなプロセスを予想してもよかったはずである。一回目の二分操作がイトコを交叉・平行へと区分して、後者を除外する。二回目の二分操作が交叉イトコを母方・父方へと区分して、この二つの集団の一方を除外する。最後に三回目の二分操作がすべての交叉イトコを交叉イトコ・交叉イトコから生まれたイトコへと区分して、前者を除外する。ところで、婚姻クラス体系では、第一段階と第三段階のみがそれぞれ半族と下位セクションとによって実現されるが、第二段階が欠けている。それが欠けるのは、第二段階に理論上対応するはずのセクションが、それ自体では主体の世代にいかなる二分法も働かせないからである。ゆえに我々は二重の問いに答えなくてはならない。四セクション体系がイトコのあいだに二分法を働かせないのはどうしてなのか。また、二つの半族―四つのセクション―八つの下位セクションの系列をもたらす二分プロセスのどの段階も交叉イトコの二類型を区別しないことの説明を、どうつけるべきか。

注

（1）第8章。
（2）A. R. Radcliffe-Brown, The Social Organization of Australian Tribes. *Oceania*, vol. 1, 1931.
（3）W. E. Lawrence, Alternating Generations in Australia, in *Studies in the Science of Society Presented to A. G. Keller*. New Haven, 1937.
（4）A. R. Radcliffe-Brown, *op. cit.*, p. 36.
（5）O. Pink, The Landowners in the Northern Division of the Aranda tribe, Central Australia. *Oceania*, vol. 6, 1935-1936, p. 303.
（6）D. F. Thomson, The Joking Relationship and Organized Obscenity in North Queensland. *American Anthropologist*, vol. 37, 1935, p. 462-463, n. 4.
（7）W. E. Lawrence, *op. cit.*, p. 346.
（8）A. L. Kroeber, *Basic and Secondary Patterns of Social Structure*, *op. cit.*, p. 302-303.

(9) W. E. Lawrence, *op. cit.*, p. 345.

(10) A. L. Kroeber, *op. cit.*, p. 305.

(11) *Ibid.*, p. 307.

(12) *Ibid.*, p. 309.

(13) A. L. Kroeber, *The Societies of Primitive Man, op. cit.*

(14) 第7章参照。

(15) この点については、D. S. Davidson, The Family Hunting Territory in Australia. *American Anthropologist*, vol. 30, 1928.

(16) 第19章、漢型体系に即したこの視点の一展開を参照。

(17) D. S. Davidson, The Basis of Social Organization in Australia. *American Anthropologist*, vol. 28, 1926; *The Chronological Aspects of Certain Australian Social Institutions as Inferred from Geographical Distribution.* Philadelphia, 1928. — W. E. Lawrence, *op. cit.*, p. 345-346.

(18) A. R. Radcliffe-Brown, *op. cit.*, p. 368.

(19) A. W. Howitt, Australian Group Relationship. *Journal of the Royal Anthropological Institute*, vol. 37, p. 284.

(20) 第13章参照。

(21) W. E. Lawrence, *op. cit.*, p.346.

(22) A. R. Radcliffe-Brown, *op. cit.*, p. 53.

(23) W. E. H. Stanner, *Murinbata Kinship and Totemism, op. cit.*, p. 186-196.

(24) *Ibid.*, p. 202.

(25) オーストラリア諸体系の理論にあまり馴染みのない読者は、ムリンバタ民族の実例研究を後回しにし、まず本章全体を通読してもらうのがいいだろう。

(26) W. E. H. Stanner, *op. cit.*, p. 198.

(27) *Ibid.*, p. 204-205.

(28) *Ibid.*, p. 207.
(29) *Ibid.*, p. 210.
(30) *Ibid.*, p. 214.
(31) A. P. Elkin, Sections and Kinship in Some Desert Tribes of Australia. *Man*, vol. 15, 1940, n° 24, p. 22.
(32) A. R. Radcliffe-Brown, *op. cit.*, p. 39.
(33) A. R. Radcliffe-Brown, Three Tribes of Western Australia. *Journal of the Royal Anthropological Institute*, vol. 43, 1913, p. 158.
(34) A. R. Radcliffe-Brown, The Social Organization..., *op. cit.*, p. 58.
(35) L. Sharp, Semi-moieties in North-western Queensland. *Oceania*, vol. 6, 1935-1936, p. 161-162.
(36) W. L. Warner, Kinship Morphology of Forty-one North Australian Tribes. *American Anthropologist*, vol. 35, 1933, p. 81.
(37) A. P. Elkin, *op. cit.*, p. 21-22.
(38) 第8章参照。
(39) 指摘するまでもないが、ここでは同一世代に属す人々のあいだの婚姻規則だけを考察し、双分組織によって類別上の「母」ないし「娘」との婚姻が許される事例は――別途考察されることになるから――とりあえず無視する。そのような事例は理論的にはつねに考えることができ、半族体系のなかに実際に現れることもままあるが、しかしセクション体系では厳しく排除される。とはいえ、我々の見当では、いわゆる「斜行 obliquité」現象〔斜行婚〕は次元の異なる問題をあれこれ提起する。これらの問題には第2部で言及されるだろう。いずれにせよ、クローバーは母・娘の両方と結婚する二重婚 mariage plural がまれであることを強調した（A. L. Kroeber, Stepdaughter Marriage. *American Anthropologist*, vol. 42, 1940)。
(40) W. E. Lawrence, *op. cit.*

第12章　ムルンギン型体系

まさに母方・父方への交叉イトコの二分法を実施する諸民族が、オーストラリア北端、カーペンタリア湾西部沿岸のアーネムランドに発見されなかったら、先ほどの問いはおそらく答えなきままであったろう。ロイド・ウォーナーによって研究された、たとえばムルンギン民族[1]は、母の兄弟の娘との婚姻を命じ、他方の交叉従姉妹、父の姉妹の娘との婚姻を禁じる。ゆえに、ムルンギンの組織化が半族、セクション、下位セクションという規範的体系に対してどう位置づけられるかを知ることが、絶対に欠かせない。だがまさにここで困難が始まる。

じつにムルンギンのクラス体系は、規範的系列に属す類型のどれにも適合しない。このクラス体系はカリエラ型体系（四クラス体系）と解釈されたこともあったが、そう解釈すると、カリエラ型体系でと同様、交叉従姉妹の二類型の区別が見つからなくなってしまった。またアランダ型体系（八下位セクション）として捉えられたこともあったが、二つの体系を隔てるおびただしい相違点は無視された。というわけで、大部分の著者は一致してムルンギン型体系を、逸脱した（W・E・ロレンスの言い方を借りれば「パターンからはずれた off pattern」）体系として分類した。[2]ならば疑問が浮かぶだろう。所定の系列に論理的に欠かせない一項と見える婚姻規則（交叉イトコの二分法）が、どうして当の系列をなす体系からは出てこないで、別のほかに通分できない体系から帰結することになるのか。あの系列がうまく立てられていないからか、ムルンギン型体系が十分に分析されなかったからである。

ムルンギン型体系は四つのセクションをもつ点でカリエラ型体系に、それら四つのセクションが八つの下位セクションへ分割されている点でアランダ型体系に似ているが、しかし、必ずしも命名されないにせよ、それら下位セクションがつねに存在する点で、どちらの体系とも異なる。他方、下位セクションの機能はアランダ型体系の場合と違って、〔第一親等の〕交叉イトコを可能配偶者から除外せずにそのまま残しておく。要するにムルンギン型体系は八つのクラスをもつ点でカリエラ型体系と異なり、これら八つのクラスがあたかも四つあるにすぎないかのごとく機能する点でアランダ型体系と異なるわけだ。

下位セクションが実在しているけれども命名されていない集団は脇に置き、下位セクションが明示的命名の対象になっている、ウェッブによって記述された集団を考察してみよう。東アーネムランドの諸民族は二つの父系半族 **Yiritcha** と **Dua** に分割され、言うまでもなく、どのホルドもどちらか一方の半族にだけ属す。[3] 半族のそれぞれがさらに四つの下位セクションに分割されるから、全体で八つの下位セクションがある。各下位セクションは男性形と女性形の二つの名前をもつが、この細かな点は体系に影響を与えないので単純化のため無視し、男性形の名前だけを取り出せば、次のリストができあがる。

Yiritcha 半族
下位セクション：Ngarit
Bulain
Kaijark
Bangardi

Dua 半族
下位セクション：Buralang
Balang
Karmarung
Warmut

ここまでのところ、状態にとくに変わったところはないように見えるが、しかし婚姻規則を考察するや、この地域のあらゆる体系を特徴づける変則性が見出される。男は他方の半族に属すただ一つの下位セクションのなかに必ず妻を求めなくてならない、となるのでなく、同一セクションの下位区分をなす二つの下位セクションのあいだで選択をなせるのである〔下位セクションを組み合わせた Ngarit- Bulain, Kajiark- Bangardi, Buralang- Balang, Karmarung- Warmut の四つがセクションで、言うまでもなく、前者二つが Yiritcha 半族内で、後者二つが Dua 半族内で、相補関係をなす〕。たとえば Ngarit の男は Balang の女か Buralang の女のどちらかと結婚できる。Bulain の男は Buralang の女か Balang の女のどちらかを選べる。Kaijark の男は下位セクション Warmut か下位セクション Karmarung のどちらかと結婚する、など。実施された婚姻型のいかんにかかわらず、子供はみな同じセクション（同一半族内の父のセクションと相補関係にあるセクション）に、ただしそのセクション内のどちらか一方の下位セクションに属す。たとえば Ngarit の男が Balang の女と結婚すれば、その子供は Bangardi に、かたや女が Buralang なら Kaijark に属す。Bulain の夫は Buralang の妻とのあいだに Kaijark の子供を、Balang の妻とのあいだに Ban- gardi の子供をもうける、など。したがって、子供の下位セクションと父の婚姻型とのあいだには固定した関係が、子供の下位セクションと母の下位セクションとのあいだにもやはり固定した関係があるが、父の下位セクションと子供の下位セクションとのあいだにはそのような関係はない。セクションに関してだけ子供は父のセクションと固定した関係を保ち、下位セクションについては、おこなわれた婚姻型に左右されるからである。このことは次のように言い表してもいい。対と周期の関係、対と組の関係は安定しているが、周期と組の関係は安定していない。この事実をウェッブは、下位セクション内での出自が母系であることの証拠として解釈するが、しかしこの現象はエルキンによって間接父系出自の事例としてより的確に記述された。実際、エルキンは可能な二つの婚姻型を標準型 type normal と選択型 type optionnel に区別し、この複雑な体系を不備なく説明してくれる法則を、次のように定式化する。「婚姻が選択的（alternate）である場合、子供は父の半族に下属する下位セクションに属すが、母が標準（regular）型に即して結婚していても、やはりこの同じ下位セクションに属していいただろう。したがっ

図 17　ムルンギン型体系の構造（Theodor Webb, Tribal Organization in Eastern Arnhem Land, *Oceania*, vol. 3, 1933 による）

		男＝	女＝	子供＝
		Ⅰ：YIRITCHA	DUA	YIRITCHA
母系半族 M	A_1	Ngarit （Ngarit）	Balang （Buralang）	Bangardi Kaijark
	A_2	Bulain （Bulain）	Buralang （Balang）	Kaijark Bangardi
母系半族 L	D_1	Kaijark （Kaijark）	Warmut （Karmarung）	Ngarit Bulain
	D_2	Bangardi （Bangardi）	Karmarung （Warmut）	Bulain Ngarit
		Ⅱ：DUA	YIRITCHA	DUA
	B_1	Balang （Balang）	Ngarit （Bulain）	Karmarung Warmut
	B_2	Buralang （Buralang）	Bulain （Ngarit）	Warmut Karmarung
母系半族 M	C_1	Warmut （Warmut）	Kaijark （Bangardi）	Balang Buralang
	C_2	Karmarung （Karmarung）	Bangardi （Kaijark）	Buralang Balang

て、下位セクションに関しては父は考慮されない」[4]。選択型の妻がつねに標準型の妻と同じセクションの出身であることを、さらに指摘しておくのがいいだろう（図17）。

いまの指摘を理由にして、下位セクションは婚姻規制に介入しないと考えられたこともあった。ムルンギン型体系では、下位セクションでなくてセクションが対として結合するかのごとくすべてが進む、と（「対」はここでは、もちろん、セクションの配偶関係を表す術語として使われている）。ウォーナーもムルンギン型体系の理論的図式（図18）でそう示唆しているが[5]、我々の考えでは、その図式は体系の精神を裏切っている。重要なのは、標準体系と選択体系それぞれが別々の道をとおって同じ結果に達することでなく、体系の数が二であることなのだ。この双数性を無視すれば、体系の存在理由を理解する手だてがまったく奪われてしまう。

図18　ウォーナーによるムルンギン型婚姻規則

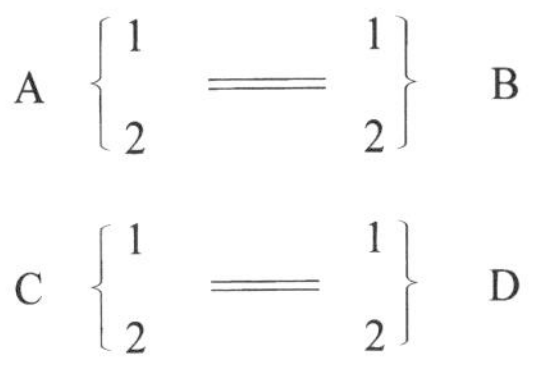

そこで標準体系と選択体系とに対応する図式を別々に作成してみることにしよう（図19）。二つの図式を比較するだけで見えてくるが、ムルンギン型体系と、図13に図示されたアランダ型体系との類似性はまったくの見かけで、なるほど矢印の方向が違う。二つのムルンギン型図式の右側の矢印はアランダ型図式の右側の矢印と向きが同じだが、左側の矢印は逆向きになっている。エルキンがじつにはっきりと見抜いたこの構造的相違のゆえに、ムルンギン型体系では「どの下位セクションに属す男の周期も、婚姻と出自とを経路に八つの下位セクションを、出自のみを経路に彼の半族の含む四つの下位セクションを一巡しないかぎり、けっして完了しない」[6]。アランダ型の規範的八下位セクション体系では逆に、出自と婚姻とを経路に四つの下位セクションを、出自のみを経路に当該男性の半族の含む二つの下位セクションを一巡するだけで、周期は閉じる[*]。この相違を明瞭に示す図20は次のように解釈されなくてはならない。アランダ型体系では男はつねに彼の祖父（父の父）と同じクラスに戻り、彼の孫息子（息子の息子）はつねに彼と同じクラスのなかに帰ってくる。ところがムルンギン型体系では、男が同じクラスに戻るのは五世代目のことで

しかない。つまりそのとき、男、彼の父の父の父の父、彼の息子の息子の息子の息子は同じクラスに属す。

(＊) たとえば男A_1の周期を考えると次の表のようになる。ムルンギン型でもアランダ型でも (A_1、A_2、D_1、D_2) と (B_1、B_2、C_1、C_2) がそれぞれ母系半族をなす。下位セクションを出自のみでたどったときの周期の長さが、ムルンギン型ではアランダ型の二倍になることに注意。

	下位セクションを婚姻と出自でたどった場合	下位セクションを出自のみでたどった場合
ムルンギン型		
標準型婚姻	A_1-B_1-D_2-C_2-A_2-B_2-D_1-C_1 (-A_1)	A_1-D_2-A_2-D_1 (-A_1)
選択型婚姻	A_1-B_2-D_1-C_2-A_2-B_1-D_2-C_1 (-A_1)	A_1-D_1-A_2-D_2 (-A_1)
アランダ型	A_1-B_1-D_2-C_2 (-A_1)	A_1-D_2 (-A_1)

クラス体系におけるこうした構造的相違と、男は自分の母の兄弟の娘とのみ結婚し、自分の父の姉妹の娘とは結婚してならないとする婚姻規則とのあいだには、なにか関係があるのだろうか。ムルンギン型体系では男性出自の周期が延長されることが、特別な婚姻規制の原因であるとエルキンは考えた。彼は下位セクション体系――ロイド・ウォーナーはこれを過小評価した――の重要性を正しくも力説し、実際、次のように書く。「じつのところ、この体系はきわめて重要で、その証拠にこの体系は、母の兄弟の娘との結婚という婚姻規制にうまく嚙み合うよう入念につくりあげられてきた。このことは理論的には不可能と見なされてきたし、下位セクション体系における婚姻と出自とにかかわる典型的な定式に従って考えるかぎり、実際にも不可能である。しかしこの地域の原住民たちは理論的な見方に縛られていなかったので、実際的な問題に直面したとき、周期の通常の長さを二倍に引き延ばすことでじつに巧みに問題を解決したように思われる」(7)。ならば、こう問うことにしよう。周期の倍増と婚姻規制のあいだにほんとうに結びつきがあるのか、あるとすれば、いかなる結びつきか。

図19　ムルンギン型婚姻規則

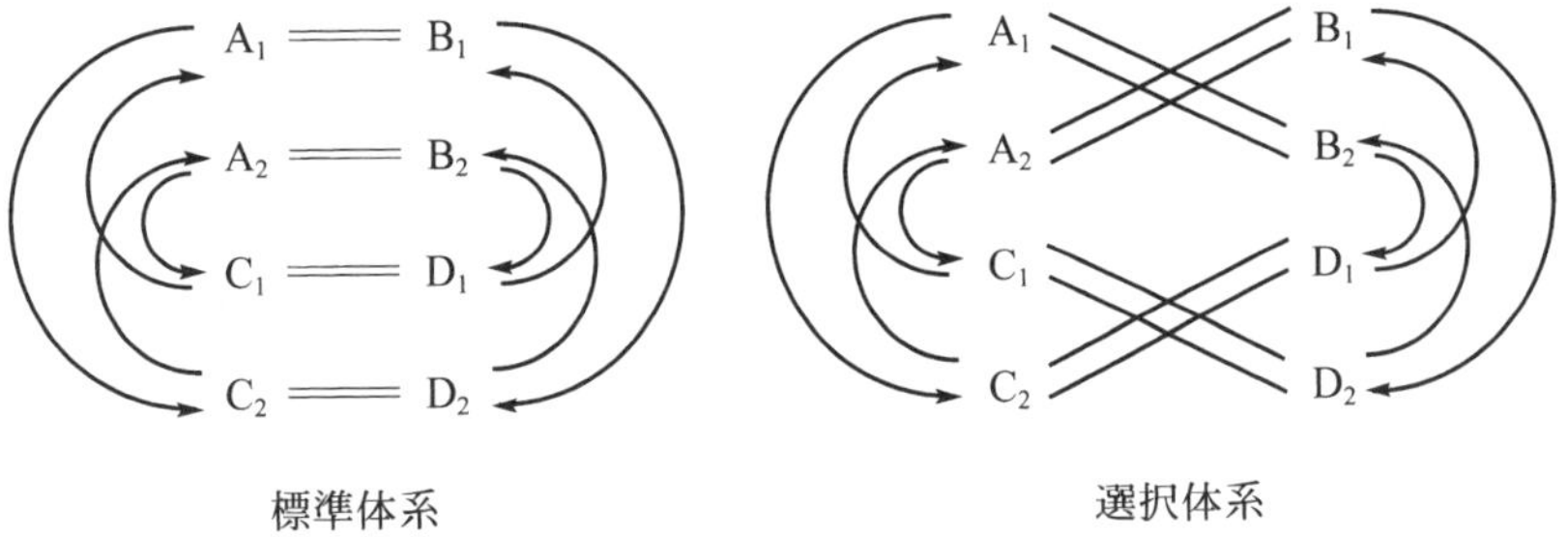

図20　ムルンギン型体系とアランダ型体系

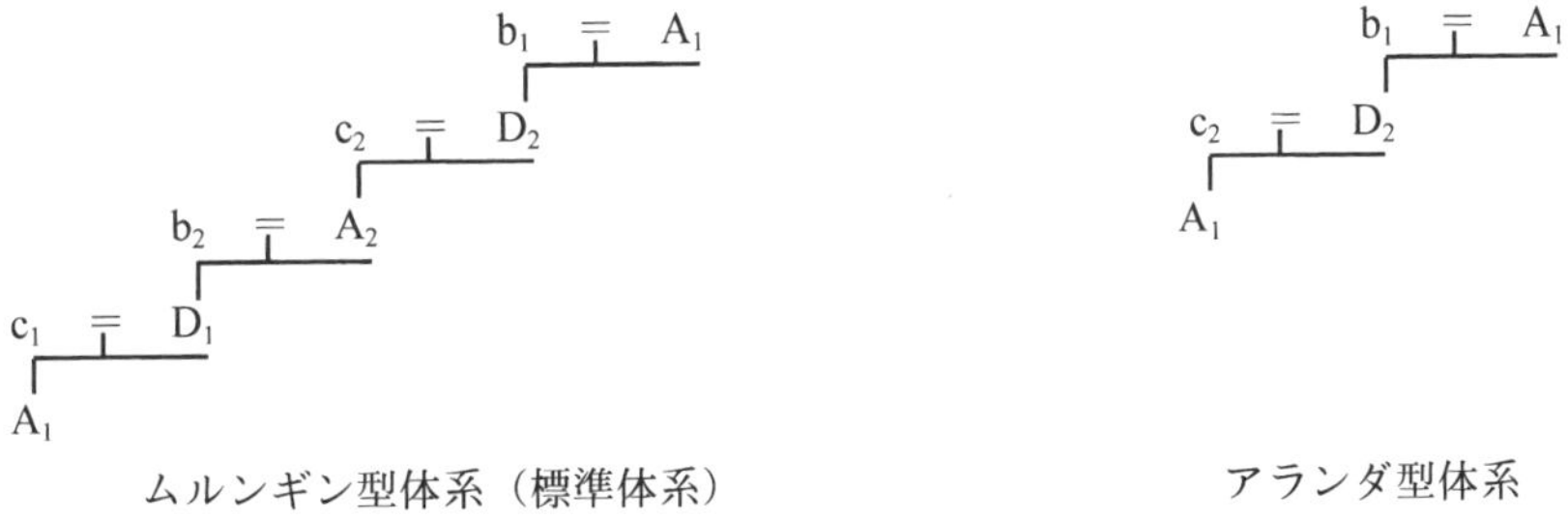

まずはじめに標準体系の仮定に立ち、この体系で誰が許容される配偶者で、誰が除外される配偶者であるかを探ってみよう（図21）。

標準体系ではD_2とC_2が対を形成するから、二人の交叉従姉妹のどちらも〈私 Ego〉が妻を入手できるクラスのなかに入るとわかる。つまり、クラス体系はアーネムランドの諸民族のおこなう区別、母方交叉従姉妹と父方交叉従姉妹の区別を説明してくれない。

では、選択体系ではどうなるか（図22）。選択体系ではD_1とC_2が対を形成するから、標準体系のときと同じく二人の交叉従姉妹は互いに区別されない。どちらも等しく可能配偶者のクラスに入る。

＊＊＊＊

ムルンギン型体系の種別的性格（男性周期の倍増）と、父方従姉妹を禁忌とし母方従姉妹を指定する婚姻規制とのあいだには、要するに直接的な関係はない。周期の倍増はじつは確かに固有の帰結をもつのだが、この帰結はまったく異なっていて、父方・母方の二人の交叉従姉妹〔あるいは一人の双方交叉従姉妹〕を可能配偶者のクラスに戻し入れるのである。つまり、規範的モデルにもとづいて組織される八下位セクション体系の独特な効果を無効にする。このことの理由を見てとるのはたやすい。周期の倍増はクラスの数を二で割るに等しいのである。周期の長さが二倍なので、あたかもクラスの数が八でなく四であるかのごとくすべてが進むわけだ。婚姻規制の観点から見れば、個別に考察されたムルンギン型体系はカリエラ型体系の条件をただたんに再構成するにすぎない。ムルンギン型体系が許可する二つの婚姻型、標準型と選択型のどちらであろうと、可能配偶者であるために必要なクラスの条件を最初にみたす親族は、母の兄弟の娘、父の姉妹の娘、そのどちらでもある交叉従姉妹〔双方交叉従姉妹〕のいずれかである。

図 21　標準体系におけるムルンギン型婚姻規則

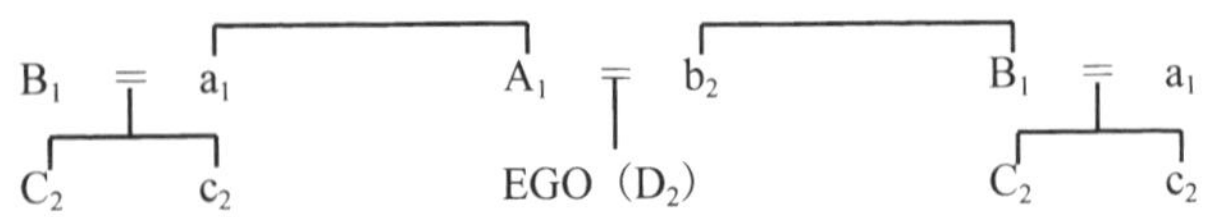

図 22　選択体系におけるムルンギン型婚姻規則

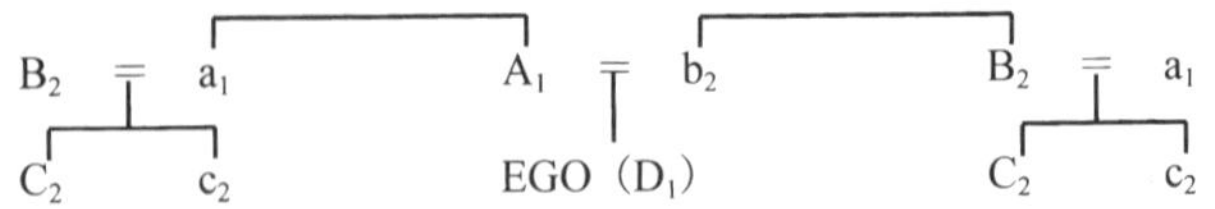

　ならば、クラス体系と婚姻規制のあいだにまったく連繋のないことをムルンギン型体系に認めるべきか。一見、婚姻規制はそれだけで、体系全体に反映する根本的区別〔母方交叉従姉妹と父方交叉従姉妹の区別〕を立てるかに思われ、実際、すぐあとで見るように、母の兄弟の娘との選好婚はムルンギン型親族体系に、オーストラリアの大部分の民族には見当たらないまったく例外的な性格を付与する。だがしかし、それほどにも根本的な特徴があるのに、それについてクラス体系はいわば黙したまま、なにも教えてくれず、なんの役にも立たない。二種類の交叉従姉妹は同一クラス、可能配偶者のクラスに入るが、妻としうるのはこの二人の交叉従姉妹の一方だけでしかない。好ましい配偶者はまったく親等それのみにもとづいて決定されるのか。

　配偶者決定へのクラス体系の関与を否定するこの結論の是非を決める前に、注意すべき点を一つ挙げ、そこから帰結を引き出してみよう。八下位セクション体系を有するほかの集団からムルンギンを区別するのは下位セクションの機能と婚姻規制の両方で、たとえこの二つの次元の異質性を認めなくてならないにせよ、少なくとも一方の次元における違いと他方の次元における違いが別々にあるのでないとの確認は、受け入れてしかるべきである。我々はクラスの仕組みと婚姻上の選好との関係を見出すことができなかったが、しかし問いを次のように別様に立てることができる。クラスの仕組みにおける違いが婚姻上の選好における違いと同時に与えられる以上、この違いそのもののあいだになんらかの連繫をつけることができないだろうか。クラス体系と婚姻規制それぞれにおいてまったく別々に、わずかな程度の相関もなしに変則性が発展していったとすれば、そのほうがむしろ驚くべきことだろう。逆に言えば、変則性のあいだに相関があるということは、婚姻規制がクラス体系から完全に自律しているわけでないことを意味する。

婚姻規制における違いはどこにあるか。交叉イトコの二分法にある。クラス体系における違いはどこにあるか。この区別は二重である。まず一つのでなく、二つの婚姻定式があること、次に体系が八つでなく四つのクラスを含むかのようにどちらの婚姻定式も機能すること。残念ながら、原住民がいかなる条件のもとでこれら二定式を利用するかの情報を我々はまったくもたない。ウェッブもウォーナーもこう述べるにとどまる。特定の下位セクションに属す男は反対半族の特定の下位セクションと結婚するだけでなく、選択婚定式に従って反対半族のもう一つ別の下位セクションに属す女を妻にすることもできる、と。ここでしかし、これら二定式は直系においても傍系においても交互に利用されるとの理論的仮定に立ってみよう。つまり、私の父が選択型に即して結婚したなら、私の息子は標準型に、私の息子の息子は選択型に即して結婚する、以下同様と仮定する一方、(これはのちに見るように、いま述べたことの直接的帰結であるが) 私が標準型に従って結婚したのなら、私の姉妹は選択型に従って結婚し、逆に私の婚姻が選択型なら、私の姉妹の婚姻は標準型になると仮定するのである。さて、たとえ積極的な情報が欠けていてもあの二つの婚姻定式さえあれば仮定として持ち出すのに十分なこの単純な規則から、次の帰結が得られる。すなわち、母の兄弟の娘は自動的に規定配偶者のクラスに入り、父の姉妹の娘は、これもまた自動的に禁忌配偶者のクラスに入る。クラス体系の変則性（クラスを対にするための定式が二つあること）と婚姻の変則性（交叉イトコを母方・父方へと二分すること）とのあいだには、ゆえに関係がある。また同時にクラスの仕組みの機能的特異性も明らかになる。すでに述べたように、アランダ型体系と同じくムルンギン型体系のクラスも八つだが、それがあたかも四つであるかのごとくに、つまりカリエラ型体系を思わせる仕方で機能する。もし一つの婚姻定式しかないなら、この特異性から引き出すべきものはなにもないだろうが、実際には定式は二つあり、二つの定式が交互に機能するのだから、その結果、体系は二つの婚姻型の特性を併せ持つ、むしろそれらの特性が体系のなかで合成される。この法則の少なくとも一面にはエルキンも気づいた。その証拠に彼はこう指摘する。標準婚に続いて選択婚がおこなわれる場合、父系リネージに沿ってクラスをめぐっていく周期は規範的周期に戻る、と。しかしじつはそこに戻るのではない。二種類の交叉従姉妹を無差別に許可する〔カリエラ型〕体系から、二人を二人とも除外する〔アランダ型〕体系へ移っただけなら、どこに得るものがあると言うのか。結果はじつは四クラス体系と八クラス体系の中間にある。もとは四クラス体系として機能していた体系が、いまやある意味で（つまり父方交叉従姉妹を除外するとの意味で）八クラス体系のように機能しはじめるが、別の意味で（母方交叉従姉妹を可能配偶者のクラスに留め置くことによって）相変わらず四クラス体系の機能を果たしつづける。この点は図23から鮮明に浮かび上がる。さらに同図は次のことも示している。標準定式と選択定式の交替法則が直系に適用されるなら、この法則は自動的に傍系にまで拡大され、逆の場合もまた同じことになる。

図に見られるとおり、すべての婚姻は母の兄弟の娘との婚姻で、父の姉妹の娘は二定式の交互適用によって自動的に除外される。とくに強調するまでもなく、二定式の交互適用がどのようなかたちでなされようと、残されるのはつねに母方従姉妹、除外されるのはつねに父方従姉妹である。言い換えれば、体系は全体として一定の向きに方向づけられており、逆の方向づけは不可能である。我々は第27章でこの現象の根拠を示す。

ムルンギン型体系でも、要するに婚姻規制とクラスの仕組みとのあいだに明白で特有のつながりがある。とはいえ、このつながりをつくりだすには相応の犠牲が伴わざるをえなかった。極度の複雑化が進み、過重で扱いに

図23　標準体系と選択体系の組み合わせ

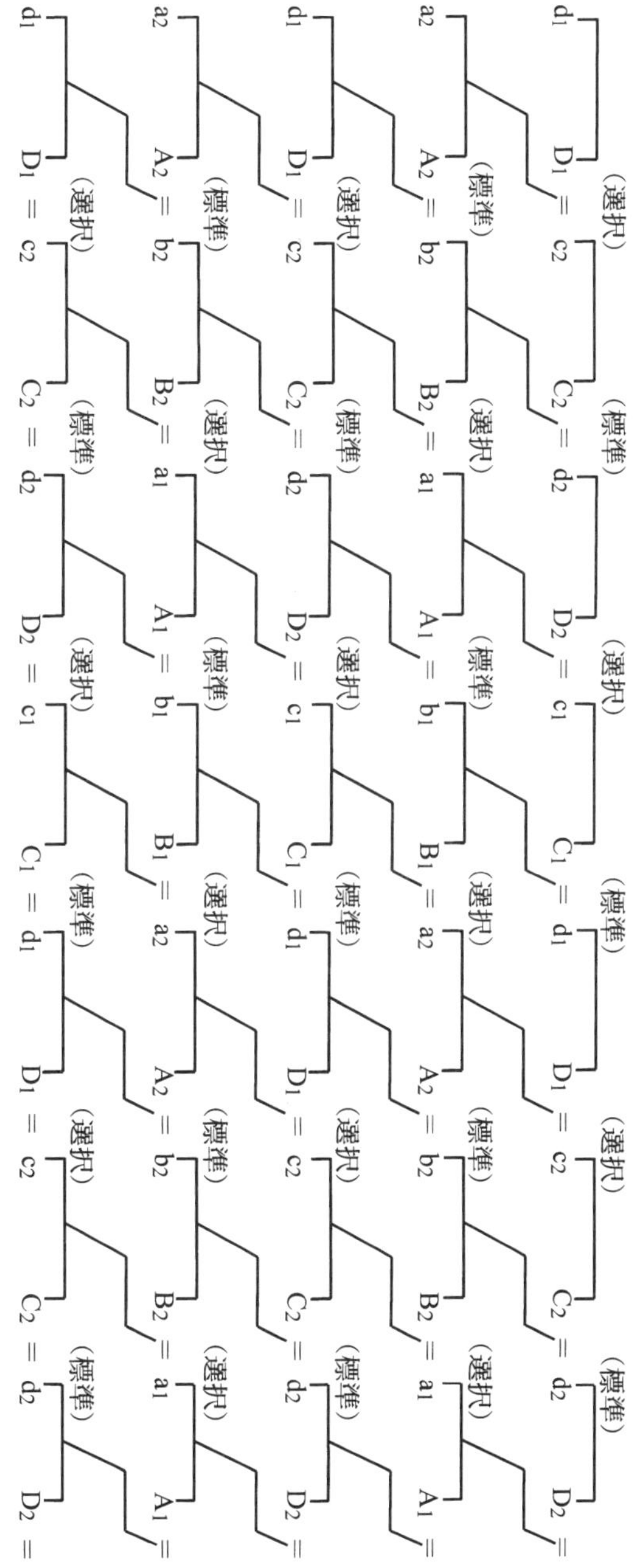

くい体系が編成されたのである。半族体系のもたらす二分法と八下位セクション体系固有の二分法との中間にたどり着くまでに、事態はあたかも次のように進んだと言えるかもしれない。まず八下位セクション体系を採用し、次にそれに改変を加えてもっと単純な体系として機能するようにし、最後に単純な体系の二分定式と複雑な体系の二分定式との中間をなす二分定式を獲得するために体系を二重化する。まるでもっとも複雑な定式に一気に赴き、この複雑な定式をさらに複雑化することでそれをもっと単純な定式として機能するようにした、とでもいったふうに見えるのだ。この手順は、ムルンギン型体系がこの集団固有の婚姻規則をそのまま法規化したものでなく、むしろ、従来の婚姻規則と外部から導入された最高度に発展したクラス体系との、いわば折衷の結果であることを強く示唆する。

この仮説は、アーネムランドから数百キロのところに暮らすナンギオメリ民族の婚姻体系をめぐる、スタンナーの次の指摘と一致する。最近になってもナンギオメリはセクションも半族も、その他いかなる婚姻クラス形態ももっていなかった。このような事情のもとで、父方か母方の交叉従姉妹、または双方従姉妹との婚姻がおこなわれていた。数年前、この原住民は南部や南西部に暮らす民族から複雑な母系トーテム下位セクション体系と新しい婚姻形式、姉妹の息子の娘との婚姻(ただし彼女が自分の娘の子供でないとの条件がつく。自分の娘は姉妹の息子と結婚できるので)を借用した。〈私〉の父の父と〈私〉の息子の息子とは同じ下位セクションに属すとのスタンナーの観察は、ムルンギン型体系における下位セクションの働き方との類似性を明るみに出す。規範的体系では一般に〈私〉の父の父は〈私〉自身と同じ下位セクションに入るが、ナンギオメリでは逆に〈私〉は(周期の)中間をなす下位セクションに入り、周期を閉じるのは〈私〉の息子の息子である。ゆえにムルンギンの場合と同じく周期が倍になっている。そしてスタンナーはこう解説をつける。「原住民はまだこの新しい体系が理解できないこと、(略)フィッツモリスやヴィクトリア川の民族からこの体系を教えてもらったことをじつに率直に認める[8]」。この同じ集団をめぐる別の仕事で、著者はこう私見を述べる。「ウォーナーがアーネムランドから報告したのと同じことが、かなりの程度までここでも起きた。ナンギオメリは、はるかに複雑な社会の手で練り上げられた下位セクション体系、アランダ型に属すことはほぼまちがいないと思われる下位セクション体系を、カリエラ型の社会的組織化に応用しようと試みている最中で、しかもじつに巧みにそれを成し遂げてきている。つまり、アランダ型への親族体系の体系化は彼らのもとにまで広まったのだが、この体系化の土台をなす体系そのものは採用されなかったのである。しかしナンギオメリは、下位セクション体系と姉妹の息子の娘との婚姻を同時に採用したのだと言っている⑼」

スタンナーのこの最後の指摘は、ナンギオメリのクラス体系と婚姻規制の最終的関係という問いを手つかずのまま放置している。たとえ彼らが、ここで示唆されているように、クラス体系と婚姻規制を同時に借用したのだとしても、じつにこの二つの型の現象がどのような条件において最初の所有者のもとで同居するようになったかを、さらに知る必要があるだろう。ムルンギン型体系とナンギオメリ型体系をその最初の起源にまで遡行することができるならほぼ確実と思われるが、源泉には、自前の婚姻体系を、よそから借りてきた八下位セクション機構に合致させようと懸命になっている集団が見出されることだろう。

この仮説が正しいとすれば、重要な帰結がもたらされる。ムルンギン型クラス体系とムルンギン型婚姻を両方とも不備なく機能させることができるようになったとしても、前者が後者の――物理学者が loi という語を使うときの意味で――法則をなすわけでないのである。実際、loi を立法者によって考案された規則〔律法〕の意味でなく（じつにこの意味でなら明らかにクラス体系は一つの律法である）、変数のあいだの恒常的関係の意味で解するなら、一つの問いが出てくる。ムルンギン型婚姻の方式――アランダ型婚姻の方式に比べれば比較的単純である――は、目下の事例ではいちだんと複雑な婚姻定式によって表現されているように見えていても、やはりアランダ型定式よりも単純な定式で表現できるのではないか。確かに原住民は我々がいま仮定しているこの法則を意識していないが、しかしこの事実をもってして、その法則を探すことに反対すべきでない。我々は言葉を話すのに言語の法則を、考えるのに論理学の法則を意識する必要はないが、にもかかわらず、それらの法則は実際に存在し、理論家はまさにそれらの法則を発見しようと努めている。この点で社会学者の態度も異なるところはないと言っていい。ちょうど一般的現象にかかわる個別的例証しか与えてくれない民族についてシロコゴロフが述べているように――。

「彼ら自身の社会的組織化と集団間の関係とに対するツングース諸民族の観念や態度を記述し分析してみれば、こう結論づけることができる。ツングースはそれらの観念や態度をほかの自然現象と同じ平面で取り扱っているのである。彼らが観察する事実には、認識されるものもあれば、彼らの注意をすり抜けていくものもある。（略）社会的諸現象は、認識の対象にならなくとも現に存在しうるし働きうる[10]」

他方、母の兄弟の娘との選好婚という法則の発見には、ムルンギン問題に限定された議論をはるかに超える重要性がある。交叉イトコ婚を実施している民族の大部分は母方従姉妹への選り好みをはっきり示すが、交叉イトコ婚の分析をインセスト禁忌問題の決定的実験と見なした以上、我々はこれほどにもきわだつ特異性を説明しないですますわけにいかない。また我々は、選好配偶者と禁忌配偶者のあいだに相次いで加えられていくオーストラリア二分法の規範的系列〔二半族、四セクション、八下位セクション〕に、一つの欠落が含まれていることを明らかにしたのだから、この欠けている項を母方交叉従姉妹との選好婚という法則が差し出してくれるのではないかを、最後に究明しなくてはならない。欠けている項が二分法の系列のなかに位置を占めることは規範的体系のさまざまな変則性が明かしているが、しかし規範的体系そのものには、当の項の位置を確定するだけの力がない。

＊＊＊＊

オーストラリアの三つの規範的体系――半族、セクション、下位セクション――を考察してみよう。これら三つの体系は、クラスの数が違っても同一のままにとどまる基礎構造を示す。三つの体系に特有で共通なこの性格は、次のように定式化できる。考察されるクラスが半族、セクション、下位セクションのどれであっても、婚姻の従う規則はつねに同じで、Aの男がBの女と結婚できるなら、Bの男はAの女と結婚できるとなる。つまりクラスの内部には性別間の相互性がある。または婚姻規則は配偶者の性別に無関係であると言ってもいい。婚姻規則について言えるこのことは、しかし出自規則については明らかにあてはまらないが、目下のところ出自規則を考察する必要はない。

いま述べた性格をクラスの数にかかわらず示す体系を、我々は限定交換体系 système d'échange restreint と呼んで、もっぱら二つまたは二の倍数のパートナーのあいだでしか互酬機構を作動させることのできない体系をさすことにする。

ここからすぐに出てくる帰結であるが、二外婚半族体系はつねに限定交換体系でなくてならない。実際、集団をAとBの二つに限定し、それぞれの集団内での婚姻を不可能とすれば、配偶者をBに求めることがAにとっての、逆に配偶者をAに求めることがBにとっての唯一の解決策となる。しかし二クラス体系にあてはまる同じことが四クラス体系にはあてはまらない。四外婚クラス体系とともに、選択肢として二つの理論的可能性が出てくるからである。第一の可能性はカリエラ型体系によって実現される。クラスは二つの対に振り分けられ、いずれの対も限定交換法則に則る。二つの対のあいだの絆は出自によって保証され、両親が一方の対に属すとき、つねにその子供は、もう一方の対をなすどちらかのセクションに属す。つまり、Aの男がBの女と結婚すれば（第一対）子供はD（第二対）、Bの男がAの女と結婚すれば（第一対）子供はC（第二対）である。

だがクラス外婚と、半族への明示的か明示的でない分割とに必要な条件を同時にみたす第二の可能性が存在し、それは次の定式に表現できる。Aの男がBの女と結婚すれば、Bの男はCの女と結婚する。この場合、クラスのあいだの絆は婚姻によっても出自によっても表現される。この定式を実現する体系を全面交換体系 système d'échange généralisé と呼ぶよう我々は提案し、任意の数のパートナーのあいだにさまざまな互酬関係を打ち立てることのできる体系をさすとする。ただしこれら互酬関係は方向づけられた関係で、婚姻に関してBの男は彼の属すクラスのあとに位置するクラスCに、だがBの女は彼女の属すクラスの前に位置するクラスAに依存する。

この種の体系は、矢印が（男から女へ向かう）単一方向に対を結ぶ図24によって図解できる。他方の配偶者

全面交換図式

図 24

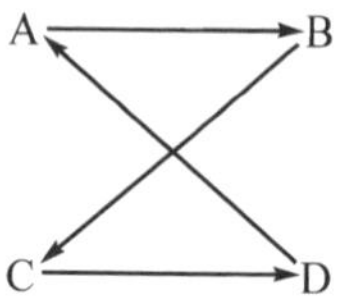

図 25

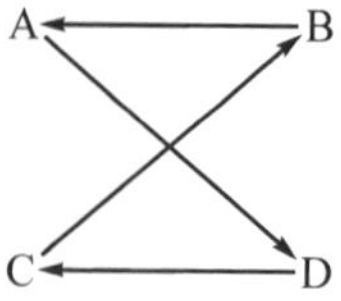

〔女性配偶者〕の視点に立てば、この同じ体系が対称的な、ただし逆向きの循環運動をもつ（図25）。

対、組、周期の観点からこの体系を検討してみよう。まず体系は四つの可能な婚姻型を含む。AとB、BとC、CとD、DとAの婚姻である（女の視点に立てば、BとA、CとB、DとC、AとDの婚姻であるが、これは結局同じことである）。つまりラドクリフ＝ブラウンの用語法に従えば四つの対がある。しかしこれら対の性格は限定交換体系における性格と同じでない。限定交換体系では対の概念は二重の婚姻関係を含意する。たとえば対ABについて言えば、Aの男とBの女の関係と、Bの男とAの女の関係である。しかし全面交換体系では対は相互的でなくて一意的、つまりセクションの一方に属す男を他方のセクションに属す女に結びつけるのみである。すでに見たように、相互性という対の性格が、カリエラ型体系における対の数を二にまで減らしてくれるのだった。それに対して我々がいま記述しようとしている型の体系では、四つの一意的ないし方向づけられた対のあることが違うのである。

では次に組を考察しよう。父のセクションと子供のセクションを結びつける関係がいかなるものであっても、組は同一のままにとどまる。同じことは周期についても指摘でき、母のセクションと子供のセクションのあいだの関係は婚姻規則に影響しない。言い換えれば、縁組規則と出自規則は機能上では結びついていない。Aの男の子供はセクションA、B、C、Dのどれに入ると決めても、縁組規則――Aの男はBの女と、Bの男はCの女と、Cの男はDの女と、Dの男はAの女と結婚する――は動かない。唯一必要な条件は、いったん選ばれた出自規則が一貫して適用されることのみである。

たとえば、子供は母のセクションのすぐ次に来るセクションに属すと仮定してみよう。この定式はことのほか好都合である。なぜなら図24において連続する二つの矢印は、同一の婚姻家族に関して一方が婚姻規則を、他方が出自規則をさすことになるので(*)。父のセクションと子供のセクションのあいだには関係の四つの型が見出される。すなわち、AC、BD、CA、DBである。最後に周期もBC、CD、DA、ABの四つある。容易にわかるように周期と対は同じ構造、回転構造をもつが、組はそれとは違う構造、振動型の構造をもつ(図26)。

(*)原書では「図24において」は「図24と25において」となっている(正確には「先ほどの図」が複数形で表記されている)。図24でなら、たとえばAの男がBの女と結婚して(A→B)、その子供が「母のセクションのすぐ次に来るセクション」Cに属すなら(B→C)、連続する二つの矢印は婚姻規則と出自規則を表す。しかし女の視点に立った図25で同様に考えると、Bの女がAの男と結婚すれば、その子供は「母のセクションのすぐ次に来るセクション」Aに属し、矢印について言われていることにまったくそぐわない。このパラグラフでは図24だけが念頭に置かれているとしか考えられない。

結局、ここからまず確認されることだが、四クラス全面交換体系では二つの父系半族が、明示的にであれ暗示的にであれ、つねに存在するけれども、母系半族は一つも存在しない。次にわかることは、このような体系では回転構造が二度(対において一度、周期において一度)現れるが、振動構造は一度(組において)しか現れない。同じ分析を施してみると確認されるように、カリエラ型体系には回転構造がまったく欠け、対、組、周期のいずれもが振動型にもとづいて構成されるが、アランダ型体系では振動構造が二度(二つの周期のなかに)、回転構造も同じく二度(対と組のなかに)現れる。したがって、形式分析から見れば、四クラス全面交換体系は四クラス限定交換体系と八クラス限定交換体系の中間的位置にある。婚姻規制についても事情は同じかどうか調べてみよう。

四クラス全面交換体系によって許可される婚姻定式を確認するには、〔図24をもとに〕一つのモデルをこしらえてみるだけで十分である(図27)。

図26　対・組・周期

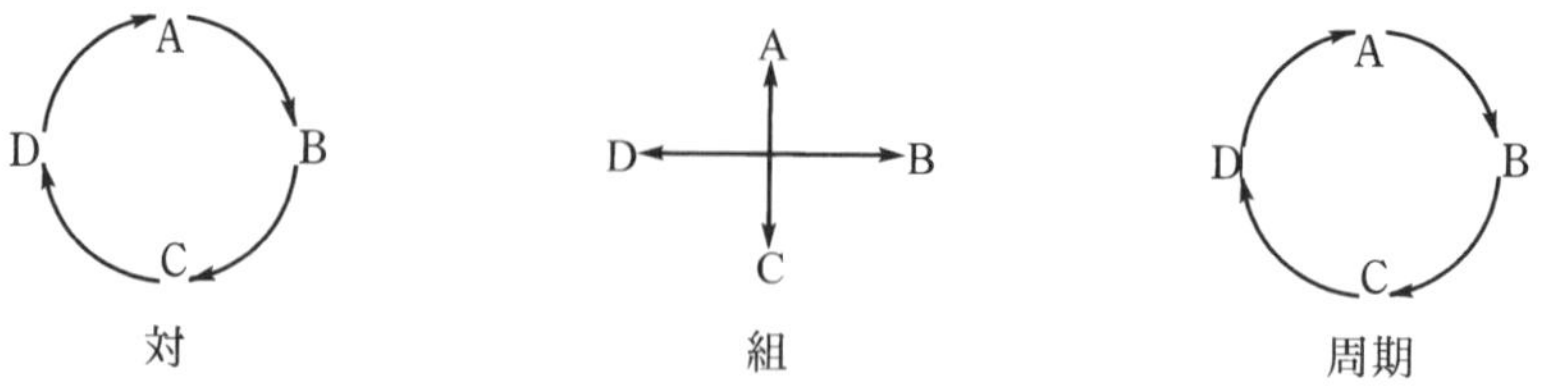

図27　母方婚

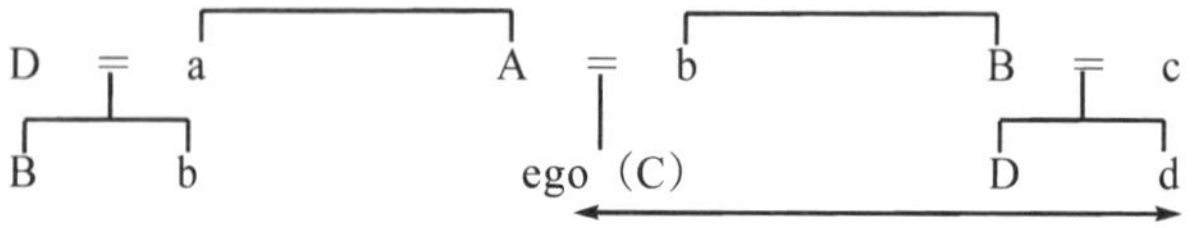

「Cの男はDの女と結婚する」が婚姻規則であるから、わかるように〈私 Ego〉〔C〕は母の兄弟の娘〔母方交叉従姉妹d〕、〈私〉のクラスのすぐ次に来るクラスにつねに属す彼女と結婚できるが、父の姉妹の娘〔父方交叉従姉妹b〕、〈私〉のクラスのすぐ前のクラスに属す彼女とは結婚できない。この特徴的構造は、〈私〉が結婚できないその娘の兄弟に視点を移すと逆になる。つまり、〈私〉は父方交叉従姉妹と結婚できないが、父方交叉従姉妹の兄弟〔彼もBである〕は〈私〉の姉妹〔Cに属す〕と結婚できる。〈私〉の姉妹は〈私〉の父方従兄弟から見て母方交叉従姉妹にあたるからである。ゆえにこの型の体系では、私の父方交叉従兄弟は私の姉妹と結婚する、私は私の母方交叉従姉妹と結婚する、私の母方交叉従姉妹の兄弟は彼の母方交叉従姉妹と結婚する、以下同様に婚姻関係はあたかも理論的に無際限な連鎖でもあるかのごとく立ち現れる。だがクラスが四つである以上、じつは四つの家族さえあれば、または四の倍数ならどれだけの家族があっても、周期は閉じる〔図28〕。

かくして四クラス全面交換体系は母の兄弟の娘との選好婚の理論的モデルをなし、交叉イトコの二分法則をもっとも単純に表現する。[11] つまり我々は、ムルンギン型の理論的婚姻定式を手に入れ、かつまた〔二分法の〕規範的系列に欠けていた項を見出したのである。平行イトコ禁忌から第一親等のイトコ全員に

図 28　四クラス全面交換

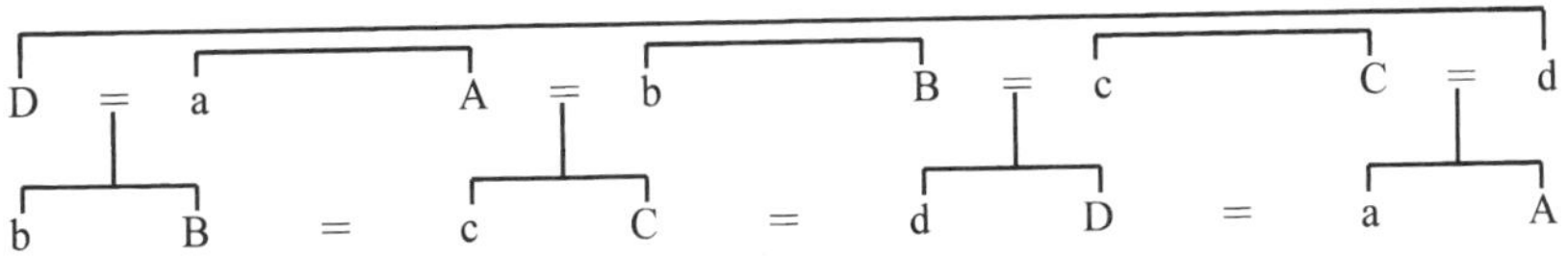

対する禁忌への移行を説明するために、いまやその項を半族体系と八下位セクション体系とのあいだ、すなわちいままで誤ってカリエラ型四セクション体系によって占められていた場所に差し入れることができる。この媒介項は四セクション体系であるが、しかし交叉イトコの半分を除外する機能をもつ全面交換を伴う。

さてここまで来れば、全面交換体系に理論的定式とは別の価値を付与することができるだろうか。ムルンギンはどうもこの体系の存在を意識していないようだが、しかし我々は次のことが可能だと考える。全面交換の定義に対応する暗黙の体系が明示的体系の裏で働いていると前提しなくては、ムルンギン型親族体系のもつ特異性のいくつかは解明できない、とまず示すこと、次になぜ全面交換体系は裏側に伏在したままだったのか、また明示的体系がきわめて多様なかたちで定式化されるのはいかなる原因のせいであるかを説明すること。

＊＊＊＊

ムルンギン型親族体系は、父の姉妹の息子と母の兄弟の娘との結婚によって互いに結びついた、七つの父系リネージの関与を必要とし、また〈私〉の世代とその上下それぞれ二世代の計五世代を援用する。二つ上の世代は親族体系の「頭」、二つ下の世代は「足」、リネージは「道」と呼ばれる。左右両方向への親族体系の拡大は、見られるとおり法外で、この拡大に驚いたウォーナーはそれが「説明不可能、ほとんど想像を絶する」ように思われると告白する。[12] 実際、単方交叉イトコ婚に必要なリネージは理論的には〈私〉のリネージ、〈私〉の母のリネージ、姉妹の夫のリネージの三つだけである。

これら三つの不可欠なリネージのあとには、カリエラ型体系でと同様、再び対称体系が見出

図29　ムルンギン型親族分類法

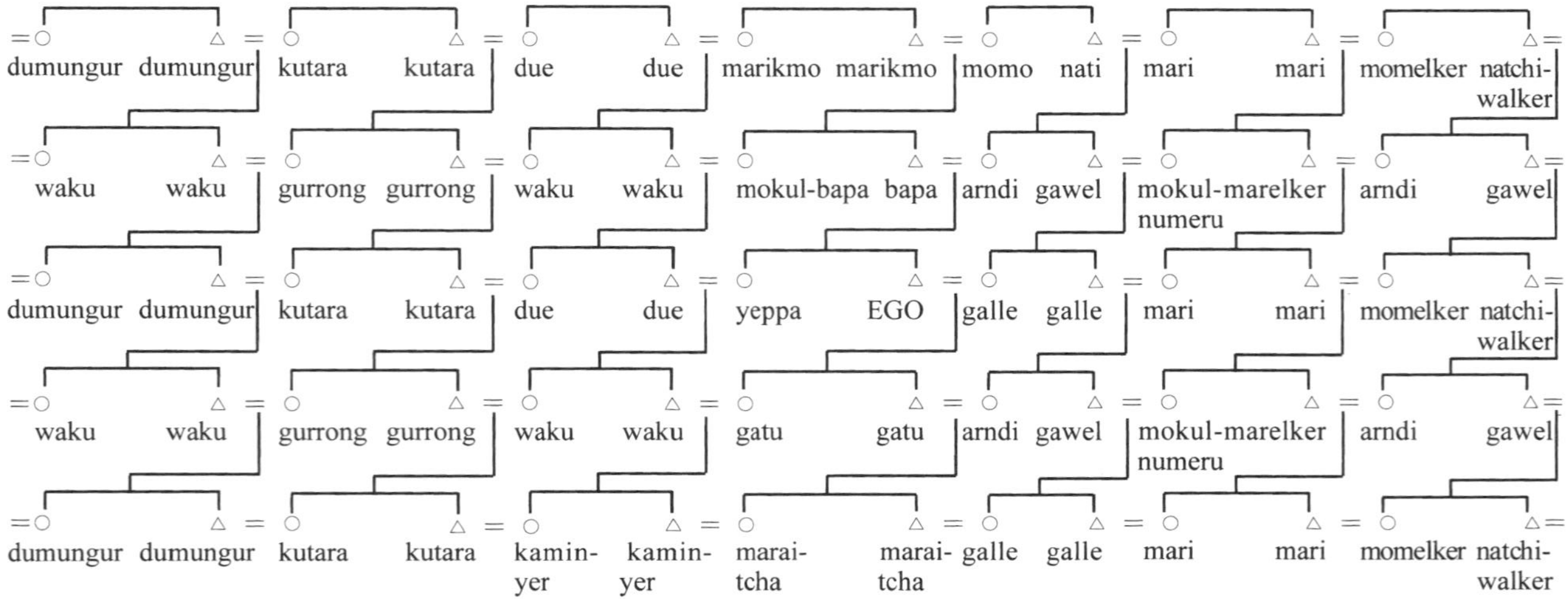

されてしかるべきであろう。[13] ところがムルンギン型体系は、二つの補完リネージ（*mari- mokul- marelker* と *momelker- natchiwalker- amdi- gawel*）を経由して右へ母のリネージの向こうに、また左へもやはり二つの補完リネージ（*kutara- gurrong* と *dumungur- waku*）を経由して義理の兄弟のリネージの向こうに延びていく。加えてすぐに指摘しておくべきだが、この左右両方向において最後に来るリネージは、二つ前のリネージのいわば反映・こだまである。ウォーナーがきわめて明瞭に示してくれているように、*dumungur* は *due* の指小辞（それに対し *waku* は *waku* を反復する）、*momelker* は *momo* の指小辞、*natchiwalker* は *nati* の指小辞（それに対し *amdi* は *amdi* を、*gawel* は *gawel* を反復する）である。

ムルンギン型親族体系の法外な拡大というこの問題を、ウォーナーは心理学的考察によって解決しようとする。二つの補完リネージが両端に追加されるのは、そうしなくては集団内に緊張が発生してしまうから、その緊張を解消するためと言うのである。実際、母方交叉従姉妹との婚姻がなされるのだから、姉妹の息子（*waku*）は妻の獲得に関して母の兄弟（*gawel*）に依存する。彼は母の兄弟に頼む立場、心理的に弱い立場にあり、逆に母の兄弟、交叉従姉妹の父は強い立場である。理論的に必須なのは中央の三リネージだけだが、しかし親族体系がこの三リネージに限定されてしまえば、社会集団は心理的アンバランス状態に置かれる。構造の一方の端は *gawel* にあたる人物、強い立場にある個体、他方の端は *waku* にあたる人物、弱い立場にある個体で終わってしまう。体系の両端に補完リネージを一つずつ追加すれば、この位置関係が是正される。すなわち、*waku*（姉妹の息子）に対する *kutara*（姉妹の娘の息子）の関係が〈私〉に対する *waku* の関係に等しくなり、一方それと対称的に〈私〉は *gawel*（母の兄弟）に対して、*gawel* は〈私〉の *mari*（母の母の兄弟）に対して弱い立場に立たなくなる。要するに「*mari- kutara* 関係を介して *gawel* と *waku* のあいだに絆が成り立ち、その結果、主体の右側、二世代上の第二傍系に属す *mari* と、主体の左側、二世代下の第二傍系に属す *kutara* とのあいだに緊密な関係が設定される」。〈私〉に対して忠実な友の役割を果たす *mari* は、じつに〈私〉の *gawel* にとっての *gawel* にあたり、ゆえに「*mari- kutara* の相互関係は、*gawel- waku* の相互関係に内在する不均衡を相殺して、親族関係の構造内部に均衡を打ち立てる」[14]。*mari* のリネージの右側と *kutara* のリネージの左側にそれぞれ付け加わる後続リネージ二つにも、流儀の議論によってウォーナーは説明をつけようとする。「*momelker* と *natchiwalker* は重要である。前者は主体の義母の母に、後者はこの義母の母の兄弟にあたるのだから。この二つの名称に対して対称的な位置にある名称 *dumungur* は大きな情緒的意義をもつ。*momelker* と *natchiwalker* から見れば、*dumungur* は二人にとって義父母の禁忌に付される人物なのだから」[15](*)

（*）「義父母の禁忌」は「義父母の父母の禁忌」とすべきかもしれない。いずれにせよ、この箇所が訳者の理解を超えることを付記しておく。ウォーナーの原文は次のようになっている。"*Dumungur*, reciprocal of these terms, is emotionally important because, from the point of view of *momelker* and *natchiwalker*, he is the person who has a feeling of taboo for them since the woman is his mother-in-law's mother."

以上の解釈は恣意的で危険な社会学的目的論の方向に入り込んでいくように我々には思われる。なぜなら最終的にそれは、社会生活の無意識的基盤を意識的または半意識的上部構造によって、一次的現象を二次的・派生的な別の現象によって説明することになる。オーストラリアの専門家は誰もが親族体系の重要性を強調し、親族関係が集団内での各個体の身分、個体間の相互的な権利・義務を確定してくれることを明らかにした。ウォーナーは心理的要請がいくつかの親等の有無を決定することを認めようと言っているが、それを認めなければならないとすれば、親族体系の重要性という、いま触れた一般的指摘はまったく意味を失い、じつに一つの循環に閉じ込められてしまうだろう。親族体系がさまざまな態度を引き起こし、そのさまざまな態度が親族体系を変更するとの循環に。たとえ名称体系のなかに *kutara-mari* 関係、*momelker-dumungur* 関係が存在しなくても、これらの名称はたんに位置をさす名にすぎないのだから、その位置を占める人なら必ず誰かがいると言っていい。*kutara* と *mari* の果たす均衡化の機能は、ゆえに体系の内部においてやはり保証されていて、ただ体系のもつ構造と体系のもつ名称体系とのあいだに相違があるにすぎない。逆に補完的な列（図29においてリネージを表す縦列）が無際限に追加されていけば、そのたびに新しい親族関係がつくりだされ、そのたびになんらかの特定の機能が体系のなかに現れてくるだろう。(16)補完クラス追加の根拠を説明しようとしてウォーナーは、すでに見たように、あたかも三つのリネージさえあればムルンギン型体系が機能しうるかのごとくに推論する。だがこの場合、明らかに体系が両端で唐突に途切れてしまうので、ウォーナーは一つの仮説、必要でも十分でもない仮説を繰り込む。この仮説は必要でない。というのも、理論的に見るなら、また半族の存在を考慮するなら、体系の働きを保証するのに必要なリネージの数は三でなく四である。他方、心理学的仮説は十分でない。というのも、体系を中途半端に終わらせないために持ち出されたこの仮説が、にもかかわらず、まったくその用をなさない。*natchiwalker* は誰と結婚するのか、誰が *dumungur* を妻とするのか。この点についてウォーナーの与える示唆は曖昧である。「交叉イトコの一方を結婚相手とするこの非対称的な婚姻型のせいで〈私〉の右側、父系第三列に属す男性親族は（親族体系のなかに）配偶者をもたなくなってしまう。だから、リネージを果てしなく追加していくことによって対称構造の実現がめざされるのだが、しかし新しいリネージを追加するたびに次のリネージが必要になり、それは新しいリネージを親族体系内部に回収する特別な手法が編み出されないかぎり続く。原住民はこの手法を編み出した。*natchiwalker* が *mari* と（母の母にあたるような *mari* とではなく）結婚する。*gawel* が遠縁の *mokul* と結婚する。そして〈私〉の左側では *dumungur* がもう一人の *kutara* と、*waku* がもう一人の *gurrong* と結婚するのである(17)」

［この文章は二様に解釈できる。我々の前には親族分類法のたんなる拡張があるにすぎず、問題にされている名称には「姻族」と「姻族の姻族」を区別すること、つまりどちらの半族に属すかに従ってリネージを区別すること以外に、ほとんど機能がないとも解釈できるし、問題にされている名称は婚姻交換周期の現実的な終了をさすとも解釈できる。後者の場合、ウォーナーの指摘、エルキン（一九五三年）とバーント（一九五五年）によっても追認されたその指摘の正確な解釈を可能にするには、ムルンギンにおける交換周期の経験的構造についての情報

を――我々はもちあわせていないが――得なくてならないだろう。というのも、母方交叉従姉妹との婚姻という規則から想定されるモデルは、理論的には円環をなすはずだが、実際の場面ではいくつかの周期に分解されるか、無際限に延長されていくであろうから。この点にはあとで立ち戻る。婚姻周期の経験的様態をめぐるいちだんと正確な情報が手に入らないかぎり、体系の経験的構造については仮説に甘んじるほかない。この条件をつけたうえで以下の考察は呈示される。〕

すでに見たとおり、ムルンギン型親族体系は七つのリネージを援用するが、アランダ型体系は四つのリネージにとどまり（父の父のリネージ、すなわち〈私〉のリネージ。母の父のリネージ。父の母の兄弟のリネージ。母の母の兄弟のリネージ）、カリエラ型体系となると二つのリネージだけである（父の父のリネージ、すなわち〈私〉のリネージ。母の父のリネージ）。この〔リネージ数の〕比率は、それぞれの体系が使用する親族名称の数についても維持される。カリエラ型体系は二十一の異なる親族名称を援用し、アランダ型体系は四十一、ムルンギン型体系は七十一の親族名称を用いる。ムルンギン型体系は、カリエラ型体系とアランダ型体系の中間的な二分法を実行するのに、どうして複雑性の高いほうの体系〔アランダ型体系〕が使う親族名称の、ほぼ二倍に匹敵する親族名称を必要とするのか。

我々はここで一つの困難に直面する。それは異なるクラス体系を比較したさいに出会った困難とまったくよく似ている。そのさい我々が確認したところによれば、アランダ型体系はカリエラ型体系を二等分することによってもたらされるように見えるが、しかし一方の体系から他方の体系に移るとき、段階的配偶者二分法に必要な一段階が飛ばされてしまう。さていまや我々は二分法が達する段階と、利用される親族名称の数とのあいだにもなんらかの関係があることを確認している。カリエラ型体系によって二分された配偶者をさらに二分するアランダ型体系は、親族名称についてもカリエラ型体系の二倍の数をもつ。ゆえに論理的には、この二つの体系のあいだの中間的な二分法を有するムルンギン型体系は親族名称についても中間的な数をもつはずであろう。ところが、ムルンギン型体系は七十一の親族名称をもつ。すなわち、理論的分析の予想をはるかに超える数である。ムルン

図30　全面交換として表現されたムルンギン型体系

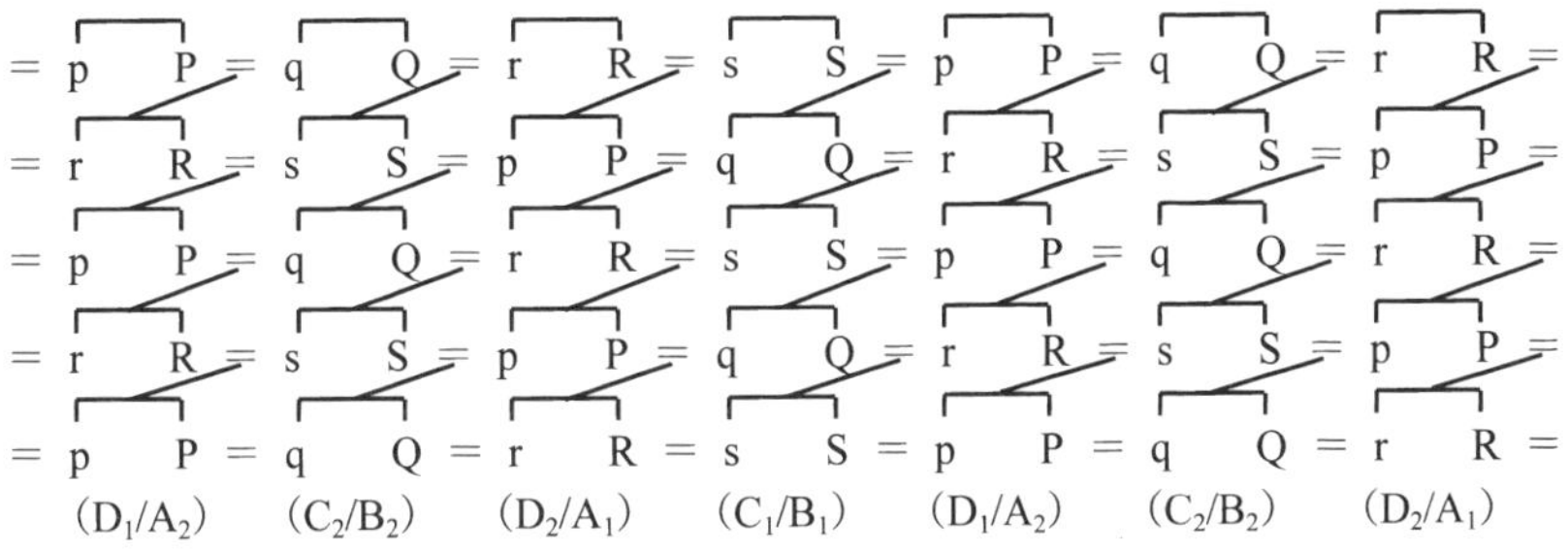

ギン型体系をアランダ型体系の一様態と見なそうとするかぎり、この困難は解消されない。ウォーナー流の心理学的議論を持ち出すなら別だが、彼の議論は体系の構造とは無関係な考察に依拠する。逆に、明示的体系（二つの八クラス限定交換体系（標準体系と選択体系））の背後に、先に暗黙の体系と呼んだ体系（四クラス全面交換体系）、我々にとってムルンギン型体系の法則をなす体系を見るなら、問題はたちまち明確になる。全面交換体系においてそれぞれの親族が入ることになるクラスを親族名称の代わりに置いて、親族体系の構造を実際に再現してみよう（図30）。

標準的八下位セクション体系と選択的八下位セクション体系の交互使用がクラスをどう配分していくかを示す図23との比較を容易にするため、図30の各リネージの下には、図23の各リネージの特徴をなす父系の組を再録してある。二つの定式のあいだで父系の組の同値関係を次のようにリスト化すればわかるように、両定式は完全に一致する。

全面交換（四クラス）		限定交換（二つの八クラス体系の交互使用）
PR	——（対応）——→	D_1-A_2
QS	——（対応）——→	C_2-B_2
RP	——（対応）——→	D_2-A_1
SQ	——（対応）——→	C_1-B_1

この同値関係の体系は論証を決定的に前進させてくれる。全面交換体系があらゆる点において限定交換体系に一致し、限定交換体系についてのより単純かつより理解しやすい表現をもたらすことをそれは示すだけでなく、全面交換体系から限定交換体系への移行がおこなわれた理由と移行の手段とを説明してくれもする。

実際、全面交換体系に現れる二つの組、項の順序が逆になっていることを除けば同一である組は、限定交換体系に現れる二つの相異なる組につねに対応する。たとえばPR＝D_1‐A_2だが、RP＝D_2‐A_1で、QS＝C_2‐B_2だが、SQ＝C_1‐B_1である。このことは次のように言い表せる。全面体系においてセクションの組の項が倒置されることは、限定体系においてはセクションは倒置されずに同一の組の下位セクションが入れ替わることに対応する。実際、下位セクションを無視すれば、PRまたはRP＝DA、QSまたはSQ＝CBとなるだろう。

組のあいだの同値関係を立てる代わりに、組をなす項のあいだに同値関係を立ててみれば確認されるように、要するに全面体系の各項につねに限定体系の二項が対応する。すなわち――

P ―（対応）→ D_1、A_1
Q ―（対応）→ C_2、B_1
R ―（対応）→ A_2、D_2
S ―（対応）→ B_2、C_1

一方の体系において項の位置が変わるということは、他方の体系においては項のみ変わって位置は変わらないということであったのだから、当然である。これは、限定体系の下位セクションが、全面体系のセクションをもとにそれを二等分した結果にほかならないことを意味する。この二等分の理由は何か。

四クラス全面交換体系の形式分析をおこなったときに指摘したように、この体系では集団は二つの父系半族に分割されるだけで、母系二分法は欠くかのごとくすべてが進む。

図31　全面交換における出自と居住

すでになされている父系半族への（明示的または暗黙の）分割のそのうえに、ここでこの集団が母系半族への（明示的または暗黙の）分割を企てたと仮定してみよう。この変換の第一の必然的な結果として、母系半族に属す二つの下位セクションへと各セクションが二等分される。下位セクションのそれぞれが属す母系半族をxおよびyと呼ぶことにすれば、四つのセクションP、Q、R、Sの代わりに八つの下位セクションPx、Py、Qx、Qy、Rx、Ry、Sx、Syを得る。

全面体系の一つのセクションと限定体系の二つの下位セクションとの対応関係を先ほど指摘したが、この対応関係が出てくるのは、新しい母系二分法の結果としてセクションが二等分されるからだと考えてみよう。次の同値関係の体系が得られる。

父系半族Ⅰ

$Px = A_1$　$Py = D_1$　$Rx = A_2$　$Ry = D_2$

父系半族Ⅱ

$Qx = C_2$　$Qy = B_1$　$Sx = C_1$　$Sy = B_2$

図24・図25の約束事をそのまま踏襲すれば、全面交換体系における婚姻と出自は、図31に示されているかたちで定式化されるだろう。この定式は、ムルンギン型体系に関して用いた図式と同じ型の図式によっても表せる。全面交換体系の下位セクションxとyそれぞれを、それに対応する限定交換体系の下位セクションに代入してやればいい（図32）。

そうすれば、父系半族外婚と母系半族外婚の二法則を適用して次の定式を得る。

以下の男が	**以下の女と結婚する**	**子供は以下のようになる**
Px	Qy	Ry
Rx	Sy	Py
Sx	Py	Qy
Qx	Ry	Sy

および

以下の男が	**以下の女と結婚する**	**子供は以下のようになる**
Py	Qx	Rx
Qy	Rx	Sx
Ry	Sx	Px
Sy	Px	Qx

この定式は、母系二分法の導入によって二等分された全面交換体系と、先に記述されたムルンギン型八下位セクション体系との最終的同一性を立証する。この同一性はいまや一点の曇りもなく明快で、同時に我々はそこに、それぞれ標準型、選択型と呼んだ二つの体系の並置される理由を、また母の兄弟の娘との選好婚の前提はこの二体系の交互使用にあるとの法則——我々が作業仮説として押し出した法則——の検証を見出す。それは全面交換原理が新しい体系に遺産を残していくということなのだ。新しい体系が方向づけられた体系でありつづけること、その方向性が不可逆であることに、言うところの遺産が残っているのである。対の構成のされ方は視角の取り方次第で変わる。xからyに向かって読めば対は標準体系に、yからxに向かって読めば選択体系に適合する。つ

まり我々が前提したように、婚姻二つにつき一つは一方の体系に、もう一つは他方の体系に適合する。カリエラ型体系とアランダ型体系とがなす真の対称性の代わりに、擬似対称性が見出される。この擬似対称性は重なり合う二つの非対称構造にじつは帰着するのである。

図 32　ムルンギン型体系の最終的模型図

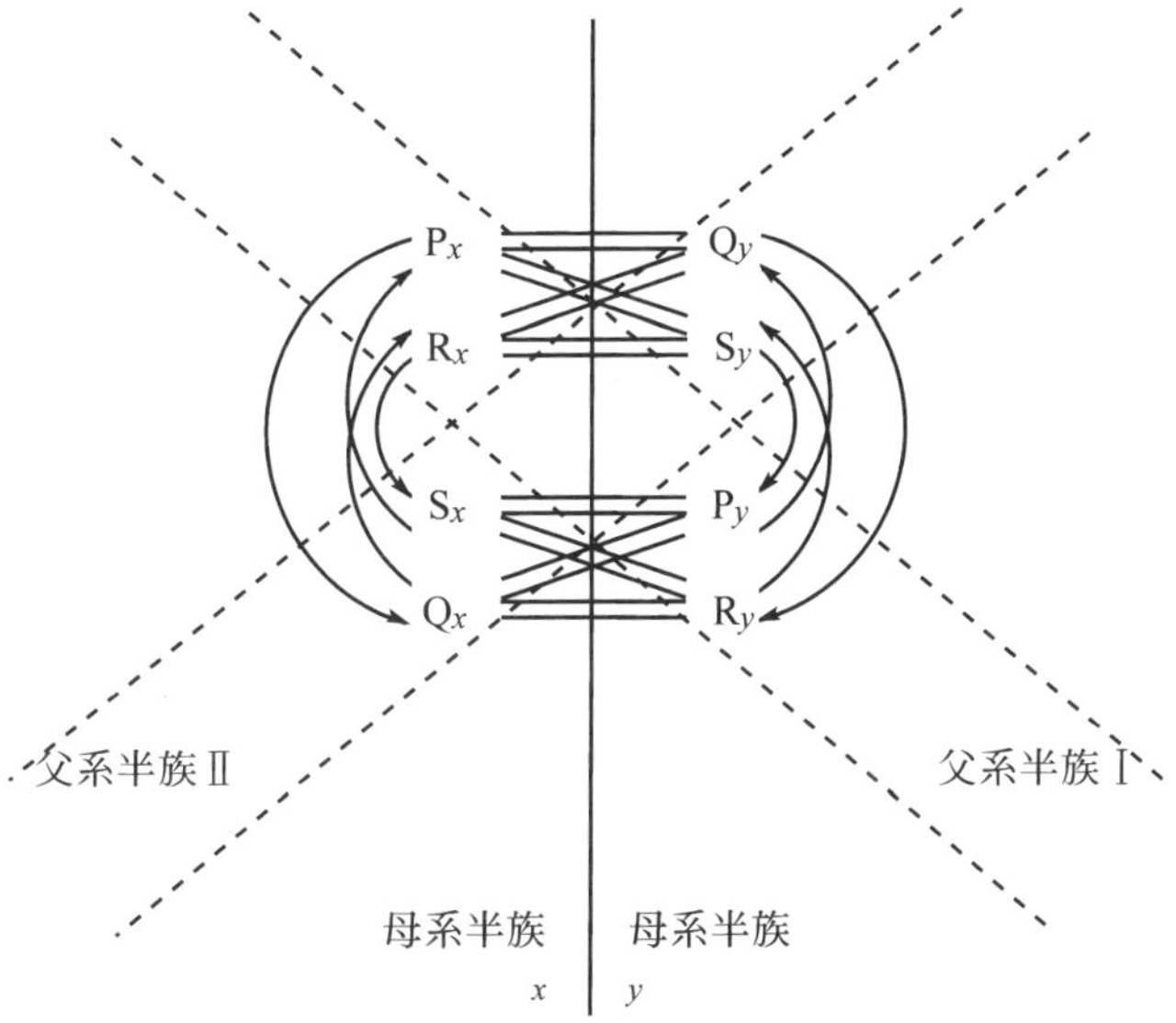

＊＊＊＊

単一でない二等分されているこの構造に、本章冒頭で言及した困難の根拠を求めなくてならない。ムルンギン型親族体系は法外なまでの拡大を遂げていくこと、それと同時にアランダ型のもっとも複雑な体系のなかで出会う親族名称のほぼ二倍の親族名称をもつことを我々は指摘した。この特殊性は次の見方を受け入れるなら説明がつく。ムルンギン型体系の構造はもともとは非対称的であったが、対称性の法則の要請をみたすために、のちに言うなれば二部複製されて並置された。次の、もちろん比喩的価値をもつだけのイメージを用いれば、いま言った点はおそらくいちだんと鮮明になる。四クラス全面交換体系は、三次元の幾何学空間のなかにある一つの構造と見なせる。実際、周期はPからQ、QからR、RからSにいたって完了し、今度はPに出発したときの方向を逆にたどって最終的に再びPに

図 33　四クラス周期

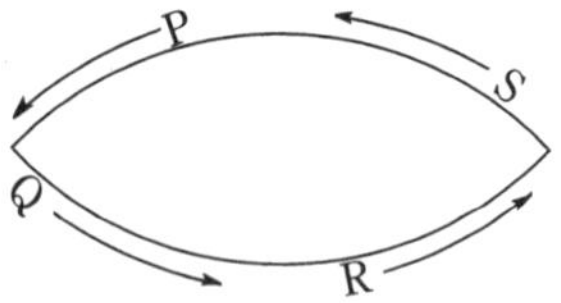

図 34　周期体系の平面射影

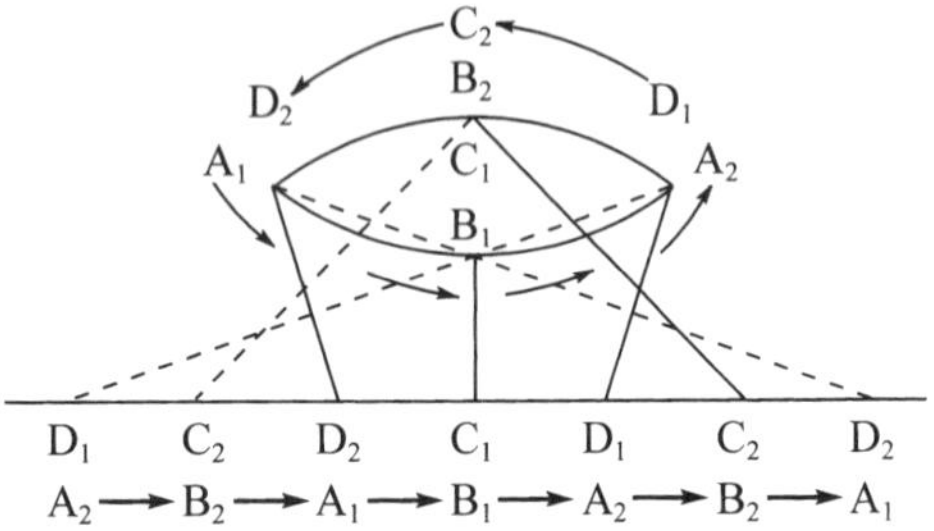

戻る。要するに、パリからモスクワ、モスクワから上海、上海からニューヨークに行けるなら、ニューヨークからパリにまた戻れるというのとまったく同じことで、西回りで出発した地点に東回りで帰ってくるわけだ。逆に限定交換体系は二次元幾何学空間のなかにしか描けない。クラス数の如何にかかわらず、往還可能な決まった経路によって直結される点が二つ以上はけっしてないからである。

限定交換体系の少なくとも見かけをもたせるために全面型体系を母系半族の追加によって変換するとき、地理学者にはよく知られている図示上の問題が持ち上がる。いかにして三次元の物体の外観を平面上に描き出せばいいか。この点に関し地図制作者はいくつかの投影法を持ち合わせているが、いずれにせよ、どの投影法も完全に満足のいく解決策をもたらしてくれるわけではない。たとえば地球の半面だけを表示する代わりに、接続点で融合する二つの半球を並置して、東半球と西半球をそれぞれに表示させる。一方の半球の西端部と他方の半球の東端部は現実には接しているのだが、この投影法では最大の隔たりを介して図示されてしまう。

この難点を是正するために補助的な技巧が援用されることもある。地図の左右両端に描かれた地域がひと続きであることを誰の目にもはっきりさせるように、左地域の一部を右側に、右地域の一部を左側に描き足しておくのである。かくして、地図の中央部を占める国々は一度かぎり現れるだけだが、両端の国々は二度現れる。一度目は「ほんとうに」、二度目は「備忘として」。似たような技巧がムルンギン型親族体系の例外的発展に説明を与えてくれると我々は考える。原住民が意識的・自発的にあの二等分を施したというのではない。そのような仮説にとどまるには、もたらされた複雑化があまりにはなはだしく、あまりに無益すぎる。あの二等分を説明してくれるのは、むしろ、母系半族導入後に人々が直面した論理的困難、体系を限定交換でも全面交換でもあると捉えることの難しさである。原住民の精神は、言ってみれば、同一の構造を三次元空間と平面上に同時に図示して、連続性と交替の二視角から構造を思い描こうとしたが、うまくいかなかったのである。いったい何が起きたのか。

全面交換体系のもつセクションを球の赤道上に表示してみよう（図33）。

RからSに戻るには、言うまでもなく二つの方向をとることができるが、しかし主体にとってこの二つの方向は等価でない。経路S—P—Q—Rをたどることは、主体がいわば体系の回転方向に沿って歩むこと、妻を探すためにとらなくてはならなかった方向に絶えず向くことであり、逆に経路Q—P—S—Rをたどることは、主体が逆方向に歩むこと、方向転換を強いられること、主体が、彼でなく彼の姉妹が配偶者を見つけるために進んでいった方向に向くことである。空間的に方向づけられている構造を平面的に思い描こうとした原住民の思考は、かくしてまったく異なる意義を帯びた二つの経路をおのずと主体の左右両側へ二等分した。主体のセクションRから出発したその思考は、体系によって規定された方向をたどるときに得られる曲線S—P—Qを〔平面の〕右側に、また禁止された方向に対応する曲線Q—P—Sを〔平面の〕左側にそれぞれ直線化したのである。したがって主体の父系周期（セクションRの〈私〉から見てC_1-B_1）は一度だけしか表示されないが、ほかの三つの周期はそれぞれ二回ずつ、一回目は右側、二回目は左側に表示される。こうして右側には、継起するリネージD_1-A_2、C_2-B_2、D_2-A_1が、左側には、逆方向にいわば後戻りする恰好で継起する同じリネージD_2-A_1、C_2-B_2、D_1-A_2が得られる。空間のなかにある構造が次のようにして平面上に投影されたわけである。すなわち、主体のセクションが空間内の構造において占める点にただ一つの平面射影点が対応し、ほかの三つのセクションが空間内の構造において占める三つの点それぞれに、二つの対称的で対立する点がそのつど対応する。

中央の三集団D_2-A_1、C_1-B_1、D_1-A_2は変換の影響を受けず、全面体系とそれの限定形式への転換とに共通する不動の土台をかたちづくる。全面体系においてD_1-A_2に妻を、D_2-A_1に夫をもたらして周期を閉じる役割をしていた集団C_2-B_2は、中央の三集団からなる固定したまとまりを左右両脇から挟む、二つのC_2-B_2集団に二等分される。最後に、C_2-B_2の外側にある安定した二集団D_2-A_1とD_1-A_2は、それぞれ体系の右端と左端にあって互いを反映する。体系内で果たす機能から見れば、中央の三つの集団は「真の」集団である。同じことは二つのC_2-B_2集団の一方についても言え、視点の取り方次第で無差別にどちらかのC_2-B_2集団が「真の」集団を演じることができる。しかし両端の二つの集団（D_1-A_2とD_2-A_1）は、中央の三幅対の二つの末端集団（D_2-A_1とD_1-A_2）それぞれを対称的な、ただし逆の位置に再現し、その意味でこだま、ないし反映でしかありえず、ゆえにそれら二集団にあてがわれるあらゆる親族名称は、対応するリネージのもつ固有の親族名称をそのままかあるいは指小辞のかたちで反復するのである。〈私〉が左に視線を向けると、D_2-A_1（真のリネージ）とD_1-A_2（反映）はひと連なりに目に入るが、右側にあるD_1-A_2（真のリネージ）は見えない。同じく、右に視線を向けると、D_1-A_2（真のリネージ）が、またその向こうにD_2-A_1（反映）が見えるが、左側にあるD_2-A_1（真のリネージ）は見えない。それゆえD_1-A_2（反映）の名称体系はD_2-A_1（真のリネージ）の名称体系、下位セクションに関してでないにしてもセクションに関しては似通うその名称体系を反復し、そしてこれと同様の類似関係にあるD_2-A_1（反映）の名称体系とD_1-A_2（真のリネージ）の名称体系も、前者が後者を反復するのである。

すでに述べたように、婚姻周期の閉じ方の正確な情報が手に入らないかぎり、ムルンギン型体系の理論が完成することはありえないだろうが、しかしムルンギン型親族体系が外見上はまったく四つの父系の組を有する体系であって、この体系のなかで図示問題を解決するために、組のうち三つがそれぞれ二部ずつ複製されなくてならなかったことはあらかじめ見てとれる。唯一〈私〉の組だけが分割されないままだが、その理由は明快で、要するに〈私〉は自分自身を見ること、自分のリネージを主体と客体の両方として同時に見ることができないからである。

「「婚姻周期の閉じ方」という一節を根拠にしてリーチ——続いてバーントとグディ——は私を批判した。（一）ローレンスやマードックと同じように、「地縁の系 local lines」と「出自の系 descent lines」を混同している、（二）ムルンギン型体系の循環性という誤った前提を立てている、と言うのである。

第一の点については本書三四四ページの図34とその注釈を検討してもらえば十分わかるように、私は「地縁の系」と「出自の系」の違いを無視したどころか、逆に私がはじめてこの違いを、言葉づかいは異なるにせよ、定式化し、(私の用語法で言う)「真の」集団の数を3＋1＝4に帰着させたのである。リーチは私に別の考え方をお仕着せ、この成果を取り上げ直したにすぎない。

いずれにせよ、リーチは迂闊にも気づかなかったが、正確であるためには彼の採用する特殊な定式化はひっくり返されなくてはならない。「地縁の系」の数は決まってはいるが、まちがいなく大きい、と。四つあるのは「地縁の系」でなく「出自の系」で、各個体はそのうちの三つを具体的な「地縁の系」に迷わずあてはめ、一つを自分から遠く離れた右側か左側にある第四の「地縁の系」のどちらかに選択的にあてはめる。ほかのすべての「出自の系」は、この四つの「出自の系」を名称体系へ複写したものなのである。つまり〈私〉は自分の「地縁の系」との結びつきがさらにいちだんと間接的になる「地縁の系」を命名できるようにするために、それらの上に、あの四つの「出自の系」をいわば投影するわけだ。

ムルンギン型体系は七つの「出自の系」と四つの「地縁の系」を抱えるとの言は、ゆえに誤りであると言っていい。ムルンギン社会は観察時期のいかんを問わず、じつは有限な(ただし大きな)数の「地縁の系」を含むが、ただ我々にはその数が知られていないのである。自分の親族関係を定義しようとするとき、どの〈私〉も手元にある三つは固定的、一つは浮動的な四つの「出自の系」を利用して四つの「地縁の系」に対する自分の位置を決める。すなわち、〈私〉、〈私〉に妻を与える人、〈私〉から妻を取る人の三人の「地縁の系」、プラス、もう一つの「地縁の系」――、〈私〉の選択次第で、私に妻を与えるその人に妻を与える人のか、〈私〉から妻を取るその人から妻を取る人の「地縁の系」になるそれ――である。だが交換周期は四つ以上の地縁集団を参加させるように見えるから、〈私〉はこれから出てくるかもしれない「地縁の系」――〈私〉に妻を与える人やその人に妻を与える人にあてがわれる場合も、〈私〉から妻を取る人やその人から妻を取る人にあてがわれる場合もある「地縁の系」――を名指すために、追加的な親族名称（ただし従来の親族名称から派生するそれ）を考え出すことになったのである。要するに、周期がさらに拡大していっても、〈私〉はいつでも随意に同じ操作手順を踏むことが、あるいは――周期が縮小していくなら――いくつかの遠縁の親族名を捨て近縁の親族名を援用することができる。ただし条件が一つだけつく。周期が実際に閉じること、言い換えれば周期が、四に等しいか四以上の偶数の（なぜなら父系半族が存在するから）「地縁の系」を含むことである。

エルキンとラドクリフ＝ブラウンは周期≧10（けっして閉じない周期）に論理的検討を加え、ロレンスとマードックは周期＝8の場合の名称体系についての個別的解決策を、ただし逆説的にもウェッブの考察、（エルキンが漠然と見抜いていたように）周期＝6にかかわるその考察を誤解することにもとづいて案出した。これらいずれの組み合わせも成立可能で、ただ標準型婚姻と選択型婚姻との関係が統計論的ゆらぎをこうむるだけである。しかしこのゆらぎは、どこか別の場所で同様の統計論的ゆらぎが逆方向に生じさえすれば、体系の均衡を危うくすることはない。

以上の点を踏まえるなら、「地縁の系」と「出自の系」の区別はまだあまりにも単純すぎる。じつは三つのものを区別しなければならない。一つ目は必須の「出自の系」で、その数は3＋(1)である。二つ目は随意の「出自の系」で、その数は4－(1)である。三つ目は「地縁の系」で、その正確な数はわからず、時と場所によってつねに変動するが、おそらく四以下ということはまず考えられない。通例としては（名称体系が拡大するせいで）四よりもはるかに大きくなるにちがいない。

私に向けられた第二の非難――体系の循環性という誤った前提を立てている――は、モデルと経験的現実の取り違えのなせる業である。全面体系のモデルは必ずなんらかの循環性を前提にする。ただしこの循環性は単純であることも複雑であることも、またさまざまな形態をまとうこともある。それに対して経験的現実ははるかに漠然としている。経験的に観察可能なあらゆる縁組周期のなかには、ある割合で循環周期が見出されるだろう。それら循環周期は短周期か（厳密には三周期、ムルンギンでは半族への分割のせいで少なくとも四周期）、長周期である。

そのほかにけっして「閉じる」ことのない周期、周期が「紛失」されるゆえにそうなる周期も見出されるだろう。この場合、モデルが有効性を失わないために要求されるのは次のことだけである。大雑把に言えば、ある方向において「紛失」される周期の数が別の方向において「紛失」される周期の数とほぼ等しくなり、紛失のあいだに、やはり消極的にではあるが、均衡が成り立つこと。リーチも指摘したように、私はカチン民族を例に経験的循環性が柔軟に捉えられなくてならないことを長々と説明した。経験的循環性は、原住民がつくるモデルであれ、民族学者がつくるモデルであれ、モデルというもののもつ理論的に厳密な循環性からつねに区別されるべきである。ムルンギン型体系の循環性という問題を（もともとはウォーナーに倣って）立てるとき、要するに私の頭のなかで問題になっているのは経験的モデルでなく、原住民が自分たちの体系を概念化するときに使う客観的な循環モデルなのである。そして私がこの視点からマードックやロレンスと同じようにムルンギン型体系のなかに見出す変則性とは、循環モデルが名称体系のなかにでなくクラス体系のなかに明瞭に現れるということであり、標準型婚姻と選択型婚姻が統計論的次元で交替し合うとする仮説を導入すれば、この変則性が消えることを私は論証しようとしているのである。

「地縁の系」から「出自の系」を区別して、この二つのカテゴリーの一方〔「出自の系」〕の含む項〔系〕の数が四を超えないはずだと示すことによって、私はただたんに批判者たちの先を行っただけでない。正確な数字をめぐってのちにリーチとバーントのあいだで交えられる論争（リーチは四、バーントは三）の解決を、先取りしてもいた。じつに私はこう明らかにしたのである。四つの系は固定的な三つの系と浮動的な一つの系に分解できるが、それは三つの系だけが客観的に実在していて、第四の系の選択は〈私〉のとる個別的視角に左右されるからだ、と。

母方婚体系は少なくとも理論上では必ずしも循環的でないとの主張は、ハンドルをつねに同じ方向に切っていても、自転車乗りは円を描くようには回転しないとの言に通ずるだろう。なるほど、彼がいつまでも正確な出発点に戻ってこないことはあるかもしれないが、しかし幾人もの自転車乗りがみんな同じ方向に十分な回数回転すれば、彼らがいつか必ず誰かの出発点と、しかも何回も交差するだろうことは統計論的に高い確率でありうることと見なせる。母方体系がまったく循環性を欠くには、「地縁の系」の数が無限でなくてならないだろう。逆に「地縁の系」の数が少なくなればなるほど、ほぼ正確な循環性が出現する機会は増していく。非対称体系が循環性を帯びるのは「地縁集団」があらかじめ一定の順序で配置されているからでなく、「地縁集団」が互いどんなふうに関係を結ぼうとも、それらの集団の動き回る系譜空間がじつに「曲がっている」からなのである。

よって「地縁の系」と「出自の系」の区別に同意するのはかまわないが、それでも次の二点をめぐる情報の欠如がムルンギン型体系の最終的解釈を阻むことに変わりない。(一) 任意の時点における「地縁の系」の数、(二)「地縁の系」を結びつける縁組経路の長さ。縁組経路は短いのか長いのか、再び閉じるのか閉じないのか。そしてこれら起こりうる事態がすべて現実に起きるとして、その頻度は、その割合はどのくらいか。

これらの問いの答えを手にしたときにはじめて、ある問題の解決も垣間見えてくるだろう。それは一方でマードックとロレンスが、他方でバーントとリーチが決着をつけることができると、ただし互いに正反対の方向をとりながらあまりにも性急に思い込んでしまった問題である。マードックとロレンスは「出自の系」と「地縁の系」の等価性を主張し、バーントとリーチはこの等価性を徹底的に退けたのである。

真実はむしろこうであるように見える。すなわち、「出自の系」は概念的平面に、「地縁の系」は人口論的平面にあると理論的には区別されるが、実際面ではこの二つの系をある程度まで整合させることができなくてならない。だが本書初版で強調したように、ムルンギンがこの整合を達成するためにどう対処しているのかが、正確にはわかっていない。体系の構造から言えば、不特定数の「地縁の系」が存在し、これら「地縁の系」が縁組周期として編成される。それゆえ経験の水準ではさまざまな長さの周期に出会うはずであるが、周期の数は（父系半族への分割があるから）奇数でありえない。周期の数が7＋1、7＋3、7＋5、などであるとき、周期に適用できる親族分類法はウォーナーとエルキンによって確認されたそれであり、また異論は多いが完全に是認できるウェッブの考察は、明らかに「地縁の系」の周期の数が7－1の個別ケースを対象にしている。

ムルンギン型親族体系のパラドクスは結局は次のこと——本書三四三～三四六ページで我々はすでにこのことについて一つの解釈を差し出した——に帰着する。すなわち、偶数桁の（現実的な）体系を記述するために、奇数桁の概念的な体系（「出自の系」）が利用されるのである。いくつかの概念的な系列を複製するか（エルキン、ラドクリフ＝ブラウン）除外するか（ウェッブ）することで整合が図られるが、しかしこのどちらか一方の手続きにのみかぎらねばならぬとする理論的根拠はまったくない。というのも、観察者たちが暗に、しかし互いに反対のことを言いつつなしているように、「地縁の系」は「循環」しないと主張するのも、「地縁の系」はつねに一定の周期で「循環」すると主張するのも同じように行きすぎだろうから。ムルンギンのもとに実際に赴いたことがなくても、真実はこの二つの前提の中間にあると主張できる。どの観察者も考えたふしはないようだが、どちらの前提も「縦の」とでも言える系譜を用いれば、つまり「地縁集団」間の縁組経路の具体例をいくつか再構成すれば、たやすく経験的に検証されるのである。『黒い文明』第二版の序文でロイド・ウォーナーは私をとがめ——しかし私の本など読んでいないことは明らかで、その証拠に彼が用いる恣意的な定式は私が議論を集中させた問題から逸れている——、私が分析の基礎を系譜研究に置かなかったと言う。私としてはこう答えていいだろう。そのとおり、だがまちがっているのはどちらなのか。実際、はっきりしているとおり、ウォーナーのすばらしい本の柱をなすのは経験的現実についての抽象的モデルであり、系譜と人口統計にかかわる具体的データは、我々にはじつに残念でたまらないが、まったく欠けているのである。なるほどウォーナーは自分のモデルを作成するためにそうしたデータを用いたが、しかしデータからは彼の演繹以外は引き出せないようになっている以上、我々が彼のデータを活用しなかったからといって文句をつけるのはお門違いというものだ。」

我々の解釈は、マコネル女史がケープヨーク半島の諸民族のもとで積み重ねた観察記録によってじかに確証される。これらの民族はムルンギンと同じく母方婚を実施するが、しかし五つ、集団によっては六つのリネージしか認知しない。にもかかわらず、体系のもつ親族分類法はムルンギン型体系の場合と同様、七つのリネージにまで及び、左側の第七リネージは、女史がはっきり指摘するように右側の第一リネージの反映にすぎない[18]。要するに実際の周期は名称体系の表面的な検討から現れてくる周期よりも短い。実際、ウィクムンカン型体系の図表では〔後出の図42参照〕、〈私〉のリネージの左右両側の第三リネージは〈私〉のリネージの重複である。ただ〈私〉の世代とその直前直後の上下世代とのあいだに親族名称の違いがいくつかあるが、しかしこれらの違いには説明がつく。次章で見るように、それぞれのリネージが年長分枝 branche aînée と年少分枝 branche cadette に下位区分され、左側第三リネージが年長分枝によって、右側第三リネージが年少分枝によって再現されるのである。ゆえに、ムルンギン型体系がじつは四リネージ体系であるように、ウィクムンカン型体系もじつは三リネージ体系であったのかもしれない。

かくして、体系の異例とも言える拡大と親族名称の多さの根拠がはっきりする。ムルンギン型体系を自己像によって延長された四リネージ体系として捉えれば、七つのリネージを抱えるまでになる体系の長大化――この長大化自体は不可解であるが――には説明がつくのである。親族名称を考察すれば理解されるように、それぞれのリネージは五世代まで拡大し、各世代において男性集団と女性集団それぞれにあてがう親族名称を一つずつもたなくてならないから、都合、十個の親族名称を必要とする。さらに〈私〉自身が男か女でありうるゆえに余分に一つ必要となる補足的名称を〈私〉のリネージに追加すれば、基礎をなす四つのリネージについて四十一の親族名称、すなわちアランダ型体系におけると同数の親族名称が得られる。しかし各リネージは、十一の親族名称をもつ〈私〉のリネージを除いて、二部ずつ複製される。したがって、もはやいかなる神秘も含まない七十一という数字が簡単に見出される。

注

（1）W. L. Warner, Morphology and Function of the Australian Murngin Type of Kinship. *American Anthropologist*, vol. 32, 33, 1930-1931.

（2）前出、本書二八九ページ参照。
（3）T. Theodor Webb, Tribal Organization in Eastern Arnhem Land. *Oceania*, vol. 3, 1933.
（4）A. P. Elkin, Marriage and Descent in East Arnhem Land. *Oceania*, vol. 3, 1933.
（5）W. L. Warner, *op. cit.*, second part.
（6）A. P. Elkin, *op. cit.*, p. 413.
（7）*Ibid.*, p. 416.
（8）W. E. H. Stanner, A Note upon a Similar System among the Nangiomeri. *Oceania*, vol. 3, 1933, p. 417.
（9）W. E. H. Stanner, The Daly River Tribes: a Report of Field Work in North Australia. *Oceania*, vol. 3, 1933, p. 397-398.
（10）S. M. Shirokogoroff, *The Psychomental Complex of the Tungus*. p. 104.
（11）それ以前に父系半族への分割がおこなわれている、と仮定してであることはもちろんである。でなければ、三クラスで十分である。〔図26、27、28で採用した記号表記のせいで、J・P・B・デ＝ヨセリン＝デ＝ヨング氏は、彼自身奇妙であると正当にも判断する考えを私に帰すことになった——ムルンギン型体系は母の兄弟の妻のクラスへの息子の帰属を伴って四クラスから派生する、との考えである（J. P. B. de Josselin de Jong, Lévi-Strauss' Theory of Kinship etc. *Mededelingen van het Rijksmuseum voor Volkenkunde*, no. 10, Leiden, 1952, p. 37, 39-40〔『オランダ構造人類学』宮崎恒二ほか訳、せりか書房、一九八七年、所収、二七六～二七七ページ——「このように、父系集団としての四つの恣意的な区別を導入したのちに、彼は母系的な対立（母系半族X、Y）によってさらにそれらを分割した。その結果は八つの下位セクションをもつムルンギン型体系となる。この再構成では、父と息子は異なる父系準半族に帰属し、四つの父系的な記号は、それぞれ二つの準半族のどちらかを交互に指示し、子供はＭＢＷ〔母の兄弟の妻〕の父系準半族に入れられる。この規則がつねに適用されるなら、この循環体系は出自規則に影響されないと著者が論じたのは正しいが、われわれとしては次のことを問いたい。『単方的《ユニラテラル》』という用語が何を意味しようとも、著者自身はどの意味で、彼が仮定した集団に対して用いているのであろうか」〕）。しかしじつは私はそのようなことをまったく想定していない。なぜなら（一）ここで問題になっているのはまだムルンギン型体系ではなく、全面交換の仮説的モデルである、（二）子供は母のクラスの次に来るクラスに属すとする規則を私が立てたのは——本書三三〇〜三三一ページで説明されているように——読解を簡単にするための、たんなる約束事としてにすぎない。したがって図30は（デ＝ヨセリン＝デ＝ヨング氏が考えていると思われるような）体系の状態をでなく、ある状態から別の状態への転換規則を表す。それはたんなる操作上の手順であって、ある社会についてのイメージなどではない。なるほど、デ＝ヨセリン＝デ＝ヨング氏は、私が、簡素だという理由だけからにせよ、勝手に転換規則を持ち出していることに異議を唱えている。この規則は単系出自の概念——私自身もこの概念を援用しているのだが——に矛盾すると言うのである（*op. cit.*, p. 40）。しかし何度か指摘したように、また卓越したわが評者自身も認めているように、私による単系出自の定義は次のようにまったく形式的なものなのである。ある人の身分にかかわるどの要素を考察しようと、単系出自はその要素と、両親の双方または一方の身分にかかわるそれと同じの要素との、変わることのない関係を含んでいるだけである。」

（12）W. L. Warner, *op. cit.*, p. 181.

（13）*Ibid.*, p. 182.

（14）W. L. Warner, *op. cit.*, p. 179.

（15）*Ibid.*, p. 182.

（16）〔一九五一年、早くもリーチは（*Rethinking Anthropology*, London, 1961, p. 77）〔『人類学再考』青木保ほか訳、思索社、一九七四年、一四〇ページ〕私のウォーナー批判に異議を唱えてこう主張した。ウォーナーの心理学‐社会学的解釈は完全に構造論的であり、自分もこの解釈を取り入れた、と。しかしながら、この手の議論の作為性に気づくには、均衡モデルを作成するにあたってウォーナーが五つの系と七つの系のあいだで躊躇しているという点を確認するだけで十分である。リーチのほうは——ウォーナーの解釈を採用すると言いながら——四つの系しか利用しない（しかもそれらの系はウォーナーが選んだ系と同じでない）。彼らがおこなうような「機能主義的」再構成はトートロジックな性格を帯びているとの私の主張は、このことからも裏づけられる。そのような再構成はいくらでも差し出すことができるので、どの再構成が正しいのかわからなくなるのである。〕

（17）*Ibid.*, p. 211.

（18）U. McConnel, Social Organization of the Tribes of Cape York Peninsula, North Queensland. *Oceania*, vol. 10, 1939-1940, p. 445.

第13章　調和体制と非調和体制

我々の分析が正しいとすれば、クラスを欠くか、逸脱的な数のクラスをもつ周縁型体系の問題は新しい角度から立てられなくてはならない。ところで、基礎をカリエラ型体系とアランダ型体系にだけ求めようとする類型論の不十分さは、オーストラリアの南部と北部に二つ、四つ、八つのリネージでなく、奇数のリネージを援用する体系が存在することによって浮き彫りになる。リネージの数はオーストラリア南部で三、北部で三、五、六（三の倍数と見なされる）、七である。またカリエラ型体系とアランダ型体系では実行不可能と我々に見えた二分法、母方・父方への交叉イトコの二分法を、これらの体系は実施してもいる。

オーストラリア北西部、ラ・グランジュ湾のカラジェリ民族は三つのリネージしか認知しない。父の父のリネージ、母の父（父の母の兄弟と同一視される）のリネージ、母の母の兄弟のリネージである。父の姉妹の娘との婚姻は禁止され、許されるのは母の兄弟の娘との婚姻であるから、構造は図35の型になると思われる。この体系では姉妹交換が禁止される、と述べてエルキンはカラジェリ型体系を性格づける。[1] カリエラ型体系やアランダ型体系で用いられる婚姻定式に従えば、おそらくそのとおりである。ただし体系の新しい様態を〔類型論に〕繰り込めるようにするには、カリエラ型体系とアランダ型体系をもとにして練り上げることのできる交換概念そのものを、変更すべきでないかとの問いは残る。

カラジェリ型体系とおそらく同型と思われる別の三分体系がポート・ダーウィンの北東、バサースト島とメルヴィル島のティウィ民族のもとで確認されている。ティウィは二十二の母系トーテム・クランに分割され、これ

図35　カラジェリ型体系

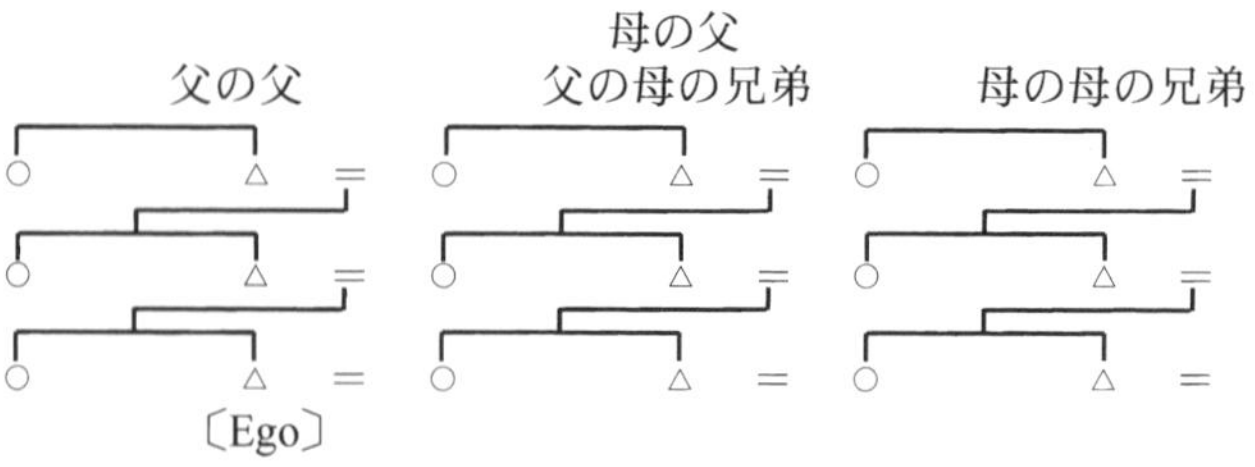

らのクランは命名されていない三つの外婚フラトリーに振り分けられる[2]。彼らの体系と十中八九無関係でないララキア民族やウルナ民族の体系はムルンギン型体系に近いが、より単純で、半族もセクションも存在せず、全面交換定式（母の兄弟の娘との婚姻）に従って一つに結びつく五つのリネージしか認知しない（イル＝ヨロント民族と同じ[3]）。

マラ型体系には格別の注意を向けるだけの価値がある。というのも、この体系は沿岸部および北部に分布して、マラ民族とアヌラ民族をムルンギン民族にほぼ隣接させると言っていいし、もろもろの特殊な性格を帯びてもいるので。カーペンタリア湾最奥部とロパー川河口付近に見られる民族の一団は、アランダ型の再現である親族分類法をもつが、しかし八つの下位セクションがあるのでなく、名づけられた四つの区分しかない。しかも息子が父の区分にとどまるので、四つの区分は、二つで一つの半族をなす二半族に振り分けられた父系リネージのごとき性格を帯びる[4]。

婚姻規則は次のとおり。男は自分の区分〔これは父の区分でもある〕と結婚することも、自分の半族の他方の区分と結婚することも、母の区分と結婚することもできない。ゆえに唯一可能な婚姻は、母の半族の他方の区分に属す女との婚姻である。四つの区分をP、Q（半族Ⅰ）およびR、S（半族Ⅱ）と呼べば、Pの男は彼の母がSならRの女としか、彼の母がRならSの女としか結婚できない。したがって同じ父系リネージPの男たちの妻は交互にRとSになる。

ラドクリフ＝ブラウン、続いてウォーナーは社会構造と親族分類法を調和させようと試みた。母親たちのクラスが順次交替していくことを根拠に、二人はおのおの命名された区分のなかに、どちらに籍を置くかに従って異なる婚姻過程をもたらす二つの命名されていない下位区分を認めようとする。言い換えれば、区分Pは下位区分PaとPdを含み、言葉に表されていないこの下位区分の、しかしそのリアリティはPaの男がRの女と、Pdの男がSの女と結婚することのうちに感じ取られると言うのである。ならば、四つのセクションでなくて八つの下位セクションがあることになろう。すなわち——

Murungun a…	(P)	Purdal b…	(R)
Murungun d…		Purdal c…	
Mumbali a…	(Q)	Kuial b…	(S)
Mumbali d…		Kuial c…	

この場合、婚姻体系はアランダ型体系〔図13参照〕のそれに一致する〔図36〕。ラドクリフ＝ブラウンはこう結論する。「こうしてわかるとおり、四つの準半族のそれぞれが、他の民族の下位セクションと正確に等価な二つの集団を含む[5]」

ムルンギン型体系に関して我々に持ち上がった問題はこれと似ているが、そのとき我々のめざさなくてならなかった解決策は違っている。命名されていることも命名されていないこともある八つの下位セクションを伴うムルンギン型体系は、アランダ型婚姻定式に型の違う四クラス体系を適合させようとする努力のたまものとして解釈されなくてならない、と我々には見えた。近隣地域にマラ型体系の存在することは、この仮説に高い信憑性を付け加えてくれると同時に、マラ型体系それ自体もムルンギン型体系と同じように解釈されるべきでないか、と問いかけてもくる。マラ型体系もじつは四クラス体系であり、アランダ型親族分類法を借りたのではないか、と。

この解釈を支えにしてすぐさま一つの推論が立てられる。下位セクションが命名されていないというこの一点においてのみマラ型体系がアランダ型体系と異なるのであれば、どちらの体系でも婚姻規則は厳密に同一でなくてならないはずだとする推論である。ところが、まったくそうはならない。シャープはクイーンズランド北西部で研究したマラ型体系に代替婚定式のあることを立証した。「婚姻規則は標準的なアランダ型に属し、任意の男とその姉妹は、母の母の兄弟の娘の息子および娘と結婚するよう定められている。ところが、この男とその姉妹は母の兄弟の息子および娘と結婚することもできる[6]」。ならば、二つの体系は構造的に違うのでないかとの疑問が湧く。

図36　ウォーナーによるマラ型体系
（W.L.Warner, *op. cit.*, p.79 による）

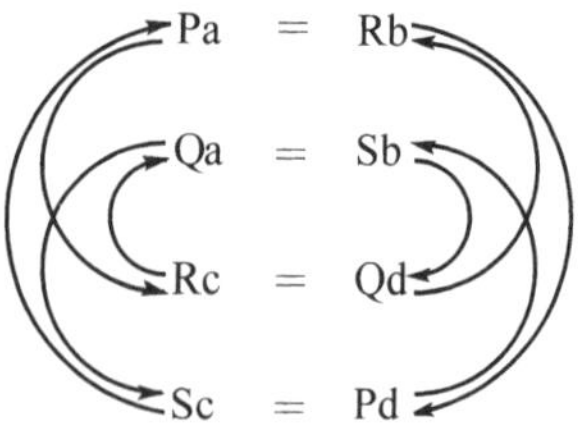

ところで、世界の別の地域にマラ型体系に類似した、しかしアランダ型体系とはまったく関係のない体系が実在する。北インドのムンダー民族の体系がそれである[7]。この体系は二つの父方居住集団を援用し、それぞれの集団は二つの婚姻クラスに分割される。一方の集団の二区分をP、R、他方の集団の二区分をQ、Sと呼べば、婚姻規則は次のように立てられる。ある世代がP＝Q型またはR＝S型の婚姻をなせば、次の世代の婚姻は定式P＝S、R＝Qに従わなくてならない。しかし追加事項がある。婚姻規則P＝Qが有効なあいだは、RはQのほかに代替的な縁組としてSを選ぶ特典に浴すことができ、逆に婚姻規則R＝Sが有効であるあいだはPにQを選んでもいい特典がある。クイーンズランドの島嶼や沿岸部のライアーディラ民族のもとにも似たような発展の見られることをシャープは指摘した。彼らの体系はマラ型に属すが、しかし婚姻に関しては母の兄弟の息子の娘との婚姻、父の父の姉妹の娘との婚姻の二つの追加的選択肢を伴う[8]。すなわち「A_1の男は下位セクションB_1、B_2、C_1、C_2のどれかに属す女なら誰とでも、つまり自分の半族の相手半族の女なら誰とでも結婚できる[9]」。ならば下位セクションはいまや、母の下位セクションを基準に子供の帰属を決定する、そのためにだけ用いられるにすぎない。ムンダーでも事情は変わらないように思われる。父が実際にどのような結婚を

なしたかにかかわらず、ある世代に対して規定された婚姻型が、次の世代に対して規定される婚姻型を決定するのだから。

ムンダー型体系の分析をなすときに示すように、この体系の唯一満足のいく解釈は、それを父の姉妹の娘との婚姻に有利に働く四クラス体系として扱うことに帰着する。さらに我々は、どのような基礎的関係が父方婚を母方婚に結びつけるかも見るだろう。となると、深刻な問題が出てくる。ムルンギン型体系が母方婚を伴う四クラス体系でありながら、一群の複合した婚姻定式に従ってアランダ型体系へと翻訳されて我々の前に現れたのと同様、マラ型体系も、母方婚をでなく対称的に父方婚を伴う四クラス体系でありながら、やはりアランダ型体系へと姿を変えているのだと見なすべきでないのか。事実、すでに見たように、マラ型代替婚定式はまだ父方婚形式を保存している。

そのうえクイーンズランドの正面、ケープヨーク半島では、母方と父方の二つの婚姻形式が同居する。とりわけ意味深長なことに、ウィクムンカン民族は母方であるにもかかわらず、母の兄弟の娘との婚姻のほか、父の姉妹の娘との婚姻も許し、双方交叉従姉妹との婚姻だけを厳格に禁止する。ウィクムンカン民族のかたわら――といっても、もっと東になるが――に住むカンデュウ民族には父方婚しかない[10]。

したがってマラ型体系とムルンギン型体系の大きな違いは次の点にあるように思われる。ムルンギン型体系は、それ特有の方向性を維持できるように公然と八クラスを採用したが、それに対してマラ型体系は、元来の構造を忠実に守りつづけてきたので、カリエラ型に属す婚姻定式、双方的な見かけを呈する選択婚定式に父方への方向性が呑み込まれてしまってもそれを黙認せざるをえなかった。シャープの図表Ⅱからはっきり浮かび上がるように、マラ型体系ではじつに父の姉妹の娘は同時に母の兄弟の娘でもある[11]〔すなわち双方交叉従姉妹〕。

なるほど、婚姻規制としてでないにせよ、少なくとも彼ら独自のトーテム体系としてライアーディラが準半族を実際に区別することをシャープは明らかにした。エルキンも似たような観察記録を差し出した。「我々も知るとおり、下位セクション、セクション、半族はしばしばトーテム的性質を帯びていて、少なくともいくつかの地域ではトーテム体系のかたちで普及してきたし、いまもそのようなかたちで普及しつつある」[12]。しかしライアーディラのもとで実質的に名指されているのは、四つの集団P、Q、R、Sだけである。下位セクションの組が単位として扱われるからといって、この単位が組という単位として認識されていることにはけっしてならない。いずれにせよ、シャープの分析にはそのような結論を正当化するものはいっさいない。それでも体系がアランダ型定式へと首尾よく持続的に転換していくかぎりは、やがて下位セクション概念が形成されるだろうと予想することはできるかもしれない。だが大切な点はそこではない。いまよりも豊富な情報が集まるまでは、マラ型体系を、表面的な性格のいくつかを失ったアランダ型体系としてでなく、むしろアランダ型の性格が徐々に浸透しつつある一つの独特で異質な体系として考えるべきである。

オーストラリア南部の逸脱的な諸集団も、北部の集団と同じようにいま言った見方を裏づけてくれるだろうか。アラバナは三つのリネージを認知する。父の父（母の母の兄弟と同じカテゴリーに分類される）のリネージ、父の母の兄弟のリネージ、母の父のリネージの三つである。父の父は母の母の兄弟と同じカテゴリーに分類され、父の母の兄弟はしかし母の母の夫から区別されるというこのことは、原初的婚姻体系が父の姉妹の娘との婚姻であったことを暗示すると言っていい[13]。スペンサーとギレンによってかつてもたらされた情報に反し[14]、原住民は、いかなるかたちの交叉イトコ婚もいままで一度も実施されたことはないと強く言い張る。ところが、子供の配偶者は姉妹の子供と同一視されつづけていて、これは交叉イトコ婚にもとづく体系に典型的な等置関係である。さらに事態を複雑にするものだが、スペンサーとギレンは名称体系上の同一視、父の姉妹＝父の母を指摘した。この同一視のあることをエルキンは再確認できなかったけれども、ヤラルデとウンガリニインのもとにはこれと同じ型の習わしがいまも存在する[15]。二つまたは二つ以上の隣接世代に属す親族の同一視は、のちに見るように母の兄弟の娘との婚姻にもとづく体系の特徴で、今日でもアラバナ型親族分類法には、そのような体系のしるしをなすいくつかの非対称性が残る。たとえば、父の父と、母の母の兄弟は *kadnini* として同一視されるが、両者のリネージは別々の名称で呼ばれ、それは母の母と父の父の姉妹との二人についても同じである。要するに、名称体系は三リネージしか認知しないが、婚姻規則と出自規則は四リネージを区別するのである。現行体系が「崩壊」して「移行期」にあるとしても、[16]スペンサーとギレンの指摘が完全に退けられるわけでない。父の姉妹と父の母の同一視は、いまでも南オーストラリア北西部のトーテム・クランがそうであるように、あの三つのリネージがもともとは母系だったのではとほのめかす。父の姉妹の娘との婚姻と母系出自とを併せ持つ構造は、図37によって図解される型に属すだろう。三つの基本リネージの存在を容易に確認させてくれるその図はまた、父の父と母の母の兄弟との同一視を併せて理解させてくれもする。あの原初的婚姻形式〔父方交叉イトコ婚〕が、現在は禁忌になっているとはいえ、かつてはアラバナのもとで実施されていたとするエルキンの仮説は、それゆえ正確であるように思われる。

＊＊＊＊

アルリジャは婚姻を規制するために二つの相互名称[*] *tanamildjan* と *nganandaga* を使う。*tanamildjan* は同世代の成員のあいだ、またある個体とその祖父の世代の成員とのあいだ、さらにこの個体とその孫息子の世代の成員とのあいだで、*nganandaga* は隣接する上下二世代の成員のあいだで（ある男とその父、またはある男とその息子のあいだで）相互に用いられる。互隔世代は「系 lignes」へとまとめられ、「二人の配偶者は同一の『系』に属さなくてならない」が婚姻規則である。[17] 似た体系は北アランダのもとにも存在する。[18] さらにニューギニアにも存在することがベイトソンによって確認された。[19] これらの体系すべてを、南オーストラリア西部に見られる互隔世代分類法と比べてみれば有益だろう。そこでは互隔世代が *nanandaga*（祖父、〈私〉、孫息子）と *tanamildzan*（父、息子）に分類され、どの男も *nanandaga* の女としか結婚できず、さらに世代互隔性が儀礼と互酬給付の土台をなす。[20]

（＊）ある個体に対して対称的な位置を占める二人の個体に同一の名称があてられるとき、これを相互名称 terme réciproque と言う。

南アルリジャは、少なくとも例外的にではあるが、父の姉妹の娘との婚姻を実施する。この習わしがかつては一般的であったことの可能性を示唆する事実として、いかなる場合でも母の兄弟と妻の父との同一視は受け入れられない。ワイルピも父方婚をもつ[21]。エルキンはこれらのケースを変則と見なすが、しかしこの婚姻形式を図解した図37を参照すれば、アルリジャ式の「系」の取り扱いが正確に父方婚の構造に対応することが確認される。父の姉妹の娘との婚姻という婚姻体系では、実際、世代ごとに結婚の方向が入れ替わる。つまりどの個体も体系を混乱させることなく、自分の世代か、自分と同じ型の婚姻をなす祖父と孫息子それぞれの世代の、どれか一つから妻を獲得できるが、自分の世代のすぐ前かあとに来る世代、別の婚姻型があてられるこの二つの世代とは絶対に結婚できない。言い換えれば、アルリジャ型婚姻定式とマラ型婚姻定式は、前者が構造を水平関係(世代)として、後者が垂直関係(リネージ)として表現する点を除けば、構造的には同一なのである。どちらの定式も別の型の体系に汚染されることがありうるし、実際に汚染されてもいるが、しかしそれぞれの種別的な性格ははっきりしている。さらに理論的に見て重要な点を一つ確認しておかなくてならない。互隔世代体系は双方出自だけから生まれるわけでも、双方出自から必然的に生まれるわけでもない。互隔世代体系は単純な互酬構造をなす父方婚にじかに依存してもいる[22]。のちに漢型古代体系について議論するとき、この点を思い出さなくてならない。エルキンがみごとに指摘しているように、「セクション体系が(略)世代互隔性を維持し交叉イトコ婚を阻止するため方法として練り上げられてきたことは確かに理論的に考えられうることだが、しかしそのような体系がなくとも、この二つの結果は効率的に得られる[23]」。やがて何度も強調しなくてならないだろうが、婚姻クラス体系のさまざまな様態からもたらされる効果は、そうした体系が欠けていても、伏在する諸関係を適切に決定することですべて実現されうるのである。「半族とセクションは普遍的現象でも、親族体系とそれに結びついた婚姻規則とから出てくる不可避的な発展でもない[24]」

図37　アルリジャ型体系

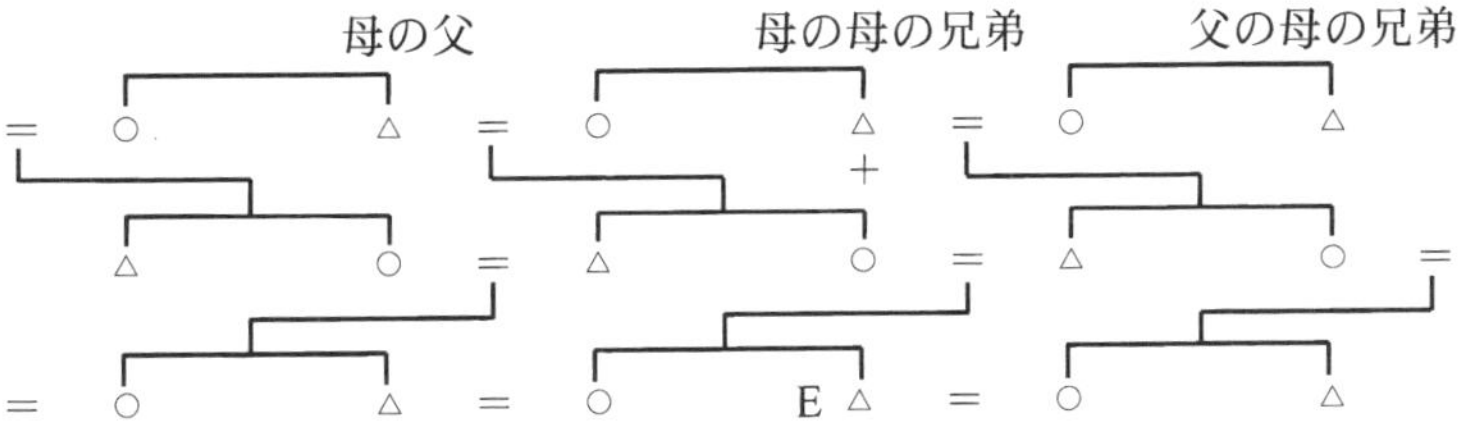

＋：父の父、母の母の兄弟

図38　サザン・クロス型体系

西オーストラリアのサザン・クロス地方に見られる体系も、おそらく同じように解釈されなくてはならない。集団は二つの内婚半族に分割され、どの男も自分の半族内で結婚するが、子供は他方の半族に帰属する。なるほどラドクリフ＝ブラウンと一緒になって、おのおのの区分は相互婚を実施するセクションの対に等価である、と述べてもいい[25]（図38）。

しかしなぜに体系はこんな奇妙なかたちで現れるのだろう。この体系はもともとは父方婚を伴う四クラス体系であったが、のちに双方主義に転換したのだと考えるほか、いまの問いは受け取る答えをもちえない。

＊＊＊＊

現在確認されているすべての親族体系のうちでも、南オーストラリアのディエリ民族の体系はさまざまな点でもっとも解釈の難しいものの一つである。といっても、ハウィットがもたらした情報は三十二年後にエルキンが収集した情報[26]とさして変わっておらず、体系は停滞しているか、少なくとも進化を終えたように見える。どうにも難しいのはこの進化の段階を再構成することなのである。

ディエリは二つの母系半族と、同じく母系である複数のトーテム・クランをもつ。表向きはセクションも下位セクションもないのだが、婚姻規則から見ると、彼らの体系はアランダ型体系のごとく機能する。交叉イトコ婚禁忌と、交叉イトコから生まれる四つの型の第二親等のイトコ（母の母の兄弟の娘の娘。母の父の姉妹の娘の娘。父の父の姉妹の息子の娘。父の父の兄弟の息子の娘）との選好婚を伴うのである。また二代上の世代の成員と二代下の世代の成員とのあいだに相互名称も見出される（父の父＝息子の息子、母の父＝娘の息子、父の母＝息子の娘、母の母＝娘の娘で、それぞれの相互名称は *yenku, kami, nadada, kami-ni*）。最後に父の父の姉妹は父の母の兄弟の妻と同じカテゴリーに、母の父の姉妹は母の母の兄弟の妻と同じカテゴリーに分類されているか、分類されることがある。[27]

だがさまざまな相違もある。アラバナ型体系でと同様、ディエリ型体系でも、交叉イトコは父の母および彼女の兄弟と同じカテゴリー（*kami*）に分類されるが、これはアランダ型体系では起きない。さらにディエリ型体系は母の母の兄弟と彼の息子の息子（それぞれ *kanini* と *niyi*）を区別するが、アランダは両者を一緒にする。最後にディエリ型体系は十六の親族名称しか含まず、この数字はアランダ型親族分類法にもカリエラ型親族分類法にも、またこれら二つの親族分類法にもとづいて単純な半族体系について計算できる数字にも対応しない。

ラドクリフ＝ブラウンの努力にもかかわらず、[28] ディエリ型体系をアランダ型体系として扱えないことは、エルキンによって差し出された図表からも一目瞭然である（図39）。体系はただ外見上体系的に見えるにすぎず、ちぐはぐな周期を閉じるためには応急的なリネージを援用しなくてはならない。同時に気づかれるとおり、いくつかの同一視が特定の事情のもとで、少なくとも潜在的に可能になる。すなわち――

tidnara ＝ *taru*（婚姻によって）
ngatamura ＝ *paiera*（婚姻によって）
ngatata ＝ *yenku*（*kaku, yenku* の姉妹、*kami* の妻を経由して）

さらに、オーストラリア北東部の諸集団の親族分類法とディエリの親族分類法とを比較してみるとわかるように、[29]

図39　ディエリ型体系（Elkin, *Kinship in South Australia, op. cit.*, p.53による）

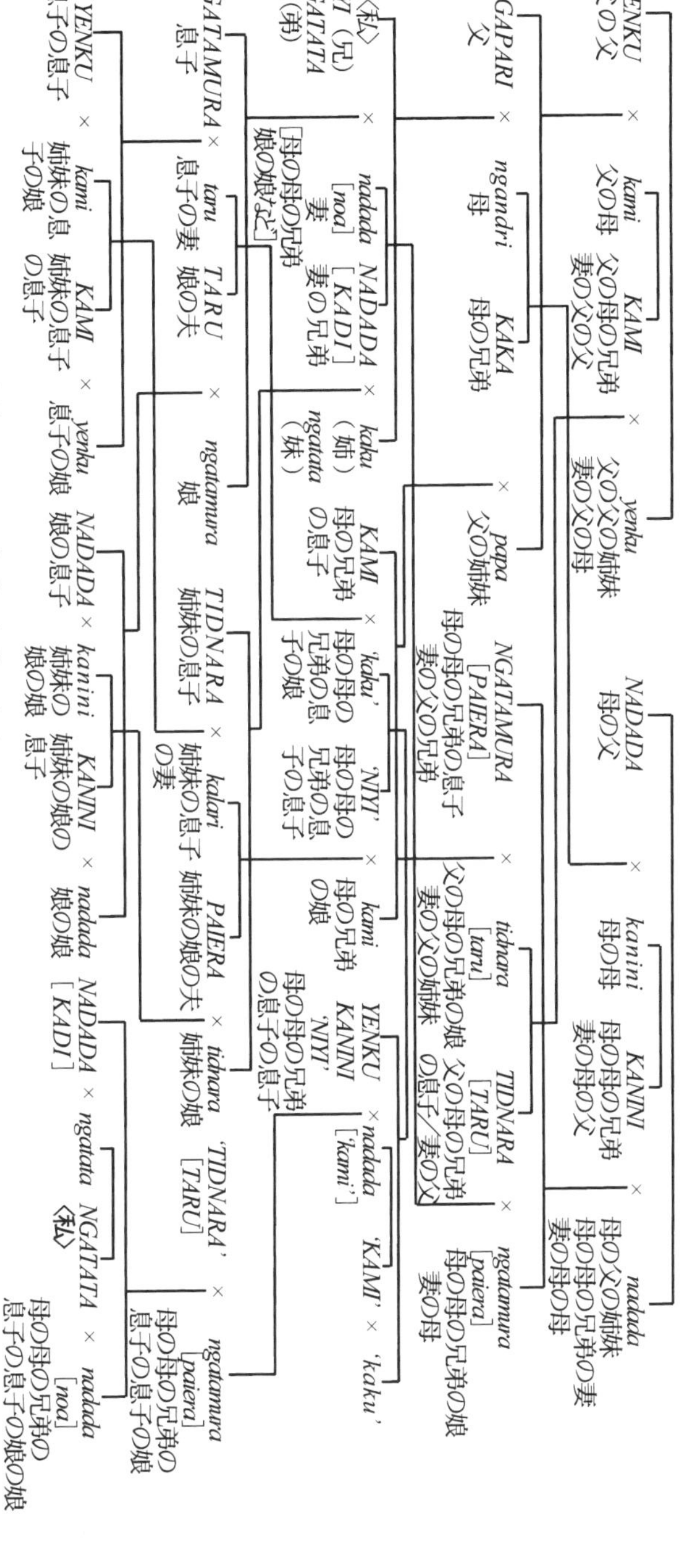

［ ］でくくった名称は縁組によって生ずる名称である。

' 'でくくった名称は、「実の」親族関係でなくて「類別上の」親族関係であることを示す。

図40　単純化して表現したディエリ型体系

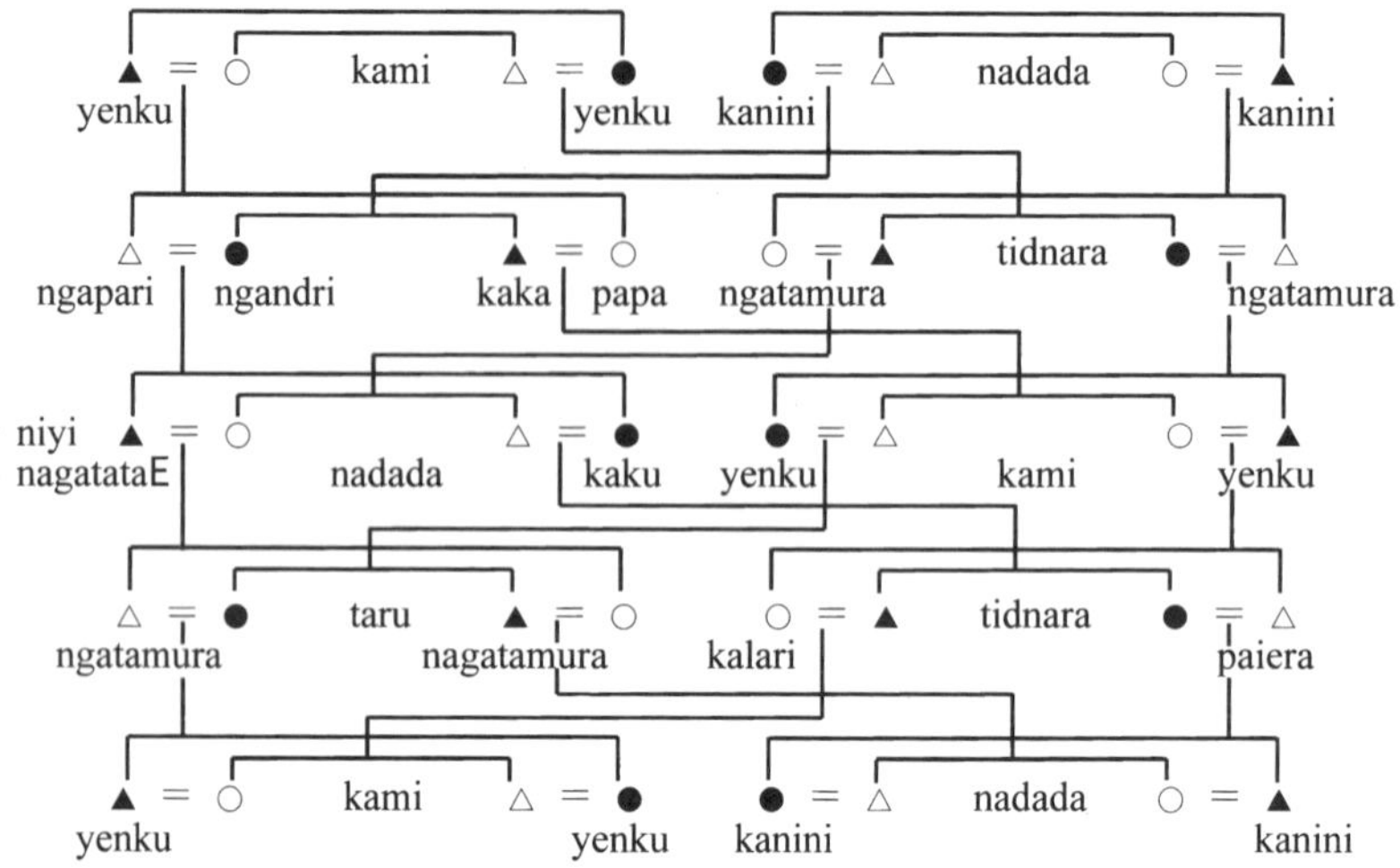

二つの半族は白と黒の記号によって区別されている。

アラバナのもつ *kadnini* という唯一の名称に対して、ディエリは二つの名称 *yenku* と *kanini* をもつ。先に挙げた等式をもとにすれば、名称による十六の根本的区別を保たせたままで体系のもっと明快なイメージを差し出すよう、体系の単純化を試みることができる（図40）。こうして現れる体系は四つの父系リネージに基礎を置き、限定交換体系と交叉イトコから生まれたイトコ同士の婚姻とを伴う。

ここで二つの問いが出てくる。交叉イトコ婚を予防する二分法はどこから来るか。それの説明に体系の構造は役立たずで、まるで意味も必要もない贅沢品のごとくに見える。他方、四つの名称 *yenku, nadada, kami, ngatamura* はいかにしていくつかのリネージを循環するか。この循環現象は父系二分法に関係づけることもできないし（どの名称も二つの父系リネージ内にあるので）、母系二分法に関係づけることもできない（これらの名称は同一母系リネージ内の互隔世代をさすので）。このような変則性にいたるひと続きの場面を再構成しようと言うなら、まず最初にやらなくてはならないのは、リネージの四つの指標 *yenku, kami, kanini, nadada* がそれぞれの用途を失わないような体系をつくってみることである。〈私〉のす

図41　ディエリ型体系の進化の仮説的再構成

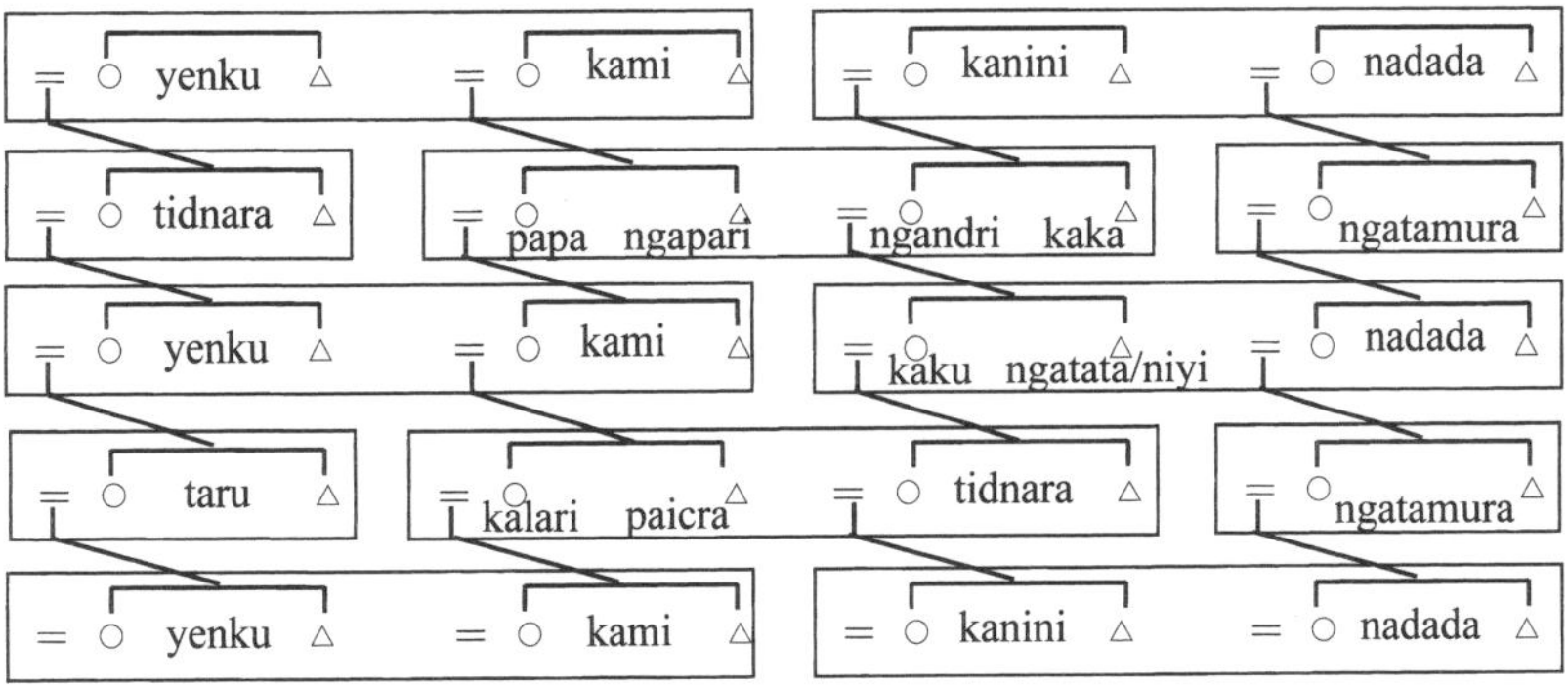

べての親族は容易に三つの母系リネージに分類できる。父の母と交叉イトコとが属すリネージ *kami*、母の母と姉妹の息子とが属すリネージ *kanini*、母の父と〈私〉の妻とが属すリネージ *nadada* である。[30] この三分法は単方交叉従姉妹との婚姻という原初構造を暗示するが、しかし婚姻相手が父の姉妹の娘であるなら、妻のクランは父の母のクランと同一になってしまうだろうし、婚姻相手が母の兄弟の娘であるなら、母の父のクランと父の母のクランは混同されてしまうだろう。その一方でリネージ *yenku*、すなわち〈私〉の父系リネージは図表から完全に消えてしまう。

こうした難点はさしあたり棚上げにしておこう。知られているとおり、父方婚体系では妻のクランは一定しない。妻と彼女の兄弟を永続的に含む母系クラン *kanini* のあることは、ゆえに母方婚に有利な推定をもたらす。作業仮設としてこの推定に従ってみるなら、図41の型の古代体系が得られる。この体系では、母系リネージ *yenku* が第四のリネージとして付け加わる（実際、*yenku* は *kami* と、*kalari* は *taru*（= *tidnara*）と結婚する）。そしてあらゆる関係が一意性〔単一の方向性〕を帯びている点を除けば、婚姻はすべてほぼ現行体系に適合する。[31]

このような古代体系がそのまま直接的な互酬性（限定交換）に移行したとすれば、体系は、*yenku* と *kami*、*kanini* と *nadada* のそれぞれが互いに独立した交換対を組んで各対に交叉イトコ婚の伴う、二つの双分体系に自動的に帰着したであろう。だがそうなったとしても、互隔世代ごとに名称が反復される点は不可解なままだと言っていい。

しかし逆にこの同じ体系がマラ＝アルリジャ型婚姻定式に適応せざるをえなくなった――あるいは適応しようとした――と仮定すれば、すべては明快になるだろう。四つの母方居住母系リネージは、集団を二つの下位社会に分裂させる対単位の交換をおこなう代わりに、マラ型定式に従って社会集団の一体性を守る。ある世代におけるP‐R間の交換は次世代でP‐S間の交換を引き起こし、その次の世代で交換は再びP＝R定式に戻る。同じくQもR、Sと交互に結婚する。このような変換をぐって体系は全面交換から限定交換に移行する。単方または双方交叉従姉妹との婚姻は不可能になり、その代わりに交叉イトコの子供同士の婚姻が義務づけられる。名称の交替は婚姻定式の交替に対応し、孫娘の代の交換対は祖母の代の交換対を再現する。最後に、どのリネージも相異なる二定式に従って交換をおこなう以上、同一母系リネージに現れる特徴的な名称のすべてが二つの別々の父系リネージのなかにも出現できる。

というわけで、ディエリ型体系の現在帯びている性格を説明するために、我々は次のような場面推移を提出してみたい。四つの母方居住母系リネージを有し、全面交換（母の兄弟の娘との婚姻）にもとづいた古代体系がまずあり、この体系がマラ＝アヌラ型体系に適応し、現行体系になる。確かにこの場面推移はまったくの仮説でしかないが、しかしそれだけが体系のすべての変則性を理解させも説明しもする。ゆえにディエリ型体系はアランダ型体系の一様態でなくて一つの種別的な体系であり、アランダ型体系との類似性はなんらかの収斂現象の結果なのである。

第23章で満州型体系について同様の解釈を施すとき、この我々の仮説は付随的に検証される（しかし直接的な論証も可能である）。満州型体系とディエリ型体系はいくつかの点でいちじるしく相違するが、しかしどちらの体系も限定交換に転換した全面交換体系であり、それぞれのたどった進化の相似性は、奇妙にも共通したいくつかの性格を発展させることになった。たとえば、驚かずにおれないが、ディエリは世代と傍系の標識として扱われる用語を親族分類法からいくつか援用して、親族関係を決定する。「母の母の兄弟の息子の息子をさす名称は *yenku kanini ngatata*（父の父‐母の母の兄弟‐弟）というかたち〔名称の並列〕で与えることができる」[32]。のちに見るようにこの手法は満州型名称体系の土台をなす。満州型体系を検討するとき、我々は同じ問題、ディエリの名称 *yenku, kami, nadada, kanini* のようなリネージの指標が別の父系リネージのなかに再び現れるという問題に出くわす。そのため我々はそれらの指標をリネージの名称としてでなくてリネージ系列の指標として、つまり異なるリネージのその諸分節 segments にあてがわれる用語として、位置づけなくてはならなくなる〔第23章参照〕。満州型とディエリ型のどちらの体系においても現象の解釈は同じである。全面交換体系に統合されていたリネージは、限定交換構造のなかではモザイク状に再構成されなくてはならず、その結果、新しい体系に属すどのリネージも、古い体系に属すいくつかのリネージの切片から構成されるのである。二つの体系の類似性はさらに進み、いくつかの親族関係を言い表すために、二つの異なるリネージ系列の指標が並置されるところまで似ている。たとえば、ディエリ型で母の母の兄弟の息子の息子は *yenku kanini*（「父の父の *kanini*」＝年上の兄弟）、満州型で父の母の兄弟の息子の息子は *nahundi eskundi*（「兄弟の *nahundi*」）。[33]

満州型体系との類似性を示す実例はディエリ型体系のほかにもまだある。ケープヨーク半島のいくつかの体系のなかで、満州型体系とのやはり驚くべき類似性に出会う。それらの体系はまだ単方婚規則から自由でないが、しかし限定交換への転換はすでに大幅に進展している。たとえばウィクムンカン、イル＝ヨロント、カンデュウなどがその事例にあたり、すでに見たようにこれらの民族は、母の兄弟の娘との選好婚（ウィクムンカン、イル＝ヨロント）、単方従姉妹のどちらか一方を結婚相手として双方従姉妹をつねに排除する婚姻（ケンダル＝ホロイド）、父の姉妹の娘との選好婚（カンデュウ）など、交叉イトコ婚のさまざまな方式を差し出し、ディエリに関しては再構成するほかなかった進化のその生きたイメージをもたらす。

ウィクムンカンは母の年下の兄弟の娘との婚姻という特徴的な婚姻形式を実施し、母の年上の兄弟の娘は結婚相手として禁止される。[34] それゆえ姻族と親族とのなす構造が、ムルンギンについて例示した全面交換体系の周期形式をもつだけでなく、さらに周期が螺旋状の外観を呈し、男はつねに年少分枝と、女はつねに年長分枝と結婚する。六リネージごとに三世代分の絶対的なずれを伴わせて周期を閉じることで整合性が実現されるが（図42）、それができるのも、（アランダと同じ）世代の互隔体系が（アランダと違って）単一の方向性しかもたないからである。言い換えれば、ウィクムンカンでは男は孫息子の世代に属す女とは結婚できるが、祖父の世代に属す女とはけっして結婚できない。男は自分より下の世代と、女は自分より上の世代と結婚するのである。また〈私〉が自分の孫息子と〔妻の獲得をめぐって〕角逐することもない。次の規則があるからである。「男は年少分枝の自分と同世代の女か、年長分枝の自分より若い世代の女と結婚するが、しかしけっして年少分枝の自分より年上の世代の女とは結婚しない[35]」。たとえば〈私〉が自分の孫息子の従姉妹と結婚するとき、この従姉妹は孫息子と同じ世代および年長分枝に属していなくてはならないが、それに対し孫息子は同世代の年少分枝からしか妻を手に入れることができない。

ゆえに「年長」「年少」の二つの年齢クラスへの各世代の下位区分は、一人の女をめぐって二人の男の競争の起こりうる可能性とじかに相関している。だが彼らそれぞれの要求を、互いの成員が実のまたは類別上の平行イトコになる二つの異なる年齢クラスに限定してやれば、この競争は避けられる。このタイプの状況では年齢クラスへの世代二分法がつねに現れること、そこに選択婚体系の標準的機能を見なくてはならないことは、のちに何度か示す機会があるだろう。事実、ケープヨーク半島の諸民族のもとには一つでなく、二つの選択婚がある。母方婚のほか、それと相関して与えられる父方の婚姻型が、なるほど弱いかたちでではあるが（なぜならこの場合は従姉妹といっても類別上の従姉妹でしかありえない）、見出されるからである。この点はマコネル女史のインフォーマントたちの言明からも鮮明に浮かび上がる。「私の母の年下の兄弟は私の *kala* である。（略）私の *kala* の娘を私は *moiya* と呼び、彼女を妻にもらうことができる。（略）私は *kala* によって与えられる遠方のテリトリーの女と結婚できる。*kala* と私は『手の交換』をする。つまり私は自分の姉妹（*ya.pa* または *wi.la*）を自分の *kutth*（*kala* の息子）に与える。私は彼と交換する。そうすると私は自分の *kutth* を《*moiya*》（私の姉妹の夫）と呼び、私の *kutth* は私の父を *kala* と呼ぶ[36]」。したがって、もとは全面交換構造に合致していたウィクムンカン型体系では父方婚とそれ以前の母方婚とがつながっていて、二つの帰結が伴う。一つは全面交換から限定交換への漸進的移行である。

図42　ウィクムンカン型体系（U.McConnel, Social Organization of the Tribes of Cape York Peninsula, *op. cit.*, p.445による）

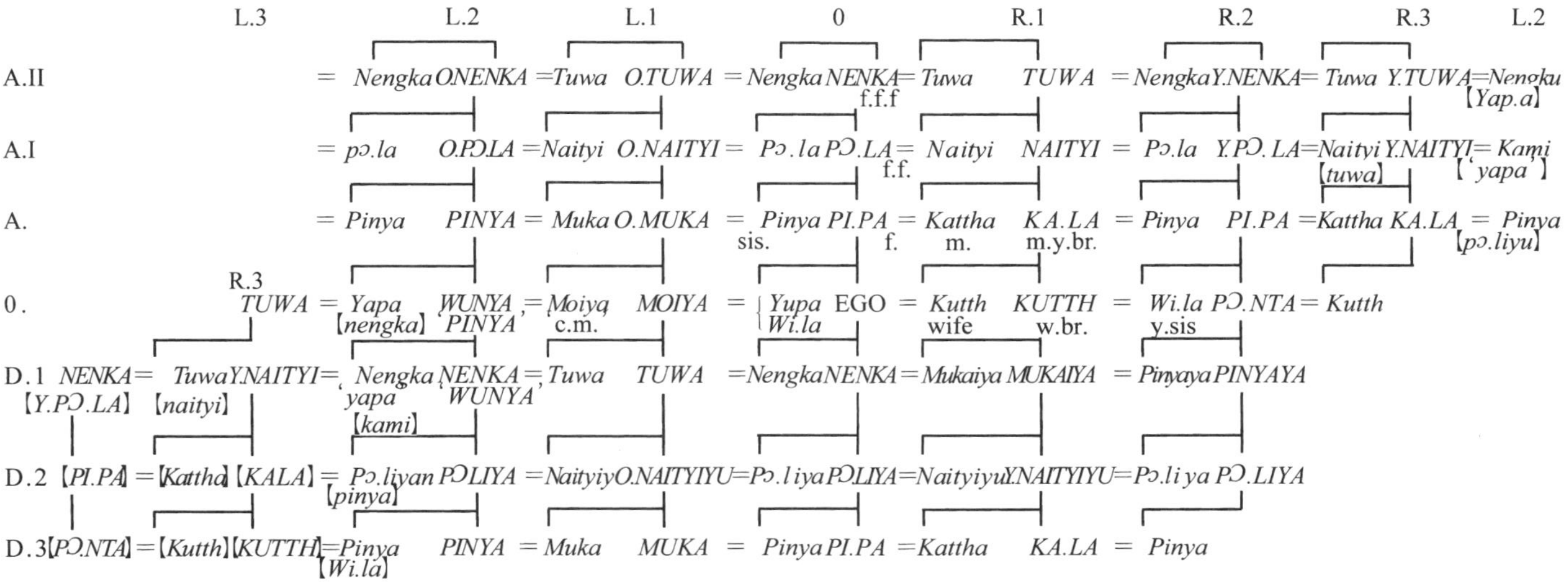

系L.3はL.2.0の女とR.3.A.IIの男との婚姻によりR.3に一致する。L.4はR.2と、L.5はR.1と、L.6は〈私EGO〉の系とそれぞれ一致する。

年齢の系

A．父の系

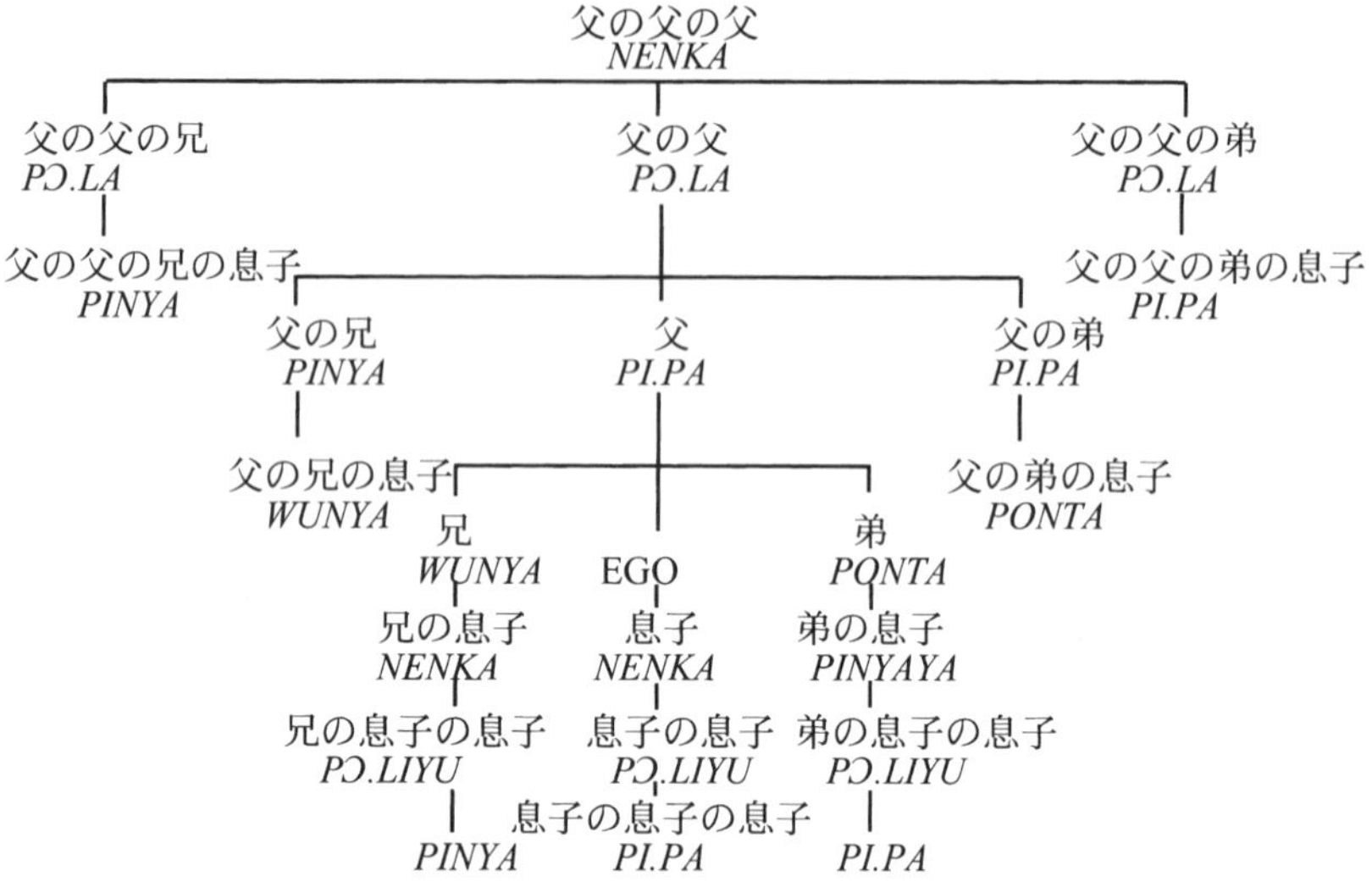

B．母の系

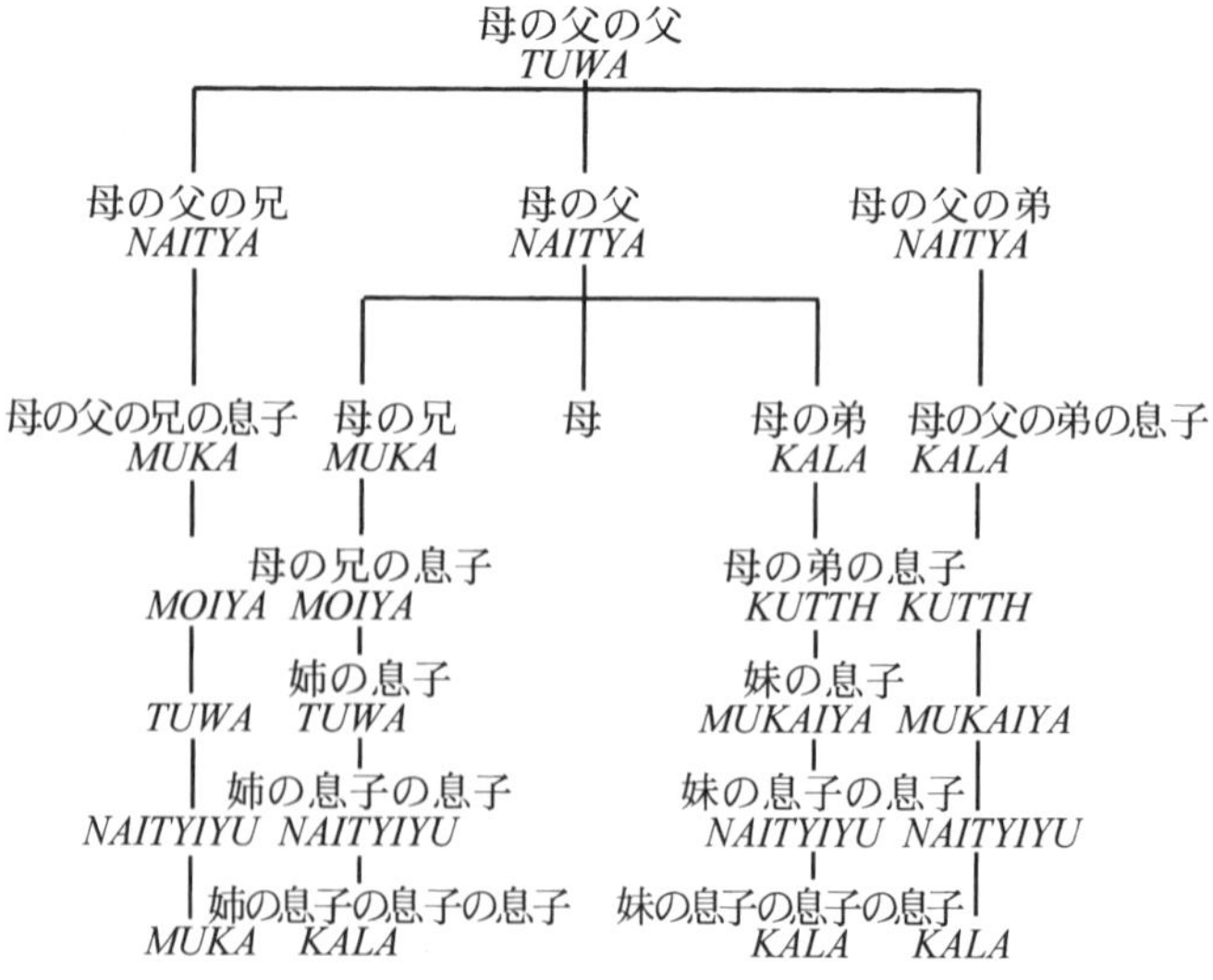

図 43　満州型体系とウィクムンカン型体系

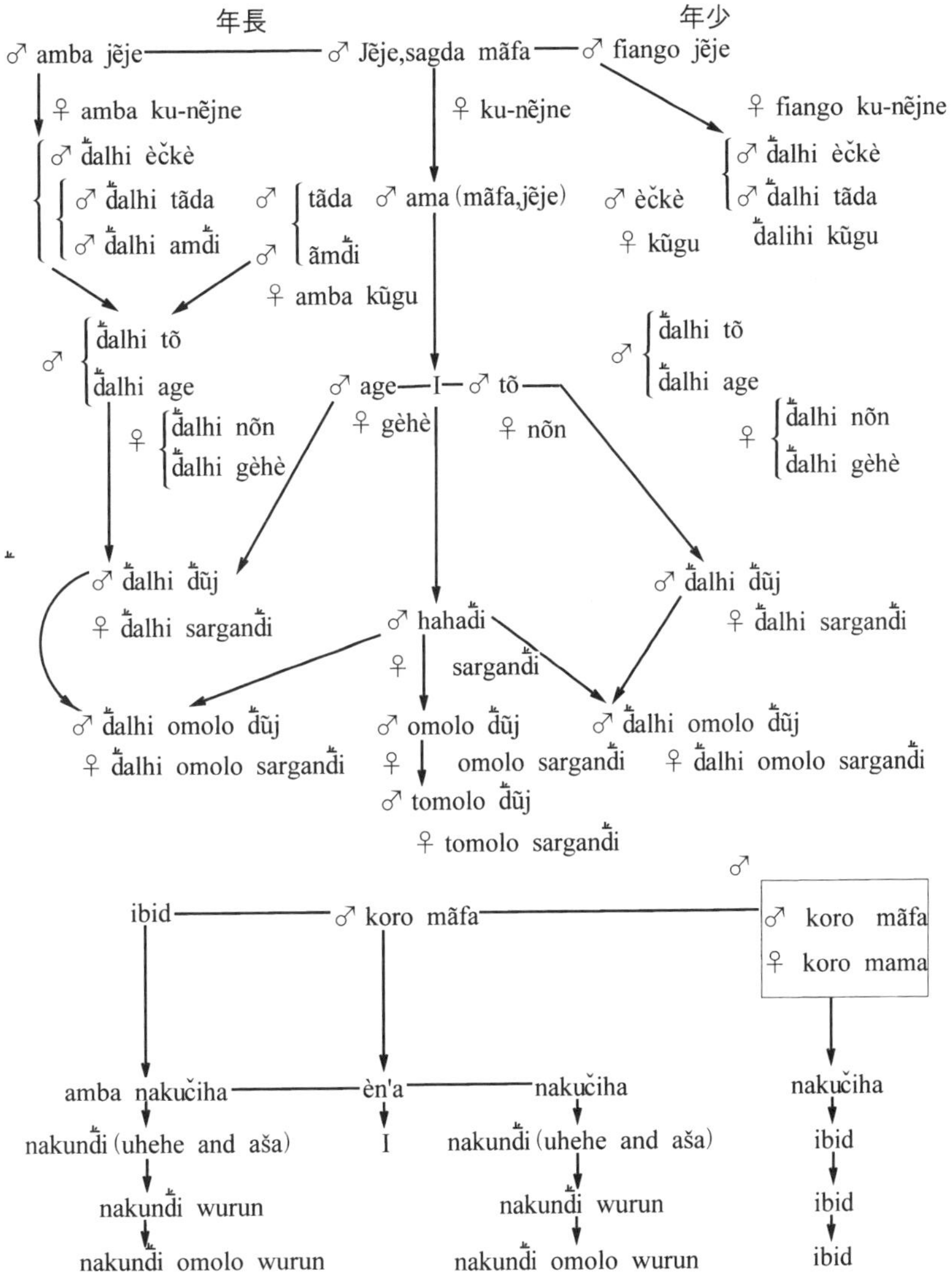

右図はウィクムンカン型体系における父のクラン（上）と母のクラン（下）（U. McConnel, *loc.cit* による）。左図は満州型体系における父のクラン（上）と母のクラン（下）（S.M.Shirokogoroff, Social Organization of the Manchus の図Ⅰと Ⅷによる）。

「通常、男は姉妹を妻として自分にくれる男に、自分の家族か自分のクラン出身で年少の系に属す準姉妹〔類別上の姉妹〕を与える」[37]。二番目の帰結として、全面交換から限定交換に向かう変化の漸進的性格が次のような事実のなかにはっきり現れる。男が自分の実の単方従姉妹（母の兄弟の娘——上述のインフォーマントの言明参照——または父の姉妹の娘）と結婚し、この婚姻が交換を含んでいるなら、二人の従姉妹の少なくとも一方は類別上の従姉妹でなくてならない。マコネル女史も、自分の記述に厳密に忠実だと思われない言い方でではあるが、この点をこう述べる。「女性交換は遠縁の親戚関係にあるクランのあいだでおこなわれる」[38]。なるほど、二人の女のうち一人は確かに実の従姉妹でありうるように見える。だがこの場合、じつに重要な一つの理論的帰結、このような二者交換がじつは三者交換でありうるとの帰結が出てくるはずである。私は自分の交叉従姉妹と結婚する、私は平行リネージから女を一人借りてくる、その彼女を私は交叉従姉妹の代わりに自分の義理の兄弟に与える、というかたちの交換。ゆえにどの女にも二つの婚姻可能性がある。全面交換の直接的周期のなかで婚姻するか、限定交換の間接的周期のなかで婚姻するかの二つが。

この点で満州型体系との類似性がきわだつ。ウィクムンカンと同じく、満州民族も各リネージを年長分枝と年少分枝に二等分する。二つの体系の相似性を見てとるには、マコネル女史の図表とシロコゴロフの図表を突き合わせるだけで十分である（図43）。

そのうえ、満州型体系もウィクムンカン型体系も六つのリネージの認知にもとづく。満州型体系の六つのリネージのうちの三つと、ウィクムンカン型体系の中央の三リネージ、「真の」リネージとはまちがいなく対応している。それら「真の」リネージを図42の記号で表せば、対応は次のようになる。

ウィクムンカン	**満州民族**	
0	*enendi*	〈私〉とその子孫
L.1	*inadi*	姉妹の子孫

R.1　*nahundi*　母の兄弟の子孫

ウィクムンカン型体系のほかの三つのリネージは、それらに名称体系のうえで合致するいま挙げた主要リネージをそれぞれ二等分することの結果であるとの、本書三五一〜三五二ページで述べた仮説に従えば、右の対応表を完成させることができる。

ウィクムンカン　**満州民族**

L.2　*eskundi*　父の傍系親族の子孫

R.2　*dalhidi*　私の傍系親族の子孫

R.3　*tehemdi*　私の母の傍系親族の子孫(39)

二つの体系が共通して実の母方従姉妹を好み、共通して父のクランの年長クラスの娘を嫌うことに、限定交換に対する全面交換の優位がはっきり現れている。限定交換がウィクムンカンによってなされるときは遠縁のクランのあいだにかぎられることを、マコネル女史は述べている。(40)同じく満州民族もすでに縁組を結んだことのあるクラン同士の交換を嫌う。(41)最後に、どちらの体系でも年齢クラスと世代とのあいだに同一の弁証法が働く。満州型体系では男は自分の世代より上の世代に属す女か、自分の世代の年長分枝に属す女とは結婚できるが、自分の世代の年少クラスに属す女や自分より下の世代の成員は禁忌とされる。(42)ウィクムンカンの「年齢螺旋 spirale d'âge」の対称的な、ただし倒立したモデルが満州民族のもとにもある。満州型体系は全面交換が限定交換に転換した結果であるとする、のちに提出する我々の解釈は、したがってオーストラリアのいわゆる「逸脱」体系（ただしそれが「逸脱」であるのは分類が不完全であるためにすぎない）について我々のなした同様の解釈を確証してくれるだろう。また本書第2部で極東体系のいくつかの理論的問題を解明するためにも、同じくこの解釈が援用できるだろう。

＊＊＊＊

我々の分析が正しいとすれば、ディエリ型体系は、もともとはカリエラ型体系ないしアランダ型体系と大きく隔たり異なっていたことになる。後者二体系では出自と居住が別々の系に沿って譲渡されていくが、我々は、ディエリ型古代体系では逆に居住も出自も母系によってのみ決定されていたにちがいないことを示唆した。この点は注意深く検討されなければならない。

外婚半族体系は出自規則がどうであろうと機能しうる。またそれは居住規則が、さらには居住規則と出自規則の関係がどうであろうとやはり機能しうる。言い換えれば、半族体系は居住を考慮しない、あるいはその特殊な構造ゆえに居住を斟酌しないですませることができる。

逆に出自と居住を基準に個体の社会的身分を確定しようとすれば、考察される体系のその体制が調和的であるか非調和的であるかに従って結果は大きく違ってくる。我々は居住規則と出自規則が似通っている体制を調和的、二つの規則が対立する体制を非調和的と呼ぶ。母系出自と母方居住をもつ体制は調和的、父系出自と父方居住をもつ体制も同じく調和的、逆に出自と居住の一方が父系に、他方が母系に従う体制は非調和的である。したがって調和体制の二つの型、父方居住・父系および母方居住・母系と、非調和体制の二つの型、母方居住・父系および父方居住・母系がある。

非調和的であるか非調和的になる体制の場合に何が起きるかはすでに見た。母系半族と二つの父方居住集団をもつカリエラ型体系は、じつにこのカテゴリーに入るのだから。母系二分法が四つのセクションへの分割を引き起こし、二人の単方交叉従姉妹か、一人の双方交叉従姉妹との婚姻を可能にすることをすでに我々は知っているが、では調和体制の場合は何が起きるか。

二つの半族AとB、二つの地縁集団1と2を含む父方居住体系を考えてみよう。婚姻と出自の定式は次のようになる。

以下の男が	**以下の女と結婚すれば**	**子供たちは以下のようになる**
A_1	B_2	A_1
B_2	A_1	B_2
A_2	B_1	A_2
B_1	A_2	B_1

すなわち体系は、並置された二つの双分体系〔A_1‐B_2、A_2‐B_1〕のごとくに機能する。一つでなく、単純に二つの体系があるのだが、全体としての体系のもつ統合力の度合は〔一つの双分体系がある場合と〕少しも変わらない。二つの地縁集団の代わりに四つの地縁集団を介入させても、同じ状況が再現されるだろう。つまりそれぞれの集団が二つに割れ、隣接集団に属す一半族と一緒になって新しい二半族体系を再びつくりあげるということだ。要するに、それぞれが二つの外婚半族〔A、B〕に分割されている四つの地縁集団〔1、2、3、4〕から出発しても、我々はそれぞれが二つの外婚半族からなる四つの地縁集団〔A_1‐B_2、A_2‐B_1、A_3‐B_4、A_4‐B_3〕を再び見出すのである。これは何を意味するか。調和体制の場合では、居住を援用してもなにも生まれないということだ。出自と居住を考慮するだけでは、調和体制は半族への組織化の段階を乗り越えることができないのである。

ならば、調和体制は、双分組織に代表されるこの集団統合の原初段階にとどまりつづけるほかないのだろうか。調和体制のもとでは、出身の同じ人々のあいだで嫁を交換する代わりに出身の違う人々のあいだで嫁を交換しても、確かになんの成果ももたらされないが、しかしもう一つ別の可能性が開かれている。同一形式の交換をなす諸集団をでなく、それら集団間でなされる交換の連関を変える可能性である。すなわち定式P＝Q、R＝Sに従

図44　双分組織から進化してきたおもな親族体系型の分類

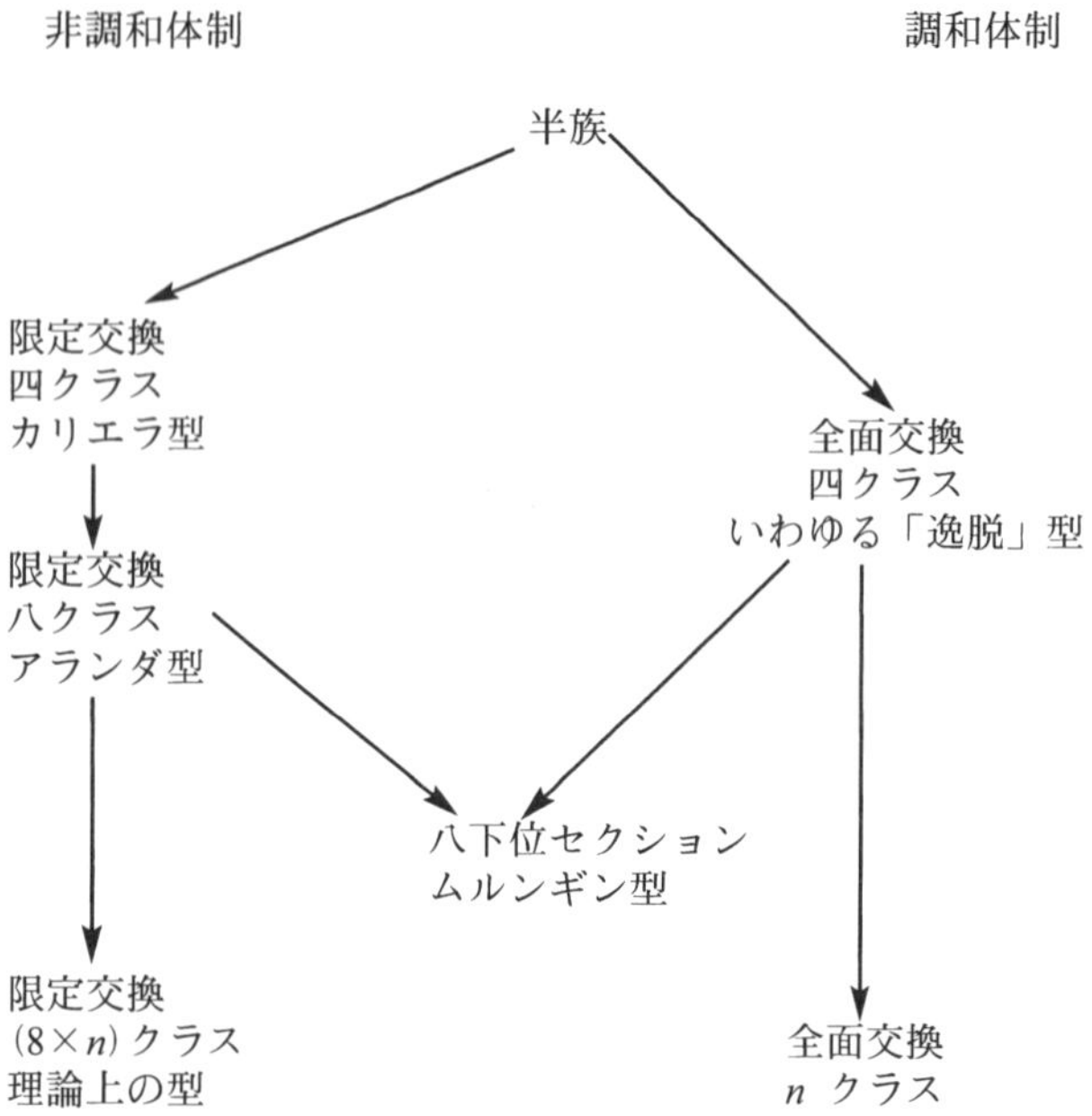

う二重の直接交換体系から定式P＝Q＝R＝S（＝P）に従う単一の間接交換体系への移行、要するに限定交換体系から全面交換体系への移行。かくして次の一般的な図表に行き着く（図44）。

全面体系とアランダ型体系の関係は見てのとおり明快になる。全面体系はカリエラ型体系の先にある。言うまでもなく、全面体系はアランダ型体系と同じ性質のではないにせよ、同じ数の要素を援用するからである。すなわち、二つの半族（全面体系では父系半族、アランダ型体系では母系半族）があり、四要素を含む一つの集合（この集合は全面体系ではリネージ、アランダ型体系では地縁集団からなる）がある。援用される要素の数で見れば、全面体系とアランダ型体系は同じ複合度を示す。しかし他方、アランダ型体系は非調和体制の二度目の二分を表し（一度目はカリエラ型体系）、全面体系は調和体制の一度目の二分をなす。それゆえ、アランダ型体系では要素の配列が全面体系の場合よりも二倍複雑になる。与えられた要素は同数であるが、要素の組み合わせはアランダ型体系では八つの下位セクションを、全面体系では四つのセクションをかたちづくる。全面体系とカリエラ型体系は、どちらもそれぞれの体制の内部で第一次二分法を施すという意味で互いに似ている。しかし調和体制に第一次二分法を加えるには、非調和体制に第二次二分法を加える場合と同数の要素が区別されなくてならず、その意味では全面体系はアランダ型体系に似ている。言い換えれば、全面体系はアランダ型体系と同じく四十一個の親族名称を、カリエラ型体系と同じく四つのセクションを利用する。なぜそうなのか。なぜ半族二つとリネージ二つだけを区別することにもとづいて動作する全面体系を得ることができないのか。答えは明らかである。この場合、リネージと半族が混同されてしまうだろう。

要するに、調和体制は不安定な体制、逆に非調和体制は安定した体制であると言える。これは何を意味するか。より複合的になっていっても、非調和体制は、同一の〔二分〕系列内で連続的に進捗していく組織形態（半族、セクション、下位セクション）をとおして表現されうるということである。逆に調和体制は複合的組織形態に達することができない。この性格は、婚姻が全面交換法則によって決定されるところではなぜ例外なくクラス体系がごくまれにしか実現されないかを説明する。実際、のちに見るように、母方交叉従姉妹が〔配偶者として〕選好されると、それに対応する構造をもった体系は大部分の事例で実現されることがない。

図44の図式をもっと精密に眺めてみよう。まずわかるように、全面体系とムルンギン型体系のあいだにある関係は、半族体系とカリエラ型体系のあいだにある関係と対称的であるが、逆向きになっている。半族体系は出自だけにもとづくため、対応する体制の性格は渾然一体化していて調和的・非調和的の区別がつかない。地縁二分法〔居住二分法〕の導入によってカリエラ型体系への移行が起き、その結果、非調和的性格が出現する。反対に全面体系はリネージという単位のみにもとづく。したがって、非調和体制と調和体制それぞれの内部には、当の体制だけが唯一の体制でないことを物語る一つの脱落がある。すでに見たように、〔二分法の〕非調和的系列では二分プロセスは一つの段階（交叉従姉妹の二つの型〔父方・母方〕を区別すること）を欠き、この欠けている段階を備える調和的系列は対称的に別の脱落を示す。非調和的系列においてカリエラ型体系に体現される体系、四つの因子を有する体系が脱落しているのである。すでに確認したように、より単純な構造をもつカリエラ型体系に帰着させようとしても、より複雑な機能をもつアランダ型体系に帰着させようとしても、全面体系は理解できないし、カリエラ型およびアランダ型と同型のその中間形態を全面体系に見ることも、やはりできない。全面体系

はじつはある視点のもとではカリエラ型体系に、別の視点のもとではアランダ型体系に類似する。体系そのものはカリエラ型体系とアランダ型体系の中間にあるのでなく、別次元の系列に属していて、ただその機能が確かに中間的なのである。

以上の考察はオーストラリア諸体系全体に拡張できる。カリエラ型およびアランダ型という、非調和体制をもつ集団をしか分類の土台として認めてこなかった点に伝統的な誤りはあった。調和体制を理解する道が完全に閉ざされてしまっていたわけである。そのため、やむなく調和体制を奇形として扱うか、あるいは不可能な課題であるにもかかわらず、カリエラ型かアランダ型の形式に帰着させるしかなかった。

しかし調和体制は現に存在する。可約社会(*)をいよいよ多く無際限に生み出してしまわないようにするために(43)、調和体制は父方婚か母方婚を基礎にして構成されなくてはならない。双方婚を基礎にできないのである。非調和体制だけが双方婚をじかに利用できる。要するに、調和体制 régime は父方・母方の二つの婚姻体系 système のどちらかを選択することができ、この二つの体系のそれぞれは父系・母系の二つの出自様式 mode のどちらとも両立可能である。かくして次のようになる――

体制	**体系**	**様式**	
調和	父方	父系	マラ
		母系	アルリジャ
	母方	父系	カラジェリ、ウィクムンカン
		母系	ディエリ

これらの体系は非調和体制の影響をこうむり、八下位セクション構造structureの見かけをもつ形式へ進化することがある。ムリンバタ、またおそらくムルンギンにもこれが起きたように思われる。ムリンバタは体系を捨てて構造を残し、ムルンギンは体系に忠実でありつづけようとして、構造をけっして完全には実現できないでいる。あるいは、父方体系と母方体系が対抗的に働いているため、(44) アランダ型、マラ型、ディエリ型、そしておそらくムルンギン型体系も現在のかたちをとっているのである。

（＊）次章でアンドレ・ヴェイユが与える定義によれば、「ある社会のなかに二つまたはそれ以上の下位個体群を識別でき、ある下位個体群に属す個体とほかの下位個体群に属す個体とのあいだにいかなる親族的なつながりもないとき、この社会は可約的réductibleであると言う」。

ゆえに、それぞれの進化が終着に向かうにつれ、調和体制の性格と非調和体制の性格は収斂する。調和体制のなかには、全面交換定式formuleから限定交換定式へ移行したものがいくつかある。さらに非調和体制を伴う場合、すべての父方婚姻体系は交替型type（世代の性格の全部または一部が二世代ごとに再現される）であるとの共通性格を帯びるが、母方体系はつねに連続型（隣接世代はすべての性格から見て同一である）になる。父方体系に共通するこの交替型は、限定交換定式への父方体系の移行を母方体系の場合よりも容易にする。このことは、なぜマラ型体系とディエリ型体系が明白な下位セクションを欠いていてもアランダ型の、あるいはアランダ型に近い親族分類法と婚姻規則をもちうるかの説明になっている。それに対してムルンギン型体系は下位セクションを採用しなくてはならないのだが、採用したからといっていままでの婚姻規則と親族分類法を変換するところまでは行かない。しかし進化の終着までの過程で、調和体制はときには構造を（ムルンギン）、ときには親族分類法を（マラ）、ときには体系と婚姻規則を（ディエリ）、非調和体制へと収斂させてきた。このような進化の理由は何か。調和体制が隣接集団を出発点にして地理的に周囲に普及していったからなのか、それとも、伝統的に婚姻規制の問題に注意を向けてきた民族のあいだで、複雑な婚姻規制が威光をまとうからなのか。すでに見たとおり、後者の理由はムリンバタにはあてはまるように思われる。他方、全面交換定式を現に有しているか、かつて有していたと推測される調和体制がすべて周縁地域に分布することから強く示唆されるように[45]、単方体系は双方体系よりも古代的であるかもしれない。それゆえエルキンの考えとは逆に[46]、双方体系そのものは単方体系を起点とする進化の成果であるとの推定が可能かもしれない。

この問題の解明はオーストラリアの専門家の仕事で、その第一歩は、現に単方的であるか原初において単方的であった体系すべてに正確な位置づけを与えることにあると思われる。単方か双方かはっきりしない体系は、従来、どちらかと言うと双方的な視点から解釈されがちであったが、それにはいくつかの理由がある。ラドクリフ＝ブラウンの言ういずれも双方的であるⅠ型およびⅡ型を土台に、オーストラリア類型論がつくりあげられたということがまず挙げられる。次に、互隔世代を有する親族分類法は例外なくそのまま双方性の証拠である、と見なされてきた。我々としては立証しえたと思いたいが、世代互隔性は父方婚体系からも、父系・母系の両次二分法からも生じる。そして世代互隔性にまつわる現象を注意深く見直せば、そうした現象の多くに父方婚の直接的な働きが必ず認められるだろうと我々は考える。他方、母方体系と父方体系は親族分類法の用い方において対立しているから、つまり前者は〔隣接世代を同一視する〕連続的な親族分類法を、後者は〔互隔世代を同一視する〕交替的な親族分類法を用いるから、そこに予備的分類にたどり着くための貴重な探究手段が垣間見える[47]。この点、情報に富んでいると言っていいが、ヤラルデとウンガリニインには連続的な親族分類法があり、ディエリにはこの親族分類法の遺制が残っており、マクンバとアルリジャには交替的な親族分類法がある。

おそらく、オーストラリア類型論のなかで、単方体系を有する調和体制の重要性はこれからますます大きくなっていくだろう。カリエラ型体系の独立性に疑いが生ずることはまずなかろうが、しかしカリエラ型体系は母方婚に対するいちじるしい選り好みをはっきり示すとの、ラドクリフ＝ブラウンがしばしばなした指摘にもとづいて、こう問うことはできる。近接する単方形式が、ある種の性急さのゆえに一緒にされてしまったのでないか。

ラドクリフ＝ブラウンは書いている。「私は一九一一年にカリエラ型体系を発見したが、この発見をもたらした調査は、オーストラリアを訪れる前に――しかし一九〇九年、オーストラリアに関するさまざまな事実を詳細に検討したのちに――立てた仮定をもとにして企てられた。カリエラ型体系が実在する可能性がまちがいなくあり、それを探しに行くには西オーストラリアが好適な場所だろう、これがその仮定である」[48]。イギリスのこの偉大な社会学者の果敢な仮説がものの見ごとに成功を収めたことが、次のように考えるあらゆる人々を鼓舞するのも当然だろう。人間精神がまったく恣意的な創造行為を長々と繰り返しているとしか見えなかったあいだにも、その無意識的な働きをなんらかの内的論理が導いていくのであり、このような人間精神の働きにふさわしい方法は、ふつうは物理世界の研究のためのものとされる方法と変わるところがない、と。だが同時にある疑念もきざす。もちろん、カリエラ型体系の現実性についてでなく、カリエラ型体系が存在するとされた宏大な地域に、もっぱらその体系だけしか存在しないとすることについてである[49]。

いずれにせよ、一つの事実だけは残りつづける。社会学者がいままで使ってきた交換概念を形式的に研究することによって我々に明らかになったように、この概念は事実の全体を理解させてくれない。同型の現象のあいだに意を決して不毛な不連続性を立てるよりむしろ、交換を広く捉えて変換することで、我々は体系的類型論と網羅的説明にたどり着く手段を探そうとした。オーストラリアの事実、すなわち限定交換の意味で解された交換がおこなわれている、規範的意味をもつ地から借りてきた事実こそが、我々に交換概念を発展させることを強い、全面交換の概念を、言うなれば押しつけたのだった。限定交換と全面交換のあいだにはいかなる関係があるのか。二つの独立した、しかし文化的交換をとおして偶然に接触するときに互いに影響を及ぼし合うことのある定式を、そこに見るべきだろうか。それともこの二つの定式は、一つの連綿たる進化のたどる二つの段階をなすのだろうか。この問いは、それを地域的な諸問題の解決に応用しようとするかぎりは民族誌家と文化史家の守備範囲にある。二つの交換型とそれらの関係の構造論的研究の枠内にとどまろうとする我々としては、いまや全面交換定式を、単純な、かつ直接観察可能なかたちで取り出そうと努めなくてはならない。というのも全面交換定式は、それを事実のなかに確認しに行く前に、すでに理論的に必要不可欠なものとして我々の前に立ち現れているのだから。

ラドクリフ＝ブラウンからの私信

ローデス大学
グラハムズタウン
南アフリカ

拝啓　レヴィ＝ストロース様

お手紙ありがとうございました。お望みならば、あなたの異論のいくつかに答えるために、論文を執筆してもいいと思っています。しかしどれほど言葉を費やせばいいのか見当もつきません。ディエリ型体系の分析を含めることになるでしょうが、私にはこの体系が複雑だとは思われません。以下、若干の点を明確にしてみようと思います。

(一) 四十年前に指摘したように、オーストラリア諸民族の親族区分は命名されて存在することも、名前なしに存在することもあります。オーストラリア親族体系の分析にさいしては、区分が名づけられているか否かを検討することがどうしても必要になります。

一九一四年に私はディエリ型体系に四つのクラスのあることを指摘しましたが、これらのクラスは親族名称を検討すれば見えてきます。〈私〉がクラスAなら、このクラスは〈私〉が yenku, niyi, ngatata, kanini と呼ぶすべての人々を含みます。クラスBは〈私〉がkami, nadada, kadiと呼ぶ人々を、クラスCは〈私〉のkaka, taru, tidnaraにあたる人々を、クラスDは〈私〉のngapari, ngatamura, paieraにあたる人々をそれぞれ含みます。これら四つの親族区分に照らして分析すれば、ディエリ型体系は逸脱的でも複雑でもありません。

あなたはアランダ型体系とマラ型体系を対比しておられます。しかしアランダは四つの準半族からなる体系をもち、それぞれの準半族はいくつかの地縁クランからできています。アランダではこれら準半族や地縁クランは名づけられていませんが、マラでは名づけられています。さらにあなたはアランダ型婚姻体系の通常の特徴である代替婚を勘定に入れ忘れていらっしゃいます。マラ＝アヌラでと同じくアランダでも標準婚は母の交叉従姉妹の娘との婚姻であり、第一の代替婚で結婚候補になるのは遠縁の母の兄弟の娘と遠縁の父の姉妹の娘です。

（二）互隔世代区分を二つの内婚半族とするのが、オーストラリアでもっとも広く見られる区分体系です。この二要素への分割を欠く民族はまずありません。ヤラルデとウンガリニインはもっとも証明の行き届いたその例をなします。内婚半族はごくまれにしか名づけられていず、トーテムにちなんでBirangumatおよびDjuamatと名づけられたたった二つの例外が、西オーストラリアで確認されているだけです。内婚半族は、名づけられたクラスをもたない諸民族、たとえば私がクカタ型と呼ぶ、エルキンの研究した南ルリチャ民族に存在します。

あらゆる「クラス」体系のまさに基盤に横たわるのは、このような内婚半族への分割です。「かなり憂慮すべき理論的問題（略）。二半族体系と四クラス体系のあいだにいかなる関係があるのか」、あなたが一九〇ページ〔『親族の基本構造』原書初版のページをさす。以下同じ――本書第11章、二八四ページ〕でこう述べられるとき、問題は正しく立てられていません。内婚半族体系（互隔世代区分）に、父系のであれ、母系のであれ、外婚半族を付け加えれば、四区分体系が得られます。したがって問題は、これらの四つの区分がなぜ名づけられたり名づけられなかったりするかなのです。

（三）「二つの配偶者決定法、クラス方式と関係方式」についてあなたは書いていらっしゃいます（二〇五ページ〔本書第11章、三〇一ページ〕）。しかし「クラス」ないし区分は、名づけられているにせよいないにせよ、関係のまとまりでしかありません。ゆえに縁組方法は二つあるのでなく、ただ一つしかないのです。現行の縁組では地縁クランないしホルドが主役を演じます。このことは、クラス体系をもたないヤラルデやクカタのような民族にだけでなく、クラス体系をもつ民族にさえあてはまります。

（四）私の考えでは、とても重要な問いは、体系が男に彼の属す地縁クランの女の娘との婚姻を許すか否かということです。そのような婚姻が許されていると私が確信をもって言える民族はカリエラ群の民族だけです。豊富で十分な情報が得られているほかのすべての民族は、そのような近親婚を避けますが、ただ回避の仕方はまちまちです。カラジェリ、イル＝ヨロント、ムルンギンはどの「父の姉妹」の娘との婚姻をも禁忌とします。そして母の兄弟の娘との婚姻が好まれますから、これらの民族は姉妹交換を実行できないことになります。「近縁の」「父の姉妹」の娘、また「近縁の」母の兄弟の娘との婚姻を禁忌とする一方で、父の姉妹、母の兄弟が遠縁であれば、その娘との婚姻を許すという民族はたくさんあります。これらの民族は、したがって姉妹交換を実行できます。たとえば、クカタ（内婚的な世代区分以外、半族もクラスもない）、オムペラ（父系半族をもつ）、クムバインゲリ（四つの「クラス」をもつ）、ムリンバタなどがそうです。もちろん、この種の婚姻は、第二イトコとの結婚（アランダ型婚姻）という婚姻体系を有する民族でもやはり禁止されます。重要な指摘になりますが、アランダのあいだには、男が自分のクラン（地縁集団）に属す「父の父の姉妹」の息子の娘と結婚することに対する反対意見があるのですが、にもかかわらず「父の父の姉妹」（aranga）の息子の娘との婚姻が標準婚なのです。

マコネル女史がカンデュウについて述べたことは受け入れがたい、と私は見ています。父方イトコ婚、つまり男が父の姉妹の娘とは結婚しても、おそらく母の実の、あるいは類別上の兄弟の娘とは結婚しないような体系の確かな実例は、オーストラリアのどこにも見当たらないのです。

私が何について書こうと思っているのか、このことから少しなりともわかっていただけるでしょう。私の唯一の関心事は、オーストラリア諸体系の実際のあり方とそれら体系の働き方だけであって、それら体系の起源とか発展過程といったものではありません。仮に私がなんらかの歴史的仮説を差し出そうという気になるなら、それは、男に自分の父系地縁クランに属す女（父の姉妹）の娘との婚姻を避けさせるような体系をオーストラリアのさまざまな民族がさまざまなやり方で提供してきたということにかかわる仮説でしょう。この回避をめざす方法で、オーストラリアでは用いられたことのない方法がメラネシア（ニューアイルランド島、アンブリン島など）に見つかるでしょう。

ニューヨークの学会で発表されるあなたの原稿をぜひ拝見したく思います。コピーを一部お送り願えないでしょうか。学会には出席できませんので、そうしていただければじつにありがたいのですが。

ご高配をお願いします。

敬具

A・R・ラドクリフ＝ブラウン

追伸　ウィクムンカン型体系の鍵は次の習俗にあるように思われます。男に妻の母の母を父の母の「姉妹」として指定することによって、実のまたは近縁の「父の姉妹」（pinya）の娘との婚姻が回避されるのです。

オーストラリア婚姻体系の類型論

Ⅰ　第一イトコ（現実のまたは名目上の）との婚姻を伴う体系

1　双方イトコ婚と姉妹交換を伴う

（a）男が実の父の姉妹の娘または実の母の兄弟の娘と結婚してもいい体系。カリエラ型。

（b）男が類別上の母の兄弟の娘または父の姉妹の娘と結婚するが、近縁の父の姉妹の娘とは結婚しない体系。

変種――ニュー・サウスウェールズのクムバインゲリ、クイーンズランドのオムペラ、アーネムランドのムリンバタ、南オーストラリアのクカタ。

2　母方婚を伴うが、姉妹交換は伴わない

カラジェリ（四クラス）、イル＝ヨロント（父系半族）、ムルンギン（八クラス）

Ⅱ　第二イトコとの婚姻と姉妹交換とを伴う婚姻体系。もっとも広く見られる形式では、二人の交叉従姉妹から生まれた子供同士の婚姻を標準的婚姻形式とする。

ヤラルデのように、この分類から漏れている体系もあります。もし父方婚を伴う体系があるとすれば、それはⅠ3型になるでしょう。

注

（1）A. P. Elkin, Kinship in South Australia. *Oceania*, vol. 8, 1937-1938; vol. 9, 1938-1939; vol. 10, 1939-1940, p.

423; Social Organization in the Kimberley Division, *ibid.*, vol. 2, p. 299-312.

（2）C. W. M. HART, The Tiwi of Melville and Bathurst Islands: Personal Names among the Tiwi. *Oceania*, vol. 1, 1930-1931.

（3）W. L. WARNER, *Kinship Morphology...*, p. 73-74, list VII.

（4）A. R. RADCLIFFE-BROWN, *The Social Organization...*, p. 41. — W. L. WARNER, *Kinship Morphology...*, p.78-79.

（5）*Loc. cit.*

（6）L. SHARP, Semi-moieties in North-Western Queensland. *Oceania*, vol. 6, 1935-1936, p. 158.

（7）第26章参照。

（8）L. SHARP, *op. cit.*, p. 161.

（9）*Ibid.*, p. 162.

（10）U. MCCONNEL, Social Organization..., p. 437. この相違についてのマコネルの解釈と、それに対する我々の批判は第27章参照。［本書執筆後にわかってきていることだが、カンデュウのもとにはそれほど確かに父方婚が存在するわけでなさそうである。］

（11）L. SHARP, *op. cit.*, p. 171.

（12）A. P. ELKIN, *Sections and Kinship in Some Desert Tribes...*, p. 24. 同著者による次の論文も参照。Studies in Australian Totemism. *Oceania Monographs*, n° 2.

（13）A. P. ELKIN, Kinship in South Australia, *op. cit.*, p. 441, 448.

（14）B. SPENCER and F. J. GILLEN, *Native Tribes of Central Australia*, p. 59-68.

（15）［ニーダム（NEEDHAM, Patrilateral Prescriptive Alliance and the Ungarinyin. *South-western Journal of Anthropology*, vol. 16, no. 3, 1960, p. 285, n. 33）はこの主張に異議を唱える。だが私は「同じ習わし」とは言っていない。「同じ型の習わし」と言っている。つまり、同じリネージに属すとともに異なる二つの世代水準に属す女たちを名指すために、連続的な名称体系の用いられることを言っているのだ。ここに引かれたアラバナの事例を——正しくも——ヤラルデとウンガリニインの名称体系に関連づけているのはじつは私でなく、エルキンである（ELKIN,

Kinship in South Australia, p. 438)。]

(16) *Ibid.*, p. 446-447.

(17) A. P. ELKIN, Kinship in South Australia, *op. cit., Oceania,* vol. 10, p. 213-214; Sections and Kinship in Some Desert Tribes..., *op. cit.,* p. 23, n. 5.

(18) A. P. ELKIN, Kinship in South Australia. *Ibid.,* p. 200-201.

(19) G. BATESON, Social Structure of the Iatmül People of the Sepik River. *Oceania,* vol. 2, 1932.

(20) A. P. ELKIN, The Social Organization..., *op. cit.,* p. 67.

(21) A. P. ELKIN, Kinship in South Australia, *op. cit. Oceania,* vol. 10, p. 380-381.

(22) 第8章および第27章参照。

(23) A. P. ELKIN, Sections and Kinship..., *op. cit.,* p. 23.

(24) *Loc. cit.*

(25) A. R. RADCLIFFE-BROWN, The Social Organization..., *op. cit.,* p. 41.

(26) A. P. ELKIN, Kinship in South Australia, *Oceania,* vol. 9, p. 52-53.

(27) *Ibid.,* p. 54.

(28) A. R. RADCLIFFE-BROWN, *The Social Organization...,* p. 58. ラドクリフ＝ブラウンはディエリ型体系を、命名されていない四つのセクションを有する体系として解釈することも試みた（The Relationship System of the Dieri Tribe. *Man,* vol. 14, n° 3, 1914)。

(29) A. P. ELKIN, *op. cit.,* p. 63.

(30) *Ibid.,* p. 61.

(31) 現在でも交叉イトコ婚禁忌は、この古代体系から結果として予想されるほど厳格ではない（ELKIN, The Social Organization of South Australian Tribes. *Oceania,* vol. 2, 1931-1932, p. 55; The Dieri Kinship System. *Journal of the Royal Anthropological Institute,* vol. 61, 1931, p. 494)。

(32) A. P. ELKIN, *op. cit.,* p. 56.

(33) 本書六三五ページ参照。

(34) U. McConnel, *op. cit.*, p. 440.

(35) *Ibid.*, p. 448.

(36) *Ibid.*, p. 439.

(37) *Ibid.*, p. 451.

(38) *Ibid.*, p. 451.

(39) 第12章、三四三〜三五二ページ参照。

(40) 前出、三七六ページ。

(41) 第23章参照。

(42) 第23章、六三八ページ。

(43) 次章参照。

(44) 第2部、第28章参照。

(45) 半族もセクションも欠く周縁型として次の民族がいる。ナリニェリ、クルナイ、ユイン、メルヴィル島民、ダンピア諸島のバード、西海岸のナンダ（D. S. Davidson, *The Chronological Aspect of Certain Australian Social Institutions as Inferred from Geographical Distribution*; The Geographical Distribution Theory and Australian Social Culture. *American Anthropologist*, vol. 39, 1937）。

(46) A. P. Elkin, Kinship in South Australia, *Oceania*, vol. 10, p. 379-383. とくに note 129, p. 382.

(47) ［ニーダムはこの点に異論を唱えているが（*op. cit.*, p. 285, n. 33）、私はエルキン（Elkin, Kinship in South Australia, p. 384）が述べたことを敷衍しているにすぎない。「この親族体系の名称体系は、北西オーストラリアのウンガリニインのもとで完全な発展を見ているような垂直的形式をもつ」。］

(48) A. R. Radcliffe-Brown, *The Social Organization...*, p. 46, n.

(49) A. R. Radcliffe-Brown, *op. cit.* 所収の地図および W. E. Lawrence, *op. cit.* 所収の地図を参照。［はっきり言っておくべきだが、一九五一年にラドクリフ＝ブラウンが提唱したオーストラリア諸体系の新しい分類は、彼がカラジェリ型と名づけた単方体系を繰り込んでいる。ここにはじめて公表するラドクリフ＝ブラウンからの私信は、新しい分類を論じた彼の論文を有意義に補完してくれる。」

第14章　第1部補遺

1

いくつかの型の婚姻法則をめぐる代数学的研究について（ムルンギン型体系）

アンドレ・ヴェイユ

C・レヴィ＝ストロースの依頼で書かれた以下の短い論文で、私は、ある型の婚姻法則がいかにして代数的演算に従いうるか、また代数学と置換群理論がいかにしてこれら婚姻法則の研究と分類を容易にしうるかを示そうと思う。

ここで問題になる社会では、男女すべての個体はクラスに振り分けられ、各個体の属すクラスは、いくつかの規則に従って、両親の属すクラスによって決定される。そして婚姻規則は、男女それぞれの所属するクラスにもとづいて、当の男女の婚姻が可能か否かを指示する。

かくしてこのような社会では、可能な婚姻の全体をある数の別々の類型に振り分けることができる。どのクラスから妻を選ぶ権利があるか（別の言い方をすれば、どのクラスの男の姉妹と結婚できるか）を任意のクラスの男に指示する定式がただ一つしかないなら、類型の数は、個体群が振り分けられるクラスの数に等しい。逆にこうした定式が複数あって一定の仕方で代わる代わる使用されるなら、可能な婚姻型の数は、クラスの数の二倍、三倍、などになっていくだろう。

いずれにせよ、n個の婚姻型があるとしよう。それらの婚姻型をたとえばM_1、M_2、…、M_nとn個の任意の記号で表す。ここでは次の二つの条件をみたす婚姻法則のみを考察する。

（A）男女どの個体にも、彼（彼女）が結ぶ権利をもつ婚姻型が一つ、ただ一つのみある。

（B）どの個体にとっても、彼（彼女）の結べる婚姻型は当事者の性別と彼（彼女）の両親の婚姻型にのみ依存する。

したがって、婚姻型M_i（iは数字1、2、…、nの一つをさす）から生まれた息子が結べる婚姻型はM_iの関数、fonction である。このような場合に通常使われる数学的表記法に従い、この関数は$f(M_i)$と表記できる。娘の場合も同じで、対応する関数は$g(M_i)$と表記され、通常は関数$f(M_i)$から区別される。二つの関数fとgがわかれば、研究されている社会における婚姻規則は抽象的には完全に規定される。それゆえ婚姻規則は三つの行をもつ表によって表すことができる。第一行には婚姻型M_1、…、M_nが列挙される。第二行と第三行は二つの関数fとgの対応する値をそれぞれ表す。

簡単な例をとってみよう。四つのクラスを有する社会が次の型に従って全面交換をおこなうとする。

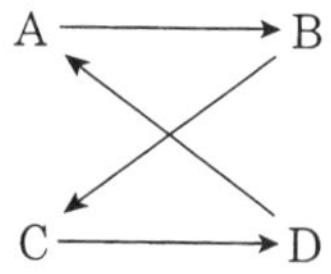

婚姻型は四つある。（M_1）Aの男、Bの女。（M_2）Bの男、Cの女。（M_3）Cの男、Dの女。（M_4）Dの男、Aの女。

さらにクラスA、B、C、Dの母から生まれた子供はそれぞれクラスB、C、D、Aに属すとしよう。すると次の表が得られる。

（両親の婚姻型）……		M_1	M_2	M_3	M_4
（息子の婚姻型）……	$f(M_i)$ ＝	M_3	M_4	M_1	M_2
（娘の婚姻型）………	$g(M_i)$ ＝	M_2	M_3	M_4	M_1

さらに右の例にも現れているようにfとgはM_1、…、M_nのあいだの代入 substitution で、このような場合、置換 **permutation** とも言われる。すなわち、右の表において第二行（fの値を表す）と第三行（gの値を表す）は第一行と同じく記号M_1、…、M_nからなり、たんに記号が第一行の場合とは違う順序で並べられているだけである。実際、そうでなくては第二世代以後いくつかの婚姻型が消えてしまうだろう。すでにわかるように、我々の研究はn個の要素をめぐる置換理論に従って進められる。ラグランジュとガロワを嚆矢とするこの理論は以来かなりの進展を見てきた。

ここで新しい条件を一つ導入する。

（C）どの男も自分の母の兄弟の娘と結婚することができなくてはならない。

この条件を代数的に表現してみよう。婚姻型M_iから生まれた兄弟と姉妹を考えてみると、兄弟は婚姻$f(M_i)$を結ばなくてはならないから、その娘は婚姻$g[f(M_i)]$を結ぶ。他方、姉妹は婚姻$g(M_i)$を結ばなくてはならないから、その息子は婚姻$f[g(M_i)]$を結ぶ。ゆえに条件（C）は次の関係によって表される。

$$f[g(M_i)] = g[f(M_i)]$$

群論においてこの条件は代入 f と g の可換性 permutabilité の名で知られる。可換な代入のその順序対 couple は既知の諸原則に従って研究・類別することができる。群論の用語法で言えば（残念ながら、詳細な敷衍なくしてはこの専門的用語法をふつうの語法に翻訳するのはほとんど不可能である）、f と g によって生み出される置換群 groupe de permutations はアーベル群である。アーベル群は二つの生成元 générateur をもつから、必然的に巡回群 groupe cyclique であるか、または二つの巡回群の直積である。

ここで新しい条件が導入される。次の定義によってこの条件を表現してみる。ある社会のなかに二つまたはそれ以上の下位個体群を識別でき、ある下位個体群に属す個体とほかの下位個体群に属す個体とのあいだにいかなる親族的なつながりもないとき、この社会は可約的 réductible であると言う。これと逆の場合、社会は既約的 irréductible であると言う。明らかなことであるが、婚姻法則の類型をめぐる純粋に抽象的な研究から見れば、考察を既約社会だけにかぎることができる。言うまでもなく、可約社会ではそれぞれの下位個体群が別々の既約社会を構成しているに等しいので。たとえば次の限定交換体系を考察してみよう。

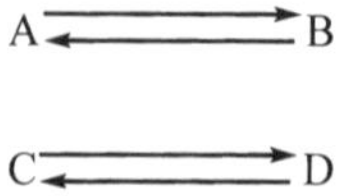

つまり、この体系は次の四つの婚姻型をもつ。(M_1) Aの男とBの女。(M_2) Bの男とAの女。(M_3) Cの男とDの女。(M_4) Dの男とCの女。さらにどの子供も母と同じクラスA、B、C、Dのどれかに属すと仮定してみよう。この社会は明らかに可約的で、二つの下位個体群からなる。一方の下位個体群はクラスAとBから、他方の下位個体群はクラスCとDからかたちづくられる。この社会の関数 f と g の表は次のとおり。

	M_1	M_2	M_3	M_4
$f(M_i)=$	M_2	M_1	M_4	M_3
$g(M_i)=$	M_1	M_2	M_3	M_4

これを既約社会であると仮定することは、群論の用語法で言えば、上述のごとく定義された群（fとgによって生み出されるアーベル置換群）は推移的 transitif であると仮定することである（＊が任意の関係または操作を表すとして、A＊BとB＊Cが成り立つとき、A＊Cも成り立つなら、＊は推移的である）。このような群は、それが巡回群であるなら、きわめて単純な構造をもつ。これが二つの巡回群の直積であるなら、さまざまな可能性が出てきて、用いるべき分類原則もそのぶんいちだんと複雑になる。しかしいずれにせよ、こうした問題は既知の方法に従って取り扱うことができる。ここでは一つの巡回群について得られる帰結だけを述べるにとどめよう。そのためにはnを法とする記数法の、よく知られた原則を指摘しておかなくてはならない。

nを任意の整数とする。nを法とする演算とは、ある数をnで割り、その余りをつねに当の数の代わりに置くことを意味する。たとえば初等代数学でよく知られる「9による検算」は9を法とする演算である。10を法として演算することにすれば、同じく8と7の和は5と書かれる。3と4の積は2と書かれる。2と5の積は0と書かれる。これらの例は次の式で表される。$8+7\equiv 5$ (mod. 10)；$3\times 4\equiv 2$ (mod. 10)；$2\times 5\equiv 0$ (mod. 10)．nを法とするどのような演算でも、記号＝の代わりに≡（「〜に合同」と読む）を用いることが約束である。10を法とする演算では10および10より大きい数字はけっして表記されない。つまり、この演算では0、1、2、…、9の十個の数字しか用いられない。

さて、巡回群をもつ既約社会を再び取り上げてみよう。いまやこの社会のなかに、任意の数であるn個のクラスを区別し、これらのクラスに0から$n-1$の番号を振ることができる。そしてクラスxの男がつねにクラス$x+a$ (mod. n) の女と結婚し、クラスxの女から生まれた子供がつねにクラス$x+b$ (mod. n) に属するようにする。aとbはどちらも定数で、すべての演算はnを法にしておこなわれるとする。たとえば、上記の全面交換体系では$n=4$、$a=1$、$b=1$となり、これはクラスA、B、C、Dそれぞれに0、1、2、3と番号を振ればわかる。

どのようにすればもっと複雑な実例を代数的に定式化し、議論することができるかをいまから示そう。交互に適用される次の二つの婚姻定式を含む、八クラス体系を仮定してみる。

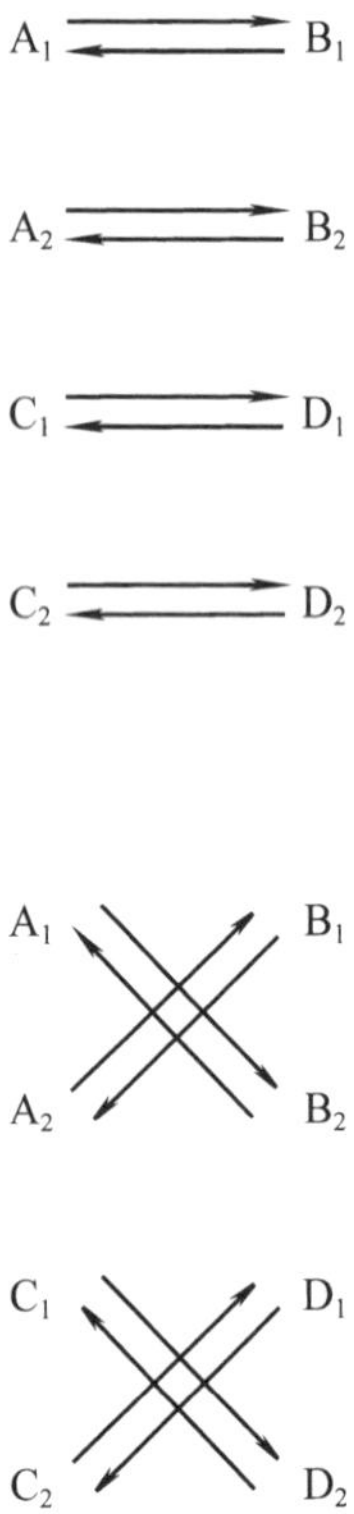

さらに子供のクラスは母のクラスによって次のごとく決定されるとする。

（母のクラス）………	A_1	A_2	B_1	B_2	C_1	C_2	D_1	D_2
（子供のクラス）……	C_2	C_1	D_2	D_1	A_1	A_2	B_1	B_2

我々の方法を適用するためには、定式（Ⅰ）（Ⅱ）は冒頭の条件（B）をみたすかたちで交替する、という規則を最後に認めておかなくてはならない。演算の便宜を図り、ここでもっと精確な仮定を立てておく。この仮定はおそらく無意味な制限を加えるものであるが、しかしとりあえずこのままのかたちで満足しておこう。特定の個体が婚姻定式（Ⅰ）に従わねばならないか、（Ⅱ）に従わねばならないかは、その個体の性別が男か女か、またそ

の個体の両親の婚姻が定式（I）に従ったか（II）に従ったか、もっぱらこの二つのことがらにのみ依存するとの仮定である。

夫婦の属すクラスと適用される婚姻定式とに従って、ここには十六の婚姻型がある。それら婚姻型に1から16の番号を振る代わりに、演算に適合するような番号の振り方をする。以下、すべての演算は2を法にしておこなわれるとする。2を法とする記数法では二つの数字0と1しか使われない。乗法一覧は次のとおり。

$0\times0\equiv0$　$0\times1\equiv0$　$1\times0\equiv0$　$1\times1\equiv1$

加法一覧は次のとおり。

$0+0\equiv0$　$0+1\equiv1$　$1+0\equiv1$　$1+1\equiv0$

以上のことを前提にして、それぞれのクラスを三幅対の指標（a, b, c）で表記する。指標a、b、cはそれぞれ2を法とする記数法で用いられる数字0と1のどちらか一方を表し、そのとき次の規則がある。

1°　aはクラスがAかBなら0で、CかDなら1である。

2°　bはクラスがAかCなら0で、BかDなら1である。

3°　cは下位クラスが1なら0で、2なら1である。

我々の記号表記では、たとえば男または女がクラスC_2に属すなら、彼または彼女はクラス（1, 0, 1）に属すと言われる。

＊＊＊＊

それぞれの婚姻型は四幅対の指標（a, b, c, d）で表記される。記号表現（a, b, c）は夫のクラスをさす。婚姻が定式（Ⅰ）に従うときdは0、婚姻が定式（Ⅱ）に従うときdは1である。たとえば婚姻（1, 0, 1, 1）の場合、夫はクラス（1, 0, 1）、すなわちC_2に属し、婚姻は定式（Ⅱ）に従っておこなわれ、妻はクラスD_1、すなわち（1, 1, 0）に属す。さらに子供はクラスB_1、すなわち（0, 1, 0）に属す。

一般的に言えば、定式（Ⅰ）の婚姻では、夫のクラスが（a, b, c）なら妻のクラスは（$a, b + 1, c$）、定式（Ⅱ）の婚姻では、夫のクラスが（a, b, c）なら妻のクラスは（$a, b + 1, c + 1$）である。以上の点は事例を一つずつじかに検討すればすべて検証される。婚姻（a, b, c, d）では、ゆえに夫のクラスは（a, b, c）、妻のクラスは（$a, b + 1, c + d$）となる〔定式（Ⅰ）（Ⅱ）それぞれにおける妻のクラスは（$a, b + 1, c + 0$）、（$a, b + 1, c + 1$）と表記でき、dは（Ⅰ）のとき0、（Ⅱ）のとき1だから$c + 0$と$c + 1$はともに$c + d$と書ける〕。

他方、妻のクラスが（x, y, z）なら、子供のクラスは（$x + 1, y, x + z + 1$）である。この点も事例をじかに検討することによって検証される。婚姻（a, b, c, d）では、ゆえに子供のクラスは〔妻のクラスが（$a, b + 1, c + d$）だから〕（$a + 1, b + 1, a + c + d + 1$）である。

さていまから定式（Ⅰ）と（Ⅱ）の交替をめぐる我々の仮定を明確にしなければならない。当該事例が次の四ケースのどれかにあたるとしよう。（i）子供はつねに両親の定式に従う。（ii）子供はつねに両親と逆の定式に従う、つまり定式は世代ごとに交替する。（iii）息子は両親の定式に、娘は両親と逆の定式に従う。（iv）娘は両親の定式に、息子は両親と逆の定式に従う。これらのケースはそれぞれ次のように二重指標（p, q）によって表記されるとする。息子が両親の定式に従うなら（ケース（i）と（iii））、pは0、逆の場合（ケース（ii）と（iv））、pは1である。娘が両親の定式に従うなら（ケース（i）と（iv））、qは0、逆の場合（ケース（ii）と（iii））、qは1である。

かくして、先に得られた帰結をもとにしてじかに検証すればわかるように、前に定義しておいた関数fとgをここで次の定式によって表すことができる。

$$f(a, b, c, d) \equiv (a+1, b+1, a+c+d+1, d+p) \pmod{2}$$
$$g(a, b, c, d) \equiv (a+1, b, a+c+q+1, d+q) \pmod{2}$$

あとまだ、これらの代入が可換であることを記さなくてならない。周知のとおり、これは母の兄弟の娘との婚姻がつねに許されていることを表すものである。演算は簡単におこなわれ、結果は次のようになる。

$$(a, b+1, c+d+1) \equiv (a, b+1, c+d+q+1) \pmod{2}$$

ここに示されているように、qが1であることはできない〔$q=1$とすると$c+d+1=c+d+q+1=c+d$となる〕。ゆえにケース（ii）と（iii）は条件（C）により除外され、可能なケースは（i）と（iv）しかない。ケース（i）は可約社会で、この社会は二つの下位個体群からなる。一方の下位個体群はつねに定式（I）に従って婚姻をおこない、もう一方の下位個体群はつねに定式（II）に従って婚姻をおこなう。このケースを脇に置けばケース（iv）が残るが、そこでは$p=1$、$q=0$である。ならば関数fとgは次のようになる。

$$f(a, b, c, d) \equiv (a+1, b+1, a+c+d+1, d+1) \pmod{2}$$
$$g(a, b, c, d) \equiv (a+1, b, a+c+1, d) \pmod{2}$$

この二つの定式を用いれば、この婚姻法則にかかわるすべての問いを簡単に演算に従わせることができる。たとえば父の姉妹の娘との婚姻は可能かと問うてみよう。容易にわかるとおり、一般的に言えば、この婚姻が可能である必要十分条件はfとgが次の関係をみたすことである〔父の婚姻型$f(Mi)$、私＝男は$f[f(Mi)]$。父の姉妹$g(Mi)$、その娘は$g[g(Mi)]$〕。

$$f[f(Mi)] = g[g(Mi)]$$

いま検討した法則について言えば、演算によってすぐさま明らかになるように、指標a、b、c、dのどれを選んでも、右の関係は検証されない。したがって、当該社会に属すどの男も、自分の父の姉妹の娘と結婚することはできない。逆に、つねに定式（Ⅰ）を適用する社会、またはつねに定式（Ⅱ）を適用する社会ならば、この種の婚姻がつねに許されるだろうということは同様の演算によって示される。

最後に、右の社会が既約的であるかどうかを検討してみよう。このたぐいの問題を取り扱うための一般的方法はいくつかあるが、ここでは次のように指摘するほうがより簡単である。組み合わせ$b \cdot d$は代入fによってもgによっても「不変」である。すなわち、この組み合わせは、四つの指標をもつ記号表現（a, b, c, d）の場合でも、その記号表現から代入fとgそれぞれによって導き出される記号表現の場合でも、同じ値をとる。これは二つの区別される下位個体群の存在することを意味する。一方の下位個体群は、$b - d \equiv 0$、つまり$b = d$となる（a, b, c, d）型の婚姻のすべての可能配偶者からなり、もう一方の下位個体群は、$b - d \equiv 1$、つまり$b \neq d$となる（a, b, c, d）型の婚姻のすべての可能配偶者を含む。言い換えれば、ここで問題になっているのは可約社会であり、この社会は次の二つの下位個体群に分解される。

1°
- クラスAかCに属し、定式（Ⅰ）に従って婚姻する男たち
- クラスBかDに属し、定式（Ⅱ）に従って婚姻する男たち
- クラスAかCに属し、定式（Ⅱ）に従って婚姻する女たち
- クラスBかDに属し、定式（Ⅰ）に従って婚姻する女たち

2°

クラスAかCに属し、定式（Ⅱ）に従って婚姻する男たち
クラスBかDに属し、定式（Ⅰ）に従って婚姻する男たち
クラスAかCに属し、定式（Ⅰ）に従って婚姻する女たち
クラスBかDに属し、定式（Ⅱ）に従って婚姻する女たち

すでに指摘したように、これらの演算が有効であるのは、言うまでもなく、定式（Ⅰ）と（Ⅱ）の交替が上述の単純な規則〔当事者の性別と両親の婚姻型〕の一つに従う場合にかぎられる。それ以外では演算を変更する必要が出てくるだろう。そして定式の交替規則が条件（B）をみたさないなら、我々の方法によって問題を取り扱うことはできないと言っていい。

2

コメント

ここまで見てきたムルンギン型体系の数学的研究はいくつかの注記を必要とする。ムルンギン型体系が、この体系の首尾一貫した解釈を唯一可能にしてくれる厳密な条件のもとで機能するとき、集団が二つの既約社会へ分裂するとのこの発見から明らかなとおり、第一に、全面交換体系はそれ自身の定式を超えて進化することができない。なるほど、任意の数のクラスを有する全面交換体系を考えることもできるが、しかしクラスの数が3であ

ろうが、nであろうが、$n+1$であろうが、構造は変化しないのである。この構造を変換する試みには二つの可能性が開かれている。有効な変換がおこなわれて全面交換定式が廃されるか（ディエリ型体系はこのケースにあたる）、全面交換定式が保存されるかで、保存された場合は構造変換に現実的根拠のないことがはっきりする。たとえばムルンギン型体系は八つの下位セクションを獲得するが、理論的には、ただそれぞれが四つのクラスを有する二つの並置された全面交換体系として機能するようになるにすぎない。前章で我々は純然たる構造論的分析によってこの結論に達したが、その結論を数学的分析が確証してくれるわけだ。したがって、マリノフスキーに触発された経験論に導かれるまま次のように書くとき、エルキンがどれほど思い違いをしているかわかる。「オーストラリア親族体系のもつ純粋に形式的な要素を研究することは、一般的にはほとんど試みるに値しない。（略）つまるところ、そのような研究はごく不十分なものにしかならず、民族の生活のいかなる現実的解明ももたらさない(1)」

本来の意味でのムルンギン型社会に関するかぎり、社会が理論によって示唆される条件のもとでみずからの個別性を維持しながら機能するとはまず考えられない。他方、もしムルンギン型社会が実際に二つの下位社会に等分されているなら、そのような事実がウォーナーやウェッブといった優れた観察者の目にとまらぬことなどありえなかっただろう。事実としては、ムルンギンは集団の一体性を損なわないようにしてくれる定式にとどまらなくてならないのである。それを根拠に我々はこう仮定したのだった。下位セクションと選択婚とにかかわる複雑な規則のなかに表明される体系は、現実的なものの表現というより、矛盾し合う影響にさらされている原住民のこしらえた理論、こうした諸困難に対する合理化と見るべきだ、と。体系の現実は別のところにあり、その現実の本性を我々は取り出そうとしたのである。

「ムルンギンがいかにして自分たちの理論体系の危機を回避するにいたるかはまだ知られていないが、その回避の方法は理論体系の不正確な適用にしかありえない。ならば、交換周期のさまざまな実際的閉じ方をめぐる観察記録の遺漏、情報の曖昧さは、おそらくインフォーマントたちのある種の無能さだけを原因とするのでなくて、集団の一体性を危うくせずには完結しえない、構造の内在的限界を示す指標でもあるかもしれない。七つのリネージのあることから論理的に帰結するはずの周期より実際の周期が短くか長くなる、との事実にこの限界が示されているのか〔そうかもしれないが、しかしこのようにして周期に首尾一貫性をもたせることがそれだけでいかにして解決策となるのかは見極めがたい〕(*)。ウィクムンカンに見られるように、周期が一世代から数世代ずれて閉じるということもまた考えられうることなのである。いずれにせよ、アランダ型の外観をまとった法規化がつねに不完全なままにとどまらざるをえないか、でなければ、社会集団が分節化せざるをえない。〕

(*) この一文はフランス語原書にはないが、これがないと文章のつながりが悪いので、本書の英語版に従って補足した。おそらく原書では脱落したのであろう。

サザン・クロス地方の諸体系が二つの内婚半族をもつかの体裁――しかも偽りの体裁――を示すこと、またイル＝ヨロント民族が少なくとも部分的に内婚的であることは、したがっておそらくまったく現実的な根拠を欠いた事実というわけではない。イル＝ヨロントは二つの父系半族に分割され、「Pam Lul 半族に属すクランのすべての男は他方の半族から妻をめとる。しかし Pam Bib 半族に属すクランで Pam Lul 半族のクランと縁組を結ぶクランはいくつかしかなく、ほかのクランはみずからの属す Pam Bib 半族のクランと結婚する」(2)。こうした事実は、数学的研究からもたらされる理論的結論に照らして注意深く再吟味されるべきだろう。

いずれにせよ、進化中の全面交換体系が集団を下位社会へと分割する方向に向かっていることの知られている民族が、一つ存在する。中央ブラジルのアピナイェである。思い出しておけば、この民族は四つの *kiyé*、すなわち四つの「側」ないし「部分」に分割される。婚姻規則は全面交換の典型で、Aの男はBの女と、Bの男はCの女と、Cの男はDの女と、Dの男はAの女と結婚する。さらに男の子供は父の *kiyé* に、女の子供は母の *kiyé* に属す。つまり *kiyé* Aは Aの男とBの女から生まれた息子と、Dの男とAの女から生まれた娘を含む。ならば、すでに指摘したように、Aのすべての男とBのすべての女は同じ型の婚姻（Aの男とBの女との婚姻）から生まれたことになり、この型の婚姻を永続させることがAの男とBの女の使命である。アピナイェでは第一親等のイトコは禁忌配偶者にあたるが（この点は体系がもたらすもろもろの影響に対する部分的防衛と見なすことができる）、にもかかわらず *kiyê* は外見上外婚構成体と見えるだけで、現実には内婚単位として機能する。[3] 現象の「外婚的」な面にのみ注意を奪われた場合に想定されるよりその数が多いにちがいない、これと同型の事例を丁寧に吟味すれば、全面交換体系の研究にとって有益なアプローチの方法がもたらされることはほぼまちがいない。本書の第2部で[4]、我々は内婚と全面交換の関係というこの問題を再び見出すことになる。

注

（1）A. P. Elkin, Native Languages and the Field Worker in Australia. *American Anthropologist*, vol. 43, 1941, p. 91.

（2）L. Sharp, Ritual Life and Economics of the Yir- Yoront of Cape York Peninsula. *Oceania*, vol. 5, 1934- 1935, p. 19.

（3）前出、第4章参照。［すでに言及した論文において、メイベリー＝ルイス氏はアピナイェ型体系についてかなり違う解釈を与えている。読者はこの解釈にもあたられたい。］

（4）第26章から第28章までを参照。

【第2部】全面交換

確かに〈大地〉はすでに好ましい状態にあるが、まだ道がない。道を開くのはNing Kongで、彼は糸玉である姉妹'Ndin Lakongを小脇に抱え、その一部をシナの上に解き広げてから宮殿に戻る。ごらん、いまやシナに通じるすばらしい道ができた。彼は次にシャン国へ赴き、再び自分の姉妹を解き広げる。それがシャンの道になる。同じようにして彼は道を開いていく、カチン国に、ビルマ国に、カラ国に……

カチンの創世神話

GILHODES, *The Katchins; their Religion and Mythology*. Calcutta, 1922, p. 18.

第1篇　単純な全面交換定式

第15章　妻を与える人々

我々は一つの交換定式を取り出したが、それは従来この名をあてられてきたものより広い定式であった。まさにいちだんと複合性の高い構造を援用するぶん直接的に把握されることの少ない一つの周期を、狭義に解された交換——二人のパートナーだけしか介入しない交換——のかたわらに、またそれを超えたところに想定でき、なおかつ実際にもその周期は存在する。我々が全面交換の名で呼ぶのはこの周期である。オーストラリアの婚姻諸形式の分析をとおしてと、狭義に解された交換概念のみにもとづく伝統的類型論のそのなかに現れる諸矛盾をとおし、我々はもっと複雑な定式のあること、狭義の定式とより複雑な定式とを含む包括体系のなかに組み入れないでは婚姻規則が理解できないことに気づいた。しかしこれまでのところ、全面交換定式はどちらかと言うと一つの理論的な必要性として現れてきた。ゆえにその定式をまだ事実のなかに見出さなくてならず、いまから我々は二重の視点に立ってそれを試みようと思う。

まず最初に我々は、全面交換構造に単純明快にもとづく、具体的な体系を差し出さなくてならないが、これが第2部冒頭数章にわたる課題となる。だが、あらゆるかたちの交換のなかに親族関係の起源と親族関係の統制機能を見出すという、この作業の目的を正当化するには、それ以上に次のことを明らかにする必要がある。「交換婚 mariage par échange」とふつう呼ばれる婚姻とはいままで相容れないと見なされてきた親族体系と婚姻型とが、より本来的な交換形式と同じ資格で、じつは交換に包摂されること、親族関係および婚姻の知られているか考えられうるすべての型を、限定的か全面的な交換方法として一般的分類のなかに統合できること。この通分作業を我々に可能にしてくれるのが、あるいは別の言い方をするなら、交換構造を交換概念とはいかにも無関係と見えていたさまざまな類型や習俗にまで拡張させてくれるのが、全面交換の概念である。しかしとりあえずは第一の課題にのみ的を絞り、事実上もっとも単純なかたちで現れる全面交換を検討してみることにしよう。

一九二二年にはじめて次の仮説を提唱したのはT・C・ホドソンである。父方交叉従姉妹を（可能配偶者から）除外して母方交叉従姉妹との婚姻を許す集団は、どちらの交叉従姉妹との婚姻も許可する集団とは構造的に異なる。(1) 一九二五年、彼はこの仮説をもっと体系的に捉え直す必要に迫られ、同じ年、じつに大きな功績をもつ短い論文を発表した。双方交叉イトコ婚を伴う双分組織と、姉妹の息子と兄弟の娘との非対称婚を特徴とする組織、三分組織（三つのセクションまたは三の倍数のセクションからなる）と彼の呼ぶ組織とのあいだに、はじめて理論的な区別を立てたのである。(2)「三分組織」という言い方は意味が狭すぎる。その証拠に、もっとも完全な実例であるとホドソンの認めるカチン型体系は、少なくともモデルの水準では、五つの基本セクションを必要とする。全面交換体系はじつはどれだけの数のセクションでも含むことができるのだが、ただ任意の集団が奇数の（偶数であっても三の倍数であればいい）婚姻クラスか、婚姻クラスに機能的に準ずる単位に下位区分されているときにしか、全面交換体系の存在をアプリオリには想定できない。

それでもものちに我々は、四つのセクションをもつ全面交換体系を見る。しかも全面交換を伴う半族体系——ムルンギンのもとですでに出会った定式(3)——は一般にそのような体系であるが、しかしホドソンはそんな事例がありうるとは考えなかった。とはいえ、彼は二つの根本定式を区別してみせ、婚姻規則と社会構造のあいだの相関関係を理解した（ただ三分組織はつねに父系であるにちがいないと彼は思い込んでしまったけれども。[4] すでに見たように、三分組織に必然的に伴うのは、それが本書第13章で定義した意味で調和的であるというそのことだけなのである）。また、全面交換定式が、自分の手元にあった諸事実から引き出せる範囲を超えて広く分布していることも彼は見抜いた。加えてホドソンは典型的な実例をいくつか発見しもし、彼の確信、カチン型体系がぬきんでて好個の例証になるとの確信は、いまもってそのまま通用する。

実際、我々は極東に全面交換の特徴的な形式を一つでなく二つ見出し、それら二形式は太平洋沿岸の両端に分かれて――この対照だけでも一つの問題を提起する――分布する。すなわち、一方はビルマのカチン民族とアッサムのいくつかの民族のもとに、他方は東シベリアのギリヤーク民族のもとに見られるのである。

＊＊＊＊

カチンについては多くの資料があり、彼らの親族体系をめぐるマルセル・グラネの注釈もある。[5] 文献のあいだに対応関係を立てるのは必ずしも容易でない。書かれた時期がじつに多岐にわたり、しばしば別々の集団に言及されていて、なおかつ文献全体の属す時期は、我々も知るとおり、体系が徐々に解体の道を歩んでいる時期にあたる。

カチンは未発達な封建制の性格を示す荘園 seigneurie に分かれて暮らし、父系・父方居住で複婚を実施していた。ウェールリは一九〇〇年以前のおびただしい原資料を叩き台にして親族体系をまとめた。[6] そのほか、ギルホーズ[7]に親族体系の一分析が、O・ハンソン[8]とハーツ[9]には雑多な情報が見つかる。

［本書執筆時には以上の原資料しか利用できなかったが、本書公刊からほどなくしてリーチが、まず論文、続いて一冊の著書のかたちで、カチンの調査結果を発表しはじめた。ほとんど言うまでもないことだが、彼の調査は

先人に比べてはるかに現代的かつ方法的な精神にもとづいて進められた。ならば、今日ではもはや古くなってしまった資料をもとに論点を練り上げている章を、そのまま残しておくことは適切だったかどうか。リーチの業績に依拠して、全面的に稿を新たにすべきでなかったか。いくつかの理由から我々はそのような選択を退けた。ここでそれらの理由を手短に説明しておくのがいいだろう。第一に、版元が再版を申し出たのはこの本であって、別の本でなかった。第二に、初版の本章は古い時代の著者たちの見解について詳細な要約を含むが、リーチの論文や著作は間接的に言及する以外、彼らに触れていない。しかし彼らが仕事をしたときの時代状況、民族誌家としての訓練の欠如にもかかわらず、これらの著者たちは、リーチによる簡単な取り扱いから考えられるよりはるかに大きな注意を払うだけの価値をもつように思われる。とりわけ強調しておかなくてならないが、第三に、私が一九四九年にカチンについて発表した成果は痛烈な批判を浴びたにもかかわらず、今日、もとになった文章を読み返してみると、真に反駁されているよりはしばしば曲解されていると私には映る。論争を強く意識して書かれた一九五一年の論文以来、確かにリーチは我々二人の視点がずいぶんと接近したことを熱心に強調してきてはいるが、しかし彼が一九五一年の論文を一九六一年の著書にそのままのかたちで再録している以上、私としては、かつての論争を蒸し返そうというのではないが、やはり最初に書いたことを正当化しておく必要があると考える。

まず第一点であるが、この点については私もさしあたりリーチを賞賛しておくにやぶさかでない。カチン型親族体系をめぐる彼の分析は、先人の分析よりもはるかに堅固で、遺漏もなく明確である。先人たちは多くの点を保留したままであったので、本書初版で私は二ページ（二九四〜二九五ページ）を費やして、原資料のあいだに見られるいくつかの食い違いを議論し、仮説的な再構成によって空白を埋めねばならなかった。私がこのようにして到達した体系はリーチの報告する体系にきわめて近かったが、やはりリーチの体系のほうが好ましいことは否めない。それゆえ私としては、リーチの体系にごくわずかな変更を加えてそれをここに転載することでよしとする。これが新しい図45の狙いである。

以上の点を確認したうえで次に、リーチが一九五一年の論文で漏らしているおびただしい不満に議論を移そう。

図45　カチン型体系（リーチによる）

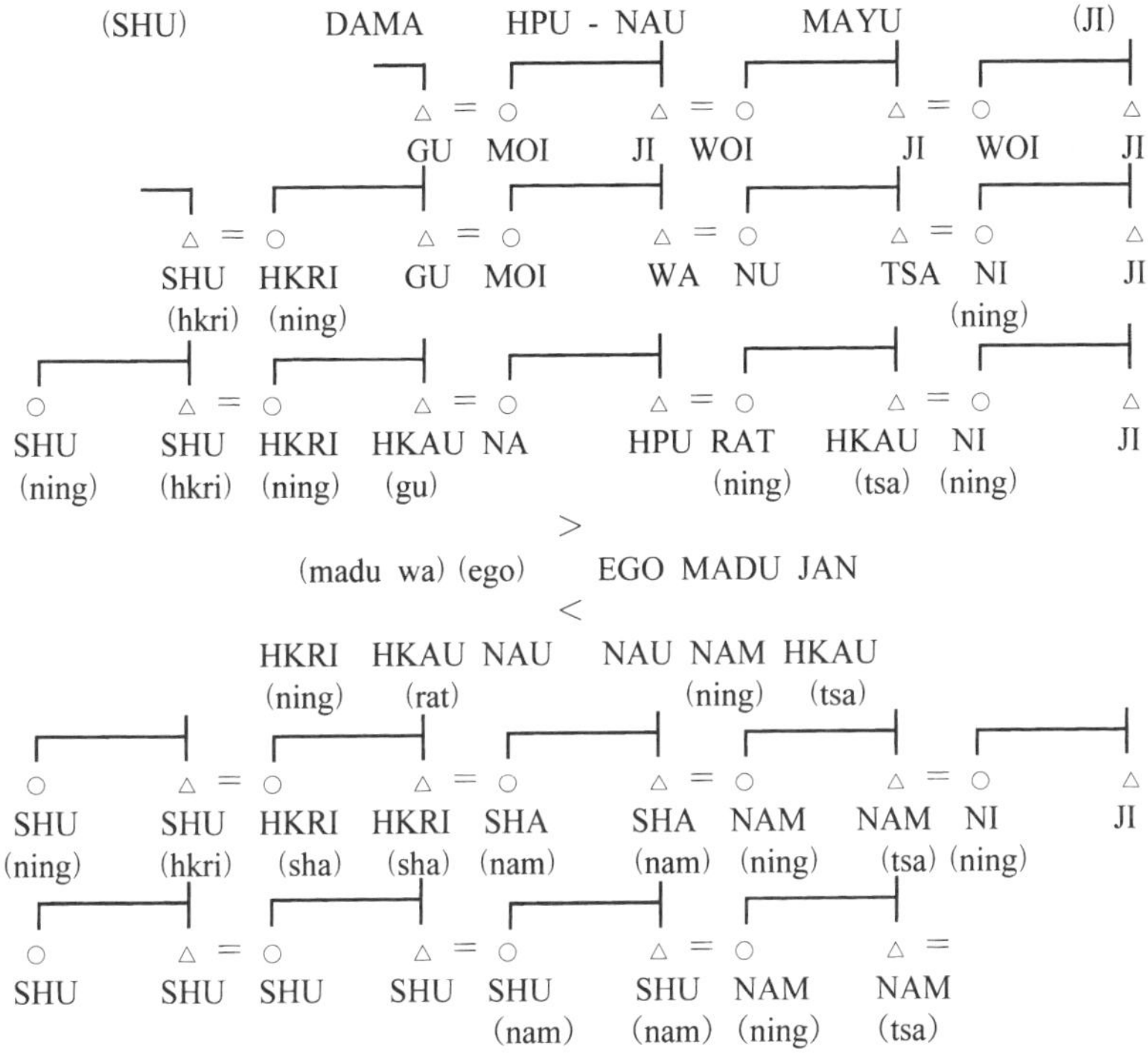

（　）でくくった名称は、女である〈私 Ego〉によってのみ用いられる。

私が見るところ、それら不満に、じつのところまともな根拠はまったくない。

第15章をとおして私が二つの別々の民族カチンとハカ・チンとを絶えず混同した点に第一の、しかももっとも大きな不満があると言われている。「ハカ・チンについてのヘッドの記述がカチンにも当てはまる、と彼［レヴィ＝ストロース］が見なしてしまったことにまったく疑問の余地はありえない[cf. L.-S., p. 297, 322ff. 377 etc.]。この途方もない勘違いはどう繕っても許されるものでない。チンはカチンから地理的に遠く離れているだけでなく、我々の知るかぎり、カチン型の婚姻さえ実施していない」(*Rethinking Anthropology*, p. 78 から引用〔『人類学再考』思索社、一九七四年、一四一ページ――以下、引用は拙訳による〕)。全面交換モデルを組み立てるために使った情報の出所を、そうすべきであったほどには必ずしも区別せず、おそらくいささか性急に二つの類型を同類扱いしたことは私も進んで認めるが、しかしこの同類扱いはほんとうに許されないものなのか。許されないと主張するには、カチンとチンは民族、言語、文化から見て、それぞれ等質ではっきり異なる二つの実体をかたちづくると証明できなくてはならないだろう。カチンの場合、この証明はほとんど不可能に見える。じつにリーチもカチンについてこう書いている（*Political Systems of Highland Burma*, 1954〔『高地ビルマの政治体系』弘文堂、一九八七年〕）。「この民族は多くの異なる言語、方言を話し、地域が違えば文化的にもまたさまざまな大差がある」（一ページ〔邦訳、二ページ――以下、引用は拙訳による〕）。事実に即してもリーチその人の指摘に従っても、カチンという名称は、互いに異質な諸民族を抱える一つの集合体をさし、この集合体をかたちづくるおよそ三十万の人々は、縦六百キロ、横百キロの長方形にほぼ相当する広さ五万平方マイル〔一マイルは約一・六キロメートル〕のテリトリーに散在する。イラワディ渓谷の反対側の山地に住むいちばん近隣のチンまでの距離は直線でせいぜい三百キロ程度であるから、南カチンからチンまでの距離は、南カチンから北カチンまでの距離より大きいわけでない。宏大な地域に分布するせいで相互接触を断たれていることもあるのに、書誌的にはカチンの名のもとに恣意的に一括されるこのような地縁集団の寄り集まりに、いったいどんな共通性があるのか。リーチ本人も認めるように、共通性をなすのは言語でも、民族衣装でも、文化でもない。カチンという集合的で弁別的な呼称を正当化するために唯一取り出せる基準は、この名で呼ばれるすべての集団に、一つの共通した社会構造の存在することである。「私見によれば、いささか恣意的に画定されているこのエリア――とりわけカチン山地――には一つの社会体系が存在している。山地のあいだの渓谷がこのエリアに含まれるのは、社会体系の水準でシャンもカチンも単一の社会体系の一部をなすからである」（前掲書、六〇ページ〔『高地ビルマの政治体系』、六九ページ〕）。シャンとカチンのように言語、文化、歴史のいずれから見ても互いに異なる民族を、共通の社会構造が存在するとの理由で同類扱いしていいのなら、私がやはり共通の社会構造をもとにしてカチンをチンのいくつかの集団と一緒にしたからといって、それを非難するのはまちがいなく根拠に乏しい。両者の違いがカチンとシャンの違いよりはるかに小さいことは確実なのだから。

一九五一年の時点では確かにリーチは、カチンとハカ・チンに共通する社会体系の存在に疑義を呈していて、たとえば次のように書いた。「チンは（略）我々の知るかぎり、カチン型の婚姻すら実施していない」。続いてすぐに注をつけている。「ハカ・チンは一方でラケールに、他方でザハウ・チンに隣接する。ラケールはカチン型の婚姻を実施し、ザハウ・チンは実施していないが、ハカに関しては明確な証拠はなにもない」（*Rethinking Anthropology*, p. 78 と note 2 から引用[10]〔『人類学再考』、一四一ページ、および第3章原注30、二四一ページ〕）。ところがすでにこの論文において、リーチは社会構造の異質性という推定に疑問をもっていたようで、その証拠に数ページ先でこう記す。「レヴィ＝ストロースはカチンの慣習とチンの慣習を混同したが、それでも思うに彼は、カチンの花嫁代価の支払額が奇妙なほど大きいという点を議論しているのかもしれない」（前掲書、八〇ページ、注3〔『人類学再考』第3章原注42、二四四ページ〕）。しかし私が一九四九年に立てた仮定、すなわちカチン型体系とハカ・チン型体系の密接な親近性をリーチは、一九五一年、ハカ・チンの婚姻規則のまったく未知であることを口実に退けているのだから、それ以後、彼の考えはめざましい進捗を遂げたことになり、実際、数年後に彼はこう記すのである。「ビルマのハカ・チンの隣に住むラケール民族とアッサムの諸民族は、文化全般にわたってハカ・チンとの強い類縁性を示す。ハカ・チンはカチン諸集団の南西数百マイルほど離れたところに住み、カチン諸集団との直接的な接触はない。ところが、カチン文化とハカ・チン文化の全般的な様子はよく似通っていて、少なくともある卓越した人類学者はこの二集団を一つ同じものと見なした（Lévi- Strauss, 1949）」（Aspects of Bride Wealth and Marriage Stability among the Katchin and Lakher, *Man*, vol. 57, 1957, no. 59〔『人類学再考』、一九三―一九四ページ〕）。

地理的に分かたれた複数の民族からさまざまな要素を借りて私が社会構造の一つの型を勝手にこしらえあげたその恣意性に、なんらかの根拠のあったことを、結局のところリーチは認めているわけだ。ただ、カチンの社会構造とハカ・チンの社会構造の同一性を証明した功績を、私に帰そうとしないだけの話である。ハカ・チンの経済的給付体系だけをもとに私が彼らの婚姻体系の構造を演繹することができたという、このことからしても明らかなとおり、私はもう一つの非難とは裏腹に、経済的給付体系と婚姻体系とを切り離したことなど一度たりとなかった。要するに、チンとカチンを混同したから私は両者が似通っていると思い込んだのでなく、両者が似通っていることを確認したからこそ、両者を——婚姻体系から見て——権利上、同等視してかまわないと主張したのである。リーチとまったく同じように私もまた、「カチン」という総称が言語でも、文化でも、地理的近しさでもなく、もっぱら社会構造の共有にのみもとづくことを認めたにすぎない。この機会にこそ次の点を思い起こしておくべきである。リーチも正しく指摘するように、「勤勉な民族誌家は探し出そうと心がけるだけで、違う『部族』をまさにいくらでも見つけ出すことができる」(*Political Systems of Highland Burma*, 1954, p. 291〔『高地ビルマの政治体系』、三三一ページ〕)。

リーチが私に向ける別の不満がある。カチン型体系が背理を秘めていると見なして、その背理ゆえにこの体系のモデルは必然的に不均衡であらざるをえないことを私が結論した、と言うのである。彼の議論構成には二つの側面を区別しなくてはならない。カチン型体系が妻の取り手と与え手のあいだの不平等を強める傾向にあることに、まずリーチは異議を唱える。彼によれば、婚姻給付品は家畜からなるからである。「カチンのあいだでウシは消費財をなす。要するに首長はウシというかたちで富を蓄えつづけていく。しかし威信はウシを所有していることに由来するのでなく、宗教的饗宴(*Manau*)で動物を屠殺することから派生する。婚姻やそのほかの合法的取り引きの結果として富んでも、首長はそのぶん頻繁かつ大規模に *Manau* を催すようになるにすぎず、かくして饗宴に参加する家来たちも利益を受ける。ゆえに交換取り引きの周期を完結させるのに必要な要素がここにあるのだが、レヴィ=ストロースはこの要素が欠けていると考えたため、背理であるとの印象をもったのである」(*Rethinking Anthropology*, p. 89 より引用〔『人類学再考』、一五五ページ〕)。ところが、そう主張するリーチ本人が八三ページではこう指摘する〔『人類学再考』、一四八ページ〕。給付品は家畜を主体にしてなるどころか、さらに労働奉仕をも含んでいて、ただこの労働奉仕がいかなるかたちで返されるのかがわからないのである、と。だが、とりわけまちがっているのは、提供された家畜が儀式的共食のかたちで、いわば返還されるとする言い方である。

首長がこの家畜のおかげで饗宴を催すことができるとするなら、それは首長にとって〔返されることなく〕備蓄される威信の増加を意味し、ゆえに、首長によって獲得される威信は、支給者たちが自分の利益のために威信の獲得を断念することと引き替えに、絶えず増大する傾向にある。言うまでもなく、支給者たちは〔威信を獲得するための〕家畜を婚姻給付のかたちで手放していくのだから。この場合でも、またほかの場合でも、自分の最初の立場の不十分さにリーチは徐々に気づいていったようで、先ほど引いた文章と矛盾するにもかかわらず、数年後にはじつに次のごとく書く。「社会的上昇は（略）二重のプロセスによってもたらされる。儀礼上の義務を果たすさいに気前よく豊富に物を与えることをとおして、まず個人によって威信が獲得され、ついで当の個人の属すリネージの格づけが遡及的に公認されることによって、この威信が社会的に認知された身分に転換する」(*Political Systems of Highland Burma*, 1954, p. 164〔『高地ビルマの政治体系』一八一ページ〕)

じつはいま引いた文章でもそのほかの箇所（前掲書、九〇、一〇一、一〇三ページ〔『高地ビルマの政治体系』、九四、一〇六、一〇八ページ〕）でも、リーチはカチン社会では女が財と交換されるとのばかげた考えを私に帰そうとしているように見える。そんなことを述べた覚えはまったくない。ほかのどんな社会体系でもそうであるように、女が女と交換されることは明らかだ。私がカチン型体系は根本的に不安定であると見なす理由はまったく違っていて、女性給付に対する補償などという経済的性質にでなく、全面交換体系における婚姻交換のねじれにかかわっている。実際、交換周期が長期化の傾向をもてばもつほど、〔交換周期の〕各段階でどの交換単位も直接の債権者である集団にすぐさま債務を償還しなくてよくなるので、自分たちを益するために女を蓄積するとか、不相応なほど身分の高い女を要求するとかいったかたちで、いよいよ頻繁に自己に有利な条件を増大させようとするのである。リーチの議論の第一の側面、嫁を獲得するために手放した家畜を妻の取り手たちが儀式的共食のかたちで再び受け取るというこの再分配によって、カチン社会のモデルが均衡を保つとする主張は、ゆえに成り立たない。肉は返されるかもしれないが、肉の分配過程で獲得された威信のほうはそうはいかないのである。

しかし、とくに指摘しておくべきだが、カチン社会のモデルは均衡を保っていて、いかなる不安定性も抱えていないと一九五一年の論文で主張したリーチは（「この体系は（略）矛盾をはらんでもいないし、自己破壊的でもない」、前掲書、八八ページ〔『人類学再考』、一五四ページ〕）。「彼〔レヴィ＝ストロース〕はカチン型体系にそれが実際にはもっていない不安定性を付与するにいたった」、前掲書、九〇ページ〔『人類学再考』、一五七ページ〕）、一九五四年の著書では、最初の解釈とは違う解釈にたどり着いたように見える。そしてその解釈というのは、ほかならぬ私自身が押し出した解釈と同じなのである。

一九五一年の論文では、カチン型社会の組織化形式のうち、ただ一つが考察されているだけであることは明らかで、実際、分析を始める前にリーチはこう書く。「以下の記述はまずなによりもカチンの *gumsa* 型政治的組織化にあてはまる。*gumlao* 型として知られるもう一方の体系では構造がいくらか違う」（前掲書、八二ページ、注2、また八五ページ、注1も参照〔『人類学再考』第3章原注35および39、二四二〜二四三ページ〕）。だがこの第二の型はどこでも問題にされないのである。さて、一九五四年の著書〔『高地ビルマの政治体系』〕では逆に、二つの類型のなす二元性にリーチはアクセントを置き、カチン社会が地域単位、それどころかときには村単位で、平等的土台（*gumlao*）か位階的・準封建的土台（*gumsa*）のどちらかにもとづいて組織されうること、また二つの型は構造的に結びついていて、カチン社会は少なくとも理論的にはこの二つの型のあいだを絶えず揺れ動いてきたと考えられうることを明らかにする。我々にかかわる観点から見て注目すべきことだが、それぞれの形式を分析しつつリーチは「イデオロギーとしての *gumsa* の根本的不整合」を強調する一方で、「とはいえ、同じく *gumlao* 型体系も不整合に富む」（Leach, 1954, p. 203〔邦訳、二三〇ページ〕）と付け加えてさらに続ける。「どちらの体系もある意味で構造上の欠陥をもつ。*gumsa* 型の政治様態は叛乱につながる諸特徴を発展させる傾向を帯びていて、やがてある時点で *gumlao* 型の秩序に行き着く。しかし *gumlao* 型共同体は、（略）それを構成するリネージすべてを平等段階に留め置くための手段をふつうは欠いているため、やがて分裂をとおして一気に解体してしまうか、さもなくば、リネージ集団間の身分の相違が体系を *gumsa* 様式に連れ戻す」（前掲書、二〇四ページ〔邦訳、二三一ページ〕）

要するに、カチン社会が均衡状態にあることを一九五一年に主張したリーチは、一九五四年には、互いに矛盾し合うだけでなく、それぞれがそれぞれの矛盾を抱えてもいる（「*gumsa* と *gumlao* の自己矛盾」、二三一ページ『高地ビルマの政治体系』、二六二ページ〕）二つの形式のあいだでカチン社会が交替を繰り返すこと、絶えず揺れ動くことを認めるのである。こうなると、私の解釈に酷似してしまうほかないことをはっきり意識しているので、リーチは正直にこう言い添える。「［カチンの *mayu-dama* 婚姻体系とカチン社会の階級構造とのあいだに］そのような関係があるであろうとする仮説は、もともとはレヴィ＝ストロースのものである。（略）［レヴィ＝ストロースは］それにとどまらず、さらに次のような示唆をも与えた。*mayu-dama* 型婚姻体系の存在は階級へと成層化された社会に通じる一方、まさにそのことによってカチン社会の崩壊を引き起こしかねない、と。私がここに集めた材料は部分的にレヴィ＝ストロースの議論を傍証するものであるが、しかし私の考えでは、カチンの *gumsa* 型組織化に見られる不安定性は、レヴィ＝ストロースの想定した型の不安定性に正確に一致するわけではない」（前掲書、二八八ページ〔『高地ビルマの政治体系』、三二七〜三二八ページ〕）。私の解釈を経験的材料によって確証したのだから、一九五一年に押し出した自分の解釈が無効になることをリーチははっきり述べてもよかっただろう。古い時代の著者たちによって記述されなかったあの二つの型 *gumsa* と *gumlao* の存在を知ることは、確かに私にはできなかったのであり、リーチのじつに大きな功績は、それらの型を実地に観察して、しかるべく位置づけたことにある。しかし引き続き本書を読んでもらうだけで確認できるように、あの区別を知らないままに、私はカチン型婚姻の形式的条件をめぐる理論的分析から当の区別を演繹していたのである。ただし私の結論はリーチとは違い、*gumlao* 集団たちが *mayu* と *dama* を――「そのような区別を必要とさせるものは彼らの政治体系のなかにはなにもない」（LEACH, 1954, p. 203〔『高地ビルマの政治体系』、二三〇ページ〕）にもかかわらず――カテゴリーとして区別するから、そこに背理があるということでなくて、*mayu-dama* 二分法が政治体系の結果ではない、むしろ政治体系の原因であるということなのだ。「経験的に言えば、*gumlao* 集団たちは（略）リネージにもとづく階級分化へとかなり急速に立ち返っていくように見える」（同書〔『高地ビルマの政治体系』、二三一ページ〕）。じつに一九五四年になってさえ、リーチは不十分な構造論的解釈にとどまり、彼には *gumsa* 型封建構造と母方婚との連繫が偶発現象と見えているが、それ以前に私は、この二つが構造的に結びついていることを明らかにしたのだった。

リーチのもう一つの非難（前掲書、八〇ページ、注1〔『人類学再考』第3章原注32、二四一ページ〕）、カチン型体系の議論で私が昇嫁婚と降嫁婚の明確な区別をなさなかったことについては、いちだんと素早くとおりすぎることにする。形式的観点から見て、それら二つの婚姻型を区別する必要がなかったから区別しなかったまでの話である。この点をはっきりさせるために、以後、植物学から借用した用語 anisogamie〔異形配偶〕を〔異身分婚の意味で〕使うことにする。男女のどちらが上位または下位に位置するかに関係なく、身分の異なる配偶者のあいだで婚姻のおこなわれることを言うにすぎない用語である。ここでもまたリーチは、一九五一年に降嫁婚をカチン型体系の構造的側面と見なしていたのに、一九五四年には私の観点にいちじるしく接近しているように思われる。「母方交叉イトコ婚は（略）階級序列の体裁をまとった父系リネージ体系に相関している。だからといって、必ずしも嫁の与え手（*mayu*）は嫁の取り手（*dama*）より格づけが高くなければならないわけでないが、しかし階級差が婚姻に現れるなら、*mayu* と *dama* は相容れなくなるはずで、一方は他方よりも格づけが高くなくてならない」（*Political Systems of Highland Burma*, p. 256〔『高地ビルマの政治体系』、二八八ページ〕）。母方婚と父方婚のどちらもが出自の二様式と両立するにもかかわらず、母系出自体制では父方婚の確率が（母系出自体制の構造的不安定性が短い回路を求めさせるので）、父系出自体制では母方婚の確率が（父系出自体制は周期の長期化をより容易に許すので）高まるのと同様、父系出自体制では、じつに降嫁婚（異身分婚の母系的相を表す）は比較的不安定な構造の、昇嫁婚は安定した構造の、指標であると私には思われる。封建的傾向を帯びた父系社会で降嫁婚が不安定性の指標をなす理由は、降嫁婚の実施が、男系親族としての自分の立場を固める手段を縁組（すなわち女系親族の認知）に求めようとするリネージに特徴的なことがらであり、女系制 cognatisme を男系制 agnatisme の手段に変えるからである。それに対して昇嫁婚は、女系的諸関係が男系体系にそぐわないことをより論理的に前提する。したがって、カチン民族全般の示す降嫁婚的様相を「階級差についてのシャン民族の考え方」（前掲書、二五六ページ〔『高地ビルマの政治体系』、二八八ページ〕）の歴史的・地域的同化の結果と見なすなら、次のことを無視するに等しい。降嫁婚は、義父母にかかわるタブーのかたちで世界中で実証されている広範な構造的現象であること、また降嫁婚は父のリネージと母のリネージのあいだの緊張状態、まさに昇嫁婚とともに引き起こされる父系リネージにのみ有利な傾斜をまだ示さないでいる状態に対応すること。「姻族紐帯 affinal tie」と「氏族紐帯 sibling tie」との関係を別の問題に関連して今度ばかりは真に構造論的に分析している一九五七年の論文〔『カチン族とラケール族における婚資と婚姻の安定性」、『人類学再考』第5章〕において、リーチは *gumsa* と *gumlao* ——そのいずれでも女性交換はまだ一般的給付体系から抜け出していない——の類別にまで拡張できる類型論の原理を、ついに手に入れたように思われる。

リーチが一九五一年に私に向けた最後の非難は、私が憶測にもとづくアジア社会全体の歴史にたどり着くとそう言うのであるが（*Rethinking Anthropology*, p. 77, p. 103〔『人類学再考』、一三九～一四〇、一五七ページ〕）、この非難を取り上げることで締めくくりにしよう。じつにここでもまた、一九五一年の時点でいかなる歴史的再構成にも敵意をむきだしにしていたリーチその人が、一九五四年になるが早いか、こう確認してみせるのである。「この型の体系（周期的モデルに属す体系、ゆえに通時的視点からしか解釈しえない体系）を前にするとき、歴史的次元の考察によって共時的解釈を制御しないでいるのはきわめて難しい、と。「さていまや私は部分的な歴史から純粋な思弁へと移ることにする。現在にいたるまでのカチン社会の成長過程は知られていないが、しかし私はその過程を推測してみようと思う。私の推測は、おおまかに上述した歴史的事実に合致するはずで、またアジア民族誌の既知の事実とも整合するはずである」（*Political Systems of Highland Burma*, p. 247〔『高地ビルマの政治体系』、二七八ページ〕）。ここでもまた時間が物を言ったわけだが、しかしリーチの断言（1954, p. 249〔『高地ビルマの政治体系』、二八〇ページ——「現代カチンの社会構造を特徴づける重要な原理はマユ－ダマ婚姻体系である。レヴィ＝ストロースは、このシステムの基本規則が非常に古い時代に中国から取り入れられたかも知れないとほのめかすような論を唱えた」（関本照夫訳）」）とは逆に、私はカチン型体系を漢型古代体系からの借り物として扱うなどと述べた覚えは金輪際ない。ただこう示唆しているだけである。かつてアジア、さらに中国にさえも広く分布していたにちがいないある型の社会構造が今日でもまだ現存することをカチン型体系は物語る、と。

ここまでの長い議論を終えたいま、我々はカチン型体系をはじめから、すなわち親族体系（図45）から検討し直すことができる。

この体系はリーチが指摘するよりもはるかに堅固に構造化されている。リーチはじつに *dama* が「孫」を、*mayu* が「祖父母」をさす総称であることに困惑し、次のように述べて合理化を図る。「厳密な女系関係か姻族関係から見て［*hpu-nau*（「兄弟」）でも *mayu* でも *dama* でも］ない人々は、多くあたかも〈私〉自身のクランに属す遠い縁者であるかのごとくに取り扱われる」（LEACH, 1961, p. 82『人類学再考』、一四七ページ）」。だが少なくともモデルの水準では、これらの人々はまちがいなく女系親族の遠い親戚である。〈私〉Ego が子供であったときに右側の最後のリネージ（*mayu* の *mayu*）が含むことのできた唯一の女系親族は「祖父母」、つまり父の母の母、母の母の父で、やがて大人になると、〈私〉は左側の最後のリネージ（*dama* の *dama*）のなかに「孫」にあたる女系親族、〈私〉の娘の娘の子供を見出す。構造論的に言えば、要するに両端のリネージの名前は婚姻規則の関数になっていて、「私の（曾）祖父母のいるリネージ」、「私の（曾）孫のいるリネージ」を意味する。」

かくして名称体系は縁組規則を完全に反映する。いまからこの規則を検討しなければならない。「婚姻にかかわるあらゆることがらに関して、カチンは二つの集団 *mayu ni* と *dama ni* に分割される。*mayu ni* は嫁を提供する一つまたは複数の部族を、*dama ni* はこれらの女たちの夫になる男たちのいる部族を含む[11]。二つの語 *mayu ni* と *dama ni* は、狭い意味ではその成員の少なくとも二人が婚姻によって結びついている家族をさすが、しかしまたもっと一般的な含意をももっていて、この場合には、互いに結婚可能か結婚するにふさわしい関係にあるすべての家族またはすべての部族に適用される。「*mayu ni*――女を与えてくれる部族――の *dama* であるどの部族、どの家族も、〔女を与えてくれる〕この特定の部族に対してのみ *dama* である。たとえばマタウ村には三つの主要な家族ないし分枝がある。Chyamma ni は Latsin ni の *dama ni*、Latsin ni は Kawlu ni の *dama ni*、Kawlu ni は Chyamma ni の *dama ni* である。同じく Latsin ni は Chyamma ni の *mayu ni*、Chyamma ni は Kawlu ni の *mayu ni*、Kawlu ni は Latsin ni の *mayu ni* である。この体系では、女たちは一世代しか同一の家族にとどまらず、いわば家族から家族へと移動していくが、夫たちのほうは動かない。たとえばいまの例で言えば、Latsin に属す未婚の女たちは Chyamma に属す既婚の女になり、Chyamma に属す既婚の女たちのその娘たちは Kawlu に属す既婚の女になり、Kawlu に属す既婚の女たちのその娘たちは Latsin に属す既婚の女になる、など」。かくして言うまでもなく、「男が結婚できるもっとも近縁の女性親族は、母方オジの娘である従姉妹しかいない。（略）男が自分の *mayu* にあたる部族で面会できるのは、母方オジたちから生まれた従姉妹たちだけで、習俗は彼がこれらの従姉妹のうちの一人を選ぶことを、義務づけてはいないが好ましいとしている」[12]。ハンソンやキャラピエットにも同様の指摘が見つかる。「カチンはいくつかの家族を *Dama*『夫の与え手』、別のいくつかの家族を *Mayu*『妻の与え手』と定義する」[13]

いくつかの点でこれらの文献は重要である。まず、母の兄弟の娘との婚姻規則を、またこの規則が適用されるさいの一般的定式を立証している。次に、最低三つの通過点を経由すれば交換回路が閉じうることを明らかにしている。したがって、双分組織の可能性はすべてただちに排除される（双分による組織化なら、少なくとも四つの通過点が必要とされるだろう）。ゆえにここにあるのは、絶対的に単純である全面交換定式、（ムルンギンのもとでそうであったのと違い）外婚半族への組織化という前提から派生するのでない定式である。

カチン型標準婚は要するに母の兄弟の娘との婚姻であるが、しかしこの娘は妻の兄弟の娘と同じ名前をもつ。[14] しかも他方で、レヴィレート婚やソロレート婚のほかに父の類別上の「妻」との婚姻も確認されていて、この婚姻はハカ・チンでは *Nu Klai*「縁組による親族と結婚すること」と呼ばれる。[15] さらにギルホーズは継起的なソロレート婚による複婚も報告している。かくして、選好婚は明確に規定された親等から生ずるよりは、嫁を債務として要求する債権者リネージ *dama ni* に属す男たち全員と、すべての娘と姉妹に関して債務者の立場にあるリネ

ージ *mayu ni* との、包括的関係から生じるように思われる。観察者たちが我々の前に呈示してきた事態はかくのごとくである。カチン語には *kha* という「借り」を意味する語があるとキャラピエットは言っている。いかなる名誉毀損も、直接的・間接的ないかなる侮辱も「借り」に変わり、早晩、弁済されなくてならない。債務と債権は遠い後代にまで引き継がれていく。ところで、債務の直接的または間接的な――一般には直接的な――きっかけとなるのは、十中八九、女で。[16] 引用したキャラピエットの著書に付されたJ・T・O・バーナードの注[17]は、次の貴重な注釈を加えている。「カチンの女は特定の個人の実際の妻であっても現実にはクランと見なされていて、寡婦になれば、クランの別の男性成員の手に移り、クランが彼女に対する夫権を行使する。ゆえにカチンの法律に本来の意味での離婚は存在しない。(略)この手の問題〔離婚〕を解決する最善の方法は、代わりの女をあてがってやることである」。年上の姉妹でなく、年下の姉妹を要求する求婚者は、たとえばスイギュウを一頭余分に差し出すといったかたちで逆により高い代価を支払わなければならない。[18] 同じ著者はさらにこう述べる。「夫婦のあいだに生じた悶着に終止符を打とうとする場合、ときに両親は極端に気難しい最初の妻を彼女の妹の一人に取り替え、この妹が姉よりおおらかに結婚生活に満足してくれることを願う。姉は自分の宝飾品をすべて妹に譲らなければならず、そのようにして妹は姉の代理となる」。[19] また別の情報によれば、兄弟たちはふつう自分の兄弟の寡婦をめとり、義父は義理の娘が寡婦になると彼女を妻にする。ここからはっきりわかるように、この習わしは名称体系に一致する。妻が夫との生活を嫌がり、彼女の家族がいくら説得してももとの鞘に収まらなかったときは、代わりの女を差し出すことが義務づけられている。[20] キャラピエットは地区の裁判所によって審判された一事例を引いているが、夫婦関係にかかわる債権が集団的・互酬的側面をもつことを、この判例は如実に示す。原告は一年ほど前に亡くなった被告の従兄弟の寡婦で、彼女は被告の家族に離婚を要求している。というのも、この家族の男性成員が誰一人として彼女を妻にもらってくれなかったからである。[21] 母の兄弟が婚出させる娘をもたないなら、彼のほうが、甥のために自分のほかの親族のなかから女を探さなくてはならず、反対に甥が従姉妹との結婚を拒めば、この甥は侮辱されたオジに賠償を払わなければならない。さらに婚姻後に妻が死亡したなら、彼女の夫は自分の義父母（オジとオバ）に別の女を要求する権利をもち、義父母は彼に娘か女性親族を妻として与える。また密通の場合、間男の属すクランは、侮辱された夫に支払われるべき賠償に対して連帯責任を負う[22]。

求婚の習俗を見れば、個人が結婚するのでないことがきわめてはっきりする。「求婚者の家族は、縁組の望まれる家族のもとへ〈長老〉たち（*salang*）を出向かせる。相手方の両親が乗り気なら、*salang* は花、キンマ〔コショウ科の木本性ツル植物〕、タバコ、頭飾りなど、妻に選べる娘全員の装飾品や衣装をくすねて求婚者のいる村に持ち帰り、*ningwawt* が、いちばん好ましい娘を選ぶための占いの儀礼をとりおこなう[23]」。ギルホーズは別の情報も報告している。婚姻によって夫の家族のなかに入ると、女はこの家族のいわば所有物になる[24]。夫が亡くなっても、実家に戻ったり自分で選んだ男と結婚する自由は女にない。彼女の処分権は相変わらず彼女の *dama ni* にあり、彼女は義理の兄弟または夫の従兄弟の手に移るか、既婚の義理の兄弟の第二の妻とされるか、夫の先妻の息子と結婚するかである。そして *dama ni* の誰も彼女を望まない場合にかぎって、彼女は実家に帰るが、そうなれば、彼女の家族は彼女に支払われた代価の一部を返還しなければならない。

＊＊＊＊

原則として変更できない一定方向に婚姻給付をなしていくこれらの集団とは、いったいいかなる集団か。古い著者たちの指摘によれば、カチンは Marip, Maran, Nkhum, Lahpai, Lathong の五つの根幹集団に下位区分される。神話はこれらの集団が共通の祖先から分かれたとしている。だが、言われている集団が厳密な意味でのクランであるかはきわめて疑わしい。紐帯は一つの共通の伝承にもとづいてと、各集団内の貴族の家族を互いに結びつける実際の、あるいは理論上の親族関係によって成り立つ。ところが、ウェールリの引用するジョージは帰属 affiliation が、実のであれ、神話上のであれ、もはや親族関係に依存していないことを、もろもろの適切な実例をとおして示す。たとえば

Maran の首長の近くに定住したある Szi-Lepai は Maran となって、彼の子孫も全員が Maran のままである。今日ではすべての集団が多かれ少なかれ入り交じって暮らしているが、それでも、おそらくもっと厳密であったころの空間的配置の名残だろう、まだ各集団の地理的中心を確定することはできるように見える。Lathong は北端に、Lahpai はイラワディ川の両岸に面する山岳地帯に住み、Maran は Lahpai の東、中国との国境に沿って固まっている。北西端には Nkhum がめだち、Nkhum の南に Marip が位置する。[25] ほとんどの観察者はこれらの集団を「部族 tribu」の名で呼んでいるが、それら集団に政治的組織化の完全に欠けていることからして、この呼び方はあまりふさわしくない。政治的組織化は〈荘園〉ないし自由村落〔自治権のある村〕の水準でしか現れないのである。〈荘園〉は共通の権力のもとに少数の村を結集し、その封地は近隣集団に対して明確に境界づけられている。根幹集団同様、これら〈荘園〉もクランを構成しない。〈荘園〉をナガ諸民族の *khel* から区別するウェールリは、おそらく正しい。[26]〈荘園〉は家族ないし「イエ maison」に下位区分された小さな政治的単位なのである。[27]〈荘園〉内部では貴族（*du ni*）と平民（*tarat ni*）を区別しなければならない。貴族は〈領主〉の家族に直接・間接に属す人々で、相応の威信を享受する。「二人のチンポー（＝カチン）が出会うと最初にこう尋ねる。おまえは貴族か平民か[28]」。のちに見るように、貴族の家族はさらに神話的起源をもち、その権威は神話に根ざす。

貴族の家族は、所属する五つの根幹集団の名前と地名から借りた特殊な名前以外に名前をもたないようであるが、逆に平民は家族名かクラン名をもつ。実際、忘れてならないが、名門家族はいずれも系譜的に根幹集団の神話的創設者までさかのぼり、この創設者の名前を名乗っていい権利を有する。民衆のほうはテリトリー的単位でないたくさんのクランに分かれる。同一クランの成員が異なる根幹集団の下、さらには〈荘園〉の下に属すこともあり、その場合、彼らは自分たちの仕える根幹集団の名前、ときには〈領主〉の名前をクラン名に付加する。[29] 本来のクラン名はつねに維持されるのである。「ある Szi-Chumlut、すなわち Szi 部族（この集団は厳密な意味でのカチンとの、いちじるしい類縁性を示す）と Chumlut クランとに属す成員が Maran の首長のテリトリーに定住すると、Maran-Chumlut になる」。現在では五つの集団への分割のほうが支配的であるが、歴史的にはクランへの組織化がこの分割に先行したと、ウェールリもジョージ同様に結論づける。[30]

こうした事実全体から示唆される進化過程は、コロンブスによる発見前のペルーで生じたと思われる進化過程と同型である。ペルーではリネージ体系がいよいよ封建的な性格を帯びていって、やがて徐々に原初のクラン組織に付け加わっていったと推定される。実際、分析してみれば、カチン社会は三つの主要な構成体を抱える。まずクランであるが、クランはいまではもう平民のあいだにしか見られず、しかも平民のもとでも父系に沿って譲渡されていく名前にすぎなくなっている。次に神話的系譜にもとづく五大区分がある。最後が〈荘園〉で、〈荘園〉は五つの区分それぞれの内部にあり、もろもろの補足的連関をとおしてあの神話的系譜に結びつく。ほとんど疑問の余地はないが、これらの〈荘園〉はリネージをなす。本家の長男たちが新しいテリトリーに移って自分自身の〈イエ〉を創設するという定期的な分家によって、リネージは数を増していく。実際、首長領を継ぐのは末の息子である。「年下の息子が主相続人である。（略）年下の息子は首長位を継ぎ、家族のイエと領地権を占有する。（略）Dawa の長男は相続人でないので同じ境遇の友人と一緒になって移住し、仲間とともに新しいイエを設立する。おそらく相続権がもたらすこのような帰結のせいで、チンポー集団は系統的に拡大していくのだろう。また個々の分枝がいくつかの封地に分散しているのも、おそらくいまと同じ理由による[31]」

ルシャイのもとにも似た事態が見出される。「首長の息子が結婚適齢期に達すると、父親は息子に女を買い与え、自分が治める村からいくつかのイエを選び、それを息子に任せる。やがてこれらのイエが新しい単位になる。それを機に息子は一人前の首長として指揮権を振るう。（略）末の息子は父の村にとどまり、村の統率ばかりでなく、財産にかかわることがらについても父の跡を継ぐ[32]」

このように単性生殖によって持続的に生み出されていくそれぞれのリネージには、外部からやってくる被護民を受け入れる用意があり、受け入れられた被護民は当のリネージの名前を名乗る。かくして時間がたてばたつほど、リネージはいよいよ異種混淆的な寄り合い世帯と化していくはずで、リネージを一つに結びつけるのは継承されてきた習俗上の諸特徴と、先祖から伝わった漠とした伝承だけになる。[33] まさにこのような経緯を経て根幹集団が出現する。根幹集団が追加的なクラン名をもたないことは、これらの集団がかつてはクランであって、のちに進取の気性に富む首長たちの積極的な推進、続いて名門家族の主導のもとに政治的・テリトリー的単位に変わっていったことを暗に物語る。わずかな違いを除けば、ペルーのインカ民族もそのように進化していった。ならば、今日では農民のあいだ以外ではほぼ完全に姿を消してしまった古代クラン組織が、まずあったと想定していいだろう。続いてこの原初組織に属すクランのいくつかが、原初構造の骨格を背後に残すリネージ、すなわち五つの根幹集団へと進化したか進化しつづけている、と。そして現在、その延長線上でこれらのリネージは〈荘園〉、〈イエ〉、家族という新たな構成体を前方に向かって投影している。

　我々から見て本質的な点は、この複合的現実のあらゆる水準で婚姻体系が機能していることである。「今度はこの五つの部族がおもだった枝と二次的分岐とに下位区分される。（略）これらすべての家族はそれぞれがほかの二家族と絡み合っているが、けっして一つに融合してしまうことはない。それぞれが、さまざまな村に分散する集団として別々に暮らし、それぞれのテリトリーをもつ[34]」。これはおそらく言い過ぎであるが、しかし社会集団のすべての構成要素が一つまたは一連の婚姻周期のなかで結節されていることを、はっきり明るみに出してくれている。基礎になる周期は五つの根幹集団を中心に形成される。Marip は Maran から、Maran は Nkhum から、Nkhum は Lahpai から、Lahpai は Lathong から、Lathong は Marip から妻を手に入れる[35]。語り部たち（*jaiwa ni*）が言うには、このような配列は Washet Wa Makam の息子たち、つまり五つの「部族」の最初の首長たちにさかのぼるらしい。［これは異論の余地なくモデルで、モデルはまったく部分的・一時的にしか経験的現実とは一致しえない。しかしここに集めてみた引用からわかるとおり、これら古い著者たちもモデルとしての性格を完全に意識していた。リーチは次のように書くとき、彼らの証言を取り上げ直しているにすぎない。「疑いなくカチン自身も自分たちの全体的な社会が、この［クラン］型に属す七つか八つほどの主要団体からなると考えようとしている。（略）これらのうち最初の五団体は（略）一般に身分が高いと見なされていて（略）カチン山地全域に存在することが確認されている」（LEACH, 1954, p. 128 and note 34）］

しかし、ギルホーズとハンソンが異口同音に述べるところによれば、貴族の家族のあいだで働いている体系はいちだんと複合度が高く、ある集団に属す各家族はほかの二集団に属す二家族から妻を受け取る。「この配置は後代に少しばかり変更された。*du ni* は *mayu ni* にあたる部族を当初は一つしかもたなかったが、いまでは一般に二つもつ。（略）*tarat ni* は相変わらず従来の分類法の枠内で妻を手に入れてもいいのだが、ただし彼らの *mayu ni* にあたる部族が今日では、*mayu ni* か *dama ni* であるいくつかの家族に下位区分されている」[36]。さしあたり平民は脇に置いて、封建家族だけを考察してみよう。ギルホーズによれば、Marip の *mayu ni* は Maran と Lahpai、Lahpai の *mayu ni* は Lathong と Maran、Maran の *mayu ni* は Nkhum と Lathong、Lathong の *mayu ni* は Nkhum と Marip、Nkhum の *mayu ni* は Marip と Lahpai である。ハンソンも同じ情報を伝えているが、ただし Lahpai と Lathong のあいだに互酬関係があると指摘しているから、彼は Nkhum を第二回路の外に残さざるをえなくなる。どちらの事実もほとんどありえないことのように思われる。どの著者も Nkhum の特殊事情に言及していないため、Lahpai と Lathong のあいだの互酬性は暗に双方交叉イトコ婚を意味することになり、これはハンソンも含めたすべての観察者の証言と明らかに食い違う。たぶんハンソンは、近代になって始まった体系の解体に起因する、矛盾した情報をベースに図式を作成したと考えられる。体系の解体についてはのちにいくつか実例を見るが、そのさい、理論的に原初体系を仮定することで矛盾の解消を図ろうとするより、むしろキャラピエットとギルホーズがもたらしたデータのうちにとどまることが選ばれるだろう。というのも、それらのデータは符合しており、完璧に均整のとれた図表に行き着くからである（図

図46　カチンにおける封建的婚姻周期

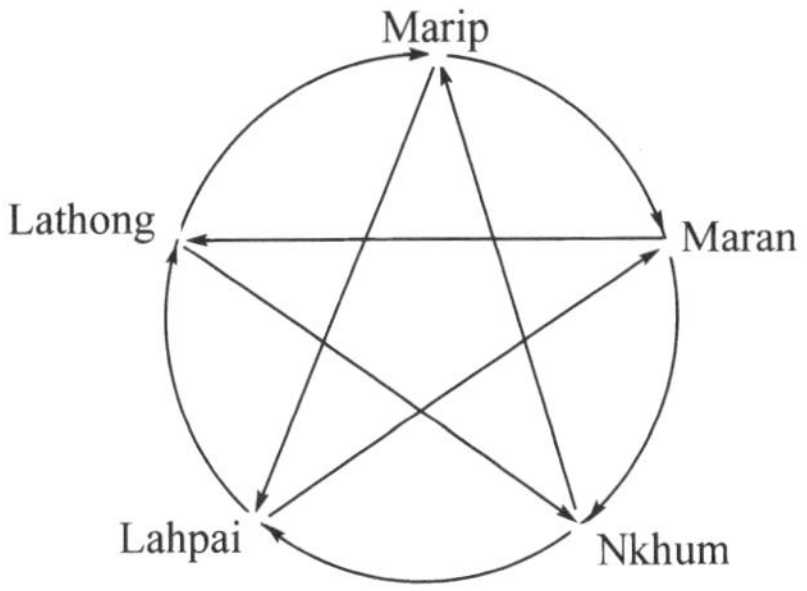

矢印は男を与える集団と女を与える集団とを結びつける。

46)。しかしこの点にグラネは大きな問題を投げかける。

＊＊＊＊

古代漢型体系は八クラスを有するとの自説[37]の検証の機会を絶えずうかがっていたグラネは、カチン型体系を手がかりにして、ハンソンのいくつかの指摘にもとづく再構成の試みに手を染めた。ハンソンの指摘によれば、婚姻規則も一般周期における交換集団それぞれの順位も、神話に根ざす一つの定式によって根拠を与えられている。「家族の始祖たちの、つまり同一の英雄から生まれた兄弟たちの出生順を指定することによって家族を位階化する[38]」定式である。首長格の家族は五つあったが、しかし兄弟は八人いた。そのうちの下から三人の兄弟が家族を設立し、この家族のそれぞれが、上の五人の兄弟のうちの三人から生まれた家族に併合された。というわけで、Nkhum, Lathong, Maran のそれぞれは二つのセクション、年上セクションと年下セクションからかたちづくられている。長兄の子孫である Marip と今日もっとも力のある Lahpai だけは、一つのセクションしか抱えていない。グラネは八人兄弟の八という数字と二家族が年下セクションを有していない事実とを対比してこう結論する。原初構造は現在よりも対称的で、神話――これはいまでは習わしを正当化するだけの役割しか果たしていないが――によりよく合致していたにちがいない、と。八人兄弟が起源において四つの年上セクションと四つの年下セクションを設けたというのなら、すべては明快になるだろう。またなぜ各集団が交換周期のなかでただ一つの集団にでなく、二つの集団に結びついているのかも理解されるだろう。「各集団はほかの一集団にとっての〔妻の〕提供者にあたるのだから、各セクションは双対をなす二つのセクションに〔妻を〕与え、双対をなす二つのセクションから〔妻を〕受け取るはずである[39]」。グラネは躊躇することなくハンソンとギルホーズの定式を訂正し、理想的な体系を再現してみせる。この体系は二重の周期をもつはずである。一つは Marip—Lathong A—Nkhum A—Maran A—Lahpai—Lathong B—Nkhum B—Maran B—(Marip)。もう一つは Marip—Lathong B—Nkhum A—

Maran B—Lahpai—Lathong A—Nkhum B—Maran A—(Marip)。

まず疑いのないところだが、十九世紀後半および二十世紀初頭に観察された体系は、大きく変質してしまった定式を体現している。キャラピエットはハーツが「一世代以上も前に」有効だとして差し出した諸規則をそのまま引き、「一般的にはこの順序は相変わらず適用されている」と言い添える。[40] だがT・F・G・ウィルソンの著書の注を参照すれば、別の結論にたどり着く。「妻を与え、受け取るという *Mayu-Dama* の習俗は、この三、四世代のあいだにいちじるしく弛緩してしまった。Marip の下位部族ないしクランは、Marip のほかの下位部族と結婚する。たとえば Hkansi Marip である Hkansi の家族は、N'Ding Marip のもとから妻を手に入れた。Lahpai も相互婚を実施する。たとえば Shadan-Lahpai がときとして Wawang-Lahpai のもとから妻を手に入れることがある。好個の事例は Shadang Kawng（N'Lung La の父、現在の *duwa* Alan）で、Shadang Kawng は、かつての *duwa* Wawang Lahpai の娘 Ja Tawng と結婚した。チンポー、アツィ、ラシ、マルの集まる民族色豊かな村では、内婚が頻繁におこなわれるようになった。Atzi-Lahpai は Krawn-Lahpai のもとから妻をめとることがあり、Wawchun の *duwa* は Atzi-Lahpai で、その妻は Krawng Lahpai である」。[41] そのほかにも別の理由が体系の進化にあずかった。〔*mayu ni* を二つもつという〕封建家族の浴した特権の効果が広く波及したことと並んで、[42] 血統の断絶に対する恐れを考慮に入れなければならない。この恐れは平民のあいだにも強く根づいている。「*du ni*（貴族）であろうが、*tarat ni*（民衆）であろうが、*dama ni* は習俗の命じるところに従って、それぞれの *mayu ni* のもとから連れ合いを手に入れなければならない。この規則に従わないのは、赤恥をかいたまま子孫なしでいることに等しいと考えられていた。しかし最初の妻に子ができないとか、彼女が若死にしたとか発狂したときは、いままで婚姻関係のなかった〔家族から〕新しい妻をめとることもあり、このようにして *mayu ni* の数を増やしていくのである」[43]

かくして原初体系は、かなりあとになって機能しだした体系とは相当異なっていたはずだということは認めてもいい。残る問いはこうである。この原初体系の形式に関して自分の都合のいいように立てられた、グラネのもろもろの推定を、いくらかでも現実にありそうなこととしてどこまで堅持できるか。彼の仮説全体はハンソンが神話に帰した八人兄弟に依拠している。ハンソンの解釈はウェールリの解釈には符合するが[44]、しかしキャラピエットとギルホーズの証言とは衝突する。二人とも八人兄弟でなくて九人兄弟について語っているのである。キャラピエットは九人兄弟から生まれた七つの部族に言及し（最初の部族は三人の祖先の合体である）[45]、ギルホーズは親族体系の神話的先行諸形態について詳細な報告を展開している。

＊＊＊＊

カチンは世界創造を一連の生殖として捉える。「Karai Kasang は（略）地上に存在する森羅万象を、父たちと母たちを介して創造する」。ならば、神話はとりわけ強い関心を呼び起こす。そこになによりもまず原住民の精神の捉えるままの婚姻概念と親族概念が見つかるかもしれない、と期待できるのだから。事のそもそもの起こりは男性原理と女性原理の出会いにさかのぼる。一方は霧または蒸気である Wawm Wawm Samwi、もう一方はたぶん鳥である Ning Pang Majan、この二つの原理がおびただしい神話的事物を生み出す。たとえば〈大包丁〉〈短剣〉〈槍先〉〈鏨《たがね》〉〈大きな針〉。そのほか、天と地をくっつかないように保つ柱、大地の背骨と活力、世界の〈手足〉など超自然的存在。次世代は万物の胚珠を、その次の世代は動植物種の父母たちを含む。第四世代は物理的形態をもった空と大地（それまでの空と大地の存在形態とは異なる）、道具と器具、そして大いなる *nat*〈精気〉からなる。さらに四人の兄弟がいて（第三世代で生まれた）、道具で世界を制作する。Ning Kong Wa は〈大刀〉を使って「頭も頸もないカボチャのような自分の兄弟 Kumli Sin」を二つに切り分け、ついで〈鏨〉を使ってその半分から男を、もう半分から女を切り出す。これが *tarat ni*＝平民の起こりである[46]。

王侯たちは、Ning Kong Wa の兄弟 Daru Kumsan と姉妹 Shingra Kumjan のインセストから生まれる。母親は大地が住めるようになるまで二人をかくまった。Ning Kong Wa が世界を破壊したのに続いてなされた、二度目のインセストもなんとか隠しとおされ、このインセストでできた子供の体の断片から人類が生まれる。これを機に数字の九が執拗に現れる。九人兄弟、九人の部族の祖先、九人の太陽の息子が登場する。神話の英雄 Khra Kam と Khra Naung は、頭の九つあるワニを九本の棒と九本の鉄の綱で退治する。人喰いヘビは九匹のヘビを、人喰いハゲタカは九羽のハゲタカを従える。

カチンの首長たちは Ning Kong Wa 直系の子孫である。Ning Kong Wa は Ka-ang Du-wa となり、彼には息子 Ja Rua と娘 Ja Pientingsa があって、Ja Pientingsa が Shingra Prawja を生む。Shingra Prawja は Madai Jan Prawna と結婚し、Madai Jan Prawna は Kumjaun Maja と Jan Prawn Shen を生む。Madai Jan Prawna と Kumjaun Maja は、祖先のインセストの例に倣って Washet Wa Makam という名の息子をもうける。Washet Wa Makam は三人の妻 Magaun Kapan, Kumdi Shakoi, Anang Kashy をめとり、妻たちは九人の子を授かる。神話はここまでの長い系譜のなかではじめて、この子供たちに人間らしき性格を認める。カチンの大部族はこの九人の子供に振り分けられ、それぞれの子供が最初の首長となる。

La'n Kam は Marip を率いる。
La'n Naung は Lathong の一分枝を率いる。
La'n La は Lahpai を率いる。
La'n Tu は 'n Khum の一分枝を率いる。
La'n Tang は Maran の一分枝を率いる。
La'n Yawng は 'n Khum の一分枝を率いる。
La'n Kha は Lathong の一分枝を率いる。
La'n Roi は Maran の一分枝を率いる。
La'n Khyn は Maran の一分枝を率いる。

したがって Marip 集団が一つ、Lathong 集団が二つ、Lahpai 集団が一つ、’n Khum 集団が二つ、Maran 集団が三つある。神話的構造から五つの根幹集団を含むだけの現在の現実への移行に、残念ながらギルホーズはあまり強い関心を示したように見えず、じつにこう指摘するだけである。「神話への導入部で、私は誤ってカチンを十ほどの部族に分けてしまった。厳密な意味でのカチンは主要な家族を五つ抱えるのみである(47)」

ハンソンの発想をもおそらく触発したと思われる同じ伝承にもとづいて、ウェールリは八人の兄弟、Wakyetwa の息子たちを数え上げる。Wakyetwa は Sana-Tengsan の息子で、Sana-Tengsan 自身は神 Shippawn-Ayawng の八人の息子の一人である。八人兄弟の名前と割り当てはギルホーズの列挙するそれと同じだが、ただ Maran の第三分枝の首長 La’n Roi だけはウェールリの列挙から漏れている(48)。上の五人の兄弟が五つの根幹集団の始祖であり首長、そして根幹集団それぞれの荘園領主の直接の祖先であった。下の三人の兄弟の子孫たちは、逆に民衆階級に紛れ込んだ。グラネは Nkhum〔’n Khum〕, Maran, Lathong がそれぞれ二つのセクションに下位区分され、一方のセクションは長男から、他方のセクションは次男から生まれると結論するが、これはいささか行き過ぎで、実際、彼が根拠とする証言の出所であるハンソンは、Nkhum を二つある交換周期の一方にしか入れていない。しかも付言するまでもないが、貴族集団のなす二重交換の一方と他方で交換相手として選ばれるセクションが、実際に別々のセクションであるとはどの著者も示唆していず、逆にすべてから明らかなとおり、どちらの選択においても同一の集団全体が選ばれるのである。最後に、キャラピエットの差し出す九人兄弟の一覧表と兄弟の割り当てとを前出のものと比較すると、さまざまな類似点に気づくだけでなく、示唆に富むさまざまな相違点にもまた気づく。上の三人の兄弟については見解の違いは見られないが、しかしキャラピエットの一覧表では La’n Tang と La’n Roi が Marip の共通の祖先として長兄と一緒に分類されるから、Maran は末の兄弟〔La’n Khyn〕に率いられた一集団だけに減ってしまう。じつに末の兄弟はほかの一覧表でも Maran である。唯一 Lathong だけが二つの集団、二番目の兄弟に率いられる本来の Lathong と七番目の兄弟に率いられる Lathong Lasès とに変わらず下位区分されている。Maran のほか、Nkhum も一集団に減る。四番目の兄弟には新しい集団 Sasen があてがわれるからである。五つの根幹集団の、おそらく Lathong か Nkhum どちらかの子孫であるとジョージ[49]の考える Sassan を、この Sasen に見たくなるところであるが、しかしウェールリは Sassan が Marip とかなりの程度まで混淆しているのは確実と付言している。Lathong Lasès について言えば、それは Lathong の特徴とされる多数の分枝の一つをおそらくかたちづくる[50]。

それぞれの解釈の受け入れられたテリトリーにおける家族分布の、その全般的様相に適合させるために、集団・地域ごとにおびただしい手直しが原初の神話的主題に加えられたことを、以上見てきた一致点も相違点も暗に物語っている。したがって特定の解釈だけを利用して、一般的でも原初的でもある体系を再構成することほど危ういことはないように思われる。古代体系のありうべき原型を探し出すというグラネの視点に立つなら、なんといっても九人兄弟をもとにした解釈にもっとも食指が動くだろう。九人兄弟を生んだとギルホーズの解釈が言う三重婚を、全部で九人の妻が登場する中国封建領主の三重婚と関連づけないでいるのは難しいのだから。カチンが雲南省との境界を大きくはみだしていることを考え合わせれば、二つの三重婚の関連づけはいよいよ大きな力を得る。じつに雲南省と言えば、十七世紀になっても、この型の婚姻が非漢民族系諸民族のあいだにまだ残っていた地域なのである[51]。最後に、ギルホーズの解釈に数字の九が繰り返し現れることにはすでに注意を促しておいたが、これは兄弟を九人と数えるのがもっとも古い形態であるとする見解を補強してくれる。

しかし、根幹集団間の婚姻定式が、社会的現実のあらゆる水準で機能しているように見えるもっと一般性の高い定式の、一個別ケースにすぎない、ということにこのことは理解しておく必要がある。すでに引用した文献群が立証しているように、*mayu ni* と *dama ni* への振り分けは、五つの——ほとんど著者たちの用いる呼び方に従えば——「部族」にとってばかりでなく、もっと小さな単位、それら「部族」の下位区分をなす下位集団と家族にとっても規則なのである。たとえばギルホーズは Chyamma, Kawlu, Latsin のあいだの三元周期の例を挙げている[52]。彼はこの三つがマタウ村の家族であると述べているだけで、村落よりも広い帰属先は指摘していないが、しかしあの三つの名前は、たぶん中国語の *sing*〔姓〕、つまりクラン名にあたる。この点については我々はもっと明確な情報をさらにもつ。クラン名しかもたない平民のあいだでは、同じクラン名をもつ人同士が結婚できないことを、ウェールリはジョージ、パーカーといった優れた情報収集者の言として伝え、こう付け加える。「部族によってはクランが特別な縁組規則（婚姻権 connubium）によって結びついている。Szi-Lepai のクランで Chumlut クランの女と結婚できるクランとして、ジョージは Malang, Laban, Thaw Shi, Hpau Hpau, Yan Mislu, Sin Hang を挙げる。Chumlut クランは Num Taw, Tum Maw, Jang Maw, Lumwa, Hupanwu, Hpu Kawu など、ほかのいくつかのクランから妻を得る。ほかのチンポーの習俗も、形態こそ違え、やはりこれと同じ縁組規則、母の兄弟の家族の女を規定配偶者とする規則に対応する」[53]。要するに我々の前にあるのは、広がりが限定されて形式も固定された体系ではない。クランは――ほんとうにそれがクランであるとしてだが――、しかしいずれにせよ、リネージ、家族、〈イエ〉は、複雑な婚姻連帯体系によって一つに結びついていて、一般定式――全面交換――だけが、この婚姻連帯体系の根本的で恒常的な性格を認識させてくれる[54]。

　カチン型体系はさまざまな問題を提起するが、しかし問題の提起される方向がいままでとはまったく違う。二つの視点から見てこの体系は矛盾した性格、もっと正確に言えば、特異な二律背反を示す。たんに好奇心をそそると言うだけではおそらくすまされない二律背反である。いまから問題の二律背反を検討して、その意味を取り出してみたいと思う。

注

（1）T. C. Hodson, *The Primitive Culture of India*. Royal Asiatic Society（James G. Forlong Fund, vol. 1）, London, 1922.

（2）T. C. Hodson, Notes on the Marriage of Cousins in India. *Man in India*, vol. 5, 1925.

（3）第12章参照。

（4）T. C. Hodson, *op. cit.*, p. 174.
（5）Marcel Granet, *Catégories matrimoniales et relations de proximité dans la Chine ancienne*. Paris, 1939, p. 211-212, 238-242.
（6）H. J. Wehrli, Beitrag zur Ethnologie der Chingpaw（Kachin）von Ober-Burma. *Internationales Archiv für Ethnographie*, Bd. 16, Suppl. Leyde, 1904.
（7）Ch. Gilhodes, Mariage et condition de la femme chez les Katchin, Birmanie. *Anthropos*, 1913; *The Kachins: their Religion and Mythology*. Calcutta, 1922.
（8）O. Hanson, *A Grammar of the Kachin Language*. Rangoon, 1896; *The Kachins, their Customs and Traditions*. Rangoon, 1913.
（9）H. F. Hertz, *Handbook of the Kachin or Chingpaw Language*. Rangoon, 1915.
（10）〔現在ではレーマンの優れた専門論文を参照するのが有益である。F. K. Lehman, The Structure of Chin Society. *Illinois Studies in Anthropology*, no. 3, Urbana, 1963.〕
（11）Ch. Gilhodes, *op. cit.*, p. 207.
（12）Ch. Gilhodes, *loc. cit.*
（13）O. Hanson, *The Kachins*..., p. 181-182. — W. J. S. Carrapiet, *The Kachin Tribes of Burma*. Rangoon, 1929, p. 32.
（14）*Ibid.*, p. 96. — Ch. Gilhodes, *op. cit.*, p. 209.
（15）W. R. Head, *Hand Book of the Haka Chin Customs*. Rangoon, 1917, p. 8-9.
（16）Carrapiet, *op. cit.*, p. 4-5.
（17）*Ibid.*, p. 35-36.
（18）Ch. Gilhodes, *op. cit.*, p. 212. この水牛は〔学名で言う〕*mythun* ないし *bos frontalis* である。— Carrapiet, *op. cit.*, p. 73 も参照。「年上の姉妹を差し置いて年下の姉妹を結婚相手に要求するのは無礼なことと見なされており、このような不測の事態を避けるために――うまくいくとはかぎらないが――多大の労力が費やされる」
（19）*Ibid.*, p. 222-223.

(20) Carrapiet, *op. cit.*, p. 37 に対するT・F・G・ウィルソンの注記。
(21) W. J. S. Carrapiet, *op. cit.*, p. 117.
(22) H. J. Wehrli, *op. cit.*, p. 28.
(23) W. J. S. Carrapiet, *op. cit.*, p. 32-33.
(24) Ch. Gilhodes, p. 227. 実態に対応しているとは見えないこの解釈には、留保をつけておく必要あり。後出、本書四五〇ページ参照。
(25) Wehrli, *op. cit.* 所収の地図を参照。
(26) 第17章参照。
(27) 一族郎党は一般に三世代を含み、三世代が二十人から三十人収容可能な同じ家屋に暮らす。〈荘園〉の経済的単位をなすのがこの一族郎党である（Wehrli, *op. cit.*, p. 29)。
(28) Parker, 1897. Wehrli, p. 25 に引用。
(29) たとえば「Lathong 部族の分枝は、*Sana* の家長に統率されているなら *Sana- Lathong* と名乗ることになる。あるいは自分の属すテリトリーの地理的特徴を名前にする」(George, 1892. Wehrli, *op. cit.*, p. 24 に引用)。
(30) Wehrli, *op. cit.*, p. 26.
(31) Wehrli, *op. cit.*, p. 33. ― W. R. Head, *Hand Book...*, p. 20 *sq.*
(32) Lt-Col. J. Shakespear, *The Lushei Kuki Clans.* London, 1912, p. 43.
(33) インカで制度化された身分《yanakona》を思わせることもあるこれらの被護民は、シェイクスピアが《boi》と呼んで記述した被護民とおそらく同型である。ルシャイのもとでは首長だけが *boi* をもつことができ、*boi* はいくつかのカテゴリーに分かれる。飢餓や貧困に切迫されて首長のもとに助けを求めてきた人々、自分と自分の子供たちの自由と引き替えに首長の保護下に入ったお尋ね者の犯罪者たち、敵の徒党から寝返った脱走者などである。*boi* が自由を取り戻せるか否か、また子供の身分が親の身分に拘束されないかそれに準じるかは、どのカテゴリーに属すかで決まる。シェイクスピアによれば、*boi* に属す聡明な青年が首長の私設顧問の身分にまで出世することもまれでないし、気に入られれば、*boi* であっても養子にされることがある（Shakespear, p. 46-49)。

古代中国の *sing*〔姓〕の形成にあずかったとグラネの言うあれら「封地 - 家族に属す被護民」(Granet, *Catégories*, p. 122)、およびセマ・ナガの基本的社会単位──「首長」(=父)と彼が養い結婚させる「孤児たち」との関係を基盤とする「館 manoir」(Hutton, *Sema Naga*, p. 144 *sq.*)──を、ここで思い合わせておこう。

(34) Ch. Gilhodes, p. 141.
(35) Carrapiet, p. 32. — Gilhodes, p. 207. — Hodson (1925), p. 93 に引用されている Hertz. — Hodson, p. 166.
(36) Gilhodes, *loc. cit.*
(37) 第19章。
(38) Granet, *Catégories*, p. 239.
(39) *Ibid.*, p. 239-241.
(40) *Ibid.*, p. 32.
(41) *Ibid.*, p. 36.
(42) 前出、本書四三〇〜四三一ページ参照。
(43) Gilhodes, p. 209.
(44) *Op. cit.*, p. 13 *sq.*
(45) *Op. cit.*, p. 2 *sq.*
(46) Gilhodes, *op. cit.*, p. 5-19.
(47) *Ibid.*, p. 141.
(48) Wehrli, p. 12.
(49) 1891. Wehrli, p. 15 に引用。
(50) Wehrli, p. 15-16. ［リーチは起源神話に関するすべての解釈を総合してみせた。この総合を参照すべきである (Leach, 1954, p. 268, 278)。］
(51) 後出、第21章参照。
(52) Gilhodes, *op. cit.*, p. 207.

（53）Wehrli, p. 26-27.

（54）［この段落は初版そのままに再録されている。私が五「クラン」・モデルと経験的な状況を混同したとする、リーチの根も葉もない非難（Leach, 1961, p. 80, 81, 88）に反論するためである。じつはこの区別は絶えずおこなわれてきていたのであり、私と同じくリーチも、古い時代の著者たちの分析を裏書きする以上のことはしなかったのである。リーチと私の見解の相違を、機械的モデルを使うか統計的モデルを使うかの違いに帰着させるソールズベリ（*American Anthropologist*, vol. 59, n°. 1-2）に、かくして私は完全には同意しかねる。カチンのような社会では、婚姻モデルは明らかにつねに機械的である。交換単位の数とそれら単位を結びつける紐帯の恒常性とを考察するときにかぎり、統計的モデルに移行する必要が出てくる。リーチも私も先駆者の顰《ひそ》みに倣い、まさにそうしたのであった。］

第16章　交換と購買

まず最初に驚かされるのは、カチン型婚姻規則の単純さである。見るかぎり、母の兄弟の娘との選好結合さえ明示しておけば、軽やかで調和のとれた輪舞《ロンド》がかたちづくられ、この輪に大きな社会単位も比較的小さな社会単位も自動的に溶け込んで、なおかつそれら社会単位は、ある程度限定された範囲でなら、全体の協調を乱すことなく即興的な動きをなすことができ、たとえば封建家族が三元周期をつくりだしても、その周期はすべての集団の関与する五元周期のなかにじつにスムーズに組み込まれる。かくして *mayu ni* と *dama ni* への分割という単純な定式は豊かな力をもつかに見え、実際にもそれさえあれば、複雑な現実に定常的な秩序を繰り込むのに十分である。事実、この定式は社会生活全般を支配していて、ギリヤーク民族の諸制度を律する同様の定式についてシュテルンベルグの書いたと同じことが言える。「これらの制度の源泉はただ一つの単純な原理、未開の精神にも受け入れることのできるある種の定言命令にあるにちがいなく、原住民の複雑に組織化された諸制度は、一粒の種から芽吹くように、この原理から生まれることができたのだった[1]」

実際、全面交換法則は婚姻をはるかに超えたところにまで及ぶように見える。「若い男が自分の家族や自分の *dama* 部族の娘と性的関係をもつことは、たとえ親等がとても離れていても恥ずべき一大事で、長老たちが言うには、まことにまれな例ではあるが、しかしそのような結合はけっして掟が許すことがありえないので、つねに厳しく罰せられる。ところが *mayu* の娘とならば *dama* の若者は関係をもつことができる。なんの危惧もないわけでないが、少なくとも不名誉をこうむることなく[2]」。近隣諸民族ではこれと同じ掟が分配規則を導き出す。ランテでは、花嫁の父方オジは *mankang* と呼ばれる水牛を一頭受け取る権利をもつ。「三人兄弟A、B、Cがいれば、BはAの娘たちの *mankang* を、CはBの娘たちの *mankang* を、AはCの娘たちの *mankang* を受け取る」[3]。ハカ・チンやカチンのもとでは、仇討ちでさえ全面交換を思わせるかたちをとる。名誉を傷つけられた集団Aは名誉を傷つけた集団Bに、Bの敵である第三の集団Cを介してしか報復できないのである。これが *sharé* ＝殺し屋の制度で[4]、アフリカにも驚くほどこれに酷似した制度が知られる[5]。しかし婚姻周期と違って、仇討ち周期は可逆的である。「自分を殺そうとしている *sharé* の意図を見抜いたときには、命を狙われている者は殺しの依頼人と同じ条件で逆に当の *sharé* を雇ってかまわず、*sharé* は自分に対して『借り』を負う覚悟でその依頼を受けなくてならない[6]」。それでもやはり、外婚周期に比定できる「復讐周期」とでも言うべきものがある。ハカ・チンでは「仇討ち〔権〕の移転を怠れば、二代目、三代目の家族にまで悪運が降りかかることになるだろう[7]」。

もろもろの特徴から *mayu - dama* 制度のもつ包括性が明らかになること、この制度が個人よりはむしろ集団のあいだに単純な関係を成り立たせたり永続化させることを、前章で我々は長々と強調した。「*mayu* が女のスカートの切れ端を *dama* に送りつけるなら、処分可能な娘がいて嫁として要求してもらってかまわないことを、それは意味する[8]」。逆の事態──「双方の合意にもとづく離婚でないなら、夫は結納品を返してもらう代わりに、家族の別の一員、姉妹か従姉妹かオバを妻として差し出すよう求めることができ、妻の家族が離婚した夫の言い分を聞き入れれば、それが実行される[9]」。要するに絆は互酬義務を生じさせるのであり、集団の一方が、規定された型にやはり合致する新しい縁組を開始しようとしてこの義務の免除を望むなら、特別の手続きが守られなくてならない。同一の交換周期のなかにいるすべての集団が共通の方向づけを受けていることから生じる一般的義務の向こうに、縁組によって伝統的に結びついてきた集団を拘束する諸種の個別的義務の存在することを物語る、それは手続きである。「*dama* の家族は、同意を得ないで自分の *mayu* にあたる家族以外から妻を手に入れることは、まずできない。逆に *mayu* の家族も、自分の *dama* にあたる家族以外のもとへ自分の娘を一人として嫁に出すことはできない。この習俗にはずれたことをなそうとする家族は、縁を切る家族のもとに *Yu ma Yawn, nga ma* yawn の包みを送って承諾を願い出る。追って象牙、銅鑼《どら》などが贈り物として届けば、許されたしるしである。申し出た許可をこのようにして取りつけたあと、特典を認められた家族は、嫁をもらいたいと目当ての家族に話をもっていく。次に嫁を求められた家族は、縁を切られた家族に対して引き受けなくてならなくなるやもしれぬ『借り』から身を守るため、嫁を求める家族に縁を切った家族の同意を証明するよう要求する。縁を切った家族から受け取った贈り物が、ここで実際に開陳されるのである」(10)。皮切りの贈り物はネズミの肉(11)と水牛の肉で、通常、これらの品は求婚者からの贈り物のなかに含まれ、家族が求婚を快く受け入れたときに、花嫁の母親がこの肉を調理して長老たちにふるまう。

シナリオは厳密でかつ隅々まで決められていて、たとえ自由なふるまいの余地が出てきても、それさえ事細かな手順に変えられていくので、微塵の不確定さも残りようがないように思われる。可能配偶者の型は規定されていて、なおかつこの型は、個人をでなく家族を基準に、十分な幅をもたされて定義されているので、必要とあらば、やはり規則に則った代替案によって、いつでも解決を図ることができる。ならば、カチン型の婚姻は、疑問や異論の余地をいっさい残さずしてほとんど自動的に進む、順調な手続きとして現れてしかるべきであろう。だがじつはまったくそうはいかない。規定親等をめぐる一部の曇りもない規制のうえに、購買をめぐるほとんど不可解と言っていいほどにも複雑で煩瑣な理論が重なり合うのである。花嫁が選ばれるだけでなく、じつに彼女に対する代価が支払われなくてならないのだから。選択を律する規則がみごとなまでに単純であるのに比べ、いまから考察しなければならない規則の多様さときたら、まったく驚くべき対照をなす。

＊＊＊＊

選好結合の諸規則をもとに推定されてきたほどには婚姻が単純な事態でないこと、それを我々に最初に指摘したのはギルホーズである。「子供たちの将来に心を砕くのは両親、たいていは父親である。どの婚姻も多かれ少なかれ売り渡しの形式をまとい、妻の値段は彼女の格づけに従って変動する」(12)。問題のもつこの側面が原住民の思考に占める格別な位置づけは、子供の誕生を祝う歌に表されている。「大きくなれ！　子だくさんの父親になれ！」と男の子なら歌われ、女の子なら、「大きくなれ！　いつの日にか嫁に出され、家族に水牛、銅鑼、果実酒、衣服を得させてくれるように！」と歌われる(13)。この歌をギルホーズは次のように注釈する。「カチンは子供を熱望する。家族を持続させ繁栄させるために男の子を、恩恵、とりわけ婚姻の恩恵に浴すために女の子を」(14)

婚姻給付に登場する品物はさまざまな型がある。食糧、これはなかんずく肉や果実酒のかたちをとる。水牛やブタなどの家畜。日用品、たとえば筵《むしろ》や毛布。そして *sumri* ――これは特別な性質の物で、悪霊がこれを Karai Kasang の手中にある「活力」*sumri* と見るというので、この名がつけられている。*sumri* が固いということがわかっているため、悪霊は *sumri* に嚙みつこうとせずに退散する。*sumri* は取り引きの対象にできない。*ningpha* と呼ばれる矛槍や *shatunri* と呼ばれる儀式用の刀――いずれもふつうは両親の寝室の囲炉裏の上に掛けてある――など、おもに古い武器が *sumri* とされ、重病人が出たり子供が生まれたときなどにこれを使って悪霊を威嚇する。*sumri* は結婚式の日に贈り物交換の儀礼の一環として、妻の両親 *mayu ni* から夫の両親 *dama ni* に手渡され、これが *sumri* の唯一の移転様式をなす(15)。のちに我々はギリヤークのもとにも *sumri* に相当するものを見出す(16)。

花嫁代価が花嫁の格づけに左右されることはすでに言ったが、しかし代価を決定するのは格づけだけではないようだ。好ましい親等はあらかじめ指定されているので *mayu ni* に、一見、裁量権はないように見えるが、じつは自分の思うがままにさまざまな要求を申し述べるというかたちで、*mayu ni* は、少なくとも部分的に裁量権を取り戻すのである。ハカ・チンでは「娘を嫁にくれとの求婚者の要求は拒めないが、目が飛び出るような代価が求婚者に要求されることはある」(17)。厳密な意味での花嫁代価は変動する。娘が平民なら、水牛二頭、銅鑼二個、絹布二枚、麻布数枚、絹の上着一着、果実酒四、五瓶だが、娘が高貴な家の生まれなら、代価はその三、四倍になり、さらに象牙一本、奴隷一人、銃一挺、銀二ポンドなどを含めなくてならない(18)。ウェールリの引用するアンダーソンも〈領主〉の娘たちの場合に支払われる代価の巨額なことを力説し、奴隷一人、水牛十頭、槍十本、刀十振り、銀貨十枚、深鍋一個、服二着であると言う。[19] もちろん、こうした給付は、個人でなくて集団のあいだでなされる。実際、男の側では、息子の婚姻代価を捻出する父親を家族が援助し、女の側では、（返礼の贈り物にかかわる）多数の受給者と支給者がいる一方、いくら額が大きいとはいえ、花嫁代価も、婚姻、葬儀、そのほか二つまたはそれ以上の集団の関係が問われるあらゆる重要な機会になされる、無数の支払いの一つでしかないからである。

この型の体系における婚姻交換の、ほとんど奇想天外と言える複雑化を理解するには、W・R・ヘッドの『ハカ・チン習俗ハンドブック』、現代民族誌の知られざる至宝とも言うべきあの本をひもとかなくてはならない。婚姻交換を細部にわたって分析するには、ヘッドの案内書を一字一句たがえず書き写す必要が出てくるだろうが、我々としてはいくつかの見本を挙げるのみでよしとしよう。同じ村の住民のあいだで婚姻がおこなわれるとき、給付は次の支払いを含む。*ta man*＝兄弟ないし従兄弟の代価、*pu man*＝オジの代価、*ni man*＝オバの代価、*nu man*＝母の代価、*shalpa man*＝奴隷の代価。婚約者同士が別々の村に住んでいる場合は次の代価を追加するのが好ましいとされる。*kè toi*＝ご足労代（兄弟、オジ、オバに支払われる）、*don man*＝面会代（兄弟、オジ、オバに支払われる）、さらに南部の村々では *in kai man*＝家族との結婚代。これらはすべて下準備にすぎず、次に *man pi*＝大きな支払い（父または父の相続者への）と *pun taw*＝娘の代価（父または父の相続人に支払われるこの代価は、支払いの前に夫が死亡したなら妻の兄弟へ移転できる。彼はのちに長女の *pun taw* を集めて回ることになるので）が続く。[20]

以上を見るだけでもすでにかなり複雑であるが、これらの支払いの一つ *ni man*＝オバの代価だけを考察してみよう。この支払いだけでも三つの給付、すなわちブタ一頭の屠殺、*mante*＝小さな支払い、*man pi*＝大きな支払いを含む。余裕がないので、ここでは小さな支払いだけを分析するにとどめる。小さな支払いは次のようにして細分される。1、オバは新郎の家まで姪につき添って行って短刀を要求する。なぜなら森を抜けるさい、彼女は草木を切り払うために自分の短刀を使ったにちがいないとされるから。2、オバは花婿の家の囲いに入るために首飾りを要求する。3、彼女は外側のはしごを登るために贈り物を受け取る。4、「鉄をなめる」ために鉄を受け取る。これは友情を示す儀礼である。5、家のなかで座るための毛布をもらう。6、値段を話し合った交渉相手の人々に飲み物をふるまうための杯を一個もらう。7、ここでオバが姪を連れ帰ってしまわないよう、彼女の機嫌をとるためにほかの贈り物が差し出されなくてならない。オバにはさらに次のものが与えられる。8、サンゴの首飾りがいくつか。9、銅製のベルト一つ。10、赤ん坊であった姪をオバがくるんでいた、使い古された毛布の代わりとして、別の毛布一枚。11、ブタ一頭。12、オバが村の外で新郎およびその家族と一緒に酒盛りをしてくれたことに対する特別の支払い[21]。

我々は一つの実例を示してみたにすぎない。次に来る *pu man* ＝オジの代価もオジの人数だけ細分され、しばしば *hring man* ＝出生の代価がそれに追加される[22]。花嫁の側ではさらに、犠牲に供される何頭ものブタや持参金 lot[*]（花嫁の兄弟が支払う）をはじめとする多数の給付も加わる。これら義務的給付、死をもってさえ停止することのない給付（なぜなら *shé* ＝死の代価なるものがある。伝説によれば、これは、妻の死体と寝る象徴的な権利を得るために夫が義父母に支払う、補償金にあたるとされている）があるにもかかわらず、このうえに *vwawk a*「ブタを殺すこと」、*puan pa*「毛布をいくつも広げていくこと」など、将来における債権と債務のバランス全体を変更してしまうほんとうの意味での「ポトラッチ」が、義務づけられてはいないにせよ、推奨される。以上の諸点を考え合わせれば、ここには例外的と言っていい展開のあることがわかる。この展開の示す常軌を逸した性格を説明しなくてならない。

（＊）lot は「花嫁代価」と対をなす概念で、それゆえ「持参金」としたが、もちろん、「金」というより「財」である。ただし持参金は必ずしも花嫁の婚入先の集団の所有物とはならず、ギリヤークの場合のようにその所有権が花嫁にあって、彼女が死亡すると彼女の娘や兄弟などに移譲されることがある。すなわち母系出自の対象となる。

じつに娘たちの婚姻に先立って未来の花嫁のためにさまざまな祭礼がとりおこなわれ、結果として彼女の代価をつりあげる。[23] 似たような、ただし婚姻のさいにとりおこなわれるもろもろの儀式は、契約の法的規定を変えてしまう。「義務というのではなく、むしろ父または兄弟が娘や姉妹に送る一種の感謝のしるし、それに従うことが支給者の栄誉を増大させることになる習俗、これが祭礼で、祭礼のあいだ何頭かのブタが屠殺され、新郎新婦が足で踏むことができるようにブタと同数の毛布が広げられ、さらにまた同数の穀物籠も捧げられる。（略）いったんこのような儀式がすんでしまうと、妻が離婚する場合を除いて花嫁代価はもはや返却できなくなる[24]」。おもな献納には無数の付随的給付が伴い、そしてそれが夫の側からの反対給付を呼び起こす。

カチンの婚儀でも好ましい親等は絶対に動かせない一方、それと対照をなすかたちで敬遠とかたくなな拒否とが見られる。妻の与え手 *mayu ni* と嫁の求め手 *dama ni* もまた、先祖伝来の、ある意味で神的次元に属す体系によって、やはり互いに結びつくようあらかじめ定められているが、しかし婚姻の前日に花嫁の家に出向く仲介人 *lakya wa* が「親密な友情がいつも我々を一つに結びつけてきた。いままであなたがたはいつも我々の息子たちに嫁をくれた……」と口上を述べて娘を要求すると、両親は「娘をやることはできない」と答えるのである。仲介人は引き返す振りをしてから再び戻ってくるが、改めて拒否され、またその場を去り、再び戻ってきてあきらめたふうを装う。四度目の要求にしてはじめて *mayu ni* は乗り気であるところを見せるが、今度は途方もない代価を口にする。このような儀礼的売買交渉がすべて終わったのちに、やっと合意が成立する。[25] ハカ・チンとラケールにひときわいちじるしい実例が見られる無数の支払いが決まった手続きとして明示されているのは、花嫁を花婿のもとに、*mayu ni* を *dama ni* のもとに導くために変わることなく敷かれている筋道がいつでも中断可能であるとの観念を、肝に銘じさせるためであるように思われる（そして創世神話では姉妹そのものが糸玉で、解かれることによってこの糸玉が遠い地方に通ずる経路をつくりだす〔第2部の銘句として引かれたカチンの創世神話参照〕）。障害に出会うたび、道のりの中継点に着くたび、花嫁とその一行は躊躇を示してはあきらめて引き返そうとする。このようにして一行は、花婿の村の祭壇、*kasa*（仲人）の家、嫁ぎ先に着くそのたびに贈り物を要求していくのである。花嫁の両親は供儀をおこなう人から何度も刀を取り上げては、供儀の執行を阻止しようとする、など。[26]

旅には危うい瞬間が切れ目なく続く。その瞬間ごとに支払いが繰り返され、それによってのみ危機が乗り越えられていく。しかし危機は完全に乗り越えられるのか。ギルホーズが言うには、結婚のあとでさえ新妻は二、三年、自分の両親のもとにとどまり、夫のもとには訪問するだけである。*dama ni* によるたび重なる催促が物を言い、やっとのことで新妻はあきらめて夫の住む家におもむく。[27] それからでも「ほんの些細な口実さえあれば（略）妻は両親のもとに逃げ帰る。両親は当然にも妻の肩をもち、*dama ni* が彼女に再び好もしい気持ちをいだくまで娘を実家に置いておく[28]」。ハカ・チンでは、娘が村の外に嫁ぐ場合、花婿は花嫁の父と兄弟のために、家を一軒自分の村のなかに見つけなくてはならない。家の持ち主は花婿の贈るブタを食べ、この行為によって花嫁の男性親族または兄弟として遇せられるようになる。「そして夫婦喧嘩をしたとき、花嫁はこの家の持ち主のもとに逃げ込む。花嫁が病気になれば、彼が彼女を介抱する[29]」

要するに妻はつねに自分の家族の庇護下に置かれていて、家族はいつでも彼女を実家に呼び戻すことができる。妻を連れ戻したいと思うなら、夫は補償金を払わなくてならず、この支払いがすむまでは夫は母方居住体制のもとにあって、妻に対して性交権しかもたない。[30] その他のもろもろの事実とともに（たとえば代価が未払いの場合、子供は妻の家族のもとに留め置かれる）、この事実からも明らかなように、花嫁代価は性的権利を充当するというよりはむしろ（カチンは婚前交渉について多大の自由を許す体制を敷いており、性的権利を左右するのはもっぱら選好親等だけである）、女と彼女が生む子供が決定的に失われることにかかわっている。それを物語るのが奪取婚（*fan*）体制であり、花嫁代価が支払われないために事態がまだ流動状態にあるときに夫婦に子供ができれば、子供は妻の兄弟かもっとも近縁の男性親族に属す。[31] 一般的な特徴として、姉妹に対して兄弟が、父以上のでないにせよ、父と同等の権利を行使するように見える。実際、妻が好んで逃げ込む場所は自分の兄弟の家である。

かくして *mayu ni* と *dama ni* は運命づけられた姻族であるとは言えても、この姻族関係には潜在的敵対関係が重なり合っている。ゴードン・ブラウンの魅惑的な定義「婚姻とは社会的に調整された敵対行為である」を、この体系ほどみごとに例証するものはない。[32] 花嫁を、あるいは最初に指名された花嫁が意にそぐわなければ、まったく別の配偶者を、*dama ni* が絶大の力をもって要求することはすでに見たが、その一方で *mayu ni* の側は嫉妬を込めて娘婿を監視し、少なくとも最初の一年間は（しかもさまざまな支払いが定期的におこなわれても）新婚の夫は稲田の準備で一回、家の再普請でもう一回、義父母を手伝わなくてはならない。夫の過失によって離婚にいったなら、夫は妻に *dah*（刀）のほか、娘の帰りを祝って義父母によって犠牲に供される水牛を与えることになっている。離婚が妻の過失に起因するときは、妻は夫にすべての贈り物と水牛を返さなければならず、贈り物の返還を証明するために、この水牛が夫によって犠牲に供される。しかし密通の場合、ギルホーズが言うには罪はつねに男の側に帰せられ、男は罰金 *sumrai kha* を払わなくてはならない。さらに彼はこう付け加えている。「カチンの貧しさを考えれば、密通に充当される罰金は巨額と言ってよく、罪人の家族を一気にまったくの文無し状態に陥れる」[33]。敵意の染み込んだこうした態度と、購買・「借り」の体系のときに恣意的、ときに常軌を逸した諸様態とが名称体系の表現する予定調和的な婚姻連鎖に、見られるごとく鋭く対立しているのである。

カチン型体系の第二の二律背反に話を移す前に、購買規則について、もう一つ注意を促しておこう。すでに見たとおり、婚姻給付は花嫁の家族に属す幾人かの成員のあいだで分配され、おもな受け取り手にオジとオバがいる。ハカ・チンでは死の代価についても事情は同じで、父が死んだときに *shé*〔死の代価〕を要求するのは母方オジ、つまり母の *pun taw* の受給者であり、また母の *shé* を請求するのも母の *pun taw* を受け取った彼女の兄弟である[34]。言うところのオジは、もちろん、母の兄弟〔母方オジ〕のことと解さなければならず、これはヘッドの文章からも明らかである。またオバはこのオジの妻のことでしかありえない。母の姉妹は母と同じ名で呼ばれ、父の姉妹は花婿の母、つまり贈り物を贈るイエの成員であるのだから。しかし母の兄弟とその妻は互いに別々のリネージに属していて、なおかつそのどちらのリネージもが花嫁のリネージとは異なっている。したがってこの二つのリネージは、これから譲与される娘に対していかなる権利ももっていないはずである。では、そのようなリネージの成員〔母の兄弟とその妻〕が、いったいなぜ補償されなくてはならないのか。双方交叉イトコ同士か父方交叉従姉妹との婚姻、またはオジ＝メイ婚と両立する体系でなら、事情は理解できるだろうが、ここで考察している型の体系では、それら三つの組み合わせは明確に排除される。ゆえにそこには一つの謎があるわけだが、とりあえず読者の注意を促しておくだけで、この謎は脇に置いておくことにする。やがて読者にもわかるように、この明らかな矛盾は、じつはカチン型体系特有の変則性であるどころか、全面交換にもとづくあらゆる体系のいわば共通性格をなす。それゆえ、なんらかの解釈を押し出すことは、全面交換体系の根本的特徴を取り出したあとでしかできない。

＊＊＊

先ほど予告しておいた第二の二律背反は、さしあたり以下のように言い表すことができる。カチン型親族分類法はいちじるしく単純である。「一群の家族の成員で同じ名前をもつか同じ血から出生した者たちは、全員が兄弟・姉妹と見なされ、これらの成員は、自分たちが婚姻によって慣例的に結びつくことのできる家族のその成員を、義理の兄弟・義理の姉妹と見なす[35]」。三者交換を可能にする体系では家族関係にかかわる主要カテゴリーが多くなることはまずありえないので、ごくかぎられた必須名称さえあれば、いくつかの限定詞の助けを借りてすべてのカテゴリーを表現できる。そのうえにタブー視される親族も特別視される親族もいない。ならば、指示語による親族分類法が禁欲的なまでに単純化されているのに、どうして指称語のほうは奔放なまでにおびただしい数にのぼるのか。すでに見たように「子供」をさす指示語は一つしかない。ところが息子と娘のそれぞれ上から九人を区別するために、少なくとも十八個の指称語（*nying madung* ＝基礎名）が見つかる。ウェールリの一覧表と同じだが、それよりも遺漏のないギルホーズの一覧表に従えば、指称語は次のとおりである。

出生順	息子	娘
1	Kam	Kaw

2	Naw, Naung	Lu
3	La	Roi
4	Tu	Thu
5	Tang	Kai
6	Yaw, Yaung	Kha
7	Kha	Pri
8	Roi	Yun
9	Khying	Khying

貴族層ではこれらの指称語に接頭辞 *Sau*（太子）、*Nang*（皇女）が、平民では男子の接頭辞 *ma*、女子の接頭辞 *’n* がつく。*mying madung* は両親、祖父母、父方オジしか使うことができない。「それ以外の人が *mying madung* を使えば、子供は心外と感じてこう答えるだろう。私はあなたの子供でもあなたの奴隷でもない[36]！」。同じく母方オジ、母方オバ、父方オジ、父方オバ、兄弟、姉妹を出生順に区別する、ひと揃い三十個の指称語があり、さらに各グループを弁別する五つの語がある。

先に挙げた一覧表に *mying makhaun* ＝尊称を付け加えなければならない。子供が父母と同じ名前をもつことはできない。同じ名前をもてば、子供は悪運、おそらくは死の危険にさらされる。しかし祖父母どちらかの名前が子供につけられることはある。ちなみに指摘しておけば、古代に双分組織が存在したとする仮説の入り込む余地など微塵もないと言える集団に、互隔世代の顕著な幻影が見られる点は興味深い。この事実は特別な影響力を及ぼす。というのは、互隔世代体系が古代中国に存在した可能性をめぐってさまざまな議論があり[37]、これらの議論も、いま言及したのと同じ型の情報に依拠するからである。いずれにせよ、最初に生まれた子供が死ぬと、家族内で使われていた名前がよくないと判断され、代わりに外来の名前が使われるようになる。たとえば *mi-wa* ＝

漢名、*mien* ＝ビルマ名、*sham* ＝シャン名、*kala* ＝外国名、*mayam* ＝奴隷名、など。最後に、つねに使われるわけではないが、異名 *mying khaut* というものもある。また通常の名前に付加される宗教上の名前がある。たとえば長女 *Nang Kaw* の場合、*Jatsen Nang Koi* という、ひと揃いの名前がつくられる。[38]

かくして我々の前には二つの対立がある。選好結合規則の単純性と給付体系の複雑性の対立が一つ、もう一つは指示語の貧しさと指称語の豊かさのあいだの対立である。[39] ところがすぐに気づくことだが、これら二組の対立それぞれの第一要素のあいだには関係がある。指示語がごくわずかしかないのは、婚姻規則が姻族をある型の親族と同等視するからで、名称節約の第一の理由がこれである。第二の理由は、家族関係が集団（*mayu ni* と *dama ni*）を基準にして考えられているから、つまり個人については、構造内で占めるその人の位置をもとにごく簡単に性格づけるだけで十分だからである。あれら二組の対立それぞれの第二要素のあいだにも、なんらかの関係があるのか。言い換えれば、指称語の多さは給付体系の結果であるのか。おそらくそうである。購買婚が相続権の複雑化をもたらすので、それぞれの子供の位置が出生順に従って明示されなくてならないのである。すでに見たように、婚姻にさいしておこなわれるさまざまな給付は厖大な量の富にかかわり、しかも夫婦生活の思わぬ事件からもたらされる「借り」を、その富に付け加えなくてならない。多くの息子を抱える家族では、末の息子が結婚適齢期に達する前に、上の息子たちの婚姻ですでに少なからぬ財産が *mayu ni* の手に移転していることがある。したがって、相続権が優先的に末の息子にあるのはこうした婚姻型の経済的側面から来る帰結で、この点はハカ・チンに関するヘッドのいくつかの文章からもじつに明確に浮かび上がる。*hmunpi* ＝家族のイエを継ぐのはかつては末の息子だった。末の息子が子孫を残さずに死んだときに、長子が彼の跡を継いだ。しかし「五人兄弟で、既婚の長兄は自分のイエで暮らし、まだ独身のほかの三人の兄が末の弟と一緒に *hmunpi* に住んでいる場合、末の弟が死ねば *hmunpi* を継ぐのは四番目の兄である。結婚して *hmunpi* を離れたとき、長兄はすでにすべての権利を喪失しているので」。独身の五人兄弟では相続順は次のとおり。まず末の弟、末の弟が死ねば長兄、長兄が死ねば残りの三人のうち、出生順にいちばん下から次兄へと順繰りになる。しかし五人のうち四人が既婚であるなら、順序は変わって次のようになる。まず末の弟（唯一の独身者）、次に長兄、長兄が死ねば上から下へと順序が繰り下がって、最後に下から二番目の兄弟が来る。巨額の財産があるときは、長兄が未払いの婚姻給付をすべて回収し、自分の婚姻代価と下の弟たち全員の婚姻代価を支払い、それでもまだ残高が出たら長兄はその三分の二をとり、三分の一を末の弟に渡す。姉妹の婚姻にさいして支払われる代価の取り分についても、出生順は大きな意味をもつ。四人の兄弟と三人の姉妹がいるとき、最初の二人の姉妹の婚姻で支払われる兄弟の代価（*ta man*）はいちばん上といちばん下の兄弟に権利があり、最後の姉妹の婚姻で支払われる兄弟の代価は、なか二人の兄弟に権利がある。兄弟が三人で姉妹が五人なら、いちばん上といちばん下の兄弟のそれぞれが姉妹二人分の *ta man* をとり、残った一人の姉妹の *ta man* を真ん中の兄弟がとる。以上を見てもわかるように、末の兄弟の特権はまさに婚姻給付体系の結果であり、権利者の細分を含むヘッドの記述した相続権規制は、婚姻と密接に結びついている[40]。

というわけで、二つの対立は一つの対立に帰着する。社会的なふるまいを見るか語彙を見るかで、その唯一の対立が二面性を示すのである。しかしこの根本的対立、体系に内在する二律背反が、あるときは婚姻の二方式（規定親等と購買交渉）のあいだに、あるときは親族分類法の二側面（単純化された指示語と増幅された指称語）のあいだに現れることはどう説明されるのか。それを理解するためには、もっと一般的な観点から全面交換原理を考察しなくてならない。

＊＊＊＊

全面交換は先物取引体系を創設する。AはBに、BはCに、CはAにそれぞれ娘か姉妹を一人譲与する。これがもっとも単純な定式である。したがって（またより多くの媒介項が周期に繰り込まれ、主周期に副周期が追加されていけばいくほどに）全面交換には信頼という要素がつねに存在し、介入してくる。一度開かれた周期がやがて閉じることへの信頼、やがて受け取る女が最初に譲与した女を、遅れを伴ってではあれ最終的に相殺してくれるとの信頼がなくてならない。信用が債権の基礎をなし、信頼が信用取り引きの端緒を開く。体系全体が存在するのは、結局のところ、この体系を採用する集団に、もっとも広い意味での投機をなす用意があるからにほかならない。しかし広い意味は狭い意味をも含む(41)。集団の規模、構造、密度に見合う最大限の豊かさと最大限の複雑さをもつ集団生活が全面交換によって可能になる、という意味での利得を、投機はもたらすのである。それに引き替え、限定交換によってでは集団は、すでに見たように、空間的にも時間的にもけっして一つの全体として機能できず、むしろ逆に、空間の観点（地縁集団）と時間の観点（世代と年齢クラス）のどちらかからか、あるいは両方から見て、あたかもより限定された諸単位に分割されているかのごとくに機能せざるをえない。これらの単位は確かに出自規則によって結節されてはいるが、しかし出自規則は、集団の一体性をいわば時間のなかに分散させることによってしかそれを取り戻せない。つまり、ある種の損失を代償にするほかないのだが、この損失とは要するに時間のロスのことなのである。

　逆に全面交換は「一手ごとに」利得を得る。もちろん最初のリスクを引き受けるなら、である。しかしこの意味でだけ、全面交換に賭けという事実を見ることができるのではない。集団的投機に発する全面交換は多様な手練手管の余地を開き、保証への欲望の引き金になるので、パートナーたちによる個別的・私的な投機を招く。全面交換は賭けの結果であって、なおかつ賭けを引き起こしもする。リスクに対してはじつに二重に備えることができるからである。一つは量的に、つまり人々の参加する交換周期の数を増やすことによって、もう一つは質的に、つまり担保を蓄えること、すなわち支給者リネージの女をできるだけ多く占有することによって。したがって、全面交換の必然的帰結として姻族範囲の拡大と複婚とが現れる（これは全面交換にだけ特徴的なことではないが）。なかんずく複婚は人々の気をそそる。なぜなら債権が、すでに見たように、一つの決まった親等に及ぶのでなくて、むしろ一つのリネージに属すすべての女に及ぶのだから。言い換えれば、全面交換は、封建的傾向をごく漠然とであれ帯びた社会に、とりわけしっくり馴染むように思われる。いずれにせよ、全面交換が存在するだけで封建的傾向が助長され、当該文化をその方向に推し進めるはずである。この現象を我々はもっと抽象的なやり方ですでに定式化したが、そのとき、調和体制のもとでしか全面交換の生まれないことを示して、この現象の理論的根拠をも明らかにしえたはずである。実際、封建的傾向を帯びていて、なおかつ非調和体制のもとに置かれるなら、どの社会体系も一種の矛盾として現れるだろう。

しかしここで我々は、カチン型体系が内部に抱える対立の、まさに本性に触れている。すなわち、全面交換は平等を前提にして、なおかつ不平等の源泉でもあるということ。全面交換は平等を前提とする。というのも、基本定式適用の理論的条件をなすのは、周期を閉じる操作「女cは男Aと結婚する」が、周期を最初に開いた操作「男Aは女bと結婚する」に等価であることなのだから。体系が調和的に機能するためには、女aと女b、女bと女c、女cと女aが同じ価値をもつのでなくてはならない、言い換えれば、リネージA、B、Cが身分と威信とにおいて同等でなくてはならない。ところが、体系が投機性を帯びていること、周期が拡大すること、進取の気性に富むいくつかのリネージが利己のための二次的周期を形成すること、最後に特定の縁組がどうしても選り好みされて、その結果[42]、回路の任意の中継点に女が蓄積されること、このいずれもが不平等の要因であり、いつ周期の中断を引き起こすやもしれないのである。かくして達する結論は次のとおり。全面交換はanisogamie、すなわち身分の違う配偶者間の婚姻にほとんど不可避的に通じること。全面交換の帰結である異身分婚は、交換周期が多様化または拡大すればするほどに明確に現れるにちがいないこと。だがまた異身分婚は体系と矛盾してもいて、それゆえに体系の崩壊を招くにちがいないこと。

この分析は確かに理論的なものだが、しかしカチンの実例が鮮やかな検証をもたらしてくれる。かなり未開なこの社会においてさえ、絶えず異身分婚に出くわす。カチン社会は次の四つの主要な階級に分かれる。*du's*＝領主（ギルホーズによれば*du ni*）、*darat*（ギルホーズによれば*tarat ni*）＝平民、*surawng*＝自由民の男と女奴隷を父母とする人々、*mayam*＝奴隷[43]。ウェールリはこう述べる。「妻の選択方法に関しては情報が欠けている。（略）奴隷との婚姻も、*duwa*の家族の成員と平民との婚姻も見られる」。南部チンポーのもとではそうであるが、そこ以外では「*duwa* の家族の成員は同じ階級の人としか結婚できない[44]」。この明快な指摘のほかにも次の情報がある。自由民の男と女奴隷のあいだに生まれた子供は自由民であるが、男奴隷と自由民の女のあいだに生まれた子供は奴隷である。出自が父系なのだから[45]、この点は予期していたとおりである。異身分婚が道徳的・美的に、いわば移調されることすらある。「私の友達である語り部（jaiwa）が言うには、似た者夫婦は長く幸せでいられない。どちらかが早死にする。だが神である **Karai Kasang** は気立てのいい男に気難しい女を、逆に気立てのいい女に気難しい男をしばしばめあわせる。こういう結婚はうまくいく[46]」。ハカ・チンでは、末の息子が両親の承諾を得ずに格下の妻をもらうと、遺産の取り分が減らされ、次男以下の兄弟の取り分と同じにされてしまう[47]。複婚の社会的規定も特徴的である。一度に二人の妻をめとることはよくないと諺は言う[48]。しかし *du num shi tarat num mali*「領主は十人の妻を、平民は四人の妻をもっていい[49]」とも言われる。ハカ・チンでは複婚による妻の数が二人ないし三人を超えることはまれで、夫は場合によってはこれらの妻を別々の村に住まわせてかまわない。妻たちは次のような異なる身分を帯びることがある。*nupi tak*＝本妻、*nupi shun*＝公式の身分を欠く同棲者にすぎない第二の妻、*nupi klai*＝本妻の死後に嫁に来た補充妻。ところで、ヘッドが付け加えているところによれば、*nupi tak* と離婚したか *nupi tak* が死亡したなら、男はしかるべき儀式をとりおこなって *nupi shun* を *nupi klai* に格上げできる。「だが一度格上げがおこなわれて、男が *nat*（精霊）に対する贖罪の儀礼をおこなうとき、彼の両親はそれに参加できるのに、彼のほうは両親のおこなう儀礼への参加を禁止される。彼は格下の妻をもらって自分の身分を破棄してしまったからである[50]」。そのほかの儀式の進行過程では、供儀執行者は、親族や彼よりも高い身分の人々によって綱で吊られた水牛を弓矢で射殺《いころ》さなくてはならない。「そうしないと彼は自分の格づけを失い、続いてさまざまないざこざが持ち上がる[51]」

以上の観察記録に照らせば、選好結合の諸規則と購買の諸方式との対照、指示語にもとづく親族分類法と指称語にもとづく親族分類法との対照がいちだんとよくわかる。給付と交換、「借り」――債権と債務――の途方のない発展は、ある意味で確かに病理的兆候ではあるが、しかしこの発展に示されている、またこの発展をいわば代償とする無秩序は体系に内在していて、つまりは全面交換の諸条件が志向する平等主義と、全面交換が帰結として生み出してしまう貴族主義とのあいだの摩擦がこの無秩序なのである。規定親等に関する単純な規則は平等主義を維持してきたのに、購買の煩瑣な手続きが貴族主義を蘇らせ、その表面化の可能性をもたらす。カチン型婚姻規則がすべてのクランに同じ一つの経路を歩ませ、すべてのクランに――各クランは全行程のうちの一区間を踏破するにすぎないのだから――中継役に甘んじるよう強いることはまことにそのとおりだが、しかしどのクランも彼岸へと超える特別の経路をもつ(52)。全面交換のもたらしうる組織化定式は例外的なほど豊かかつ明快であり、無際限の拡張も可能で、社会集団がどれほど複雑であっても、それのもつ欲求を表現するのに適している。全面交換の理論的法則は中断も不調もなく働きつづけることができる(53)。しかし全面交換を脅かす危険要素は、形式的集団構造からでなく、外部から、集団の具体的諸性格から噴出してくる。そうなると購買婚が全面交換に取って代わり、新しい定式を提供する。新しい定式は全面交換原理を守りとおす一方で、偶然と歴史とに由来するあれら不合理な要因を組み込むための、その手段をももたらす。人間社会の進化が示しているように、あれら不合理な要因は、無意識的思考がもろもろの論理構造をつくりあげる――それ以前にというより――以後に発生するのであり、言うところの論理構造への接近路を、きわめて未開な組織化形式は比較的容易に我々に開いてくれる。

注

（1）L. Sternberg, *The Social Organization of the Gilyak.* これはフランツ・ボアズによってニューヨークのアメリカ自然誌博物館の図書館に寄贈された手稿（cote 57. 1-57, p. 17）である。

（2）Ch. Gilhodes, *op. cit.*, p. 209.

（3）Lt-Col. J. Shakespear, *The Lushei- Kuki Clans, op. cit.*, p. 146.

（4）W. R. HEAD, *op. cit.*, p. 29. — W. J. S. CARRAPIET, *op. cit.*, p. 29-31.
（5）CLEMENT M. DOKE, Social Control among the Lambas. *Bantu Studies*, 2, 1923, n° 1, p. 36.
（6）W. J. S. CARRAPIET, *op. cit.*, p. 31.
（7）W. R. HEAD, *op. cit.*, p. 29.
（8）W. J. S. CARRAPIET, *op. cit.*, p. 72.
（9）*Ibid.*, p. 35.
（10）*Ibid.*, p. 70.
（11）［ネズミの象徴的な意味についてはLEACH, 1954, p. 180-181を参照。］
（12）GILHODES, *op. cit.*, p. 211.
（13）*Ibid.*, p. 178.
（14）*Ibid.*, p. 185.
（15）*Ibid.*, p. 175.
（16）第18章、本書五一二〜五一三ページ。
（17）HEAD, Hand Book, p. 1.
（18）GILHODES, *op. cit.*, p. 212.
（19）H. J. WEHRLI, *op. cit.*, p. 28.
（20）HEAD, *op. cit.*, p. 2-7.
（21）*Ibid.*, p. 10-11.
（22）同じく事態をさらに複雑にするものだが、*pu man*に対する権利は、オジのおこなう最初の給付に左右される。オジはまずブタを一頭殺し、それを提供しなくてならず、そうしないなら、オジもオジの相続人たちも*pu man*を要求できなくなる。オジに応えて今度は夫がブタを犠牲にする（HEAD, p. 11-12）。はじまりと終わりを画すこの贈り物はいちだんと本質的な権利に関してその行使を条件づけるが、この贈り物に相当するものがメラネシアの*kula*という儀礼のなかに見出される。

（23）Stevenson, *Feasting and Meat Division...*, *op. cit.*, p. 24.
（24）Head, *op. cit.*, p. 15-16. p. 31 *sq.* も参照。
（25）Gilhodes, *op. cit.*, p. 214-216.
（26）Carrapiet, *op. cit.*, p. 33-34.
（27）Gilhodes, *op. cit.*, p. 211.
（28）*Ibid.*, p. 226.
（29）Head, p. 4.
（30）Head, p. 18.
（31）カチンについてはGilhodes, p. 219-220を、ハカ・チンについてはHead, p. 18を参照。
（32）G. Gordon Brown, *Hehe Cross Cousin Marriage*, in *Essays Presented to C. G. Seligman*. London, 1934, p. 30-31. 先ほど我々の描き出したすべての事実と並行関係にある印象的な事実が、アフリカにも見られる。たとえばRaul Kavita Evambi, The Marriage Customs of the Ovimbundu. *Africa*, vol. 2, 1938, p. 345には花嫁の旅の様子が描かれていて、おびただしい中継地に着くたび、花嫁に旅を続けさせるために次々と支払いがおこなわれていく。
（33）Gilhodes, *op. cit.*, p. 221-224. — Carrapiet, *op. cit.*, *passim*.
（34）Head, p. 30. p. 12-13も参照。
（35）Gilhodes, *op. cit.*, p. 199.
（36）*Ibid.*, p. 194.
（37）第20章参照。
（38）Gilhodes, *op. cit.*, p. 194.
（39）［この点についてリーチは「文献の誤り」と断定しているが（1961, p. 78, note 3〔邦訳『人類学再考』前掲、第3章原注31、二四一ページ〕）、しかしたとえ指示語の数を十八としても、体系がきわめて貧弱であることに変わりない。「指称語」とはじつは固有名のことであるとする反論については、拙著『野生の思考』（一九六二年）を参照していただくよう読者にお願いするだけである。この著書では、いくつかの章をさいて「固有名」概念の理論的含意が議論されている。いずれにせよ、明白なことであるが、男女それぞれについて九つの固有名しかもたないような社会（リーチ、前掲書）は固有名に関し、文法学者がいだく観念とは相容れない観念をもつであろうし、そのような意味での「固有名」は我々のもつ「固有名」以上にはっきりと分類名称〔本書一五～一六ページ訳注参照〕として扱いうるだろう。〕

（40）Head, *op. cit.*, p. 20-23. ロタ・ナガのもとでも、遺産相続のさいに末の息子が優遇される（たとえば相続する稲田の割合は末の弟が三に対して、長男は一・五、次男が一である）。ミルズによれば、末の弟はまだこれから自分の婚姻で散財しなければならないからである（J. P. Mills, *The Lhota Nagas*. London, 1922, p. 98）。

（41）たとえばカチンにおける利息つき貸し付けをめぐる巧妙な規則を参照。貸し付けられたブタは、期限が来たら、貸し付け期間に従って変わる指定された数の「指」と「拳」のぶんだけ大きくなった動物によって、返還されなくてならない。一年の貸し付け後に返されるブタは貸し付けられたブタより「拳」一つぶん大きくなくてはならない。二年後は「指」三つぶんを追加する必要がある。三年後にはさらに「指」二つぶんが加算される。以下このようにして返還分が増えていく。二レル *rèl* の穀物を借りれば、一年後には四レル、三年後には十六レルの穀物を借りていることになる。このようにして借りは、大きな水牛一頭分に相当する三百レルまでふくれあがる可能性があるが、これが上限である。

（42）〔「結果」というこの語がついている以上、リーチは「〔レヴィ＝ストロースによれば〕一夫多妻婚はそれ自体で高い価値を帯びている」（1961, p. 84〔『人類学再考』、一五〇ページ〕）などという、根も葉もない非難を私に向けずにすんだはずだろう。彼が次の行で確認しているように、カチン型一夫多妻婚は政略からもたらされる結果なのである。私もそれ以外のことは言わなかった。〕

（43）Carrapiet, *op. cit.* に引用されているJ・T・O・バーナードの注。

（44）Wehrli, *op. cit.*, p. 27.

（45）Carrapiet, *op. cit.*, p. 94.

（46）Gilhodes, *op. cit.*, p. 212.

（47）Head, *op. cit.*, p. 24.

(48) Gilhodes, *op. cit.*, p. 92.

(49)［*du num shi tarat num mali* をこう解釈することについて、リーチ（*Rethinking Anthropology*, p. 80, note 1『人類学再考』第3章原注32、二四一ページ）は私を非難しているが、こう解釈しているのは、私でなくてギルホーズである。リーチとギルホーズそれぞれの語学的素養についてとやかく言うのは私の任でない。］

(50) Head, *op. cit.*, p. 24-25.

(51) *Ibid.*, p. 32.

(52) Carrapiet, *op. cit.*, p. 44-45.

(53)「ただ一つの型のイトコを結婚相手とする婚姻の興味深い一面であるが、この婚姻は次の定式に従ってほとんど無際限と言っていいほど拡張が可能である――（A＋b）（B＋c）（C＋d）…［（R－2n）＋（r－n）］［（R－n）＋r］（R＋a）」（T. C. Hodson, *Notes on the Marriage of Cousins in India*, *op. cit.*, p. 173）。

第17章　全面交換の外的限界

全面交換は、多かれ少なかれ純粋なかたちで、南アジアの広いエリアに分布する。カチンの場合に比べれば研究は進んでいないが、明らかに彼らの全面交換に酷似したかたちの全面交換が、マニプール山地を居住地域とする「古クキ」と言われる集団にも見出される。[1]〔「古クキ」のうち〕アイモルの五つの外婚リネージを結びつける婚姻定式について、シェイクスピアはこれといった情報を与えてくれないが、チルに関しては比較的明確なことを述べている。やはり五つのリネージを含むこの集団には、次の組み合わせがある。Danla の男は Dingthoi か Shangpa の女と、Dingthoi の男は Chongdur か Danla の女と、Rezar の男は Danla の女と、Shangpa の男は Dingthoi か Danla の女と、Chongdur の男は Danla の女と結婚できる。体系は明らかに変質している。その証拠に、どのリネージが Rezar から女を受け取るのかわからず、しかも Danla と Dingthoi、Danla と Shangpa は限定交換周期のなかにある。とはいえ、原初の全面交換体系は想像がつくし（図47）、そのいちだんとはっきりした姿も、J・K・ボウスの仕事から浮かび上がる。[2]

ボウスによれば、チルは、Danla, Rezar, Chongdur, Shampar, Dingthoi の五つの父系外婚集団に分割される。Danla は最上位と見なされていて、村長を出す。次に来るのが Rezar で、副村長を出す。残りの三つの集団は互いに対等である。いずれの集団も多数の家族に細分される。奨励される婚姻型は母の兄弟の娘との婚姻で、父方交叉従姉妹は厳しく除外される。ゆえに全面交換は疑うべくもない。また婚姻クラスが存在するか否かは（村落のあいだにさまざまな食い違いが出てくるので、ボウスは婚姻クラスを認めるべきかどうか迷っているけれども）本質

図47　チル、チョウテ、タラウにおける婚姻周期

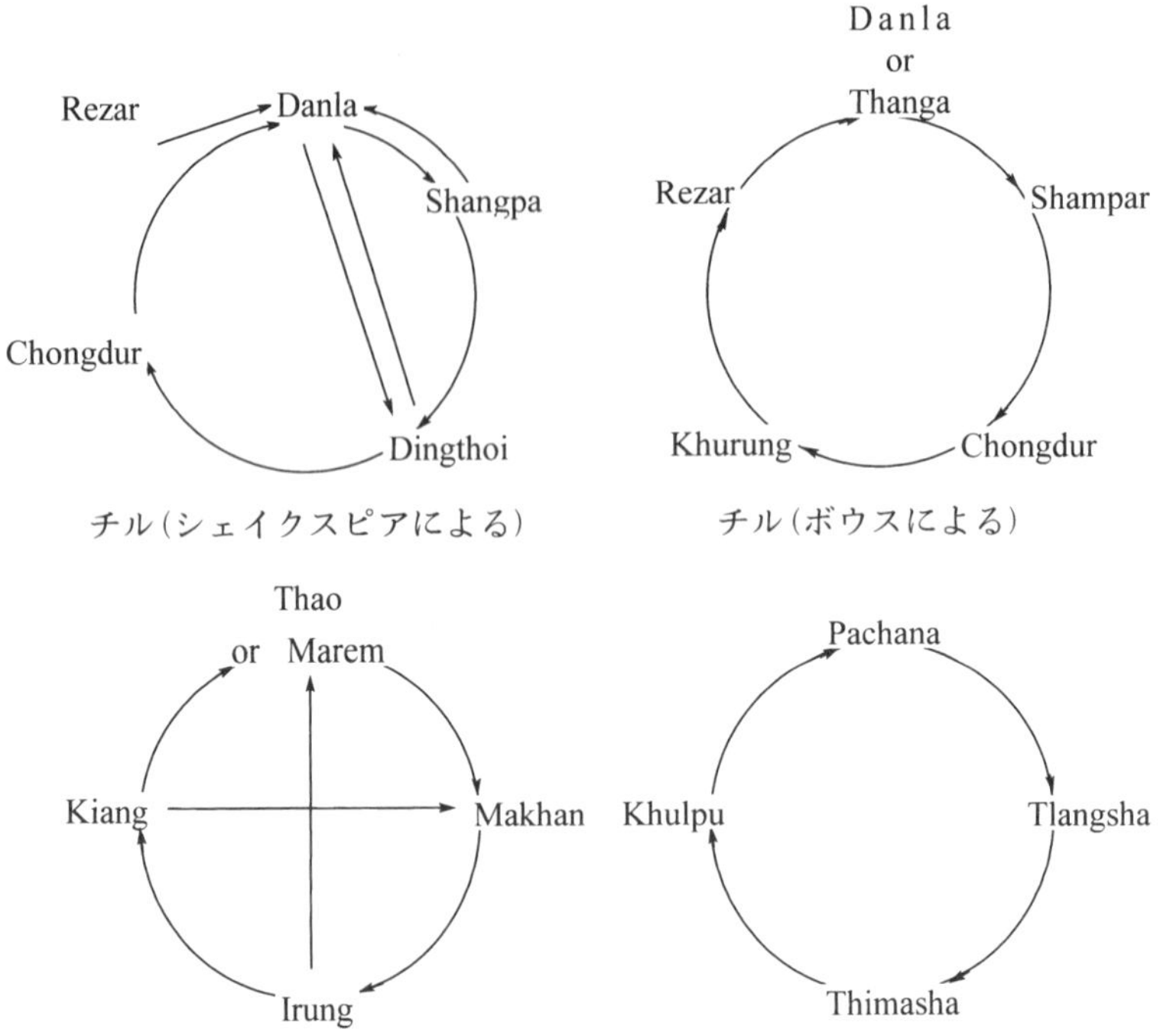

チル（シェイクスピアによる）　チル（ボウスによる）

チョウテ（シェイクスピアによる）　タラウ（シェイクスピアによる）

的なことがらではない。言うまでもなく、いかなる全面交換体系においても婚姻クラス概念はリネージ概念と区別されないので[3]。ボウスは Nungsha という村にだけ記述をさいている。この村は Khurung 十家族、Danla 六家族、Shampar 五家族、Chongdur 四家族、Rezar 五家族を抱え、定式は次のように立てられる。Rezar の男は Thanga か Danla の女と結婚する。Thanga か Danla の男は Shampar の女と結婚する。Shampar の男は Chongdur の女と、Chongdur の男は Khurung の女と、Khurung の男は Rezar の女と結婚する。Thanga と Danla は同一である。したがってここには、完全に純粋な五元周期がある（図47）。シェイクスピアの差し出す、かなりの変更をこうむっているチョウテの定式も明らかに同型の現実を隠しもつ。Marem は Makhan と結婚する。Makhan は Irung と結婚する。Kiang は Hakhan か Marem と結婚する。Irung は Marem か Thao か Kiang と結婚する。Thao

はMakhanと結婚する。[4] すなわち、二つの三元周期を組み込んだ四元周期である。

　ビルマ国境のアイモル・クキは、かつて外婚をとっていた半族といまも厳格に外婚を守るクランとを抱える。身分のいちじるしい違いが、二つの半族（したがって半族を構成するクラン）を分かつ。「上位」半族が政治的・宗教的主導権を握っていて、この半族の成員だけが、威信を獲得させてくれる「ポトラッチ」型祭礼をおこなえる。[5] 出自は父系で、母の兄弟の娘との結婚が正しい婚姻のあり方とされ、父の姉妹の娘との婚姻は厳格に禁止されたままである。問題となる親等をさすための指示語が、にもかかわらず多数あることは、部分的半族内婚の結果として生じた変質を物語る。

［この体系の解釈についてはニーダムを参照されたい（A Structural Analysis of Aimol Society, *Bijdragen tot de Taal-, Land-en Volkenkunde*, vol. 116, afl. 1, 1960）。本書初版での、粗描の域を出ない私の分析よりも、彼の分析は精緻である。ニーダムの批判に対しては、彼自身言うように彼もまたアイモル型親族体系の整合的解釈を差し出せていない、とだけ応じておくことにしよう。私の従った方法――手がかりとなる変則性を一つ一つ明らかにしていく――もニーダム自身の実行する方法――はじめに変則性を取り除いて、名称体系の整合的側面だけを残す――も、整合的解釈ができていないとの意味では一緒くたにお払い箱にしてかまわないのである。必要不可欠な民族誌的資料が不足している以上、今日の私には、いま述べたたぐいの分析はごくかぎられた意義しかもたらさないように見える。アイモル型親族分類法の分析から出てくる結果は、いくつかのきわめて一般的で暫定的な仮説に帰着する。一、なによりも世代水準の指標として働く名称がある（《*aou*》, *nai, tu*）。二、「クラン」間の非対称婚定式の特徴を表す名称がある。三、半族間の対称交換定式の特徴を表す名称がある。四、ボウスの指摘した部分的半族内婚にかかわるように見える名称がある。五、体系のもつ本質的な、しかしニーダムによって過小評価されている特徴が、年長者・年少者を両親の世代と〈私〉の世代とにおいて弁別する名称体系に現れる。私がしばしば仮定したように、この長幼の区別が代替婚定式に（理論的に見て必ずというわけでないにせよ、事実として）対応するなら、次のような社会それについてのモデルを、遺漏なく解釈するための手だてが得られるだろう。この

社会は二つの外婚半族を備え、それぞれの外婚半族は、非対称婚定式によって結びついたいくつかのクランまたはリネージからなるが、しかしリネージが「年長」に分類されるか「年少」に分類されるかに従って、非対称婚定式の型が異なってくる。アイモルの場合には資料が不十分であるため、このような思弁は根拠薄弱なものになってしまうと言っていい。」

ある伝承はマニプール山地のタラウがビルマ起源であることを伝える。彼らは四つのリネージに分かれ、リネージは単純な全面交換関係によって結びつく。Pachana の男は Tlangsha の女と結婚する。Tlangsha の男は Thimasha の女と結婚する。Thimasha の男は Khulpu の女と結婚する。Khulpu の男は Pachana の女と結婚する。(6) 残念なことに、「新クキ」と言われる集団タドの婚姻体系はよく知られていない。いくつかの情報はイトコ婚禁忌を示唆するが、にもかかわらず、いちだんと複雑なかたちの全面交換体系に必然的に対応するにちがいない、構造的な非対称性が見られる。家族が「雌ブタの供儀をおこなう家族」と「水牛の供儀をおこなう家族」に分かたれ、水牛の供儀をおこなう家族の男たちは雌ブタの供儀をおこなう家族の娘と進んで結婚するが、この逆のことは、少なくとも一般的には起こらないのである。(7) この習俗はおそらく *longman* の習わしと関係がある。*longman* とは、妻が亡くなったときか自分の息子が死ぬたびに、男が妻のもっとも近縁の男性親族に払わなければならない代価を言う。シェイクスピアの挙げる実例では、給付と反対給付の三つの周期が、隣接する四世代にわたって一世代ごとに一つずつ配置される。犠牲に供したブタ一頭を妻の家族が夫の家族に差し出し、夫の家族は犠牲に供した水牛一頭をもって返礼する、これが一回の操作をなす。したがってブタは妻の兄弟から夫へ、水牛は姉妹の夫から兄弟へ流れ、あたかもブタの供儀者と水牛の供儀者が、単方的な非対称関係によって一つに結びつけられた(と同時に区別されもする)二つの型の姻族を表すかのようである。

アッサムのチベット゠ビルマ系集団ミキルは地理的に局所化された三つのセクション、ミキル山地の Chintong、カチャル地区とナウゴン地区の Ronghang、カシ山地とジャインティア山地の Amri に分割される。(8) Amri セクションの身分は、かつてはほかの二つのセクションよりも劣位であった。しかし真の外婚単位をなすのは四つないし

し五つの *kur* である。すなわち Ingti, Terang, Lekthe, Timmung で〔ここでは四つの *kur* しかあげられていない〕、これら *kur* はそれぞれがさらにもっと小さな集団に下位区分される。そして三つの主要なセクションのいずれもがこうした *kur* をもつ。これらクランないしリネージは父系・父方居住で、好まれる婚姻、「かつてはもっとも頻繁になされたことの確実な」それは、母の兄弟の娘との婚姻である。この習俗は昔はじつに厳格に守られていて、未婚の若者が別の配偶者を求めようとすると、母方オジが彼を手ひどく打擲《ちょうちゃく》することもあった。[9] 任意のリネージに属す女たちのうち、母方交叉従姉妹がもっとも申し分のない候補にほかならないことははっきりしている。実際、求婚者が結婚の申し出に訪れると、彼の母方オジが訪問の動機と携えてきた贈り物について彼に尋ね、若者の父親がこう答える。「おまえの姉妹〔=この若者の母〕は年を食ってもう働けないので、我々はおまえの娘と結婚させるためにうちの息子を連れてきた」。母方オジ、母方オジの息子、妻の兄弟をさすのに同一の名称 *ong* が使われるが（後者二人については指小接尾辞がついて *ong-so* となる）、しかし親族分類法は妻の兄弟と姉妹の夫を区別する（ラケールのもとでと同じく姉妹の夫は兄弟と呼ばれる）。

「古クキ」諸民族であるチョウテ、チル、プルム、タラウ同様、アッサムの母系民族ガロも三分組織を有することを、ボウスははっきり断言する。[10] 実際、プレイフェアは三つの外婚区分 *katchi* を指摘する。すなわち Momin, Marak, Sangma がそれで、Momin が一地域に固まっているのに対して、ほかの二つの *katchi* はあらゆる地域に分散する。[11] おそらくそのせいで、ホドソン[12]はガロが〔Marak と Sangma からなる〕双分組織をもつとしたのであろう。とはいえ、外婚の本質をなす形式は *katchi* でなく、おびただしい数の *machong* =母系リネージである。結婚の申し込みをするのは娘のほうであり、例外は娘が自分の父の姉妹の息子と結婚するときで、この場合は手続きは自動的に進む。父方交叉従兄弟がいないときは、父のリネージにおいて交叉従兄弟に相当する位置を占める男と、娘は結婚しなくてはならない。花嫁代価は存在しない。ミキルやカチンのもとでと同様、何人かの個体のあいだに規定される親等にでなく、むしろリネージのあいだの関係に選好結合の由来することは、ガロでは次の事実に明らかである。すなわち、娘婿が寡婦となった彼の義母と結婚し、「こうして母と娘の共通の夫であるとの特殊な立場に立つ」[13]。しかし我々がここで考察している型の体系では、こうした事態は異例であるどころかまったく逆である。婚姻特権が妻の母に及ぼうが（ガロ）、妻の兄弟の娘に及ぼうが（ミウォク）、ここに見られるのは同一の制度の示す、一方は母系的な、他方は父系的な相にすぎず、しかもこの制度そのものが、出自の型に無関係な全体構造の、その一構成要素でしかない[14]。

実際、ガロとともに我々は父方居住父系集団から母方居住母系集団に移ったにすぎない。彼らの隣に住むカシもまたこの後者のカテゴリーに入る。ところで、カシでは母方オジの死後、このオジの娘との結婚が可能だと言われる。それに対し、父の死後に父の姉妹の娘と結婚することは宗教的禁忌とされていないにもかかわらず、「この結合型は反感のこもった目で見られ、ワール地方では絶対に禁止されている」[15]。かくしてはっきりわかるとおり、全面交換構造を条件づけるのは出自ではまったくなくて、当該体制の調和的性格それだけなのである。

確かにホドソンはカシとワール地方の婚姻習俗を対立させているが、これではグードンの文章を解釈しすぎというものである。父方従姉妹との婚姻が非難されるときに親等の違いが問題視されることを、グードンは報告しているのにすぎない。肝心な点は、カシにおいてさえ配偶者として母の兄弟の娘は許され、父の姉妹の娘はとがめられるということなのだ。しかしホドソンは全面交換が父系的諸制度に結びついていると思い込んでしまったため、カシ型体系をめぐって窮地に立たされていた。ワール地方には合同家族[*] *seng* が存在するとグードンが指摘したこと、またワール地方で合同家族の存在する地域が *ri lai seng*「三クランの地」の名で知られていたことは、ゆえにホドソンから見てとても重要なことであった。まさにこの地域にかぎって、伝承は三つのクランそれぞれが三人の男 U Kynta, U Nabein, U Tangrai の子孫にあたるとしていて、これは *seng* について父系出自を暗に物語っているのだから[16]。だがホドソンも認めているとおり、グードンはカシにも *seng* の存在することを立証している。彼らのもとでは、共有地の管理者は合同家族の末娘の母方オジで、それゆえにこのオジのイエは *ka iing seng* と呼ばれて、そこにリネージの物故成員の遺骨が大事に包まれて保管されている[17]。この情報から引き出せる結論は一つしかない。*seng* は父系でも母系でもありえ、婚姻体系の場合と同じく *seng* の場合でも、構造は出自から自立しているということである。

（＊）出自やそのほかの関係から見て、夫婦世帯を単位とする婚姻家族（基本家族）が合体した家族を言う。これに対し、人類学は一つの基本家族が拡大したものを「拡大家族」として概念化している。

なんとも興味深いことに、ビルマ国境に近い東アッサムのラケール民族には全面交換が赤裸に露出しており、この型の婚姻交換に結びついた性格、我々がカチンのもとに見出した性格を残らず（しかもラケールのもとでは例外的なほど鮮明に）示している。ラケールは、クランに下位区分される六つのセクションをかたちづくり、クランそのものもまた三つの階級（王族、貴族、平民）へと位階化される。クランは外婚を義務づけられていない。[18] カチンの場合と同じく、親族分類法ははなはだしく単純化され、とりわけ等置関係が明快な点できわだつ。

母方オジ　＝　妻の父
母方オジの妻　＝　妻の母
父の姉妹　＝　夫の母
母の兄弟の息子　＝　母の兄弟　＝　妻の兄弟
母の兄弟の妻　＝　母の兄弟の息子の妻[19]

全面交換を伴うリネージ体系のいまや熟知された構造それを再現するところの、親族分類法が予告するとおり（図48）、規定婚は母の兄弟の娘との婚姻である一方、父の姉妹の娘との婚姻は厳しくとがめられる。[20] 母方オジの

図48　ラケール型体系（還元モデル）

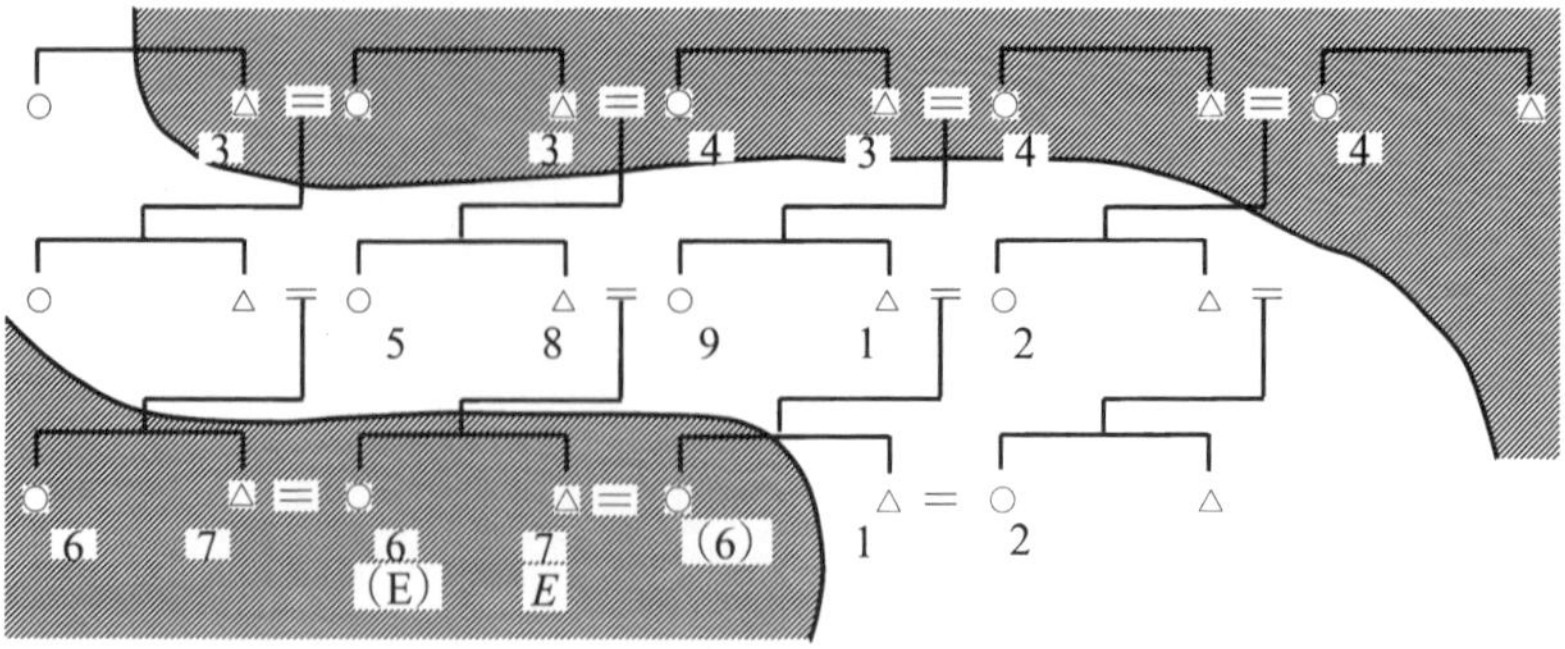

妻との婚姻は禁止されているが（出自が父系であるため、彼女は隣接リネージに属さないので）、しかしこの婚姻の二つの父系的等価物のうち、少なくとも一つがある。すなわち父の妻を相続することで、これはこの地方一帯に見られる特徴であるとパリーは付言する。[21]

ハカ・チンの場合と同じく、婚姻におびただしい給付が伴う。給付の複雑さはおそらくハカ・チンの規則を凌ぐ。おもな「代価」は次のとおり。父親に支払われる *angkia*（三十六の異なる給付からなる）、母方オジに支払われる *puma*（二十一の給付）、母のいちばん上の姉に支払われる *nongcheu*（十八の給付）、母のいちばん下の妹に支払われる *nonghrihra*（十六の給付）、父の姉妹に支払われる *nangcheu*（十六の給付）、オバの代価 *tini*（二十の給付）[22]。異身分婚は特徴的なかたちで確認されている。「結婚時に男が年をとっているのは、どの男も自分のイエよりも高位のイエの娘と結婚しなければならないとする周知の義務のせいで、イエの格づけの差に応じて花嫁代価も高くなる。じつによく見られるように、遺産を手にした男は、壮年期のあいだ、自分の母に婚姻代価として支払われた負債の返済に追われざるをえないので、ようやく自分より身分の高い女との結婚に漕ぎ着けたころにはすでに男盛りをすぎている」[23]

事実、六つの王族クラン、十七の貴族クラン、六十四の平民クランがある。残念ながら、パリーは頂点に位置する諸クランのありさまについてなにも言っていないのだが、異身分婚の理論的含意を検討してみると、まさにそのありさまが問題として浮かび上がる。[24] 我々の手元には一つの証言しかない。首長たちや富裕層はなるべくよその村に妻を求め、そこに自分たちの影響力の基盤を築き、すでに自分の村で掌握している影響力をそのようにして間接的に広げようとする[25]。ガロと同じくラケールでも、身分はどうも不動の位階秩序として結晶化しているのではなさそうである。「紛争に勝利した集団が自分たちの力を誇示するために祭りを催すという習俗がある。対立する集団もそれに対抗して祭りを催す。すると今度は最初の集団がいちだんとはでな祭りを催し、敵対者の顔色をなからしめようとする。祭祀の規模がエスカレートして、対立し合う二集団の双方が打撃的な出費をこうむるまで、この競り合いは続く[26]」。調和的リネージ、全面交換、威信の獲得競争、異身分婚、規定親等の単純さ（母の兄弟の娘）、購買体系の複雑さなど、カチンのもとで観察されたこれらすべての現象が互いに有機的に結びついていることは、別の諸集団を研究することでじつにはっきりする[27]。

＊＊＊＊

カチンよりも西に位置する一群の北方集団を、我々はこれからまだ検討してみなくてならない。これらの集団では、全面交換はその単純な定式に適合してはいるが、もはや純粋なかたちで現れず、限定交換定式と混淆している。ここではチンドウィン川の西とブラーマプトラの南に住むナガ諸民族について論じてみたい。ナガ諸民族はいくつかの地縁集団に下位区分され、おもな地縁集団としてセマ、アンガミ、レングマ、ロタ、アオなどがある。

ナガ型諸体系の独自性は、あらゆる集団に二つの型の組織が同居していることにある。一方の組織は三つまたは六つのセクションに下位区分される。他方の組織は二つのセクションに分かれるが、この二つのセクションそのものが、対をなすもっと小さな単位からなることもある。ロタ・ナガを扱ったミルズの著書に寄せた序文で、ハットンもこの点をはっきり指摘する。「かなりの数のナガ諸民族は、習俗の起源より社会組織の起源のほうが多様であることをうかがわせる。双分組織に三分組織が交差したことの痕跡が、かなりの数の民族に見出され、三要素への分割を暗示する。三つの集団に分かれていることも、最初にあった二つの集団の一つがのちに二つに下位区分されて、計三つの集団ができあがったように思われることもある[28]」。たとえばアオは二つの言語集団Chongli と Mongsen に分割され、この二集団は同じ村に住むが、それぞれの使う語彙はしばしば互いに異なり、とりわけ親族名称について相違がいちじるしい。この分割のうえに、三つのクラン Pongen, Langkam, Chami への分割が重なり合う。これら理論的には外婚をとる三つのクランは、二つの言語集団のどちらにも見られ、さまざまな身分によって位階化されている。

同じ事態は南コニャックのもとにも見られる。そこでは二つの言語集団がそれぞれ Thendu, Thenkoh と呼ばれて、入れ墨によっても区別が図られている反面、どちらも同じく三分されている。レングマの村々は二つの言語集団 Intseni-Kotsenu と Tseminyu の成員を抱え、Tseminyu は、母をさすのに別々の名称 *ayo* と *apfsü* を使う二つの下位集団に分割される。アンガミも母について異なる名称を使う二集団に分かれ、一方の集団は一対の下位集団からなる[29]。メミ・アンガミには身分の低い第三区分（Cherhechima）が見られ、メミ・アンガミそのものの内部では、ほかの二区分はこの第三区分と結婚しないが、第三区分の成員であっても、メミでないほかのアンガミ集団となら難なく結婚できる。最後にロタであるが、この民族では二つの区分は母をさすのに名称 *oyo* を、第三区分は *opfu* を用いる。これら三つのセクションは、それぞれ Tompyaktserre「額を露出する人々」、Izumontserre「散り散りの人々」、Mipongsandre「焚き火の煙を征服した人々」という名前をもつ。これらのセクションは地理的起源が異なるとハットンは考えている。

先に進む前に次の問いを究明しておかなくてはならない。二つの型の社会構造（双分構造と三分構造）があるという二元性は婚姻体系に影響を及ぼすのか、つまり親族名称体系に反映されるのか。ミルズによれば、レングマには三分組織の痕跡は見つからず、ただ以前の二元対立の痕跡が見つかるだけである[30]。ところが、クランは六つの外婚集団に振り分けられていて、親族名称体系からはさまざまな相反性があらわになる。たとえば双方交叉イトコ婚を暗示する等置関係が見られる一方、いくつかの名称が、母の兄弟のリネージと父の姉妹の夫のリネージ

図 49　レングマ・ナガ型体系

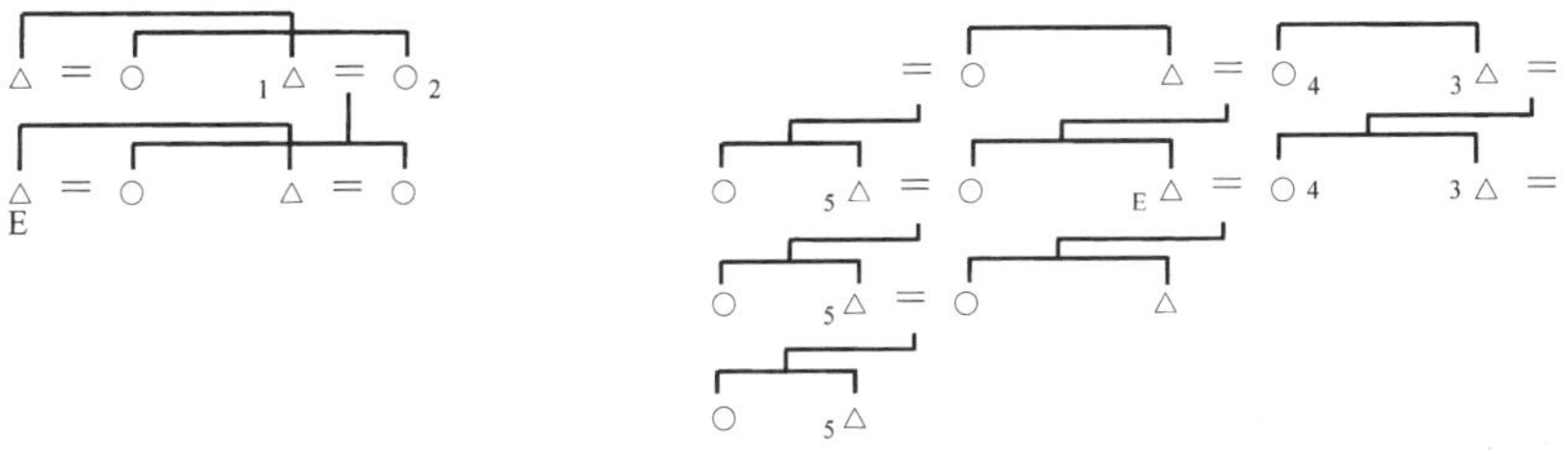

を区別する。まず最初に気づく点であるが、父の姉妹（*anü*）は、母のクランの男と結婚したすべての女、とりわけ母の兄弟の妻と同一視される[31]。また父の姉妹の夫は、母のクランのすべての男、とりわけ母の兄弟と同一視される。これに等置関係、妻の父＝母の兄弟、妻の母＝父の姉妹を付け加えれば、双方交叉イトコ婚が存在するとの予測の確実性は極端に高まる。

だがまた親族分類法は、一方向周期に沿って方向づけられたリネージ体系それのもつ、典型的な等置関係をも差し出す。たとえば母の兄弟の息子（〈私〉よりも年上）＝母の兄弟、母の兄弟の娘（〈私〉より年上）＝母、など。この点を別にすれば、義理の兄弟・義理の姉妹にかかわる名称体系はきわめて貧弱で、母方交叉イトコをさす特別な名称は一つもない。このことはつねに姻族関係を推定させる。逆に父方交叉イトコについては、特別な名称があれこれある。たとえば *achagü* は父の姉妹の子供、姉妹の子供（男が話し手の場合）、孫をさす。こうした情報からして次の等置関係はある程度まちがいない。妻の兄弟＝母の兄弟の息子[32]。これと対立するかたちで、東レングマには双方婚の指標となる等置関係、妻の兄弟＝姉妹の夫がある[33]。したがって、ここで考察された名称にもとづけば、二つの型の親族分類法がある。おそらく東レングマでは一方の限定交換体系を示唆する親族分類法が、西レングマでは他方の全面交換を示唆する親族分類法が優勢だと考えられる（図49）。

ロタでは二つの親族分類法の対立はさらに鮮明になり、婚姻規則もいちだんとよくわかっているが、ただそこでも「外婚体系は完全な崩壊状態にある[34]」。ロタ・ナガは三つの外婚セクションに分かれ、外婚セクションはさらに二十七のクラン *chibo* に下位区分され、それぞれの *chibo* はいくつかのリネージ（*mhitso* ＝尻尾）を含む。神話は三つの根幹セクションを三人兄弟の子孫であるとし、逆にクランには、地理から見ても伝承から見てもさまざまな起源を授け、クランの少なくともいくつかは、森の蛮族の子孫ということになっている。セクション外婚は可能配偶者の属すクランが絶えず認識されていることを前提にし、ナガに含まれるさまざまな民族の、それぞれ異なる名称をもつクランのあいだには体系的な対応がある。(35)

母の姉妹の娘、姉妹の娘、父の姉妹の娘は主体とは別のセクションに属すにもかかわらず、彼女たちとの婚姻がつねに禁止されることをミルズは指摘する。逆に母の兄弟の娘との婚姻は可能で、この婚姻か母のクランの女との婚姻が推奨される。この型の婚姻は義務づけられていないが、別の婚姻をおこなえば、母のクランを侮辱する恐れがある。母のクランの女を最初の妻とした男が母のクランとは別のクランの女と再婚すれば、*lolang 'ntya- kma*「母のクランからめとらないことに対する代価」と呼ばれる罰金を払わなくてはならない。他方、父の寡婦と再婚することはロタでは好ましくないと見られているが、セマはそれを好ましいとする。(36)

図 50　ロタ・ナガ型体系（還元モデル）

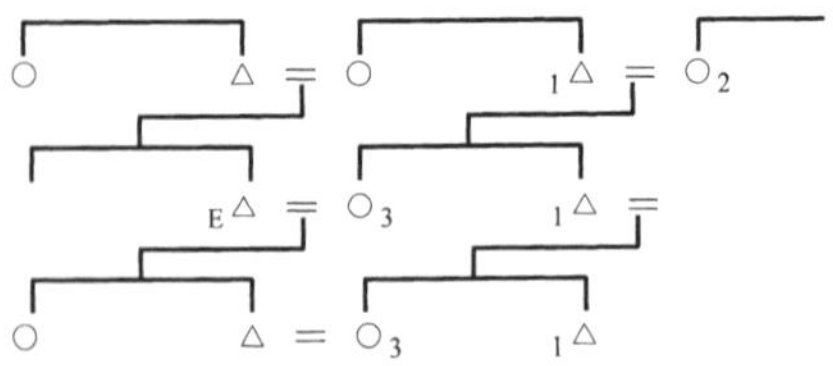

母のクランを相手とする非対称婚へのこうした選り好みは二重に、婚姻規則と親族名称体系とに、現れる。婚姻は花婿が義父母にさまざまな奉仕をおこなうかたちの給付を含む。しかし花婿には、花婿のクランの女と結婚した男たちに手助けしてもらう権利がある。(37) したがって、これらの男たちは同時に婚姻給付の受給者でもあることはできず、この点、限定交換体系の場合と異なる。さらに次の等置関係がある。

妻の父　＝　母の兄弟　＝　妻の兄弟
妻の母　＝　母の兄弟の妻
妻の兄弟　＝　妻の兄弟の息子　＝　息子の妻の両親

妻の姉妹　＝　妻の兄弟の娘　（図50）

だがまた親族分類法は、細心の検討に値するごく珍しい二等分現象をも示す。主体と両親それぞれの世代で年長者・年少者が区別されることをでなく、年長者・年少者いずれについても、つまり同一世代内のどの段階にも二つの名称のあることを言う二等分である。たとえば――

omoramo　父の姉の夫（この夫が母のクランに属す場合）

onung　〃（この夫が母のクラン以外のクランに属す場合）

omonunghove　父の妹の夫（この夫が母のクランに属す場合）

onung　〃（この夫が母のクラン以外のクランに属す場合）

ongi　母の兄弟の妻（この妻が〈私〉のクラン以外のクランに属す場合。逆の場合は血縁を表す名称が保持される）

さて、父の姉妹の夫が母のクランに、母の兄弟の妻が〈私〉のクランに属すなら、それは双方婚を伴う限定交換体系であって、もはや単方婚を伴う全面交換体系ではない。この新しい可能性は、子供の世代に適用される名称体系によって確認される――

姉妹の息子と娘＝妻の兄弟の息子と娘（男が話し手の場合）

兄弟の息子と娘＝夫の姉妹の息子と娘（女が話し手の場合）（図51）

図51　ロタ・ナガ型体系の別の側面

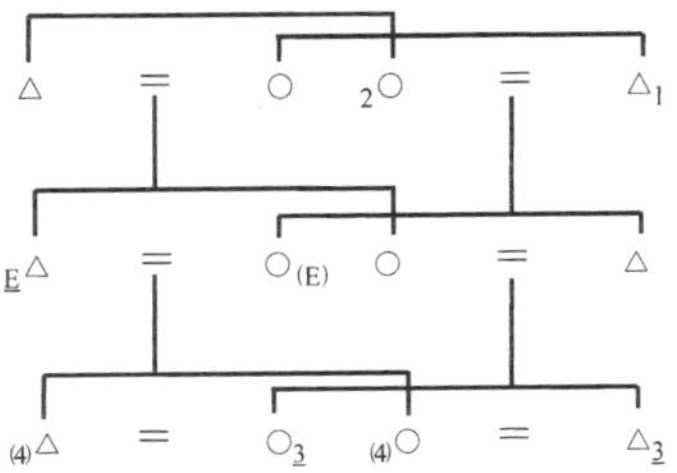

同一世代内での年長者・年少者の区別を本書では一貫して代替婚体系（つまり、二つの男性クラスが一つの女性クラスをめぐって競合することのある体系）の指標ないし遺制として解釈し、この婚姻体系の解決策が年長者・年少者の補足的区分の設定に求められたのであるからして、当の区別がロタのもとでもつ有効性は、社会構造の異質性と複合性とにみごとに応える二つの婚姻型のあることを、追加的に示すものである。じつに二人の配偶者がつねに可能なのである。一人は限定交換定式に対応する配偶者、もう一人は全面交換定式に対応する配偶者。

セマ・ナガの体系は、いま描き出してみた体系との強い類似性を示す。ただし、社会的組織化において地縁集団、目下のケースでは村ないし村区は、セマを分かつ二十二の父系外婚クランより、一見、重要な役割を果たすかに見える。有力諸クランは内婚傾向にあるため、外婚規則は根幹クランの下位区分のあいだに適用される[38]。この外婚規則はじつに厳格に機能していて、父の系の第三親等のイトコにまで及ぶ。父の姉妹の娘との婚姻も母の兄弟の娘との婚姻もともに許されるが、前者の婚姻型では子供ができないと考えられているため、決まって後者の婚姻型が好まれる。「こんな理由が口実として持ち出される。後者の型なら家庭の和合が確かなものになる。若夫婦の両親が互いに親族関係にあって、子供たち〔若夫婦のこと〕がなかよくふるまうよう目を光らせるから、と言うのである[39]」。こうした理屈づけは中国にも見られるが[40]、納得のいくものとは言いがたい。じつに交叉イトコの二つの型のどちらも、兄弟と姉妹から生まれるのだから。

親族体系は単純である――

1. *apuza*　*asü* 以外のすべての祖父母
2. *asü*　父の父（＝木、株）
3. *apu*　父、父の兄弟
4. *aza*　母、母の姉妹、母の兄弟の娘
5. *amu*　兄、父の兄弟の息子

6. *afu*　姉、父の兄弟の娘
7. *atiikuzu*　弟、父の兄弟の息子で〈私〉より年下（男が話し手の場合）
8. *apëu*　弟、父の兄弟の息子で〈私〉より年下（女が話し手の場合）
9. *achepfu*　妹、父の兄弟の娘で〈私〉より年下（男が話し手の場合）
10. *atsiiupfu*　妹、父の兄弟の娘で〈私〉より年下（女が話し手の場合）
11. *atikeshiu*　姉妹の子供、父の姉妹の子供（男が話し手の場合）
12. *anu*　息子、娘、孫息子、孫娘、弟の子供（男が話し手の場合）
13. *akimi*　夫
14. *anipfu*　妻
15. *ani*　父の姉妹、妻の母、夫の母、夫の姉、兄の妻（女が話し手の場合）、夫の兄の妻
16. *angu*（＝番人、保護者）母の兄弟、母の兄弟の息子、妻の父。（西部では）妻の兄弟、夫の兄弟
17. *achi*　父の姉妹の夫、妻の兄弟（東部）、姉の夫、兄の妻（男が話し手の場合）、姉妹の夫（女が話し手の場合）
18. *ama*　妹の夫（男が話し手の場合）
19. *amukeshiu*　弟の妻、夫の弟の妻、息子の妻。*anipa* と呼ばれることもある。
20. *anipa*　妻の姉妹の夫、夫の弟の妻、息子の妻
21. *atilimi*（＝種、実）孫
22. *angulimi*　縁組関係による男性親族（母の家族、および妻と夫それぞれの家族）
23. *atazümi*　一族の者（男が話し手の場合）〔parents、英訳では brethren〕
24. *apelimi*　一族の者（女が話し手の場合）

年齢の相対的な違いに応じて、父の兄弟の妻は *aza* か *achi*、母の兄弟の妻は *aza* か *afu*、母の姉妹の夫は *apu* か

図 52　セマ・ナガ型体系（還元モデル）

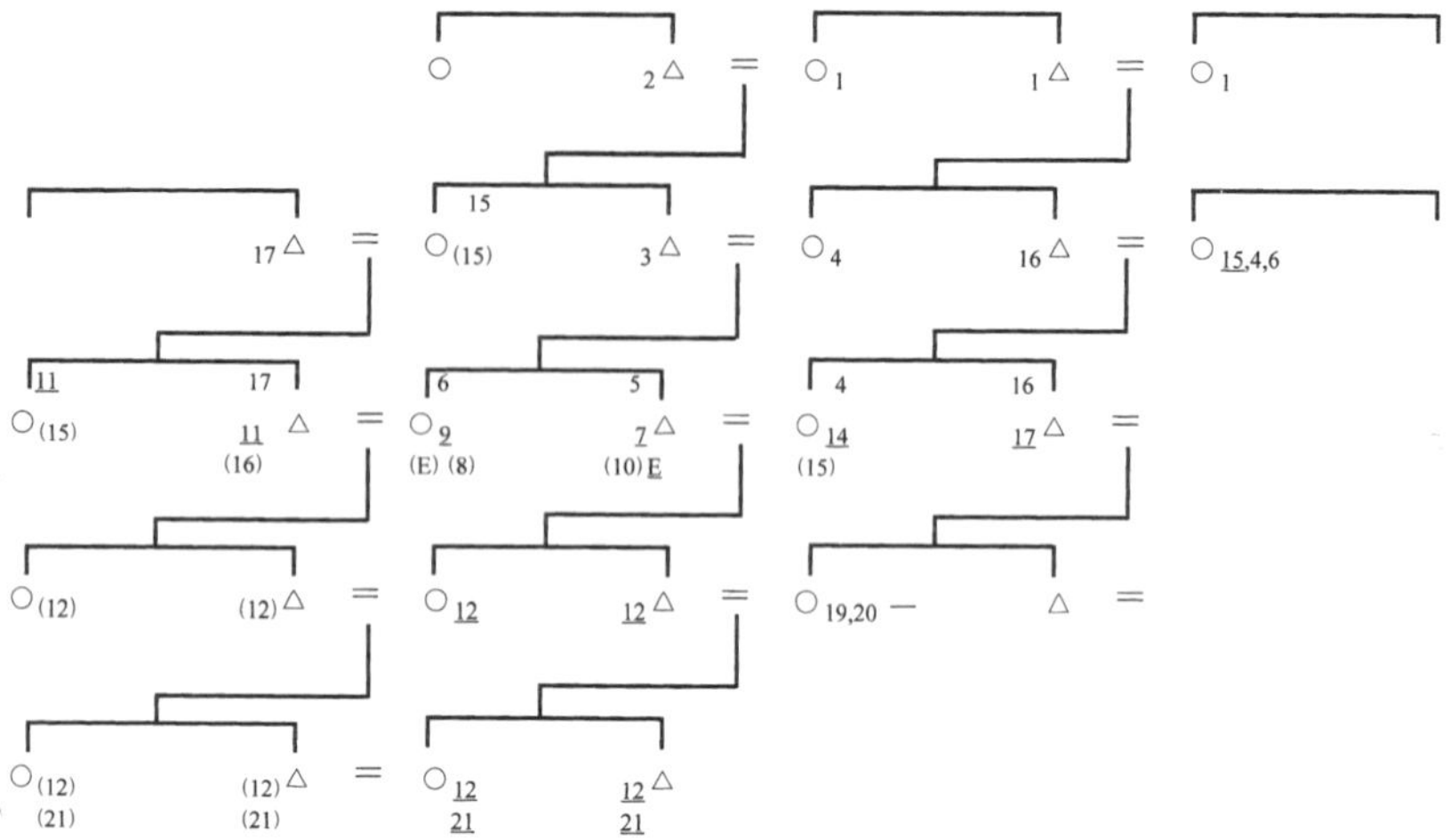

amu と呼ばれる。名称 *atikeshiu* は男によって用いられ、一般的な意味では母をとおして親族になった人、つまり我々の家族の（＝我々の種《たね》に由来する）成員をさす。次の関係をさす特別な名称はない。娘の夫、息子の妻の両親、娘の夫の両親、妻の兄弟の子供、夫の兄弟の子供、妻の姉妹の子供、母の姉妹の子供、姉妹の娘の夫。こうした人々には友という言葉か上記の敬称〔右の名称リスト中の23と24のことか？〕が用いられる[41]。

母の兄弟の娘との選好婚の仮説は、まだ多く不満の残る一つの還元モデルに行き着く（図52）。このモデルでは、異なるリネージのなかに名称4、6、11、15、16が再帰するが、ハットンも指摘するとおり、そのことは父方婚も実施されることの裏づけと見ていい。したがってここにもまた、限定交換定式と全面交換定式の混淆の実例がある。

＊＊＊＊

アオ・ナガとなると事情はもっと込み入ってくる。

彼らの祖先、おそらくは伝説上の、しかしそこにコニャックの影をミルズが見ようとするその祖先は Isangyongr, Nok-rangr, Molungr に三分されていたらしい[42]。現在のアオは三つのクラン集団を抱える。〔クラン集団の一つ〕Chongli は三つの外婚セクションに分割され、そのなかの二つPongen（十クラン）と Lungkam（十一クラン）が「年長」セクション、残りの Chami（十六クラン）が「年少」セクションである。Chami セクションの身分はほかの二つよりはっきり低く、ミルズはこのセクションを、他の二つの Chongli〔Pongen と Lungkam〕によって征服された民の、その生き残りを見る。[43]第二のクラン集団 Mongsen も、厳格な外婚を実施する三つの、ただし名前をもたぬセクションを抱え、各セクションの構成クラン数は十一、七、八である。Mongsen と Chongli は互いのセクションのあいだに等価関係を認識していて、対応関係にあるセクションの成員は互いに結婚できない。最後のクラン集団 Changki はいかなる明確な区分も抱えていず、ミルズはこの集団をこの地域に最初に住みついた集団と見なす。彼らのもとには八つのクランを識別できるだけで、そのなかの四つは一つのセクションとして、残りの四つはおのおの外婚単位としてふるまう。[44]同一クラン、同一セクションの成員のあいだでは、あらゆる種類のなれなれしさが禁忌とされる。禁止配偶者は次のとおり。父の寡婦、母の姉妹、父の姉妹の娘。「女は自分の父の姉妹の息子とも結婚できない[45]」とミルズは付け加えている。かくして事情はいままで見てきた事例と、少なくとも表面的には明確に異なっていて、そのぶんいっそうの注意を払って親族体系が検討されなければならない。

この親族体系の差し出すさまざまな難しさは、社会構造のもつ複雑さとの注目すべき並行関係を示す。一つの世代が年長者・年少者に区別されるだけでなく、婚姻過程の違いに応じて、二つ、三つ、それどころか四つの別々の名称が同一親等について見出されることさえある。いたるところに落とし穴のあるこのような体系では無理もないが、禁忌親等の（相対的）多様化と禁止事項の異常なまでの増大が見られる。まるで二つの定式（全面交換と限定交換）が濃密に混ざり合って飽和点に達したかのように。アオ型体系の格別に興味深い点は、親族体系が崩壊せずに達しうる、いわば異種混淆性の限界に、この体系が我々を直面させてくれることにある。この限界がいかなるものかはやがて想像がつくだろう。

ナガ型体系の例に漏れず、この体系にも父方祖父母をさす名称1と、母方祖父母をさす名称2が存在するようだ。父の兄弟の妻は、母のセクションに属すか、女系筋にある〈私〉のセクションに属すかに従って別々の名称で指示される（前者の場合は *uchatanuzii*（＝母の姉妹），3で、後者の場合は *amu*, 4で）。

父の姉妹の夫は、〈私〉のセクションに属す男を自分の母を経由して祖父とするなら、個別の名称（*anok*, 5）で言い表されるが、〈私〉の母のセクションに属す男の直系であるなら、母方オジ（*okhu*, 6）と同一視される。

母の兄弟の妻は、〈私〉のフラトリーに属すなら父の姉妹（*onii*, 7）と、〈私〉の母方祖母のセクションに属すなら母方祖父母 *otsu*, 2と同一視され、母親を介して〈私〉のセクションに属すなら *amu*, 4と呼ばれる。

母の姉妹の夫は、〈私〉のセクションの成員であるなら *oba tambu* または *oba tanubu*（父の兄または弟、8）であるが、別のセクションの成員で〈私〉よりも年上なら *okhu*（母方オジ）、〈私〉よりも年下なら *anok*（父の姉妹の夫）である。

妻の父は〈私〉の母のセクションに属すときは *okhu*、彼の母が〈私〉のセクションに属すときは *anok* と呼ばれる。

妻の母は *onii*（〈私〉のセクションに属す）、*uchatanuzii*（〈私〉の母のセクションに属す）であり、また父の母と同じセクションの出身なら父の母1と同一視され、それ以外では *amu* と呼ばれる。

父の姉妹の息子は *anok*、娘は *amu* と呼ばれる。母の兄弟の息子は母の父（*okhu*）と、娘は母の妹（*uchatanuzii*）と同一視される。妻の兄弟は彼の母を介して〈私〉のセクションに属すことがあり、この場合、彼は *anok* と呼ばれる。それ以外のすべての場合では、彼は名前 *okhu*（母の兄弟）を受け取るが、これは「〔彼と話し手のあいだに話し手の〕母を介して不可欠の親族関係の成立することが受け入れられているからである」[46]。婚姻定式全般が不確定さに包まれている現状にあって、この指摘は重要である。じつに婚姻がつねに母方婚、少なくとも全面交換型の婚姻でなくてならないことを、それは示唆するから。妻の姉妹は彼女の母を介して〈私〉のセクションに属すのなら *amu*、属さないのであれば *uchatanuzii* である。

夫の兄弟は彼の母が妻のセクションに属すなら *okhu*、いくつかの村では *anok* と呼ばれる。夫の兄の妻は

〈私〉のセクションに属すなら姉 *oya*, 9、〈私〉の母のセクションに属すなら *uchatanuziï*、別のセクションに属すなら *amu* と呼ばれる。夫の弟の妻についても同じことが言え、彼女はいま挙げたそれぞれの場合ごとに妹（*tïnï*, 10）、*uchatanuziï*, *amu* という名前をもつ。

妻の兄弟の妻については次の名前がある。〈私〉のセクションに属すなら *oya*、〈私〉の母のセクションに属すなら *uchatanuziï*、別のセクションに属すなら *amu*。夫の姉妹の夫は、〈私〉のセクションに属すなら年齢に応じて兄（*uti*, 11）か弟（*topu*, 12）、それ以外では *okhu* となる。

姉妹の夫は（男が話し手の場合）、〈私〉の母のセクションに属すなら *okhu*、そうでないなら彼の妻が〈私〉よりも年上か年下かに応じて *kabang*, 13 か *anok* になる。女の話し手は自分の姉妹の夫を、彼が自分の母のセクションに属すなら *okhu*、そうでないなら *küthang* と呼ぶ。兄弟の妻は、話し手が男であっても女であっても、*uchatanuziï*（母のセクションに属す場合）か *amu* である。

妻の兄弟の息子は、祖父のセクションに属すなら *opu*, 1、そうでないなら *anok* と呼ばれる。妻の兄弟の娘は *otsii* か（〈私〉の妻が祖母のセクションに属すとき）、そうでなければ *amu* になる。

夫の姉妹の息子は兄と呼ばれ（〈私〉のセクションに属すとき）、そうでなければ弟と同一視される。

夫の姉妹の娘が〈私〉のセクションの成員で〈私〉よりも年上なら、彼女は姉という名前を、そうでなければ妹という名前を受け取る。娘の夫は *anok* と呼ばれるか（彼の母を介して〈私〉のセクションの成員である場合）、でなければ、*abang*, 15 と呼ばれる。息子の妻は *uchatanuziï*（母のセクションに属す場合）か *amu* になる。

孫はすべて *samchir*, 16 と呼ばれる。平行イトコは兄弟・姉妹と、平行甥・平行姪は息子・娘と同等視される。(47)

名称体系はそれ自体としては単純である。「類別的体系に典型的な大きなカテゴリーが通則である。男は、自分のクランに属す男と父の世代に属す男をすべて父のカテゴリーに、自分と同じ世代に属す男をすべて兄弟のカテゴリーに、自分の母のクランに属す女と自分の母の世代に属す女をすべて母のカテゴリーに入れる。以下同様(48)」。さらに姻族をさす名称よりも、直系親族の名称のほうがつねに好まれる。たとえば三つの名称 *okhu*, *anok*, *amu* はそれぞれ次のような意味の広がりをもつ。母のセクションのすべての男、〈私〉のセクションの女のすべての息子、〈私〉のセクションの女のすべての娘。「これら一般的な名称は、セクションの外に広がる個別的な呼び方のないすべての親族関係を包摂する。父筋に沿ってたどれない親族関係でも、かなり遠縁までさかのぼれば、母筋に沿ってたどれることがある。事実、アオは縁組によってのみ成り立つ親族関係、父の血筋か母の血筋が入り込んでいない親族関係を認知しない」[49]。つまり、父方または母方の交叉従姉妹との婚姻が、ミルズの主張するように、たとえ禁止されていても、比較的遠い親等にあたる従姉妹との婚姻なら義務とされるのである。幅広い集合的な名称 *anok* と *okhu* がまさしくカチンの *dama ni* と *mayu ni* に対応することに気づきさえすれば、この点は呑み込めるだろう。*dama ni* がここでは *amu* と *anok* に区分されるが、それは限定交換が混じり込んでいるせいで、明らかにアオのもとには限定交換が働いていて、娘婿の姉妹を交換回路のなかに差し戻す。

いくつかの面から見て、名称体系は全面交換体系にみごとに一致する（図53）。しかも、妻の兄弟の妻をさす名称として *amu* が、夫の姉妹の夫をさす名称として *okhu* が再び現れることは、三つの中継点からなる回路の存在をさえうかがわせる。とはいえ、次の等置関係はすべて選好婚を、あるいは――前述の情報と考え合わせても、また父方婚が排除されていることからしても[50]――双方婚を示す。

父の姉妹の夫＝母の兄弟
父の姉妹　＝母の兄弟の妻
妻の父　＝父の姉妹の夫
妻の母　＝父の姉妹
妻の兄弟　＝父の姉妹の息子
妻の姉妹　＝父の姉妹の娘
夫の兄弟　＝母の兄弟の息子

図 53　アオ・ナガ型体系（還元モデル）

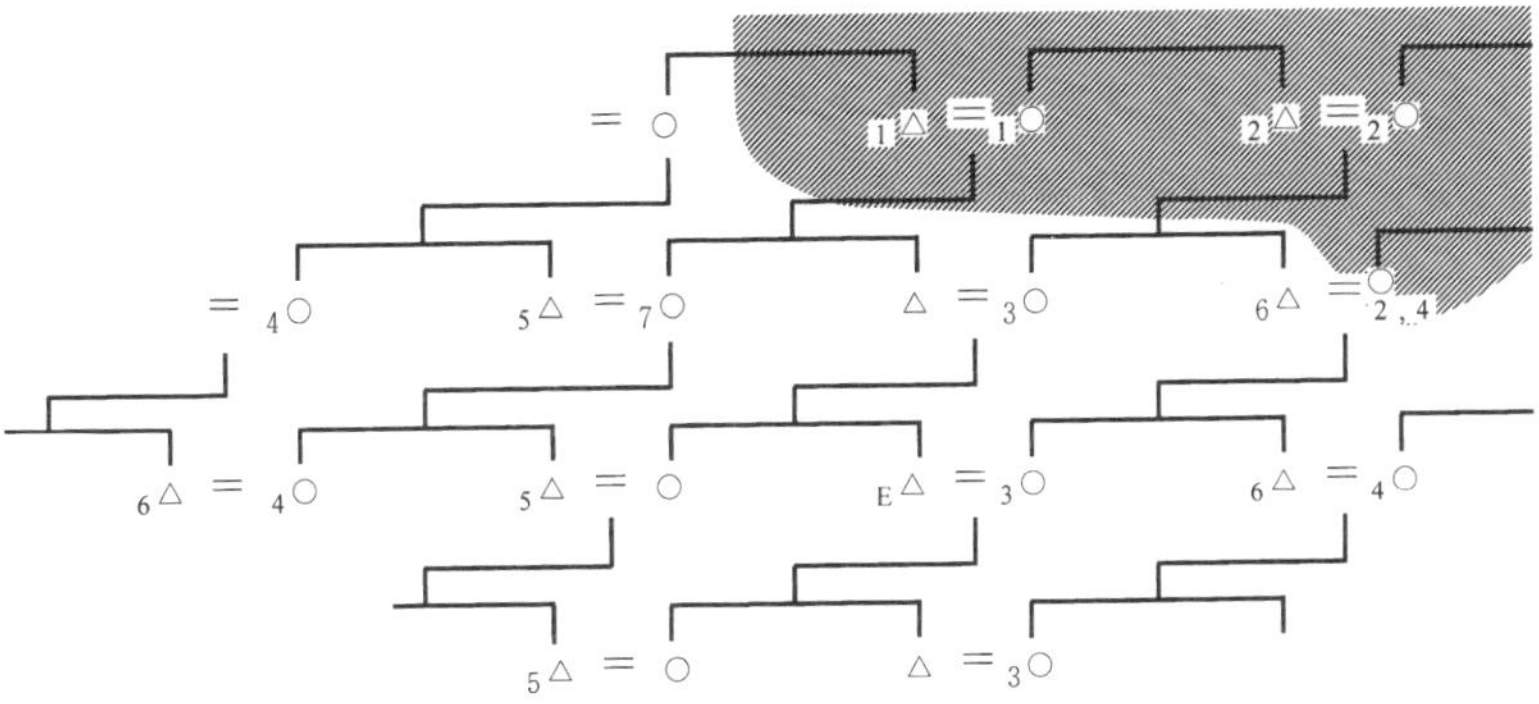

姉妹の夫　＝母の兄弟の息子

最後に、いくつかの親等について、異なる出自に言及する名称が三つか四つ存在することは、婚姻がさらに別の形態をまというることを示す。これは少しも驚くべきことではない。じつにアオは二つの互いに矛盾する要請に囚われているのだから。彼らの体系は限定交換の単純な形式と全面交換の単純な形式との混合であるため、一方で親族のあいだでのみ結婚することが求められるが、しかしこの二定式を組み合わせて使用することが混乱を招かないようにするため、他方で禁忌親等の範囲を絶えず拡張しなくてならないのである。この混乱のもたらすもっとも甚大な影響の一つとして、家族にかかわる禁忌が油膜のごとく拡大していく。実例を一つだけ挙げよう。大半のナガ諸民族では母方オジが重大なタブーの対象になるが、このタブーがアオでは驚くべき勢いで四方八方に広がっていく。「男は義父母と義理の兄弟に尊敬の念を払わなくてならない。父母、オジ、オバ、兄、姉など、誰であれ、年長者とのもめごとは一大事で、病、不作、そのほかの災いを招きかねないとされる[51]」。こうした災いは、ほかのナガ諸民族では、母方オジとのもめごとにだけ結びつけられているにすぎない。

すべてのナガ型諸体系は、要するに同一の混成的性格を示す。この性格は、母方婚と双方婚の二つの婚姻型のどちらを選ぼうとするかに応じて二重の（ときには三重、それどころか四重の）名称体系が使い分けられるというかたちで現れることもあれば、実際に選択された婚姻型に応じて同一の名称の適用範囲が二つの親族カテゴリーにまたがるように拡張されるというかたちで現れることもある。いずれの場合でも、二つの名称群ないし二つの名称使用法のあいだの対立が確認される。一方は単純な限定交換定式に、他方は単純な全面交換定式に対応する。前者の名称群は母方オジ＝父の姉妹の夫、夫の父＝母の兄弟の等置関係によって、後者の名称群は二つの姻族カテゴリーを区別する名称――父方姻族と母方姻族は同一視されない――によってしばしば例示される。(52)全面交換体系では一般にこの対立は、じつに広範な外延を備えた一組の反対語によって表される。たとえばカチンの *dama ni* と *mayu ni* がそれであり、またナガ諸民族のあらゆる親族分類法にわたって、次の五組の相関的対立が *dama ni* と *mayu ni* に対応する。*achagiï*と *ami*（レングマ・ナガ）、*on-ungiï* と *omo*（ロタ・ナガ）、*anok* と *okhu*（アオ・ナガ）、セマ・ナガの *achi* と *angu* および *atikeshiu* と *angulimi*。次章で我々はギリヤークのもとにもやはり、一組の同様の対立 *imgi* と *axmalk* を見出す。考察された以上の体系には、さらに次の等置関係が確認されている。

母の兄弟　　＝妻の父
母の兄弟の妻＝妻の母
父の姉妹　　＝夫の母
父の姉妹の夫＝夫の父

これらの等置関係はホドソンの作成した表に合致する。(53) 彼の表にアオ・ナガの名称とアイモル・クキの名称を追加して補足したのが次の表である。

タラウ	チョウテ	カチン	セマ	アオ	アイモル・クキ

母の兄弟	Pute	Pu	Tsa	Ngu	Khu	Pu
父の姉妹	Ni	Ni	Moigyi	Ni	Nü	Ni
母の兄弟の妻	Pite	Pi	Ni	Za または Fu	Tsü	Pi
父の姉妹の夫	Marang	Rang	Ku	Chi	Nok	Rang
夫の母	Ni	Ni	Moi	Ni	Nü	Tarpi（#）
妻の父	Pu	Pu	Tsa	Ngu	Khu	Pu
夫の父	Marang	Arang	Ku	Ngu	Nok	Tarpu（#）
妻の母	Pi	Pi	Ni	Ni	Tsü	Pi

親族体系のこの混成的性格に対応する複合的社会構造は、一方で双分組織に、他方で三セクション組織ないし六セクション組織にもとづく。[54] これらの組織は何にかかわり、いかなる関係がそれらを互いに結びつけるのか。

＊＊＊＊

バラク川の北に住むアンガミ・ナガにあてたみごとな記述において、ハットンはクランを基礎単位であるとする。「真の社会単位はクランである。クランは村落から明確に区別され、それ自体で一つの村落をかたちづくると言ってもいいほどである。しかも村落内部で、固有の境界に囲い込まれて砦化していることも珍しくなく、ときには村内のほかのクランとのあいだに、戦争にまで発展しかねない公然たる軋轢を抱えていることもある」[55]。クランは二つのセクションに振り分けられる。ただアンガミ・メミは例外で、三つの外婚セクションがあって、そのうち二つは互いに嫁交換をおこない、残りの一つはメミ集団に属さないアンガミとのみ結婚する。ハットンはこの三番目のセクションに別の民族的起源を結びつける。アンガミの半族は「世代」を通常意味する *kelhu* の語で呼ばれ、最近まで外婚をとっていた。アッサムで広く使われる語 *khel* がすぐに思い浮かぶが、*khel* は、アンガミのクラン（*thino*）に相当するアホム民族の外婚区分をさす。最後に、クラン内部では *putsa*（父を意味する *apo* と側面を意味する *putsa* に由来）にいよいよ大きな位置づけを与えてやらなくてならない。字面からもわかるとおり、*putsa* とは外婚父系リネージのことである。[56] かくしてアンガミには、村落のほかに三つの型の団体 *kelhu, thino, putsa* があり、〔村落を含めた〕これら四団体は、程度の差こそあれ、いずれも外婚単位をなす。

ロタは三つの外婚セクションをもつほか、二つまたはそれ以上の *khel* に下位区分される村落をもつ。「なかには、これら *khel* がクランへの区分に対応する村もある。（略）しかしこれはまれで、通常、*khel* は、便宜的な理由から村のなかに設けられた一区分にすぎず、異なるクランの成員がこの区分のなかで生活を共にする」[57]。自分の祖先の *khel* が生活の場となるが、*khel* を変えることもまたできる。事実、厳密な意味でのクランは *chibo* と呼ばれ、リネージ *mhitso* に下位区分される。[58] *khel* の用語法が違うにもかかわらず、要するにアンガミの社会的組織化とロタの社会的組織化のあいだには並行関係があり、ロタにも村落、セクション、クラン、リネージの四つの型の団体が見出される。

村落が社会構造において基礎的役割を果たしているように思われるセマでは、外婚クランは *ayeh* の名前をもち、村落集団は *asah*（= *khel*）と呼ばれる。さらに双分組織の痕跡が散見され、クランの数は現在二十二であるが、伝承はこれらのクランを六人兄弟に発する六つの原初クランの子孫とする。[59]

これらさまざまな型の団体を結びつける関係は、二つの可能な解釈、一つは歴史‐地理的なそれ、もう一つは遺伝学ふうのそれを許す。思い出しておけば、アオは三つのクラン集団に振り分けられて、そのうち最初の二つのクラン集団〔Chongli と Mongsen〕だけがそれぞれ三つの外婚セクションに分割されるのであったが、このアオについてミルズの差し出す注釈は、歴史‐地理的解釈の好例である。「私の考えるとおり、Chongki, Mongsen, Chongli が、Chongki を第一波、Chongli を第三波とする三つの侵入民族の波であることにまちがいないとすれば、ナガ諸民族にごくふつうに見られる三分割は第一波に存在せず、第二波においてもまだ漠としていて、第三波にいたってようやく明確になるというふうに理解される」[60]。なるほど、Mongsen クランを三つのセクションに分けることには、いくらか疑問の余地がありそうに思われる。レングマをめぐる著書の冒頭でも、ミルズはやはりこう指摘する。三分組織の痕跡はまったく見出せなかったが、半族体系については確かな遺制が残る、と[61]。言外にどんな結論が含意されているかは、それとわかる。双分構造は古代的な型を、三分構造は、なによりもまず新しい集団を戦いをとおしてか平和裡にか併合することによって生み出された、比較的新しい構成体を体現するということである。〔ミルズの〕『ロタ・ナガ』に寄せた序文でハットンも「ナガ諸民族は、習俗の起源より社会組織の起源のほうが多様であることをうかがわせる」と述べている[62]。

実際、習俗の多様性から引き出せる議論にはほとんど説得力がないと言っていい。ナガ諸民族の三分集団それぞれに属すセクションは、カチン型体系の五つの根幹集団と同じく、方言と衣装の個別性とによって弁別される。これは人を驚かせるほどのことではありえまい。言うまでもなく、すべての全面交換体系は調和体制から出てくる、つまりセクションは出自と居住の二つによって区別される、のだから。民族的・地理的にかけ離れた諸集団を一つ同じ社会構造に統合するための特権的定式を、それゆえ全面交換はもたらすことができる。調和体制から出てくるような体系のなかでなら、集団はじつにみずからの地方主義〔文化的伝統を保守しようとする態度〕をなるべく放棄せずにすむのである。しかしこの体系はまた分化を、たとえもとから分化がないときですら、促すことをする。なぜならこの体系は集団間の交換を最小限に切り詰め、体系のもつ競争的本性のゆえに、交換パートナーたちをして自己を誇示するよう仕向けるので。多様性は、要するに全面交換の結果でも決定的動因でもありうる。

はるかに重要と我々に映るのは、双分組織と三分組織それぞれの生命力から引き出される考察結果である。三分組織はときとして欠落していたり、あっても、もはや遺制状態でしか残っていず、我々がそれの生まれる様子をじかに目にすることはけっしてないが、これが半族や半族の下位区分であるなら話はまったく違う。ナガ諸民族のもとでは半族やその下位区分が、いわば実験的な性格を示すので、双分組織研究にとってこれら諸民族は特権的な調査フィールドになる。[63] 双分組織が彼らのもとでもつ繁殖力は、ほとんど無尽蔵に見える。レングマは二集団に分割され、その一方が新たに下位区分される。アンガミは Thevoma と Thekronoma、あるいは母をさすときに使う名称の違いに応じてそれぞれ Pezoma, Pepfüma とも呼ばれる二つの半族をもち、Pezoma は新たに Sachema と Thevoma に分割される。[64] ところで、この点で半族はクランと区別されない。クランは、ハットンも言うとおり、「変動することも発展することもできない固定した制度と見なされてならない。逆にそれはつねに二次クランへと分割されていく傾向にある」。[65] クランの分割現象についてはセマ・ナガが好個の実例を提供する。「Chisilimi は以前から Chuoka の子孫と Kutathu の子孫に分割されている。Chuoka と Kutathu は外婚集団として Chisilimi のあとを襲ったのだが、いまではそれら自体が外婚集団であることをやめようとしている。かつて外婚をとっていた Chophini も同じく外婚をやめてしまい、現在では少なくとも二つの下位区分 Molimi と Woremi から構成される。ほかの大きなクランのすべて、あるいはほとんどすべても外婚的性格を失い、外婚規則は別の規則に取って代わられた。この規則によれば、二人の配偶者が同じクランに属していても、父方直系の第五世代までに共通の祖先をもたないなら、婚姻が許可される。また第五世代という制限が第四世代まで繰り下げられることもある。ただし、通常、この規則は異なる村落に属す成員についてしか有効でないと見なされている」[66]

アンガミ[67]やアイモル・クキ[68]で実際に起きたように半族もまた外婚的性格を帯びうることを考えるなら、半族、クラン、リネージを同一の社会プロセスの、別々の段階ないし契機として扱いたい強い誘惑に駆られる。ハットンはアンガミに関連してこの点をみごとに見抜いた。「我々の前にあるのは一つの系列をなす集団で、それぞれの集団はより多くの集団へと下位区分され（略）そして細分されることによって、いままでもっていた外婚的性格を失う。*kelhu* は複数の *thino* へと分離し、*thino* そのものも新たな *thino* へと細分され、そしてこれら新たな *thino* は、さらに *putsa* へと区分されるにいたって外婚的性格を捨てていく」[69]。現時点では外婚は *thino* と *putsa*、つまりクランとリネージの中間段階にある、と彼は付け加えている。親族関係が濃いので、*putsa* のあいだでは結婚がおこなわれないのである。たとえば Chalitsuma は五つの *putsa* に分割されていて、それら *putsa* のうち、三人の兄弟をそれぞれの祖先とするVokanoma, Mormoma, Ratsotsumaは互いに結婚せず、RilhonomaとSeyetsumaは互いに結婚することも、先の三つのputsaの一つと結婚することもある。マニプール山地のマオのもとでも*khel*が複数の外婚集団に分割されていることを、シェイクスピアは指摘した[70]。

さらにこの現象がじかに観察されることもある。アウォミは二集団に分割される。「Kivilhoは、ほかでもない、この村のアウォミの現首長であるが、このKivilhoの父であるSeromiのKihelhoは次の世代が生まれる前に新たな二等分を施そうと望み、こう宣言した。私の祖先はいまでこそアウォミ・クランに統合されているが、ほんとうは原初セマの中核にでなく、イェツィミに発するゆえ、今後我々はアウォミのほかの人々と自由に結婚をなし、独立した一つのクランをつくることとする。この直後、Kihelhoは、隣村との戦争で首を切り落とされた。不信心な決断が祟ったのだと考えられ、以後、誰もあの新たな二等分を口にしなくなった」。ところが、かつて外婚をとっていて、二等分ののちに内婚に移行したクランもある[71]。ロタにもまた同様の事態が見られる。「まだ分割されていないクランも、二つのリネージに等分されたクランもある。これら二つのリネージは互いに結婚し、それぞれ『大きい』リネージ、『小さい』リネージ、たとえばEzongterowe, Ezongtsopoweと呼ばれる。そのほか、新たにいくつかのリネージに下位区分されたリネージもある[72]」

こうであるからといってしかし、我々がカチンに認めたこととは逆に、クラン――ここでは半族――を三分組織より新しい構成体であると見なさなくてはならないわけではない。クランは歴史的には三分組織よりも古いかもしれず、実際、そうした可能性はあるし、ほとんどそうであるにちがいないような事例もある。しかし我々は、クランが婚姻体系のなかで役割を果たすようになったのは最近のことと考える。言い換えれば、歴史的な古さと機能的な優位とを区別しなければならないのである。この観点から眺めると、ナガ型諸体系における限定交換にかかわる現象は、全面交換に結びついた現象に比べて二次的であると我々には見える。だがここでもまた問題なのは歴史的先行性でなくて、論理的先行性である。まったく考えられうることだが、古いクラン組織を土台に一部のクランは、全面交換構造を介して互いに結びついた封建的リネージに変貌し、残りのクランはその陰に隠れて、人里離れた僻地で互酬定式に従って機能しつづけたのかもしれない。ならば、封建体系が危機の時期に達すると、限定交換が再び優勢に転じる可能性があると言ってよく、実際にもこのような危機の時期が現れたことは、ナガ諸民族のいくつかの習俗によって十分に検証される。たとえば、アンガミは女を籠絡することを首狩りにたとえる。(73)東アンガミの貴族のもとでは幼児婚がおこなわれる。(74)ロタのもとには購買規則の極端な発展が見られ、この点でカチンやラケールに似通う。(75)最後にアオ・ナガのあいだでは、「貴重品」ないし神聖な富がじつに大きな役割を果たす。(76)

いずれにせよ、最新の外婚単位として現れるのは村落である。「同じ村内で並んで暮らす *kehl* 同士は互いに強い敵愾心をいだくことがあり、一つの *kehl* で仮に殺戮が始まっても、同じ村内のほかの *kehl* がそれをやめさせる努力をすることは少しもないであろう(77)」。別の証言──「一つの村落を構成する *khel* 同士は過酷な軋轢を抱える。〔略〕*khel* のあいだの軋轢は村のあいだの軋轢よりも過酷であったし、いまも過酷である(78)」。違う村の成員同士の結婚のさいになされる、象徴性と現実性との入り交じった戦いの様子を描き出しながら、ミルズはこう記す。花婿は「自分のクランの男たち、母のクランの男たち、そして自分のクランの女と結婚した男たち」を引き連れ、遠征の陣頭指揮をとる。(79)すなわち、ここに言う男たちとは、全面交換体系におけるいわば「婚姻単位」をなす男たち全員のことで〔カチン型名称体系を使えば、私のクラン、そのクランの *dama ni* と *mayu ni*〕、このことが全面交換体系の絶対的優位をくっきりと浮かび上がらせているのである。異なる村がもめごとを起こした場合、事件の発端がどれほど大昔にさかのぼろうが、互いの成員は食事を共にしてならないが、しかしこの禁止にもかかわらず、〔村同士の〕相互婚はなんの障害もなくおこなわれる。(80)いちだんと印象的なのはレングマの事例である。「戦争状態にある二つの村は、言うまでもなく心底から憎み合う。ところが、敵の村からこちらの村に婚入してきた女たちに、この憎悪は及ばない。かつてはこうした婚姻が頻繁におこなわれていて、夫が妻の両親と戦争をしていても妻には実家の両親を訪問する権利があった。妻は夫の村からみなたくさんの葉飾りを身につけた二、三人の男をお供に連れていくが、敵の村に逗留しているあいだ、彼らは神聖視された(81)」。わかるとおり、このような体系では婚姻連帯が社会構造の本質的な基盤をなす。諺にも言うごとく、「すべての結び目のうちでも結婚がいちばん固い[82]」。

注

（1） Lt-Col. J. Shakespear, *The Lushei Kuki Clans, op. cit.*, p. 153 *sq.*

（2） J. K. Bose, Marriage Classes among the Chirus of Assam. *Man*, vol. 37, n° 189, 1937.

（3） 〔この定式のせいで私はしばしば非難されたが、この定式は、じつはもっとも抽象的なモデルの水準でしか通用しない。たとえば、カチンがリネージを、「特定の場所と同一視され、その場所に結びつけられ、しかもこの場所にかかわる特別の格づけ ranking status を有する集団として」（Leach, 1954, p. 167）捉えるときに依拠するモデル。したがってニーダムの批判（Notes on the Analysis of Asymetric Alliance, *Bijdragen tot de Taal-, Land- en Volkenkunde*, deel 117, 1, 1961, p. 107）は、次のように前提しているがゆえに見当違いなのである。外婚半族概念は婚姻クラス概念に含まれる、と。この前提はオーストラリアの「規範的」体系〔二半族体系、四セクション体系、八下位セクション体系〕から見てのみ正しいにすぎないだろう。だが本書で私は婚姻クラスについて、終始はるかに広い定義を採用している。すなわち、別のクラスの成員に課される婚姻上の拘束とは異なるいくつかの拘束を成員にとって含む、明確に画定されたクラス。したがって、母方婚をもつ非対称体系では、クラスａの男たちの（実の、または類別上の）母方従姉妹を含むクラスそのものが、クラスｂの男たちの（実の、または類別上の）母方従姉妹を含むクラスからはっきり区別されてはじめて、二つのクラスａとｂははっきり区別される。もちろんここで問題になっているのは、民族誌の報告する現実からモデルを引き出してその現実を簡略化して研究するための、概念的道具であって、必ずしもこの現実の客観的な一部なのではない。この区別はニーダムによる「構造的集団 structural group」（私の用語法ではクラス）と「出自集団 descent group」の区別（A Structural Analysis of Purum Society, *American Anthropologist*, vol. 60, no. 1, 1958）に部分的に対応する。「構造的集団」

にあたるのは今日ではリネージであって、もはやクランではないとするニーダムの議論は、一九四九年の私の定式を傍証してくれる。]

(4) Lt-Col. J. Shakespear, *op. cit.*, p. 154.

(5) J. K. Bose, Social Organization of the Aimol Kukis. *Journal of the Department of Letters*, University of Calcutta, vol. 25, 1934, p. 1-9.

(6) Shakespear, *op. cit.*, p. 173-174.

(7) *Ibid.*, p. 198-199.

(8) E. Stack, *The Mikirs*. London, 1908, p. 15.

(9) *Ibid.*, p. 18, ——母方オジのもつこの特権は今日では過去の遺物となっているが、それでもまだ、たとえば孤児とそのオジたちの話などの民話のなかに出てくる (*Ibid.*, p. 48-55)。

(10) J. K. Bose, *Dual Organization in Assam*.

(11) Maj. A. Playfair, *The Garos*. London, 1909, p. 64.

(12) T. C. Hodson, *Primitive Culture of India*.

(13) Maj. A. Playfair, *op. cit.*, p. 68.

(14) 第22章参照。

(15) Cpt. R. P. Gurdon, *The Khasis*. London, 1914, p. 78.

(16) *Ibid.*, *The Khasis*, p. 88-90, and T. C. Hodson, *Notes on the Marriage...*, p. 163-164.

(17) Gurdon, *op. cit.*, p. 88, 141-142.

(18) N. E. Parry, *The Lakhers*. London, 1932, p. 232.

(19) *Ibid.*, p. 241.

(20) *Ibid.*, p. 293.

(21) *Ibid.*, p. 294.

(22) Parry, *op. cit.*, p. 321. p. 331-338も参照。花嫁代価の詳細については Shakespear, *op. cit.*, p. 218-220.

（23）SHAKESPEAR, p. 216-217 に引用されている WHALLEY。

（24）第28章参照。

（25）PARRY, *op. cit.*, p. 232.

（26）PLAYFAIR, *op. cit.*, p. 74. ――じつに複雑な婚姻給付を実施するルシャイのもとでも、母方婚の封建的性格がくっきり現れる。ルシャイには規定親等や禁忌親等はない（母と姉妹を除いて）。他方、父方イトコ婚は好ましくないと見られている。とはいえ、首長のあいだでは「未婚の男が首長の娘と結婚したいと思うと選択がかぎられてしまうから、平民の場合よりも首長の場合のほうがイトコ婚は頻繁におこなわれる」（SHAKESPEAR, *op.cit.*, p. 50）。

（27）それらの現象のあいだの類縁性を確認するためのもう一つの導きの糸は、*nokrom* という、とくにガロに顕著な習俗（婚姻が好ましい親等に対応しないときに娘婿が養子にされる）を、女子相続人〔男子相続人がいない場合、父の遺産の受託者とされる娘〕の習俗と比較してみることである。この点をめぐる議論は、インド＝ヨーロッパ諸体系を論ずるときに取り上げ直すつもりである。*nokrom* については次を参照。PLAYFAIR, *The Garos*, p. 68-73., J.K. BOSE（*Man*, vol. 36, n° 54, 1936 所収論文）と R. R. MOOKERJI, The Nokrom System of the Garos of Assam（*Man*, vol. 39, n° 167, 1939）のあいだの議論。中国に見出される *nokrom* の等価物（M. GRANET, *Catégories...*, p. 142-144）。

（28）J. P. MILLS, *The Lhota Nagas*. London, 1922. Préface de J. H. HUTTON, p. XXX.

（29）*Ibid.*, p. XXXI-XXXII.

（30）J. P. MILLS, *The Rengma Nagas*. London, 1937, p. 11-14.

（31）*Ibid.*, p. 129.

（32）母の兄弟、妻の父、母の兄弟の息子をさす名称はいずれも *ami* である。「主体の頭のなかで名称 *ami* は二つの概念を含意する。一つは別のクランに属す男で、クランのあいだにもめごとが起きればいつでも敵になるから、この男とは相続にかかわる関係によって結びつくことはけっしてありえない。もう一つは性的関係を結ぶことの許されている娘のその父である」（MILLS, *op. cit.*, p. 138）

（33） *Ibid.*, p. 136.
（34） Mills, *The Lhota Nagas.* London, 1922, p. 87.
（35） *Ibid.*, p. 88-93.
（36） *Ibid.*, p. 95.
（37） *Ibid.*, p. 149.
（38） J. H. Hutton, *The Sema Nagas.* London, 1921, p. 122-129.
（39） *Ibid.*, p. 132.
（40） Francis L. K. Hsu, Observations on Cross-cousin Marriage in China. *American Anthropologist*, vol. 47, 1945.
（41） Hutton, *op. cit.*, p. 139 *sq.*
（42） J. P. Mills, *The Ao Nagas.* London, 1926, p. 11.
（43） *Ibid.*, p. 13.
（44） *Ibid.*, p. 21-26.
（45） *Ibid.*, p. 163.
（46） *Ibid.*, p. 167.
（47） *Ibid.*, p. 164-174.
（48） *Ibid.*, p. 174.
（49） *Ibid.*, p. 175.
（50） *Ibid.*, p. 167.
（51） *Ibid.*, p. 175.
（52）「あの男は群れなすなんとたくさんの義理の兄弟をもっていることか！」と諺は言い、「妻の兄弟」と「姉妹の夫」を区別する（Gurdon, *Some Assamese Proverbs.* Shillong, 1896, p. 38）。
（53） T. C. Hodson, *The Primitive Culture of India*, p. 94.
（54） 双分組織と三分組織の一方か両方をもつアッサムとビルマの民族は、J・K・ボウスによっておおまかな一覧表にまとめられた（*Dual Organization in Assam, loc. cit.*）。

（55）Hutton, *The Angami Nagas.* London, 1921, p. 109.

（56）*Ibid.*, p. 110-116.

（57）Mills, *The Lhota Nagas*, p. 24.

（58）*Ibid.*, p. 87.

（59）Hutton, *The Sema Nagas*, p. 121-126.

（60）Mills, *The Ao Nagas*, p. 26.

（61）Mills, *The Rengma Nagas*, p. 11-14.

（62）Hutton, Introduction à Mills, *The Lhota Nagas*, *op. cit.*, p. xxx.

（63）第６章参照。

（64）Hutton, Introduction à Mills, *The Lhota Nagas*, p. xxxi-xxxii.

（65）Hutton, *The Angami Nagas*, p. 109.

（66）Hutton, *The Sema Nagas*, p. 130.

（67）Hutton, *The Angami Nagas*, p. 113.

（68）本書四六七ページ参照。

（69）Hutton, *The Angami Nagas*, p. 116.

（70）*Ibid.*, p. 117, n.

（71）Hutton, *The Sema Nagas*, p. 130.

（72）Mills, *The Lhota Nagas*, p. 91.

（73）Mills, *The Ao Nagas*, p. 58. ― Hutton, *The Angami Nagas*, p. 52.

（74）Mills, *The Rengma Nagas*, p. 213.

（75）Mills, *The Lhota Nagas*, p. 155.

（76）Mills, *The Ao Nagas*, p. 60-70.

(77) G. M. Godden, Naga and Other Frontier Tribes of Northeastern India. *Journal of the Royal Anthropological Institute,* vol. 26, 1896, p. 167.

(78) *Id.*, vol. 27, 1897-1898, p. 23.

(79) Mills, *The Rengma Nagas,* p. 210.

(80) Mills, *The Lhota Nagas,* p. 101, n. 1.

(81) Mills, *The Rengma Nagas,* p. 161-162.

(82) Gurdon, *Some Assamese Proverbs, op. cit.,* p. 71.

第18章　全面交換の内的限界

ギリヤークの社会的組織化はシュテルンベルグによる一研究の対象となった。この研究はロシア語で公刊されたが、我々はアメリカ自然誌博物館の厚意により、所蔵の英語版草稿(1)を利用することができた。彼の研究は豊かさと洞察力において類を見ない仕事であるが、しかし観察眼の正確さが、歴史にもとづく性急な解釈によってときに危うくされている(2)。それにしてもシュテルンベルグは、ギリヤーク型体系の独自性とこの体系の諸問題に一部始終気づいていた。

重要きわまりないにもかかわらず、さまざまな意味で原典への接近が難しいゆえに、ここで親族分類法の詳細な分析を紹介しておく。

ギリヤークは父方居住の外婚父系クランに分割される。購買婚を実施し、花嫁代価は花嫁の父か花嫁の兄弟に支払われる。

シュテルンベルグは十四の主要名称を区別する。さらに、特定の地方でしか使われないか、主要名称によって混同されてしまう親族を二次的に区別する目的をもつとの意味で副次的と彼の見なす、いくつかの名称が付け加わる(*)。

（*）以下の親族名称の説明で、いささかくどい感じもするが、単数形と複数形を訳語のうえで区別するために複数形には「〜たち」をつける。たとえば「兄弟」なら単数形であり、兄か弟のどちらかをさす。また男性形と女性形を区別するために、たとえば「男性 *tuvn*」などとした。

1 *tuvn* 実の兄弟たち、実の姉妹たち。平行イトコたち。異母または異父の兄弟たち・姉妹たち。

（a）*akand*　年長男性 *tuvn*。

（b）*asxand*　年少男性 *tuvn*。夫の年少男性 *tuvn* の妻。兄弟の子供（女が話し手の場合）（?）。

（c）*nanaxand*　年長女性 *tuvn*。父の姉妹、父の女性 *tuvn*。夫の母、夫の母の女性 *tuvn*。母の姉妹（例外的）。

（d）*rank̆*（兄弟たちに対して）姉妹。指示語のみ。

（e）*kiun*（姉妹たちに対して）兄弟。指示語のみ。

2 *imk* 母。父の「嫁たち」。父の男性 *tuvn* たちの嫁たち。母の「姉妹たち」（母の女性 *tuvn* たち）。妻の父の「姉妹たち」（*tuvn*）。兄弟の義父の「姉妹たち」（*tuvn*）。

3 *itk* 父。母の「夫たち」。父の「兄弟たち」（西ギリヤーク）。父の「弟たち」（東ギリヤーク）。母の「姉妹たち」の夫たち、これら夫たちの男性 *tuvn* たち。妻の父の姉妹たちの夫たち。兄弟の妻の父の姉妹たちの夫たち。

（a）*pilan*　父の年少男性 *tuvn*（東ギリヤーク）。これは「年長」という一般的意味で（ツングース諸民族からの借用語）。

4 *atk* 父の父と彼の男性 *tuvn* たち、父の父の父と彼の男性 *tuvn* たち、など以下同様に系をさかのぼる。父の年長男性 *tuvn*（東ギリヤーク）。*axmalk*（10参照）の代替語。

5 *ack* 祖父たちの、および曾祖父たちの嫁たち・姉妹たち。母の兄弟の嫁と彼の他の「嫁たち」。妻の「母たち」、妻のクランの男たちの嫁たち。*axmalk* の嫁たち。夫の祖母たち・曾祖母たち。夫の父方のオバたち・大オバたち。

6
oglan 息子たち、娘たち。兄弟の子供（男が話し手の場合）・姉妹の子供（女が話し手の場合）。妻の姉妹の子供たち。兄弟の妻の姉妹の子供たち（男が話し手の場合）。母方オジの娘たちの子供たち（男が話し手の場合）。男性 *oglan* の子供たち。
　さらに姉妹の息子（男が話し手の場合）・兄弟の娘（女が話し手の場合）をさす愛称として使われる。また年寄りが若者に呼びかけるときにも使われる。

7
angey 嫁。妻の姉妹たち。年長男性 *tuvn* たちの嫁たち。すべての男性 *tuvn* たちの嫁たちの姉妹たち。母の兄弟の娘、母の兄弟の男性 *tuvn* の娘（男が話し手の場合）。
　（a）*ivi*　西部方言で、またツングース諸民族の影響で、あらゆる *tuvn* の嫁たち。妻の姉妹たち。父の弟の妻（ツングースでは主体にとっての潜在的女性配偶者）。

8
yox 息子の妻。年少男性 *tuvn* の妻（男が話し手の場合）。女性婚約者（男が話し手の場合）。

9
pu 夫。姉妹たちの夫たち。夫の兄弟たち（アムール川およびサハリン〔樺太〕北西部のギリヤーク）。夫の弟たち（ほかの地域）。父の姉妹たちの息子たち（女が話し手の場合）。

10
axmalk　私の母のクランの男たち。私の妻のクランの男たち。私のクランのあらゆる男の、その妻のクランの男たち。
　（a）*atk*（西部方言。ツングース起源の名称か？）
　——男が用いる場合　母の兄弟、彼女の男性 *tuvn* たち、彼女のすべての男性クラン祖先たち（私の母方オジたち・母方祖父たち・母方曾祖父たち・母方大オジたち）。義父、彼のすべての男性クラン祖先たち。年長世代に属すすべての私の *axmalk* たち。妻の兄たち（場合によって）。
　——女が用いる場合　夫の父、夫の父の男性 *tuvn* たち、夫の父のすべての男性クラン祖先たち。夫の年長男性 *tuvn*（東ギリヤーク）。年長世代の *axmalk*。
　（b）*navx*　私の世代のすべての *axmalk*、これら *axmalk* のすべての男性クラン子孫たち（男が話し手の場合）。*atk* の代替語（女が話し手の場合）。

11 *imgi* この名称は、男、その男の男性 *tuvn* たち、それら男性 *tuvn* たちの妻たちが次の人々をさすために用いる。娘の夫、彼の男性 *tuvn* たち。姉妹の息子、彼の男性 *tuvn* たち。姉妹の夫、彼の男性 *tuvn* たち。父の姉妹の夫、彼の男性 *tuvn* たち。

（a）*navx* 主体の世代の *imgi* たち、これら *imgi* たちのクラン子孫たち。

（b）*okon* アムール川のギリヤークのもとで使われ、姉たちの夫たち、父の姉妹たちの夫たちをさす（男が話し手の場合）。

（c）*ora* アムール川のギリヤークのもとで使われ、娘の夫、妹の夫をさす（男が話し手の場合）。

（d）*ola* 娘の夫（女が話し手の場合）。

12 *oragu* *ora* の複数形。すべての *axmalk* と *imgi* を一括してさす（アムール川のギリヤーク）。

13 *navx* 次の女たちのあいだで用いられる相互名称。妻と夫の姉妹たちとのあいだ。妻と父の姉妹の娘たちとのあいだ。兄弟たちの妻たち同士で（アムール川のギリヤーク）。

14 *nern* 姉妹たちの夫たちの姉妹たち（*tuvn*）、娘の夫の姉妹たち。姉妹の娘（*tuvn*）。父の姉妹の娘。主体の世代の、あるいはそれより下の世代の *imgi* の、その姉妹。妻の妹（場合による）――以上、男が話し手の場合。夫の姉妹の娘。夫の父の姉妹の娘――以上、女が話し手の場合。

西ギリヤークの名称 *okon*（夫）、*ivi*（兄弟の妻。男が話し手の場合）、*ora*（娘婿、義理の兄弟）は、ツングース諸民族（オルチ〔オロチョン〕民族）からの借用である。

このような体系の含む意味はまったく明快で、シュテルンベルグはそれを次のように確認してみせる。「Aが私のクラン、Bが私の母の兄弟のクランであるとすれば、Bはクラン全体としてクランAの『義父』（*axmalk*）に、クランAはクランBの『娘婿』（*imgi*）にあたる。肝心なのは、一度確定されると二つのクランのあいだのこの関係が以後変わらず、いかなる場合でもクランBが『クランAの娘婿』になりえないということである[3]」

母のすべての姉妹は父の「嫁」であり、ゆえに「母」と見なされる。対称的に私の母方オジの息子の娘たちは私の息子の嫁であり、また私の兄弟の息子の嫁である。「以下同様。各世代において、私のクランのすべての男と、私の母の兄弟のクランのすべての女は、それぞれ夫と妻である[4]」。要するに、クランAの男たちは自分の「嫁」をクランBにもつが、クランBの男たちはクランAに、自分の「姉妹」(*tuvn*)、「娘」(*ogla*)、「オバ」(*ack*)、「姪」(*nern*)を——父方居住であるがゆえに——見出すことはあっても、けっして「嫁」(*angey*)を見出すことはない。男は自分の父の姉妹を「姉」または「オバ」と呼び、彼女はこの男を「弟」と呼ぶ。「さらにまた、彼女と彼女の夫のクランが私と私のクランに対してとる関係は、私と私のクランが私の母の兄弟のクランに対してとる関係と同じである[5]」。つまり、私と私のクランは私の父の姉妹のクランの成員の *axmalk* で、これらの成員は私と私のクランにとって「娘婿」(*imgi*)にあたる。したがって明らかに我々の前には全面交換にもとづく体系があり、この点をシュテルンベルグの草稿の次の一節はいちだんとはっきりさせてくれる。「すでに見たように *axmalk* にあたるクラン(B)と *imgi* にあたるクラン(A)の関係は不変である。しかしクランBの成員は自分たちの *axmalk* にあたる別のクラン(C)を、かたやクランAの成員は自分たちの *imgi* にあたるクラン(D)をもたなくてはならない。ゆえにこれら四つのクランは姻族になる。どのクランも二つの *axmalk* クランと二つの *imgi* クランをもち、親族分類法においてこれら *axmalk* と *imgi* は修飾語 *hanke*(?——手稿では正確な綴りが読み取れない)または *mal*(＝近いの謂)と *tuyma*(＝遠いの謂)とによって区別される。たとえばクランBはクランAに対して *hanke axmalk*、クランDに対して *tuyma axmalk* になる、など。しかし、これら一般的な名称以外、遠縁の *axmalk* クランないし *imgi* クランの成員をさす名称は親族分類法にない[6]」

しかも「娘婿」関係や「義父」関係は特定の二クランのあいだにしかないのではない。どのクランも、ほかのいくつかのクランを相手とする別々の全面交換周期のなかに入り込んでいて、どの周期も上述のモデルに適合している。避けられない用法上の混同をできるかぎり少なくするために、名称 *axmalk* と *imgi* の適用範囲はクランよりも家族に限定され、またこの二つの名称に含意される諸関係も、最初の二世代に属す個体に限定される。この本質的な点にはのちに立ち返るとして、とりあえずいまは次のことを注記しておかなくてならない。すなわち、禁忌親等と選好的婚姻形式とを視点にして表現される体系は、姉妹の息子が兄弟の娘に対する〔婚姻〕特権をもつのに対し、兄弟の息子は姉妹の娘と結婚できないであろうことを[7]、言い換えれば、母方交叉従姉妹との婚姻はつねにおこなわれるが、父方交叉従姉妹との婚姻はけっしておこなわれないことを、要するに述べていて、この特徴はチャプリツカによっても指摘されているが[8]、しかしここで問題にされている関係は相変わらずクランのあいだの包括的関係であって、配偶者となりうる者同士の親族関係ではない。「きわだった事実に格別の注意を向けなくてならない。(実のまたは類別上の)兄弟の子供たちと(実のまたは類別上の)姉妹の子供たちとの関係を規制する性的諸規範は、互いにイトコ同士であるこれらの子供たちにのみ適用されるのでなく、二つのクラン全体にも適用される。『姉妹』の子供たちと『兄弟』の子供たちに適用されるもろもろの権利と禁止は、二つのクラン、兄弟のクランと姉妹の夫のクランのすべての世代に及ぶ。それゆえ、一人の女がある所定のクランに婚入するだけで、彼女の婚入したクランの女全員が、彼女の属していたクランの男全員にとって禁止対象になる[9]」。だが体系は禁止という否定的な結果をもたらすだけではない。「クランAに禁じられるクランの数は、Aから妻を手に入れる者を成員とするクランの数が増えれば増加するが、しかし今度はクランAの成員たち自身が自分たちの妻を別の新しいクランに求めれば、クランAのすでに *axmalk* となっているクランも、そのたびに潜在的な妻(*angey* ＝嫁)の新たな一群を獲得する[10]」。このような可能配偶者のいちじるしい増加は、遅延された交換によって個々の周期がすべて連動している複合的な機構に、いわばいつ「エンスト」を引き起こすやもしれない。縁組関係にある二つのクランの一方に妻を取ることを禁じ(なぜならこのクランは自分たちの娘を与えなくてならない)、娘を与えることを他方に禁ずる(なぜならこのクランはすでに夫を与えている)非対称外婚規則の適用が、それゆえ、先ほど指摘したように、隣接する二世代に約束上かぎられる。二世代が過ぎれば、規則は廃止され、その結果、周期をいままでと逆方向に向かわせるか中断させることができる。さらにクランの内部、むしろリネージの内部には世代にもとづく序列的分類法があって、父の世代の男たちを *nerkun cvax* に、父より一つ上の世代の男たちを *mesvax* に、二つ上の世代の男たちを *cesvax* に、三つ上の世代の男たちを *nisvax* に、四つ上の世代の男たちを *tosvax* にそれぞれ分類する。私の世代の男たちは私の *tuvn* で、私の息子たちの世代の男たちは *nexlunkun cvax* である。[11]

かくして我々は、二世代に限定された外婚規則をギリヤークのもとに見出す。この限定は、母の兄弟の娘との婚姻を伴う全面交換体系のなかで意味をもち、この体系によってのみ理解可能になる。ところで、きわめて広範なエリア、じつに極東全域をすっぽり覆うエリアにわたって、同型の規則の存在することが知られている。ただし規則の及ぶ規定された時間幅にはばらつきがあって、インドネシアでは三世代、[12]アッサムでは四世代から五世代、[13]商〔殷〕時代の中国では五世代、[14]シベリアでは地方によって五世代、七世代、九世代[15]である。この規則がそれの存在するどこにおいても、要するに全面交換体系の関数になっていることは、少なくとも強い推定としては言え、事実、たとえばインドネシアではそうなっている。しかし体系が消滅してしまったか、明確な輪郭をもたなくなっているところでも、外婚規則の及ぶ世代数の限度は、伏在する体系の貴重な指標として現れる。

＊＊＊＊

シュテルンベルグの描き出すギリヤーク型体系は、下記のモデルとして図示できる（図54）。このモデルは〔シュテルンベルグによるギリヤーク型体系のもつ〕いくつかの遺漏を浮かび上がらせる。事実、シュテルンベルグの指摘とは逆に、遠縁の「娘婿」クランと遠縁の「義父」クランに適用される個別の名称が、数は少ないがいくつかある。名称 *ack*, 5 の含意の数がめだって多い。この名称は五つの別々のクランの子孫たちにあてられる。このような同等視は、一見、ギリヤーク型体系と矛盾するかに見えるが、しかし大半の全面交換体系にも見出される。男である〈私〉の視点から眺めれば、親族分類法は十分に明快である。名称1は私のクランの成員と私の世代の成員に、6は私のクランの成員で私よりもあとの世代に属す人々に、3と4は私のクランの成員で私よりも前の世代に属す人々にあてられる。私が妻を取るクランの男性リネージ全体は10に一括される。私の姉妹が婚入するクランの男性リネージは11にまとめられる。7と8は可能配偶者で、5と14は遠縁クランに属す女たちか近縁クランに属す遠縁親族である。女である〈私〉の視点を導入すると、親族分類法は目に見えて複雑になる。なぜなら女たちは、男たちの親族分類法を類似したやり方で用いるものの、それを――体系が非対称であるため――さまざまな個体に適用するからである。たとえば男は配偶者の男性リネージ、つまり妻の兄弟、妻の父、妻の祖父など、および妻の兄弟の息子、妻の兄弟の孫息子などに10をあて、〈私〉の姉妹も同じように10をあてるが、しかし彼女は自分固有の視点からそうする。つまり、自分の夫の尊属を10のもとに分類する。かくして名称 *axmalk*, 10は二重の意味をもち、あるクランを別のクランに結びつける一意的〔一方向的〕関係を表す一方で、直截に「義理の親族」をも意味する。妻はこの名称を用いて、実際、自分の義父母を名指すが、しかしこの自分の義父母が同時に自分のクランの「娘婿」でもあることを考慮しない。これと同じ両面性は名称14、11、6、5にも見出される。これらの名称を使うのが男か女かに応じて、それのさすクランが周期のなかで一つぶんずれてくる。言うまでもなく、親族分類法のこうした二等分が可能なのは、「娘婿」クランと「義父」クランとのあいだに変更のきかない包括的関係があるからにほかならない。クランに客観的な位置づけの与えられるこの固定された枠組みの内部で、個々人は同一の名称を用いて、周期の不変の秩序をでなく、その秩序に対する自分たちの相対的な（また性別に従って変動する）位置を言い表す。いずれにせよ、対応し合う二つの相互名称の男女それぞれに限定された用法に、親族分類法の二等分がとりわけ意味深いものとして現れる。*oragu*, 12ないし*pandf*は私のクランと私のクランの*imgi*とのあいだで、また他方、私のクランと私のクランの*axmalk*のあいだで用いられて、これら三クランのまとまりにあてられ、さらに同じクランに属す*axmalk*と*imgi*との関係をさすときは[16]、姻族周期にあてられる。それに対して*navx*, 13は妻、姉妹、姉妹の夫の姉妹とのあいだ、また*imgi*クランの女と*axmalk*クランの女のあいだで用いられて、*oragu*の場合と同じ、ただし逆方向の姻族周期にあてられる[17]。

図 54　ギリヤーク型体系

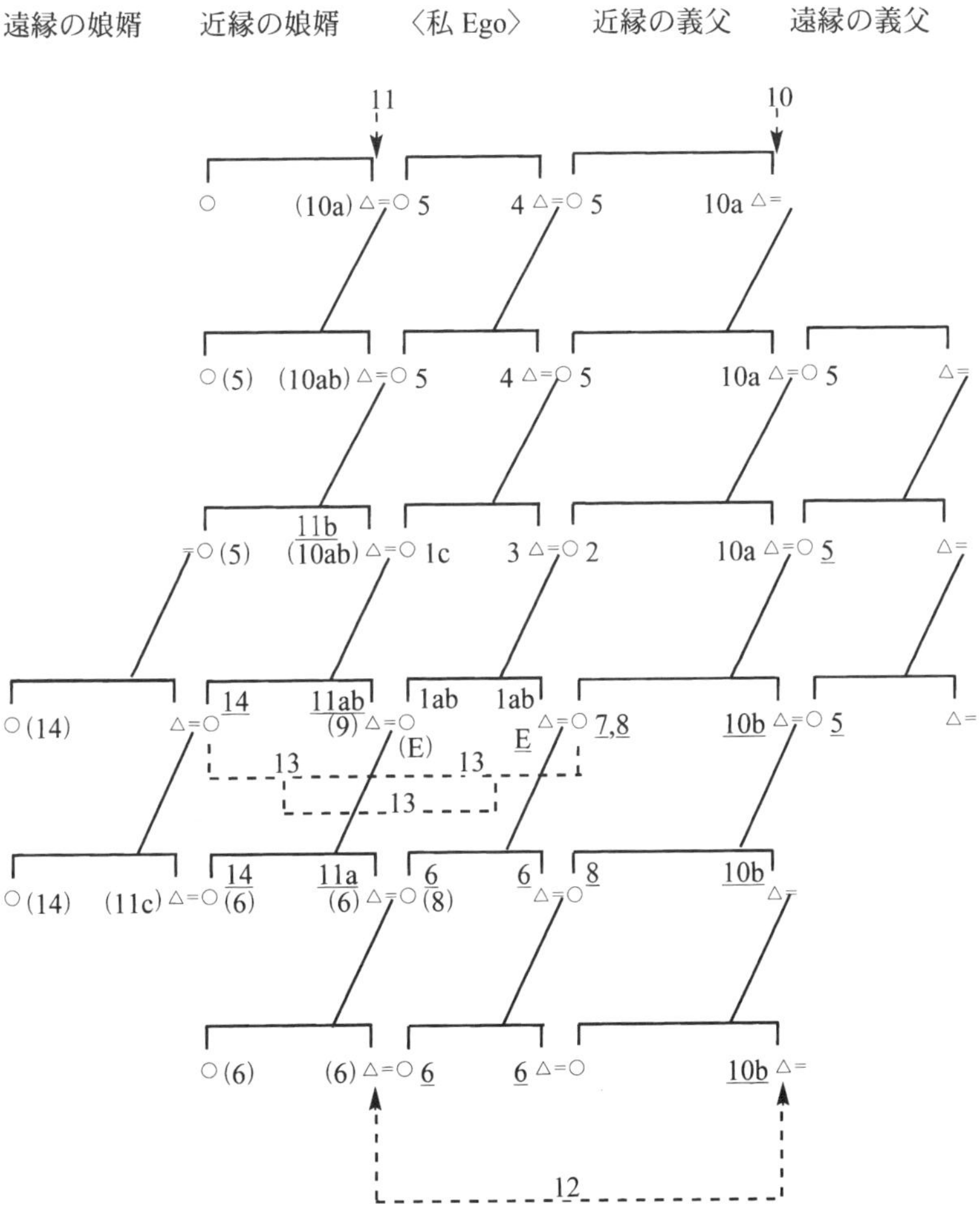

下線も括弧もない数字：E〔男の〈私 Ego〉〕および（E）〔女の〈私 Ego〉〕によって無差別に用いられる名称

下線を引いた数字：Eによってのみ用いられる名称

括弧つきの数字：（E）によってのみ用いられる名称

----: 相互名称

--➤: 1つまたは2つの男性リネージにあてられる名称

同一名称が別々のクランに属す成員に投影されるわけだが、しかしもしギリヤークがクランに加えて外婚父系半族をもつのなら、あるいは過去にもっていたのなら、この投影はもっと簡単に解釈できるだろう。この場合なら、*axmalk* と *imgi* はじつに私の半族の相手半族につねに属すことになるのだから、*axmalk* と *imgi* が *pandf* という総称に包摂されることも、系列10が二度出現することも、容易に理解されるだろう[18]。シュテルンベルグの半族の扱い方から言って、この点はきわめて微妙な問題をはらむ。彼の議論構成は注意深く検討されてしかるべきである。

シュテルンベルグは書く。「クランが自己充足的なものでないことを我々は見た。どのクランもそれの存在することは、そのクランと親戚関係にある、ほかの少なくとも二つのクランが存在することとの有機的な関係において捉えられなくてならない。当該クランが二つのクランの一方から妻を受け取り、他方のクランに自分たちの娘を嫁に出すとの関係である。しかも二者交換は禁止されているのだから、これら二つのクランは同一のクランであってならない[19]」。要するに、三つのクラン、〈私〉のクラン、「義父たち」のクラン＝*axmalk* *kxal*、「娘婿たち」のクラン＝*imgi* *kxal* がつねにあり、それらは「同じ出自 descendance の男たち」＝*pandf* の名のもとにくくられる。シュテルンベルグによれば、この三クランのまとまりが一つのフラトリーを形成し、そのフラトリーのすべての夫と妻は互いに母の系のイトコ同士のようなものであるから、すなわちこれは「女系親族からなる真のフラトリー」である[20]。

シュテルンベルグの言うとおりなら、事態は単純なのだが、じつは次の追加的な婚姻規則に出くわす。禁忌親等の非対称性は、互いに近い関係にある *axmalk* と *imgi* にだけでなく、互いに遠い関係にある *axmalk* と *imgi* にもあてはまるとの規則である。クランAの男がクランBの女と、クランBの男がクランCの女と結婚すれば、クランCはクランAの *tuyma axmalk*（遠縁の義父）になり、ゆえにCの男はB（Cの *imgi*）からだけでなく、A（Cの遠縁の *imgi*）からも妻を取ることができない。言い換えれば、女は、自分の兄弟の妻となる女の属すクランに女を提供するクランから、夫を取ることができない。検討している事例では、クランCは女なしでいることを、クランAは男なしでいることを余儀なくされる。ならば解決策は一つしかない。「義父」規則に抵触しないでAに妻を要求し、かつCに嫁を提供できる第四のクランを繰り入れることである。互いに *tuyma axmalk* であるクラン（それぞれAとD、BとC）では、確かに夫同士は交叉従兄弟、妻同士は交叉従姉妹であるが、しかしそれは第二親等のイトコ関係にあたる。「オーストラリアの場合と同じく、親等距離がある限界を超えると、それが婚姻の障害に変わるように思われる[21]」

図 55　三クランを伴う全面交換

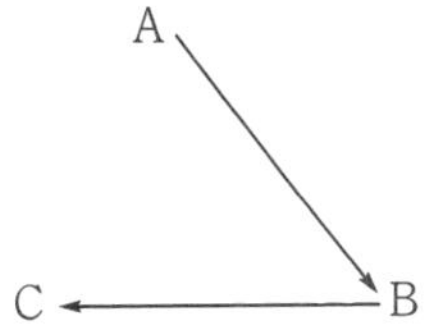

図 56　四クランを伴う全面交換

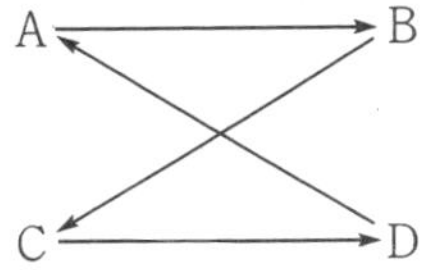

したがって根本的な問題は *tuyma axmalk* が禁忌に付されることにある。シュテルンベルグの言うには、彼は最初、この禁忌は第二クランの消滅に備えて女を第三クランに備蓄しておく必要から説明されると考えたが、やがてこの機能的解釈を捨て、ギリヤーク型体系のありうべき進化にもとづいた仮説へ傾いていった[22]。コーラーやクローリーと同じく、彼も交叉イトコ婚に双分組織の帰結を見る。親子の性的関係が禁忌とされたのちも残っていた体制、兄弟＝姉妹婚を伴う古い雑居体制から双分組織は派生したと推定される。「そうであるならば、兄弟の子供と姉妹の子供との結合が婚姻定式になる。つまり、この兄弟と姉妹自身が互いに夫と妻で、なおかつ新婚夫婦の両親でもあるわけだ[23]」。要するに双分組織は、兄弟・姉妹を親とする兄弟・姉妹のあいだでなされる婚姻の、そのたんなる残存にすぎない。だがさらに双方交叉イトコ婚からギリヤークの単方婚への移行がなされなくてならないが、シュテルンベルグにとってこの移行は、オーストラリア人のあいだに持ち上がったのと同じ問題に対する、一つの独自な解決策にほかならない。オーストラリア人は婚姻可能な親等を制限することで交換の原理を救い出そうと望み、それゆえに第一親等を捨てざるをえなくなったが、逆にギリヤークは第一親等を救い出そうと望んで、交換を断念せざるをえなくなった[24]。その結果が双分組織の放棄である。

結局のところ、シュテルンベルグにとっては、ギリヤーク型体系もアランダ型体系も双分組織から生じるのである。母方従姉妹を結婚相手とする婚姻体系が機能するには理論的には三クランで十分であるにもかかわらず四クランが援用されることは、ゆえに当初に双分組織が存在したことにもとづいて説明されなくてならないとされる(25)。

丸ごと持ち込まれた進化論の遺産がこの理論構築にもまた見出されるが、しかしシュテルンベルグの面目は理論よりも観察眼にあり、その観察からは、婚姻周期が四クランに帰着するとの結論はどこまでも出てきはしない。もし婚姻周期が四クランに帰着するなら、*tuyma axmalk* の問題は解決を見るかもしれないが、それでもまだ一つの困難に直面すると言っていい。特定のクランAにとって、同一のクランCが *tuyma axmalk* でも *tuyma imgi* でもあることになってしまうわけだ。ところが図54を参照すればわかるように、この二つのクランは名称体系によって少なくとも部分的には区別され、しかもシュテルンベルグのどの情報も、二つの *tuyma* が客観的に同一のものであると考えることを許しはしない。「どのクランもきわめて緊密な親族関係によってほかの複数の、最低四つのクランに結びついている(26)」。ならば、明らかに四クランでなくて五クランから基本周期は成り立ち、よって双分組織の仮定はきれいに雲散霧消する。

実際、じつに簡明かつ説得力に富む次の一節を前にするとき、双分組織の仮定の何が残ると言うのか。「どのクランも、最初の四つのクランに加えて、もう一つ別のクランのただ一人の成員と婚姻関係を結ぶだけで、そのクラン全体にとっての *axmalk* か *imgi* になる。他方、我々は次のことを知っている。いかなる *axmalk* もいかなる *imgi* も、直接的な婚姻関係を結んでいる相手クランに対してだけでなく、この相手クランの *axmalk* および *imgi* に対しても姻族関係にある。ゆえにどのクランも、第一親等の *axmalk* と *imgi* のほかに第二親等、第三親等、などの *axmalk* と *imgi* をもつ。これらのクランはすべて *pandf*、すなわち、生まれを同じくする人々と呼ばれる。(略)/どの男も自分の母の兄弟の娘と結婚するのが望ましいとする、家族とクランとにかかわるじつに単純にしてじつに明快な根本原理は、かくして絆と共感の基盤を当の男の属すクランのなかにつくりだすだけでなく、もっと広範な、最終的には部族全体にまで及ぶ集団間の結合のかたちでもつくりだす(27)」。この文章からはっきり浮かび上がるように、縁組周期は最低限五つのクランを必要とするが、しかしそれ以上の多くのクランを含むこともまたでき、ゆえに半族への分割という仮定は無駄であるばかりか、シュテルンベルグの報告する事実に矛盾しもする。

＊＊＊＊

ギリヤーク型体系が、いままでの諸章で叙述してみたさまざまな体系、とりわけカチン型体系と完全に類似している点は強調するまでもない。ギリヤークのクランは厳密な意味でのクランであるというより、むしろはるかにリネージであるとの観が強く、そのことは、クランをさす名前 *kxal* も示唆するとおりである。*kxal* はケースや鞘を意味し、その言わんとするところは「我々は同じ義父、同じ娘婿をもつ」と注解される。(28) 母の兄弟の娘との婚姻は「驚愕すべき形式(29)」であるどころか、逆にまさしく「ギリヤークの制度の複雑な構造全体が発芽してきたその種子(30)」であり、単純な型の全面交換を再現する。東アジアの南端と北端にも姿を現す型の、全面交換である。それらのあいだの類似点は、婚姻形式にのみ、また親族体系の示す特徴的相貌にのみかぎられるのでなく、購買婚の示す特異性によっても実証される。

ギリヤークのもとでは、購買婚ですら母方交叉従姉妹との婚姻の関数である。結婚しようとする男女の関係が好ましい類型に適合しないときにかぎってのみ、購買婚が現れるが、それはこの型だけが「絶対的にけがれなく、神聖である」とされているからで、この点をシュテルンベルグはこう注釈する。「息子が生まれるや、母親は真っ先に自分の兄弟の誰かの娘との婚約に漕ぎ着けようと、あたうかぎりの努力を惜しまない(31)」。そして彼女の努力が報いられれば、*kalim* ＝花嫁代価を払わなくてすみ、逆に花嫁の父のほうが――なぜなら男は自分の母の兄弟に対し例外的な特権を有するので――花婿に贈り物をすることになる。(32) 事実、花嫁代価はきわめて高くつき、選好婚制度がなくては、貧乏人に妻を見つける望みなどありえないほどである。しかも男と彼の未婚の *angey*

〔母方交叉従姉妹〕との性的関係は許されているし、また既婚の *angey* については、夫の特権が尊重されなくてならないその一方で、合意による兄弟共同一妻多夫婚 polyandrie fraternelle〔兄弟が一人の妻を共有すること〕も実施されるのである。よそ者の女と性的関係をもつことの禁忌は確かにあるけれども、逆に「テリトリーのどことかぎらず自分の *angey* さえ見つければ、すぐにでも男は結婚生活を始めていい。男に必要なのは親族関係を知ることだけなのである(33)」。伝承も婚儀の存在しなかったことを強く肯《うべな》うが、規定親等であるとの条件さえみたせば婚姻のおこなわれうるのに必要にして十分であることを考えれば、この特徴は容易に理解される。

ここでしばし、購買婚にかかわる名称体系に注意を向けなくてはならない。通常「支払う」を意味するギリヤーク語は *yuškind* で、この語は *fuxmund* ＝「戦う」「反抗する」「復讐する」の同義語 *uskind* に由来する(34)。それに対して花嫁代価は、「提供する」の意味をもつ別の語 *kalim* によってさされる(35)。*kalim* のもつ平和的含意は、「一緒に歩くとき、まるで恋人同士のように一人がもう一人のうしろに付き従う」と評される *navx* ＝姻族関係にあるクランに属す青年たちのあいだの、穏やかな関係によってもいちだんと強まる。ギリヤークのもとでは「花嫁代価を伴う婚姻が買い操作や売り操作と見なされていない(36)」ことの、これは現れである。しかも花嫁の家族は、数年にわたる段階的反対給付を義務づけられる。というのも、「*kalim* の等価物を贈り物のかたちで花婿に一括償還するのは恥ずべきことと考えられている(37)」ので。不正規の婚姻では給付交換の先延べはむしろ友愛を象徴し、呪いに対する安全を保証する。この先延べの唯一でないがおもな目的は、欠けている絆を人為的につくりだすことにある(38)。

ギリヤークには特別な富のカテゴリーが一つある。*šagund* であるが、この語をシュテルンベルグの英語版草稿は「貴重品 the precious goods」と訳していて、ここでクワキウトルの「ご馳走 rich foods」を思い浮かべずにすまない(39)。中国や日本の行商人を通常の入手先とするこの特殊な財は、ひとたび獲得されると、もはや買い取ることも売りに出されることもなく(40)、もっぱら花嫁代価としてか、持参金の引き渡し、身代金の支払い、葬儀などに付帯する給付としてのみ使われる。*šagund* は、鉄の *šagund* ＝深鍋、槍、日本刀、鎖帷子など、毛皮の *šagund*

＝毛皮の外套と毛皮製品、絹の *šagund* ＝通常は中国の品物、に分けられる。[41] 女は持参金を受け取る。持参金は *kalim* と等価でなくてならず、彼女の所有物でありつづけて、彼女が亡くなれば、彼女の娘や彼女の兄弟に移譲されることがある。

ギリヤークの購買も異身分婚もカチンのそれと同じ役割を果たしているように見えないが、この二つの機会に介入してくる「貴重品」、ギリヤークの *šagund* とカチンの *sumri* とのあいだにはきわだった類縁性がある。実際、どちらの集団でもリネージのあいだの不平等は歴然としていて、違いは一つしかない。この不平等はカチンではつねに購買規則に表されるが（言うまでもなく、購買と規定親等が二つともあるので）、購買にさいし規定親等を遵守しなくてもいいギリヤークでは、特権的なリネージがより幅の広い選択可能性に恵まれるとのかたちで表現され、もし規定親等がなかったなら、貧しい人々に結婚することをできなくさせるだろう。それほどにも花嫁代価は高くつくのである。[42]

先ほど引用した草稿〔原注（27）の引用〕が十分すぎるほど立証しているように、ギリヤークでは体系に内在する身分の不平等が明白に存在するその反面、カチンの荘園の場合よりも民主的なやり方で、彼らはこの不平等に対処しようとしたかに見える。*imgi* と *axmalk* のあいだに身分上の関係があるため、経済的・社会的視点を度外視しても、*axmalk* は自分の *imgi* に対して例外なく従属的な立場に立つ。自分の子供よりも自分の甥‐娘婿に対して、母方オジ（すなわち義父）は寛容である。彼には甥‐娘婿に狩りの獲物の一部を与える義務、クマを犠牲に供する儀式的祭礼に甥‐娘婿を招く義務があるが、逆の義務は甥‐娘婿にない。[43] しかし *imgi* はほかの複数の *imgi* に対して *axmalk* になるので、もちろん、これら *imgi* に対しては、いま言った義務を補償なしに果たさなくてならない。「というわけで、社会的・宗教的祭礼をとおしてクランの一系列全体を結びつけていく、切れ目ない連鎖が存在する」。[44] 連続するひと続きの積極的態度と消極的態度として、義父から娘婿に向かって交替していくこの構造は、ムルンギンのもとにあるそれの正確な等価物がウォーナーによって叙述されたし、[45] アッサムの諸民族のあいだにもまた、それに相当する構造が見られる。[46] 全面交換体系から生じざるをえない集団間のもろもろの不平等を確実に補正するのに、それは明らかにもっとも適した構造であり、母の兄弟の娘との婚姻を実施する多少とも民主的な性格を備えた社会でこの構造が最大限に発達し、このうえなく厳密に定式化されているのは、ゆえに驚くべきことではないのである。それに対し、同様の婚姻型を利用していながら、全面交換体系が封建的な帰結を招くに任せた社会では、あれら不平等が、少なくとも制動装置や調速舵の役割を果たすことはありうるのである。

しかしギリヤークの購買婚はつねに不正規の婚姻、つまり従来の縁組関係の放棄を暗に意味する婚姻であり、それゆえ *kalim*〔花嫁代価〕の一部は正当な権利として *axmalk* クラン、いままでいつも妻の入手先であったクランのものとなる。*kalim* は花嫁の母の兄弟が、いちだんとまれには花嫁の父が受け取るが、「支払いがかなり感動的なやり方でなされることもある。妹が母の兄弟に手渡されるか、自分の娘が妻の兄弟に与えられるかして、これらの人々にも *kalim* の一部が受け取れるようにするのである。（略）さらに母に複数の兄弟が、甥に複数の姉妹がいるのなら、それぞれのオジに姉妹が一人ずつ与えられる」[47]。父系出自で父方婚のない体系から見て、そこにはいちじるしい変則性がある。この変則性をシュテルンベルグは、母系体制の残存か古い双方交叉イトコ婚の残存であると解釈する。

こうした特異性はギリヤークだけのものでなくて、少なくともそれに相当するようなものが彼らの隣人、アムール川のゴリド〔ナナイ〕民族のもとにも見出される[48]。ゴリドでは、女が自分の母の兄弟の息子と結婚することは、「母の血を母のクランに戻す」ことになるのでできないが、しかし男が自分の母の兄弟の娘と結婚することは、当の男にすでに血を与えた母方クランが、この男の子供たちにも起源の同じ新鮮な血を提供しつづけることになるので、無条件にできる。全面交換原理のこれほど力強い、これほどはっきりした表現もほかになかろう[49]。ギリヤーク同様、ゴリドも要するに非対称婚体系をもつ。母の血がクランに戻ってならないから、男は父の姉妹の娘と結婚できないが、女は自分の父の姉妹の息子と結婚することで、自分のオバの歩んだ道をひたすら引き継いでいくのである。そのうえにゴリドには、母方イトコたちをさす特別な名称しかなく、父方イトコたちは兄弟姉妹と同等視されているようである。[50] これらの規則をラティモアのように中国起源と見なす必要があるだろうか。この点については、続く諸章を読んでもらえば、ある程度見当が得られるだろうが、いずれにせよ、ゴリド自身はこれらの規則を自分たち独自のものと主張していて、ラティモアが言うには、満州民族もまたそう主張している。こうした主張は、第23章で見るように、ある特異な問題を提起する。しかしゴリド型婚姻規則がどれほど精密であっても、ゴリドのもとに見出される情報は、ギリヤークのもとでと同じかたちで双方婚問題を提起する。伝承にもとづく漢民族の話から、ラティモアはゴリドに関する情報を収集した。ゴリドはまず自分の母の兄弟に未婚の娘を差し出し、この兄弟が娘を拒否した場合にのみ別の婚姻が検討される、と漢民族は言うが、これはクマにさらわれてクマの娘を産む女が登場する神話の記憶で、この女の兄弟が彼女を探し当て、クマを殺し、女と彼女の子供を助け出し、この子供と結婚するのである。我々は満州でもこれと同じ神話的テーマに出会うことになるだろう。[51] 別の機会にある漢民族がラティモアにこう語ったと言う。「じつはタタールも決まってまず母の兄弟に自分の娘を差し出すのです。母筋にある者だけが人間で、父たちはクマの末裔だからです」。[52] しかしゴリド自身はこのような解釈を退けるので、ラティモアはそれをギリヤークにあてはめていこうとする。[53] この解釈からうかがわれる習俗に似た習俗が、確かにギリヤークのもとに見られるのである。

ここで花嫁代価が母方オジにも分与されることを、ギリヤーク型体系のもつ、極端に限定された名称のなかで解釈してみたくなるだろう。花嫁の母方オジは花嫁のリネージの近縁の *axmalk* で、ゆえに花婿のリネージにとっては遠縁の *axmalk*、つまり *tuyma axmalk* にあたる。ならば購買規則は、婚姻が近縁の *imgi* と *axmalk* をだけでなく、遠縁の *axmalk* と *imgi* をもかかわらせることを示しているように見える。実際にもこのような関係が花婿のリネージと花嫁の母方オジのリネージとを結びつける。したがって、〔「遠縁」をも含めた〕もっとも広い意味で解された *axmalk* と *imgi* とが婚姻給付においてあたかもパートナーをなしてすべてが進行するかに思える。

ところが、このような解釈は *tuyma axmalk* の規則と衝突すると言っていい。じつにこの規則によれば、*tuyma axmalk* は *imgi* からは妻を受け取ることができないのだから。かくして我々はまさに体系に内在する一種の矛盾に直面することになり、こう問わなくてならない。この矛盾は見かけだけのものか現実的なものか。どちらであるにせよ、この矛盾を表現している諸事実は何を意味するか。

＊＊＊＊

外婚をおこなう「クマ」から姪を守ることと受け取り人として婚姻契約に関与すること、母方オジがギリヤーク型体系において果たすこの二重の役割に正確に相当するものが、いままでの諸章で検討された南アジアの全面交換体系のなかにもある。パリーが言うには、首長を呼ぶときにラケールは「母方オジ」を意味する名称 *papu*、ラケール語のうちでも最大級の尊称を使うが[54]、じつに母方オジは、個人が自分の両親に払う以上のでないにせよ、それと同じほどの尊敬を集める。母方オジは甥にばかりでなく、姪にも格別の関心を寄せる。姪の結婚時に *puma* を手にするのは彼で、この支払いは、受け取った花嫁代価を息子たちと分け合わねばならぬ父の取り分よりもしばしば高額である。注目すべきことに、オジと姪の絆のほうが彼と甥の絆よりも強いように見える。狩りで仕留めたすべての動物の一部を姪に与える義務が彼にはあり、甥が彼から時ならぬ贈り物を期待できるのは、彼に姪のない場合にかぎられる。母方オジが甥を中傷したり呪うことは禁止（*ana*）されていて、もしそれをすれば罪滅ぼしの供犠が必要になり、供犠を怠れば、彼はより大きな不幸を家族のうえに招くことになる。いかなる口実のもとでも甥は母方オジの寡婦とは結婚できない。そのような結婚では子供に恵まれないか、恵まれても、低脳、びっこ、めくら、きちがいの子供が生まれるので[55]。

シェイクスピアの定義する、ルシャイの使う名称 *pu* の意味は「祖父、母方オジ、さらに妻側か母側のそのほかの親族である。また、保護者や守護者に選ばれた特別な人をさすのにも、この名称が用いられる[56]」。母方オジは花嫁代価の一部、スイギュウ一頭分ほどに相当する *pushum* を受け取る[57]。コーレンではもっと極端で、じつに花嫁代価は母、兄弟、母方オジにだけ支払われ、父はまったく除外されてしまう。このことに関してシェイクスピアは、シュテルンベルグがギリヤークについて漏らしたのと同じ自問を口にしている。「これは母権の残存ではなかろうか[58]」

レングマ・ナガに見られる母の兄弟との特別な関係を、ミルズも同様に母系の残存と解釈する。母方オジとの口論は宗教上の最大の罪で、原住民も言うとおり「母方オジは神のごとき存在である」。彼は甥・姪から搾り取り、その動産を巻き上げ、呪いによって甥・姪を病気にすることができる[59]。花嫁代価の一部は花嫁の母方オジの手に渡る。それは初夜のあとに支払われ、続いて受給者の側から反対給付として肉が贈られる。結婚しても子供に恵まれないと、オジにさらなる贈り物が届けられる。彼には姪の妊娠を阻む力があると信じられているので[60]。母方オジと甥・姪とのあいだのこれと同じ禁忌を、セマ・ナガももつ。姪が結婚すると、贈り物交換がなされる。オジは姪に贈り物を与え、姪の夫からお返しの贈与を受ける[61]。

これらいくつかの情報からもうかがえるとおり、母方オジの演じる保護者や支配者としての役割と、花嫁代価に対して彼のしばしばもつ優先権とは、我々が検討してきたすべての単純な全面交換体系にも、やはり同一の諸性格を伴って見出される。ゆえにこれは特定の集団に固有な興味深い特殊性、各集団の個別的な歴史によって説明されうるような特殊性でありえないと言っていい。我々の目の前にあるのは、一般的な言葉づかいでしか説明を与えることのできない大規模な構造的現象なのである。全面交換体系においては、AはBから嫁を受け取るのでBに対してのみ、同じ理由でBはCに対してのみ、Cは*n*に対してのみ、*n*はAに対してのみ債務者であるけれども、しかしそのつどの婚姻では、BはAだけでなく*n*に対しても、CはBだけでなくAに対しても、*n*はCだけでなくBに対しても、Aは*n*だけでなくCに対しても直接的な債権を有するかのように事態は進行する[62]。この第二の債権が、少なくともギリヤークのもとでは女で支払われるということは、それが第一の債権と同型であることを暗示する。

南アジアの大部分の全面交換体系では、この現象に、もう一つ別の対称的な現象が付随する。すなわち、父の姉妹が、また彼女の夫と子供の属すリネージが、彼女の甥の婚姻において演じる役割のことを言いたいのである。

花婿の両親のもとに赴くよう儀礼的な催促を花嫁になすのは、多くの場合、花婿の父の姉妹で、[63]また父のほうは婚礼の行列から除外されるのに対して、婚儀で重要な役どころを果たすのもまた彼女である。[64]彼女が婚儀のオープニングで仲人役を務めるのである。[65]さらに忘れないでおきたいが、ロタ・ナガでは花婿が将来の義父母に対する義務を果たすその手助けを、花婿のクランの女たちの夫たちがなす。[66]最後に思い出しておけば、ハカ・チンとカチンでは、花婿の支払う花嫁代価を彼の姉妹たち（いずれにせよ、長女）が援助し、また花嫁の両親は婚儀への参加をいっさい辞退する。[67]逆に新妻のほうは母のリネージの支援を受け、さらにオジとオバが *pu man* と *ni man* のかたちで花嫁代価のかなりの部分を受け取る。[68]

確かにこれらの特殊性を母系の残存として扱う必要も、またそうする口実さえもありはしないが、しかしそれら特殊性は体系全体に対するいわば女の、あるいは女の視点からの反作用を表すのではないか。言葉も習俗もしばしば違う外部の家へ島流しにされる運命を女に強いて、しかも理論的には実家に戻ることも許さない父方居住父系体制は、それでも女系の側のある種の連帯を排除してしまうわけでないばかりか、おそらくはそのような連帯を生み出しさえする。カチンに見られる *mayu ni* と *dama ni* の潜在的敵対関係、婚姻のあとでさえ自分たちの娘を監督する権利と保護する力を確保しようとして *mayu ni* が繰り出すさまざまな手練手管を、我々はすでに描き出したが、[69]しかしそれだけではない。一つ同じイエのなかに継起する女の諸世代それぞれの起源は、婚姻交換周期に組み込まれたパートナー集団の数だけ異なるけれども、しかし均質な構成体であることを明確にしようとする女性リネージの、いわば意志に似たようなものがうかがわれるかに思われるのである。ハカ・チンでは娘が自分の母の *pun taw*（主要な代価）を請け負う。[70]他方、母の *shé*（死の代価）を権利請求するのは母方オジであるが、[71]この権利請求には次の留保がつく。ある親族が亡くなったとき、以前に亡くなった人の墓を暴いて一緒に埋葬されている財を掘り出し、この財を新たに亡くなった人の姉妹たちに、姉妹たちがいなければ娘たちに渡すこと。もし男性親族たちがこの財を権利請求などすれば、女たちは仕返しに彼らから *shé* か *pun taw* を剝奪するだろう。[72]また母が死んだときに *hlawn* が支払われずにまだ残っているなら、場合によっては娘たちがその一部を相続する。*hlawn* とは新妻に彼女の兄弟が渡す持参金のことで、兄弟が *hlawn* をくれなかったときは、女は自分の代価として支払われた *pu man* を、娘たちのために差し押さえるのである。[73]

こうした習俗が女性リネージと男性リネージ——父たちと兄弟たちからなるリネージであれ、オジたちと義理の兄弟たちからなるリネージであれ——との潜在的競合関係を示すしるしであることは確かであるにしても、それはまたとりわけ体系に対するある態度を明かしてくれもする。すなわち、母からその思い出話を聞いたこともあるだろう母の出身リネージと、母と同じ遠隔地での孤独な生活、父系調和体制のもとに生まれた娘の定めたるその生活を送ることになる婚入先リネージ、じつに女はこの二つのリネージを同列に置くことができないということなのだ。人間の姿をした母方祖先、動物の姿をした父方祖先、人さらいのクマの爪から自分の姉妹と姪を助け出すオジ、こういったギリヤーク神話の全体が、いかにも女性的と言いたくなるような詩情に深く浸されていて、事実としても、女たちの視点から、少なくとも女たちの兄弟の視点から眺められた婚姻体系を表現しているかに見えるのである。妻を手に入れることで得たものよりも、姉妹を手放すことで失ったもののほうがはるかに大きいと、決まって思いがちな兄弟の。もっとはっきり述べよう。家族と男系とにもとづく体系に対立する一つのリネージ体系、（すでに何度か明らかにしたように）姉妹に対して兄弟のもつ権利が娘に対して父の振るいうる権利と同等かそれを凌ぐそのような体系をめぐる、これは神話であるのだ。兄弟の後継者として息子よりも兄弟が優先された古代中国の商を論ずるとき、この点を再び思い出さなくてはならない。[74]

比較的新しい時代のことを叙述しながらグラネはこう書く。「意味深長なことに、外婚慣習が女たちに引き起こすもっとも強い感情は、故郷から追放されたとの感情であった。古代の歌謡は定型句に乗せて、その感情をこう表現する。『嫁ぐ娘は誰でも／兄弟と両親を遠くに残す』。（略）愛の歌が夫婦の幸せを称揚するとき、二人はいいいい兄弟のように息が合うと歌う。（略）ところが逆に漢民族のもとでもその隣人である蛮族のもとでも、結婚当初の夫婦生活の特徴の一つは、（外婚結合によって結びついた）夫と妻がなかなか寄り添わないことにある。蛮族のもとでも古代中国人のもとでも、結婚の地が固まるのに最低三年はかかり、古代中国人のもとでは三年たってはじめて夫が妻の笑顔を見るなどということもあった。蛮族では三年のあいだ新婦（彼女は無条件に性の自由を享受する）は独身生活を送る。そのとき彼女の兄弟は激しい嫉妬に焦がされている様子を見せると言われる。中国では不幸な結婚をした女を歌うタイプの歌謡のなかで、兄弟のように夫と気持ちが通うとのろけてみせることのできない妻は、奇妙にもこんなふうに詠嘆する。『兄弟たちはそんなことなど知りもせず、鼻の先で笑って取り合わないだろう[75]』」

要するに、このような態度は *chotumur* と言われる習俗――「姉妹・愛人」を主題とするおびただしい民話に彩られた習俗――として、ヤクートのもとで最高度の発展を見る。姉妹を外婚に出す前に兄弟が彼女の処女を奪うのである[76]。この習俗のこだまはコーカサスのプシャヴのもとにまで見出され、兄弟姉妹のない一人娘がかりそめの兄弟を「養子にもらい」、性的関係を結ばずに添い寝してもらうのであるが、これは通常は兄弟に任される役目である[77]。これと同じ含意がギリヤーク型体系にも含まれているのなら、動物のさまざまなインセスト形式をめぐる奇妙な区別も難なく解釈されるだろう。「まったくのところ、ギリヤークは自分たちの婚姻規則が事物の本性にもとづくと固く信じきっているため、この規則を家畜やイヌにまで適用する。イヌであっても兄弟と姉妹は交接できないと考えているのである。まれに例外的な事態が起きると、悪霊 *milk* の影響のせいにされ、それゆえイヌのインセスト行為をたまたま目撃してしまったギリヤーク人は、この過誤が自分の身に降りかからぬよう当の動物を殺さなくてはならない。イヌの屠殺は宗教的儀式で、イヌはまず扼殺されて、次にその血が四方八方に撒かれる。とはいえ、この儀式はイヌに対してはインセストの処罰としてなされるにすぎないのである。好奇心をくすぐることがらを一つ指摘しておけば、ギリヤークは隣接世代に属す二匹のイヌのインセストや、母イヌとオスの子イヌとのインセストなどは大目に見る[78]」

最後に、これらの考察は古代東欧の諸体系を正しく解釈するうえでも欠くべからざるもので、それらの体系にもあの兄弟連帯が染み渡っているし、別れの前日に涙に暮れながら花嫁が見やるのも、やはり母方オジである[79]。やがて明らかにする機会を設けるが、こうしたもろもろの共通点は、類型論的に一つである広範な体系の存在を物語っていて、この観点からならそれをヨーロッパ＝アジア型体系と呼んでもいいほどである。

我々が描き出した習俗について言えることは以上に尽きない。実際、花嫁の母方オジが彼女の兄弟よりもはるかに重要な役割を演じるだけでなく、少なくともいくつかの体系では、この役割は、花婿の父の姉妹が一方の位置を占める対立関係それの、他方の項として現れ、この二つの役割が競合するのである。母の兄弟（ときとしてその妻）は花嫁をかばい、あれこれ要求を突きつけては嫁ぎ先への旅立ちを遅らせようとするが（ハカ・チンの婚姻におけるオバのふるまいを想起されたし）、花婿の父の姉妹は逆に事前交渉に乗り出して、花嫁を無理にでも義父母の家に合流させようと尽力する。この二つの役目は要するに相互に関連していて、なおかつ対立してもいる。これは何を意味するか。ここで話題にされているすべての体系は、母の兄弟の娘との婚姻を強制または奨励し、父の姉妹の娘との婚姻を抑制または禁止する。ところが、そういう体系にかかわってきている二人の主要人物は、ほかでもない、花嫁の母方オジと花婿の父方オバなのである。つまり、いま言った非対称的な婚姻規制がなかったなら、婚姻から間接的にでなく、まさに直接的に利益を得ることになる人。なぜなら花嫁の母方オジにとっては、自分の息子が花婿の姉妹と結婚でき、花婿の父方のオバにとっては、自分の甥が自分の娘と結婚できることになるのだから。したがって、二人の役割のもつ二面性、一方の積極性と他方の消極性は、二つの対称的な婚姻型の一方が命じられ、他方が禁忌とされることから生ずる債権の放棄と承認を、それぞれ表現しているのである。だが後者の婚姻型（父方婚）は禁忌とされつつも亡霊のごとく婚礼の場に出現して、一種の郷愁と後悔の念で社会的意識を蝕む。体系のあらゆる指示に背いてまで花嫁の母の兄弟によって演じられる、異例とも見える役割のその深い根拠を、我々は究極的にこの郷愁と後悔の念に見るのである。以上の考察は漠然としているどころか、隠喩とさえ見えるかもしれないが、しかし全面交換の本性をめぐる理論的結論の全体を明示するときにこれらの考察の合理的基礎をはっきりさせることができる、との見通しを我々はもっている。そこへと赴く前に試みておかなくてならないことがある。我々は全面交換の単純な形式をアジア大陸の両端に観察して叙述してきたが、全面交換のこの二つの、地理的に隔たっていながらも明らかに似通っている現れを、できるならつなぎあわせてみること、これである。

注

（1）Léo Sternberg, *The Social Organization of the Gilyak.*

（2）Cf. Léo Sternberg, The Turano-Ganowanian System and the Nations of North-East Asia. *Memoirs of the International Congress of Americanists.* London, 1912.

（3）Sternberg, *The Social Organization of the Gilyak*, p. 27.

（4）*Ibid.*, p. 25.

（5）*Ibid.*, p. 27.

（6）*Ibid.*, p. 29-30.

（7）*Id.*, p. 63.

（8）M. A. Czaplicka, *Aboriginal Siberia; a Study in Social Anthropology.* Oxford, 1914, p. 99.

（9）Sternberg, *op. cit.*, p. 63-64.

（10）*Id.*, p. 65.

（11）*Id.*, p. 18-19.

（12）本書七四六ページ参照。

（13）第17章、四九〇ページ参照。

（14）第19章参照。

（15）第23章参照。

（16）Sternberg, *op. cit.*, p. 18.

（17）「同じ世代に属す *imgi* と *axmalk* とのあいだで用いられる名称 *navx* は、最終的には、どのギリヤークもがよそ者に挨拶するときに用いる名称になる」（Sternberg, p. 335)。カチン語の名称 *khau* の、同様の拡大適用については第15章参照。

(18)『ギリヤーク民話集』（ロシア語、一九〇四年）で、シュテルンベルグは *pandf* を、「生える」「成長する」の謂の動詞 *pand* の分詞形であるとし、*pand* は能動動詞 *vand*「育てる」「成長させる」の受動態をした同義語である。ゆえに *pandf* のおおよその意味は「一緒に成長した人々」になるだろう。

(19) *Id.*, p. 129.

(20) *Id.* チュクチ語の *va'rat*「一緒になっている人たちの集まり」と比較せよ。*va'rat* は婚姻によって結びついている家族の全体をさし、ボゴラスの指摘によれば「クランの芽生え」を示す。婚姻連帯は「社会集団の真の素地」を提供すると、ヨヘルソンもまた言っている（Jochelson, *The Koryak, op. cit.*, p. 761)。

(21) Sternberg, *op. cit.*, p. 138.

(22) *Ibid.*, p. 138.

(23) p. 158.

(24) p. 164.

(25) p. 165-175.

(26) p. 299.

(27) p. 327.

(28) p. 271.

(29) p. 337.

(30) p. 117.

(31) p. 79.

(32) *Ibid.*, p. 81-82.

(33) *Ibid.*, p. 86, n. 1, p. 87.

(34) 第5章、一四八～一四九ページ参照。

(35) Sternberg, *op. cit.*, p. 331.
(36) *Id.*, p. 251.
(37) *Id.*
(38) *Id.*, p. 252.
(39) 第5章参照。
(40) Sternberg, *op. cit.*, p. 253.
(41) *Id.*, p. 286, n. 1.
(42) *Id.*, p. 82.
(43) *Id.*, p. 81-82, 268.
(44) *Id.*, p. 333.
(45) 第12章参照。
(46) 第16章参照。
(47) Sternberg, p. 256.
(48) Owen Lattimore, The Gold Tribe《Fishkin Tatars》of the Lower Sungari. *Memoirs of the American Anthropological Association*, vol. 40, 1933.
(49) ゴリドの伝承は「三クランの男たち」について語る（Lattimore, p. 12)。これは三分組織を暗示する。ワール地方の「三クランの地」（本書四七〇ページ）と比較せよ。
(50) Lattimore, p. 49, 72.
(51) 第23章参照。
(52) Lattimore, p. 49-50.
(53) ギリヤークでは、禁忌カテゴリーに属す恋人たちは心中するしか手だてがない。興味深いことにシュテルンベルグは、自分のオジの愛人となった女を歌う歌謡を傍証に引いている。彼女の姉妹は彼女を「牝イヌ」、その愛人を「悪魔」と呼び、姉妹、父、母が彼女に向かって、一斉に「死ね、死んでしまえ！」と叫ぶのである

(Sternberg, p. 107)。
(54) N. E. Parry, *The Lakhers*, p. 239-244.
(55) Parry, p. 243. — Shakespear, *The Lushei Kuki Clans*, p. 217-219も参照。
(56) *The Lushei Kuki Clans*, p. xxii.
(57) *Id.*, p. 49.
(58) *Id.*, p. 155.
(59) J. P. Mills, *The Rengma Nagas*, p. 137-138. おそらく次の諺はそこに由来する。「最初にオジが死ねばいい、そうしたら俺は悪魔を探しにいこう」(R. P. Gurdon, *Some Assamese Proverbs*, *op. cit.*, p. 70-71)
(60) Mills, *The Rengma Nagas*, p. 208.
(61) J. H. Hutton, *The Sema Nagas*, p. 137.
(62) ［レインの混乱した仮説（Lane, Structural Contrasts between Symmetric and Asymmetric Marriage Systems: a Fallacy, *Southwestern Journal of Anthropology*, 1, 1961）にも正当なところがありうることは、この一文のなかですでに明白に表明されている。彼がこの文章を読んでいたなら、いくつかの点で彼の論文が期待を裏切ることはなかっただろう（cf. Leach, Asymmetric Marriage Rules, Status Difference and Direct Reciprocity: Comments on an Alleged Fallacy, *Southwestern Journal of Anthropology*, 4, 1961）。］
(63) Mills, *The Rengma Nagas*, p. 21.
(64) Hutton, *The Sema Nagas*, p. 241.
(65) Mills, *The Rengma Nagas*, p. 209.
(66) Mills, *The Lhota Nagas*, p. 149.
(67) W. R. Head, *Hand Book*, p. 2. — W. J. S. Carrapiet, *op. cit.*, p. 34. — Ch. Gilhodes, *The Katchins*, p. 217.
(68) 第16章。
(69) 第16章参照。
(70) Head, p. 7.

（71）Head, p. 30.
（72）*Id.*, p. 30-31.
（73）*Id.*, p. 13.
（74）第20章参照。
（75）M. Granet, *Catégories*, p. 148, 152. 我々は，これらの習俗がすべていまでも東南アジアに生きていることを知った（第16章参照）。
（76）Czaplicka, *op. cit.*, p. 113.
（77）Dubois de Monpereux (1839). M. Kovalevski, La famille matriarcale au Caucase. *L'Anthropologie*, vol. 4, 1893. に引用。
（78）Sternberg, p. 62.
（79）Th. Volkov, Rites et usages nuptiaux de l'Ukraine. *L'Anthropologie*, vol. 2, 3.

第2篇　漢型体系

第19章　グラネの理論

現代社会学は奇妙なパラドクスを見せることがある。『宗教生活の原初形態』〔古野清人訳、岩波文庫、一九七五年〕の著者〔デュルケム〕は哲学と宗教史の堅固な素養を身につけていたが、オーストラリアをはじめとして未開民族の住む世界のどの地域についても、直接的な経験知をもっていなかった。オーストラリアの諸事実を分析することによって彼の立てた、宗教生活の起源をめぐる一般理論は、今日、どれほどの信用に値するというのだろう。宗教理論として見たとき、『原初形態』は受け入れがたいものである。しかしラドクリフ＝ブラウンやエルキンなどオーストラリア社会学の卓越した専門家たちは、『原初形態』はいまでも新たな発見を触発する、と異口同音に述べている。[1] 要するに、いちばん準備の整っていた場所でデュルケムは失敗したが、彼の試みの思い切り大胆な部分——文献にもとづく未開集団の社会的・精神的生活の再構成——は、三十年を経たいまでも少しもその多産性を失っていないのである。『古代中国における婚姻カテゴリーと近親関係』[2]〔『古代中国における結婚のカテゴリーと近親関係』〈谷田孝之訳、渓水社、一九九三年〉の著者グラネもまた、デュルケムに対すると同じような、ただし逆さまの立場に我々を立たせる。

この著作のなかで、一人の中国学者が親族体系の一般理論に決定的な貢献をなしている。一般理論に、とはいえ、彼の差し出す発見はすべて、中国の諸事実をもとに中国の現実を解釈するかたちをとる。しかし中国学という専門的視角から眺めても、これらの解釈は混乱と矛盾を抱えているように見えるため、たとえ自分の分析と食い違わない場合でも、中国学者たちはグラネの解釈をうさん臭い目で迎え入れてきた。要するにここでは、一人の専門家がおそらく分不相応なまでに自分の守備範囲を逸脱していくが、逸脱することによって、より一般的な射程を備えた、より高いところにある理論的真実に首尾よく到達するのである。

言うところの真実とは何か。伝統的社会学は単方出自に未開の親族関係の根本原理を見ようとするが、誰にも増してグラネはこの誤りを一掃するのにあずかって力あった。「中国に関する諸事実からは（略）親族関係の組織化がまず最初に単方出自原理によって律せられた、などとはけっして想像できない[3]」。続いて、『中国文明』で呈示されたあまりに単純にすぎる仮説[4]、母系出自の先行を再考し、その再考の背景をなす、はっきり言ってきわめて信憑性に乏しい中国の諸事実をとおして、グラネは双方出自体制に由来する互隔世代体系に到達する。互隔世代体系は、今日、世界各地でその存在が確認されている[5]。「姓が男に、名が女にもとづくなら、世代平行parallélisme〈同世代婚〉と外婚の二つの義務に統御される体系は、いかなる条件のもとで作動できたのか[6]」。ついで、この体系を用いる諸集団の観察に隅々まで裏づけられた理論的厳密性をもって、当の条件が確定される。そうしておいてグラネは、ウィリアムズやフォーチュンが同じような示唆を与えていることをどうも知らないまま[7]、インセスト禁忌と外婚とをめぐる、実証的かつ構造論的な理論を定式化する。「中国の諸事実は、（略）特定の出自規則によって特定の婚姻を禁止しようとする意志が当初の婚姻習慣を支配していたとする考えを（略）促すことはない。婚姻習慣は、ぬきんでた効果をもたらすあれらの給付、すなわち女をもってする給付について、その循環を規制しようとする傾向の表現として現れる。この規制の目的は、伝統的に連合している集団のあいだにある種の均衡を維持するために、〔女の〕規則的還流を実現することにある」[8]。このような見方は確かに〔マルセル・モースの〕『贈与論』からも直接に出てくるだろうが、しかしグラネはそれを発展させて、まれに見る力強さと説得力をもって例証することをやってのけたのである。

婚姻規則の使命はつねに交換体系の基礎づけにある、とのこの考えにもとづいて、グラネは漢型体系の進化過程を再構成しようと試みた。中国の諸事実から見て彼による再構成がどれほどの価値をもつかは差し当たり脇に置くとしても、彼の定式化した分類（「交互交換 chassé-croisé」と「先延べ交換 échange différé」）には称賛を送っておかなくてはならない。本書で努めて論証してきたように、それは親族体系（「限定交換」と「全面交換」）の研究に唯一可能な基盤をもたらす分類なのである。ここではグラネは独力で仕事をなしたかに見える。彼が執筆していた当時に問題とその解決を予感していたのは、ホドソンとヘルトだけであったが、この二人のことを彼が知っていたとうかがわせるものはいっさいない。その意味でも彼の発見はひときわ注目に値すると言うほかない。しかし彼の著書の理論的含意は気づかれずにやりすごされた。なぜなら、それはどこにも理論的含意として呈示されていないからである。グラネ自身もまた、ただ中国社会学の、世界に類を見ないセンセーショナルな諸特徴を発見したと思っただけだった。その例外性のゆえにこれらの特徴はさらに価値を増していくだろうと、彼はあくまでも中国学者としての目で見ていたのだった。事実、彼は自分では、過渡的なものと推定される漢型体系を再構成したつもりでいた。中国にこの体系が実在しなかったことはほぼまちがいないが――ゆえにほかの中国学者から疑惑の目を向けられる――、じつは彼が再構成したのは、本人も知らなかったと思われる――しかしオーストラリアには実在する――ムルンギン型体系だったのであり、この点で彼は社会学者からの称賛を受けてしかるべきなのである[9]。

この逆説的な事情をどう説明したらいいか。詳細な理由は、我々の分析が進むにつれて取り出されてくるだろう。しかし差し当たり、方法論上の興味を引くいくつかの一般的特徴を強調しておくことはできる。グラネは中国に関する社会学的文献に驚くほど通暁していた。『爾雅《じが》』〔類義語・訓詁を集めた三巻の字書で、漢代初期以前に成立〕に交叉イトコ婚のさまざまな残り香を嗅ぎ取ったと同じ嗅覚に導かれ、彼はほかのもろもろの特異性を追跡していった。それら特異性の解釈には（以下の本章でやがて見るように）じつはただならぬ困難が伴うのだが、いずれにせよ、中国ばかりでなく世界のほかの諸地域の親族問題に十分親しんでいたのなら、それが導きの糸の役割を果たしてくれたことだろう。ほかでもないこの知識を、グラネは欠くのである。彼が正確な知識をもっていたと思われるのは――不可欠であり、グラネ自身も見出すことのできたカチンの諸事実を除けば――じつはオーストラリアの諸事実についてだけであった。いちだんとまずいことに、彼はこの知識だけで十分と思い込んでいた。オーストラリアに見られる〔社会的〕組織化は、確認されているかぎり、また想像しうるかぎりもっとも原初的なものであるとする、デュルケムの考えにまだどっぷり浸かっていたのである。二重の誤りがそこに由来する。四クラス婚姻体系（すなわち、出自に立脚するとともに隣接世代の区別にも立脚する体系）は存在しうるもっとも単純な体系であるとする考えを、グラネは絶えず強調する。「近親性に関して中国人が遵守してきた親族分類法を分析してみると、彼らは知られているかぎりもっとも安定した（またもっとも単純な）糾合体制 régime de **cohésion** から出発したように思われる[10]」。さらにあとのほうではこう言われる。「親族分類法の全体は、内婚共同体が二つの外婚セクションに分割されることから説明されるように思われる。それぞれのセクションはさらに二つのセクションに分割され、これによって隣接世代が区別される。そして婚姻は外婚**セクション**のあいだ、しかも平行**世代**〔同世代〕のあいだでおこなわれることが義務づけられる。／このような分割様式、および、このような縁組体系はよく知られていて、しかも知見の及ぶかぎりもっとも単純なものである[11]」

ところが外婚半族からなる双分組織をこともなげに棄てているのだから、これほど不正確な主張もない。婚姻交換の互酬性がもっぱら二つのフラトリーへの分割だけにもとづき世代原理が介入しないような社会の例は、世界中に事欠かない。ここでは一つだけ実例を取り上げるにとどめよう。ボロロである。外婚規則によって指定された特定のフラトリーのその傘下にある一つまたは複数のクランを相手とする、ある型の選好婚が確かにこの原住民のもとには見出されるが、しかし世代の区別はなく、頻繁に見られる二つの婚姻型の一つは、それ以前に主体の世代でなされた婚姻に反することのないオバ＝オイ婚（父の姉妹との婚姻）、もう一つは、母とその娘を同時にあるいは順番に嫁にする婚姻である。こうしたケースでは、互酬性は全体的に、つまりフラトリー間の集団的交換として考えられていて、現世代の成人のあいだでおこなわれる嫁給付を次世代において反対給付で相殺することの必要性（この必要性は論理的洗練の結果として現れてくる）は、まったく考慮されていない。要するにすでに大幅な複雑化を遂げてしまっている体系（カリエラ型体系）を、グラネはみずからの再構成の出発点とする。それゆえ続いて彼が、さらに複雑な体系を組み立てざるをえなくなるのも無理はない。実際、複雑すぎて、もはや事実による検証を受けつけなくなるほどの体系を。

オーストラリア諸体系（なかんずくカリエラ型体系）をはるか太古の体系とする解釈に、グラネの誤りの第二の側面が起因する。中国にもオーストラリアと同型の諸体系が遺制のかたちで見出されるとの見当をつけるなり、それらの体系を彼はすぐさま最古の時代へと分類する。中国社会学の示す「オーストラリア状の australoïde」側面もまたいちばん原初的な側面である、と固く信じて疑っていないからである。このような見解は十九世紀末にはかなり広く共有されていたのだが、いまでは知られているとおり、オーストラリア人の物質文化の帯びる疑似古代的性格に相当するものは、社会制度の領域には見出されない。社会制度は逆に長きにわたる一連の周到な練り上げと秩序立った改革との成果であって、要するに家族をめぐるオーストラリア社会学は、言うなれば「計画化された社会学」なのである。[12] 問題のもつこの側面に気づいていたなら、おそらくグラネはそこから自分の図式を大幅に変更するような対比を引き出していただろう。実際、人類史全体を見渡しても儒教的改革期〔漢代〕の中国ほどにも、オーストラリア諸体系の形成過程でなされてきた長老たちによる談合や寄り合いを思い起こさせる局面はおそらくない。じつにこの時期の中国と、そしてオーストラリアは、親族関係と婚姻を合理的法規として定式化しようとする社会の、いずれ劣らぬきわだった二つの実例をなす。この指摘からはすぐさま次のことが示唆される。家族の組織化方式が無数にあるのでなく、しかも合理的組織化への強い関心からどちらも生まれてくる以上、まさにこの時期に中国の体系とオーストラリアの体系は似通う諸側面を示したはずである。ありえたこととしてこの見方をとるなら、交叉従姉妹との双方婚と姉妹交換とを喚起する名称体系が『爾雅』に現れるのは、まことに自然なことなのである。ところがグラネは、援用している文献のもつ年代――たとえ推定年代だとはいえ――を無視してまで『爾雅』に対応する体系を、実証性をまったく欠く太古の過去へとさかのぼらせることを余儀なくされる。

この二つの方法的誤りに第三の誤りが上塗りされる。第三の誤りも、「オーストラリアの歪曲」とでも言いたくなるようなものに帰着させることができる。「いわゆる四クラス体系以前になんらかの別の体系が存在したとする仮定にはまったく根拠がない[13]」と書くとき、グラネは四クラス体系がほかのいかなるクラス体系にも先行することを主張しているだけではない。顕在的なクラスにせよ、潜在的なクラスにせよ、およそクラスを抱えていない婚姻交換体系というものの存在を、同時に退けてもいるのである。ならば、四クラスへの集団の分割がなくては双方交叉イトコ婚はありえず、またグラネの立てる特殊な仮説では、八クラス体系がなくては母の兄弟の娘との単方婚もまたありえないことになるだろう。しかし明白なことだが、クラス体系と選好婚のあいだに結びつきはない。クラス体系はなんらかの互酬形式を確立するための可能な手段の一つにすぎず、選好婚もまたそのための別の一手段で、もたらされる結果は前者と変わらない。双方交叉従姉妹との婚姻を実施する社会では、あたかも四クラス体系が機能しているかに事態の進むことは確かに言えるが、しかしそこからは、四つの命名されているか命名されていないクラスに可能配偶者が実際に振り分けられている、との結論はけっして出てこない。クラス体系の存在をその結果から遡及的に前提として立てることは、まったくできないのである。なぜならクラス体系以外の方法によっても、同じような結果は得ることができるので。オーストラリア社会学の専門家には、これはよく知られた問題である。

この問題を少なくとも垣間見るだけの繊細で鋭い社会学的直観を、グラネ自身もまたもっていた。交叉イトコ婚の伝統的名称体系に対する彼の批判的吟味には、先ほど指摘したような曖昧さが染みついているが、にもかかわらず、ときとして問題の所在にはっきり気づいたこともあったように思われる。「カテゴリーは（略）関係を

（略）さす名称として確定される」。またこうも言われている。「これらの名称は個体からなるクラスをでなく、むしろ関係のカテゴリーをさす」。それゆえ彼はクラスについてでなく、カテゴリーについて語ろうとするが、しかしカテゴリーを閉じた集団と定義してしまっては、クラスとカテゴリーの区別にどんな意味が残されるというのか。「したがって中国の共同体は、古くは四つの（婚姻）カテゴリーに分割された閉じた集団であったようだと言えるだろう[14]」。そのうえにグラネがどれほどクラス理論に支配されているかを、著書の全体が十分に示している。彼の「交叉イトコ[15]」概念批判は的はずれである。関係の論理に属す概念を、その批判は要するにクラスの論理の言葉で解釈しようとしているにすぎないのだから。クラスかカテゴリーかは、じつはほとんどどうでもいいことなのである。クラスまたはカテゴリーを立てることによってか、優先されるべき親族関係を定義することによって、未開社会は婚姻交換を規制する、とのことが重要で、どちらの方法でも等価な結果を得ることができる。外見上の明白な違いが認められないからといって、与えられたか推理された結果から実際に用いられた方法へと遡行することはできない。一つの実例が我々の論法を例証してくれるだろう。地上から姿を消してしまったある民族がなんらかの宗教的祭祀をおこなっていたと仮定するだけの、信頼すべき根拠が一つならずあるとしても、考古学者が建物跡を発掘してくれないかぎり、この仮定から当の民族が神社を建立していたとの結論を引き出すことはできないと言っていい。神社は祭祀を実行するための一手段であっても、それだけが唯一可能な手段ではないのだから。ある型の婚姻を匂わせるような遺制をグラネは漢民族のもとにあれこれ探し出すけれども、いま言ったこと同様、それだけでは、問題の婚姻型を抱えた特定の制度の存在したことを演繹するには、まったく不十分である。というのも、当の制度によらなくとも、別のやり方で同じ婚姻型を実現することはできる。

　グラネの社会学的思想が及ぼしてしかるべきだった影響力は、このような彼の無理解のせいで大幅に減殺されてしまった。中国のいくつかの仮説的制度（四クラス体系、八クラス体系）をあたかも客観的な実在と見なしがちなグラネの語り口に、彼の批判者たちはしばしば激しいいらだちを覚えてきた。実際、入手可能な文献にあたるかぎり、そうした制度の存在はまったく実証されない。グラネの仕事を空想にすぎないとして片づけた人々もなかにはいた[16]。これはグラネの進めた再構成の、その土台になった観察記録を無視することである。彼の再構成はなるほど恣意的であるが、しかし観察記録のほうは社会学者に有益な省察のきっかけを与えてくれる。

以上の予備的考察によって地ならしを終えたいま、グラネによって採取された事実の検討に移ることができる。我々が明らかにしようと思うのは、これらの事実は、グラネの論敵の幾人かがほのめかしたように、おそらく婚姻体系になんの影響も及ぼさないということ、影響を及ぼすにしても、別様に解釈されなくてはならないということ、これである。つまり、これらの事実は、同時期の中国に共存していた互いに異質な文化と互いに異質な婚姻規則に属すか、でなければ、グラネが提唱した歴史的場面の流れとは逆方向に順序づけられるかのいずれかである〔第20章参照〕。この二つの仮説のどちらが既知の事実によりよく適合するかは、中国学者の判断に任せたい。もっぱら我々の研究の視点から見るかぎり、どちらの仮説も同じ帰結に行き着く。すなわち、全面交換にもとづく婚姻規則は中国の歴史のある時点で、あるいは中国の少なくともいくつかの地域で、南端と北端の同一の体系、カチン型体系とギリヤーク型体系を架橋したにちがいないとの帰結である。

＊＊＊＊

グラネの議論立ては次のごとく要約される。祖先祭祀〔祖先供養〕の組織化と服喪等級 degrés de deuil の規制とをおもな出所とする、おびただしい事実の示唆するところ、古代中国人は親族を親等の系列のかたちではなく、カテゴリーの序列のかたちで捉えていた[17]。他方、内部の近親〔同一男系クランの全成員と当該クランに婚入した女たち〕と外部の近親〔当該クラン以外のさまざまなクランに属すすべての近親〕との根本的区別は、この二カテゴリーのあいだになんらかの同値関係の体系が成り立っていなくてはならないことを暗示する。言うところの同値関係の体系は二重の条件をみたすはずである。結婚する人は互いに異なる姓をもち、なおかつどちらも同じ世代に属すとの条件で、この場合にのみ体系は機能できる。それゆえ中国の家族法では語の本来の意味でのインセストより、二つの隣接世代の成員のあいだで結ばれる婚姻のほうがはるかに忌み嫌われる(18)。ところで、「斜行 obliquité〔隣接世代婚〕や規準逸脱 désaxement を端的に避けるには、男系でないイトコ同士のあいだでつねに婚姻がおこなわれれば十分だろう(19)」。現代中国の民法においてさえ第九八三条は、「条文の配置に細工を施すことによってまったく暗黙裡に(20)」ではあるが、交叉イトコ婚に通常伴うソロレート婚とレヴィレート婚、さらに（姻族にせよ、血族にせよ）男系以外のイトコ同士――したがってそこには交叉イトコも含まれる――の婚姻に合法性を与えるはずである。

交叉イトコ婚と隣接世代間の対立とに基礎を置くこのような体系は、互隔世代原理にもとづいて簡単に解釈できる。双方出自（地名は母の系に沿って、姓は父の系に沿って、あるいはまたこれと逆のかたちで譲渡されていく）を実施する集団では、どの個体の戸籍も父の地名を母の姓に、または母の地名を父の姓に組み合わせた二名 binôme によって表され、両親の二名はその子供の子供の代になってはじめて復活する。ゆえに子供の二名は両親の二名に対立するが、孫の二名は祖父母の二名を再現する。

オーストラリア諸体系の理論全体は互隔世代概念を繰り込むことによって天啓を与えられ(21)、また世界のほかの多くの地域でも、互隔世代の類例が採録・蓄積されてきた(22)。参考文献を挙げることにグラネはほとんど無頓着であるので、彼がこうした類例を知っていたのか、それとも中国の文献だけにもとづいて、新たな理論的意味を独自に見出したのかわからない。いずれにせよ、彼は太古の中国に互隔世代体系が存在したとする前提を、二つの議論に依拠して立てる。第一の論拠は、祖廟でつねに父と息子が別々のカテゴリーのなかに、祖父と孫息子が同じカテゴリーのなかに現れることを意味する昭穆《しょうぼく》配列(*) ordre *tchao mou*(23)で、この配列には我々ものちに立ち返る。第二の論拠は、名が母によって、姓が父によって与えられるとする古代の伝承である(24)。この伝承はより後代の習わし、同じ家族の成員を各人の世代と相対的年齢とに従って個別化する輩分字(**) *pei fen tseu* によっても裏づけを与えられる。

（＊）昭穆は廟の順序をさす名。中央に位置する太祖の廟のその左側の南に配された二世、四世、六世の廟を「昭」、右側の南に配された三世、五世の廟を「穆」と言う。

（＊＊）一族の同世代成員に共通につけるために、五行思想などにもとづき、詩文形式であらかじめ決められている字。この字によって名前から世代の上下がわかる。

かくして次のような仮説に行き着く。漢型古代体系は、世代同等原理に従って娘交換をなす二つの外婚集団の、互酬的縁組にもとづいていた可能性がある。すなわち、上位世代（両親の世代）の二クラスと下位世代（子供の世代）の二クラスがそれぞれ対を組んで相互婚をなす、四婚姻クラス体系である。明らかにこのような体系の基盤は双方交叉従姉妹との婚姻にあると言っていい。より正確には、この体系から生ずる交叉イトコはすべて双方交叉イトコである、と。そこでこのような体系が現実に存在したことの証左を見出すために、グラネは親族分類法へと目を転ずる。名称 *kou*〔姑——以下、中国語の親族名称のアルファベット転記に対応する漢字に（意味に、ではなく）「・」を傍点として振り、〔 〕でくくって示す〕は「義母」「父の姉妹」を、名称 *kieou*〔舅〕は「義父」「母の兄弟」をともに意味する[25]。ところが「男も女も〈父〉（*fou*〔父〕）の〈兄弟〉を〈父〉と、〈母〉（*mou*〔母〕）の〈姉妹〉を〈母〉と同一視する[26]」。下位世代でもこれと同じ二分法が反復されるから、主体の上位世代の成員をさすにも下位世代の成員をさすにも必要とされるのは、たった四つの名称だけである。「というわけで、『〈父〉』と『〈母〉』が夫と妻である以上、『〈オジ〉』と『〈オバ〉』もまた夫と妻であると思われる。（略）このような親族分類法は、二つの外婚セクションに二分された内婚共同体のために考え出されたように見える[27]」。名称 *kou* および *kieou* が二重の意味をもつのに対応するかたちで、名称 *cheng*〔甥〕も二重の意味をもつ。「男は『〈姉妹〉の〈息子〉』『〈娘〉の〈夫〉』をともに《*cheng*》と呼ぶ。名称《*tche*》〔姪〕だけは『〈姪〉』の意味しかもたないが、この例外は一夫多妻婚制度の発展によって説明されるように見える[28]」。グラネがここで暗に言及しているのは姉妹とその姪を同時にめとる習俗で、この点には我々ものちに立ち返る。

名称体系にもとづくこの推論は多大の価値をもつ。だが一方で、双方交叉イトコ婚を伴う互隔世代体系は考えられうるかぎりもっとも単純な体系であると、他方で、オーストラリア的相を備えた体系は中国社会の揺籃期にしか属しえないと、グラネは固く信じ込んでいた。それゆえ、この体系は言語や制度のなかに垣間見られるほかのいかなる形式にも先行する、との言明に彼は行き着き、起源の定式に収まらないすべての事実を、やむなく後代の進化の証跡として扱わざるをえなくなったのである。なぜに歴史的進化なのか。どうして地域や社会層ごとに異質である諸形式が同時期に共存したと、単純に考えていけないのか。この問いは本書の研究領野をはるかに超えて我々を遠くまで運んでいってしまうだろう。グラネは本来の中国人〔漢民族〕とそれ以外の蛮族が歴史的に同居していた点につねに明敏な注意を向けていた。他方、彼の仕事全体は農民の風習と封建的制度との対立、『婚姻カテゴリー』〔『古代中国における婚姻カテゴリーと近親関係』〕での彼の言葉を借りるなら、習俗と儀礼の対立を、少なくとも部分的に明らかにする目的をもって構想されていた。『古代中国の舞踏と伝承』〔『中国古代の舞踏と伝説』明神洋訳、せりか書房、一九九七年〕の序論には、この対立の意味について躊躇している様子がうかがわれる。それは二つの文化の敵対関係を意味するのか、同じ発展の異なる段階を意味するのか。いずれの仮説もが等しく「観念先行的 idéologique」であることを彼はまだ自覚してはいるが[31]、しかし彼の踏み込もうとしている方向はすでに見えている。「〔文献の不備にもかかわらず、しかるべき外挿法を援用すれば〔「外挿法」はここでは不十分な資料をもとに演繹によって近似的一般化を施すといったほどの意味だろう〕〕中国の諸制度の進化の歴史を書く手段のあることは感じ取ってもらえた（略）と思う。（略）全体に及ぶ交互給付の体系、社会生活の一般的仕組みを保証してくれる体系をクランにもとづく組織化によって実地に移したのち――ポトラッチ体制を通過し、首長制をつくりだしたのち――中国は典礼にのっとった交換を原理に置く封建体系を築き上げるにいたった。（略）そうした過程と歩調を同じくして、父の権威と個体間の親族関係とが家族の内部に出現した[32]」。異論の余地なく『婚姻カテゴリー』はあの進化論的情熱――この情熱ゆえにフランス社会学派は敬意を払われている（残念なことに、おそらくその敬意に値しもする）――の極致を体現しているのである。

＊＊＊＊

「中国の儀礼と法は、すべての同系結合〔内婚 union endogame〕または斜行結合〔隣接世代婚 union oblique〕を禁忌にするとのかたちでのみ、婚姻上の選択を制限するにすぎない。（略）相対的に自由なこの体制と、四つのカテゴリーへの分割が課す厳格な予定配偶体制とのあいだで、なんらかの過渡的体制が〔婚姻をめぐる〕ある程度の折衝の余地を開いたように見える」[33]。したがって、なんらかの歴史的進化を確認することより、なんらかの論理的必然性を認知することにグラネの出発点はある。厳格に決定された体制――これを彼は古代段階を体現する体制として前提する――と近代的自由とのあいだに、少なくともなんらかの過渡的形式が存在しなくてはならなかったのであり、この過渡的形式を彼は再構成しようとする。いったん、この点に立ち止まってみよう。いわゆる四クラス体系なるものは中国のどこでも検証されていない（古い文献と現代の観察記録が示唆する事態の推移に照らせば、中国のある時期に、またはいくつかの地域であたかもそのような体系が実施されていたかのように、あるいはいまでも実施されているかのように見える確率は高いにもかかわらず）。とはいえ、この体系の現実性が一個の仮説にすぎなくとも、その仮説〔四クラス体系〕の内的論理が強要してくる第二の仮説〔八クラス体系〕、第一の仮説よりもはるかに脆弱な客観的基盤しかもたぬ仮説をグラネのように認めるなら、一つの建物が築かれる。ある種の論理主義的な美意識から見て、なるほどそれは魅力的な建物ではあれ、歴史的な批判はこの建物の設計図を是認できない。じつに構築物の全重量を支えることになるのは、結局、頼りない仮説のほうであるので。再びグラネの用語の一つを借りるなら、彼の従う方法は本質的に「観念先行的」であり、あちこちに立ち現れる事実――ないしは事実の萌芽――のしかるべき信憑性を丸ごと退けないでおこうとすれば、彼の方法の引き起こす不全感と戦わずにすまない気分を絶えず味わうことになる。ここで言う事実とは何か。グラネのしばしば曖昧な論述をできるかぎり詳しく追ってみることにしよう。

　四クラス体系（これ自体一つの仮説である）が八クラス体系に二等分されるとの仮説を最初に示唆するのは、昭穆配列が貴族層のもとでとる形式である。隣接世代同士が対立するだけでなく、一つの下位区分が祖父と孫息子のあいだに現れて、祖先祭祀を曾祖父にまで遡及させもする。ところで、「『〈孫息子〉』が『〈祖父〉』から区別されなくてならず、また〈曾祖父〉が〈祖父〉と混同されてならず、さらに〈生者〉の四世代が全体として**一つの**祭祀団体をなして〈祖先〉の四世代に対立するというこれらのことの理由は、なんらかの二分の結果としてカテゴリーの数が倍増せざるをえなかったせいではなかろうか[34]」。この仮説が容認できるものであるには、言うまでもなく、それが確認ずみの名称体系に影響を与えてならない。名称 *kieou*〔舅〕、*cheng*〔甥〕、*kou*〔姑〕の二重の意味と、名称 *tche*〔姪〕の意味を思い出してもらいたい。ただしこれらの名称についての分析を、追加的な情報によって補う必要がある。指称語として使われるとき、*kieou* と *cheng* は（相互名称であるので）もっぱら男たちのあいだでしか、また *kou* と *tche* も、指称語として使われるときは同じ理由からもっぱら女たちのあいだでしか用いられない。ゆえに、女が父の姉妹の息子と、男が母の兄弟の娘と結婚しつづけるなら、名称体系は排他的双方交叉イトコ婚体系、すなわち、交叉イトコを母方・父方の二つの型へ二分する体系に一致する。かくしてグラネは自分の仮説を次のように定式化することができる。「男は（父方の）『〈オバ〉』の〈娘〉との結婚をやめたが（略）しかし（母方の）『〈オジ〉』の〈娘〉の予定配偶者ではありつづけたということを受け入れさえすれば（略）祖廟規則と『昭穆配列』規則は一つの説明を受け取り、隅々まで明らかになるのではないか、それだけがそれらの規則を明らかにしうる唯一の説明ではないのか[35]」

『婚姻カテゴリー』の一八七〜二〇〇ページは婚姻交換の基本形式（限定交換と全面交換）をめぐる、現在文献に見出される珍しい理論的分析の一つで、そのすばらしさには二点しか保留がつかない。まず、用いられる記号表記のあまりの複雑さが論証過程を見えにくくしている。次に、これはとくに言っておかなくてならないが、限定交換と全面交換は同一プロセスの異なる二段階でなくて、二つの基本様態であることが、進化論のもたらす歪

図57　グラネによる漢型体系

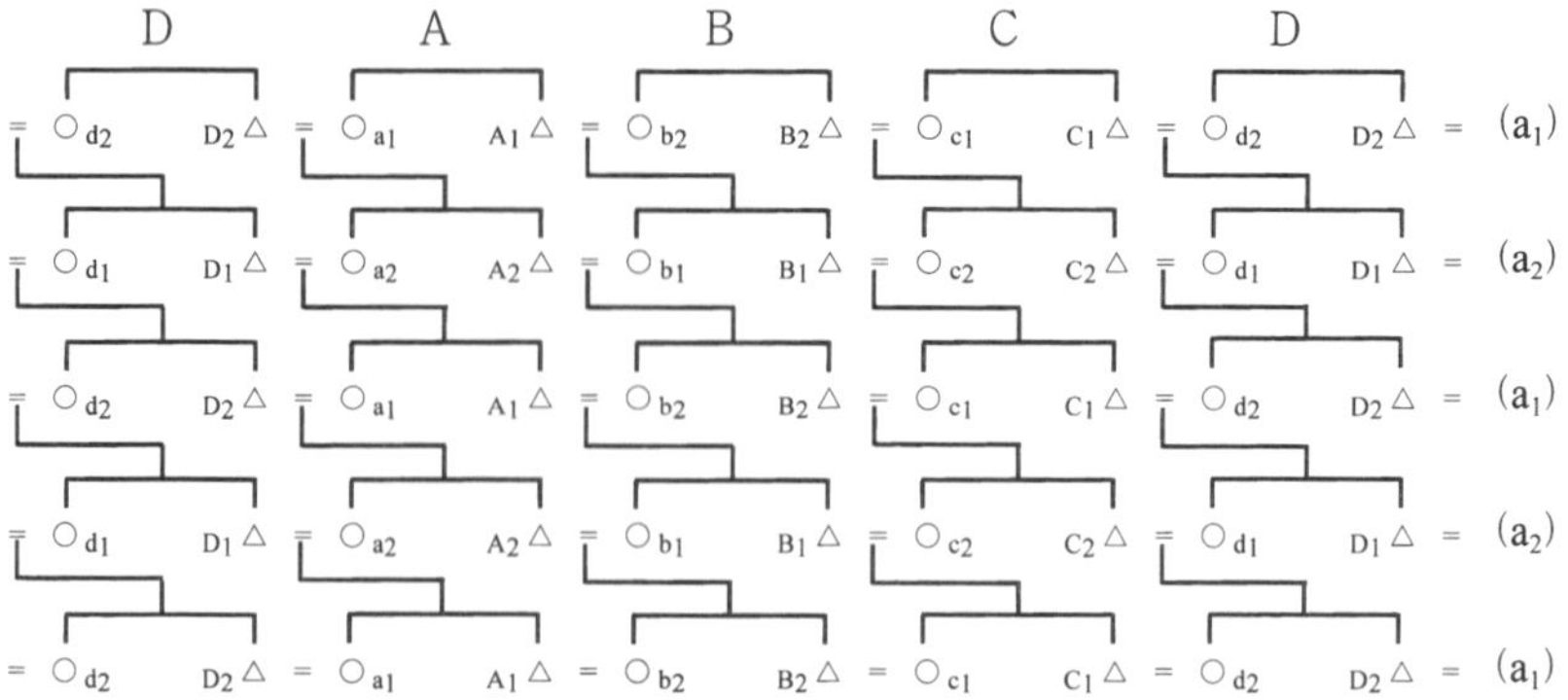

みのせいでグラネには見えていない。彼の目に全面交換はさらなる複雑化に向かう限定交換として映っているのである。限定交換のすでにして複雑すぎるほどの定式（四クラス体系）を採用することから始めたため、いちだんと複雑な八クラス体系のかたちで全面交換定式を組み立てることしか彼にはできない。ここには一つの根本的な錯誤がある。限定交換から全面交換へ移るとき、交換物の本性や数量がでなく、たんに交換様式が変化するにすぎないのである。言い換えれば、全面交換を説明するのに八クラス体系を考える必要はない。外婚半族へと組織化されている共同体においてさえ、ローテーションを組む四つのクラスが配置されていれば十分なのである。この問題の理論的側面は本書第13章で全面的に検討されたので、読者にはその章を参照してもらいたい。さてしかし、グラネは八クラス体系のほうへ導かれていってしまった。貴族廟では祖先がどうしても四世代必要になるからで、この点は、第五世代になれば新しいリネージを創始できるとする中国の伝承によっても裏づけを得る。結局のところ、グラネは過渡的体系の仮説に行き着く。母の兄弟の娘との婚姻を伴い、各共同体が四つの母系地縁集団と二つの父系半族――いずれの地縁集団・半族も外婚をとる――に分割されることを特徴とする体系である（図57）。

　このような体系では、見られるとおり、どの父系も必然的にモデルD_2-A_2-B_2-C_2-D_2に一致するから、子孫は男性の系においてもっぱら五世代ごとに祖先を反復する。もとは母系であった（あるいは少なくとも両系であった）体系を、父系に引きつけて解釈していこうとする傾向を帯びた階級である貴族の廟で、昭穆配列が（父と息子の対立を保ったまま）曾祖父まで拡張される理由はここにあると言っていい。同時に漢型親族分類法のほかの特徴についても理解が得られる。いま描き出してみた体系では、それぞれのリネージが二つの型の姻族を有する。一方は当該リネージが嫁を受け取る姻族、他方は当該リネージに嫁を与える姻族である。「中国人は姻族を言い表すのに、まさに二つ語の合成からなる表現 *houen yin*〔婚姻〕を用いる。第一の語（*houen*）がさす人々から妻が取られ、第二の語（*yin*）がさす人々に嫁が供給されてきた」(36)。たとえば先に挙げた図では、リネージAにとってリネージDが *yin* で、リネージBが *houen* である。一般化して言えば、任意のリネージにとって *yin* は左側に、*houen* は右側にいる。確かに――またグラネもすぐさま指摘するように――*houen yin* なる表現は「（原則として定められた）縁組関係が永続するということも、二つの姻族しか、つまり〔妻の〕与え手と取り手しか存在しないということも含意しない」。しかし「年少者」・「年長者」の区別を別にすれば、男たちは *kieou*〔舅〕（母方オジ、義父）と *cheng*〔甥〕（姉妹の息子、娘婿）とに区別されるだけである。それどころかどの男も自分の母方オジだけでなく、自分の妻の兄弟をもやはり *kieou* と呼ぶ。妻の兄弟はやがて当の男に嫁を与えてくれるか（これは貴族の習わしである）、この男の息子に嫁を与えてくれる。「これら『〈妻〉の〈兄弟〉』はあらかじめ『〈花嫁〉の〈父〉』として扱われている」のである。同じく名称 *cheng* も甥・娘婿と姉妹の夫とにあてられ、私の姉妹の夫は、過去にさかのぼって私の父の娘婿として扱われている。したがって名称体系は、*houen* と *yin* の二つの世系 dynastie の存在することを証示しているように思われる。「*kieou* と *cheng* は四カテゴリー体系では姻族の二つの**世代**をさし、八つのカテゴリーと一方通行的縁組がある場合は、姻族の二つの**種類**をさす」。同じ意味で女もまた、*kou*〔姑〕という一つの名称によって父の姉妹と夫の姉妹とを同一視する(37)。

以上がグラネの議論構成であるが、この議論構成のもつ方法論的価値を測り取れるようにするには、いささか長すぎる引用によって補足しておかなければならない。「往復的縁組体制 régime d'alliances *redoublées* に続いて、一方通行的縁組体制 régime d'alliances *à sens unique* が出現した。一方通行的縁組体制は外婚と世代平行〔同世代婚〉の二重規則によって相変わらず律せられてはいるが、この体制に伴って共同体の成員は八つのカテゴリーに区分され、二つのセクションのそれぞれに属す四つのカテゴリーが二つの組 couple をなすように配分される。しかるべく考えるなら、どのカテゴリーに帰属するかは〈母〉を参照することによって決定されていたはずである。しかし（この些末事 détail を規制していた約定がいかなるものであったにせよ）、四組のカテゴリーの存在することは（単一のあるいは複合的な）四団体への振り分けを意味する。これら団体は並べ方次第で（四つの女の世系ばかりでなく、まったく同じように）四つの男の世系を構成しうる。その一方で婚姻給付にかかわるゲームの規則が娘たちの婚出を命じていた。ゆえに八カテゴリーへの区分は次のようなかたちで現れた。共同体がまずテリトリーから見て**四集団**（二つずつ二組の外婚セクションに振り分けられる）に分割され、それら集団の男性成員が〈父〉から〈息子〉に向かう世系を、彼らの〈妻〉——互いに〈息子の嫁〉と〈義母〉の関係にある女たち——が『〈オバ〉』（〈父〉の〈姉妹〉）から『〈姪〉』（〈兄弟〉の〈娘〉）に向かう世系をそれぞれかたちづくる。したがって、女系関係の視点から定式化されているように見える約定が婚姻を命じていても、その婚姻によって同じテリトリーでの生活をともにすべく運命づけられる人々の、その近親関係は、『女』と『男』どちらの側からも男系定式によって定義することができる[38]。男系的諸制度の発展していく出発点はこの過渡的体制にあった。〈家父長〉の織り成す男の世系が（縁組関係不変の原則を攻撃して）『〈家母長〉』の織り成す女の世系の統一性を首尾よく壊すことができたとき——というのも〈家母長〉同士を最初に結びつけていた絆は、〈家父長〉たちの絆同様、男系の視点からも定式化することが可能だったので——、あれらの制度ははじめてほんとうの意味で男系となりえたのである。しかし、八カテゴリーへの分割として現れる組織化は、（四カテゴリーへの分割として表現される組織化と同じく）それだけではいかにしても男系（または女系）出自を優位に立たせることはない[39]」

　この文章はいくつかの点で人を驚かせる。まず確認されることは、構成されるが早いか八カテゴリー体系が四カテゴリー体系へ分解するかに見えるということである。すでに示唆しておいたとおり[40]、四クラス体系では、先延べ交換体制に伴うと恣意的に見なされている複合度の差に代わって、なんらかの糾合度〔社会的凝集〕の差が現れるのであって、グラネがここでも相変わらず主張しているのと違い[41]、斜合度の差が複合度の差に余分に付け加わるのではない。次に、原初的現象でないとしてグラネによって痛烈に批判された単方出自概念がいわばことごとくリアリティを奪われ、結局、事後的に時間をさかのぼることによって――捏造されるとは言わないまでも――適用される約定のごとき役割を果たすにすぎなくされてしまう。この後者の点からまず検討してみよう。

婚姻規則は単方出自概念に依拠していず、この概念の成立に論理的に、またおそらく歴史的にも先行すると明らかにしたことは、親族の一般理論に対するグラネの本質的貢献である。婚姻給付が集団のあいだを規則的に循環していくこと、これが根本原理であるというわけだ。たいへん結構。しかし集団とそれらを一つに結びつける関係とを定義しようとすれば、集団を構成する個体の変動をとおして変わらない集団の恒常性と実質的同一性を保証するために、どうしても集団の成員を彼らの帰属にもとづいて定義せざるをえなくなる。出自様式を、無差別、単方（この場合、父系出自か母系出自のどちらかになる）、双方（つまりどの個体の諸属性も父系出自と母系出自の両方を参照することによって定義される）のどれになるにせよ、ともかく決定しなくてはならないのである。出自が派生概念であることはまことにそのとおりだが、しかし編み出された瞬間からこの概念は意味をもつようになり[42]、なおかつそれは編み出されずにすまない（それが編み出されなければ、婚姻交換の均衡が保てないだろうから）。そして所定の集団ごとに、それは特定の型に合わせて編み出されるのであり、この瞬間から出自の型もまた出自の概念に劣らない現実的意味をもちはじめるのである。

それゆえ、四クラス体系の起源は出自が単方的に捉えられることにでなく、集団間でなされる給付と反対給付の体系が構造的諸要請を及ぼすことにあると、たとえグラネと一緒になって認めても、四クラス体系をつくりあげるには、父系・母系の両次二分法――居住の二分法と名前の二分法――にやはり訴えざるをえないのである。この点はカチン型体系を例に第11章で展開しておいたとおりである。中国という個別ケースでも、グラネ自身が何度となく強調したように、居住が母の系に沿って譲渡される可能性は高く（夫‐娘婿、地所祭祀など）、それは彼も言うとおり *sing*〔姓〕、つまりクラン名が父系に沿って譲渡されることを暗に意味する。

図 58　グラネの仮説の別の側面

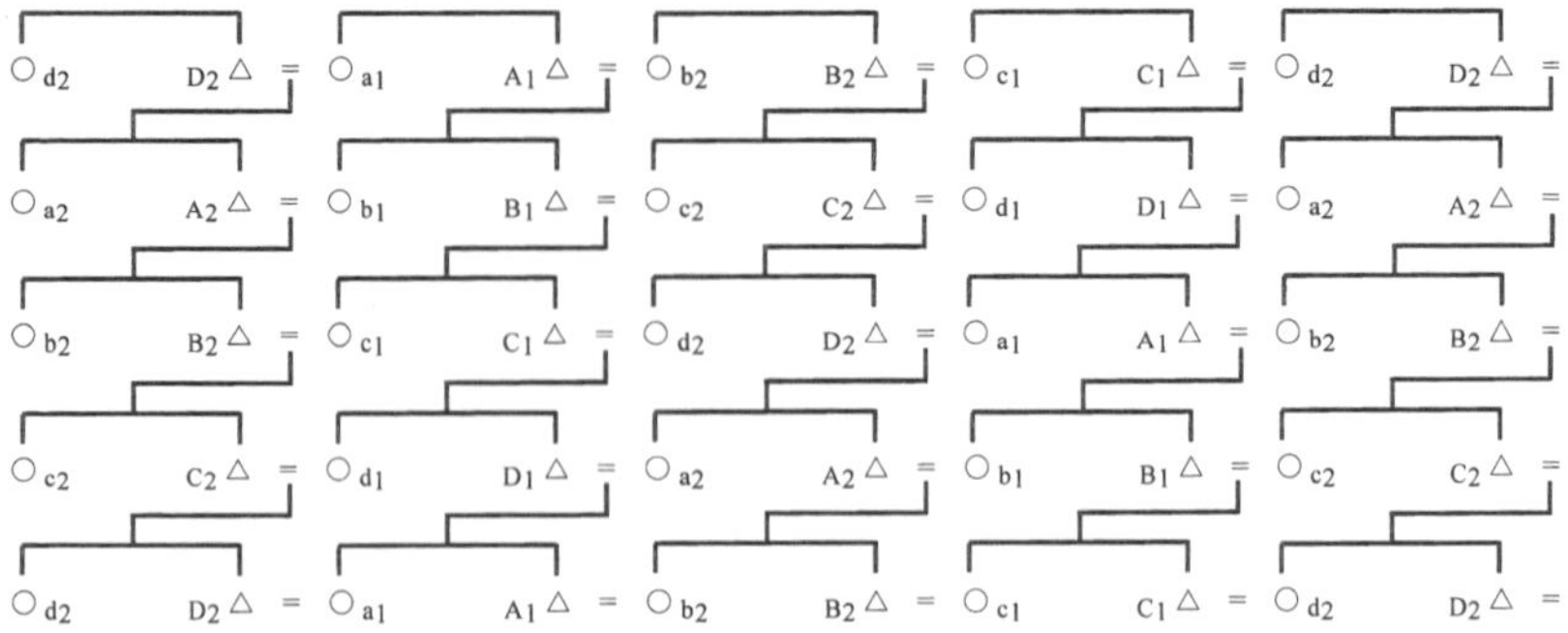

言い換えれば、グラネが中国古代に関して再構成しようとする四クラス体系は形式的にはカリエラ型（四クラスを伴う非調和体制）であっても、内実から見ればその反対物なのである（母方居住集団と父系半族を有するのだから）。四クラス体系はいったん前提とされれば、それを機に既定事実となり、以後、あらゆる変換をとおして客観的に存続していくはずである。約定と言いたければ言ってもかまわないが、しかしこの約定は、定められた瞬間から社会集団の構造のなかに基礎をもつゆえに、「些末事」[43]（前出の引用、本書五三二ページ参照）などと見なすわけにいかない。

　以上のことを勘案するなら、グラネの主張する八クラス体系のその起源には、二つの母方居住集団と二つの父系半族とからなる体系が見出されると言っていい。ではいったい四クラス体系から八クラス体系への変換はいかにしておこなわれるか。必要なのは[44]、四つの母方居住集団（グラネの言う「カテゴリー」）と二つの父系半族（グラネの言う「組」）（前出の引用、本書五三一ページ参照）を援用することである。変換は実際に四クラスから八クラスへというかたちで起きたか、まったく起きなかったかのどちらかである。しかしグラネが試みているように、約定は変更可能だとする口実のもとに四つの母方居住集団を四つの父方居住集団に変換することは、観念的操作を歴史的進化と混同することに等しい。歴史的進化の諸段階は、客観的に与えられる初期状態によって厳しく条件づけられているのだから。問題となっている変化はおそらく考えられないことではないが、しかしそれが考えられうるのはただ、調和体制（父系地縁集団と父系半族）を先行する非調和体制に取って代えていく変革の最終段階としてのみである。理論的に考えるかぎり、このような変革は生起しえただろう。しかしこのような変革は、四クラスを有する限定交換体系から、やはり四クラスを有する全面交換体系への移行によってしか引き起こされなかったと言っていい。だから同時に八クラスの仮説も崩れ去るだろう。実際、この仮説は、進化が〔クラスの〕置換によってでなく、〔クラスの〕創出によってなされるとする仮説と連動している。

図57に示されている八クラス体系を、男系親族の世系から見たかたちへ翻訳してみよう（図58）。新たに描かれる図式はまったく無意味であるか（リネージが半族に関して以外もはや客観的に区別されなくなるので）、でなければ、結局、こう言っているのである。四クラスA、B、C、Dが与えられているのだから、クラスAの男はクラスBの女と結婚し、クラスBの男はクラスCの女と結婚し、以下同様になる、と。八クラスは想定された途端に消え、それとともに四クラス体系から八クラス体系への論理的移行の可能性もまた消える。

かくしてグラネの議論構成の全体は、古代中国に二つの型の婚姻、双方交叉従姉妹との婚姻と母方交叉従姉妹との婚姻のあったことを親族分類法から推理して、後者の婚姻に対する前者の婚姻の歴史的先行性を主張することに帰着する。そのあいだ、客観的基盤を欠く観念的構築作業による以外、双方交叉従姉妹との婚姻から母方交叉従姉妹との婚姻への移行はまったく論証されない。このように厚みと射程を切り詰められてしまった仮説をどう考えたらいいのか、いまからこの点を検討してみなくてはならない。

注

（1）A. R. Radcliffe-Brown, On the Concept of Function in Social Science. *American Anthropologist*, vol. 37, 1935, p. 394. — A. P. Elkin, Compte rendu de W. Lloyd Warner, A Black Civilization, in *Oceania*, vol. 1, 1937-1938, p. 119.

（2）Granet, *op. cit.*

（3）M. Granet, *op. cit.*, p. 2.
（4）Granet, *La civilisation chinoise*. Paris, 1929.
（5）第8章参照。
（6）*Catégories*, p. 105.
（7）F. E. Williams, *Papuans of the Trans-Fly*. Oxford, 1936, p. 167-170. — R. F. Fortune, art. Incest, in *The Encyclopaedia of the Social Sciences*. New York, 1935, p. 620-622.
（8）*Catégories*, p. 2.
（9）［今日では疑問の余地はないと私には思われるが、グラネは、その名を引いてこそいないけれどもファン＝ヴァウデンの影響を受けた。しかしそれを差し引いても、グラネが社会学者からの称賛を受ける理由はたくさんあり、本文のこの箇所を訂正する必要はまったくない。逆に本書の執筆時に私自身はF・A・E・ファン＝ヴァウデンの著書（F. A. E. van Wouden, *Social structuurtypen in de Groote Oost*, Leiden, 1935）を知らなかった。これは本書の多々抱える遺漏のなかでも些細と言えない遺漏である。］
（10）Granet, *op. cit.*, p. 159.
（11）p. 166. この引用でも以下に出てくる引用でも、グラネのまったく「マラルメ的」な活字組みを尊重した〔マラルメは十九世紀フランスの象徴派詩人。その詩集『賽の一擲、偶然を排せず』は特異な実験的活字組みによってなる。訳文では、グラネからの引用文中、たとえば SECTIONS のようにすべて大文字で組まれている語はゴシック体にし、Mère のように頭文字が大文字の語は〈 〉でくくった〕。
（12）第11章参照。
（13）Granet, *Catégories*, p. 169.
（14）*Id.*, p. 169-171.
（15）p. 166-168.
（16）次章参照。
（17）Granet, *Catégories*, p. 22.

(18) p. 34-49.
(19) p. 37.
(20) p. 14.
(21) 第11章参照。
(22) 第8章参照。
(23) Granet, *Catégories*, p. 3-6.
(24) *Id.*, p. 83-102.
(25) p. 43.
(26) p. 165.
(27) *Id.*, p. 165.
(28) p. 166.
(29) *Fêtes et chansons anciennes de la Chine*. Paris, 1919.
(30) *Danses et légendes de la Chine ancienne*, 2 vol. Paris, 1926.
(31) Vol. I, p. 23.
(32) *Id.*, p. 58-59.
(33) *Catégories*, p. 187.
(34) *Catégories*, p. 184.
(35) p. 186.
(36) *Catégories*, p. 210.
(37) *Id.*, p. 211.
(38) この困難に言及したのはグラネがはじめてではない。「定式は母の系の側にあるすべての絆を無視する。母方オジの娘は自分の父の外婚セクションに属し、ゆえに彼女は自分の父の姉妹が嫁いだ先のセクションの男、つまり自分の父の姉妹の息子にとっての可能配偶者になる。このような解釈が出てくるもとは、女がその夫の外婚セクションと完全に同一視されるからである。個人をとおして *per capita* 親族関係をたどる場合でも、リネージをとおして *per stirpes* 親族関係をたどる場合でも、個人とリネージの二つの方法を同時に用いる以外、たどることはできない」(Hodson, *Notes on the Marriage..., op. cit.,* p. 174)。しかし、全面交換体制では女と彼女のリネージとのあいだの法的・社会的・心理的絆が廃棄されるとの考えは、誤りもいいところである（第18章、本書五一八ページ以下参照)。

(39) *Catégories,* p. 214-215.

(40) 第13章参照。

(41) *Catégories,* p. 215.

(42) 第8章参照。

(43) Granet, *loc. cit.*

(44) 第11章参照。

第20章　昭穆配列

いまからなす漢型親族体系の分析では、おもにフェン・ハンイ〔馮漢驥〕の仕事を参照し[1]、アルファベット転記法もまた彼に倣う。

いくつかの語や、また談話での使用に結びついたいくつかの語法（フェンの言う「指示修飾語 referential modifier」と「〔格変化のない言語における〕呼びかけ語 vocative」）を除けば、漢型体系は二つの型の語を援用すると言える。基本名称（「核名称 nuclear term」）と限定辞（「基礎修飾語 basic modifier」）である。

前章で見たようにグラネは基本名称を、四つの対をなす八つの名称に帰着させようとする。すなわち、父・母が息子・娘に、母の兄弟・父の姉妹が姉妹の息子・兄弟の娘に対立する。同じく基本名称ではあるが論証には直接必要とされない名称を、彼はこのリストに付け加える。主体の世代〔に属す人々〕を年長者・年少者に区分する名称である。クローバー[2]は同じテーマをめぐるチェン〔陳〕とシュリョックの研究[3]を注釈し、二十二ないし二十五の名称を基本名称と見なして取り出す。フェンは次のとおり二十三の基本名称を挙げる。

tsu〔祖•〕　父の父。尊属。
sun〔孫•〕　息子の息子。卑属。
fu〔父•〕　父。主体よりも上の世代の男。
tzŭ〔子•〕　息子。主体よりも下の世代の男。

mu〔母•〕　母。主体よりも上の世代の女。
nü〔女•〕　娘。主体よりも下の世代の女。
hsiung〔兄•〕　兄。主体と同じ世代の年長の男。
ti〔弟•〕　弟。主体と同じ世代の年少の男。
tzŭ〔姉•〕　姉。主体と同じ世代の年長の女（≠*tzŭ*〔子•〕＝息子）。
mei〔妹•〕　妹。主体と同じ世代の年少の女。
po〔伯•〕　父の兄。兄。夫の兄。
shu〔叔•〕　父の弟。弟。夫の弟。
chih〔姪•〕　兄弟の息子。男性傍系親族の卑属。
shêng〔甥•〕　姉妹の息子。女性傍系親族の卑属。
ku〔姑•〕　父の姉妹とそれに準ずる女たち。夫の姉妹。
chiu〔舅•〕　母の兄弟とそれに準ずる男たち。妻の兄弟。
i〔姨•〕　母の姉妹とそれに準ずる女たち。妻の姉妹とそれに準ずる女。
yo〔岳•〕　妻の両親とそれに準ずる男女（クローバーのリストには挙げられていない名称。これを彼は限定辞として扱う）。

hsü〔壻•〕　娘の夫。夫。
fu〔夫•〕　私の夫。夫。
ch'i〔妻•〕　私の妻。妻。
sao〔嫂•〕　兄の妻とそれに準ずる女たち。
fu〔婦•〕　息子の妻。妻。

すべての著者が一致して認めるように、これら基本名称には古代体系のさまざまな名残が見られるが、それは世界中の未開民族のもとで頻繁に出会う型の体系で、いくつかの区別を特徴とする。同一世代における年長者・年少者の区別（この区別は主体の世代に関してのみ残っているにすぎない）、直系・傍系の区別、傍系内における母方親族・父方親族の区別のほか、さらに名称に表された絆がある親族を介して成立するとき、この親族の性別が考慮に入れられる。(4) 前章で指摘したとおり、古代に交叉イトコ婚のおこなわれていた確率のきわめて高いことを、この親族分類法は示唆する。

この原初の親族分類法を放棄ないし変形せずに保存して、それを限定辞の導入によって形成されたいちだんと精緻で複雑な体系に統合したことに、漢型体系の独自性はある。クローバーが取り出した十七個の限定辞はフェンの手で十個にまとめられている。

kao〔高〕　高い、敬われた（三代上の世代を形容）。
tsêng〔曾〕　付け加えられた、増加した（二代上と二代下の世代）。
hsüan〔玄〕　遠い（三代下の世代）。
t'ang〔堂〕　玄関（父の系の傍系親族）。
ts'ung〔従〕　次の（*t'ang* と同義だが、より一般的でより古い）。
tsai- ts'ung〔再従〕　次の次の（傍系第三リネージ）。
tsu〔族〕　クラン、部族（傍系第四リネージ、およびそれ以降のリネージ）。
piao〔表〕　外に、外部の（父の姉妹、母の兄弟、母の姉妹それぞれの子孫）。
nei〔内〕　内に、内部の。妻（妻の兄弟と妻の兄弟の父方従兄弟それぞれの子孫）。
wai〔外〕　外に（母の両親と娘の子供とのあいだで使われる相互形容語）。

基本名称と限定辞さえあれば、それらを合成して、望みうるかぎり正確かつ明確にいかなる親等をも定義できる。両親と子供、夫と妻に言及して性別の指示に使用されるもの（*fu* 父、*mu*〔母〕、*tzŭ*〔子〕、*nü*〔女〕。*fu* 夫、*fu* 婦、*hsi*〔媳〕、*hsü*〔壻〕）を除いた基本名称が、基礎構造〔合成の基礎〕を提供する。[5] この基本名称に傍系と出自 descendance を示す限定辞が接頭辞として、性別を示す限定辞が接尾辞として付加される。基本名称はまず世代を、次に出自 descendance を基準にして選択される。

「父の父の姉妹の息子の娘の息子」をさす語のつくられ方を、フェンは例示する。出自 descendance が女系〔父の父の姉妹〕から男系〔その息子〕に変わり、その後、再び女系〔その娘〕へ戻る難しい例である。世代の観点から眺めれば、この語のさす個体は息子の世代に属す。したがって、基本名称になりうるのは *chih*〔姪〕か *wai shêng*〔外甥〕以外にない。しかし、主体に対するもっとも近縁の関係は同世代の女〔「父の父の姉妹の息子の娘」〕を介して成り立っているから、*chih* は除外しなくてならず、唯一可能な名称として *wai shêng* が残る。他方、*wai shêng* として表現される関係はクランにもとづいていないが、血縁関係であり、また出自 descendance は父の父の姉妹からたどられ、父の父の姉妹は父の姉妹と同等視できる。ゆえに二つの限定辞 *ku*〔姑〕と *piao*〔表〕を付加しなくてならない。最後に外部の傍系第三リネージであることが限定辞 *t'ang*〔堂〕によって示され、最終的な名称 *t'ang ku piao wai shêng*〔堂姑表外甥〕が完成する。これが女性個体であるなら *nü*〔女〕が、婚姻によって縁戚となった女であるなら *nü* の代わりに *fu*〔婦〕が、婚姻によって縁戚となった男であるなら *fu*〔夫〕の代わりに *hsü*〔壻〕が付加されるだろう。[6] この原理の詳細な例解については、フェンとクローバーを参照してもらいたい。[7]

見られるとおり、伝統的類型論にもとづいて漢型体系を定義することは難しい。すでにモーガンも「マレー的」「トゥルキスタン的」と名づけた二形式のどちらに漢型体系を帰属させるべきかを考えあぐねていた。[8] クローバーの見解では、漢型体系は、「類別的」体系とその体系にあとから重ね合わされたと思われる「記述的」体系との組み合わせから生じる。最後にフェンであるが、彼は漢型体系の独自性を主張する。「漢型体系は、それ固有の形態学的原理とそれ固有の歴史的発展とに照らして理解されなくてならない」[9]。クローバーの言うように、漢型体系は基本名称に帰着するのだから、元来「類別的」な性格を有していたことはまず否定しようもないが、しかしやはりフェンとともに、現行体系にいたった進化の独自性が奈辺にあるかを問わなくてはならない。フェンがいみじくも言うとおり「漢型体系の建築学的構造は二つの原理に土台を置く。一つは直系・傍系の区別、もう一つは世代の成層化である。前者の分節化 segmentation の線は垂直に、後者の分節化の線は水平に延びる。この二つの原理の相互作用により、どの親族も体系全体の構造のなかに定位置を指定される」[10]。グラネもまったくと言っていいほど同じ言葉づかいでこう述べる。「いかなる近親も、当人が表のなかでどの位置を占めるかを示す（語または）語句、ごく頻繁には二名 binôme によって言い表される。二名は当該位置を決定する二つの座標軸を思わせる。すなわち世代（階、水平線）とリネージ（縦列、垂直線）である」[11]。グラネはこの記述――フェンの定式にきわめて正確に重なり合う――を、注目すべきことに、ゆえに我々ものちに立ち戻らなくてはならないわけだが、語の本来の意味での親族体系にでなくて服喪等級表にあてはめる。

漢型体系の豊かさと正確さをクローバーは延々と力説した。人間の想像力のつくりあげたもっとも完璧な体系として漢型体系を考えている、と言っていいほどに。チェンとシュリョックが二百七十個の名称を挙げていることと、これら名称のリストが同じ要素の別様の組み合わせによってさらにいちじるしく長大化しうることを指摘したのち、彼は付け加えて言う。「確かにこれらの名称すべてが常用されるわけでないにせよ、どの名称も難なく理解されるように思われる。漢型名称体系の道具立ては、考えうるかぎりのあらゆる親族関係のヴァリエーションを第七、第八親等にいたるまで明確に決定してくれるはずである、などと言えば言いすぎであろうけれども、しかしすべての可能なヴァリエーションのうち、漢型体系の定義できる部分がどのヨーロッパ体系に比べても大きいことはまちがいない」[12]。モーガンもまたこう指摘した。「血縁関係の自然的な区別を同一視しつつ、なおかつそれらの関係を互いに明晰かつ正確に区別するような分類原理を維持するという困難な課題を、漢型体系は首尾よく成し遂げたのである」[13]

事実、数学にも比肩する正確さで親族のいかなるあり方をも表現できる漢型体系は、多重決定された体系 système surdéterminé として現れ、クローバーがはっきり見たように、この点で漢型体系は、非決定への顕著な傾向を帯びたヨーロッパ諸体系に対置されるにふさわしい。「我々は、譬えて言えば、十より大きな数値について足し算や掛け算をする必要があるとき、数の体系にひどい不備のあるためにどうしても算盤《そろばん》に頼らざるをえない民族のようなものだ」。それに比べて漢型体系は「包摂的かつ正確」である。漢民族は「語彙豊富な体系を編み出し、我々の体系は故意に語彙を減らしてきたのである[14]」。漢型体系の本性と起源を解明しようとするとき、ここで言われている多重決定は注意深い検討に値する。

漢型体系のもつ合理的性格を証明する興味深い事実がある。あらゆる親族体系を一つの共通言語で表現しようとしてデイヴィスとウォーナーのつくりあげた汎用定式体系は、ほかでもない漢型体系を、あるいはその等価物を再現するものになった。きわだった類似点として、彼らの体系にも座標軸が二つあり、考察対象となる親族関係は、基本名称か限定辞を合成することによって——合成の数は理論的には無際限である——定義される[15]。別の機会に我々はこの巧妙な試みを批判した。というのも、それは哲学者が言うところの「推理する理性」と「推理された理性」を混同しているのである。言語の働きを完全にそのままのかたちで伝統文法に翻訳できないように、またアリストテレス論理学が思考の実際の動きを理解させてくれないように、ウォーナーとデイヴィスの概念的体系も親族関係の構造を我々に把握させてくれるようにはつくられていない[16]。とはいえ、アリストテレスや文法学者と同様、どのような民族も（むしろ有識エリート層と言ったほうが真実に近いだろう）新しい領域で、ある型のデータの分析的形式化を企ててきた。漢型体系の完成度と人工性それ自体が十分物語るように、この体系は自然発生的・無意識的進化の到達点でないし、またそうでありえもしない。公布された体系であることを体系そのものがいわば全身で主張している。それは制作された体系、しかもなんらかの意図に沿って制作された体系なのである。

＊＊＊＊

親族体系のもっとも豊富な情報を含むのが儀礼に関する書物 *Li*〔礼〕であることを、グラネとフェンは等しく明らかにした。「漢型親族体系の機能を研究するうえで、これら儀礼集は重要な原資料をなす。それらは親族関係の働きを記述しているのである。たとえば紀元前五世紀ごろの著作と目される『儀礼』と『礼記』は、服喪儀礼や祖先祭祀〔祖先供養〕を中心とする儀礼的諸側面にかかわってくる親族関係を詳細に *in extenso* 論じている。これ以降、儀礼に関するあらゆる著作で〔略〕親族関係が議論の基本テーマをなすようになる」[17]。つまり服喪体系と親族体系のあいだにはなにがしかの関係があるわけだ。服喪等級をめぐる中国の理論の分析から研究をスタートさせるグラネは、服喪体系から親族体系へと向かおうとしているように見える[18]。二つの体系のうち、服喪体系は「きわめて古い」と彼は述べ、古代の親族体系に帰せられるべき根本性格、すなわち内部の近親と外部の近親の区別、親等の概念に先行するカテゴリーの概念、少なくとも出自と同じほどの重要性はもつ世代などを、服喪等級の分析から引き出すのである[19]。文献によって確認されるもっとも古い体系〔服喪体系〕の諸性格から、同一の諸性格をさらにいちだんと古い——その存在が〔文献によって〕実証されない以上はいちだんと古いはずである——体系〔親族体系〕についても推理するかのごとく、彼は進む。ところが、事実と、さらに事実にフェンの与えたみごとな注釈は、二つの体系の関係についてグラネとはまったく異なる捉え方を示唆するように思われる。

服喪体系がクランの区別〔内部の近親・外部の近親〕と親等の差別化とにもとづくことをフェンは指摘する。傍系第四リネージを、また主体から数えて上または下の第四世代を超えると、自クラン親族〔内部の親族〕への服喪義務は消滅する。「したがって、親族体系において最初の四つの傍系リネージははっきり区分されるが、それ以降のすべての傍系は、ひとしなみに同一の親族関係——*tsu*〔族〕——のなかに包摂される」[20]。この五区分に対応して五つの「服喪等級」が見出される。それぞれ三年、一年、九カ月、五カ月、三カ月となる。より正確には一年という服喪単位があって、それより長い服喪期間が「加服 deuil accru」、短い服喪期間が「降服 deuil diminué」をなす。服喪の始点はもっとも近い親族にあり、この親族は三「期 *ch'i*」の、つまり三単位の服喪を受ける。基本的な服喪期間は、父に対しては一年、祖父に対しては九カ月、曾祖父に対しては五カ月、高祖父に対しては三カ月となる。卑属の方向に沿えば、息子に対しては一年、孫息子に対しては九カ月、曾孫息子に対しては五カ月、玄孫息子に対しては三カ月となる。兄弟に対する服喪は一年、父の兄弟の息子に対する服喪は九カ月、父の父の兄弟の息子の息子に対する服喪は五カ月、父の父の父の兄弟の息子の息子の息子に対する服喪は三カ月続く。服喪期間の漸減を伴うこの三つの序列に、用語 *shang shai*〔上殺〕（上方の短縮）、*hsia shai*〔下殺〕（下方の短縮）、*p'ang shai*〔旁殺〕（水平方向の短縮）がそれぞれ対応する。主体のクランに属さない親族は、近親性の度合のいかんにかかわらず、全員が三カ月の服喪を受け、場合によって服喪期間が長くなることもある（母の姉妹に対しては五カ月、ところが母の兄弟に対しては三カ月のみ）。

この体系は二つの顕著な特徴を示す。まず親族形態の質的区別を服喪期間という量的区別に変換する。次にこの変換をおこなうために、世代の次元か傍系リネージの次元に現れる遠い親等をすべて共通分母でくる。このような関係としてある服喪体系と親族体系の緊密な対応は、フェンから借りた二つの模型図を比較することで浮き彫りになる[21]（図59と図60）。二つの模型図のうち、明らかに図59のほうがより合理的な、より満足のいくイメージを差し出す。親族体系が論理的に見える根拠は、ゆえに服喪体系に求めなくてはならない。

このことをフェンはしっかり理解した。「周代にはもっと単純な服喪等級があったのかもしれないが、ともかく、儒家の手中ではじめて服喪等級の練り上げが始まった。これら文官たちは、家族とクランとを彼ら自身のイデオロギー構成 structure idéologique の土台として用い、クランの連帯の維持をめざして服喪体系を整備していった。服喪体系の練り上げ作業が進むなか、服喪体系の土台である親族体系を『規格化』する必要に迫られた。致命的な不整合を招かぬようにするには、周到に等級化された服喪儀礼は高度に分化した親族分類法を要求するからである[22]」。事態が実際にこのように推移したことの証拠を、フェンは『爾雅』の古い親族分類法とそれよりも新しい『儀礼』の親族分類法との対比のなかに見つけ出す。『爾雅』の親族分類法と服喪体系とのあいだに対

図 59　簡略化した服喪等級表（FÊNG, *l.c.* による）

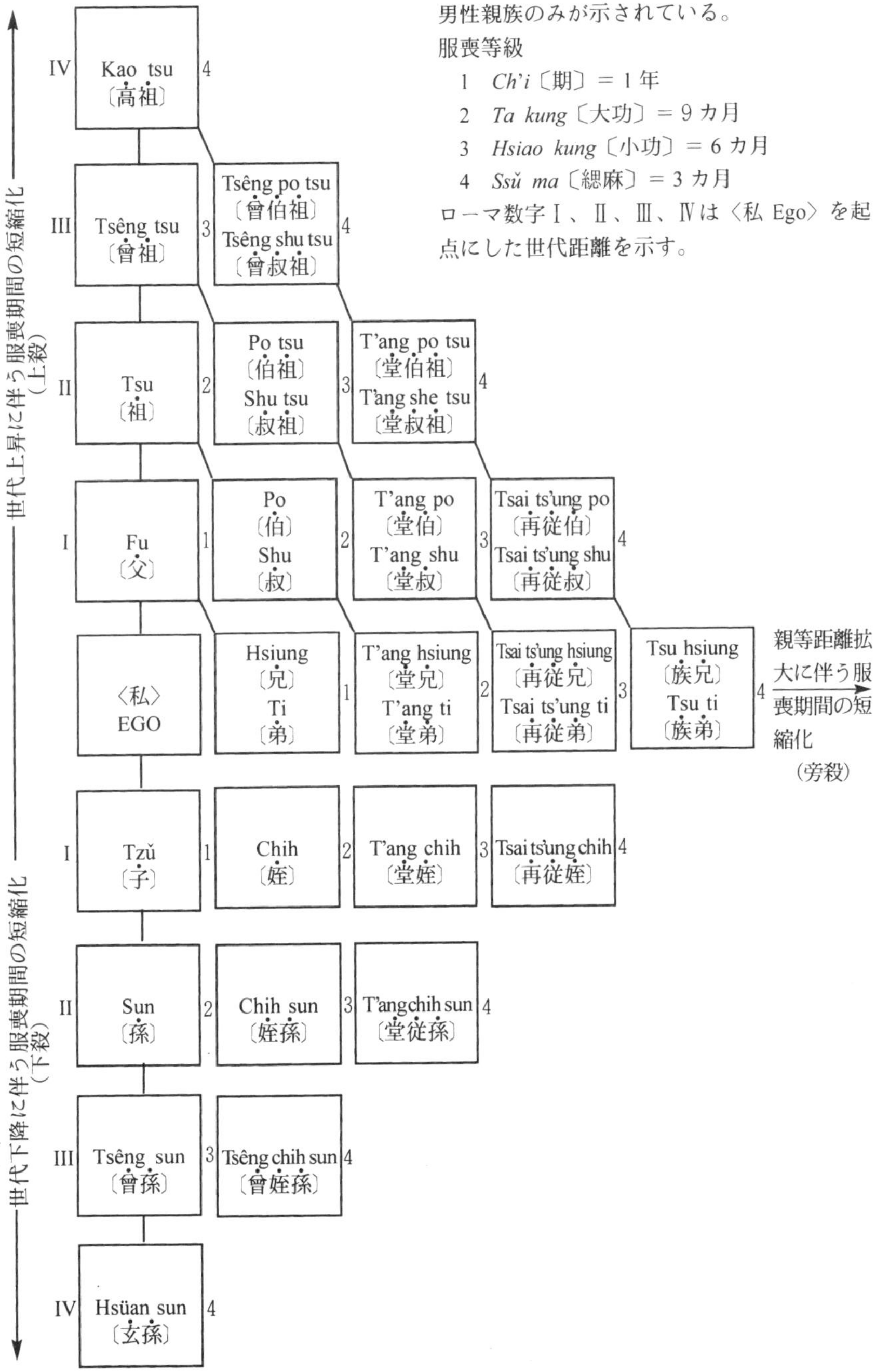

男性親族のみが示されている。
服喪等級
1　*Ch'i*〔期〕＝ 1 年
2　*Ta kung*〔大功〕＝ 9 カ月
3　*Hsiao kung*〔小功〕＝ 6 カ月
4　*Ssŭ ma*〔緦麻〕＝ 3 カ月
ローマ数字Ⅰ、Ⅱ、Ⅲ、Ⅳは〈私 Ego〉を起点にした世代距離を示す。

（男をたどる）男の系

傍系第1リネージ	傍系第2リネージ	傍系第3リネージ	傍系第4リネージ
			Ⅳ
Tsêng po tsu fu〔曾伯祖父〕 Tsêng shu tsu mu〔曾叔祖母〕			Ⅲ
Po tsu fu〔伯祖父〕 Po tsu mu〔伯祖母〕 Shu tsu fu〔叔祖父〕 Shu tsu mu〔叔祖母〕	T'ang po tsu fu〔堂伯祖父〕 T'ang shu tsu fu〔堂叔祖父〕 *T'ang ku tsu mu*〔堂姑祖母〕		Ⅱ
Po fu〔伯父〕 Po mu〔伯母〕 Shu fu〔叔父〕 Shu mu〔叔母〕	T'ang po fu〔堂伯父〕 T'ang shu fu〔堂叔父〕 *T'ang ku mu*〔堂姑母〕	Tsai ts'ung po fu〔再従伯父〕 Tsai ts'ung shu fu〔再従叔父〕 *Tsai ts'ung ku mu*〔再従姑母〕	Ⅰ
Hsiung〔兄〕 Sao〔嫂〕 Ti〔弟〕 Ti fu〔弟婦〕	T'ang hsiung〔堂兄〕 T'ang ti〔堂弟〕 *T'ang tzü*〔堂姉〕 *T'ang mei*〔堂妹〕	Tsai ts'ung hsiung〔再従兄〕 Tsai ts'ung ti〔再従弟〕 *Tsai ts'ung tzü*〔再従姉〕 *Tsai ts'ung mei*〔再従妹〕	Tsu hsiung〔族兄〕 Tsu ti〔族弟〕 *Tsu tzü*〔族姉〕 *Tsu mei*〔族妹〕
Chih〔姪〕 *Chih nü*〔姪女〕	T'ang chih〔堂姪〕 *T'ang chih nü*〔堂姪女〕	Tsai ts'ung chih〔再従姪〕 *Tsai ts'ung chih nü*〔再従姪女〕	Ⅰ
Chih sun〔姪孫〕 *Chih sun nü*〔姪孫女〕	T'ang chih sun〔堂姪孫〕 *T'ang chih sun nü*〔堂姪孫女〕		Ⅱ
Tsêng chih sun〔曾姪孫〕 *Tsêng chih sun nü*〔曾姪孫女〕			Ⅲ
			Ⅳ

備考：太枠は親族の「核」集団を表す。イタリック体の名称は卑属が次世代に現れない親族をさす。たとえば *nü*〔女〕の子供たちは、*wai sun*〔外孫〕と *wai sun nü*〔外孫女〕であるが、次の枠のなかに現れない。ローマ数字は世代の昇順または降順をさす。

図60　漢型親族体系の模型図（Fêng, *l.c.* による）

（男をたどる）女の系				直系
傍系第4リネージ	傍系第3リネージ	傍系第2リネージ	傍系第1リネージ	
				Kao tsu fu 〔高祖父〕 Kao tsu mu 〔高祖母〕
			Tsêng tsu ku fu 〔曾祖姑父〕 Tsêng tsu ku mu 〔曾祖姑母〕	Tsêng tsu fu 〔曾祖父〕 Tsêng tsu mu 〔曾祖母〕
		Piao tsu fu 〔表祖父〕 Piao tsu mu 〔表祖母〕	Ku tsi fu 〔姑祖父〕 Ku tsu mu 〔姑祖母〕	Tsu fu 〔祖父〕 Tsu mu 〔祖母〕
	T'ang piao po fu 〔堂表伯父〕 T'ang piao shu fu 〔堂表叔父〕 *T'ang piao ku mu* 〔堂表姑母〕	Piao po fu 〔表伯父〕 Piao shu fu 〔表叔父〕 *Piao ku mu* 〔表姑母〕	Ku fu 〔姑父〕 Ku mu 〔姑母〕	Fu 〔父〕 Mu 〔母〕
Tsai ts'ung piao hsiung 〔再従表兄〕 Tsai ts'ung piao ti 〔再従表弟〕 *Tsai ts'ung piao tzü* 〔再従表姉〕 *Tsai ts'ung piao mei* 〔再従表妹〕	T'ang piao hsiung 〔堂表兄〕 T'ang piao ti 〔堂表弟〕 *T'ang piao tzü* 〔堂表姉〕 *T'ang piao mei* 〔堂表妹〕	Piao hsiung 〔表兄〕 Piao ti 〔表弟〕 *Piao tzü* 〔表姉〕 *Piao mei* 〔表妹〕	Tzü 〔姉〕 Tzü fu 〔姉夫〕 Mei 〔妹〕 Mei fu 〔妹夫〕	EGO 〈私〉
	T'ang piao chih 〔堂表姪〕 *T'ang piao chih nü* 〔堂表姪女〕	Piao chih 〔表姪〕 *Piao chih nü* 〔表姪女〕	Wai shêng 〔外甥〕 *Wai shêng nü* 〔外甥女〕	Tzŭ 〔子〕 *Nü* 〔女〕
		Piao chih sun 〔表姪孫〕	Wai shêng sun 〔外甥孫〕	Sun 〔孫〕 *Sun nü* 〔孫女〕
			Wai shêng tsêng sun 〔外甥曾孫〕	Tsêng sun 〔曾孫〕 *Tsêng sun nü* 〔曾孫女〕
				Hsüan sun 〔玄孫〕 *Hsüan sun nü* 〔玄孫女〕

応を立てることはかなり難しい。じつにこの親族分類法は「一貫性を欠き、分化がうまくいっていない」。ということは、『儀礼』の「示す体系のほうがより後代のもので、すでに合理化が施されて服喪体系に適合するよう変換されている」。以上の指摘に照らせば、漢型親族体系の人工性がはっきりする。実際にも親族の分析的体系は服喪の量的体系の関数になっている。古代の親族体系がいかなるものであったにせよ、『爾雅』や『儀礼』から見えてくる体系は、系統立った加工の跡と合理化への努力の成果を示している。

以上の議論はグラネの思い違いを払拭してくれる。世代への厳密な成層化という、親族体系の特徴を説明してくれるのは服喪理論なのである。ところで、グラネの考えによれば、服喪体系をとおして古代の親族体系が見えてくるのだが、それに対して『爾雅』と『儀礼』に示される親族体系は、我々には服喪体系の起源でなくて、それの結果として現れたのだった。グラネは逆の見方をとって、太古の時期の仮説的親族体系のなかに一つの特徴——世代への成層化——を移し入れた。この特徴はじつは服喪体系の特徴で、服喪体系によってしか理解できない。つまり、父、祖父、曾祖父などの世代は、それぞれに対応する一年、九カ月、五カ月の服喪期間によって成層化されるのである。その証拠に、異世代親族間の婚姻を禁忌と断定する条文を見出すには、唐律（紀元六世紀ごろ）を俟たねばならない[23]。よって、当初は異世代婚の禁止が厳格に適用されていたのではなかった。唐代を頂点とする葬送儀礼の発展と世俗化につれて、この禁止は次第に強制化されていったのである[24]。世代平行（同世代婚）原理を太古の時期に投影することによって、グラネは要するに歴史の幻影の餌食になったわけだ。世代の成層化は儒教期の向こう側にでなく、こちら側に位置づけられなくてならない。儒教期以前にでなく以後に、である。

中国の家族を説明しようとしてグラネの思い描いたカリエラ型体系が、彼の思い込みとは裏腹に、実在しうるかまたは想像しうるもっとも単純な体系でまったくないことはすでに強調しておいた。事実、『爾雅』において交叉イトコ婚の残存のごとく見えるものは、グラネもしばしば立てた仮説、原初の中国共同体が二つの外婚半族へ分割されていたとする仮説によってすべて説明がつく。それは（グラネの考えとは逆に）いかにしてもカリエラ型体系〔四クラス限定交換体系〕をつくりだすことのない分割である。とはいえ、あまりにも偏りすぎた知的形式主義によってラドクリフ＝ブラウンの証言を「純然たる仮説」として扱うことのあるシュー〔許〕の見解にもまた、我々は与しない。[25] ラドクリフ＝ブラウンの見解によれば、現在でも山西省や河南省で実施されている婚姻、「同じ村落の二つのクランを、あるいは別々のクランに属す二つの村を一つのまとまりとして結びつける」双方交叉イトコ婚が、古代に存在した確率はきわめて高い。合理主義にもとづく改革がこの体系ないしこれに類似した体系を改変して、ある時点で疑似カリエラ型体系の外観をそれに付与しうるにいたった経緯は、かなりの程度まで見てとれる。それはオーストラリアでの同様の変換過程を再現する変革なのだが、しかし体系変換のよってきたる理由は同じでない。オーストラリアでは母系二分法を父系二分法に重ね合わせることのそれは結果であったが、[26] 中国では、オーストラリアと同様の、ただし逆方向の変換を認めないのであれば──〔母方居住集団を父方居住集団に変換するグラネのように（第19章参照）〕もし認めるなら、この変換は〔証明以前の〕純粋な公準として現れるだろう──、より複合的な型への移行の──結果でなく──原因として出てくるのは世代の成層化〔服喪体系〕である。

儒教的改革が双方交叉イトコ婚と衝突して、最終的にこの婚姻になんらかの場所を与えざるをえなくなったことは、フェンのいくつかの指摘がはっきり示している。「それ（この婚姻型〔双方交叉イトコ婚〕）は紀元一世紀初頭から理論的・儀礼的平面で非難の的になってきた。しかし法による禁忌は遅まきに施された。実際、禁止を明確に定めた最初の条項は明律になってようやく出現する。しかも法の適用の難しさが露見せずにすまなかったので、清律はこの婚姻型を許可する別の条項を、禁止条項のすぐ次に付け加えることで、実質的に法の適用を骨抜きにしてしまった」[27]。正確な条文は次のとおり。「男は母方オバの子、父方オジ・父方オバの子と結婚することは許されない。これらの子供は同世代に属すが、服喪第五等級の範囲に入るからである。（略）民意をおもんぱかり、父方オバの子、母方オジ・母方オバの子と結婚することは、これを許す」[28]。さてフェンは、現代中国に交叉イトコ婚の習わしが普及していること、現代の親族分類法に交叉イトコ婚が残存していることを認めないにもかかわらず、やはり『爾雅』と『儀礼』は古代の習わしについての明白な証拠をもたらすと考える。[29]グラネやクローバー同様、彼にとっても、名称 *chiu*〔舅〕、*ku*〔姑〕、*shêng*〔甥〕の両義性は「姉妹交換を伴う双方交叉イトコ婚」を疑問の余地なく立証しているのである。[30]

とはいえ、服喪体系のもつある本質的特徴は、この体系が家族の組織化のきわめて古代的な諸形式に関連していることをうかがわせる。上または下の第四世代ないし傍系第四リネージで服喪を停止させる規則が、言うところの特徴である。グラネが指摘するには、古代の資料はクラン外婚が第五世代で停止する時代のあったことを報告している。実際、『太平御覧《たいへいぎょらん》』〔宋代に編纂された千巻に及ぶ百科辞書〕によれば、夏朝期と商朝期（ほぼ紀元前一七〇〇年～一一〇〇年に相当）にこの限度――我々はのちに周縁型体系にもこの限度を原理として再び見出す[31]――が現れる。「伝承によれば、厳格なクラン外婚制をつくったのは周公で（紀元前一一〇〇年ごろ）、彼がそれを創設したのはクランの連帯を維持するためであったと言われる。にもかかわらず、周代においてすらこの禁制はあまねく実施されていたのでも、厳密に裁可されていたのでもないことを多くの証拠が物語る。クラン外婚が絶対の強制になるのは、封建制が強化され、クラン組織が改変されてのちのことにすぎない。紀元前五世紀ごろから現在までのあいだに、この規則は法によって精力的に裁可されてきたのである」[32]。他方、シューの引用するクリール[33]はこう示唆する。商朝以前の家族の組織化についてはいっさい知られていないが、しかし商朝と周朝では文化のまったく異なっていたことは逆に強く推定される。[34]商朝には男系家族（*chung fa*〔宗法〕）というものが存在しない。兄弟が兄弟の跡を継ぎ、父の世代の成員はすべて「父」で、祖父の世代の成員はすべて「祖父」（*chu*〔舅〕）であった。かくして男系家族は周朝になって忽然と現れたことになるだろう。これらの情報はおそらくクリールの指摘[35]と関連づける必要がある。彼によれば、周朝晩期に頻繁に見られる五を単位とするまとまりは、それ以前の古い文献ではまったく言及されていないのである。

以上のことはどれもさまざまな問題を提起する。すでに見たように、グラネによれば、クランにもとづく厳しい婚姻規制から出発した漢型体系は、次に男系家族への移行とともにこの規制に代わる相対的自由が徐々に確立される、というかたちで進化した。歴史的事実は確かに男系家族への移行（漸進的移行でなく、突然の移行）を示唆するが、しかしそれはまた相対的自由から厳格な規制への交替をも示唆する。四クラス体系―八クラス体系―現代という場面の流れがいつの時代にあてはまるのか、グラネではまったく明快でないが、これが連続した流れであるなら、事実にそぐわない。他方、五世代規則は八クラス体系に結びついて出現するはずだから、この体系は夏・商朝期かそれ以前に属さなくてはならないだろう。ならば、四クラス体系は夏朝さえもいまだその一部である神話的過去へと送り返される。(36) ゆえにまず最初に、次のような場面の流れを認める必要が出てくる。四クラス―八クラス―（五世代という限度を伴う）相対的自由―（儒教的改革の影響による）厳格なクラン外婚への回帰―現代の自由な婚姻体制への直通的進化。グラネの前提にした場面構成よりも無限に複雑な場面構成をつくりあげる流れである。続いて次の仮説を受け入れなくてはならない。すなわち、『爾雅』と『儀礼』の物語る体系進化はこれらの書物が編纂される数千年も前に起き、この進化の諸段階――それら段階のあいだにも宏大な時間的隔たりが入り込んでいる――を『爾雅』と『儀礼』は名残として記録して同一平面で取り扱っている。「どんなかたちであれ、夏朝と殷朝が外婚を実施したなどということはきわめて疑わしい」となるほどフェンは考えるが、(37) しかしこのような留保をつけても、ただ場面構成の曖昧さが増すだけである。

＊＊＊＊

こうした取りつく島もない状況に終止符を打つには、昭穆配列の問題を繰り込まなくてはならない。グラネによれば、昭穆配列は五世代規則を伴う八クラス体系の痕跡、なんとも驚くべき残存を現代にまで伝えてきただけでなく、それ自体一つの謎である。封建期中国の領主たちの祖廟では、一方は *tchao* ＝昭、他方は *mou* ＝穆と言われる縦二列に男系祖先の位牌が配置されなくてはならず、二つの隣接世代に属す近親はいかなる場合でも同じ縦列に置くことができない。父が昭なら、息子は穆でなくてはならない。貴族のなかには、最近の二世代――一方は昭、

図 61　昭穆配列

曾祖父	高祖父
父	祖　父

他方は穆――に属す祖先の位牌しか保存しない家族もあるが、しかし領主の家族では、縦列昭・穆のそれぞれが二つの階に下位区分される。ただしこのような細分の進行には限度があり、高祖父より上の祖先の位牌はまとめて石櫃に保管されて、領主のイエを興した始祖の傍らに安置されなくてはならない。

男系尊属の位牌は原則としてすべて彼らの妻の位牌と並べて置かなくてはならない。他方、ある近親の位牌を当人の世代にあてられている階に置くことのできない場合、その位牌は両親の世代でなく、祖父母の世代の階に置かなくてはならない[38]。

以上の規則をグラネは次のように解釈する。昭穆配列はなによりもまず一つの基本的対立、必然的に一方は昭、他方は穆であらねばならない二つの隣接世代に属す成員間の対立を表現するが、その一方で第二の対立、同じ縦列にしかし階を異にして現れる祖父・孫息子の対立を含意するようにも思われる。単純な母系二分法に父系二分法が（あるいはこれと逆の順序で）交差すると考えれば、基本的対立には説明がつくだろうが、しかし第二の対立を説明するには新たな二分法をもってこなくてはならない。先行の定式（母系・父系の両次二分法）から出てくる四クラス体系を、さらなる二分によって八クラス体系に変換する二分法である。本書五四四ページで見たような八クラス体系においてなら、一つの父系リネージは同一半族に属す四つの母系下位セクションに振り分けられ、息子の息子の息子の息子だけが、半族についても下位セクションについても、父の父の父の父を再現する。昭穆配列が縦列・階の二性格をもつことと高祖父のあとに境界が設定されることの理由は、ここにあると言っていい。実際、高祖父をもってリネージ周期は閉じる。次に来る祖先は祭主のなかで新たに生まれ変わる。祭主は、自分を再来とする祖先が結婚したときと同じ下位セクションおよび半族と結婚するのである。かくして古代の文献が述べるように、外婚規則が第五世代以降消滅するような体制がかつては存在したと言える。

服喪規則、祖先祭祀、親族体系は、それらのもつすべての特殊性を説明してくれる仮説、八クラス体系の仮説に結局は収斂する。B・セリグマンもこう書くとき、同様の結論へと導かれている。「意味深長なことに、姻族をさすために用いられていた古代の名称、現代の名称体系では記述的になっているそれらの名称は、交叉イトコ婚を伴う類別的体系に典型的に見られるのである。古代体系で第五世代以降（この世代も含む）はクラン内婚が許されていたこと、さらに現代でも尊属と卑属に対する服喪義務が第五世代で消滅して、新しい服喪周期が改めて始まることを思い出すなら、オーストラリアに現に存在するような体系、互隔世代を伴うクラス体系が〔中国〕古代にも存在したとする仮説に、たんなる蓋然性以上の価値を認めたくなる」[39]。ここにグラネの理論全体の端緒がある。

グラネ自身は親族分類法から引き出された別の議論に依拠する。我々もすでに出会ったこれらの議論において言及されているのは、*houen*〔婚〕と *yin*〔姻〕への姻族の区別であり、また二組の相互名称 *kieou*〔舅〕と *cheng*〔甥〕、*kou*〔姑〕と *tche*〔姪〕（フェンの転記法では *chiu* と *shêng*、*ku* と *chih*）の機能特化——前者の相互名称は男のあいだだけで、後者は女のあいだだけで使われる——である。さらに *kieou* は母の兄弟／妻の父にだけでなく、義理の兄弟＝*houen*（妻の兄弟）にもあてられる。またこれと対称的に *cheng*〔甥〕は姉妹の息子／娘の婿のほかに義理の兄弟＝*yin*（姉妹の夫）をもさす。グラネとフェン[40]は一致してこの適用範囲の拡大を、次章で論じる問題であるテクノニミー(*)の一事例として解釈する。ただしグラネはそこにまた、母の兄弟の娘との婚姻の残存をも見ていて、この点については若干の注記が必要である。まず *kieou*＝*chiu* を考えてみると、この名称は紀元十一世紀の著作『新唐書』〔二百二十五巻からなる唐代の正史の一つ〕において、はじめて妻の兄弟へと拡大適用される[41]。紀元十一世紀と言えば、もはや時期的にいわゆる八クラス体系は存在しようもない（ただし母の兄弟の娘との婚姻はおそらくそうでない。シューものちに認めざるをえなくなったように、この婚姻は現在でも雲南省で実施されている）。*cheng*＝*shêng* のほうは娘の夫、姉妹の息子、姉妹の夫の三重の意味を伴って確かに『爾雅』のなかに現れるが、しかしフェンによれば、当時この名称は妻の兄弟、父の姉妹の息子、母の兄弟の息子をもさしていて、このことは双方交叉イトコ婚の残存として以外説明がつかない[42]。したがって、グラネの想定した対称性は厳密なものでないように思われる。名称のもつ含意は彼の持ち出す含意よりも広く、しかも対称性そのものは十世紀から十二世紀ほどあとになってからしか出現しない。最後にもう一つ別の事例が、同じように説明できなくてならないだろう。『爾雅』にただ一つだけ出てくる事例、二つの隣接世代に属す成員に同一名称があてられる事例で、父の弟にも夫の弟にも *shu*〔叔〕が用いられるのである。[43] フェンとは逆に我々の考えでは、テクノニミーを持ち出さなくても、母の兄弟の娘との婚姻および母系出自を仮定するだけで、この用法は厳密に説明することができる。しかしここでも『爾雅』に鮮明に刻印されている双方的性格に突き当たる。

（＊）teknonymie とは「子供を基準にした呼び方」のことで、たとえば、ある人を呼ぶとき、その人の固有名やその人に該当する親族名称を使わずに、その人の卑属の一人の固有名をもとにして「誰某のお父さん」とか「誰某のおばあさん」と言う場合をさす。ただしこれは一例にすぎず、テクノニミーには多種多様な形式がある。

昭穆配列問題はシューによって全面的に再考された。グラネの理論を論じたこの研究は、いい意味で微に入り細を穿っているが、しばしば狭隘な面も見られる。[44] 彼は原資料として『礼記』と『儀礼』を用いる。『礼記』によれば、皇帝〔天子〕は廟を七つ、領主〔諸侯〕は五つ、高級官吏〔大夫または卿〕は三つ〔中級官吏〔上士〕は二つ、下級官吏〔下士〕は一つ〕もつ。首座廟〔C〕は明らかに世系の始祖のものだが、それに続く二つの廟〔AとB〕は誰のものであるかはっきりしないとシューは述べる。第二皇帝と第三皇帝の廟であると言う人もいるが、もしそうなら、祭られている人物はこれらの廟から移動させることができないわけだから、昭穆周期の外にあることになるだろう。かたや、宋代の偉大な訓古学者朱子をはじめとする人々は、第六世代および第七世代の廟であると言っているが、これではグラネの提唱する五元周期の仮説に矛盾するだろう。

封建領主となると曖昧さはいちだんと増す。高祖父は季節の変わり目ごとに、ほかの祖先は毎月、生け贄を受け取ると『礼記』は明言するのである（図62）。さらに高級官吏にいたっては、昭穆配列への違反が起きる。真

図 62　祖廟（Hsu, *op. cit.*, p.256-257 による）

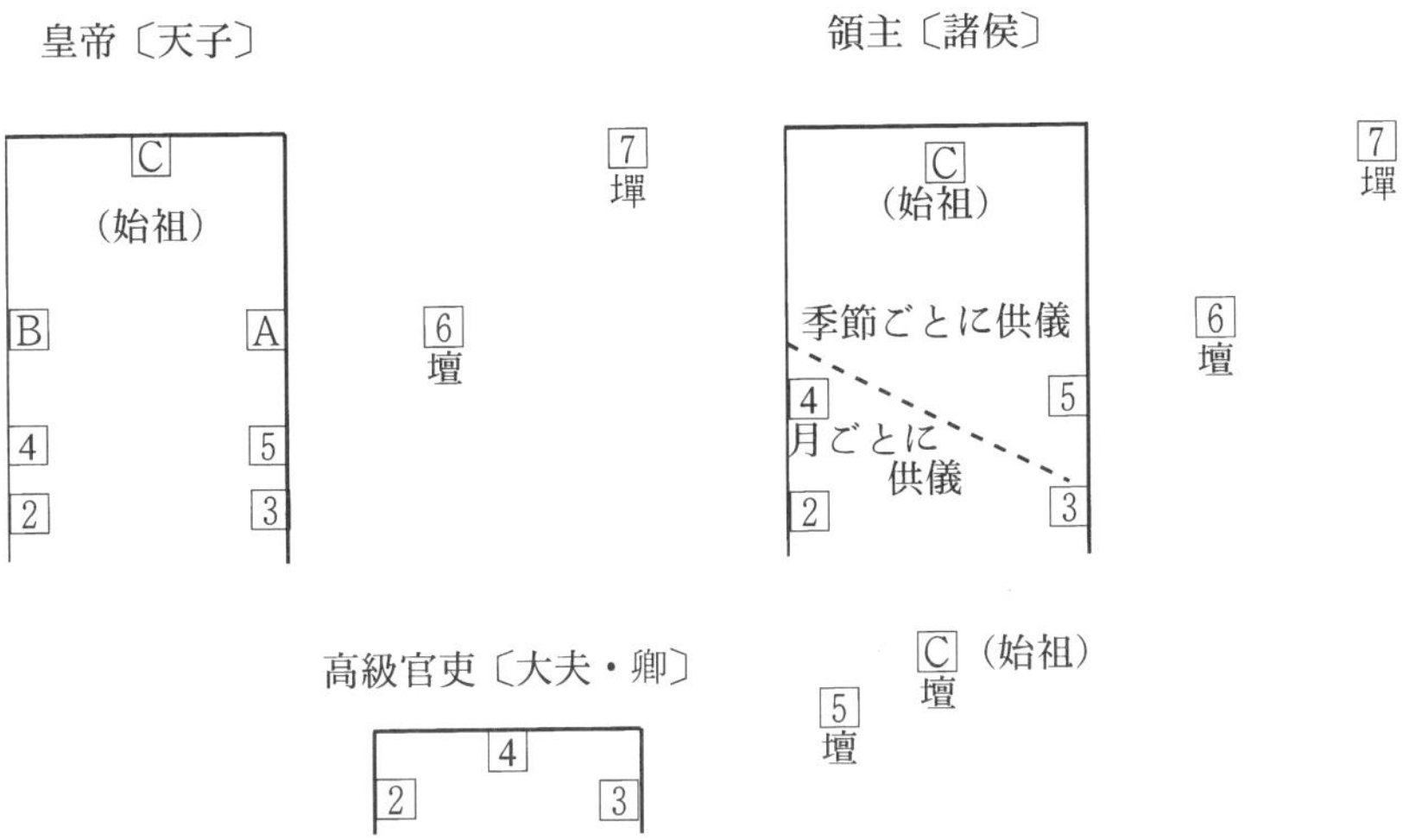

（注）左右の配置は始祖の位置を基準にして決まる。

ん中に配されるべき廟4は、始祖の廟でなくてじつに曾祖父の廟であり、ゆえに曾祖父は「昭でも穆でもない」。最後に『儀礼義疏《ぎそ》』中の一文は来孫息子〔玄孫の息子〕による供犠を定めている。これはグラネ体系が認める世代より下の世代にあたる。第五代以上の祖先の位牌は一緒にされる、とのグラネの主張がそもそもまちがっているとシューは言う。実際、第七代までの祖先に加護を祈るよう『礼記』は命じている。「祈禱を捧げるとき、封建領主は特設された架台（*T'an*〔壇〕）の上で第六代の祖先に加護を祈り、特別の区画を施された地面（*Ch'an*〔墠〕）で第七代の祖先に加護を祈った。高級官吏では、封建領主の場合と似た架台の上で祖先5に加護が祈られ、同じ型の別の架台の上で始祖（*T'ai Chu*〔太祖〕）が生け贄を受け取る。二つの廟しかもつ権利のない中級官吏では、同じく架台の上で祖先4に加護が祈られた。つまり、二つであれ、四つであれ、一定数の尊属世代または卑属世代が問題なのでなく、たんに異なる社会階級がそれぞれの身分に応じて祖先に生け贄を捧げていたにすぎないのである[45]」

グラネの推理した父・息子の恒常的対立に関してシューは正しくもラドクリフ＝ブラウンに追随することを拒み、この対立（さらに孫息子・祖父のあいだの相関的な結びつ

図63　昭穆配列における祖先の配置転換

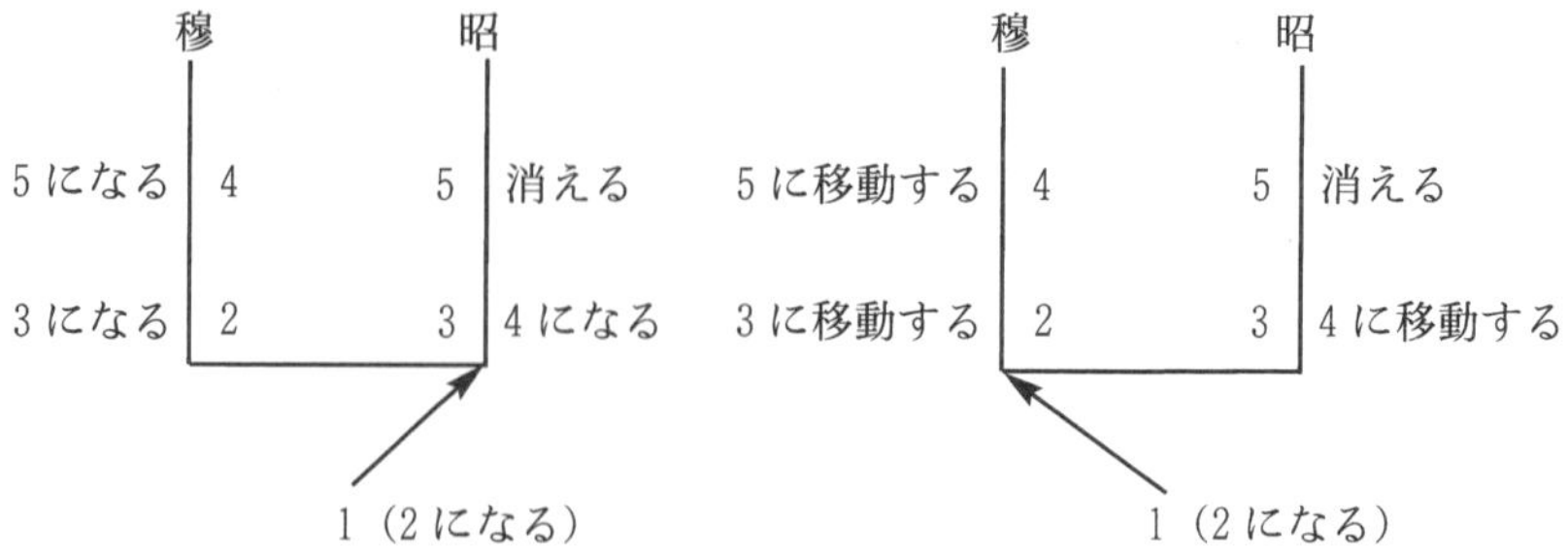

き）は「ほとんど普遍的な」現象であると主張する。(46) 付け加えてこうも言わなければならないだろう。昭穆配列から帰結するように思われる論理的対立関係は、イギリスの社会学者（ラドクリフ＝ブラウン）が念頭に置く情緒的相関関係とはまったく別物である、と。新しい世代を追加する場合に位牌配置に二つのやり方のあることもシューは指摘する（図63）。祭主は、亡くなれば、理論的には位置3か2を占めることができる。彼が3を占めるなら、3は5に移動し、5はそれよりも古い位牌ともども石櫃のなかに収められる。ゆえに他方の縦列に変化はない。「この仮定では、昭または穆における特定の個体の席次は変わらない」。しかし祭主が位置2を占める第二の仮定では、1は2に、2は3に、3は4に、4は5に移動する。「つまり新たな世代が供養の対象になるたび（略）昭または穆におけるどの個体の席次もまったく変わってしまう」。ところで、昭は「煌々たる光」、穆は「薄明」を意味し、『礼記』も『儀礼』も、諺「Tso Chao Yu Mu（左昭右穆）」に因んで昭は左側（主席（身分の高い席））、穆は右側に結びつくことを述べている。そこでシューはこう自問する。息子が昭で、父が穆であるなどということが考えられようか。父は息子に対してつねに昭でなくてはならず、このことだけからしても第一の仮定は排除される。それに対して第二の解決策は、昭穆が内在的な意味、個体そのものに結びついた意味をもたないことを暗示する。つまり昭穆は（新世代の追加によって）祖先の身分が変わるそのたびに決まってくる相対的位置なのである。「言い換えれば、昭穆配列はいままで父‐息子関係にしかかかわってこなかった(47)」

実際、二つの隣接世代は別々の縦列・同一の横列につねに置かれる。しかもグ

図64　横列と縦列

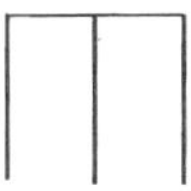
または

ラネの示唆するような仕切りは縦列のあいだにない。したがって模型図の書き方は二つある（図64）。横列の左側が「煌々たる光」、主席、年長、上座（*Chun*〔尊〕）に、右側が「薄明」、次席、年少、下座（*Pei*〔卑〕）に対応することを約束したうえで、シューは二番目の書式を採用する。「しかし二つの個体が相対的位置 *Chun* と *Pei* をことさら占めるには、それらの個体はきわめて濃い親族関係になくてならない。煌々たる光と薄明とのあいだにあるのは性質の差でなく、度合の差である。横列はそれぞれが一つの単位をなし、しかも昭穆は祖父‐孫息子関係とは直接の関係はない」。最後の問題点になるが、高級官吏では曾祖父が中央に位置する。この曾祖父はいったい昭なのか穆なのか、それとも昭でも穆でもあるのか。このように問題を立てても答えは出てこないが、しかし「二つの隣接世代からなる組を複合的単位と見なし、この単位内部では昭穆は父‐息子の相互関係を示すにすぎないと考えるなら（略）一人の祖先がほかの祖先の中央上位に置かれるのは、もはや家族組織の位階的捉え方の結果であるとしか見えない[48]」。服喪単位をなすのはじつは父‐息子というカテゴリーなのである。

以上見たシューの見解ははなはだ興味深いものであるが、疑問の余地がまったくないわけでない。我々は次の点に同意した。漢型体系は質の観点から量の観点、性質の概念から度合の概念へと進化したのであった。我々がフェンと一緒になって認めたように、進化の原動力が服喪規制にあったとすれば、この規制の及ぼす算術的要請が、それ以前にあった質的論理の要請に重なり合ったとしてもなんら驚くことではない。探そうと思えばその残存がどこにでも見つかることはおそらくそのとおりではあろうが、それにしてもシューの解釈では、廟の分類のもつ体系性があまりにもないがしろにされている。廟は三つの型に分類されるが（皇帝、封建領主、高級官吏はそれぞれ七つ、五つ、三つの廟を有する）、じつに意味深長なことに、これらの型は『礼記』の言う三つの服喪周期、親族の絆が社会的距離に比例して弱まることを単純明快に表現する周期に対応する。

シューの分析を読んだあとでは、昭穆配列の問題がグラネの研究に見られるほどに明快でないことは確かに認めざるをえないが、しかしそれでもやはり、第五世代で以前の服喪周期が再び開始され、第五世代以後も祖先に祈願が捧げられる。ただしそれはいままでとは別のやり方で、しかも廟の外で、まるでおまけでもあるかのように追加的になされる。『礼記』はこの点をことのほか鮮やかに語る。「帝国の領《りょう》袖《しゅう》は祖先たちのために部屋を七つ、祭壇と区画をそれぞれ一つしつらえた。父の部屋、祖父の部屋、曾祖父の部屋、高祖父の部屋、始祖の部屋があった。毎月どの部屋にも皇帝は供物を奉納した。そのほか、遠い祖先たちのための相部屋が二つあり、この部屋では一年の各季節ごとに一回だけ、皇帝は全員にまとめて供物を奉納するだけであった。(高祖父の父や、高祖父の祖父に個別に供物を奉納しようとするときは) 位牌を相部屋から取り出し、高祖父の父の位牌の場合は祭壇を、高祖父の祖父の位牌の場合は区画をつくらせた(49)」。昭穆が個体の属性でなくて相対的位置であると立証するシューの巧みな議論立ては、グラネの主張を無効にするより、それをむしろ支えることになる。

しかも昭穆が相対的位置であることについては、『礼記』のフランス語訳者クヴルールがすでに明快な指摘をなしている。「皇帝が亡くなると、その位牌が父の位牌と入れ替わる。父の位牌は (略) 祖父の位置に、祖父の位牌は曾祖父の位置に、曾祖父の位牌は高祖父の位置に移動する。そして高祖父の位牌は文王 (周朝の基礎をつくった王) か武王 (文王の長子) の部屋に移され、もはや個室を与えられないもっと遠い祖先たちの位牌と一緒にされる(50)」。昭穆の順位は各個体に指定される決まった席次であるより、このように相対的意味しかもたないとしたほうが、グラネの仮説の要件ははるかによくみたされる。というのも、古代の外婚二分法の残存が昭穆であるなら、昭穆はせいぜい古代になんらかの親族関係の存在したことを物語るのみで、この親族関係を表現していた名称を昭穆が今日に伝えていることはありえない。仮に昭穆が親族名称だとすれば、個体は昭になったり穆になったりするのだから、席次の固定されていること自体がまったく不可解だろう。しかしグラネの仮説にはもっと深刻な難点がある。

昭穆配列をグラネのなすように縦列で表そうが、シューが好むように横列で表そうが、それぞれの位牌ないし位牌群の位置が二つの要因によって決まることに変わりない。順位――昭か穆か――と階――上階か下階か――

である。そこで縦列をａとｄ、階をⅠとⅡで表せば、図65に示される配置が得られるはずである。すなわち、父系リネージについて言えば、順序d_2-a_2-d_1-a_1がそれで、ここでは明らかに組ａ／ｄは一つの父系半族、周期1／2は二つの母系下位セクションを表す。ところが昭穆配列をもとにしてグラネが再構成した八クラス体系からは、この順序はまったく出てこない。図57を参照すればわかるように、父系順序はa_1-b_1-c_1-d_1またはa_2-b_2-c_2-d_2で、この二つの順序だけが体系と相容れる。このことを昭穆配列の視点から言い表せば、次のように述べることに帰着する。同一父系リネージに属す四人の隣接する成員は、同一縦列の四つの階を占めるか、同一横列の四つの順位を占めるかのどちらかでなければならず、（d_2-a_2-d_1-a_1のように）二つの縦列と二つの横列が同時に介在するなどということは不可解である、と。昭穆配列がなんらかの親族体系に関連しているとするなら（これは疑わしい）、この配列は、父・息子が横列で区別されず、縦列で対立すること、かたや祖父・孫が縦列で区別されず、横列で対立することを意味するはずである。グラネの差し出した親族体系では逆に、高祖父、曾祖父、祖父、父は、ある観点（父系半族）から見れば全員が区別されないが、別の観点（母系セクション）から見れば全員が区別される。要するに、グラネの仮説は危ういだけでなく、説明しようとすることがらを説明しない。

図 65　昭穆配列における順位体系

	a	d
Ⅱ	4	5
Ⅰ	2	3

別の親族体系で、その性格を昭穆配列にもっとうまく翻訳できるような体系が存在するだろうか。興味深いことに、そのような親族体系が一つ存在することに気づく。標準定式か選択定式に従って機能するムルンギン型体系である。どちらの婚姻定式に従って機能しても、我々はこの体系に順序d_2-a_2-d_1-a_1を見出す。そこでグラネ体系とムルンギン型体系を比較してみよう（図66）。左図（ムルンギン）で記号＝は夫の下位セクションを妻の下位セクションに、記号↓は母の下位セクションを子供の下位セクションに結びつける。右図（グラネ）では、内側の記号↓は夫の下位セクションを妻の下位セクションに、外側の記号↓は父の下位セクションを子供の下位セクションに結びつける。じ

つはすでに見たように、ムルンギン型体系は母系二分法を父系二分法に重ね合わせることから帰結するが、これとは逆方向の重ね合わせを仮定しないかぎり、グラネ体系は理解できない。つまり原初の二分法は母系で、そこに第二次二分法、父系二分法が重なり合う。

次に昭穆配列に対応する父系順序d_2-a_2-d_1-a_1を見てみよう。この順序は確かにムルンギン型体系にも見出されるが、しかしそれは自由に使える二定式、標準定式と選択定式のどちらか一方に従って体系が機能する場合にかぎられる。さてここで思い出してもらいたいが、この場合には双方従姉妹との婚姻の可能性が保たれている[51]。八クラスがあたかも四クラスであるかのように機能するからである。体系が二つの定式に交互に従って機能すると仮定したときにのみ、母方交叉従姉妹との婚姻が生ずる。だがこの場合、父系順序はd_2-a_1-d_2-a_1となる。すなわち、父・息子は完全に区別され、祖父・孫息子はまったく区別されない。これではやはり昭穆配列にそぐわない。言い換えよう。昭穆配列に対応する体系を構築しようとすれば、双方交叉従姉妹との婚姻を伴う八クラス体系ができあがり、クラスの八つあることが理解できない。それぞれのクラスに機能的価値（母方交叉従姉妹との婚姻）をもたせるように八クラスを配分すれば、体系は昭穆配列の諸性格を説明しなくなる。我々は行方定めぬ航海に乗り出すことになるだけでなく、この冒険行からはなんの利益ももたらされない。

図66　ムルンギン型婚姻規則とグラネによる漢型婚姻規則との比較

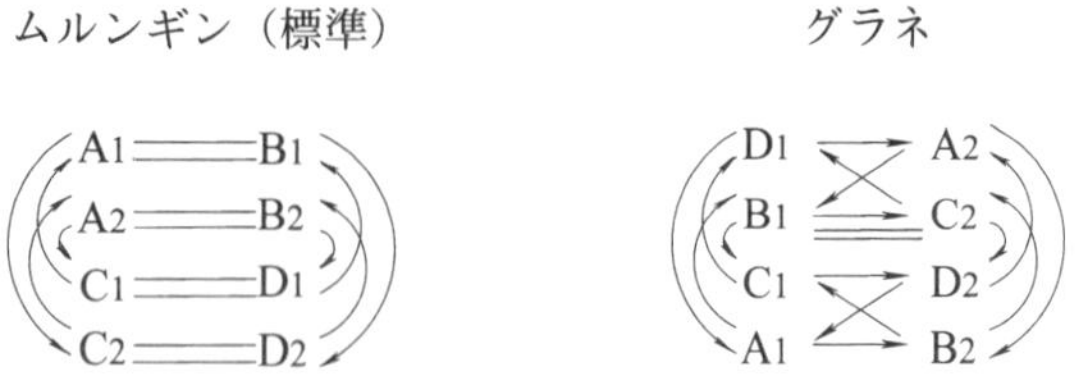

昭穆配列が古代の親族構造となんの関係もないことを、シューに倣って結論づけなければならないのか。おおいに迷うところである。いままで闇に閉ざされていた諸現象を解釈するにさいし、この数年間というもの互隔世代原理にいよいよ重きが置かれるようになってきているため、隣接世代の対立や遠隔世代の同一視が素地や名残として見出されると、互隔世代原理に都合のいい予断が決まって働いてしまう。しかし

すでに見たように、昭穆配列現象にはさまざまな解釈を受け入れる余地がある。ただし、事情はこうであれ、昭穆配列の一般的な性格が、ある種の世代互隔性にもとづく構造を暗示している点だけは認めることができそうである。では、いかなる型の互隔性なのか。それを言うことはできない。『礼記』、『儀礼』、訓古学者などをとおして知られる昭穆配列はある制度を伝えているが、その制度はじつに位階組織や宗教儀礼などの影響によってすでに変質してしまっているので。昭穆配列の性格の一つ一つについて、そのあらゆる細部から、なんらかの親族体系にかかわる明確な法則を検証しようとするのは実りない企てであるだろう。

おそらく民族誌なら、現代の習俗の観察にもとづいて問題に光をあててくれるのではないか。ただここでもひどく残念なことに、福建省の習俗に照らして昭穆配列を研究してみてはどうかとのラドクリフ＝ブラウンの示唆を、シューは検討もせずに退けてしまった。福建省では今日でも父方従姉妹との婚姻は厳しく禁止され[52]、祖先も相変わらず始祖の左右に交互に配される[53]。こうした習俗と、マスペロが次のように描く周代の儀礼とのあいだになんの関係もないと、アプリオリに決めつけるわけにいかない。「始祖は東に面して頂点を、息子は南に面して始祖の左側を、孫は北に面して始祖の右側を占める。そのほかのすべての卑属は、息子と孫それぞれに後続する二つの縦列、左側の昭と右側の穆に並べられ、世代ごとにいよいよ始祖から遠ざかっていく。（略）文王の子孫である昭は全員が文王の左側に、武王の子孫である穆は全員が武王の右側に縦一線をなして並ぶ。この二人の王以前の昭穆は全員が（略）始祖〔農事を司った后稷の官職にあった周王室の祖先、棄のこと〕の左右横一列に配される[54]」

古代王朝期中国をありありと彷彿させる社会、つまりインカ帝国のことであるが——実際、インカ帝国の葬送儀礼はそれに相当する古代中国の儀式に絶えず比定したくなる——そこでは交互配列と思われる配列に出会う。「物故した王たちのすべての亡骸が、太陽神の偶像の両脇に古い順に配される[55]」。この配列のことを付け加えるなら、ある一般的な構造的現象の存在を——なるほど、インカ文明と中国文明をめぐる研究の現状では、この構造的現象の理論はまだ我々の手元にないが——いかにも認めたくなる。実際、クスコの住人は周知のとおり、またおそらくはそのほかの地域の住人も、〈上〉半族と〈下〉半族（Hanan と Hurin）の二集団に分割されていた。この分割については、ガルシラソの次の文章がほかの証言と関連づけられるべきである。「クスコの全住民は部族やリネージごとに集団をなして（八月の儀礼に）出かけていく。（略）彼らは席に就く。誰もがその身分に応じた席に。そして一方の側にハナン＝クスコが、他方の側にフリン＝クスコが。（略）ハナン＝クスコの家族とフリン＝クスコの家族とともに、司祭たちが行列をなして登場する。それぞれの家族は祖先のミイラを携えている」。さらにこうある。「死んだインカ〔支配者〕たちの遺骸と一緒に、彼らはすべての聖遺物 huacas を広場に運んでくる。インカたちと飲食を共にするためである。ハナン＝クスコに属していたインカたちとフリン＝クスコに属していたインカたちは、それぞれのリネージの成員が控えている側に置かれる。そして彼らは遺骸に食べ物と飲み物を供える(56)」。ところで、少なくとも地理的構造から見るかぎり、クスコは両次二分法を暗示する。ハナンとフリンを分ける軸が、帝国を南北に走る街道に垂直に交差しているのである。この事例でも互隔世代の仮説は、この仮説の互いに相容れない二つの含意――双方出自と父方婚――ともども、慎重に検討されなくてはならない。

注

（1）Han Yi Fêng, The Chinese Kinship System. *Harvard Journal of Asiatic Studies*, vol. 2, n°. 2, 1937. 本章および以下の諸章でフランス社会学派の伝統にそぐわない転記法を用いる点、中国学者に寛恕を請わなくてならないが、しかし比較社会学的作業をなすにあたって我々は、原住民の使う名前と用語の転記法の問題をそのつど全体として検討することにより、もっとも単純であってなおかつ民族学者の慣用語法にもっとも適合すると思われる解決を求めざるをえなかった。周知のとおり、民族学者たちは実地観察者の転記法をなるべく尊重しようと心がけている。たとえばアメリカでは民族学ばかりでなく言語学ですら、*Iroquois*〔イロクォイ〕、*Sioux*〔スー〕、*Huron*〔ヒューロン〕など、音声的価値は低いが最初の観察者の使ったフランス語転記の呼び方に忠実である。同じく *Chukchee*（こう転記される理由は英語を参照しなくてはわからない）はこの集団〔チュクチ〕の最良の権威ボゴラスによる転記であるので、また *Gilyak*〔ギリヤーク〕はロシア人観察者に由来する転記であるので、国際的慣用としてそのまま認められている。こうした例は枚挙に暇がないと言っていいが、中国語からの転記の場合、我々のとった立場はいささか微妙である。というのも、我々の援用した著者たちは英語で書くことを意識的に選び取った中国人であり、彼らは中国語を英語に転記している。これをさらにフランス語に転記することは、中国に関する情報提供者（ここでは傑出した学者たち）に対して許されざる独断を行使することで、民族学の最良の伝統とは相容れないように思われた。異なる転記法を用いている複数の資料に同時に言及するときは、対応するほかのおもな語を、そのつど括弧にくくって示すよう努めた。

（2）Process in the Chinese Kinship System. *American Anthropologist*, vol. 35, 1933.
（3）*American Anthropologist*, vol. 34, 1932.
（4）A. L. Kroeber, p. 151-152, 155. — Fêng, p. 168-170.
（5）Fêng, p. 151, n. 23; Kroeber, p. 153.
（6）Fêng, p. 151-153.
（7）p. 153-154.
（8）L. H. Morgan, Systems of Consanguinity and Affinity of the Human Family. *Smithsonian Contributions to Knowledge*, n° 218. Washington, 1871, p. 431.
（9）Fêng, *op. cit.*, p. 269.
（10）p. 160.
（11）Granet, *op. cit.*, p. 32.
（12）Kroeber, *op. cit.*, p. 156.
（13）Morgan, *op. cit.*, p. 413.
（14）Kroeber, *op. cit.*, p. 156-157.
（15）K. Davis / W. L. Warner, Structural Analysis of Kinship. *American Anthropologist*, vol. 37, 1935.
（16）C. Lévi-Strauss, *L'Analyse structurale…*, *op. cit.*

（17）Fêng, p. 145.
（18）*Catégories*, *op. cit.*, p. 22 *sq.*
（19）*Id.*, p. 37.
（20）Fêng, *op. cit.*
（21）Fêng, *op. cit.* の図表ⅢとⅣ（p. 166, 182）。
（22）*Ibid.*, p. 181.
（23）Fêng, p. 165. ただしM・J・エスケイラは、漢代の法文がすでにこの禁忌を打ち出していることを我々に教える。
（24）*Id.*, p. 181.
（25）F. Lang-Kwang Hsu, Concerning the Question of Matrimonial Categories and Kinship Relationship in Ancient China. *T'ien Hsia Monthly,* vol. 11, n° 3-4, 1940-1941, p. 357, n. 22.
（26）第11章参照。
（27）Fêng, *op. cit.*
（28）*Ibid.*, p. 184, n. 41.
（29）この点、フェンはチェンおよびシュリョックと見解を異にする。Fêng, p. 184, n. 43.
（30）p. 185.
（31）第23章参照。
（32）Fêng, p. 175.
（33）Hsu, *op. cit.*, p. 360.
（34）Cf. H. G. Creel, Studies in Early Chinese Culture, 1st series, *American Council of Learned Societies, Studies in Chinese and Related Civilizations* n° 3, Baltimore, 1937.
（35）Creel, *op. cit.*, p. 97, n. 2. 商王は「多数の父親」に生け贄を捧げる。父のリネージと父の世代に属すすべての男が父と同一視されていたことを、これは暗に物語る（Creel, *The Birth of China.* New York, 1937, p. 128）。

(36) Creel, *op. cit.*

(37) Fêng, *op. cit.*, p. 175, n. 14.

(38) Granet, *Catégories*, p. 3-5.

(39) B. Z. Seligman, Compte rendu de Fêng, *op. cit.*, in *American Anthropologist*, vol. 41, 1939.

(40) Granet, *op. cit.*, p. 210. — Fêng, *op. cit.*, p. 194 *sq.*; Teknonymy as a Formative Factor in the Chinese Kinship System. *American Anthropologist*, vol. 38, 1936.

(41) Fêng, *op. cit.*, p. 195-196. — Hsu, *op. cit.*, p. 263.

(42) Fêng, p. 190.

(43) Fêng, p. 190, n. 72.

(44) *Op. cit.* Francis L. K. Hsu, Compte-rendu de Granet, *Catégories*. *Man*, vol. 40, n° 183, 1940 も参照。

(45) Hsu, p. 256-257.

(46) Hsu, p. 357, n. 20.

(47) Hsu, p. 257-259.

(48) *Ibid.*, p. 354.

(49) *Li Ki*, trad. Couvreur. XX, t. 2, p. 262.

(50) *Id.*, t. 1, p. 288, note.

(51) 第12章参照。

(52) Lin Yueh-Hwa, The Kinship System of the Lolo. *Harvard Journal of Asiatic Studies*, vol. 9, 1946, p. 94.

(53) Hsu, *op. cit.*, p. 258, n. 7.

(54) H. Maspero. *La Chine antique*. Paris, 1927, p. 251-252.

(55) Garcilaso de La Vega, *Histoire des Incas*. Trad. française. Paris, 1787, t. 1, p. 167.

(56) Ch. de Molina, *An Account of the Fables and Rites of the Yncas*, in C. Markham, *Narratives and Rites*..., p. 26-27, 47-48.

第21章　母方婚

姉妹交換を含んだ双方交叉従姉妹との結婚という婚姻体系が古代中国に存在したことは、数多くの情報が示唆する。いかなる情報であるか、手短に思い出しておこう。まず、『爾雅』の伝える名称体系、名称体系における親族同一視体系、四リネージへの親族・姻族の振り分けがある。次に、グラネが『古代中国の祭りと歌謡』〔『中国古代の祭礼と歌謡』内田智雄訳、東洋文庫、平凡社、一九八九年〕で描き出した、古代の農民生活に関する事実がある。「古代の祭りの主たる特徴は、婚姻交換を可能にする性的オルギアにある。（略）婚姻連帯が連盟集団間の保証体系の台座をなす」(1)。ラドクリフ＝ブラウンが山西省や河南省に残存を確認するのはこの型の体系で、古代中国における交叉イトコ婚問題を全面的に取り上げ直すなか、白居易（紀元七七二年～八四六年）の漢詩を引用しつつチェンとシュリョックが明示するのもまた、この体系である。その詩は、村名が二つのクラン名の並置からできている江蘇省のある村のことを歌う。

徐州古豐県、有村曰朱陳

一村惟両姓、世世為婚姻

「徐州の古豐県にある朱陳と呼ばれる村には二つのクランしかなく、このクランは何世代にもわたって婚姻を交わしてきた」(2)

かくしてグラネ、チェン、シュリョック、とりわけ次に挙げる推定年代の出所であるフェンとともに――ただしシューは当否の判断を控えている――いかにもこう認めたくなる。少なくとも紀元前一世紀末までは、中国（ないし中国の特定の地方）に双方交叉イトコ婚がごくふつうの慣習として実在した、と。それぞれの共同体が、隠然とであれ顕然とであれ、二つの外婚集団に分かれていたこと、または地縁共同体が婚姻を目的として二つずつのまとまりをなしていたことを、双方交叉イトコ婚の実施は前提にしはするが、しかしグラネの考えたのとは違って、四クラス体系を前提にすることはまったくない。四クラス体系の存在を漠然とうかがわせる事実も確かに見られはするものの（双方出自の蓋然性、昭穆配列の若干の性格など）、論理的必然性としても、歴史の不可避的な一段階としても、さらに考察されている地理的エリアの一般的性格としても、四クラス体系の仮定は必要とされない。

四クラス体系にかかわる事実以外に、それらと相容れないほかの事実がある。グラネが斜行現象の名のもとに一括した事実を真っ先に挙げなくてならない。二つの異世代に属す女たちと結婚する領主層の習わしと、そして親族分類法のもつ同値関係のうち、二つの隣接世代に属す親族または姻族を同一視させるいくつかの同値関係である。姻族が *yin*〔姻〕と *houen*〔婚〕の二つに類別されて、いくつかの指称語が男同士か女同士でしか用いられないよう機能特化されていることは、とりわけ注目に値する。集団の非対称構造をこれはうかがわせるのである。

親族分類法の示すこうした斜行性ないし非対称性は、フェンによる特別な分析の対象になった[3]。二つの隣接世代の成員にあてられる五つの名称が知られている。

chiu〔舅〕　母の兄弟、妻の兄弟
yi〔姨〕　母の姉妹、妻の姉妹
po〔伯〕　父の兄、夫の兄
shu〔叔〕　父の弟、夫の弟

ku〔姑〕　父の姉妹、夫の姉妹

これらの関係はもともとはすべて区別されていたが、そこに同等視現象が生じた。それの生じた時期は一般に特定可能で、たとえば *chiu* が妻の兄弟へと拡大適用された時期は紀元前十世紀にさかのぼり、現在では限定辞を付加することで二つの用法の区別が図られる。母の兄弟をさす場合は *chiu fu*〔舅父〕、妻の兄弟をさす場合は *chiu hsiung*〔舅兄〕か *chiu ti*〔舅弟〕として、父の世代に属す *chiu* と兄弟の世代に属す *chiu* とが区別されるわけである。[4] *chiu* における母の兄弟＝妻の兄弟の同等視は、厳密には妻の兄弟の娘との婚姻の結果として解釈できるであろうが、しかし妻の兄弟に適用される少なくとも一世紀ほど前に *chiu* がすでに「妻の父」の意味を失っていることをフェンは指摘し、これに関する彼の議論は動かしがたく思われる。*po* と *shu* の語義拡大は既知の用法すべてを動員しても説明のつかない現象である、とフェンには見えている。純粋に理論的な関心から言っても、この点についてはフェンに異論を唱えることができる。母の兄弟の娘との婚姻を伴う母系リネージ体系であるなら、父の兄弟と夫の兄弟との一括化は容認できる。女である〈私〉の視点から見て、いずれも私のリネージから妻をめとる男たちなのだから。[5] このとき *ku* は、ふつうには *po* の姉妹と *shu* の姉妹をさすだろう。同様の解釈を *chiu, shêng, yi* にまで広げることは、男である〈私〉が母系の視点に立つと仮定してのみ可能であるが、これは多大の困難を招く仮定と言っていい。事実としても、夫の兄への *po* の拡大適用は紀元十世紀に始まる後代の用法、ゆえに〔時代的に〕母の兄弟の娘との婚姻という形式には相容れない用法なのである（この用法が仮に雲南省にのみかぎられるのなら話は別だが、そのような地域的限定を指摘する著者は一人としていない）。同じく *ku* もまた、紀元四世紀近くになってはじめて夫の姉妹に適用された。名称 *yi* は『爾雅』〔紀元前二世紀ごろ以前〕では妻の姉妹にあてられているが、母の姉妹への拡大適用の例は紀元前五五〇年以降にしか確認されない。この拡大適用は亡父の寡婦との婚姻によっても説明できるが、それを実証するものはどこにもない。[6]

おそらく年代に留保をつける必要がある。習わしというものは文献に現れるはるか前からすでに実施されているし、また地域の習わしが別の地方に新たに伝播することも、広範に流布する習わしのなかに、征服戦争や固有の慣習をもつ民族の植民化の結果として統合されることもあるだろう。いずれにせよ、先に挙げた五つの名称の拡大適用を、ただ一つの婚姻形式や特定の親族体系に帰着させることなどできはしない。チェンやシュリョック同様、フェンもあれら名称のテクノニミーによる解釈を提唱した。男たち・女たちが義理の兄弟を *chiu, po, shu* と呼ぶとき、彼ら・彼女たちは、自分の子供がこの義理の兄弟に対して用いる名称体系をそのままあてているにすぎないというわけだ。このような説明はつとに十八世紀以来、中国の理論家たちによっても差し出されている。「あなたの妻の兄弟はあなたの子供たちにとって *chiu* である。この場合、名称の適用範囲は下位世代から上位世代に向かって拡張されているのだから、子供のほうがいわば「逆テクノニミー」によって父親の言葉づかいを真似るのだと考えなくてはならない[8]。

一九三六年の研究であれら五つの実例を吟味したのち、一九三七年の一般的な研究においてフェンはほかの三つの実例を追加した。名辞 *shên*〔嬸〕は指称語として父の弟の妻および夫の弟の妻に対して用いられ、年少世代へのこの拡大適用は宋代に始まる。さらに名称 *kung*〔公〕と *p'o*〔婆〕も祖父母から夫の両親へと拡大適用される。これら三つの事例すべてについても、フェンはテクノニミーを援用する。彼によれば、テクノニミーは中国では説明として持ち出すのに耐えうるほど広範に普及しているだけでなく、時期的にも古くから(紀元前四八九年)確認される[9]。

フェンの見解はおそらく正しい。しかし彼がテクノニミー概念をいちじるしく拡張して一種の万能薬のごとく用いる点には、留保をつけなくてはならない。テクノニミーが出現したこと、特定の事例にのみテクノニミーが介入することが、またそもそも問題なのではないか。しばしこの点を検討してみよう。

＊＊＊＊

テクノニミーの語はタイラーによってつくられ、ある人が当人の名前で呼ばれる代わりに、その人の卑属のなかの誰某の父、母、祖父、祖母などと呼ばれる習俗をさす。ローウィもやはりこれと同じ語義を踏まえてテクノニミーを論じ[10]、この制度は名称体系の不備に由来すると解釈する。問題となる親族をさすための特別な名称が言語に欠けていることの結果か、欠けていなくても、礼儀上の理由からその名称を特定の場合にか全面的にか使用できないことの結果である、と。フェン以前にもテクノニミーという用語を拡大解釈して用いた民族学者はいるし、またこの拡大解釈そのものに異論があるのではない。だがやはり指摘しておかなくてはならないが、たとえばある女性を「誰某のお母さん」と呼ぶことと「ママ」と呼ぶこと、彼女を彼女の子供の名前によって呼ぶことと彼女の子供が彼女に与える名前によって呼ぶこととは同じでない。テクノニミーのこの第一形式と第二形式はおそらく区別されてしかるべきである。ところが、フェンの議論はもっぱら第二形式に依拠しているのに、中国におけるテクノニミーの古さを証明するために彼の持ち出す観察記録[11]のほうは、第一形式にかかわっている。第一形式は問題になる習わしの説明に関与してこないから脇に置き、第二形式がどう解釈されうるかを問うことにしよう。この形式のテクノニミーは我々の社会でもごくふつうに用いられるから、まず我々自身の習慣に問いかけてみるのがいいだろう。

ある家庭が複数の子供、両親、母親の姉妹一人によって構成されているとしよう。年月がたち、この姉妹はもはや子供たちの母親（彼女の姉妹）からも子供たちの父親（彼女の義理の兄弟）からも、甥と姪が彼女を呼ぶときの幼児語で「オバちゃん tantine」としか呼ばれなくなる。この現象はどう解釈されうるか。三つの説明が可能である。

集団の成員のうち、子供たちがいちばん大きな威厳をもつのなら、その事実を両親は子供たちの名称体系を採用することで公言しているのである。逆にオバの威厳を、ひいては自身の世代の威厳を損なわぬようにするために、両親が子供たちの名称体系を採用することもあるだろう（たとえば、子供たちに母親のことを語る父親は「おまえたちの母さん」または「ママ」とは口にしても、彼自身の使う、しかし子供たちには使うことの禁じられている直接的な指称語――妻のファースト・ネーム――を用いはしないだろう）。最後に三つ目の解釈にも思いいたる。呼ばれる側の女性に対して、呼ぶ側の人それぞれが異なる指示語体系をもち、誰が呼ぶかに応じて彼女は「姉妹」、「義理の姉妹」、「オバ」になるとする解釈である。この解釈では、ゆえに集団の二人の成員が互いにこの女性に言及しようとするとき、二人は自分の指示語体系を用いるか、話し相手の指示語体系を採用するかのどちらかを選ぶほかないが、どちらを選んでも十分でない。この困難は子供たちによって指示語が指称語に変換されれば、つまり「オバ tante」が「オバちゃん tantine」になれば解決される。要するに《tantine》は名指される人から見れば個人名、この語を用いる人から見れば非個人名（個別的親族関係を含意しない名称）として現れるわけである。かくして我々の手元には二つの説明原理がある。一方は情緒的根拠（威厳）に、他方は論理的根拠（すべての指示語体系に共通する名称を見出すことの必要性）にもとづき、前者の原理はそれ自体のうちに、二つの対立する解釈を含む。見られるとおり、テクノニミーの問題は単純でない。該当する原理は第一と第二のどちらであるのか、または第二原理のとるどちらの様態であるのかを、ケース・バイ・ケースで決定しなくてならない[12]。

フェンのように二つの逆方向のテクノニミー形式を一度に持ち出せば、いま述べた困難はさらに深刻さを増す。ある男が義理の兄弟を *chiu*〔舅〕と呼ぶ理由は、確かに彼に対して自分の子供の言葉づかいを用いるからだが、しかしこの男が自分の母の姉妹を *yi*〔姑〕と呼ぶ理由は、彼女に対しては、逆に自分の両親の言葉づかいを用いるからだとされる。いったいどんな条件が、この二つの逆さまの手続きの同時にあることを可能にするというのか。実際、それぞれの手続きの出現した日付は大きく離れていて、じつに十五世紀の開きがある。これほどの隔たりがあれば、それに付随して中国の家族に生じた、さまざまな変化を特定せねばならないはずである。問題全般にわたるテクノニミーの援用は、名称の拡大適用が惹起する問題を解決しない。テクノニミーとその個々の形式には――たとえそれらの形式が互いにどれほど異なっていようと――やはりなんらかの根拠が、むしろケースごとの根拠がなくてならず、テクノニミーを原理として恣意的に持ち出すことは許されない。

*yi*のケースでは、フェンから袂を分かちたい気持ちがいよいよ強まる。すでに述べたように、この名称が母の姉妹にまで拡大されるのは古代のことで、紀元前六世紀にさかのぼるようだ。これだけでも、検討しているほかの諸ケースからこのケースを切り離すのに十分だろう(13)。すでに見たとおり、*yi*の拡大適用を説明するためにフェンは紛れもない「逆テクノニミー」を仮説として押し出さなくてはならない。グラネのほうは父親の寡婦と息子との婚姻による説明をほのめかしていて、フェンの検討する諸実例を引いてこう強調する。年代記作家たちがこれらの事例を描き出すのは、もっぱら怒りを込めてそれを指弾するためである、と(14)。しかし指弾の必要があったということは、とりもなおさず父親の寡婦と息子との婚姻が実際になされていたということで、少なくとも当の地理的エリアでは実施されていたはずである。実際、フェンとグラネの参照する批判というのは、古代の作家たちが、漠北草原〔ゴビ砂漠の北方〕の遊牧民である匈奴に向かって投げつけた批判である。まさしく匈奴が自分の父の寡婦との結婚をおこなっていたからだ。グラネがはっきり見抜いたように、継母との婚姻は、息子が死んだときにその寡婦や婚約者と結婚することを許す体系と同じ体系のなかに容易に収まり(15)、さらに後者の習俗と妻の兄弟の娘との選好婚のあいだに相関性を立てることもできる。この事実を付け加えるなら、認めなくてはならない。そこにあるのはいちじるしく示唆に富むひとまとまりの事実で、いずれの事実もが同じ結論に収斂する、と。グラネはテクノニミーによる説明をも受け入れるわけだから、この結論に二重の決定因を結びつけている。

＊＊＊＊

無用にして複雑な八クラス体系仮説のかたちでグラネがためらいもなく表明したのは、この帰結であった。彼は古代の諸時代に帰せられる四クラス体系と現代の自由とのあいだに、八クラス体系を挿入するのであるが、この再構成のもつ思弁的性格を、我々はすでに強調しもし批判もした。しかし彼の再構成のエッセンスは、父の姉妹の娘との婚姻を排除して母の兄弟の娘との婚姻をおこなっていた時期ないし地域が中国にあった、との仮説を言っているのであり、この仮説がなんらかの価値を失わずにいることははっきり認めなくてならない。もっともそれはグラネ本人の持ち出した根拠によるのでは必ずしもなく、我々はそのうちの二つの根拠だけを手元に残すことになるだろう。一つは姻族を houen〔婚〕と yin〔姻〕とに分かつ二分法で、この二分法を議論した著者は残念ながらグラネ以外にいない。もう一つは中国南部にカチン型体系の存在することである。カチン型体系との強い類縁性を示すものにギリヤーク型体系があるが、中国全域から見れば、この体系は北部の位置を占め、カチン型体系の占める南部の位置と対称をなす。グラネがギリヤーク型体系の存在を知っていて、ルシャイ＝クキ型体系とナガ型体系をも勘定に入れ[16]、さらにチベット型体系を分析していたら、はるかに大きな価値を自分の仮説（少なくとも我々がエッセンスとして残しておいたそれ）に認めてしかるべきであったろう。実際、中国周辺部一帯に見出される婚姻規則と親族体系はすべて同一であると言われ、周縁的位置に分布していることからしてもそれらが古代の残存であることはうかがわれる。だが逆にこのことは、おそらく自分の年代推定に疑問をいだくきっかけをグラネに与える理由にもなったであろう。問題のもつこの側面にはあとでまた立ち戻る。

グラネのもっとも厳しい批判者が注目すべき成果を付け加えることで逆にグラネの主張に寄与するとは、けだし奇妙な逆説であった。母の兄弟の娘との婚姻が現代中国にも異論の余地なく存在することを、最近の論文「中国における交叉イトコ婚の考察[17]」でシューは立証する。彼が論証の下敷きにするのは、まずカルプ[18]およびフェイ[19]の公表した調査結果で、次にとりわけ自分が華北、雲南省西部と昆明とでおこなった実地調査である。これらいずれの地域でも母の兄弟の娘との婚姻が（義務づけられているわけでないが）好まれ、父の姉妹の娘との婚姻は無条件に非難される婚姻型である。通常、前者は「（父方）オバに倣う結婚」、後者は「家に帰る結婚」と呼ばれる[20]。この区別の機能的価値をめぐる、いささか朴訥な議論は脇に置き、ここでは事実だけを取り上げることにしよう。フェイによって研究された江蘇省の村では、いま言った二つの婚姻型は「上り坂婚〔上山去〕」「帰り婚〔回郷去〕」として区別される。シューの記述する雲南省西部の町では、あるインフォーマントの言うところ、母の兄弟の娘との婚姻が「全婚姻の少なくとも七〇パーセント」を占める。シュー自身は、この割合はいかにもおおげさすぎると見ているが、それでもやはり「この婚姻型の頻度はまちがいなくきわめて高い」と認める。[21] 福建省でも母の兄弟の娘との婚姻は広くおこなわれ、逆に父の姉妹の娘との婚姻は、違法でないにせよ、忌避すべきものと見なされる。[22] シューの質問に答えた華北のインフォーマントは、全員が父方従姉妹との婚姻を「骨肉の帰り」に等しいとして非難する。「骨肉の帰り」という言い方については、別途、注釈を加えるつもりである。[23] シューは母方従姉妹への選り好みについての解釈を試み、こう認める。古代には双方交叉イトコ婚が存在したが、いよいよ重きをなしていく父‐息子関係、祖先祭祀〔祖先供養〕の発展など、この定式に不都合な要因の影響によって単方型が発展した、と。自分の仮説がグラネとは別の事実、別の議論構成に依拠することをシューは強調するが、その彼も、仮説それ自体はやはりグラネと同じであることを認めざるをえなくなる。[24] 仮説よりも事実が重要である。しかし事実は、我々がここにいたるまでに親族体系の構造的一般法則として取り出すことのできた法則それの枠組みのなかに、組み込まれなくてはならない。

問題になっている二つの体系（双方交叉従姉妹との婚姻と母の兄弟の娘との婚姻）は二つの基本定式、限定交換と全面交換に対応する。思い出してもらいたいが、集団が原初において外婚半族に分割されて標準的な発展過程をたどれば、いずれの定式も出現しうる。しかしまた、限定交換がいちだんと複雑な構造のなかにうまく維持されるのは、この構造が非調和体制の性格をもつ場合にかぎられることも我々は知っている。起源の構造やそれに後続する諸構造が調和体制に従属している場合、体系は全面交換への移行を条件にしてしか複雑な体系へと発展することができない。中国にあてはめてみると、これらの考察は双方婚体系が単方婚体系に向かって進化しうることをまず意味するが、しかしまた初発の体系が調和的である場合にしか、つまり父系・父方居住または母系・母方居住である場合にしか、この進化の考えられないことをも意味する。続いてすぐに指摘しておこう。単純な形式からより複雑な形式が出てくるかのように母の兄弟の娘との婚姻が互隔世代体系から発生しえたとする仮説を、調和体制という条件は、受け入れがたいものにするとは言わないまでも、すこぶる怪しげなものにする。じつに互隔世代体系は、定義からして非調和体制の表現であるのだから。互隔世代体系が——父方婚を別にすれば――双方婚をもたらすことはそのとおりとしても、言うまでもなく、双方婚が互隔世代体系をもたらすわけではない。

したがって、グラネによって前提にされてシューによって実証された婚姻、母方交叉従姉妹との婚姻が半族体系から分離してくることがありえたとしても、それはこれらの半族が、起源において、父の系でか母の系で調和的であった場合にかぎられる。グラネの集めた手がかりは決定的でないにせよ、やはりなんらかの母系的要素が中国古代の家族のなかに存在しえたことを、ある程度の確率で示していて、しかもかなり古い時期にこの要素が消滅して、純粋に父系的な体系に取って代わられたことをもうかがわせる。歴史的に見て母方婚が双方婚のあとを襲ったとするなら、ゆえに認めなくてならないが、古代の家族は家名か地縁集団の一方に関して母系であったというだけでなく、どちらに関しても母系であったのである（調和体制）。しかも全面交換が出現するまで、古代の家族はずっとそうでありつづけた。でなければ、全面交換の出現は説明できない。実際、まさにこのようであったからこそ、グラネの言う八クラス体系を定式化するときに気づかれるように、この体系は母系原理の発展（二つの母方居住集団から四つのそれへ）に基礎をもち、父系的要素（半族）は変化せずに残りつづける（図58および図59参照）。ところが、グラネは男系原理が徐々に力を得ていった結果として八クラス体系の出現を説明するわけだから、そこに矛盾があり、彼の理論にとって小さからぬ桎梏となる。ならば、母系・母方居住の調和体制は、突然、別の調和体制、父系・父方居住に転換したとすべきか。このような仮説を立てさせてくれるものはなにもない。なるほど、この仮説から全面交換体系が帰結するとしても、その全面交換体系は八クラスでなくて四クラスをもつだろう。要するに、どう転んでもグラネによる再構成は行き詰まる。

これら矛盾し合うデータの解釈を試みようとする人に開かれている道は、一つしかない。『古代中国の舞踏と伝承』の序論でグラネもまたその道に誘惑を感じたようだが、しかしそれは、もっぱら当の道をすぐさま捨て去るためだった。中国の諸事実は二つあった体系（限定交換と全面交換）のそのさまざまな遺制や残存を伝えていると受け入れることが、言うところの道である。二つの体系は各文化や各地域の独自性とかなんらかの社会的分化を証言するものとして、少なくともある期間は同居していたはずで、とりわけ社会的分化は、貴族と農民が異質な住民層から出てきたことをうかがわせるほどにも進んでいただろう[25]。その証拠に、グラネもつねに気づいていたように、二つの体系は二つの階級の習わしとして対立する。女を交換するのは村と村であるが、斜行婚はもっぱら封建貴族の特権でしかなかった。二つの体系の社会的併存を、なにがなんでも歴史的継起へと変換する必要などあるのだろうか。

＊＊＊＊

いずれにせよ、我々から見て肝心と映る、一つの事実を強調しておかなくてならない。封建領主の斜行婚は遠く太古にさかのぼる習わしで、中国の婚姻の様子を伝えるもっとも古く、しかもまちがいなくもっとも精確な情報の一つである。封建領主が正室のほかに八人の側室を同時にめとるのは、じつに周代〔前一一〇〇年ごろ～前二四九年〕のことである。「*yin*〔姻〕は次のようにして徴募された。花嫁と八人の *yin* が三人ずつの三グループに振り分けられる。第一グループには花嫁と、彼女の妹たち・異父妹たち＝*ti*〔娣〕の一人、花嫁の兄の娘たち＝*chih*〔姪〕の一人が含まれる。これら三人の女が主グループをなす。花嫁と同じクラン名をもつ別の二つの荘園のそれぞれが、主となる *yin* と、さらに *ti* と *cihih* を一人ずつ提供する。こうして三つのグループと計九人の女が用意される。これら三つ以外の荘園が女を出すか出さないかは各荘園に一任されねばならず、強要は許されない。他人の子供に *yin* という不名誉な役割を求めることは、妥当な要求でないからである」[26]。妻の兄の娘と婚姻する習俗は紀元前三世紀になくなり、紀元六二七～六八三年に発布された唐律は、異世代成員間での婚姻禁忌を不滅化する[27]。古代の訓古学者たちは妻の姪が特別視されるわけをさまざまに説明したようで、グラネとフェンも多様な諸説を取り上げた。グラネはこう注意を促す。「三人姉妹は『宝』である。というのも中国で『三』は完全無欠を意味する。（略）だから、三というまとまりをつくるために、嫁に出せる二人姉妹に彼女たちの姪一人を付け加えるのが（略）望ましいとされるのである」[28]。そうしないと、現世代の行使しうる縁組手段を特定の姻族からいっさい奪ってしまう恐れが出てきて、「補償的意味合いのあった慣習を濫用する」[29]ことにつながる。フェンの引く訓古学者たちによれば、妻の姪との婚姻の目的は領主にたくさんの子孫を残させることにあるようだ。「二番目の妹よりも姪を*yin*のトリオに含めることで別の血が繰り込まれ、二人の姉妹に子ができなくても、この姪に男児を期待できる」[30]。この解釈は『白虎通義』〔後漢の粛宗の命により五経の異同についてなされた研究書〕に依拠し、その編著者とされる班固は紀元三二年に生まれ、九二年に歿している[31]。これほど後代に断固とした母系的な――というのも、兄弟の娘が彼女のオバから区別されうるのは、ただ母親をたどるときのみなのだから――解釈がなされていたとの指摘は、いかにも奇妙な感じがする。いずれにせよ、グラネとフェンによって報告されているもろもろの理由づけは、紛れもない合理化の産物である。確かにフェンのなすように、妻の兄弟の娘との婚姻が西漢〔前漢〕（紀元前二〇二〜紀元八年）の初頭以来、一例も伝えられていないと指摘することも、*yin*の習わしを漢代の文官〔儒家〕によるつくりごとではと見る専門家のいることを強調することもできる[32]。しかし*yin*の習俗が世界のほかの地域にじつにたくさんの類似物をもち、古代中国社会の示すほかの性格ともじつによくなじむ以上、この習俗を、検討中の体系の根幹にかかわる構造的現象として取り扱わないではいられない。

だがまさにこのような取り扱いに、グラネもフェンも――ただしそれぞれ別の理由から――手をつけようとしない。グラネはすべての事実を一つの進化系列に沿って整理し、単純な形式（あるいは本人がそう見なすもの）から複雑な形式（あるいは本人がそう見なすもの）を派生させることにばかり気をとられているため、斜行婚のもつ客観的な古代性が眼中にまったく入ってこない。彼の学説に組み込まれる斜行婚は、進化がすでに長い経過をたどったのちのその一段階、この進化のじつに終わり間近に位置づけられる段階にすぎず、彼にとって進化のはじまりとその開花期は、時間の暗闇のなかに没している。同じく封建期もやはり、遅咲きのほとんど最近に属すと言っていい現象として出現して、それ以前にはクラン組織の長い時代があったとされる。ところが、そうなると、はじめて中国社会に触れることのできる瞬間から、つまり商文化とともに、我々はすでに封建制のただなか、それどころか封建制の爛熟期と言いたくなるような時期にいることになる。[33] 現在の知見の及ぶかぎり、中国社会は、おおまかに言って、リネージ優勢の封建体制からクラン組織へと進化し、クラン組織から徐々に父系家族が分離してくるのであって、この逆ではない。フェンがみごとに明らかにしたように、外婚規則がその発達と相俟っていよいよ厳格に捉えらえていく経緯は、こうした見方を裏づける。[34]

しかし、ならば、封建的諸制度あるいは我々が封建的諸制度の一部として確認できるものが、貴重このうえない情報源、古代親族体系をめぐるあらゆる解釈の試みの出発点、この体系の構造がしかるべく組織化されるための基軸をもたらしてくれなくてならないだろう。そうであってこそ、妻の兄弟の娘との婚姻は、体系への接近路を開く稀有な鍵の一つとして現れると言っていい。ところがフェンは、この方向に通じるあらゆる出口を封殺することにかまけ、妻の姪との婚姻に要となる与件を見るどころか、一貫してその重要性を割り引いて一つの変則性に帰着させるか、ソロレート婚のようなほかの制度に由来する取るに足らぬ結果に帰着させようとする。「ソロレート婚が大々的に存在するなら、妻の兄弟の娘との婚姻が伴うことはありうる。というのも、妻の兄弟の娘は、妻に適齢期の姉妹がいないときの好都合な代替物になるからである。そのような習俗が中国の封建貴族層のあいだに存在したことを伝える情報は多々ある[35]」。ただしこの慣習は「任意性が高く」、結局「合法的インセスト」に行き着き、「貴族層のあいだでも支配的になることは」一度たりとできなかった。「当時のイデオロギーにおいてかくも重きをなしていた世代同等原理に、それは反するので[36]」。当時とはいつのことか、と聞き返したくなるところである。というのも、フェンのたどってみせた世代同等原理の発展は――本人の言によれば――唐代に頂点に達する。つまり彼が問題の婚姻形式の消滅をしるしづけるとする時期から、千年もあとのことなのである。

妻の兄弟の娘との婚姻はけっして頻繁に見られたわけでない、とフェンは主張するが、その証拠をいっさい呈示しない。小貴族層がこの婚姻形式を実施していたにちがいないこと、確認されるいくつかの事例では大臣たちもそれを採用したこと、さらにこのような婚姻の権利が文官たちにあるのか否かが議論の的になったこと、これはフェン自身も認めるところである。妻の兄弟の娘との婚姻は、要するにそれほど稀有で突飛な習俗ではないのである。[37] なるほど、言うまでもなく、唐代の、またそれ以後の訓古学者たちは、逆の事態を意図的に受け入れさせようとしたのだけれど。

しかし古代の習俗がきわめて広範に伝播しえて、ときに幾世紀にもわたって生き延びたことの興味深い裏づけが、シュリョックの英訳したある著作〔『滇黔土司婚礼記』〕に見出される。[38] 著者の陳鼎は十七世紀の人で、この若い漢民族は華南の民族——彼はミャオ〔苗蛮〕と呼ぶ——に属す貴族の一家族のもとで、ある婚姻のたどった意外な経緯を身をもって体験した。この民族は「婚姻によって代々連帯してきた」四つのクランに振り分けられる。長女は嫁ぐとき、八人の若い侍女か側女をお供に連れていく。著者の言によれば「一度に九人の女をめとる貴族の古い習俗がこのようにして保たれていた」。そしてミャオの古代性と保守性とを彼は強調する。「彼らの習俗は未開で、三王朝〔夏、殷、周〕の習俗に似ている」。事実、ミャオの八人の側女は、三つでなく二つのまとまりに分かれ、第三廟堂の裏の傍屋に「各棟四人ずつ」住む。彼女たちは必ずしも正妻より年若いわけでなく、また世代を異にする者がいるとの証拠もいっさいない。「八人の側女のうちの四人は私の妻のクランに属し、ほかの四人は裕福な家の出である。年齢について言えば、私の妻はちょうど中間に来る。いちばん年長の側女は妻より四つ上、いちばん年少の側女は四つ下で、それぞれの女のあいだには一歳ずつの年齢差があった」。*yin*〔姻〕にもとづく婚姻とはどこを見てもかなり違う。そして著者は解釈に手をつけるわけだが、そのとき、これらの特徴はすべて「周の習俗に一致する」と公言する。[39] だが忘れないでおこう、話は十七世紀後半のことである。少なくとも二千年前、おそらくはそれ以前にさかのぼる古い習俗が深い変質をこうむったにちがいないことをたとえ認めても、しかし本質的な特徴がこれほど長い期間を経て相変わらず残っている以上、当の習俗が起源においてまれな、ほとんど異例なものであったことを、それが暗示するとは、とうてい思われない。著書の結論部で次のように指摘する陳鼎と彼がそこで引き合いに出す民間の言い伝えは、フェンよりも的確な社会学的感覚を示す。「中国ですら長いあいだ忘却のなかに沈み込んでいた三王朝の習俗は、このようにして国境づたいで保たれている。古い諺は言う。『礼が失われたとき、それを純朴な人々のあいだに探せ』。失われた礼はいまではもはや純朴な人々のもとにすら見出せない。それはミャオのもとに見出されるのである。なんと悲しいことか[40]」

陳鼎の叙述の一細部には、格別の注意を向けてしかるべき価値がある。こう言明している箇所である。ミャオの四つのクランは「婚姻によって代々連帯してきた」のであり、第一夫人がもうけた長女は、他家の第一夫人がもうけた長男と結婚しなくてならない。現におこなわれていた互酬の型について、著者はまったく情報を与えてくれないが、しかし忘れないでおこう、場所は雲南省である。母の兄弟の娘との婚姻がいまもじつに高い割合でおこなわれているとシューの報告する地域にして、なおかつカチン地方に隣接する雲南省なのである。かくして、あれら四クランは全面交換周期のなかで互いに結びついていたと想像したくなる、強い誘惑に駆られる。さて、もし雲南省にくどいほど陳鼎が強調するごとく古代の習わしが生き残っていたとすれば、夏朝と商朝のもとで外婚が第五世代後に解除されるという問題が、一気に一つの可能な解決を見ることになるだろう。クランAは自クラン内で妻を手に入れることはできず、妻をクランBから受け取る。クランBはクランCから、クランCはクランDからそれぞれ妻を受け取る。ゆえに五世代あれば、交換周期を完全に一巡するのに必要にして十分である。一人の女を譲与したクランAはその女を第五世代にいたって、最初に受け取った妻〔高祖父の妻〕の孫娘の孫娘のかたちで取り戻す。

また親族体系のもつかなり特異な性格についても、ある解釈が可能であることに気づく。フェンの指摘する次の性格である。「紀元後の二百年間、すでに長らく交叉イトコ婚の廃れていたこの時期をとおして、父の姉妹の息子は *wai*（外の）、たとえば *wai hsiung ti*〔外兄弟〕、母の兄弟の息子は *nei*（内の）、たとえば *nei hsiung ti*〔内兄弟〕と呼ばれていた[41]」。この非対称性は、交叉イトコの二つの型を名称 *shêng*〔甥〕のもとに一括する『爾雅』の対称的用法よりも後代に現れ、〔『爾雅』より新しい〕『礼記』によって実証されるのだが、しかし『礼記』の親族分類法は『爾雅』のそれに一致するのである。『礼記』の親族分類法（とくに名称 *shêng* の語義拡張）が双方交叉イトコ婚を示唆することはすでに見たが、これと同じ展望のなかでは、フェンの指摘した過渡的に現れる非対称性は理解できない。父の姉妹の息子と母の兄弟の息子は同じ資格で外部の近親である。二人とも *piao*〔表〕（*wai*〔外〕の同義語）であって、*chung*〔中〕（内部の近親。*nei*〔内〕の同義語）ではありえない。しかし文献が矛盾しているかに見えるのは、それが二つの体系を反映しているからにほかならないと考えれば、また第二の体系が母方交叉従姉妹との婚姻という型に属すのであれば、非対称性には次のように説明がつく。クランAに視点を置けば、母の兄弟の息子はクランB、つまり全面交換のもつ方向づけられた周期のなかでいちばん近いクランに属し、父の姉妹の息子はクランDないしクラン*n*、いずれにせよ、先ほどと同じ周期のなかでいちばん遠いクランに属すわけである。中国に対して一般に周辺的位置を占めるいくつかの体系では、交叉イトコのあいだに非対称性のあることと、決まった世代数によって外婚周期の長さの測られることとが連繫して現れる[42]。それゆえ、このような体系が中国でも古代的なかたちで存在した可能性はきわめて高い、と我々には思われる。以上の考察を手がかりにすれば、いまや妻の兄の娘との婚姻に立ち戻ることができる。

　なぜ妻の兄の娘との婚姻が、原初体系再構成のいかなる試みにとってもその要をなさねばならないかを我々は述べ、次にこの婚姻型が母の兄弟の娘との婚姻に一致するだろうとのグラネの直観を手元に残し、最後に、後者の婚姻型が現在の中国に存在すること、それの出現した日付のはるか太古にさかのぼる古さを多くの情報が示唆することを見た。ところで、妻の兄弟の娘との婚姻を許しつつ別の婚姻形式、母の兄弟の娘との婚姻を同時に示唆しもする親族体系とはどのようなものであるのか（「合法的インセスト」説は後代の体系に依拠した一解釈にすぎない）。これは、いずれにせよ、よく知られた体系で、その詳細な研究も世界のいくつかの地域、とりわけカリフォルニアでいまも継続中だと言っていい。類型論的には、当の体系のもっとも精緻な記述のなされた集団の名をとって言われる、ミウォク型体系がそれである[43]。本書は類型論的分析であって、歴史的再構成や地理的記述であるわけでも、それをめざしているわけでもないから、完全な類型によって遺制形態を解釈しようとする我々の勝手な試みは、たぶん許してもらえるだろう。

注

（1）Granet, *Fêtes et Chansons anciennes de la Chine.* Paris, Bibliothèque de l'École Pratique des Hautes Études, *Sciences Religieuses,* vol. 34, p. 239.

（2）Chen / Shryock, *op. cit.,* p. 629. — Granet, *Catégories,* p. 179.

（3）H. Y. Fêng, *Teknonymy as a Formative Factor in the Chinese Kinship system.*

（4）*Ibid.,* p. 61, n. 2.

（5）全面的に話し言葉の体系にあてられたすばらしい一研究で、H・T・フェイは自分の出身地でもある呉江県の体系を描き出し、クランの女たちと結婚した男たちの集団をさすのに用いられる名称の、数の少ないことを指摘する。実質的には記述的名称しか用いられないのである。このような名称の欠乏状態を、フェイは古代に双分組織の存在したことの可能性を示す指標として解釈する（p. 133）。だがこの事例でも、またフェイの分析する別の事例、上海体系でも、むしろ古いリネージ体系のことが思い当たるだろう。じつに上海体系には親族と姻族の次のような弁別が伴う。私のクランに属す男女、私のクランに婚入した女たち、私のクランの女と結婚した男たち。さらに母のクラン、妻のクラン（このクランをさす特別な語はない。妻が用いる親族分類法があてられる）、夫のクラン（妻のクランと同様、このクランにも夫が用いる親族分類法があてられる）が弁別される。これらのクランはまさにリネージの役割を演じているとの感じがする。フェイの描き出した諸体系にはいちじるしくきわだった特徴がある。主体の世代よりも若い世代をさす親族名称が完全に欠けているのである。そうした世代をさすには個人名しか用いられない（H. T. Fei, The Problem of Chinese Relationship Terms. *Monumenta Serica,* vol. 2, 1936-1937）。

（6）Fêng, *op. cit.,* p. 64.

（7）Fêng, p. 62 に引用。

（8）Fêng, p. 65.

（９）Fêng, *The Chinese Kinship System*, p. 200-203.

（10）Lowie, *Traité de sociologie primitive*, p. 107-109.

（11）チェンチー〔陳乞〕は自分の妻について語るとき「チャン〔常〕の母」と呼ぶ。*op. cit.*, p. 202.

（12）フェイ・シャオトゥング〔費孝通〕によれば（Fêng, The Chinese Kinship System. *Man*, vol. 38, n° 153 に対する論評）、江蘇省の女は、自分の義父母を呼ぶのに最初は夫の親族名称体系を用い（ただし義父は例外で、彼は変化することのない特別の名称 *čінpa* によって名指される）、子供をもつようになってはじめて、子供たちの名称体系に移行する。中国における指称語問題が、テクノニミーの語（フェンの与える語義よりも広い意味でこの語を用いる場合も含め）によって通常扱われる問題より複雑であることは、シューの一研究も示唆する。話し言葉で用いられる親族分類法は、書き言葉で用いられる親族分類法からつねに区別されているようで、なによりもまず具体的な場面を言い表すために使われる。「母の兄弟の息子に話しかけるとき、彼は『兄弟』と呼ばれるが、しかし彼を話題にする〔第三者的に指示する〕ときは、彼を実の兄弟から区別するための名称が用いられる」（F. L. K. Hsu, The Differential Function of Relationship Terms. *American Anthropologist*, vol. 44, 1942, p. 250）。つまり「個々の場面に対応できる数だけの別々の名称カテゴリー」がある（*ibid.*, p. 256）。

（13）Fêng, *op. cit.*, p. 199.

（14）Granet, *La Civilisation chinoise*, p. 401; *Catégories matrimoniales*, p. 65-66.

（15）*Ibid.*, p. 66-73.

（16）第三親等のイトコ同士の婚姻を許すインドシナ辺境のヤオの社会的組織化と比較して、フォーチュンはこう指摘する。「この規則は中国全土で幅を利かす父系外婚との鮮やかな対照をなし、父系交叉イトコ婚禁忌を伴うが、第一親等の母系イトコ同士の婚姻はとがめられない」（R. F. Fortune, Introduction to: Yao society; a Study of a Group of Primitives in China. *Lingan Science Journal*, vol. 18, n° 3-4. Canton, 1939, p. 348）。ヤオに見られるこの規則を、それに似たナガ諸民族の体系――この体系のもつ派生的性格〔おそらく限定交換と全面交換との混合性の謂だろう〕は明確に検証されている（本書第17章、四七三ページ以下参照）――と比較してみてもいいだろう。ヤオのもとにもナガ社会の進化の典型的特徴をなす細分化、リネージ（*fong*〔房〕）へのクランの細分化が見られる。

(17) Hsu, Observations on Cross-Cousin Marriage in China. *American Anthropologist,* vol. 47, 1945.
(18) D. H. Kulp, *Country Life in South China.* New York, 1925.
(19) H. T. Fei, *Peasant Life in China.* London, 1939.
(20) Hsu, *op. cit.,* p. 84.
(21) *Ibid.,* p. 91.
(22) Lin, *Kinship System of the Lolo, op. cit.,* p. 94.
(23) 第23章および第24章参照。
(24) Hsu, *op. cit.,* p. 101 and p. 101, n. 64.
(25) とりわけこの理由からして、漢型体系をめぐる別の研究、C・C・ウ〔呉〕の論文（C. C. Wu, The Chinese Family: Organization, Names and Kinship Terms. *American Anthropologist,* vol. 29, 1927）はここでは利用されない。この論文の著者は、中国全土に共通する一様な体系という明らかに誤った概念から出発して、話し言葉体系を書き言葉体系という規範からの逸脱として解釈しようとする。これはまさにフェイ（*Monumenta Serica,* vol. 2, n° 1, Peiping, 1936）によって批判された視点である。
(26) Fêng, *The Chinese Kinship System,* p. 187-188. — Granet, *La Polygynie sororale et le sororat dans la Chine féodale.* Paris, 1920, *passim; Catégories*, p. 70-71, 130-133 も参照。 — Werner / Tedder, *Descriptive Sociology-Chinese,* in Spencer, *Descriptive Sociology,* vol. 9, London, 1910, p. 24.
(27) Fêng, p. 196 and n. 86.
(28) *Catégories,* p. 132.
(29) p. 130.
(30) Fêng, p. 188.
(31) Fêng, p. 273.
(32) p. 190 and n. 71.

(33) H. G. Creel, On the Origins of the Manufacture and Decoration of Bronze in the Shang Period. *Monumenta Serica,* vol. 1, fasc. 1, 1935, p. 46 *sq.; The Birth of China, op. cit., passim.* — W. Perceval Yetts, *The Cull Chinese Bronzes*. London, 1939, p. 75.

(34) p. 174-175.

(35) p. 187.

(36) p. 189, p. 191も参照。

(37) 母方交叉従姉妹との婚姻が満州南岸のある村でシューによって記録されたが、同じ村で、この観察者は二つの意味深長なインセストの事例を確認している。一つは父と息子の妻とのインセスト、もう一つは父の兄弟の息子の妻とのインセストである (p. 126-128)。いずれのインセストも二つの理由から指弾の対象となる。一つは斜行結合（義父と息子の嫁、娘と父など）を犯した者たちを待ち受ける超自然的制裁の名において、もう一つは名称体系における秩序にかかわる理由によって。「いまは自分の父である人を、その女は今後どう呼んだらいいのか」(p. 127)。ここからうかがわれるように、斜行結合に対する嫌忌の念は、フェンが主張するほどには強くない (cf. Francis L. K. Hsu, The Problem of Incest in a North China Village. *American Anthropologist,* vol. 42, 1940)。

(38) J. K. Shryock, Ch'en Ting's Account of the Marriage Customs of the Chiefs of Yunnan and Kueichou. *American Anthropologist,* vol. 36, 1934.

(39) *Ibid.,* p. 531-544.

(40) *Ibid.,* p. 547.

(41) Fêng, p. 177. — Granet, *Catégories*, p. 31-32も参照。

(42) 第23章参照。

(43) クローバー自身も、迷うことなく漢型体系をカリフォルニア諸体系に近づけて考え、原初の漢型体系はココパ型に属すようだと記す (A. L. Kroeber, *The Chinese Kinship System,* p. 155-157)。

第22章　斜行婚

カリフォルニアのシエラ・ネヴァダに住むミウォク・インディアンの親族体系は、相次いで公刊されたE・W・ギフォードのいくつかの著作で研究されてきた。なかでも「ミウォク半族」[1]と題された論文で彼がこの親族体系に与えた記述は、いまでは古典である。体系が援用する三十六の名称のうち、二十一個は異世代に属す個体を区別しない。よって、それを根拠にギフォードは次のように書くことができた。「中央シエラのミウォクの親族体系が示す、もっともきわだった特徴の一つは、世代概念を無視することにある」。この基本的特徴は、それぞれ「〈水〉の半族」「〈大地〉の半族」と呼ばれる外婚父系半族の存在を特徴とする社会的組織化と、任意の男に許される配偶者のなかに母の兄弟の娘・妻の兄弟の娘を数え入れる婚姻規則とに関係づけられねばならない。ギフォードによれば、外婚を除いた体系のほかの特殊性は、「妻の父の系に見出される何人かの女性親族および女性卑属との選好婚によって」説明がつく。[2]この説明は心理的・名称的な兄弟同等視にとりわけよくあてはまると言っていい。母とその姉妹が名称 *üta* ＝母、*tomu* または *ami* ＝母の姉、*anisü* ＝母の妹によって区別されるのに対して、父とその兄弟は *üpü* の一語によって総称されるのである。この兄弟同等視は、「男が自分の兄弟の寡婦をめとり、この兄弟の子供たちの父になるという習俗」にその表現を見出す。父の兄弟の妻は母より年下なら *anisü* として母の妹と同等視され、父の兄弟の妻は母より年上なら *tomu*（ビッグ・クリークのもとでは *ami*）として母の姉と同等視されるが、妻が亡くなったときにその姉妹との再婚がなされると考えれば、このことは容易に説明される。

名称 *anisü* の語義拡大はいちだんと微妙な問題を投げかける。この名称は母の妹・母の兄弟の娘・父の兄弟の妻——彼女が母よりも年下の場合——をともに意味する。*anisü* と *tomu* は相互名称として *añsi* と *tune* をもつ。それぞれ息子・娘を意味する相互名称である。さらに *anisü* にあたる従姉妹のその子供たちは、兄弟・姉妹と呼ばれる。ほかの型の *anisü* のその子供たちの場合も、通常これは同様である。ギフォードが何度も主張した説によれば、こうした語義拡大は妻の兄弟の娘との婚姻によって説明される。実際、私の母の兄弟の娘は、私の母の姉妹・私の父の兄弟の妻同様、私の父の潜在的な嫁である。そこでギフォードは指摘して言う。「名称 *anisü* が妻の兄弟の娘との婚姻を反映している事実はこの習俗の古さを示す(3)」

　これと同じ結論をそのほかの語義拡大もやはり示唆する。たとえば妻の兄弟・姉妹、妻の兄弟の息子・娘をさす *wokli'* *wokli* の相互名称で姉妹の夫・父の姉妹の夫をさす *kawu* など。じつは *anisü, añsi, kaka, kawu, kole, lupuba, tatci, tete, tune, üpsa, wokli* の十二の名称の語義拡大に、同一の習俗、母の兄弟の娘との婚姻が反映されているのである。交叉イトコにかかわる名称体系、六つの名称（母の兄弟の息子・娘をさす名称が二つ、父の姉妹の息子・娘をさす名称が四つ。これらの名称は話し手の性別を基準に機能特化されている）を含むこの名称体系の全体が「全面的にこの婚姻型にもとづいているように思われる(4)」。

　好まれる婚姻型が *añsi* と *anisü* との婚姻であることは、男が少なくともある状況のもとでは母の兄弟の娘と結婚できることを含意していて、実際にもこの婚姻型の多数の例がギフォードの手で採取された(5)。ところが、男はどのような場合にも *lupuba* にあたる従姉妹、すなわち父の姉妹の娘とは結婚できない。いくら広くおこなわれているにせよ、第一の婚姻型は、名称のいかなる語義拡大にも現れないようだとギフォードは言う。せいぜい見出されるのは、男がその母の兄弟の妻と会話を交わすことの禁忌くらいで、これは彼女と、カリフォルニアで必ずタブーの対象とされる義母とが同一視されることを暗に物語る。しかし、あの十二の名称に見られる同等視が妻の兄弟の娘との婚姻によって説明できることと、母方交叉従姉妹との婚姻にかかわる親族分類法にまったく特徴のないこととを対立的に捉えるなら、「二つの婚姻形式のうち、第一の形式のほうが古い(6)」と結論しなくてならない。ならば「ミウォクにおける単方交叉従姉妹との結婚という謎を解く鍵」は何か。男が息子のために妻の兄弟の娘、息子の母方従姉妹でもあるこの娘を結婚相手として断念するようなケースが出てきたこと、これが言うところの鍵である。つまり、交叉従姉妹との婚姻は、同一父系リネージへの帰属にもとづく別形式の選好婚から最近になって出てきた二次的形式にほかならず、それゆえ、名称体系に反映されるだけの時間的余裕がこの婚姻にはまだなかったのだと考えられる。[7] そしてギフォードはこう結論づける。「ミウォクのおこなう母方交叉従姉妹との婚姻がもしいま述べたのとは別の起源をもつなら、なぜ一対の交叉イトコにだけこの婚姻が限定されるのか、理解に苦しむところだろう。じつはこの限定自体が、当の婚姻を父の系に沿ってなされる特権移譲の結果であるとする説を、より確かなものにしてくれるのである」。この解釈はクローバーにも受け継がれた。「ミウォクの男たちは自分の母の兄弟の娘と結婚するが、しかしこの婚姻の原初形式が男とその妻の兄弟の娘との結婚であることをギフォード氏は説得力豊かに明らかにした。実際、ミウォクにはこの婚姻型を立証する親族名称が十二個あるのに、交叉従姉妹との婚姻を立証するそれは一つもない」[8]。さらにこの著者は妻の兄弟の娘との婚姻を、父系体系内でなされる半族外婚の結果として説明しようと努めた。つまり近隣民族（コスタニョやユロック）で実施される妻の娘との婚姻は、〔ミウォクの父系体系では〕この娘がその継父と同じ半族に属すため不可能になるのだ、と。妻に姉妹がいなければ、彼女に代わりうるもっとも近縁の親族になる娘、妻の兄弟の娘とのあいだでしか、一夫多妻婚は可能でない[9]。

あえて指摘するまでもなく、我々はまったくリヴァーズの掌中にある。そのことをギフォード自身も、半族外婚によるローウィの不十分な、しかし方法論的には健全な解釈[10]を退けてこう付け加えるとき、告白している。「したがってミウォクの婚姻習俗と名称体系は、リヴァーズの見解に適合しているように思われる」[11]。リヴァーズの解釈の方法論的基礎は、別途、批判するとして[12]、当面の事例ではいま一つ疑問が浮かび上がる。半族外婚、同時的または継起的におこなわれる一夫多妻婚、父系出自は、すべて妻の兄弟の娘との婚姻に収斂していくのに、この妻についてはなにも示唆をもたらさないとしなくてはならないのか。妻の兄弟の娘との婚姻は定義から言って二度目の婚姻で、当然、それ以前に一度婚姻がおこなわれている。二度目の婚姻が問題になるときには多弁な体系が、一度目の婚姻にかかわるいかなることがらについても黙ったままであることをどう説明したらいいか。

次にギフォードは母の兄弟の娘〔母方交叉従姉妹〕との選好婚を、解く鍵の求められなくてならない一個の謎と見なす。ところが「彼ら自身の習俗について原住民と話をするときに英語の親族名称を使うことの軽率さ(13)」を警告するのは、ギフォードその人である。〔父方・母方の〕二つのイトコ型を同一視する集団にとってのみ、単方従姉妹との婚姻は驚きであるにすぎない。謎であるどころか母方従姉妹との婚姻は一個の説明原理をもたらすこと、この婚姻に出会うところでは、考察される親族体系は例外なく全面交換定式に従って働くとの確信をもっていいことを、逆に我々は見たのだった。さらにこの婚姻型がほかの婚姻型と結びついて見出されたなら、作業が一つ追加される。それを基準にすることで二つの婚姻型の同等視が可能となる、そのような構造を発見することである。

クローバーがはっきり見抜いたように、あれら二人の潜在的配偶者〔妻の兄弟の娘、母の兄弟の娘〕を出自の点で同等視するには、父系半族体系があれば必要にして十分である。なるほど、父系半族体系は父方従姉妹、さらに父方従姉妹の兄弟の娘を含むこともあるだろう。しかし全面交換定式であれば、この二人の女は除外される。思い出しておけば、調和的〔父系・父方居住または母系・母方居住〕集団の体系を、半族に加えてか半族の代わりに必要とし、花嫁をこれら集団のあいだに単一方向に沿って循環させる定式である。何がまだ解釈されていないか。世代という要因の無視される点である。世代無視の起きる必要十分条件は、これらの集団がクラスをでなく、リネージを形成し、リネージ概念が世代概念を凌駕するほどにも強固に定着することである。そうなれば、リネージAがリネージBに女を供給し、リネージBがリネージCに女を供給し、というふうに続いていく経路は、やがてリネージAに戻ってくると言っていいだろう。重要な点はただ一つ、女を求められたリネージに可能配偶者がいることである。それゆえ世代は二次的性格を帯び、考慮されないか、考慮されても年齢や便宜が問題になるときにかぎられる。このような体系では母方従姉妹と父方従姉妹のうち、母方従姉妹だけが可能配偶者で、さら

図 67　ミウォク型体系（還元モデル）

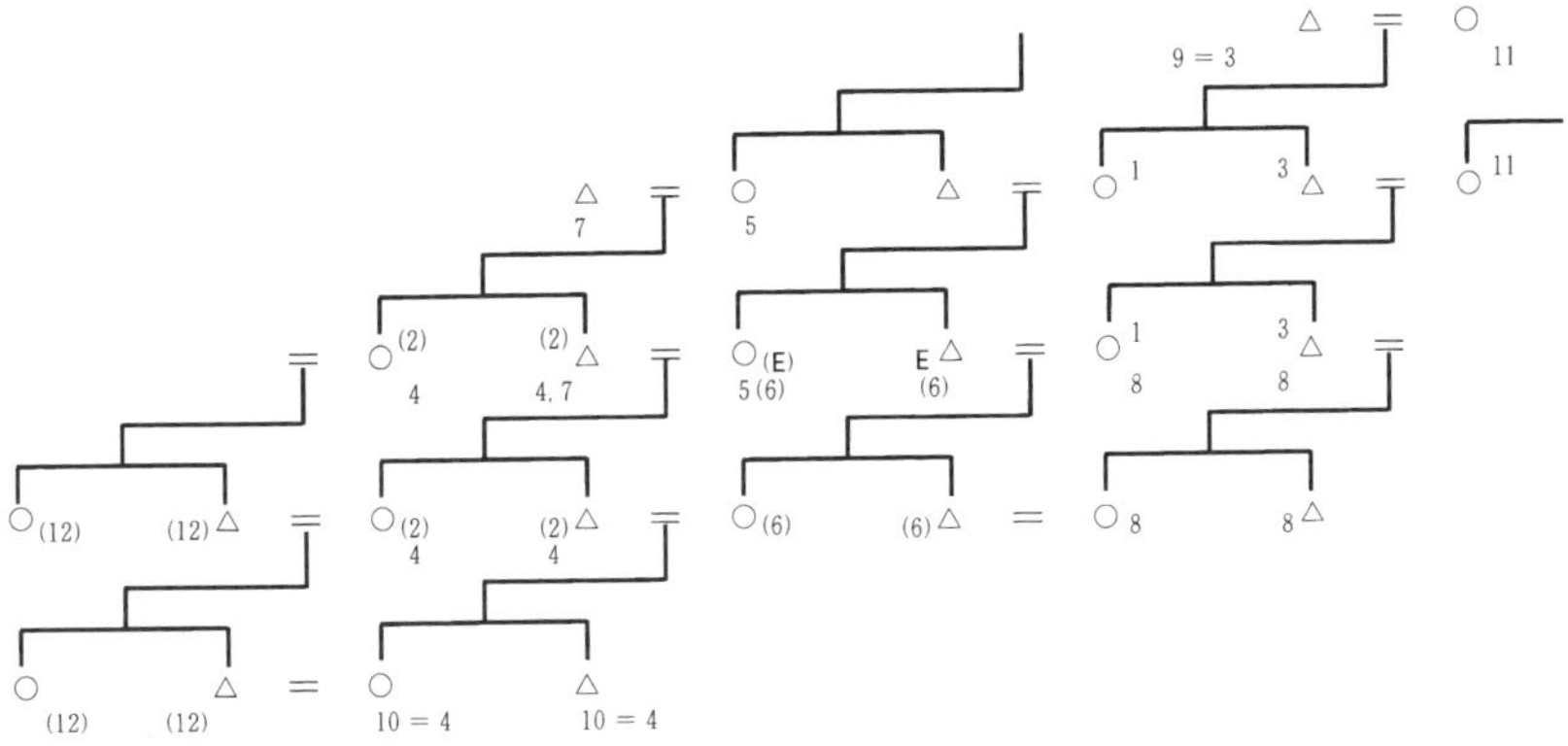

E：男の〈私 Ego〉
（E）：女の〈私〉
（ ）でくくられていない数字はEによる同等視をさす。
（ ）でくくられている数字は（E）による同等視をさす。

に妻の兄弟の娘もまた可能配偶者である。なぜにこの二人のみなのか。上位世代の可能配偶者は母と彼女の妹たち＝ *anisii* で、妻はふつう禁忌対象とされる。*anisii* は名称体系によって可能配偶者と同一視されるが、しかしギフォードのある女性インフォーマントが意味深長にも述べているように、規定リネージに属す女のなかには、婚姻を許されているにもかかわらず「母に似すぎている」女がいる。[14] 潜在的配偶者のクラスに入る祖母（父の母）か妻の兄弟の息子の娘を、年齢差はあるにしても理論的には代わりに立てることもできるだろう。ミウォクはそうすることを望まなかった[15]が、類似した体系を有するペンテコスト島の原住民は、体系の論理に従ってそこまで行ったのだった。

というわけで、リネージをもつ父系体系の還元モデルを、全面交換定式に従って構築してみよう。体系の及ぼす唯一の要請は、任意のリネージが女をそのすぐ右側のリネージから受け取ることだけだとする（図67）。所定の男性個体〔図では男の〈私〉〕にとって、左側リネージは「娘婿たち」のリネージ、女〔女の〈私〉〕にとっては「子供たち」のリネージである。それに対して右側リネージは〔男の〈私〉にとって〕「義父たち」のリネージであるとともに、男女どちらにとっても「母」のリネージである。このような体系では、母の兄弟の娘との婚姻がもっとも単純な定式を体現するが、だからといって、この定式が必ずしももっとも頻繁に用いられるわけではない。またリネージから見れば、母の兄弟の娘も可能配偶者として現れるが、しかしそれはこの娘だけが妻として迎えられることを意味しない。

いずれにせよ、いま挙げた条件によってミウォク型体系のすべての性格が説明されるのであり、各集団ごとに必然的に変動して調和的集合体を変則性の積み上げに変えるような、個別的原因を持ち出す必要はない。

＊＊＊＊

述べたことをまとめておこう。父方従姉妹との婚姻とは相容れない母方交叉従姉妹との婚姻からは、ただちに結論として全面交換体系、三つ以上の交換集団の介入する体系を導き出せる。ゆえに半族とは別のそれ以上のなにかが、ミウォクにはある[16]。妻の兄弟の娘との婚姻からは、交換集団が半族と同様に父権に基礎をもつこと、したがって我々の前には、単純な全面交換体系においてつねにそうであるように、一つの調和体制があることを結論できる。最後に二つの婚姻型の併存からは、交換集団がリネージであること、すなわち世代よりむしろ出自を基準に方向づけられている構造であることを結論できる。体系のもつこれらの性格は、ギフォードが一九一六年に収集した事実からすべて帰納できる。それゆえ、この同じ著者が十年後に公表した発見、父方居住父系リネージが純粋な理論的考察にもとづいてそれに帰されてきたところのまさに当の役割を、当該文化において実際にも果たしているとの発見は、〔仮説の真偽を最終的に決める〕決定的実験として高く評価されなくてはならない。じつにギフォードはミウォクのもとに、合同家族 *nena* の紛れもない痕跡を探し当てたのだった。「リネージ名はつねに場所の名前だった。（略）リネージは自分の縄張りを所有するテリトリー集団であった。（略）それは外婚集団だった。（略）半族同様、リネージも父系であった[17]」。もっと先ではさらにこう述べられている。「ミウォクのもとでは、かつてリネージが政治的団体をなし、どのリネージも先祖伝来の家がある場所を居住地としていた。リネージの男たちは、通常、妻を自分の部落に連れてきて一緒に住み、部落で生まれた女たちは、通常、村外へ婚出した」[18]。のちに発表した一論文で、ギフォードはリネージの存在にまつわる、ありうべき疑惑を一掃し[19]、同時に、おそらく本人は完全に自覚していたわけでないだろうが、それまでなされてきたあらゆる解釈の試みにとどめを刺した。

妻の兄弟の娘との婚姻を表すとギフォードの言う、もろもろの等置関係をいまから実際に検討して、それらを図67にあてはめてみよう。

1　母の兄弟の娘　＝母、継母、母の姉妹
2　女である〈私〉の父の姉妹の息子・娘＝息子・娘、継息子・継娘、姉妹の息子・娘
3　母の兄弟の息子　＝母の兄弟
4　男である〈私〉の父の姉妹の息子・娘＝姉妹の息子・娘
5　父の姉妹　＝姉
6　女である〈私〉の兄弟の子供　＝兄弟・姉妹
7　父の姉妹の夫　＝姉妹の夫
8　妻の兄弟の子供　＝妻の兄弟・姉妹
9　母の兄弟　＝祖父
10　男である〈私〉の姉妹の子供　＝孫
11　母の兄弟の妻　＝祖母
12　夫の姉妹の子供　＝孫

一九二二年の論文で、ギフォードはみずからの歴史的解釈をまるまる維持しつつ、等置関係1から4を妻の兄弟の娘との婚姻からの直接的帰結、等置関係5から12を間接的帰結として扱う。[21] ところで、図67のモデルを参照すれば気づかれるように――ただし単純化を期して、このモデルは母の兄弟の娘との婚姻にだけもとづいて構築されている（我々は、体系の視点から見てこの婚姻が妻の兄弟の娘との婚姻と等価であると考える）――等置関係1と3では、私の母のリネージに属して私と同年か私より年上の男女すべてが同一視される。以下同様に次の人々が同一視される。等置関係8では、私の母のリネージに属して私と同年か私より年下の男女。等置関係11では、私の母の兄弟の妻と私の祖母（母の母）、ただし彼女たちが同一リネージの女性成員であるかぎりで。等置関係6では、私のリネージに属して私と同年か私より年下の男女（この場合、〈私〉は女）。等置関係7では、「娘婿」のリネージに属して私と同年か私より年上の男たち。等置関係4では、「娘婿」のリネージに属して私と同年か私より年下の男女（〈私〉は男）。等置関係2では、私が自分の夫を見つけ、自分の子供たちを与える先のリネージに属す男女（〈私〉は女）。等置関係12は同一リネージに属す男女（私の娘の夫・私の娘の子供たち――〈私〉は女）を、等置関係5は私のリネージに属す女たち（私の父の姉妹・私の姉妹――〈私〉は男）をひとまとめにする。最後に等置関係9は等置関係3に、等置関係10は等置関係4にそれぞれ帰着する。結論として言えば、いずれの場合でもギフォードの等置関係は、全面交換定式に従って縁組をしていく父系リネージ周期にもとづいて、完全に説明される。[22] せいぜい目を引くのは、リネージ内部で（さらに親族分類法の場合には、主要な諸世代内部で）年長成員・年少成員が弁別されることくらいで、この弁別は通常は主体の世代に加えられる。この問題についてはすでに別の箇所で論じたので、[23] ここでは次の点を思い起こしておくだけでいいだろう。頻繁に見られる年長・年少の弁別は特定の婚姻型にでなく、二つの婚姻型（妻の兄弟の娘との婚姻、母の兄弟の娘との婚姻）の併存に連動していて、この併存が一人の女をめぐって、隣接世代のそれぞれに属す二人の男を角逐させる（目下の事例では妻の兄弟の娘＝父の潜在的配偶者は、母の兄弟の娘＝息子の潜在的配偶者でもある）。ならば、こうした角逐に対する一般的解決策――ミウォクに見られるのは、この一般的解決策の個別的応用にすぎない――は、妻となる女が年長の

図 68　ミウォク型体系
系譜と還元モデルとの相関

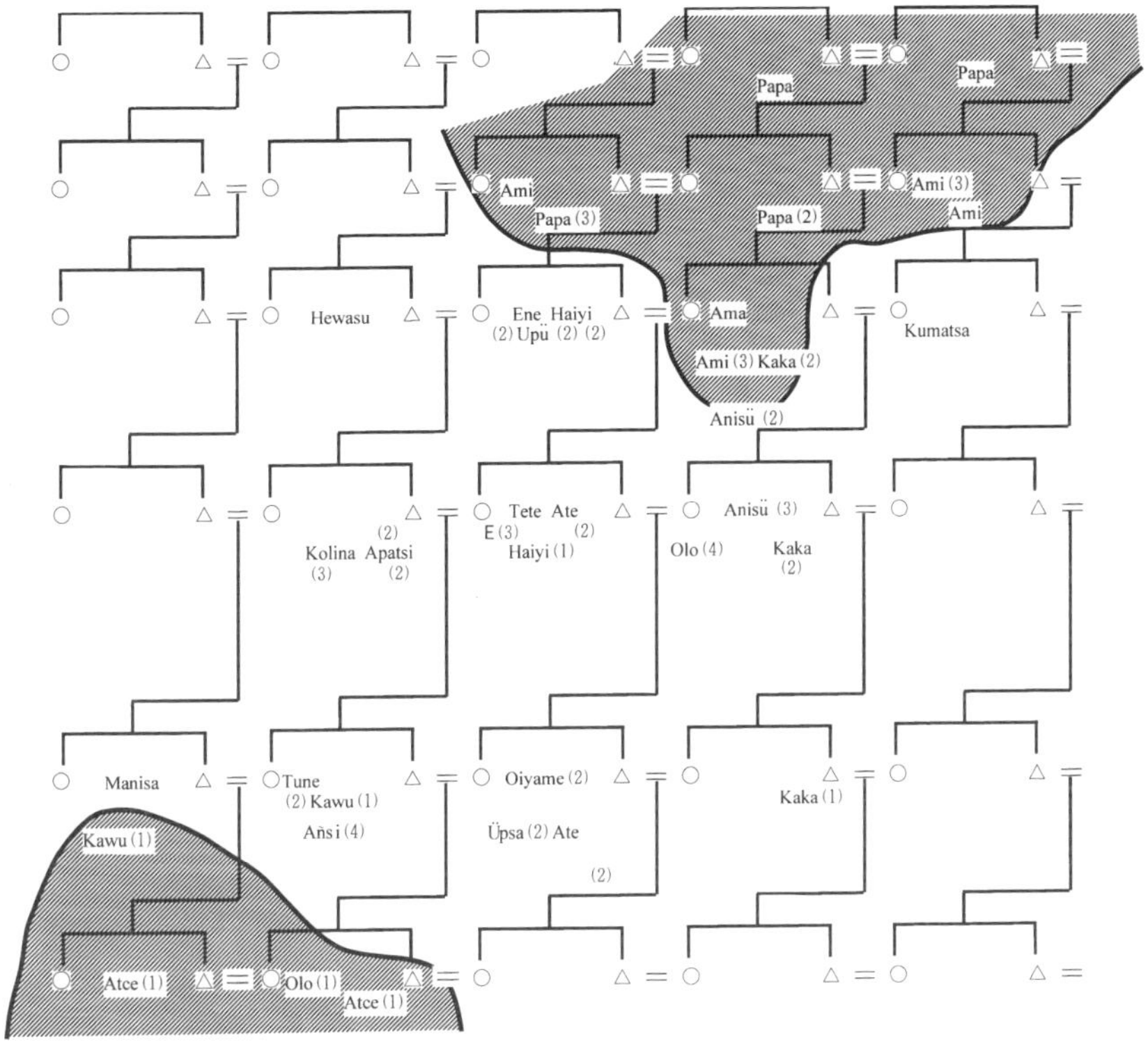

姉妹であるか（そうであるなら、彼女を要求できるのは彼女のすぐ上の世代の男である）、年少の姉妹であるか（そうであるなら、彼女を要求できるのは彼女と同世代の男である）を区別することである。わかるように、ここでもまた二つの婚姻型の一方がでなくて両方が、機能上、体系に結びついている。言い換えれば、父方居住父系リネージ、好まれる二つの婚姻型、名称的等置関係体系の三つによって特徴づけられるミウォクの社会構造は一個の緊密な全体をかたちづくっていて、ゆえにこの全体の任意の一側面にだけ特権的役割を付与しても意味がない。

　さらなる傍証を挙げておこう。ビッグ・クリークの九十一人の住民、そのほか若干の人々について、ギフォードは母とその娘にあたる二人の女性インフォーマントから個々の親族関係を教えてもらい、リストにまとめた。総勢百二十二人が考察対象になった。それをもとにギフォードは二十三個の名称にかかわる複雑な等置関係を新たに立てた。親族問題研究のためにフィールドワークに出たことのある人なら誰もが知っているように、ふつうこのような研究手法は期待するほどの成果をもたらさないものだ。理由は二つある。第一に、原住民の思考は、系譜という主観的次元によりも体系という客観的次元に関心を示す。(24)第二に、インフォーマントたちによって描き出されたか聞き取り調査から推論された体系は、具体的状況を映すことがまれで、そうした状況のはらむ空白や矛盾を浮かび上がらせることがない。(25)体系と現実とのあいだには、多かれ少なかれ、つねに軋みがある。とまれ、我々はギフォードの導き出した関係を図67の還元モデルに突き合わせてみた。還元モデルはある体系との関連のなかですでに一つの体系を構成し、すべての婚姻はもっとも単純な型（母の兄弟の娘との婚姻）、名称との対応を欠くとギフォードの主張する型に帰着したが、しかし我々は次のような相関を見出す（図68）（同じ身分をリネージと世代に関してもつ個体か、または同じリネージのなかで女性成員・男性成員として同じ位置を占める個体に同一名称があてられるとき、相関があるとする）。

親族名称	ギフォードによって等置された親族関係の数	相関の数
ama	5	3
ami	5	3
anisü	5	5
añsi	4	4
apatsi	2	2
atce	2	?
ene	2	2
haiyi	3	3

hewasu	2	2
kaka	5	5
kawu	4	3
kolina	3	3
kumatsa	1	-
manisa	1	-
oiyame	2	2
olo	5	4
papa	7	3
tatci	1	-
tete	3	3
tune	2	2
üpsa	2	2
üpü	2	2

表からわかるように、十三の事例で等置関係と体系とのあいだに完全な相関があり、四つの事例で相関の割合がそれぞれ五分の三、四分の三、五分の四となる。相関の疑わしい四つの事例（*atce, papa, kumatsa, manisa*）が残るが、*kumatsa* と *manisa* の二例が疑わしい理由は、一個の名称に一つの意味しか与えられていないからである。以上のことを勘案するとき、名称体系は母方従姉妹との婚姻を、もう一方の可能配偶者〔妻の兄弟の娘〕との婚姻ほどにははっきり表現していない、などと言えるものだろうか。我々の到達した相関の体系は、おそらく不確定要素や矛盾を抱える。そうでないほうがむしろ驚きというものだろう。これらのデータが収集された時期に、社

会構造が相変わらず無傷のままだったとは考えられないのだから。しかし図を参照すればわかるように、相関の疑わしい事例を分類してみると、それらの現れる対称的な二つの範囲を限定できる。これら二つの範囲は、主体からもっとも遠いリネージと世代とに対応する。まさしく親族がなんらかのかたちで混同されてもおかしくないと考えられるような二つの帯域に、である。逆に厳密な相関が成立するのは主体のすぐ近傍である。かくして体系の理解と解釈は、まさにこの全体構造（また我々がまず演繹し、続いて実証した構造）を基準にしてなされなくてはならない。

＊＊＊＊

古代中国文化とミウォク社会の比較を試みるつもりも、ミウォクの親族体系から、ほかの場所に存在したかもしれない可能的な体系を引き出すつもりも我々にはない。しかしやはり指摘しておかなければならないが、ミウォク型は孤立した、あるいは例外的な型ではなく、ミウォクのほか、その近隣に住むウィントン、マイドゥ、コスタニョ、ヨクトを含むより広範な集団、いわゆるペヌシアン語族のただなかに位置する。機能から見れば、要するにこの親族体系は、ペヌシアン語族の文化全体に結びついているように思われるのである。実際、カリフォルニアでは「文化伝播の中心はほぼそのまま親族形態の中心と重なる[26]」。

ミウォク型体系は古代的な特徴をもっとも多く保存してきた体系であり、しかも機能特化のもっとも少ない[27]――類型的にもっとも純粋な、というわけでないにせよ[28]――体系として現れる。一般的に言ってペヌシアン語族の親族体系を特徴づけると思われるのは、名称体系の極端な貧弱さと[29]、カリフォルニアではほかに例を見ない婚姻、母方交叉従姉妹との非対称婚[30]である。この二点は、漢型体系として再構成できるものとのかなり顕著な類似性を示すが、しかし比較をさらに推し進めてみたり、ほかの方向へ――たとえばミウォクの北隣に住むユロックには、父方居住婚に加えて夫‐娘婿が存在し[31]、なるほど、この現象は中国の事態を彷彿させるが[32]――発展させせてみても、実りあるとは言えないだろう。我々は歴史的・地理的対比にはまったくかかずらうことなく、ただ次のことを明らかにしたかっただけである。まず、母の兄弟の娘との婚姻と妻の兄弟の娘との婚姻とのあいだになんらかのつながりのあること。次に、婚姻のこの二方式は一方が他方を説明できるとの関係にあるのではまったくなくて、むしろ復元可能なある全体構造の、その構成要素として現れること。最後に、この二つの婚姻形式が見出されるところには、あるいはそれらの同時的存在が少なくとも推定できるところには、同じ型の全体構造もまた必ず存在すると結論できること。言うところの全体構造とは、半族に分かれているか否かにかかわらず全面交換体系によって互いに結びつけられた、ひとまとまりの父系リネージ全体をさす。我々がことさらミウォク型体系に言及したのは、この体系の現在の性格が〔仮説的漢型原初体系についての〕論証を検証してくれるとの理由からにすぎない。ミウォク型体系のもっとも単純な定式はギリヤークとカチンによって我々にもたらされたわけだが、中国におけるこの体系の姿は、比較的未開な集団から文字どおり借りてきたと思われる、グラネのいくつかの情報によってはっきり見えてくる。「同じ『姓』の家族に属す成員は、どれほど遠縁であっても、全員が『年少者または年長者』（＝兄弟）と呼ばれていた。姓の異なる家族に属す成員は全員が『〈義父〉』または『〈娘婿〉』と呼ばれていた。加えて『国際公法』とでも呼べるようなものについても、そのすべての規則が、婚姻によって結びついた人々（*houen*〔婚〕、*yin*〔姻〕）の関係を律する、単純な諸規則のかたちで考案されたのである」(33)

　こうした体系が婚姻に関してはらむ意味をはっきりさせよう。この体系は個体間のでなく、リネージ間の配偶関係を表す。すなわち、任意の父系リネージが別の父系リネージの女たちを、みずからの顕在的か潜在的な「妻」として扱うのである。ミウォクの隣に住むユーマについてハルパーンもまた、原初の社会単位が父方居住父系リネージであったこと、女たちが「よそ者」＝*u·n*$^{y'}$*i.* の資格でこのリネージに入ってくることを指摘する(34)。つまり、父の父の父〜父の父〜父〜息子〜息子の息子〜……の男の系列に対峙するかたちで、別のリネージに属す女たち、父の父の父の姉妹〜父の父の姉妹〜父の姉妹〜息子の姉妹〜……の系列があり、一方のリネージ全体と他方のリネージ全体とのあいだに婚姻権 connubium がある。このような体系では、「娘婿」が他方では「義父」、「息子の嫁」が他方では「妻」で、世代の混同は体系と同時に与えられる。したがって説明すべきことがらは、世代が名称体系によって混同されることの理由でなくて、世代が、体系ごとに差はあれ、ともかくある程度までは区別されることの理由である。体系それ自体は、義父たちのリネージに属すすべての女を同じ視野のなかに置く以上のことはしない。娘婿たちのリネージに属す男が、義父たちのリネージ（祖母、継母、従姉妹＝妻の姪からなるクラス）に属す女の誰か一人か特定の一人を要求するなら、それは体系が多かれ少なかれ理性的であることの指標で、この男がただ一人の女か複数の女を要求するなら、それは体系が多かれ少なかれ良識的であることの指標である。このような場合には、親族関係の一般的構造に加えて、当該集団のもつ社会的組織化の全体を介入させなくてはならないのだから。しかし、個体が自分のリネージ全体を代表することをもくろめばもくろむほど、つまり封建体制のもとでは、彼はリネージを益するためになされるはずの全体的な（つまり集団全体によってなされる）権利請求を、みずからの個人的用途に合わせていよいよ意図的に利用していくだろう。封建精神の比類なき分析者グラネが常軌を逸した精神の現れであると「斜行」婚を解釈してみごとに理解したのは、このことであった(35)。だがもっと未開でもっと良識的な（もっと理性的でもたぶんあるだろう）社会、親族関係の全体構造が形式的には中国に類似しているものの、妻の兄弟の娘との婚姻を含んでいるとは見えない（母の兄弟の娘との婚姻だけを含む）社会、すなわちギリヤークのもとですら、妻の兄弟の娘はやはり花嫁と同じ名称で呼ばれるのである(36)。

ところで、あれら父系リネージが封建精神に突き動かされて威信の争奪戦——この争奪戦では女の独占が小さからぬ役割を果たしていたにちがいない——にのめりこむ様子を、グラネの『〔古代中国の〕舞踏と伝承』は華麗な筆致で描き出したが、父系リネージ同士のこうした対抗関係は、中国史最古の局面、商代に早くも垣間見られる(37)。商朝芸術のもついくつかの特徴にもとづいてこの王朝の社会構造を描き出そうと、別の機会に試みたとき、我々が行き着くことのできたのも、まさにいま言及したような型の社会だった。商朝ではどうも兄弟から兄弟への相続がおこなわれていたようで、この事態は、リネージの連帯がまだ男系家族をまったく許容していなかった体制に、まさしく対応する。実際、男系家族は周代になって導入される。

かくして我々は、古代中国に二つの親族体系が共存したとする仮説へ導かれる。一方は農民によって実施されていたそれで、外婚半族への現実的または機能的分割、姉妹交換、双方交叉イトコ婚に基礎をもつ。他方は封建制の影響を受けたそれで、父系リネージ（外婚半族へ分割されていることもいないこともある）のあいだの縁組周期、母方交叉従姉妹またはその姪との婚姻に基礎をもつ。すなわち、限定交換体系と全面交換体系の二つである。これら二つの体系がグラネの垣間見た諸体系よりも単純な型に属さなくてならないことの理由、またグラネの思いとは裏腹に、全面交換体系が限定交換体系の進化した形式でありえないことの理由を、我々は理論と実際の両面から論じておいた。したがって、とるべき道は二つに一つである。原初における二つの体系の異質性を受け入れて、それらがさまざまな地域、さまざまな社会層で併存していたことを認めるか、逆の時系列（論理的にはこれだけが考えられうる時間的順序である）を検討して、限定体系が全面体系に後続すると、よって全面体系のほうがより古代的な形式であると考えるか。親族体系のもつ極東的相の全体像を粗描する前に、まだ中国の事実をもっとつまびらかに近隣地域の事実と比較してみなければならない。

注

（1）E. W. Gifford, Miwok Moieties. *University of California Publications in American Archaeology and Ethnology*, vol. 12, 1916.
（2）Gifford, *op. cit.*, p. 183.
（3）p. 186.
（4）p. 187.
（5）p. 189.

（6）p. 191.
（7）p. 193.
（8）A. L. Kroeber, California Kinship Systems. *University of California Publications in American Archaeology and Ethnology,* vol. 12, 1917, p. 357.
（9）Kroeber, Handbook of the Indians of California. *Bulletin of the Bureau of American Ethnology,* n° 78. Washington, 1925, p. 459.
（10）第9章参照。
（11）p. 188.
（12）第27章参照。
（13）p. 189.
（14）p. 190.
（15）J. R. Swanton, The Terms of Relationship of Pentecost Island. *American Anthropologist,* vol. 18, 1916.
（16）半族外婚がクローバーの推測とは逆に決定的な役割を果たすのでないことは、ギフォードの次の指摘からはっきり浮かび上がる。「エルク・グローヴの北シエラに住むミウォク、半族への分割があるようには見えない彼らのもとでさえ、ふつうになされる婚姻は *añsi- anisü* 型である」（Gifford, 1916, p. 190）
（17）Gifford, *American Anthropologist,* vol. 28, 1926, p. 389.
（18）*Id.,* p. 390.
（19）Gifford, Miwok Lineages. *American Anthropologist*, vol. 46, 1944.
（20）California Kinship Terminology. *University of California Publications in American Archaeology and Ethnology,* vol. 18, 1922.
（21）p. 248- 250.
（22）ミウォク型体系のきわだった特徴は祖父母をさす名称がいちじるしく貧弱だという点にあり、じつに祖父、祖母、孫の三つの名称しかない（Kroeber, California Kinship Systems, p. 356）。還元モデルは三つ以上の名称を要求するだろう。言うまでもなく、父の父は私のリネージに、母の父と父の母は母のリネージに、母の母は妻の母のリネージに属すのだから。祖父母の世代と孫の世代に現れる不規則性は半族が介入するせいであるように思われる。半族へのリネージの付加を特徴とするあらゆる体系には、アンブリン島でディーコンのインフォーマントを務めた人々の印象的な表現を借りるなら、「まっすぐでない not straight」名称が見られる。ミウォクのもとでも顕著であることの確かなこの現象については、別途、立ち戻るつもりである。クローバーは、親族名称の少なくとも四分の一はどちらかの半族に属す人々にあてがわれると指摘して、そこから半族は最近導入されたとする結論を引き出す（*Handbook of the Indians of California*, p. 457）。かたやギフォードはこう書く。「さまざまな事実からうかがわれるように、カリフォルニアでは半族と二分法とのあいだに根本的なつながりはないようだ。半族を有するすべての集団が『オジたち』を二分することは確かだが、しかし『祖父母』のクラスに関しては、こうした集団の多くが二分法を無視する。たとえば、半族をもち、父方祖父母と母方祖父母が別々の半族に属すにもかかわらず、両者を同じ名称で呼ぶ民族がいる」（Gifford, California Kinship Terminologies, p. 282）。これをクローバーの次の言葉と突き合わせてもらいたい。「親族体系のさまざまな型も、特定の親族それぞれを名指すための個別的な方式も、その分布は半族体系の分布に一致しない」（California Kinship Systems, p. 382-383）〔レヴィ＝ストロースによるこの箇所のフランス語訳には疑問があるため、クローバーの原文を参照して少し手直しを加えた〕

（23）第13章参照。
（24）この点については A. M. Hocart, Kinship Systems. *Anthropos*, vol. 32, 1937 を参照。
（25）Gifford, *op. cit.*, 1916, p. 174-181.
（26）Gifford, *op. cit.*, p. 283.
（27）Gifford, California Kinship Terminology, p. 228-229.
（28）*Ibid.*, p. 207.
（29）Gifford, *op. cit.* and Kroeber, *Handbook*, *passim*.
（30）Gifford, *op. cit.*, p. 256.

（31）A. L. Kroeber / T. T. Waterman, Yurok Marriages. *University of California Publications in American Archaeology and Ethnology,* vol. 35, 1934.

（32）M. Granet, *Catégories*, p. 142-143.

（33）Granet, *Catégories,* p. 149. 同じく *Fêtes et chansons,* p. 208-209 も参照。

（34）A. M. Halpern, Yuma Kinship Terms. *American Anthropologist,* vol. 44, 1942.

（35）*Catégories*, p. 70-74, 130-133.

（36）第18章参照。

（37）Lévi-Strauss, Le Dédoublement de la représentation dans les arts de l'Asie et de l'Amérique. *Renaissance,* 1945.

第23章　周縁型体系

チベットと中国の親族体系をめぐる比較言語学的研究は、パウル・K・ベネディクトを我々にごく近い結論へと導いた。とりわけ、母方交叉従姉妹との婚姻は考察されているエリアのもっとも重要な古代的特徴をなす、との仮説へ。我々がいままで依拠してきたのとは異なる考察に触発されているにもかかわらず、彼の分析は決定的と言える結果に到達しているので、その主要な分析過程をたどりなおしておくことは不可欠に思われる。

漢型親族分類法と同様、チベット型親族分類法も基本名称と派生名称を援用する。基本名称は二十四個あり、そのうち十二個が男性名称、九個が女性名称、三個が中性名称である。中性名称は主体よりも年下の親族に対してしか用いられないが、この性格はほかのチベット＝ビルマ系諸語にも見出され[1]、中国の口語体系についてすでに指摘した年下親族をさす名称の欠如と、それは対比されていいだろう[2]。

体系を詳細に記述しても有益でないが、最初の一点にだけは言及しておかなくてはならない。父の兄弟をさす名称として *khu* が、母の姉妹をさす名称として *ne* が見出される。ほかでもない、それぞれ「母の兄弟」「父の姉妹」を意味するチベット＝ビルマ系言語の語根 †*k'u* と †*ni*-†*nei* から派生した名称である。アッサムとビルマのいくつかの体系においてすでに我々は、先ほど言った意味をか「義父」「義母」に相当する意味を伴うこの二つの語根に出会った。母の兄弟（彼は同時に妻の父でもある）から夫の兄弟への語根 †*k'u* の意味転移を、ベネディクトはチベット特有の兄弟共同一妻多夫婚の存在によって解釈する。この婚姻体制のもとでは父の兄弟は母の夫にもなりうるから、彼は二つの役割の兼任からもたらされるこの有力な地位――交叉イトコ婚体制下でなら母の兄弟があずかることになる地位――に就くことをめざす、と言うのである。[3] この説明は可能であっても、完全に満足のいくものではない。しかしこの点をめぐって議論の端緒を開くには、チベットの婚姻規則について、現在知られている以上の情報を得なくてはならないだろう。

とはいえ、いくつかの論点を指摘しておくことはできる。兄弟共同一妻多夫婚は、まちがいなく中央アジアにかつてきわめて広く普及していた制度で、それが大部分の集団から消滅したのは最近のことにすぎない。こうした方向に沿うありとあらゆる情報を、ブリフォールトは嬉々として収集した。[4] ならば、チベットに見られるような名称の転用が、少なくとも名残のかたちで、ほかの場所にも見出されてしかるべきだろう。ところが、ギリヤークは兄弟共同一妻多夫婚を実施しているにもかかわらず、[5] その親族分類法は、父の兄弟に特別な位置を与えない。チベット名称体系の、いま問題にしている性格は、じつは母系的組織化から現在の父系的組織化への移行という、別の仮説を立てたほうがうまく説明されると言っていい。実際、母系的組織化では母方オジが、父系的組織化では父方オジが、家族のイエのなかで父と並ぶ最高の地位を占め、かくして同一名称が母方オジから父方オジへと転用されるわけは、まったく明快になるだろう。我々の考えでは、名称体系のたどるこのような進化は、チベットに古くは母系出自が存在したとする議論に、あたうかぎり強固な論拠をもたらす。

母の兄弟をさすために導入された新しい名称 *shañ* は、たとえば *shañ-tsha*「姉妹の息子」、*tsha-shañ*「母の系の甥とオジ」のごとく、名称 *tsha* と一緒に用いられる。ある史書では *tsha-shañ* は「娘婿と義理の兄弟」の意味を伴って現れる。ここでもまた我々は二つの等置関係を見出す。一方は母方交叉従姉妹との婚姻を暗示するお馴染みの等置関係、姉妹の息子＝娘の夫である。他方は母の兄弟＝妻の兄弟で、[6] すでに見たように、この等置関係もまた体系の定数をなす。フェンに続いてベネディクトも、後者の等置関係をテクノニミーに訴えて解釈しようとするが、その必要のさらさらないことはすでに議論した。[7] 交叉イトコ婚に見られるもう一つ別の典型的側面は、姻族関係にかかわる親族分類法の極端に単純化されていることである。

派生名称のなかでも *skud*（*skud-po* ＝義理の兄弟、義父）はとくに興味深い。ベネディクトによれば、この名称の語源は*khu*＝母の兄弟で、「自分の母の兄弟の子供」の意味での*skud*がまずそこに由来し、次に甥が自分の母の兄弟の娘と結婚すれば、自分の母の兄弟の息子（*skud*）はこの甥から見て妻の兄弟〔義理の兄弟〕に変わる。[8] チベット語には、母の兄弟の娘との選好婚だけでなく、それに対応する社会構造、外婚父系リネージからなる社会構造も見出される。このことは、ベネディクトによる次の名称群の取り扱いを見ると鮮明に浮かび上がる。*spun*＝イトコ、*-phu*＝兄、*tshan*＝イトコ、*-tsha*＝甥・姪、とくに姉妹の子供（話者が男の場合）・孫。ベネディクトが説得力豊かに立証しているように、チベット語における*phu-spun*と*tsha-tshan*との区別は我々がすでに確認した対立、クキ民族の名称*pu*,1と*tu*, 2との対立に等価である（図69）。すなわちそれは、全面交換体系に典型的な対立語の組で、この対語を我々は、カチン（*dama*と*mayu*）から漢民族の*houen*と*yin*を経由してギリヤーク（*imgi*と*axmalk*）にまで追跡してみた。

図69　チベット型体系とクキ型体系

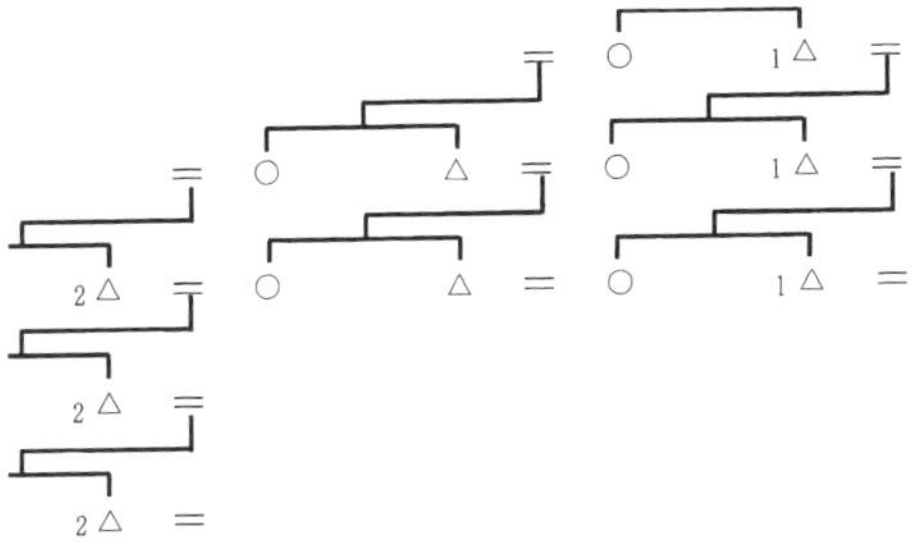

ベネディクトがチベット型体系とクキ型体系をオマハ型に属す体系として扱うことに、続いていくつか不可欠な留保をつけていいだろう。我々が別の著書〔本書に続いて「親族（関係）の複合構造」を扱う予定であったが、ついに書かれることのなかった本〕で解明するように、オマハ型はそれ以外にもたくさんの問題を提起する。また思い出しておきたいが、「チベットおよびクキの名称体系の最終的説明をテクノニミーの慣習に」[9]求めようとするいかなる努力も無駄かつ蛇足で、このことは先の諸章ではっきりさせた。かくして残る本質的な事実は、次の三つである。まず母方交叉従姉妹との婚姻、次に基礎的社会単位としての外婚父系リネージ（*rus-pa*）、最後に母方オジをさす名称の（ラケールやルシャイに見られるような）表敬的用法に示される、オジ-甥・オジ-姪関係の尊重。

ベネディクトは自分の推論を支える証拠を、十八世紀イタリアの旅行家デシデリの旅行記に見出す。《Rupa-cik》（*rus-pa cig* ——直訳すれば「一本の骨」）と

《Scia-cik》（*ça-cig*——直訳すれば「一片の肉」）の根本的区別を明らかにする文章である。「チベット人は二つの型の親族を識別する。第一の親族は Rupa-cik ＝同じ骨に属す人々、第二の親族は Scia-cik ＝同じ血《ママ》に属す人々と呼ばれる。祖先を同じくする人々は、どれほど遠縁であっても、またたとえ世代を経て多数の分枝に下位区分されていても、全員が Rupa-cik ＝骨を同じくする親族として認知される。Scia-cik ＝血を同じくする親族のほうは適法な婚姻から生ずる。親等がどれだけ離れていても、第一の親族は、婚姻の絶対的で不可侵の障害事由になる。（略）第二の親族もやはり婚姻の障害事由にはなるが、それは第一親等にかぎられ、母筋の従姉妹との婚姻は、許されているだけでなく頻繁におこなわれもする」[10]。この規則を「一九一一年インド国勢調査」はボーティア民族について確認している。男が父の姉妹の娘と結婚することは許されないが、母方従姉妹、つまり母の兄弟の娘か母の姉妹の娘となら、男は結婚できるのである。「骨は父の側から、肉は母の側から来るというのが、考えられるその理由である。父系イトコ同士が婚姻すれば骨に穴が空くと言われ、その結果として、将来たくさんの不具者の生まれることが予料されているのである」[11]。これらの証言のほかにベネディクトは、父の精液は骨と脳味噌を、母の膣液は血と肉を生むとのレプチャ民族の信仰に関するゴラーの証言を挙げ、また自身もビルマ語の *a rui*「骨、リネージ」とニィ・ロロ語の *hnga-pu*「骨」、*ve t'i hnga*「家族」＝字義どおりには「家族—一本の—骨」を引いて、中国西部のロロ民族は、このニィ・ロロ語の示すごとく、「〈黒い骨〉」と「〈白い骨〉」に分かれると述べる。「骨肉理説」はインドからシベリアにいたる地域にも見出され[12]、モンゴル民族やロシアのトルコ民族にもその名残が見つかる[13]。またこの理説は中国ではごくふつうに見られるし[14]、最後にインドでは『マハーバーラタ』（古代インドの大叙事詩で、現存するのは紀元四世紀ごろのもの）以降に現れる[15]。以上の点を考え合わせるなら、あのイタリア人旅行家のおかげで一つのまったき根本的な概念に光のあてられていることを、誰もが認めるであろう。ある地理的エリアにわたってさまざまな親族体系を再構成していこうとする試みにとって、例外なく鍵となりうる概念である。言うところの地理的エリアはなんとも宏大であるが、しかしいまもそこかしこに散見される残存は、そのエリアの古代においてもっていた等質性、以下の諸章をとおして徐々に我々の前に再現されていく等質性を暗示しているのである。

さて、ベネディクトもまたまさにこの方向に針路をとり、『詩経』（紀元前八〇〇～六〇〇年ごろ）をもとに再構成した漢型古代体系を、チベット型体系と比較する。我々がいままで長々と取り組んできた四つの名称、*ku*〔姑〕と *chih*〔姪〕、*chiu*〔舅〕と *shêng*〔甥〕だけを、彼の分析から取り上げてみることにする。彼はそれらの古形を復元して、次のような含意を与えている。

ko（*ku*）　父の姉妹、姑
tʻiwat（*chih*）　兄弟の子供（話し手は女）
gʻi̭ôg（*chiu*）　母の兄弟、舅
sěng（*shêng*）　姉妹の子供（話し手は男）

名称 *ko* と *gʻi̭ôg* は機能上、チベット＝ビルマ系言語の語根 †*kʻu* と †*ni*-†*nei* に対応するが、さらにベネディクトは古代中国語の *gʻi̭ôg* とチベット＝ビルマ系言語の †*kʻu* との、直接的類縁性を立証してみせる[16]。つまり、漢型原始体系とチベット型体系は構造的に類似しているばかりでなく、言語的にも結びついているのである。

ベネディクトの再構成では、交叉従兄弟をさす名称は一つしか現れない。*sěng*（*shêng*）＝「母の兄弟の息子、父の姉妹の息子」（話し手は男）であるが、『爾雅』もこの名称を「姉妹の息子」と定義する。ここで思い出しておけば、『爾雅』によるこの解釈が後代のもので、あとから書き加えられたのだとフェンは見なす。だがベネディクトは孟子の一注釈に依拠して（孟子は *sěng* に娘婿の意味を付与する）、*sěng* が逆に基本名称で、「姉妹の息子」（話し手は男）をさすほか、*gʻi̭ôg*「母の兄弟、義父」と相互関係にある「娘婿」をさすと明らかにする[17]。

これと対称的な相互名称の組をなすのが *ko*「父の姉妹」と *tʻiwat*-*dʻiet*「兄弟の子供」（話し手は女）である。ところで、ベネディクトによれば、*shêng* は動詞 *sěng*〔生〕「生を授ける、身ごもる、生み出す」からの派生語で

あるが、*t'iwat* のほうは語源的に「外に出す」を意味したと推測され、そこに「生み出す、出産する」の意味が由来する[18]。これらの名称をギリヤーク語の *pandf* と比較してみるといい。*pandf* は相互関係にある *imgi* と *axmalk* を包摂する名称で、能動動詞 *van*「出産する、生み出す」に対応する中間受動動詞 *pan*「生む être né」の、その分詞形にあたる[19]（活用は受動形だが能動的意味をもつ動詞を中間受動動詞と言い、ラテン語の「デポネント」に相当する）。したがってじつのところ、ベネディクトの設けた限定をはるかに超えて、彼の結論を拡張してみたくなる。彼の結論はこうである。「我々の目の前には、中国社会とチベット＝ビルマ社会に伏在する古い文化水準をめぐる、たぐいまれなほどくっきりした鮮明なイメージがあり、この文化水準においては交叉イトコ婚が優勢な位置を占めていた」[20]。言われている交叉イトコ婚は、もちろん、母方交叉従姉妹との婚姻、すなわち全面交換体系と解す必要がある。

ロロの親族分類法も同様の混成的性格を含む。もっとも頻繁に見られる婚姻型は、確かに交叉イトコ *o zie a sa* のあいだの婚姻であるように思われる。言うところの交叉イトコは双方イトコのことと考えなくてはならない。この特徴は名称体系によって多面的に確認される。

o pu　＝妻の父の父、母の父
a ma　＝妻の父の母、母の母、父の父の姉妹
sa mo　＝息子の妻、姉妹の娘、妻の兄弟の娘

ところが、義父については二つの型が区別される。

o gni　＝母の兄弟
i pi　＝父の姉妹の夫

また、義母についても二つの型が区別される。

a bar　＝父の姉妹

gni gni＝母の兄弟の妻

これらの区別は次のことをはっきり示す。配偶者選定に交叉イトコの二様態〔母方・父方〕のどちらを利用してもかまわないのに、しかし最初に挙げた等置関係から予想されてしかるべき事態に反して、この二様態が双方性のなかで混同されてしまうことはない。

実際、ロロ型体系は、カチン民族の体系に通ずるさまざまな特徴を有する。花嫁代価の法外であること、新婦の実家滞在が引き延ばされること、女性リネージに相続権があり、また――ナガ諸民族に見られるように――女性リネージが姻族クランと敵方クランとのあいだの調停役を果たすこと、いちばん下の息子が不動産を相続すること、レヴィレート婚がおこなわれること、などである。考察されているエリアの逆の端と比べてもやはり、ロロが満州民族の組織化の反映のごときものを示す。まず、これは典型的特徴としてカチンのイエにも見られるが、炉を中心に親族が序列化されていること[21]、次に兄と弟の妻とのあいだに禁忌のあること、とくに指摘しておかなくてはならないが、最後に傍系リネージが年長リネージと年少リネージへ区別され、次の等置関係を伴うこと――

vi o　＝兄、父の兄の息子[22]

i i　＝弟、父の弟の息子

のちに我々は満州民族に関して、これら多様な現象のあいだに相関関係を立ててみるつもりである。ここでは周縁型体系と漢型体系との連続性という補足的指摘をおこなったが、さしあたり、この指摘だけで十分であろう。

＊＊＊＊

一見したところ、ツングース諸民族の親族体系に謎めいたところはない。シュテルンベルグもシロコゴロフも、一致して双方交叉イトコ婚とクラン間の姉妹交換を指摘する。これら単純な性格は、シュテルンベルグによって機会あるごとに何度か言及され[23]、シロコゴロフによって追認される。「現在にいたるまで、女性交換の習俗は妻を見つけるさいに好まれる方法の一つである。ほかのいくつかのツングース集団では、結婚の手だては実質的にこれしかない[24]」。さらに姉の娘との婚姻も可能であると言われ、父の弟の妻との性的関係も許される。そこにはシュテルンベルグの言うように「交換婚と隣接世代間の性的結合[25]」が暗示され、父の兄弟（*aki*）＝兄の等置関係がそれを明示する。ゆえに、どう考えても我々の前には単純な限定交換体系がある。この見かけの単純性がじつは危険な幻想であることを明らかにするには、事実をいちだんと詳細に検討する必要がある。

我々の関心から見て、二つのツングース集団がとくに重要である。一方は北ツングースで、彼らは紀元前二千年代まで揚子江以北の中国東部全域に住んでいたらしく、その後、中国西部からやってきた漢民族に圧迫されて、北部へ移動しはじめた[26]。他方の集団、満州民族はツングース起源で、生活習慣や制度のうえで中国と緊密に結びついている。いずれの集団もシロコゴロフによって研究されたが、残念なことに、彼の公刊した著書や論文は曖昧さに溢れている。

まず最初に北ツングースを考察してみよう。彼らは父系外婚クランに分かれ、「母のクランが女を供給するといったかたちの交換体系によって、しばしば二つのクランが結びついている[27]」。たとえばビラルチェン民族のものとではクランは対をなして機能し、Maakagir は Malakul と、Dunänkän は Mōkogir と女を交換する。トランスバイカリアのツングースの状況もまた同様で、Turujagir と Godigir、Čilčagir と Kindigir がそれぞれ交換対をなす。

　クマルチェン集団に目を転ずると、状況ははるかに明快さを欠く。二つの古いクラン Man’agir と Uilagir は、もともとは限定交換関係によって結びついていたようであるが、その後、人口増加の影響で、この二つのクランはそれぞれ二等分を余儀なくされ、Man’agir はクラン Učatkan を、Uilagir はクラン Govair を生む。Učatkan と Govair は新しいクランであるにもかかわらず、努めて外婚規則を固守しつづけたと言われる。その結果、次の婚姻規則が生じた（図70）——

Man’agir の男は Govair と Uilagir の女と結婚する
Uilagir の男は Učatkan と Man’agir の女と結婚する
Učatkan の男は Govair と Uilagir の女と結婚する
Govair の男は Učatkan と Man’agir の女と結婚する[28]

図70　ツングース型婚姻規則

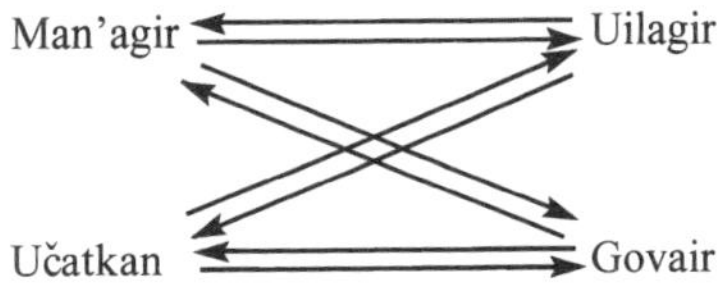

二等分以前の古い親族関係のゆえに Man’agir と Učatkan、Uilagir と Govair はいまでも互いに禁忌関係にある。ならば、あの二等分の目的はなんだったのかとの疑問が浮かぶであろう。実際、（ナガ諸民族のもとで見たような）二等分が起こるのは相互婚を可能にするためで、我々はすぐあとでその論拠を見出す。だが、さしあたりいまは、マオ・ナガと比較するだけで満足しておこう。マオ・ナガは四つのクラン Doe, Kopumai, Yena, Bekom に分割され、それらクランは二つの外婚双対にまとめられている。Doe と Kopumai、Yena と Bekom は互いに結婚することができない（図71）。「人々はその理由として進んで親族関係を挙げる[29]」

　そのうえ興味深いことに、シロコゴロフの記述した体系は、じつにはっきりした全面交換体系の外観をもつ。より正確に言えば、彼は——インフォーマントたちの理論的説明に従っ

図71　マオ・ナガ型婚姻規則

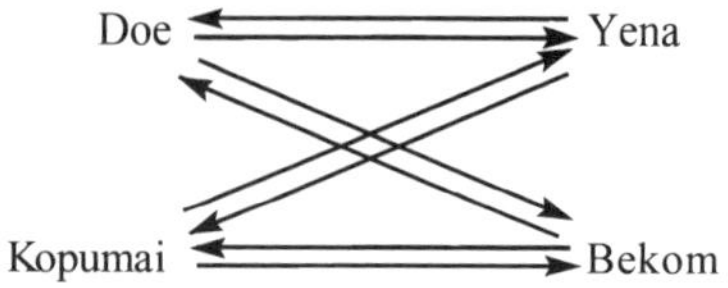

てのことだと思われるが——全面交換の用語で限定交換体系を記述したのである。仮に二つの連続する周期〔図71における Doe → Bekom → Kopumai → Yena と Doe → Yena → Kopumai → Bekom〕が四つのクランから八つの下位セクションへの下位区分に対応していて、それぞれが八つの下位セクションを四つずつ結びつけるとするなら、そこにはムルンギン型の全面交換体系さえあることになるだろう。急いで強調しておくが、いま我々の手元にある情報を見るかぎり、そのような仮説の設定を許すものはなにもない。実証されればグラネの理論にとってぬきんでて好個な推定を成り立たせるはずの、それは仮説であっても、事実は我々を別の方向へ導く。実際、クマルチェン社会の歴史について、シロコゴロフは別の解釈を差し出す。クマルチェンは三つの老年クランと三つの若年クランに分かれると、いま参照している著書のほかの一節で彼は言う。老年クランに含まれるのは Man'agir と Uilagir、そしてここまで彼が我々に語ったことのない Gagdadir である。若年クランに入るのは Učatkan と Govair、そしてこれもまた我々にとって初耳の Gurair である。Man'agir が Učatkan を、Uilagir が Govair を生んだのだから、Gagdadir が Gurair を生んだことになるだろう。シロコゴロフは、次の伝承をもとにそう説明する。「二人の兄弟、兄の Man'agir と弟の Učatkan がいたとされる。そのことゆえに、*managir* と *učatkan* の結婚、また *uilagir* と *govair* の結婚も禁止される。〔略〕クラン *učatkan* と *govair* は、自分たちを最初の子孫として生んだクランとは結婚しない[30]」。ほかの集団についても事情は同じである。

以上の指摘はいくつかの点で注目に値する。まずカチンの社会神話と奇妙なほど似通うところのあることに気づくだろう[31]。クランが兄弟から生まれること、年長クランと年少クランの区別があり、それが婚姻規則に影響を及ぼすこと、最後に起源の社会単位の数が非対称〔奇数〕で、全面交換の存在を強く示唆すること。加えて、ツングースの伝承はまったく明快さを欠く。実際、Man'agir と Učatkan がそれぞれ兄と弟から生まれたのなら、Učatkan を Man'agir の子孫と見なすことはできない。だが次のように考えれば理解しやすいだろう。三人の兄から三つのクランが生まれ、弟たちから生まれた三つのクランは、カチン神話がそう見なそうとしているように、三つの年上クランと一つになる。あるいは、単純に三兄弟から三つのクランが生まれ、それぞれのクランがのちに二等分される。いずれの場合でも、原初の社会構造が帯びていた非対称性は全面交換体系しか許さないと言っていい。

実際にそうであったことのもっとも明快な指標を、我々は現行の婚姻規制に見出す。シロコゴロフの言うには、どのツングース集団でも交叉イトコ婚が優先的価値をもつ。バルグジンとネルチンスクのもとでは、*gusin*〔母の兄弟〕は自分の *juvda* を妻として権利請求できる。*juvda* は主体のクランに属す女のその娘として定義され、彼女自身は母と祖母の属すクランの成員である。満州のツングースでは、逆に母の兄弟との婚姻は禁止される。さらに男が自分の母の姉妹と婚姻することもまた。しかし、母や姉妹を介した直接的な親族関係がないのなら、自分よりも上の世代または下の世代の成員と結婚することが許される。それどころか望ましいとさえ見なされる。父の姉妹の子供との婚姻は満州民族のもとでと同様に許されるとはいえ、ツングースはこの型の婚姻ではほとんど子孫に恵まれず、ふつうには男系が途絶えると考える。[32] ここで言われている「父の姉妹の子供」は、もちろん、父方従姉妹のみをさすと受け取らなくてならない。でなければ、交叉イトコ婚に優先的価値の置かれることと、「母と姉妹のいずれを介した直接的〔親族〕関係もないとの条件のもとで」（この場合には母の兄弟の娘と母の兄弟の息子の娘とが選択肢に入ってくる）、母方婚が望ましいとされることの、二つのことがらが理解できなくなってしまうだろう。ツングースの大部分の集団は、女が母の兄弟と結婚することを禁じ、男が父の姉妹の娘と結婚することを望ましくないと見なすが、男が母の兄弟の娘と結婚することは許す。ということは、わかるように、限定交換が確実に支配的となった現在の状況においてすら、全面交換体系の残存を物語っている。

一方の型の交換〔全面交換〕から他方の型の交換〔限定交換〕への移行が、遊牧生活によって余儀なくされたことは考えられないでない。居住規則が出自規則と同じ重みをもって介入してくる体系に、遊牧クランはうまく適応できない。しかも体系がつつがなく機能するか否かは、どこまでも諸集団の空間的配置のとるかたちに左右される。「ツングース諸民族の社会的組織化にとっての真の屋台骨」である外婚の掟を守るために、移住のたびにクランは対を組んで旅することを余儀なくされるだろう、とシロコゴロフは考える。(33) これが三つの対、あるいはそれ以上の対をなしての旅となれば、言うまでもなく、はるかに大きな困難を伴うだろう。要するに、あらゆる事実が全面交換から限定交換への後退を一致して示唆するのである。

＊＊＊＊

満州型体系の検討が我々を導く先もこれと同じ結論であるが、しかしここでの我々は、特殊な困難に対処せねばならず、この体系にさかれたシロコゴロフの詳細な研究ですら、必ずしもその困難を乗り越えさせてくれない。親族体系理論にとって、満州型体系はまさしく「シナの難問〔手に余る頭痛の種 casse- tête chinois〕」と見なされていいのである。我々がまず直面するのは、限定交換定式と全面交換定式のしばしば解きほぐしがたいまでの混淆物で、次に直面することになるのは、おそらく母系出自から父系出自への通路である。そして三番目に、原初体系のすべての構成要素が、漢型体系の影響を受けて改変されてきたということがある。漢型体系の大きな分類原則が古代の分類形式のうえに覆い重なった結果、親族名称の数が、事実上、無際限と言っていいほどに膨れ上がってしまったのである。大部分の親族名称は、比較的単純な語を再三再四組み合わせることによる合成語で、言語学者の助力――ここではことさらありがたい助力となるだろう――なしには、大方の事例でどの名称または語根が基本的な親族分類法をなすのか見分けがつかない。

この迷路に分け入る出発点として漢型体系の一側面を、これすら曖昧であるが、取り上げてみよう。『書経』は *chiu t'zŭ*〔九族〕「九つの親等」に従って親族名称を分類する。この九つの親等をどう解すべきか、これが訓詁学者たちのあいだで論争の的になってきた。旧学派は九つの親等に含まれる名称をクラン親族にあてがおうとした。つまり、それらの名称は主体の世代とその上下それぞれ四世代、計九世代をさすとされた。逆に新学派は九つの親等に、四つの父方親族集団（父、父の卑属および尊属、父の男性傍系親族。父の姉妹たちとこの姉妹たちの卑属。〈私〉の姉妹たちとこの姉妹たちの卑属。〈私〉の娘たちとこの娘たちの卑属）、三つの母方親族集団（母の父母。母の兄弟たち。母の姉妹たち）、二つの妻方親族集団（妻の父。妻の母）を見る。(34)

注目すべきことに、満州型体系における親族の分類は、視点の取り方次第でほぼ正確に二つの解釈のいずれにも適合する。シロコゴロフの説明によれば、クラン＝*mokun* はクラス（*dalan*）に分割されていて、*mokun* のなかである人の占める正確な位置を知ろうとするとき、すぐ当人に「あなたはどのクラスに属すか」との質問がなされる。(35) これらクラスの数は七つであろう。すなわち、主体の世代とその上下それぞれ三世代。そしてクラスが *ahuta dalen*（私のクランの人々）と *mini dalen*（私のクランとそのほかのクランの人々）へ下位区分されることからして、どのクラスもクラン親族と非クラン親族をともに含む。

世代にあたる七つの階へのこのような家族集団の分割に、父の兄弟の卑属、母の兄弟の卑属、父の姉妹の卑属、母の姉妹の卑属、私の兄弟の卑属、私の姉妹の卑属、私の卑属を表す七つの縦列への分割が、少なくとも理論的には対応する。これら縦列は、厳密に言えば、リネージではない。実際、のちに機会を待って明らかにしてみるように、この分割を言い表す名称は、リネージからリネージへいわば渡り歩くことで、リネージをでなく、むしろ我々が「リネージ系列 série linéaire」と呼ぶところのものを定義しうるにすぎない。要するに名称には、世代とリネージ系列をそれぞれさす二つのまとまりがある。(36)

最初は曖昧に見えるこの体系も、より明確に記述されてきたように思われる西トルコ＝モンゴル民族の社会的組織化と対比してみると明快になる。カザフはじつに縦のリネージへの組織化と（横の）世代クラスへの組織化、満州型体系にきわめて近いように見える二重の組織化をもつ。この〈偉大な遊牧民 Grande Orda〉の伝説的始祖もまた、二人の息子タラクとアバクをもうけ、それぞれが自分の名前のついた *uru* を創設したと言われる。創設者のすべての父系卑属を含むこの二つの *uru* は、また同時に系譜の第一水準Aをなしもする、とハドソンは言う。(37) つまり次世代でも同じプロセスが繰り返され、今度はアバクの四人の息子のそれぞれが、銘々のリネージからな

る *uru* を設立し、これら四つの *uru* の全体が系譜の第二水準Bを形成する。その次の世代になると *uru* の数は三十二となり、系譜水準Cを形成する。以下同様。

重要なのは、下位水準の *uru* を生み出したあとも、上位水準の *uru* が消滅せずに自律的単位として残っていくことである。系譜的には、たとえば水準Cの *uru* は水準Bの *uru* の後裔から形成され、水準Bの *uru* は水準Aの *uru* が下位区分されて生じる。ゆえに次のような想定が成り立ちそうなものである。Aのすべての *uru* は、次の水準では、もはや自分の生み出したBの *uru* のかたちでしか存在しなくなる、B以下の *uru* についても同様。だがじつはまったくそうではない。「親 *uru*」は「子 *uru*」と並んでいつまでも生き残っていくのである。

したがって、いずれの *uru* も一個の自律したリネージであると同時に、任意の世代クラスの発現としても定義される。こうして *uru* は満州民族の *dalan* のほぼ正確な等価物であると見なされるわけだが、先ほど引用したシロコゴロフの観察に類似した次のハドソンの観察によっても、そのことは鮮明に浮かび上がる。「誰かにばったり出会ったとき、最初に発せられる質問はいつも決まっている。『あなたはどの *uru* か』。そして質問された人は、相手があれらの下位区分を知っていると思えば、もっとも範囲の狭いその最下位の区分の名を言うことで質問者に答える[38]」。なかには、十七の世代クラスと交差する、七百六十を下らないリネージ集団を数え上げている研究もある。

満州型体系には次のような世代の標識がある。

tajeje　父の父の父
jeje　父の父
amata　父
ahuta, ejute　私の兄弟、私の姉妹

duj　息子
omolo　孫息子
tomolo　息子の息子の息子

リネージ系列の標識は次のとおり。

eskundi　父の兄弟の卑属
nahundi　母の兄弟の卑属
tehemdi　母の姉妹の卑属
dalhidi　私の兄弟の卑属
inadi　私の姉妹の卑属
enendi　私の卑属

これら六つの名称はいくつかの点で興味深い。第一に、名称が六つしかないこと。ふつうに考えれば七つあってよさそうなのに、父の姉妹の卑属に対応する名称が欠けている。その名称はのちに見るようにじつはあるのだが（*tarsidi*）、水準が一つ消えているために親族分類法のなかに現れることができないのである。父の姉妹の子供・孫の取り扱いのこのように異なることは、それだけでなにごとかを示唆する。第二に、親族が七つのリネージ系列に分類される点は、先に言及した二番目の解釈〔新学派の解釈〕にもとづく *chiu t'zŭ*〔九族〕にきわめて近く、*chiu t'zŭ* に含まれる四つの父方親族集団が、また三つの母方集団のうちの二つが、満州民族のもとにも見られる。それに加えて満州型体系は、〈私〉の兄弟（中国の時間算定法では〈私〉の兄弟は父の卑属として現れる）のための特別な系列を開く。この下位区分が必要とされるのは、満州型体系では直系リネージが〈私〉から始まるからで、

chiu t́ zǔ が父と父の尊属を直系リネージに含ませるのとは違う。*chiu t́ zǔ* とは逆に、満州型分類は妻の両親にはいかなる位置も与えない。これは交叉イトコ婚の実施によって説明のつくことがらである。とはいえ、指摘しておかなくてはならないが、姻族にかかわる満州型親族分類法は、少なくとも夫の家族については、次のような特別な名称を導入する（妻の家族についてはそうでなく、通常の親族名称が支配的である）。*ejgen* ＝夫、*purhu* ＝夫の姉妹、*eše* ＝夫の兄弟、*aša, uhun* ＝夫の兄弟の妻(39)。

リネージと世代を示すこれら二つの標識群のほか、さらに中国語の限定辞に相当すると思われる第三の標識群が見出される。

haha　男の　（*hahadi* ＝私の息子たち）
sargan　女の　（*sargan* ＝私の妻、*sargandi* ＝私の娘たち）
ahu, amba　年上の
to, fiango　年下の
koro　遠縁の

単一でか合成語のかたちで現れる第四の語群が基本名称の役割を果たし、そのなかには、指示語または指称語にもとづく漢型親族分類法からじかに借用された名称がある。

mafa　祖父
mama　祖母
ama　父
ena, eme　母

ečke　父の兄弟
ku　父の姉妹
　ku- nejne　父の母
　kugu　父の姉妹
　kui　父の姉妹の夫
　ku- mafa　父の父の姉妹の夫
nakču　母の兄弟
　nakučihe　母の兄弟の妻
tehe　父の母の姉妹
　teheme　母の姉妹
wu　妻
　wuheme　父の兄弟の妻
　wuhehe　弟の妻
　wurun　息子の妻、息子の息子の妻
gehe　姉
non　妹
ongosi　息子、相続人
hodolion　娘の夫
efu　姉の夫
meja　妹の夫

これよりも遠縁の親等は、以上四つのカテゴリー〔第一から第四までの語群〕に含まれる二つないしそれ以上の語を組み合わせて、記述的に表現される。満州型体系における語の組み合わせ方は、漢型体系とまったく同じというわけでない。漢型体系ではいくつかの例外を除いて基本名称が固定した核をなし、そこに限定辞が接頭辞または接尾辞のかたちで付加される。満州型体系では四つの型の語が自由に組み合わされ、第四群の名称がほかの語と同じように限定辞として使われることもある。かくしてたとえば次のようになる。*dalhi gehe* ＝父の兄弟の娘〈〈私〉より年上〉、または父の父の兄弟の息子の娘。*dalhi omolo sargandi* ＝兄弟の息子の娘。*fiango nejne* ＝母の母の妹。*koro omolo hodolion* ＝息子の娘の夫。*nahundi omolo duj* ＝母の兄弟の息子の息子。*nahundi eskundi ejun* ＝母の母の兄弟の息子の娘。*tehemdi ina wurun* ＝母の母の姉妹の息子の息子の息子の妻。[40]

jeje, nejne, ku, efu, meja など多くの名称が中国語を語源にする。純粋な満州語語源の名称の大半が、母方クランのなかに見出されることをシロコゴロフは指摘する。〔合成語でない〕単一名称だけをとっても、全面交換構造の大略の描き出されることがわかる（図72）。

とりわけ注目に値するのは、リネージ系列を示す標識の組み合わせである。すでに述べたとおり、原則としてこれらの名称は同一リネージに属す成員をさす。原型となる名称は *dalhidi* で、この名称は接尾辞 *di*（*duj* ＝息子の短縮形）と、「絆」「膝」を意味するほかにクランの任意の下位区分をさす語根 *dala, dalan* からつくられている。[41]さて、シロコゴロフがみごとに再構成した満州社会の進化過程によれば、起源ではいくつかの外婚単位 *hala* が地域的に配置されていた。テリトリーの拡大に伴って *hala* は、違った色の名前で呼ばれる新しい外婚単位 *gargan* に下位区分された。続いて *gargan* が、固有の名前をもたない現在の外婚単位 *mokun* を生んだ。「*mokun* 内部で結婚してならぬ、が根本的な掟で、特定の地域に結婚適齢期の娘がいなかったり、クランの人員数が増えすぎると、満州民族はクランを新しい外婚単位（*mokun*）に二等分し（略）それらのあいだでの結婚を可能にする」[42]。すでに見たように、一つの、または縁組によって連帯した複数の *mokun* もまたクラス（*dalan*）に分割され、それぞれのクラスは一つの世代に対応する。しかし、クラスが世代以上のものであることを、名称 *dalhidi* の語源は示し

図 72　満州型体系の一側面

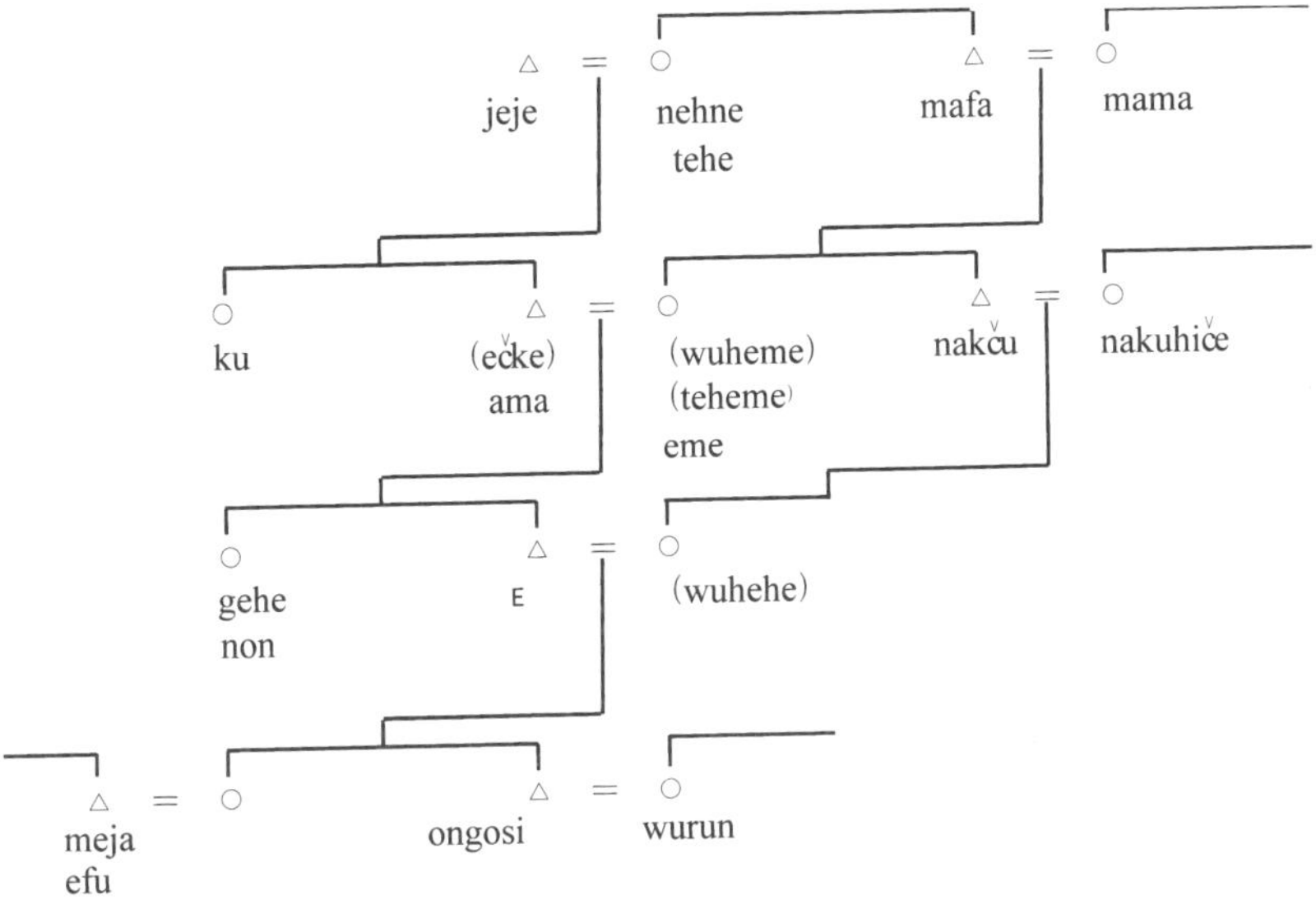

ている。クラスは任意のリネージが共通の幹から分岐していくさいの、出発点となる階でもある。

以上のことを前提にすれば、リネージを表す名称が二つずつ組み合わされる事例から、貴重な情報の収集が期待される。なぜなら、それら名称の組み合わせごとに、婚姻規則に応じたリネージの区別・混同のされ方、分離・糾合のされ方がわかるのだから。この点、すでに示唆的だが、(シロコゴロフもはっきり見抜いたように)私のクラスに属す息子、孫息子などを表す名称 *dalhidi* は、娘婿・息子の嫁をさすのにも用いられる。[43] そのほか *nahundi eskundi, nahundi eskundi dalhidi, nahundi dalhidi, tehemdi ina, dalhi eskundi* などの組み合わせもある。

一例として *nahundi* を考察してみよう。*nahundi* は原則として母の兄弟の卑属たちである。しかし我々は、父の母の父系リネージのなかにも *nahundi* を見出す。*nahundi ečke*＝父の母の兄弟の息子、*nahundi eskundi*＝父の母の兄弟の息子の息子、*nahundi eskundi dalhidi*＝父の母の兄弟の息子の息子の息子などであるが、これは父自身が女性 *nahundi* と結婚したことを前提にし、この場合にだけ二つのリネージ系列は一致する。実際、母のリネージと父のリネージが重なり合うには、母は父の母の兄弟の娘でなくてならない。*tehemdi*（母の姉妹のリネージ）、*inadi*（姉妹のリネージ）など、ほかの事例も同様の推論に従って考えることができる。

父の姉妹の卑属については、リネージ系列を示す標識の欠けていることをすでに指摘したが、しかしごくまれにしか使われないとシロコゴロフの言う名称 *tarsi* がじつは存在していて[44]、任意の個体が、父のクランの年長クラスに属す女たちの卑属に対してと、母のクラスおよびクランに属す男たちの卑属に対してとる関係を、それはさす。ただし、この卑属の対称性が原初のものであるかどうかは疑わしい。動詞 *tarsi-lambi* によって言い表される、きわめてまれな婚姻形式の存在が確認されているからである。シロコゴロフによれば「私は自分の *tarsi*、つまり自分の父の姉妹の娘と結婚する」と翻訳できるそれは動詞だが[45]、この婚姻型には強硬な反対意見が働いていて、いちばんに好まれる配偶者として我々が見出すのは、*nahundi ejun*（母方交叉従姉妹）なのである[46]。シロコゴロフの望むように、満州民族は母系出自から父系出自へ移行したのだと考えることはできても[47]、〔父方・母方の〕二種類の交叉従姉妹のあいだにかくも鮮やかに確認される非対称性を説明するには、この仮説は用をなさない。ただ限定交換の装いのもとに今日現れている体系の、その下に潜む全面交換定式を、我々は改めて見出すにすぎない。

しかしこの装いも目を欺くことはできないだろう。シロコゴロフでさえこうはっきり書く。「女性交換は好まれる婚姻形式である。（略）あるクランが別のクランに女を与え、この別のクランは、それに応えて代わりの女を与える。（略）クランAの男がクランBの女と結婚すると、クランAはその男の姉妹を、クランBに属す花嫁の兄弟のもとに嫁がせる[48]」。彼の言葉にさらに付け加えておかなくてならないが、縁組によってすでに連帯しているクランのあいだの婚姻を、満州民族は好まない。なぜならそのような婚姻は縁組関係を増やす助けにならないからである。要するに、全面交換の広範な周期を維持していこうとする傾向はきわめて顕著なのである[49]。しかもラティモアの集めたゴリドの親族名称[50]は、シロコゴロフの集めた満州民族の親族名称に合致する。このことが物語るように、満州型体系はロシアの社会学者〔シロコゴロフ〕の注釈から浮かび上がってくる以上に、ゴリド

（彼らはツングース諸民族に属す）の体系、すなわち全面交換体系にはるかに近いにちがいない。

婚姻を介して結びつく家族間の連帯関係を最大限に拡張しようとして、コリヤークもまた、特定の家族に属す兄弟が別の特定の家族に属す姉妹と結婚することを禁じる。追求されている目的は絆を増大させることである。こうした事実を考え合わせるなら、コリヤークの古い習わしに関するヨヘルソンの懐疑論に同調する気は、ほとんど失せる。コリヤークの現在もつ婚姻禁忌は第二親等のイトコにまで及び、ヨヘルソンは、これがカムチャダール民族の習わしとかけ離れていることに驚く。カムチャダールは、イトコ間の婚姻（クラシェニンニコフによる）、母とその娘を二人とも妻にする婚姻（シュテラーによる）、ソロレート婚式の一夫多妻婚を許すが、これらはコリヤークによって禁圧される習俗なのである。トナカイ・コリヤークが自分の従姉妹、オバ、継母と結婚することを、クラシェニンニコフははっきり述べているが、しかし現代のもろもろの禁忌が示しているほどの深甚な変化が、たかだか百五十年のあいだに生じえたことにヨヘルソンは疑問を呈する。とはいえ、神話がこれらいまでは禁止されている婚姻形式をほのめかしていることは、彼も認める。

女たち――たぶん姉妹のことだろう――による夫交換の習わしを、神話はまちがいなく語っている。我々の意識を覚醒させもするはずの、これは特徴である。というのは、この交換の等価物が南アジアにもあり、じつにラケールのもとでは、同じ時期に結婚した二人の姉妹が夫を交換し合うことができるのである。[51] 同様の習俗はコリヤークに隣接する諸集団にも見られ、さらに神話はイトコ婚をも伝える。[52] コリヤークのある老人は、自分が特定の村から妻をめとったことの理由を説明して「私の家族と私の子供たちの母の家族との結びつきが途切れてならない」からだと言う。[53] 以上述べたことのいずれもが、かつて全面交換体系の存在したことを暗示する。

二つの婚姻定式のあいだで満州型体系がまだ揺れ動いている状態にあることは、主体のクラスとその両親のクラスにおける、年長者・年少者への世代の二等分からもうかがわれる。この現象を我々がどう解釈したかを思い出してもらいたい。[54] だが満州民族のケースでは、我々は仮説に勝る好個な材料を手にしている。満州民族の家屋はいくつかの部屋を抱えていて、それぞれの部屋の南面と北面には暖房された板の間がついている。家族の成員はこの板の間で眠るが、眠る場所が決められているのである。同じクラスに属す成員は、次の定式に従って互い違いの位置で眠らなければならない（0＝主体のクラス、-1 -2＝年少クラス、+1 +2＝年長クラス）。

第一の部屋――北面の板の間	+1	-1	+1	0	-1
第一の部屋――南面の板の間	0	-1	-1	0	
第二の部屋――南面の板の間	0	-1	+1と+2		

この特別な配置が性にかかわる禁止と特権とに関連することを、シロコゴロフは明らかにした。主体のクラスの年少成員の妻たちは〔性的〕禁忌対象になるが、相手がクラスの年長成員の実際の、または潜在的な女性配偶者であるなら、軽口をたたいてかまわず〔いわゆる「冗談関係」のこと〕、彼女たちがまだ結婚前なら性的関係をもつことさえできる。もっと一般的に言えば、「年長クラスか私のクラスに婚入した、ただし年長者のもとに婚入した、すべての女に対しては、性的な接近が許されるが、年少者たちの妻のほうは禁忌対象になる[55]」。すなわち、ナガ諸民族のもとでと同じく、二つの婚姻定式が自由に使え、私の世代に属す女たちの一部は私の妻と同じ婚姻過程を、別の一部は違う婚姻過程をたどる。またこれもナガ諸民族と同じであるが、婚姻定式の二者択一性は父・父の兄弟、母・母の姉妹の区別をもたらし、その結果として、これら四人は別々のリネージを生み出すことができる。もちろん、母の兄弟はまた彼の甥・姪の庇護者でもあり、甥・姪は母方オジをこよなく愛して彼に次のような歌を歌う――

nakču〔母の兄弟〕よ、*nakču*、私を愛しておくれ
七つの小さな揚げパン
私が七つの小さな揚げパンを食べたら

図73　満州型体系とアオ・ナガ型体系の比較

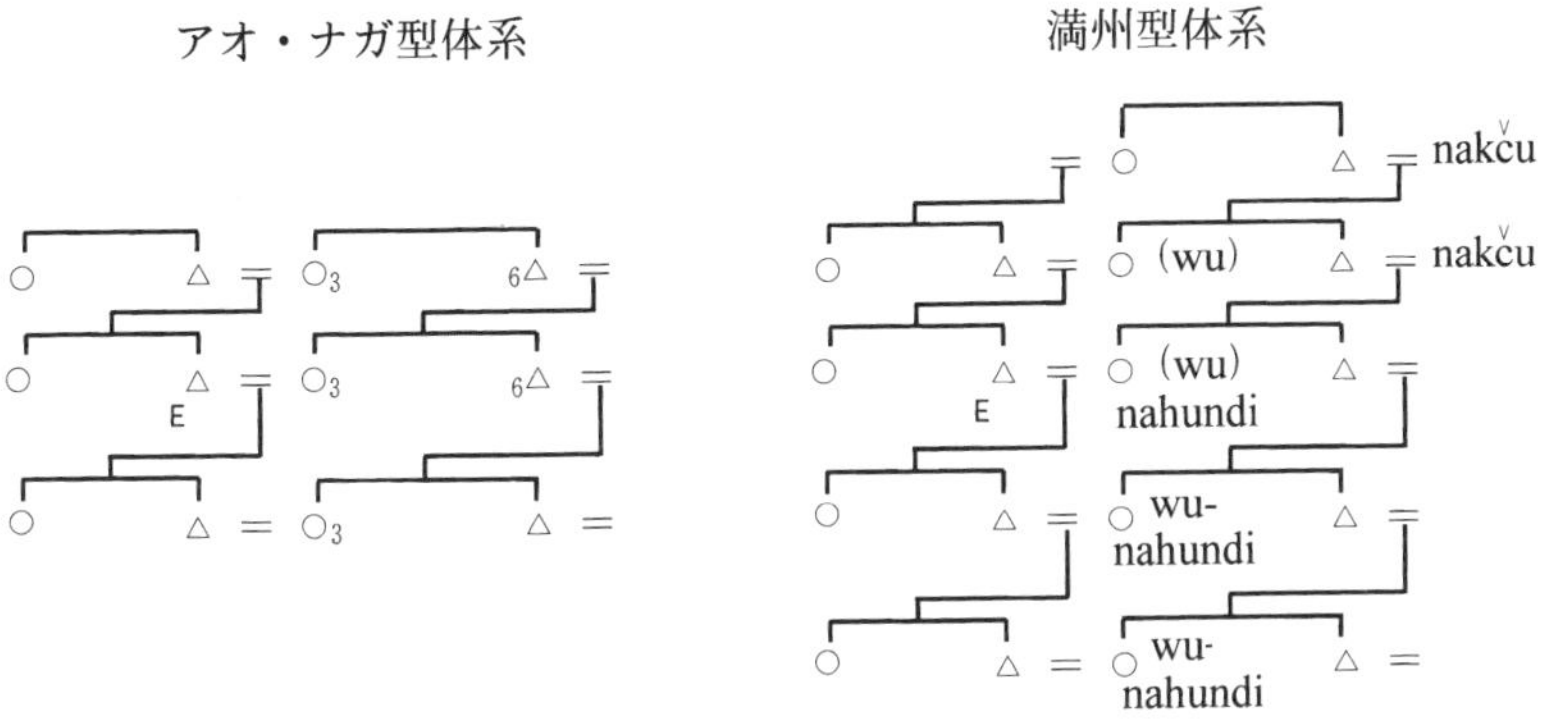

nahan がすっかり汚れてしまう[56]

この体系と、たとえばアオ・ナガの体系との類似点もすべて目に入ってくる。どちらのケースにも、我々は外婚単位が偶数倍に増加することを見出す[57]。どちらのケースでも、見せかけの限定交換の下に全面交換へのさまざまな傾向が潜む。どちらのケースでも、名目上は等価である二人の交叉従姉妹の、しかし一方が〔結婚相手として〕忌避されて他方が好まれる。どちらの親族体系も同様の複雑化を示す。兄の結婚と弟の結婚、姉の結婚と妹の結婚は必ずしも同一の型とはならないため、彼ら・彼女たちかその卑属の属することになる異なるリネージを考慮しつつ、親族の水準と主体の水準で兄・弟、姉・妹を区別する必要の出てくることが、この複雑化の原因である。最後にどちらの体系においても、もっとも安定した名称系列は母方婚にもとづいてつくりあげられる（図73）。

アムール川流域のオルチャ〔オルチ〕民族にも、ナガ諸民族の社会的組織化にいちじるしく酷似した一側面が見出される。オルチャは二つの半族に分割され、それぞれの半族が六つのクランに下位区分される。この点についてゾロタレフはこう書く。「諸事実は *ngarka* の習俗が双分組織にだけでなく、三つのクランを参加させる婚姻体系にも関連することを示す。このことは問題をきわめて難しくする。私見によれば、かつてギリヤークも双分組織を有していたが、三クラン体系の導入によってこの双分組織が退けられたのである[58]」。*ngarka* と言われる食事競争の習俗は、ギリヤークの

ngarka pud「娘婿歓待」に由来する。全面交換が第一次形式であることの証拠は十分に集めてきたので、我々とは逆の、ゾロタレフの見解を検討する必要はないと考えるが、しかし双分組織と三分組織の、すでにナガ諸民族のもとで出会った並立が、ここにもまたはっきり現れる点には留意しなくてならない。チュクチのなす父方リネージ＝「陰茎から来た人々」と母方リネージ＝「子宮から来た人々」の区別[59]は、いまや我々にとって親しいものとなった類別、「骨の側」と「肉の側」の類別の変奏のように思われる。さらに主体から見た世代序列の上方または下方の第四親等が主体と同等視されること、傍系においてそれが「絆」「つなぎ」という共通の名で指示されることは[60]、漢型体系の基礎構造を連想させる。チュクチではイトコ婚が頻繁におこなわれるが、これは昔のアレウトでも同じで、ヴェニアミノフの指摘によれば、彼らは好んでオジの娘を妻にしていた[61]。解体過程が現時点でどれほど進んでいるにせよ、アレウト型親族体系は相変わらず「交叉」・「平行」の区別を保存している。交叉イトコをさす名称が asagax の一つしかないことは、姻族の名称が好んで使われていたことを暗に物語る[62]。母の兄弟の妻が夫の死後に遺贈されること、夫の生前でも彼女と性的関係をもっていいことは、母系出自の一端を示す。母方婚の習俗は、カムチャダールについてはクラシェニンニコフによって確認され[63]、アイヌについてもやはり確認がとれている[64]。ただしアイヌではコリヤークのもとでと同様、二人の姉妹と二人の兄弟とのあいだでの結婚は禁止される[65]。ゆえに、この二つの集団のいずれにおいても全面交換は、かつて存在したとすれば、いまでは名残にすぎなくなっていることがうかがわれる。親族体系は全面交換の痕跡をとどめず、その属す型も、ここで研究に取り組もうにもできないほどにいちじるしく貧弱である。実際、現在、女性交換（限定的なそれ）を実施しているのは、チュクチであることを我々は知っている[66]。

以上の留保は必要にして不可欠だが、それでもしかし、アジア的相の示す構造全体の輪郭は見えてくる。南端のカチン型体系と北端のギリヤーク型体系が、単純な全面交換形式として対幅をなす。並行関係はナガ型体系とツングース＝満州型体系とのあいだにも見られ、どちらの体系でも限定交換と全面交換が同じように混淆している。満州型体系は、儒教期中国の影響のもとに改訂された、じつに新版アオ・ナガ型体系であるかに思われる。

最後に漢型体系が中間に来る。漢型体系の古い特徴からは限定交換が浮かび上がり、そこには全面交換の確実な名残はほとんど含まれていない（図74）。このような分布状態を仮に伝播主義的に解釈すれば、それは次のことをはっきりと示唆する。東シベリアからビルマにいたる地域では、全面交換がもっとも古代的な形式を体現してきたのであり、後代に出現した限定交換はいまなお完全には周縁部位にまで達していない。

図 74　極東における基本的交換形式の分布

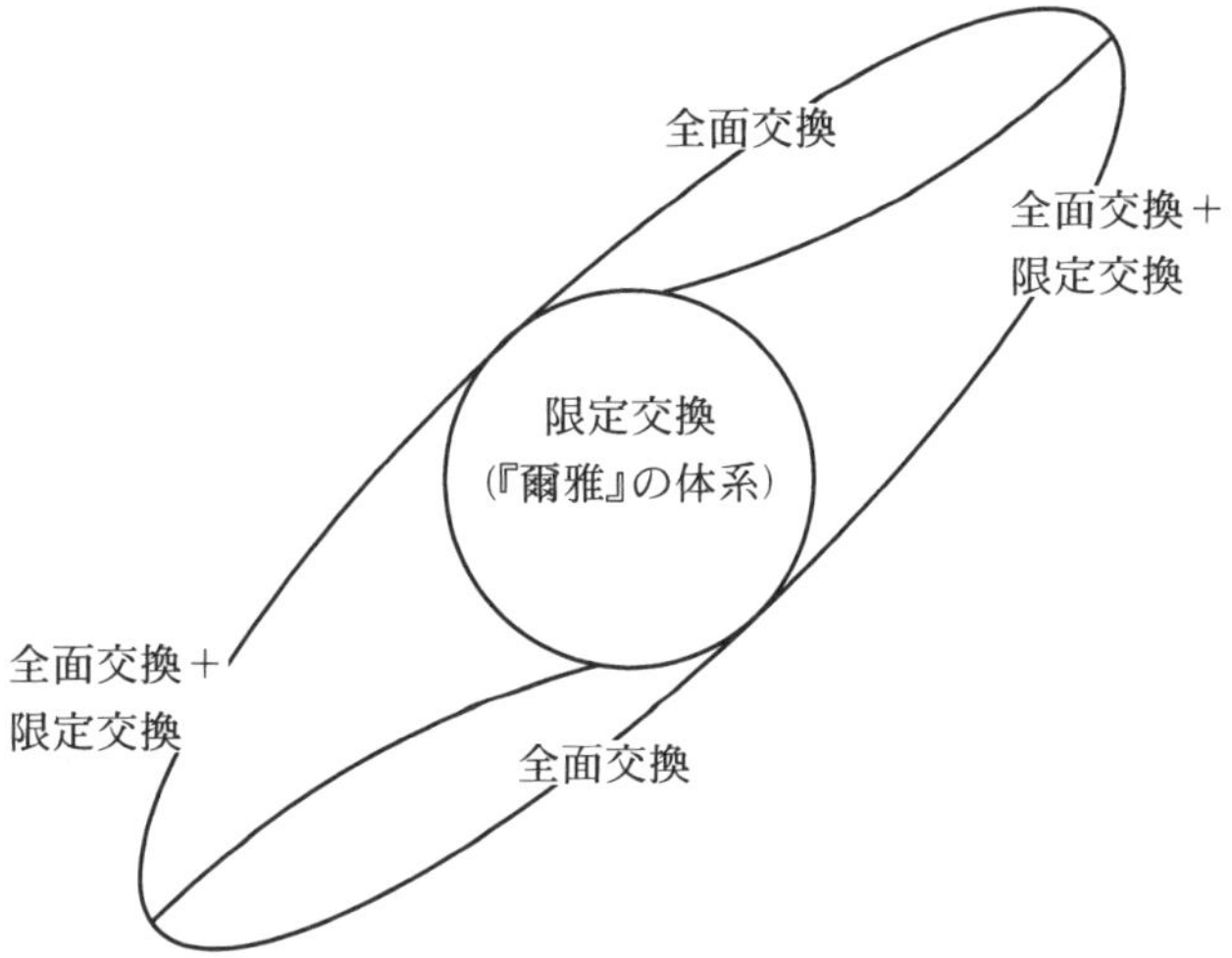

＊＊＊＊

とはいえ、アジアにおける親族体系分布の伝播主義的な捉え方は、あらかじめ失敗を約束されている。有史以前の中国文化の最初の代表格は、華北に出現したと推定されるが、しかし文化的には漢民族は南方系である。[67]商文明がほんとうに中国北東部で発展したとしても、今日、我々は、最初の編年史家の手で書き留められた性格をいちばんよく保存してきたと思われる体系を、この古代文明圏の隣に見出すのである。すでに指摘したごとく、彼ら編年史家によれば、商の婚姻規則は第五世代を経たあとに停止する。ところで、今日でも満州民族では相変わらずそうであって、必要な場合に外婚クランが二つの *mokun* に下位区分され、*mokun* が新しい外婚単位になる。「この二等分を可能にするには、系を上へ四世代さかのぼったときの世代クラス〔第五世代クラス〕に別々の祖先をもつ人々を成員とする、二つの集団を同一クラン内で決定し、互いに異なる守護霊、儀礼、シャマンをもつ二つの外婚集団として構成すればいい。しかしこの操作には、クランの会合による許可が必要で、許可は長い議論を経た末にしか出されない」[68]。似通った体系はヤクートにも見られる。彼らはクラン（*aga-usa*）に振り分けられ、クランは *nasleg* と *ulu* に下位区分され、クラン外婚規則は第九世代後に中断される[69]。カザフのもとにもやはり同様の規則があり、彼らは *uru* ＝父系集団と *aul* ＝父方居住集団に分割され、*uru* の守るべき外婚限度は第七世代に定められている[70]。最後にブリヤートもかつては類似の規則をもっていて、この規則は男系九世代を外婚限度とするから、母方婚が可能であったと考えられる[71]。

現代の満州型婚姻規則は、編年史家たちが古代中国に遺制が残ると証拠を挙げてみせた習俗の、例示であるかに見える。そのため、次のように考えたくなる。有史初期の漢型親族体系は、大半のナガ諸民族や満州民族にいまも見られる段階とほぼ同程度の段階に達していた。つまり、全面交換はすでに大幅に限定交換に取って代わられていたが、しかし選好婚の諸形式のなかにまだ残りつづけていた。そののちに限定交換に促されて、クランとリネージが交換組織へと二等分されはじめたのであり、近来におけるこのプロセスの性格、それの進行状態は、五世代規則に示されている。

いまも全面交換に従うギリヤークのもとで、二世代にかかわる類似の規則に出会ったことを忘れないでおこう。この規則の存在理由は、ある程度の余裕、ある程度の柔軟性を婚姻交換のなかに導き入れたいとの欲望にあり、すでに見たように、満州民族もまた同様の欲望を口にする。

商代前後の漢型親族体系は満州＝ナガ型であったとする仮説が、ほかの地域でなんらかの裏づけを得ることができるかどうか、探ってみれば興味深いだろう。ナガ諸民族の分布エリアでと同様に古代中国でも、各世代ごとに息子が新しい家名をもつ別のリネージの創設者として独立し、新たな「イエ」を興すことが許された[72]。またナガ諸民族にとりわけ典型的に見られる「〈男子集会所〉」が、古代中国にもおそらくはあった[73]。こうした対比をさらに拡大していくことができるとすれば、中国について、次のような進化過程を受け入れるべきかもしれない。クキ型、カチン型、チベット型、ギリヤーク型などに近い原＝古代体系、すなわち全面交換にもとづく体系がまずあり、これが南ではナガ、北ではオルチャ、ツングース、満州民族を例証とするタイプの進化を遂げてのち、婚姻上のいくつかの選好、三分組織の残存など全面交換の多少とも生々しい痕跡をとどめる、ほぼ商代の直前にあたる状態を経て、次に『爾雅』と『儀礼』の語る体系、限定交換が決定的優位を占めてしまったかに見える体系に最終的に行き着く。

それは、結局、こう認めなくてならないということなのか。全面交換は東アジア中央部のどこかで生まれて南北両方向に伝播していったが、中央地帯から始まったこの進化は、その後、周縁地域まで達するだけの時間をもたなかった、と。我々の見るところ、三つの理由がこのような解釈に抵抗する。第一の、理論的考察にもとづく理由には簡単に触れておくだけにしよう。親族体系がそうであるような機能的体系は、伝播主義によってすべて解釈し尽くすことはけっしてできない。機能的体系は、当の体系を適用する社会の構造全体に結びついていて、ゆえに文化的接触や民族移動などからよりも、当該社会の内在的性格からみずからの本性を受け取る。こうしたタイプの事実について伝播を語ることは、社会全体が伝播したと述べるに等しく、結局、問題をずらすことにしかならないと言っていい。

だがそれ以上に伝播主義的解釈は、我々のいま取り組んでいる事例では作為的解釈にならざるをえない。二つの本質的事実を逸するからである。単純なかたちの全面交換（母の兄弟の娘との婚姻）は、重要な意義をもつ生きた制度として、今日でも中国の多くの地域に現に残っている以上、それを遺制のごとく語ることは許されない。逆にカチン型、クキ型、ギリヤーク型体系など、もっとも単純な全面交換形式においてすら、変則性や残滓として説明するにはあまりにも規則的に再帰してくるように見える、いくつかの特殊性に我々は出会った。シュテンベルグからミルズにいたるまで、あらゆる著者がこれらの特殊性（花嫁の母方オジの役割、またときに花婿の父方オバの役割）を母系出自の残存と理解してきたが、我々がそこに見たのは、残存とは別次元の現実に結びついたもろもろの概念が、全面交換のただなかにすら萌芽のかたちで、しかし執拗に現前していることのしるしであった。

要するに、歴史‐地理的解釈は事態を極度に単純化すると言っていい。漢型体系は、いままで考察してきたすべての体系のなかでも確かにもっとも進化しているが、この体系がそうであるのは、中国社会そのものが、アジア東域を占めるすべての社会のなかでもっとも進化しているからなのである。とはいえ、漢型体系はきわめて純粋なかたちで全面交換定式を保存してきたのであり、ゆえに、この体系が全面交換定式を本来の意味で乗り越えたことは一度もなかった。同様に、クキ型、カチン型、ギリヤーク型などの体系が、いまだ限定交換の波にさらされていないと述べることもまたできない。じつにそれらの体系は限定交換の芽を懐に抱えていて、この芽は、いっさいの外的影響がなくても、自力で成長していくにちがいないのである。全面交換を伴うカチン＝ギリヤーク型、全面交換と限定交換とが混淆する満州＝ナガ型、限定交換を伴う『爾雅』の語る漢型、我々が出会ったこれら親族体系の三つの型は、要するに一連の文化移動における三つの段階というより、同一の構造の示す三つの様態であるように思われる。しかも我々は、もっとも単純だと見なす形式に、あとになってはじめて発展していく性格のすべてをあらかじめ見出しもする。

ならば、理論的に見てきわめて興味深い、一つの問いが出てくる。限定交換と全面交換を、ここまで我々は互いに異質な婚姻形式および親族体系を代表する種別的な型として考えてきた。このような我々の見方は、ムルンギン型体系の分析からも、また限定交換定式と全面交換定式をまさに一致させようとしてきた文化それの直面する恐るべき複雑化からも、いよいよ強固に裏打ちされるばかりであった。

ところがいまや、我々は別の事実を確認することになる。限定交換は全面交換に後続するか、なんらかの自律的発展の結果として少なくとも全面交換と併存することがある、と我々には見えた。しかも我々は全面交換の「単純な定式」について論じた。その点、確かにクキ型体系、カチン型体系、ギリヤーク型体系は単純な体系である。しかしこれら単純な体系は、にもかかわらず我々の前に、混じりけのいっさいない純粋な定式をいっこうに差し出してくれず、そこにはつねになにか異物が入り込んでいる。この外部的要素とは何か。それは発展すると限定交換の要因として働くようになる要素、いずれにせよ、いかにも限定交換であるような外観を呈する体系の、その発展を促す要素であることを我々は知っている。要するにその外部的要素とは、全面交換の誕生と同時にすでに避けようもなく現前している、限定交換そのもののことを言い、ゆえにこう認めなくてならないのか。限定交換は事実上純粋な（ムルンギン型体系の研究をとおして我々の取り組んだ問題に劣らぬ複雑さを、限定交換から全面交換への移行の問題にもたせてしまうほどにも純粋な）かたちで生まれて発展していくこともあるが、全面交換はそうでなく、限定交換という別形式に分かちがたく結びついているので、いかなる場合でも限定交換ほどの現実性をもたない、と。逆に我々の探し当てた外来要素は、それ固有の性格をもち、それらの性格がたんなる収斂現象のせいで限定交換の見かけをとるのだろうか。もしそうであるなら、この要素はいかなる本性をもつのか、どこに由来するのか、何に対応しているのか。こうした種々の問題を我々はまだ解かなくてならない。

注

（1）Paul K. Benedict, Tibetan and Chinese Kinship Terms. *Harvard Journal of Asiatic Studies*, vol. 6, 1942, p. 314.
（2）第21章、注（5）参照。
（3）Benedict, p. 317-318.
（4）R. Briffault, *The Mothers*. New York, 1927, vol. 1, p. 669 *sq*.
（5）L. Sternberg, p. 107.
（6）Benedict, p. 322.
（7）本書五八三ページ以下参照。
（8）Benedict, p. 323-324.
（9）Benedict, p. 326.
（10）Benedict, p. 328 に引用。
（11）Benedict, p. 328 に引用。

(12) S. M. SHIROKOGOROFF, *The Psychomental Complex of the Tungus*, p. 65.

(13) A. E. HUDSON, Kazak Social Structure. *Yale University Publications in Anthropology*, n° 20. New Haven, 1938, p. 18, 78, 84, 86. B. VLADIMIRTSOV, *Le Régime social des Mongols*, trad. Carsow. Paris, 1948, p. 56 *sq.*

(14)「中国の外婚クランにもチベット的な区別、『肉を同じくする』親族——すなわち妻の家族に属す親族——と『骨を同じくする』親族、すなわち夫と同じ親族クラスに属す親族とが見出される」(W. H. MEDHURST, Marriage, Affinity and Inheritance in China. *Transactions of the Royal Asiatic Society*, China Branch, IV. p. 3; BRIFFAULT, *The Mothers*, vol. 1, p. 672 に引用。 — HSU, 1945, *op. cit.* も参照)

(15) 第24章参照。

(16) BENEDICT, *op. cit.*, p. 333.

(17) H. Y. FÊNG, *op. cit.*, p. 171. — BENEDICT, *op. cit.*, p. 336.

(18) BENEDICT, p. 337.

(19) R・ヤコブソンからの私信。第18章、注(18)参照。

(20) BENEDICT, *op. cit.*

(21) W. J. S. CARRAPIET, *op. cit.*, p. 12.

(22) LIN YUEH-HWA, *The Kinship System of the Lolo, op. cit.*, p. 89-93. 最後に挙げた構造的性格——同一リネージ内における年長分枝・年少分枝の区別——は、*anh* と *em* の区別として安南語〔安南＝現在のベトナム〕にも見出される(cf. R. F. SPENCER, The Annamese Kinship System. *Southwestern Journal of Anthropology*, vol. 1, 1945)。

(23) *The Social Organization of the Gilyak, op. cit.*, p. 62-63; *The Turano-Ganowanian System..., op. cit.*, p. 327.

(24) SHIROKOGOROFF, Social Organization of the Manchus. *Royal Asiatic Society (North China Branch)*, extra-vol. III. Shanghai, 1924, p. 69.

(25) STERNBERG, *The Social Organization..., op. cit.*, p. 55-56, 144.

(26) SHIROKOGOROFF, Anthropology of Northern China. *Royal Asiatic Society (North China Brunch)*, extra-vol. II. Shanghai, 1923.

（27）Shirokogoroff, *Social Organization of the Northern Tungus.* Shanghai, 1929, p. 212.
（28）Shirokogoroff, *op. cit.*, p. 212-213.
（29）T. C. Hodson, *The Naga Tribes of Manipur*, p. 73. London, 1923.
（30）Shirokogoroff, *op. cit.*, p. 131.
（31）第15章参照。
（32）Shirokogoroff, *op. cit.*, p. 213.
（33）*Ibid.*, p. 155, 210. 第27章、ケープヨーク半島の原住民に見られる同じ型の進化を説明するためにマコネル女史が立てた、類似の仮説を参照。
（34）Fêng, *The Chinese Kinship System, op. cit.*, p. 204-205.
（35）Shirokogoroff, *Social Organization of the Manchus, op. cit.*, p. 44.
（36）この議論の全体と満州型体系の模型図表示については、満州型体系とディエリ型体系の並行関係を概説しておいた本書第1部（第13章）を参照してもらいたい。
（37）Hudson, Kazak Social Structure, *op. cit.*, p. 20.
（38）*Ibid.*, p. 22.
（39）Shirokogoroff, *op. cit.*, tables IV, X, p. 38, 43.
（40）Cf. Shirokogoroff, *op. cit.*, tables I to X.
（41）*Ibid.*, p. 46-47.
（42）*Ibid.*, p. 65.
（43）*Ibid.*, p. 47, n. 2.
（44）*Ibid.*, p. 70, n. 1.
（45）*Ibid.*, p. 70.
（46）*Ibid.*, p. 67-68.
（47）*Ibid.*, p. 70, n. 1, p. 48-49.

(48) *Ibid.*, p. 71.

(49) シロコゴロフはある禁忌に言及して、それを、かなり曖昧な言い方だが、「随意的」禁忌と呼ぶ。「クランや宗教にかかわるなんらかの関係か、母のクランへのなんらかの親等上の関係を介して」(*op. cit.*, p. 65) すでに求婚者のクランと結びついている、そのようなクランと婚姻することの禁忌である。*tuyma* と *axmalk* とのあいだに設定されるギリヤーク型禁忌がそこにあるかないかを、問いたくなるところである。仮に、ある、と答えなければならないとすれば、満州型体系の全面交換的性格はいちだんと強まることになるだろう。

(50) O. Lattimore, *op. cit.*

(51) N. E. Parry, *The Lakhers*, *op. cit.*, p. 311.

(52) W. Jochelson, The Koryak. *Memoirs of the Am. Museum of Nat. Hist.*, vol. 10. New York, 1908; p. 150, 156, 160, 225, 294, 297; p. 736, 737, 738, 750.

(53) *Id.*, p. 750.

(54) 第13章と第17章参照。

(55) Shirokogoroff, *op. cit.*, p. 97-101.

(56) 揚げパンで下痢を起こすので。Shirokogoroff, *op. cit.*, p. 145.

(57) いくつかのクランは、共通の起源をめぐる記憶によって相変わらず結びついていて、*kapči*「分身、双子」と言われる。男だけがこの語を使える。新クラン形成過程がまだ完了までに程遠いツングース諸民族のもとでは、ほとんどすべてのクランが自分の *kapči* をもつ（Shirokogoroff, p. 66-67）。

(58) Zolotarev, Bear Festival of the Olcha. *American Anthropologist*, vol. 39, 1937, p. 129, n. 33.

(59) W. Bogoras, *The Chukchee*, *op. cit.*, p. 537.

(60) *Ibid.*, p. 539.

(61) Veniaminov, *Notes on the Islands of Unalaska District*, vol. 3, p. 76.

(62) Jochelson, History, Ethnology and Anthropology of the Aleut. *Publications of the Carnegie Institution of Washington*, n° 432, 1933, p. 69-71.

(63) Vol. 2, p. 124.
(64) J. Batchelor, *The Ainu and their Folklore*. London, 1901, p. 228.
(65) *Id.*, p. 229.
(66) Bogoras, p. 578.
(67) H. Maspero, *La Chine antique*, *op. cit.*, p. 19-21.
(68) Shirokogoroff, *op. cit.*, p. 66.
(69) M. A. Czaplicka, *Aboriginal Siberia*, *op. cit.*, p. 55-56. — Hudson, *Kazak Social Structure*, *op. cit.*, p. 98.
(70) Hudson, *Kazak Social Structure*, p. 43.
(71) *Id.*, p. 99-100.
(72) Maspero, *La Chine antique*, p. 123. — M. Granet, *Danses et Légendes*, p. 14, 174.
(73) Maspero, p. 130-132. — Granet, p. 52, 291, 333.

第3篇　インド

第24章　骨と肉

極東の親族体系からインドの親族体系に移っても、本来の意味で新しいと言える領域に踏み込むわけではない。チベット、アッサムから中国全域を経由してシベリアにいたる地域で、婚姻をめぐる原住民の理論の「ライトモチーフ」とも言うべき信仰に我々は出会った。骨は父の側から、肉は母の側から来るとの信仰で、原史時代〔先史時代と歴史時代の過渡期〕になるが早いか、インドもまた同様の標語を掲げる。この標語のもっとも古い表現を差し出すのは、事実、インドであって、すでに言及したように、早くも『マハーバーラタ』に骨肉の観念は見出される。(1)基本テーマのこのような再帰は多大の興味を引き起こす。思い出してもらいたいが、チベットでは「骨の親族」「肉の親族」の区別は客観的に全面交換定式に結びついていて、中国やシベリアでもおそらくそうであっただろう。ここで強調しておくべきは、この区別が限定交換体系と相容れないことである。じつにそれは個体——父と母、つまりそれぞれの側から子供の身体の形成にあずかる個体——にでなく、集団またはリネージにかかわる区別で、集団やリネージが婚姻連帯のなかで、また婚姻連帯をとおして協働しないでは、あの単位をなす組は構成されない。チベット人が *tsha- shaṅ*、ギリヤークが *pandf*「生まれた者たち」と呼ぶ単位〔*imgi-axmalk*〕、漢民族のもとにも *houen*〔婚〕と *yin*〔姻〕との縁組のかたちで存在する、あの単位である。ところが限定交換体系では、どの集団も「骨」かつ「肉」である。どの集団も、わかりやすく言えば、父と母を同時に、かつ一つ同じ視点のもとで与えるのだから。全面交換体系でも各集団は父と母を与えるが、しかしもはや一つ同じ視点にもとづいてではない。集団Aから見て集団Bは母の与え手であって、それ以外のなんでもないが、Aはそれ自体から見てもBから見ても夫の与え手でしかない（ただし第三の集団Dから見るなら、Aも妻の与え手ではある）。かくして所定の二集団AとB、BとC、Cと *n*、*n* とAは互いに（つまり両集団から生まれる *pandf* から見て）つねに対立項の組を形成し、この組をなす一方の集団は「骨」以外のなにものでもなく、他方の集団は「肉」以外のなにものでもない。この分析を受け入れるなら、こう結論しなくてならないだろう。「骨と肉」の区別がそのままのかたちでか、それに相当する別のかたちで見出されるとき、それは全面交換体系の、かつてか現在における存在をそのつど高い確率で示す、と。

事実、このような体系の実例にインドは事欠かない。ハドソンが言うには、婚姻に伴う出費を抑えるために多くのカーストが交換婚を実施する。この婚姻は二つの形式のもとに現れる。一つは *adala badala, santa, golowat* などの名で知られる形式で、自分の側の息子と娘を相手側の娘と息子にめあわせる。もう一つは *tigadda* または *tiptha* と呼ばれる、いちだんとポピュラーな形式で、Aの男がBの女と、Bの男がCの女と、Cの男がAの女と結婚する三角体系をなす。パンジャブ地方では、これと同じ体系が四つの集団を参加させる。[2] グリグソンがゴンドについて報告する体系もやはりこれと同じである。マリア・ゴンドは、互いに *dadabhai*「兄弟クラン」の関係か *akomama*「妻クラン」の関係に置かれたクランに分かれるが、[3] しかしラッセルとヒララルの考えとは違い、この区分は必ずしも半族への分割とは一致しない。双分組織とは相容れない「三角配列」があるのである。[4]

たとえばクラン Usendi はクラン Guma から、クラン Guma はクラン Jugho から女を受け取り、クラン Jugho は同様の関係によってクラン Usendi に結びつく。クラン Jate, Tokalor, Hukur はクラン Marvi に対して婚姻権 connubium をもち、Marvi はクラン Usendi の「妻クラン」にあたり、Usendi は Jate, Tokalor, Hukur と婚姻関係にある。名称 *akomama* は示唆に富む。母の父と娘の息子とのあいだの、相互名称としての *ako* の用法を別にするなら、確認されるとおり、名称 *akomama* は母の父をさす *ako* と、母の兄弟・妻の父・妻の兄弟の息子のいずれをも含意する *mama* の、二つの親族名称の並置からつくられている。[5] つまり *akomama* は、カチン語の *mayu ni* やギリヤーク語の *axmalk* に正確に対応する同義語なのである（図75）。

しかし妻の姉、妻の母（ゴンドでは妻は夫のクランに入る）、さらに前者二人に対して姉妹・オバ・姪の関係に立つすべての女は、*akomama* クランに属していても結婚相手とすることはできない。ゆえに、選好婚は交叉従姉妹との婚姻である。この婚姻型が最善と見なされるが、それは「一方で、別の家族に娘を与えた家族には、自分の息子たちの一人にあてがわれる妻として、女を一人、次世代で取り戻すかたちでの弁済を受ける権利があるからであり、他方で、この種の取り決めが、縁組関係にない家族から妻をめとろうとするときに要求される、じつに巨額な花嫁代価の支払い義務を免除してくれるからである」。こうした婚姻は *gudapal*「部族の乳」婚と呼ばれる。[6] それなのに奇妙なことだが、もっとも頻繁におこなわれる婚姻は母の兄弟の娘との婚姻でなく、父の姉妹の娘との婚姻である。「たんに隣接二世代にわたって同じ家族から妻を借りてくるというにすぎない第一の婚姻型にまで、体系がわざわざ拡張されてきたにもかかわらず[7]」である。全面交換に適合しているかに見える定式が、要するに理論の要求するのとは逆方向に機能しているのである。前章の末尾で指摘しておいたのと同じタイプの、ただしいちだんとめだたない困難をめぐって解決策を検討しようとするさい、インドは、いま言及したたぐいの明らかな矛盾をはらむゆえに、続いて見るように特権的事例となる。

図 75　ゴンド型体系の一側面

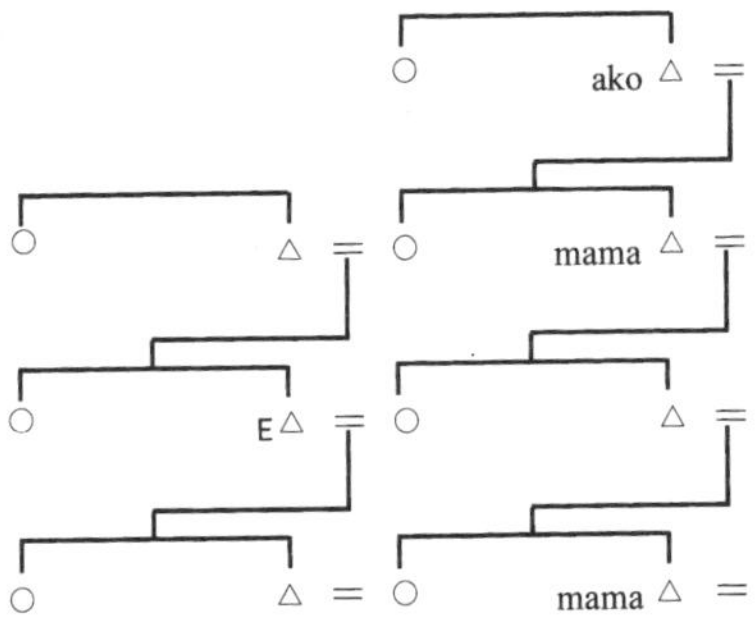

西部の国境沿いで出会う体系はもっと単純であるかに見える。交換に出せる姉妹、オバ、姪、従姉妹がいれば、男は自分の婚姻代価を払わずにすむ。ということは、ここには限定交換体系があると言っていいのかもしれない。ところが、長い交換連鎖がしばしば入り込んできて、「AはBに、BはCに、CはDに、DはAに女を与える」[8]になるから、じつは全面交換体系が成り立たねばならない。

しかしゴンドについてすでに指摘したように、しかも一部は限定交換に、一部は全面交換にもとづいて方向づけられている彼らの親族体系の分析からも浮かび上がるように[9]、我々はナガ諸民族やツングース諸民族のもとでと同様、じつは限定交換定式と全面交換定式との密な混淆を見出す。これらの体系と同じく、インドもまた調査者の前に、内婚団体と外婚団体のいわば位階秩序を差し出す。思い出しておけば、たとえばアンガミ・ナガのもとでは、外婚機能が *kelhu* から *thino* へ、*thino* から *putsa* へと徐々にシフトしていく[10]。満州民族も *hala, gargan, mokun* からなる体系として類似の構図を示す。*hala* 同様、*kelhu* はかつては外婚組織であった。*thino* はいまでも外婚組織であるが、外婚的性格をかろうじて保つにすぎない。見るところ、満州民族の *gargan* はとうの昔に外婚組織でなくなっていて、*mokun* も五世代というわずかな期間だけ外婚機能を保てるにすぎないようだ[11]。こうした構造はいずれもインド体系──すなわち内婚カースト（ただし知られているように、内婚カーストはかつては外婚をおこなっていた）と *gotra* と *sapinda* 集団とからなる体系──とのきわだった対称性を示す。*gotra* は最近になって──ただし厳格に──外婚をとるようになり、*sapinda* 集団は *mokun* と同じく双方的に──ただし *mokun* とは（やや）異なる仕方で──五世代ごとに再生される。この比較論をもっと推し進めて、カースト概念の再解釈を示唆することができるだろうか。カーストの由来先と言われる原初の団体形式は、周知のとおり、サンスクリット語で *varna* と呼ばれ、*varna* は「色」を意味する。かつてはこの事実を論拠に、カーストへの組織化は人種差別を背景に侵略者アーリア人の手で施行されたのだと言われたものである。ホカートはもっと真実味のある仮説を主張し、四つの *varna* を象徴する「色」に、宗教的意味と儀礼的機能があるとした[12]。しかし以上の諸考察に照らせば、やはり次の事実を無視するわけにいかない。*hala* の下位区分にあたる満州民族の *gargan*、もともとは外婚をおこなっていたがいまでは内婚をとるこの下位区分もまた、色の名前によって名指されるのである。[13]

ささいなことだが、この点が厄介である。二つの位階化された集団「白い〈骨〉」と「黒い〈骨〉」へのロロ民族の分割、すでに本書第23章で指摘したこの分割がアジアのもう一方の端、カザフ民族のもとにもまさに同じ名前でそのまま再現されるからである。[14]カザフの貴族層は「白い〈骨〉」（*aq syjek*）の名で指し示され、平民層は「黒い〈骨〉」（*kara syjek*）と呼ばれていた。「白い〈骨〉」が、一つまたはそれ以上の現実的あるいは理論的なリネージを構成していたことは考えられる。二つの集団のあいだの婚姻は原則として断罪の対象にはなったものの、おこなわれなかったのではない。かくしてこの区分をカーストと見なせるか、見なせるとして、どの程度までかの問いが持ち上がる。いかにも考えられることだが、純血の「白い〈骨〉」たちと並んで、昇嫁婚に由来する混血の「白い〈骨〉」たちがいただろう。ロロに関するかぎり、確かにカーストが存在する。白い〈骨〉と黒い〈骨〉はそれぞれ身内でしか結婚できず、「もし黒い〈骨〉の女が白い〈骨〉の男と性的関係をもてば、二人とも死刑に処せられる」。［実際、ロロのもとでは黒い〈骨〉は領主層で、白い〈骨〉はそれよりも下位の階級をなす。］しかも——これの極端な現れはすぐさまインドを思わせるが——白い〈骨〉と黒い〈骨〉は同種の食べ物を口にはできても、同じ皿を使うことは許されないと言われる。[15]こうした観察記録を、アッサムで頻繁に見られる衣服による身分の弁別と対比してみなくてはならない。「黒の縁取りのある人々」と「青の縁取りのある人々」がその例で、ここで気づかずにすまないが、このような体系は『リグ・ヴェーダ』のなす「明るい色の集団」と「くすんだ色の集団」、*arya varna* と *dasa varna* の区別にいちじるしく類似する。

＊＊＊＊

スナールが示唆するように、[16] *varna* の語が元来は「カースト」をでなく、「身分」または「階級」を意味したとするなら、インドの「色集団」と満州の「色集団」との類縁性はいっそうきわだつだろう。『ブラーフマナ』

の時代には、後代のカースト（*jati*）区分に対応することになる、じつにたくさんの部族やクランがあり、それらはもろもろの階級（*varna*）へとさらに細分されていたらしい。これらの階級を基礎にして社会集団全体を覆う身分の位階秩序が成立していたのか、それとも階級は別々の、ただし身分を異にする集団のことだったのか、見抜くのは容易でない。後者の場合にのみ、満州民族の組織化との比較の可能性が――いずれにせよ、漠然とはしているものの――見出されると言っていい。かたや前者の解釈に与するなら、「同一の図式」に由来するイラン古代民族の社会構造を前面に打ち出さなくてはならない。イラン古代民族は四つの Pishtra に分割されていて、Athrava はブラフマンに、Rathaestha はクシャトリアに、Vastriya はヴァイシャに、また比較的後代になって出現した Huiti はシュードラに対応する。ここには任意の社会集団の下位区分というよりは、ある型の構造が存在するとの印象を受ける。[17]とはいえ、カチン社会とナガ社会をめぐる我々の分析からも明らかになったように、全面交換を伴う調和体制では、地理的・歴史的観点によって説明できる具体的分布から一般化可能な形式的モデルへ――またその逆方向へも――じつに簡単に移行でき、思い出しておけば、このような変換操作を可能にしてくれるのは昇嫁婚なのであった。[18]

さて、カースト外婚が古代に存在したことを裏づける資料は、これ以上なく明瞭に外婚と昇嫁婚を結びつける。ここで参照しなくてならないマヌ法典の条文はそれをはっきり言う。「シュードラの女はシュードラの男としか結婚できない。シュードラの女、ヴァイシャの女はヴァイシャの男としか結婚できない。シュードラの女、ヴァイシャの女、クシャトリアの女はクシャトリアの男としか結婚できない。シュードラの女、ヴァイシャの女、クシャトリアの女、ブラフマンの女はブラフマンの男としか結婚できない」[19]。これらの情報を次の二つの事実のまとまりと対比してみる必要がある。一方は「古クキ」の婚姻体系で、そこではカチン型体系の美しい対称性（とはいえ、この対称性も、二重縁組を要望できる貴族の家族の特権によってすでに変質をきたしている）は消滅して、多くの縁組関係が特定の集団の手に集中しやすくなっている。[20]他方は満州民族、コリヤーク、ギリヤークなど北アジア集団が示す、縁組の絆を増加させようとする傾向である。[21]ギリヤークでも、またある程度まではアッサム文化とビルマ文化でもそうであるが、ゴンド民族やインド西部国境沿いの諸集団では、確実なこととして指摘されてきたように、購買婚が全面交換規則を避けさせてくれ、その結果として縁組関係が経済的・社会的にもっとも力のある集団に集中していく。封建時代の中国にもこれと同じタイプの発展があったことを、グラネは説得力豊かに、かつ雄弁に跡づけた[22]。かくして、先の考察に結びついているもう一つの類縁性、古代インドの婚姻体系と極東の婚姻体系との類縁性にも注意を促すことができる。

思い出してもらいたいが、封建期中国では、縁組関係を増加させようとする傾向は、三組の花嫁を受け取る周代の領主の特権にとりわけ顕著に現れる。「領主はただ一度しか結婚してならぬ、ゆえにただ一つの *sing*〔姓〕との縁組をしかしない、これは一つの規則である。同じ領主に嫁いだ妻たちは、互いに異なるばかりかときとしてかなり変化に富む『姓』をしばしば名乗る、これは一つの事実である」[23]。なるほど、規則の命じるところに従って三組の女たちを同一の *sing* に要求することもできるが、その場合でも、女たちはやはり別々のイエに属していなければならない[24]。ところで、こうした領主の婚姻は事実として、またある程度までは権利としても縁組関係の集中を許すが、しかし臣下の荘園による女の献納はまったく自発的になされなくてならず、強要はできなかった[25]。古代インドでも驚くほどこれに並行した現象にぶつかる。マヌ法典は四つの婚姻形式しか許さない。一つは *arsha* ＝家畜による交換婚で（アッサムとビルマの婚姻交換における水牛給付をここで思い出したい）、ほかの三形式は贈与婚である。ただしこれら贈与婚の二つ Brāhma 婚、Davia 婚と、ほかの一つ Prājāpatya 婚とのあいだには重要な区別が介入してくる。最初の二つの婚姻が自発的贈与にもとづくのに対し、三番目の婚姻では男が相手の娘の両親に結婚を請う[26]。そのため、この婚姻型はほかの型より低級と見なされる。「ヒンドゥー教徒の考え方では婚姻は贈与である。その贈与が自発的になされるのでなくて要求されねばならないなら、婚姻はその価値の一部を失う」[27]。ランマンの分析によって裏打ちされたこの注釈[28]は、二つの理由から我々の注意を引くはずである。まず、中国の訓古学者たちの解釈が *yin*〔姻〕の婚姻に与える、自発的贈与の必要性という原初的性格に、あの注釈はいささかの疑問を投げかける。彼らの解釈は一種の合理化のように見えるのである。第二に―― *arsha* 婚が、いかにもそう思われるごとく、多かれ少なかれカチン＝ラケール型に属していたとするなら、つまり贈与婚とは区別される交換婚でなくて、交換を伴う贈与婚であったとするなら――なんとも驚くべきことに、マヌ法典の許可する婚姻形式はすべて「贈与婚」のカテゴリーに入る。このカテゴリーはじつは社会学者に知られていず、たとえばローウィは「配偶者獲得方法」の分析においてまったくそれに言及していない。[29] 贈与婚は字義どおりには互酬性を欠く婚姻と言ってよく、そのような婚姻の前提とする条件のもとでどう人間社会が作動しうるのか、見当がつかない。

注意の足りない人の目に婚姻が贈与として皮相に映ることがあるのは、全面交換体系の場合だけである。限定交換体系では、娘と娘との交換または兄弟の姉妹と息子の妻との交換という側面がただちに目に入る。全面交換体系では逆に、移転は直接的には互酬的でない。「義父母」集団は女を与える――代わりになにも受け取ることなく女を与える――と、少なくとも「娘婿」集団の側からは見え、それゆえこの操作は、いかにも贈与、働きかけられてするのでない――なぜならあらかじめ定められた秩序にもとづいてなされるのだから――贈与であるかの見かけを呈する。この点で、ヒンドゥーの〔贈与婚〕理論にカチンの慣習を対比してみることができるだろう。*mayu ni* は婚姻を打診されるとたちまち機嫌を損ね、拒むふりをしてみせ、とてつもない要求を突きつけるが、しかし嫁がせるべき娘のいるときには *mayu ni* のほうが率先して動き、外に女の着衣を掲げて、娘の夫になってくれる男たちにアピールする。[30] ギリヤークでは正規の婚姻（全面交換にもとづくそれ）は権利の上に成り立つ婚姻であるが、それに対して購買にもとづく婚姻は交渉の上に成り立つ婚姻である。[31]

ゆえに、マヌ法典で出会うような贈与婚理論の、その発生を説明するには、交換婚に先立つ全面交換体系がもっとも満足のいく地盤を提供してくれる。その真の本性がもはやわからないからには、この全面交換体系はおそらくすでに打撃をこうむってはいるであろうが。かなりの数のオーストラリア体系がアジア大陸のいくつかの体系に形式的に相似することを、我々は別の箇所で指摘した。[32] この相似性はここでも適用の場を見出す。「ふつう男は母の弟―― *kala* ――の娘と結婚できるものと思っている。（略）実の *kala* は自分の姉妹の息子に娘を与えることを好み、娘をこの男と婚約させるよう妻を強く促すことがある。より正確に言うなら、男はこのような取りなしをあてにする権利はあっても、自分から娘を権利請求することはできないのである」[33]。同じ著者が付け加えて言うには、女が娘をこのようなかたちで婚約させるときは「いかなる反対給付も期待されていない。それは贈与なのである。（略）年頃の娘がいるなら、女は彼女を与えねばならないのである」[34]。最後にマコネル女史は直接的姉妹交換にもとづく婚姻を「取りなしによる交換 échange par arrangement」、正規の婚姻（母の兄弟の娘との婚姻）を「贈与交換 échange- don」と呼んで二つを対置する。かくして我々の前には、まさに全面交換のもつ一つの普遍的性格がある。

ヨーロッパ＝アジア世界の東から西へと向かう全面交換の進化を理解しようとするとき、また母の兄弟の娘との選好婚といわゆる「購買」婚とを結びつける諸関係を理解しようとするとき、以上の考察は決定的意義をもつ。インドでは、前述した四つの婚姻形式よりも後代に出現した（あるいは起源を異にしていた）別の婚姻形式が四つ知られていて、印象的なことに、それらの一つは購買婚（*asura*）、残り三つは既成事実——相思相愛（*gandharva*）、略奪（*rakshasa*）、そして睡眠中や昏倒中の強姦（*paisacha*）——をもって成立する婚姻である[35]。ここから得られるさまざまな示唆は別の著書でしかるべく取り扱うつもりなので、詳説はしない。さしあたり、インド理論と中国理論の奇妙な類似性だけを取り上げてみたい。婚姻体系から見て二つの地域が密接な近親性をもつこと、その近親性を説明する共通の古代構造が存在したにちがいないことを、それは再び確証してくれる類似性である。

＊＊＊＊

sapinda 外婚の問題とともに、インドと中国とのあいだにやはり同じタイプの並行関係が現れる。インドにおける外婚のもっとも古くていまではもう見られない形式、カースト外婚に、もっとも新しい形式として *sapinda*

外婚が対立する。

sapinda 集団は父母両系の親族をともに含む双方団体で、相互婚を禁じられている父母両系のそれぞれに同数の世代を抱える。マヌ法典よれば、外婚規則は第六親等まで及ぶようで、「第七親等とともに *sapinda* 関係は消える」[36]。ただし二つのリネージのあいだに非対称性があり、「母の系では五番目の祖先の、父の系では七番目の祖先のあとから *sapinda* 関係は途絶える」[37]。*sapinda* 外婚は紀元八世紀後からようやく体系的に発展しはじめたと思われる。[38]計算によれば、十七世紀ごろに *sapinda* 外婚によって禁忌配偶者とされた娘の数は二千百二十一人を下らなかった。これは求婚者が初婚で、各世帯に一男一女しかいないと仮定したときの数字で、先妻の子供と養子は勘定に入っていない[39]。十八世紀末に『ダルマ＝シンドゥ』の著者カシナータが「不平等婚」、すなわち斜行婚〔隣接世代婚〕の概念を導入してそれを指弾する。妻の姉妹の娘との婚姻、父の兄弟の妻の姉妹との婚姻などがその例で、どちらの女も *sapinda* でないが、「しかし世代の観点から見れば、前者は娘に、後者はオジの妻に等しい」[40]。とはいえ斜行婚を許す文献もあり、この婚姻のいくつかの形式はいまでもインドの南東部で実施されている（姉妹の娘との婚姻）。斜行婚が唐代中国で禁止されるにいたるまでのしかるべき進化に類似した経緯が、ゆえに十世紀あまりの隔たりを介してインドにもまた現れるのである[41]。

しかし我々が注意を促したいのは個別的なこの点でなくて、本来の *sapinda* 集団のもつ性格のほうである。性格は四つある。第一に *sapinda* 集団は祭祀集団で、第二に双方的親族関係を認知する。第三にこの集団の構造は、それぞれ第四世代と第七世代に対応する二つの臨界局面を示す。最後にこの集団は親族体系と婚姻体系に、曖昧ではあるが確実に関係している。これら四つの性格を背景にするとき、*sapinda* 集団がインドで提起する問題と、服喪体系・昭穆配列が中国で提起する問題との類縁性に目を見張らずにいられない。

pinda という語は「死者に供える小さな握り飯」を意味する。じつに *pinda* 供養は第一に父・祖父・曾祖父に対してなされ、曾祖父の前の三代の祖先には *pinda* の *lepa* ＝手を洗うときに落ちる米粒を受け取る資格しかない。外婚限度が第七世代に置かれるのは、ゆえに供養規則が婚姻の平面に移し替えられているということだろう。第

一世代が米を供え、その上位三世代が米を受け取り、さらに次の上位三世代が *lepa* をもらう、よって計七世代[42]。ならば、封建期中国の祖廟の場合同様、祖先には二つの範囲があると言っていい。最大級の崇拝――*pinda*、中国では個人用の位牌――を受ける資格のある祖先と、小規模な祭祀――*lepa*、中国では本来の祖廟の外に設けられた祭壇や架台――を要求できるだけの祖先である[43]。封建期中国の祖廟では、つねにそこにいるリネージの始祖を別にすれば、内部に四世代、外部に二世代がいて、祭主を含めた七世代が関与する。

服喪等級の反映をそこに見なくてならない漢型親族分類法と同じく、*sapinda* 集団もかくして第一義的には祭祀集団として、ただ二次的資格でのみ親族関係と婚姻の一要因として現れる。「*sapinda* 関係のとりわけきわだつ側面の一つは、葬送儀礼への参加である[44]」。*sapinda* 集団と中国の服喪カテゴリーとのあいだに、やがてすぐに第二の類縁性が現れる。いずれのケースでも我々は双方的組織化に直面するのである。

sapinda 外婚が特定の型の社会的組織化にでなく、むしろ親族関係にもとづくことを、ヘルトは正しくも指摘した。「考えうるいかなるクラン体系もこの婚姻のもとでは機能できないほどにも、*sapinda* 外婚の範囲は遠くまで及ぶ[45]」。*sapinda* 外婚がクラン体系のなかで成り立ちえなくなるのは、じつはそれの広範さのゆえでなくて、むしろそれのもつ双方的性格、より正確に言えば、この外婚の基礎をなす特殊な双方形式による。男系親族と彼らの妻を、つまり父と母、祖父と祖母、曾祖父と曾祖母を並置する、それは形式である。しかしこれらの配偶者同士は互いに異なるクランの成員で、ゆえにクラン外婚体系では、どう考えても彼らが並んで現れることなどありえない。グラネのように昭穆配列をクラン組織の観点から解釈しようとすれば、これと同じ次元の問題が出てくる。祖廟でも妻たちの位牌は夫たちの位牌のかたわらに現れ、しかも祭主の妻は、なるほど時間的にいくらかあとからとはいえ、夫と一緒に供犠に参列しなくてならない。かくして一つのジレンマに直面する。昭穆配列（また *sapinda* 集団の種別的性格）がクラン縁組の弁証法を明らかにする目的をもつのなら、妻たちの存在に説明がつかず、逆にそれが親族関係の双方的な捉え方を表現しているのなら、この捉え方がクラン組織と相容れない。妻が夫のクランに編入されるようになった時期に昭穆と *sapinda* の両体系が始まった、と仮定することも確かにで

きなくはない。グラネは明確にこの仮説を打ち出して、中国にかかわる困難を解決しようとした。同様の解釈をインドにまで拡張しようとする人にとっても、情報に事欠くことはないだろう。

しかし *sapinda* 集団も昭穆配列も服喪体系と密接に結びついていて、インドでも中国でも服喪体系の特質は、服喪への参加が男系親族とその妻たちにだけでなく、母方親族と父方親族――中国では「内部の」親族と「外部の」親族、インドでは *jati* と *bandhu* ――にも求められることにある。[46] 改めて中国の服喪等級表を考察してみよう。確かに中国文化はクラン親族と非クラン親族の区別をまれに見るほど重視して、後者を理論のうえで排除するが、やはり非クラン親族にも最低級の服喪＝*ssŭ ma*〔緦麻〕を受ける資格はあり、服喪期間も三カ月から五カ月に延長可能である。[47] さらに服喪に関する親族分類法に女性クラン親族が含まれることからして、クランにとって、彼女たちは結婚したからとて失われるのではない。中国でもインドでも母方親族は従属的地位に置かれる。中国では、母方親族が服喪を受ける資格を制限されることによって、インドでは、外婚を永続化するために必要な世代数が母の系と父の系とで等しくないことによって、である。ただし母のリネージも父のリネージも等しく部分的に認知される。

次に気づく点だが、どちらの体系でも同じく臨界的契機が第五世代と第七世代にある。その地位に応じて周の領主は四代または七代にわたる祖先に祭祀を捧げる。第七世代は祭祀の絶対的限界で、インドでもやはり第七世代が婚姻禁忌の、また祭祀の絶対的限界をなす。思い出せば、中国では服喪は第五世代までで終わり、外婚限度も商代では五世代目に定められていた。ところで、最大級の *pinda* 供養もやはり四世代を包摂し（ただしインドでは祭主の世代を含めるが、中国では最初の祖先〔父〕から勘定するという世代算定法の違いがある〔インドでは祭主・父・祖父・曾祖父の四代、中国では父・祖父・曾祖父・高祖父の四代〕）、母方親族の外婚は五世代目で停止する。葬送儀礼では五世代目の祖先（父の曾祖父）は神話的祖先と一緒にされ、個別的な祭祀を受ける資格を失う。[48] 中国の祖廟で、父の曾祖父より前の祖先の位牌がすべて集合名詞 *tzu*〔祖〕でくくられて一緒に石櫃に収められるのと、これはまさに同じである。家族のなかに現れるこうしたリズムには、五を基準にした同一の概念体系が潜んでいるように思われる。実際、五つの色、五つの音、五つの味、五つの香り、五つの音調、五つの方角、五つの星辰などは中国の思考法に馴染み深い[49]。インドは世界のなかに五つの民、起点となる五つの方位を区別する。人間は五つの「息」をもち、世界は五つのやがて消え去る要素と五つの不滅の要素からできているとされる[50]。

これだけではない。カランドの研究によりながらヘルトは、儀礼における方角規定のいかなるものかを報告している。東は祭主の前方、南は右側、西は後方であるが、しかし北は祭主の左側と見なされない。じつに北は神々のおわす地の一つで、神々が「左に」位置するなどありえない。なぜなら右は吉の方角だが、左は凶の方角なので。東はなかんずく神聖な地とされ、そのため供養場の囲いをつける線は左右・前方にだけ引かれ、東に向く前方は開けたままにしておくのが習わしである[51]。

北と南が入れ替わっているのを除いて、これらすべての性格はみごとに昭穆配列に一致する。封建時代の祖廟では開祖はまさに東に、息子は南、つまり彼の左側（昭）に、孫息子は北、つまり彼の右側（穆）に位置する。そして忘れないでおこう、昭のほうが栄誉ある席で、穆は次席にすぎない。しかし漢型体系は始祖を、ヒンドゥー型体系は祭主を基準に方角づけられていると気づきさえすれば、ヒンドゥーの方角と中国の方角は完全に一致する。視角の取り方が同じでないので、要するに左右が逆になる。二つの構造は、見かけはどうであれ、実際には同一なのである。

＊＊＊＊

古代インドで母方交叉従姉妹との婚姻がなされていたとする仮説に有利な、おびただしい情報を、以上の事実に付け加えておこう。『リグ・ヴェーダ』は言う。「彼らは *ghi*〔インド産のバターの一種〕を混ぜた脂をおまえにやった。それはおまえの取り分だ。ちょうど結婚で母方オジの娘や父方オバの娘がおまえの取り分であるように[52]」。プラーナ聖典ではアルジュナの婚姻が大きな位置を占める。さて、アルジュナはクリシュナの姉妹スブハドラをめとるが、スブハドラはヴァスデヴァの娘、ヴァスデヴァはクンティの兄弟、クンティはアルジュナの母である。[53] なるほど、いくつかの異本では、アルジュナの母方オジはカムサと呼ばれ、アルジュナの母の兄弟だと言われることもあれば、アルジュナの母の平行従兄弟だと言われることもある。だがこれをカランディカールは、聖典の述べることを当時のもろもろの禁忌に一致させようとする、後代の解釈であるとする。[54]『ハリヴァムサ・プラーナ』はほかのもろもろの交叉イトコ婚に言及している。

カランディカールとホカートは、『マハーヴァムサ』に見られる釈迦一族の系譜から補足的な議論を引き出そうとした。[55] ゴータマは連続した二世代にわたる交叉イトコ婚から生まれ、彼自身もデヴァダッタの娘、つまり自分の交叉従姉妹と結婚すると言われる。しかしこれは後代に南方に現れる解釈で、ゴータマとデヴァダッタを平行イトコ同士であるとする北方の伝承とは食い違う。[56] それでも紀元の始まってすぐのころのセイロン〔現在のスリランカ〕に交叉イトコ婚の存在したことを、『マハーヴァムサ』の本文は明言している。[57]

いずれにせよ、『サタパタ・ブラフマナ』は、まだ肯定的に第三世代における交叉イトコ婚に言及していて、[58] この婚姻型の禁止はマヌ法典では一つの新機軸として現れる。姉妹に似通う三人の娘、父の姉妹の娘・母の姉妹の娘・母の兄弟の娘に接近するには月の苦行をなさねばならない。[59] これらの娘との婚姻のまだ実施されていたことの証拠が、つまりここにあるわけだ。そればかりか、かなり後代の時期になってもそうした婚姻は続けられていたようで、紀元六世紀の著作家ナーラダは十七人の人物との婚姻を禁止とするが、そのなかに交叉イトコは含まれない。『聖伝書《スムルティ》』でもやはり交叉イトコは挙げられていず、十七世紀になっても『チャンドリカ聖伝書』の編纂者デヴァナがこの問題に、「母の兄弟の娘との婚姻の擁護」と題する特別な一章をさく。Brāhma 婚で女が父の *gotra* への成員権を獲得することを彼は擁護論の支えとする。つまり、父の姉妹と母は自分たちの兄弟の *gotra* に属さず、彼らの *sapinda* でない、ゆえに交叉イトコ婚は *sapinda* 婚でなく、交叉イトコ婚禁忌は習俗に根ざすにすぎない、と。ナーラダはおそらくデカン出身の著作家で、やはりデカン出身のマドハヴァも十四世紀に同じ説を主張する。ただしマドハヴァは、南部に関しては交叉イトコ婚の正当性の根拠を地方の習俗に求めるが、自分の説を北部地域にまで拡張するために *Brāhma* 婚特有の特徴を持ち出しもする。デヴァナもマドハヴァも平行イトコ婚をはっきり禁忌とする。[60]

以上の事実を、また中国および古代インドにおける家族構造と服喪組織化とのあいだの、我々の強調したおびただしい類似点を考えるなら、ホドソンの後塵を拝しつつグラネにほんの数年先立って、ヘルトが『婚姻カテゴリー』〔『古代中国における婚姻カテゴリーと近親関係』〕の著者〔グラネ〕の仮説にごく仔細な部分まで一致する仮説を、古代インドについて立てたとしても驚きではない。グラネが引用こそしていないがじつはヘルトの本を知っていた、とはまず考えられない。二人の著者のあいだの並行関係が偶然なら、いよいよ興奮を覚えるばかりである。グラネに先立つこと四年、ヘルトは本質的な理論的価値を帯びた二つの観念を、誰よりもはじめに（かつ問題の諸点に関してホドソンから袂を分かちつつ）はっきりと言葉にした。全面交換体系（彼は「循環体系 circulative system」と呼ぶ）は、まず、双分組織を土台に成立しうること、次に、母系出自とも父系出自とも両立すること。ヘルトが、事実、とてもよく理解したように、親族体系にとって出自の性質は二次的性格にすぎず、たとえ出自が一方の型から他方の型へ転換しても、親

図 76　ヒンドゥー型体系（HELD, *op. cit.*, p.95, n.1による）

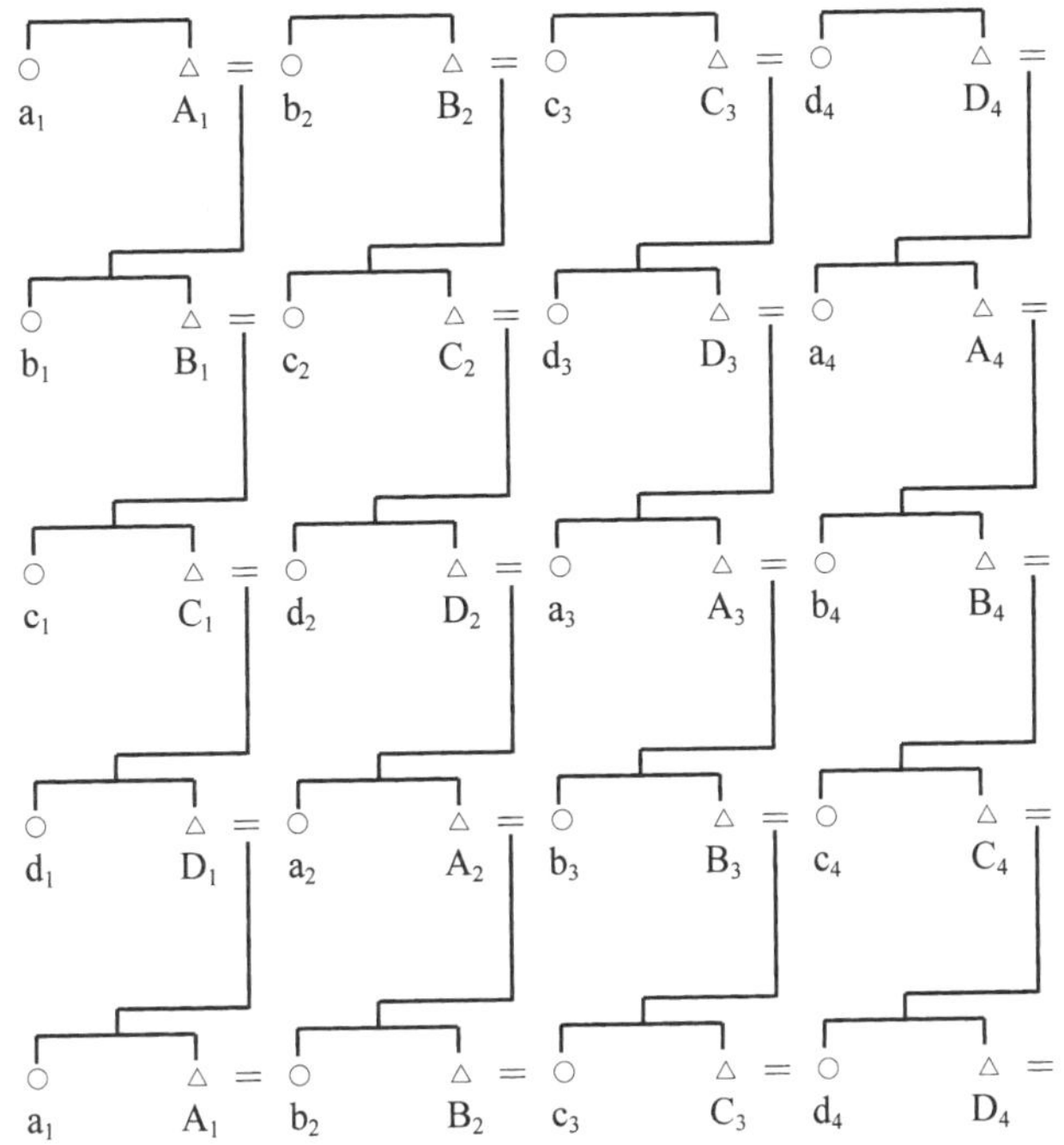

族体系は安定した形式的構造を維持できる。必要とあらば、このことの論証をF・エガンによるチョクトウ型体系の研究に求めてもいい[61]。彼がそこで立証したように、クロウ型母系体系は、父系になるとオマハ型体系へ転換する。つまり構造的単位をなすのはクロウ＝オマハ型体系であると考えるべきで、この体系では出自様式は二次的な区別を繰り込むにすぎない。

インド体系の性格と母方従姉妹選好とを説明するために、かくしてヘルトもグラネ同様、父系でも母系でもある二重出自様式の仮説を立てる。そして彼の復元する体系は――おそらく同じ現象を説明しようとしているからであろう――グラネの八クラス体系にぴたり一致するのである（図76）。

しかし彼の体系からも、グラネ体系と同じ難点が出てくる[62]。

注

（1）第23章、本書六二〇ページ参照。

（2）T. C. Hodson, *Aspects of the Census of India*, 1931. Congrès International des Sciences Anthropologiques et Ethnographiques. London, 1934, p. 36. またJ. H. Hutton, *Caste in India*. Cambridge, 1946も参照――「この同じエリア〔ウタル・プラデシュ〕では、直接的な〔一対一の〕交換婚や（いちだんとポピュラーな形式である）三幅対の交換婚が実施されている」(p. 139)。

（3）W. V. Grigson, *The Maria Gonds of Bastar*. Oxford, 1938, p. 237.

（4）ラッセルの記述でさえ五「半族」を有する組織を報告していて、やはり双分組織が問題になりえないことをすでに予感させていた（R. V. Russell / R. B. Hiralal, *Tribes and Castes of the Central Provinces of India*, 4 vol. London, 1906; article:《Gonds》)。

（5）Grigson, p. 245.

（6）*Ibid.*, p. 247.

（7）*Loc. cit.* 父の姉妹の娘との婚姻だけが、C・ハヤヴァダナ・ラオによってはっきり確認されている（C. Hayavadana Rao, The Gonds of the Eastern Ghauts. *Anthropos*, vol. 5, 1910, p. 791-797)。

（8）Maj. A. J. O'Brien, Some Matrimonial Problems of the Western Border of India. *Folklore*, vol. 22, 1911, p. 433.

（9）Grigson, *op. cit.*, p. 308-309. ——ゴンドがほかに類を見ないほどにも興味深いのは、彼らが古代文化の名残を保存してきたように思われるからである。ゴンドは、親族体系についてナガと共通するいくつかの特徴をもつだけでなく、ナガと同じく〈男子集会所〉をも有する（Hodson, *The Primitive Culture of India, op. cit.*, p. 57-58)。〈男子集会所〉という特徴はオラオン、マラー（*id.*)、コンド〔Kondh〕、クルンバ（*id.*, cf. E. Thurston, *Castes and Tribes of Southern India*, 7 vol. Madras, 1909 のコンド、クルンバの項）にも共通して見られる。ハットン（*Caste in India*, p. 22）によれば、マリア・ゴンドもモンゴロイド〔黄色人種〕との近親性を示すようだ。アッサム文化とオリッサ文化のあいだの並行関係も参照（*id.*, p. 24-27)。

（10）第17章参照。

（11）第23章参照。

（12）A. M. Hocart, Les Castes. *Annales du Musée Guimet.* Paris, 1938, p. 46 *sq.*

（13）第23章、六三四ページ参照。

（14）A. E. Hudson, *Kazak Social Structure, op. cit.*, p. 55 *sq.*

（15）Lin Yueh-Hwa, *op. cit.*, p. 87-89. ——婚姻の象徴「五色の結合」についてはM. Granet, *Danses et légendes*, p. 154-155, 496-498, 503 参照。

（16）E. Senart, *Les Castes dans l'Inde.* Paris, 1896, chap. 2. — Hutton, *Caste in India*, p. 59.

（17）E. Benveniste, Les Classes sociales dans la tradition avestique. *Journal asiatique*, 1932; Traditions indo-iraniennes sur les classes sociales, *ibid.*, 1938. — Voir aussi D. D. P. Sunjana, *Next of Kin Marriages in Old Iran.* London, 1888. — G. J. Held, *The Mahābhārata, An Ethnological Study.* Amsterdam, 1935, p. 40.

（18）第16章参照。

（19）The Laws of Manu, in *Sacred Books of the East*, vol. 25. Oxford, 1886, IV, 12-13. — Cf. H. H. Risley, *Tribes*

and Castes of Bengal, 4 vol. Calcutta, 1891, vol. 1, p. XCI. — HUTTON, *Caste in India,* p. 46-47.
(20) 第17章参照。
(21) 第23章参照。
(22) GRANET, *Catégories,* chap. III.
(23) GRANET, *Catégories,* p. 131.
(24) H. Y. FÊNG, *The Chinese Kinship System, op. cit.,* p. 187-188.
(25) 第21章参照。
(26) *Manu,* III, 21-41.
(27) GOORODASS BANERJEE, *The Hindu Law of Marriage and Stridhana.* Calcutta, 2nd ed., 1896, p. 78.
(28) CH. R. LANMAN, Hindu Law and Custom as to Gifts, in *Anniversary Papers by Colleagues and Pupils of G. L. Kittredge,* Boston, 1913.
(29) R. H. LOWIE, *Traité de sociologie primitive, op. cit.,* p. 29-37.
(30) 第16章参照。
(31) 第18章参照。
(32) 第13章参照。
(33) U. MCCONNEL, *Social Organization of the Tribes..., op. cit.,* p. 448.
(34) 強調はマコネル（p. 449-450）。
(35) G. BANERJEE, *op. cit.,* p. 82.
(36) *Manu,* III, 5 and V, 60.
(37) BANERJEE, *op. cit.,* p. 58.
(38) S. V. KARANDIKAR, *Hindu Exogamy.* Bombay, 1929, p. 194-195.
(39) *Ibid.,* p. 352.
(40) KASINATHA, III, p. 130. KARANDIKAR, p. 212 に引用。

(41) 第21章参照。

(42) Karandikar, p. 180. — Hutton, *Caste in India*, p. 53, n. 2.

(43) 第20章参照。

(44) Held, *Mahābhārata*, *op. cit.*, p. 70.

(45) *Ibid.*, p. 69.

(46) 服喪体系のこの特質については Held, p. 70-71. — A. M. Hocart, Maternal Relations in Indian Ritual. *Man*, 1924.

(47) Fêng, p. 180-181.

(48) Held, p. 96, 134.

(49) D. Bodde, Types of Chinese Categorical Thinking. *Journal of the American Oriental Society*, vol. 59, 1939, p. 202.

(50) Held, p. 120-121.

(51) Held, p. 139.

(52) Karandikar, p. 14に引用。— Cf. Hutton, *Caste in India*, p. 54.

(53) Karandikar, p. 21. — Held, p. 161, 177, 187.

(54) Karandikar, p. 14-15, 21. このタイプの解釈の好例を差し出す『ミマムサ』の1文（Renou, *Anthologie sanskrite*, p. 213-214）をE・バンヴェニストは教示してくれた。

(55) Karandikar, *loc. cit.* — A. M. Hocart, Buddha and Devadatta. *Indian Antiquary*, vol. 52, 1923.

(56) M. B. Emeneau, Was there Cross Cousins Marriage among the Sakyas? *Journal of the American Oriental Society*, vol. 59, 1939.

(57) Held, p. 78-79.

(58) Karandikar, p. 180-182.

(59) *Manu*, XI, 171. — Karandikar, *ibid.*

(60) Karandikar, p. 195-203. — Hutton, *op. cit.*, p. 54-55.

（61）Fred Eggan, Historical Changes in the Choctaw Kinship System. *American Anthropologist*, vol. 39, 1937.

（62）ヘルト体系は外見上はグラネ体系より複雑である。実際、八クラスでなくて十六クラスを抱えている。しかし彼の体系は、じつはグラネ体系と同じ定式に単純化できる。1と3、2と4の組は、明らかにそれぞれが二つの父系半族を表しているのだから。オーストラリア型婚姻クラス体系がかつてインドに存在したとする仮説に、ハットンも誘惑を感じたようである（*Caste in India, op. cit.*, p. 55-56）。

本章および以下の諸章の活字組みがすでに完了してしまった時点で、我々は次の著書・論文を読むことができた。K. M. Kapadia, *Hindu Kinship*, Bombay, 1947; Verrier Elwin, *The Muria and their Ghotul*, Bombay（Oxford University Press）, 1947; J. Brough, The Early History of the Gotras, *Journal of the Royal Asiatic Society*, 1946-1947. これらの重要な業績を参照すれば、我々の議論立てのいくつかの点について、さらなる明確化と発展が期待できるだろう。

第25章　クランとカースト

体系再構成の試みにおいてヘルトは三つの議論に依拠する。まず、インドの大部分の体系は二つの型の交叉イトコを区別し、この区別は母方交叉従姉妹へのいちじるしい選り好みのかたちではっきり現れる。次に、母方クランとの婚姻を禁止するにもかかわらず、母の兄弟の娘との婚姻なら、それを強く奨励する集団がある。最後に、インドの社会構造は、母系出自と父系出自の二重認知にもとづく双方的組織化を暗示する。次章をインドにおける母方婚にさくこととして、最初にほかの二点を検討してみよう。それらは、たんに一地方にだけでなくて、理論にもかかわる問題を提起する。

「インドには潜在的母系体系に交差する父系体系が存在する」[1] との観念は、トダに関してみごとに確証されてきた。[2] トダ社会は二つの大きな内婚区分〔Tordas 半族と Touvil 半族〕を抱え、それぞれの区分は外婚をとる父系の *mod* に下位区分される。第二の下位区分として母系外婚集団 *polioil* がある。「この女系関係の体系が *mod* への分割と交差して、Tordas 半族を五つの外婚 *polioil* 集団に、Touvil 半族を六つの外婚 *polioil* 集団に配分する。（略）自分の親族にあたる女とは、彼女が完全に男系であろうと完全に女系であろうと、男は結婚することも性的関係をもつこともできない」[3]。交叉イトコ婚はこのような複雑な組織化の帰結である。クラン（*mod*）の全成員が *polioil* に含まれることをトダに教えてやったと思ったリヴァーズは、ゆえに勘違いしたのだった。親族は同一の *mod* に属す成員と同一の *polioil* に属す成員とに分けられるのである。誤っていたのはリヴァーズで、原住民ではなかった。[4]

母系クランは婚姻の規制と服喪義務の規制を役割とする。父系クランは名前の選択、相続規則、さらに婚姻規則を制御する。[5] 一般に南インドの特徴は、地域ごとにさまざまな母系禁忌を伴う父系クラン外婚にある、とエムノーは考える。「この点は〔略〕南インドの民族学を理解しようとするとき、交叉イトコ婚よりはるかに重要である」[6]。とはいえ、母系的諸制度の典型を見出すにはマラバールまで行かなくてはならない。ただしトダをマラバール起源とするリヴァーズの仮説に根拠のあることを、これは意味するのではない。「先に粗描しておいた南インド社会の全体像は、トダ固有の発展過程を説明するのに十分な土台を提供する」。ここで言われる全体像の要は、父系クランが優位にあって、同時に母系クランが局所的に体系化されつつ発展していくことにある。

アイヤパンによっても似たような解釈が、母系であるナーヤルの交叉イトコ婚について提唱されたが、ただそこでは二つの出自様式〔母系出自と父系出自〕の関係をひっくり返さなくてならない。「彼らのもとでは、交叉イトコ婚は父系的環境への無意識的な乗り換えからもたらされる結果である」[7]。同様の状況はクールグのもとでも目に飛び込んでくる。そこでは、範囲のかぎられた母系体系が外婚父系クラン（*oka*）に交差することの結果として、交叉イトコ婚が現れる。[8] こうした実例はほかにも簡単に引くことができるだろう。

かくしてインドのいくつかの地域に二つの出自様式の共存することは、否むべくもない。疑問の余地はないのである。そのような体系では「母の（母系）クランとの結婚が禁止されても、母の（父系）クランとの結婚が許されている」、なぜなら「そのような体系ではどの個体も二つのクラン、父の父系クランと母の母系クランとに属す」からとヘルトは言うのだが、[9] しかしどうしてそんなことが言えるのか。これでは次の点が忘れられているに等しい。母の父系クラン〔との結婚〕が許されているなら、父の姉妹の母系クラン〔との結婚〕もやはり許されていて、父の姉妹の娘は母の兄弟の娘と同じ資格で可能配偶者である。トダが双方交叉イトコ婚を実施していることはまったく明らかで、[10] クールグもまた同じである。[11] 母方交叉従姉妹との婚姻を許可し父方交叉従姉妹との婚姻を禁止する、八クラス体系が出現しうるには、（八クラス体系が無から生じるのでないなら）それに先立ってじつは、全面交換にすでにもとづく四クラス体系が存在していなくてはならない。八クラス体系の場合とまさに同じ婚姻型の一方を許可し他方を禁忌とする体系が、である。八クラスへの下位区分はなにも変えず、なにも付け加えない。それが根拠のない余計な仮説であることは、グラネの著作を議論するなかで明らかにしたとおりである。にもかかわらず、グラネはこの仮説に助けを求めざるをえなくなった。なぜなら、八クラス体系以前に（限定交換にもとづく）四クラス体系が中国に存在したことを前提にしてしまったからで、それとは別の理由から、ヘルトもまた同じ轍を踏んだ。ラッセルによれば、ビール、マラタ、クンビなど中央インドのいくつかの民族は、母のクランとの結婚を禁止しつつ、その一方で母の兄弟の娘との婚姻を奨励するらしい[12]。そこでヘルトは次の条件をみたす体系を探しに出かけた。交叉イトコが母方・父方に二分されること、母方従姉妹が母のクランのほかの女たちから弁別されること。そして（ホドソンが記述したような）単純な全面交換体系が双方体系へ二等分されることのうちに、彼は探していた体系を見出した。ただし、この双方体系は相変わらず全面交換にもとづいているとされた。

ならば、仮に百歩譲ってヘルトが正しいとしても、この派生した体系の条件として、全面交換が存在しなくてならなかったろう。グラネと同じ堂々巡りに、ヘルトもまた閉じ込められる。単純な体系のもついくつかの変則性（または変則性と見なされる特殊性）を説明するために、二人とも、単純な体系をいわば残滓・名残とする、もっと複雑な体系がそれ以前に存在したと仮定するのだが、この複雑な体系が単純な体系の発展の結果としてしか生まれる可能性のなかったかもしれないこと、であるなら単純な体系が複雑な体系に先立って存在したのでなければならないことまでは、思いいたらない。出自概念を犀利に批判した点でヘルトをほめてもいいが、彼の最終結論にまで同調するわけにいかない。出自様式はけっして親族体系の本質的特徴をなすものでないが、だからといって「双方的な諸性格が未開の組織化の有する標準的性格である[13]」とはならない。ここでヘルトが、いかなる人間社会も二つの系〔父系・母系〕の一方を徹底的に無視することはしないと言っているつもりなら、そのような指摘にことさら目新しさはない[14]。逆に婚姻規則を決定するさいにあらゆる人間集団は〔父方・母方の〕二つの祖先系列を介入させると言いたいのなら、これほど不正確な言い方もない。出自が（婚姻に関して）全面的に父系であったり全面的に母系であるような集団の実例なら、実際、いくらでも集めることができるだろう。それどころか、きちんとした出自規則がないために、〔子供の出生について〕厳密に単方的である受胎理論を持ち出す集団の実例さえ。[15]

双方的組織化が発見されたからとて、二つの祖先系列がいわば混同されたり同一視されるなどと結論するのはまちがいだろう。ごくまれな例外を別にすれば、現在知られている組織化はすべて単方的で、ただそれらのなかには、一度でなく二度単方的になされる組織化がある（数はそれほど多くないが）。このことは単方性概念のもつ根本性を否定するのではなく、逆に証明する。インドという個別的実例でも、さまざまな父系体系が確認されている一方で、さまざまな母系体系もやはり確認されている。ゆえに、なかには父系であってなおかつ母系でもあるような体系が存在しても不思議でないが、しかし大部分の体系は父系・母系のいずれかにとどまっている。アッサムではホドソンの指摘するように父系的組織化と母系的組織化が併存するが、その事実から、たとえばトダの場合と同じ意味で、「アッサムでは父系体系と母系体系が絡み合う[16]」と結論するのは行き過ぎにしかならないだろう。アッサムの場合、同一集団が二つの型の組織化を示すわけではないのだから。

古代インドが母系であったことは考えられる。いまでも母系一色の地域がある。さらに古代インドと古代中国とに共通する特殊性がいくつかあり、わけても、名前とクラン〔への成員権〕とが女系に沿って移譲される点はきわだつ[17]。興味深いことに、漢代のチベットでは（古代チベットになんらかの母系的組織化が存在した確率はきわめて高い）、中国でとは逆に、リネージが父の *ming*〔名〕と母の *sing*〔姓〕とによって言い表された[18]。

インドでも中国でも、古代の世系の少なくともいくつかについては、男の祖先系列より女の祖先系列のほうが我々にはよく知られている。このこと自体にさして価値があるわけでないが、しかし二つの変則性のあいだの一致は、それぞれの変則性——仮にそれらを別々のケースとして扱う必要があるとしてだが——のもつ個別的意味以上の意味をもたらす[19]。いずれにせよ、アーリア人のもとに、母系の残存を示すいかなる痕跡もないことは確かである[20]。父系であったアーリア社会がアーリア人侵入以前の母系的土壌に移植されたと、ハットンに倣って想定できるのなら、父系・母系の二つの型の存在することには簡単に説明がつくだろう。ところが、事態はとてもそれほど単純ではなさそうである。インド社会と、先行する諸章で描き出した南部と北部の極東集団とのあいだに、さまざまな構造的類縁性の見られることはすでに指摘した。極東集団は一般に父系であるが、その親族・婚姻体系（全面交換）は母系的組織化とも相容れる。すべての人間社会は母系段階から父系段階へ移ったとする理論を懸命に擁護してきた社会学者たちが、錯視の餌食になってきたということは、考えられるだけでなく確かとさえ見える。同じく、いかなる人間集団も何世紀にもわたる時間の流れのなかで、じつは父系的性格と母系的性格を交互に発展させることがあるけれども、集団構造のもっとも基礎的な構成要素は、そこから深甚な影響をこうむらずにすむということもまた。ヘルトのように双方的組織化の普遍性ないし先行性を主張するのは、出自様式に決定的価値を付与する伝統的社会学の錯覚に、相変わらず囚われることである。出自様式が体系の本質的性格（構造的現象）を決定しないなら、見るからにさして代わり映えもしない主役をそれに演じつづけさせる必要はない。

中央インドの婚姻体系をめぐるラッセルの観察に戻ろう。原初の制度がいちばんうまく保存されてきたとは確かに言えない中部諸州を出所とする諸事実を、古代体系復元の出発点として取り上げることができるだろうか。サーストンはビールには言及せず、南インドにクンビのいることを指摘するにとどまるが[21]、マラタの婚姻規則に関しては母系のバントを参考にする[22]。ラッセルの観察記録を前にしてまず出てくる問いは、彼が正確には何を言いたかったかである[23]。いまでは現代的な研究がいろいろあるバスタールのゴンドについて、ラッセルは次のように私見を述べる。「もっぱら男だけを介して親族関係にある人々のあいだでは婚姻が禁止されるが、それ以外の障害事由を外婚規則は設けていず、男は母の系の女性親族となら、結婚しようと思えば誰とでも結婚できる。しかしいくつかの型の女性親族と結婚することを禁じる特別な規則がある」[24]。この曖昧な文章を解釈するにはグリグソンを参照しなくてはならない。彼の指摘によれば、*akomama* クランの場合ですら、男は妻の姉とも妻の母とも、さらには自分の配偶者に対して姉妹・オバ・姪の関係に立つ女とも結婚することができない。*akomama* クランは母のクランであるから、[25] グリグソンの指摘は、結局、このクラン全体が禁忌対象になると言っているのに等しいわけだが、ただし母方交叉従姉妹は、このクランに属すにもかかわらず例外をなす。これはまさにビール、マラタ、クンビについてラッセルの報告した状況である。

任意の親族との婚姻が禁止されること、選好結合の対象が——全面交換体系においては——「嫁の与え手」のリネージの成員のうち一人、二人、または数人に限定されることに根拠を与えるには、一般的な観点から言って、複雑な婚姻クラス体系を持ち出す必要はもちろんない。この点は前章ですでに検討した。[26] ことゴンドに関するかぎり、仮に複雑な婚姻クラス体系が存在していたなら、それがグリグソンほどの高い資質に恵まれた観察者の目をすり抜けるなどということは、まったく考えられないと言っていい。婚姻クラス体系はいかなる神秘にも包まれていない。婚姻クラス体系を有する原住民は、この体系を聖性と関係ないことがらと見なしているため、それについてなら忌憚なく進んで自分の意見を表明する。しかも、彼らがこの体系を理論的に把握するだけの能力をもつことも珍しくない。[27] クラス体系は存在するなら気づかれずにすまないのである。かなりの数の観察者がクラス体系に言及していないなら、引き出せる妥当な結論は、結局、考察された集団がクラス体系をもたないということに尽きる。

ヘルトは八クラス体系がいまでも現に存在すると、じつは断定しているわけでなく、ラッセルが指摘した婚姻規則から過去における八クラス体系の存在を結論づけたにすぎない。だがここで方法論にかかわる問題が出てくる。親族分類法の領域やそのほかの領域（儀礼、服喪など）に見出される諸事実が、それらを名残とするであろう消え去った文脈に関連づけないでは現在の状況から説明できないとき、かつてなんらかのクラス体系が存在したと仮定するのは理にかなっているが、しかしいま問題になっている事例では、今日の観察者の前に現れている状況が、ヘルトの持ち出す文脈（八クラス体系）によって改善されることはまったくない。説明されるべきは、一つの明確な生きた事実、母の兄弟の娘との結合が選好されて母方クランのほかの成員が〔婚姻の対象から〕除外されるとの事実である。この結婚せよ・結婚してならぬの二重規則が八クラス体系の現れでありうるかもしれないとの推定的関係から引き出せる唯一の結論は、考察されている集団が八クラス体系を有し、かつ現にいま有しているか、または――この体系の存在が観察から明らかにならないなら――規則が当の規則に対応するクラス体系なしでも機能しうるかの、いずれかである。

婚姻クラスは互酬体系を設立する可能な方法の一つをなすにすぎず、この方法の要点は互酬性をまさに「類《クラス》」の言葉へ翻訳することにあるが、しかしそれをまた「関係」の言葉で言い表すこともつねに可能であるとの観念を、この研究のあいだ我々は絶えず強調してきた。いつでもどこでも人間精神はこの二つの方法を自由に使いこなすだけの能力をもつのに、ある奇妙な理屈から、社会学者のなかにはオーストラリア的アリストテレス主義とでも呼びたくなるもの〔概念を類・種に分類するアリストテレスの概念論を思わせる、オーストラリアにおける「婚姻クラス」（半族・セクション・下位セクション）への親族分類〕に魅せられてきた人々がいた。家族と親族の領域では類の論理は関係の論理よりも単純かつ素朴な思考法であると、彼らは信じきってしまったのである。これは現代心理学の発展に対するいちじるしい無知をみずからさらけだすこと、現場で収集された資料を尊重しようとの心構えの欠如を証明することである。じつは、いかなるクラス体系もけっして公理として立てることはできない。クラス体系は現に存在するなら直接目に入ってくるはずで、かつて存在したのなら、現在の状況にかかわる用語では厳密には説明することのできない遺制をもとに、推理してみる以外にない。遺制のなかには周期現象のかたちで出現するものがあり、その意味では――もっぱらその意味でのみ――ヘルトとグラネの試みは、首尾よく成功したとは言えないもののきちんとした動機づけはもっていたように思われる。体系の複雑さの関数をなすはずの親族分類法の拡大から、もう一つ別の有益な情報がもたらされる。ムルンギンのもとに複数のクラスの存在することを我々は知っているが、それは原住民がそう証言するからというだけでなく、七十一個の名称を有するにいたった親族分類法の拡大が、まさに体系の複合度を確証するからでもある。ちょうどアランダ型諸体系の場合なら四十一個の親族名称を抱える親族分類法から、またカリエラ型諸体系の場合なら二十一個の親族名称を抱える親族分類法から体系の複合度を演繹できたように。ところで、原＝古代的漢型体系はごく限定された親族分類法しかもたなかったにちがいなく[28]、現在我々の手元にあるインドのさまざまな親族分類法についての、残念ながら断片的ではある情報もまた、中国に似た事態を暗示する[29]。さらに母の兄弟と父の姉妹の夫との名称的区別も追加的傍証になる[30]。限定された親族分類法は単純な全面交換体系に完全に適合するが[31]、その一方でそれは、複雑な全面交換体系の存在したことを肯定するようなもろもろの仮説から、信憑性をすっかり奪い去る。

＊＊＊＊

複雑な体系の存在を仮説として立てるよう促した理由の一つとして、インドには、現に外婚をとっているか過去にとっていた団体がたくさんある。こうした団体の、すでに二つについては検討をすませた。カーストと *sapinda* 集団であるが、さらに *gotra* を追加しなくてはならない。

gotra は原則として父系の団体で、決まって外婚をとる。この二つの性格からして *gotra* はカーストと重複しているかに見える。実際、カーストはマヌ法典の時期にはまだ外婚単位として機能していて、今日でも北インドではやはり外婚をとっているようだ。*gotra* とカーストの二元性からもたらされた当惑を大きなきっかけに、ヘルトは次のように考えて、スマートな答えを得たと思い込んだ。*gotra* は古代では母系クランで、続く時代に父系に変わったが、母系的なままの形態のときに、並存していた父系カーストと一緒になって双方組織をつくっていたのではないか[32]。カーストがつねに父系クランを構成してきたことの裏づけを、ヘルトは名称 *jati* の二重の意味のなかに見る。*jati* は（たぶん *varna* よりも古い名前として）カーストをさすとともに、『マハーバーラタ』では *bandhu* ＝母方親族の反対語として父方親族をさす[33]。

ならば、*gotra* 概念および *gotra* 外婚が後代に出現することをどう説明したらいいか。マヌ法典はカーストと *sapinda* の二つの外婚集団については語るが、三大カーストの場合を除いて、*sagotra* 婚への言及はない[34]。ただしゴータマだけははっきりとこう言明する。友人の妻、自分と同じ *gotra* に属す姉妹・女、弟子の妻・息子の妻、雌ウシなどと性的関係を結んだ人の過失は、師の寝床を汚した人〔師の妻と姦通した人〕の過失ほどに重い[35]。マヌ法典にも同様の列挙が見られるが、そこに *gotra* は含まれていない[36]。

しかも『スートラ』においてさえ、*gotra* 外婚への違反はまだ二次的な罪として挙げられるにとどまる。紀元三世紀を俟ってはじめて *gotra* 禁忌の規則が堅固な性格を獲得し、この規則への違反がそそぐことのできない罪として現れる[37]。四世紀になるとナーラダが、*sagotra* にあたる娘との結合は去勢以外に適量な刑罰のない犯罪であるとの規則を立てる。父方 *gotra* に対する禁止は徐々に母方 *gotra*、さらに母の兄弟の娘にまで広がる。ただし母の兄弟の娘との婚姻を禁ずるか否かは、相変わらず議論の分かれるところであった。外婚規則が最終的に確立されていくのは、ようやく十三世紀以降のことであるように思われる[38]。

おもに中央インドや北インド、またベンガルでは外婚規則がさまざまな洗練を経るため、問題はいっそう込み入ってくる。ビハールとオリッサのデュマール民族は三つの型の区分をもつ。*gōt* ＝クラン、*barga* ＝名祖《なおや》セクション〔名前の起源となったセクション〕、*mitti* ＝祖先にあたる地縁集団である。婚姻が禁忌とされるのはこれら三つの区分が重なる場合にかぎられるが、*barga* 以外はさほど数が多くないので、実際問題として考慮されるのは *barga* だけである[39]。同様にベンガルでもトーテム・セクション、名祖セクション、テリトリー・セクションの三つの型のセクションが見られる[40]。*gotra* と姓〔家名〕の両方に左右される外婚体系は *tambuli* と呼ばれ、二つが重なる場合にかぎって婚姻は絶対の禁忌とされる[41]。ババーン民族ではテリトリー・セクションと聖称セクション〔聖人の苗字を名乗るセクション〕とが重なるとき、いまと同様の規則が適用される。テリトリー・セクションは絶対的禁忌となるが、聖称セクションは問題視されることがない[42]。

これらさまざまなカテゴリーと *gotra* とのあいだにはいかなる関連があるのか。リズリーはテリトリー・セクションないし地縁集団（*mūl*）は *gotra* より古いと考えて、*gotra* を聖称セクションと同等視する[43]。聖称セクションは存在しないこともあるが、*mūl* への分割はどこにでも見られる。カランディカールの解釈はこれとはまったく違う。彼は *gotra* と *mūl*、そして地域によって異なる名称で知られる団体―― *gōt*, *kul*, *intiperulu*, *tārvād* な婚に収斂する。

ど――をすべて同じものと見なす[44]。ゆえに彼の考えでは、インドの外婚は一方で *sapinda* 外婚、他方で *gotra* 外

とはいえ、*gotra* が二つの異なる型の団体を意味することを理解しておかなくてはならない。カランディカールとリズリーの文章を突き合わせてみれば、この結論はかなりはっきりしたかたちで出てくる。リズリーは聖人にちなんで名づけられた集団を *gotra* と呼び、*gotra* に対するテリトリー・セクションの歴史的先行性に有利な論拠として、次の点を強調する。テリトリー・セクションの数はきわめて多いが、それに比べ「ブラフマン的な」*gotra* は数が少なくて、丸ごとブラフマンから借用されたと言っていい体系をかたちづくる[45]。ところが彼以外の著者たちは、*gotra* の数の厖大さ（各クランあたり三百三十五に達する）とその絶えざる増加に注意を促す[46]。要するに、リズリーの言う *gotra* とほかの著者たちの言う *gotra* は同じものでありえない。カランディカールとともに二種類の *gotra* を区別すれば、問題点ははっきりする。一方の *gotra* は数多く存在する父系か母系の地縁集団または名祖集団で、もう一方は、「同じ *gotra* に属し、同じ *pravara*〔名祖〕の名を唱える人同士が結びつくことはできない」との外婚規則によって定義される、狭義の *gotra* である。*pravara* の共通性によって定義される *gotra* は、カランディカールによればおよそ十、バネルジーによれば二十四から四十二とごく少数で、名祖セクションをでなく、祭式の流派をなす[47]。リズリーがブラフマンから丸ごと借用されたと考え、起源的に新しいと見なすのは、明らかに後者の *gotra* で、以下、この *gotra* は脇に置くことにする。

二種類の *gotra* の区別は、後代のものとの *gotra* 外婚のもつ性格を柱にした、一つの全体把握へとカランディカールを導く。彼によれば、*sagotra* 婚への言及のない時期からこの婚姻が付随的に禁忌とされる時期を経てのち、続いて禁を破った人に課される罰則の（ボーダヤナやゴータマに見られるような）明文化にいたるが、罰則は *sagotra* 結合から生まれた子供には適用されない。それどころか、ただ非難されるべき関係を絶つことのみが命じられ、子供が生まれた場合を除いて特別な罰を伴わない。この時期になっても *sagotra* 婚は、長男を差し置いて次男が結婚することに比べれば、まだしも軽罪なのである。ただゴータマだけは *sagotra* 結合を明確に非難し

ている。「外婚の原則はあったが、この原則をまるまる採用してきた人々もいれば、採用を相変わらずためらう人々もいた。さらにはまたこの原則に反対する人々も。『スートラ』の全体から浮かび上がるのはこのような状況である[48]」

このようにしてインド＝アーリア人は、宗派でも外婚団体でもある *gotra* の概念を徐々に練り上げ、*mūl*, *kul*, *tārvād* などへの被征服民の分かれていることを範にした、外婚定式に従ってふるまうようになっていったと推測される。簡潔に「大きな *gotra*」と称される *gotra* はブラフマンを起源とし、最近になって出現したと言ってよく、それゆえにブラフマン以外のカーストは本来の意味での「大きな *gotra*」をもたず、それゆえにそれらはブラフマンの *gotra* を模して自前の *gotra* をつくりだすか、ブラフマンの *gotra* に加入するかしていくことになるのである。しかし「大きな *gotra*」とは別に、またそれ以前に、いまでも古代的外婚構成体としての特徴を認めることのできるおびただしい数の、型も千差万別な団体がすでに存在していた。これら「小さな *gotra*」を「大きな *gotra*」と混同してはならない。*gotra* ——相続にも財産権にも軍制にも関与しないそれ——は古いクランでありえないとするカランディカールの結論は、要するに「大きな *gotra*」についてのみ受け入れることができる。

図 77　バイの婚姻禁忌

「*gotra* 制の基礎は祖先の共通性にはなく、少なくとも最初のうちはブラフマンの立法家たちも *gotra* の不自然さをはっきり意識していた。彼らの手になる法制の全体は（婚姻にかかわるそれを除き）*gotra* にでなく、家族に立脚していた[49]」

逆に *mūl*, *ṃitti*, *kul*, *gōt* など「小さな *gotra*」は、テリトリー集団として現れることも、リネージ、クラン、さらにクランの母系または父系の下位区分として現れることもあるため、少なくともインドの中部や北部では、複雑きわまりない外婚規則の適用対象になる。父方 *gotra* との結婚を禁忌とするだけにとどまる集団もなかにはあるが、多くはさらに母方 *gotra* を追加する。禁忌対象をもっと増やす集団もある。リズリーとラッセルの記述する諸事例は、禁じられた *gotra* を二つないし三つから八つないし九つ含む、連続した系列へと整理するこ

図78　七つの *mūl*

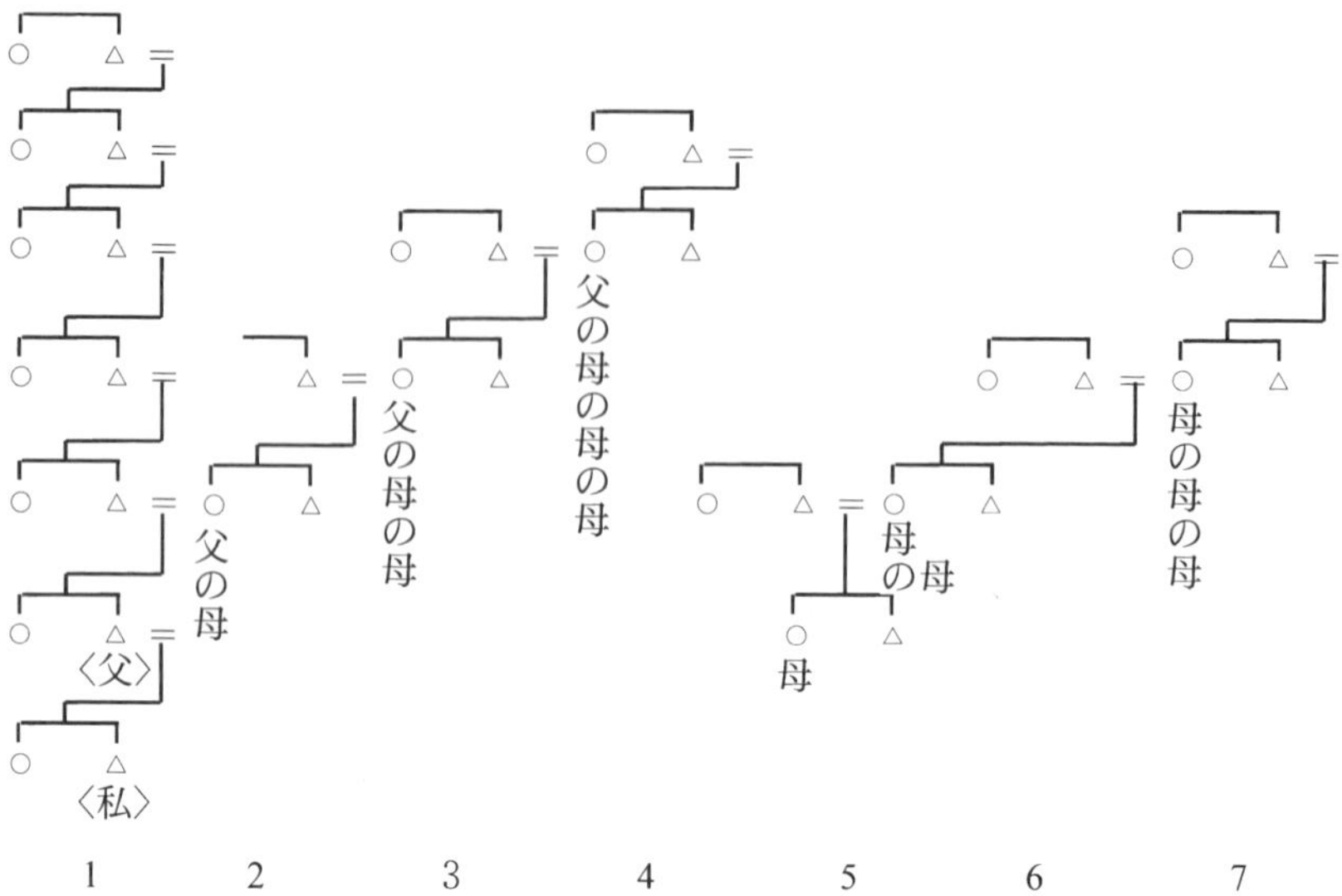

とができる。たとえばバガルプールのバイ民族には二種類の禁止がある。自分と同じ *mūl*、母の *mūl*、父の母の *mūl* に属す女とは結婚してならない、これが一つ。もう一つは、相手の母、相手の父の母の属す *mūl* が、最初に挙げた規則によって禁じられている *mūl* であるなら、その女とは結婚してならない[50]。a、b、dがAに禁じられているなら、pもまたAに禁じられる。言うまでもなくpの母の母はdなので（図77）。

パンジャブ地方のジャートは主体の属すセクションのほかに三つのセクションを禁忌に付す。母のセクション、母の母のセクション、そして父の姉妹の夫のセクションがそれである[51]。バルグワール・ゴアラは父側と母側の七つの地縁集団（*dīh*）を〔婚姻対象から〕除外する[52]。ビハール（北インド）のゴアラは次に挙げる人々の属すセクションとの結婚を禁じる。〈私〉、母、母の母、母の母の母、父の母、父の母の母、父の母の母の母。バガルプールのサトムリアやキシュナウト・ゴアラのもとでは、次の人々の属す *mūl* が禁忌とされる。〈私〉、母、母の母、母の母の母、父の母、父の父の母、母の父の父の父の母。ナオムリアはさらに父の母の母、父の母の母の母を追加する。加えて次のような規則が働く。*chachera, mamera, phuphera, masera, ye char nata bachake shadi hota hai* ＝「父方オジの系、母方オジの系、父方オバの系、母方オバの系、婚姻にさいしてはこれら四つの親類縁者を避けなくてならない[53]」

これらの禁忌は格別の興味を引き起こす。なぜならジャートは二つの型の半族、テリトリー半族（「高地」と「低地」）と神話的祖先系譜にもとづく半族（《*ship- gotra*》と《*kashib- gotra*》）とに分割されるが[54]、禁忌とされる四つのリネージは八クラス体系にも、四クラス限定交換体系（父の姉妹の夫が母のクラスに入る体系）にも、四クラス全面交換体系（母のクラスとの結婚を命じる体系）にも一致しないので。*gotra* にまつわる禁忌を古い婚姻クラス体系の指標だとする解釈の成り立ちえないことを示す、これは好個の実例である。

これほど複雑な規則をどう理解すべきか。まず指摘しておけば、これらの規則はすべて型を同じくし、ただ一つ違うのは、規則の適用対象として繰り込まれるセクション――*mūl* または *gotra* ――の多寡のみである。いまや定説と考えていいが、もともとはこれらのセクションが真の、また唯一の外婚単位であったのに、外婚のほうが社会的分化よりもいわば速く進んでいったため、旧来の諸制度を新しい規則に適合させようとしていよいよ多くのセクションを問題にしていかねばならなくなった。父系（または母系）セクションが原初に外婚を包んでいた服であったが、外婚が服より速く成長していったので、大きくなる体を覆いつづけるために、ほかのセクションを次々につなぎあわせていく必要が出てきたのである。

ならば、こうした外婚の急速な発展を促した要因は何か。禁忌に付された *mūl* を考察するだけでわかるように、*sapinda* 外婚をそれ以前の諸制度にかかわる用語に翻訳しようとの努力、なかなか報いられないばかりかしばしば空回りもする努力がそこにはある。リズリーの一注釈からは、そのことがはっきり浮かび上がる。「禁忌親等を定める規則は、通常、第四世代まで有効である[55]」。このような翻案が必ずしも容易でなかったことは予想がつく。「どのカーストも自分たちに合わせて適用できるよう規則を変更した[56]」。しかし、独自の掟を設けていこうとする家族やリネージの傾向に対してなされる、執拗な抵抗をバネルジーは描き出している[57]。十五世紀になってさえ、インドの北部ではいまだ *gotra* 体系と *sapinda* 体系の摩擦が見られ、たとえばラグナンダナは、自分と相

図 79　北インドにおける禁忌親等

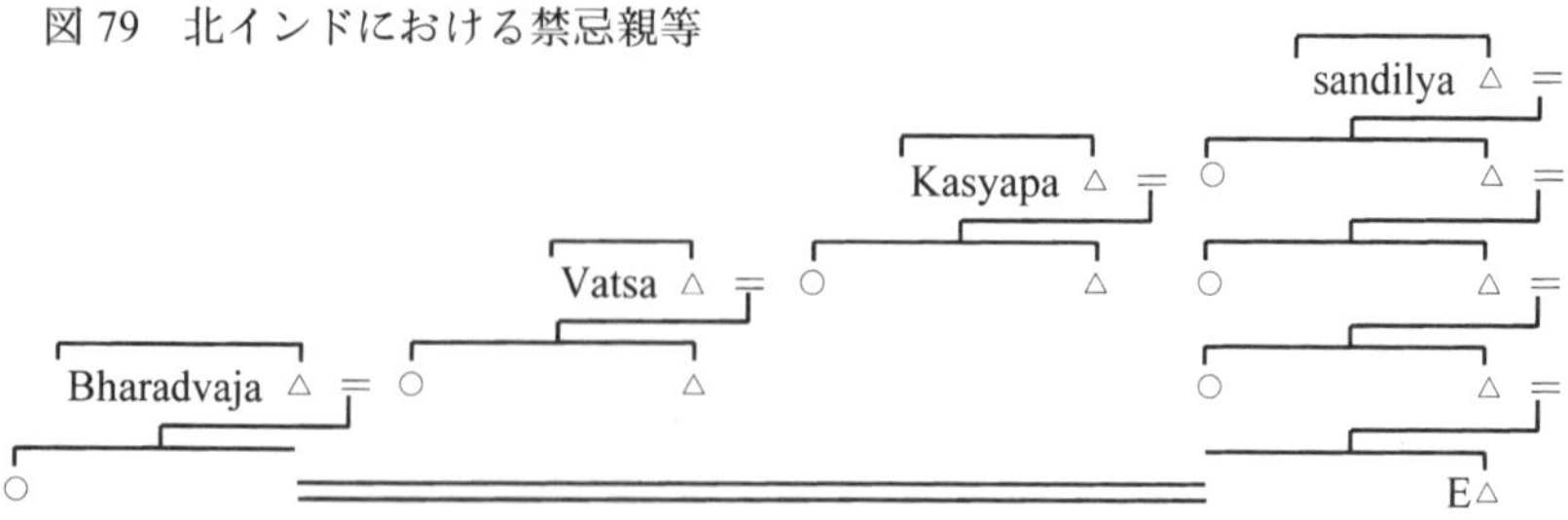

手の娘がまだ *sapinda* の第五親等と第七親等にあたっていても、三 *gotra* 離れてさえいれば結婚できるとする理論を擁護する[58]（図79）。しかもリズリーとラッセルの表を参照すればそれとわかるように、父の父の父の妻のセクションと母の父の父の妻のセクションはふつう禁止対象のなかに含まれず、かくしてラグナンダナの言うような妥協案の余地が残されるのである。いくつかの民族は、わざわざ特別な禁忌に付すには無意味にすぎるものとして母方リネージを扱い、自分たちの相変わらず続けている母方婚を正当化するが、この奇妙な合理化もまた *gotra* と *sapinda* の摩擦を物語る別の証拠である。たとえば母方との縁組を好むサンタル民族にはこんな諺がある。「雌ウシの残した足跡も母のクランも気にかけるな[59]」

＊＊＊＊

では、カースト、*gotra*、*sapinda* 集団の三つの古代的外婚制度を結びつける関係についてと、インド＝アジア社会を対象に我々の確定しようとしている大規模な構造的体系のなかにそれぞれの外婚制度が占める位置について、なにか見通しをつけることはできるか。多くの類縁性が我々に示唆したように古代インドでは一つまたは複数の全面交換体系のなかでクランが互いに結びついて一つの社会を構成していた、と仮定すれば、いま言った課題もおそらく無理なものとは見えなくなる。古いモデルを農村や庶民生活の場に存続させていくクランと、位階秩序や競争関係を封建貴族層のあいだで機能させるもっと広範で、もっと緊密に組み合った団体、この二つがいかにして共存しうるかをカチン社会の研究は我々に示した。後者の団体はもとはクランであって、のちに分化と機能特化を遂げたのか。そうかもしれない、いや、そうである確率はかなり高いとさえ言える。仮にインドがカチン社会に似た発展過程をたどったとするなら、こう言ってもかまわないだろう。ある時期にカーストとクラン（言うところのカースト自体、おそらくかつてはクランだった）は全面交換に律せられた外婚団体として共存していたが、やがてある種の排他主義がカーストの側に芽生えた結果、全面交換という――本質的に貴族的な――定式の維持が可能になる一方で、クランのほうはみずからを利する限定交換への進化を阻まれて、足踏み状態を余儀なくされた、と。この進化過程の少なくとも断片的な現れは確認されている。「マンブーム北部では Rampai セクションと Domkatai セクションがひどく軽蔑されていて、ほかのセクションの成員たちは自分の娘をこの二つのセクションのもとに嫁がせようとしないが、それらのセクションが女をくれるというなら、申し出を断りはしない。かくしていま名を挙げた二つのセクションに属すこの地域のババーンは、自分たちのあいだで女を交換せざるをえないのに、彼らの娘たちは、自分のセクション以外のどのセクションのなかに夫を見つけてもかまわないのである[60]」

こうしてカースト間の結婚は、新しいカーストの形成と初期モデルの発展とを促す。初期モデルは「人種」によりはむしろ「文化」にもとづく[61]。それというのも――いまだ外婚的なままのカーストと見なしていい五つの大きな根幹集団をもつカチン社会を例に、我々が明らかにしようと試みたように――全面交換は、民族的起源を異にする多様な集団の統合を容易にすることも、民族的に等質な社会のただなかにさまざまな差異の発展を促すことも、ともにできる。カーストに歴史的残滓以上のもの、それとは別のものがあること、ある意味でカーストが機能的単位をなすことは、リズリーのいくつかの観察記録からはっきり浮かび上がる。完全には「ブラフマン化」されていないいくつかのドラヴィダ語族系民族は、いまでもまだ民族間の結婚を実施するが、しかしこの結合から生まれた子供たちは、父方集団の成員にも母方集団の成員にもならず、新しい内婚単位を形成していく。内婚単位がどの型の異民族交雑から生じたかは、内婚単位の名前によって正確に示されることが多い。ムンダーに見られるこの型の集団の数は九つを下らない。マヒリはこうした集団を五つもち、自分たちはムンダーの男とサンタルの女から生まれた子孫なのだと考えている。[62] これら下位区分は自律的集団になろうとする傾向を帯びていて、職名やテリトリー名によってみずからの起源を隠そうとする。

カーストは昇嫁婚をおこなうから、多様化過程をとおして増殖する傾向にあるが、クランは逆に自己分裂をとおして繁殖する。この点について言うかぎりまず疑問の余地はないが、*gotra* がクランに対してとる位置は、ナガ諸民族の *thino* が *khelu* に対して、*putsa* が *thino* に対してとる位置、また満州民族の *mokun* が *gargan* に対してとる位置と同じである。たとえばビハールのゴアラ民族の *mūl* はときとして地縁セクションへと下位区分されることがあるが、この場合、外婚は *mūl* から下位セクション（*purukh*）へとシフトして、「もっとも適切でもっとも小さな集団が、もっとも大きな集団の代役を務めるようになる」[63]。スナールも *gotra* が外婚の諸要請に応じて下位区分されることを報告している。[64] アダムの描き出すネパールの諸民族はまだクラン（*thar*）に分割されているが、そのなかの少なくともいくつかのクランは外婚的性格を失い、クランを構成する *gotra* の成長を促してきている。*gotra* はじつはリネージなのだが、しかしクランとの区別のつかないことも多く、絶えず新しい *gotra* が出現する。[65] ツングース、ブリヤート、カザフのもとで、それぞれの民族の下位クランとクランとの較差を示すものがあれこれ見つかったように、新しい *gotra* の形成に必要な最低限の較差が、かつては *gotra* とクランとのあいだにもあったのだろうか。「*gotra* は孫息子から始まる」[66] との『スートラ』の指摘にもとづいて、それのあったことを進んで認めてもいいかもしれない。ヘルトの提唱した *gotra* 母系起源説に従うより較差の仮説に従ったほうが、それは理解しやすい指摘なのである。ついてはリズリーの指摘も参照してもらいたい。（ゴアラのもとでは）「数世代にわたって二つの家族のあいだの婚姻が禁止されるばかりでなく、さらにどちらの家族の成員も相手家族の *thar* ＝外婚セクションと結婚することができない」[67]。特定の地域では出身元のクランの型に応じて *gotra* が父系であったり母系であったりした、と考える余地はもちろんあるが、しかしこの点について一般的な仮説を立てても、有益でもなければ真実味をもつこともないように思われる。

したがって、古代クランは二つの進化の道筋をつけられたのかもしれない。あるクランはカーストのかたちで存続して機能特化を遂げ、別のクランは徐々に消滅して——もっとも、完全に消滅するわけではないが——名祖セクションやテリトリー集団といったより小さな単位の成長を促した。前者のクランはそれのもつ貴族的性格のゆえにまず昇嫁婚、ついで内婚へと進化し、後者のクランは前者のクランよりも長く外婚にとどまりつづけた。こう仮定しても、しかしいかなる互酬性をも排除してしまうような純粋な内婚など考えられないだろうから、*sapinda* 集団が内婚カースト内で形成されることは、外婚クランが単系的構成体へ下位区分されることと機能的に等価であると見ていい。*sapinda* 集団は確かに両系であるが、しかし二つの系のあいだに不平等を設けるというかたちで、みずからの父系起源を記憶として保っているのである。加えていままで十分に明らかにされてこなかったことだが、内婚集団は〔婚姻に関して〕双方的な障害事由しか適用できない。そうでなくては、内婚集団は二つないしそれ以上の外婚セクションへ分解してしまうだろう。

インドでは内婚が双方集団の形成に拍車をかけたのではあっても、しかしどのような全面交換体系にも双方性の潜在していることは、やはり忘れてならない。ギリヤーク民族の *pandf*、中国の *houen-yin*〔婚-姻〕やチベットの *tsha-shañ* の組は「姻族」を表すが、この「姻族」はまた同時に「一緒に生まれた人々」、ユニットとして扱われる母方親族-父方親族でもある。人間をつくるには「骨」と「肉」の両方を必要とする。我々は女性リネージが徐々に編成されていく様子をカチンの権利体系の、またツングースの神話の、いくつかの側面から探り出していった。少なくともカチンの権利体系では、女性リネージは潜在とは違うあり方をしている。ある意味では次のように言ってもいいのである。カチンの妻はインドの妻と同様の《stridhana》〔女財〕を受け取り、どちらのケースでもそれの優先相続権は娘にある、と[68]。さらにどちらのケースでもこの優先相続権は、両親から、とりわけ兄弟から愛のしるしとして受け取った財について行使される。「婚礼の祭壇の前で与えられたもの、婚礼の行列のさいに与えられたもの、変わらぬ愛の約束として与えられたもの、兄弟、母、父から受け取ったもの、これら六つは、結婚した女に六度あてがわれた財産と見なされる[69]」。厳格に父系的である中国においてさえ、いくつかのタイプの財産に関しては女性リネージに優先権のあることが知られている[70]。インドは双方主義の並はずれた発展の実例をもたらすが、このインドと我々がインド体系に比較しうると考えた諸体系との差は程度の差にすぎず、本性の差ではないのである。

このような双方性があらゆる全面交換体系に潜在する、または顕在すると主張するからといって、我々は、双方主義の普遍性という仮説に対して前に言った批判[71]を考え直すつもりはまったくない。じつにそのとき我々はすでに二つの形式の双方主義を区別しておいた。一方の双方主義では、二つのリネージが認知されてどちらかのリネージに重きが置かれるが、それは程度の差にすぎず、いずれのリネージにも似通った役割が振り当てられる。この意味でなら、我々も双方主義の普遍的に存在することを受け入れる用意はある。しかし双方主義の普遍性という同じ結論に達するにもかかわらず、ヘルトが参照するのは、二つのリネージをいちじるしく機能特化させるまったく別の体系で、そこでは「モザイク状」と遺伝学者の言うかたちに配置された二つないし四つの因子が、互隔世代体系を連想させるまさに社会学的「メンデル主義」の定式に従って組み合わさることで、各個体の社会的身分が決まる。連続するひとまとまりの媒介をとおして双方主義の第一の型から第二の型へ移行することは、もちろん可能であるが、それでもなお、第二の型が尖鋭なかたちの機能特化を示している点は見過ごされてはならない。潜在的形式がどこにでも見られるからといって、発展した形式もまた普遍性をもつとは結論できないだろう。スコラ論理学者が精神活動のあらゆる形式に三段論法の外観を与えることができるのと同じで、才知にたけた人なら、おそらくあらゆる親族体系、あらゆる婚姻体系を婚姻クラスの言葉に翻訳することができるであろうが、かといって、そうした形式や体系が事実としても三段論法や婚姻クラスの働きによって生み出されることにはならない。

我々はインドの社会構造の発展過程をいったいどうイメージできるだろうか。父系であったり母系であったりするクラン体系が、いずれにせよ全面交換によって律せられていたとするなら、二つの仮説が成り立つ。このようなクラン体系は征服者集団の統合と位階化を容易にしたか、でなければ、一つの等質社会のなかで身分の漸進的分化を容易にしたかである。ついては次の点に留意しておいて無意味でない。アーリア人社会はどうも父方居住父系集団の調和体制として、すなわち全面交換体系の理論的要件をみたす体制として、組織化されていたらしいのである。[72] 純粋に歴史的な観点に立つことで、スナール同様、ハットンもカースト体系の源泉は多分にアーリア人侵入以前にさかのぼるとの結論に達した。ならば、インド＝ヨーロッパ語族系の侵入者たちは、すでにあった禁止体系を社会的位階秩序のかたちで明確化したにすぎないと言っていい。四つの *varna* を昇嫁婚構造の内部で有機的に結びつけるマヌ法典の図式は、そこに由来する。[73] ミトラの示唆[74]に従って、四つの *varna* を二つの集団 *dwija*「二度生まれる者たち」と *sudra* とに分け、さらに *dwija* を三つのセクションに下位区分すべきだとすれば、いまでもナガ諸民族のもとに見られる三分組織のモデルが、インドにもはるかに容易に見つかることになるだろう。

前段落で言及した二つの仮説のどちらが好ましい仮説であるべきかを決めるのは、歴史家の仕事である。全面交換理論の観点から言えば、二つの仮説はすでに見たように等価で、ゆえにカースト概念は、結局、その歴史的起源とは関係ない機能的価値をもつことになる。身分の漸進的分化は二重の進化につながっていったであろう。一方で貴族クラン（民族的起源から見てであるにせよ、社会的競争から見てであるにせよ）がまず昇嫁婚、ついで内婚へと進化していき、それと並行して（内婚のせいで）カースト内部に、したがって双方的でなくてならない（そうでなければカーストはクランへ逆戻りしてしまうだろう）外婚集団 *sapinda* が形成された。他方で、被護クランや被支配クランが（拡大する周期から昇嫁婚がこれらのクランを徐々に閉め出すせいで）全面交換から限定交換へと部分的に進化し[75]、その結果、まず「小さな *gotra*」に、ついで *purukh* 型のいちだんと小さな単位に下位区分されていった。かくして二つの進化は方向を異にする。一方の進化の特徴は総合という性格にある。[76] カースト間の結婚によって新しいカーストが生み出されることに表される、それは性格である。他方の進化の特徴は分解という性格にある。この性格はクランが徐々に消滅して二次的構成体の成長を促すことの結果であり、二次的構成体も、その下位に新たにできあがる従属型の構成体に場所を譲っていく。

しかしインド社会の組織化が進むにつれ、この二つの進化の線は収斂するようになる。もっと正確に言えば、機能的に噛み合ってくるはずである。貴族カーストは、社会的性格というより宗教的性格を帯びた人為的区分を備えていき、つまり *gōt, mūl, kul* などの外婚を真似てつくった外婚規則それによって律せられた、「大きな *gotra*」をもつようになり、下位の人々やあとから社会の一員となった人々のほうは、進化の停滞した自分たちの外婚体系を *sapiṇḍa* 規則の込み入った諸要請に合わせようとして、もとから禁忌とされていたセクションに新たなセクションを徐々に付け加えていく。その後の発展のある道筋は、下位の人々による「ブラフマン的な *gotra*」の模倣に通じていき、彼らは自分たちの就いている祭司に倣って祭式の流派をつくりだすか、既存の流派に加入するかする。[77] こうして北インドとベンガルに見られる複雑な状況が招来される。そこにはカースト、*gotra*、名祖セクションないし聖称セクション、地縁集団が特異なかたちで積み重なる。この状況は古い婚姻クラス体系がいかにも複雑であったとの印象を与えるが、我々としては、こうした見かけが錯覚であること、古代の全面交換体系が単純であったとする仮説、現在確認される多くの事実によって、また別様の仮説を立てればほとんど理解できなくなる多くの遺制によって裏づけを得るこの仮説だけが、いままできわめて曖昧模糊としていた光景を明るく照らし出してくれることを、はっきりさせたつもりである。

注

（1）G. J. Held, p. 53.
（2）第8章参照。
（3）M. B. Emeneau, Toda Marriage Regulations and Taboos. *American Anthropologist*, vol. 39, 1937, p. 104.
（4）ただし Rivers, The Marriage of Cousins in India. *Journal of the Royal Asiatic Society*, 1907, p. 622 を参照。そこにはすでに別の解釈が予感される。
（5）Emeneau, Language and Social Forms; A Study of Toda Kinship Terms and Dual Descent, in *Language, Cul-*

ture and Personality (Sapir Memorial Volume), 1941, p. 169.

(6) *Ibid.*, p. 174, n. 26.

(7) A. Aiyappan, Cross-cousin and Uncle-niece Marriages in South-India. *Congrès International des Sciences Anthropologiques et Ethnographiques.* London, 1934.

(8) Emeneau, Kinship and Marriage among the Coorgs. *Journal of the Royal Asiatic Society of Bengal, Letters,* vol. 4, 1938, p. 126-127.

(9) Held, p. 53-54.

(10) Rivers, *op. cit.* — Emeneau, 1937.

(11) Emeneau, 1938, p. 127.

(12) Held, p. 52-53.

(13) Held, p. 56.

(14) 第8章参照。

(15) C. Lévi-Strauss, *The Social Use of Kinship Terms among Brazilian Indians, loc. cit.*

(16) Held, p. 51-52.

(17) J. Przyluski, *Journal asiatique,* 1927, p. 177; cited by Held, p. 73. — J. H. Hutton, *Caste in India,* p. 129.

(18) M. Granet, *Catégories,* p. 105, n. 1.

(19) Held, p. 73-74. — S. Paranavitana, Matrilineal Descent in the Sinhalese Royal Family. *Ceylon Journal of Science,* Section G, vol. 2, part. 3, 1933, p. 240.

(20) F. E. Lumley, Indo-Aryan Society, in *Essays in the Science of Society Presented to A. G. Keller,* New Haven, 1937.

(21) E. Thurston, *Castes and Tribes of Southern India,* vol. 4, p. 118.

(22) *Ibid.*, vol. 5, p. 14; vol. 1, p. 123.

(23) R. V. Russell, 1916, *op. cit.,* vol. 1, p. 87.

(24) R. V. Russell / R. B. Hiralal, *Tribes and Castes of the Central Provinces of India, op. cit.,* p. 72.

(25) 第24章参照。
(26) 第22章参照。
(27) 第9章参照。
(28) 第23章参照。
(29) Rivers, The Marriage of Cousins in India, *loc. cit.* — A. M. Hocart, The Indo-European Kinship System. *Ceylon Journal of Science,* Section G, vol. 1, part 4, 1928.
(30) Held, p. 77.
(31) 第16章参照。
(32) Held, p. 73-74, 82, 85.
(33) Held, p. 71, n. 1.
(34) *Manu,* III, 5.
(35) xxxiii, 12; *Sacred Books of the East,* II, p. 285.
(36) S. V. Karandikar, p. 110-111.
(37) Karandikar, p. 126.
(38) *Id.,* p. 128-130.
(39) Russell, *op. cit.,* vol. 2, p. 530-531. — Hutton, *Caste in India,* p. 50-51.
(40) H. H. Risley, *Tribes and Castes of Bengal.* p. liii.
(41) Risley, vol. 2, p. 292.
(42) Risley, vol. 1, p. 29.
(43) Vol. 1, p. 30, 285.
(44) Karandikar, Preface.
(45) Vol. 1, p. 30. — Hutton, *Caste in India,* p. 49-53.
(46) L. Adam, The Social Organization and Customary Law of the Nepalese Tribes. *American Anthropologist,* vol. 38,

1936.

(47) Karandikar, chap. IV. — G. Banerjee, *op. cit.*, p. 55.

(48) Karandikar, p. 115-119.

(49) Karandikar, p. 88-89.

(50) Risley, vol. 1, p. 51.

(51) Russell, vol. 3, p. 233.

(52) Risley, vol. 1, p. lviii.

(53) Risley, vol. 1, p. 285-286.

(54) H. A. Rose, *A Glossary of the Tribes and Castes of the Punjab and Northwestern Frontier Provinces*, 3 vol., 1914; vol. 2, p. 375. — Denys Bray, The Jat of Baluchistan. *Indian Antiquary*, vol. LIV, 1925.

(55) Risley, vol. 1, p. 286.

(56) Karandikar, p. 221.

(57) Banerjee, chap. VI.

(58) Karandikar, p. 204-205.

(59) Risley, vol. 1, p. xlix-l.

(60) Risley, *op. cit.*, vol. 1, p. 31.

(61) J. C. Nesfield, *Brief View of the Caste System of the North-western Provinces and Oudh*. Allahabad, 1885.

(62) Risley, vol. 1, p. xxxvii.

(63) Risley, vol. 1, p. 285.

(64) E. Senart, *op. cit.*, p. 35.

(65) Adam, *op. cit.*, p. 537. — 同じ意味で Hutton, *Caste in India*, p. 45.

(66) Held, p. 73 に引用。

(67) Risley, vol. 1, p. lviii.

（68）第16章参照。

（69）*Manu*, IX, 194. — BANERJEE, p. 31, 268.

（70）M. GRANET, *Catégories,* p. 158-159.

（71）第8章参照。

（72）Cf. NARES C. SEN GUPTA, Early History of Sonship in India. *Man,* 1924, n°s 32, 42; Putrikā-putra, or the Appointed Daughter's Son in Ancient Law. *Journal of the Royal Asiatic Society of Bengal, Letters,* vol. 4, 1938, n° 5.

（73）HUTTON, *Census of India,* 1931, *op. cit.,* p. 437-438.

（74）Preface to J. K. BOSE, *Dual Organization in Assam, op. cit.,* p. III.

（75）紀元前四世紀ないし五世紀には確かに双方交叉イトコ婚が実施されていた（A. D. PUSALKER, Critical Study of the Work of Bhāsa, with Special Reference to the Sociological Conditions of his Age. *Journal of the University of Bombay,* vol. 2, 1934, n° 6)。マヌ法典は、二人の姉妹から生まれた子供同士の婚姻に等しいとして、交叉イトコ婚を禁じる。つまりマヌ法典の時代に交叉イトコ婚が知られていなかったわけでない。

（76）「カーストを形成していこうとする衝迫は、その力を少しも失ったわけではなかった。実際、インドの多数の地区で、いまもなおこの衝迫が働いている様子を研究することができる」（RISLEY, vol. 1, p. XXXI）

（77）チョタ・ナグプール地方で劣位にある民族が「ブラフマン化」の過程を望み、かつ意識していることの実例をリズリーは数多く記録している。*gotra* 体系は模倣され借用されるのであり、こうした傾向はマヌ法典の時期にすでにあった（RISLEY, vol. 1, p. XV-XVIII; KARANDIKAR, p. 222)。

第26章　非対称構造

しかしながら、昔の状態の名残が保存されて見出されるのでは、との期待をいだくなら、南インドに目を向けるのがことのほか好都合である。ところで、本書が的を絞ろうとしている基本構造の研究の観点から言って、インド——なかんずく南インド——は二つの理由から特別強い関心を引く。第一に交叉イトコ婚の頻度の高いこと、第二にこの婚姻形式のとる周知の三方式、双方交叉従姉妹との婚姻、母の兄弟の娘との婚姻、父の姉妹の娘との婚姻が並んで見出されること。

本書第1部で確認したように、限定交換法則によって律せられた親族の基本構造は、双方交叉イトコ同士の選好婚にじかに表現される。全面交換法則によって律せられた親族の基本構造のほうは姉妹の息子と兄弟の娘との選好婚（母の兄弟の娘との婚姻）に、やはりじかに表現されることを、第2部が明らかにした。しかしまた婚姻習俗と親族名称体系の検討からはっきりしたように、全面交換体系は、それだけを切り離して考えていいほどにも単純な形式をまとって現れはしても、厳密に純粋な形式のもとに見出されはせず、つねにそこに異質な要素が混入している。全面交換法則に還元しきれないため、少なくとも表面的には限定交換のもつ性格をあれこれ示す要素である。

二つの体系が並置されて現れる世界規模の一大地域を研究すれば、この困難の解明を期待できるが、いま喚起しておいた問題に密接する、ほかの諸問題も同時に出てくる。実際、少なくとも理論の平面で、まだ我々は交叉イトコ婚の第三の方式に出会っていない。インドによってしばしば例解される方式、父方交叉従姉妹との婚姻がそれである。ところで、限定交換と全面交換が二つの単純な体系（つまりほかの体系を基準にしては説明できない体系）であることを我々は証明したと思っているのだが、このことが受け入れられるなら、交叉イトコ婚の三方式の密なつながりについて、理論的には二つの異なる解釈が可能になる。全面交換との接触が引き起こす、限定交換のいわば核分裂によって、父方交叉従姉妹との婚姻は生み出されるとするか、あるいは、この婚姻は限定交換にも全面交換にも還元できない第三の、種別的な互酬性の型で、ゆえにそれら二つの交換と並べてかつ独立に、それ固有の性格によって定義されなくてはならないとするかである。第一のケースでは、同意してもらえると思うが、限定交換（忘れないでおこう、限定交換は双務的互酬形式である）は全面交換のつくる片務的形式の、言ってみればかたわらで分裂するため、父方方式から切り離された母方方式は、この片務的形式のなかに引き込まれて同化されるが、父方方式は、そうならずに自立した形式として単独で存続していくと考えられる。逆に第二の仮定のほうが正しいなら、我々はみずからの分析の万全ではないことを認め、第三の型を定義するよう専念していかなくてはならない。

予備的なことがらを一つ指摘しておく必要がある。限定交換の核分裂はある意味でつねに起きている。たとえば外婚双分組織では、一方の半族の全男性成員と他方の半族の全女性成員は理屈のうえでは双方イトコ同士であるが、そのあり方はすべて同じというわけでない。任意の二個体を考察すれば、母方の絆と父方の絆をたぶんつねに突き止めることができるだろうが、だからといって、この二個体が母と父のいずれの系においても同じ親等の親族であるとはかぎらない。確かに双方イトコ同士でありながら、じつは一方の系では第一親等や第二親等に、他方の系では第三親等や第四親等や第五親等にあたる人々が高い割合で見つかるだろう。ときには、系が事実上無視されるほどにも、その系における親等距離が大きい場合さえあるだろう。だからこそ、限定交換規則は事細かに定式化されなくてはならないのである。この規則が結婚相手として規定する交叉従姉妹は、たとえば母の兄弟の娘であってなおかつ父の姉妹の娘でなくてならないこともあれば、無差別に母の兄弟の娘か父の姉妹の娘のどちらかであればいいこともある。ここで使われている親族名称は類別的な意味で解されなくてはならない。つまり、いかなる限定交換体系も、体系の本性を変質させない常態と見なせる程度の核分裂を抱えていて、この程度は婚姻習俗と人口統計をもとに、各集団ごとに算定可能だと言っていい。こうした核分裂がいわば中性状態にとどまるかぎりは――すなわち、二つの型の単方イトコのどちらもが、双方イトコの代替物として等価であると見なされるかぎりは――核分裂現象は、理論的分析の観点から見て、無視できると考えてかまわない。

だが我々が限定交換の核分裂を語るとき、別タイプの現象のことを考えている。選択的とも言うべき核分裂のこと、体系の機械的な働きの副産物である代替物や等価物を受動的に受け入れていく代わりに、集団が自発的に一貫して、一方の型のイトコを求め、他方の型のイトコを排除していくことを。この選択的核分裂がオーストラリアのいくつかの体系に潜在していることを思い出しておきたい。限定交換モデルにみずからを合わせつつも、実の母方従姉妹への顕著な選り好みをはっきり示す、それは体系である（カリエラ型体系）。そうした限定交換体系は、ゆえにある確定可能な比率で全面交換の影響をこうむっているのだが、しかし表面的な分析が与える示唆とは逆に、この型の核分裂からは、二つのイトコ型が同等に選好されるとの結果はけっして出てこない。結果はまったく逆で、一方のイトコ型が選好されるなら、他方のイトコ型は排除されるのである。母方従姉妹が求められるからといって、父方従姉妹がほかの人に譲られるのではない。この従姉妹は、じつは見方を変えるだけで、Dの母方従姉妹にもBの父方従姉妹にもなる同一個体なのである。言い換えれば、双方イトコは二人の単方イトコを足し合わせたその結果ではなく、ただ一人の個体なのである。

したがって、限定交換体系に属す任意の成員たちが一方の型のイトコを選り好みしはじめても、彼らは処分可能な他方の型のイトコを手放すのでなくて、集団のほかの成員たちすべてを、自分たちの選択に従うよう徐々に強いていくのである。要するに、非対称性へ向かおうとする限定交換体系の傾向が核分裂を引き起こすことはけっしてありえないことで、それはただ方向転換を引き起こすにすぎず、二人の単方従姉妹（母方従姉妹と父方従姉妹）のどちらかとの選好婚が集団全体にとって一般化するというかたちで、方向転換は現れる。このいささか晦渋な分析は一つの重要な結論に行き着く。限定交換の核分裂が、機械的要因の影響力によって起きるとは考えられないとの結論である。たとえば、そのような影響力が双方婚を常習とする集団を二つの集団に細分し、一方の集団が単方婚の一方の形式を、他方の集団が他方の形式を実施するようになる、とは考えられないのである。核分裂はけっして現実のものではなく、それは観念としてしかありえない。現にあるとすれば、それは集団の内部にでなく、集団の成員の頭のなかにしかありえないと言ってよく、しかも特定の集団にとって、それは一方の方向にだけ作用するはずである。核分裂仮説は要するに次の二つの仮説をもたらす。一、限定交換をおこなう集団のうち、ある集団は父方婚へ、ある集団は母方婚へ移行した。二、二つの型の単方従姉妹のあいだに原住民の精神が意識的にであれ無意識的にであれつかむ論理的対立にもとづいて、この移行は起きた。我々の第一の仮説は、結局、第二の仮説の拠り所である理論的諸関係を時間的にも空間的にも説明することに帰着する。

＊＊＊＊

このように問題を立てることの正しさは事実によって裏打ちされる。仮に交叉イトコ婚の二つの単方方式が双方形式の核分裂から自動的に生ずるなら、二つの単方方式がともにほぼ同頻度で見出されることを予想してしかるべきだろう。ところがまったくそうはならない。インドの専門家は誰もが、母方婚の頻度が父方婚よりもはっきり高いと、逆のことを力説してきたのである。頻度の違いはどの程度のものか。

フレイザーによって一覧表にまとめられた、インドの交叉イトコ婚規則を例にとってみよう(1)。計十六集団のうち、十四の集団が母方従姉妹との婚姻を好む傾向をはっきり示す。ゴワリ、アガリア、アンド、バーナ、カイカリ、カリア、コーリ、チャンドクナへ、クルミ、マハール、マラタ、チェロ、イラキ、クンジラがそれにあたる。残りの二民族のうち、一つは父の姉妹の娘に対するいちじるしい選り好みを示す。ゴンドである。もう一つの集団ゴラのほうは二つの婚姻形式を実施するが、ただし重心は父方従姉妹との婚姻にある。

有名な論文「インドにおけるイトコ婚」の補論(2)でのリヴァーズの指摘によれば、母の兄弟の娘との婚姻は、それがmenarikamの名で確認されているテルグ地方と、ブラフマン自身が当の婚姻を採用してきたマラバール、コチン、トラヴァンコールで広く一般に見られる。テルグ語とカナリ語の話される地方でも、かなりの数にのぼるブラフマン集団がやはりこの婚姻を採用してきた。マドラス州ではキンガ・ヴェララ、クンナヴァン、コンド、カラン〔Kallan〕のもとに同様の婚姻形式が存在し、これらの民族は双方婚も実施する。ベンガルではカウル〔カワール〕とカラン〔Karan――KallanとKaranは別民族〕が母方婚を好み、そのほか北西部諸州のチェロ、イラキ、クンジラもまた同様である。後者二集団は父の姉妹の娘との婚姻を明確に禁忌とする。父の姉妹の娘との婚姻は「比較的頻度が低い」とリヴァーズは述べ、この婚姻型が選好婚のかたちをとって双方婚からはっきり区別されることはごくまれである。双方婚はマドラス州、中部と北西部の諸州、ボンベイ、ベンガルに住む十三の集団に見られることが指摘されている。

ホドソンは双方婚を許す集団と母の兄弟の娘との婚姻しか許可しない集団を表にまとめた。第一のカテゴリーは五十の民族名を、第二のカテゴリーは六十三の民族名を含む。しかし検証ずみの地域はボンベイと中央諸州だけである。母方婚の優勢を十全に認めるには、「昔から交叉イトコ婚の盛んな地」南インドのクルバやコマティといった大集団が母方婚形式を命じている点が考慮されなくてならない[3]。北インドでさえチェロ、バイガ、ギディヤ、カラン〔Karan〕、カウル、ビロール、ボーティアに母方婚が見られ、しかもこれらの民族のもつ体系はさまざまな細部においてチベット、アッサム、ビルマの体系に似通う。

もっと最近のものであるカランディカールの表によれば[4]、南インドと中央諸州の四十二の集団が交叉イトコ婚をおこなう。そのうち十の集団を除けば（七つは双方集団、三つは父方集団）、残りはすべて母方選好を鮮明に示す。ゆえに、母の兄弟の娘との婚姻の頻度が群を抜いて高いことにまったく疑問の余地はない。

リヴァーズは反対のことを少なくとも認めたい誘惑に駆られたのだったが[5]、インドにおける交叉イトコ婚が双分組織の副産物でありえないことは、母方婚優位だけを考えてもすでに十分うなずける。最近、コッパーズは問題のこの側面を取り上げ直し、ニッゲマイヤーに続いて[6]、インドにおける半族への分割のもつ、疑似形態的性格を明らかにすることに大きく貢献した[7]。ニッゲマイヤーがすでに示唆していたように、インドで「〈大〉」「〈小〉」、「〈上〉」「〈下〉」などへの集団の分割が見出されるなら、その区分は例外なく、二つの集団のほぼ完全なヒンドゥー化に基礎をもつ。その証拠にこうした疑似半族はふつう内婚をとる。外婚半族を備えた集団として少なくともコラヴァ〔コラマ〕、マイソールのビリ・マッガ、マドラス州のジャナッパンの三つがあるようだ。ジャナッパンとビリ・マッガの組織化にはまだ不明な点が残るが[8]、コラヴァの組織化は記述してみるだけの価値がある。コラヴァは三つのセクションに分割され、そのうち二つのセクションは純血のコラヴァから、残る一つのセクションはカーストの外で結婚した原住民とその子孫からなると見なされている。これら三つのセクションは *Pothu* と *Penti*、すなわち「〈男〉」「〈女〉」と呼ばれる二つの外婚半族に振り分けられる。三つのセクションのうち、第一のセクションが *Pothu*、第二と第三のセクションが *Penti* である。さて、サーストンはこう付言する。「Pothu の人々は妻を求める男たちの子孫、Penti の人々は自分の娘のために婿を求める男たちの子孫であると考えられている[9]」。この非対称性は、当の体系を双分組織であるとする、ありうべきいかなる解釈をも覆す。*Pothu* と *Penti*、「娘婿」と「義父」は全面交換体系の特徴的分割を再現しているのである。

我々はバスタールのゴンドの疑似二元対立をいまと同じやり方で解釈した[10]。村落外婚を実施するオリッサのブーイヤーが *kutumb* ＝成員が互いに禁忌配偶者である村と *bandhu* ＝村内で結婚の取り決めをしてもいい村とに分割される点は、この文脈で意味をもつ[11]。じつにブーイヤーの社会的組織化は父系・父方居住の調和体制で、*bandhu* は母方親族をさす[12]。ゆえにこの二重の根拠から全面交換体系が結論づけられるのである。

ムンダー民族の見かけの二元対立もやはり人を惑わす。ムンダーのどの村も二つの集団、それぞれ *paharkhut*, *mundakhut* と呼ばれる *khut* に分割される。一方の集団は霊的な首長を出し、「年長」、上位と見なされ、他方の集団は現世の首長を出し、「年少」、下位と見なされる。同じ村の二つの *khut* は同一のクラン *kili* に属して同一のトーテムをもち、相互婚は許されない。互いに異なる村と異なるクランとに属す *khut* のあいだでしか、結婚はできず、次の規則に準じる。二つの異なる村に属す同じ型の *khut* 同士で婚姻が一度なされたなら、以後もその世代の範囲内でなら同一の婚姻型が許されるが、しかしその後の諸世代では禁忌が生じ、最初の婚姻による夫婦が存命中のあいだ、また相互婚から派生するさまざまな社会関係を二つの *khut* が維持しているかぎり、禁忌は持続する。逆にある村の *paharkhut* と別の村の *mundakhut* のあいだで一度婚姻がおこなわれたなら、この婚姻型は次世代では禁止されるが、*paharkhut* 同士の婚姻、*mundakhut* 同士の婚姻は許される。(13) これら特異な規則は左上に示した定式で表現できる。Mは婚姻を、1、2、3は隣接世代を、pとmは *khut* の二つの型をさすとする。

この体系をアランダ型体系と解釈したくなるところかもしれない。理論的にはそれも可能であろうが（母の母の兄弟の息子の娘との婚姻、母の母の兄弟の娘の娘との婚姻、父の父の姉妹の息子の娘との婚姻、父の父の姉妹の娘の娘との婚姻を考えることによって）、しかし実際には我々は次のことを知っている。二つの *mundakhut* の婚姻期間が続くあいだ、ある村の *paharkhut* は別の村の *mundakhut* か *paharkhut* と、また *mundakhut* も別の村の *paharkhut* か *mundakhut* と婚姻を結ぶことができる。したがって、*khut* と *kili* への父系二分法に母系二分法が余分に付け加わるのではない。ならば、図80と図81が示すように、これは元来は父の姉妹の娘との婚姻にもとづいていた体系だと解釈するのが、もっとも簡単である。ここでもまた我々の前には疑似二元対立、ただし父方婚体系を覆い隠すほうのそれがある。検討した諸事例はかくしてこう示唆する。母の兄弟の娘との婚姻と父の姉妹の娘との婚姻は二つの種別的な形式を体現しており、インドのいくつかの社会に見られる見かけの二元対立は、ニッゲマイヤーとコッパーズの考える宗教上の配慮によって説明されるか、でなければ、顕在状態か潜在状態で与えられるあれら二つの婚姻型が特定の限定された事例において偶然一つに収斂した、その結果として説明される。

$$M_3\ (p = m) = f\left[M_2 \begin{matrix}(p = p)\\(m = m)\end{matrix}\right]$$

$$f\left[M_2 \begin{matrix}(p = p)\\(m = m)\end{matrix}\right] = f\left[M_1\ (p = m)\right]$$

＊＊＊＊

さらに別のタイプの事実を考察しなくてならない。古代インドに二元対立が存在したとする見

図80　ムンダー型体系

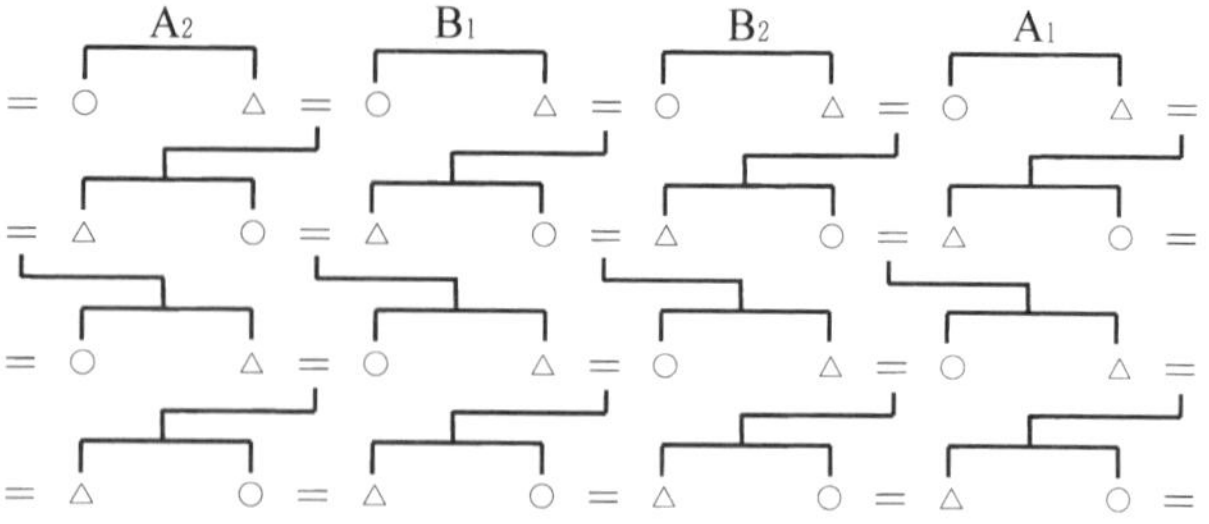

A，B は *khut* を、1，2 は村ないし村のクランをさす。

解に有利な仮説、リヴァーズの仮説を支える事実である。のちにリヴァーズは、少なくとも部分的にこの解釈を捨ててリチャーズの経済的解釈に与するようだが、[14]リチャーズの解釈がやはり満足のいくものでないこともまた確かである。[15]いずれにせよ、注目に値するのは事実そのものである。

問題になるのは、インドでとくに甥の婚姻にさいして見られる、甥と母の兄弟とのぬきんでて緊密な関係である。タミール語を話すカラン〔Kallan〕、さらにテルグ語系の一部の民族についてフレイザーはこう述べる。「自分にしかるべき型の従姉妹がいない男はオバか姪、または別の近縁女性親族と結婚しなくてはならない[16]」。場合によっては、交叉従姉妹との婚姻の代わりに、姉妹の娘との婚姻がなされたり好まれることさえある。ヴァランバ、コンゴ・ヴェララ〔キンガ・ヴェララ〕など交叉従姉妹との婚姻を実施する数多くの集団では、夫が若すぎて妻に子供を授けることができないときに夫の兄弟、夫の父、夫のオジが代役を務める。南インドのコラヴァ、コラチャ、イェルカラなどでは、ふつう母の兄弟は姉妹の娘を自分の息子のために権利請求する。「花嫁の値段は二十パゴダに決められている。母方オジが自分の姉妹の最初の二人の娘を要求する権利は、この二十パゴダのうちの八パゴダに相当するとされ、次のようになる。母方オジがみずからの優先権を行使して、姪を自分の息子にめあわせる場合、一人の姪について〔八パゴダを差し引いた〕十二パゴダを支払うだけでいい。息子がないとか、そのほかいかなる理由からであれ、自分の権利を放棄する場合もやはり同様に、母方オジは、姪と結婚する別の求婚者が彼女の両親に払う二十パゴダから八パゴダを受け取る[17]」。ところが、この同じコラヴァのもとでも、母方オジが姪を自分の息子の嫁にするのは義務でなく、彼本人が姪と結婚してもかまわない。「南インドのほかの多くの民族同様、

図 81　アランダ型体系によって書き換えたムンダー型婚姻

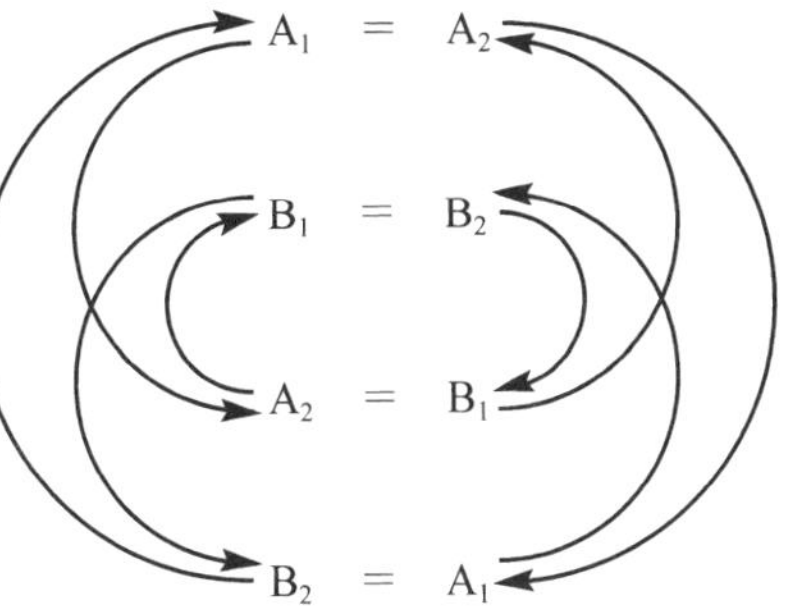

この民族でも男は自分自身が姪と結婚する権利をもつが、ただし彼女が自分の姉の娘であることが必ずその要件になる。彼女が妹の娘であるなら、男は自分が寡男《やもめ》でないかぎり彼女を妻にできない」[18]。このようにときとして交叉従姉妹に対する以上に強い姪への選り好みは、ドラヴィダ語族のテルグ語系民族にとりわけめだつ。なかんずくマイソールのテルグ語系またはカナリ語系諸カーストでは、この選り好みの結果、オジと結婚した姪はオジの息子に対して交叉従姉妹から母の姉妹へと身分を変え、かくしてこの息子にとって禁忌配偶者になる。テルグ語を話す遊行乞食カーストであるサニャシは、姪との婚姻ができないときにしか交叉従姉妹との婚姻を許さない[19]。マイソールのとりわけ未開な二つの集団ホレヤとマディガは平行イトコを兄弟・姉妹と同一視し、平行イトコ婚を明確に禁忌とする。文字をもたないマイソールのカーストであるゴラのもとでも、これと同じ同等視に出会う。彼らは平行イトコ婚をインセストの一形式として扱う。そのほか、マイソールの織り子カーストであるデヴァンガでも、カピリヤンやアンヌパンといったカンナダ語系カーストでも、さらには非ドラヴィダ語族のオリヤ語系諸集団でも、平行イトコが兄弟・姉妹と同等視される。ところで、少なくともホレヤとマディガだけは次のような婚姻を一定の選好順に従って推奨する。いちばん選好されるのは姉の娘で、その次にはじめて父方交叉従姉妹が来る。父方交叉従姉妹がいない場合は母方交叉従姉妹、そして最後に以上の三つの型の従姉妹が欠けているとき、妹の娘になる。つまり、交叉イトコ婚はオジ＝メイ婚の二つの形式に挟まれて現れる。インドでは、さらに南アメリカでも、オジ＝メイ婚の二形式にはまちがいなく密接なつながりがある。

　リヴァーズの注意を引いたのはこのような種類の事実だけではなかった。「注意深く研究すれば、婚姻時におけるオジ‐オイ関係がドラヴィダ社会のまったく特別な特徴であることが明らかになるだろう」と記すとき、リヴァーズはじつは別の現象を視野に入れている。自分の婚姻にさいして甥がオジから受けるとりわけ密な援助にかかわる、それは現象である。「つまり、もしオジ - 甥関係が婚姻体系の残存であるのなら、まさにこれら一連の〔婚姻〕儀式において主役を演じるオジの姿は予想できるであろう[20]」

コイ、イェルカラ、パライヤンなどいくつかの民族では、こうしたオジ - 甥関係が相変わらず交叉イトコ婚と並んで存在する。交叉イトコ婚の存在しない――またはかつて存在した――ティヤン、イダイヤンなどそのほかの民族でも、やはりオジは、甥の婚姻にさいして補償される権利をもつ。ほかの似通った習俗も含め、こうした習俗は母権のしばしば残存として解釈されてきた。ローウィによって数年後に完膚なきまで批判されるはずのこの解釈を[21]、リヴァーズもまた完全に退けていないが、ただそれがやはり不十分であるとの考えはもつ。オジと同じようなかたちで父の姉妹やこの姉妹の夫の介入する事例がたくさんあるからである。たとえばイラキ民族の婚姻における（花婿の）父の姉妹の夫の介入は、母の兄弟を父の姉妹の夫に変える、過去の婚姻規制に訴えないでは理解のしようがないが、これは、双方交叉イトコ婚体系において現実のものとなる婚姻規制である[22]。ゆえに、世界のどの地域を考察するかに応じてオジと甥の特別な関係が異なる起源をもちうるという、このことを認めなくてはならない。ならば、我々の前には「制度の起源の多様性を示すあれらの事例」、リヴァーズが「社会学では終始お目にかかる」と考える事例[23]の一つがあるのかもしれない。現に存在するか遺制状態で残る母系出自に結びついてオジ - 甥関係が見出されるなら、オジに割り当てられた甥に対する生来の保護者としての役割の一端を、そこに見てもいいが、しかしインドでは母系出自の分布域は交叉イトコ婚に比べてはるかに限定されていて、しかも母系出自は交叉イトコ婚よりはるかに早い時期から消滅しはじめてきている。ゆえに母方オジの役割は母系出自の残存であるより、交叉イトコ婚の残存である可能性のほうが高い。ならば、この特別な役割は、母方オジのもつ潜在的義父としての性格の、表現ないし残存として説明されるべきだろう[24]。

仮に父方婚・母方婚と婚姻への父の姉妹の夫・母の兄弟の介入とのあいだに厳密な相関関係を打ち立てること

ができるなら、リヴァーズの説もある程度の力を得るだろう。もしこの相関関係がほんとうに存在するなら、父方婚でも母方婚でも潜在的義父の出現することを結論しないでいるのは難しいだろう。しかし実際はそうでない。リヴァーズが論拠とする実例、ほかでもないイラキに関して、彼本人が、彼らは母の兄弟の娘と結婚するとはっきり指摘する。それゆえ、（母の兄弟とは異なると仮定される）父の姉妹の夫の介入を説明するには――リヴァーズ自身もそうせざるをえなくなるように、ただしいかなる証拠も挙げないが――どうしても双方婚のより古い段階、今日では消滅してしまった段階を持ち出すほかない。[25] しかしカチンのケースでは推論の道筋はどうなるか。彼らが単純な全面交換体系をもつことをまず思い出しておけば、さて、結婚式には花嫁の母の兄弟と花婿の父の姉妹が同時に介入するけれども、この男女が互いに配偶者である可能性は体系によって完全に排除される。しかも花婿の母の兄弟（彼は同時に花嫁の父でもある）は婚姻においていかなる役割も演じないばかりか、じつはそもそも婚姻に顔を出すことさえできない。役割兼務の可能性がまったくないにもかかわらず、構造は花婿・花嫁と父の姉妹、花婿・花嫁と母の兄弟とを互いに結びつける。構造のもつこのような対称性に、明らかに事態を説明する鍵がある（図82）。

図 82　父の姉妹と母の兄弟

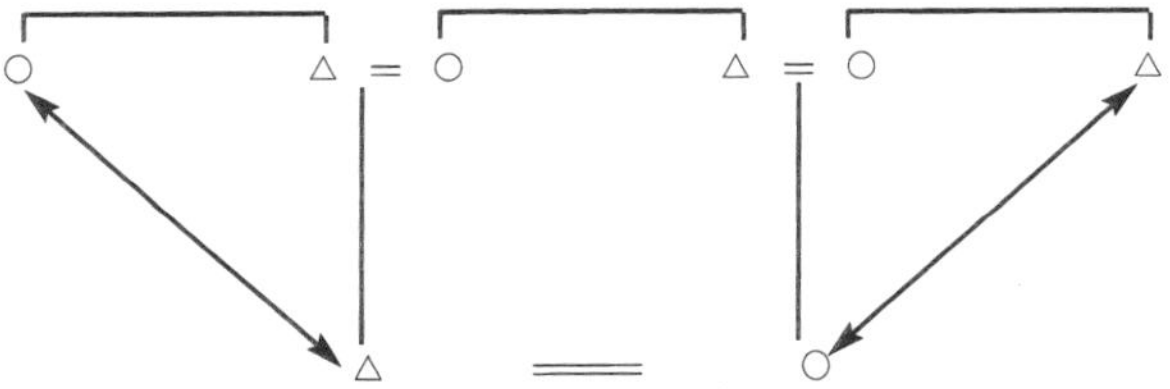

　付言しておけば、父の姉妹と彼女の夫が場合に応じて入れ替わって介入することがある。リヴァーズの解釈は、厳密に言えば、父の姉妹の夫の介入を説明していることになるだろうが、しかし父の姉妹の介入を説明する力をもたない。彼の解釈とは逆にこう理解することができる。父の姉妹はつねになくてはならない人物で、その彼女の役割が、男性優位の堅固に確立している社会では彼女の夫によって代行されるのである、と。

＊＊＊＊

ほかにも提出してしかるべき異論がいくつかあるが、手短に触れるだけにとどめる。リヴァーズが相変わらず母系出自の名残（ないしこの出自様式から予想されうるような事実に一致する事実）として解釈する諸現象は、じつは、父系出自体制との相関関係に置かれなくてはならないことを、その後、ラドクリフ＝ブラウンが明らかにしていった（少なくとも部分的には同じデータに依拠しながらである。というのは、リヴァーズはインドと並べてじつにフィジー諸島をも引き合いに出しているので）[26]。また、相互扶助関係が娘婿と義父とのあいだの特徴的態度でもあることを、リヴァーズは疑問のない事実と見なしているようだが、周知のとおり、そんなことはまったくない。理由は二つある。まずナガ諸民族はやはり交叉イトコ婚を実施するが、にもかかわらず、母方オジ、つまり潜在的義父は恐るべき禁止対象とされる。逆にイトコ婚があるか否かにかかわらず、アフリカ、メラネシア、アメリカの多数の集団で、甥とオジが相互に示す態度と義父と娘婿が相互に示す態度とのあいだには並行関係でなく、対立関係がある。甥とオジのあいだには連帯と慈愛が、義父と娘婿のあいだには遠慮と気兼ねが見られる。リヴァーズによって言及された諸事実がかつての双方交叉イトコ婚体系の名残であるとするなら、花嫁の母方オジ（彼女の潜在的義父）が婚姻のときに演じる役割と、インドの妻が義父に対してとる態度とのあいだには奇妙な食い違いがあることになろう。彼女の態度は語根 *vij* で言い表されるが、それは一般に「身震い」を意味する。またライオンの咆哮を耳にした人々やタカに目をつけられた鳥の示す反応、あるいは仏陀を忘れた僧侶の感情などについても、やはりその同じ語根が用いられるのである[27]。

しかしはるかに重大な難点がある。無数の文化に甥と母方オジ(*)の情愛か恐れを伴う特別な関係の存在することが社会学者たちを強く魅了してきたため、闘牛士のムレタ〔ウシを挑発するための赤いマント〕に突進するウシのごとく、彼らはこの関係に飛びついてしまい、その裏に覆い隠されている現実が正確にはいかなる本性をもつかの解明をないがしろにしてきた。そしてリヴァーズもまたこのような迂闊さに囚われることになったのでは、と疑われるのである[28]。ここでは母方オジ問題の全体を取り扱うことはしない。この問題の解決策はすでに別の著書で粗描しておいた。ただし思い出しておこう。ローウィが立証したように、オジ‐甥関係は父系体制でも母系体制でも現れる。またラドクリフ＝ブラウンはこの関係を二つの異なる形式へと分解してみせた。そしてそれら二形式がさらに四つの様態へと区別されねばならないことは、我々自身が示唆しておいた。加えてインドと南アメリカにさまざまな特徴的実例の見られる、ある特別な事例を取り出しておく必要がある。交叉イトコ婚と母の兄弟が姉妹の娘に対してもつ婚姻特権とが結びつく事例で、じつにこの事例では、母方オジは、彼自身が主体〔甥〕の姉妹と結婚することによってか、主体の妻の母方オジが同時に主体の姉妹の夫であることによって、〔甥にとって〕現実的または潜在的な義理の兄弟としてある。

（＊）「母の兄弟は、父の兄弟とはまったく違う種類の親戚なのである。父の兄弟は、『父』の中に数えられるので、未開人の見方からすれば、本当のオジではない。同じように、母の姉妹は、前述のように、第二の『母』であるのに対して、父の姉妹は、本当の『オバ』であって、ある程度男性的な社会で特殊な役割を果すのである。われわれの（英語の）“*uncle*”（オジ）と“*aunt*”（オバ）という単語は、本来このような、特別の意味を持っていた。つまり、“*uncle*”という語の由来したラテン語の“*avunculus*”（オジ）という言葉は、元来は、母の兄弟を意味し、父の兄弟を意味しなかった。また英語の“*aunt*”（オバ）は、『母の姉妹』ではない『父の姉妹』を意味したラテン語の“*amita*”という語から出てきた言葉である。われわれにとって、親族関係というものは、現在、あまり重要な意味を持っていないために、われわれの言語（英語）では、上述のごとき、こまかい区別の仕方は消滅してしまったのである」（エヴァンズ＝プリチャードほか『人類学入門』吉田禎吾訳、第5章〔筆者ジョン・レイヤード〕）、弘文堂、一九七〇年、五九ページ）

この婚姻形式〔オジ＝メイ婚〕を実施するばかりか、場合によっては交叉イトコ婚よりもこちらの婚姻形式を好みさえする集団については、すでにインドの実例をあれこれ挙げておいた。この婚姻形式は数多くの習俗によって例解される。たとえばコラヴァ民族では「男は自分の姉妹の娘と結婚できる。だから彼は姉妹を嫁に出すとき、彼女が将来自分の配偶者を生んでくれることを期待する。かくして彼の姉妹の夫は通常の花嫁代価六十ルピーのうち、婚姻時に七ルピー八パイセ、そして妻が娘をもうけるまでの毎年、追加額二ルピー八パイセを支払うだけである」[29]。（娘交換も実施する）コラヴァのもとでは二人の母方オジが現実的または潜在的な義理の兄弟にあたるとの性格を、親族名称体系はきわやかに示す。「婚約式も大円団に差しかかったところで、花婿の家族は、代価の支払われるべき母方オジが花嫁にいるかどうかを聞いて回る。（略）だがじつはけっしてその全額が支払われるのではない。何度かにわたって支払いのなされることもあるが、より一般的には、このお金がおびただしい悶着のきっかけをつくる。とはいえ、二つの家族が良好な関係にあり、夫が妻の母方オジから歓待を受けたり、逆の歓待がなされるなら、酒盛りのあとに夫が妻の母方オジにこう述べることはよくある。ところで、義理の兄弟、私はあんたに今日、二マドラス払ったのだから、その分を *võli*（購買代価）から差し引いておくれ」[30]。夫が妻の母方オジへの呼びかけに使う名称「義理の兄弟」は、現実的であることもないこともある親族関係、しかしいずれにせよ体系のなかにつねに潜在状態で含まれる親族関係を表しているのである。先に挙げた規則「姉と妹をもつ男は姉の娘のほうとしか結婚できない」が、〔父と息子〔母方オジとその息子〕のあいだに起きるかもしれない摩擦の回避を目的とすることは、いかにもありそうなことに思われる。コラヴァの現行の婚姻規制に従うなら、妹から生まれた姪は、彼女の母方交叉従兄弟にとっても処分可能な〔結婚可能な〕対象になるゆえにである。

かくして我々はオジ‐甥関係の二つの型を見出す。甥の婚姻にさいしてオジが彼に与える援助が一方にある。他方、自分の姉妹の娘に対してもつ母方オジの婚姻特権があり、それがやはり彼と母方甥とのあいだに特別な型の関係を開く。ところで、第一の型の関係を母系出自に関連づけることは、少なくとも理論的には許されるが、第二の型の関係については明らかにそうはできない。もしそれをすれば、母方オジは自分の姉妹の娘と同じ名前をもつか、自分の姉妹の娘と同じ外婚集団（いずれにせよ、同じ半族）に属し、ゆえに彼女と結婚できなくなるだろうから。そのため、母系のナーヤルはこの結婚を明確に禁じる。母の兄弟が姉妹の娘に対してもつ婚姻特権は、父系出自体制のもとでか、まだ出自による分類法を備えていない体制のもとでしか考えられないのである。かつてブラジルの原住民もまた十六世紀の伝道師たちに向かい、〔子供の出生に関して〕父親のみに積極的役割をあてる単系受胎理論によって、オジの婚姻特権を正当化したものである。[31]併存することの多いオジ - 甥関係の二つの型は、出自を援用すれば矛盾した性格を示して現れるが、オジ＝メイ婚と交叉イトコ婚の共通の土台をなす交換構造に照らせば、逆に調和のとれたかたちで基礎づけられる。

実際、二人の交叉イトコのあいだに成り立つ互酬構造よりもはるかに単純な互酬構造が存在する。自分の姉妹を譲与した男が表明できるこの姉妹の娘に対する権利請求に由来する、それは互酬構造である（図83）。自分の姉妹新しく義理の兄弟になった男が交換に出す姉妹をもたないとき、真っ先に姉妹譲与に対する可能な代替となりうるのは、姉妹の娘である。多くの場合、原住民の思考にとってこのような連関はきわめて明瞭で、たとえば父系出自の支配的な東部パプアでは、ふつうに娘交換にもとづいて、男たちは婚姻の取り決めをなす。契約締結にさいして交換に出す娘ないし未婚の姉妹が一方のパートナーにいないなら、往々にしてこのパートナーは、最初に生まれてくる自分の娘を与えるとの約定を結ばなくてはならないらしい。[32]

姉妹交換が上位世代でおこなわれた場合ですら、姉妹を交換した二人の男は、この姉妹交換を娘交換によって維持継続していってもまったくかまわない。ただ同じ女に対して、つねに二つの型の男が潜在的権限をもちつづける。この女の父と兄弟である。ゆえにすぐさま四つの可能な互酬図式が出てくる。第一に年長世代で、第二に年少世代で兄弟たちによってなされるか、兄弟たちのためになされる姉妹交換。第三に父たちによる娘交換。第四に一方が姉妹を、他方が娘を差し出す交換。しかもこの四つの図式は同時に存在することもある。一人の男に娘や姉妹が一人しかいないとはかぎらず、何人かいる娘ないし姉妹をそれぞれ別々の方式で交換してもなんら差し障りないからである。

図83　母方オジの特権

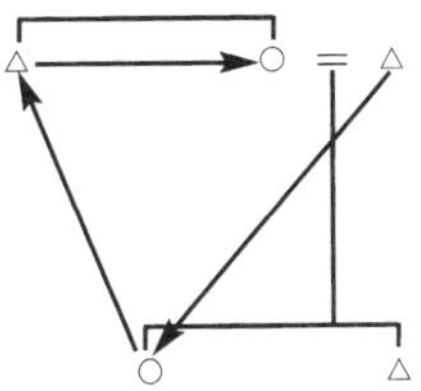

母の兄弟が図83の図式のように自分の姉妹の娘を要求すれば、すぐさま彼は甥に対して債務者の立場に立つ。言うまでもなく、オジが姪を要求することで、甥は妻を手に入れるための交換すべき女を奪われるのだから。

基本的互酬構造においてオジに有利なかたちで開かれる姪に対する権利と、従兄弟に有利なかたちで開かれる従姉妹に対する権利とは、すでに指摘しておいたように、双方交叉従姉妹との婚姻では衝突することがある。男とその息子とが同じ女を〔結婚相手として〕要求することが、このケースでは起きるからである。オジが母方姪に対して、従兄弟が父方交叉従姉妹に対して特権をもつ場合もやはり同じことが起きる。このような事態については、南インドのコラヴァ、コラチャ、イェルカラなどから借りた実例をすでに引いておいた。しかしまた債務者としてのみずからの立場を、オジは二つの方法で相殺することもできる。第一の方法は自分の妻の一人を甥に譲与するか、またはアフリカでしばしば見られるように、自分が死んだら妻を相続していいとする権利を甥に開いてやることである。[33] 第二の方法は甥に自分の娘を、つまり〔甥から見た〕母方交叉従姉妹を嫁がせることである。したがって、甥とオジのあいだで、すなわち二つの隣接世代のあいだで、斜行的に交換のなされることがある。それがなされるなら、オジは甥に対して母の兄弟であるとの身分を捨てて、現実的また潜在的な義理の兄弟であるとの別の身分を獲得する。潜在的な義理の兄弟というこの身分が、オジ＝メイ婚とオジが甥の婚姻にさいして彼に与える扶助の共通基盤をなす。要するにオジ＝メイ婚も甥に対するオジの扶助も、交換のいちだんと基礎的な構造から出てくる必然的帰結なのである。

＊＊＊＊

前段落で述べられたことは象徴的な意味で解されるべきで、比喩的価値以外をもたない。実際、キルヒホフが南アメリカについて試みたように、[34] 単方交叉従姉妹との婚姻と母方オジの特権のどちらか一方から他方が出てくることを説明しようと、我々は考えているのではまったくない。〔交叉イトコ婚とオジ＝メイ婚の〕二つの婚姻型が同時に存在するとすれば、それはもっぱら体系の全体構造のせいでしかありえない。この全体構造がいずれの婚姻型をも説明してくれるのであって、これこれの所定の集団において父が息子に自分の権利を移転したとか、オジが娘の譲与によって自分の負債を相殺したとか、父が自分の利益のために息子の潜在的配偶者に対して移送権を行使したとかを仮定するだけの根拠があるかどうかは、理論的な観点から言えばどうでもいいことなのである。こうした動機はすべて互いに矛盾していて、我々の見解では、社会の歴史をめぐる一つの神話的な見方をかたちづくる。そうした動機がいくつかの一定の事例において働いたとしても、それがあらゆるところで唯一特定のかたちをとってか同一の順序でか作用を及ぼした、と仮定する根拠はまったくないのである。説明を支える最終的根拠を、この方向に沿って探すことはできない。

漢型体系とミウォク型体系を対象に、母方従姉妹との婚姻と妻の兄弟の娘との婚姻の関係を検討したさいにすでに出てきた問題を、我々はここで再び見出す。「平行婚」〔同世代婚〕と「斜行婚」〔隣接世代婚〕とが同居するあらゆる事例において、この二つの交換形式のあいだには矛盾も対立も——さらに因果関係も——ない。ある男が別の男から姉妹を配偶者として受け取ったからとて、彼にもはやこの別の男から娘を受け取る権利がなくなるのではけっしてない。むしろ逆で、「受け取った」の事実が「与える」の義務を生じさせるのなら、じつにこの事実には、更新されてつねに再生しつづける権利「もっと受け取る」がさらに含まれてもいるのである。平行婚から斜行婚を引き出そうとするときより、「受け取った」の事実に「もっと受け取る」の権利が含まれていると見るときにグラネは優れた着想を得ているが、そのグラネが（ただし古代の雄弁な論争家の言を引いて）言うように、「新たな関係を儀礼的贈答品によって祝うためには、古い関係を棚上げする必要は少しもない[35]」。カナク人の縁組の神話的起源に言及したレーナルトのみごとな注釈を、この言葉に結びつけていい。「はじめに *vibe* ——〈ミミズ〉トーテムに属す Nerhë と〈ムカデ〉トーテムに属す Rheko の縁組——があった。彼らは互いの姉妹を交換し合った。これが売買であったなら、どちらも相手に負債はないと考えたことだろう。しかしこの交換は売買でなく、将来にわたる約束、社会契約である。受け取った女から双方のもとに生まれる子供は、彼女が母のもとから抜けた場所を代わりに占めなくてはならない。新たな空隙ができるたび、その空隙は同じようにして、交互に世代から世代にわたって埋められていくのである[36]」

多くの集団において、婚姻は娘婿の側に果てしない一連の義務を生じさせる。逆に、姉妹や娘のような本質的価値を別の男に譲ったとの事実は、譲渡をなした男を投資へと乗り出させる。すでに多大の出費の投入されている縁組を確実に維持するよう絶えず更新される投資へ。絆が切れることほどにも危険なことはないだろう。絆が切れれば、頼みの綱がいっさいなくなるのだから。婚姻連帯はつねに一つの選択を迫る。ある人々と縁組をして彼らの厚意と助力に頼もうとすれば、すでに別の人々と結んでいる縁組関係を拒むこと、またはないがしろにすることになり、彼らとの通路が遮断される。縁組関係の成立には姉妹・娘という取り替えの利かない、少なくとも取り替えの難しい財の譲与が代償とされた以上、要するに人々はある意味で縁組関係から抜けられなくなる。縁組関係の結ばれた瞬間から、これを維持し発展させるためのあらゆる手段が講じられなくてはならない。多くの未開の人々にとって贈り物が新たな贈り物を強要し、受けた恩恵が間断ない一連の新たな恩恵への権利を開くのと同様、姉妹の獲得は、娘の獲得についても有利な立場をもたらす。娘贈与・娘交換は代父関係 relation de compérage をつくりだす。(*) 姉妹との婚姻によってあらかじめ確立された代父としてのつながりは、娘をのちに利請求するための名分をなす。

（＊）「未開民族において用いられている、親族名称の類別的体系〔異なる関係の親族を、集合的に同じ名称で呼ぶ体系。たとえば、父の兄弟も父と呼ぶ〕は、小さい部族においては、どの人間もみなつながりのある親族同志《ママ》であり、親類でないものはいないという事実に基づいているばかりではない。それは、小さい家族の中であれ、もっと広い部族的もしくは政治的な領域であれ、親族関係が、そこに織りなされる人間関係や活動のすべてを支配しているという事実にも立脚している。親族関係は、宗教生活すらも支配している。すなわち、ある種の親戚は、子供や大人の世俗的な意味での福祉に責任を持つのに対し、特定の、違う種類のほかの親戚は、外在的な真実よりも内在的な真実を授けるものとされていて、宗教的、儀礼的な再生を行なうための仲介の役を果す。例えば、ある社会では母の兄弟が、その甥に、宗教的な名前を授与することになっていて、『代父母』〔洗礼名の名付け親〕と呼べるような役割を果すのである」（エヴァンズ＝プリチャードほか『人類学入門』第5章（ジョン・レ

イヤード)、前掲、一〇四～一〇五ページ――「ママ」以外は、引用元の訳者による補足)

姉妹譲与・娘譲与という基本的互酬構造にもとづいて単純な直接交換・間接交換の方法が実行されるところでは、例外なく義理の兄弟関係、または我々の好む言い方で言う代父関係は、いちじるしい両義性を特徴とする重要性をもつ。義理の兄弟はじつに死活にかかわるほどにもお互いに依存し合っていて、この相互依存関係が協調・信頼・友情と不信・不安・憎しみを交互に、ときに同時に生み出すことがある。こうした相反する感情をしばしば確実に調停してくれるのは、厳密に定型化された社会的ふるまいであり、また相互義務と相互禁止の体系全体である。義理の親族 beaux-parents（この語に英語で言う「姻戚 in-law」にあたる人々をすべて含ませる）にかかわるタブーはこの体系の一要素にほかならない。

しかし母方オジの特権――まさに「オジが代父であること」――それ自体は、もっと複雑な状況に組み込まれている要素でしかない。単純な全面交換体系（母の兄弟の娘との婚姻に基礎を置く体系）を検討したさい、我々は花嫁の母方オジが体系の方向づけに明らかに背馳しつつなす、異例の介入を取り出してみたが[37]、この介入には対をなす役割、花婿の母方オジに割り振られる役割が随伴していなかった。それというのも、この体系では花婿の母方オジは花嫁の父で、花嫁の父として婚儀に登場するからである（カチンのもとでと違い、婚儀から厳しく排除されないのであるなら）。全面交換体系では、二人の母方オジ〔花婿・花嫁それぞれの母方オジ〕は別々のリネージに属すはっきりと区別される二人の人物で、男を母方オジに結びつける関係（母方オジに娘を嫁としてこの男に与えることを強いる関係）は、娘を母方オジに結びつける関係（母方オジに――簡単な言い方をすれば――自分の姪の婚姻を妨害することを許す関係）とはまったく異なる。こうした事情を踏まえたうえで以上の考察をさらにインドに引き写して考えるなら、いくつかの事実を注意深く考慮に入れなくてはならない。

一、リヴァーズによって報告された観察記録から結論として言えば、婚儀に二人の母方オジが介入する、花婿のオジだけが介入する、花嫁のオジだけが介入する、の三つのケースがある。リヴァーズはこの相違をまったく無視してしまった。

二、交叉イトコ婚のさまざまな方式のうち、頻度のぬきんでて高いのは母方婚（全面交換に対応する方式）である。

三、婚姻に母方オジの介入する六十七の集団についてリヴァーズの与えた記述を分析してみると、言われている母方オジは、少なくとも三十二の集団で花嫁の母の兄弟であることが確認される[38]。判断のつかない事例もかなり多いが、しかしいま挙げたすでにそれだけでも高い比率をもとに推理すれば、花嫁の母方オジの介入する頻度が飛び抜けて高いとの結論を導き出すことができる。ゆえにインドは、全面交換と、花嫁の母系リネージによって演じられる「〔債務の〕受け取り人」の役割とのあいだの、驚くべき相関関係――この相関関係は別途すでに立証ずみではあるが――を検証してくれる。

ところで、母方親族の演じる「受け取り人」の役割、ホカートにじつに強い印象を与えたこの役割の明確かつ首尾一貫した表現を、我々はオジと姉妹の娘との婚姻、兄弟の息子と姉妹の娘との婚姻（父の姉妹の娘との婚姻）の二つの婚姻形式のなかに見出す。全面交換の示す明らかな変則性の数々について首尾よく解釈を手に入れようと試みるには、あるきわめて一般的な現象がとる、これら発展した形式のほうへ目を向ける必要がある。母方オジの特権は分析された。いまから我々は父方交叉従姉妹との婚姻を検討する。

注

（1）Frazer, *op. cit.*

（2）*Ibid.*, p. 626 *sq.*

（3）T. C. Hodson, *Notes on the Marriage of Cousins in India*, *loc. cit.*, p. 168-171.

（4）Karandikar, *loc. cit.*

（5）W. H. Rivers, *op. cit.*, p. 623.
（6）Totemismus in Vorderindien. *Anthropos*, xxviii, 1933.
（7）W. Koppers, India and the Dual Organization. *Acta Tropica*, vol. 1, Basel, 1944.
（8）E. Thurston, *Castes and Tribes...*, *op. cit.*, vol. 1, p. 240 and vol. 2, p. 448.
（9）Thurston, vol. 3, p. 450.
（10）第24章参照。
（11）Koppers, *op. cit.* — Sarat Chandra Roy, The Hill Bhūiyās of Orissa. *Man in India*, 1935.
（12）第25章参照。
（13）Koppers, *op. cit.*, p. 81-83; *Encyclopaedia Mundarica*, vol. VIII, p. 2333-2380.
（14）Rivers, article Marriage, in *Hastings Encyclopaedia of Religion and Ethics*, 1915. — Richards, Cross-cousin Marriage in South India. *Man*, vol. 14, 1914.
（15）第9章参照。
（16）*Folklore in the Old Testament*, vol. 2, p. 105.
（17）J. Short, *The Wild Tribes of Southern India*. Frazer, vol. 2, p. 109に引用。
（18）*Id.*, p. 109. 血族婚の場合に姉と妹が弁別されることと比較されたい（第1章参照）。
（19）*Id.*, p. 144.
（20）Rivers, *op. cit.*, p. 613.
（21）R. H. Lowie, *The Matrilineal Complex*, *loc. cit.*
（22）Rivers, *op. cit.*, p. 615.
（23）Rivers, The Father's Sister in Oceania. *Folklore*, vol. 21, 1910, p. 57.
（24）Rivers, Marriage of Cousins in India, *op. cit.*, p. 616-617.
（25）*Ibid.*, p. 615.
（26）A. R. Radcliffe-Brown, The Mother's Brother in South Africa. *The South African Journal of Science*, vol. 21,

1924.

(27) A. K. Coomaraswamy, Samvega《Æsthetic Shock》, *Harvard Journal of Asiatic Studies,* vol. 7, 1943, p. 174.

(28) *L'Analyse structurale en linguistique et en anthropologie, op. cit.*

(29) Thurston, *op. cit.,* vol. 3, p. 486-487.

(30) *Ibid.,* p. 478.

(31) C. Lévi-Strauss, *The Social Use of Kinship Terms..., op. cit.*

(32) A. P. Lyons, Paternity Beliefs and Customs in Western Papua. *Man,* vol. 24, n° 44, 1924.

(33) さらにシベリアと北アメリカ北西岸にも見られる。印象的なことにこの二つの地域では、オジと義理の兄弟が——いましがた指摘した理由〔死後の妻相続〕により——同じ型の脅威と騒動の種を象徴する。アレウト民族の生活にとっても、同じ理由から同じように彼らは危険要素として現れる（V. Jochelson, *Aleutian Ethnographical and Linguistic Material.* mss. in the New York Public Library. なかんずく民話の nos 6, 12, 13, 17, 24, 39, 49, 54, 58, 65 を参照）。トリンギット民族の民話では、母方オジは自分のいちばん若い妻の愛をめぐる競争相手としていつも甥を恐れていて、彼を殺そうと狙う（J. R. Swanton, Tlingit Myths and Texts, *Bureau of American Ethnology, Bulletin* 39）。同様の状況は南アメリカのシングー川流域にも見出される（C. Lévi-Strauss, The Tribes of the Xingu, in *Handbook of South American Indians, Bureau of American Ethnology,* vol. 3, Washington, 1948）。

(34) P. Kirchhoff, Verwandtschaftsbezeichnungen und Verwandtenheirat. *Zeitschrift für Ethnologie,* vol. 64, 1932.

(35) M. Granet, *Catégories,* p. 116.

(36) M. Leenhardt, Notes d'Ethnologie Néo-calédonienne, *op. cit.,* p. 71.

(37) 第18章および第23章参照。

(38) Rivers, Marriage of Cousins in India, *op. cit.,* Appendix.

第27章　互酬周期

交叉イトコ婚は二つの謎を秘めている。第一に出てくる謎は、近親性の度合〔親等〕が等しいにもかかわらず、交叉イトコと平行イトコとが峻別される点にある。第1部でこの謎解きをしたと我々は考えているが、しかし新たな不可解さをいちだんと深める結果に終わっただけのようにも見える。実際、交叉イトコたちはいつでもどこでも同一平面に立つわけでないのに、我々が第一の問題に与えた解決から見れば、みなひとしなみに同じ要件をみたすのである。母の兄弟の娘との婚姻と父の姉妹の娘との婚姻を無差別におこなう集団の数は確かに多く、しかもこの場合、交叉従姉妹は双方従姉妹で、ゆえに通常は〔父方・母方の〕二つの性質をみたす。だがまた父の姉妹の娘との婚姻を命じ、母の兄弟の娘との婚姻を禁忌とする社会、逆に父の姉妹の娘との婚姻を禁忌とし、母の兄弟の娘との婚姻を命じる社会もある。この二つの単方婚形式の分布を眺めてみれば、第二の型のほうが第一の型よりも圧倒的に優勢であることが確かめられる。これは我々にとってすでに重要な手がかりである。さらに限定交換にもとづく体系をもつ集団においてすら、母の兄弟のリネージが特権的位置を占めることが言える。

新たな謎が入り込んでくるのはここである。我々の婚姻理論の全体はじつに交叉イトコたちのもつ共通の性質、彼らをみな同じ資格で平行イトコに対立させる性質を援用するが、観察されるのはイトコの差別化だけではない。交叉イトコという理論的に等質であるはずのカテゴリーの内部にも、差別化が侵入してくるのである。ならば、我々が立てたイトコの交叉・平行の区別は、立てた途端に崩れ去るほかないのか。交叉イトコのまとまりが平行イトコと異なるだけでなく、それに劣らず二つの交叉イトコ型もまた互いに異なることが判明せざるをえないなら、我々が交叉・平行の二つのイトコ集団のあいだにつけることを提唱した区別は、意味のほとんどを失うと言っていい。

この困難は久しい以前から社会学者たちに意識されていて、傍系親族間の性別の異同に応じてその子供たちが区別されるとの謎をすでに課した交叉イトコ婚が、そのうえに、母の兄弟の娘・父の姉妹の娘の区別というさらなる不可解さを突きつけてくることにほとんど耐えられない彼らは、交叉イトコ・平行イトコの区別に意味はないとまず決め込んだのち、二人の交叉従姉妹のどちらか一方に対する選り好みについても答えというものを、まったく否定的な答えであれ、出そうとすることを一般に放棄してしまい(1)、答えを出した場合でも、その説明は荒唐無稽な考察にもとづくことが多い。

北オーストラリアのケンダル・ホルロイドに住むウィクムンカンとその東隣に住むカンデュウとの違いを説明しようとして、マコネル女史は地理的・経済的に考えたらどうかと提案した。ウィクムンカンは〔結婚相手として〕単方従姉妹のどちらか一方を許すが、双方従姉妹はけっして許さず、彼女より母の兄弟の娘を好ましいとする。他方、カンデュウは父の姉妹の娘しか許容しない。女史によれば、肥沃な沿岸地帯に居を構えた諸民族(*)ではクランの定住率が比較的高く、父方クランよりも母方クランとの絆が緊密になる。それに対して、森で生活するカンデュウは半放浪的狩猟民としてのさまざまな習慣を有しているため、クランのあいだにある絆は弱まるが、父方クラン内部での連帯は強まる。それというのも「娘を自分の兄弟の息子に与えて先祖伝来のテリトリーとクランとに一体化することの喜びを、女は誰でも知っているから(2)」。

(*)ウィクムンカンは一つの個別的民族でもあるが、しかしウイカエバ、ウィクミエレ、ウィクムンカンなど、かつてこの沿岸地帯に居住していた、接頭辞ウィク Wik のつく十一の民族をウィクムンカンと総称する場合もある。「諸民族」と言われている以上、ここでは広義のウィクムンカンをさす。

エルキンはケープヨークに見られるような状況が一般化できないことを明らかにして、マコネル女史の勝手な思い込みに反証を加えた。近隣には、女史が父方婚に関連づけた地域に地理的に似通った地域もあるのだが、そこでは母方婚しか認められていないのである。[3]しかし母方婚が（エルキンによれば、いよいよ強く）選り好みされるのは、義父母禁忌のゆえに「地理的観点から見ても、親族関係の観点から見ても」できるだけ遠くなるような義母を見つけたいとの欲望を原住民がもつせいだと説明するとき、彼自身もまたマコネル女史に劣らない、危うい道に踏み込んだのである。[4]

こうした奇抜な説明を避けようと思えば、二つの手段しか残されていないかに見える。まず母系出自から父系出自への移行がいままで何度か持ち出された。しかしこれはまったくなにも解決しない。交叉イトコ婚が存在するためには単方出自による理屈づけを少しも必要としないとの事実、我々がすでに強調しておいた事実が考慮されていないのである。他方、それぞれの側から自分の息子の嫁を得ようとする（その成功率は集団によってまちまちになるが）兄弟と姉妹の経済的競争に訴えたらどうか、との示唆をフレイザーは与えた。[5]実際、「父親というのは自分の娘をただで自分の甥に与えるより、自分の姪を無償で自分の息子のために獲得したいと切望しているものだ」。ところが大半の事例で、この切望とはさかしまのことが起きている。フレイザー自身も言うように、もっとも頻度の高い婚姻型はじつに母の兄弟の娘との婚姻なのである。ゆえにここには、交換婚を経済的視点から考えることの、我々がすでに明らかにしておいた危険だけでなく、未開社会にはおよそまれな女権拡張の例外的な、それでいて奇妙なことにいままで気づかれずにきた勝利があることになろう。

双方イトコ婚と単方イトコ婚の一方が他方より例外なく決まって好まれるというのであるなら、平行イトコ・交叉イトコの根本的対立から直接帰結する二つの婚姻型のこの区別を、しかしその対立とは別に説明してくれる第二の相違として、交叉イトコの相違の探究に着手してみる余地はまだ残されているだろうが、ここでもまたそうは問屋が卸さない。交叉イトコは互いに入れ替え可能と見なされることも、互いに異なると見なされることもあり、しかも互いに異なると見なされるときのその理由は同じでなく、じつに母方従姉妹に愛着を示す集団のほうが父方従姉妹を推奨する集団よりも多いのである。それゆえ社会学者たちが、イトコの区別はまったくの恣意性に委ねられていて、それの説明は——もし説明というものがあるのなら——歴史的・偶然的現象に求めるほかすべなしと考えたとしても、無理からぬのかもしれない。実際、論理的に考えるかぎり、問題はいかなる解決も含んでいないかに見える。双方交叉イトコ婚の説明の可能性を平行イトコの排除のなかに予想できそうでもあるし、双方従姉妹の排除を二人の単方従姉妹どちらかの利益として理解できる気もするし、さらには単方従姉妹の一方が他方の利益のために終始一貫排除されると見て、問題の解決を期待することもできそうである。しかしその反面、平行イトコの排除、双方交叉イトコの特別視、単方交叉従姉妹のどちらかに対する禁止、とりわけ単方交叉従姉妹の特定の一方にだけ（つねに決まってでなく）比較的頻繁に課される禁止、これらすべてをいっぺんに説明してくれる原理など、やはり見出しえないようにもまた思われる。

しかし親族体系がほんとうに体系であって、本書全体が論証しようと試みてきたように、人間精神によって意識的・無意識的に捉えられる形式的諸構造が、婚姻制度、婚姻制度の存在を可能ならしめるインセスト禁忌、そしてインセスト禁忌によって到来する文化そのものにとって、不滅の土台をなすのなら、論理がないはずはない。

双方交叉従姉妹との婚姻と母の兄弟の娘、つまり母方交叉従姉妹との婚姻のそれぞれに対応する構造が根本的にどう異なるかを、我々は第12章と第15章で明らかにした。双方交叉イトコ婚では、Aの男がBの女と結婚すれば、Bの男はAの女と結婚する、との限定交換法則が婚姻体系を制御する。母方交叉イトコ婚では、Aの男がBの女と結婚すれば、Bの男はCの女と結婚する、との全面交換法則が体系の基礎をなす。この二法則を定式化してその帰結を取り出すことで、我々は先ほど想起した問題すべてに、すでに二つの答えを与えておいた。実際、我々は全面交換法則を用いて母方交叉従姉妹との婚姻、単方従姉妹との婚姻のうちでももっとも広い分布を示すこの婚姻型に、理論的基礎づけを与えた。それゆえいまや、双方的ないし両価的婚姻（母方・父方交叉従姉妹のどちらをも無差別に可能配偶者として認知する婚姻）と母の兄弟の娘との婚姻——父の姉妹の娘は排除される——の二つの婚姻型の相違は、完全に明快になる。前者の婚姻型は直接交換・限定交換に、後者の婚姻型は間接交換・

全面交換にもとづく。

なぜ母方婚が婚姻クラス体系として表現されるのはごくまれなのに、双方婚の見られる大部分の事例には逆に婚姻クラスが現れるのか、との問いにも我々は同時に答えようとした。じつに第13章で明らかにしたとおり、直接交換は我々が非調和的と呼んだ体制、居住と出自の一方が父のリネージに、他方が母のリネージに従って決まる体制でのみ可能で、逆に複数の集団を統合する唯一可能な様式としての間接交換は、調和体制、父方出自・父方居住または母方出自・母方居住の体制のもとで生じる。

また非調和体制だけが、半族から下位セクションへと進む規則的分裂増殖過程をもたらしうることも我々は見た。調和体制は不安定な体制で、n個のセクションを有する全面交換体系の段階に達するまでは、自律した構造を獲得できない。この段階以前では、〔体系の分裂増殖過程の〕連続性は双分組織のただなかに隠蔽されたままになっていて、その後は〔ムルンギン型体系の場合のように〕、〔世代〕互隔原理の不可避的に及ぼす影響のせいで、変質と歪みを示すようになる。かくして直接交換と間接交換のあいだには一つの本質的相違がある。直接交換は、この交換に基礎を置きうる体系の数を増やすことにかけてはまことに多産だが、逆に機能の観点から見たときは、どちらかと言うと貧弱である。〔調和体制のもとにある〕四セクション体系は、それだけを見るかぎり、集団の統合の点で少しも二半族体系より進んでいるわけでないことを前に力説して我々が言ったのは、このことである〔第13章参照〕。直接交換のもつこの性格は、次のように別様に言い表すこともできる。カリエラ型体系で二つの地縁集団〔この四クラス体系では二つの地縁セクション〔父系二分法〕が二つの半族〔母系二分法〕に交叉する〕、アランダ型体系で四つの地縁集団となるごとく、交換に参加する地縁集団をいよいよ多く受け入れるほどに、限定交換は進展する。組織化の進展〔統合度の進捗〕が機構の進展〔参加集団の数量的増加〕に比例するのである。逆に全面交換は、分類法の観点から見たときはどちらかと言うと貧弱だが〔それの生み出しうる純粋な体系の数はただ一つなので〕、しかし調整原理としてはきわめて多産である。集団の規模と構成が同じのままでも、じつに全面交換は、この機構的に安定した集団内部に、いちだんと柔軟で、いちだんと効果的な連帯を実現できる。

かくしてなぜ単方選好が始まるとすぐに親等についての斟酌、すなわち関係の概念が優勢なかたちで立ち現れるのか、逆になぜ双方主義が前景に立つところでは例外なく体系が、すなわちクラス内への包含・クラス外への排除が主役を演じるのかの理由も、いまや理解される。我々の考えでは、オーストラリアにおける婚姻クラスと親族体系との機能的関係の問題についてその答えを探すべき場所は、ここである。ラドクリフ゠ブラウンは婚姻クラスと親族体系の潜在的摩擦を確認したと思い込んでしまったので、親族体系だけがなんらかの役割を演じると結論し、婚姻規制にかかわるいっさいの機能的価値を婚姻クラスに認めなかった。我々は逆に、クラスと親等のあいだにいちじるしい並行関係のあることを明らかにしたが、いまやこの並行関係の根拠もわかる。婚姻体系は、直接交換にもとづいていても間接交換の、間接交換にもとづいていても直接交換の、それぞれの及ぼす潜在的作用に対してまったく鈍感・盲目ではありえないのである。たとえばカリエラ型体系は、姉妹交換や娘交換にもとづくからには異論の余地なく直接交換体系であるのだが、しかし実の母方交叉従姉妹が好ましい配偶者と見なされるかぎりで、ある程度の全面交換が体系内に繰り込まれる。カリエラ型体系は対称性を失っていないが、しかし体系に特有な均衡を危うくしない範囲で、いわば軽い撓《たわ》み傾向を帯びている。ところで、そのような意味ではつねにある程度の自由度が存在していて、婚姻体系はけっして厳格には作動しえない。実際、それが厳格に作動するには、男女が一部の偏りもなく平等であること、すべての個体の生の長さが一定であること、すべての婚姻がひとしなみに安定していること、つまり極限としてしかありえようのないすべてのことが前提とされなくてならないだろう。婚姻によって地縁集団そのもののあたうかぎり高い統合を達成するために、ただしそれよりもいちだんと本質的な目的として追求される統合、二つの型の相補的地縁集団のあいだの統合を危うくせずにそうするために、あの自由度は利用されるのである。

こうして非調和体系はおのずと婚姻クラス組織へ進化してきた。なぜなら非調和体系では、直接交換が、集団の統合を保証するもっとも簡便かつもっとも効果的な手続きをなすからである。この進化はもちろん必然的なものでなく、その証拠に、双方交叉従姉妹との婚姻を許すが婚姻クラスを欠く体系の多数の実例が、南アメリカで確認されている。しかし、婚姻クラスへの組織化の諸要素が双分組織のかたちで与えられるなら、オーストラリアで実際に起きたように、統合へ向かういかなる歩みも、最初の二クラスからセクション、下位セクションへとなされる下位区分とともに進んでいくことは、予想できる。ただしこの全行程が完全に実現されるはずと、アプリオリに言うことはできず、そのじつ、直接交換を実施する多くの集団が、双分組織段階をいつまでも乗り越えずにいる。逆に初期体制が調和的であるなら、さまざまな偶然は別の方向に、つまり婚姻クラス組織を構成しない方向に働いていくだろう。双分組織を生む最初の二分過程は反復されてもいつまでも繁殖力を欠き、いかなる追加的統合も実現されることはないだろう。二分過程は始動しても半永久的に足踏みを続け、参加する社会単位の数をも社会単位を互いに結びつける連繫の型をも変化させずに、ただ地縁集団を単系リネージへ変換することと単系リネージを地縁集団へ変換することを交互に繰り返すだけだろう。だからこそ、母の兄弟の娘との婚姻のかたちで間接交換を実施する大多数の集団は、親等を斟酌する以外、ほんとうにまれにしか婚姻クラスへの配分を援用することがないのである。

＊＊＊＊

以上の考察は別様に述べることもできる。

交叉イトコ婚の構造全体は、基礎四幅対とでも呼べるものを土台にする。上位世代の兄弟・姉妹、その後続世代の息子・娘からなる四幅対で、要するに全部で二人の男と二人の女がいる。債権者の男・債務者の男、獲得される女・譲与される女が。平行イトコ婚体系において構成される同じ四幅対を考察すれば、ある本質的相違がはっきりするだろう。この場合、四幅対に含まれる男女の数は不均等で、兄弟から生まれたイトコ同士の婚姻では男三人・女一人、姉妹から生まれたイトコ同士の婚姻では女三人・男一人となる。言い換えれば、第9章ですでに立証したように、互酬構造は成立しえない。いかなる交叉イトコ婚体系もなんらかの互酬構造を成立させるが、

図84　母の兄弟の娘と父の姉妹の娘

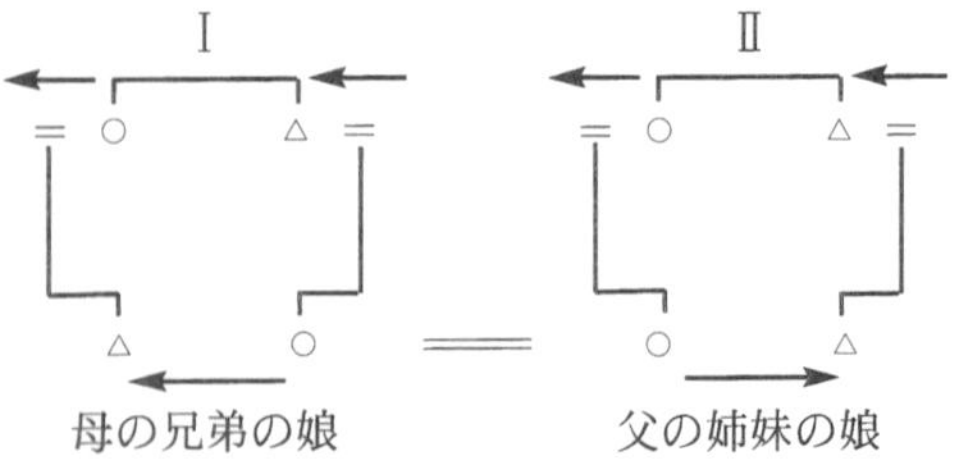

しかしそこから、すべての交叉イトコ婚体系は互いに厳密に等価で互換性をもつとの結果は出てこない。娘の直接交換・姉妹の直接交換の場合なら、すべての交叉イトコが双方イトコであることになるので、確かにいま言った結果は出てくるが、二人の単方従姉妹のどちらかとの婚姻を仮定するときはそうならない。

母の兄弟の娘との婚姻と父の姉妹の娘との婚姻それぞれに対応する、二つの四幅対をつくってみよう（図84）。純然たる形式的観点から見れば、交叉イトコ概念そのものの土台をなす交叉原理の、考えうるかぎりもっとも完璧な発展を構造が体現するとの意味で、四幅対Ⅰは四幅対Ⅱより「好ましい構造」を示す。兄弟‐兄弟か姉妹‐姉妹からなる対称対に対して我々が非対称対と呼んだ、兄弟‐姉妹の対に、あたかも特別な効力――この効力の本性もすでに規定しておいた――がまといついているかのごとく、交叉イトコ婚ではすべてが進むが、原住民の思考はこの効力のことをよく知っていて、兄弟‐姉妹のかたちづくる独特のまとまりにしばしば特別な名前をあてがう。たとえばウィントゥ民族は「絶美の人たち」と言い[6]、この言い方はすぐさまニューカレドニア島の *nepari*「聖なるまとまり」[7]、マヌア島の *tuagane*[8]、フィジー諸島の *veiwekani*[9] を思い起こさせる。

非対称対の概念を一般化すれば、母の兄弟の娘との婚姻のうえに構築される四幅対は、兄弟‐姉妹、夫‐妻、父‐娘、母‐息子の四対からかたちづくられると言っていい。すなわち、構造をどのように分析しても、男と女が規則的に交互に現れて、なおかつその男女からは必ず交叉イトコ（より一般的に言えば双分組織における潜在的配偶者）が生まれる。母方従姉妹との婚姻にかかわる四幅対は、性別交替という、交叉イトコの存在を支える形式的関係があらゆる親等に一貫して適用されることを表す。

四幅対Ⅱの構造は、結局は全体として四幅対Ⅰと同じ価値をもつが、かといって同じほど満足のいく構造ではない。先の構造と同様に分析してみると、そこには兄弟‐姉妹・夫‐妻の二つの非対称対と父‐息子・母‐娘の二つの対称対しか見つからない。つまりこの構造は、言ってみれば半分だけしか原型に合致せず、やはり半分だけ、平行イトコの存在を支える対の対称性という根本的関係を保っている。

この分析は確かにさまざまな外在的性格をもとにしていて、その意味では説明的価値を欠くが、しかし二つの体系〔母方交叉イトコ婚体系と父方交叉イトコ婚体系〕の働きの相違についてはそうでなく、この相違そのものが、〔図84における〕あれら二つの〔四幅対の〕構造のもつ一見無意味とも見える特性に由来する。実際、それぞれの四幅対は三つの婚姻、二つは上の世代で、一つは下の世代でなされる婚姻の存在を含意する。我々の交叉イトコ婚理論が正確だとすれば、下の世代でなされる婚姻は前の世代でなされた二つの婚姻に依存する。ところで、前段落で注意を促しておいた構造的相違のまさにそのせいで、四幅対Ⅰの三つの婚姻は三つともが同一方向に向いているが、四幅対Ⅱの三つの婚姻では、年長世代から年少世代に移ると方向が反転する。これは何を意味するか。次のことを意味する。四幅対Ⅰは、〔全面交換原理の帰結として出てくるように〕同型の構造同士を無理なく必然的につなぐ、いわば開かれた構造と呼んでいい構造で、ゆえに四幅対を成り立たせる女性配偶者の譲与・獲得は譲与・獲得の一大連鎖を前提にしていて、この一大連鎖が、いちだんと広範でありながらそれ自体で構造たりうる同型の構造の構築を、最終的に可能にする。逆に四幅対Ⅱは、上の世代で女が譲与され、下の世代で女が獲得されれば体系が再び不活発状態に戻るというかたちの交換周期の開閉がその内部にてなされる、閉じられた構造である。この本質的相違を別様に表現してみよう。〈私〉を下の世代に属す男とする。図式Ⅰでは〈私〉の婚姻は、すでになされた〈私〉の姉妹の婚姻とこれからなされる〈私〉の妻の兄弟の婚姻の二つの輪をつなぐ、鎖の輪にほかならず、要するにこの集団の婚姻はすべて連繫した状態で与えられる。図式Ⅱでは〈私〉の婚姻は〈私〉の父が自分の姉妹を上の世代に譲与したことの補償にすぎず、一種の返還である〈私〉の婚姻をもって、言うなれば取り引きは終了する。〈私〉の姉妹の婚姻は、前回の取り引きと関係ない別の取り引きの不可欠な一部をなし、今回の取り引きは〈私〉の父の婚姻と同じ資格で現れる。さらに〈私〉の兄弟の婚姻は、第一の取り引きからも第二の取り引きからも完全に独立した第三の取り引き、〔〈私〉の〕妻の父が姉妹を譲与する取り引きに属す。以上の言い方はもちろん比喩的価値しかもたないが、しかし母の兄弟の娘との婚姻と父の姉妹の娘との婚姻との根本的相違をすぐさま気づかせてくれる。母の兄弟の娘との婚姻は全面交換原理の応用であり、限定交換原理から生じる双方従姉妹との婚姻に対立する、と我々は規定した。父の姉妹の娘との婚姻もやはり双方婚に対立するが、なおかつある本質的性格によって母の兄弟の娘との婚姻からも区別される。交換原理から生ずることは同じだが、母の兄弟の娘との婚姻と違って、父の姉妹の娘との婚姻は不連続交換原理から生じるのである。

不連続交換ということで何を理解すべきか。双方婚および母方従姉妹との婚姻がそれぞれの展開領域で一つの包括体系を形成するのと違い、父の姉妹の娘との婚姻は、無数の閉じた小さな体系の並置という形態に達するだけの力しかなく、包括体系を実現することがけっしてできない。限定交換には我々の定式化した「AがBと結婚するなら、BはAと結婚する」の法則が、全面交換には「AがBと結婚すれば、BはCと結婚する」の法則があるが、いずれも連続した互酬をなすこの二つの形式に対して我々がいまや見出す不連続形式には、法則がない。というか、むしろこの交換体系は、前章でムンダー型体系を例にして数学的表現を与えておいた規則または処方を、現れるあらゆる事例に首尾一貫したやり方で適用することから生まれるのである。

この処方の使用は、貸与に結果としてつねに返却が伴うとの意味で満足すべき結果を生む。ある家族集団にとって婚姻が損失に帰着しても、この婚姻は、同じ集団にとって利得となる婚姻によって補償される。譲与されて父から失われた姉妹は、息子のために獲得される配偶者を代わりにもたらすのである。だがいかなる場面でも集団全体への考慮が働くことはなく、これら局所構造の並置からはけっして包括的互酬構造は出現してこない。双方婚も母の兄弟の娘との単方婚も、婚姻によって結びついた家族集団のあいだに、最高の連帯を保証するだけでなく、この連帯がさらに社会集団全体に広がっていって一つの構造、すなわち双分組織、婚姻クラス、関係体系などを完成させる。逆に父の姉妹の娘との婚姻はいま言った第一の機能は果たしても、第二の機能を果たすことはけっしてない。ここでの集団統合は、各個体や各生物学的家族が集団的調和に参与することの結果でなくて、ある家族をときにこの家族、ときにあの家族に結びつけるもろもろの個別的絆を合算することから、機械的かつ一時的に生じるのである。そこにあるのは、社会という建築物を同じ一つの骨組みが支えていることに由来する現実的な統一性でなく、部品と断片からなる模造された統一性、つなぎあわされた二要素のそれぞれが勝手に第三の要素に結びつくことに由来する統一性なのである。

理論的観点から見れば、この相違は、父方従姉妹との婚姻には定式がない、と言い表される。体系を動かす目に見える規則が表明され反芻されるだけで、それ以上のことはなにも体系のなかに起こらない。より正確に言えば、これは体系でなくて一つの手順である。父の姉妹の娘との婚姻という規則も母の兄弟の娘との婚姻という規則も、限定交換原理をみたしつつなされる婚姻クラスへの組織化と、確かに相容れないわけではない。姉妹交換か娘交換による双方婚、という唯一の規則へ一本化するためではあれ、ともかく限定交換法則はじつにこの二つの規則を統合するのだから。しかしこの場合、すでに見たように、クラス体系だけでは導き出せなかった選別原理を婚姻規則が決まって付け加えてくるので、クラス体系と婚姻規則は一致しなくなる。母方従姉妹との婚姻については、この個別的婚姻形式に厳密に一致したクラス体系を定義させてくれる、全面交換原理を定式化することで、我々はいま言った困難を解決した。

父の姉妹の娘との婚姻に関してはそのような解決を求めることはまったくできない。不連続性の概念はこの婚姻固有の性格を表すのであって、それの法則をなすのではない。このことに――ただこのことにのみ――ラドクリフ＝ブラウンの主張「親族関係だけが婚姻を決定する」は、あてはまりうると言ってもいいが、それでもやはりこの主張が不正確であることに変わりないだろう。婚姻を決定するのは、ここでもどこでも、親族関係そのものではない。親族関係が姻族関係へとかたちを変えて互酬構造を築くというそのことが、婚姻を決定するのである。ただ交叉イトコ婚の三つの形式のうち、父の姉妹の娘との婚姻は、互酬構造の構築という成果に到達するためのもっとも大雑把な経験的方法をもたらす。

その理由は容易に理解される。別の章〔第26章〕で指摘したように、なんらかの互酬構造に属す――少なくとも潜在的な――関係が、交叉イトコの誕生に先立ってある。それがあるためには、ある男が別の男に姉妹を譲与したあと、たとえ子供の生まれる前であっても、この婚姻から生まれてくる娘に対する権利請求を表明するだけでいい。そうすれば、一人の女が譲与されたのち、別の女（姻族関係の布置のなかに最初に位置を占める女）が早晩返還されることになるのだから。互酬性の理論的にあたうかぎり単純な表現がこれで、それはケース・バイ・ケースで姉妹の直接交換と並立することも、それに先行することも、それに取って代わることもある。いまや明白なとおり、母方オジのもつ姪に対する婚姻特権は、問題にかかわってくるある追加的与件を考慮していない。母方オジのすでに生まれているかこれから生まれてくる息子の婚姻である。この与件を組み入れるやり方はいろいろありうる。たとえば長老たちが集団の若い女たちを組織的に独占していくオーストラリア社会や南アメリカ社会に見られるごとく、無条件に母方オジの権利を拒否すればいい。あるいは、南インドのいくつかの集団がそのケースであるように、息子の益になるよう父が姪に対する自分の権利を放棄すればいい。あるいはまた、不均等な人口増加ペース（このペースはしばしば意図的操作によって変更される）を口実に父と息子が二人の姉妹――一人は父にとって姪、もう一人は息子にとって従姉妹――と結婚すれば、それが彼らどちらにとっても益になることを積極的に受け入れてもいい。同一世代に属す女性配偶者たちを二つの隣接世代に均等に配分する試みによってコラヴァ民族の規則「姉の娘としか結婚できない」がどう説明されるかを、我々は明らかにした。[10]

かくしてわかるとおり、互酬構造はつねに二つの異なる視角から定義されうる。一つはすべての婚姻は同一世代に属す成員のあいだでおこなわれると見る平行的視角、もう一つは、同一世代に属す成員のあいだの婚姻は二つの隣接世代（オーストラリアやメラネシアのかなりの数の民族でのように、世代が隣接しないこともたまにある）に属す成員のあいだの婚姻によって相殺されると見る、斜行的視角である。一つの集団がこれら二つの視角を同時に承認することもある。たとえば南インドとアメリカのいくつかの集団がそうで、彼らはオジ＝メイ婚と交叉イトコ婚を併せ持つ。「平行的」視角がいかにしてそのつど集団に均衡状態を実現させるかもまたわかる。この視角は任意の世代に属す男の誰にでも――少なくとも理論的には――つねに自分の世代のなかに自分に見合う異性を見つけさせるのである。それに対して「斜行的」視角は絶えざる不均衡を引き起こす。前世代によってすでにその内部に損益がもたらされているので、どの世代も次世代を投機の対象にしなくてならないのである。

明白なことに、「斜行的」視角において最初に出てくる互酬性の問題に、父の姉妹の娘との婚姻は、それと対をなす母方婚〔母の兄弟の娘との婚姻〕よりもうまく対処できる。互酬性の観点から眺めたこの婚姻は、姉妹を譲与した男が、その姉妹の代わりに、彼女から生まれてくる娘を自分自身か自分の息子のために権利請求することの結果として解釈できる。父の姉妹の娘との婚姻のこの定義は、図84からすでに浮かび上がるが、さらに経験的に検証することもできる。観察者たちの言うには、この婚姻形式を実施する南インドの諸民族では、それは母の兄弟が息子のために姉妹の娘を権利請求することから生じる。しかしまた、父の姉妹の娘との婚姻を実施しているこの同じ諸民族が、姉妹の娘〔姪〕との婚姻の最良の実例をも提供してくれる。すなわち、二つの婚姻形式が同時に与えられていて、しかもテルグ語を話すいくつかの集団では、従姉妹との婚姻が姪との婚姻を代替しさえする。ゆえに事実の検討は理論的分析に一致し、従姉妹との婚姻を姪との婚姻の関数として差し出す。この見解をさらに裏づける事実として、トッティヤンをはじめとする多くの民族では、息子が若すぎて夫としての義務を果たせないときに父が彼の代役を務める。

心理的・論理的観点に立てば、いま挙げた〔父方・母方の〕二つの単方的視角はそれぞれ異なる態度の現れである。「平行的」視角は、構造の規則性とこの規則性が関与して実現される情緒的雰囲気とについては、他方の視角より満足のいく成果をあげる。だがこの視角ではどうしても交換は先延べされ、交換の当事者のうちの、出費の重みに耐えている側への補償がなされず、つまりは交換の仕組みが、交換に直接かかわる個体をでなく、集団全体を基準にして作動する。逆に「斜行的」視角は、貪欲でも個体中心的でもある態度に由来する。譲与をおこなった人は、即座にか、できるだけ速やかに代償を得ようとするし、贈与されたものと返却されるべきものとの具体的・内容的つながりを最高度に維持するようなかたちで、代償を要求する。彼は債権というよりは取立権を行使する。このことはオジ＝メイ婚のケースでは明快であるが、しかし権利が父から息子へ譲渡されても、いま言った原初的 primitif な諸性格は相変わらず残っていき、たとえば次の事実、すなわち、父の姉妹の娘との婚姻が存在するインドのどの地域でも、母方オジの特権が執拗で妥協のない権利請求のかたちで現れるため、夫がまだ子供でしかないようなこともあるアンバランスな婚姻が珍しくないとの事実は、この婚姻形式における権利請求事由と権利請求対象との結びつきをみごとに表現する。

ここで「原初的」の語を使うとき、我々はほかの交叉イトコ婚諸形式に対する、父の姉妹の娘との婚姻の年代的先行性をでなく、むしろある内在的な性格を主張しようと考えている。姉妹の娘との婚姻同様、父の姉妹の娘との婚姻は、論理的と心理的のいずれの観点から見ても、互酬原理のもっとも単純な実現、もっとも粗略な具体化であるが、だからといって、この婚姻がまたもっとも古いものでもなくてならないとの結論はけっして出てこない。つまり我々は、この婚姻形式の頻度のもっとも低いことを、残存と言われる——検証困難でもある——性格によって説明するのではない。前述の分析の帰結として出てくるように、父の姉妹の娘との婚姻はむしろ一つの未熟な形式をなす。母方オジか彼の息子による姉妹の娘に対する権利請求は、二重に性急である。まずこの権利請求はいまだ非現実的な未来を投機対象にするから。次にとりわけ大きな理由であるが、互酬周期を閉じることに忙しいあまり、この周期の集団全体への拡大が禁じられてしまうから。閉じられさえしても(また閉じられるから機能的価値をもつのであっても)、この互酬周期は、早熟種の植物の多くに見られるごとくの発育不全形式をいつまでも乗り越えていかない。全部が一度に与えられるか(限定交換)、一つずつ連鎖的につながっていくか(全面交換)するおびただしい数の縁組を、それは含むことなく、ただ二つの縁組だけからなる小さな周期にとどまるだろう。

ならば、父の姉妹の娘との婚姻の頻度が母の兄弟の娘との婚姻よりも結局のところ低くなる理由は、次の点にある。母の兄弟の娘との婚姻が集団のよりよい統合を許すだけでなく、それを促しもするのに対し、父の姉妹の娘との婚姻はいかなる全体的な見取図にも従うことなく、ただ材料を並置して、なんとかかかりそめの建物をつくりあげるにすぎない。しかもこの建物の離散的構成は個々の局所的小構造と同じほど脆い。というのも、要するにこれら小構造が建物をつくりあげているのだから。もっと別のイメージがいいと言うのなら、こう述べてもかまわないだろう。父の姉妹の娘との婚姻は、現物交換のうえに成り立つ経済が先物取り引きを実施する経済に対立するようなかたちで、交叉イトコ婚のほかの諸形式に対立する、と。それゆえこの婚姻は婚姻クラスのもたらす担保を、つまり譲与物の対価が恒久的に可能配偶者のクラスのなかに存在するという、それぞれの個体に与えられる保証を、利用できない。国庫に金《きん》が恒常的に存在していることを銀行券が担保するようにはいかないわけである。父方従姉妹との婚姻は確かに交換婚の一形式ではあっても、しかしほとんど物々交換とは呼べないほどにも初歩的な形式で、じつに権利請求されるものと譲与されたものとの内容的同一性が、姉妹を経由して彼女の娘のなかにまで追求される。婚姻取り引きのものさしから言えば、父方従姉妹との婚姻は、得られる利潤の少ない取り引きなのである。

＊＊＊＊

全面交換の検討を始めたときから我々にとりついてきた難題もいまや解明され、同時に新しい側面がいろいろと見えてきた。アッサムからインドネシア、ビルマから東シベリアにいたる全面交換エリアの全域で、我々は母の兄弟の娘との婚姻と父の姉妹の娘との婚姻の対立をめぐる、同一の論理的な捉え方に出会ってきた。スマトラ島のバタクは父の姉妹の娘との婚姻を公に禁止するが、それというのも、彼ら自身の言葉によれば「水は水源に戻ることができない」ので。他方、スマトラ島西部のルブは諺「蛭は開いた傷口にいつも戻る」[11]を持ち出して、母の兄弟の娘との婚姻を正当化する。思い出しておけば、チベットと中国では、父方交叉従姉妹との婚姻は「骨肉の帰り」で、それが起これば「骨に穴があく」恐れがあるのでいけないこととされる。またシベリアのゴリドも同じように「血を運び去る」婚姻と「血を連れ戻す」婚姻を区別する。漢民族は「オバに倣う」婚姻と「家に帰る」婚姻を対置して前者を「上り坂婚」〔上山去〕、後者を「帰り婚」〔回郷去〕[12]と呼ぶ。似たイメージはナガ諸民族のある神話からも浮かび上がる。トラは自分の兄弟である男、競走のときにずるいやり方でトラを打ち負かしたその男のもとから永久に去るとき、最後で最高の忠告として次の格言を彼に残す。「*jhum*〔焼き畑〕で若枝の新芽が大きくならないようそれを摘むときは、いつも若枝の外側へ引っ張れ。草取りにはいつも鍬を使え。自分のクランの女とは絶対に結婚するな[13]」。こうしたすべての言い回しに伏在する対立は、明らかに前進運動と後退運動、自然な動きと不自然な動きの対立である。

しかし諺にまつわるこの民間伝承には、禁止と命令とにまとわせるのに使われるイメージの古着の寄せ集め以上のもののあることは、前になした我々の分析が明らかにしている。あれらいずれの事例においても、（いつものことながら）原住民の思考は何人かの社会学者より信用の置けることがわかる。たとえばリヴァーズはこんなふうにさえ言う。「どうしてこのような規制（交叉イトコ婚）が客観的な心理的基盤をもちうるのかを見てとることはきわめて難しい。さらに、兄弟の子供同士か姉妹の子供同士の婚姻をじつに厳格に禁制とする一方で兄弟の子供と姉妹の子供との婚姻を望ましいものとする、なんらかの動機を想像することもまた然り[14]」。この同じ著者は結論して言う。交叉イトコ婚が「心理に直結したいかなる説明も、宗教や道徳や呪術にかかわるいかなる動機も受けつけない」のであってみれば、それを「意味のない制度」、残存ないし遺制と見なさなくてならない、と。そのリヴァーズでさえこの方向に十分なまで踏み込まなかったと考える著者たちもいて、彼らもまたリヴァーズと同じく「未開人たちが実のイトコを可能配偶者と禁忌配偶者とに分けるその恣意的なやり方」を描き出すくせに、リヴァーズがフレイザー同様、交叉イトコ婚を「社会的組織化に秘められた最高の神秘へと導いてくれる占い杖」であるとしたのを笑うのである[15]。これほどの無理解と浅薄さを前にしては、開いた口も塞がらない気がするが、しかし先ほど想起しておいた〔原住民の〕言い回しを一瞬なりとまじめに受け取りさえしていたなら、交叉イトコ婚の原因にばかりか、この婚姻の多様な方式のもつ特別な本性にも気づいていたことだろう。

装いは違え、じつにあれらの言い回しはみな同じ真実を言い表している。ある人間集団が母の兄弟の娘との婚姻を掟 loi として布告すれば、ただそれだけで物理学や生物学の法則 loi ほどにも調和的かつ不可避的に、あらゆる世代のあいだ、あらゆるリネージのあいだに、宏大な互酬の輪舞《ロンド》が編成されていく、と。逆に父の姉妹の娘との婚姻は、世代が移るたび、リネージが変わるたびに、輪舞の道筋の中断と逆転を強いる、と。母の兄弟の娘との婚姻の場合では、理想的には包括的互酬周期は時間的にも空間的にも集団そのものと同じ広がりをもち、集団とともに成長・発展していく。父の姉妹の娘との婚姻の場合では、絶え間なくつくりだされる多数の周期は、集団の統一性を断片化してみせかけのものにつくり替えていく。断片化する、というのもリネージと同じ数だけ周期もあるので。みせかけのものにつくり替える、というのも周期が世代ごとに反転せざるをえないので。

いましがた生物学の法則に言及したが、未開の論理を蔑視する人々にこう示してやれば、実際、皮肉も効くというものだろう。特有の属性を備えた「種《しゅ》」へともろもろの婚姻関係を分ける未開の論理は、繊毛虫類の雌雄のあいだにある諸関係を六つから二十八の異なる定式に分類する生物学者、[16]血族婚をケースごとの劣性形質平均出現率に従って五つから七つの型に区別する遺伝学者[17]と別様にふるまっているわけでない、と。民衆の思考もさまざまな近親性の度合を特定するのがつねで、そのとき、未開の思考に勝るとも劣らない繊細さをもって近親性の度合を弁別する様子が見られる。父の姉妹との結合がもたらす影響は母の姉妹との結合がもたらすそれと同じでないとされ、遺伝学でも父の兄弟と母の兄弟、さらに交叉イトコと平行イトコもまた、それぞれ異なる身分を受け取る。現代の社会学者の何人かに見られる経験論は、時代遅れの観念論と同じ誤りを別の平面で繰り返しているにすぎない。この経験論にも同じようにこう答えてやらなくてはならない。「自然の歴史と人間社会の歴史とから弁証法の諸法則は抽出された。じつにそれらの法則は歴史発展のこの二つの側面がもつ、また思考そのものがもつ、もっとも一般的な法則にほかならない。（略）（ヘーゲルの）誤りは、彼がこれらの法則を思考の法則として自然と歴史とに押しつけたことに由来する。じつは自然と歴史からこれらの法則を導き出さねばならなかったのに。（略）いずれにせよ、宇宙の体系は思考の体系に合致するはずである。思考の体系は、じつは人類進化の任意の段階それの表現にほかならない。ことがらをしかるべき場所に置き直せば、なにごとも単純明快になり、観念論的観点から眺めるときにはかくも謎めく弁証法の諸法則も、平明になる。真昼の太陽ほどにも明るくなる」[18]。思考——未開の思考であれ、文明化された思考であれ——の法則は、物理的現実のなかに表現される法則、また物理的現実の一側面にほかならない社会的現実のなかに表現される法則と、じつに同じものなのである。

母方婚は単純な互酬形式の、もっとも明晰かつもっとも多産な形式を体現する。逆に父方婚はそのもつ二面、母方オジの特権と父の姉妹の娘との婚姻とから見て、もっとも初歩的かつもっと貧弱な形式を実現する。だがメダルには裏面がある。母の兄弟の娘との婚姻は、社会的にも論理的にも、このうえなく十全な定式をもたらす反面、すでに何度か明らかにしたように、心理と個体の観点に立てばこの婚姻は冒険、一か八かの賭である。協力の足並みが乱れて集団による規則の遵守が破られればいつでも破産と背中合わせになる、先物投機なのである。それに比べて父方婚体系は、まさにその野心のかぎられているがゆえにいちだんと確実性の高い売買操作、それどころか我々に言わせれば、インセスト禁忌と両立しうる配偶者の組み合わせのうちで、いちばん確実な組み合わせである。かくして中間的位置を占める限定交換定式を比較基準にして、「短周期体系」と「長周期体系」を対置しなくてはならない。父方婚は（まず母方オジの特権によって、次に父の姉妹の娘との婚姻によって）もっとも短い、しかし機能的価値から言ってもっとも限定された周期を実現する。逆に母方婚は、次々と広がる周期の形成にかけては無尽蔵の潜勢力にみちた定式をもたらすが、周期の長さが周期の安全性に反比例することもまた確認される（図85）。

全面交換の単純な諸形式に結びついて絶えず見出されてきたあの外来要因の、役割も本性もまた、いまや理解される。約束にみち、豊かな成果にみちていて、なおかつ危険にも溢れる全面交換体系、この社会学的大冒険に迷うことなく乗り出した集団も、他方で絶えず父方定式に強迫されてきたのだった。あれらの利点を一つももたらさない代わり、あれほどの危険をもまた含んでいない定式に。父方定式は母方定式より原初的であるとか、人間社会は父方定式から母方定式へ移行してきたなどと我々は言いたいのでない。先立つ諸章に集めてみた事実をもとに我々の考えるところ、この二定式は互いに切り離せない一組の対立、単純な互酬定式の両極をなし、一方が他方なしに思考されることは、少なくとも無意識のレベルではありえない。ただし定式が同時に与えられることと定式を実行することとは問題が別で、社会的組織化の面できわめて貧弱であった諸社会は、父方婚とこの婚

互酬周期

図 85　a：母の兄弟の娘との婚姻（長周期）

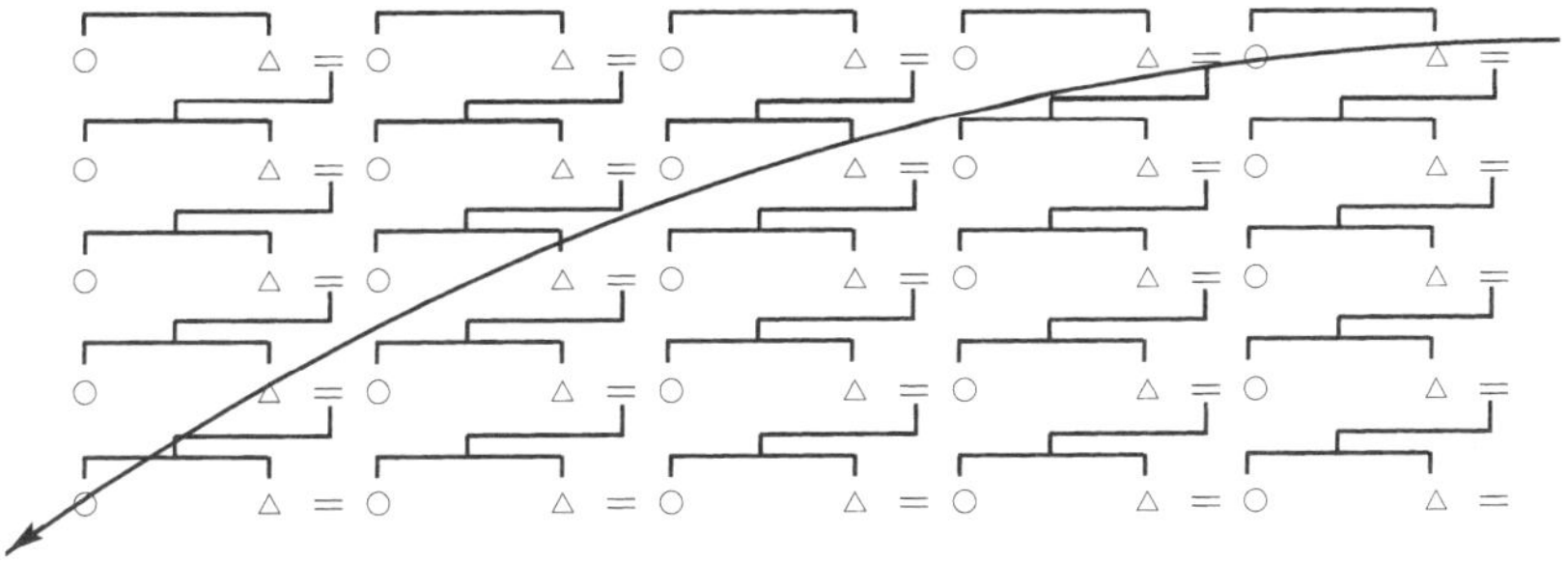

図 85　b：父の姉妹の娘との婚姻（短周期）

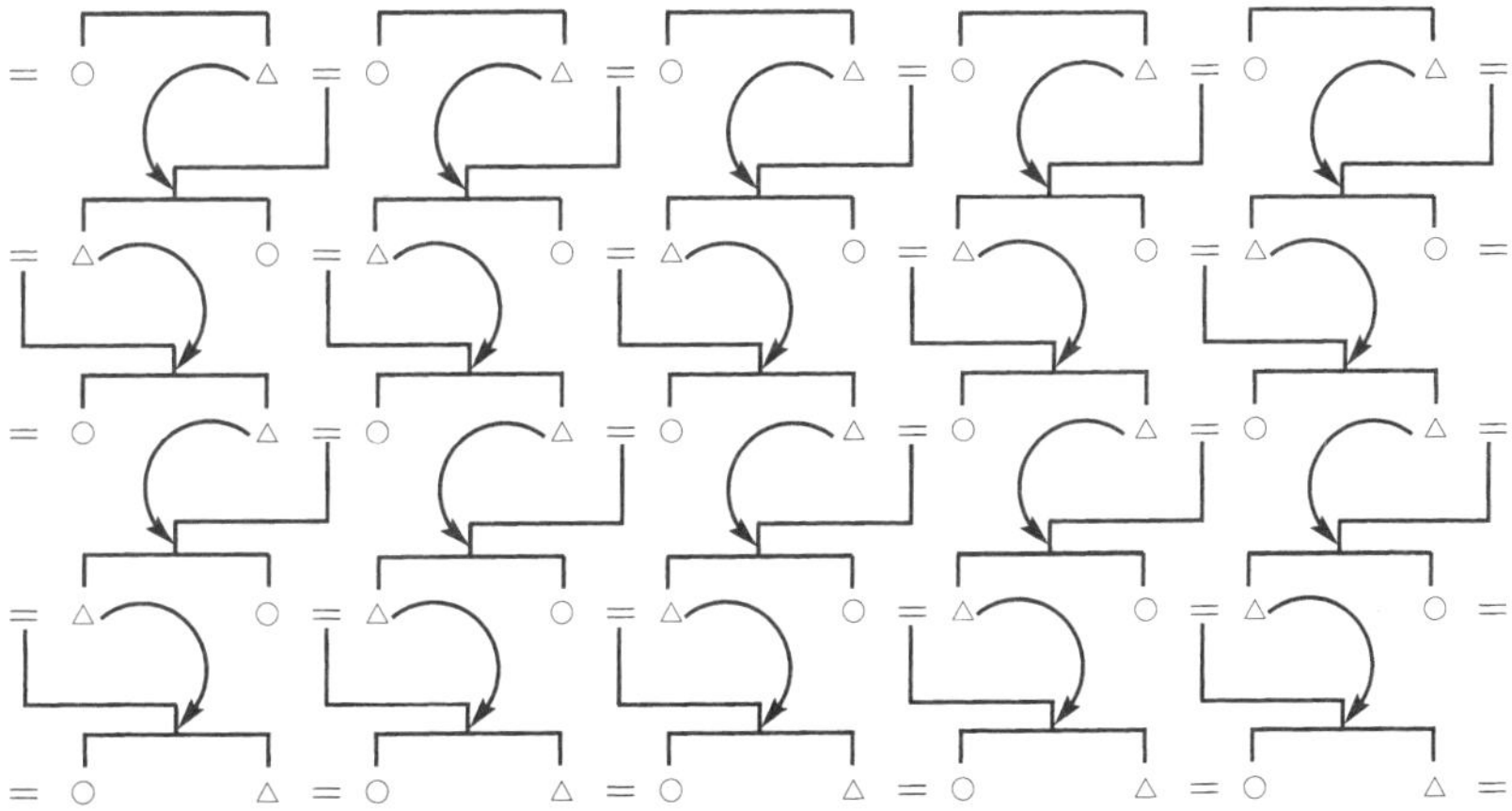

姻のはらむ限定された可能性だけで事足りて、母方婚への冒険など夢想だにせずにすんだ。他方、決然とこの冒険に乗り出した社会のなかにさえ、しかし母方婚体系のはらむもろもろの危険の及ぼす不安から完全に自由になれた社会は、また一つとしてなかった。そうした社会ですら、父方性にかかわる不確定要素が——集団によってはその明瞭な象徴が——担保してくれる安全性に、漠然とであれ明確にであれ、やはりしがみついてきたのだった。

この点、インドはもっとも慎重な姿勢を示した。その証拠にそこでは父方婚が母方婚と肩を並べ、しかも二つの体裁をまとう。父方性は父方婚に明白に現れている一方、婚儀で果たす母方オジ——とりわけ花嫁の母方オジ——の役割を標識とする、おぼろげな暈《かさ》にくまどられてもいる。ギリヤークは厳格に母方婚を信奉するが、それでも婚姻代価の一部を姉妹または娘のかたちで受け取る権利が花嫁の母方オジにあることからして[19]、このシベリアの民族は、父方性の広がりの境目に位置づけられる。思い出してもらいたいが、母の兄弟の娘との婚姻を実施するアッサムおよびビルマの諸集団も、母方婚のもっとも完全で、もっとも一貫した定式を示すが、比較的めだたないということはあれ、その彼らのもとですら父方強迫は、花嫁のオジが婚姻給付の利益に与ること、父方強迫によって以外に説明のつかないこのことのうちに、やはり感じ取られるのである[20]。全面交換を検討してきたあいだじゅう、全面交換は、限定交換に由来するとはじめは見えた、なにかわけのわからない要素を紛れ込ませて我々の前に現れてきたが[21]、この明らかな変則性もじつはこうしていまや、全面交換体系それ自体の構造のもつ一つの典型的性格に帰着する。存在する単純な全面交換体系のどれもけっして純粋でないと述べることで、我々はこの性格をすでに明示しておいた。確かに理念的になら純粋な体系を思い描くことはできるが、しかし人間社会はいずれもそこまでの抽象度に達したことはなく、つねに全面交換を父方定式に対立させて——したがって同時にそれに結びつけて——考えてきた。父方定式が潜在的に働いていること、密かに伏在していることが人間社会に安全性の要素をもたらしていたのであり、どの人間社会も、この要素から完全に自由になろうと考えるほどの大胆さは示さなかった。

以上の解釈が正しいとすれば、二つの結論が出てくる。第一に、インド、ビルマ、アッサム、チベット、中国、モンゴル、シベリアの体系を検討したさいに我々の当惑の種となった、限定交換ふうのさまざまな見かけは、じつはこの交換形式のものではない。双方性は、二つのつねにその場にありつねに与えられている単方形式が一つに収斂することから生み出される、二次的結果なのである。インドの疑似双分組織の批判的検討は我々にすでにこのことを予見させていた。第二に、これはまたいま述べたことの帰結でもあるが、インドや中国における全面交換定式と限定交換定式のあいだの先行問題はまやかしの問題である。母方定式だけが積極的な作用を及ぼしているときでも、じつにそのかたわらには父方定式が一組の相関項の第二項として消極的なかたちでつねに存在する。この二定式は永遠に同居するのだと言っていい。想像しうるいかなる歴史的仮説も、うまくいってせいぜい一つの弁証法的過程を不完全かつ不正確に粉飾できるだけであろう[22]。

亡霊どもを呼び出せば必ず罰が下る。父方婚の幽霊に身をすり寄せれば、全面交換体系はなにがしかの安全性を手に入れるが、それはまた新たな危険に身をさらすことでもある。母方婚の補償である父方婚は同時にまた、母方婚のじつに否定でもあるので。互酬体系の内部で父の姉妹の娘との婚姻——短周期——が母の兄弟の娘との婚姻——長周期——に対してとる関係は、インセストそのものが互酬諸体系の総体に対してとる関係に等しい。数学者の言葉づかいで言えば、インセストは互酬性の「極限」、すなわち互酬性がゼロになる点であり、もっとも高度な互酬形式（母方婚）に対するもっとも低級な互酬形式（父方婚）の位置は、互酬性一般に対するインセストの位置に同じなのである。姉妹の息子と兄弟の娘との婚姻によってもっとも巧妙な、しかしまたもっとも脆くもある互酬形式にたどり着いた集団にとって、姉妹の娘と兄弟の息子との婚姻は、「社会的インセスト」へのつねに背中合わせの危険を、またそれへの抗いがたい誘惑をなす。なんらかの解決策として考えられることのありえない、ゆえに体系の安全性を窮地に陥れることもまたけっしてない生物学的インセストなどよりはるかに強く集団の存在を脅かす、それはインセストである。かくして理解されるとおり、まず、先に引いた原住民のどの言い回しでも父方婚・母方婚の二つの婚姻型が、一つに結びついていると同時に対立してもいる。次に、母方婚の卓越性が声高に叫ばれる理由は、父方婚が忌み嫌われる理由と同じである。最後に、あれらすべての言い回しは、『古事記』や『日本紀』〔『日本書紀』の略称〕など太古の文献がインセストをしるしづけるときの言い回しと、文字どおり同じである。「山の上に水田をつくり、坂の下から上へと水路を走らせ、今日、私の体は難なく妹の体と一つになる[23]」。父の姉妹の娘と結婚すること、姉妹と寝ることは、全面交換体系にとってじつに互酬周期の反転と同様のことであり、この反転は互酬周期を破壊すること、「水を水源に戻らせること」、一言で言えばインセストに等しいのである。

ならば、母方婚を実施する民族のなかに暴力でもって父方婚を断罪してきた民族のいることに、いまさら驚く必要などあるだろうか。母方婚は父方婚の反対、その否定であるだけでなく、父方婚への郷愁と未練をもたらしもする。フレイザーとサーストン[24]が骨董的珍品として、コマティ民族の聖典『カンヤカ・プラーナ』から引用した一文は、理論的分析によってすでに示唆された両価性を、終末論的調子に乗せてこれ以上なくみごとに証明する。王国を救うための眉目秀麗なヴァサヴァムビカの婚姻、しかし侵すべからざる規則 *menarikam*（姉妹の息子と兄弟の娘との婚姻）に反するその婚姻を拒否して火に身を投ずることを選ぶ百二の *gotra* の、厳粛な犠牲的行為を語るそれは一文である。ヴァサヴァムビカを先頭に百二の火刑台に向かって誇らしげに行進する百二の *gotra* は、子供たちにすでにこう約束させていた。「娘をつねに父方オバの息子に嫁がせること。たとえその息子が黒い肌をしていても、粗野であっても、片目であっても、魯鈍であっても、放蕩であっても。さらにたとえ星占いが凶と出て不吉な予兆があっても」。おまえたちがこの義務を怠れば身上を潰すことになる、おまえたちの家族に不幸が降りかかることになると警告し、そのうえに違反者を追放して町の境界への立ち入りを禁じる全権を *gotra* はカーストに委任した。かたやヴァサヴァムビカは、聖なる習俗 *menarikam* を侵した者には「口がばかでかく、足がちんばで、耳が長く、手が萎え、赤毛で、くしゃけたブタ鼻で、奥目で、目玉がぎょろりとし、狂ったような目つきをした、毛むくじゃらで、肌が黒く、出っ歯で、でぶの娘」をあてがってやると誓った。兄弟の娘より姉妹の娘を好む人々に投げつけられたこれら呪詛の言葉に、一貫性のなさはいっさい認められない。それらが比類のない力強さで表現しているのは、構造のあいだの決定的差異であり、社会がどちらの構造を選ぶかによって、その社会の運命が永久に決まってしまうのである。

注

（1）R. H. Lowie, *Traité de sociologie primitive, op. cit.,* chap. II.
（2）U. McConnel, *Social Organization of the Tribes of the Cape York Peninsula, op. cit.,* p. 437-438. ――ツングースに関して、シロコゴロフが同じような仮説を立てたことを思い出しておこう（本書第23章参照）。
（3）A. P. Elkin, Kinship in South-Australia. *Oceania,* vol. 10, p. 381-383.
（4）*Ibid.,* vol. 8, p. 432; *Social Organization in the Kimberley Division, op. cit.,* p. 302-309.
（5）*Folklore in the Old Testament,* vol. 2, p. 121-125.
（6）D. Demetracopoulou Lee, The Place of Kinship Terms in Wintu Speech. *American Anthropologist,* vol. 42, 1940, p. 605.
（7）M. Leenhardt, *Notes d'Ethnologie..., op. cit.,* p. 65.
（8）M. Mead, Social Organization of Manua. *Bulletin* 76, *Bernice P. Bishop Museum,* 1930, p. 41-42.
（9）A. M. Hocart, *Lau Island, Fiji, op. cit.,* p. 33-34.
（10）北インドにもこれと似通った特徴が見られるため、チャトパダイアイはレヴィレート婚によってコラヴァ民族の規則に説明がつくと考えたが、じつはそうではない（K. P. Chattopadhyay, Levirate and Kinship in India. *Man,* vol. 22, n° 25)。
（11）Sir J. G. Frazer, *Folklore in the Old Testament, op. cit.,* vol. 2, p. 167. ルブにはバタクから最近になって受けた影響が見られるから、この二つの言い回しの対比はいちだんと理にかなう。母の兄弟の娘、つまり好まれる配偶者はどちらの民族の言語でも *boru tulang* と呼ばれる（E. B. Loeb / G. Toffelmeier, Kin Marriage and Exogamy.

Journal of General Psychology, vol. 20, 1939, p. 216)。

（12）第21章および第23章参照。

（13）J. P. Mills, *The Rengma Nagas, op. cit.*, p. 266.

（14）W. H. Rivers, Marriage of Cousins in India, p. 623-624.

（15）Loeb / Toffelmeier, *op. cit.*, p. 184.

（16）H. S. Jennings, The Transition from the Individual to the Social Level, in *Levels of Integration in Biological and Social Systems, op. cit.*, p. 113.

（17）L. Hogben, *Nature and Nurture*. New York, 1933, p. 63-65.

（18）F. Engels, *Dialectique de la nature*. Trad. angl., C. Dutt, New York, 1940, p. 26-27.

（19）第18章参照。

（20）第16章および第17章参照。

（21）［したがってレインの論文（*Southwestern Journal of Anthropology*, 1961）を待って全面交換の「限定的」諸側面に気づいたのではなかった。いずれにせよ、我々が引き出した結論はこの著者の結論ほどに奇妙なものではなかった。］

（22）［歴史的再構成にあまりにおもねっているとしてリーチが我々に加えた非難に、これらの異論はあらかじめ答えを返している。］

（23）*Kojiki*, trad. Chamberlain. Kobe, 1932, p. 358; *Nihongi*, vol. 1, p. 323-324.

（24）Frazer, *Folklore in the Old Testament, op. cit.*, vol. 2, p. 111-112. — E. Thurston, *Castes and Tribes..., op. cit.*, vol. 3, p. 317-318.

結論

来世は現世の繰り返しになるだろう。違うのはすべての人が若いままで、病も死もなく、誰も結婚せず、誰も結婚に差し出されないことだ。

アンダマン神話

E. H. Man, *On the Aboriginal Inhabitants of the Andaman Islands*. London, s.d.(1883), p. 94-95.

第28章　複合構造への移行

この研究のあいだ我々は終始、歴史的再構成を慎んできた。彼自身はあまり守らなかったが、リヴァーズの教え「親族体系の本性は民族の起源の相違より、むしろ社会構造の形式に左右される[1]」に従おうとしてきたのである。言語学者に親しまれている言葉づかいで言うなら、我々は民族移動の経路をでなく、〔異なる系統間の〕類縁性のエリアを確定しようとしてきた。なおいっそう興味深いことに、あらかじめ意図したのでも意識的に結果を先取ったのでもないのに、我々の企ては世界の一地域に限定された考察へと我々を導いた。確かに宏大だが、しかし切れ目なく続き、なおかつ境界の確定も容易にできるこの地域は、南北方向に沿えばアッサムから東シベリアへと延べ広がり、東西方向に沿えばニューカレドニア島からインドにいたる。

我々はとくにこの境域だけに的を絞ったのでなく、読者も気づかれたと思うが、絶えずさまざまな地域から実例を引いた。そのことから言っても我々は世界のほかの箇所、とりわけアフリカとアメリカに親族の基本構造の存在することを疑おうと考えているのではない。この二つの大陸にも、交叉イトコ婚をはじめとする選好結合の諸形式が豊富に観察される。にもかかわらず、現在知られているかぎりで言えば、全面交換が単純な形式で現れる範囲は考察の絞られたエリア内にとどまり、このことは、当のエリアから採られたかなりの数の実例によって例証される。さらにもう一つ、我々は地理的に散在するこれら現代の多様な事例のあいだに、それらをつなぐ媒介的類型の、連続した一系列を立てることができた。古代において全面交換形式がはるかに広範な、まったく例外的な分布域をもっていたとの仮説に根拠を与える、それは系列である。

限定交換について言えば、そのありさまはおそらく全面交換ほどにはめざましくない。アフリカでは嫁交換がピグミー社会のめだった特徴をなす。ポリネシアでと同じくアフリカでも、双分組織の少なくとも構成要素くらいは散見される。双分組織が華々しく登場するのは北アメリカで、この数年来で周知になったように、南アメリカでの双分組織の位置も小さくない。とはいえ、やはり留保をつけなくてならない。アフリカに半族体系が実質的に存在しないことは久しい以前から指摘されてきた。またアフリカ以外でも、ポリネシアやアメリカを専門とする学者のあいだで、半族体系の真の本性、なかんずく半族体系のあいだの等質性が白熱した議論の的になってきた。(2) アフリカについてもアメリカについても、オーストラリア諸社会の研究成果に比肩するほどにも正確で分明な成果は、いっさいもたらされていない。だがそれ以上に、例外として考察するか習俗や制度のかくかくしかじかの細部を例証しようとする場合を除いて、アフリカとアメリカの考察は是が非でも必要なわけでない。それに対して我々の分析が進むにつれてごく自然に限定されていったエリアでは、基本構造の定義をみたす親族体系が例外的とも言える濃い密度で現れる。あらゆる類型を考察することができるほどで、しかも各類型について、かなりの数の実例を提供してくれる。いずれの実例もじつに内容豊かで明快このうえなく、理論的論証の諸要請にもっともよく応える。要するに我々は一つの特権的エリアを前にしているのだから、その一般的様相を検討せずにすますわけにいかない。

まず最初に、全面交換にもとづいてこのエリアを考察してみよう。本書第2部に導かれて我々は南西から北東へ延びる全面交換の軸を定めた。調査の最中に出会った二つの単純な形式、カチン型体系とギリヤーク型体系が、西ビルマから東シベリアへ延びる軸の両端をそれぞれ占める。両端周辺に見出される混成体系、南端のさまざまなナガ型体系、北端のツングース型体系と満州型体系は、構造の細部にいたるまで互いにいちじるしく似通う。ナガ型体系と満州型体系のあいだ、軸の中間部全域を占めるのは漢型体系で、我々が明らかにしようとしたように、この体系からはきわめて複雑な進化のあとでもまだ——しかもときとして驚くほど生き生きした姿で——全面交換の古代構造が垣間見られる。全面交換が現在示す側面の、少なくとも若干を説明してくれる構造である。

図 86　考察地域のおよその外形と全面交換の軸

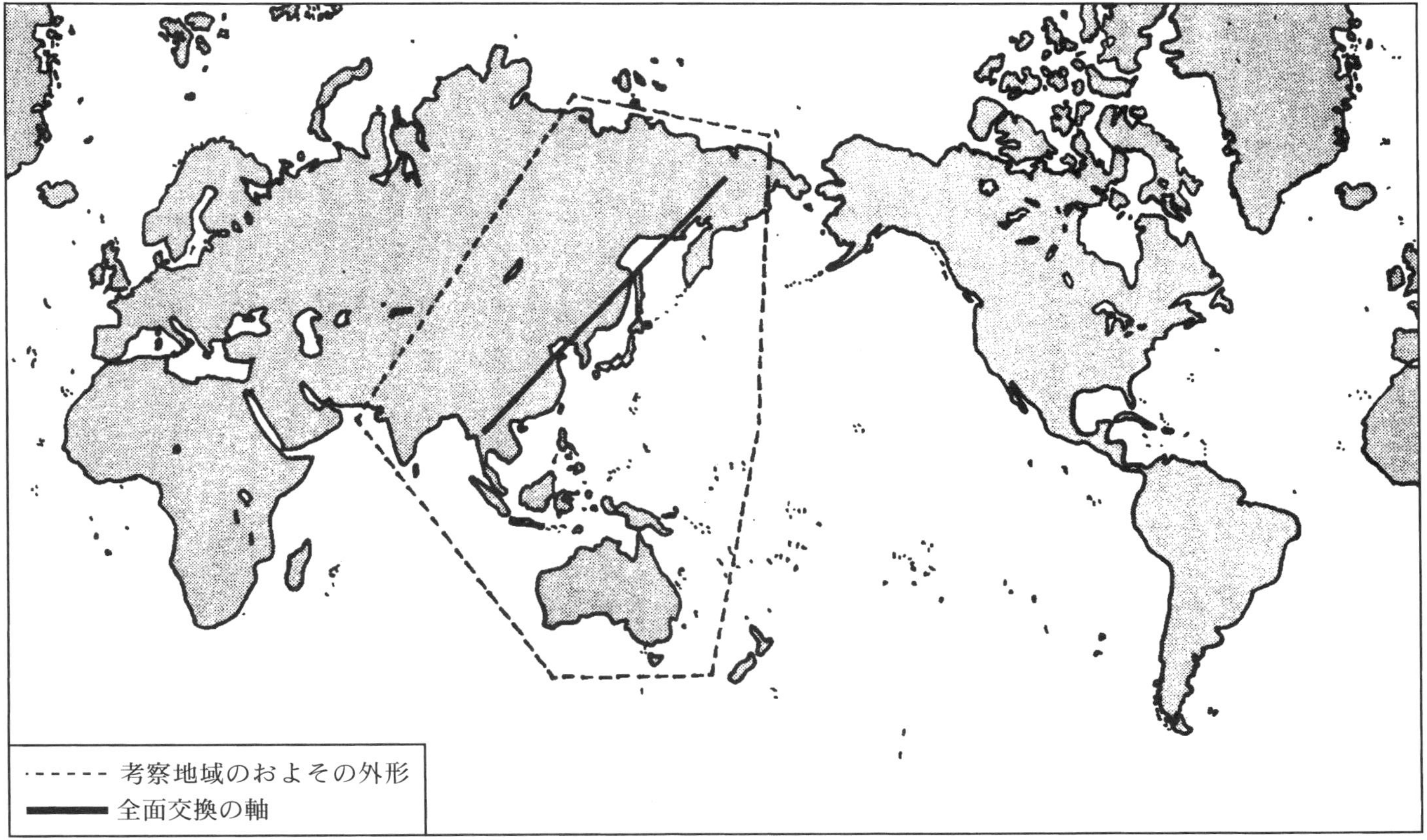

軸上ないし軸のすぐ周辺では媒介的体系がいくつか、理論的分析によって要請される位置にぴたりと陣取ってくる。かくして図の精度はいちだんと高まる。

軸の両側の事情はどうか。我々は北方諸体系の構造の示す特徴を、中央アジアにいたる西側に再び見出した。たとえば外婚規則の周期的消滅などがそれで、この消滅を我々はナガ社会におけるクラン・下位クランの増殖リズムに関係づけてもみた。ローマン・ヤコブソン氏が親切にも注意を払ってくれたおかげで我々の知るところとなった、コンスタンティヌス・ポルピュロゲネトゥス〔コンスタンティヌス七世（九〇五〜九五九年）。百科全書の編集を指揮したほか、『儀礼論』『バシレイオス一世の生涯』『行政論』などの歴史書を著す〕の一観察は、西方の境界をおそらくもっと遠くへもっていくことを許す。ペチュネグは八つの本家 thème に分かれ、それぞれの本家を統率する首長の座は従兄弟か従兄弟の息子に引き継がれる、と言うのである。それは「首長の職務が特定クランの一家族のみの永代職になってしまうのを避けるためと、この顕職が傍系親族へも相続・移譲されるのを保証するため」（三十七章）であった。この特異な規則には簡単に説明がつくだろう。我々は外婚消滅のリズムをカザフ民族まで追尾してみたが[3]、このリズムが、原初クランの政治的威信を揺るがすことなく、すでにペチュネグをも捉えていたと仮定すればいい。そう仮定すれば、原初クランがそこから派生する下位クランに外婚機能を移転するかたちで外婚的性格を失っていくあいだも、指揮権は上位単位のもとにその占有物として残りつづけ、ゆえに互いにイトコ関係にあるそれぞれの下位クランが、代わる代わるこの指揮権を行使していくことになる。これをはじめとするもろもろの点に関しては、中央アジアおよび西アジアにおける古代の家族の組織化と婚姻規則についての情報が欠けているため、仮説を組み立てる以上のことはできない。最後に、これもまた軸の西側に位置する地域でのことだが、インドは、全面交換が言うなれば父方性のなかで流産してしまう体系の実例を我々にもたらした。

軸の東側に広がる民族移動、侵略、征服の起こる地帯では、しかるべき場所に古代体系を見つけることはまず望めない。それでもインドネシアには広範囲にわたって、疑問の余地なく古代体系が見出される。母方婚を実施するのはバタクとルブで――バタクでは三世代目が終わると奇妙なことに父方婚に対する禁止が消えてなくなるが、これは前段落で言及した周期現象〔外婚規則の周期的消滅〕を思い起こさせる――、さらに、母の兄弟の娘との婚姻が一点の曇りもなく確認されている次の地域の、かなりの数にのぼる民族を付け加えなくてならない。ニアス島、セラム、タニンバル島、ケイ島、フローレス諸島、スンバ島、モルッカ諸島。[4] だがすぐに我々は限定交換の始まる境界に達する。エンデ、マンガライ、フローレス諸島、ケイサール、アル諸島、レティ島、モア島、ラコル島に双方婚の諸形式が観察されるのである。[5] ジャワ島については、ヒンドゥー教徒による征服以前の古代に姉妹交換を伴うアランダ型婚姻クラスの存在したことが、仮説として立てられた。そうしたクラスは西インドネシアのスマトラ島に――少なくとも名残のかたちで――いまだ生き延びていると言われるから、かつてはそれがニューギニアにまで切れ目なく分布していた可能性もあると言っていい。考察対象となっているエリア全域、なかでもフローレス諸島とアロール島のいくつかの地区では双方的な社会的組織化、ただしクランを欠くそれが、アランダ型婚姻クラスの古代に存在したことをいまなお物語るようである。ボルネオとセレベス諸島にも双方的な区域が、しかし母系優勢か父系優勢をはっきり示しつつ、相変わらず飛び地のように点在して残る。[6] 以上見てきた再構成の試みを受け入れるには、慎重のうえにも慎重を期すべきである。

いずれにせよ、フィジー諸島の体系は一つの貴重な情報をもたらす。この体系は長いあいだ双方交叉イトコ婚の典型的実例と見なされてきたが、最近の研究はこの解釈に限定を設けて曖昧さを取り除きつつある。ヴィティ・レヴ島西部の父系集団 *mbito* のあいだの関係は、全面交換を示唆する可能性がかなり高いが、しかし一般的に言えば、交叉イトコ婚はかつてそう見えたよりもじつはまれで、なされるにしても結婚相手は父方従姉妹であることが多いと言われる。[7] インドでは全面交換の衰退に父方主義の発展が伴うから、フィジー諸島に見られる同様の現象は、この交換形式が優勢なかたちで広がるエリアの、東の境界を画すると言えるかもしれない。

いかにも食指が動くが、全面交換の軸をもとにそれと直交するかたちで、限定交換の軸を北西から南東方向へ据えてみたくなる。南インドからオーストラリアを経てニューカレドニア島へ延びる、この魅力的な軸の設定が生きてくるためには、しかしインド諸体系が双方的でなくてならないはずだが、すでに見たとおり、それら体系の明らかな双方主義は疑似形態的性格であった。インドの半族体系は外見上はオーストラリアの半族体系に似てはいても、じつは本性を異にする。しかも限定交換の純粋な諸形式を差し出してくれるのはオーストラリアのみで、双分組織をもつアッサムの諸集団それ自体は、限定交換の混成的現れを示すにすぎない。ゆえに南インドからアッサム、一部のスマトラ島、そしてオーストラリアまでを包摂する地域を、全面交換について述べた軸と同じ意味で限定交換の軸として扱うことはできない。それはたんに限定交換がきわめて高い密度を示す帯域にすぎない。

だが果たしてほんとうにそうなのか。問題の帯域の両極――南インドとオーストラリア――はさまざまな点で互いに酷似する。ただしそれは、まさに限定交換が消失するという点で成り立つ類似性である。半族体系はインドとオーストラリアとでは異なるが、しかしインドではムンダー型体系のかたちで、オーストラリアでは――我々の提出した解釈が正確なら――マラ＝アヌラ型体系のかたちで、どちらの地域にも共通して父系体系が見られる。加えて非隣接世代〔互隔世代〕間の婚姻――「祖母」との婚姻にせよ、「孫娘」との婚姻にせよ――が古代インドに存在したことを裏づける有利な情報は数多く、同種の婚姻はオーストラリアとメラネシアにもいろいろ確認されている。しかしこれらの婚姻形式は限定交換とはかけ離れた構造に属す。いままで挙げてきた体系に対して、従来「逸脱」として分類されてきたそれは体系で、我々はこの体系の検討をとおして、徐々に全面交換概念を受け入れてきたのだった。ゆえにインドとオーストラリアの対比は、インドの言うなれば「オーストラリア化」に通じるどころか、我々にむしろオーストラリアそのものの「脱オーストラリア化」を強いると言っていい。つまり、あの残滓をかたちづくる一見混合的とも見える諸体系に、我々はこれまで以上の注意を払わねばならなくなるわけだ。それらの体系はカリエラ型やアランダ型へのいかなる還元をも受けつけなかったので、いままで誰もがその意義をできるだけ過小評価しようと試みてきたが、いまや逆にカリエラ型とアランダ型のほうをこそ、いちだんと複雑で、しかも今度は発見術として役立つ分類のなかに位置づけなくてならないのである(8)。

方法論的に不可欠とはいえ、限定交換と全面交換の区別が、経験的データをどれほど歪めることになるかもわかる。限定交換がとくに幅を利かせる境域がある。オーストラリアとそのアジア方面およびメラネシア方面の周辺地域である。全面交換がとくに幅を利かせる境域もある。ビルマからシベリアへいたる軸がそれにあたる。だが単純な全面交換形式である母方婚が、父方へのいわば腐敗に冒されて絶えず現れてきたのと同様、いまや我々は限定交換が、単純な形式で存在することはあってもけっして純粋でないことを見る。オーストラリアにおいてさえ、限定交換は母方体系の局面か父方体系の局面のどちらかに呑み込まれている。

ゆえに我々としては、任意の個別文化が、あるいは人類の任意の発展段階が限定交換か全面交換のどちらかを発見すると考える、いかなる歴史的・地理的解釈をも断固受け入れないでいなくてはならない。限定交換のあるところでは、それは例外なく全面交換を伴い、全面交換もまた外来諸形式からけっして自由でない。限定交換と違い、全面交換のこうむる汚染は、この交換形式の内在的属性として現れる。つまり各体系の内部において習俗と制度が体系そのものに矛盾するというかたちで、汚染はあらわになる。こうした変則性に促されてハットン、シュテルンベルグ、ジュノーなど――ほかにもまだいるが――互いに立場を異にする観察者は、同一の現象を前にして、父系社会はかつて母系段階を通過したのではないかとの同じ問いを発し、通過したことがあると、これまたまったく同じ答え方をしたのだった。我々はこのような錯覚を一掃することに一役買えたと思っているのだが、どうだろう。(9) 他方、限定交換のこうむる汚染のほうは、むしろ外在的なかたちで現れる。どの体系も単純性と整合性を失わないが、ただ当の体系とは無縁な原理にもとづくほかの諸体系に、つねに攻囲されているのである。

この相違の根拠を示すことができるだろうか。おそらくできる。第8章で押し出した見方を守り、次のように考えてみればいい。交換の三つの基本構造――双方交換、母方交換、父方交換――は、少なくとも無意識的なかたちでならつねに人間の頭のなかにあって、人間精神はその一つをほかの二つと対立させて――さらには関連づけて――考えないでは想起できない、と。母方婚と父方婚は全面交換の両極をなすが、しかしまた最短の交換周期と最長の交換周期として互いに対立し合い、かつまたどちらも一般ケースとして双方婚という個別ケースに対

図 87　婚姻の基本形式のあいだにある対立関係の体系

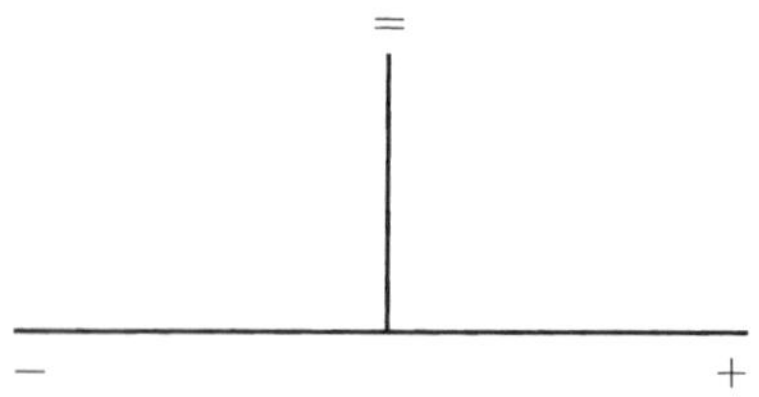

＝　双方婚、周期なし、A ↔ B 定式
−　父方婚、短周期、A → B 定式
　　　　　　　　　　A ← B 定式
＋　母方婚、長周期、A → B → C 定式

立する——じつに数学的研究は、複数のパートナーのいかなる組み合わせを考えようと、二人ゲームが三人ゲームの個別ケースとして扱われなくてならないことを確証する。[10] 双方婚は父方婚と母方婚とに対立すると同時に、一方で父方婚との共通性として交替的性格〔交換の方向が交互に変わること〕を有し、他方で、父方婚に見られるような一連の部分的解決策をでなく、一つの全体的解決策を可能にするとの意味で、母方婚との類似性をも示す。したがって三つの交換形式は四組の対立関係を織り成す（図87参照）。

＊＊＊＊

しかし問題が一つ残る。それは少なくとも部分的には文化史にかかわる問題である。親族・婚姻の基本法則を定義するには、世界のうち、インド、極東、オーストラリアを含む一つの限定されたエリアを研究すれば必要にして十分である。必要というのも、ここ以外にありうべきすべての事例が揃う地域はなく、またここほどに任意の事例を鮮やかな実例によって例証してくれる地域もないから。十分というのも、このエリア以外の世界各地に同様に単純な事例が散見されるにしても、それら単純な事例は、我々の取り上げた単純な事例に比べて本書の論証には一般に不向きで、しかもこのエリアで見られる以上に複雑な状況の現れる場合ですら、我々が心血を注いで定義しようとしてきた三つの基本形式をそれぞれ個別に変換するか、互いに組み合わせるだけで、当の状況を例外なく基本形式に帰着させることができる。

問題のエリアのもつこの論理的優先性は歴史的特権性にも対応するだろうか。この答えを探すのは文化史家の仕事である。構造論的分析の枠をはみ出さないようにしている我々としては、先ほど主張した命題、親族の複合構造——すなわち、好ましい配偶者類型についての積極的決定を含まない構造——はいずれも三つの基本構造を発展させた結果か組み合わせた結果として説明されるとの命題の妥当性を、手短に確認しておけば十分だろう。ただし複合構造には、のちにより詳しい特別な検討を加えることとする。以下我々は特権的エリアを東から西へ、オセアニアとアメリカを併せた世界からアフリカ、ヨーロッパへと順次考察してみる。

厳密な意味で言えば、アンブリン＝ペンテコスト型六クラス体系[11]は基本構造研究の領分に入る。好ましい配偶者クラスについての積極的決定を含むからである。しかし体系に極限の性格を付与する高度な複合性のゆえに、我々はこの体系を別の研究に回すことにした。ごく大雑把に検討してみるだけでも、そこには二分規則と三分規則の二つの互酬規則の組み合わせの結果が明らかになる。いままでこの二つの互酬規則を一致させることがめざされてきた。目的は達せられたが、代わりに出てきたのは、互酬規則を適用するうえでの厄介きわまりない難題であり、またこの体系にいまや内在するようになった新たな矛盾の数々である。我々が見るところ、限定交換原理と全面交換原理との組み合わせが、アメリカのいわゆるクロウ＝オマハ型体系の根底をなす（ただしこの体系自体は規定配偶者の決定を必ずしも含まない）。かくして我々としては、複合構造の東方エリアがメラネシアの南から始まると見なしたい。

ある追加的な理由がそう見なすことをさらに促す。いままで一般に主張されてきたのと大きく違い、全体として眺めたメラネシアは、双方的組織化によってはほんのわずかしか特徴づけられないと我々には見えるのである。すなわち、ニューギニアとその隣接地域は、ウィリアムズが「性別帰属」と呼んで記述した現象を例外的な度合で示す。[12]すなわち、兄弟の身分を父の系に、姉妹の身分を母の系に従わせることでなされる両者の身分の弁別である。この現象は限定交換をもとにしては解釈できないが、全面交換の角度から考察するときわめて明快になる。じつに母方婚でも父方婚でも（単方婚であるなら）、兄弟と姉妹は互いに異なる婚姻過程をたどるのだから。ゆえに交叉イトコ婚を欠く性別帰属現象を検討すれば、メラネシア世界全体を縦走する全面交換のいわば断層を、正確に跡づけることができる。しかも観察されているように、この断層が親族構造の崩れている宏大な帯域、すなわちポリネシア世界を縁どっているとなれば、断層の意義はいちだんと高まるように思われる。つまり「オセアニア＝アメリカ」と呼んでいい宏大な東方エリア全域のつくる、一種の舞台の上で、限定交換と全面交換とが出会い、対立したり組み合ったりするのである。この仮説が正しいとすれば、南アメリカの双方婚問題は注意深い再検討を要するだろう。

＊＊＊＊

交換の二つの基本形式の並置を特徴とする東方エリアに対して、西方エリア、つまりヨーロッパ＝アフリカ全域には、不均等に進化した、しかしいずれも全面交換にのみ属す諸形式が自由自在に流通しているように見える。双方主義の痕跡すら探し出せると思えないヨーロッパについては、厳密にそのように言える。アフリカはピグミー、ヘヘ、バンツー諸語を話す若干の民族、ヌエル、ロビなど、限定交換の間欠的な現れを確かにもたらすが[13]、しかしそうした現れは多くいまだ萌芽状態にとどまり、どの事例も仔細な検討を要求すると言っていいうえ、かなり知られるようになったとおり、アフリカは我々がまだいちじるしくきわだったかたちのそれに出会ったことのない特定の婚姻型、すなわち購買婚に愛でられた境域でもある。

カチンとギリヤークの研究は、購買婚が全面交換体系と相容れないわけでないことを我々に教えただけでなく、購買という定式が全面交換に内在するいくつかの困難に解決をもたらしてそれを乗り越えさせることをも、我々に示した。ならば残るところ、購買婚がまさにその本質において全面交換という基本構造に属し、この構造のいわばいちだんと柔軟な発展形式をなすことを、証明しなくてはならない。

アフリカに——とりわけバンツー諸民族のもとに——見られる花嫁代価 *lobola* の、その本性をめぐる問題をきっかけに始まった議論は知られている。*lobola* は持参金でありえないばかりか——言うまでもなく *lobola* は花嫁についてくるのでなく、花嫁の家族の手に入るのだから――また支払いでもありえない。支払いでない証拠に、妻はけっして占有の対象にならず、売り渡すことも殺すこともできない。彼女は彼女への強い愛着を引きずる実家の保護のもとに置かれつづけ、彼女が正当な理由から夫を捨てたのなら、夫は *lobola* の返還を求めることができない。ではいったい *lobola* とは何か。南アフリカで *lobola* とされるのはおもに家畜で、バンツーにとって「家畜は人間集団のあいだのあらゆる儀礼的関係をとりもつ本質的媒介である」[14]。家畜はまず殺人の補償と浄化のかたちで生者集団同士を、次に犠牲に捧げられる供物のかたちで生者集団と死者集団を、最後に婚姻に参与する集団同士を、媒介する働きを担う。インセスト禁忌の定めにより、女は自集団内で子を産めない。それゆえ、女は近隣集団に移転されるか、他集団の男が彼女のもとにやってこなくてはならない。出自が母系であっても父系であっても（バンツーのもとでは出自はこの二つの可能性をもつ）、インセスト禁忌のゆえに二つの集団はやはり相互依存状態に置かれる。*lobola* の移転は片務的購買を表すのでなく、〔交換に出される〕娘に対する代償として〔集団間の〕絆の双務性を証示する。

だが同時に *lobola* はそれ以上のものでもある。婚姻の諸儀礼が完了しても、集団間の相互義務が終わるわけでない。提供される奉仕と返報される奉仕、要求される贈り物と受け取られる贈り物の連鎖によって、縁組関係の現実に結ばれていることが婚姻の継続期間全般をとおして確認されていくが、しかし *lobola* そのものは受け取られるが早いか、ただ新しい回路を開いていくだけである。支払いとしての性格が *lobola* に認められない根本理由は、たまたま一部が供犠に回される場合を除き、それが原則としてけっして消費されないからである。受け取られた途端、新妻の兄弟または従兄弟に花嫁をもたらす再利用が *lobola* の目的になる。要するに *lobola* は、織物を貫く糸のごとく、同一集団の成員たちや異なる集団を次から次へと際限なくつなぎあわせていく。花嫁代価のもつこうした全体的給付としての性格を、セリグマンはアフリカの別の地域について記述した。「姉妹がいないなら、独身の男は誰でも貧しいだろう」。また「自分の姉妹の結婚や父の姉妹の娘の結婚は、シルック民族のどの若者にとっても関心事である。彼は花嫁代価として入ってくる家畜の一部を受け取れるからで、じつに家畜なくしては自分が結婚できなくなるかもしれないのである。（略）姉妹が結婚してくれることを願う理由が、男には山とある。さらにこの結婚に波風が立たないようにと願う理由もまた」。しかし集団間の絆が増えるのと相俟って、集団内の紐帯も強化され、アザンデ民族の「結婚を望む若者たちは、姉妹と引き替えに支払われる槍を彼らにくれる父親のために、従順に働かなくてはならない」[15]。父と息子の絆が、要するに、縁組によって結びつく家族のあいだの絆と連動しているのである。花婿は義父母のために働き、妻からは料理、野良仕事、子づくり、性的満足といったさまざまなかたちで、みずからの贈与に対する反対給付を受け取る。奉仕交換は二つの方向をもち、往還のリズムに合わせて進む女と家畜の二重の循環が、時代の経過とともに集団間、世代間の結束をいよいよ堅固なものに変えていく。

これらアフリカ諸体系における婚姻の絆の真の本性に、一つの事実がことのほか示唆に富む光明を投げかける。多くの集団で、特別な畏敬を下地にした関係が夫と妻の兄弟の妻とのあいだに存在し、トンガ〔バトンガ――本書六七ページの訳注参照〕ではそれは「大いなる moukōnwana」と厳かな名で呼ばれる[16]。シルックでは、この義理の姉妹は *ora*（互いに畏敬を義務とする縁組による親族）のカテゴリーに含まれ、セリグマンの言によれば「彼女は義母と同等視されているようである。（略）しかし」――と彼は付言する――「我々はこの対等待遇の理由を見出すことができなかった」[17]。多くの未開民族で義父母が息子の嫁にとって、またそれ以上に娘婿にとって特別なタブーの対象になることは確かに知られているが、しかしジュノーは補足的敷衍を記述に付け加え、トンガ〔バトンガ〕は「大いなる moukōnwana」を義母と同等に畏敬するだけにとどまらず、それ以上のことをなすと言うのである。義理の姉妹は推定にもとづく義母（妻の兄弟の娘の婚姻に対して彼女のもつ、ある種の特権がこの推定のもとになる）であるとの、ジュノーによって最初に差し出された解釈は、ゆえに満足のいくものでない。しかも次の事情を考慮すれば、この解釈はいっそう成り立ちがたい。義理の姉妹の場合と同じ原理をあてはめれば、妻の兄弟は推定にもとづく義父と見なされ、ゆえに畏敬をもって遇せられてしかるべきだが、現実には、夫は妻の兄弟に対して親密にふるまう特権をもつのである。

セリグマンの求める説明はジュノーの別の指摘のなかに見出される。結婚する娘と引き替えに支払われた *lobola* は、彼女の兄弟の嫁となるべき女を獲得するためにすぐさま使われる。ゆえに、妻のときと同じウシを用いて妻の兄弟の妻は獲得された。妻の兄弟の妻は夫のウシで買い取られたのである。我々の考えでは、大いなる mou-kōnwana に対する夫の特別な態度について、これ以上の理由を詮索するには及ばない。夫と大いなる moukōnwana とのいかなる接触、いかなる親密さも、社会的観点から見れば恐るべき意味をもってしまうと言ってい い。それは *lobola* の回路が取り返しのつかないかたちで途中で閉じること、理論的には無際限に連続していくはずの給付と反対給付の発展が頓挫すること、連繫の体系全体が失敗を証明されることである。だから夫と義理の姉妹とのあいだの、あの微妙な関係から二重の帰結がもたらされる。この二人の性的関係が禁止されてインセストと同等視される一方で、妻になんらかの非ありと認められて離婚したときに夫は、一見逆説的だが、義理の姉妹を配偶者として権利請求できる。この権利請求の可能性は少なくともバ・ロンガのもとには存在するが、[18] しかしジュノーが言うには、どうにも別の選択肢のないときにしか、このやむをえない解決策はとられず、しかもそれはどこでも例外なく大きな不幸と見なされる。妻の家族はたいがい、集団の別の娘を大いなる moukōnwana の代わりに立てようとし、この取り替えは「薪を横にして道を塞ぐこと」と呼ばれる。夫が代替案を拒むことはまれである。というのも「薪を飛び越すのはいけないこと」なので。[19]

いま見たように妻の兄弟の妻は二重の人格を体現するが、彼女がその両義性ゆえに聖拝物と同じ性質を分かちもち、聖拝物的性格をまとって現れることは驚くにあたらない。体系の字義、体系のいわば抽象的性格、その算術を、体系に伏在する比較的具体的な内実から分離することを試みれば、彼女の二重性格ははっきりしたかたちで現れる。理論的観点から見れば、妻はウシを介して獲得され、そのウシは義理の姉妹を買い取るために利用される。義理の姉妹はウシの象徴、ウシの担保である。ゆえに彼女は、女を欠くせいでウシの受け取り人が契約当事者の義務を履行できない場合、権利請求の対象になりうる。これは *lobola* 体系の形式的側面、機械的・非人間的表現である。ついては *lobola* が時の経過とともに文字どおり売り操作としての形式をまとい、その方向へますます傾斜してきていることは注意しておいて無駄でない[20]。しかし体系のもつ深い現実はそれではない。私はウシを移転することで妻を手に入れたが、その妻が私に委ねられたのは、受け取ったウシを使って自集団の一成員に新しい配偶者を迎えることを、彼女の家族が意図していたからにほかならない。この新しい配偶者——大いなる moukōnwana ——が、要するに、売買操作全体の言うなれば究極因をなすのである。ならば、彼女は交換プロセスの終点にいるのでなく、その始点に置かれていて、私は大いなる moukōnwana を自分の妻と交換したのだと言っていい。言っていいどころか、現実に私はこの交換を確かになした。大いなる moukōnwana はじつに私のウシ、言い換えれば私の肉で、少なくとも象徴的には私のクランに属すのだから〔この箇所はクランに属す家畜がクランと同一視されることを前提に言われている〕。したがって、抽象的合法性は私に彼女を財として権利請求することを許すけれども、道徳は女性親族と同じ資格をもつ彼女に近づくことを私に禁じ、彼女と不義を犯せば、この関係はインセストと見なされる。

家畜への関与が帯びるこのインセスト的性格は以下に見るフルンレの指摘、ただし我々の論じた右の問題とは無関係になされたその指摘によって、余すところなく明快に立証される。「ポンド、ズールー、ヘレロでは、所属クランの親族が一緒にいるときにしか、部族集団の成員たちはウシの乳を飲むことができない。ポンドとズールーでは、他クランに属す一人または複数の成員と一緒になってウシの乳を飲めば、当のクランと血による兄弟の契りを交わしたに等しく、ひいては当のクランに属す女と婚姻を取り結ぶことができなくなる」。同じ著者が付言しているところによれば、南東部のバンツー諸民族のかなりの数の民族では、結婚直後の女は、自分の夫の家畜から搾られた乳を飲んでならないとされる。もし飲めば、自分自身にだけでなく夫の家族にも禍をもたらす。夫側の長老たちがクラール〔「村落」を意味するアフリカーンス語〕の新成員に対する受諾の意思をはっきり示してのち、はじめて彼女は心置きなく乳の分け前を受け取ることができる[21]。それまでのあいだ、彼女は自分が連れてきたウシの乳を飲む。だからこのウシは嫁入り道具に欠かせない一品である。ジュノーの指摘によれば、家畜と引き替えに譲与された女と、この同じ家畜を使って次に買い取られた女は「双子」と呼ばれる[22]。

以上の観察記録は決定的に重要である。血族性と姻族性とがインセスト禁忌によってどう調停されるかを、それはいささかの曖昧さもなく例証してくれているのだから。先ほど一節を引用した論文の冒頭で、フルンレは、原住民の思考のなかにクランとクラン所有の家畜との実体的同一性の存在することを明らかにしている。ウシの乳を飲むことは集団の本性を分かちもつことである。ゆえに女について言えば、それは大いなる moukōnwana と同じ例外的位置にただちに身を置くこと、家畜と交換されることにあらがいつつ交換される姉妹（*lobola* の拒絶をめぐる儀礼的口論を想起しておこう）と、家畜である——言うまでもなく家畜それ自体が集団なのだから——姉妹の、そのいずれでもあるとの位置的両義性を帯びることであると言っていい。かくして我々は *lobola* がいちだんと具体的で、しかもおそらくはいちだんと深い追加的意義を獲得するのを見る。もはや象徴的であるにとどまらない現実的な意義である。そのことは、*lobola* がもろもろの集団を貫いて回路をへめぐると仮定してみればわかる。そう仮定するなら、家畜が、言ってみれば、もといた囲い場に戻ってくる瞬間がいつか必ず訪れるはずである。私が女を獲得するために移転した家畜が買い取りに次ぐ買い取り、交換に次ぐ交換を経て私の集団のもとへ戻り、続いて私の集団から娘を送り出すことになる、その瞬間が。この戻りのプロセスが媒介を経ず直接的に〔二集団間だけで〕実現されることさえ——少なくとも理論的には——ありえないわけでない。言い換えれば、私の潜在的な妻である大いなる moukōnwana は、たんに私の肉と血を、つまり私のウシを象徴的に体現するだけでなく、もしかしたら私の従姉妹か私の姉妹にもなりうるかもしれず、戻りのプロセスが媒介なしに実現されたなら実際にそうなりうる。

我々の分析が正しいとすれば、*lobola* は交換婚の間接化され転換された形式にほかならない。もっと正確に言えば、それは数ある取り引きテクニックの一つなのである。交換という性格、我々の捉え方からいけば婚姻制度に内在すると認められなくてはならないそれは、多様な集団からなる人員数の多い社会では取り引きテクニックをとおして表現されることがあり、とくに指摘するまでもないが、人口密度の比較的高い社会の条件には、補償として提供される女をなんらかの象徴的価値で代替する手続きのほうが、直接交換よりもうまくマッチする。したがって現実レベルの交換には二つの定式が考えられる。一方の定式は二個体のあいだでか、個体数のかぎられた二集団のあいだでなされる直接交換で、この場合、婚姻が一度にけっして二つ以上の集団を結びつけない可能性、集団が家族対のかたちで結びついて、それぞれの対が全体集団の内部で個々別々の全体性をかたちづくる可能性がある（限定交換）。もう一方の定式は、一つの共同体をなすいくつものセクションのあいだでなされる交換で、それはなんらかの全体構造が、意図的にか偶然にか、実現されることを予想させる。しかしそのような全体構造はつねに与えられるとはかぎらず、この型の構造（外婚半族や婚姻クラスからなるそれ）を欠くとき、*lobola* の実施は柔軟な――交換そのものが、現時点で即座になされる代わりに、潜勢的なまま先延べされるとの意味で柔軟な――体系を創設してくれる。

というわけで、購買婚はあらゆる交換形式と相容れる。だが大いなる moukōnwana に対する禁忌さえあれば、短周期の形成があらかじめ防がれ、家畜や槍や鍬は一つの広範な回路を確実に完成していき、この回路のなかに繰り込まれた多数の家族は、姉妹や娘を与えてしまっても妻を受け取ることはない。代わりに何を受け取ったのか。妻がいつかは見つかるとの保証を特権財のかたちで受け取ったのである。要するに家畜や槍や鍬は、カチンの言い方を再び借りれば、まさしく *mayu ni*「妻の与え手」なのである。ただ一つ違うのは、これら「妻の与え手」は、社会集団内の具体的な一セクション、そこに属す娘たちに優先権が及ぶところのセクションとして定義されるのでなく、象徴的価値、証書、もっと正確に言えば、どの家族からでも当の家族が長期回路のなかで（債権者である）私の家族に対して順序づけられさえすれば回収可能になる債権に体現される。要するに、イトコ婚が許可されているかぎり、購買は全面交換の単純な定式――母の兄弟の娘との婚姻、妻の兄弟の娘との婚姻、あるいは母系出自の場合なら、母の兄弟の妻との婚姻――を再現するにすぎない。[23] イトコ婚が抑止されていても、購買は全面交換に矛盾しない。この場合、禁忌親等を徐々に増やすことをとおして購買は、いよいよ長大化する、少なくとも理論的には終わりをもつことのない周期を形成させずにおかず、そのようにして全面交換定式を時間的にも空間的にも広げていくのである。つまり、従姉妹に対する権利の代わりに女の購買が用いられれば、それは全面交換を基本構造から離脱させ、いよいよ数を増す、またいよいよ柔軟にも広範にもなっていく周期の創出を促す。こうして周期はいまや即興的につくられるようになるが、しかし同時に特権財の流通規則が周期に一定のリズムを課し、周期の流れをはっきり跡づけ、貸借表の貸方・借方の明細を一瞬ごとに証明してくれる。

＊＊＊＊

いま見たとおり、交換構造は好ましい配偶者を規定することに連動して作動するわけではない。我々が定義しようと取り組んできた交換の基本形式は、たとえ禁忌親等の数が増え、第一親等、第二親等、第三親等のイトコが可能配偶者から除外されても、相変わらず機能しつづけていく。社会が十分な人員数を有し、しかもすべての家族が縁組関係を拡張していこうとするなら、この社会は自然に長周期として組織されるだろう。そして多数の婚姻を対象にした統計によって、少なくともいくつかのケースに関して、配偶者のあいだに遠い親族関係を突き止めることができるのであれば、これらの親族関係では必然的に母方が優勢であるだろう。逆に社会が危機的状況にあり、縁組を介した駆け引きにおいてなによりも保証の獲得や維持が目下の関心事になっている場合は、高い比率の父方性が分析によって明らかになるだろう。たとえ父方性が直接には立証できないか、若干のケースと遠い親等についてしか立証できないとしてもである。本書をとおして定めてきた一般的な解釈原理を、西欧世界に拡大適用しようと望む人にとって、以上の見解はきわめて重要である。祖父の名前を孫息子に授ける中世ヨーロッパの習俗には、互隔世代体系の言うなれば素地らしきものが示されている、とかつてホカートは指摘し、このことからインド＝ヨーロッパ古代における双方交叉イトコ婚の存在を、少なくとも推理してみたい誘惑に駆られたのだった。(24) かくのごとき仮説を許すものはなにもない。しかし我々は、互隔世代体系が双方交叉イトコ婚に結びついていず、父方婚からもそれの生じうることを知っているから、ホカートの言及した現象を理解するには以下のごとく想像してみるだけでたりる。おそらく社会全般が不安定であったせいで、中世社会には、縁組周期を永続的にか一時的にか短縮しようとする傾向があり、この短縮化が父方婚の比率を不可避的に高めていったにちがいない。たとえこの父方性がきわめて遠い親等にいたって定着し、ために周期に参加する家族にまったく父方性の自覚がないとしてもである。逐一貸借表のバランスをとろうと腐心する貴族や王室の縁組には、確かに父方傾向はあてはまらなかった。しかし集団の働かせる意識にたとえのぼらずとも、高い率に達した父方性はあらゆる周期の定期的反転のつくりだすそれ特有のリズムに、集団の思考を徐々に同調させていくはずである。[25] ならば、互隔世代による洗礼名の反復には容易に説明がつく。構造にかかわるいまだ粗削りで輪郭さえ定かでないなんらかの現象が無意識裡に把握されていることに根ざす、それは一種のゲームないし美的形式化なのである。

かくしてヨーロッパの親族体系の構造について手短な解釈を粗描するには、インド＝ヨーロッパ社会が交叉イトコ婚を実施していたとか、外婚半族に分かれてさえいたと仮定される、なにか古代的な状態を再構成する必要はない。こう指摘するだけで十分である。ヨーロッパが現状においてかそう遠くない過去において見せる一連の構造的特徴はすべて、我々が全面交換と呼んだものに由来していて、この型の交換の単純な諸形式を研究すれば、それら構造的特徴のあいだにつねに機能的関係を観察できる、と。では、言うところの構造的特徴とは何か。

最初に来るのは、血族・姻族を《speermagen》・《schweitmagen》と、《spillmagen》・《kunkelmagen》とに、すなわち父方と母方、「槍と剣による親族」と「紡錘と紡錘竿による親族」とに分けるゲルマン的分類法である。我々はここに「骨の親族」と「肉の親族」、「嫁の与え手」と「妻の取り手」のインド＝東洋的区別を再び見出す。このような分類法は、我々の考えでは、全面交換体系としか相容れないが、なぜかはすでに言った。すなわち、父方から見て母方が母方でありそれ以外のものでないのは、また母方から見て父方がやはり一意的位置を占めるのは、もっぱら全面交換体系の場合にかぎられる〔なぜなら交換が一方向的になされるから〕。〔交換が双方向的になされる〕限定交換体系では逆に、〔父方と母方の二集団はどちらから見ても両方の属性を同時に帯びる。[26] この典型的な分類法がゲルマニアからウェールズ地方にいたるまで繰り返し現れることだけからしても、ヨーロッパが全面交換のエリアに入ることの根拠になるだろう。

ビルマとアッサムにおける全面交換の単純な諸形式の検討から我々が立証しえたように、これらの形式は、社会が大きな単方集団へと分割されはじめることと相関する。どうもクランから生じたようだが、しかし民族的・言語的・機能的・習俗的個別性を伴って進む身分の分化など、特別な性格を帯びてもいるこれら単方集団は外婚集団で、その位階的配置のゆえに昇嫁婚の実施を余儀なくされる。カチン神話の描き出すこれらの集団は、単位ごとか対をなして複数の兄弟から生まれる。[27] 我々はインドのカーストも、さらにおそらくはイランの〔古代民族における〕「社会階級」も、これと同型の構造から生み出されたと解釈した。しかしさまざまな事実は、この構造がもっとはるかに広範なエリアに分布することを想定させてくれる。ヘロドトス（VI, 5-6）がスキタイ民族について記述するこの構造は、カチン神話を細部まで連想させる性格（始祖としての兄弟、双対をなすセクション、など）を伴う。さらに問題の構造をめぐるインドの対応例を数々挙げるデュメジル氏は、この構造の広がりをコーカサスまで追尾してみせた。[28] 付け加えておけば、先に言及したヘロドトスの文章はスキタイ民族における年下の兄弟の相続権を報告していて、しかも範囲をアイルランドにまで広げても、似通った習わしがまたしても見出される。五男を意味する *geilfine*「白い頭の男子」が──カチンのもとでと同様──優先的に家督を継ぐ習俗である。[29] ならば、シベリア゠ビルマ軸から西ヨーロッパにかけて、いちじるしく均質なまとまりが存在することを認めなくてならないだろう。そしてもっぱら全面交換概念のおかげで、我々はこのまとまりの意味の核心に迫ることができたのだった。

だが問題は以上にとどまらない。母方オジと彼の姉妹の息子との並はずれて緊密な関係、タキトゥス（『歴史』）がゲルマン人についてすでに叙述し、その後十世紀を経ても、なかんずく武勲詩〔中世ヨーロッパの叙事詩〕のなかに脈々と生き長らえるこの関係は、父権体制のなかに現れる疑似母系的特徴という、同様の問題を提起する。ビルマ社会、シベリア社会、インド社会の検討が我々を徐々に解決へと導いていったその問題を。[30]「骨」と「肉」、「剣」と「紡錘竿」の区別を局部的徴候とする、大きな構造的諸性格は、ホカートとデュメジル氏を正当な根拠から魅惑した仮説、すなわち古代における双分組織の存在を完全に排除する。ここでも相変わらず問題なのは双分組織でなく、母方でしかない母方と、妻を受け取りはしても少なくとも同じ交換相手に妻を提供することのない父方とを結びつける、両価的関係である。カチン型体系を検討するが早いか我々は、全面交換の一つの必然的帰結として、女権の法的確認がはっきり現れるのを見たが、それはまた、ゲルマン人やケルト人の制度のいちじるしい特徴をなしもする。いずれも炉辺の御守りで夫が妻の家族から受け取るカチンの *sumri*「活力」やギリヤークの *šagund*「貴重品」にいたるまで、要するに古代ヨーロッパに等価物を見出せないものはない。ゲルマン人のあいだでは、ウシ、鞍を置いたウマ、盾、剣、槍を含めた花嫁代価の見返りに、花嫁は夫のもとにいくつかの財を持参する。この持参財は、タキトゥスの指摘によれば、厳粛きわまりない絆を設けるものと考えられていて、神聖な価値を有するゆえにまさに「結婚の神々」とされる[31]。

しかしヨーロッパの婚姻規則を全面交換構造に帰着させるには、この交換の単純な諸形式との類似点をあれこれ確認するだけでは十分でなく、さらにもろもろの相違点をも説明する必要がある。すなわち、2＋nのパートナーからなる方向づけられた交換周期（全面交換の単純な定式）にもとづいて縁組が結ばれていた、ありうべき古代段階から、現代における非決定性、全面交換の単純な定式と同様な結果を得るために少数の消極的規定しか援用しないとの意味での非決定性へと、ヨーロッパ諸体系を徐々に導いてきた進化を説明すること。ここでは問題を深く掘り下げることはせず、ただ答えを求めるさいの指針を手短に指摘しておくだけにとどめる。

全面交換の単純な諸形式の検討から、すぐさま一つの結論がもたらされた。単純な形式は単純な状態のままだと持続性がないとの結論である[32]。全面交換は異身分婚につながる。大きな交換周期に参入している人々は、異なる身分を徐々に――また交換定式そのもののゆえに――獲得していくので、位階秩序の上位か下位を占めるパートナーからしか配偶者を受け取れなくなるのである。思い出しておけば、このような危機的局面の出現は古代インドについてもやはり確認されている。規則が一つ下位の身分を有する女との婚姻を課すという、いちばん頻度の高い事例を実例として取り上げてみよう。この場合、最上位の階級に属す女たちはいかにして結婚の手だてを見つけたらいいのか。さて、全面交換体系では、絆の連続性は、集団のすべての構成要素をパートナーとして結びつけていく、ただ一つしかない交換周期によって保証される。社会の秩序と個人の安全との基盤をなす全体構造に崩壊の危険が訪れなければ、回路のどこかで中断が起きることはまったくありえない。カチン型体系は、全体構造の崩壊という劇的問題の立ち現れる、まさにその瞬間にさしかかった全面交換を示す。

　この問題は解決を必要とする。我々はすでに解決策の一つに出会った。全面交換周期によって互いに結びついている集団が、より限定された構成体へと――しばしば対をなすかたちで――下位区分されて二者交換を開始する、というのがそれであった。アッサムや中国の諸体系の進化、またツングース型体系や満州型体系は、このプロセスを多面的に例証する。複数の局所的限定交換体系が一つの包括的全面交換体系の内部で働きはじめ、次第にそれに取って代わっていく。集団は全面交換の単純な形式を放棄し、代わりに限定交換の同じく単純な形式を採用する。だがまた集団は全面交換原理を守りとおすこともできる。全面交換の単純な形式を放棄して、複雑な形式を援用すればいい。これがヨーロッパのたどった進化である。

　異身分婚規則に内在する矛盾が全面交換周期をいわば膠着させてしまう事例を、最初に考察してみよう。回路は途切れ、給付と反対給付の無際限の連鎖は停止する。パートナーたちは足止めを食う。支給者の義務を果たせない状態に置かれた彼らは、なんらかの奇跡が機械全体を再び動かしてくれるまで、娘たちを手元に置いて息子たちと結婚させる。言うまでもなく、このような手続きは伝染する。それは社会体の全成員のあいだに徐々に広まり、異身分婚を内婚に変形するはずである。唯一インドだけが、首尾一貫したやり方で持続的にこの解決案を採用してきたが、その素地、一時的または近似的な形式ならエリア全域に見られる。たとえばかなり柔軟なクラス内婚と散発的な近親婚とを組み合わせて折衷的態度をとるイラン、[33] 血族婚を実施する〔古代〕エジプトなど。ただし後者エジプトの事例について提出した我々の解釈が正しいなら、[34] 男子相続人がいないときに女子相続人を近縁親族と結婚させるイランの、果てはギリシアの習俗のなかにまで、それのこだまが見出される。事実、エジプトやポリネシアで妹を可能配偶者から除外してなされる姉との婚姻は、極端な女子相続婚形式として現れるにすぎない。西ヨーロッパでも、教父文学やもっと後代のエリザベス朝演劇が、血族婚問題に関する一般の意識のゆらぎの広がりと持続を明らかにする。

だがまたもう一つ別の解決策も可能で、ヨーロッパ体系に決定的に刻印されたのはそれである。全面交換が異身分婚を生み、異身分婚が退行的解決策（限定交換、内婚）か社会体の全身麻痺に通じるというのなら、勝手な動きをする要素、一種の社会学的クリナメン(*)を、体系に繰り込んでやってもいいのである。交換の巧妙な仕組みがストップするたび、新たな弾みをつけるのに不可欠な一突きを与えるために、機械仕掛けの神(**)のごとくに到来するクリナメン。このクリナメンについてインドは明晰な観念をいだいたけれども、結局、別の道に踏み込んでいき、クリナメン定式を発展させ体系化する役目を、ほかに委ねてしまった。『マハーバーラタ』の一節全体があてられる *swayamvara* 婚がその定式で[35]、その要は、知られているように、高い社会的地位を占める人物が自分の娘を、身分のいかんを問わずなにか偉業を成し遂げた男に、もっと理想的には娘自身が自由に選んだ男に嫁として与える特権にある。実際、昇嫁婚体系のなかにいる王女にとって、これ以外に結婚の手だてがありえようか。社会規則が厳格に遵守されているなら、彼女にはそもそもいかなる配偶者も禁じられてしまうのだから。アッサムから中央ヨーロッパおよび西ヨーロッパにかけての叙事詩や民間伝承が描き出す *swayamvara* 婚は、確かにおおむね神話であるが、たとえ神話へと体裁が変わっていても、そこにはなんらかの現実的問題が、またおそらくは具体的諸制度が包み隠されている。実際、中世になってもまだウェールズの権利体系は二つの婚姻形式を区別していた。*rod o cenedl*「一族の贈与による」婚姻と *lladrut*「盗まれた、秘密の、人目を忍ぶ」婚姻、家族による女の譲与と女による自発的自己贈与である[36]。おそらく長期にわたって同居していたと思われるこの二つの婚姻形式に、全面交換の進化の――論理的でも、またおそらくは歴史的でもある――出発点と到着点を認めることができないだろうか。

（*）古代ギリシアのエピクロスの原子論において、平行に落下する原子間の結合・衝突を導く微細な「偏向」を言い、自然現象の多様性を生む原理とされた。

（＊＊）ギリシア悲劇のクライマックスで、筋の展開とは無関係に神が介入して紛糾した事態に結末をつけることに由来する表現。ゆきづまった悲劇的事態に思いがけない解決を与えてくれる人物や出来事をさす。

一つ興味深い点を指摘しておくなら、我々がここで考察してきたのとはおよそかけ離れた問題の研究に着手したにもかかわらず、G・デュメジル氏もやはり、*swayamvara* 婚（あるいはそれにとても近い習俗）とインド＝ヨーロッパ社会の昇嫁婚構造とのあいだに連繫をつけるにいたった。氏はスカンジナヴィアに伝わるスカディの結婚伝説を、『マハーバーラタ』のある物語（III, 123-125）に対比する。スカディは複数の候補者のなかから自由に夫を選んでいいと言われるが、候補者たちは彼女の目から隠されていたため、誤って老人を指名してしまう。他方、『マハーバーラタ』では、義務から老苦行僧シャヴァナと結婚した王女スカニャーが新たに夫を選ぶ特権を授かり、三人ともいずれ劣らぬ若い美男と聞かされていたが、顔を見ることのできない候補者のなかから相手を選んでみると、それは最初に夫とした老人だった。デュメジル氏がとくに関心を寄せるのは、どちらの異本においても夫選びの儀式が神格的な登場人物によってお膳立てされるとの事実で、氏はその人物を第三の社会的機能を担う守護聖人と見なす。「あちらではすべての候補者が敬して遠ざけられ、こちらでは候補者が一人だけおもしろおかしく選び取られる」。こう述べつつ氏は問いかける。「この第三の機能と、夫選びが女の自由に任されていた婚姻型とのあいだには、古くはたぶんなにかつながりがあったのではないか[37]」。いささか大胆にすぎるかもしれないが、ここで『マハーバーラタ』のあの別の節（Swayamvaraparva）を思い起こしてみたくなる。父と兄弟は王女クリシュナを競争の勝者に与えることにするが、いざ蓋を開けてみると、馳せ参じたすべての好戦的な王子たちを差し置いて、彼女は俗人に身をやつした一人の高貴なブラフマンにさらわれてしまう。大胆にすぎるというのも、打ち負かされた競争者たちがあげる怒声「*swayamvara* はクシャトリヤ階級のためにある」は、崇めてしかるべき伝統に訴えかけているように聞こえるが[38]、ここでははっきりと違う意味、内婚の精神に浸された意味を帯びているようにも思われるからである。だが偶然による結婚、功績による結婚、選択による結婚のいずれであるにせよ、*swayamvara* 婚はそれが上位階級の娘を下位階級の男に与えてのみ真の意味をもつ。つまり、身分の格差が集団の連帯を修復できないほどにも危うくしてはいず、これからも婚姻給付周期が中断をきたすことはないとの、少なくとも象徴的な保証をもたらしてのみ。したがって *swayamvara* 婚にもっとも大きな関心を寄せるのは従属階級で、ほかならぬ従属階級にそれは安全性の担保をもたらす。かくして従属階級はみずからをゲームの規則に恋々汲々とするその番人となし、ゆえに現代の民話にいたるまで、自然の配剤の働く瞬間が、あるいは掟の裏をかく大貴族の狡知が、語り手の視点次第で代わる代わる *swayamvara* 婚の悲劇——または喜劇——の場になるのだ。

おそらく *swayamvara* 婚は、一般的な制度や先行する制度のなかになんらかの基盤をもつが、しかしそれが出現したことは、全面交換体系の示す母方へのこれみよがしの方向性と、その体系のなかで密かに疼くあの父方への郷愁との、隠然たる摩擦なしにはありえなかっただろう。短周期体系にまといつく無意識の安心感、長周期体系の波瀾にみちた行程に身を投じた社会の内部に絶えずあって作用する、その感情なしには。実際、カチン型体系の検討をとおしてあらかじめ見たごとく、この内的矛盾は女性リネージの及ぼす圧力や、女権の法的確認と慣習によるそれの裁可に表現される。いずれにせよ *swayamvara* 婚とともに——ウェールズの言い回しを再び借りるなら——「人目を忍ぶ、密かな」、ほとんど密輸に等しいやり方で侵入してくるのは、現代ヨーロッパの婚姻のもつ三つの基本性格である。すなわち、禁忌親等の範囲内でも配偶者を選べる自由、夫婦の誓いを前にした男女平等、最後に親族からの解放と契約の個人化。

注

（1）W. H. Rivers, *The History of Melanesian Society, op. cit.*, vol. 2, p. 10.

（2）第6章参照。

（3）第23章参照。
（4）E. M. Loeb, Patrilineal and Matrilineal Organization in Sumatra. *American Anthropologist*, vol. 35, 1933.
（5）*Ibid.*
（6）*Ibid.* — C. Tj. Bertling, Huwverbod op grond van verwantschapsposities in Middel Java. *Indisch Tijdschrift van het Recht*, vol. 143, n° 2, 1936. — R. Kennedy, A Survey of Indonesian Civilization, in *Essays in the Science of Society Presented to A. G. Keller*, New Haven, 1937, p. 290; The《Kulturkreislehre》Moves into Indonesia. *American Anthropologist*, vol. 41, 1939.
（7）A. Capell / R. H. Lester, Local Divisions and Movements in Fiji. *Oceania*, vol. 11-12, 1940-1942, p. 319; Kinship in Fiji, *op. cit.*, vol. 15, 1945, p. 171.
（8）［ラドクリフ＝ブラウンは*American Anthropologist*, 1951に発表した論文でこれをなした。］
（9）Cf. Henri A. Junod, *Mœurs et coutumes des Bantous*, 2 vol., Paris, 1936, p. 271 *sq.* シュテルンベルグとハットンについては本書第17章、第18章参照。
（10）J. von Neumann / O. Morgenstern, *Theory of Games and Economic Behavior*. Princeton, 1944, p. 47. ［見られるとおり、私は一九四九年にすでに限定交換の全面交換への還元を予告していた。メイベリー＝ルイスとリーチ（1961）はこの還元の有効範囲をいささか過大視したが。］
（11）A. B. Deacon, The Regulation of Marriage in Ambrym. *Journal of the Royal Anthropological Institute*, vol. 57, 1927. Radcliffe-Brown, B. Z. Seligman, T. T. Barnardなどの後期の論文も参照。
（12）F. E. Williams, *Sex Affiliation and its Implications*, *op. cit.* 本書第8章参照。
（13）第8章参照。
（14）A. W. Hoernlé, *The Importance of Sib in the Marriage Ceremonies of the South-eastern Bantu*. South-African Association for the Advancement of Science, *Report of the Annual Meeting*, vol. 22, 1925, p. 481.
（15）C. G. Seligman / B. Z. Seligman, *Pagan Tribes of the Nilotic Sudan*. London, 1932, p. 62, 72, 514.
（16）Junod, *op. cit.*, p. 228-229.

（17）C. G. SELIGMAN / B. Z. SELIGMAN, *op. cit.*, p. 60.
（18）JUNOD, *loc. cit.*
（19）*Ibid.*, p. 229.
（20）HOERNLÉ, *loc. cit.*
（21）*Ibid.*, p. 482.
（22）JUNOD, *op. cit.*, p. 66.
（23）南アフリカにおけるこれらの婚姻形式の頻度については、以下のものを参照。W. EISELEN, Preferential Marriage Correlation of the Various Modes among the Bantu Tribes of the Union of South Africa. *Africa*, vol. 1, 1928; JUNOD, *op. cit., passim.*
（24）「原初形式が祖父＝孫息子となる互隔世代体系であった可能性はかなり高い。しかもこの体系は交叉イトコ婚に漠然と結びついているように思われる」A. M. HOCART, The Indo-european Kinship System. *The Ceylon Journal of Science*, Section G. vol. 1, part. 4, 1928, p. 203.
（25）第26章および第27章参照。
（26）第23章参照。
（27）第16章参照。
（28）G. DUMÉZIL, La préhistoire iranienne des castes. *Journal asiatique*, 1930, p. 125-126; *Naissance d'archanges*. Paris, 1945, p. 146 *sq.*
（29）ジョン・フォードの戯曲『哀れ、彼女は娼婦』に登場するベルゲットの身分がこの五男であり（JOHN FORD, *'Tis Pity she's a Whore*. London, 1888, p. 114. この戯曲はハヴロック・エリスによる解説と注をつけて公刊された）、そのことが彼の許嫁アンナベッラと彼女の兄弟とのあいだのインセスト的場面設定にある種の劇的要素を付け加える点は、指摘しておいて無意味でない。
（30）第27章参照。したがって我々は、デュメジル氏の押し出した二元論的解釈から袂を分かつ（G. DUMÉZIL, Le Festin d'immortalité. *Annales du Musée Guimet, Bibliothèque d'Études*, t. 34. Paris, 1924, p. 277.）。

（31）『ゲルマニア』第十八章。

（32）第16章参照。

（33）E. Benveniste, *Les Classes sociales dans la tradition avestique, op. cit.*, p. 117, 125. — Aly-Akbar Mazahéri, *La Famille iranienne aux temps anté-islamiques.* Paris, 1938, p. 113, 131.

（34）第1章参照。

（35）*The Mahābhārata*, trad. Protrap Chundra Roy. Calcutta, 1883-1886, vol. 1.

（36）T. P. Ellis, *Welsh Tribal Law and Custom in the Middle Ages*, 2 vol. Oxford. 1926, vol. 1, p. 393.

（37）G. Dumézil, *Naissance d'archanges, op. cit.*, p. 179.

（38）*The Mahābhārata, op. cit.*, Adi Parva, CLXII; edition Dutt, CXCI-7.

第29章　親族の原理

特別でなおかつ恣意的でもある解釈をしか、その明らかな特異性が許さないかに思われる場合ですら、婚姻規則の起源に我々が見出すのは、かくしてつねに交換体系である。この研究のあいだ、我々は交換概念の複雑化と多様化を目の当たりにしてきた。それは絶えず体裁を変えて我々の前に現れた。交換はあるときは直接交換として現れたが（双方イトコ婚の場合）、それはまた間接交換としても現れた（この場合、交換は二つの異なる単方イトコ婚規則に対応する二つの定式、連続定式と不連続定式をみたすことができる）。交換は一つの包括体系の内部で機能することも（これは理論的には双方婚と母方婚の共通性格である）、互いに関係ない無数の特別な体系、無数の狭い周期の形成を引き起こすこともある（このかたちの交換は絶えざる危険となって半族体系を脅かし、不可避的な弱点となって父方体系を蝕む）。交換は現物取り引きないし短期取り引きとして現れることも（姉妹交換や娘交換、オジ=メイ婚）、決済期限をもっと長期にわたって先送りする取り引きとして現れることもある（第一親等のイトコ、ときには第二親等のイトコが禁忌親等に包摂されるケースでのように）。交換は公然としていることも、（いわゆる購買婚の例に見たごとく）隠然としていることもある。交換は閉じていることも（婚姻クラスのあいだの縁組や選好親等の遵守といった特別な規則を、婚姻がみたさねばならないとき）、開いていることもある（ひとまとまりの禁止するだけの約定へと外婚規則が単純化され、禁忌親等の範囲外に自由選択の余地を残すとき〔このとき規則は特定の親等との結合を命じないでただそれを禁止するだけだから、禁忌親等以外なら（理論的には）どの親等との結合も可能になるとの謂〕）。交換は予約されたカテゴリー（クラスや親等）に設定されるいわば抵当権によって保証されることも、（ヨーロッパ社会に見られる単純なインセスト禁忌のケースでのように）信用にもとづくもっと幅広い担保に支えられることもある。家族の範囲に属す何人かの特定の女を〔結婚相手として〕断念するとの条件さえみたせば、理論的には集団のどの女を求めてもかまわない自由、個々の男に課されるのと同様な禁忌をすべての男に拡張することで保証されるこの自由が、言うところの担保である。しかし直接的・間接的、包括的・限定的、即時的・猶予的、公然・隠然、閉・開、具体的・象徴的のどの体裁をまとおうと、交換、つねに交換こそが、婚姻制度のあらゆる様態に共通する根本的土台として立ち現れる。これらの様態を外婚という一般的用語のもとに一括してもいいが（本書第1部で見たごとく、内婚は外婚に対立するのでなく、じつに外婚を前提にする）、それには条件がつく。禁忌親等内での婚姻の禁止によって集団にとっての最高の財である妻と娘を全体に間断なく流通させようとする合目的性を、うわべは消極的なかたちで表現される外婚規則の、その背後に見ること。

じつに外婚のもつもっとも広義に定義された機能的価値が、これまでの諸章をとおして精密に明確化されてきた。この価値はまずは消極的である。外婚は集団を集団として維持するための唯一の手段をもたらす。血族婚の実施が引き起こすかもしれぬ細分と分断を避けるためのそれを。恒常的に用いられれば、いや、ごく頻繁に用いられるだけでも、血族婚は遠からず社会集団を多数の家族へと「炸裂」させるだろう。それぞれが閉じた体系、入り口も窓もないモナドをなし、いかなる予定調和もその増殖と衝突を防ぐことのできない家族へと。もっとも単純なかたちで適用される外婚規則は、集団にとって致命的なこの危険を全面的に回避するには間に合わない。双分組織のケースがこれである。確かに双分組織は、生物学的家族が閉じた体系の性格をもってしまう危険性を決定的に取り除く。この生物学的集団はもはや単独では存在できない。別の家族との縁組の絆が、生物性に対する社会性の優位、自然性に対する文化性の優位を保証する。だがすぐに別の危険が表面化する。二つの家族、むしろ二つのリネージが二極体系のかたちで社会的連続体から孤立していく危険である。二つのリネージが、相互婚の繰り返しをとおして緊密に一体化した対を、いつまでも当事者のみで自足していく対をかたちづくるのである。このような対の形成方式を規定する外婚規則は、確固とした社会的・文化的性格を対に付与するが、その社会性は与えられるが早いかいつ断片化していかないともかぎらない。この危険を回避してくれるのが、いちだんと複雑な外婚形式で、全面交換原理はその例である。セクション・下位セクションへの半族の下位区分もまたその例で、分割に伴っていよいよ数を増す局所集団は、かぎりなく複雑化していく体系を編成する。かくして交換貨幣と同じことが女についても言え、しかも女はずばり交換貨幣の名をもつことが少なくない。原住民のみごとな言い回しに従えば、交換貨幣は「屋根葺き針の動きを思わせ、いつも同じ蔓を内へ外へと行きつ戻りつさせながら藁をしっかりとめてくれる」[1]。たとえセクションや下位セクションを欠いてそれのみになっても、双分組織は打つ手をもたなくなるわけでない。好まれる親等が半族そのものの内部で果たす役割——たとえばカリエラのもとで働く実の交叉従姉妹、しかも特定の型の実の交叉従姉妹への選好——が、いかにしてクラスのあまりに機械的な作動の危険を一時的に封ずる手段をもたらすかはすでに見た。なんらかのかたちで集団を限定してその内部での差別化を図ろうとする傾向である内婚に対し、外婚とはより高い凝集性、より効果的な連帯、より柔軟な結節をめざす、絶えざる努力である。

それはじつに、交換の価値が交換される物の価値に尽くされないことを意味する。交換——ひいては交換の表現である外婚規則——はそれ自体で社会的価値をもつ。人間たちを互いに結びつける手段を、それはもたらすのである。規則に律せられた縁組関係という——〔男女の〕偶然の出会いとか雑居的家族生活を免れているとの意味で——いまや人為的である絆を親族関係という自然の絆に付け加える手段である。この点で婚姻は、いくつかのコレージュ〔昔の寄宿学校〕で同性の若者同士が結ぶ、人為的で一過的なあの「夫婦の契り conjugalité」のモデルになる。バルザックが深く核心を言い当てているように、その契りはけっして血の絆に重なり合うのでなく、それに取って代わる。「なんと奇妙なことか！　私の学校時代には本気で兄弟を〈実行〉している者など一人としていなかった。人間というものが感情だけで生きているなら、たぶんこう思うだろう。偶然に湧いた愛情を自然の愛情と混同してしまっては、生活を貧しくするだけ、と[2]」

本書のはじまりのほうで批判したいくつかの外婚理論も、この新しい平面で、ある種の価値と意義を回復する。

インセスト禁忌と外婚が、我々の示唆したように、あらゆる社会集団に汎通する恒久不変の機能的価値をもつなら、人間たちがインセスト禁忌と外婚に与えてきた互いにどれほど異なる解釈のいずれにも、一片の真理が含まれているのではなかろうか。たとえばマクレナン、スペンサー、ラボックの理論でさえ、少なくともなんらかの象徴的意味はもつのである。いま一度思い出しておけば、マクレナンは、娘たちを嬰児のうちに殺すことを慣習としていた民族に外婚の起源があると想定した。この慣習のゆえに息子たちの嫁を民族の外に求めざるをえなくなった、と言うのである。同じような考え方からスペンサーも、外婚は近隣集団から女を略奪してくる好戦的な民族のあいだで始まったにちがいないとほのめかした。そしてラボックは、原初では二つの婚姻形式が対立していたとする仮説を立てた。一つは妻たちが集団のすべての男の共有財と見なされる族内婚、もう一つは、捕虜にされた女たちが捕虜にした男のいわば個人財として扱われ、かくして近代の個人婚を生むことになる族外婚。細かい具体的な点については異論もあるだろうが、しかし根本的な考え方にまちがいはない。すなわち、消極的よりはむしろ積極的な価値を外婚がもち、他者の社会的に存在することを肯定すること、もっぱら生物学的家族以外の集団との婚姻を繰り込み、またそれを命ずるためにのみ、外婚によって内婚が禁じられること。この禁止がなされるのは、もちろん、血族婚に生物学的危険がまといついているからでなく、外婚が社会的利益をもたらすからである。

かくしてつまるところ、部分的諸単位を全体集団のなかへ、間断なくか定期的に、確実に統合して互いに無縁だった集団に協働を余儀なくさせるあのひとまとまりの現象の、その一要素——それどころかおそらくいちばん重要な要素——として外婚のあることが認められなければならない。たとえば多種多様な祝宴、祭礼、儀式などが、言うところの現象にあたるが、いずれも社会生活の骨子をなす現象である。だが外婚はそうした数ある現象のあいだに位置づけられる、一つの現れにすぎないのではない。祭礼や儀式は定期的で、その大部分は限定された機能を果たすにすぎないが、外婚の掟は逆にどこにでもついて回って、恒久的・持続的に働くのであり、しかも生物学的に見ても社会的に見てもこのうえなく貴重な価値、それなくしては生活そのものが立ち行かなくなるか、少なくとも耐えがたくおぞましいものになってしまう価値——女——にかかわっているのである。したがって、次のように言ってもおおげさでない。外婚は互酬性にもとづくほかのあらゆる現象の原型で、それのもたらす万古不易の根本規則は集団が集団として存在することを保証する、と。たとえばエルスドン・ベストが我々に教えるところによれば、マオリのもとでは「いざ戦争というときに協力を得る手段として、貴族の家柄の少女も少年も、権勢を誇る有力部族の成員と結婚させられていた。たとえそれらの部族がまったくよその集団に属すと考えられる場合でも。まさにあの古い時代の俚諺《りげん》が実行に移されていたのだと言っていい。*He taura taonga e motu, he taura tangata e kore e motu*（贈答によって結ばれる絆は切れることがあるが、人の絆は切れない）。二つの集団は友好関係によって結びついて贈り物を交換し合っていても、やがて仲たがいし戦うことがあるが、しかし相互婚は二つの集団を永続的に結びつける」。さらにベストはもっと先で別の諺を引用する。*He hono tangata e kore e motu, kapa he taura waka, e motu*「人の絆は不滅だが、カヌーの舫《もや》い索《さく》はそうでない。舫い索はじつに切れることがある」(3)。これらの言葉に含まれる哲学は、マオリが集団内部でなされる婚姻の利益にけっして気づいていないわけでないだけに、いっそうの示唆に富む。彼らはこう言っていたのである。二つの家族が喧嘩して罵倒し合っても、そんなことはたいしたことでない。たかが家族の問題だ。〔これが外婚であったなら起きるかもしれない部族間の〕戦争は避けられるのだから(4)。

＊＊＊＊

インセスト禁忌は母、姉妹、娘との結婚を禁ずる規則であるより、母、姉妹、娘を他者に与えることを義務づける規則、典型的な贈与規則である。とかく誤解されがちなこの側面こそが、インセスト禁忌の性格を理解させてくれる。インセスト禁忌をめぐる解釈のあらゆる誤りは、それだけで完結したプロセス、それ固有の限界と可能性を個々のケースごとにそれ自体から引き出すプロセスを、婚姻に見ようとすることに由来する。

母、娘、姉妹との婚姻を避けるありうべき理由は、かくして彼女たちのなにか内在的な特質に求められ、どうしても生物学的考察へと引きずり込まれる。母性や——さらにこんな言い方が許されるなら——姉妹性や娘性が、考察されている個体の属性であるのは、もちろん社会的視点からでなくて、もっぱら生物学的視点から見たときにかぎられるのだから。しかし社会的視点から眺めるなら、こうした性質規定は、単独で考えられた個体を規定するとは見なせない。それが規定するのは、当該個体とそれ以外のすべての個体との関係である。たとえば母性はある女とその子供との関係であるだけでなく、その女と集団のほかのすべての成員との関係でもあり、これらほかの成員にとって彼女は母親でなく、姉妹、配偶者、従姉妹、あるいは親族関係から見たたんなる他人である。同じことはあらゆる家族関係についても言える。じつに家族関係は、そこに含まれるすべての個体とそこから排除されるすべての個体との両方によって、はじめて定義されるのである。このことはまさに真実であり、その証拠に原住民は、観察者たちにしばしば強い印象を与えてきたように、中立関係というものを、もっと正確に言えば関係の欠如というものを考えることができない。我々の感覚——この感覚はいずれにせよ錯覚であるけれども——から言うと、親族関係の欠如はそれの欠如している状態を意識のなかにも引き起こすが、それは未開の思考にとってもやはり同じことだろうとする前提は、検討してみれば崩れ去る。どの家族関係もあるひとまとまりの権利と義務を指定するが、家族関係の欠如もまた、なにも指定しないのでなく、敵対関係を指定する。「ヌエルのもとで暮らしたいなら、彼らの流儀に倣って暮らさねばならない。彼らを一種の親族として扱わねばならない。そうすれば、彼らもまたあなたを一種の親族として扱ってくれる。権利、特権、義務、一事が万事、親族関係によって決定される。誰でも実のまたは仮の親族であるか、さもなくば、いかなる互酬義務によっても結びついていないよそ者、ゆえに潜在的な敵として遇せられるよそ者であるほかないのである」[5]。オーストラリアの集団もまったく同じ言葉づかいで性格づけられる。「いまだかつて一度も訪ねたことのない野営地に近づくとき、よそ者はそこに足を踏み入れることなく、いくらか遠巻きに待機する。まもなくすると、少数の長老からなる一団がよそ者に声をかける。長老たちがいのいちばんになすべきことは、よそ者の素性を確かめることである。よそ者はしばしばこう尋ねられる。おまえの *maeli*（父の父）は誰か。話し合いは系譜をめぐる質問に沿って進んでいく。野営地にいまいる一人一人とよそ者との関係がはっきりし、当事者全員が納得したと言うまでそれは続く。ここまで来てはじめて、よそ者は野営地に入ることを許される。そして一人一人の男女をさして、彼とどういう関係にあるかがよそ者に教えられていく。（略）私が原住民で、別の原住民に出会ったとすれば、この原住民は私にとって親族か敵かのどちらかであるしかない。敵であるなら、とりもなおさず私は相手を殺す隙をうかがわなくてならない。でなければ、相手が私を殺すかもしれない。白人がやってくる前まで原住民は隣人への義務を〔キリスト教の言う隣人愛とは異なり？〕このように考えていた[6]」。この二つの実例がそのきわだつ並行関係をとおして確証するのは、一つの普遍的な場面にほかならない。「じつに多くの社会でじつに長いあいだ、人間たちは極端な不安・敵意とこれまた極端な寛大さとを伴う奇妙な精神状態のもとで相手に接近したが、この極端さは我々の目にのみ尋常でないと映るにすぎない。我々の社会に直接先行していまでも我々のまわりに残る社会には、いや、我々の社会ですら、民衆的道徳観にかかわる多くの習わしには、中庸というものがない。全幅の信頼を置くか徹底的に警戒するかのどちらかで、武器を置いて呪いをやめたなら、その場での歓待から自分の娘、自分の財にいたるまで、すべてを与え尽くすのである[7]」。しかしこのような態度には野蛮さ、それどころか厳密な意味での古代性さえ少しもない。ただ社会関係に内在する諸性格が、とことんまで整理されて現れているにすぎない。

どの関係もほかのすべての関係から恣意的に切り離すことはできないと言っていい。また関係の世界の手前に、あるいは向こうにとどまることもやはりできない。社会環境は、その内部で人と物との結合やたんなる並置が起きる、なにか空っぽの枠組みのようなものとして捉えられてならない。環境はそこをみたす事物から切り離せず、環境と事物は一体となって一つの重力場を構成する。この重力場のなかで、負荷と距離が一つの調整された集合を形成し、集合のどの要素が変更されても、それは体系の全体的均衡を変化させる。この原理の少なくとも部分的な例証を、我々は交叉イトコ婚の分析をとおして与えたが、いまやどうしてこの原理の適用範囲が親族関係のあらゆる規則、なによりあの普遍的・根本的規則、インセスト禁忌にまで広げられなくてならないのかも見えてくる。それは親族体系が例外なく全体的性格をもつからである（親族体系を欠く人間社会もまた存在しない）。それゆえ、言ってみれば永遠の昔から母、姉妹、娘は体系の諸要素のうち、彼女たちに対して息子、兄弟、父のいずれの関係にもない要素と、息子、兄弟、父は別の女たち、別の女性クラスと、あるいは別次元の関係が定義する女性的諸要素と、組み合わされている。婚姻が交換であるからこそ、婚姻が交換の原型であるからこそ、交換の分析は、贈与と反対贈与、特定の婚姻とほかのすべての婚姻とをつなぐあの相互依存性を理解する、その一助となりうるのである。

なるほどB・セリグマンは、女が同盟の唯一のか有力な道具であることに異議を唱え、[8] たとえばニューギニアの原住民のもとで *henamo* 関係に表現される、血盟兄弟関係 fraternité de sang の制度を持ち出す。血盟兄弟関係の設定は確かに個体のあいだに盟約による絆をつくりだすが、しかしそれは同時に当事者たちを兄弟と同列に置き、姉妹との婚姻の禁忌をもたらしもする。未開社会では女性交換や女性贈与が同盟創設の唯一の手段である、と主張するつもりは我々にない。ブラジルのいくつかの原住民集団のもとでどうして共同体が「義理の兄弟」の語でも「兄弟」の語でも言い表されうるのかを、我々は別の機会に明らかにした。義理の兄弟は同盟者、協力者、友人で、それは同盟を結んだバンドに属すすべての成人男子に与えられる名である。またバンドの内部でなら、潜在的な義理の兄弟、すなわち交叉従兄弟は思春期に耽る同性愛的戯れの相手で、大人になってからもそのことは、交叉従兄弟双方の愛情深いふるまいに痕跡をとどめつづける。[9] しかしナンビクァラは義理の兄弟関係のほか、同時に兄弟関係の概念を持ち出すすべも心得ている。「野蛮人め、おまえなんか兄弟じゃない！」、非親族との口論の最中にそう怒鳴るのである。また小屋の柱、牧神の笛の管など、ひと揃いをなす物品に出会ったとき、それらは互いに「兄弟」と言われたり、それぞれの関係が「他人」と呼ばれたりする。このような用語法の詳細には、モンテーニュの指摘と比較してみるだけの価値がある。彼がルーアンで出会ったブラジル・インディアンは、我々が「同胞 semblables」と言うときの意味で人間たちを「半分」と呼んでいたとの指摘である。[10] だがこの二つの型の絆のあいだに歴然たる違いも見てとれる。次のように言えば、その違いは十分明快に示されるだろう。一方の絆は機械的連帯（兄弟）の確認だが、他方の絆は有機的連帯（義理の兄弟、仲間）を拠り所にする。兄弟は互いに密な関係にあるが、そうあるのは柱や笛の管のように互いが似通っているからである。それに対して、互いが補い合い、互いが互いにとって機能的に役立つとの意味で、義理の兄弟はもたれあいの関係にある。たとえば幼年期のエロチックな遊びで一方が女役を演じるとか、あるいは大人になって、どちらの手元にもあるもの——姉妹——を一緒に断念し、その代わりにそれぞれが所有していないもの——妻——を提供し合うことで男同士の盟約が正式に承認される、といったように。機械的連帯形式はなにも付け加えず、なにも結びつけない。自然をモデルとするある型の連繫を再生産するだけで事足りるそれは、最低限の文化性にもとづく形式である。それに対して有機的連帯形式は、新たな平面で集団の統合を実現する形式である。

マルキーズ〔マルケサス〕諸島の血盟兄弟関係をめぐるリントンの一観察は、二つの制度（血盟兄弟関係と相互婚）を相互的視角のなかに置くことを助けてくれる。血盟兄弟は *enoa* と言われる。「ある男の *enoa* である人は、この男の財産に対して彼と同じ権利を有し、この男の親族に対しても彼と同じ親族関係に立つ[11]」。しかし文脈からじつにはっきりと浮かび上がるように、集団間の関係にかかわる効果的な真の解決策、部族の継起的融合を伴う相互婚という集団レベルの有機的解決策が部族間情勢[*]のせいで不可能なときに、それを個人レベルで代替する解決策が *enoa* 体系にほかならない。仇討ちの最中で、集団的なことがらである婚姻がまさに機能しないそのときでも、純粋に個人的なことがらに属す *enoa* 制度が、最低限の人間関係と協働を確保してくれるのである。

（＊）原語は、situation internationale で、文字どおり訳せば「国際情勢」であるが、かつてマルキーズ諸島には群小首長国 chiefdom が割拠していたから、おそらくそれを踏まえて international の語が使われているのだろう。

原住民の理論ははるかに直截に我々の捉え方を裏づけてくれる。婚姻禁忌の破られた場合を想定したマーガレット・ミードの質問に、はじめアラペシュ民族のインフォーマントたちは答えに窮したが、しかし彼らがやっと漕ぎ着けた説明は、話の通じ合わないそもそもの原因をはっきり明るみに出す。彼らにとって禁忌は文字どおりに、つまり消極的側面から、捉えられているのではない。それは積極的義務の裏面ないし補償にすぎず、彼らにはもっぱらこの積極的義務だけが鮮明に意識されている。男が自分の姉妹と同衾することはあるか。ばかげた質問である。あるわけがない、もちろんないに決まっていると彼らは答える。「我々は姉妹とは寝ない。姉妹は別の男たちにやるのだ。そしてこの別の男たちが自分の姉妹を我々にくれる」。民族誌家はなおも食い下がる。でも、そういうありもしないことが万が一、仮にほんとうに起きたとしたら、あなたたちはどう考えるのか、どう思うのか——我々の誰かが姉妹と寝たらだって？　なんてことを訊くんだ！——だから、仮にそういうことが起きたとしたら……。そのうちインフォーマントが、インセストを犯した仲間と議論しなくてならないといった、彼にはほとんど想像もつかないシチュエーションにかろうじて身を置くことができるところまで来ると、この架空の対話には次の答えが得られる。「え、なんだって、自分の姉妹と結婚したいだと？　いったいどういう風の吹き回しなんだ。義理の兄弟をもちたくないのか。おまえにはほんとうにわからないのか。おまえが別の男の姉妹と結婚し、別の男がおまえの姉妹と結婚すれば、おまえには少なくとも二人の義理の兄弟ができるってことが。自分の姉妹と結婚なぞしたら、一人の義理の兄弟もできないんだぞ。そうなったら、おまえは誰と一緒に狩りに出かけるんだ。誰と一緒に畑仕事をやるんだ。誰のところを訪ねたらいいんだ(12)」

そそのかされてしゃべっているのだから、確かに右の話にはどこをとってもいささかうさん臭いところがある。一方、同じ調査者の手で採取され、我々が本書第1部の銘句として引いた原住民の警句はそうでない。しかしいずれの場合も意味しているところは同じである。ほかの証言も同じ命題を裏づけてくれる。たとえばチュクチ民族にとって「悪い家族」は「兄弟も従兄弟もいない」孤立した家族として定義される(13)。そもそも相手の口から説明を引き出すのにそそのかす必要があるということ（とはいえ、いずれにせよ、説明の内容は自発的なものであるが）、それでもなかなか説明を得ることができないということ、これは婚姻禁忌の問題自体に見解の相違がはらまれていると告げている。婚姻禁忌はただ二次的・派生的な意味で禁忌であるのにすぎない。それはあるカテゴリーに属す人々に及ぶ〔「～してならぬ」との〕禁止である前にまず、別のカテゴリーに属す人々を対象にした〔「～せよ」との〕命令である。あまたいる現代の解説者よりも原住民の理論は、この点をなんと鋭く洞察していることか！　姉妹、母、娘であるというだけで彼女たちを〔結婚相手として〕失格させるものはなにもない。インセストは道徳的罪である前に、社会的不条理なのである。インフォーマントの重い口から無理やり引き出された、あのにわかに信じがたいといった驚きの声「ほんとうにおまえは義理の兄弟が欲しくないのか」は、社会状態にそのもつべき黄金律をもたらす。

＊＊＊＊

したがって生物学的家族の内部に、インセスト問題への可能な解決策はない。たとえ生物学的家族がすでに文化的文脈のなかに置かれ、その文脈特有の諸要請を課されていると想定してもである。文化的文脈は一連の抽象的条件から成り立っているのでなく、一つのごく単純な事実、文化的文脈を余すところなく表現する事実に由来する。すなわち生物学的家族はもはや単独であるのでなく、存続するには、ほかの家族との縁組に訴えねばならないということ。これとは別の捉え方を、マリノフスキーが次のごとく懸命に擁護しようとしたことは知られている。性的関係にまといつく情動と両親への愛、あるいは「兄弟と姉妹とのあいだに流れる自然の情[14]」など相容れない感情のあいだの、まさに生物学的家族の内部にはらまれる矛盾からインセスト禁忌は帰結すると言っていいが、ただしこうした感情が相容れなくなるのは、ただ生物学的家族が果たさねばならなくなる文化的役割のせいでしかない。たとえば男は自分の子供たちに物を教えなくてならないが、当然にも家族集団内部で遂行されるこの社会的職務は、しかしもし世代間の安定した秩序の維持に欠かせない訓練を別タイプの感情が介入して混乱させるなら、取り返しがつかないほど支障をきたすだろう。「インセストとは、家族が教育を代行するもっとも重要な担い手であるときに年齢を混同させること、異世代を混淆させること、感情を攪乱すること、あらゆる役割を乱暴に入れ替えることに等しいと言っていい。そのようなことになれば、どんな社会も存在することができないだろう[15]」

この説にとって不都合なことに、どの点についてもめざましい反論を浴びせてこない未開社会は、実質的に一つたりと存在しない。未開の家族は我々の家族よりも早いうちに教育的機能を完了し、子供が思春期に入るが早いか――いや、しばしばそれ以前から――若者たちの面倒を集団に委ね、その育成は若者宿やイニシエーション・クラブに託される。青年男女がこうして家族という基本単位から解放されて最終的に社会集団に編入されたことを、イニシエーション儀礼は正式に認定する。この目標を達成するためにイニシエーション儀礼は、マリノフスキーが致命的危険であることを明らかにするためにのみその可能性に言及するところの、まさに二つの手続きに訴える。すなわち情緒の攪乱と役割の暴力的交換で、役割交換について言えば、近親たちがイニシエーションを受ける若者本人に、家族とはほとんどなんのつながりもない習わしを実行させることさえある。最後に指摘しておけば、さまざまな型の類別的体系が年齢や世代の明確な区別の維持におよそ無頓着であることは知られているけれども、やはりホピの子供は――我々の社会の子供も同様であろうが――年寄りを「我が息子」と呼べるようにはなかなかなれないし、そのほか、このたぐいの同等視は、なんであれ一般に困難なのである[16]。マリノフスキーがインセスト禁忌の妥当性を示すために懸命に描写しようとする場面は、根拠もなく惨たらしいものと思われているが、しかし彼とは違った観点から眺めるなら、結局のところ、それはどの社会を問わず、ごくありふれた光景にすぎないのである。

「インセスト禁忌をめぐる」あのような素朴で自己本位な考え方には、これといって目新しいところも独特なところもない。実際、マリノフスキーがひとときの命を吹き込んでみせるはるか前に、すでに当の考え方をデュルケムが決定的に批判していたのだった。インセスト的関係と家族的感情とが矛盾しているように見えるのは、我々がこの二つを、互いにどうしようもなく排斥し合うものと捉えてきたからにほかならない。逆になんらかの長くも古い伝統が人間たちに近親との結合を仮に許しているとすれば、我々の結婚観はいまとはまったく違っているだろう。性生活は現在あるようにならないで、もっと非個人的性格を帯び、想像力の自由な羽ばたき、夢想、欲望の自然な発露にもっと狭い余地しか残していなかっただろう。性的感情は穏やかで緩慢になり、しかしまさにそうなることで家庭的感情に近づき、無理なくそれに溶け込んでいただろう。この敷衍を締めくくるために最後に引用を一つ。「インセストが禁忌とされたとひとたび仮定してしまえば、確かに問題は出てこない。そう仮定すれば、夫婦の次元はいまや家庭の次元からずれていて、ゆえに必然的にそれから遠ざかる方向に発展していったはずであろう。だがこの禁忌を、当のそれから明らかに派生してくる諸観念によって説明できないことは、はっきりしているのである[17]」

もっと先まで踏み込んでいく必要はないか。たくさんの社会がまさに婚姻にさいして慣習的に世代を混同し、年齢を混淆し、役割を入れ替え、我々から見ると相容れないはずの諸関係を同一視する。ところが当の社会にとってこうした習わしが、きわめて厳格に捉えられることのあるインセスト禁忌に完全に調和すると映っているからには、こう結論することができる。これら慣習の一つとして家族生活に対立しないこと、その一方で禁忌は、それの多様な様態をとおして共通に見られる、さまざまな性格によって定義されなくてならないこと。チュクチに例を求めるなら、彼らのもとでは「婚姻交換に出される女の年齢はほとんど慮外に置かれる。たとえばオロイ川流域では、クィムイカイという名の男が、五歳になる自分の息子を二十歳の娘と結婚させた。この男は代わりに十二歳になる自分の姪を差し出し、姪は二十歳を超えたある若者の嫁になった。あの幼児の妻となった女は乳母の役を務め、自分の手で食事をさせたり寝かしつけたりした」。同じ著者は、二歳になる赤ん坊と結婚した女の事例も引く。この女は「結婚の友 compagnon de mariage」、つまり公認された一時的な愛人とのあいだにも一子をもうけ、二人の乳児の面倒をみていた。「彼女は自分の赤ん坊に乳をやるとき、夫＝赤ん坊のほうにも乳をやる。（略）そしてこのとき、小さな夫はむずがらずに妻の乳房を含む。私が女のふるまいを説明してほしいと頼むと、チュクチの男はこう答えた。なんと言ったらいいか、たぶん自分の夫が若者になったときに備え、愛をつなぎ止めておくためのまじないだろう」。いずれにせよ、確かなことだが、一見突飛とも見えるこうした結合には、突然の恋、〈美しい王子〉〈不遇の姫君を助けて彼女に恋する、おとぎ話に登場する王子〉や〈眠れる森の美女〉、男を寄せつけない美女や万難を排して愛を貫く恋人たちの話を満載したロマンチズム溢れる民話に一脈通ずるものがある。[18] 南アメリカについても類似の事実が知られている[19]。

どれほどふつうでないと見えても、こうした実例はまだほかにもあり、エジプト式のインセストはおそらくこのたぐいの極端な実例にすぎない。ニューギニアのアラペシュのもとにも類例が見出される。頻繁に幼児同士の婚約がおこなわれて、二人の子供が兄と妹であるかのごとく成長していくそこではしかし、年齢の違いが夫に有利なように決められる。「アラペシュの少年は自分の妻を育てる。父権は通常、子供を生ませたという事実にでなく、子供を養ったという事実にもとづいているものだが、奉仕と献身を妻に要求するとき、アラペシュの夫もやはり、妻と引き替えに支払った代価や妻に対する所有権に訴えるのでなく、大きくなるまで妻に食糧を与えてきたこと、その食糧が妻の骨となり肉となったことに物を言わせる」。一見常軌を逸していると見えるあの型の関係が、ここでもまた標準婚の心理学的モデルを提供してくれる。「社会的組織化の全体は、子供と妻とのあいだに立てられる類推にもとづく。両者はいずれも男社会より年下の、担うべき責任も軽い、ゆえに指導されるべき集団と見なされる。当然にも女はこの子供のカテゴリーに入れられ（略）嫁ぎ先のクランの、彼女より年上の男全員に対置される[20]」

同じく中央ブラジルのタピラペのもとでも、人口の自然減のせいで、女子幼児を結婚相手とする婚姻体系が一般化してきている。[21]「夫」は義父母の家で生活し、「妻」の母が女のすべき仕事のいっさいをこなす。モハヴェ〔ユーマ語族のアメリカ・インディアン〕の夫は、妻にした小さな女の子を肩車しながら家事にいそしみ、より一般的には夫としてと同時に父ノ代ワリ *in loco parentis* としてもふるまう。モハヴェはこのありさまを臆面もない様子で冷評し、ときとして本人のいる前ですら、あの男は自分の娘を妻にしたのではと口走る。「おまえさんは何を肩に担いで持ち歩いているんだい」と尋ねるのである。「おや、あんたの娘さんかい。こんなたぐいの結婚がご破算になると、ちょくちょく旦那の気がふれたりするもんだ[22]」

中央ブラジルのマデイラ高地のトゥピ＝カワヒブのもとで我々自身もまた、三十歳くらいの男と、母親の腕にまだ抱かれた二歳にもみたない乳児との婚約式を目の当たりにしたことがある。よちよちとはしゃぎ回る小さな婚約者のあとをついて回る、未来の夫の感無量といった様子ほど心を打つものはなかった。彼は飽かず繰り返し婚約者を褒め称え、自分の気持ちを見物人にも伝えようとしていた。歳月が経るにつれて彼の頭のなかは、所帯を整えなくてはとの未来の設計図でいっぱいになっていくだろう。かたわらで力強く美しく成長する婚約者を見るにつけ、忌まわしい独身生活にやがて別れを告げられる日が来るはずとの確かな思いが、彼の心の張りとなるだろう。そして彼のなかに芽生えた優しい感情は、もう今日からでも数々の無邪気な贈り物に託されて表現されていくのである。我々の判断基準に照らせば父、兄、夫の互いに通分不可能な三つの次元へ引き裂かれているこの愛情も、しかし相応の文脈のなかでなら、いかなるいかがわしい要素ももたらさず、そこには未来の夫婦の幸せを、いわんや社会秩序の全体を危うくする負の価値など、どのようにしても認められなかった。

ゆえにマリノフスキーに抗して、また彼の弟子たちのうちでも古ぼけた立場に無意味に固執する人々に抗して[23]、フォーチュンやウィリアムズをはじめとする人々の正しさに軍配を上げなくてはならない。タイラーに続いてインセスト禁忌の起源を、その禁忌の積極的含意のうちに見出した人々である[24]。ある観察者がいみじくも言うとおり「インセストによる夫婦は貪欲な家族のごときものである。与えることと受け取ることからなるゲーム、民族生活の全体を要約するあのゲームからどちらも自動的に遠ざかっていき、集団という身体の死んだ手足、麻痺した手足と化す[25]」。

ならばどの婚姻も、集団のなかでなされたかこれからなされる過去・未来のほかのすべての婚姻から、切り離すことはできないと言っていい。どの婚姻もある運動の終点なのだが、この運動は終点に達するや反転して新たな方向に進展していかなくてならない。運動が停止すれば、互酬体系全体がゆらいでしまうだろう。つまり婚姻は互酬性実現の条件をなすとともに、そのつど、互酬性の存在を危うくしもするのである。実際、妻が受け取られたのに娘や姉妹が返されないなら、どんなことになってしまうだろう。それでも、社会の存続を望むのなら、このリスクが冒されなくてならない。婚姻連帯の社会的永続性を守り抜くには、子が親から生まれるという、人間にとっての要するに生物学的下部構造の宿命に、あえてかかずりあわなくてならない。とはいえ、社会による婚姻の承認（すなわち、乱婚を主調とする男女の出会いを契約、儀式、秘蹟に変換すること）は、やはり極度の不安を伴う冒険的行為なのであって、そうであるからこそ、いままで社会は、ほとんど偏執的なまでに婚姻に社会的刻印を絶えず刻みつけることで、それのはらむもろもろの危険に備えようとしてきたのである。へへは交叉イトコ婚を実施するが、躊躇を感じていないわけでないとゴードン・ブラウンは言う。交叉イトコ婚はクランの絆を維持してくれる反面、ひとたび不都合な婚姻がおこなわれれば、この絆を破壊しかねないからである。「だからこそ」――とインフォーマントたちも指摘する――「多くの人がこの婚姻を避けようとする」[26]。一つの特別な婚姻形式に対するへへのこの両価的態度は、じつはあらゆる形式の婚姻に対して社会がとる、典型的な態度にほかならない。男女の結合と生殖とを承認・裁可することで、社会はみずからを自然の秩序に受け入れさせていくのだが、しかしそれは同時に自然の秩序に好機を与えることでもあり、一観察者がある文化について言った次の言葉は、世界のあらゆる文化について言うことができる。「もっとも根本的な宗教観念は男女のあいだを貫く性差にかかわる。どちらの性も単独ならまったき常態にあるが、接触するとなると、それはどちらの性にとっても危険を抱え込むことなのである[27]」

どんな婚姻もゆえに自然と文化、血族性と姻族性との劇的な出会いなのである。「誰が花嫁を与えたか」――とヒンドゥーの結婚頌歌は歌う――「いったい誰に花嫁が与えられたか。愛が花嫁を与えた、愛に花嫁が与えられた。愛が与えた、愛が受け取った。愛は大海原にみなぎった。私は愛を込めて花嫁を受け入れる。愛よ！　花嫁がおまえのものにならんことを[28]」。こうして婚姻は二つの愛を調停する。血族愛と夫婦愛を。しかしいずれの愛も愛であるゆえに、婚姻の瞬間だけを取り出して考えれば、そのとき二つの愛は出会いを果たして一つに溶け合う。「愛は大海原にみなぎった」。出会うとはいえ、そのとき確かに二つの愛はただたんに入れ替わり、いわば行き違うだけである。けれども社会一般が婚姻を聖なる神秘と考えるのは、すれ違うために少なくとも一瞬だけは二つの愛が結びつかなくてならないからだ。まさにこの瞬間、いかなる婚姻もインセストすれすれまで行く。いや、いかなる婚姻もインセスト、少なくとも社会的インセストではあるのだ。もっとも広義に解されたインセストが他者による他者のための獲得でなく、まさに自分による自分のための獲得であるのなら。

種を存続させるには自然への譲歩をなさねばならないが、また種とともに社会的縁組も存続していく以上、自然への譲歩と同時に、少なくとも自然への抵抗も必要になるのであり、自然のあとに付き従っていこうとする所作に、自然を制限しようとする所作をつねに伴わせなくてならない。自然と文化とのあいだにつけられるこの折り合いは、二つのやり方で成り立つ。それは、社会がなにもかもなしてしまわぬように自然が導入されねばならないケースと、自然がすべてを支配してしまわぬように自然が排除されねばならないケースの、じつに二つのケースが出てくるからで、一方のやり方は出自に単系原理を宣言し、他方のやり方は縁組に禁忌親等を設定する。

＊＊＊＊

特定の配偶者型を禁止または規定する多くの規則、それら規則のすべてを集約するインセスト禁忌は、社会のなくてならないことを認めるなら、その瞬間から理解可能になる。だが社会はないこともまたありえたであろう。ならば、我々はある問題を解決したと思ったのに、その問題の全重量を別の問題へ移し替えたにすぎないのではないか。我々が全力を傾注して求めてきた解決よりもはるかに不確実な解決しかもたぬように見える問題へ。しかしくどいようだが、我々は二つの問題を前にしているのでなく、じつはただ一つの問題を前にしているにすぎない。我々の差し出した解釈が正確なら、社会状態が親族規則と婚姻規則を必要とさせるのではない。それらの規則がほかならぬ社会状態なのである。それらの規則が生物学的関係と自然的感情を改変して、それらに構造のなかへ入ること、ほかの関係や感情と一緒にそこに含まれることを命じて、当初に帯びていた性格を乗り越えるよう強いるのである。自然状態は非分有と占有、またそれらの場当たり的混淆しか知らないが、しかしこの二つの概念を止揚する条件は、プルードンが別の問題についてであったがすでに指摘していたように、新しい平面に立つこと以外にない。「私有とは非互恵性 non-réciprocité である。非互恵性とは盗みである。(略)しかし共有もまた非互恵性である。言うまでもなくそれは私有を否定することなのだから。共有すらまだ盗みなのである。私有と共有のあいだにこそ、私は世界を建設してみせるだろう[29]」。だがここで言われている世界とは、社会生活が全力を込めてそのけっして完結することのない近似的イメージを絶えずつくってはつくり替えようとしている世界、また他方で親族の法と婚姻の法とが、その法なくしては不毛なままか専横なままにとどまるはずの諸関係から苦心惨憺して取り出そうとしている世界、すなわち互酬性の世界以外のなんであろう。

自然の秩序に内在する二つの互いに矛盾した性格の総合として必ずや互酬性の世界を生み出してくれるにちがいないとする、弁証法的過程への——たぶん実り多い、しかもプルードンの時代にあってはそれなりの根拠もあった——信仰告白に、しかし我々もまた満足すべきと言うなら、現代民族学の進歩などなんの意味もないに等しいだろう。ただし、こういうことが確かに起きたと実証するだけでなく、それがどのように起きたかを記述する、または記述しはじめるためにになら、事実の経験的研究は、哲学者たちの予感に立ち返ってもいいのである。

この点でフロイトの仕事は実例と教訓を提供してくれる。人間精神の現在示すいくつかの特徴を、歴史的に確実でなおかつ論理的にも必然的なある出来事によって説明することが意図されたときから、その出来事を織り成す場面の流れを綿密に再構成することが、許されたばかりか、是が非でも必要にさえなった。『トーテムとタブー』の失敗は、著者の意図した目的のなかにあらかじめはらまれていたのではまったくなくて、むしろ自分の前提に含まれていた帰結を徹底的に活かすことを著者にさせなかった怯懦に起因する。人間精神のもっとも根本的な構造を問題化する現象が一度ならず出現することを、彼は見るべきであった。それらの現象は個々の意識においてまるまる反復され、ゆえに当の現象にかかわる説明は、さまざまな歴史的継起関係と現在の相関関係とを、ともに超越する次元にある。個体発生は系統発生を再現せず、その逆もまた真なり。二つの仮説はどちらも同じ矛盾に行き着く。個体それぞれの思考のかぎりなく多様なドラマのなかに種の過去が絶えず再演されるようになってはじめて、説明ということを言える。なぜなら種の過去なるものは過去になんらかの移行の起きたことの、もちろん現在からの——なぜならそれは現在において絶えず起きている——推定にほかならないのだから。

フロイトの仕事について言うと、あの臆病さは奇妙な二重の逆説に通じる。文明のはじまりをでなく、文明のいまを、フロイトはうまく説明し、禁忌の起源を探しに出かけた彼は、なぜインセストが意識によって断罪されるかではもちろんなくして、いかにしてインセストが無意識の欲望になるかの説明に成功するのである。インセスト禁忌とその起源とをめぐる解釈として何が『トーテムとタブー』を受け入れがたくするかは、繰り返し言われてきた。男ホルドと原初の殺人を仮定することの根拠のなさであり、社会状態を前提とする手続きから社会状態を引き出す循環論法である。だがあらゆる神話同様、『トーテムとタブー』の差し出す劇的迫力に富む神話もまた二つの解釈を含む。母や姉妹に向けられる欲望、父親殺し、息子たちの後悔が、歴史のなかにしかるべく位置づけられるいかなる事実にも、あるいはいかなる事実のまとまりにも対応しないことは確かだが、しかしたぶんそれらは、ある根強くも古い夢を象徴的なかたちで表現しているのであり[30]、この夢のもつ不思議な魅力、人間の思考を知らぬ間にかたどるその力は、この夢に描かれる行為がいつどこでも文化によって押しとどめられて一度も現実になされたことがないとの、まさにその事実に根ざす。インセストへの後悔がそこに遺憾なく吐露されるとフロイトの言う象徴的充足行為は、ゆえに出来事の象徴的記憶でなく、それ以外のもので、なおかつそれ以上のものである。無秩序への、むしろ反秩序への欲望の、それは絶えざる表現なのである。祝祭が社会生活の乱脈さを模擬するのは、社会生活がかつてそうであったからでなく、一度もそうあったことがなく、これからもけっしてそうなりえないからなのだ。過去の諸性格は、未来と現在の諸性格に一致するかぎりでしか説明としての価値をもたない。

いくつかの基礎的現象が、人間精神の歴史よりは人間精神の不変の構造のなかに説明をもつことを、フロイトは何度か示唆した。たとえば強い精神不安は、状況がこうせよと強いるときに個体の手元にそれに応ずるための手段がないという矛盾、フロイトに即せば、外的刺激の奔流を前にした新生児の無力さに由来する。ならば、不安は超自我の誕生前に現れると言っていい。「量的次元の要因、たとえば刺激の過多とか刺激を堰止める防壁の決壊が原抑圧の直接的原因であることは、考えられないわけでない」[31]。じつに超自我の過敏性は、超自我のかいくぐった体験の厳しさの度合に少しも対応しない。ならば〔行動の〕制止はなんらかの外的起源についてのでなく、内的起源についての証拠をもたらすと言っていい[32]。こうした見解のみが、子供の精神分析的研究によってきわめて混乱した仕方で提起されている問題に答えをもたらしうると、我々には思われる。幼児のもつ「罪悪感」が、各症例の個人史の結果として出てくるはずのそれよりも、鮮明かつ確固としたかたちで現れるという問題なのだが、もしフロイトが想定したように、広義に解された〔行動の〕制止（嫌悪、羞恥、道徳的・美的な欲求）が「器質的決定をこうむり、教育の助けなしでもケース・バイ・ケースで生み出される」ことがあるなら、当の問題には説明がつくだろう。つまり、昇華には二つの形式があるわけである。一方は教育に由来する純粋に文化的な形式、もう一方は自動的な反応に発する「下等な形式」で、この後者の形式が出現する時期は、潜在期〔男根期（四、五歳）から性器期（思春期）にいたる時期〕の初期に位置づけられる。そして例外的なほど好適な条件に恵まれたケースでは、「下等な形式」が生涯を通じて働きつづけていくことさえありうると言っていい[33]。

以上の主張は『トーテムとタブー』で打ち出された主張より大胆であるが、同時にまたさまざまな躊躇を伴ってもいて、この点は啓示的である。リヴァーズのなしたごとくに現代の状況の存在理由を遠い過去のなかに探そうとする歴史社会学の伝統と、現在の分析から未来と過去の認識を期待するもっと現代的でもっと科学的に堅固である態度とのあいだで、精神分析という社会科学——実際、精神分析は社会科学の一つである——がいまだ揺れ動いていることを、それは物語るのである。いずれにせよ、ここにこそ臨床医〔としてのフロイト〕の視点がある。しかし患者を舞台として展開される葛藤の構造を追究する過程で、この構造の歴史を再構成して、後続のすべての発展がその周りに組織されることになった初期状態に到達しようとするとき、彼が『トーテムとタブー』の提出する理論とは反対方向に歩み出そうとしていることは、いくら強調してもしすぎることにならないだろう。一方のケースでは経験から神話、神話から構造への遡行がなされるが、他方のケースでは事実を説明するために一つの神話が捏造され、一言で言えば、患者を解釈する代わりに患者のようにふるまうことがなされるのである。

＊＊＊＊

このような予感にもかかわらず、あらゆる社会科学のうちで一つだけが、共時的説明と通時的説明との融合する地点にたどり着いた。それぞれの体系の発生を再構成すること、すべての体系を総合することを共時的説明が許す一方、それぞれの体系の内的論理を明らかにすること、すべての体系をある目標に導く進化を把握することを通時的説明がなすとの意味で。音韻論研究として構想された言語学が、言うところの社会科学である(34)。ところで、この言語学の方法、またそれ以上にその研究対象を考察するなら、我々はこう自問してみることができる。我々が本書をとおして構想してきた家族の社会学は、考えられうるほど言語学の場合とは異なる現実にかかわるのか。かかわるのでないなら、それは言語学と同様の可能性をもつのでないか。

親族規則と婚姻規則は、歴史的にも地理的にも、多様な様態で現れるが、結局は可能なあらゆる方法を駆使して社会集団内への生物学的家族の統合を保証することをなす、と我々には見えた。複雑で恣意的に見える諸規則が、ゆえに少数の規則に帰着させられうることを我々は確認した。親族の可能な基本構造は三つしかない。三つの構造は二つの交換形式を使って構築される。二つの交換形式それ自体も、ただ一つの示差的性格によって決定される。すなわち、当該体系の性格が調和的か非調和的かによって。ならば規定と禁忌とを課す装置の全体は、究極的には一つの問い、ただ一つの問いだけをもとにしてアプリオリに再構成されうると言っていい。問題にされる社会でどの居住規則とどの出自規則が組み合わされているか。じつにどの非調和体制〔父方居住・母系出自または母方居住・父系出自〕も限定交換へ通じ、どの調和体制〔父方居住・父系出自また母方居住・母系出自〕も全面交換を予告する。

かくして我々の分析の歩みは音韻論言語学者の歩みに似ているのである。しかしそれだけではない。インセスト禁忌と外婚が本質的に積極的な機能を有し、それらの存在理由が、人間たちのあいだに絆を設け、彼らが生物学的組織化を乗り越えて社会的組織化に到達できるようにすることにあるなら認めなくてならないが、言語学者と社会学者は同じ方法を適用するだけでなく、同じ対象の研究に従事しもするのである。この視点から見るとき、じつに「外婚と言語使用は、他者とのコミュニケーションおよび集団の統合という同じ根本的機能をもつ」。この洞察に富んだ指摘を書きつけた著者が、しかし唐突に踵を返し、ワチャガ民族が割礼を受けていない少年との性的関係に課す禁止やインドにおける昇嫁婚規則の反転といったほかのタブーと、インセスト禁忌とを同等視するのは惜しまれるところだろう。[35] インセスト禁忌はあまたある禁忌のなかの一つでないのだから。それはもっとも一般的なかたちの禁忌そのものであって、ほかのすべての禁忌――いましがた引いた禁忌をはじめとして――のどれもが、個別ケースとして、おそらくはインセスト禁忌に帰着するのである。インセスト禁忌は言語使用と同様に普遍的である。我々がインセスト禁忌の起源よりも言語使用の本性を実際によく知っているとするなら、両者の比較をとことんまで推し進めてしか、インセスト禁忌制度のもつ意味の核心の洞察は望めないだろう。

現代文明は道具としての言語やコミュニケーション諸手段を自家薬籠中のものとし、じつに多彩な使い方をするまでになった。その結果、我々は言語使用に対していわば無感覚になってしまっているか、少なくともそのようになってしまったと思い込んでいる。表出行為からいかなる追加的性格をも受け取ることのない観念をただ受動的に担うだけの、それ自体では働きかける力をもたない惰性的媒体をしか、もはや我々は言語に見ない。たいていの人々にとって、言語はなにかを押しつけるものでなくて、なにかを呈示するものである。だが現代の心理学はこのような浅薄な言語観に異議を唱えてきた。「相互に明確に境界づけられた個別対象に『名前』という、まったく外的で恣意的な記号を付加するためにのみ、言語は完結した客観的知覚世界に入ってくるのではない。言語そのものが対象の形成を促す触媒で、ある意味ではまさしくすべての対象を通分する分母なのである」[36]。言語学的事実をいちだんと正確に伝えるこの見解は、べつだん新しい発見とか斬新な切り口を示しているのではない。文明化された白人の大人のもつ狭隘な視野を、より宏大な、ゆえにより有効性の高い人間的経験のただなかに置き直しているにすぎない。子供の「命名癖」であるとか、知恵遅れの人々が言葉の働きを不意に発見したさいにくぐる深くも激しい変化の研究といったものがフィールドワークから得られる観察を支えてくれる、そこは経験の場であり、そこから鮮明に浮かび上がるように、発話を動詞、力、働きかけとして捉える発想が、まさに人間の思考の普遍的特徴をなすのである(37)。

言語をも含む大規模な「コミュニケーション機能」の、その一様態として男女関係を捉えていいことは、病理心理学に負ういくつかの事実がすでに示唆しようとしている。たとえば性的偏執に囚われている人々にとって、騒々しい言葉のやりとりは、抑制のきかない性行為と同じ意味をもつことがあると言われる。当人たちのほうはただ小声でくぐもるように話すだけで、それはあたかも、人間の声が精力のいわば代替物として無意識に解釈されているかの印象を与える(38)。たとえ留保をつけたうえでしかこうした事実を受け入れたり利用する気になれないとしても（我々がここで精神病理学を持ち出すのは、ただそれが児童心理学や民族学と同じく、経験を拡張してくれるからにすぎない）、未開の習俗や態度をめぐる観察のなかには、当の事実を見紛うことなく確証してくれるものがあることは認めなくてならない。ついては、ニューカレドニア島で「悪い言葉」とされるのが姦通であることを思い出しておくだけで十分だろう。言われている「言葉」がじつに「性行為 acte」の意味に解釈されていることは、ほぼまちがいない(39)。そのほか、もっと意味深長な資料もある。マレー〔西マレーシア〕のきわめて未開な多くの少数民族にとって、雷雨と嵐を荒れ狂わせる最悪の罪はひとまとまりの雑然として見える行為を含み、インフォーマントもそれらを無秩序に数え上げる。近親婚。父と娘、母と息子が身を寄せすぎて眠ること。親族間でのまちがった言葉づかい。軽はずみな談話。子供たちが大騒ぎして遊ぶこと、また大人たちが公的な集会であからさまな喜びを表に出すこと。ある種の虫や鳥の声を真似ること。鏡に映った自分の顔を見つめて笑うこと。動物をからかうこと、とりわけサルに人間の恰好をさせて笑い者にすること(40)。かくも奇異なやり方で寄せ集められた行為のあいだに、いったいどんな関連がありうるのか。

いささか余談になるが、ラドクリフ＝ブラウンは近隣地域で、この手の禁忌の一つだけを採取したことがある。セミを殺したりセミの鳴いているときに音を立てたりすると、嵐が引き起こされるとアンダマン諸島の原住民は信じている。この禁忌は隔離状態にあるように思われる一方、このイギリスの社会学者は、いずれの習俗も一見してそれとわかる機能によって説明されるとの原則の名のもとに、いかなる比較研究をもみずからに禁じる。それゆえ、彼はこの実例をどこまでも経験に即して取り扱おうとした。問題の禁忌はセミを殺した先祖にまつわる神話から来ている、と言うのである。〔殺されるときに〕セミが悲鳴を上げたら夜が来たのである。要するに、原住民の思考が昼と夜に付与する価値の違いをこの神話は表す。夜は人を恐れさせる。この恐れが禁忌へ翻訳される。夜には実体がないので、セミがタブーの対象にされる(41)。

我々が先ほどすべての禁忌を列挙して再構成してみた禁忌体系に、この方法を適用しようとすれば、それぞれの禁忌について、別々の説明を持ち出さなくてならないだろう。だがそうなると、原住民の思考がすべての禁忌を同じ一つの項目のなかにまとめていることをどう理解したらいいのか。原住民の思考に不整合のレッテルを貼るか、あれら明らかに異質な行為がなんらかの関係のもとで同一の状況を表すことになる、その共通性格を見出すかするほかかない。

原住民による一つの指摘が我々を進むべき道につけてくれる。マレー半島のピグミーは、鏡に映った自分の顔を揶揄することを罪と考えるが、しかしまた彼らは付け加えてこうも言うのである。本物の人間を揶揄するのは罪でない、本物の人間なら抗弁できるので、と。明らかにこの解釈は、服を着せられて人間のように扱われからかわれるサル、（鏡に映った顔のように）人間の様子をしているだけでじつは人間でないサルにもあてはまる。さらにある種の虫や鳥――まさにアンダマンのセミのように「歌を歌う」動物――の鳴き声を真似ることにも、この解釈を広げてみることができる。鳴き声の真似は、人間のしゃべる言葉に「似た音色」をもつ音を、なにか人間的なものの発現でもあるかに扱うことだが、その音はほんとうはそうでない。かくして我々は、度を超した言語使用として定義される二つの行為カテゴリーを見出す。大騒ぎして遊ぶこと、高笑いすること、感情を露骨に表に出すことなど、量的観点から定義されるカテゴリーと、人間の生《なま》の言葉でない音に応答すること、人間的な外観をまとっているだけの個体（鏡とかサル）を対話の相手にすることなど、質的観点から定義されるカテゴリーである[42]。これらすべての禁忌は結局一つの共通分母に帰着する。それらはどれも言語の濫用をなし、この名目のもとにインセスト禁忌、インセストを喚起する諸行為と一緒にくくられるのである。それは、女そのものが記号として扱われること、記号としての用途、コミュニケーションとしての用途を女にあてがわないのは記号の濫用になること以外の、何を意味するだろう。

かくして言語使用と外婚は、同一の根本的状況に対する二つの解決策を表すと言っていい。第一の解決策はすでに高い完成度に達している。第二の解決策は近似的で不安定な状態にとどまってきた。しかしこの落差は埋め合わされないわけでない。本性からして言語記号は、バベルの塔をもって終わった段階に長らくとどまることができなかった。それまで語はまだ各個別集団の本質的な財であった。記号であるだけでなく価値でもあった。語は大切に保管され、慎重に発音され、別の語と交換され、その別の語の開示された意味はよそ者をつなぎ入れ、よそ者を集団につなぎ入れることでつなぎ入れた側もまたよそ者につながれるのだった。相手を理解し自分を理解させることは、じつに自分のもつなにかを相手に与えて相手に働きかけることなのだから。コミュニケーションをおこなう二人の個体それぞれの態度は、コミュニケーションによってしか生じない意味を獲得する。コミュニケーションを機に、なすことと考えていることとが緊密に連繋するようになるのである。もはや誰も行為と思考を勝手に取り違えることができない。しかし語がすべての人々の共有物となりえ、記号的機能が価値的性格を横領してしまうにつれ、言語使用は科学文明と手を取り合って、知覚の貧困化[43]、知覚のもつ情緒的・美的・魔術的含みの剝奪、思考の図式化を促した。

言語交通〔談話 discours〕からコミュニケーションの別領域である縁組に目を転じると、状況は逆の様相を呈する。象徴的思考の出現は女を、発せられる言葉のように、交換されるモノに変えざるをえなくなったはずである。

実際、この新たなケースではそうすることが、二つの相容れない側面を示す女の矛盾を乗り越える、唯一の手段であった。欲望の固有の対象、つまりは性本能を煽る占有の対象である一方、まさにそうであるがゆえに同時に他者の欲望の向けられる主体、すなわち他者と縁組させて他者をつなぎ入れる手段でもあるとの二側面である。しかし女はけっして純然たる記号になりえなかった。じつに男たちの世界のなかにあっても、女はやはり一人の生身の人間であり、記号として定義されるかぎりでも、記号を生み出す人間を女のうちに認めざるをえないからである。婚姻をとおした男たちの対話において、女はけっして話されるだけのものではない。ある型のコミュニケーションに用いられる記号の、あるカテゴリーを表す女一般に対し、じつにそれぞれの女は個別的な価値をもちつづける。〔婚姻をめぐる男による〕二重唱のなかで、結婚の前であろうとあとであろうと、自分の声部を維持しようとする彼女の才能がもたらす、それは価値である。要するに、完全に記号と化してしまう語とは逆に、女は記号でありつつ同時に価値でもありつづけた。起源における人間的コミュニケーションの世界をおそらく隅々まで浸していたであろうあの情緒的豊かさ、あの熱気、あの神秘を、だからこそ男女関係は失わずにいたのである。

しかし象徴的思考とこの思考の集団的形式をかたちづくる社会生活とが生み出されたときの、沸き立つ感情と熱気の充満する雰囲気は、いまでもその蜃気楼で我々の夢想を熱くする。交換法則の裏をかいて失わずして獲得し、分け合わずして享受することのできると信じられた、あのつかのまの瞬間をつかみとり固定することを、今日まで人類は夢見てきた。世界の端と端、時間の二つの極みでシュメール神話とアンダマン神話、黄金時代と来世が響き合う。シュメール神話は、諸言語の混淆が語をすべての人の共有物に変えた瞬間に原初の幸福の終わりを置き、アンダマン神話は、女がもはや交換されなくなる天国として彼岸の至福を描く。いずれの神話も人が自分とのあいだでだけ生きていける甘美な世界、社会的人間には永遠に与えられることのないその幸福感を、過去か未来かの違いはあれ、等しくたどり着けない果てへと送り返しているのである。

注

(1) M. Leenhardt, *Notes d'Ethnologie néo-calédonienne, op. cit.*, p. 48, 54.

(2) 「夫婦の契りが僕ら二人を結びつけていた。僕らはお互いを〈実行家〉と呼び合うことでそのことを言い表していた」(H. de Balzac, *Louis Lambert, dans Œuvres Complètes*, édition de la Pléiade. Paris, 1937, t. X, p. 366, 382)

(3) Elsdon Best, The Whare Kohanga (the《Nest House》) and its Lore. *Dominion Museum Bulletin*. Wellington, 1929, p. 34, 36.

(4) Best, *The Maori*. Wellington, 1924, vol. 1, p. 447.

(5) E. E. Evans-Pritchard, *The Nuer*. Oxford, 1940, p. 183.

(6) A. R. Radcliffe-Brown, *Three Tribes of Western Australia, op. cit.*, p. 151.

(7) M. Mauss, *Essai sur le don, op. cit.*, p. 183.

(8) B. Z. Seligman, The Incest Taboo as a Social Regulation. *The Sociological Review*, vol. 27, 1935.

(9) *La Vie familiale et sociale des Indiens Nambikwara, op. cit.*

(10) *Essais*, livre I, chap. XXXI (Des cannibales).

(11) Ralph Linton, *Marquesan Culture*, in A. Kardiner, *The individual and its Society*. New York, 1945, p. 149.

(12) M. Mead, *Sex and Temperament in Three Primitive Societies*. New York, 1935, p. 84.

(13) W. Bogoras, *The Chukchee, op. cit.*, p. 541.

(14) B. Malinowski, Préface à H. Ian Hogbin, *Law and Order in Polynesia*. London, 1934, p. lxvi.

(15) B. Malinowski, *Sex and Repression in Savage Society*. New York-London, 1927, p. 251.

(16) Leo W. Simmons, *Sun Chief, op. cit.*, p. 69.

(17) E. Durkheim, *La Prohibition de l'inceste, op. cit.*, p. 63.

(18) Bogoras, *The Chukchee, op. cit.,* p. 578-583.
(19) P. A. Means, *Ancient Civilizations of the Andes,* New York, 1931, p. 360.
(20) Mead, *Sex and Temperament in Three Primitive Societies, op. cit.,* p. 80-81.
(21) Ch. Wagley, The Effects of Depopulation upon Social Organization as Illustrated by the Tapirape Indians. *Transactions of the New York Academy of Sciences,* series 2, vol. 3, 1940.
(22) G. Devereux, The Social and Cultural Implications of Incest among the Mohave Indians. *Psychoanalytic Quarterly,* vol. 8, 1939, p. 519.
(23) B. Z. Seligman, The Incest Barrier: its Role in Social Organization. *British Journal of Psychology,* vol. 22, 1931-1932.
(24) R. F. Fortune, article *Incest,* dans *Encyclopaedia of the Social Sciences, op. cit.* — F. E. Williams, *Papuans of the Trans-Fly.* Oxford, 1936, p. 169. — E. B. Tylor, *On a Method of Investigating the Development of Institutions..., op. cit.*
(25) G. Devereux, *op. cit.,* p. 529.
(26) G. Gordon Brown, *Hehe Gross-cousin Marriage, loc. cit.*
(27) Hogbin, Native culture of Wogeo. *Oceania,* vol. 5, 1935, p. 330.
(28) G. Banerjee, *The Hindu Law of Marriage and Stridhana, op. cit.,* p. 91 に引用。インセストの限界と考えられる婚姻については、次のまったく別の考え方と比較せよ。「(夫と妻とのあいだの) 深い感情は奇妙であるどころか『滑稽な』ものとさえ——いずれにせよ、その場にそぐわないものと——見えたと言っていい。全員のあいだで軽快な会話が弾んでいる最中に交わされる、深刻なひそひそ話のように、それは不快感を与えたと。あの感情は、誰もが同じようにすべてを共有しなければいけないときに、二人きりの世界に閉じこもってしまうようなものだったわけだ。ほかの人が同席しているときに二人だけの話をするなど、もってのほかである」(Besenval, p. 49, 60, Taine, *Les Origines de la France contemporaine.* Paris, 32e éd., s. d., vol. I, p. 206-207 に引用)
(29) P.-J. Proudhon, Solution du Problème social. *Œuvres,* vol. VI, p. 131.

（30）A. L. Kroeber, *Totem and Taboo in Retrospect*, *op. cit.*
（31）S. Freud, *Hemmung, Symptom und Angst.* Wien, 1926, p. 31, 86.
（32）Freud, *Civilization and its Discontents.* London, 1929, p. 116.
（33）Freud, Infantile Sexuality, in *Three Contributions to the Theory of Sex*（*The Basic Writings of Sigmund Freud*, New York, 1938, p. 583-584）.
（34）N. Trubetzkoy, La Phonologie actuelle, in *Psychologie du langage.* Paris, 1933; *Grundzüge der Phonologie.* Prague, 1939.
（35）W. I. Thomas, *Primitive Behavior.* New York-London, 1937, p. 182 *sq.*
（36）E. Cassirer, Le Langage et la construction du monde des objets, in *Psychologie du langage.* Paris, 1933, p. 23.
（37）Cassirer, *op. cit.*, p. 25; *An Essay on Man*, New Haven, 1944, p. 31 *sq.* — M. Leenhardt, Ethnologie de la parole. *Cahiers Internationaux de Sociologie*, vol. 1, Paris, 1946. — R. Firth, *Primitive Polynesian Economics*, *op. cit.*, p. 317.
（38）Th. Reik, *Ritual: Psychoanalytic Studies.* London, 1931, p. 263.
（39）Leenhardt, *op. cit.*, p. 87.
（40）W. W. Skeats / Ch. O. Blagden, *Pagan Races of the Malay Peninsula*, *op. cit.*, vol. II, p. 223. —P. Schebesta, *Among the Forest Dwarfs of Malaya.* London, 1929, *passim.* — I. H. N. Evans, *Studies in Religion, Folklore and Customs in British North Borneo and the Malay Peninsula.* Cambridge, 1923, p. 199-200; *The Negritos of Malaya.* Cambridge, 1937, p. 175.
（41）A. R. Radcliffe-Brown, *The Andaman Islanders.* Cambridge, 1933, p. 155-156, 333.
（42）ダヤク民族が *djeadjea* ＝抑止されたものに分類するすべての行為は、この質的定義に含めることができる。人間や動物に、本来の名前とは別の名前かそれにそぐわない名前を与えること。人間や動物について、その本性に反するなにごとかを言うこと——たとえば、シラミが踊る、ネズミが歌う、ハエが戦いにいく、人間が雌ネコやこと、など（Hardeland, *Dajackisch- Deutsches Wörterbuch.* cité par R. Caillois, *L'Homme et le sacré.* Paris, 1939）。しかし我々の考えでは、これらの行為はＲ・カイヨワ（*op. cit.*, chap. 3）の差し出す解釈、無秩序ないし「反秩序」に立脚したそれよりもむしろ、我々がここで提出した積極的解釈の範囲内にある。「神秘的同性愛」は我々には誤ったカテゴリーに見える。言うまでもなく同性愛は「コミュニケーションの濫用」の原型でなく、インセストやいましがた列挙したほかの行為すべてと同じ資格で（ただし別の意味で）、この濫用の個別ケースの一つにすぎないのだから。

（43）「まさに科学文明は我々の知覚を貧しくする方向に進んでいる」（W. Köhler, Psychological Remarks on Some Questions of Anthropology. *American Journal of Psychology,* vol. 50, 1937, p. 277）

訳者あとがき

中世の学者のごとくテキストの正統性を確立することより、私はテキストを開くことにもっと興味がある。

ガヤトリ・スピヴァク

レヴィ＝ストロースのうぬぼれ、エヴァンズ＝プリチャードの自信過剰、マリノフスキーの軽挙妄動、ベネディクトの鉄面皮的冷静さ……

クリフォード・ギアツ(1)

神話とは何かの問いに、クロード・レヴィ＝ストロースはアメリカ・インディアンを代弁者に立てて答える。「人間と動物とがまだ区別されていなかった時代の話」である、と。人間と動物の区別、文化と自然の区別、神話は「創世のもつこの大きな欠陥を起源的なものと見なすのを拒み」「この欠陥の出現のなかに人間的条件とその条件のもつ不備との最初の到来を見る」(2)。そこに働いているのは精神分析でおなじみの「否認　Verneinung」の論理である。神話が「神話論理　mythologiques」としての象徴的体系性をもつのは、言うまでもなく、それが文化の産物、つまり自然と文化の区別の事後につくられたものだからだが、しかしまたその区別のなかった世界また時代そのものが「神話」である以上、文化以前は実在しなかったはずで[3]、言えるのは人類がつねにすでに文化のなかにいたこと、ゆえに神話がこの「つねにすでに」という絶対的条件をまさにみずからの条件にしていること、すなわちこの絶対的条件の否定（「創世のもつこの大きな欠陥を起源的なものと見なすのを拒む」……）によってその条件の絶対性を肯定または「甘受」しているというそのことだけである。『親族の基本構造』（以下、『基本構造』と略記）を締めくくる文章を想起しつつ言えば、神話は人類によって犯された社会的インセストを物語ることで、そのインセストがいままでけっして犯されたためしのないことを端なくも告白する。それは「夢」であり「彼岸」である、と。

> 象徴的思考とこの思考の集団的形式をかたちづくる社会生活とが生み出されたときの、沸き立つ感情と熱気の充満する雰囲気は、いまでもその蜃気楼で我々の夢想を熱くする。交換法則の裏をかいて失わずして獲得し、分け合わずして享受することのできると信じられた、あのつかのまの瞬間をつかみとり固定することを、今日まで人類は夢見てきた。世界の端と端、時間の二つの極みでシュメール神話とアンダマン神話、黄金時代と来世が響き合う。シュメール神話は、諸言語の混淆が語をすべての人の共有物に変えた瞬間に原初の幸福の終わりを置き、アンダマン神話は、女がもはや交換されなくなる天国として彼岸の至福を描く。いずれの神話も人が自分とのあいだでだけ生きていける甘美な世界、社会的人間には永遠に与えられることのないその幸福感を、過去か未来かの違いはあれ、等しくたどり着けない果てへと送り返しているのである。（本書第29章、強調レヴィ＝ストロース）

『基本構造』（さらに『基本構造』への詳細かつ厖大な脚注と見なしていい『構造人類学』）は『神話論理』（全四巻）へ直接つながる。いま引いた本書の結びが文字どおり神話への言及を含むとの字面上の事実だけからそう言うのではない。『神話論理』の最初の三巻のタイトル『生のものと火にかけたもの』『蜜から灰へ』『食卓作法の起源』がすでに暗示するとおり、そこに自然と文化の区別、あるいは自然から文化への移行の「問題」が通奏低音のごとく響くからでもある。「異なる領域で『基本構造』と『神話論理』はまさしく同一の問題をみずからに課していて、その行き方は同じ」とレヴィ＝ストロース自身もまた証言するだろう。だが言うところの「問題」とはこうだ。「社会的慣習行為や宗教的表象の混沌を前にして、考察される事例ごとに異なる部分的な説明を探しつづけるか、それとも、この外見上の多様性を説明してくれるような、つまりは一貫性のなさを乗り越えさせてくれるような伏在する秩序、深層の構造を見出そうとするか？」[4]。『基本構造』と『神話論理』とについてレヴィ＝ストロースが言う「同じ」は、一見無秩序な文化現象のあいだに構造的同一性を見出す方法ないし手順にかかわるかに思われる。その「同じ」は自然のなかにでなく、すでに文化のなかにあって、構造主義的文化人類学そのものが対象としてまず設定されているのでなくてならないであろう。文化と自然の区別は、対象（文化）を設定する操作、問題領域を限定する操作、言い換えれば自然を対象として除外する操作としてなされるのである。それの対象の取り扱い方に照準されているかに。だが、取り扱いが可能であるためには、取り扱われる対象そのものが対象としてまず設定されているのでなくてならないであろう。文化と自然の区別は、対象（文化）を設定する操作、問題領域を限定する操作、言い換えれば自然を対象として除外する操作としてなされるのである。それは人類学が知識として立ち上がるその瞬間、はじまりを指し示す。『基本構造』のあの終端、ゆえに『神話論理』全体は、その「はじまり」のリフレインにほかならない。じつに『基本構造』冒頭の問いは「どこで自然は終わり、どこで文化は始まるか」（第1章）であったのだから。

この問いから人はたやすく二項対立の観念をもつことができる。その観念をやすやすと増殖させることもまた。しかし述べたようにあの区別が自然の排除を意味するなら、自然と文化は同一平面上にて同等の資格で対峙しているのでなくて、それぞれの置かれる平面はいわば交わらぬよう段違いになっている。対立項のあいだに「対立」だけでなく、不均衡があると言い換えてもいい。文化人類学にとって文化は婚姻、儀礼、習俗など具体的対象を意味するのに対して、その対象から区別されるかぎりでの、すなわちその対象を設定するかぎりでの自然は「最小限の一般性」[5]、それなくしては「実在しているものを識別・認識することそれ自体が不可能になってしまう」ような一般性として文化に「対立」させられている。文化人類学にとって自然は対象として実在しないが、しかしその実在しない自然を「置く（措定する）poser」ことをしなくては、文化の認識・識別が、ということは文化人類学なる知そのものが根本的に成り立ちえない。「自然の社会 société de la nature」によって「社会の自然（本性）nature de la société」を考えること[6]（この言い方によってしっかり「自然」そのものが言説の内部に入り込まないようにされていることに注意）を可能にするために、自然は図に貼りつく地として置かれるのであっても、同時に文化の背後へ遠ざけられ、けっして認識の対象にならないのである。

しかし文化人類学が「排除」しようとしてしきれない「自然」が少なくとも一つある。自然／文化という根源的な認識図式を攪乱するインセスト禁忌である。「歴史的・地理的限定を絶えず受けている文化から不可避的にはみだし、時間的にも空間的にも人間という生物種全体と一重になっている一方、性格的には自然的諸力に対立しつつも及ぶ範囲を同じくし、社会的禁止によって自然的諸力の自然発生的作用をいちじるしく強化するインセスト禁忌、それは社会学的反省に対する恐るべき謎として現れる」（第1章）。ここで問われているのは、インセスト禁忌が自然でも文化でもなく、かつ自然でも文化でもあることの、つまりは自然と文化の境界に「場所」をもつことの奇妙さである。「分ける」ことはしても、分けられた領域のどちらにも属し、かつどちらにも属さない両義的なあり方、インセスト禁忌の奇妙さとは境界のこの両義性を言う。しかしインセスト禁忌は文化人類学的知にとって不可解な対象であるだけでない。なぜならその対象を対象として設定するのもまた、「自然」に属すかぎりでのこの対象自体なのだから。「恐るべき謎」が「恐るべき」であるのは、インセスト禁忌の示すこの自己撞着がある型の知識に対する「挑戦」であるからだけでなく、その知識的「営業」そのものの存立（「民族学が生きつづけていけるための礎」）を脅かしもするからで、レヴィ＝ストロースはそのことをはっきり自覚している――「規則のなかの〈規則〉、文化を自然につなぐことを保証する唯一の普遍的規則〔インセスト禁忌〕を前にして民族学が手も足も出ないと告白しなくてはならないとすれば、どうしてほかの規則を分析し解釈することなど望めるだろう」（第2章）。

同一平面上で捉えられた二項対立の観念は領域に置かれた視点から与えられる観念、「分ける」の事後、その結果においてもつことのできる観念で、境界を見ることをさせない視点であるが、レヴィ゠ストロースの視点は少なくともインセスト禁忌を「問題」の中心に置くかぎりで、明らかに境界を見ようとしている、あるいはそれを問題視しようとしている。その意味でならインセスト禁忌とは解かれるべき問題それ自体ではなくて、人々が見ようとしなかったなにかを見させようとする視点なのだと言っていいかもしれない。もちろん、ある視点をもつことはなにかを見ないことでもまたあるのだが（視野は当然にも境界をもつ、ゆえに境界の外を、ゆえに視界に入らないものを）、しかしまずはその視点によって見えるものから考えてみよう。

我々はさまざまな「あいだ」を『基本構造』から読み取ることができる。まずなによりもレヴィ゠ストロースは「2」においてでなく、「2」と「3」の「あいだ」で考える。絶えず「2」で与えられつつも、しかしつねに弁証法的運動のもとに置かれるゆえに、「3」への過程のなかにある「2」。ここで「弁証法」を「古代的」「賞味期限切れ」などと言うなかれ。我々が考えようとしているのは正‐反‐合、フィヒテ流のいわゆる「弁証法」そのものではない。重要なのは、言うなれば、「2」と「3」の「あいだ」、端的な「2」でも端的な「3」でもなくて、「3」になりつつある過程的「2」、生成中の「2」そのものである。麗しき結末たる「3」をもたぬそのレヴィ゠ストロース的「2」を我々は不均衡な「2」と呼びたいが、そのもっとも明示的な例を限定交換と全面交換の「対立」に求めていいであろう。この「対立」は、しかし、いま抽象的に触れたレヴィ゠ストロースの思考のもつ運動性のため、単純に固定し同定することが難しい。もとより「対立」とはじつに曖昧な言い方で、それは二つの交換が「違う」としか言わない。ゆえに我々は「対立」がどこにあるか、絶対的差異が二種類の交換のあいだのどの場所に記入されるか、または記入されるべきかを「2」の運動のなかに求めてみようと思う。あらかじめ言ってしまえば、限定交換と全面交換とが交換の平面では対立しないことをごく簡潔に、ゆえに図式的に、しかし必要と思われる細部を繰り込みつつ示してみたい。

直接的なパートナー同士のあいだで交換されるのは、限定交換では女と女、全面交換では女とそれ以外のもの（たとえば花嫁代価）である。しかし与えられた女の代わりに返されるべきものは「それ以外のもの」でなく、端

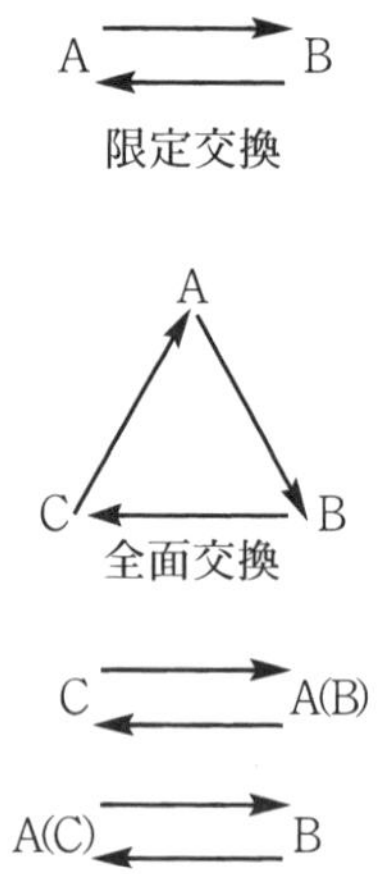

四クラス体系？

的に女でなくてならない。ゆえに女は「それ以外のもの」と語の厳密な意味で「交換」されるのではない。交換は女と女のあいだにしか成立せず（少なくともカチンを扱った章をはじめとするここでのレヴィ＝ストロースに従えば、である――この留保は第二版に加筆された対リーチ論争に直接かかわってくる[7]）、全面交換に現れるこの「それ以外のもの」は交換される女と女のあいだをつなぐ媒介、ないし交換のなされることを保証する担保にほかならない。交換のこの直接性と間接性は言うなれば線分と三角形、「A⇄B」と「A→B→C→A」の対置に等しい（図参照）。この二つの定式の成立する直接的な条件としては「どの集団もが与えることと受け取ることを必ずなす」との互酬原理をさえあらかじめ与えておけば必要にして十分であるが、レヴィ＝ストロースはさらに互酬性を可能にする論理的条件そのものを関係の認知、すなわち交換律「a＝bならb＝a」と推移律「a＝bかつb＝cならa＝c」とに求める。前者は経済学的に翻訳すれば価値形態論の論理に、後者は言語学的に翻訳すれば隠喩の論理に対応すると言っていいだろう。そしてこの論理能力の実証的土台として彼は大脳構造を置くが（たとえばニワトリほどにも下等な動物にさえ関係認知の能力ありとする動物学の知見を援用することによって）、数学的には、この二つ法則を認知できるようにするために自同律「a＝a」を付け加えるべきであろう。実際、女と女の交換はもっとも単純な形式としては自同律に行き着く。言うまでもなく、その交換は「女は女である」との認知（その裏面である「女はそれ以外のものでない」との識別）にもとづいて成立するはずなのだから。しかしまたこのトートロジックな交換がトートロジー以上の「意味」を、すなわち「差異」をもつことも確かで、レヴィ＝ストロースも言うように、そのことを交換の当事者たち、未開の人々は知っている。それを知らなかったのはむしろ民族学者・人類学者――当然にも「西欧」の――であって、彼らはトートロジックな「無意味さ」の前で立ち往生して、そこに「意味」をもたせようと脇道に逸れていったのだった。

ここで我々は現象‐本質の二元論に入り込もうとしていることに気づく。女と女の交換はなんらかの本質の現象である。なぜなら女が女と交換されるというそのこと自体はトートロジーであり、ゆえにこの交換がトートロジーでないと未開人が知っているとすれば、じつは女交換において女交換以外のことがなされているのを彼は知っているでなくてならない。交換の「真理」は女交換という現象形態をとる本質にある。その本質を未開人は知っている。では、その「本質」とは何か？

女が女と交換されるというトートロジーをトートロジーでなくす二つの水準がある。

①女の交換ははるかに大規模な一連の交換の「きっかけ」、あるいはそうした一連の交換をつなぐ一つの環にすぎず、重要なのは女交換を一側面として含む給付‐反対給付の全体である。

②互酬性はたんなるギブ・アンド・テイク（相互性）ではなく、ゆえに女と女がではなく、正確には「娘」と「妻」が交換される。すなわち社会的な「身分 statut」が。女はこの身分のいわば「担い手」にすぎない。言い換えれば、交換されるのは体系内での女の位置で、女はただ他集団へ移動するだけでなく、この移動によって自集団内でみずからの占める「娘」という位置から「妻」という位置に移動しもする。レヴィ＝ストロースの引用するモーリス・レーナルトは一九三〇年にすでにこう述べていた――「はじめに *vibe* ――〈ミミズ〉トーテムに属す Nerhè と〈ムカデ〉トーテムに属す Rheko の縁組――があった。彼らは互いの姉妹を交換し合った。これが売買であったなら、どちらも相手に負債はないと考えたことだろう。しかしこの交換は売買でなく、将来にわたる約束、社会契約である。受け取った女から双方のもとに生まれる子供は、彼女が母のもとから抜けた場所を代わりに占めなくてならない。新たな空隙ができるたび、その空隙は同じようにして、交互に世代から世代にわたって埋められていくのである」（第26章）。

要するに女交換は、それに伴なう壮大な儀礼や厖大な富の移動の水準と、体系的形式性の水準とを指し示す。レヴィ＝ストロース以後の社会人類学が進んでいった方向がこれである。しかし突き詰めるとこれではたんに分析対象が変更されたにすぎず、女交換がなにか別のもの、本質の代替であるとの図式を免れていない。それに対してレヴィ＝ストロースは女交換を現象形態とするその本質をでなく、女交換そのもののなしていること、交換のプラクティス、要するに社会的組織化を見ようとするのであり、それを見るためにこそ全面交換の概念は必要とされた。

さて、限定交換と全面交換の対置は固定された「対立」でなくて、変換可能なそれである。(8) 線分と三角形のあいだの「変換」は一つの図形操作によって示すことができる。もっとスマートなやり方もあるが、我々は野蛮人なので、いささか乱暴だが、上から三角形を手っ取り早く押し潰すことにする。まず辺C↓AをC↑Bに重ねると、C↑↓A（B）を得る。点Aと点Bは重なっているから、それをXで表せば、C↑↓Xと書ける。これは要するに限定交換と同じである。次にA↓BをC↑Bに重ねていまと同様に考えれば、もう一つの限定交換Y↑↓Bを得る。かくして「変形」（文字どおりの！）によってグラネの仮説（原始四クラス限定交換体系仮説）をさえ予見することができる（たぶん）。双分体系の並置にすぎない、ゆえに「2」への還元が可能な「4」を。「二人ゲームは三人ゲームの個別ケースとして扱われなくてならない」（第28章）は直線と三角形のあいだの変換の可能であることを別の言葉に翻訳しているにほかならない。これは何を意味するか？ 全面交換のほうが限定交換より基本的であることを意味するかに見える。「基本的」であるとは限定交換を全面交換から派生させることができるということである。そこには論理的な連続性がある。すると、変換は「対立」を解消してしまうのか、我々の求めようとしていた（絶対的）差異はないのか？

女の限定交換には三つのケースが考えられる。①個人と個人が同時に、または時間的間隔を置いて、②集団Aと集団Bが同時に、③集団Aと集団Bが時間的間隔を置いて（例えば互隔世代間で）、交換をなす。①のケースは未開社会ではありえない交換形式である。交換は集団、しかも男集団のあいだでしかなされない。(9) 全面交換をその三つの局面A↓B、B↓C、C↓Aにバラして考えるなら、すなわち各局面が独立しているとするなら、たとえばA↓Bにおいて、BはAに反対給付をなすほかない。ほかの二つの局面についても同じ。ゆえに各局面において交換が成立するなら、それは直接交換に帰着する。ならば、全面交換はそれの全体A↓B↓C（↓A）として直接交換A⇅Bに対比されなくてならない。確かにこのとき、限定交換②のケースは全面交換と対立するかに思われる。なぜなら全面交換ではA→Cの交換はBの介在によって間接化されるから。だがこの間接化はただたんにA→C（ゆえにC→A）の交換が遅延されるというにすぎず、それはケース③と実質的に変わらないだろう。ケース③における時間的間隔が全面交換では集団Bの介入によって引き起こされると考えればいい。逆に言えば、直接交換も時間というファクターによって間接化されうるわけだ。結局、交換それだけを眺めるかぎり、限定交換と全面交換とのあいだに決定的な差異は見出せない。つまり、我々の考えでは、限定交換と全面交換の明示的な差異は、それぞれの交換に介入する集団の数（直接交換モデルでは「2」、間接交換モデルでは「3」）のほかにないかに見えるということなのである。しかも、理論的には全面交換はどれだけの集団でも介入させることができるから、二つの交換の違いは社会的組織化の能力の差にあることになろう。

確かに双分組織は、生物学的家族が閉じた体系の性格をもってしまう危険性を決定的に取り除く。この生物学的集団はもはや単独では存在できない。別の家族との縁組の絆が、生物性に対する社会性の優位、自然性に対する文化性の優位を保証する。だがすぐに別の危険が表面化する。二つの家族、むしろ二つのリネージが二極体系のかたちで社会的連続体から孤立していく危険である。二つのリネージが、相互婚の繰り返しをとおして緊密に一体化した対を、いつまでも当事者のみで自足していく対をかたちづくるのである。このような対の形成方式を規定する外婚規則は、確固とした社会的・文化的性格を対に付与するが、その社会性は与えられるが早いかいつ断片化していかないともかぎらない。この危険を回避してくれるのが、いちだんと複雑な外婚形式で、全面交換原理はその例である。セクション・下位セクションへの半族の下位区分もまたその例で、分割に伴っていよいよ数を増す局所集団は、かぎりなく複雑化していく体系を編成する。かくして交換貨幣と同じことが女についても言え、しかも女はずばり交換貨幣の名をもつことが少なくない。（略）なんらかのかたちで集団を限定してその内部での差別化を図ろうとする傾向である内婚に対し、外婚

とはより高い凝集性、より効果的な連帯、より柔軟な結節をめざす、絶えざる努力である。（第29章）

興味深いのは「かくして交換貨幣と同じことが女についても言え、しかも女はずばり交換貨幣の名をもつことが少なくない」とのなにげない一節で、我々としては「交換貨幣」を文字どおり「貨幣形態」に読み替えたいところである。それは想像力を働かせて全面交換を「資本主義」（「熱い」を通り越して沸騰している社会）につなげる経路を手探りするためだが、そのためにも、次のことを確認する必要がある。全面交換周期が、たとえモデルの水準であれ、閉じるとするなら、限定交換体系同様、全面交換体系もまた「社会的連続体から孤立」する、すなわち限定交換との形式的差異を失う。それゆえ我々は逆に全面交換モデルが閉じてならないことを予想するのである。

これとは別の視角からとはいえ、リーチのレヴィ＝ストロース批判の一つも、ある意味でまさにこの点に及んでいる。

全面交換が「一般モデル」であるとするなら、それは昇嫁婚という個別ケースにも当てはまらなくてならないだろう。ところが、昇嫁婚では周期の進行A→B→C→……→nに連れて身分の差がいわば「蓄積」されていき、周期を閉じるためにnとAとが現実的にリンクされうるには両者の身分差があまりにも大きくなりすぎ、そのため全面交換周期が閉じなくなる可能性が出てくる。そこでレヴィ＝ストロースはカチンの例に即して、まさに全面交換がそれを均衡的な循環モデルから逸脱させる不安定要因を含むがゆえに、カチンの政治体制はグムラオ（平等主義）からグムサ（準封建制）へと転換すると考える。つまり婚姻体系の結果として政治体系の型がもたらされると。だがカチン民族誌の卓越したフィールドワーカーたるリーチはレヴィ＝ストロースの決定的な誤りを指摘する。カチンの婚姻体系は昇嫁婚でなく、降嫁婚であり、上位の身分が下位の身分に女を与える。ゆえに身分差が婚姻の障害とはなりえない。では、どうして政治体系の「転換」は起きるのか？　女の流れとは逆方向に流れる「婚姻代価」が上位に蓄積されるからなのか？　いや、違う——とリーチは言う——この婚姻代価であるウシは饗宴 Manau によって下位階級へ「社会還元」されるのだから。すると「転換」はどう引き起こされるのか？　少なくとも『人類学再考』のリーチはそれに答えていない。ただカチン社会はグムラオとグムサという両極的体系のあいだを振り子のように往還するのであって、そのような可逆性がある以上（つまり後戻りの利かない別の体系へ「転換」するのでない以上）、カチンの政治体系は動的に「均衡」していると述べるのみ。自己主張に忙しく論点をはぐらかしているようにも見えるリーチの言をその意を最大限に汲んで好意的に解釈するなら、彼は Manau による財の再配分は政治的性格のものであり[10]、ゆえにその財をもたらした婚姻体系は政治体系の「表現」ないしはその一構成要素にすぎないと言いたいのであろう（のちにリーチは、カチンのもとで女は「政治的ゲームの歩にすぎない」[11]とはっきり書く）。すなわち、交換はたんなる文化事象でなくて、一つの明確な政治的行為である、と。ならば、政治体系が婚姻体系の結果であることはけっしてありはしないだろう。しかも実際の交換はレヴィ＝ストロースがモデルのもとにした外婚単位（クラン）よりも小さな単位（「地縁的出自集団」）のあいだでなされるから、彼の構築したモデルはモデルの資格でさえしっかり的をはずしている。簡単に言えば、これがリーチによる批判のポイントの一つをなす。

それに対してレヴィ＝ストロースはモデルと現実の混同を批判するかもしれない。実際、彼は系譜空間自体の「曲がっている」ことを言う。

> 母方婚体系は少なくとも理論上では必ずしも循環的でないとの主張は、ハンドルをつねに同じ方向に切っていても、自転車乗りは円を描くようには回転しないとの言に通ずるだろう。なるほど、彼がいつまでも正確な出発点に戻ってこないことはあるかもしれないが、しかし幾人もの自転車乗りがみんな同じ方向に十分な回数回転すれば、彼らがいつか必ず誰かの出発点と、しかも何回も交差するだろうことは統計論的に高い確率でありうることと見なせる。母方体系がまったく循環性を欠くには、「地縁の系」の数が無限でなくてならないだろう。逆に「地縁の系」の数が少なくなればなるほど、ほぼ正確な循環性が出現する機会は増し

ていく。非対称体系が循環性を帯びるのは「地縁集団」があらかじめ一定の順序で配置されているからでなく、「地縁集団」が互いどんなふうに関係を結ぼうとも、それらの集団の動き回る系譜空間がじつに「曲がっている」からなのである。（第12章）

しかしこれでは、理想と現実のギャップという世間によくある世話話に落ち着いてしまうだろう。「レヴィ＝ストロースは、幻想を懐く人である。厄介なことには、幻想を見る人は、われわれが見ている事実の世界のことがらを認めることが困難なのである。レヴィ＝ストロースが人類学の研究をおこなうのは、未開民族というものを、あらゆる人類に本質的な『還元されたモデル』〔「還元モデル」――引用者〕として考えるからである。ところが、ルソー流の高貴なる野蛮人は、現地調査をする人類学者がいつも行くような、汚れた、どろ臭いところとはおよそかけ離れた世界に住んでいるのである」[12]。部屋をかたづけて整理整頓せよと子供を叱る夫に対して、現実の子供部屋は散らかっているものだと諭す妻、しかし二人は似たもの夫婦であることを知らずにいる。『人類学再考』においてリーチはあまりにもカチンという具体例に密着してレヴィ＝ストロースの図式を批判しているためはっきり見えてこないが、夫婦の「不和」は理論と実際とのあいだでではなく、じつはモデルそのものの次元で起きている。我々の考えでは、リーチの批判はレヴィ＝ストロースのモデルが「力」の概念を欠くことに照準されているように思える。あるいは、我々の言った交換のはらむ不均衡をリーチは「力」の概念によって捉えようとしていると述べてもいい（もっとも、エンジニア出身のせいか、彼の「力」の概念は機械論的ではあるが）。実際、リーチは「力」についての明瞭な観念をもっており、それが彼の人類学の指針、あるいはモデルになっている。このことは、レヴィ＝ストロースへの直接的な批判自体を含んだ『人類学再考』とは別の著書でのほうがはっきり示されている。少し長くなるが、リーチが自分の考えをよく説明しているので引用しておこう。

社会関係の構造は、債務の構造ばかりでなく、力（power）の構造でもある。しかし、力とは、いったい何であろうか。

別の文脈において、儀礼象徴の論理を論じた時に、私は「力は諸範疇の境界面にある」と述べた。これは、複雑なように聞こえるかもしれないが、この議論は、ヴィクター・ターナーが儀礼過程にある人々の境界性、すなわち「どちらでもあり、どちらでもない」状態について述べたときに採用したものとひじょうによく似たものである。しかし、私の用法は、ターナーのものよりも、より一般的であり、機械的モデルによっている。

社会人類学者として、私は、序列関係にある二人の社会的人格の関係の一つの面としての力を、主な関心事としている。もし、「A」が「B」に対して力を行使するならば、「A」の位置は優位であり、「B」の地位は劣位である。我々は、このような力の存在を、もし「A」が命令を与えれば「B」がそれに従うということを観察することによって、知るのである。

しかし、英語では、力という概念は、哲学的な意味ばかりでなく、物理的な意味をもっている。たとえば、我々は、「水力」とか「蒸気力」とか、「電力」などという。

工学の言語では、一つの回路の両端の「ポテンシャル」が違えば、力が「流れる」と言う。たとえば、電池のプラスとマイナスの両極が結びつけられると、我々は、その時、起こる放電（熱、動力等として）を、ふつう、プラスの極からマイナスの極へ力が流れたと記述する。この二つの極の間の金属接続物が、私のいう「二つの範疇の間の境界面」にあたる。この境界面の場は、危険なものである。もし、その金属が、負荷に耐えるには薄すぎる時には（ヒューズのように）それは燃えてしまう。

この類比の要点は、二つの極が分けられている限り、その間には何の関係もないということである。その間には、力は流れないし、危険もない。しかし、二つの極が、「力の伝導体」によって関係づけられるやいなや、導体の両端の相対的なポテンシャルが、電力の流れを生み出す。ポテンシャルの違いが大きければ大きいほど力の流れも大きく、境界面／伝導体への危険も大きくなる。

そして、同じことが、人間についても言える。もし、「人格と人格の関係」が、優位から劣位へのあまりに大きすぎる「力の流れ」を運ぶことになると、その両者の関係は暴力によって破壊される可能性が高い。[13]

この「力」の観念によそえて言えば、身分の差とは二つの集団の「境界面」における「ポテンシャル」の差の一つ（すべてでなく）にほかならない。[14] 交換において交換物が一方の集団から他方の集団へ「流れる」とするなら、そこにも「ポテンシャル」の差が働いているはずであろう。力関係というファクターを繰り込まなければ、均衡した（と仮定されている）循環モデルに流れの生じる理由も、この循環性が壊れうる可能性も不明のままだろう。

リーチとレヴィ＝ストロースの犬も食わない夫婦喧嘩はどちらに軍配を上げるかという問題ではいささかもない。二人の立場は潜在的な敵対関係を抱えたいわば双分組織のようなもので、交換という同じ現象を力（政治体系）の観点から見るか、構造（婚姻体系）の観点から見るかの違いにすぎない。また、社会環境を「重力場」と見るレヴィ＝ストロースに必ずしも「力」の観念が欠けているわけでない。[15] たとえば彼はこう書く。「母方定式だけが積極的な作用を及ぼしているときでも、じつにそのかたわらには父方定式が一組の相関項の第二項として消極的なかたちでつねに存在する。この二定式は永遠に同居するのだと言っていい。想像しうるいかなる歴史的仮説も、うまくいってせいぜい一つの弁証法的過程を不完全かつ不正確に粉飾できるだけであろう」（第27章）。ここでもまた我々は注意深く読まなくてはならない。彼は「歴史」を否定しているのではない。「2」をなす項のあいだの先行性を問うことに意味はないと言っているだけなのだ。彼の問いが向かうのは「2」でなく、「2」と「3」の「あいだ」、その関係である。この関係は構造の潜勢‐現勢のあいだの関係として指示される。言い換えれば、潜勢的構造を現勢化する「力」に問いは向けられている。ゆえに「力」の位置は構造と構造の「あいだ」に特定される。運動の現勢化が構造であり、レヴィ＝ストロースの言葉をもじって言えば「構造と力は永遠に同居する」。ならば、構造間の関係を表現する「変換規則」、すなわちきわめて特殊な意味での「構造」もまた

「力」の表現であるだろう。「構造主義からポスト構造主義へ」の図式は構造が力と不可分であることを忘れさせる。構造か力かの二者択一などポスト構造主義というキャッチフレーズが発明される以前も以後ももともとないのである。いずれにせよ、この図式はつまらないものだ。それは考えることをさせない以外の利得をもたない。

我々が全面交換周期は「閉じない」とすることで見たいと考えたのはそれではない。自転車乗りが理論的にはいつか出会うはずだとしても、つまり母方婚体系（全面交換体系）が統計論的に「閉じる」はずだとしても、我々が言いたいのは、それが閉じれば、限定・全面の二つの交換体系モデルのあいだの絶対的差異が――モデルであるからこそが失われてならないはずの区別が――失われるということである（もちろん、言うところのモデルは原住民の頭のなかにあるモデル、「閉じる」と信じ込まれているモデルのことでもない）。その絶対的差異は交換の直接性・間接性にも、参加集団の数量（あるいはその数の偶数性・奇数性）にもなく、ただ周期の閉じる・閉じないにある。形式分析のいわばパロディ[16]によって我々の考えていることはごく単純で、全面交換周期をなす項a、b、c、……nのnを∞に書き換えることにほかならない。ゆえにこの周期は閉じない。これは何を意味するか？全面交換が交換の平面にないということ、正確に言えば、交換の平面からはみ出しているということ。どこへそれははみ出しているか？　流通の平面へ、である。全面交換は交換と流通の「あいだ」に位置をもつ。その位置は、自然と文化の「あいだ」にあるインセスト禁忌と形式的には同じである。全面交換は両義的なのである。[17]

限定交換モデルでは女が移動するにすぎないが（女の位置的入れ替え）、それに対して全面交換モデルでは女の一方向的移動が第三者、すなわち信用、債権によって媒介され、女は債権と等置される。債権を可視化するたとえば *sumri* や *šagund* などの「特殊な財」は一般的にけっして消費されることがない[18]。その意味でこの「特殊な財」は明らかに「使用価値」でなくて、「交換価値」としての存在論的形式しかもたぬモノである。にもかかわらず、なぜ女がその「無用な」モノと等置交換[19]されるのか？　それは女がそれ自体労働力であり、かつまた労働力（子供）を産むことを未開人が知っているからにほかならない。「男と女とでは会得している専門技術が違うので、日々の仕事に必要な道具を制作するのに互いを必要とする。そればかりか、男と女はそれぞれ異なった型の食糧生産に従事しもする。それゆえ、満足な食事ができるかどうか、とりわけ毎日欠かさず食事ができるかどうかは、このように世帯単位で組織される真の『生産協同組合』にかかる。『女が多くいればいるほど食べ物も増える』とピグミーは言い、『女と子供を家族集団の労働力のもっとも貴重な部分』と考える」（第3章）。女は「使用価値」であってこそはじめて交換の場に登場できるのである。だが交換の場においてなにかと等置される女はもはや「使用価値」としてでなく、「交換価値」ないし「記号」としてしか現れない。「交換価値」が可能にする等置の効果が女交換そのものにトートロジーの外観を付与するのである。[20] だがまた女はそのとき「記号」として現れるだけであって、けっして「使用価値」でもあることをやめるわけでない。交換をコミュニケーションの一様態と見るレヴィ＝ストロースなら、女の示すこのヤヌス的存在形式を「記号」と「価値」との二重性と呼ぶだろう。

> 女はけっして純然たる記号になりえなかった。じつに男たちの世界のなかにあっても、女はやはり一人の生身の人間であり、記号として定義されるかぎりでも、記号を生み出す人間を女のうちに認めざるをえないからである。婚姻をとおした男たちの対話において、女はけっして話されるだけのものではない。ある型のコミュニケーションに用いられる記号の、あるカテゴリーを表す女一般に対し、じつにそれぞれの女は個別的な価値をもちつづける。〔婚姻をめぐる男による〕二重唱のなかで、結婚の前であろうとあとであろうと、自分の声部を維持しようとする彼女の才能がもたらす、それは価値である。要するに、完全に記号と化してしまう語とは逆に、女は記号でありつつ同時に価値でもありつづけた。（第29章）

要するに、交換の場面では「記号」としか見えない女は、ストックされている状態では二重の「使用価値」を男たちに対してもつ。彼女は労働力である一方、エロチシズムを喚起する「情緒的」価値でもあるのだ。この女の二重性こそが男たちを（その「主観」において）交換に駆り立てる。交換周期を閉じず、したがって女がけっして返却されない全面交換で、にもかかわらず「交換」がなされるのはそのためだ。未開人は人類学者に「無意味」と見えたあの交換の、じつは無意味でないことを、すなわち女が労働力でありエロスであることを知っていたのである。しかし「記号」と「価値」とのせめぎ合いを言うなればみずからの実存として生きる女たちは、男たちによるコミュニケーションのたんなる道具や駒であるのではない。女たちは交換される。だが、男性支配の貫徹、父系・父方居住の調和体制のもとで、交換の場面を通り抜けてきた女たち、ストックされた女たちの連帯と抵抗が始まる。

言葉も習俗もしばしば違う外部の家へ島流しにされる運命を女に強いて、しかも理論的には実家に戻ることも許さない父方居住父系体制は、それでも女系の側のある種の連帯を排除してしまうわけでないばかりか、おそらくはそのような連帯を生み出しさえする。(略)一つ同じイエのなかに継起する女の諸世代それぞれの起源は、婚姻交換周期に組み込まれたパートナー集団の数だけ異なるけれども、しかし均質な構成体であることを明確にしようとする女性リネージの、いわば意志に似たようなものがうかがわれるかに思われるのである。ハカ・チンでは娘が自分の母の *pun taw*(主要な代価)を請け負う。他方、母の *shé*(死の代価)を権利請求するのは母方オジであるが、この権利請求には次の留保がつく。ある親族が亡くなったとき、以前に亡くなった人の墓を暴いて一緒に埋葬されている財を掘り出し、この財を新たに亡くなった人の姉妹たちに、姉妹たちがいなければ、娘たちに渡すこと。もし男性親族たちがこの財を権利請求などすれば、女たちは仕返しに彼らから *shé* か *pun taw* を剝奪するだろう。また母が死んだときに *hlawn* が支払われずにまだ残っているなら、場合によっては娘たちがその一部を相続する。*hlawn* とは新妻に彼女の兄弟が渡す持参金のことで、兄弟が *hlawn* をくれなかったときは、女は自分の代価として支払われた *pu man* を、娘たちのために差し押さえるのである。(第18章)

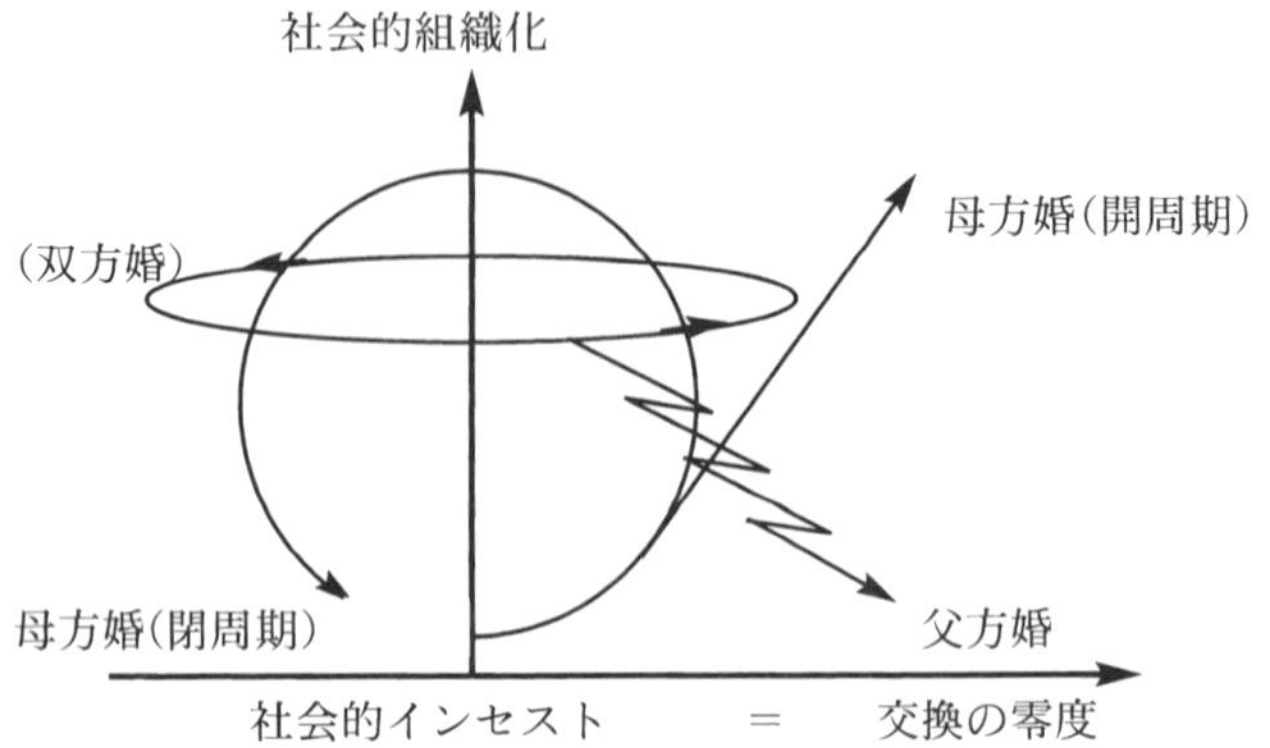

『基本構造』のその細部に書き込まれた「フェミニズム」……。

話がぐっと盛り上がってきそうなところで恐縮だが、あとのストーリーは読者それぞれに考えてもらうこととして、もとに戻ろう。レヴィ＝ストロースの言う「社会的インセスト」（生物学的インセストとは区別されるそれ）は、いま見た互酬性のもつ方向性ないし「流れ」にかかわる観念である。インセスト禁忌は「女を共同体（家族）の外へ出せ」との明文化されていない法的命令の、すなわち外婚の掟の、その消極的＝否定的な表現にほかならない(21)。互酬性の方向性から見たときに、全面交換の二つの型が区別される。母方交叉イトコ婚が交換の方向を一方向に固定し、理想的には循環性を樹立するのに対し、父方交叉イトコ婚はこの方向を交換のたびに反転させ、ジグザグ運動に変える（ゆえにレヴィ＝ストロースは父方婚に「法則」はないと言う）。それはつまり、大規模な社会的統合を実現する能力をもつ母方婚に対し、父方婚のほうは、社会的組織化の力が微弱であるという意味でかぎりなく「社会的インセスト」に接近することを言っている。「母の兄弟の娘との婚姻が集団のよりよい統合を許すだけでなく、それを促しもするのに対し、父の姉妹の娘との婚姻はいかなる全体的な見取図にも従うことなく、ただ材料を並置して、なんとかかりそめの建物をつくりあげるにすぎない。しかもこの建物の離散的構成は個々の局所的小構造と同じほど脆い。というのも、要するにこれら小構造が建物をつくりあげているのだから」（第27章）

原点が社会的インセスト、横軸が交換の零度、縦軸が社会的組織化の度合を表すとすれば、社会的組織化を高めつつ社会的インセストから遠ざかろうとする開周期の母方婚、逆に社会的組織化を低下させつつ交換の零度に接近する父方婚、そして社会的組織化と社会的インセストのあいだで、父方婚のごとく社会的インセストへと誘引される閉周期の母方婚、この三つの方向を図のように置いてみよう（これに双方婚の描く往復運動を加えるなら、それは交換の零度を表す線と平行に走る、ゆえに一定の社会的組織化しかなしえない、しかし安定した楕円として表象していいだろう。これは閉周期の母方婚を表す円弧を縦方向に押し潰したものにほかならない）。わかるように、全面交換（母方婚）は社会的インセストと父方婚をその限界としてもつ。父方婚を限界としてもつとは、とりもなおさず、限定交換を限界としてもつということである。単純化すれば、父方婚とは限定交換の並列にほかならない全面交換なのだから。しかし母方・父方いずれの婚姻形式も、グローバルに組織化された構造かローカルな構造の寄せ集めかの違いはあれ、結局、構造を視点に見られた形式であることに変わりない。

互酬性には二つの様態がある。成立（限定交換＝双方婚）と保証（全面交換）である。「ある」ことと「ありうる」こと。現になくても、やがてありうるであろうことを保証すること。ゆえにこの保証は（保証の定義から言って当たり前だが）未来に及んでいる。つまり保証の場合、構造は成立してその場にあるのでなく、半ば可能性に浸されている（これはレヴィ＝ストロースでは母方婚の不安定性という言葉で表現される）。別の観点から見ると、それは次のことを言っている。構造的因果性が交換を決定しているのではない。交換行為の結果として事後的に構造的因果性（たとえば「運命づけられた姻族」である *mayu* と *dama* の関係）が「ある」ことにされる。したがって、構造的因果性が交換の動力なのではない。かくしてここでまた再び我々はインセスト（禁忌）の問題に戻ってきている（交換をなさせるのは何か、の問い）。もう一つの注意点。「構造が閉じる」は構造があらかじめ与えられていることを前提にしているが（我々の見た三角形図式はこの前提のうえに描かれる図にほかならない）、限定交換が全面交換の「限界」（父方婚）であるということは、可能態としての全面交換、閉じられない全面交換（母方婚――厳密には「開周期」の。これは結局「流通」過程のことだ）にかかわる。ゆえに、インセスト禁忌と構造の関係は、全面構造がインセスト禁忌と限定交換（「閉じない」と「閉じる」）の二つの「限界」をもつことにかかわっている。

三つの基本的な婚姻型の含む四つの対立（本書の図87）にJ・P・B・デ＝ヨセリン＝デ＝ヨングが簡潔な表現を与えてくれているので[22]、それをもとにとりあえず落語のオチをつけておくことにしよう。

1　双方∧母方と父方（対称∧非対称）
2　双方と父方∧母方（互隔世代∧非互隔世代）
3　双方と母方∧父方（全包括的∧非包括的）
4　母方∧父方（最長の交換周期∧最短の交換周期）

2における対立は時間的間隔を世代によって繰り込むか、第三の参加者（または「担保」）によって繰り込むかの差であり、じつはそこに「対立」はないというのが我々の考え方であった。次に我々は3を社会的組織化の能力の差として、4を「社会的インセスト」への接近度の違いとして捉えた。4では「周期」の「閉じる」ことが前提されている。なぜなら女が女と交換されるまでは交換が成立しないからである（女は「花嫁代価」と「交換」されるのではなかった）。しかし母方婚では周期が「閉じない」としないと、たとえモデルの水準であっても限定交換と全面交換の対立、すなわち1は成り立たない、これが我々の推論であった。

さて、「閉じない」とはどういう意味か？　それは全面交換が全体構造をもたないということにほかならない（もちろん、ここで言う「構造」は「変換規則の束」のことではないが、しかし建築的に表象できる組織化されたまとまりを欠くなら、そこに「体系」を見出すことはできず、ゆえに「体系」と「体系」のあいだの「変換規則」もまたありはしないだろう）。レヴィ＝ストロースも、もちろん、そのようなケースのあることを言う。債権は構造がないときにそれを代替する交換テクニックであると。

我々の分析が正しいとすれば、*lobola* は交換婚の間接化され転換された形式にほかならない。もっと正確に言えば、それは数ある取引テクニックの一つなのである。交換という性格、我々の捉え方からいけば婚姻制度に内在すると認められなくてならないそれは、多様な集団からなる人員数の多い社会では取引テクニックをとおして表現されることがあり、とくに指摘するまでもないが、人口密度の比較的高い社会の条件には、補償として提供される女をなんらかの象徴的価値で代替する手続きのほうが、直接交換よりもうまくマッチする。したがって現実レベルの交換には二つの定式が考えられる。一方の定式は二個体のあいだでか、個体数のかぎられた二集団のあいだでなされる直接交換で、この場合、婚姻が一度にけっして二つ以上の集団を結びつけない可能性、集団が家族対のかたちで結びついて、それぞれの対が全体集団の内部で個々別々の全体性をかたちづくる可能性がある（限定交換）。もう一方の定式は、一つの共同体をなすいくつものセクションのあいだでなされる交換で、それはなんらかの全体構造が、意図的にか偶然にか、実現されることを予想させる。しかしそのような全体構造はつねに与えられるとはかぎらず、この型の構造（外婚半族や婚姻クラスからなるそれ）を欠くとき、*lobola* の実施は柔軟な——交換そのものが、現時点で即座になされる代わりに、潜勢的なまま先延べされるとの意味で柔軟な——体系を創設してくれる。（第28章）

しかし *lobola* となりうる物品は規則によってあらかじめ定められている。また *lobola* をめぐる口論にも、さらに思い出しておけば、「妻の与え手 *mayu*」と「妻の取り手 *dama*」のあいだの「駆け引き」にもあらかじめ決められた規則があり、規則が口論、駆け引きという「実践＝プラティーク」、実際になされることを導いている。その意味で、交換拒否の身振りを演出するこうした儀礼的交渉はシナリオを備えた「演劇」であり、「ゲームの規則」の表現にすぎない。リーチもまたカチン社会について、「グムサ」と「グムラオ」を理念型とするモデルの多数性から、一律でない社会行為の選択可能性を析出してくるが、しかし複数のモデルを「儀礼的言語」のいわば「文法[23]」、ないし「文化的象徴」の「構造的様式」という共通分母によって共約してしまう[24]（リーチとレヴィ＝ストロースの仲直り……）。それでもそのはるか先には構造そのものに対する違反、規則破りをなす「実践感覚」が予感されるであろう。[25] 構造を関数として、それへの侵犯としてなされる「戦略」的プラティークであるが、それの可能性を周期の「閉じ」の先延べ、交換に介入して限定・全面の形式的差異を消すあの時間的猶予として本書の細部に書き込むのもまた「構造主義者」レヴィ＝ストロースその人であることは強調しておいていいだろう。

> 交換周期が長期化の傾向をもてばもつほど、〔交換周期の〕各段階でどの交換単位も直接の債権者である集団にすぐさま債務を償還しなくてよくなるので、自分たちを益するために女を蓄積するとか、不相応なほど身分の高い女を要求するとかいったかたちで、いよいよ頻繁に自己に有利な条件を増大させようとするのである（第15章）

だが違反すべき構造が端的にないとしたらどうか？ 「糞の流れ」（マルクス）、デジタル信号によって整流されるだけのそれ自体すでに「記号的オペレータ」と化している資本の流れしかないとしたら……。砂漠の真ん中でコカ・コーラの空き瓶を見つける商業映画のなかのブッシュマン「ニカウさん」に象徴されるごとく、「糞」の飛沫を浴びていない「未開人」を見つけ出すのはいまや至難の業であるだろう（コカ・コーラの空き瓶を投げ捨てたのはもしかしたら人類学者でなかったか？[26]）。なんとなれば、資本主義とは、極端に凝縮して言えば、交換なき全面「交換」の世界化にほかならないのだから。このことを、ピエール・クラストルの次の言葉は逆方向から、「労働」の発生から、捉えている。

> 未開社会、本質からして平等なこの社会では人々はみずからの活動の主人であり、その活動の生み出す生産

物の流通についてもその主人である。彼らは自分自身のためにしか活動しないのである。たとえ財交換の掟が人とその生産物との直接的関係を媒介するにせよ。したがって生産活動がその元来の目的から逸れるとき、つまり自分のためにのみ生産する代わりに未開人が交換なしでかつ互酬性なしで他人のためにも生産するようになるとき、すべてがひっくり返る。ほかならぬこの時点で、労働を語ることができるようになるのだ。交換の平等性の規則が社会の「民法」であろうとすることをやめるとき、生産活動が他者の必要をみたそうとめざすようになるとき、負債への恐怖が交換規則に取って代わるときに、である。(27)(強調はクラストル)

交換論から見たとき、それは奇妙な全面交換である。安く買って高く売らなければ太れないゆえに、資本は一方向にしか流れない。資本はその果てしない旅程の任意の宿駅とした価値体系の外に、そこへと移動すべき別の価値体系をもたねばならない。つまり、資本はそれぞれに閉じた価値体系の「あいだ」を流れ、流れるにはその「あいだ」を廃棄してならない。交換は共同体と共同体の「あいだ」で始まる（マルクス）——ほんとうだろうか？　少なくとも資本主義に関して言えば、確かに「あいだ」を資本は流れるが、その流れが一方向である以上、モノを手放した側はいつか交換がなされることを保証する貨幣という担保を得るだけで、語の厳密な意味での相互的な交換がなされるはずがないではないか？「見えない手」だって？　しかし、資本主義の全面化とは、逆説的にも、固有の価値体系をもつ共同体への世界の分断であり、もし交換周期が閉じるなら、すなわち世界的な限定交換体系、「均衡」が成り立ってしまうなら、資本は行き場とその意味を失うだろう。ならば、限定交換は資本主義の限界をなすと言ってもいいだろう。資本主義は無数の閉じた限定交換体系（価値体系）を必要とするが、それら限定交換体系を一つに統合してしまってはならないのである。「自然」や「文化」同様、「構造」がなにがしかの用をなすためにつくりだされた「分析概念」あるいは「カテゴリー」であるかぎり、それは実在しないし、しなくてもいい。(28)そこで問われるべきは、構造が「ある」か「ない」かでなく、誰が「構造」を欲しているか、である。イワシの頭もそれを欲する人にはタイの尾頭である。身も蓋もない話で申し訳ないが、「構造」

はそれが「ある」と信じる人にはありがたくも「ある」ものだが、信じない人にはメザシの尻尾にすぎない。糞まみれの社会を生きるこういう不信心な人に必要なのは、構造への違反を自分に有利になるよう計算する「戦略」(砕いて言えば、「ずるがしこさ」「要領のよさ」)ではなく、戦術(これは「狡知」とはいっさい関係ない)であるだろう。あるいは「歴史的感覚」——「一民族・一社会・一個人がそれに従って生きてきた評価の位階秩序を速やかに察知する能力、これらの評価の相互関係や、諸価値の権威の現実的な作用力の権威に対する関係を看取する『予見的本能』」(29)。

言うなれば「交換」から「流通」へとテキストを(ほんのわずか)ずらして「構造的因果性」への戦術的抵抗の地歩をテキストそのものの内部に示唆することを試みはしたが、残念ながら我々は「テキストを開く」ところまで行けはしなかった(しかし「テキストを開く」とはどういうことか? テキストが書かれたテキストをのみさすのでないなら……)。ある種の「正統性」、教科書としてのテキストからはずれたところ、そのかたわらで、柱や障子を引っ掻くネコのようにテキストにわずかに爪を立てるほどのことをなしたにすぎなかった。しかしこの「かたわら」ということが当面は意味をもつであろう。なぜなら少なくともレヴィ＝ストロースに関しては中心を相変わらず強く一般性が占領しているのだから。「レヴィ＝ストロースは構造主義である」のような。このテーゼはまったく正しいのだが、しかしそれがなにも言わないことは明らかである。たとえこのテーゼを事細かに論証しえたとしても、論証の全体が当然にも当のテーゼを目的にもつ以上は、「なにも言わない」をそれは論証したにほかならない。「レヴィ＝ストロースは構造主義である」、彼のテキストを(教科書としてでなく)読むことにおいて重要なのはそれではない。このことを漠然とであれ感じ取ってもらえたなら「あとがき」としては十分と見なしたい。

いかなる思考も個人的理論をもつ(ポール・ヴァレリー)。ならば、レヴィ＝ストロースの理論というものがあるだろう。それは構造主義を成り立たせはするが、しかし構造主義という一般性には絶対に還元されないなにかであるだろう。このなにかを、ある哲学者は「内在平面」と呼んだ。構造主義をめぐる解説書がおしなべて平板で退屈なのは、個々の思考のもつ「内在平面」に触れていないからである。そこでは理論の、むしろ理論をかたちづくる諸概念の singularité が問われない。singularité ――つまり、理論という箱のなかに収められたどの概念も特異で、単独であるということ。したがって概念は互いに外在的である。しかしにもかかわらず、この互いに無関係であるという関係を横断して外在的諸概念に「理論的」なまとまりをつけるロジックを想定すること、あるいは「案出する」ことができる。一般性はこのロジックを見えなくする。でなければ、たとえばマルクスの思考とマルクス主義理論は同じものになるはずである。構造主義は乗り越えられるかもしれない、しかしレヴィ＝ストロースの理論はけっして乗り越えられない――これはアプリオリに言えることでないだろうか？　今後、レヴィ＝ストロースの「内在平面」に即した批評の出てくることを期待したい。

本書は訳者の責任で一から訳出した完全な新訳であるが、先行する仕事に依存していることも言わなくてはハッタリになるだろう。

青弓社編集部が調達してくれた番町書房版（絶版）と英語版の二つの既訳はさまざまな点で助けになった。通読がかなり困難と思われる番町書房版からは、しかし本書の内容と人類学とに関する基本的な情報を得ることができた。翻訳としてじつによくできているとの印象を与える英語版は入手が遅れたために十分に活用するにはいたらなかったが、フランス語原書の含む少なからぬ誤植や脱落に気づかせてくれたとともに、原書の挙げる引用（ほとんどが英語文献からの引用である）の原文への参照を可能にしてくれた。原則としてレヴィ＝ストロース自身によるフランス語訳（かなり意訳に近い）を尊重したとはいえ、少なからぬ曖昧さが払拭されたのである。「はじまりが難しい」はずの最初の試みをなした訳者たちの努力に敬意を表しておきたい。レヴィ＝ストロースのそのほかの著作の邦訳、『文化人類学事典』（石川栄吉ほか編、弘文堂、一九八七年）も門外漢の「死んでも直らない incorrigeable」無知を補ってくれた。とりわけ故大橋保夫氏の明晰な邦訳『野生の思考』（みすず書房、一九七六年）は訳語選定の困難を少なからず軽減してくれた。「全面交換 échange généralisé」の訳語は大橋氏に負う。『文化人類学事典』では「一般交換」の語で登録されているこの用語をあえて訳者に選ばせたのは、原語について訳者のもった語感以外でない。いずれにせよ、本書を読むうえでこの語も含め、訳者が選択した「専門用語」そのものが理解を妨げたり混乱を招くことはないと考える。専門家がもし違和感をもたれるなら、そしてその違和感それ自体に積極的な意味を見出せないのなら、本書の訳語を置き換えてもらえばすむことであろう。レヴィ＝ストロースを取り巻くこうした仕事の数々にも改めて感謝の念を書きとめておく。

　人類学用語については、版元の判断で一応本書は「専門家」の「検閲」を経ている（なにしろ、人類学者でない訳者はへっぴり腰のうえに軽装備のままジャングルに出かけてしまったので）。ご教示いただいた専門用語としてたとえば次のようなものがあった。セクション、ステータス、ターミノロジー、エゴ、フィリエーション、アニソガミー、メンズ・ハウス、ノーマンクラトゥーラ……[30]。ここで指摘しておくべきことは二つ。①英語、フランス語、日本語など、人類学者がどの言語を選択するかによって現象の「道徳的解釈」が左右されること。すでにレヴィ＝ストロース自身が「原住民と話をするときに英語の親族名称を使うことの軽率さ」というギフォードの言葉を引いているが、このいわば言語的先入見について最初に言ったのは人類学者ではない。ニーチェ『善悪の彼岸』――「ウラル・アルタイ言語圏の哲学者たち（そこにおいては、主語概念が甚だしく発達していない）が、インド・ゲルマン族や回教徒とは異なった風に『世界を』眺め、異なった道を歩んでいることは、多分にありうべきことであろう。特定の文法的機能の呪縛は究極のところ生理学的価値判断と種属的条件の呪縛である」[31]（しかし「文法」なる観念が典型的に「西欧的」であることを、迂闊にもニーチェは言わないが……）。②人類学者がいちばんに警戒してしかるべき「自民族中心主義」はなによりも「自国語中心主義」としてもっとも直截に現れること。マリノフスキーがコンラッドの小説から借りて「語の厳密な意味での」彼の『日記』に書きとめた文句「くたばれ、野蛮人 Exterminate the brutes」[32]をめぐり、本書にも名の登場するシューとリーチとのあいだで論争が起きたとの話を読んで、私は大いに笑わせてもらった。なぜか？　白人はクルクルパーだとの確信をもつナヴァホ・インディアンのように（本書第7章）、人類学者に対して「くたばれ、野蛮人」と思う原住民もまたいるであろうことをその論争はまったく忘れているからだ[33]。たとえ憤りや軽蔑であれ、マリノフスキーの「自民族中心主義」にはまだ他者がいる。それに対し「語の厳密な意味での」「自民族中心主義」とは他者のまったき欠如のことにほかならず、他者なくして自己を「中心化」することは道徳的にでなく、まず認識論的に誤りなのである[34]。もし仮に私が人類学者と呼ばれる「原住民」をイカレポンチだと感じたとしても（これは半ば仮定の話ゆえ、お赦しを）、そのことはかの「原住民」が私をイカレポンチだと判断するのをけっして妨げはしない。「専門用語」選択の責任はすべて訳者にある。

しかし、この「検閲」を通してなににも増して勇気づけられたのは、専門家であれば訳語の奇妙さが手にとるようにわかるというその事実であった。人類学の規範的用語法をたとえ意図的にずらしても、本書を読みつつ専門家はそれを簡単に修正できる。たとえば本書でexempleは「実例」と訳されているが（これは、レヴィ＝ストロース自身の用語法をできるだけ尊重するとの翻訳方針に従ってただたんにexempleとcasを訳し分けた、その結果にすぎない[35]）、人類学者が日ごろから慣れ親しんでいる「事例研究」「ケース・スタディ」の語への連想がすぐに働き、これはむしろ「事例」と訳すべしとの判断がほとんど自動的に下され、人類学者は人類学者に必要なかたちへ本書を読み替えていくことができる。それゆえ訳者は安心して「実例」という訳語を採用できるのである（人類学者に対しては申し訳なく思うが）。しかも、ゲラに目を通してくれた人類学者の「訳し分けの必要なし」との判断は、たとえば「任意の事例を鮮やかな実例によって例証してくれる地域」（第28章）といった文章に織り込まれた綾を消してしまう。レヴィ＝ストロースの語感は、少なくともニュアンスにおいて、二つの語の用法を区別している。言うなれば、「事例」は基準標本ないしモデル、「実例」はそれの異本、具体例といった差がある。いずれにせよ、このごく些細な訳語上の差異において何が起きているかは見やすいであろう。exempleというフランス語自体はまったくなんの変哲もない日常語である。それを日本語に移すときに、日本語の側で、あるいは日本の人類学者の「判断」のなかで、社会学者ピエール・ブルデューの言う「ディスタンクシオン」（差別化しつつみずからを卓越化すること）が起きているのである。「素人」を「玄人」から区別するこの「ディスタンクシオン」に対してこのとき訳者の側に働いていた翻訳上の論理はいたって単純で、どのようにして本書を、学界とは言わない、人類学という知識の枠組みのなかにすんなりとは収まらないようにするかであった。この点については、コレージュ・ド・フランスでレヴィ＝ストロースが主宰した「アイデンティティ」をめぐるセミナーの記録を参照してもらいたい[36]。研究会にはフラソワーズ・エリチエをはじめとする優秀な人類学者だけでなく、科学哲学のミシェル・セール、言語学・記号論のジュリア・クリステヴァなどが参加して発表をおこなったが、討論でのレヴィ＝ストロースの鋭い応接はその知のあり方が人類学の枠を超えるものであることを雄弁に物語る。

要するに、訳者は本書を人類学者以外の人々、さらに（訳者を含めて）研究者・学者でない人々のためにも訳したいと思ったのである。実際、本書は民族学・文化人類学の古典であるだけでない。『基本構造』について言われた次の言葉は本書を読むすべての人々のものになるだろう。

『親族の基本構造』は驚くべき複雑さをもった巨大な著作、問題領域に比較的慣れ親しんでいる専門家をさえ圧倒する著作である。そこでは一つの壮大な物の見方、空前の社会学的想像力が、厖大な量の事実とひとまとまりの多様な理論的諸問題とを迷宮と言っていいバロック建築へとまとめあげる[37]。

それはそこに入ったら自分が変わることなしに出られないたぐいの本の一冊である。一度読んだら、世界はもはや以前と同じには見えなくなる。なるほど、それはときに脆くもある実証的土台に基礎をもち、支持できぬとは言わぬが、少なくとも議論の余地ありとしばしば見えるほどにも野心的で一般的な主張を押し出すと述べることもできるだろうが、しかしなんと言ってもそれは、多くの研究者を熱狂させ、多種多様な研究を生み出した豊かで実り多い作品なのである[38]。

さらにこれらの言葉に、人類学者でも社会学者でもない一人の日本人による短いが鋭利このうえない言葉をどうしても付け加えておかなくてならない。

国家の形成と性支配の密接な関係を理解するためには、まず法と国家は家族の内部にその起源をもつことが認識されねばならない。というのも、家族は「実体」ではなく、「関係」であり、他の家族との関係においてのみ存在するものだからであり、人類史上最初の公法は家族と家族との関係を規制する法——すなわち近親婚のタブーとして出現したのだからである。この問題に関しては、レヴィ＝ストロースの構造人類学の史的唯物論に対する貢献は大きい。誤った仕方で紹介されてきたため、日本ではレヴィ＝ストロースの構造主義といえばその記号論的あるいは神話学的な側面ばかりが強調され、家族の理論というもう一つの決定的に重要な側面が看過されてきた。彼はマルクス主義をはっきり念頭においてみずからの構造主義を「上部構造の理論」としているのだが、彼の理論は唯物論的には家族という下部構造、つまり家族即生産組織であるような未開の世界に対応している。家族は孤立した実体ではなく関係であること、法は家族と家族の関係として出現したこと。そのようなものとして法は生産を組織するものであること——こうした認識を我々にもたらしてくれたのはレヴィ＝ストロースである。逆説的にも彼は未開の「冷たい」静力学的な社会の研究に専念することによって、現代フェミニズムの中心にある「家族の歴史性」という思想への道を切り開いたのである。(39)

違和感はたんなる訳語にとどまらず、むしろ訳者が意識的・意図的につくりあげた「翻訳文体」から来るかもしれない。しかし考えることが言葉でなされる以上、考えるそのことが言語規範（「日本語らしさ」）に衝突することはあって不思議でない。レヴィ＝ストロースの原文の、読む者に与える統辞論的な奇妙さ、言い回しの回りくどさ、連結される語と語との齟齬感、などをある種の「抵抗」の徴候、思考の働いていることの徴候として積極的に受け止めてなった文体である。原文のもつ奇妙さ、あるいは「バロック性」をできるかぎり消さないよう努めたことの責任は、言うまでもなく、訳者が全面的に引き受ける。言うところの「奇妙さ」は文字どおりの意味で受け取っていただきたい。なにかを取りつく島もなく退けるには便利だが、一向に生産的でない論理学用語「矛盾 contredire」にこれを翻訳する必要はない。確かにレヴィ＝ストロースは繰り込んだ厖大なフィールド・データを「解釈」しはするが、しかし（リーチがあてこすりをたっぷり含ませて言うのとは違い）みずからの「解釈」にのみ役立つような資料だけをアド・ホックに採録することはしていない。実際、本書のおもしろさの一つは、そこに記録された諸事実が著者の展開する理論に牛耳られていない点にある。細部が全体に抗弁 contre-dire するのである（ちょうど『資本論』第一巻の「労働日」「マニュファクチャ」「原始蓄積」など「具体的歴史」を扱った諸章が価値形態論に抗弁するように）。

　母語による他者の言葉の「我有化」について述べるここは場でないが、読みやすさが必ずしもわかりやすさ、明晰さでないこともまた確かでないだろうか？　逆に、原典のもつ「曖昧さ」を翻訳において「明確化」することは「誤訳」になることさえある（この点については田川健三『書物としての新約聖書』[40]がじつに新鮮な示唆を与えてくれた）。ときに息切れがするほどにも長々と続く「危うい」訳文の少なからずあることを訳者は知っているが、これについても争うつもりはない。それのもつ少なくとも「テンポ」だけは原文のものである。訳者にとって日本語を壊してでもこの読みにくさを救い出すことのほうが読者サービスより重要であったということで、読者にはこのわがままを、翻訳というパートを担当した者の特権として許していただきたい。読みにくくはあれ、読めないわけでないと思うので。勝手ながら、読みにくい箇所は再度読み直す労をとってもらうよう読者にお願いする。そういうネックがおそらくレヴィ＝ストロースの思考を構成していくのである。また、通読上、日本語の語法そのものに「奇妙さ」「不自然さ」がまといついているとすれば、それは編集者や校正者のせいでなく、訳者のこのわがままのせいであることも併せて明記しておきたい。いずれにせよ、翻訳とはつねに試行であり、暫定的試案にすぎない。

本書の訳者として適任でないことは誰よりも訳者自身がいちばん痛感している。一度は翻訳を断ったものの、結局、それをゼロからやることを引き受けたのはなぜか？　じつは人類学者自身がこの翻訳をやってしかるべきであったのに、本書を日本語にするだけの暇をもてあましている専門家が残念ながらそのとき（もう五年も前の話だ）いなかったこと、本書の邦訳がすでに絶版になって久しかったこと、しかしレヴィ＝ストロースを語るのに（賞賛するのであれ、批判するのであれ）本書が不可欠であること。というわけで、暴挙とは思われたが、乗りかかった船を下りないことにした。その暴挙ゆえにこの邦訳は少なからぬ誤り、欠陥、不備を、また自分勝手な思い込みを、無知ゆえのとんでもない空想を相変わらず含むであろうが、それらについての訂正・改善は本書をいかなるかたちでであれ利用してくれる読者の、その手に、次のささやかな箴言とともに委ねたい。

読み方が速すぎても、遅すぎても、なにも理解できない　　パスカル

「良い」本と「悪い」本があるのではない。いかなる本も赤子のように多数の声をもつ。ゆえに多様な読み方（ゆえに多様な読者）があるだけだ。さまざまな速すぎる読み方とさまざまな遅すぎる読み方。そして、洗い湯と一緒に赤子を流してしまわないさまざまな速度が。

二〇〇〇年四月一日

福井和美

注

（1）ガヤトリ・スピヴァク『ポスト植民地主義の思想』清水和子ほか訳、彩流社、一九九二年、一〇二ページ。

Gayatri Chakravorty Spivak, *The Post-Colonial Critic*, Routledge, Chapman & Hall, Inc., 1990. クリフォード・ギアーツ『文化の読み方／書き方』森泉弘次訳、岩波書店、一九九六年、一八七ページ。Clifford Geertz, *Works and Lives: The Anthropologist as Author*, Stanford University Press, Stanford, 1988. 用字法変更。

（2）Claude Lévi-Strauss / Didier Éribon, *De près et de loin, suivi de*《*Deux ans après*》, Éditions Odile Jacob, Paris, 1990, p. 193.『遠近の回想』竹内信夫訳、みすず書房、一九九一年。

（3）ファン＝デル＝レーウはニーチェを引用して言う――「あまりに洗練されすぎた文化の息子たちが考えるのとは反対に、神話の上に成り立った思惟などないのであり、神話自体がひとつの思惟から成っているのである」（モーリス・レーナルト『ド・カモ』坂井信三訳、せりか書房、一九九〇年、三二九ページに引用）。要するに、「神話的」思考があるのではない、ただ思考があるだけということ。

（4）*Ibid.*, p. 197.

（5）これはルイ・アルチュセールが使った語で、彼はこう述べている。「じつはマルクスもレーニンもきわめて一般的な言葉づかいで認識について語る。認識過程の全般的な動きを記述しようとしているのである。マルクスがその延長線でさまざまな一般性を言葉にしている文章には用心が要る。そういう文章はもろもろあるが、そのなかの少なくとも一つには彼の姿勢がはっきり出ている。『生産』について言う文章である。そこには二つの狙いが同時に込められていて、まず生産の一般的諸性格を与えておいて、続いてすぐに、一般的生産、いわんや生産一般の存在しないことが言われる。実際に存在するのは限定された個々の生産様式のみで、しかもそれら生産様式は具体的な社会構成体の内部に存在する、と。個別的プロセスからなる具体的構造の内部ですべては動くが、しかしその構造に接近するには、実在しないあの最小限の一般性に助けを求める必要のあることを言う、それはもって回った言い方なのである。この一般性なくしては、実在しているものを識別・認識することそれ自体が不可能になってしまうだろうから。そこで私の考えだが、一八五七年の『序論』もまたそのような発想に貫かれている。それは『認識理論』を用意しようとしているのでも、その代替品たる認識論を用意しようとしているのでもなくて、ただ認識の具体的過程を識別・認識することがそれなくしては不可能になってしまう、あの最小限の一般性を言葉にしようとしているにすぎないと私は思う。だが生産の一般概念とまったく同様に認識の一般概念もまた、具体的過程の具体的分析のなかに、認識過程のもつ複雑な歴史のなかに、消えていくためにのみそこにある」(Louis Althusser, Soutenance d'Amiens , in *Solitude de Machiavel*, P.U.F., 1998, pp. 218-219)

(6) C. Lévi-Strauss, Jean-Jacques Rousseau, fondateur des sciences de l'homme, in *Anthropologie structurale II*, Plon, 1973, p. 52. 周知のとおり、ルソーは「自然へ帰れ」でなく、自然へ帰れないことを言った(『不平等起源論』参照)。彼にとって「(純粋な)自然状態」とは一つの想像ないし仮説にほかならない。

(7) この「反論」を読むかぎり、言うまでもないがレヴィ=ストロースが書いているのでリーチの旗色が悪く感じられるが、しかし問題のリーチの論文と突き合わせてみると、彼はレヴィ=ストロースの議論の急所、その「反論」によって糊塗されてしまった弱点を突いていることがわかるだろう。この点についてはのちに立ち戻る。

(8) 互いに判明な諸要素それらの集まりを「集合」と言う。集合論の入門書はそう教える。だがこの集合は「体系」(システム)ではない。ここで数学に訴え、洗練された議論(要するに「構造主義」をめぐるジャーゴンの源)を展開する必要はない。人類学者が「構造」をどう捉えているかを知るだけでいい。のちに数学的処理を援用するとはいえ、人類学者ははじめから数学を通して「構造」を発見したわけでない。太い線にのみ沿って言うなら、リヴァーズからラドクリフ=ブラウン、エヴァンズ=プリチャードを経てレヴィ=ストロース、リーチへと、人類学はなによりもみずからのフィールドワークをもとにみずからの思考と議論とによって徐々に「構造」を見出し、その概念を精緻なものに変えていった。

ある卓越した社会人類学者は次のような性格を備えた「全体」として「体系」を理解している。「諸要素のあいだの相補性を規定する判明な諸対立にもとづく集合」(Louis Dumont, *Groupes de filiation et alliance de mariage: Introduction à deux theories d'anthropologie sociale*, coll.《tel》, Gallimard, 1997, p. 28 ——『社会人類学の二つの理論』渡辺公三訳、弘文堂、一九七七年)。言われている「相補性」も「対立」も要素のあいだの関係である。ゆえに体系とは関係のことである。しかもこの関係の二つの性格規定「相補性」と「対立」は排他的でなく重なり合う。厳密さを求めず、ただ考え方のみをわかりやすく浮き彫りにしよう。「両親」は「母」と「父」の二要素からなる体系である。母と父は対立の関係にあるが、しかし同時に相補の関係にもある。なぜなら母と父のどちらか一方を欠けば、「両親」はない。母と父は対立しつつ相補性をもつことで両親という体系の

要素をなす。言い方を変えれば、両親の要素としての父は、それ自体で捉えられた単独の父とは別物である。両親の揃った子供のもつ父の観念と母を亡くした子供のもつ父の観念は同じでない――これは「体系的」な考え方である。「(それ自体としての) a は『集合Aの部分としての a――$|a|^A$』とは異なる。社会学でつねに念頭におかなくてならない、これは命題である」(Louis Dumont, *ibid.*, p. 29)。「集合」に求められるのは要素のあいだの区別のみであるが、「体系」はその区別のうえに対立と相補性を要求する(言うまでもなく、この二つの関係は要素のあいだの関係である以上、要素の判別性を前提にしている――父と母はまず区別されなくてならない)。

では「構造」とは何か? 「変換規則の束」、これは構造主義の解説書でよくおめにかかる「構造」の定義である。しかし奇妙なことに、その定義はいつもコンテキスト抜きに呈示されるため、わかったようでわからないことが多い。レヴィ＝ストロースの「素朴な」言葉(というのも、それはインタビューに答えての言葉なので)を引用しよう。「体系、すなわち諸要素とそれら要素間の関係とからなる集合に、構造は縮約されません。構造について語りうるためには、複数の集合それらのもつ諸要素・諸関係 relations のあいだに不変の関係 rapports、変形によって一つの集合から別の集合へ移動させてくれる関係が現れるのでなくてならないのです」(C. Lévi-Strauss / D. Eribon, *op. cit.*, p. 159)。「構造」はまず異なる体系のあいだの「関係」にかかわる。だが異なるはずの諸体系は具体的にどのようにして関係づけられるのか? 「関係」とは何か(「関係」はただそれ自体では述語のない主語のようなもの、つまりなにも言わないたんなる語であるのだから)? ある体系の諸要素の関係を別の体系の諸要素の関係へ「変形」(または「変換」)する「規則」が見出されれば、この二つの体系は関係づけられたことになり、それら体系をまとめて一つの体系として扱うことができる。「構造」とは体系を要素とするその集合で、なおかつ体系＝要素間の関係を含むゆえに関係(体系)の関係、体系の体系でもある。したがって「構造」は集合論の範囲内にあるが、より正確には「群論」の水準に出現すると言っていいだろう――しかも「群 groupe」が「集団」を含意することをたんなる言葉遊びとしてでなく、まじめに受け取っていい。また『基本構造』にいくらか関連づけるなら、「構造」の要素である体系に「クラス」という規定を与えてもいいだろう。「変形」はこの「関係の関係」を見出す操作であり、その操作の結果として検証される(つまり「変形」の成功によって確定される)「変形規則」がその「関係の関係」を表現する。かくして「規則」として見出されてはじめて「関係」は取り扱うことが可能になる——個別的体系の場合では要素間の「関係」は「対立」と「相補性」の二つの性格規定によって表現された。『基本構造』が「構造」を扱うことは初版「序文」の次の言葉に明快に要約されている。「婚姻規則、親族分類法、特権・禁止体系は同一の現実の、つまり当該体系の構造の、互いに不可分な側面をなすと明らかにすることが、本書の根本的目的なのである」

ついでに指摘しておけば、人類学的「構造主義」を数学のみに関連づけようとする人々の意に反し、「構造」を成り立たせる「変形」の観念を数学から得たのでないことを先に引用したインタビューでレヴィ＝ストロース本人が言っている。「変換」の概念を「あなたは誰から借りてきたのですか？　論理学者？」——「論理学者でも言語学者でもありません。決定的な役割を私にとって果たした一冊の本、戦中に合衆国で読んだダーシー・ウェントワース・トンプソンの一九一七年に初版の出た二巻本『成長と形態について』からあれは来ているのです。著者は（『裸の人間』では「イギリスの」と誤記しましたが）スコットランドの博物学者で、同じ類に属す動植物種やその器官の目に見える違いを変形として解釈していたのです。これは天啓でした。なにしろすぐにこう気づいたのですから。このような見方はある長い伝統に属していて、トンプソンの後ろにはゲーテの植物学が、ゲーテの後ろには『人体均衡論』のアルベルト・デューラーがいる、と」（C. Lévi-Strauss / D. Éribon, *ibid.*, p. 159）。ゲーテの植物学は形態学のさきがけと言ってよく、デューラーは人体の諸部位の比例関係 rapport を考察しているのであるから、「かたち」と「幾何」との結び目に（構造主義人類学の）「変形」の概念はもとは棹さすものと考えられるであろう。しかしまた強調しておかなくてならないが、レヴィ＝ストロースの言う「構造」だけが人類学の所持する「構造」ではない。たとえばラドクリフ＝ブラウンも「機能的一致」と「内的一貫性」とに従って活動する社会体系に「存在間の諸関係のセット」としての「構造」を見る（『未開社会における構造と機能』青柳まちこ訳、新泉社、一九七五年、参照）。それはレヴィ＝ストロースのとはまったく異なる「構造」である。

（9）「逆の状況についての近似的なイメージを差し出す、東南アジアのいくつかの民族を反証として持ち出すこともできないことはないかもしれないが、それを持ち出したところで、あれらの社会では女が男を交換するのだとは言えないだろう。せいぜい男が女を手段にして男を交換すると言えるだけである」（第8章注（41））。たとえ実際に女が男を交換する社会があったとしても、交換されるものの位置に男が置かれるというだけで、位置の構造的配置そのものが変わるのでないかぎり、構造論的にはこの言明の正当性が損なわれるわけでない。「彼女たち〔フェミニスト〕は私を理解しそこなったか、読みそこなったのです。じつに私は、女性たちのなかに記号と同じほど価値をも見ない人間社会の存在しないことを強調しているのですから。論争は不毛です。女が男を交換すると言ってもさしつかえないのですから。その場合は、＋符号を－符号に、－符号を＋符号に替えさえすればよく、それによって体系の構造が変質することはありません。私がこれとは別の定式を用いたのは、ほとんどすべての人間社会が考え、言っていることに、それが対応しているからです」(C. Lévi-Strauss / D. Éribon, *op. cit.*, p. 148)

（10）十九世紀バリの小国家ヌガラにも認められるこのようなメカニズム（ヌガラの場合は火葬儀礼での尨大な富の破壊）をもとにクリフォード・ギアツは「劇場国家」のモデルを構築した。『ヌガラ』小泉潤二訳、みすず書房、一九九〇年、参照。Clifford Geertz, *Negara, The Theatre State in Nineteenth- Century Bali*, Princeton University Press, 1980.

（11）Edmund Ronald Leach, 'Kachin' and 'Haka Chin': A Rejoinder to Lévi-Strauss, in *Man*, n. s. 4, 1969, p. 284 ――井上兼行「『母方交叉イトコ婚の構造的意味』のためのコメント」、エドマンド・リーチ『人類学再考』付録B、青木保ほか訳、思索社、一九七四年、二九五ページに引用。

（12）E・リーチ『レヴィ＝ストロース』吉田禎吾訳、新潮社、一九七一年、二二ページ。E. Leach, *Lévi- Strauss*, Fontana Modern Masters, Fontana / Collins, 1970.

（13）E・リーチ『社会人類学案内』長島信弘訳、岩波書店、一九八五年、一九八～一九九ページ。E. Leach, *Social Anthropology*, Fontana Paperbacks, 1982.

（14）このような「力」の観念がリーチの具体的な人類学的考察を導く太い糸であることは、たとえばカチンの政治体系を扱った著書の次の文章に現れている。「(社会学者の抽象的モデルと対照的な) 現実的状況のもとでの社会構造は、個人間、集団間の力の分布に関する一連の諸観念からなるものと、私は考える。諸個人がこの体系について否定的な、またときに矛盾した観念をもつことは、可能であり事実でもある。人が混乱や当惑なしにこれをなしうるのは、諸個人が観念を表現する形式ゆえである。形式とは文化的形式であり、表現とは儀礼的表現である」（『高地ビルマの政治体系』関本照夫訳、弘文堂、一九八七年、六ページ――E. Leach, *Political Systems of Highland Burma*, G. Bell & Son Ltd., 1954）

（15）「レヴィ＝ストロースが成功したのは、文化的事実を社会的な力のなんらかの表現としては吟味しなかったからである。正確に言えば、文化的事実も社会的な力も単一の参照枠の内部で分析されたのである」（Adam Kuper, *Anthropologists and anthropology : The British school 1922-1972*, cit. in Marshall Sahlins, *Culture and Practical Reason*, The University of Chicago Press, 1976, p. 120, n. 48 ――アダム・クーパー『人類学の歴史』鈴木清史訳、明石書店、二〇〇〇年、マーシャル・サーリンズ『人類学と文化記号論』山内昶訳、法政大学出版局、一九八七年。ただし、サーリンズによる引用はクーパーの邦訳中には見当たらない）。おそらくマーシャル・サーリンズはレヴィ＝ストロースのなした「象徴的なものへの社会的なものの包摂 his appropriation of the social by the symbolic」（*ibid.*, p. 120）にいわゆる「文化主義」の根を見ている。しかしサーリンズのほうが「文化主義者」と見えてしまうのはなぜだろう？

（16）本書のあと、モーリス・レーナルト『ド・カモ』（前掲）、マルセル・グリオール『水の神』（坂井信三ほか訳、せりか書房、一九八一年）、ミシェル・レリス『幻のアフリカ』（岡谷公二ほか訳、河出書房新社、一九九五年）を読めば、フランス人類学の伝統に、「構造主義」とはまったく異なる、いわば「現象学的記述」にも似た民族誌の流れがあることを読者は見出すであろう。その源泉には、言うまでもなく、「融即」の概念を「実存的」概念へと傾斜させていったリュシアン・レヴィ＝ブリュルがいる。「最大限の主観性を通して客観性に達する」と言い放つレリスは民族誌の作者、書きつつ「対象化」をなす自分自身をも、当の民族誌の「現象学的記述」の対象にしてしまう！「しばらく前、僕はアッバ・ジェロームと、アビシニアのエロティシズムについて話した。夫と妻は、同じ布の中にきちんとくるまって――頭も含め――一緒に裸で寝る。通常の体位は《お父さん式》（正常位）だ。一晩中、男は女の中に入ったままだ。女は一般に、二度目の性交の最後に楽しむ。僕が考えていたのと違って、どうやら――アッバ・ジェロームの言に従うなら――性交は、ヨーロッパの性交よりさほど長くはないらしい」とこう書いてレリスは続ける、「万が一エマワイシュ〔病気治療をおこなう憑依者マルカム・アッヤフの娘」と寝たら、僕はたぶん彼女を喜ばせることができただろう……」（前掲書、四八七ページ）。はたして最後のこの記述は民族誌には「余分」なものだろうか？　気のきいた人類学者なら、この事態を「エミック emic」と「エティック etic」の語を用いて言い換えるかもしれない。すなわち、記述の視点を「原住民」に置くか（彼の容認しないものはすべて記述から削除するということ）、「観察者」に置くか（民族誌学の知識も含めた彼の価値判断に全面的に記述を依存させるということ）の区別であり、ここで重要なのは、どちらの記述もがある意味で「主観的」であることで、ゆえにこの区別は二つの主観の、当然にも起こるはずの食い違いにこそ意味を見出させる。つまり、あらかじめ要請されるか暗黙裡に前提されている「観察者」の視点の「客観性」そのものが廃されているのである。

（17）ここでは詳述しないが、交換された女と、交換されずに流通している女（「生ける貨幣 monnaie vivante」？）とが質的に異なるはずとの考えは、ストックされた貨幣とフロー状態にある貨幣とのあいだの質的飛躍を教えてくれた植村弘恭／磯谷明徳／海老塚明『社会経済システムの制度分析』（名古屋大学出版会、一九九八年）がヒントになった。

（18）「*sumri* は取引の対象にできない。*ningpha* と呼ばれる矛槍や *shatunri* と呼ばれる儀式用の刀――いずれもふつうは両親の寝室の囲炉裏の上に掛けてある――など、おもに古い武器が *sumri* とされ、重病人が出たり子供が生まれたときなどにこれを使って悪霊を威嚇する。*sumri* は結婚式の日に贈り物交換の儀礼の一環として、妻の両親 *mayu ni* から夫の両親 *dama ni* に手渡され、これが *sumri* の唯一の移転様式をなす」（第16章）
「ギリヤークには特別な富のカテゴリーが一つある。*šagund* であるが、この語をシュテルンベルグの英語版草稿は『貴重品 the precious goods』と訳していて、ここでクワキウトルの『ご馳走 rich foods』を思い浮かべずにすまない。中国や日本の行商人を通常の入手先とするこの特殊な財は、ひとたび獲得されると、もはや買い取ることも売りに出されることもなく、もっぱら花嫁代価としてか、持参金の引き渡し、身代金の支払い、葬儀などに付帯する給付としてのみ使われる」（第18章）

（19）等価交換の語が適切か否かは「価値」を未開民族がどう捉えているかにかかる。しかし少なくとも、自同律「a＝a」にもとづく「同じ」（等置交換）が交換行為の底にあることは、ドゴンの魅力的なインフォーマント、

「高貴なしぐさをもち、深い声と悲しげな、しかし輝かしい顔をもつ」オゴテメリの言葉からはっきり聞き取れる。グリオールの書き込んだ「解釈」をはずして、オゴテメリの言葉だけを引こう。「二つ続きの杯は、双子の象徴だ。双子は背丈も格好も同じで、ことばも同じだ」――「そういうわけで、商売は双子がはじめたのだ」――「双子は公正で、平等なことばを話す。二人は価値が同じで、同じものなのだ。売る人と買う人も、やはり同じものだ。売り手と買い手は双子なのだ」――「違った種類の物を売り買いする取引きというのは、双子を交換することだ」（マルセル・グリオール前掲書、二七一～二七二ページ）

(20) 我々は資本の運動がG－W－G′で表されることを知っている（この「知っている」というそのことを問題化すると、いわゆる「学問」とか「科学」の足元がふらつきだして、迷惑がる人がいるだろうから、ここでは突っ込まないでおく）。この運動をそのつどの交換の場にバラせば、そこにはG―WとW―Gしかなく、剰余価値を含んだG′（G＋ΔG）は見えなくなる。女交換がトートロジックに見えるのはこれと似ている。あくまでも似ているのであって、同じなのではない。

(21) インセスト禁忌とはその意味では「戻ってならぬ」との命令であり、この禁忌を問うことは究極的には法の「起源」を問うことに等しいと言っていい。そこまでの守備範囲をもちろんこの本はもたない。ゆえに、レヴィ＝ストロースはインセスト禁忌の「起源」を問うて答えそこなったのでなく、本書で取り扱えない答えられない問いには答えなかっただけの話である。だがまさにそれゆえに、我々にそれを考えることをさせる。法の問題へと彼の思考を移動させることはできるし、かつまたそれは豊かな移動でもあるだろう。

(22) J・P・B・デ＝ヨセリン＝デ＝ヨング「親族と婚姻についてのレヴィ＝ストロースの理論」、P・E・デ＝ヨセリン＝デ＝ヨングほか『オランダ構造人類学』宮崎恒二ほか編訳、せりか書房、一九八七年、二六四ページ。

(23) 田辺繁治「民族誌記述におけるイデオロギーとプラクティス」、田辺繁治編『人類学的認識の冒険』同文館出版、一九八九年、九六ページ。

用語法を少し変更。

(24) 前掲『高地ビルマの政治体系』参照（とくに第一章）。その「一九六四年版への序論」でリーチは言う――「本書の主部で扱われる主題は、カチンの経験論的政治行動を、グムサとグムラオという対極的な政治原理への妥協的反応の産物として見ようということである。第九章で私は、これらの対極的政治原理が、対立する複数の神話体系を通じて行為者に実際に提示されるさまを描こうとした。そこでは、ここの神話体系がそれぞれに社会的行為の典範という役割を果たすのである。今読み返してみると、この章は『うまくできてはいるものの不十分』である。レヴィ＝ストロース教授の神話研究をめぐる著作はすべて本書の草稿が著者の手を離れた後に出現した。その研究はカチンの伝承の理解に大いに役立ち得るものである」

(25) Cf. Pierre Bourdieu, *Le sens pratique*, Éditions de Minuit, 1980. 邦訳『実践感覚』今村仁司ほか訳、みすず書房、一九八八年、一九九〇年。「実践感覚」というのは、それはそれでけっこう窮屈な感覚ではある（見方を変えれば、それは違反への言うなれば無意識的強迫なのだから）。それは、社会学者が「ある」と言うから、おそらくあるんだろうなと思うようなそんな「感覚」なのでは？　ヌエル人の「感覚」はもっとルーズで、彼らの供儀には一応「台本」らしきものはあるようだが、実際の儀礼過程はかなりいいかげんに進む。「彼らは供儀の時間や場所について大して気にかけないし、誰が儀礼を執り行なうかについても細かい規則はない。そして供儀者や司祭者が守らねばならない儀礼上の禁忌といったものもない。また、祈願に盛り込まねば、その儀礼が無効になるといったような定まった内容もない。彼らの供儀の過程には、全般的にどことなくおざなりな雰囲気があり、儀式性に欠けている。だから、雄牛がうまく倒れることにこしたことはないのだが、うまく倒れないからといってそれがたいした支障になることもない。ヌアーは細かい儀礼の過程よりも目的を重視するのである」（エヴァンズ＝プリチャード『ヌアー族の宗教』向井元子訳、岩波書店、一九八二年、三三五ページ）。ヌエルはなかなか好感のもてる民族である。また彼らは「罪に対して憤りを示さない。（略）彼らは、近親相姦が悪いことだから神によって罰せられるとは考えない。そうではなくて、神がそれに対して刑罰を下すのであるから、それは悪いことだろうと考えるのである。（略）もう一つ注意しておかなければならないのは、禁忌（略）とよばれる状態は、けっして社会規範を破ることによってもたらされるのではないということである。殺人は禁止されていないし、ヌアーは公正な戦さにおいて人を殺すのが悪いなどとは考えない。それどころか、戦闘で相手を殺すことは自己の勇気と技倆を示すものとして人びとに賞賛される。にもかかわらず、彼は自分の殺人行為によって、自分と親族とを重大な霊的危機に陥れることになる。双子の誕生したことで誰も責めを負うものはいないし、双子の両親は最高に幸せな人間だと考えられている。にもかかわらず、ここにも殺人とまったく同じ禁忌の状態が生じるのである。つまりわれわれがここで直面しているのは、人間の道徳性、すなわちヌアーの観念において彼らが善人であるか悪人であるか、ではなく、彼らの霊的な状態なのである」（同書、三〇四～三〇五ページ）。少なくともここで挙げられたケースでは、外部的ななんらかの規範を前提とした「違反」をヌエルについて語ることはできない。「罪」は「違反」にではなく霊的状態の「変状」（これはスピノザの用語である）にかかわっているのだから。

（26）「十八世紀の終わりに、ブッシュマンは（a）民族誌の関心の、（b）苦難と罪の、対象としてヨーロッパ人の記述に登場するようになる。驚くことではないが、この時代はまた、ブッシュマンが、土地や生活習慣へのヨーロッパの侵略に対する闘争をはっきり放棄した時でもあった。その前の世紀のヨーロッパの記述の中では、ブッシュマンは、やってきた植民者にどう猛に歯向かい、夜の間に農場を襲い牛を放したり盗んだりし、時には入植者や労働者を殺害するような、野生の群れ、血に飢えた略奪者として描かれていた。植民地の権威からのお墨付きを手にして、入植者たちは根絶やしするための戦争に立ち上がった。しばしば攻撃隊が夜にブッシュマンの部落を襲い、男を殺害し、女子供も殺したり奴隷にした。入植者たちは徐々にこの戦争に勝利を収め、その結果一七九〇年代までには『ブッシュマンは内陸部の山沿いにはまだたくさんいるけれども、植民地の他の部分にはほとんど残っていない』という状態になった」（メアリー・ルイーズ・プラット「共有された場をめぐるフィールドワーク」、J・クリフォード／G・マーカス編『文化を書く』春日直樹ほか訳、紀伊国屋書店出版部、一九九六年、八四～八五ページ。*Writing Culture: the Poetics and Politics of Ethnography*, University of California Press, 1986）

付記しておけば、インセスト禁忌の普遍性のほか、レヴィ＝ストロースが本書で持ち出したもう一つの普遍性、単系原理に対して、ブッシュマンがその反証をなすことは知られている。また、インセスト禁忌が「普遍的」でないことも……。

（27）Pierre Clastres, *La société contre l'État*, Éditions de Minuit, 1974, p. 168. 邦訳『国家に抗する社会』渡辺公三訳、白馬書房、一九八七年。

（28）「親族」ですら「分析概念」であって、原住民のもとに「親族」という現象などありはしないのでは、とのラジカルな疑問が人類学そのものの内部から浮上していることもついでに注記しておく。Cf. D. M. Schneider, *A Critique of the Study of Kinship*, University of Michigan Press, 1984.

（29）フリードリヒ・ニーチェ『善悪の彼岸』木場深定訳、岩波文庫、一九七〇年、二〇〇ページ。Friedrich Nietzsche, *Jenseits von Gut und Böse, Vorspiel einer Philosophie der Zukunft*, Goldmann Verlag, 1981.

（30）そのほか、ふつう人類学者は intermariage を「通婚」と訳すとの教示もいただいた。本書ではそれを「相互婚」と訳し、「通婚」という訳語はいっさい使用しなかった。なるほど「婚を通ずる」という古い言い方（江戸時代くらいにまでさかのぼられたし）がある以上、「通婚」はまったくの造語ではないが、これはべつに「結婚する」とモダンな言い方に切り替えても大過ないであろう。問題はそこではない。読んだかぎりで言えば、日本の人類学者自身が「通婚」を「相互婚」（つまり女に関する集団間の「限定交換」）に意味を限定して使っているようにはとても思えない。たんに「結婚」と言ってさしつかえない文脈でも「通婚」の語は使われている。要するに「通婚」は、人類学者の教示に反し、なにか厳密な専門用語として登録されているとは見えないのである。「西欧的教養のだらしない衣服」（ニーチェ）を着込んだそのうえに、人類学者の言葉づかいが「見慣れない、気取った、あるいはわけのわからない専門語の、学問的ではあるがくだらない使用」（ジョン・ロック『人間知性論』）に堕さないことを祈りたい。

（31）ニーチェ前掲書、三九ページ。

（32）『マリノフスキー日記』谷口佳子訳、平凡社、一九八七年、一一八ページ。Bronislaw Malinowski, *A Diary in the Strict Sense of the Term*, Harcourt, Brace & World, Inc., 1967.

（33）あるヌエル人から彼のリネージ名を聞き出そうとして「おちょくられた」（関西弁で失礼）エヴァンズ＝プリチャードは書く――「どんなに気の長い民族学者でもこのたぐいの抵抗に会うと頭にくること請け合いである。まったく気が変になってしまいそうである」、だが彼はこうも言っている――「習慣についての質問をはぐらかす彼ら〔ヌアー〕の手腕は、民族学者たちの好奇心に悩まされている原住民たちに推薦したいくらいである」（E・E・エヴァンズ＝プリチャード『ヌアー族』向井元子訳、平凡社、一九九七年、三七～三九ページ）。原住民もまたきっと民族学者の執拗で阿呆な質問に「頭にくる」にちがいない。「ややこしい問いに答える彼らのつねとして」トロブリアンド島民もこう応じる――「馬鹿げた質問はしなさんな」（B・マリノフスキー『未開人の性生活』泉靖一訳、新泉社、一九七一年、二四三ページ）。

（34）人類学の来歴がコロニアリズムと結びついていることは改めて指摘するまでもない。だが、そのようにして人類学を「悪」（つまりは道徳！）へとショートさせる「左翼的」批判は、その批判自体をも動かしている善意（善き意志）がまた人類学の誕生を促したのだということを見ない。「『野蛮人の生活の研究は、世界の各地に植民地をもつ大帝国の市民であるわれわれイギリス人にとって、格別の重要性をもっている。諸植民地の原住民は、文明のあらゆる段階を示しているのだ』。人類学者ラボックはこのように述べ、ついで『実地』調査に従事する同僚であるW・W・ハンターを引用している。『われわれは、従来の征服者が非征服人種を研究し、理解した以上に、平野部の住民を研究した。われわれは、彼らの歴史、習慣、欲求、弱点から先入観さえも知っている。この立ち入った知識が、われわれに政策上の指針の基礎を提供するのであり、それによって、行政的予備手段や時宜をえた改革という形で、世論に満足を与えるのである』」（ジェラール・ルクレール『人類学と植民地主義』宮治一雄ほか訳、平凡社、一九七六年、三九ページ）。原住民への「奉仕」のための人類学、「応用人類学」「実用人類学」へと道をつけるこの「善意」は、晩年のミシェル・フーコーが関心を寄せた「ポリツァイ Polizei」、すなわち治安から衛生にいたる「国民」生活上のあらゆる「配慮」を担当する「警察」を生んだ「善意」とまったく同じものである。「善意」は人類学（人間学）‐国民（ネーション）‐奉仕（サービス）の線または系を問題化する。

（35）この区別自体はどうでもいいようなことに見えるだろう。しかしフランスの人類学者の語感はこの区別をはっきり意識している。たとえば、誰かからの引用をなすとき、自分であればほんとうは cas という語を使うのだが、との含意を込めて、exemple を括弧でくる人がいるのだから。というわけで、我々は馬鹿正直に cas と exemple を訳し分けた。

（36）*L'identité*, séminaire dirigé par Claude Lévi-Strauss, coll. 《Quadrige》, P.U.F., 1977.

（37）Louis Dumont, *op. cit.*, p. 113.

（38）Robert Deliège, *Anthropologie de la parenté*, Armand Colin, 1996. 歴史主義から精神分析にまで広がる人類学の理論空間、そこへの親族をめぐる諸問題の全体的配置をつかむのにドゥリエージュのこの本はきわめて有益である。

（39）関曠野『野蛮としてのイエ社会』御茶の水書房、一九八七年、九ページ。マーヴィン・ハリス『文化唯物論』（長島信弘ほか訳、早川書房、一九八七年）はなかなか威勢はいいが、しかしレヴィ＝ストロースを教科書どおり読み、これまた教科書どおり構造主義を「文化観念論」として批判する。『野生の思考』でのレヴィ＝ストロースの言葉「下部構造そのものは私の主要な研究対象ではない。民族学はまず第一に心理の研究なのであるから」を引いて、ハリスは言う（前掲書、上巻、二五〇ページ）――「構造主義は精神的上部構造の研究のための一組の諸原理である」！　この読み方は正しくはあっても、ちっとも刺激的でないと思うが、いかが？

（40）勁草書房、一九九七年。

事項索引

【注】　［→～］：　他事項の下位項目として分類されている事項、または当該事項と強い関連性をもつ事項を表す。

ufu　173-174
ufuapie　［→ ikupu, pangua］　156, 174-175
uru　629-630, 642
varna　654-656, 678, 689
yajima　［→ yepun］　224
yepun　［→ yajima］　224
yin（姻）　［→ houen］　541, 565, 580, 586, 589-590, 592, 611, 619, 652, 657, 687
yo　550

あ

アニミズム　animisme　193
与え手（女・妻・嫁・姉妹の）　donneur (defemmes, d'épouses, de sœurs)　［→取り手］　35-37, 41, 43, 48, 239, 418, 425, 449, 652, 676, 758, 760, 821
　夫の与え手　donneur de maris　425
『哀れ、彼女は娼婦』　*'Tis Pity she's a Whore*　768
暗黙の体系　système implicite　［→明示的体系］　333, 339
イエ　maison　428-430, 438, 451, 454, 470, 472, 518, 564, 618, 623, 642, 657, 817, 843
異系交配　exogamie　［→同系交配, 外婚］　79
逸脱体系　système aberrant　377
遺伝　hérédité　63, 66, 76, 78-81, 101-102, 193, 195, 226
遺伝学　génétique　488, 733
遺伝子　gène　101, 226
イニシエーション　initiation　137, 232, 782
　イニシエーション・クラブ　cercle d'initiation　782
位牌　tablette　563-564, 567-568, 570, 661-662
因果関係　connexion causale, relation de cause à effet, rapport de causalité　269, 279, 711
インセスト　inceste　［→婚姻］　18, 51, 68-70, 75, 77-78, 81-84, 86, 92-95, 100, 115, 121, 130, 145, 151, 159-160, 164, 212-213, 261, 276, 434-435, 520, 534, 591, 594, 598, 703, 737-738, 755-756, 768, 780-785, 787, 789, 795, 800, 802
　インセスト恐怖　horreur de l'inceste　81, 83, 92
　インセスト禁忌　prohibition de l'inceste　［→規則, 外婚］　17, 32, 44, 51, 67-70, 72, 75-76, 78, 81-82, 85-87, 90-94, 99-100, 102-103, 120-121, 123-124, 131-132, 149-151, 187, 213, 245, 249-251, 254, 277, 279, 310, 328, 528, 720, 735, 753, 757, 772, 774-775, 778, 781-783, 785, 787, 789, 792, 795, 804-805, 815, 818-820, 839, 841
　インセスト結合　［→結合］　85, 277
　インセストの限界　limite de l'inceste　798
　合法的インセスト　inceste légalisé　591, 594
　社会的インセスト　inceste social　［→生物学的インセスト］　18, 121, 145, 737, 787, 802, 818-820
　生物学的インセスト　inceste biologique　［→社会的インセスト］　737, 818
姻族, 姻族関係　alliés, alliance　［→与え手, 取り手］　15, 42, 50, 109, 130-131, 154, 156, 177, 262, 270, 272, 337, 371, 423-424, 450, 454, 456, 468, 475, 483, 486, 503, 506, 510, 512, 535, 541, 565, 579-580, 586, 589, 595, 618, 623, 632, 640, 687, 727-728, 757, 760, 786, 819,
インド＝ヨーロッパ諸体系　systèmes indo-européens　495
美しい王子　Princes Charmants　784
エリザベス朝演劇　théâtre élisabéthain　763
縁組, 縁組関係, 婚姻連帯　alliance, alliance matrimoniale　41, 43, 49-50, 57, 77, 121, 128-129, 155, 167, 169, 182, 209, 273, 294, 305, 360, 377, 388, 407, 422, 425, 427, 438, 444, 457, 479, 484, 493, 504, 514, 523, 530, 541-542, 579, 589, 606, 634, 636, 652-

653, 656-657, 684, 711-712, 730, 753-754, 759-760, 762, 771-773, 781, 786-787, 795-796, 807, 809
一方通行的縁組体制　régime d'alliances à sens unique　541
往復的縁組体制　régime d'alliances redoublées　541
縁組規則　règle d'alliance　[→婚姻権]　210, 330, 424, 438
縁組経路　réseau d'alliance　43-45, 51, 55, 350-351
縁組周期　[→周期]　43, 121, 349-350, 511, 613, 759
縁組配分　répartition des alliances　51, 55
クラン縁組　alliance clanique　661
互酬的縁組　alliance réciproque　536
婚姻連帯体系　système d'alliances matrimoniales　438
二重縁組　double alliance　656
往還のリズム　rythme alterné　754
贈り物　cadeau　137-140, 142-143, 150, 152, 154-157, 160, 190-191, 232, 235, 445, 447-448, 450-451, 461, 469, 511-512, 516-517, 712, 753, 775, 785
贈り物交換　[→交換]　140-141, 157, 234, 446, 517, 838
男財　biens masculins　[→女財]　139
オーストラリア的アリストテレス主義　aristotélisme australien　677
「オーストラリアの歪曲」《deformation australienne》　532
「オセアニア」(雑誌)　*Oceania*　285
汚染(体系の)　contamination　364, 749
音韻論　phonologie　226, 791-792
女財　biens féminins　139, 687

か

外婚　[→婚姻]　79, 83, 85-87, 89, 119, 124-125, 127-132, 151, 157, 160-161, 166-167, 175, 180, 182, 203, 223-224, 229-230, 232, 238, 250-251, 258-259, 269, 287, 290, 309, 358, 408, 465, 467, 469, 471, 474-476, 478, 481, 487-488, 490-491, 493, 499, 508, 516, 519-520, 528, 530, 536, 540-542, 563, 580, 593, 596, 599, 601, 604, 614, 628, 642, 654, 656, 659-662, 671, 678-681, 683, 685-687, 689-690, 696, 708, 746, 761, 772-775, 792, 795, 809, 818
回転構造　structure rotative　[→振動構造]　331
角逐　concurrence, compétition　372, 606
核分裂　fission　174-175, 696-698
限定交換の核分裂　fission de l'échange restreint　696-697
選択的核分裂　fission élective　697
賭事　jeu　143
カースト　caste　68, 652, 654-656, 659, 671, 678, 681, 683-687, 689-690, 694, 700, 703, 738, 761
カテゴリー　catégorie　[→クラス]　15-18, 19, 29, 34-35, 42-43, 68, 85, 127-130, 149-150, 165, 168, 203, 216, 227-229, 232, 236, 245-246, 249, 275, 284, 286, 297, 349, 362, 366, 378, 421, 440, 452, 470, 483, 486, 512, 524, 528, 532-535, 537-539, 541-542, 544, 555, 569, 596, 634, 658, 661, 679, 699, 717, 754, 771, 781, 784, 795-796, 800, 816, 823, 838
「借り」《dette》[→債権，債務]　426, 441, 444-445, 454, 459
関係体系　système de relations　[→クラス体系]　301, 607, 726, 834
関係方式　méthode des relations　[→クラス方式]　301, 388
姦通　adultère　679, 793
観念連合説　associationnisme　214
観念論　idéalisme　214, 733, 843
『カンヤカ・プラーナ』　*Kanyaka Purana*　738
機械的規則性　automatisme　217
機械的諸要因　facteurs mécaniques　[→核分

裂〕 697
起源 origine 33, 60, 66, 83, 85, 87, 92, 95, 102, 162-164, 173, 183, 188, 197, 213-214, 249, 252, 274-275, 277-278, 327, 389, 412, 428, 432, 468, 473-474, 476, 487, 489, 501, 514, 518, 527, 537, 543-544, 554, 560, 587-588, 592, 601, 624, 626, 634, 648, 659, 672, 679-681, 685-687, 689, 704, 711, 743, 774, 789-790, 796, 801-802, 817, 829, 833, 839
禁忌の起源 origine de la prohibition 76, 81, 84, 90, 785, 789, 792
交叉イトコ婚の起源 origine du mariage entre les cousins croisés 222
婚姻規則の起源 origine des règles matrimoniales 279, 771
社会組織の起源 origine de l'organisation sociale 473, 489
親族関係の起源 origine de la parenté 412
双分組織の起源 origine de l'organisation dualiste 169-171, 187, 274
類別的体系の起源 origine du système classificatoire 165, 277
記述的体系 système descriptif 〔→類別的体系〕 43, 166
疑似形態的性格 caractère pseudomorphique 699, 748
疑似母系的特徴 trait pseudo-matrilinéaire 761
基礎構造 structure fondamentale 170, 187-188, 202, 214, 251, 290, 328, 552, 640
儀式 〔→儀礼〕 137-139, 141-142, 144-145, 162, 164, 168, 170, 174-175, 179, 418-419, 446, 449, 458, 513, 520, 573, 704, 774, 786, 838, 840
〈規則〉 Règle 93, 103, 804
規則としての規則 règle comme règle 123, 187
規定 prescription 15, 19, 29, 34-43, 45, 47-48, 52, 65, 68, 75, 78, 86, 100, 107, 112, 124, 145, 168-169, 182, 245, 267, 270, 297, 345, 361, 396, 425, 444-445, 449, 458, 469, 505, 663, 696, 724, 726, 759, 772, 776, 787, 791, 809, 833-835
規定婚 〔→婚姻〕 34, 40, 42-44, 471
規定親等 〔→親等〕 35, 445, 455, 459, 473, 495, 512-513
規定体系 système prescriptif 36-37, 40
消極的規定 prescription négative 〔→非決定性〕 168, 762
積極的規定 prescription positive 〔→交叉イトコ婚〕 78, 168
機能主義 fonctionnalisme 211, 235, 355
機能的価値 valeur fonctionnelle 170, 200, 217, 292, 572, 586, 689, 722, 730, 735, 772, 774
機能的優位 primauté fonctionnelle 491
基本構造 structure élémentaire 〔→複合構造〕 15, 17-19, 28, 37, 42, 45, 50-54, 112, 121, 220, 222, 387, 695, 743-744, 749, 751-752, 759, 791, 802-803, 805, 818, 828, 834-835
基本構造の限界 limite des structures élémentaires 17
基本名称（核名称 nuclear term） terme élémentaire 〔→限定辞〕 16, 43, 549, 551-554, 617, 621, 632, 634
義務 obligation 〔→選好〕 29, 35-37, 114, 117, 119, 122, 124, 127-128, 131, 138, 140, 144-145, 147, 155, 175, 216, 221, 224, 227, 235, 262-264, 267, 273, 298, 307, 336, 370, 419, 425-426, 444, 448-449, 471-472, 476, 484, 512-513, 516-517, 528, 530, 586, 653, 702, 711, 729, 738, 754-755, 763, 765, 775-777, 780
義務体系 système des obligations 106, 259
互酬義務 〔→互酬〕 108, 175, 444, 776
相互義務 obligation réciproque 122, 176, 713, 753
服喪義務 obligation de deuil 555, 565, 672

究極因　cause finale　174, 756
給付　prestation　[→贈り物]　104, 123, 152, 154, 162, 174, 180, 236, 418-419, 447-449, 454, 459-460, 468, 472, 476, 512, 528, 543, 657, 755, 763, 807, 838
　給付回路　circuit des prestations　176
　給付交換　[→交換]　151, 512
　給付体系　système des prestations　156-157, 175, 417-418, 423, 454-455
　交互給付　[→交互]　537
　婚姻給付　prestation matrimoniale　418-419, 427, 446, 451, 455, 476, 495, 515, 542-543, 736
　食糧給付　prestation alimentaire　144
　全体的給付　prestation totale　235, 753
　反対給付　contre-prestation　123, 154, 162, 178, 180, 449, 468, 512, 517, 531, 543, 659, 754-755, 763, 807-808
　貢ぎ物給付　prestation du tribut　123
　嫁給付　prestation des épouses　531
共系体系　système cognatique　[→出自]　220-221
競合，競合関係　antagonisme　[→互酬]　138, 192, 203, 239, 273, 478, 519, 521
共時，共時性　synchronique, synchronie　[→通時]　53, 221, 423
　共時的説明　explication synchronique　791
郷愁（父方婚への）　nostalgie　521, 738, 766
競争　rivalité　111, 119-120, 123, 138, 140, 156, 161-162, 176, 183, 191, 372, 473, 489, 639, 684, 689, 716, 719, 765
教父文学　littérature patristique　763
局所構造　structure locale　726
義理の兄弟　beau-frère　[→代父]　16, 123, 158, 224, 248-249, 335, 376, 427, 452, 475, 485, 496, 502, 518, 565, 582-584, 618-619, 707-710, 713, 716, 778-781,
『ギリヤーク民話集』　*Échantillons du folklore Gilyak*　523
儀礼，儀式　rite, rituel, cérémonie　18, 68, 88, 106, 115, 137-145, 157, 160, 162-164, 168-170, 174-175, 179, 181, 233, 239, 258, 363, 418-419, 427, 446, 448-449, 458, 461, 513, 517, 520, 537-538, 555, 561, 573-574, 642, 654, 663, 676, 704, 712, 746, 753, 774, 786, 803, 807, 813, 821, 836, 838, 840
　イニシエーション儀礼　rituel initiatique　232, 782
　夫選びの儀式　cérémonie du choix du mari　765
　儀式的共食　repas cérémoniel　418-419
　儀式半族　[→半族]　169
　儀礼的口論　bagarre rituelle　757
　儀礼的戦闘　combat rituel　233
　儀礼的贈答品　présent rituel　711
　儀礼的売買交渉　marchandage rituel　449
　交換儀礼　rite d'échange　152
　宗教儀礼　rituel religieux　573
　縦裂きの儀式　slitting ceremony　164
　葬送儀礼　rite funéraire　560, 573, 661-662
　贖罪儀礼，贖罪儀式　rituel propitiatoire, cérémonie expiatoire　68, 178
　埋葬儀礼　rite funéraire　59
　服喪儀礼　rite de deuil　555-556
　礼拝儀式　cérémonie rituelle　179
『儀礼』　*I Li*　555-556, 560, 562-563, 566, 568, 573, 643
『儀礼義疏』　*Yi Li Yi Su*　567
均衡，不均衡　équilibre, déséquilibre　48, 80, 101, 110-112, 121, 127, 129, 232, 273, 335-336, 348-349, 355, 418-419, 421, 529, 543, 722, 728, 777, 803, 805, 810-812, 814, 823, 835
近親結合　[→結合]　32, 68, 78, 80, 95, 100, 274
偶然，偶然性，偶発　hasard, caractère aléatoire　21, 41-42, 44-45, 49, 51, 54-55, 61-62, 66, 85, 90, 102-103, 113, 120, 127, 151, 171, 173,

214, 238, 250, 270, 275, 385, 422, 459, 546, 665, 701, 720, 723, 758, 765, 773, 821
首狩り　chasse aux têtes　492
組　couple　[→対，周期]　52, 164, 180, 257, 270, 298-299, 304-307, 317, 330-332, 339-340, 346, 362, 542, 544, 569, 571, 619, 621, 652, 670, 687
組み合わせ　combinaison　29, 43, 52-54, 79, 122, 167-168, 180, 223, 226, 267, 298, 304, 307-308, 348, 380, 404, 452, 465, 485, 535, 552-553, 634-635, 735, 750-751
　限定交換原理と全面交換原理との組み合わせ　combinaison des principes de l'échange restreint et de l'échange généralisé　751
クラス（婚姻クラス）　classe (matrimoniale)　[→イエ，カテゴリー，クラン，親等，リネージ]　17, 43-44, 51-53, 55, 99, 124, 127-129, 131, 151, 161, 165, 167-168, 173, 181, 216-217, 224, 227-229, 231-232, 234, 238-239, 245, 254, 256, 261, 269, 275, 284, 286-287, 289, 291-292, 294, 297-299, 301, 304, 308-310, 316, 319-324, 326, 328-330, 332, 339, 344, 353-354, 357-358, 360-361, 386-388, 390, 395-402, 404-406, 412, 432, 465-466, 493, 530, 532-533, 536, 540, 545, 563, 572, 588, 602-603, 612, 615, 629, 634-638, 646, 670, 673, 677, 683, 688, 721-723, 726-727, 731, 747, 751, 758, 771, 773, 821, 834
　外婚クラス　classe exogame　269, 277, 329
　クラス体系，婚姻クラス体系，婚姻クラス組織　système de classes (matrimoniales), organisation à classes matrimoniales　[→関係体系，双分組織]　275, 284, 299, 301, 308, 310-311, 315, 320-324, 326-327, 338, 349, 364, 381, 388, 532, 536, 565, 670, 676-677, 683, 690
　クラス内婚　[→内婚]　131, 763
　クラス倍増　redoublement des classes　310
　クラス方式　méthode des classes　[→関係方式]　301, 388
　クラス理論　théorie des classes　533
　クラスを欠く体系　système sans classe　286-287, 291-292, 310, 722
　女性クラス　classe de femmes　[→男性クラス]　478, 778
　世代クラス　[→世代]　629-630, 641
　単方クラス，単系クラス　classe unilatérale (unilinéaire)　228, 234
　男性クラス　classe d'hommes　「→女性クラス」　478
　内婚クラス　classe endogame　[→クラス内婚]　224
　二クラス体系　système à deux classes　275, 284, 292, 303, 329
　年少クラス　classe cadette　377, 638
　年長クラス　classe aînée　377, 636, 638
　年齢クラス　classe d'âge　372, 377, 456
　八クラス体系　système à huit classes　284, 290, 294, 305, 324, 339, 400, 532-533, 538-540, 544-545, 563-565, 571-572, 585, 588, 666, 672-673, 676-677, 683
　八クラス体系仮説　hypothèse d'un système à huit classes　585
　補完クラス　classe supplémentaire　337
　四クラス限定交換　[→交換]　332, 683
　四クラス全面交換体系　[→交換]　331-332, 339, 341, 343, 683
　四クラス体系　système à quatre classes　283-284, 292, 299, 302-303, 315, 324, 329, 359, 361, 365, 387, 532-533, 538-540, 542-545, 563-564, 580, 585, 672-673, 721, 808
　六クラス体系　système à six classes　256, 751
クラン　clan　[→カースト，クラス，トーテム，半族，ホルド]　39-40, 46, 48-49,

52, 85-89, 123, 125, 128-129, 131, 157, 161, 164, 166-169, 173-177, 181, 183, 218, 223-224, 227, 229-234, 239, 259, 286, 288-290, 292, 358, 369, 376-377, 388, 407, 424, 426-430, 433, 438, 459, 467-472, 474-478, 481, 483, 487-492, 494-495, 499-506, 508-514, 518, 523-524, 530, 534, 537, 551-552, 555-556, 561-562, 579, 592-596, 623-629, 634, 636, 639, 641-642, 648, 652-653, 656, 661-662, 671-676, 678-681, 684-687, 689, 700, 718, 732, 746-747, 756-757, 761, 784, 786, 811
外婚クラン　clan exogamique　166, 488, 624, 641, 646, 687
クラン縁組　[→縁組]　661
クラン親族，非クラン親族　parents claniques (non-claniques) 555, 628-629, 662
クラン組織　organisation clanique　168, 429-430, 491, 562, 590, 661
クラン体系　systeme clanique　639, 661, 688
クラン内婚　[→内婚]　565
クラン名　nom de clan　[→ sing]　86, 428, 430, 438, 543, 579, 589
五「クラン」・モデル　modèle à 5《clans》　442
「三クランの地」《ri lai seng》　470, 524
地縁クラン　clan local　387-389
トーテム・クラン　clan totémique　288-289, 293, 357, 363, 365
クリスマス，クリスマス・カード　Noël, Christmas card　142
『黒い文明』 *Black Civilization*　351
経験的現実　réalité empirique　[→モデル]　37-39, 56, 134, 348, 351, 430
経験論　empirisme　211, 406, 733, 839
経済交換　[→交換]　105, 156, 169
系統発生　philogenèse　[→個体発生]　192-193, 195, 788
系譜　généalogie　40, 44, 48, 172, 210, 296, 351, 428, 435, 608, 629-630, 664, 683, 777
系譜空間　espace généalogique　41, 350, 812
系譜体系　système généalogique　117
系譜連鎖　chaîne généalogique　45
神話的系譜　généalogie mythique　429
「縦の」系譜　généalogies《latérales》　351
契約　contrat　236, 449, 709, 755, 786
契約の個人化　individualisation du contrat　766
婚姻契約　contrat de mariage　516
社会契約　contrat social　711, 807
血縁，血縁関係　consanguinité　[→配偶]　78, 85, 99-100, 121, 219, 276, 301, 309-310, 477, 552-553
月経　règles　87-90
月経血　sang menstruel　87-89
結合　uinion　[→婚姻]　18, 41, 52, 78-79, 85, 92, 120, 130, 212, 219, 230, 235-236, 246, 252, 262, 264, 274-275, 278, 319, 443, 509-510, 624, 667, 676, 679-680, 685, 733, 764, 771, 777, 783-784, 786
インセスト結合　union incestueuse　85, 277
近親結合　union consanguine　32, 68, 78, 80, 95, 100, 274
外婚結合　union exogame　519
結合型　type d'union　100, 252, 277, 470
斜行結合　union oblique　[→斜行婚]　538, 598
選好結合　union préférentielle　[→選好婚]　124, 128-130, 166, 246, 252, 443, 445, 454, 459, 469, 676, 743
同系結合　union endogame　76, 538
特権結合　union privilégiée　246
複婚結合　union polygame　111
「結婚の境界」《frontières du mariage》 [→半族]　182
決定的実験　experimentum crucis　251, 604
血盟兄弟，血盟兄弟関係　frère de sang, fraternité de sang　778-779

ゲーム　jeu　53, 55, 140, 542, 750, 760, 766, 785, 808, 811, 821
原型　archétype　86, 301, 437, 634, 725, 775, 778, 800
「元型」《archétype》 195
言語　langue, langage　47, 63-64, 68, 91, 127, 169, 175, 194-195, 200, 225, 288, 327, 416, 418, 474, 537, 549, 554, 583, 617, 621, 707, 739, 761, 792-793, 821
言語学　linguistique　16-17, 111, 574, 617, 791-792, 806, 828
言語学者　linguiste　20, 91, 226, 628, 743, 792, 835
言語活動，言語運用，言語使用　langage, usage du langage, discours　59, 66, 200, 228, 792, 795
言語交通　discours　795
言語の混淆　confusion des langues　796, 802
言語の濫用　abus du langage　795
度を超した言語使用　usage immodéré du langage　794
分節言語　langage articulé　32, 200
原子論　atomisme　170, 195, 764
原始論理　logique archaïque　194
限定辞（基礎修飾語　basic modifier）　terme déterminant　［→基礎名称］ 549-552, 554, 581, 632, 634
権利　droit　21, 27, 29, 40, 102, 105, 107-109, 112, 120-122, 131, 138, 147, 151, 154, 176, 189, 211, 219, 221, 224, 227, 233-235, 237, 259, 262, 264, 267, 281, 336, 395-396, 418, 427-428, 444, 448, 450, 452, 455, 460-461, 476, 492, 504, 514, 518-519, 567, 591, 653, 657-659, 702-704, 709-712, 728-729, 736, 758, 776, 779
権利譲渡　transmission de droits　29, 222
権利取得　acquisition de droits　264
権利請求　revendication　119, 131, 138, 518, 612, 627, 659, 702, 709, 712, 728-731, 755-756, 817
権利体系　droit　687, 764
権利放棄　renonciation　119, 131-132, 264
語彙　vocabulaire　15, 62, 91, 110, 130, 209, 294, 455, 474, 554
交換　échange　18, 50, 99, 104, 128, 132, 137-143, 145-146, 148-152, 154-158, 161-162, 167, 174-176, 182, 232-236, 239, 242, 260, 263-264, 267-274, 279, 281, 283, 285, 289-291, 357, 370, 372, 376-377, 379, 385, 411-412, 419, 436, 442-443, 459, 489, 509, 531, 537, 540, 589, 624, 627, 637, 654, 658, 685, 696, 709-711, 721, 726, 729, 737, 749-750, 752-753, 756-760, 762, 764, 771-773, 775, 778, 782, 795-796, 802, 805-809, 811-812, 814-824, 826, 835-836, 838-839
夫交換　échange des maris　637
贈り物交換，プレゼント交換，贈答品交換　échange des cadeaux, échange des presents　140-142, 157, 175, 234, 446, 517, 838
間接交換　échange indirect　380, 713, 720-723, 771, 809
儀式的交換　échange cérémoniel　137, 145, 156
給付交換　échange de prestations　151, 512
経済交換　échange économique　105, 156, 169
限定交換　échange restreint　56, 97, 283-284, 289, 339, 345, 369-372, 376-377, 385, 456, 481, 484-485, 491-492, 529, 539-540, 587-588, 596, 627-628, 636, 639-645, 654, 673, 685, 689, 695-698, 717, 720-721, 726, 730, 734, 736-737, 744, 747-749, 751-752, 758, 763-764, 767, 791, 805-806, 808-810, 815, 819-821, 823, 842
限定交換原理　principe d'échange restreint　726-727

限定交換構造　structure d'échange restreint　371
限定交換周期　[→周期]　465
限定交換体系　système d'échange restreint　284, 329-330, 339-340, 342, 344, 368, 380, 398, 475-477, 545, 613, 624, 626, 651-652, 654, 658, 683, 697, 760, 763, 810, 823
限定交換定式　formule d'échange restreint　383, 473, 478, 480, 486, 628, 644, 654, 735, 737
限定交換の軸　axe de l'échange restreint　747-748
限定交換法則　[→法則]　329, 695, 720, 727
八クラス限定交換　échange restreint à huit classes　[→標準体型，選択体系]　332
四クラス限定交換　échange restreint à quatre classes　332, 683
現物交換　échange au comptant　731
交換回路　circuit d'échange　425, 484
交換貨幣　monnaie d'échange　773, 809-810
交換関係　rapport d'échange　140, 235, 273, 283
交換婚　mariage par échange　132
交換儀礼　[→儀礼]　152
交換周期　[→周期]　37, 43, 45, 128, 142, 152, 337, 347, 406, 419, 432, 436, 444, 456-457, 593, 725, 749, 762-763, 816, 820, 822-823
交換集団　groupe échangiste　37, 432, 604
交換組織　organisation échangiste　642
交換体系　système d'échanges　55, 127, 154, 529, 532, 624, 726, 771, 815
交換の儀礼性　le rituel des échanges　145
交換を伴う贈与婚　mariage par don accompagné d'un échange　658
交互交換　[→交互]　529
互酬交換　échange réciproque　139
婚姻交換　échange matrimonial　39, 44, 105, 154-155, 157, 172, 233, 267, 419, 447, 471, 530, 532-533, 539, 543, 579, 642, 657, 783
婚姻交換周期　[→周期]　337, 518, 817
先延べ交換　échange différé　[→交互交換]　529, 542
三者交換　échange à trois　376, 452
姉妹交換　échange des sœurs　263-264, 270-272, 277, 285-286, 289-290, 301, 357, 388, 390, 532, 562, 579, 613, 624, 659, 709, 722, 727, 747, 771
女性交換　échange des femmes　121, 273-274, 376, 423, 624, 636, 640, 778
全面交換　échange généralisé　56, 121, 333, 339, 345, 354, 370, 372, 376-377, 385, 396, 407-409, 411-413, 415, 438, 444, 452, 456-457, 459, 465, 468, 470-471, 473, 475, 481, 485, 489, 491, 499, 503, 511, 521, 529, 534, 539-540, 587-588, 594, 596, 626-628, 636, 639-645, 648, 653-654, 656-659, 672-673, 675, 685, 688-689, 696-697, 714, 720-722, 726, 730-731, 735-736, 740, 743-744, 746-749, 751-752, 758, 760-764, 767, 791, 805-806, 808-810, 815, 817-820, 822-823, 826
全面交換原理　principe d'échange généralisé　343, 455, 459, 514, 725-727, 763, 773, 809
全面交換構造　structure d'échange généralisé　372, 412, 470, 491, 634, 762
全面交換周期　[→周期]　503, 593, 763, 810, 815
全面交換体系　système d'échange généralisé　129, 329-330, 333, 339-340, 342-343, 345, 370-371, 380, 400, 405-408, 412, 419, 452, 465-466, 468, 477, 484, 486, 489, 492,

505, 513- 514, 516- 517, 545, 588, 604, 611, 613, 619, 622, 625- 627, 637, 652, 654, 658, 665, 673, 676, 678, 684, 687- 690, 695, 700, 705, 713, 721, 735- 738, 752, 760, 762- 763, 766, 810, 815
全面交換定式 formule de l'échange généralisé 358, 383- 386, 406, 411, 413, 425, 478, 480, 486, 540, 602- 603, 606, 628, 636, 644, 651, 654, 737, 758
全面交換の軸 axe de l'échange généralisé 744, 747
全面交換法則 [→法則] 381, 443, 695, 720
四クラス全面交換体系 système d'échange généralisé à quatre classes 331, 332, 339, 341, 343, 683
双方交換 échange bilatéral 749
贈与交換 échange- don 659
遅延された交換 échange différé 504
父方交換 échange patrilatéral 749
不連続交換 échange discontinu 726
直接交換 échange direct 380, 720- 724, 728, 757- 758, 771, 801- 809, 821
取りなしによる交換 échange par arrangement 659
二者交換 échange à deux 376, 508, 763
花嫁交換 échange des fiancées 158
母方交換 échange matrilatéral 749
物々交換 échange de troc 272, 731
奉仕交換 échange des services 235, 754
娘交換 échange des filles 272, 536, 708- 709, 712, 722, 727, 771
嫁交換 échange des épouses 269, 272, 278- 279, 487, 744
ワイン交換 échange du vin 147
交互，交互性 alternatif, alternativement, alternance 129, 140, 162, 270, 323- 324, 339, 343, 354, 358, 572- 573, 675, 711, 713, 723- 724, 750, 807
交互給付 prestation alternative 537
交互交換 chassé- croisé [→先延べ交換] 529
交互配列 disposition alternée 573
交叉原理 principe de croisement 724
『構造人類学』 *Anthropologie structurale* 44, 802
構造的現象 phénomène de structure 254, 423, 517, 573, 590, 675
構造的集団 structural group 493
構造的方向性 orientation structurale 259
『構造と感情』 *Structure and Sentiment* 34- 35, 42
構造論的分析 analyse structurale 254, 406, 751
交替型 type alternatif [→連続型，非調和体制] 383
肯定的関係の体系 système de relations positives [→交叉イトコ婚] 245
『古事記』 *Kojiki* 738
互酬，互酬性 réciprocité [→半族] 55, 139- 140, 142, 150- 152, 161- 162, 164, 168, 177, 179- 180, 187, 190, 192, 203, 233- 236, 262, 279, 283, 369, 431, 530- 531, 593, 658, 677, 687, 696, 709, 726, 728- 729, 732, 737, 775, 785, 788, 806- 807, 818- 819, 823
互酬関係 relation de réciprocité 178, 180, 261, 266, 288, 329- 330, 431
互酬機構 méchanisme de réciprocité 180, 329
互酬規則 règle de réciprocité 132, 151, 155, 751
互酬義務 obligation réciproque 108, 175, 444, 776
互酬給付 prestation réciproque 152, 155- 157, 175, 363
互酬形式 forme de réciprocité 532, 735, 737
高度な互酬形式 haute forme de réciprocité [→母方婚] 737

双務的互酬形式　forme bilatérale de la réciprocité ［→限定交換］ 696
低級な互酬形式　basse forme de réciprocité ［→父方婚］ 737
互酬原理　principe de réciprocité　137, 165, 170-171, 182, 245, 280, 730, 806
互酬交換　［→交換］ 139
互酬構造　structure de réciprocité 177, 271, 273, 276, 279-280, 364, 709, 713, 723, 726-728
互酬周期　［→周期］ 229, 236, 717, 730, 733, 738
互酬贈与　don réciproque　137-138, 141-142, 149-150, 155, 158
互酬体系　système de réciprocité　105, 122, 127, 171, 217, 292, 677, 737, 785
互酬定式　formule réciproque　492, 735
互酬的縁組　［→縁組］ 536
互酬法則　［→法則］ 279
古代的（アルカイック），古代性　archaïque, archaïsme　143, 150-151, 163, 187, 202, 204, 215, 291, 489, 531, 562, 590, 592, 594, 610, 613, 641, 677, 681, 684, 777, 805
古代構造　structure archaïque　659, 744
古代社会　société archaïque ［→未開社会］ 81, 195
古代体系　système archaïque　364, 369-370, 378, 393, 424, 437, 536, 551, 565, 621, 642, 675, 746
古代文化　culture archaïque ［→未開文化］ 162, 667
『古代中国における婚姻カテゴリーと近親関係』 *Catégories matrimoniales et relations de proximité dans la Chine ancienne*　527, 537, 665
『古代中国の舞踏と伝承』 *Danses et légendes de la Chine ancienne*　537, 588
『古代中国の祭りと歌謡』 *Fêtes et Chansons anciennes de la Chine*　579
個体発生　ontogenèse ［→系統発生］ 193, 195, 788
子供　enfant ［→未開人］ 40, 52, 60-62, 66, 68-69, 77, 80, 83, 105, 107-109, 112-113, 117, 120, 134, 158, 182, 188-203, 205, 209, 212, 218-219, 230-231, 233, 239, 242, 246, 249, 251, 253, 256, 259, 262-263, 275, 290-291, 296, 298-299, 303-304, 306-307, 310, 317, 326, 329-331, 342, 354, 360, 362, 365, 379, 390, 397-400, 402, 407, 424, 435, 440, 446, 450, 452-454, 458, 475, 477-480, 500-501, 504, 509, 513-517, 535-536, 551-552, 561, 566, 571, 582-584, 589, 596, 599-600, 603, 605-606, 619, 621, 627, 631, 637, 651, 660, 674, 680, 685, 694, 702, 708, 711-712, 718, 728, 730, 732, 738, 776, 781-782, 784, 790, 793, 807, 812, 815-816, 834, 838, 841
子供社会　société infantile ［→未開社会］ 192
子供の思考　pensée infantile ［→未開の思考］ 188-189, 192-193, 195-202, 204
子供の心性　mentalité infantile ［→未開心性］ 195-196
コミュニケーション　communication　32, 792-793, 795-796, 800, 816-817
婚姻，結婚　mariage
一夫多妻婚　polygynie　65, 295, 462, 536, 601, 637
異身分婚　anisogamie　422, 457-458, 472-473, 513, 762-764
オジ＝メイ婚，オバ＝オイ婚　mariage avunculaire　246-249, 452, 531, 703, 707, 709-710, 728-729, 771
外婚　exogamie　79, 83, 85-87, 89, 119, 124-125, 127-132, 151, 157, 160-161, 166-167, 175, 180, 182, 203, 223-224, 229-230, 232, 238, 250-251, 258-259, 269, 287, 290, 309, 358, 408, 465, 467, 469, 471, 474-478, 481, 487-491, 493, 499, 508, 516, 519-520, 528, 530, 536, 540-542, 563, 580, 593, 596, 599, 601, 604, 614, 628, 642, 654, 656, 659-662,

671, 678-681, 683, 685-687, 689-690, 696, 708, 746, 761, 772-775, 792, 795, 809, 818
外婚規則　règle d'exogamie　32, 85-87, 89-90, 99-100, 115, 124, 251, 297, 307, 478, 490, 504-505, 530, 564, 591, 625, 642, 660, 675, 679-681, 690, 746-747, 771-773, 809
外婚形式　forme exogame　70, 86, 251, 773, 809
外婚限度　limite d'exogamie　642, 660, 662
外婚消滅のリズム　rythme d'extinction exogamique　746
外婚双対　paire exogamique　164, 175, 625
外婚体系　système exogame　85, 124, 131, 150, 209, 475, 679, 690
外婚単位　unité exogame　52, 85, 164, 166, 171, 175, 468, 481, 488, 492, 634, 639, 641, 678, 683, 811
カースト外婚　exogamie de caste　656, 659
家族外婚　exogamie de famille　125
クラス外婚　exogamie de classe　329
クラン外婚　exogamie de clan　562-563, 661, 672
村落外婚　exogamie de village　128, 700
トーテム外婚　exogamie de totem　274
二重外婚　double exogamie　230
gotra 外婚　exogamie de gotra　678-680
sapiṇḍa 外婚　exogamie des sapiṇḍa　659-661, 680, 683
規定婚　mariage prescrit　34, 40, 42-44, 471
兄弟共同一妻多夫婚　polyandrie fraternelle　111, 512, 617-618
血族婚　mariage consanguin　68, 76-77, 79-81, 130, 271, 277, 715, 733, 763, 772, 774
降嫁婚　hypogamie　422-423, 810
交換婚　mariage par échange　19, 260, 264, 267-269, 271, 274, 277-279, 281, 412, 624, 652, 657-658, 666, 719, 731, 757, 821
交叉イトコ婚　mariage des cousins croisés　17, 39, 83, 100, 127, 151, 179, 210, 212-218, 222-225, 229-230, 245-252, 258-261, 263-264, 267-274, 277-279, 281, 284, 297, 328, 362, 364, 366, 368-369, 371, 393, 422, 509, 530, 532, 535, 551, 560-561, 565, 579, 586, 593, 596, 618, 622, 627, 632, 664, 671-672, 694-696, 698-699, 703-704, 706-707, 709-710, 714, 717-719, 723-725, 727-728, 730-732, 743, 747, 751, 760, 768, 777, 786, 818
単方交叉イトコ婚，単方交叉従姉妹との婚姻　mariage des cousins croisés unilatéraux, mariage avec la cousine croisée unilatérale　333, 601, 710
双方交叉イトコ婚，双方交叉従姉妹との婚姻　mariage des cousins croisés bilatéraux, mariage avec la cousine croisée bilatérale　122, 229, 248, 412, 431, 474-475, 509, 514, 532, 536-537, 539, 545, 561-562, 565, 572, 579-580, 587, 593, 613, 624, 672, 694-695, 704, 706, 710, 720, 722, 747, 759
購買婚　mariage par achat　［→花嫁代価］　19, 154, 454, 459, 499, 511-512, 514, 657, 659, 752, 758, 771
斜行婚（＝隣接世代婚） mariage oblique, union oblique　［→平行婚］　313, 589-590, 599, 660, 711
集団婚　mariage de groupe　86, 271, 277,

292
昇嫁婚　hypergamie　422-423, 655-656, 686-687, 689, 761, 764-765, 810
選好婚　mariage preferentiel　15, 34, 40, 42, 44, 267, 293, 322, 328, 332, 343, 366, 371, 425, 480, 484, 511, 530, 532, 599, 601, 642, 653, 695, 697, 699
選択婚，選択定式　mariage optionnel, formule optionnelle［→標準婚］296, 323-324, 361, 372, 406, 571-572
相互婚　intermariage　128, 158, 216, 269, 271, 298, 303, 307, 309, 365, 433, 492, 536, 625, 660, 700-701, 772, 775, 779, 809, 841-842
双方婚　mariage bilatéral［→単方婚］382, 475, 477, 484-485, 515, 532, 587-588, 698-699, 705, 721, 726-727, 747, 749-750, 752, 771, 819
贈与婚　mariage par don　657-658
ソロレート婚　sororat　246, 425, 535, 591, 637
代替婚，代替婚定式，代替婚体系　mariage alternatif, formule de mariage alternatif, système alternatif du mariage　360-361, 387, 467, 478
幼児婚　mariage infantile　492
奪取婚　mariage par enlèvement　450
単婚　monogamie　65, 102, 110-112, 121-123
単方婚　mariage unitaléral［→双方婚］231, 256, 286, 289, 371, 477, 509, 532, 587, 698, 717, 726, 751
父方婚　mariage patrilatéral［→母方婚］121, 361, 364-365, 369, 372, 382, 384, 390-391, 422, 480, 484, 514, 521, 574, 587, 698, 701, 704-705, 719, 735-738, 747, 749-751, 759-760, 818-819
内婚　endogamie［→外婚，同系交配］45, 53, 79-80, 86, 89, 119, 124-125, 127-132, 169, 175, 224, 388, 407-408, 433, 467, 478, 491, 530, 536, 538, 654-655, 687, 689-700, 763-765, 772-774, 809
機能的内婚　endogamie fonctionnelle［→外婚］127, 131-132
クラス内婚　endogamie de classe　131, 763
人種内婚　endogamie de race　125
真の内婚　endogamie vraie　125
相関的内婚　endogamie de relation　131
内婚体系　système endogame　124, 126
内婚単位　unité endogame　408, 685
部分的半族内婚　endogamie partielle de moitié　467
二重婚　mariage plural　313
母方婚　mariage matrilatéral［→父方婚］121, 349, 351, 361, 369, 372, 382, 384, 390, 422, 482, 485, 493, 495, 579, 588, 627, 539-640, 642, 671, 684, 698-699, 704, 714, 719, 721, 729, 735-738, 746, 749-751, 771, 811, 815, 818-820
非対称婚［→非対称］47-48, 476, 514, 610
標準婚，標準定式　mariage normal, formule normale［→選択婚］324, 387-388, 425, 571-572, 784
複婚　polygamie　65, 102, 110-112, 121-123, 261, 413, 425, 456-458
平行イトコ婚　mariage entre les cousins parallèles　216, 271, 274, 278, 665, 703, 723
平行婚（＝同世代婚）mariage parallèle［→斜行婚］711
無差別婚　pangamie　79
乱婚　promiscuité　271, 786
略奪婚　mariage par capture　86, 155
レヴィレート婚　lévirat　246, 260, 425, 535, 623, 739
婚姻型　type du mariage　43, 51-54, 68, 78, 100, 121, 227, 249, 270, 278, 293, 317, 322, 324, 330, 337, 361, 364, 372, 396-398, 401,

403, 405, 412, 422, 454, 465, 478, 485- 486, 514, 521, 530, 533, 561, 586, 594, 600- 602, 604, 606- 607, 622, 636, 653, 657, 664, 672, 699, 701, 710, 719- 720, 737, 752, 765, 820
選択型　type optionnel　317, 319- 320, 322- 323, 343, 348- 349
標準型　type normal　317, 319- 320, 322- 323, 343, 348- 349
婚姻過程　destin matrimonial　358, 481, 638, 751,
婚姻規則　règles du mariage　15, 17, 55, 124, 128, 133, 166- 167, 223, 225, 231, 283- 284, 291, 293, 298, 301, 308, 313, 315, 317, 320, 326, 329- 332, 358, 360, 363- 364, 366, 383, 395- 396, 407, 411, 413, 417, 424- 425, 432, 443, 454, 459, 475- 476, 508, 515, 520, 529, 534, 543, 586, 599, 618, 625- 626, 635, 641- 642, 672- 673, 675- 676, 727, 746, 762, 787, 791, 835
婚姻給付　[→給付]　418- 419, 427, 446, 451, 455, 476, 495, 515, 542- 543, 736
婚姻権　connubium　438, 612, 653
婚姻交換　[→交換]　39, 44, 105, 154- 155, 157, 172, 233, 267, 419, 447, 471, 530, 532- 533, 539, 543, 579, 642, 657, 783
婚姻周期　[→周期]　256, 289, 338, 346- 347, 430, 444, 510
「婚姻単位」《unité de mariage》　492
婚姻連帯　[→縁組]　128, 438, 493, 523, 579, 652, 712, 786
混成体系　système hybride　744
混沌性　syncrétisme　[→子供の思考]　200- 201

さ

債権，債権者　créance，créditeur　[→「借り」]　233, 261- 263, 419, 425- 426, 448, 456- 457, 459, 517, 521, 723, 729, 758, 815, 820, 822
債務，債務者　dette，débiteur　[→「借り」]　150, 261- 263, 419, 425- 426, 448, 459, 517, 709- 710, 714, 723, 812, 822
先延べ交換　[→交換]　529
『サタパタ・ブラフマナ』 *Satapatha Brahmana*　664
三角配列　arrangement triangulaire　[→クラン]　652
算術（体系の）　arithmétique　569, 755
残存　survivance　75, 87, 91, 150- 151, 162- 163, 170, 175, 509, 514, 516, 560- 561, 563, 565, 569- 570, 579, 586, 588, 620, 627, 643, 704, 730, 732
母系の残存　survivance matrilinéaire　516, 518, 674
三段論法　syllogisme　229, 688
三分構造　structure tripartite　474, 489
三分組織　organisation tripartite　[→双分組織]　412- 413, 469, 473- 474, 489, 491, 496, 524, 640, 643, 689
三分体系　système tripartite　357
三分法　tripartition　[→互酬規則]　369
『爾雅』 *Ehr ya*　529, 532, 556, 560, 562- 563, 565- 566, 579, 581, 593, 621, 643- 644
『詩経』 *Shih- ching*　621
自殺　suicide 84
示差的特徴　caractère différentiel　226
示差的要素　élément différentiel　226
指示語　terme de référence　[→指称語]　16, 452- 455, 459, 461, 467, 500, 584, 632
指称語　terme d’appellation　[→指示語]　16, 300, 452- 455, 459, 462, 539, 632
自然　nature　18, 32- 33, 59- 63, 65- 67, 69, 71, 75- 77, 81, 83- 84, 92- 94, 99- 103, 109, 111, 114- 115, 119- 120, 123- 124, 148, 152, 194, 218- 219, 235, 270- 272, 279, 290, 328, 434, 459, 499, 532, 553- 554, 598, 732- 733, 744, 759, 764, 766, 772- 773, 779, 781, 783- 784, 786- 788, 801, 803- 804, 809, 815, 823, 833
自然状態　état de nature　59, 788, 833
姉妹交換　[→交換]　263- 264, 270- 272, 277, 285- 286, 289- 290, 301, 357, 388, 390, 532, 562, 579, 613, 624, 659, 709, 722, 727, 747,

771
社会学的クリナメン　clinamen sociologique 764
社会学的目的論　finalisme sociologique　275, 336
社会学的「メンデル主義」《mendélisme》 sociologique　688
「社会学年報」 *Année Sociologique*　86
社会規則　règle sociale　17, 67, 75, 116, 764
社会構造　structure sociale　42, 155, 163, 172, 174, 177, 217, 227, 239, 300, 358, 413, 416-418, 423-424, 474, 478, 481, 487-489, 493, 607, 610, 612, 619, 627, 656, 671, 688, 743, 836
社会状態　état de société　59, 781, 787, 789
社会調査新学院　New School for Social Research　23
社会的組織化，社会組織　organisation sociale　56, 69, 163, 172, 198-199, 209, 220, 229-230, 238, 259, 288, 290, 327-328, 478, 488-489, 499, 596, 599, 612, 628-629, 639, 661, 700, 732, 735, 784, 792, 808-809, 818-820
　双方的組織化，双方的な社会的組織化，双方組織　organisation (sociale) bilatérale　661, 671, 674-675, 678, 747, 751
斜行，斜行性　oblique, obliquite　313, 535, 580, 612, 710
　斜行婚（＝隣接世代婚）[→婚姻]　313, 589-590, 599, 660, 711
　斜行結合　[→結合]　538, 598
　「斜行的」視角　perspective oblique　728
シャマン　shaman　191, 642
周期　cycle　[→縁組，交換，対，組]　37, 41, 45, 48, 53-54, 56, 147, 155, 176, 257, 296, 298-299, 306-307, 317, 319-322, 324, 326, 330-332, 338, 344-346, 348-352, 366, 371, 407, 411, 418, 422-423, 430, 432, 443, 456-457, 468, 503-504, 506, 510, 564, 569, 571, 594, 606, 626, 636, 677, 689, 730, 733, 735, 746-747, 758-760, 766, 771, 810, 815, 819-820, 822
　仇討ち周期　cycle de la vendetta　444
　一方向周期　cycle à sens unique　475
　縁組周期　cycle d'alliance　43, 121, 349-350, 511, 613, 759
　外婚周期　cycle d'exogamie　444, 594
　間接的周期　cycle indirect　[→全面交換]　376
　規範的周期　cycle classique　324
　限定交換周期　cycle d'échange restreint　465
　交換周期　cycle, cycle des échanges　37, 43, 45, 128, 142, 152, 337, 347, 406, 419, 432, 436, 444, 456-457, 593, 725, 749, 762-763, 816, 820, 822-823
　　方向づけられた交換周期　cycle orienté　762
　五元周期　cycle quinaire 443, 466, 566
　婚姻周期，婚姻交換周期　cycle matrimonial, cycle des échanges matrimoniaux　256, 289, 337-338, 346-347, 430, 444, 510, 518, 817
　三元周期　cycle ternaire　437, 443, 467
　周期体系　système cyclique　734, 766
　周期の多数性　pluralité des cycles　37
　周期の短縮　raccourcissement des cycles　43
　周期の定期的反転　renversement périodique des cycles　760
　周期の中断　rupture du cycle　457
　周期の倍増　redoublement du cycle　320
　循環周期　cycle circulaire　349
　昭穆周期　cycle tchao mou　566
　全面交換周期　cycle d'échange généralisé　503, 593, 763, 810, 815
　短周期　cycle court　56, 349, 737, 758
　　短周期体系　système à cycle court　735, 766
　長周期　cycle long　56, 349, 737, 759

長周期体系　systeme à cycle long　735, 766
長周期社会　societe à cycle long　155
直接的周期　cycle direct　[→限定交換]　376
閉じた周期　cycle clos　41, 48
二重の周期　double cycle　432
復讐周期　cycle de la vengence　444
服喪周期　cycle du deuil　565, 569
父系周期　cycle patrilinéaire　345
「紛失」される周期　cycles qui se《perdent》　349
四元周期　cycle quaternaire　[→三元周期]　467
『宗教生活の原初形態』 *Formes élémentaires de la vie religieuse*　527
収斂　convergence　49, 383, 585, 601, 680, 689, 701, 737
収斂現象　phénomène de convergence　90, 370, 645
呪術　magie　70, 87, 111, 137, 143, 193-194, 205, 732
出自　filiation, descendance　[→縁組，居住]　27-31, 35, 40, 60, 121, 129, 134, 154, 161, 166, 168, 173, 209-212, 218, 222, 264, 288, 296, 299, 302-303, 305, 317, 319-320, 329, 342, 378-379, 381, 422, 458, 467, 470-472, 485, 489, 508, 530, 543, 552, 555, 602, 604, 665, 673, 708-709, 721, 753, 787
共系出自　[→共系体系]　28
共通出自　descendance commune　35
出自規則　règle de filiation　129, 221, 239, 289, 298, 329-331, 354, 363, 378, 456, 528, 627, 674, 791
出自集団　discent group　[→構造的集団]　40, 46, 493, 811
出自体系　système de filiation　27-28, 220-221, 280
出自の型　type de filiation　470, 543
出自の系　descent line　[→地縁の系]　347-351
出自法則　[→法則]　299
出自様式　mode de filiation　209, 237, 283, 382, 543, 666, 672-673, 675, 706
女系出自　filiation utérine　[→男系出自]　542
女系制　cognatisme　[→降嫁婚]　422
双方出自　filiation bilatérale　[→単方出自]　28, 30, 364, 528, 535, 574, 580
単系出自　filiation unilinéaire　[→両系出自]　28-29, 221-222, 245, 283, 354
男系出自　filiation agnatique　[→女系出自]　542
男系制　agnatisme　[→昇嫁婚]　422
単方出自　filiation unilatérale　[→双方出自]　28, 290, 528, 719
二重出自　double filiation　28, 30, 231
父系出自　filiation patrilinéaire　[→母系出自]　28, 210-211, 218, 237, 287, 290, 305, 378, 470, 514, 543, 601, 628, 636, 665, 671-672, 709, 719, 791
間接父系出自　filiation patrilinéaire indirecte　293, 317
父系出自体制　régime a filiation patrilinéaire　422, 706, 708
平行出自　parallel descent　134
母系出自　filiation matrilinéaire　[→父系出自]　28, 218, 236-238, 263, 287, 290, 307, 363, 378, 448, 528, 543, 566, 618, 628, 636, 640, 643, 665, 671-672, 704, 706, 708, 719, 758, 791
間接母系出自　filiation matrilinéaire indirecte　293
母系出自体制　régime à filiation matrilinéaire　422
無差別出自　filiation indifférenciée　28-30, 222
両系出自　filiation bilinéaire　[→単系出自]　28-30, 222, 237, 283
純粋な定式　formule pure　[→単純な定式]

644
昇華　sublimation　790
『書経』 *Shu Ching*　628
循環周期　[→周期]　349
循環性　circularité　348-350, 811-812, 814, 818
　体系の循環性　circularité du système　348
循環体系　circulative system　354, 665
循環モデル　[→モデル]　349, 810, 814
昭穆配列　ordre tchao mou　535, 539-540, 549, 563-564, 566, 568-573, 580, 660-663
情緒（感情）　affectivité (sentiment)　137, 336, 568, 584, 729, 782, 795-796, 816
食糧，食べ物　nourriture　65, 104-105, 109-110, 113, 115, 137-139, 141-142, 144-145, 149, 157, 178-179, 189, 230, 233-234, 242, 446, 574, 655, 784, 816
食糧給付　[→給付]　144
処分権　disponibilité　112, 119, 132, 155, 427
所有欲　désir de posséder　189
「白い頭の男子」　geilfine　761
進化　évolution　59, 70, 86, 90-91, 110, 162, 170, 188, 194-195, 198, 204, 252, 269, 271, 279, 297, 365, 370-371, 383-385, 405, 407, 429-430, 433, 459, 509, 529, 537-538, 544-545, 553-554, 563, 569, 587, 590, 596, 613, 618, 634, 642-644, 647, 659-660, 685-687, 689-690, 722, 733, 744, 752, 762-764, 791
進化論　évolutionnisme　91, 215, 510, 537, 539
人口　démographie　35, 45, 54, 81, 121, 168, 172, 174, 247, 351, 625, 697, 728, 757, 784, 821
親族規則　règles de parenté　117, 225, 787, 791
親族構造　structure de parenté　155, 220, 222, 253, 572, 752
『親族と婚姻についてのレヴィ＝ストロースの理論』 *Lévi-Strauss's Theory on Kinship and Marriage*　30
親族名称体系，親族分類法　terminologie, système des appellations, nomenclature　[→類別的体系，記述的体系]　15-17, 19, 35, 43-45, 47, 54-55, 85, 166, 212, 245-246, 289, 300, 337, 351-352, 358-359, 362, 366, 370, 383-384, 452, 455, 459, 467, 469, 471, 474-477, 486, 499, 503, 505-506, 530, 536, 541, 545, 551, 556, 560-561, 565, 580, 593, 595-596, 600, 606, 617-618, 622, 628, 631-632, 661-662, 676-678, 695, 708, 835
親等　degré de parenté　35, 37-38, 41, 44, 50-51, 55, 81, 83, 99-100, 103, 125, 128, 178, 181, 210, 216, 250, 254, 259-260, 276, 308, 310, 316, 322, 333, 336, 366, 408, 425, 443, 457, 467, 469-470, 478, 481, 484-485, 509-510, 534, 552-553, 555-556, 596, 620, 628-629, 634, 637, 640, 648, 660, 684, 696, 717, 722-724, 759-760, 771
　規定親等　degré prescrit　35, 445, 455, 459, 473, 495, 512-513
　禁忌親等　degré prohibe　55, 212, 224, 278, 481, 485, 495, 504, 508, 683, 758-759, 766, 771-772, 787
　社会的親等　degré social　[→生物学的親等]　250
　親等距離　éloignement du degré de parente　51, 509, 696
　生物学的親等　degré biologique　[→社会的親等]　250
　選好親等，好ましい親等，好まれる親等　degré préférentiel, degré préfére　41, 155, 446, 449-450, 495, 771, 773
振動構造　structure oscillatoire　[→回転構造]　332
『新唐書』 *Hsin T'ang Shu*　565
信用　croyance　[→債権，担保]　212, 269, 456, 527, 732, 772, 815
信用取り引き　crédit　456
信頼　confiance　[→信用取り引き]　158, 456, 533, 713, 777
心理学　psychologie　20, 23, 61, 81-82, 92, 95,

119, 192, 194, 196-197, 202, 214, 226, 264, 289, 335, 339, 354, 677, 784, 792-793
清律　Code des Ch'ing　561
神話　mythe, mythologie　100, 161, 164, 193, 195, 212, 233, 239, 409, 427-428, 432, 434-437, 449, 475, 515, 519, 563, 626-627, 637, 662, 687, 711, 731, 741, 761, 764, 789, 791, 794, 796, 801-802, 829, 832, 839
　起源神話　mythe d'origine　164, 441
　スートラ　Sutra　679, 681, 686
世系　dynastie　541-542, 545, 566, 674
制止（行動の）　inhibition　790
精神分析　psychanalyse　83, 198, 201, 790, 801, 843
精神病理学　psychopathologie　198, 793
性生活　vie sexuelle　64-65, 75, 783, 842
聖伝書　Smriti　664
聖なる神秘　mystère sacré　［→婚姻］　787
生物学　biologie　17, 23, 66, 82, 85, 87, 92, 99-102, 110-111, 249-250, 260, 270, 732-733, 774, 776, 787, 809
　生物学的因果性　causalité biologique　32
　生物学的親子関係　parenté biologique　101
　生物学的家族　famille biologique　264, 726, 772, 774, 781, 791, 809
　生物学的下部構造　infrastructure biologique　786
　生物学的近親性，生物学的近親度　(degré de) proximité biologique　［→親等］　77, 249-250, 276
　生物学的親族　parents biologiques　85
　生物学的組織化　organisation biologique　［→社会的組織化］　792
性別帰属　affiliaton sexuelle　134, 751
セクション　section　［→半族］　35, 173-174, 227, 254-255, 283-287, 289-291, 293-301, 304-307, 309, 311, 313, 315-317, 319-320, 323, 326-331, 340-342, 345-346, 353, 358-362, 364-365, 378, 380-381, 383, 392-393, 406, 412, 432, 436, 468-469, 471, 473-476, 481-484, 487-489, 530, 536, 542, 547, 564, 571, 626, 677, 679, 682-687, 689-690, 700, 721, 723, 758, 761, 773, 809, 821, 826
　下位セクション　sous-section　35, 297, 300, 311, 365, 626, 677, 773
　基本セクション　section élémentaire　412
　三セクション組織　organisation à trois sections　487
　聖称セクション　section patronymique　679, 690
　地縁セクション　section locale　289, 686, 721
　テリトリー・セクション　section territoriale　679-680
　トーテム・セクション　section totémique　679
　八下位セクション体系　système à huit sous-sections　173, 284, 295, 305, 307-308, 310, 319, 322-323, 326, 333, 339, 343, 493
　名祖セクション　section éponyme　679-680, 687, 690
　四セクション体系　système à quatre sections　283-284, 299-300, 303-304, 307-308, 310-311, 333, 493, 721
　六セクション組織　organisation à six sections　487
世代　génération　35-36, 39, 47-48, 50-51, 54-56, 80, 121, 130-131, 168, 210-211, 229-230, 246, 248-249, 254, 259, 262-263, 280-281, 286, 293, 308, 310-311, 313, 333, 335, 352, 360-361, 363-364, 366, 370-372, 377, 383, 388, 392, 397, 402, 407, 425, 433-434, 456, 467-468, 477-478, 481, 483, 487, 490-491, 501-506, 518, 520, 522, 530-531, 534-536, 541, 549-553, 555-556, 560-570, 572-573, 576, 579-583, 589, 592-595, 599, 602-604, 606-608, 610, 612, 615, 620, 627-630, 632, 634, 637-638, 640-642, 660-662, 664, 683, 686, 700-701, 709, 711, 721, 723, 725, 728-

729, 732- 733, 754, 781- 783, 807, 817, 820
互隔世代　générations alternées　[→両次二分法]　229- 230, 257, 286, 363, 368- 369, 384, 387, 453, 535, 565, 574, 748, 760, 808, 820
互隔世代原理　principe des générations alternées　535
互隔世代体系　système des générations alternées　30, 364, 454, 528, 535, 537, 587, 688, 759, 768
互隔世代による転生　réincarnation par générations alternées　230
五世代　cinq générations　296, 319, 352, 490, 505, 540, 563, 641- 642, 654, 662
三世代　trois générations　48, 434, 440, 505, 629, 661, 664, 747
世代帰属　appartenance à la génération [→リネージ帰属]　47
世代クラス　classe de génération　629- 630, 641
世代原理　principe des générations　530, 572
世代互隔性　alternance des générations 364, 384, 573
世代同等原理　principe de l'équivalence des générations　536, 591
世代の成層化　stratification des générations　553, 560- 561
世代平行　parallélisme　528, 541, 560
年少世代　génération cadette, jeune génération　709, 725
年長世代　génération ainée　501, 709, 725
平行世代　génération parallèle　530
隣接世代　générations consécutives　47, 362, 383, 530, 535, 539, 563- 564, 566, 568- 569, 572, 580, 606, 624, 701, 710, 728, 748
選好　préférence　34-35, 37, 40- 43, 47, 49, 128, 130, 168, 216, 224, 229, 253, 270, 277, 293, 323, 381, 504, 619, 643, 666, 676, 697, 699, 703, 773
交叉イトコ選好　préférence pour les cousins croisés　209, 272, 277
単方選好　préférence unilatérale　722
選好結合　[→結合]　124, 128- 130, 166, 246, 252, 443, 445, 454, 459, 469, 676, 743
選好婚　[→婚姻]　15, 34, 40, 42, 44, 267, 293, 322, 328, 332, 343, 366, 371, 425, 480, 484, 511, 530, 532, 599, 601, 642, 653, 695, 697, 699
選好親等　[→親等]　41, 155, 450, 771
選好体系　système préférentiel　40, 42- 43
全体構造　structure globale　39, 254, 264, 470, 610- 612, 710, 758, 763, 820- 821
全体構造の崩壊　[→崩壊]　763
選別原理　principe de discrimination　727
選別的構造　structure sélective　204
相関, 相関関係, 相関性　corrélation　[→対立]　40, 129, 182, 223, 237, 300, 323, 372, 413, 422, 486, 567- 568, 585, 608- 610, 624, 704- 706, 714, 737, 761, 788
双数性　dualité　169- 170, 179, 270, 319
双数的名称　termes duels　258
双分原理　principe dualiste　[→互酬原理] 182
双分構造　structure dualiste　474, 489
双分組織　organisation dualiste　[→半族, 互酬体系, 二分法, 交叉イトコ婚]　150, 161- 166, 168- 171, 178- 182, 203, 209- 210, 213- 218, 222- 223, 238- 239, 245, 249- 252, 259, 269, 274- 277, 279, 284, 290- 291, 313, 379, 412, 425, 453, 469, 473, 487- 490, 496, 509- 510, 530, 595, 639- 640, 652, 665- 666, 696, 699- 700, 721, 723- 724, 726, 744, 748, 761- 762, 772- 773, 809, 814
疑似双分組織　organisation pseudo-dualiste　737
双分体系　système dualiste　162- 163, 215, 275, 369, 379, 808
双方主義　bilatéralisme　29- 30, 365, 687- 688,

722, 748, 752
双方性　bilatéralité　30, 384, 623, 687-688, 737
双務関係（パートナーの）　relations bilatérales　178
双務的移転　transfert bilatéral　261
『贈与論』　*Essai sur le don*　137, 529
組織化原理　principe d'organisation　[→双分組織]　170
尊称　nom de louange　453, 516

た

体系の構造　structure du système　15, 232, 339, 350, 368, 587, 591, 746, 760, 835-836
対称，対称性　symétrique, symétrie　[→非対称]　47, 50, 125, 172-173, 234, 238, 247-248, 253, 261, 264, 266, 269, 270, 330, 335-336, 343, 345-346, 361, 363, 377, 381, 432, 503, 517, 521, 565-566, 586, 593, 610, 621, 636, 654, 656, 705, 722, 725, 820
　疑似対称性　pseudo-symétrie　343
　対称交換定式　formule symétrique de l'échange　467
　対称構造　structure symétrique　259, 261, 337
　対称体系　système symétrique　333
　対称対　paire symétrique　724-725
大脳構造　structures cérébrales　33, 806
代父，代父関係　compérage　[→義理の兄弟]　712-713
『太平御覧』　*T'ai p'ing yu lan*　562
対立，対立関係　opposition　[→相関]　19, 30, 32-33, 42, 50, 59-60, 62, 66, 69, 76, 80, 83, 85, 100-101, 121, 161, 178, 180, 182, 187, 192, 194, 204, 214, 217, 219, 236, 239, 248, 260-261, 270, 272-273, 275-276, 280, 289, 345, 353, 378, 384, 451, 454-455, 457, 470, 473, 475, 486, 519, 521, 535, 537, 539-540, 549, 564, 567-568, 571-572, 584, 589, 600, 619, 660, 698, 706, 711, 717, 719, 726, 731-732, 735-737, 749-750, 752, 772, 774, 783, 803-805, 808-809, 820, 833-835, 839
　対立関係の体系　système d'oppositions　260, 270, 280
　対立項　termes opposés　304, 652, 803
多形性　polymorphisme　[→子供の思考]　201
多形的社会人　un social polymorphe　[→子供]　201
タブー　tabou　18, 77, 82, 205, 242, 423, 452, 485, 600, 713, 754, 792, 794, 829
『ダルマ＝シンドゥ』　*Dharma-Shindhu*　660
男子集会所　maison des hommes　140, 173-175, 239, 642, 667
単純な形式　forme simple　[→複雑な形式]　283, 485, 521, 587, 590, 695, 743-744, 749, 762-763, 806
単純な体系　système simple　[→複雑な体系]　326, 530, 537, 560, 644, 673, 696
単純な定式　formule simple　[→複雑な定式，純粋な定式]　326, 443, 456, 473, 604, 611, 644, 758, 762
担保　garantie　[→信用]　236, 456, 731, 736 755, 766, 772, 806, 820, 823
単方性　unilatéralité　674
父方強迫　obsession patrilatérale　736
父方居住　résidence patrilocale　224, 236-239, 261, 289, 360, 378-379, 413, 469-470, 499, 503, 518, 561, 587-588, 602, 604, 607, 611, 688, 700, 721, 791, 817
父方交叉従姉妹，父方交叉イトコ　cousin(e) croisé(e) patrilatéral(e)　37, 39, 43, 50, 230-231, 284, 321-322, 324, 332, 412, 452, 465, 475, 504, 695-696, 703, 710, 714, 720, 725, 731
父方婚　mariage patrilatéral　[→婚姻]　121, 361, 364-365, 369, 372, 382, 384, 390-391, 422, 480, 484, 514, 521, 574, 587, 698, 701, 704-705, 719, 735-738, 747, 749-751, 759-760, 818-819
父方婚への郷愁　[→郷愁]　738
父方性　patrilatéralité　736, 746, 759-760
父方体系　système patrilatéral　56, 383-384, 749, 771

父方単方主義　unilatéralisme paternel　238
父方定式　formule patrilatérale　735-737, 814
父方モデル　modèle patrilatéral　56
父の姉妹　sœur du père　[→母の兄弟]　56, 131, 209, 230, 247-248, 252-253, 267, 280, 284, 288, 301, 310, 320, 322-324, 332-333, 361-363, 366, 369, 371, 376, 387-390, 403-404, 451, 469, 471-472, 474-477, 479, 481-482, 484, 486-487, 500-503, 514, 517, 520-521, 536, 539, 541, 547-552, 565, 580, 593-594, 600, 605-606, 611, 617, 621-623, 627, 629, 631, 633, 636, 664, 672, 678, 682-683, 696, 698, 701, 704-705, 707, 718, 720, 733
　父の姉妹との婚姻　mariage avec la sœur du père　[→オバ＝オイ婚]　531
　父の姉妹の娘との婚姻　mariage avec la fille de la sœur du père　[→父方交叉イトコ婚]　231, 252, 267, 315, 360-364, 403, 467, 471, 478, 521, 585-587, 653, 667, 695, 699, 701, 714, 717, 724, 726-727, 729-733, 735, 737, 818
『中国文明』　*La civilisation chinoise*　528
対　paire [→組，周期]　107, 144, 180, 257, 283, 298, 306-307, 309, 317, 319, 321, 324, 329-332, 343, 346, 365, 369-370, 398, 401, 432, 448, 473-474, 536, 549, 601, 624-625, 628, 666, 713, 723-725, 729, 758, 761, 763, 772, 809, 821
通時，通時性　diachronique, diachronie　[→共時]　53, 221, 423
通時的説明　explication diachronique　791
地縁の系　local line　347-351, 811
『チャンドリカ聖伝書』　*Smriti-Chandrika*　664
超自我　super-ego　790
調和体制　régime harmonique　[→非調和体制]　357, 378-384, 457, 489, 519, 544, 587-588, 604, 656, 689, 700, 721, 791, 817
妻の兄弟の娘　fille du frère de la femme　246, 425, 470, 477, 483, 591, 599, 601-603, 606, 609, 612, 622
　妻の兄弟の娘との婚姻　mariage avec la fille du frère de la femme　[→母の兄弟の娘との婚姻]　19, 246, 581, 590-591, 594, 600-601, 604-606, 611-612, 711, 758
敵意　hostilité　191, 236, 423, 451, 777
敵対，敵対関係　antagonisme　122, 147, 157-158, 161, 163, 182, 233, 288, 450-451, 473, 518, 537, 776
テクノニミー　teknonymie　16, 565-566, 582-585, 596, 618-619
　逆テクノニミー　teknonymie à l'envers　582, 585
伝播　diffusion　110, 162, 215, 218, 581, 592, 610, 643
伝播主義　diffusionnisme　213, 238, 641, 643
投機　spéculation　105, 141, 456-457, 729-730, 735
同系交配　endogamie　[→内婚，異系交配]　77-80
統合（集団の）　intégration　47, 49, 55, 60, 94, 128, 142, 146, 172, 187, 211, 371, 379, 412, 489, 491, 551, 582, 685, 688, 721-723, 726-727, 730, 774, 779, 791-792, 818, 823
統合力　forces d'intégration　379
同性愛　homosexualité　111-112, 778, 800
　神秘的同性愛　homosexualité mystique　800
唐律　Code des T'ang　560, 589
独身，独身者，独身生活　célibataire, célibat　112-115, 122, 262, 268, 454-455, 519, 753, 785
閉じられた構造　structure close　[→開かれた構造]　725
トーテミズム　totémisme　290, 293
トーテム　totem　86-88, 178-179, 205, 257, 288, 293-294, 301, 326, 361, 387, 700, 711, 807
　トーテム外婚　[→外婚]　274
　トーテム規則　règles totémiques　294
　トーテム・クラン　[→クラン] 288-289,

293, 357, 363, 365
トーテム祖先　ancêtre totémique　234
トーテム体系　système totémique　362
トーテム・セクション［→セクション］679
トーテム領地　domaine totémique　288
『トーテムとタブー』 *Totem et tabou*　205, 788-790
取り手（女・妻・嫁の） preneurs (de femmes, d'épouses, de sœurs)［→与え手］ 35, 37, 418-419, 541, 760, 821
取り引き，売買操作，商取り引き　opération, transaction　107-108, 137, 139, 141-142, 157-158, 234, 237, 273, 418, 446, 725, 731, 735, 756-757, 771, 821, 838-839
売り操作　opération de vente　512, 755
買い操作　opération d'achat　512
交換取り引き　exchange transaction　418
婚姻取り引き　transaction matrimoniale　156, 731
先物取り引き　opération à terme　456, 731

な

内婚［→婚姻］45, 53, 79-80, 86, 89, 119, 124-125, 127-132, 169, 175, 224, 388, 407-408, 433, 467, 478, 491, 530, 536, 538, 654-655, 687, 689, 700, 763-765, 772-774, 809
二極体系　système bipolaire　772, 809
肉　chair［→骨］ 105-109, 117, 125, 145, 250, 419, 445-446, 517, 587, 620, 640, 646, 651-652, 687, 731, 756-757, 760-761, 784
二元対立　dualisme　163, 170, 179, 203, 222, 474, 700-701
疑似二元対立，見かけの二元対立　pseudo-dualisme, dualisme apparent　169, 700-701
二分規則　règle dualiste［→互酬規則］ 302-303, 751
二分法　dichotomie［→双分組織］164, 205, 216, 222, 224-226, 231, 241, 262, 280, 283, 288-289, 310-311, 315, 323, 326, 328, 333, 338-339, 357, 368, 372, 380-381, 421, 536, 561, 564, 572, 586, 615
イトコの二分法　dichotomie des cousins　216, 262, 270-271, 280, 298, 310, 315, 323, 332, 357
外婚二分法　dichotomie exogamique　570
居住の二分法　dichotomie portant sur la résidence　543
権力の二分法　dichotomie du pouvoir　161
神話的二分法　dichotomie mythique　163
性別による二分法　dichotomie des sexes　231
世代二分法　dichotomie des générations［→年齢クラス］ 372
単方二分法　dichotomie unilatérale　223
地縁二分法　dichotomie locale［→居住の二分法］ 381
名前の二分法　dichotomie portant sur l'appellation　543
二分法的名称体系　terminologie dichotomique　209, 217
配偶者二分法　dichotomie des conjoints　310, 338
父系二分法 dichotomie patrilinéaire　289, 291, 302, 368, 561, 564, 572, 701, 721
母系二分法　dichotomie matrilinéaire　286, 289, 291, 302, 340-341, 343, 368, 378, 561, 564, 572, 701, 721
両次二分法　double dichotomie　225-226, 229, 231, 384, 543, 574
『日本紀』 *Nihongi*　738
『人類婚姻史』 *History of Human Marriage*　95
眠れる森の美女　Belles au Bois Dormant　784
年齢　âge　62, 83, 194, 196-197, 254, 479, 483, 535, 592, 602-603, 782-784
年齢クラス［→クラス］ 372, 377, 456
年齢螺旋　spirale d'âge　377

は

配偶　alliance　[→血縁]　50, 52, 99-104, 111, 121, 128, 245, 251, 310, 319, 422, 538, 611
配偶規定　prescription　49, 52
配偶決定原理　principe de détermination　102
配偶者　conjoint　17, 19, 35, 42, 44-45, 47-51, 54, 68-69, 78, 83, 86, 100, 110-112, 114, 119, 122, 124, 127-128, 130, 158, 161, 164, 166-167, 209, 212, 216-217, 223, 229, 245, 248, 256, 259, 267, 275-276, 279, 284, 294, 297, 299, 301-303, 308-310, 321-322, 329-330, 337, 339, 345, 362-363, 381, 388, 422, 451, 457, 469-470, 476, 478, 481, 490, 501, 504, 506, 539, 599, 602-603, 606, 636, 638, 658, 661, 675, 705, 707, 710-711, 724-726, 728, 735, 755-756, 759, 762, 764, 766, 776, 787
可能配偶者　conjoint possible　15, 127-129, 222-224, 228-229, 245, 260, 284, 295, 297, 300-302, 304, 308-310, 316, 321-322, 324, 404, 412, 445, 504, 506, 532, 548, 602-604, 609, 672, 720, 731-732, 759, 763
規定配偶者　conjoint prescrit　17, 115, 249, 308-309, 323, 438, 751
禁忌配偶者　conjoint prohibé　15, 223, 228, 245, 249, 279, 294, 302, 308, 324, 328, 408, 660, 700, 703, 732
選好配偶者，好まれる配偶者，好ましい配偶者　conjoint préférentiel, préféré　17, 19, 284, 298, 301, 322, 328, 722, 739, 751, 759
特権的配偶者　conjoint privilégié　[→交叉イトコ]　223
配偶者決定　détermination du conjoint　15, 245
配偶者二分法　[→二分法]　310, 338
輩分字　pei fen tseu　535
『ハカ・チン習俗ハンドブック』　*Hand Book of the Haka Chin Customs*　447
花嫁代価　prix de la fiancée　[→購買婚]　107-108, 154, 234, 417, 446-450, 469, 472, 494, 499, 511-518, 623, 653, 707, 752-753, 762, 806, 820, 838
母方オジ　oncle maternel　28, 68, 100, 109, 121, 126, 154, 247, 252-253, 257, 281, 425, 451, 453, 469-472, 482, 485-486, 494, 501, 503, 513, 515-518, 520-521, 541, 547, 561, 618-619, 638, 643, 663-664, 683, 702, 704, 706-708, 710, 713-714, 716, 728, 730, 735-736, 761, 817
母方居住　résidence matrilocale　224, 236-239, 263, 370, 378, 450, 470, 561, 587-588, 602, 721, 791
母方交換　[→交換]　749
母方交叉従姉妹，母方交叉イトコ　cousin(e) croisé(e) matrilatéral(e)　37, 41, 43, 47, 50, 230, 284, 301, 321-322, 324, 328, 332, 335, 337, 381, 412, 469, 475, 511, 610, 613, 636, 671, 676, 703, 710, 720, 722, 725
母方交叉従姉妹との婚姻　mariage avec la cousine croisée matrilatérale　504, 511, 545, 572, 588, 594, 598, 600-601, 604, 617-619, 622, 663, 672, 720
母方婚　[→婚姻]　121, 349, 351, 361, 369, 372, 382, 384, 390, 422, 482, 485, 493, 495, 579, 588, 627, 639-640, 642, 671, 684, 698-699, 704, 714, 719, 721, 729, 735-738, 746, 749-751, 771, 811, 815, 818-820
母方「操作子」　opérateur matrilatéral　41
母方体系　système matrilatéral　350, 383-384, 749, 811
母方単方主義　unilatéralisme maternel　238
母方定式　formule matrilatérale　735, 737, 814
母の兄弟　frère de la mère　[→母方オジ]　16, 19, 28, 48, 126, 130-131, 209, 223-224, 247-248, 252-253, 259, 267, 280, 284, 289, 293-295, 299-301, 309-310, 320, 322-323, 332-333, 335-336, 338, 343, 353-354, 357, 360-364, 366, 369-371, 376-377, 387-

388, 390, 397, 426, 438, 443, 451- 452, 471, 474- 477, 479, 482, 484- 487, 495, 500- 503, 510- 511, 514- 516, 521, 532, 536, 539, 549- 551, 556, 565, 580- 581, 593- 594, 596, 600, 605- 606, 617- 622, 627, 629, 631, 633- 635, 638, 640, 653, 664, 672, 678- 679, 696, 701- 702, 704- 705, 707- 710, 712, 714, 717- 718, 720, 726, 729, 733, 739
母の兄弟の娘との婚姻　mariage avec la fille du frère de la mère　[→母方交叉イトコ婚，妻の兄弟の娘との婚姻]　19, 252, 315, 324, 357- 358, 361- 362, 370, 388, 425, 465, 467, 469, 471, 476, 478, 505, 511, 513, 521, 540, 565- 566, 581, 585- 587, 593- 594, 600, 604, 606, 608, 611- 612, 643, 653, 659, 664, 671, 673, 679, 695, 698- 699, 701, 713, 717, 719- 720, 723- 724, 726- 727, 729- 733, 735- 737, 747, 758, 818
母方モデル　modèle matrilatéral　56
『ハリヴァムサ・プラーナ』 *Harivamsa Purana*　664
ハワイ型体系，ハワイ型親族分類法 système hawaïen, nomenclature de type hawaïen　55
半族　moitié　[→セクション]　35, 85, 161- 166, 168- 170, 173, 178- 180, 182- 183, 203, 209, 212, 215, 218, 223- 224, 232- 234, 245, 257, 260, 274, 285- 287, 289- 293, 297, 299, 302- 305, 307- 311, 315- 317, 319- 320, 323, 326, 328- 329, 331- 332, 337, 341- 342, 344- 345, 348- 349, 353, 358, 360- 361, 364- 365, 378- 381, 388, 390, 393, 407, 467, 487, 489- 491, 493, 508, 511, 540, 545, 564, 571, 574, 588, 599, 601- 602, 604, 611, 614- 615, 639, 652, 666, 670- 671, 677, 683, 696, 699- 700, 708, 721, 773, 809
外婚半族　moitié exogamique　163, 168- 169, 175, 182- 183, 209, 215, 217, 222, 224, 274- 275, 283, 285, 301, 310, 329, 378- 379, 387, 425, 468, 530, 540, 560, 587, 613, 700, 758, 760, 821
儀式半族　moitié cérémonielle 169
疑似半族　pseudo- moitié　700
五「半族」を有する組織　organisation à cinq《moitiés》 666
準半族　semi- moitié　285- 287, 300, 354, 359, 361, 387
テリトリー半族　moité territorielle　683
内婚半族，非外婚半族　moitié endogamique (non- exogamique)　169, 365, 387, 407
二半族組織　organisation à deux moitiés　300
二半族体系　système à deux moitiés　283- 284, 302- 304, 308, 358, 379, 387, 493, 721
半族体系　système des moitiés　169, 213, 283- 284, 297- 298, 302- 304, 308, 310, 313, 326, 333, 366, 378- 379, 381, 387, 489, 588, 602, 615, 744, 748, 771
反秩序　contre- ordre　789, 800
非決定，非決定性　indétermination　102, 216, 554, 762
秘蹟　sacrement　88, 786
非対称，非対称性　asymétrique, asymétrie　237- 238, 249, 261, 337, 343, 350, 362, 412, 468, 504, 506, 508, 521, 580, 593- 594, 626- 627, 636, 660, 697, 700, 820
非対称構造　structure asymétrique　259, 580, 695
非対称婚　mariage asymétrique　47- 48, 514, 610
非対称婚定式　formule de mariage asymétrique　467- 468
非対称体系　système asymétrique　47- 48, 50, 493, 812
非対称対　paire asymétrique　724
非対称的名称体系　terminologie asymétrique　248
非単系体系　système non- unilinéaire　220
非調和体制　régime dysharmonique　[→調和

体制］ 357, 378, 380-383, 457, 544, 587, 721, 791
否定的関係の体系 système de relations négatives ［→インセスト禁忌］ 245
否定的約定 stipulation négative 131
『白虎通義』 *Pai hu t'ung* 590
病態意識 conscience morbide 192-193
開かれた構造 structure ouverte ［→閉じられた構造］ 725
不安 anxiété ［→超自我］ 120, 122, 147-148, 158, 191, 268, 713, 736, 777, 786, 789-790
不活発 inertie 725
複合構造 structure complexe ［→基本構造］ 15, 17, 19, 42, 45-46, 50-51, 53, 222, 619, 743, 751
　複合構造の限界 limite des structures complexes 17
複雑な形式 forme complexe ［→単純な形
　複雑な体系 système complexe ［→単純な体系］254, 256, 317, 326, 343, 531, 551, 587, 673, 678
複雑な定式 formule complexe ［→単純な定式］ 326, 411
服喪 deuil 555-556, 560-562, 661-662, 665, 676
　服喪規則 règles du deuil 564
　服喪義務 ［→義務］ 555, 565, 672
　服喪儀礼 ［→儀礼］ 555-556
　服喪周期 ［→周期］ 565, 569
　服喪体系 système de deuil 555-556, 560-562, 660, 662, 669
　服喪単位 unité de deuil 555, 569
　服喪等級 degrés de deuil 534, 553, 555-556, 661-662
武勲詩 Chanson de geste 761
不正規の婚姻 mariage non-orthodoxe 512, 514
双子 jumeaux, jumelles 161, 648, 756, 838-840
腐敗（母方婚の父方への） corruption 749
普遍性 universalité 21, 66-67, 69, 75, 82, 88, 91, 93, 103, 165, 254, 272, 675, 688, 841
フラトリー phratrie 49, 169, 218, 358, 482, 508, 530-531
プラーナ聖典 Purana 663
『ブラーフマナ』 *Brāhmanas* 655
『ブリタニカ百科事典』 *Encyclopaedia Britannnica* 281
不連続性 discontinuité 385, 727
文化 culture ［→自然］ 14, 18, 21-22, 32-33, 46, 59-63, 66-67, 69, 71, 75-76, 84, 91-94, 100-104, 109-111, 124, 127, 139-141, 147, 149, 152, 162-164, 188, 194, 196, 198-202, 214, 228, 230, 237, 253, 270, 290, 385, 416-418, 457, 489, 531, 534, 537, 562, 588, 590, 604, 610, 641, 644, 656-657, 662, 667, 680, 685, 706, 720, 749, 772, 779, 781, 786-787, 789-790, 801-804, 809, 811, 815, 822-823, 825-826, 828, 832, 836-837, 841, 843
文化史 histoire culturelle 269, 277, 385, 750
平行イトコ cousins parallèles 45, 78, 100, 124, 127, 210, 212, 223-224, 229, 246, 248-249, 260, 263, 270-272, 274-276, 284, 297, 372, 483, 500, 664, 703, 717-720, 725, 733,
　平行イトコ婚 ［→婚姻］ 216, 271, 274, 278, 665, 703, 723
　平行イトコ禁忌 prohibition des cousins parallèles 272, 275, 277, 333
「平行的」視角 perspective《parallèle》 ［→斜行］ 728-729
弁証法 dialectique 226, 229-230, 241, 305, 377, 661, 737, 788, 805, 814
『弁証法的理性批判』 *Critique de la raison dialectique* 241
片務的形式（互酬性の） forme unilatérale ［→全面交換］ 696
片務的移転 transfert unilatéral 260, 263
片務的購買 achat unilatéral 753
崩壊 effondrement 363, 421, 475, 481, 763
　カチン社会の崩壊 breakdown of Katchin society 421
　全体構造の崩壊 effondrement de la

structure globale　763
体系の崩壊　ruine du système　457
封建家族　famille féodale　128, 431, 433, 443
封建制　féodalisme　413, 562, 590, 613, 810
封建体系　système féodal　492, 537
封建体制　régime féodal　590, 612
封建領主　seigneur féodal　437, 566- 567, 569, 589
法則　loi　14, 39, 86, 90, 101, 167, 195, 228, 262, 269, 279, 306, 317, 324, 327- 328, 339, 342- 343, 395- 396, 398, 403- 404, 459, 573, 587, 720, 726- 727, 732- 733, 735, 750, 806, 818
音韻法則　loi phonétique　91
確率論的法則　loi des probabilités　79
経済法則　loi économique　272
交換法則　loi d'échange　796, 802
限定交換法則　loi d'échange restreint　329, 695, 720, 727
全面交換法則　loi d'échange generalise　381, 443, 695, 720
構造的法則　loi structurale　217
交替法則（標準定式と選択定式の）　loi de l'alternance entre formule normale et formule optionnelle　324
語形法則　loi morphologique　91
互酬法則　loi de réciprocité　[→婚姻法則]　279
婚姻法則　loi du mariage　[→互酬法則]　167
思考の法則　lois de la pensée　733
出自法則　loi de filiation　299
対称性の法則　loi de symétrie　343
二分法則（交叉イトコの）　loi de la dichotomie des cousins croisés　333
物理法則　loi physique　269
弁証法の諸法則　lois dialectiques　733
『方法叙説』 *Discours de la méthode*　227
母系コンプレクス　complexe matrilinéaire　236
母権　droit maternel　236, 516, 704
ポトラッチ　potlatch　138- 139, 141- 142, 152, 156, 448, 467, 537
骨　os　[→肉]　32, 125, 470, 561, 587, 619-620, 640, 646, 651- 652, 655, 687, 731, 760-761, 784
ホモ・エコノミクス　Homo Oeconomicus　272
ホルド　horde　173, 287- 290, 297, 304, 316, 388, 789
本能　instinct　63, 65- 66, 69, 75, 81- 82, 95, 152, 189, 197, 824
社会本能　instincts sociaux　197
性本能　instinct sexuel　152, 796

ま

マヌ法典　Manu　656- 658, 660, 664, 678- 679, 689, 694
『マハーヴァムサ』 *Mahāvamsa*　664
マハーバーラタ　Mahābhārata　620, 651, 678, 764- 765
未開，未開性　primitif, primitivité　14, 77, 81, 100, 105, 110, 113, 141, 144, 146, 148, 152, 162, 164, 192- 193, 195- 196, 198, 202, 222, 237, 264, 274, 279- 280, 290, 443, 457, 459, 527- 528, 551, 592, 611- 612, 673, 703, 712, 754, 793, 806, 812, 829, 838
プリミティヴな無差別化　indifférenciation primitive　[→混沌性]　201
未開社会　société primitive　18, 70, 76, 78, 80, 87, 104, 111- 112, 114, 116, 137, 141, 152, 154- 155, 192- 196, 198, 202, 209, 218, 222, 261, 264, 290, 533, 719, 778, 782, 808, 822, 835
未開人　primitifs　[→子供]　109- 110, 148, 193- 194, 202, 205, 213, 256, 272, 707, 732, 807, 815, 817, 822- 823, 842
未開心性　mentalité primitive　[→子供の心性]　193, 196
未開の思考　pensée primitive　[→子供の思考]　114, 139, 192- 193, 196, 201-202, 204, 214, 258, 264, 733, 776

未開の論理　logique primitive　733
未開文化　culture primitive　138, 142
『未開社会学論』　*Traité de sociologie primitive*　92
身分　statut　27, 29-30, 86, 122, 129, 138, 140, 157, 211-212, 221-223, 226, 230, 234, 238, 248-249, 257, 259, 310, 336, 354, 378, 419-420, 422, 430, 440, 457-458, 467-468, 472-474, 481, 513, 567-568, 574, 608, 655-656, 688-689, 703, 710, 733, 751, 761-762, 764, 766, 768, 807, 810, 814, 822
『ミマムサ』　*Mimamsa*　669
明律　Code des Ming　561
無意識　inconscient　45, 53, 140, 172, 205, 218, 225-228, 269-270, 290, 336, 385, 459, 554, 672, 698, 720, 735, 749, 760, 766, 789, 793, 840
集合的無意識　Inconscinet Collectif　196, 198
矛盾　contradiction　19, 39, 67, 69, 93, 103, 111, 122, 171, 189-190, 198, 203, 271, 273, 278, 291, 354, 406, 411, 419-421, 431, 438, 452, 457, 485, 505, 511, 515, 528, 566, 588, 593, 608, 610, 653, 711, 749, 751, 758, 763, 766, 781-782, 788, 790, 796, 830, 836
無選択交配　panmixie　79-80
無秩序　désordre　174, 459, 789, 793, 800, 803
明示的体系　système explicite　［→暗黙の体系］333, 339
名目論　nominalisme　170
モデル　modèle　［→経験的現実］37-40, 44, 48, 50-51, 56, 63, 80, 104, 120-121, 134, 139, 144, 149, 151, 188, 195, 203, 210, 216-217, 228, 230-231, 237, 261, 301, 322, 332, 338, 348-349, 351, 354-355, 377, 412, 415, 418-419, 423-424, 430, 442, 467, 480, 493, 503, 505, 540, 603, 606, 656, 684-685, 689, 697, 773, 779, 784, 809-812, 815, 820-821, 827, 836
還元モデル　modèle réduit　480, 608, 615, 812
機械的モデル　modèle mécanique　44, 51, 442, 813
循環モデル　modèle de circularite　349, 810, 814
統計的モデル　modèle statistique　44, 51, 442
『モラリア』　*Moralia*　76-77

や

『野生の子供たち』　*Les Enfants sauvages*　25
『野生の思考』　*La pensée sauvage*　241, 462, 825, 843
『野生のペーター』　*Sauvage Peter*　62
ヤムイモ　igname　97, 126
融即　participation　［→未開の思考］193, 837
夢，夢想　rêve　736, 783, 789, 796, 802
養子　adoption　77, 441, 495, 520, 660

ら

『リグ・ヴェーダ』　*Rigveda*　655, 663
リスク　risque　456, 786
リネージ　lignée　28-30, 40, 44, 47-48, 50-51, 54-55, 154, 161, 178-180, 218-223, 230, 238, 254, 256, 270, 288, 294, 324, 333, 335-339, 345-346, 351-352, 357-358, 362-364, 366, 368-371, 376-377, 380-381, 392, 407, 419-425, 429-430, 438, 451-452, 456-457, 465-466, 468-475, 480, 488, 490-491, 493-494, 504, 506, 511, 513, 515, 517-519, 540-541, 545, 548, 551-553, 555-556, 562, 564, 571, 574, 576, 579, 581, 590, 595-596, 601-608, 610-613, 615, 619-620, 623, 629-632, 634-636, 638-640, 642, 646, 651-652, 655, 660-662, 674, 676, 681, 683-684, 686-688, 713-714, 717, 721, 723, 732-733, 766, 772, 809, 817, 842
リネージ帰属　appartenance à la lignée　［→世代帰属］　47
両価性　ambivalence　738
両価的関係　relation ambivalente　762
両価的婚姻　mariage ambivalent

［→双方婚］ 720
両価的態度 attitude ambivalente 786
両系主義 bilinéarisme 28-29, 219, 221
類縁性 affinité 417, 428, 495, 513, 586, 621, 655, 657, 660-661, 675, 684
類縁性のエリア aires d'affinité 743
類別的体系 système classificatoire ［→記述的体系］ 43, 165-166, 247, 269, 277, 483, 565, 712, 782
『礼記』 *Li Ki* 555, 566-570, 573, 592-593
歴史 histoire 20, 54, 59, 69, 77, 90-91, 102, 116, 120, 151, 167, 171-175, 178, 181, 187, 194-195, 199, 211, 213-214, 217, 221, 251, 253, 258, 269, 273-276, 278-279, 290-291, 389, 416, 423, 428, 459, 488, 491, 499, 517, 534, 537-538, 543-545, 552, 560, 563, 580, 588-589, 594, 606, 611, 626, 644, 651, 656, 680, 685, 689, 711, 720, 733, 737, 740, 743, 746, 749-750, 761, 764, 788-791, 804, 814, 824, 829-830, 833, 837, 843
歴史主義 historicisme 251, 843
劣性形質 caractères récessifs 79-81, 733
連続型 type continu ［→交替型，調和体制］ 383
連帯 solidalité 40, 56, 63, 162, 288, 427, 518, 520, 556, 562, 592-593, 613, 634, 636-637, 706, 718, 721, 726, 766, 773, 810, 817
機械的連帯 solidalité mécanique 56, 779
婚姻連帯 ［→縁組］ 128, 438, 493, 523, 579, 652, 712, 786
有機的連帯 solidalité organique 56, 779
『ロバの皮』 *Peua d'âne* 159
論理構造 structure logique 19, 278, 291, 459

わ

若者宿 maison de célibataires 782

集団名索引

アーリア人 Aryens　654, 674, 688- 689
アイヌ Ainou　640
アイモル・クキ Aimol Kuki　465, 467- 468, 486, 490
アウォミ Awomi　491
アオ Ao　473- 474, 480- 481, 484- 486, 488
アオ・ナガ Ao Naga　480, 486, 492, 639- 640
アガリア Agharia　698
アザンデ Azandé　67, 83, 266, 754
アシャンティ Ashanti　223, 229- 231
アツィ Atzi　433
アヌラ Anula　358, 748
アピナイェ Apinayé　407- 408
アベラム Abelam　220
アラスカ・インディアン Indiens d'Alaska 141
アラバナ Arabana　362- 363, 366, 368, 392
アラパホ Arapaho　164
アラペシュ Arapesh　97, 780, 784
アラワク Arawak　143
アランダ Aranda　47, 49, 225, 275, 284, 300, 305, 308, 315- 316, 319- 320, 324, 327, 332, 338- 339, 343, 352, 357- 362, 366, 370, 372, 378, 380- 383, 387- 388, 407, 509, 677, 701, 721, 747- 748
アルゴンキン Algonquins　163
アルリジャ Aluridja　363- 364, 382, 384
アレウト Aléoutes　89, 640, 716
アンガミ Angami　437- 434, 487- 488, 490, 492
アンガミ・ナガ Angami Naga　487, 654
アンガミ・メミ Angami Memi　487
アンダマン島民 Andaman　219
アンド Andh　698
イェツィミ Yetsimi　491
イェルカラ Yerkala, Yerukala　702, 704, 710
イスラム教徒 Musulmans　250
イダイヤン Idaiyan　704
イディガ Idiga　270
イラキ Iraqi　698- 699, 704- 705
イル＝ヨロント Yir- yoront　358, 371, 390, 407
イロクォイ Iroquois　163, 169, 574
インカ Incas　430, 440, 573- 574
インド＝アーリア人 Indo- Aryens　681
ヴァランバ Vallamba　702
ウィクムンカン Wikmunkan　352, 361, 371- 372, 376- 377, 382, 389, 407, 718
ウィニベゴ Winnebago　163
ウィントゥ Wintu　724
ウィントン（「ウィントゥ」の別名） Wintun 610
ヴェッダ Vedda　216
ウルナ Wulna　358
ウンガリニイン Ungarinyin　362, 384, 387, 392, 394
エスキモー Eskimo　67, 105, 125, 140, 191
オーストラリア人 Australiens　67, 509, 531
オセージ Osage　163
オマハ Omaha　46- 55, 163, 619, 666, 751
オムペラ Ompela　388, 390
オラオン Oraon　667
オルチ Olchi　502, 639
オルチャ（「オルチ」の別名）Olcha　639, 643
ガー Gā　164, 223
カイカリ Kaikari　698
カウル Kaur　699
カザフ Kazak　629, 642, 655, 686, 746
カシ Khasi　236, 470
カチン Katchin　31, 37, 114, 168, 267, 349, 409, 412- 430, 432, 434- 438, 442- 446, 449- 452, 457, 459, 461- 462, 465, 469, 471, 473, 484, 486, 489, 491- 493, 511, 513, 518, 530, 534, 543, 586, 611, 619, 623, 626- 627, 640,

642-644, 653, 656, 658, 684-685, 687, 705, 713, 744, 752, 758, 761-763, 766, 806, 810-812, 821, 836, 839-840
カナク Canaques 257-258, 711
カフル Cafres 238
カムチャダール Kamchadale 637, 640
カヤン Kayan 77, 128
カラジェリ Karadjeri 47, 357, 382, 388, 390, 394
カラン Kallan 699, 702
カラン Karan 699
カリア Kharia 698
カリエラ Kariera 49, 225, 271, 291, 294, 298-301, 304-305, 307, 315-316, 322, 324, 327, 329-330, 332-333, 338-339, 343, 357, 361, 366, 378, 380-382, 384-385, 388, 390, 531, 560-561, 677, 697, 721-722, 748, 773
カレン Karen 115
ガロ Garo 469-470, 473, 495
カンサス Kansas 163, 169
カンデュウ Kandyu 361, 371, 388, 391, 718
キシュナウト・ゴアラ Kishnaut Goala 682
北ツングース Tougous septentrionaux 624
ギディヤ Gidhiya 699
匈奴 Hsiung-nu 585
ギリヤーク Gilyak 413, 443, 446, 448, 486, 499, 501-502, 505, 508-509, 511-517, 519-520, 522, 524, 534, 575, 586, 611-612, 618-619, 622, 639-640, 642-644, 648, 652-653, 656, 658, 687, 736, 744, 752, 762, 838
キンガ・ヴェララ Kinga Vellalla 699, 702
クールグ Coorg 672
クカタ Kukata 387-388, 390
クキ Kuki 467, 619, 642-644
クニャー Kenyah 77, 128
クマルチェン Kumarčen 626
クマルチェン集団 groupe Kumarčen 625
クムバインゲリ Kumbaingeri 388, 390
クリーク Creek 163, 169
クルナイ Kurnai 393
クルバ Kuruba 699
クルミ Kurmi 698
クルンバ Kurumba 667
クロウ Crow 46-55, 166, 168-169, 666, 751
クワキウトル Kwakiutl 138, 141-142, 512, 838
クンジラ Kunjra 698-699
クンナヴァン Kunnnavan 699
クンビ Kunbi 673, 675-676
ケルト人 Celtes 762
ゲルマン人 Germains 761-762
ケレス Keres 169
ケンダル＝ホルロイド Kendall-Holroyd 371
ゴアラ Goala 682, 686
コイ Koi 704
コイタ Koita 171-172
コーリ Kohli 698
コーレン Kohlen 516
古クキ Vieux-Kuki 465, 469, 656
コスタニョ Costaño 601, 610
コニャック・ナガ Konyak Naga 157, 175, 480
コマティ Komati 699, 738
コモックス Comox 152
ゴラ Golla 698, 703
コラヴァ Korava 700, 702, 707-708, 710, 728, 739
コラチャ Koracha 702, 710
ゴリド Gold 514-515, 524, 636, 731
コリヤーク Koryak 149, 637, 640, 656
ゴワリ Gowari 698
コンゴ・ヴェララ（「キンガ・ヴェララ」の別名） Kongo Vellalla 702
コンド Kondh 667, 699
ゴンド Gond 652-654, 657, 667, 675-676, 698, 700
サウク＝フォックス Sauk-Fox 163
サカイ Sakai 162
サトムリア Satmulia 682
サニャシ Sanyasi 703
ザハウ・チン Zahau Chins 417
サンタル Santal 271, 684-685

人名索引

アイザックス Isaacs, S.　188-189, 196-197
アイヤパン Aiyappan, A.　672
アダム Adam, L.　686
アバク Abaq　629
アムンゼン Amundsen, R.　140
アリストテレス Aristote　195, 554, 677
アルジュナ Arjuna　663-664
アンダーソン Anderson, J.　447
アンナベッラ Annabella　768
アンベール＝ヴィエ Imbert-Vier, N.　26
ウ Wu, G. C.　597
ヴァサヴァムビカ Vasavambika　738
ヴァスデヴァ Vauudeva　664
ウィリアムズ Williams, F. E.　134, 528, 751, 785
ウィルソン Wilson, T. F. G.　433, 440
ヴェイユ Weil, Andre　23, 227, 383, 395
ウェールリ Wehrli, H. J.　413, 427-429, 434, 436-438, 447, 452, 458
ウェスタマーク Westermarck, E.　21, 81-83, 95, 102
ウェッジウッド Wedgewood, C. H.　281
ウェッブ Webb, T.　284, 316-317, 323, 348, 351, 406
ヴェニアミノフ Veniaminov, I.　640
ウォーナー Warner, W. L.　233, 284, 300, 315, 319-320, 323, 326, 333, 335-337, 339, 349, 351, 354-355, 358, 406, 513, 554
ヴォルテール Voltaire, F. M.　62
エガン Eggan, F.　47-48, 666
エスケイラ Escarra, M. J.　576
エディントン Eddington, A.　23
エピクロス，Épicure　764
エムノー Emeneau, M. B.　672
エリス Ellis, H.　81-83, 95, 102, 768
エルキン Elkin, A. P.　233, 300, 317, 319-320, 324, 337, 348, 351, 357, 361-366, 384, 387, 392-393, 406, 527, 719
オルソン Olson, R. L.　169-170
カー Curr, E. M.　268
カイヨワ Caillois, R.　800
カシナータ Kāśīnātha 660
カムサ Kamsa　664
カランディカール Karandikar, S. V.　664, 679-681, 699
カランド Caland, W.　663
ガルシラソ Garcilaso de la Vega　574
カルプ Kulp, D. H.　586
ガロワ Galois, E　397
ギフォード Gifford, E. W.　246-247, 252, 599-606, 608, 614-615, 826
キャラピエット Carrapiet, W. J. S.　425-426, 431, 433-434, 436
ギヨーム Guillaume, P.　195
キルヒホフ Kirchoff, P.　710
ギルホーズ Gilhodes, C.　37, 114, 413, 425, 427, 431-432, 434, 436-437, 446, 450-452, 458, 463
ギレン Gillen, F. J.　285, 305, 362-363
グードン Gurudon, R. P.　470
クヴルール Couvreur, S.　570
グディ Goody, J.　241, 347
グディナフ Goodenough, W.　220
クラシェニンニコフ Krasheninnikov, S. P. 637, 640
グラネ Granet, M.　37, 413, 431-433, 436-437, 441, 519, 527-547, 549, 553, 555, 560-572, 579-580, 585-590, 594, 611-613, 626, 657, 661-662, 665-666, 670, 673, 677, 711, 808
クリール Creel, H. G.　562
グリグソン Grigson, W. V.　652, 675-676
クリシュナ Krishna　663, 765
クローバー Kroeber, A. L.　23, 28, 290,

406, 412, 425, 513, 529, 571-572, 626, 644-645, 677, 721
ムンダー Munda 360-361, 685, 700, 726, 748
ムンドゥルク Mundurucu 183
メケオ Mekeo 172-174
メノミニ Menomini 163
メミ・アンガミ Memi Angami 474, 487
メルヴィル島民 insulaires de Melville 393
モシ Mossi 271
モトゥ Motu 171-172
モノ Mono 178, 180
モハヴェ Mohave 784
モルモン教徒 Mormons 126
モワト Mowat 271
ヤーガン Yaghan 140
ヤオ Yao 596
ヤクート Yakut 77, 144, 520, 642
ヤケ Yakö 224, 229
ヤラルデ Yaraldé 362, 384, 387-388, 390, 392
ユイン Yuin 393
ユーチ Yuchi 163, 169
ユーマ Yuma 611, 784
ユカギール Yukaghir 77, 139
ユダヤ人 Juifs 115
ユダヤ教徒 Juifs 250
ヨクト Yokut 178, 180, 610
ライアーディラ Laierdila 360-362
ラケール Lakher 417, 423, 449, 469, 471, 473, 492, 516, 619, 637, 658
ラシ Lashi 433
ララキア Larakia 358
ランテ Rangte 443
ルシャイ Luchai, Lushei 429, 440, 495, 516, 586, 619,
ルブ Lubu 731, 739, 747
ルリチャ Luritja 387
レプチャ Lepcha 620
レングマ・ナガ Rengma Naga 473-474, 486, 489-490, 492, 516
ロタ・ナガ Lhota Naga 462, 473, 475-476, 478, 486, 488-489, 491-492, 517
ロビ Lobi 164, 752
ロロ Lolo 620, 622-623, 655
ワイルピ Wailpi 364
ワ＝ニャンジャ Wa-Nyanja 229
ワラムンガ Warramunga, Waramanga 296, 300
ンガルマ Ngaluma 300

817
バタク Batak 130, 731, 739, 747
バナロ Banaro 271
ハナン＝クスコ Hanan-Cuzco 574
ババーン Babhan 679, 685
バビロニア人 Babyloniens 115
パライヤン Paraiyan 704
バリ Bari 164, 211, 836
バルグジン Barguzin 627
バルグワール・ゴアラ Bargwar Goala 682
バ・ロンガ BaRonga 755
バンツー Bantou 68, 88, 108, 752-753, 756
バント Bant 675
ビール Bhil 673, 675-676
東アンガミ Angami orientaux 492
東ギリヤーク Gyliak orientaux 500-501
東レングマ Rengma orientaux 475
ピグミー Pygmées 113-114, 744, 752, 794, 816
ビッグ・クリーク Big Creek 607
ヒューロン Hurons 213, 574
ビラルチェン Birarčen 624
ビリ・マッガ Bili Magga 700
ビロール Birhor 699
ファンティ Fanti 223
ブイン Buin 273
ブーイヤー Bhūiyā 700
フェゴ島民 Fuégiens 219
プエブロ・インディアン Pueblo 236
フォックス Fox 169
ブギ Bugi 130
プシャヴ Pschav 520
ブッシュマン Bushmen 155, 219, 822, 841
ブリヤート Buriat 642, 686
フリン＝クスコ Hurin-Cuzco 574
プルム Purum 469
ペチュネグ Pétchenègues 746
ペデダリム Pededarimu 271
ペヌシアン語族 groupe Pénutien 610
ヘヘ Hehe 83, 752, 786
ヘレロ Herero 224, 756
ベンバ Bemba 164
ボーティア Bhotia 620, 699
ポーニー Pawnee 266
ホッテントット Hottentots 113, 216
ホピ Hopi 46, 49, 194, 782
ホレヤ Holeya 703
ボロロ Bororo 114, 129, 168, 530
ポンド Pondo 756
マイドゥ Maidu 610
マオ・ナガ Mao Naga 491, 625
マオリ Maori 137, 145, 775
マクンバ Macumba 384
マディガ Madiga 270, 703
マハール Mahar 698
マヒリ Mahili 685
マラ Mara 292, 300, 358-362, 364, 370, 382-383, 387, 748
マラー Maler 667
マラータ・ブラフマン Marātha Brahman 267
マラタ Maratha 673, 675-676, 698
マリア・ゴンド Maria Gond 652, 667
マリコパ Maricopa 254
マル Maru 433
マルドゥドフナラ Mardudhunara 300
満州民族 Mandchous 376-377, 514, 623-624, 627, 630-631, 634, 636-637, 641-643, 654, 656, 686
マンデ Mandéens 115
ミウォク Miwok 246, 252, 470, 594, 599, 601, 603-604, 607, 610-611, 614-615, 711
ミキル Mikir 468-469
南コニャック Konyak méridionaux 474
ミナンカバウ Minangkabau 236
ミャオ Miao 592
ムリンバタ Murinbata 292-293, 295-296, 312, 383-384, 388, 390
ムルンギン Murngin 31, 233, 285, 289-290, 300, 315-316, 319-324, 326-328, 333, 335, 337-339, 342-343, 345-347, 349-354, 358-359, 361, 371, 381, 383, 388, 390, 395, 405-

漢民族 Chinois 437, 515, 519, 533, 537, 554, 592, 619, 624, 641, 652, 731
ジャート Jat 682-683
シャイアン Cheyenne 164
ジャナッパン Janappan 700
ジャミンジュン Djamindjung 255
シャン Shan 409, 416, 423, 454
シルック Shillouk 753-754
新クキ Nouveau-Kuki 468
スー Sioux 574
スヴァネテ Svanètes 105
ズールー Zulu 756
スキタイ Scythes 761
セニアン Seniang 48-49
セヌフォ Senoufo 271
セマ・ナガ Sema Naga 441, 473, 476, 478, 486, 488, 490-491, 517
セマン Semang 220
タド Thado 468
タピラペ Tapirapé 784
ダヤク Dayak 799
タラインジ Talaindji 300
タラウ Tarau 468-469, 486
チェロ Chero 698-699
チェロキー Cherokee 49
チカソー Chickasaw 163
チベット人 Tibétains 620
チャガ Chaga, Chagga 88
チャンドクナへ Chandknahe 698
チュクチ Chukchee 83, 148, 574, 640, 780, 783
チョウテ Chawte 466, 469, 486
チル Chiru 465, 469
チン Chin 415-418
チンポー(「カチン」の別名) Chingpaw 428-429, 433, 438, 458
ツングース Tougous 115, 328, 500-502, 624-628, 637, 640, 643, 648, 654, 686-687, 739, 744, 763
ティウィ Tiwi 357
ディエリ Dieri 284, 297, 300, 365-366, 368, 370-371, 378, 382-384, 386-387, 392, 406, 647
ティヤン Tiyyan 704
デヴァンガ Devanga 703
デュマール Dumāl 679
テルグ Telugu 699, 702-703, 729
テワ Tewa 169
トゥピ=カワヒブ Tupi-kawahib 111, 167, 785
トダ Toda 216, 224, 671-672, 674
トッティヤン Tottiyan 729
トナカイ・コリヤーク Koryak du Renne 673
トナカイ・チュクチ Chukchee du renne 114
トリンギット Tlingit 716
トンガ Thonga 67-68, 108, 754
ナーヤル Nayar 237-238, 672, 708
ナヴァホ Navaho 115, 202, 826
ナオムリア Naomulia 682
ナガ Naga 175, 428, 473, 476, 481, 485-486, 488-489, 491-492, 586, 596, 623, 625, 638-640, 642-644, 654, 656, 667, 686, 689, 706, 731, 744, 746
ナチズ Natchez 163
ナリニェリ Narrinyeri 268, 393
ナンギオメリ Nangiomeri 293, 296, 326-327
ナンダ Nanda 393
ナンビクァラ Nambikwara 111, 121-122, 157-158, 216, 220, 248, 252, 778
西ギリヤーク Gilyak occidentaux 500, 502
西レングマ Rengma occidentaux 475
ヌエル Nuer 46, 94, 164, 752, 776, 840, 842
ネルチンスク Nerchinsk 627
バード Bard 393
バーナ Bahna 698
バイ Bai 682
バイガ Baiga 159, 699
パヴィオツォ Paviotso 67
ハカ・チン Haka Chin 415, 417, 425, 444, 446, 449-451, 454, 458, 461, 472, 518, 521,

292, 313, 549-554, 562, 598, 601-602, 614-615
クローリー CRAWLEY, E. 21, 509
クンティ KUNTI 664
クントシュタッター KUNDSTADTER, P. 35
ケーラー KÖHLER, W. 23, 199
ケロッグ KELLOG, W. N. 62
コイレ KOYRÉ, A. 23
ゴータマ GAUTAMA 664, 678, 680
コーラー KOHLER, J. 509
ゴールデンワイザー GOLDENWEISER, A. 254
コッパーズ KOPPERS, W. 699, 701
コドリントン CODRINGTON, R. H. 163
ゴビノー GOBINEAU, A. DE 125
ゴラー GORER, G. 620
コルバッキーニ COLBACCHINI, A. 114
コロンブス COLOMB, CH. 429
サーストン THURSTON, E. 675, 700, 738
サール SEARL, M. N. 205
サニチャール SANICHAR 62
サルトル SARTRE, J.-P. 38, 241
シェイクスピア SHAEKESPEAR, J. 440, 465-466, 468, 491, 516
シェロルン SCHELLHORN, J. P. 56
シャープ SHARP, L. 360-362
シャヴァナ CYAVANA 765
シュー HSU, F. L. K. 561-562, 565-570, 572-573, 580, 586-588, 593, 596, 598, 826
朱子 CHU TZŪ 566
シュテラー STELLER, G. W. 637
シュテルンベルグ STERNBERG, L. 443, 499, 502-503, 505, 508-512, 514, 516, 523-524, 624, 643, 749, 767, 838
シュナイダー SCHNEIDER, D. M. 56
ジュノー JUNOD, H. A. 749, 754-756
シュミット SCHMIDT, W. 110-111
シュリョック SHYROCK, J. K. 549, 553, 576, 579-580, 582, 592
ジョージ GEORGE, E. C. J. 427, 429, 437-438
ジョラン JAULIN, B. 52
シロコゴロフ SHIROKOGOROFF, S. M. 328, 376, 624-630, 634-636, 638, 648, 739
スカディ SKADHI 765
スカニャー SUKANYĀ 765
スタンナー STANNNER, W. E. H. 254, 293, 295-296, 326-327
スティーヴンソン STEVENSON, H. N. 106
スナール SENART, E. 655, 686, 689
スピアー SPIER, L. 254
スブハドラ SUBHADRA 663-664
スペンサー SPENCER, H. 86, 90-91, 150, 774
スペンサー SPENCER, SIR W. B. 285, 362-363
スミス SMITH, E. 59, 110, 213
スワントン SWANTON, J. R. 218-219, 252
セシュエー SECHEHAYE, M. A. 207
セリグマン SELIGMAN, B. Z. 95, 229-230, 241, 565, 753-755, 778
セリグマン SELIGMAN, C. G. 156, 172-174, 753-755
ソシュール SAUUSSURE, R. de 23
ゾロタレフ ZOLOTAREV, A. M. 639-640
ターナー TURNER, G. 139-140, 813
ダールベルク DAHLBERG, G. 79-80
大グレゴリウス GRÉGOIRE LE GRAND 76
タイラー Tylor, E. B. 14, 91, 120, 165, 210, 245, 251, 583, 785
ダヴィ DAVY, G. 23
ダヴェンポート DAVENPORT, W. 220
タキトゥス TACITE 761-762
タラク TARAQ 629
チェン CH'EN, T. S. 549, 553, 576, 579-580, 582
チェンバレン CHAMBERLAIN, B. H. 130
チャトパダイアイ CHATTOPADHYAY, K. P. 739
陳鼎 Ch'en Ting 592-593
ディーコン DEACON, A. B. 48, 163, 255-256, 615
デイヴィス DAVIS, K. 554
ディドロ DIDEROT, D. 118

デヴァダッタ DEVADATTA 664
デヴァナ DEVANA 664-665
デカルト DESCARTES, R. 227
デシデリ DESIDERI, H. 619
デュメジル DUMÉZIL, G. 761, 765, 768
デュモン DUMONT, L. 31, 211
デュルケム DURKHEIM, E. 21, 56, 86-91, 150, 527-528, 530, 782
デ＝ヨセリン＝デ＝ヨング DE JOSSELIN DE JONG, J. P. B. 30, 36, 56, 353-354
トゥルンヴァルト THURNWALD, R. 104
トムソン THOMPSON, R. 288
トムソン THOMPSON, SIR B. 216
ドルガノフ DOLGANOFF 77
ナーラダ NARADA 664, 679
ニーダム NEEDHAM, R. 34, 36-37, 39, 42, 56, 166, 391, 393, 467, 493-494
ニッゲマイヤー NIGGEMEYER, H. 699-701
ハースコヴィッツ HERSKOVITS, M. J. 230
ハーツ HERTZ, H. F. 413, 433
バートン BARTON, R. F. 130, 181, 350
バーナード BARNARD, J. T. O. 426, 462
バーネット BARNETT, H. G. 138
ハウィット HOWITT, A. W. 213, 285, 291, 365
白居易 PO-CHU-YI 579
バソフ BASOV, M. 196
ハットン HUTTON, J. H. 473-474, 480, 487, 489-490, 667, 670, 674, 689, 749, 767
ハドソン HUDSON, A. E. 629-630, 652
バネルジー BANERJEE, G. 680, 683
ハヤヴァダナ・ラオ HAYAVADANA RAO, C. 667
パリー PARRY, N. E. 472, 516
バルザック BALZAC, H. DE 773
ハルパーン HALPERN, A. M. 611
班固 PAN KU 590
ハンソン HANSON, O. 413, 425, 431-432, 434, 436
ピアジェ PIAGET, J. 192-197, 200
ビショップ BISHOP, A. L. 57
ヒューム HUME, D. 112
ビューラー BÜHLER, K. 194
ヒララル HIRALAL, R. B. 652
ピンク PINK, O. 288
ファン＝ヴァウデン VAN WOUDEN, F. A. E. 546
フェイ FEI, H. T. 586, 595, 597
フェン FÊNG, HAN YI 549, 551-553, 555-556, 561, 563, 565-566, 569, 576, 580-585, 589-593, 596, 598, 618, 621
フォーチュン FORTUNE, R. F. 528, 596, 785
フォード FORD, D. 229
フォード FORD, J. 768
フォックス ROX, C. E. 163, 169
ブラウン BROWN, G. G. 786
ブリフォールト BRIFFAULT, R. 21, 618
プルードン PROUDHON, P. J. 788
ブルーメンバッハ BLUMENBACH, J. F. 62
フルンレ HOERNELÉ, A. W. 216, 756-757
フレイザー FRAZER, SIR J. G. 21, 85, 165, 245, 267-274, 276-279, 281, 698, 702, 719, 732, 738
ブレイナード BRAINARD, P. 199
プレイフェア PLAYFAIR, A. 469
フロイト FREUD, S. 192-193, 197, 788-790
ブロー・スミス BROUGH SMYTH, R. 268
ブロンデル BLONDEL, CH. 192-193
ベイトソン BATESON, G. 256, 363
ベーコン BACON, R. 251
ベスト BEST, E. 775
ヘッド HEAD, W. R. 415, 447, 451, 454-455, 458
ベネディクト BENEDICT, P. K. 617-622, 801
ペリー PERRY, W. J. 59, 110, 170, 210, 213, 251
ベルゲット BERGETTO 768
ヘルト HELD, G. J. 30, 529, 661, 663, 665-666, 670-673, 675-678, 686, 688
ベルモン BELMONT, N. 26
ヘロドトス HERODOTE 761

地名索引

アーネムランド Arnhem (Terre d') 284, 315, 321, 326, 390
東アーネムランド Terre d'Arnhem orientale 316
アザンデ Azandé 67, 83, 266, 754
アジア Asie 35, 138, 274, 423-424, 520-521, 640-641, 644, 655-656, 658-659, 684, 749
中央アジア Asie centrale 273, 618, 746
東南アジア Asie du Sud-Est 242, 835
西アジア Asie occidentale 746
東アジア Asie orientale 273, 511, 643
南アジア Asie du Sud 22, 465, 516-517, 637
アッサム Assam 270, 413, 417, 468-469, 488, 496, 505, 513, 617, 651, 655-657, 667, 674, 699, 731, 736-737, 743, 748, 761, 763-764
東アッサム Assam oriental 471
アフリカ Afrique 17, 46, 65, 68, 105, 108-109, 128, 138, 164, 182, 220, 229-230, 274, 444, 706, 710, 743-744, 751-754, 837
西アフリカ Afrique occidentale 221
東アフリカ Afrique orientale 109
ポルトガル領アフリカ Afrique portugaise 229
南アフリカ Afrique du Sud 62, 68, 108, 155, 221, 386, 753, 768
アマゾン川 Amazone 143
アムール川 Amour (Fleuve) 501-502, 514, 639
アメリカ Amérique 20, 23, 46, 54, 125, 140, 170-171, 274, 459, 499, 574, 706, 728, 743-744, 751-752, 784, 801
北アメリカ Amérique du Nord 46, 138, 142, 162-163, 169, 213, 716, 744
中央アメリカ Amérique centrale 162-163
南アメリカ Amérique du Sud 138, 162, 164, 169, 216, 247-248, 278, 703, 707, 710, 716, 722, 728, 744, 752, 784
アラスカ Alaska 137-138, 143-144, 152, 156
アル諸島 Aru 747
アルモラ地区 Almora (district d') 270
アレクサンドリア Alexandrie 203
アロール島 Alor 747
アンダマン諸島 Andaman (Iles) 141, 157, 794, 796
アンブリン島 Ambrym 256, 389, 615
イースター島 Pâques (Ile de) 163
イギリス Angleterre 34, 251, 385, 568, 794, 835
イベリア半島 Ibérique (péninsule) 142
イラワディ Irrawady 416, 428
イラン Iran 656, 761, 763
インド Inde 22, 31, 61, 149, 159, 211, 221, 224, 231, 252, 620, 651-655, 657, 659-660, 662-663, 665-666, 670-672, 674-675, 678, 680-681, 683-685, 687-689, 694-695, 698-704, 706-707, 713-714, 730, 736-737, 743, 746-748, 750, 759-765, 792, 826
北インド Inde du Nord 360, 678-679, 682, 690, 739
中央インド Inde centrale 673, 675, 679
南インド Inde du Sud 237, 672, 675, 695, 699, 702, 710, 728-729, 747-748
インドシナ Indochine 596
インドネシア Indonésie 130, 162, 505, 731, 746
西インドネシア Indonésie occidentale 747
ヴァンクーヴァー Vancouver 138
ヴィクトリア川 Victoria (rivière) 255, 326
ヴィクトリア地方 Victoria (région de) 297
ウェールズ地方 Pays de Galles 760
ウタル・プラデシュ Provinces Unies de

l'Inde 270, 666
雲南省 Yunnan 437, 565, 581, 586, 593
エジプト Égypte 67-69, 130, 203, 763, 784
エルク・グローヴ Elk Grove 614
エロマンガ島 Erromangga 273
エンデ Endeh 747
オーストラリア Australie 35, 38, 47, 49, 77, 86, 100, 116-117, 121, 124-125, 129, 162-163, 168, 203, 213, 216, 221, 225, 227, 232, 254, 257, 268-272, 274-275, 283-285, 287-293, 298-299, 312, 315, 322, 328, 336, 357, 362, 366, 377, 382, 384-387, 389, 394, 406, 411, 493, 509, 527, 529-532, 535, 537, 561, 565, 658, 670, 677, 697, 723, 728, 744, 747-750, 776
北オーストラリア Australie du Nord 718
西オーストラリア Australie occidentale 297, 365, 385, 387
東オーストラリア Australie orientale 297
北西オーストラリア Australie du Nord-Ouest 393
南オーストラリア Australie du Sud 297, 363, 365, 390
オセアニア Océanie 100, 144, 258, 751-752
オリッサ Orissa 667, 679, 700
オロカイヴァ Orokaiva 234
オントン・ジャヴァ Ontong Java 156
カーペンタリア湾 Carpentaria (Golfe de) 315, 358
カーン Caen 307
カシ山地 Khasi (colline de) 468
ガダルカナル島 Guadalcanal 182, 233
カチャル地区 Cachar 468
カチン山地 Katchin hill 416, 430
カチン地方 pays Katchin 593
合衆国 États-Unis d'Amérique 20, 835
カナダ Canada 137, 143
カフカズ（コーカサス）Caucase 105, 761
カリフォルニア Californie 164, 178, 180, 246, 594, 599-600, 610, 615
カロリン諸島 Caroline (Iles) 162
カンボジア Cambodge 159
北シエラ Sierra du Nord 614
北ローデシア Rhodésie septentrionale 164
極東 Extrême-Orient 377, 413, 505, 613, 651, 657, 675, 750
キリウィナ Kiriwina 239
ギリシア Grèce 77, 159, 195, 290, 763-765
キリマンジャロ Kilimanjaro 88
キワイ Kiwai 271
クイーンズランド Queensland 360-361, 390
クスコ Cuzco 573-574
クメール Khmer 159
クロンダイク川 Klondyke 143
ケイサール Keisar 747
ケイ島 Kei 747
ケープヨーク（半島） Cap York (Péninsule de) 351, 361, 371-372, 647, 719
ゲルマニア Germanie 760, 769
ケンダル・ホルロイド Kendall-Holroyd 718
江蘇省 Kiang-sou 579, 586, 596
呉江県 Wukiang 595
コチン Cochin 699
古澧県 Ku-feng-hsien 579
昆明 Kunming 586
サザン・クロス地方 Southern Cross 365, 407
サハリン Sahkaline 501
サモア諸島 Samoa 69, 106, 130, 140, 163
シエラ・ネヴァダ Sierra Nevada 599
シベリア Sibérie 505, 620, 651, 716, 731, 736-737, 749, 761
東シベリア Sibérie orientale 413, 641, 731, 743-744
ジャインティア山地 Jaintia (colline de) 468
シャム Siam 65
ジャワ島 Java 747
上海 Shanghai 344, 595
朱陳 Chu Ch'en 579

シュメール Sumer 796, 802
徐州 Ch'u chou 579
白ナイル Nil Blanc 164
シング川 Xingu 716
スーダン Soudan 271
スカンジナヴィア Scandinavie 765
スマトラ島 Sumatra 162, 236, 271, 731, 747-748
スリナム Surinam 223, 230
スンバ島 Sumba 162, 747
セイロン Ceylan 664
セピク川 Sepik (Rivière) 220
セラム Ceram 747
セレベス諸島 Célèbes (Iles) 162, 747
ソロモン諸島 Salomon (Iles) 156, 273
台湾 Formose 47, 130
タニンバル島 Taninbar 747
タヒチ島 Tahiti 163
ダンピア諸島 Dampier (Terre de) 393
チベット Tibet 468, 586, 617-619, 621-622, 642, 646, 651-652, 674, 687, 699, 731, 737
チモール島 Timor 162
中央シエラ Sierra centrale 599
中国 Chine 22, 31, 423-424, 428, 437, 441, 454, 478, 495, 505, 512, 514, 519, 527-531, 533-538, 540-541, 543, 545, 555, 560-561, 563, 565, 573-575, 579-580, 582-592, 594, 596-597, 610-613, 617, 620-622, 624, 631, 640-644, 646, 651, 657, 659-663, 665, 673-674, 678, 687, 731, 737, 763, 838
中部諸州 Provinces Centrales de l'Inde 675
チョタ・ナグプール地方 Chota Nagpur 694
チンドウィン川 Chindwin (Rivière) 473
ティコピア Tikopia 154-155
デカン Deccan 664
テルグ地方 pays Telugu 699
トゥルキスタン Touran 552
トーレス海峡 Torrès (Détroit de) 163, 271, 278, 281
ドブ島 Dobu 126, 239
トラヴァンコール Travancore 699
トランスバイカリア Transbaikalie 624
トロブリアンド諸島 Trobriand (Iles) 123, 154, 160, 235-236, 239, 842
トンプソン川 Thompson (Rivière) 83
ナイジェリア Nigeria 224
ナウゴン地区 Nawgong 468
ニアス島 Nias 747
日本 Japon 16, 38, 46, 68-69, 107, 126, 130, 211, 258, 512, 827, 829, 838
ニューアイルランド島 New Ireland 389
ニューカレドニア島 Nouvelle-Calédonie 157, 258, 724, 743, 747, 793
ニューギニア Nouvelle-Guinée 114, 138-139, 156, 163, 171, 256, 271, 278, 281, 363, 747, 751, 778, 784
ニュー・サウスウェールズ New South Wales 390
ニュージーランド Nouvelle-Zélande 128, 137
ニューブリテン島 Nouvelle-Bretagne 182, 233
ニューヘブリデス諸島 Nouvelle-Hébrides 125, 163, 256
ニューヨーク New York 24, 344, 389, 459
ネパール Népal 686
ノートン・サウンド Norton Sound 125
バガルプール Bhagalpur 682
バサースト島 Bathurst (Ile) 357
バスタール Bastar 267, 675, 700
ハドソン湾 Hudson (Baie d') 105
パラオ諸島 Pelew (Iles) 162
パリ Paris 55, 303-305, 344
バルチスタン Bélouchistan 270
バルワニ Barwani 270
パレスチナ Palestine 271
ハワイ諸島 Hawaï 67, 128
バンクス諸島 Banks (Iles) 163, 252, 258
パンジャブ Penjab 652, 682
ビハール Bihar 679, 682, 686
ビルマ Birmanie 67, 105, 114-115, 128, 168, 267, 409, 413, 416-423, 454, 467-468, 471,

496, 617, 620- 622, 641, 657, 699, 731, 736- 737, 749, 761, 836, 839
西ビルマ Birmanie occidentale 744
フィジー諸島 Fidji 163, 216, 258, 706, 724, 747
フィッツモリス Fitzmaurice 326
ブイン島 Buin 271
福建省 Fou Kien 573, 586
ブラーマプトラ Brāhmapoutre 473
ブラジル Brésil 111, 113, 125, 157, 162, 708, 778
中央ブラジル Brésil central 407, 784- 785
西ブラジル Brésil occidental 111, 252
フランス France 20, 37, 69, 146, 211, 258, 303, 537, 546, 570, 574- 575, 615, 825- 827, 837, 843
南フランス Midi de la France 145, 149
ブリティッシュ・コロンビア Colombie Britanique 83, 152, 252
フローレス諸島 Florès (Iles) 162, 747
ペルー Pérou 67, 128, 163, 429- 430
ベンガル Bengale 271, 679, 690, 699
ペンテコスト島 Pentecôte (Ile) 603
ポート・ダーウィン Port Darwin 357
北西部諸州 Provinces du Nord- Ouest (de l'Inde) 699
ポリネシア Polynésie 115, 137- 138, 145, 149, 220- 221, 265, 744, 752, 763
ボルドー Bordeaux 303- 305
ボルネオ Bornéo 77, 128, 747
ボンベイ Bombay 699
マーレー諸島 Murray (Iles) 163
マイソール Mysore 270, 700, 703
マカッサル地方 Macassar 162
マダガスカル Madagascar 67- 68
マデイラ高地 Madeira (Rio) 167, 785
マドラス州 Madras (présidence de) 699- 700
マニプール山地 Manipur 465, 468, 491
マヌア島 Manua 724
マラバール Malabar 237, 672, 699
マルキーズ諸島 Marquises (Iles) 779
マレー（西マレーシア） Malaisie 130, 552, 793- 794
マレクラ Malekura 141, 256
マンガライ Manggarai 747
満州 Mandchou 17, 370- 371, 376- 377, 515, 598, 627- 632, 634, 636- 637, 640, 642, 644, 647- 648, 655, 744, 763
マンドラ Mandla 267
マンブーム Mambhum 685
ミキル山地 collines de Mikir 468
ミクロネシア Micronésie 162
メキシコ Mexique 163
メラネシア Mélanésie 48, 121, 125, 134, 138, 163, 203, 215, 217, 220- 221, 258, 274, 389, 461, 706, 728, 748- 749, 751
メルヴィル島 Melville (Ile) 357
モア島 Moa 747
モスール Mossoul 117
モスクワ Moskow 344
モルッカ諸島 Moluques (Iles) 162, 747
モンゴル Mongolie 620, 629, 737
揚子江 Yang Tse 624
ヨーロッパ Europe 17, 67, 125, 230, 520, 553- 554, 659, 689, 751- 752, 759- 766, 771, 837, 841
中央ヨーロッパ Europe centrale 764
西ヨーロッパ Europe occidentale 761, 763- 764
ラオン Laon 307
ラ・グランジュ湾 La Grange 357
ラコル島 Lakor 747
リヨン Lyon 307
リル Lille 307
レティ島 Leti 747
ロパー川 Roper (Rivière) 358
ワール地方 Wár (pays) 470, 524

図版一覧

参照文献一覧

ABEL, T. M. Unsynthetic Modes of Thinking among Adults: A Discussion of Piaget's Concepts. *American Journal of Psychology,* vol. XLIV, pp. 123-132. 1932.

ADAM, L. The Social Organization and Customary Law of the Nepalese Tribes. *American Anthropologist,* vol. XXXVIII, pp. 533-547. 1936.

AIYAPPAN, A. Cross-Cousin and Uncle-Niece Marriages in South India. *Congrès International des Sciences Anthropologiques et Ethnographiques,* pp. 281-282. London, 1934.

ALLEE, W. C. Social Dominance and Subordination among Vertebrates. *Levels of Integration in Biological and Social Systems. Biological Symposia,* vol. VIII. 1942.

AMELINEAU, E. Essai sur l'évolution historique et philosophique des idées morales dans l'Égypte ancienne. *Bibliothèque de l'École pratique des Hautes Études. Sciences religieuses,* vol. VI. Paris, 1895.

ARMSTRONG, W. E. Report on the Suau-Tawala. *Papua: Anthropology Report,* no. 1. 1920-21.

ASHTON, W. G. *Nihongi.* 2 vols. London, 1896.（『日本書紀』上・下巻、「日本古典文学大系」67・68、坂本太郎ほか校注、岩波書店、1965～67年）

BALZAC, H. DE. *Louis Lambert.*（*Œuvres Complètes,* vol. X.）Paris, 1937.（オノレ・ド・バルザック「ルイ・ランベール」水野亮訳、「バルザック全集」第21巻所収、東京創元社、1975年）

BANERJEE, G. N. *The Hindu Law of Marriage and Stridhana.* Calcutta, 1896.

BARBEAU, C. M. Iroquoian Clans and Phratries. *American Anthropologist,* vol. XIX, pp. 392-405. 1917.

BARNES, H. Marriage of Cousins in Nyasaland. *Man,* vol. XXII, no. 85, pp. 147-149, 1922.

BARNETT, H. G. The Coast Salish of Canada. *American Anthropologist,* vol. XL, pp. 118-141. 1938.

── The Nature of the Potlatch. *American Anthropologist,* vol. XL, pp. 349-358. 1938.

BARTON, R. F. Reflection in Two Kinship Terms of the Transition to Endogamy. *American Anthropologist,* vol. XLIII, pp. 540-549. 1941.

── The Religion of the Ifugaos. *Memoirs of the American Anthropological Association,* no. 65, pp. 1-219. 1946.

BASOV, M. Structural Analysis in Psychology from the Standpoint of Behaviour. *Journal of Genetic Psychology,* vol. XXXVI, pp. 267-290. 1929.

BATCHELOR, J. *The Ainu and Their Folklore.* London, 1901.（ジョン・バチラー『アイヌの伝承と民俗』安田一郎訳、青土社、1995年）

BATESON, G. Social Structure of the Iatmül People of the Sepik River. *Oceania,* vol. II, pp. 245-291, 1931.

── *Naven.* Cambridge, 1936.

BAUR, E. / FISCHER, E. / LENZ, P. *Menschliche Erblichkeitslehre und Rassenhygiene.* Munich, 1927.

BENEDICT, P. K. Tibetan and Chinese Kinship Terms. *Harvard Journal of Asiatic Studies,* vol. VI, pp. 313-337, 1941.

BENVENISTE, E. Les Classes sociales dans la tradition avestique. *Journal asiatique,* vol. CCXXI, pp. 117-134. 1932.

—— Traditions indo-iraniennes sur les classes sociales. *Journal asiatique,* vol. CCXXX, pp. 529-549. 1938.

BERNDT, R. M. "Murngin" (Wulamba) Social Organization. *American Anthropologist,* vol. LVII, pp. 84-106. 1955.

BERTLING, C. T. Huwverbod op grond van verwantschapsposities in Middel Java. *Indisch Tijdschrift van het Recht,* vol. CXLIII, pp. 119-134. 1936.

BEST, E. *The Maori.* 2 vols. Wellington, 1924.

—— The Whare Kohanga (the "Nest House") and Its Lore. *Dominion Museum Bulletin,* no. 13, pp. 1-72. 1929.

BIRKET-SMITH, K. *The Eskimos.* London, 1936.

BISHOP, H. L. A Selection of ŠiRonga Proverbs. *The South African Journal of Science,* vol. XIX. 1922.

BLONDEL, C. *La Conscience morbide.* Paris, 1914.

BLUMENBACH, J. F. Beiträge zur Naturgeschichte. *Anthropological Treatises of J. F. Blumenbach.* London, 1965.

BOAS, F. The Social Organization and the Secret Societies of the Kwakiutl Indians. *Report of the United States National Museum (1895),* pp. 311-738. 1897.

—— The Eskimo of Baffin Land and Hudson Bay. *Bulletin of the American Museum of Natural History,* vol. XV, pt. I, pp. 1-570. 1901.

—— 'Introduction.' Handbook of American Indian Languages. *Bulletin of the Bureau of American Ethnology,* vol. XL (pt. I, 1908), pp. 1-83. 1911.

BODDE, D. Types of Chinese Categorical Thinking. *Journal of the American Oriental Society,* vol. LIX, pp. 200-219. 1939.

BOGORAS, W. The Chukchee. *Memoirs of the American Museum of Natural History,* no. 11, pp. 1-733. 1904-09.

BOSE, J. K. Dual Organization in Assam. *Journal of the Department of Letters, University of Calcutta,* vol. XXV. 1934.

—— Social Organization of the Aimol Kukis. *Journal of the Department of Letters, University of Calcutta,* vol. XXV, pp. 1-9. 1934.

—— The Nokrom System of the Garos of Assam. *Man,* vol. XXXVI, no. 54, pp. 44-46. 1936.

—— Marriage Classes among the Chirus of Assam. *Man,* vol. XXXVII, no. 189, pp. 160-162. 1937.

BRAINARD, P. The Mentality of a Child Compared with that of Apes. *Journal of Genetic Psychology,* vol. XXXVII, pp. 268-293. 1930.

BRAY, D. The Jat of Baluchistan. *Indian Antiquary,* vol. LIV, pp. 30-33. 1925.

BRIFFAULT, R. *The Mothers.* New York, 1927.

BROUGH, J. The Early History of the Gotras. *Journal of the Royal Asiatic Society,* pp. 32-45, 76-90. 1946-47.

BROWN, G. G. Hehe Cross-Cousin Marriage. *Essays Presented to C. G. Seligman,* ed. E. E. EVANS-

Pritchard *et al.* London, 1934.

Buck, P. H. Samoan Material Culture. *Bulletin of the Bernice P. Bishop Museum,* no. 75, pp. 1-724. 1930.

Bühler, G. *Institutes of the Sacred Law. Sacred Books of the East,* ed. F. M. Müller, vol. II. Oxford, 1886-97.

—— *The Laws of Manu. Sacred Books of the East,* ed. F. M. Müller, vol. XXV. Oxford, 1886-97.（『マヌの法典』田辺繁子訳、岩波文庫、1953年）

Bühler, K. L'Onomatopée et la fonction représentative du langage. *Psychologie du Langage,* pp. 101-119. 1933.

—— Langage de l'enfant et évolution. *Journal de psychologie,* vol. XXIII. 1926.

Caillois, R. *L'Homme et le Sacré.* Paris, 1939. [English edtition]*Man and the Sacred.* Glencoe, Ill., 1959.（ロジェ・カイヨワ『人間と聖なるもの』小苅米　訳、せりか書房、1969年）

Capell, A. / Lester, R. H. Local Divisions and Movements in Fiji. *Oceania,* vol. XI, pp. 313-341. 1941.

—— Kinship in Fiji. *Oceania,* vol. XV, pp. 171-200. 1945.

Carpenter, C. R. A Field Study of the Behaviour and Social Relations of Howling Monkeys *(Alouatta palliata). Comparative Psychology Monographs,* vol. X, no. 2. 1934.

—— A Field Study in Siam of the Behaviour and Social Relations of the Gibbon (Hylobates lar). *Comparative Psychology Monographs,* vol. XVI, no. 5. 1940.

—— Sexual Behaviour of Free Range Rhesus Monkeys *(Macaca mulatta). Comparative Psychology Monographs,* vol. XVIII. 1942.

Carrapiett, W. J. S. *The Kachin Tribes of Burma.* Rangoon, 1929.

Cassirer, E. Le Langage et la construction du monde des objets. *Psychologie du Langage,* pp. 18-44, 1933.

—— *An Essay on Man.* New Haven, 1944.（エルンスト・カッシーラー『人間』宮城音弥訳、岩波書店、1953年）

Chamberlain, B. H. *Ko-ji-ki, Records of Ancient Matters.* Transactions of the Asiatic Society of Japan, supplementary vol. X, pp. 1-369. 1932.（『古事記祝詞』、「日本古典文学大系」第1、倉野憲司／武田祐吉校注、岩波書店、1958年）

Chattopadhyay, K. P. Levirate and Kinship in India. *Man,* vol. XXII, no. 25, pp. 36-41. 1922.

Chen, T. S. / Shryock, J. K. Chinese Relationship Terms. *American Anthropologist,* vol. XXXIV, pp. 623-669, 1932.

Clark, E. The Sociological Significance of Ancestor-Worship in Ashanti. *Africa,* vol. III, pp. 431-470, 1930.

Codrington, R. H. *The Melanesians.* Oxford, 1891.

Colbacchini, A. A. / Albisetti, C. *Os Bororós orientais.* São Paulo, 1942.

Cole, F. C. Family, Clan and Phratry in Central Sumatra. *Essays in Anthropology Presented to A. L. Kroeber,* ed. R. H. Lowie. Berkeley, 1936.

Coomaraswamy, A. K. *Saṁvega*: "Aesthetic Shock". *Harvard Journal of Asiatic Studies,* vol. VII, pp. 174-179, 1943.

Cooper, J. M. Incest Prohibitions in Primitive Culture. *Primitive Man,* vol. V, pp. 1-20, 1932.

Cosquin, E. *Études folkloriques.* Paris, 1922.

Couvreur, P. S. *Li Ki.* 2 vols. Paris, 1916.

Creel, H. G. On the Origins of the Manufacture and Decoration of Bronze in the Shang Period. *Monumenta Serica,* vol. I, pp. 46 et seq. 1935-36.

—— Studies in Early Chinese Culture. *American Council of Learned Societies, Studies in Chinese and Related Civilizations,* first series, no. 3. Baltimore, 1937.

—— *The Birth of China.* New York, 1937.

Czaplicka, M. A. *Aboriginal Siberia.* Oxford, 1914.

Dahlberg, G. Inbreeding in Man. *Genetics,* vol. XIV, 421-454. 1929.

—— Inzucht bei Polyhybridität bei Menschen. *Hereditas,* vol. XIV, pp. 83-96. 1930-3l.

—— On Rare Defects in Human Populations with Particular Regard to In-breeding and Isolate Effects. *Proceedings of the Royal Society of Edinburgh,* vol. LVIII, pp. 213-232. 1937-38.

Davenport, W. Nonunilinear Descent and Descent Groups. *American Anthropologist,* vol. LXI, pp. 557-572. 1959.

Davidson, D. S. The Basis of Social Organization in Australia. *American Anthropologist,* vol. XXVIII, pp. 529-548. 1926.

—— The Family Hunting Territory in Australia. *American Anthropologist,* vol. XXX, pp. 614-631. 1928.

—— *The Chronological Aspects of Certain Australian Social Institutions.* Philadelphia, 1928.

—— The Geographical Distribution Theory and Australian Social Culture. *American Anthropologist,* vol. XXXIX, pp, 171-174. 1937.

Davis, H, / Warner, W. L. Structural Analysis of Kinship. *American Anthropologist,* vol. XXXVII, pp. 291-313. 1935.

Davy, D. *La Foi jurée.* Paris, 1922.

Deacon, A. B. The Regulation of Marriage in Ambrym. *Journal of the Royal Anthropological Institute,* vol. LVII, pp. 325-342. 1927.

—— *Malekula: A Vanishing People in the New Hebrides.* London, 1934.

Delay, J. *Les Dissolutions de la mémoire.* Paris, 1942.

Dennis, W. Infant Reaction to Restraint: An Evaluation of Watson's Theory. *Transactions of the New York Academy of Science,* vol. II, pp. 202-218. 1940.

—— Does Culture Appreciably Affect Patterns of Infant Behaviour? *Journal of Social Psychology,* vol. XII, pp. 305-317. 1940.

—— The Socialization of the Hopi Child. *Language, Culture and Personality: Essays in Memory of Edward Sapir,* ed. L. Spier *et al.* Menasha, 1941.

Der sexuelle Anteil an der Theologie der Mormonen. *Imago,* vol. III. 1914.

Deshaies, L. La Notion de relation chez l'enfant. *Journal de psychologie,* vol. XXXIV, pp. 112-133. 1937.

Devereux, G. The Social and Cultural Implications of Incest among the Mohave Indians. *Psychoanalytic Quarterly,* vol. VIII, pp. 510-533. 1939.

Diderot, D. *Le Neveu de Rameau. Œuvres.* Paris, 1935. （ドゥニ・ディドロ『ラモーの甥』小場瀬卓三訳、角川文庫、1966年）

Doke, C. M. Social Control among the Lambas. *Bantu Studies,* vol. II, no. 1. 1923.

Drower, E. S. *The Mandaeans of Iraq and Iran.* Oxford, 1937.

Dubois, H. M. Monographie des Betsileo. *Travaux et mémoires de l'Institut d'Ethnologie,* vol. XXXIV, pp. 1-510. 1939.

Dumézil, G. Le Festin d'immortalité. *Annales du Musée Guimet, Bibliothèque d'Études,* vol. XXXIV. 1924.

—— La Préhistoire iranienne des castes. *Journal asiatique,* vol. CCXVI, pp. 109-130. 1930.

—— *Naissance d'archanges.* Paris, 1945.

Durkheim, D. La Prohibition de l'inceste et ses origines. *Année sociologique,* vol. I, pp. 1-70. 1898. （エミール・デュルケーム〔デュルケム〕「近親婚の禁忌とその起源」、『デュルケーム家族論集』所収、小関藤一郎編訳、川島書店、1972年）

—— *Les Fromes élémentaire de la vie religieuse, la système totémique en Australie.* Paris, 1912. （『宗教生活の原初形態』全2冊、古野清人訳、岩波文庫、1975年）

Dutt, R. C. *The Mahābhārata and Rāmāyana.* London, 1917.

East, E. M. *Heredity and Human Affairs,* New York, 1938.

Eggan, F. Historical Change in the Choctaw Kinship System. *American Anthropologist,* vol. XXIX, pp. 34-52. 1937.

Eiselen, W. Preferential Marriage : Correlation of the Various Modes among the Bantu Tribes of the Union of South Africa. *Africa,* vol. I, pp. 413-428. 1928.

Elkin, A. P. The Kopara. The Settlement of Grievances. *Oceania,* vol. II, pp. 191-198. 1931.

—— Social Organization in the Kimberley Division, North-Western Australia. *Oceania,* vol. II, pp. 296-333. 1931.

—— The Social Organization of South Australian Tribes. *Oceania,* vol. II, pp. 44-73. 1931.

—— The Dieri Kinship System. *Journal of the Royal Anthropological Institute,* vol. LXI, pp. 493-498. 1931.

—— Marriage and Descent in East Arnhem Land. *Oceania,* vol. III, pp. 412-415. 1933.

—— Anthropology and the Future of the Australian Aborigines. *Oceania,* vol. V, pp, 1-18. 1934.

—— *Studies in Australian Totemism.* Oceania Monograph, no. 2. Sydney. 1937.

—— Review of W. Lloyd Warner, *A Black Civilization. Oceania,* vol. VIII, pp. 119-120. 1937.

—— Sections and Kinship in Some Desert Tribes of Australia. *Man,* vol. XL, pp. 21-24 1940.

—— *Kinship in South Australia.* Sydney, 1940.

—— Native Languages and the Field Worker in Australia. *American Anthropologist,* vol. XLIII, pp. 89-94. 1941.

—— Murngin Kinship System Re-examined and Remarks on Some Generalizations. *American Anthropologist,* vol. LV, pp. 412-419. 1953.

Ellis, H. *Sexual Selection in Man.* Philadelphia, 1906.

Ellis, T. P. *Welsh Tribal Law and Custom in the Middle Ages.* 2 vols. Oxford, 1926.

Elwin, V. A note on the Theory of Symbolism of Dreams among the Baiga. *British Journal of*

Medical Psychology, vol. XVI, pp. 237-254. 1939.
—— *The Muria and their Ghotul.* Oxford, 1947.
Emeneau, M. B. Toda Marriage Regulations and Taboos. *American Anthropologist,* vol. XXXIX, pp. 103-112. 1937.
—— Kinship and Marriage among the Coorgs. *Journal of the Royal Asiatic Society of Bengal* (Letters), vol. IV, pp. 123-147. 1938.
—— Was There Cross-Cousin Marriage among the Śākyas? *Journal of the American Oriental Society,* vol. LIX, pp. 220-226. 1939.
—— Language and Social Forms : A Study of Toda Kinship Terms and Dual Descent. *Language, Culture and Personality: Essays in Memory of Edward Sapir,* ed. L. Spier *et al.* Menasha, 1941.
Engels, F. *Dialectic of Nature.* New York, 1940.（フリードリヒ・エンゲルス『自然の弁証法』上・下巻、田辺振太郎訳、岩波文庫、1956 ～ 57 年）
Evambi, R. K. The Marriage Customs of the Ovimbundu. *Africa,* vol. XI, pp. 342-348. 1938.
Evans, I. H. N. *Studies in Religion, Folklore, and Customs in British North Borneo and the Malay Peninsula.* Cambridge, 1923.
—— *The Negritos of Malaya.* Cambridge, 1937.
Evans-Pritchard, E. E. Exogamous Rules among the Nuer. *Man,* vol. XXXV, no. 7, p. 11. 1935.
—— *The Nuer.* Oxford, 1940.（E・E・エヴァンズ＝プリチャード『ヌアー族』向井元子訳、平凡社ライブラリー、1997 年）

Fei, H. T. The Problem of the Chinese Relationship System. *Monumenta Serica,* vol. II, pp. 125-148. 1936-37.
—— Review of H. Y. Feng, *The Chinese Kinship System. Man,* vol. XXXVIII, no. 153, p. 135. 1938.
—— *Peasant Life in China.* London, 1939.（費孝通『支那の農民生活』仙波泰雄／塩谷安夫訳、生活社、1939 年）
Feng, H. Y. Teknonymy as a Formative Factor in the Chinese Kinship System. *American Anthropologist,* vol. XXXVIII, pp. 59-66. 1936.
—— The Chinese Kinship System. *Harvard Journal of Asiatic Studies,* vol. II, pp. 141-275. 1937.
Fenichel, O. *The Psychoanalytical Theory of Neurosis.* New York, 1945.
Ferris, G. S. *Sanichar, the Wolf-Boy of India.* New York, 1902.
Filippi, F. de. *An Account of Tibet, The Travels of Ippolito Desideri of Pistoia, S.J.,* 1712-1727. London, 1932.
Firth, R. *Primitive Economics of the New Zealand Maori.* New York, 1929.
—— Marriage and the Classificatory System of Relationship. *Journal of the Royal Anthropological Institute,* vol. LX, pp. 235-268. 1930.
—— *We, the Tikopia.* London, 1936.
—— *Primitive Polynesian Economy.* London, 1939.
Flinders-Petrie, W. M. *Social Life in Ancient Egypt.* London, 1923.
Foley, J. P. Jr. The “Baboon-boy” of South Africa. *American Journal of Psychology,* vol. LIII, pp. 128-133. 1940.

FORD, J. *'Tis Pity She's a Whore.* London, 1888.（ジョン・フォード『あわれ彼女は娼婦・心破れて』〔「エリザベス朝演劇集」5〕所収、小田島雄志訳、白水社、1995 年）

FORDE, C. D. Kinship in Umor - Double Unilateral Organization in a Semi- Bantu Society. *American Anthropologist,* vol. XLI, pp. 523- 553. 1939.

—— Government in Umor : A Study of Social Change and Problems in a Nigerian Village Community. *Africa,* vol. XII, pp. 129- 161. 1939.

—— *Marriage and the Family among the Yakö in S. E. Nigeria.* London School of Economics Monographs in Social Anthropology, no. 5. 1941.

FORTUNE, R. F. *Sorcerers of Dobu.* London, 1932.

—— Incest. *The Encyclopedia of the Social Sciences.* New York, 1935.

—— Introduction to Yao Culture.^Yao Society : A Study of a Group of Primitives in China.' *Lingan Science Journal,* vol. XVIII, pp. 343- 355. 1939.

FRAZER, J. G. *Folklore in the Old Testament.* 3 vols. London, 1919.（J・G・フレイザー『旧約聖書のフォークロア』江河徹ほか訳、太陽社、1976 年）

FREUD, S. Civilization and its Discontents. London, 1930.

—— Infantile Sexuality, in *Three Contributions to the Theory of Sex.* New York, 1938.（ジグムント・フロイド〔フロイト〕「小児の性欲」『フロイド選集（改訂版）第 5 巻　性欲論』所収、懸田克躬訳、日本教文社、1974 年）

—— *Totem and Taboo.* London, 1950.（「トーテムとタブー」西田越郎訳「フロイト著作集」第 3 所収、人文書院、1969 年）

—— *Inhibitions, Symptoms and Anxiety.* London, 1949.（「制止・症状・不安」『フロイド選集（改訂版）第 10 巻　不安の問題』所収、加藤正明訳、日本教文社、1974 年）

GAYTON, A. H. Yokuts and Western Mono Social Organization. *American Anthropologist,* vol. XLVII, pp. 409- 426. 1945.

GESELL, A. *Wolf- Child and Human Child.* New York, 1940.

GIFFORD, E. W. Miwok Moieties. *University of California Publications in American Archaeology and Ethnology,* vol. XII, pp. 130- 194. 1916.

—— California Kinship Terminologies. *University of California Publications in American Archaeology and Ethnology*, vol. XVIII. 1922.

—— Miwok Lineages and the Political Unit in Aboriginal California. *American Anthropologist,* vol. XXVIII, pp. 389- 401. 1926.

—— Miwok Lineages. *American Anthropologist,* vol. XLVI, pp. 376- 381. 1944.

GILHODES, C. Mariage et condition de la femme chez les Katchin, Birmanie. *Anthropos*, vol. VIII, pp. 363- 375. 1913.

—— *The Kachins: Religion and Customs.* Calcutta, 1922.

GODDEN, G. M. Naga and Other Frontier Tribes of North- East India. *Journal of the Royal Anthropological Institute,* vol. XXVI, pp. 161- 201. 1896.

—— Naga and Other Frontier Tribes of North- East India. Contd. *Journal of the Royal Anthropological Institute,* vol. XXVII, pp. 22- 51. 1897.

GOLDENWEISER, A. A. Remarks on the Social Organization of the Crow Indians. *American*

Anthropologist, vol. XV, pp. 281-294. 1913.

GOODENOUGH, W. A Problem in Malayo-Polynesian Social Organization, *American Anthropologist,* vol. LVII, pp. 71-83. 1955.

GRANET, M. *Fetes et chansons anciennes de la Chine.* Paris, 1919.（マルセル・グラネ『中国古代の祭礼と歌謡』内田智雄訳、東洋文庫、平凡社、1989 年）

—— *La Polygnie sororale et le Sororat dans la Chine féodale.* Paris, 1920.

—— *Danses et légendes de la Chine ancienne.* 2 vols. Paris, 1926.（『中国古代の舞踏と伝説』明神洋訳、せりか書房、1997 年）

—— *La Civilisation chinoise.* Paris, 1929. [English edition] *Chinese Civilization.* London, 1930.

—— Catégories matrimoniales et relations de proximité dans la Chine ancienne. *Annales sociologiques,* série B, fasc. 1-3. Paris, 1939.（『古代中国における結婚のカテゴリーと近親関係』谷田孝之訳、渓水社、1993 年）

GRIAULE, M. Jeux Dogons. *Travaux et Mémoires de l'Institut d'Ethnologie,* vol. XXXII, pp. 1-290. 1938.

CRIGSON, W. *The Maria Gonds of Bastar.* Oxford, 1938.

GUILLAUME, P. Le Développment des éléments formels dans le langage de l'enfant. *Journal de psychologie,* vol. XXIV, pp. 203-229. 1927.

—— Recherches sur l'usage de l'instrument chez les singes. *Journal de psychologie,* vol. XXVIII, pp. 481-555. 1931 .

—— Recherches sur l'usage de l'instrument chez les singes. *Journal de psychologie,* vol. XXXI, pp. 497-554. 1934.

—— Recherches sur l'usage de I'instrument chez les singes. *Journal de psychologie,* vol. XXXIV, pp. 425-448. 1938.

—— / MEYERSON, J. Quelques recherches sur l'intelligence des singes. *Journal de psychologie,* vol. XXVII, pp. 92-97. 1930.

GURDON, P. R. T. *Some Assamese Proverbs.* Shillong, 1896.

—— *The Khasis.* London, 1914.

GUSINDE, M. *Die Feuerland-Indianer.* Vienna, 1931.

HAECKEL, J. Clan Reziprozität und Clan-Antagonismus in Rhodesia und deren Bedeutung für das Problem des Zweiklassensystems. *Anthropos,* vol. XXX, supplement, pp. 654ff. 1938.

HALDANE, J. B. S. *Heredity and Politics.* London, 1938.

HALPERN, A. M. Yuma Kinship Terms. *American Anthropologist,* vol. XLIV, pp. 425-441. 1942.

HANSON, O. *A Grammar of the Kachin Language.* Rangoon, 1896.

—— *The Kachins: Their Customs and Traditions.* Rangoon, 1913.

HART, C. W. M. The Tiwi of Melville and Bathurst Islands. *Oceania,* vol. I, pp, 167-180. 1930.

—— Personal Names among the Tiwi. *Oceania,* vol. I, pp. 280-290. 1930.

HEAD, W. R. *Handbook of the Haka Chin Customs.* Rangoon, 1917.

HELD, G. J. *The Mahābhārata: An Ethnological Study.* Amsterdam, 1935.

HENRY, J. Review of C. Nimuendajú, *The Apinayé. American Anthropologist,* vol. XLII, pp. 337-338. 1940.

HERSKOVITS, M. J. The Social Organization of the Bush-Negroes of Surinam. *Proceedings of the XXIII International Congress of Americanists,* pp. 713-727. 1928.

—— The Ashanti ntoro: A Re-examination. *Journal of the Royal Anthropological Institute,* vol. LXVII, pp. 287-296. 1937.

HERTZ, H. F. *A Practical Handbook of the Kachin or Chingpaw Language etc. with an Appendix on Kachin Customs, Laws and Religion.* Rangoon, 1915.

HOCART, A. M. Buddha and Devadatta. *Indian Antiquary,* vol. LII, pp. 267-272. 1923.

—— Maternal Relations in India Ritual. *Man,* vol. XXIV, no. 76, pp. 103-104. 1924.

—— The Indo-European Kinship System. *Ceylon Journal of Science* (Section G), vol. I, part 4, pp. 179-204. 1928.

—— Lau Islands, Fiji. *Bulletin of the Bernice P. Bishop Museum,* vol. LXII, pp. 1-240. Honolulu, 1929.

—— *The Progress of Man.* London, 1933.

—— Covenants. *Man,* vol. XXXV, no. 164, pp. 149-151. 1935.

—— Kinship Systems. *Anthropos,* vol. XXXII, pp. 345-351. 1937.

—— Les Castes. *Annales du Museé Guimet.* Bibliothèque de vulgarisation, vol. LIV, pp. 1-274. 1938.

HODSON, T. C. *The Primitive Culture of India.* Royal Asiatic Society, James G. Forlong Fund, vol. I. London, 1922.

—— *The Naga Tribes of Manipur.* London, 1923.

—— Notes on the Marriage of Cousins in India. *Man in India,* vol. V, pp. 163-175. 1925.

—— *Aspects of the Census of India,* 1931. Congrès International des Sciences Anthropologiques et Ethnographiques. London, 1934.

HOERNLÉ, A. W. The Social Organization of the Nama Hottentots of South-west Africa. *American Anthropologist,* vol. XXVII, pp. 1-24. 1925.

—— The Importance of Sib in the Marriage Ceremonies of the South-western Bantu. *South African Journal of Science,* vol. XXV, pp. 481-492. 1925.

HOGBEN, L. T. *Genetic Principles in Medicine and Social Science.* London, 1931.

—— *Nature and Nurture.* New York, 1933.

HOGBIN, H. I. The Sexual Life of the Natives of Ontong Java (Solomon Islands). *Journal of the Polynesian Society,* vol. XL, pp. 23-34. 1931.

—— Tribal Ceremonies at Ontong Java (Solomon Islands). *Journal of the Royal Anthropological Institute,* vol. LXI, pp. 27-55. 1931.

—— Polynesian Ceremonial Gift Exchange. *Oceania,* vol. III, pp. 13-39. 1932.

—— Native Culture in Wogeo : Report of Field Work in New Guinea. *Oceania,* vol. V, pp. 308-337. 1935.

—— The Hill People of North-Eastern Guadalcanal. *Oceania,* vol. VIII, pp. 62-89. 1937.

HOSE, C. / MCDOUGALL, W. *The Pagan Tribes of Borneo.* 2 vols. London, 1912.

HOWITT, A. W. On the Organization of Australian Tribes. *Transactions of the Royal Societies of Victoria,* 1885.

—— Australian Group-Relationships. *Journal of the Anthropological Institute,* vol. XXXVII, pp.279-

289. 1907.

Hsu, F. L. K. Review of M. Granet, Catégories Matrimoniales et relations de proximité dans la Chine ancienne. *Man,* vol. XL, no. 183, pp. 157-158. 1940.

—— The Problem of Incest Tabu in a North China Village. *American Anthropologist,* vol. XLII, pp. 122-135. 1940.

—— Concerning the Question of Matrimonial Categories and Kinship Relationship in Ancient China. *T'ien Hsia Monthly,* vol. XI, pp. 242-269, 353-362. 1940-41.

—— The Differential Function of Relationship Terms. *American Anthropologist,* vol. XLIV, pp. 748-756. 1942.

—— Observations on Cross-Cousin Marriage in China. *American Anthropologist,* vol. XLVII, pp. 83-103, 1945.

Hudson, A. E. Kazak Social Structure. *Yale University Publications in Anthropology,* no. 20, pp. 1-109. 1938.

Hume, D. Of the Dignity of Human Nature. *Essays, Moral, Political and Literary, in David Hume: Philosophical Works,* ed. T. H. Green and T. H. Grose, Vol. III. London, 1886.

Hutton, J. H. *The Sema Nagas,* London, 1921.

—— *The Angami Nagas.* London, 1921.

—— *Caste in India.* Cambridge, 1946.

Isaacs, S. *Intellectual Growth in Young Children.* London, 1930.（スーザン・アイザックス『幼児の知的発達』椨瑞希子訳、明治図書出版、1989 年）

—— *Social Development in Young Children.* London, 1933.

Itard, J. E. *Rapports et mémoires sur le sauvage d'Aveyron etc.* Paris, 1894. [English edition] *The Wild Boy of Aveyron.* New York, 1962.（J・E・イタール『アヴェロンの野生児』古武弥正訳、福村出版、1975 年）

Jakobson, R. Observations sur le classement phonologique des consonnes. *Proceedings of the Third International Congress of Phonetic Sciences,* pp. 34-41. 1938.

—— *Kindersprache, Aphasie und allgemeine Lautgesetze.* Uppsala, 1941.

Jennings, H. S. *Genetics.* New York, 1935.

—— The Transition from the Individual to the Social Level. *Levels of Integration in Biological and Social Systems. Biological Symposia,* vol. VIII. 1942.

Jochelson, W. *Contes aléoutes,* ed. R. Jakobson. nos. 34-35. MS. in New York Public Library. n.d.

—— *Aleutian Ethnographical and Linguistic Material.* MS. in New York Public Library. n.d.

—— The Koryak. *Memoirs of the American Museum of Natural History,* no. 10, pp. 1-811. 1908.

—— The Yukaghir and the Yukaghirized Tungus. *Memoirs of the American Museum of Natural History,* no. 13, 1-454. 1910-26.

—— *History, Ethnology and Anthropology of the Aleut.* Publications of the Carnegie Institution of Washingon, no. 432. 1933.

Johnson, C. S. *Patterns of Negro Segregation.* New York, 1943.

Josselin de Jong, J. P. B. de. *Lévi-Strauss's Theory on Kinship and Marriage.* Mededelingen van het

Rijksmuseum voor Volkenkunde, no. 10. Leiden, 1952. （J・P・B・デ＝ヨセリン＝デ＝ヨング「親族と婚姻についてのレヴィ＝ストロースの理論」、P・E・デ＝ヨセリン＝デ＝ヨングほか『オランダ構造人類学』所収、宮崎恒二／遠藤央／郷太郎編訳、せりか書房、1987年）

JUNOD, H. A. *Mœurs et coutumes des Bantous.* 2 vols. Paris, 1936. [English edition] *The Life of a South African Tribe.* 2 vols. New York, 1962.

KABERRY, P. M. The Abelam Tribe, Sepik District, New Guinea. A Preliminary Report. *Oceania,* vol. XI, pp. 233-257; 345-367. 1941.

—— Law and Political Organization in the Abelam Tribe, New Guinea. *Oceania,* vol. XII, pp. 209-225, 331-363. 1942.

KAPADIA, K. M. *Hindu Kinship.* Bombay, 1947.

KARANDIKAR, S. V. *Hindu Exogamy.* Bombay, 1929.

KELLOGG, W. N. More about the "Wolf-Children" of India. *American Journal of Psychology,* vol. XLIII, pp. 508-509. 1931.

—— A further Note on the "Wolf-Children" of India. *American Journal of Psychology,* vol. XLVI, pp. 149-150. 1934.

KENNEDY, R. A Survey of Indonesian Civilization. *Studies in the Science of Society Presented to A. G. Keller,* ed. G. P. MURDOCK. New Haven, 1937.

—— The "Kulturkreislehre" Moves into Indonesia. *American Anthropologist,* vol. XLI, pp. 163-169. 1939.

KIRCHHOFF, P. Verwandtschaftsbezeichnungen und Verwandtenheirat. *Zeitschrift für Ethnologie,* vol. LXIV, pp. 41-70. 1932.

KLEIN, M. *The Psychoanalysis of Children.* London, 1932. （メラニー・クライン「児童の精神分析」「メラニー・クライン著作集」第 2、小此木啓吾／岩崎徹也編訳、誠信書房、1997 年）

KLUCKHOHN, C. Theoretical Bases for an Empirical Method of Studying the Acquisition of Culture by Individuals. *Man,* vol. XXXIX, no. 89, pp. 98-103. 1939.

—— The Personal Document in Anthropological Science. *The Use of Personal Documents in History, Anthropology and Sociology.* Social Science Research Council Bulletin, no. 53. 1945.

KÖHLER, W. *The Mentality of Apes.* New York, 1928.（W・ケーラー『類人猿の知恵試験』宮孝一訳、岩波書店、1962 年）

—— La Perception humaine. *Journal de psychologie,* vol. XXVII, pp. 5-30. 1930.

—— Psychological Remarks on Some Questions of Anthropology. *American Journal of Psychology,* vol. I, pp. 271-288. 1937.

KOHTS, N. Recherches sur l'intelligence du chimpanzé par la méthode du "choix d'après modèle". *Journal de psychologie,* vol. XXV, pp. 255-275. 1928.

—— Les Habitudes motrices adaptatives du singe inférieur. *Journal de psychologie,* vol. XXVII, pp. 412-447. 1930.

—— La Conduite du petit du chimpanzé et de l'enfant de l'homme. *Journal de psychologie,* vol. XXXIV, pp. 494-531. 1937.

KOPPERS, W. India and the Dual Organization. *Acta Tropica,* vol. I, pp. 72-92, 97-119. 1944.

Kowalewsky, M. *Tableau des origines et de l'évolution de la famille et de la propriété.* Stockholm, 1890.

—— Marriage among the Early Slavs. *Folklore,* vol. I, pp. 463-480. 1890.

—— La Famille matriarcale au Caucase. *L'Anthropologie,* vol. IV, pp. 259-278. 1893.

Krasheninnikoff, S. P. *Description of the Land Kamchatka.* 2 vols. St. Petersburg, 1819.

Kreezer, G. / Dallenbach, K. M. Learning the Relation of Opposition. *American Journal of Psychology,* vol. XLI, pp. 432-441. 1929.

Kroeber, A. L. California Kinship Systems. *University of California Publications in American Archaeology and Ethnology,* vol. XII, pp. 339-396. 1917.

—— *Handbook of the Indians of California.* Bulletin of the Bureau of American Ethnology, no. 78, pp. 1-941. 1925.

—— Process in the Chinese Kinship System. *American Anthropologist,* vol. XXXV, pp. 151-157. 1933.

—— Basic and Secondary Patterns of Social Structure. *Journal of the Royal Anthropological Institute,* vol. LXVIII, pp. 299-310. 1938.

—— Totem and Taboo in Retrospect. *American Journal of Sociology,* vol. XLV, pp. 446-451. 1939.

—— Stepdaughter Marriage. *American Anthropologist,* vol. XLII, pp. 562-570. 1940.

—— The Societies of Man. *Levels of Integration in Biological and Social Systems. Biological Symposia,* vol. VIII. 1942.

—— / Waterman, T. T. Yurok Marriages. *Publications in American Archaeology and Ethnology,* vol. XXV, pp. 1-14. University of California, 1934.

Kruse, A. Mundurucu Moieties. *Primitive Man,* vol. VII, pp. 40-47. 1934.

Kulp, D. H. *Country Life in South China.* New York, 1925.（D・H・カルプ『南支那の村落生活』喜多野精一／及川宏訳、生活社、1940年）

Kyriakos, M. Fiançailles et mariage à Mossoul. *Anthropos,* vol. VI, pp. 774-784. 1911.

Labouret, H. Les Tribus du Rameau Lobi. *Travaux et mémoires de l'Institut d'Ethnologie,* vol. XV. 1931.

Lane, B. S. Structural Contrasts between Symmetric and Asymmetric Marriage Systems : A Fallacy. *Southwestern Journal of Anthropology,* vol. XVII, pp. 49-55. 1961.

Lanman, C. R. Hindu Law and Custom as to Gifts. *Anniversary Papers by Colleagues and Pupils of George Lyman Kittredge.* Boston, 1913.

Lattimore, O. The Gold Tribe : "Fishskin Tatars" of the Lower Sungari. *Memoirs of the American Anthropological Association,* no. 40, pp. 1-77. 1933.

Lawrence, W. E. Alternating Generations in Australia. *Studies in the Science of Society Presented to A. G. Keller,* ed. G. P. Murdock. New Haven, 1937.

Leach, E. *Political Systems of Highland Burma.* London, 1954.（エドマンド・リーチ『高地ビルマの政治体系』関本照夫訳、弘文堂、1987年）

—— Aspects of Bride Wealth and Marriage Stability among the Katchin and Lakher. *Man,* vol. 57, No. 59. 1957.〔『人類学再考』に再録〕

—— *Rethinking Anthropology.* London School of Economics Monographs on Social Anthropology,

no. 22. London, 1961.（『人類学再考』青木保／井上兼行訳、思索社、1974 年）
—— Asymmetric Marriage Rules, Status Difference, and Direct Reciprocity: Comments on an Alleged Fallacy. *Southwestern Journal of Anthropology,* vol. XVII, pp. 343-350. 1961.
—— Claude Lévi-Strauss: Anthropologist and Philosopher. *New Left Review,* No. 34, p. 20, 1965.
LEE, D. D. The Place of Kinship Terms in Wintu Speech. *American Anthropologist,* vol. XLII, pp. 604-616, 1940.
LEENHARDT, M. Notes d'ethnologie néo-calédonniene. *Travaux et mémoires de l'Institut d'Ethnologie,* vol. VIII. 1930.
—— Ethnologie de la parole. *Cahiers Internationaux de Sociologie,* vol. I. 1946.
LEHMAN, F. K. The Structure of Chin Society. *Illinois Studies in Anthropology,* No. 3, 1963.
LEIGHTON, D. / KLUCKHOHN, C. *Children of the People.* Cambridge, 1948.
LÉVI-STRAUSS, C. Contributions à l'étude de l'organization sociale des Indiens Bororo. *Journal de la Société des Américanistes de Paris,* vol. XXVIII, pp. 269-304. 1936.
—— Guerre et commerce chez les Indiens de l'Amérique du Sud. *Renaissance,* vol. I, pp. 122-139. 1943.
—— The Social Use of Kinship Terms among Brazilian Indians. *American Anthropologist,* vol. XLV, pp. 398-409. 1943.
—— The Social and Psychological Aspects of Chieftainship in a Primitive Tribe : The Nambikwara of Western Mato Grosso. *Transactions of the New York Academy of Sciences,* series 2, vol. VII, pp. 16-32. 1944.
—— L'Analyse structurale en linguistique et en anthropologie. *Word,* vol. I, pp. 33-53. 1945.
—— Le Dédoublement de la Représentation dans les Arts de l'Asie et de l'Amérique. *Renaissance,* vol. III, pp. 33-53. 1945.
—— *La Vie familiale et sociale des Indiens Nambikwara.* Paris, 1945.
—— The Tupí-Cawahíb. *Handbook of South American Indians,* ed. J. STEWARD, vol. III. Bureau of American Ethnology. Washington, D.C., 1948.
—— The Tribes of the Xingu. *Handbook of South American Indians,* ed. J. STEWARD, vol. III. Bureau
of American Ethnology. Washington, D.C., 1948.
—— *Anthropologie structurale.* Paris, 1958. （『構造人類学』田島節夫ほか訳、みすず書房、1972 年）
—— The Future of Kinship Studies. The Huxley Memorial Lecture 1956. *Proceedings of the Royal Anthropological Institute,* 1965.
—— *La Pensée sauvage.* Paris, 1962. [English edition] *The Savage Mind.* London, 1966. （『野生の思考』大橋保夫訳、みすず書房、1976 年）
LÉVY-BRUHL, L. *Le Surnaturel et la nature dans la mentalité primitive.* Paris, 1931.
—— *La Mythologie primitive.* Paris, 1935.（リュシアン・レヴィ＝ブリュル『原始神話学』古野清人訳、弘文堂、1970 年）
LIN, Y. H. The Kinship System of the Lolo. *Harvard Journal of Asiatic Studies,* vol. IX, pp. 81-100. 1946.
LINTON, R. Marquesan Culture. *The Individual and His Society,* ed. A. KARDINER. New York, 1945.

Loeb, E. M. Patrilineal and Matrilineal Organization in Sumatra : The Batak and the Minangkabau. *American Anthropologist,* vol. XXXV, pp. 16-50. 1933.

—— / Toffelmier, G. Kin Marriage and Exogamy. *Journal of General Psychology,* vol. XX, pp. 181-228. 1939.

Lounsbury, F. G. Review of Structure and Sentiment. *American Anthropologist,* vol. LXIV, pp. 1302-1310, 1962.

Lowie, R. H. Exogamy and the Classificatory, System of Relationships. *American Anthropologist,* vol. XVII, pp. 223-239. 1915.

—— The Matrilineal Complex. *University of California Publications in American Archaeology and Ethnology,* vol. XVI, pp. 29-45. 1919.

—— Review of W. J. Perry, *The Children of the Sun. American Anthropologist,* vol. XXVI, pp. 86-90. 1924.

—— Some Moot Problems in Social Organization. *American Anthropologist,* vol. XXXVI, pp. 321-330. 1934.

—— *Traité de sociologie primitive.* French translation, E. Métraux. Paris, 1935.

—— American Culture History. *American Anthropologist,* vol. XLII, pp. 409-428. 1940.

—— *Primitive Society.* New York, 1961. （ロバート・H・ローウィ『原始社会』河村只雄ほか訳、未来社、1979 年）

Lubbock, J. *The Origin of Civilization and the Primitive Condition of Man.* London, 1870.

—— *Marriage, Totemism and Religion.* London, 1911.

Lumley, F. E. Indo-Aryan Society. *Studies in the Science of Society Presented to A. G. Keller,* ed. G. P. Murdock. New Haven, 1937.

Luria, A. R. The second Psychological Expedition to Central Asia. *Journal of Genetic Psychology,* vol. XLIV. 1934.

Luttig, H. G. *The Religious System and Social Organization of the Herero.* Utrecht, 1934.

Lyons, A. P. Paternity Beliefs and Customs in Western Papua. *Man,* vol. XXIV, no. 44, pp. 58-59. 1924.

McConnel, U. Social Organization of the Tribes of Cape York Peninsula, North Queensland. *Oceania,* vol. X, pp. 54-72, 434-455. 1940.

McGraw, M. B. *The Neuromuscular Maturation of the Human Infant.* New York, 1944.

McLennan, J. F. *Primitive Marriage.* Edinburgh, 1865.

—— *An Inquiry into the Origine of Exogamy.* London, 1896.

Maine, H. J. S. *Dissertations on Early Law and Custom.* New York, 1886.

Malinowski, B. *Sex and Repression in Savage Society.* London, 1927.（ブロニスラフ・マリノフスキー『未開社会における性と抑圧』阿部年晴／真崎義博訳、社会思想社、1972 年）

—— *The Sexual Life of Savages.* London, 1929.（『未開人の性生活』泉靖一／蒲生正男／島澄訳、新泉社、1971 年）

—— Introduction to H. I. Hogbin, *Law and Order in Polynesia.* London, 1934.（『未開社会における犯罪と慣習』青山道夫訳、ぺりかん社、1967 年）

Malson, L. *Les Enfants sauvages.* Union générale d'Edition, coll. 10/18. Paris, 1964.（ルシアン・

マルソン『野生児』中野善達／南直樹訳、福村出版、1977 年）

MAN, E. H. *On the Aboriginal Inhabitants of the Andaman Islands.* London, n.d. [1885.]

MASLOW, A. H. Comparative Behaviour in Primates, VI : Food Preferences of Primates. *Journal of Comparative Psychology,* vol. XVI, pp. 187-197. 1933.

MASPERO, G. *Contes populaires de l'Égypte ancienne.* Paris, 1889.

MASPERO, H. *La Chine antique.* Paris, 1927.

MAUSS, M. Essai sur le don : Forme et raison de l'échange dans les sociétés archaïques. *Année sociologique,* n.s., vol. I, pp. 30-186. 1925.（マルセル・モース「贈与論」、『社会学と人類学 I』有地亨ほか訳、弘文堂、1973 年、所収）

MAYBURY-LEWIS, D. H. P. Parallel Descent and the Apinayé Anomally. *Southwestern Journal of Anthropology,* vol. XVI, pp. 191-216. 1960.

MAZAHERI, A. A. *La Famille iranienne aux temps anté-islamiques.* Paris, 1938.

MEAD, M. The Social Organization of Manua. *Bulletin of the Bernice P. Bishop Museum,* no. 76, pp. 1-218. 1930.

—— *Sex and Temperament in Three Primitive Societies.* New York, 1935.

—— A Twi Relationship System. *Journal of the Royal Anthropological Institute,* vol. LXVII, pp. 297-304. 1937.

MEANS, P. A. *Ancient Civilizations of the Andes.* New York, 1931 .

MÉTRAUX, A. The Ethnology of Easter Island. *Bulletin of the Bernice P. Bishop Museum,* no. 160. pp. 1-432. 1940.

—— *L'Ile de Pâques.* Paris, 1941.

—— La Vie sociale de L'Ile de Paques. *Anales del Instituto de Etnografia Americana,* Universidad Nacional de Cuyo. 1942.

MILLER, G. S. The Primate Basis of Human Sexual Behaviour. *Quarterly Review of Biology,* vol. VI, pp. 379-410. 1931.

MILLS, J. P. *The Lhota Nagas.* London, 1922.

—— *The Ao Nagas.* London, 1926.

—— *The Rengma Nagas.* London, 1937.

MOLINA, C. DE. An Account of the Fables and Rites of the Yncas. *Narratives of the Rites and Laws of the Incas,* ed. C. R. MARKHAM. London, 1873.

MONTAIGNE, M. DE. *Essais.* 2 vols. Paris, 1962.（ミシェル・ド・モンテーニュ『エセー』全 6 巻、原二郎訳、岩波文庫、1965 〜 67 年）

MOOKERJI, R. K. The Nokrom System of the Garos of Assam. *Man,* vol. XXXIX, no. 167, p. 168. 1939.

MORGAN, L. H. *Systems of Consanguinity and Affinity of the Human Family.* Smithsonian Contributions to Knowledge, vol. XVII, no. 218. Washington, 1871.

MULLER, H. F. A Chronological Note on the Physiological Explanation of the Prohibition of Incest.' *Journal of Religious Psychology,* vol. VI, pp. 294-295. 1931.

MURDOCK, G. P. Rank and Potlatch among the Haida. *Yale University Publications in Anthropology,* no. 13, pp. 3-20. 1936.

—— Double Descent. *American Anthropologist,* vol. LX, pp. 555-561. 1942.

—— Correlations of Matrilineal and Patrilineal Institutions, *Studies in the Science of Society Presented to A. G. Keller,* ed. G. P MURDOCK. New Haven, 1937.

—— Cognatic Forms of Social Organization. *Social Structure in South- East Asia.* Viking Fund Publications in Anthropology, no. 29. 1960.

MURRAY, M. A. Marriage in Ancient Egypt. *Congrès international des sciences anthropologiques, Comptes rendus.* London, 1934.

NEEDHAM, R. A Structural Analysis of Purum Society. *American Anthropologist,* vol. LX, pp. 75-101. 1958.

—— The Formal Analysis of Prescriptive Cross- Cousin Marriage. *Southwestern Journal of Anthroplogy,* vol. XVI, No. 2, pp. 199- 219. 1958.

—— Patrilateral Prescriptive Alliance and The Ungarinyin. *Southwestern Journal of Anthropology,* vol. XVI, pp. 274- 291. 1960.

—— A Structural Analysis of Aimol Society. *Bijdragen tot de Taal- , Land- en Volkenkunde,* vol. 116, pp. 81- l08. 1960.

—— Notes on the Analysis of Asymmetric Alliance. *Bijdragen tot de Taal- , Land- en Volkenkunde,* vol. 117, pp. 93- 117. 1961.

NELSON, E. W. The Eskimo about Bering Strait. *Annual Report, Bureau of American Ethnology,* vol. XVIII, pp. 3- 418. 1896- 97.

NESFIELD, J. C. *Brief View of the Caste System of the Northwestern Provinces and Oudh.* Allahabad, 1885.

NIGGEMEYER, H. Totemismus in Vorderindien. *Anthropos,* vol. XXVIII, pp. 407- 461, 579- 619. 1933.

NIMUENDAJÚ, C. *The Apinayé,* ed. R. H. LOWIE and J. M. COOPER. *The Catholic University of America Anthropological Series,* vol. VIII. 1939.

NISSEN, H. W. A Field Study of the Chimpanzee. *Comparative Psychology Monographs,* vol. VIII, no. I . 1931.

—— / CRAWFORD, M. P. A Preliminary Study of Food- Sharing Behaviour in Young Chimpanzees. *Journal of Comparative Psychology,* vol. XXII, pp. 383- 419. 1936.

O'BRIEN, A. J. Some Matrimonial Problems of the Western Border of India. *Folklore,* vol. XXII, pp. 426- 448. 1911.

OLSON, R. L. Clan and Moiety in Native America. *University of California Publications in American Archaeology and Ethnology,* vol. XXX, pp. 351- 422. 1933.

O'MALLEY, L. S. S. *Census of India,* 1911, vol. V. Delhi, n.d.

PARANAVITANA, S. Matrilineal Descent in the Sinhalese Royal Family. *Ceylon Journal of Science* (Section G) , vol. II, pp. 235- 240. 1933.

PARRY, N. E. *The Lakhers.* London, 1932.

PERRY, W. J. *The Children of the Sun.* London, 1923.（ウィリアム・J・ペリー『古代文明研究』上・下巻、「世界大思想全集」66・67 巻、加藤一夫訳、春秋社、1931 ～ 32 年）

PIAGET, J. Psycho- pédagogie et mentalité enfantine. *Journal de psychologie,* vol. XXV, pp. 38- 40.

1928.
—— *Le Jugement et le raisonnement chez l'enfant.* Paris-Neuchatel, 1924. [English edition] *Judgment and Reasoning in the Child.* London, 1928.（ジャン・ピアジェ『判断と推理の発達心理学』滝沢武久／岸田秀訳、国土社、1969年）
—— *La Représentation du monde chez l'enfant.* Geneve, 1926. [English edition] *The Child's Conception of the World.* London, 1929.（『子どもの因果関係の認識』岸田秀訳、明治図書出版、1971年）
—— *La Formation du symbole chez l'enfant.* Paris-Neuchatel, 1945. [English edition] *Plays, Dreams and Imitation.* London, 1951.

PINK, O. The Landowners in the Northern Division of the Aranda Tribe, Central Australia, *Oceania* vol. VI, pp. 275-322. 1936.

PLAYFAIR, A. *The Garos.* London, 1909.

PLUTARQUE, Qœstiones romanae. *Œuvres,* trans. Amyot. Lyon, 2 vols. 1615.

PORTEUS, S. D. *The Psychology of a Primitive People.* London, 1931.

PROUDHON, P. J. *Solution du problème social. Œuvres,* vol. VI. Paris, 1897.

PRZYLUSKI, J. An Article. *Journal asiatique,* p. 177, 1927.

PUSALKER, A. D. Critical Study of the Work of Bhāsa, with Special Reference to the Sociological Conditions of His Age. *Journal of the University of Bombay,* vol. II. 1934.

RADCLIFFE-BROWN, A. R. Three Tribes of Western Australia. *Journal of the Royal Anthropological Institute,* vol. XLIII, pp. 143-170. 1913.
—— The Relationship System of the Dieri Tribe. *Man,* vol. XIV, no. 33, pp. 53-56. 1914.
—— The Mother's Brother in South Africa. *The South African Journal of Science,* vol. XXI, pp. 542-555. 1924.
—— The Regulation of Marriage in Ambrym. *Journal of the Royal Anthropological Institute,* vol. LVII, pp. 343-348. 1927.
—— *The Social Organization of Australian Tribes.* Oceania Monograph, no. 1. Sydney, 1931.
—— *The Andaman Islanders.* Cambridge, 1933.
—— Patrilineal and Matrilineal Succession. *Iowa Law Review,* vol. XX, pp. 286-303. 1935.（A・R・ラドクリフ＝ブラウン「父系的および母系的継承」、『未開社会における構造と機能』所収、青柳まちこ訳、新泉社、1975年）
—— On the Concept of Function in Social Science. *American Anthropologist,* vol. XXXVII, pp. 394-402. 1935.（「社会科学における機能の概念について」、前掲『未開社会における構造と機能』所収）
—— On Social Structure. *Journal of the Royal Anthropological Institute*, vol LXX, pp. 1-12. 1940.（「社会構造について」、前掲『未開社会における構造と機能』所収）
—— Murngin Social Organization. *American Anthropologist,* vol. LIII, pp. 37-55. 1951.

RADIN, P. The Autobiography of a Winnebago Indian. *University of California Publications in American Archaeology and Ethnology,* vol. XVI, pp. 381-473. 1920.

RAO, C. H. The Gonds of the Eastern Ghauts. *Anthropos,* vol. V, pp. 791-797. 1910.

RAUM, O. F. Female Initiation among the Chaga. *American Anthropologist,* vol. XLI, pp. 554-565.

1939.

Reichard, G. A. *Navaho Religion: A Study in Symbolism.* MS. in New York Public Library. n.d. [*Navaho Religion: A Study of Symbolism.* 2 vols. (Bollingen Series, XVIII.) New York, 1950.]

Reik, T. *Ritual.* London, 1931.

Renou, L. *Anthologie sanskrite.* Paris, 1947.

Richards, A. I. *Hunger and Work in a Savage Tribe.* London, 1932.

— Reciprocal Clan Relationships among the Bemba of N. E. Rhodesia. *Man,* vol. XXXVII, no. 222, pp. 188-193. 1937.

— *Land, Labour and Diet in Northern Rhodesia.* Oxford, 1939.

Richards, F. J. Cross-Cousin Marriage in South India. *Man,* vol. XIV, no. 97, pp. 194-198. 1914.

Rink, H. J. *The Eskimo Tribes.* London, 1887.

Risley, H. H. *The Tribes and Castes of Bengal.* 4 vols. Calcutta, 1891.

Rivers, W. H. R. The Marriage of Cousins in India. *Journal of the Royal Asiatic Society,* pp. 611-640. 1907.

— The Father's Sister in Oceania. *Folklore,* vol. XXI. 1910.

— *The History of Melanesian Society.* 2 vols. Cambridge, 1914.

— Marriage. *Encyclopaedia of Religion and Ethics,* vol. 8, pp. 423-432. Edinburgh, 1915.

Rose, H. A. *Glossary of the Tribes and Castes of the Punjab and North-West Frontier Province.* 3 vols. Punjab, 1914.

Roy, P. C. The *Mahābhārata.* 11 vols. Calcutta, 1883-86.

Roy, S. C. *The Hill Bhūiyās of Orissa.* Ranchi, 1935.

Russell, R. V. / Hira Lal, R. B. *Tribes and Castes of the Central Provinces of India.* 4 vols. London, 1906.

Salisbury, R. F. Asymmetrical Marriage Systems. *American Anthropologist,* vol. LXVIII, pp. 639-655. 1956.

Sartre, J. P. *Critique de la raison dialectique.* Paris, 1960.（J・P・サルトル『弁証法的理性批判』全4冊、「サルトル全集」25〜28巻、平井啓之ほか訳、人文書院、1962〜73年）

Schaprera, I. *The Khoisan Peoples of South Africa.* London, 1930.

Schebesta, P. *Among the Forest Dwarfs of Malaya.* London, 1929.

— *Among Congo Pygmies.* London, 1933.

— *Revisiting My Pygmy Hosts.* London, 1936.

Searl, M. N. Some Contrasted Aspects of Psychoanalysis and Education. *British Journal of Educational Psychology,* vol. II, pp. 276-295. 1932.

Séchehaye, M. A. *Symbolic Realization.* New York, 1950.（マルグリット・A・セシュエー『分裂病の少女の手記』村上仁／平野恵訳、みすず書房、1955年に一部抄訳）

Seligman, B. Z. Cross-Cousin Marriage. *Man,* vol. XXV, no. 70, pp. 114-121. 1925.

— Bilateral Descent and the Formation of Marriage Classes. *Journal of the Royal Anthropological Institute,* vol. LVII, pp. 349-376. 1927.

— Asymmetry in Descent with Special Reference to Pentecost. *Journal of the Royal Anthropological Institute,* vol. LVIII, pp. 533-558. 1928.

—— The Incest Barrier : Its Rôle in Social Organization. *British Journal of Psychology,* vol. XXII, pp. 250-276. 1931-32.

—— The Incest Taboo as a Social Regulation. *The Sociological Review,* vol. XXVII, pp. 75-93. 1935.

—— Review of H. Y. Feng, *The Chinese Kinship System. American Anthropologist,* vol. XLI, pp. 496-498. 1939.

SELIGMAN, C. G. *The Melanesians of British New Guinea.* Cambridge, 1910.

—— / SELIGMAN, B. Z. *Pagan Tribes of the Nilotic Sudan.* London, 1932.

SENART, E. C. M. *Les Castes dans l'Inde.* Paris, 1896,

SEN GUPTA, N. C. Early History of Sonship in India. *Man,* vol. XXIV, nos. 32 and 42, pp. 40-43, 53-56. 1924.

—— Putrikā-putra, or the Appointed Daughter's Son in Ancient Law. *Journal of the Royal Asiatic Society of Bengal* (Letters), vol. IV. 1938.

SHAKESPEAR, J. *The Lushei Kuki Clans.* London, 1912.

SHARP, L. Ritual Life and Economics of the Yir-Yoront of Cape York Peninsula. *Oceania,* vol. V, pp. 19-42. 1934.

—— Semi-Moieties in North-Western Queensland. *Oceania,* vol. VI, pp. 158-174. 1935.

SHIROKOGOROFF, S. M. ^Anthropology of Northern China.' *Journal of the Royal Asiatic Society* (North China Branch), extra vol. III. 1923.

—— Social Organization of the Manchus : A Study of the Manchu Clan Organization. *Journal of the Royal Asiatic Society* (North China Branch), extra vol. III, pp. 1-194. 1924.（S・M・シロコゴロフ『満州族の社会組織』大間知篤三／戸田茂喜訳、刀江書院、1976年）

—— *Social Organization of the Northern Tungus.* Shanghai, 1929.（『北ツングースの社会構成』川久保悌郎／田中克巳訳、岩波書店、1941年）

—— *The Psychomental Complex of the Tungus.* London, 1935.

SHORTT, J. The Wild Tribes of Southern India. *Transactions of the Ethnological Society of London,* New Series, VII, pp. 187sq. 1869.

SHRYOCK, J. K. Ch'en Ting's Account of the Marriage Customs of the Chiefs of Yunnan and Keichou. *American Anthropologist,* vol. XXXVI, pp. 524-547. 1934.

SIMMONS, L. W. (ed.). *Sun Chief.* New Haven, 1942.

SINGH, J. A. L., / ZINGG, R. M. *Wolf-Children and Feral Men.* New York, 1942.（『野生児の記録』全3巻、中野善達／生和秀敏訳、福村出版、1977～78年、所収）

SKEAT, W. W. / BLAGDEN, C. O. *Pagan Races of the Malay Peninsula.* 2 vols. London, 1906.

SPENCER B. / GILLEN, F. J. *Native Tribes of Central Australia.* London, 1899.

SPENCER, H. *Principles of Sociology.* 3 vols. London, 1882-96.

SPENCER, R. F. The Annamese Kinship System. *Southwestern Journal of Anthropology,* vol. I, pp. 284-310. 1945.

SPIER, L. *Yuman Tribes of the Gila River.* Chicago, 1933.

SQUIRES, P. C. "Wolf-Children" of India. *American Journal of Psychology,* vol. XXXVIII, pp. 313-315. 1927.

STACK, E. / LYALL, C. J. *The Mikirs.* London, 1908.

STANNER, W. E. H. A Note upon a Similar System among the Nangiomeri. *Oceania,* vol. III, pp. 416-417. 1933.

—— The Daly River Tribes : A Report of Field Work in North Australia. *Oceania,* vol. III, pp. 377-405. 1933.

—— Murinbata Kinship and Totemism. *Oceania,* vol. VII, pp. 186-216. 1936.

STELLER, GEORG WILHELM. *Beschreibung von dem Lande Kamtschatka.* Frankfurt and Leipzig, 1774.

STERNBERG, L. *The Social Organization of the Gilyak.* MS. in Library of the American Museum of Natural History. New York, n.d.

—— *Specimens of Gilyak Folklore* (in Russian). St. Petersburg, 1904.

—— The Turano-Ganowanian System and the Nations of North-East Asia. *Memoirs of the International Congress of Americanists.* London, 1912.

STEVENSON, H. N. C. Feasting and Meat Division among the Zahau Chins of Burma. *Journal of the Royal Anthropological Institute,* vol. LXVII, pp. 15-32. 1937.

SUMNER, W. G. The Yakuts. Abridged from the Russian of Sieroshevski. *Journal of the Royal Anthropological Institute,* vol. XXXI, pp. 65-110. 1901.

SUNJANA, D. D. P. *Next of Kin Marriages in Old Iran.* London, 1888.

SWANTON, J. R. The Social Organization of American Tribes. *American Anthropologist,* vol. VII, pp. 663-673. 1905.

—— Contributions to the Ethnology of the Haida. *Memoirs of the American Museum of Natural History,* vol. VIII, pp. 1-300. 1905.

—— A Reconstruction of the Theory of Social Organization. *Boas Anniversary Volume.* New York, 1906.

—— Tlingit Myths and Texts. *Bulletin of the Bureau of American Ethnology,* no. 39, pp. 1-451. 1909.

—— The Terms of Relationship of Pentecost Island. *American Anthropologist,* vol. XVIII, pp. 455-465. 1916.

TAINE, H. A. *Les Origines de la France contemporaine.* London, 1876.（イポリット・テーヌ『近代フランスの起源』上・下巻、岡田真吉訳、角川文庫、1963 年）

TEIT, J. The Thompson Indians of British Columbia. *Memoir of the American Museum of Natural History,* vol. II, pp. 163-392. 1900.

THOMAS, W. I. *Primitive Behaviour.* New York, 1937.

THOMSON, B. H. *The Fijians: A Study of the Decay of Custom.* London, 1809.

THOMSON, D. F. The Joking Relationship and Organized Obscenity in North Queensland. *American Anthropologist,* vol. XXXVII, pp. 460-490. 1935.

THURNWALD, R. Banaro Society: Social Organization and Kinship System of a Tribe in the Interior of New Guinea. *Memoirs of the American Anthropological Association,* vol. III, no. 4, pp. 251-391. 1916.

—— Pigs and Currency in Buin. *Oceania,* vol. V, pp. 119-141. 1934.

THURSTON, E. *Castes and Tribes of Southern India.* 7 vols. Madras, 1909.

TODD, J. A. Redress of Wrongs in Southwest New Britain. *Oceania,* vol. VI, pp. 401-440. 1936.

TREVITT, J. W. Notes on the Social Organization of North-East Gazelle Peninsula. New Britain.

Oceania, vol. X, pp. 350-359. 1939.

TRUBETZKOY, E. N. La Phonologie actuelle. *Psychologie du langage,* pp. 227-246. 1933.

—— *Grundzüge der Phonologie.* Prague, 1939.

TYLOR, E. B. On a Method of Investigating the Development of Institutions: Applied to Laws of Marriage and Descent. *Journal of the Anthropological Institute,* vol. XVIII, pp. 245-272. 1889.

—— *Primitive Culture.* London, 1871.（E・B・タイラー『原始文化』比屋根安定訳、誠信書房、1962年〔抄訳〕）

VALENTINE, C. W. The Innate Basis of Fear. *Journal of Genetic Psychology,* vol. XXXVII, pp. 394-420. 1930.

VAN WATERS, M. The Adolescent Girl among Primitive People. *Journal of Religious Psychology,* vol. VII, pp. 75-120. 1913-14.

VAN WOUDEN, F. A. E. *Sociale Structuurtypen in de Groote Oost.* Leiden, 1935. [English edition, translated from the Dutch by RODNEY NEEDHAM, preface by G. W. LOCHER : *Types of Social Structure in Eastern Indonesia.* (Koninklijk Instituut voor Taal-, Land- en Volkenkunde Translation Series, vol. 11.) The Hague, 1968.]

VEGA, G. DE LA. *Histoire des Incas.* 2 vols. Paris, 1787.

VENIAMINOV, I. E. *Notes on the Islands of Unalaska District,* vol. III.

VLADIMIRTSOV, B. *Le Régime social des Mongols.* Paris, 1948.

VOLKOV, T. Rites et usages nuptiaux en Ukraine. *L'Anthropologie,* vol. II, pp. 160-184, 537-587. 1891.

VON FEUERBACH, P. J. A. *Caspar Hauser.* 2 vols. Boston, 1833. （A・フォン・フォイエルバッハ『カスパー・ハウザー』西村克彦訳、福武文庫、1991年）

VON FÜRER-HAIMENDORF, C. The *Morung* System of the Konyak Nagas. *Journal of the Royal Anthropological Institute,* vol. LXVIII, pp. 349-378. 1938.

VON MARTIUS, C. F. P. *Beiträge zur Ethnographie und Sprachenkunde Amerikas zumal Brasiliens.* 2 vols. Leipzig, 1867.

VON NEUMANN, J. / MORGENSTERN, O. *Theory of Games and Economic Behaviour.* Princeton, 1944.（J・フォン・ノイマン／O・モルゲンスターン『ゲームの理論と経済行動』全5巻、銀林浩／橋本和美／宮本敏雄監訳、東京図書、1972年）

VYGOTSKI, L. S. The Problem of the Cultural Development of the Child. *Journal of Genetic Psychology,* vol. XXXVI, pp. 415-434. 1929.

WAGLEY, C. The Effects of Depopulation upon Social Organization as Illustrated by the Tapirapé Indians. *Transactions of the New York Academy of Sciences,* series 2, vol. III, pp. 12-16. 1940.

WALLON, H. Le Réel et le mental : à propos d'un livre récent. *Journal de psychologie,* vol. XXXII, pp. 455-489. 1934.

WARNER, W. L. Morphology and Functions of the Australian Murngin Type of Kinship : Part One. *American Anthropologist,* vol. XXXII, pp. 207-256. 1930.

—— Morphology and Functions of the Australian Murngin Type of Kinship : Part Two. *American Anthropologist,* vol. XXXIII, pp. 172-198. 1931.

—— Kinship Morphology of Forty-one North Australian Tribes. *American Anthropologist,* vol. XXXV, pp. 63-86. 1933.

WEBB, T. T. Tribal Organization in Eastern Arnhem Land. *Oceania,* vol. III, pp. 406-417. 1933.

WEDGEWOOD, C. H. Cousin Marriage. *Encyclopedia Britannica.* London, 1936.

—— Exchange Marriage. *Encyclopedia Britannica.* London, 1936.

WEHRLI, H. J. Beitrag zur Ethnologie der Chingpaw (Kachin) von OberBurma. *Internationales Archiv für Ethnographie,* vol. XVI, supplement. Leiden, 1904.

WERNER, E. T. C. / TEDDER, H. R. Descriptive Sociology - Chinese. *Descriptive Sociology,* ed. H. SPENCER, vol. IX. London, 1910.

WESTERMARCK, E. A. *The History of Human Marriage.* 2 vols. London, 1891.（エドワード・A・ウェスタマーク『人類婚姻史』江守五夫訳、社会思想社、1970 年）

—— Recent Theories of Exogamy. *Sociological Review,* vol. XXVI, pp. 22-40. 1934.

—— *Three Essays on Sex and Marriage.* London, 1934.

WILLIAMS, F. E. *Orokaiva Society.* Oxford, 1930.

—— Sex Affiliation and Its Implications. *Journal of the Royal Anthropological Institute,* vol. LXII, pp. 51-81. 1932.

—— *Papuans of the Trans-Fly.* Oxford, 1936.

WU, C. C. The Chinese Family: Organization, Names, and Kinship Terms. *American Anthropologist,* vol. XXIX, pp. 316-325. 1927.

YERKES, R. M. A Program of Anthropoid Research. *American Journal of Psychology,* vol. XXXIX, pp. 181-199. 1927.

—— Social Behaviour in Infrahuman Primates. *Handbook of Social Psychology,* ed. C. A. MURCHISON. Worcester, 1935.

—— / ELDER, S. H. Œstrus Receptivity and Mating in Chimpanzee. *Comparative Psychology Monographs,* vol. XIII, no. 5. 1936.

YETTS, W. P. *The Cull Chinese Bronzes.* London, 1939.

ZINGG, R. M. More about the "Baboon-boy" of South Africa. *American Journal of Psychology,* vol. LIII, pp. 455-462. 1940.

ZOLOTAREV, A. M. The Bear Festival of the Olcha. *American Anthropologist,* vol. XXIX, pp. 113-130. 1937.

ZUCKERMAN, S. *The Social Life of Monkeys and Apes.* London, 1932.

［著者略歴］
クロード・レヴィ＝ストロース（Claude Lévi-Strauss）
1908年ベルギー生まれ、2009年没
文化人類学者。1959年にコレージュ・ド・フランス正教授となり、社会人類学講座を創設。1973年にはアカデミー・フランセーズ会員に選出された
著書に『悲しき熱帯』（中央公論社）、『人種と歴史』『構造人類学』『野生の思考』『はるかなる視線』全２巻、『やきもち焼きの土器つくり』『遠近の回想』（いずれもみすず書房）など

［訳者略歴］
福井和美（ふくい・かずみ）
1953年、愛知県生まれ
翻訳家。訳書にアラン・コルバン『浜辺の誕生――海と人間の系譜学』、ルイ・アルチュセール『マキャヴェリの孤独』、共訳にルイ・アルチュセール『哲学・政治著作集』全２巻（いずれも藤原書店）など

親族《しんぞく》の基本構造《きほんこうぞう》

発行　2000年12月20日　第1版第1刷
　　　2021年８月30日　第1版第6刷
定価　14000円＋税
著者　クロード・レヴィ＝ストロース
訳者　福井和美
発行者　矢野恵二
発行所　株式会社青弓社
　　　〒162-0801 東京都新宿区山吹町337
　　　電話 03-3268-0381（代）
　　　http://www.seikyusha.co.jp
印刷所　モリモト印刷
製本所　モリモト印刷
装丁　鈴木堯＋瀧上アサ子［タウハウス］

ISBN978-4-7872-3180-2 C3039